HANDBUCH
DER BAYERISCHEN GESCHICHTE

ERSTER BAND

HANDBUCH DER BAYERISCHEN GESCHICHTE

ERSTER BAND

DAS ALTE BAYERN
DAS STAMMESHERZOGTUM BIS ZUM AUSGANG DES 12. JAHRHUNDERTS

In Verbindung mit
Franz Brunhölzl, Hanns Fischer †, Hubert Glaser,
Franziska Jäger-von Hoesslin, Johannes Janota, Hans-Jörg Kellner, Wilhelm Messerer,
Friedrich Prinz, Ingo Reiffenstein, Kurt Reindel, Hans Schmid,
Walter Torbrügge

Herausgegeben von

MAX SPINDLER

em. o. Professor an der Universität München

Zweite, überarbeitete Auflage

C. H. BECK'SCHE VERLAGSBUCHHANDLUNG
MÜNCHEN

CIP-Kurztitelaufnahme der Deutschen Bibliothek

Handbuch der bayerischen Geschichte / hrsg. von
Max Spindler. – München: Beck.
NE: Spindler, Max [Hrsg.]

Bd. 1. → Das alte Bayern

Das alte Bayern / hrsg. von Max Spindler. –
München: Beck.
NE: Spindler, Max [Hrsg.]

Das Stammesherzogtum bis zum Ausgang des
12. Jahrhunderts / in Verbindung mit Franz Brunhölzl

. . . – 2., überarb. Aufl. – 1981.
(Handbuch der bayerischen Geschichte; Bd. 1)
ISBN 3 406 07322 0
NE: Brunhölzl, Franz [Mitverf.]

ISBN 3 406 07322 0

Zweite, überarbeitete Auflage. 1981

Umschlagentwurf von Wolfgang Taube, München

Druck der C. H. Beck'schen Buchdruckerei Nördlingen

Printed in Germany

VORWORT

Das Bedürfnis nach einem Handbuch der bayerischen Geschichte besteht seit langem. Die Landesgeschichte ist heute nicht mehr, was sie noch vor einer oder zwei Generationen war. Sie hat die Beschränkung auf eine einseitig territorial-dynamische Betrachtungsweise längst hinter sich gelassen und seit dem ersten Weltkrieg eine fast stürmisch zu nennende Entwicklung durchgemacht. Ihr Inhalt hat sich geweitet; sie hat die alten Methoden verfeinert und neue ausgebildet; sie hat auf eine Reihe von Disziplinen befruchtend gewirkt und ihrerseits von ihnen gelernt; sie hat namentlich die Mittelalterforschung um neue und wichtige Ergebnisse bereichert; der Unterschied zwischen ihr und der allgemeinen Geschichte ist, von der Wissenschaft her gesehen, im Grunde wesenlos geworden. Der Wandel ihrer Stellung und Funktion in der historischen Gesamtdisziplin hatte zur Folge, daß der Kreis derer, die sich mit ihren Problemen befaßten oder ihre Methoden gebrauchten, sich laufend mehrte und die landesgeschichtliche wissenschaftliche Produktion eine ungeahnte Belebung und Steigerung erfuhr. Eine weitere Folge war, daß die Landesgeschichte sich mehr und mehr von der isolierten, individualisierenden Betrachtung des Einzelobjekts entfernte und politische Grenzen übersprang. Heute drängt ihre Entwicklung auf den Vergleich hin, den Vergleich der Geschichte einzelner historischer Räume oder historisch-politischer Einheiten miteinander. Um diesen wissenschaftlich ergiebig zu gestalten, ja um ihn über Einzelprobleme hinaus überhaupt erst zu ermöglichen, sind als Grundlage und Voraussetzung Zusammenfassungen des bereits Durchforschten notwendig, da die Fülle des landesgeschichtlichen Schrifttums kaum mehr zu übersehen ist.

Die bayerische Forschung hat, durch Umstände verschiedener Art gehemmt, zunächst nur zögernd am Aufschwung der Landesgeschichte teilgenommen. Seit dem letzten Krieg hat sich jedoch das aus ihr erwachsene und für sie aus der allgemeinen Geschichte einschlägige Schrifttum in einem Maß gemehrt, daß auch für den Fachmann die Schwierigkeiten immer größer werden, es zu überblicken und zu verarbeiten. Eine moderne große Zusammenfassung fehlt. Sie fehlt nicht zuletzt dem geschichtsinteressierten Publikum, das keine Möglichkeit besitzt, sich über Gang und Fortschritt der Forschung im einzelnen zu orientieren. Es ist gezwungen, seine Kenntnis der bayerischen Geschichte in Einzelfragen im wesentlichen immer noch aus den Werken von Riezler und Doeberl zu schöpfen. Damit aber entfernt sich sein Geschichtsbild von dem der Forschung immer mehr. Dementsprechend bewegt sich auch sein Urteil über die Landesgeschichte überhaupt noch in den alten Bahnen.

Gewiß, die großen Werke von Riezler und Doeberl sind nach wie vor grundlegend und werden als geschlossene, aus bestimmter Sicht geschriebene Darstellungen ihren Wert behalten. Riezlers achtbändige «Geschichte Baierns», ein frühes Muster einer deutschen Stammes- und Territorialgeschichte, wird darüber hinaus auch fernerhin wertvolle Dienste tun, weil der Verfasser das Detail sorgfältig verzeichnet, aus den Quellen belegt und in zeitlich fortschreitender, kunstvoll verwobener Geschichtserzählung eine Art Jahrbücher der bayerischen Geschichte bietet. Auch Doeberls kraftvoll gestaltete dreibändige «Entwicklungsgeschichte Bayerns» wird nicht entbehrt werden können, besonders weil in ihr für die Zeit ab 1648 und namentlich für das neunzehnte Jahrhundert Fundamante gelegt sind, die man kennen muß, um auf ihnen weiterbauen zu können. Allein beide Werke spiegeln Auffassung und Fragestellung, Kenntnis und Forschungsstand einer Zeit wieder, die von der unsern weitab liegt. Riezlers erster Band ist 1878, Doeberls erster Band 1906 erschienen. Was für die beiden Werke im ganzen, gilt auch für die Neuauflagen der ersten Bände, die 1927 bzw. 1916 veröffentlicht worden sind. Gerade im hier behandelten Früh- und Hochmittelalter ist seitdem die Forschung rasch vorangeschritten. Auch sie sind in wichtigen Fragen überholt. Ein von je empfundener weiterer Mangel beider Werke ist, daß sie unvollendet geblieben sind. Riezlers Darstellung reicht bis 1726, Doeberls dritter Band schließt mit dem Tod König Ludwigs II. (1886) und mit einem Ausblick auf die innere Geschichte der nachfolgenden Regentschaft. Eine zusammenfassende Darstellung der neuesten bayerischen Geschichte steht überhaupt aus. Noch bedauerlicher ist, daß sich beide Werke auf Altbayern beschränken. Nur das neunzehnte Jahrhundert hat bei Doeberl eine gesamtbayerische Darstellung gefunden. Eine moderne Geschichte des älteren bayerischen Schwaben – vom verdienstvollen kleinen Abriß Friedrich Zoepfls in der von A. Weitnauer herausgegebenen Sammlung «Schwäbische Heimatkunde» abgesehen – und des älteren bayerischen Franken liegt bis heute nicht vor. Die zweibändige Geschichte Frankens von F. Stein 1885/86 (Neudruck 1966), eine für ihre Zeit bedeutsame Leistung, ist weithin veraltet.

Es ist demnach an der Zeit, die bayerische Geschichte bis zur Gegenwart fortzuführen, die Geschichte der nichtaltbayerischen Landesteile in die Betrachtung einzubeziehen, durch eine Zusammenfassung einen Markstein zu setzen, der den Stand der modernen Forschung anzeigt, und gleichzeitig jedem, der sich eine genauere Kenntnis der bayerischen Geschichte verschaffen will, eine Hilfe zu bieten.

Im Rahmen der von den Erfordernissen der Raumforschung und Ganzheitsbetrachtung mitgeprägten modernen Landesgeschichtsforschung genießt die bayerische Geschichte einen unschätzbaren Vorteil. Ihr Arbeitsfeld braucht nicht abgesteckt zu werden. Ihr Land, ihr Raum ist Bayern und immer wieder Bayern, das moderne seit 1800 mit seinen neun Gebietsteilen so gut wie das alte mit seiner geschlossenen Geschichte und seinen klaren Grenzen, von der Gegenwart bis zurück zum alten Stammherzogtum und Stammesgebiet, das im frühen und hohen Mittelalter den deutschen Südosten repräsentierte und mit Leben und Kultur erfüllte. Altbayern – das sind nach dem heutigen Sprachgebrauch die Regierungsbezirke Oberbayern, Niederbayern und die Oberpfalz –, Altbayern zumal stellt für die moderne Landesforschung einen Idealfall, ein zur Erforschung geradezu einladendes Objekt dar, wegen der Einheitlichkeit seines geographischen und geschichtlichen Raums, wegen des Zusammenklangs von Landschaft, Staat und Kultur.

Der Stoff- und Fragenkreis der bayerischen Landesgeschichte ist heute reicher und differenzierter als früher, und er ist ständig im Wachsen begriffen. Die Wirtschaftsgeschichte, die Sozialgeschichte und Soziologie, die Personen- und Strukturgeschichte melden neue Themen an. Die Geschichte des Volks harrt der Bewältigung. Sie muß systematischer und intensiver als früher erforscht werden, doch nicht unter Zurückdrängung der staatlich-politischen Geschichte und anderer bisher gepflegter Teilgebiete, auch nicht der Dynastiegeschichte, die, mag sie auch unmodern sein, nicht preisgegeben werden darf, da ohne sie die bayerische Geschichte nicht verstanden werden kann und Bayern seinen Fürsten viel verdankt.

Gegenstand der Darstellung ist, auf einen einfachen Nenner gebracht, das geschichtliche Leben, das sich in Bayern von der Frühzeit bis zur Gegenwart entfaltet hat, unter Einbeziehung der Vorgeschichte des heutigen bayerisch-staatlichen Raums und der älteren Geschichte der am Anfang des vergangenen Jahrhunderts mit Bayern vereinigten Gebiete. In Bayern, das heißt in Anlehnung an eine Formel Riezlers: innerhalb des staatlich-politischen Gemeinwesens, das jeweils den Namen Bayern führte, womit der wechselnden räumlichen Begrenzung der bayerischen Geschichte Rechnung getragen ist. Der Gegenstand ist nicht eingeschränkt auf einzelne Bereiche, doch kann nicht jedem die gleiche Aufmerksamkeit gewidmet werden. Im Vordergrund steht die politische Geschichte, in der Erkenntnis, daß der Staat das Rückgrat des geschichtlichen Lebens bildet und ohne ein staatliches Gehäuse eine eigenständige Kulturentwicklung und Kulturblüte nicht möglich ist.

Der Stoff wird – erstmalig in Form eines Handbuchs – in vier Bänden dargeboten. Die beiden ersten Bände enthalten neben der Vor- und Frühgeschichte die Geschichte des Alten Bayern, die vom sechsten Jahrhundert bis an den Anfang des neunzehnten Jahrhunderts reicht. Gleichgeordnet hierzu folgt im dritten Band die Geschichte der in der napoleonischen Zeit an Bayern angegliederten staatlichen Einheiten ebenfalls von ihrer Frühgeschichte bis ans Ende des Alten Reiches und gleichfalls ohne Beschränkung auf die politische Geschichte. Der vierte Band wird die Geschichte Bayerns im neunzehnten und zwanzigsten Jahrhundert bis zur Gegenwart umfassen.

Der Geschichte des Alten Bayern mußten wegen ihres durch ihr Alter, die Weiträumigkeit des Stammesherzogtums und ihre Bedeutung in den neueren Jahrhunderten bedingten Umfangs zwei Bände zugewiesen werden. Die Verteilung des Stoffes auf die beiden Bände hatte dem Ablauf der bayerischen Geschichte zu folgen und ergab sich von selbst. Der tiefste Einschnitt in der bayerischen Geschichte vor 1800 liegt an der Wende zum dreizehnten Jahrhundert, um das Jahr 1180. Hier endet die bayerische Stammesgeschichte im Sinne einer dem Stamm gemeinsamen Geschichte, die es von da ab nicht mehr gibt. Was folgt, ist selbständige Geschichte von Teilen des Stammes, von Ländern, Territorien, von geschlossenen, mit Grenzen umhegten Gebieten, die auf Stammesland, auf dem Stammesboden erwachsen waren. Vorher liegt der großräumige bayerische Stammesstaat, Staat natürlich im Sinn seiner, nicht der neueren Zeit, liegt ein staatliches Gebilde, das wir als Stammesherzogtum zu bezeichnen pflegen; nachher folgt der kleinräumige Territorialstaat, das wittelsbachische Landesfürstentum, das im Kernraum des bayerischen Stammesgebiets als Bewahrer des Stammesnamens und der Stammestradition die bayerische Geschichte als

Territorialstaatsgeschichte bis ans Ende des Alten Reiches fortsetzt. Dem Stammesherzogtum wurde der erste, dem Territorialstaat der zweite Band gewidmet.

Michael Doeberl hatte für den dritten Band seiner «Entwicklungsgeschichte Bayerns», der, soweit er vollendet war, erst nach seinem Tod veröffentlicht wurde, als Auftakt ein Kapitel vorgesehen mit der Überschrift «Die pfälzischen, fränkischen und schwäbischen Gebiete in den Anfängen der bayerischen Herrschaft – Rückblick auf ihre Geschichte». Er konnte sein Versprechen nicht mehr einlösen. Im vergangenen Jahrhundert haben verschiedene Autoren sich bemüht, die Vergangenheit aller im modernen Bayern vereinten politisch-staatlichen Einheiten synchronistisch darzustellen. In einem wissenschaftlichen Handbuch kann dieser – in einem Schulbuch mögliche und empfehlenswerte – Weg nicht beschritten werden. Bei aller oft gleichgerichteten Entwicklung, bei allen gelegentlichen Berührungen und Verzahnungen mit der altbayerischen Geschichte: die ältere Geschichte der pfälzischen, fränkischen und schwäbischen Gebietsteile erforderte eine von der altbayerischen Geschichte gesonderte, zusammenhängende Darstellung wegen ihrer Eigenständigkeit, ihres Reichtums und ihrer Bedeutung. Sie wurde daher einem eigenen Band des Handbuches, dem dritten Band, vorbehalten. Mit diesem Band wurde zugleich innerhalb des Handbuchs die notwendige Voraussetzung für das Verständnis des modernen Bayern und seiner Geschichte geschaffen, der der vierte Band gewidmet ist.

Der Gesamtanlage des Werks und dem Wechsel in der räumlichen Begrenzung der bayerischen Geschichte entsprach es, im ersten Band auf eine Darlegung der geographischen Grundlagen des Alten Bayern zu verzichten, zumal dies auch innerlich sich rechtfertigen ließ. Die Natur hat den Raum, den die Bayern in alter Zeit besiedelten, mit einfachen und mächtigen Akzenten ausgestattet – Hochgebirge, Ebene, Strom: Alpen, Schwäbisch-Bayerische Hochebene, Donau –, von solcher Eindringlichkeit, daß sie selbst dem Gleichgültigen Beachtung abnötigen, ihn zum Nachdenken über die Frage nach dem Verhältnis von Geschichte und Raum anregen sollten und ihm zugleich die Antworten erleichtern. Die große Mannigfaltigkeit der natürlichen Voraussetzungen des *modernen* Bayern mit dem Spannungsreichtum seiner Geschichte erfordert dagegen eine eingehende Analyse. Der vierte Band des Handbuchs wird daher mit einem Kapitel «Land und Leute» eingeleitet werden. Eine andere Unterlassung war nicht so naheliegend, doch schien auch sie geboten. Von der bayerischen Forschung ist, was zur Verwunderung Anlaß geben könnte, das Anliegen der Stammeskunde wenig gefördert worden, obwohl sich an vorhandene Ansätze hätte anknüpfen lassen. Wer daher im ersten Band über Wesen und Eigenart der Bayern Aufschluß erhofft, wird enttäuscht sein. Allein Wiederholung oder Variation des Bekannten und Allzubekannten wäre für Verfasser wie Leser unbefriedigend gewesen.

In der äußeren Gestaltung des Werks hat mehrfach Bruno Gebhardts «Handbuch der Deutschen Geschichte» in der von Herbert Grundmann herausgegebenen Neuauflage 1954/60 als Vorbild gedient, was dankbar vermerkt sei. Quellen- und Literaturangaben, die sich auf ganze Teile, Abschnitte oder Kapitel beziehen, wurden diesen vorausgeschickt. In den Anmerkungen werden in der Regel nur Belege geboten, wenn nötig auch kritische Hinweise auf Gegenpositionen oder knappe Forschungsberichte bei wichtigen Kontroversen. Bei den Literaturangaben ist nicht Vollständigkeit angestrebt worden, doch war es das Bemühen, das Wichtige, Abschließende oder Weiterführende zu nennen. Von der älteren bayerischen Literatur, die schon bei Riezler und Doeberl verzeichnet ist, wurden meist nur die Standardwerke angegeben. Der Zweck des Handbuches erforderte es, ausgiebig zu belegen. Dabei war es bei der Fülle der Spezialliteratur nicht zu umgehen, eine vereinfachte Zitierweise zu wählen, um die Anmerkungen zu entlasten. Häufig benützte Literatur wurde in der Regel nur mit dem Namen des Autors, wenn nötig unter Beifügung eines aus dem Titel entnommenen Stichwortes, oder – wie namentlich bei Quellenwerken – mit einem Stichwort zitiert. Der volle Titel findet sich unter dem Autorennamen oder unter dem Stichwort in Abkürzungsverzeichnis. Mehrfach benützte Literatur wurde in der Regel nur einmal mit dem vollen Titel verzeichnet. Bei den weiteren Zitierungen wurde in Klammern neben dem Namen des Autors oder neben dem Stichwort auf die volle Nennung hingewiesen. Fehlt ein Verweis, so ist immer das Abkürzungsverzeichnis zu befragen.

Daß das Gesamtwerk in Angriff genommen und nach einer verhältnismäßig kurzen Frist des Planes und Schaffens der erste Band abgeschlossen werden konnte, ist vornehmlich der glücklichen Lösung der Mitarbeiter- und Verlagsfrage zu verdanken. In der jüngeren Forschergeneration fanden sich Kräfte genug, für die die bayerische Geschichte soviel Anziehungskraft besitzt, daß sie ihre Arbeitskraft und Sachkenntnis dem Handbuch bereitwillig zur Verfügung stellten. Die Last der Arbeit konnte daher verteilt werden, was, so glauben wir, der zügigen Fertigstellung des *ganzen* Werkes ebenso zugute kommen dürfte, wie es dem ersten Band von Nutzen war. Der Herausgeber weiß sich allen Mitarbeitern zu Dank verpflichtet, namentlich denen, die eigene Forschungen zurückstellten, um dem übernommenen Auftrag gerecht zu werden. Dem Verlag C.H. Beck dankt er für den vollen Einsatz seiner erprobten Erfahrung und Leistungsfähigkeit. Ergebenster Dank gebührt dem Bayerischen Staatsministerium für Unterricht und Kultus für die Förderung, die es dem Handbuch zuteil werden ließ. Besonders dankbar empfindet der Herausgeber die durch die persönliche Initiative des Herrn Ministerialdirigenten a.D. Dr. Philipp Freiherrn v. Brand ausgelöste Unterstützung seines Plans durch Freunde der bayerischen Geschichte aus Kreisen der bayerischen Wirtschaft. Den Beamten der Bayerischen Staatsbibliothek und der Münchner Universitätsbibliothek sei gedankt für viele freundliche Hilfen.

München, im November 1967 *Max Spindler*

Um die Förderung und Vorbereitung des Werks haben sich durch namhafte Zuwendungen besonders verdient gemacht:

Allianz Versicherungs AG, München
Bankhaus H. Aufhäuser, München
Bayerische Gemeindebank, München
Bayerische Hypotheken- u. Wechselbank, München
Bayerische Landesbodenkreditanstalt, München
Bayerische Staatsbank, München
Bayerische Vereinsbank, München
Bayerische Versicherungsbank AG, München
Bayerische Versicherungskammer, München
Bayerische Wasserkraftwerke AG, München
Robert Bosch GmbH, Werk Nürnberg
Brown Boveri & Cie AG
Commerzbank AG, Filiale München
Deutsche Bank AG, Filiale München
Dresdner Bank AG, Filiale München
Eisenwerk-Gesellschaft Maximilianshütte, Sulzbach-Rosenberg
Roland Graf Faber-Castell, Dürenhembach b. Nürnberg
Fürst Thurn & Taxis Bank, München
Josef Hebel, Bauunternehmung, Memmingen
Maschinenfabrik Augsburg-Nürnberg AG
Bankhaus Merck, Finck & Co., München
Münchener Rückversicherungs-Gesellschaft, München
Bankhaus Neuvians Reuschel & Co., München
Rhein-Main-Donau AG, München
Josef Riepl, Bauunternehmung, München
Kugelfischer Georg Schäfer & Co., Schweinfurt
Dr. Karl Graf von Schönborn, Schloß Wiesentheid
Siemens AG, München
Süddeutsche Bodencreditbank AG, München

Für die Vermittlung der Spenden wird vor allem Herrn Dr. Dr. Alfred Jamin, Präsident der Bayerischen Staatsbank i. R., ferner Herrn Dr. Dr. h. c. Carl Knott aufrichtiger Dank geschuldet.

Der Herausgeber

VORWORT ZUR ZWEITEN AUFLAGE

Die vorliegende Neuauflage ist durch eine Reihe von Umständen veranlaßt worden.

Der günstige Aufwind, der durch Jahrzehnte die wissenschaftliche Erforschung der Landesgeschichte in Deutschland begleitet und nicht zuletzt, gegen Ende der fünfziger Jahre, das Handbuchunternehmen ausgelöst hat, hält immer noch an. Auch in der breiten Öffentlichkeit begegnet heute die Landesgeschichte wachsendem Interesse. Davon abgesehen, hat in Bayern die Landesgeschichtsforschung zusätzlich eine starke Förderung erfahren durch die Gründung neuer Universitäten in den sechziger und siebziger Jahren (in Regensburg, Augsburg, Bamberg, Bayreuth, Passau und Eichstätt), die alle gehalten sind, der Landesgeschichte in Forschung und Lehre zu dienen. Die Geschichte des bayerischen Staatsraums wird seitdem gleichmäßiger als früher von der Forschung erfaßt.

Der Forschungsfortschritt spiegelt sich im vorliegenden Band in der Erweiterung, Ergänzung und Vertiefung, vereinzelt auch Berichtigung der bisherigen Erkenntnisse wider. Eine neue, reiche und wertvolle wissenschaftliche Literatur namentlich zur frühmittelalterlichen bayerischen Geschichte, mußte eingearbeitet werden. Zu einem nicht geringen Teil fußt diese Literatur auf Anregungen, die vom Handbuch ausgegangen sind.

In der Vor- und Frühgeschichte sind die einzelnen Landesteile, ihrem Forschungs- und Publikationsstand angemessen, berücksichtigt worden.

Beiträge über Siedlungs- und Agrargeschichte, vielleicht auch über Heeres- und Verkehrsgeschichte sowie über die Entwicklung der Volkskunde lassen sich aus naheliegenden Gründen, dem Gesamtplan des Werkes entsprechend, erst dem zweiten Teil des vierten Bandes einfügen.

In Besprechungen namentlich von ausländischer Seite ist mehrfach die Beigabe von Karten vermißt worden. Es sei daher wie schon im Band IV 1, S. VI nachdrücklich auf den Bayerischen Geschichtsatlas verwiesen, der 1969 im Bayerischen Schulbuchverlag erschienen ist und alle Kartenwünsche erfüllen dürfte. Ein gleichfalls gelegentlich vermißter Bildband zur bayerischen Geschichte ist im Entstehen begriffen. Er wird von Hubert Glaser herausgegeben.

Der Beifall, der dem Handbuchunternehmen gezollt wurde, war reich und ermunternd. Auch aus diesem Grund dürfen die Bände nicht veralten. Es kann daher dem Verlag nicht genug gedankt werden, daß er sich entschlossen hat, den ersten Band schon jetzt neu vorzulegen.

Auch allen Mitarbeitern sei für die Überprüfung ihrer Beiträge herzlich gedankt. Besonderer Dank gilt Frau Dr. F. Jäger-v. Hoesslin für ihre Umsicht und Hilfe.

Das Register ist auch dieses Mal, wie bei allen früheren Bänden, ihr Werk.

München, im Mai 1981 *Max Spindler*

INHALT

III. Das geistige Leben. Von Hubert Glaser, Franz Brunhölzl, Ingo Reiffenstein, Hanns Fischer/J. Janota, Wilhelm Messerer, Hans Schmid

ABKÜRZUNGEN

AASS	Acta Sanctorum
Abdr.	Abdruck
Abh.	Abhandlung(en)
Abh. Berlin, Göttingen, Leipzig, Mainz, München, Wien	Abhandlungen der Philosophisch-Historischen Klasse der Akademie der Wissenschaften
AbM.	Altbayerische Monatsschrift, hg. vom Historischen Verein von Oberbayern, 1–15, 1899–1926
Abt.	Abteilung
ADB.	Allgemeine Deutsche Biographie, hg. von der Hist. Kommission bei der Bayerischen Akademie der Wissenschaften, 56 Bde. mit Registerbd., 1875/1912
ahd.	althochdeutsch
AHR.	The American Historical Review, 1895 ff.
Akad. d. Wiss.	Akademie der Wissenschaften
AKG.	Archiv für Kulturgeschichte
AMK	Archiv für mittelrheinische Kirchengeschichte
Anh.	Anhang
Anm.	Anmerkung
Ann. Altah.	Annales Altahenses maiores, hg. von E. v. Oefele (MGH SS rer. Germ.) 1891
Ann. Einh.	Annales qui dicuntur Einhardi, Annales regni Francorum, hg. von F. Kurze (MGH SS rer. Germ.) 1895
Ann. Fuld.	Annales Fuldenses, hg. von F. Kurze (MGH SS rer. Germ.) 1891
Ann. Iuv. max.	Annales Iuvavenses maximi, hg. von H. Bresslau (MGH SS 30/2) 1926
Ann. Lamp.	Lampert von Hersfeld, Annales, hg. von O. Holder-Egger (MGH SS rer. Germ.) 1894
Ann. Mett.	Annales Mettenses priores, hg. von B. v. Simson (MGH SS rer. Germ.) 1905
Ann. Ratisp.	Annales Ratisponenses, hg. von W. Wattenbach (MGH SS 17) 1861
Ann. regni Franc.	Annales regni Francorum, hg. von F. Kurze (MGH SS rer. Germ.) 1895
AÖG	Archiv für österreichische Geschichte, 1865 ff. (bis Bd. 33 mit dem Titel: Archiv für Kunde österreichischer Geschichtsquellen)
Arbeo, vita Emm., vita Corb.	Arbeonis episcopi Frisingensis vitae sanctorum Haimhrammi et Corbiniani, hg. von B. Krusch (MGH SS rer. Germ.) 1920; Arbeo, Vita et passio Sancti Haimhrammi Martyris, Leben und Leiden des Hl. Emmeram, lateinisch-deutsch hg. von B. Bischoff (Tusculum-Bücherei) 1953

Arch.	Archiv
Arnold	Arnold von St. Emmeram, Liber de miraculis beati Emmerami, hg. von G. Waitz (MGH SS 4) 1841
Auct. Garst.	Auctarium Garstense, hg. von W. Wattenbach (MGH SS 9) 1851
AUF	Archiv für Urkundenforschung
Aufl.	Auflage
Ausg.	Ausgabe
ausgew.	ausgewählt(e)
AV	Abkürzungsverzeichnis
Aventin	Johannes Turmair's genannt Aventinus sämtliche Werke (Akademie-Ausgabe), 6 Bde., 1881/1908: Annales ducum Boiariae, hg. von S. Riezler, I 1882, II 1884; Bayer. Chronik, hg. von M. Lexer, I/1 1882, I/2 1883, II 1886, Nachträge, hg. von G. Leidinger 1908
AZ	Archivalische Zeitschrift 1876ff., NF 1890ff. 3. Folge 1915ff.
BA	Bezirksamt
Bachmann	A. Bachmann, Geschichte Böhmens, 2 Bde., Gotha 1899/1905
Backmund	N. Backmund, Monasticon Praemonstratense, 3 Bde., 1949/56
Bader, Dorfgenossenschaft	K. S. Bader, Dorfgenossenschaft und Dorfgemeinde (Studien zur Rechtsgeschichte des mittelalterlichen Dorfes 2) 1962
Baesecke	G. Baesecke, Vor- und Frühgeschichte des deutschen Schrifttums, I: Vorgeschichte 1940, II: Frühgeschichte 1950ff.
Bauerreiss	P. R. Bauerreiss, Kirchengeschichte Bayerns, 6 Bde., 1949/65, I 1958^2
Bayer. Archivinventare	Bayer. Archivinventare, hg. im Auftr. d. Generaldirektors der Staatl. Arch. Bayerns, 1952ff.
Bayer. Geschichtsatlas	Bayerischer Geschichtsatlas, hg. von M. Spindler, Redaktion G. Diepolder, 1969
Bd., Bde.	Band, Bände
bearb.	bearbeitet
begr.	begründet
Beih.	Beiheft
Beitr., Beitrr.	Beitrag, Beiträge
Beitrr. ABK	Beiträge zur Altbayerischen Kirchengeschichte, 1929ff. (vorher: DB)
Beitrr. BK	Beiträge zur Bayerischen Kirchengeschichte (Forts.: ZBKG)
Below-Meinecke	Handbuch der mittelalterlichen und neueren Geschichte, hg. von G. Below und F. Meinecke, 4 Abt., 1903ff.
Ber.	Bericht(e)
Ber. LfD	Berichte des Bayerischen Landesamtes für Denkmalpflege
Bernold, Chron.	Bernold, Chronicon, hg. von G. H. Pertz (MGH SS 5) 1844

Ber. RGK	Berichte der Römisch-Germanischen Kommission, 1904ff.
Bertau	K. Bertau, Deutsche Literatur im europäischen Mittelalter, I: 800–1197, II: 1195–1220, 1972/73
Bespr.	Besprechung
BHB	Handbuch der Geschichte der böhmischen Länder, hg. von K. Bosl, 4 Bde. 1967/70,
Bibl. Kat.	Mittelalterliche Bibliothekskataloge Deutschlands und der Schweiz IV/1: Bistümer Passau und Regensburg, bearb. von Chr. E. Ineichen-Eder; IV/2: Bistum Freising, bearb. von G. Glaucke, Bistum Würzburg, bearb. von H. Knaus, 1977/79
Bihlmeyer-Tüchle	K. Bihlmeyer-H. Tüchle, Kirchengeschichte, I 1966[18], II 1968[18], III 1961[17]
Birkner	F. Birkner, Ur- und Vorzeit Bayerns, 1936
Bischoff	B. Bischoff, Die südostdeutschen Schreibschulen und Bibliotheken in der Karolingerzeit, Teil I: Die bayerischen Diözesen, 1940, 1974[3]
Bischoff, Emmeram	B. Bischoff, Literarisches und künstlerisches Leben in St. Emmeram während des frühen und hohen Mittelalters (StMBO 51) 1933, 102–142
BJbV	Bayerisches Jahrbuch für Volkskunde, 1950ff., seit 1962, hg. vom Institut für Volkskunde bei der Kommission für Bayer. Landesgeschichte
Bl., Bll.	Blatt, Blätter
BLfD	Bayerisches Landesamt für Denkmalpflege
BlldLG	Blätter für deutsche Landesgeschichte, NF des Korrespondenzblattes im Auftrag des Gesamtvereins der deutschen Geschichts- und Altertumsvereine, 88ff., 1951ff.
BllLKNÖ	Blätter für Landeskunde von Niederösterreich, 1–35, 1867/1901 (Forts.: Jb LKNÖ, NF 1902ff.)
BM	J. F. Böhmer, Regesta Imperii, neubearb. I: Karolinger, von Mühlbacher-Lechner, 1899/1908 (s. RJ)
Bosl	K. Bosl, Die Reichsministerialität der Salier und Staufer. Ein Beitrag zur Geschichte des hochmittelalterlichen deutschen Volkes, Staates und Reiches, 2 Bde., 1950/51
Bosl, Frühformen	K. Bosl, Frühformen der Gesellschaft im mittelalterlichen Europa. Ausgewählte Beiträge zu einer Strukturanalyse der mittelalterlichen Welt, 1964
Bosl (GG I)	K. Bosl, Staat, Gesellschaft, Wirtschaft im deutschen Mittelalter (GG I) §§ 216–256
Bosl, Herrscher u. Beherrschte	K. Bosl, Herrscher und Beherrschte im deutschen Reich des 10.–12. Jahrhunderts (Bosl, Frühformen)
Bosl, Kastl	K. Bosl, Das Nordgaukloster Kastl (VHOR 89) 1939, 3–186
Bosl, Luitpoldinger	K. Bosl, Das «jüngere» bayerische Stammesherzogtum der Luitpoldinger (ZBLG 18) 1955, 144–172 (Wiederabdruck in: Zur Geschichte der Bayern, Wege der Forschung 60, 1965, 329–363)
Bosl, Markengründungen	K. Bosl, Die Markengründungen Kaiser Heinrichs III. auf

	bayerisch-österreichischem Boden (ZBLG 14) 1943/44, 177–247 (Wiederabdruck in: Zur Geschichte der Bayern, Wege der Forschung 60, 1965, 364–442)
Bosl-Schreibmüller	Geschichte Bayerns, 2 Bde., I: Vorzeit und Mittelalter, von K. Bosl, 1952; II: Die Neuzeit, von K. Bosl und H. Schreibmüller, 1955
Brackmann, Salzb. Kirchenprovinz	A. Brackmann, Die Salzburger Kirchenprovinz (Studien und Vorarbeiten zur Germania Pontificia I) 1912
Bresslau, Salzb. Annalistik . .	H. Bresslau, Die ältere Salzburger Annalistik (Abh. Berlin 2) 1923
Bretholz	B. Bretholz, Geschichte Böhmens und Mährens bis zum Aussterben der Přemysliden, I 1912[2]
Brev. Not.	Breves Notitiae, hg. von W. Hauthaler-F. Martin (Salzburger Urkundenbuch 2) 1916
Brunner	O. Brunner, Land und Herrschaft. Grundfragen der territorialen Verfassungsgeschichte Österreichs im Mittelalter, 1939, 1965[5] (Nachdruck 1973)
Brunner, Adeliges Landleben	O. Brunner, Adeliges Landleben und europäischer Geist, Salzburg 1949
Brunner, Landschenkungen .	H. Brunner, Die Landschenkungen der Merowinger und Agilolfinger (SB Berliner Akad. 52) 1885 (Wiederabdruck in: Ders., Forsch. zur Geschichte des deutschen u. französischen Rechtes, 1894, Neudruck 1969)
Buchberger	Zwölfhundert Jahre Bistum Regensburg. Festschrift zur 1200-Jahrfeier, hg. von M. Buchberger 1939
BVbll.	Bayerische Vorgeschichtsblätter, 1931 ff.
BVfr.	Bayerischer Vorgeschichtsfreund, 1921 ff.
BWR	J. F. Böhmer, Wittelsbachische Regesten (1180–1340), 1854

c.	Capitel
ca.	circa
Capelle	W. Capelle, Das alte Germanien. Die Nachrichten der griechischen und römischen Schriftsteller, 1937
Caspar	E. Caspar, Geschichte des Papsttums von den Anfängen bis zur Höhe der Weltherrschaft, I 1930, II 1933
Cat.	Catalog
cgm	codex germanicus monacensis (Handschriften-Abteilung der Staatsbibliothek München)
Chron.	Chronicon, Chronica
Chron. Magni Reichersb. . . .	Chron. Magni presbyteri Reichersbergensis, hg. von W. Wattenbach (MGH SS 17) 1861
Classen, Gerhoch	P. Classen, Gerhoch von Reichersberg, 1960
clm.	codex latinus monacensis (Handschriften-Abt. der Staatsbibliothek München)
Cod.	Codex
Const.	Constitutiones et Acta publica imperatorum et regum (MGH Legum Sectio IV)
Conv. Bag.	Conversio Bagoariorum et Carantanorum, hg. von M. Kos, 1936

Cosmas, Chron.	Cosmas von Prag, Chronica Boemorum, hg. von B. Bretholz (MGH SS) 1923 (Neudruck 1955)
d.	der, die, das
DA	Deutsches Archiv für Geschichte des Mittelalters, 1937ff. (ab Bd. 8: für Erforschung des Mittelalters; Zeitschrift der MGH; vorher: NA)
Dachs, Herzogsgut	H. Dachs, Römerkastelle und frühmittelalterliches Herzogs- und Königsgut an der Donau (Schriftenreihe 62) 1962, 293–320 (erweiterter Wiederabdruck in: Zur Geschichte der Bayern, Wege der Forschung 60, 1965, 44–84)
Dachs, Oberpfalz	H. Dachs, Der Umfang der kolonisatorischen Erschließung der Oberpfalz bis zum Ausgang der Agilolfingerzeit (VHOR 86) 1936, 159–178
DALVF	Deutsches Archiv für Landes- und Volksforschung, 7 Bde., 1937/43
dass.	dasselbe
DB	Beiträge zur Geschichte, Topographie und Statistik des Erzbistums München-Freising, hg. von M. v. Deutinger, 1850ff. (Fortsetzung: Beitrr. ABK)
de Boor-Newald	H. de Boor-R. Newald, Geschichte der deutschen Literatur von den Anfängen bis zur Gegenwart, I: Die deutsche Literatur von Karl d. Gr. bis zum Beginn d. höfischen Dichtung 770–1170, von H. de Boor 1979[9]; II: Die höfische Literatur. Vorbereitung, Blüte, Ausklang 1170–1250, von H. de Boor 1979[10]; III/1: Die deutsche Literatur im späten Mittelalter. Zerfall u. Neubeginn. Erster Teil 1250–1350, von H. de Boor 1973[4]; IV: Die deutsche Literatur vom späten Mittelalter bis zum Barock (1370–1570), von Hans Rupprich, 1. Teil: Das ausgehende Mittelalter, Humanismus und Renaissance (1370–1520), 1970, 2. Teil: Das Zeitalter der Reformation (1520–1570), 1973; V: Die deutsche Literatur vom Späthumanismus zur Empfindsamkeit 1570–1750, von R. Newald 1967[6], Nachdruck 1975; VI/1: Von Klopstock bis zu Goethes Tod 1750–1832. Erster Teil: Ende der Aufklärung u. Vorbereitung der Klassik, von R. Newald 1973[6]
Deér	J. Deér, Karl der Große und der Untergang des Awarenreiches (Karl der Große. Lebenswerk und Nachleben 1: Persönlichkeit und Geschichte) 1965, 717–791
ders.	derselbe
Diepolder, Adelsherrschaften	G. Diepolder, Ober- und niederbayerische Adelsherrschaften im wittelsbachischen Territorialstaat des 13. bis 15. Jahrhunderts (ZBLG 25) 1962
Diepolder, Agilolfinger	G. Diepolder, Die Orts- und «in pago»-Nennungen im bayerischen Stammesherzogtum zur Zeit der Agilolfinger (ZBLG 20) 1957, 364–436

Diepolder, Aribonen	G. Diepolder, Die Herkunft der Aribonen (ZBLG 27) 1964, 74–119
dies.	dieselbe
Dipl.	Diplomata (MGH)
Dirr	Denkmäler des Münchner Stadtrechts, bearbeitet und eingeleitet von P. Dirr, I: 1158–1403 (Bayer. Rechtsquellen 1, hg. von der KBL) 1934, Register und Erläuterungen 1936
Diss.	Dissertation
Diss. Masch.	maschinenschriftliche Dissertation
Doeberl	M. Doeberl, Entwicklungsgeschichte Bayerns, 3 Bde., 1906/31, I 1916[3], II 1928[3]
Doeberl, Nordgau	M. Doeberl, Die Markgrafschaft und die Markgrafen auf dem bayerischen Nordgau (Programm des Ludwigs-Gymn. München 1893/94) 1894
Dollinger, Classes rurales	Ph. Dollinger, L'évolution des classes rurales en Bavière depuis la fin de l'époque Carolingienne jusque'au milieu du XIIIe siècle, Paris 1949
Dopsch, Europ. Kulturentwicklung	A. Dopsch, Wirtschaftliche und soziale Grundlagen der europäischen Kulturentwicklung aus der Zeit von Caesar bis auf Karl den Großen, 2 Bde., 1923/24[2] (Neudruck 1961)
Dopsch, Karolingerzeit	A. Dopsch, Die Wirtschaftsentwicklung der Karolingerzeit, 2 Bde., 1913, 1921[2]
Dümmler	E. Dümmler, Geschichte des Ostfränkischen Reiches, 3 Bde., 1887/88 (Neudruck 1960)
Dungern	Genealogisches Handbuch zur bairisch-österreichischen Geschichte, hg. von O. Dungern 1931, 1. Lieferung
Dungern, Adelsherrschaft	O. Dungern, Adelsherrschaft im Mittelalter, 1927
Dungern, Landeshoheit	O. Dungern, Die Entstehung der Landeshoheit in Österreich, 1910
DVjschr LG	Deutsche Vierteljahrsschrift für Literaturwissenschaft und Geistesgeschichte, 1928ff.
DW, DW[9]	Dahlmann-Waitz, Quellenkunde der deutschen Geschichte, hg. von H. Haering, 1931[9], Reg. Bd. 1932[9]
DW[10]	Dahlmann-Waitz, Quellenkunde der deutschen Geschichte. Bibliographie der Quellen und Literatur zur deutschen Geschichte. 10. Auflage unter Mitwirkung zahlreicher Gelehrter hg. im Max-Planck-Institut für Geschichte von H. Heimpel und H. Geuss, I 1969, II 1971, III 1972–1979 (Liefg. 33) –
DZG.	Deutsche Zeitschrift für Geschichtswissenschaft, 14 Bde., 1890/98
ebd.	ebenda
Eberl, Bajuwaren	B. Eberl, Die Bajuwaren. Feststellungen und Fragestellungen zur Frühgeschichte des Baiernvolkes (Veröffentl. der Schwäb. Forschungsgem. I 11) 1966
Egger	J. Egger, Das Aribonenhaus (AÖG 83) 1897, 385–525
Egger, Tirol	J. Egger, Geschichte Tirols, 3 Bde., Innsbruck 1872/80
Ehrismann	G. Ehrismann, Geschichte der deutschen Literatur bis zum

	Ausgang des Mittelalters, 4 Bde., 1918/35, I 1932², Neudruck 1965/66
Epist.	Epistolae (MGH)
Erg.-Bd.	Ergänzungsband
ersch.	erschienen
Eugippius, Vita Sev.	Eugippius, Vita Severini, hg. von Th. Mommsen (MGH SS rer. Germ.) 1898, und mit deutscher Übersetzung von R. Noll, Eugippius. Das Leben des heiligen Severin (Schriften und Quellen der Alten Welt 11) 1963²
f.	für
Fastlinger	M. Fastlinger, Die wirtschaftliche Bedeutung der Bayrischen Klöster in der Zeit der Agilulfinger, 1902
FBPG	Forschungen zur brandenburgischen und preußischen Geschichte, 55 Bde., 1888/1944
FdG	Forschungen zur deutschen Geschichte, 26 Bde., 1862/86
Feine	H. E. Feine, Kirchliche Rechtsgeschichte, I: Die katholische Kirche, 1955³
Festschr.	Festschrift
FGB	Forschungen zur Geschichte Bayerns, 1898/1908 (vorher: FKLB)
FGO	Forschungen zur Geschichte Oberösterreichs, 1952 ff.
Fichtenau, Kremsmünster	H. Fichtenau, Die Urkunden Herzog Tassilos III. und der «Stiftbrief» von Kremsmünster (MIÖG 71) 1963, 1–32 (erweiterter Wiederabdruck in: Ders., Beiträge zur Mediävistik II, 1977, 62–99)
Fichtenau, Mark	H. Fichtenau, Von der Mark zum Herzogtum. Grundlagen und Sinn des «Privilegium minus» für Österreich (Österreich Archiv) 1965²
Ficker-Puntschart	J. Ficker-P. Puntschart, Vom Reichsfürstenstande. Forschungen zur Geschichte der Reichsverfassung zunächst im 12. und 13. Jahrhundert, II/1 1911, II/2 1921, II/3 1923 (Neudruck 1961)
FKG	Forschungen zur Kirchen- und Geistesgeschichte, hg. von E. Seeberg, W. Weber, R. Holtzmann, Bde. 1–21, 1932–1941, NF 1ff., 1956 ff.
FKLB	Forschungen zur Kultur- und Literaturgeschichte Altbayerns, hg. von K. v. Reinhardstöttner 1893/97 (Fortsetzung: FGB)
Fleckenstein, Welfen	J. Fleckenstein, Über die Herkunft der Welfen und ihre Anfänge in Süddeutschland (Studien und Vorarbeiten zur Geschichte des großfränkischen und frühdeutschen Adels, hg. von G. Tellenbach) 1957, 71–136
FMRD	Die Fundmünzen der Römischen Zeit in Deutschland, Abt. I Bayern, 1 (Oberbayern) 1960, 2 (Niederbayern) 1970, 3/4 (Oberpfalz/Oberfranken) 1978, 5 (Mittelfranken) 1963, 6 (Unterfranken) 1975, 7 (Schwaben) 1962
Forsch.	Forschung(en)
Forts.	Fortsetzung
FRA	Fontes rerum Austriacarum. Österreichische Geschichtsquellen, hg. von der Historischen Kommission der Öster-

	reichischen Akademie der Wissenschaften, I. Abt.: Scriptores, Bde. 1–11, Wien 1855ff., II. Abt.: Diplomataria et acta, Bde. 1–82, Wien 1849ff., III. Abt.: Fontes iuris, Bde. 1–4, Graz-Köln 1953ff.
fränk.	fränkisch
franz.	französisch
Fredegar, Chron.	Fredegar, Chronicon, hg. von B. Krusch (MGH SS rer. Merov. 2) 1888
Fredegar, Cont.	Fredegar, Continuatio in: Fredegar, Chronicon
Freis.	Freising
FRG	J. F. Böhmer, Fontes rerum Germanicarum, 4 Bde., 1843/68
Fried, Dachau-Kranzberg	P. Fried, Die Landgerichte Dachau und Kranzberg (Historischer Atlas von Bayern, Teil Altbayern H. 11/12) 1958
Fried, Herrschaftsgeschichte	P. Fried, Herrschaftsgeschichte der altbayerischen Landgerichte Dachau und Kranzberg im Hoch- und Spätmittelalter sowie in der frühen Neuzeit (Studien zur bayerischen Verfassungs- und Sozialgeschichte, Arbeiten aus der hist. Atlasforschung in Bayern, hg. von der KBL, 1) 1962
Fried, Verfassungsgeschichte	P. Fried, Verfassungsgeschichte und Landesgeschichtsforschung in Bayern, Probleme und Wege der Forschung (Zur Geschichte der Bayern, hg. von K. Bosl, Wege der Forschung 60) 1965, 528–564
Frühformen	s. Bosl
GdV	Geschichtsschreiber der deutschen Vorzeit, 2. Gesamtausgabe 1884/1914, 98 Bde., weitere Erg.-Bde. u. Neubearbeitungen 1924ff.
gedr.	gedruckt
Gengler	G. Gengler, Die altbayerischen Rechtsquellen aus der vorwittelsbachischen Zeit, 1889
Gernhuber	J. Gernhuber, Die Landfriedensbewegung in Deutschland bis zum Mainzer Reichslandfrieden von 1235, 1952
Ges.	Gesellschaft
Ges. Aufs.	Gesammelte Aufsätze
Gesch.	Geschichte
Geschichtsschr.	Geschichtsschreiber
Ges. f. fränk. Gesch.	Gesellschaft für fränkische Geschichte
Gesta Rup.	Gesta Ruperti, hg. von W. Levison (MGH SS rer. Merov. 6) 1913
Gewin, Bayer.-österr. Geschlechter	J. Gewin, Herkunft und Geschichte führender bayerisch-österreichischer Geschlechter im Hochmittelalter, s'Gravenhage 1957
Gewin, Geschlechter im MA	J. Gewin, Blüte und Niedergang hochadeliger Geschlechter im Mittelalter, s'Gravenhage 1955
GG	B. Gebhardt, Handbuch der deutschen Geschichte, 2 Bde., 1891/92, 9., vollständig neubearbeitete Auflage von H. Grundmann, 4 Bde., 1970/76
Gl.	Steinmeyer-Sievers, Die althochdeutschen Glossen, 5 Bde., 1879/1922

GP	Germania Pontificia, hg. von A. Brackmann, I 1911, II/1 1923, II/2 1927, III 1935
Gregor, Reg.	Gregor der Große, Register, hg. von P. Ewald und L. M. Hartmann (MGH Epist. 1 und 2) 1891/99
Greg. Tur., Hist.	Gregor von Tours, Libri historiarum X, hg. von B. Krusch und W. Levison (MGH SS rer. Merov. I/1) 1951^2
Guttenberg, Bamberg	E. Frhr. v. Guttenberg, Das Bistum Bamberg (Germania Sacra II. Abt. 1. Bd.) 1937
Guttenberg, Territorienbildung	E. Frhr. v. Guttenberg, Die Territorienbildung am Obermain (Jahresbericht des historischen Vereins Bamberg 79) 1925/26, 1–539
GWU	Geschichte in Wissenschaft und Unterricht, Zeitschrift des Verbandes der Geschichtslehrer Deutschlands, 1950ff.
H., He.	Heft, Hefte
HA.	Historischer Atlas
HAB.	Historischer Atlas von Bayern s. Hilfsmittel D 5
HA von Bayer.-Schwaben . .	Historischer Atlas von Bayerisch-Schwaben, hg. von W. Zorn (Veröffentlichungen der Schwäb. Forschungsgem. bei der KBL) 1955
Haller, Papsttum	J. Haller, Das Papsttum. Idee u. Wirklichkeit, 5 Bde., verbesserte und ergänzte Auflage 1950/53
Hallinger	K. Hallinger, Gorze-Cluny. Studien zu den monastischen Lebensformen und Gegensätzen im Hochmittelalter (Studia Anselmiana 22/23) 2 Bde., 1950/51
Hantsch.	H. Hantsch, Die Geschichte Österreichs, I (bis 1648) 1959^4; II (1648–1918) 1962^3
Hartig, Nb. Stifte.	M. Hartig, Die niederbayerischen Stifte. Mächtige Förderer deutscher Kunst, 1939
Hartig, Ob. Stifte.	M. Hartig, Die oberbayerischen Stifte. Die großen Heimstätten deutscher Kirchenkunst, 2 Bde., 1935
Hartmann	L. M. Hartmann, Geschichte Italiens im Mittelalter I: Das italienische Königreich, 1923^2, II/1: Römer und Langobarden bis zur Teilung Italiens, 1900, II/2: Die Loslösung Italiens vom Oriente, 1903; III/1: Italien u. die fränkische Herrschaft, 1908, III/2: Die Anarchie, 1911
Hauck	A. Hauck, Kirchengeschichte Deutschlands, Bde. I–V 2, 1887/1920, $1952/53^{5-7}$, Neuaufl. 1970
Hauptmann, Erläuterungen.	L. Hauptmann, Krain (Erläuterungen zum Historischen Atlas der österreichischen Alpenländer I/4) 1929
HB.	Handbuch
Heigel.	Festgabe Karl Theodor von Heigel zur Vollendung seines 60. Lebensjahres, gewidmet von seinen Schülern, 1903
Heigel-Riezler.	Heigel-Riezler, Das Herzogthum Bayern zur Zeit Heinrich des Löwen und Otto I. von Wittelsbach, 1867
Hemmerle, Benediktinerklöster	J. Hemmerle, Die Benediktinerklöster in Bayern (Bayerische Heimatforschung 4) 1951

Herm. Altah.	Hermann von Niederaltaich, Annales, hg. von Ph. Jaffé (MGH SS 17) 1861
Herrmann	E. Herrmann, Slawisch-germanische Beziehungen im südostdeutschen Raum von der Spätantike bis zum Ungarnsturm. Ein Quellenbuch mit Erläuterungen (Veröffentlichungen des Collegium Carolinum 17) 1965
Heuwieser, Passau	M. Heuwieser, Geschichte des Bistums Passau I: Die Frühgeschichte. Von der Gründung bis zum Ende der Karolingerzeit (Veröffentlichungen des Instituts für ostbairische Heimatforschung in Passau 20) 1939
Heuwieser, Regensburg	M. Heuwieser, Die Entwicklung der Stadt Regensburg im Frühmittelalter (VHOR 76) 1926, 73–195
Hg., hg.	Herausgeber, herausgegeben
Hirsch, Gerichtsbarkeit	H. Hirsch, Die Hohe Gerichtsbarkeit im deutschen Mittelalter, 1958[2] (unverändert, mit Nachwort von Th. Mayer)
Hirsch, Klosterimmunität	H. Hirsch, Die Klosterimmunität seit dem Investiturstreit, 1913
Hist. Ver. (HV)	Historischer Verein
Hist. Welf.	Historia Welforum, hg. von E. König (Schwäbische Chroniken der Stauferzeit 1) 1938, ältere Ausgabe: MGH SS 21, 1869
HJb.	Historisches Jahrbuch der Görresgesellschaft, 1880ff.
HK	Historische Kommission bei der Bayerischen Akademie der Wissenschaften München
Holtzmann	R. Holtzmann, Geschichte der sächsischen Kaiserzeit, 1955[3]
Hóman	B. Hóman, Geschichte des ungarischen Mittelalters I: Von den ältesten Zeiten bis zum Ende des XII. Jahrhunderts, 1940
HONB	Historisches Ortsnamenbuch von Bayern s. Hilfsmittel D 7
Hrsg.	Herausgeber
Hs(s).	Handschrift(en)
Huber	A. Huber, Geschichte Österreichs, 5 Bde., Gotha 1885/1896
Hund(t)	W. Hund(t), Bayerisch Stammenbuch, 3 Bde., I/II 1585/86, III hg. v. M. v. Freyberg (Sammlung Historischer Schriften III) 1830
HZ	Historische Zeitschrift, 1859ff
Inama-Sternegg	K. Th. Inama-Sternegg, Deutsche Wirtschaftsgeschichte, 5 Teile in 4 Bdn., 1879/1901, I 1909[2]
Ind. Arn.	Indiculus Arnonis, hg. von W. Hauthaler (UB Salzburg I) 1910
Isenburg	W. K. Prinz v. Isenburg, Stammtafeln zur Geschichte der europäischen Staaten, 2 Bde. und [3] Register und Ergänzungen 1936/37, 1953[2], Abdruck 1975, 2 Erg.-Bde. bearbeitet von F. Baron Freytag v. Loringhoven, 1954/57
Jahresber.	Jahresbericht

Jakobs, Hirsauer	H. Jakobs, Die Hirsauer. Ihre Ausbreitung und Rechtsstellung im Zeitalter des Investiturstreites (Kölner Historische Abhandlungen 4) 1961
Jaffé	Ph. Jaffé, Regesta pontificum Romanorum ab condita ecclesia usque ad annum 1198, hg. von L. Löwenfeld, 2 Bde., 1885/88², Neudruck Graz 1956
Jaksch	A. v. Jaksch, Geschichte Kärntens bis 1335, 2 Bde., Klagenfurt 1928/29
Jaksch-Wutte, Erläuterungen.	A. v. Jaksch-M. Wutte, Kärnten (Erläuterungen zum Hist. Atlas der österreichischen Alpenländer I/4) Wien 1914
Janner	F. Janner, Geschichte der Bischöfe von Regensburg, 3 Bde., 1883/86
Jbr. BD	Jahresbericht der bayerischen Bodendenkmalpflege, 1960ff.
Jb., Jbb.	Jahrbuch, Jahrbücher
Jb. f. fränk. Landesforsch. . .	Jahrbuch für fränkische Landesforschung, hg. vom Institut für fränkische Landesforschung an der Universität Erlangen, 1935ff.
Jb LKNÖ	Jahrbuch für Landeskunde von Niederösterreich, NF 1902ff. (vorher: Bll LKNÖ, s. dort)
Jb. Münch. Gesch.	Jahrbuch für Münchner Geschichte, begründet und hg. von K. v. Reinhardstöttner und K. Trautmann, Jahrgänge 1–5, 1887/94
Jg., Jgg.	Jahrgang, Jahrgänge
Jh.	Jahrhundert(e)
Juritsch	G. Juritsch, Geschichte der Babenberger und ihrer Länder (976–1246), 1894
Just	Handbuch der deutschen Geschichte, begr. von O. Brandt, fortgef. von A. O. Meyer, neu hg. von L. Just, 4 Bde., 1936ff.
Kaiserchronik	Kaiserchronik, hg. von E. Schroeder (MGH Deutsche Chron. I/1) 1892
Kat.	Katalog
Kat. Prähist. Stslg.	Kataloge der Prähistorischen Staatssammlung München
KBL	Kommission für bayerische Landesgeschichte bei der Bayerischen Akademie der Wissenschaften
KG.	Kirchengeschichte
Klebel, Herzogtümer	E. Klebel, Herzogtümer und Marken bis 900 (DA 2) 1938, 1–53 (Überarbeitete Fassung in: Die Entstehung des deutschen Reiches, Wege der Forschung 1, 1956, 42–93)
Klebel, Probleme	E. Klebel, Probleme der bayerischen Verfassungsgeschichte (Schriftenreihe 57) 1957
Klebel, Städte u. Märkte . . .	E. Klebel, Die Städte und Märkte des baierischen Stammesgebietes in der Siedlungsgeschichte (ZBLG 12) 1939/40
Klebel, Niederösterreich . . .	E. Klebel, Zur Rechts- und Verfassungsgeschichte des alten Niederösterreich (JbLKNÖ NF 28, 1939/43) 1944, 11–120
Klebel, Siedlungsgeschichte. .	E. Klebel, Siedlungsgeschichte des deutschen Südostens

	(Veröffentlichungen des Südostinstituts München 14) 1940
Klein, Beiträge	H. Klein, Beiträge zur Siedlungs-, Verfassungs- und Wirtschaftsgeschichte von Salzburg (Mitt. d. Ges. f. Salzb. Landesk. Erg.-Bd. 5) 1965
Krämer, Cambodunumforsch.	W. Krämer, Cambodunumforschungen 1953, I 1957
Kranzmayer	E. Kranzmayer, Ortsnamenbuch von Kärnten, 2 Teile (Archiv für vaterländische Geschichte und Topographie 50 u. 51) 1956/58
Krausen, Zisterzienserorden	E. Krausen, Die Klöster des Zisterzienserordens in Bayern (Bayerische Heimatforschung 7) 1953
Kt.	Karte
Läwen, Stammesherzog	G. Läwen, Stammesherzog und Stammesherzogtum, Beiträge zur Frage ihrer rechtlichen Bedeutung im 10. bis 12. Jahrhundert (Neue Deutsche Forschungen, Abt. mittelalterliche Geschichte 1) 1935
Lb.	W. Braune, Althochdeutsches Lesebuch, 1969[15]
Lechner, Herrschaftsgesch.	K. Lechner, Besiedlungs- und Herrschaftsgeschichte des Waldviertels (Das Waldviertel, hg. v. E. Stepan, 7) Wien 1937, 3–276
Lechner, Waldviertel	K. Lechner, Geschichte der Besiedlung und der ursprünglichen Grundbesitzverteilung des Waldviertels (JbLKNÖ NF 19) 1924, 10–210
Lex Baiw.	Lex Baiwariorum, hg. von E. v. Schwind (MGH Legum Sectio I/5, 2) 1926 (s. auch Hilfsmittel B 5)
Lhotsky	A. Lhotsky, Quellenkunde zur mittelalterlichen Geschichte Österreichs (MIÖG Erg.-Bd. 19) 1963
Lieberich	H. Lieberich, Landherren und Landleute (Schriftenreihe 63) 1964
Liefg.	Lieferung(en)
Lindner, Monasticon	P. Lindner, Monasticon Metropolis Salzburgensis antiquae, 1908
Lit.	Literatur
Lit.gesch.	Literaturgeschichte
Liutpr., Antap.	Liutprand, Antapodosis, hg. von J. Becker (MGH SS rer. Germ.) 1915[3]
Lkde.	Landeskunde
Lkr.	Landkreis
Löwe, Bonifatius	H. Löwe, Bonifatius und die bayerisch-fränkische Spannung. Ein Beitrag zur Geschichte der Beziehungen zwischen dem Papsttum und den Karolingern (Jb. f. fränk. Landesforsch. 15) 1955, 85–127 (Wiederabdruck in: Zur Geschichte der Bayern, Wege der Forschung 60, 1965, 264–328)
Löwe, Lit. Widersacher	H. Löwe, Ein literarischer Widersacher des Bonifatius. Virgil von Salzburg und die Kosmographie des Aethicus Ister (Abh. Mainz, geistes- und sozialwiss. Klasse 1951, 11) 1952
Löwe, Reichsgründung	H. Löwe, Die karolingische Reichsgründung und der

	Südosten. Studien zum Werden des Deutschtums und seiner Auseinandersetzung mit Rom (FKG 13) 1937
LThK	Lexikon für Theologie und Kirche, hg. von M. Buchberger, 10 Bde., 1930/38, 2. Aufl. hg. von J. Höfer und K. Rahner, 1957/65, Reg. Bd. 1967
Lütge	F. Lütge, Die bayerische Grundherrschaft. Untersuchungen über die Agrarverfassung Altbayerns im 16.–18. Jh., 1949
Lütge, Sozial- u. Wirtschaftsgesch.	F. Lütge, Deutsche Sozial- und Wirtschaftsgeschichte, 1952, 1960[2]
Luftbildatlas Bayern	Luftbildatlas Bayern, hg. von H. Fehn, 1973
m.	mit
MA	Mittelalter
Maidhof	A. Maidhof, Die Passauer Urbare, I: Die Urbare des Hochstifts im 13. u. 14. Jahrhundert, 1933; II: Die Urbare des Passauer Domkapitels vom 12.–16. Jahrhundert, 1939
Mannh. Geschichtsbll.	Mannheimer Geschichtsblätter, Jahrgänge 1–46, 1900/1940
MAO	Mitteilungen der Archivpflege in Oberbayern, 1940 ff.
Mayer, Friedr. I.	Th. Mayer, Friedrich I. und Heinrich der Löwe (Kaisertum und Herzogsgewalt im Zeitalter Friedrich I., Schriften der MGH 9) 1944, Nachdruck 1957, 365–444
Mayer, Fürsten	Th. Mayer, Fürsten und Staat, Studien zur Verfassungsgeschichte des deutschen Mittelalters, 1950
Mayer, Mod. Staat	Th. Mayer, Die Ausbildung der Grundlagen des modernen deutschen Staates im hohen Mittelalter (Herrschaft und Staat, Wege der Forschung 2, 1964) 284–331
Mayer, Privilegium minus	Th. Mayer, Das österreichische Privilegium minus (Mitteilungen des oberösterreichischen Landesarchivs 5) 1957, 9–60 (Wiederabdruck in: Ders., Mittelalterliche Studien, 1959, 202–246)
MB	Monumenta Boica, hg. von der Bayerischen Akademie der Wissenschaften, 1763 ff. (s. auch Hilfsmittel B 2)
MBV	Materialhefte zur bayerischen Vorgeschichte, hg. vom Bayer. Landesamt für Denkmalpflege, Abt. Vor- und Frühgeschichte, 1, 1952 ff.; ab 30, 1976 Reihe A (Fundinventare und Ausgrabungsbefunde) in Verbindung mit den Fachvertretungen für Vor- und Frühgeschichte und Provinzialröm. Archäologie an den Universitäten Erlangen-Nürnberg, Regensburg, Würzburg und der Prähistorischen Staatssammlung; ab 3, 1975 Reihe B (Inventare der Geländedenkmäler)
Meichelbeck	C. Meichelbeck, Historia Frisingensis, 2 Bde., Augsburg 1724/29
Metz	W. Metz, Das karolingische Reichsgut, 1960
MfA	Mitteilungen für die Archivpflege in Bayern, hg. von der Generaldirektion der staatlichen Archive Bayerns, 1955 ff.
Mfr.	Mittelfranken
MG, MGH	Monumenta Germaniae Historica, 1826 ff.

MGG	Die Musik in Geschichte und Gegenwart, hg. von F. Blume, 14 Bde., 1949/68; Supplement Bde. 15 u. 16, 1973 u. 1979
MHA	Münchner Historische Abhandlungen, 1932 ff.
mhd.	mittelhochdeutsch
MHF	Münchner Historische Forschungen
MHStud.	Münchener Historische Studien, Abt. Bayerische Geschichte, hg. von M. Spindler, 1955 ff.
Migne PL	J. P. Migne, Patrologia latina, 217 Bde., 1844/55, 4 Reg. Bde. 1878/90
MIÖG	Mitteilungen des Instituts für österreichische Geschichtsforschung, 1880 ff. (Bde. 39–54 als MÖIG)
Mitt.	Mitteilung(en)
Mitt. d. Ges. f. Salzb. Landesk.	Mitteilungen der Gesellschaft für Salzburger Landeskunde, 1861 ff.
Mitteis	H. Mitteis, Der Staat des hohen Mittelalters. Grundlinien einer vergleichenden Verfassungsgeschichte des Lehnszeitalters, 1953[4], Nachdruck 1962[7]
Mitteis, Lehnrecht	H. Mitteis, Lehnrecht und Staatsgewalt, 1958[2]
Mitteis-Lieberich	Deutsche Rechtsgeschichte. Ein Studienbuch von H. Mitteis 1949, 9. Aufl. neubearb. von H. Lieberich 1965
Mitterauer	M. Mitterauer, Karolingische Markgrafen im Südosten. Fränkische Reichsaristokratie und bayerischer Stammesadel im österreichischen Raum (AÖG 123) 1963
Mitterer	S. Mitterer, Die bischöflichen Eigenklöster in den vom hl. Bonifazius 739 gegründeten bayerischen Diözesen (StMBO Erg.-Heft 2) 1929
ml.	mittellateinisch
MÖIG	Mitteilungen des österreichischen Instituts für Geschichtsforschung, 1848 ff. (s. MIÖG)
Mois	J. Mois, Das Stift Rottenbuch in der Kirchenreform des 11. bis 12. Jahrhunderts. Ein Beitrag zur Ordensgeschichte der Augustiner Chorherren (Beitrr. ABK 6) 1953
Ms.	Manuskript
MSD	K. Müllenhoff-W. Scherer, Denkmäler deutscher Poesie und Prosa aus dem 8.–12. Jahrhundert, 2 Bde., 1892[3], 1964[4]
MThStud.	Münchener Theol. Studien, hg. von H. Tüchle, J. Pascher und K. Mörsdorf, I. Hist. Abt., 1950 ff.
MThZ.	Münchener Theologische Zeitschrift. Vierteljahresschrift für das Gesamtgebiet der kath. Theologie, hg. von W. Keilbach-L. Scheffczyk, 1950 ff.
Münch. Beitrr.	Münchner Beiträge zur Vor- und Frühgeschichte, hg. von J. Werner, 1950 ff.
MVSt.	Münchner volkswirtschaftliche Studien, 1–147, 1893–1927, NF 1–33, 1928–1943
MW	Monumenta Wittelsbacensia, Urkundenbuch z. Geschichte des Hauses Wittelsbach, hg. von F. M. Wittmann, I: (1204–1292) 1857 (= QE 5), II: (1293–1397) 1861 (= QE 6)

NA.	Neues Archiv der Gesellschaft für ältere deutsche Geschichtskunde, 50 Bde., 1876/1935 (Zschr. der MGH; Forts.: DA)
Nachtr.	Nachtrag, Nachträge
Nadler.	J. Nadler, Literaturgeschichte der deutschen Stämme und Landschaften, 4 Bde., 1929^3 ff. (1938/41^4 neu bearb.)
Naegle	A. Naegle, Kirchengeschichte Böhmens, I/1 u. 2, Prag 1915/18
Nb.	Niederbayern
NDB	Neue Deutsche Biographie, hg. v. d. Hist. Kommission bei der Bayer. Akademie der Wissenschaften 1953 ff.
Necr.	Necrolog
Neudr.	Neudruck
Newald	s. de Boor-Newald
NF	Neue Folge
NÖ	Niederösterreich
Nottarp	H. Nottarp, Die Bistumserrichtung in Deutschland im achten Jahrhundert (Kirchenrechtliche Abhandlungen 96) 1920
NS, ns.	nova series
OA.	Oberbayerisches Archiv für vaterländische Geschichte, hg. vom Historischen Verein von Oberbayern, 1839 ff.
Ob.	Oberbayern
Oefele	A. F. Oefele, Rerum Boicarum Scriptores, 2 Bde., 1763
Oettinger	K. Oettinger, Das Werden Wiens, 1951
Ofr.	Oberfranken
Opf.	Oberpfalz
ORL	Der obergerm.-raetische Limes des Roemerreiches, Abt. A: Beschreibung des Limeslaufes Strecke 10–15, Abt. B: Beschreibung der Hauptkastelle Nr. 33–38 (Mainlinie), Nr. 64–75 (Raetischer Limes)
Otto Fris., Chron.	Otto von Freising, Chronica, hg. von A. Hofmeister (MGH SS rer. Germ.) 1912^2, auch hg. von Lammers (Freiherr-vom-Stein-Gedächtnisausg. 16) 1960
Otto Fris., Gesta	Otto von Freising, Gesta Friderici imperatoris, hg. von G. Waitz und B. von Simson (MGH SS rer. Germ.) 1912^3, auch hg. von F. J. Schmale (Freiherr-vom-Stein-Gedächtnisausg. 17) 1965
Pastor	L. v. Pastor, Geschichte der Päpste seit dem Ausgang des Mittelalters, 16 Bde. in 22 Teilen, 1885/1930, I 1927^7, II 1928^{12}, III 1924^7, IV–XVI 1906/33 in vielen unveränd. Auflagen
Paulus Diac.	Paulus Diaconus, Historia Langobardorum, hg. von L. Bethmann und G. Waitz (MGH SS rer. Langob. et Ital.) 1878
PBB	Beiträge zur Geschichte der deutschen Sprache und Literatur, begr. von H. Paul und W. Braune, 1874 ff.; erscheint ab 1955 unter gleichem Titel, aber mit unterschiedlichem Inhalt in Halle und in Tübingen

Pfeffer	F. Pfeffer, Das Land ob der Enns. Zur Geschichte der Landeseinheit Oberösterreichs (Veröffentl. zum Atlas von Oberösterreich 3) 1958
phil.-hist. Kl.	philosophisch-historische Klasse
Piendl I, II, III	M. Piendl, Die Grafen von Bogen. Genealogie, Besitz- und Herrschaftsgeschichte (Jahresbericht des Hist. Vereins Straubing H. 55) 1953, 25–82 (= I), H. 56, 1954, 9–98 (= II), H. 57, 1955, 27–79 (= III)
Piendl, Emmeram	Quellen und Forschungen zur Geschichte des ehemaligen Reichsstiftes St. Emmeram in Regensburg, hg. von M. Piendl (Thurn u. Taxis-Studien 1) 1961
Piendl, Fontes	M. Piendl, Fontes monasterii S. Emmerami Ratisbonensis, s. Piendl, Emmeram
Pirchegger, Erläuterungen	H. Pirchegger, Überblick über die territoriale Entwicklung Istriens (Erläuterungen zum Hist. Atlas der österreichischen Alpenländer I/4) 1929; Ders.: Steiermark (ebd. II/1) 1940
Pirchegger, Steiermark	H. Pirchegger, Geschichte der Steiermark I (bis 1282), 1936^2
polit.	politisch(e)
Primordia	s. Spindler
Prinz, Frühes Mönchtum	F. Prinz, Frühes Mönchtum im Frankenreich. Kultur und Gesellschaft in Gallien, den Rheinlanden und Bayern am Beispiel der monastischen Entwicklung (4.–8. Jahrhundert), 1965
Prinz, Herzog u. Adel	F. Prinz, Herzog und Adel im agilulfingischen Bayern. Herzogsgut und Konsensschenkungen vor 788 (ZBLG 25) 1962, 283–311 (Wiederabdruck in: Zur Geschichte der Bayern, Wege der Forschung 60) 1965, 225–263
PZ	Praehistorische Zeitschrift, 1909 ff.
QE	Quellen und Erörterungen zur bayerischen und deutschen Geschichte s. Hilfsmittel B 1
QFIAB	Quellen und Forschungen aus italienischen Archiven und Bibliotheken, Zeitschrift des Preußischen bzw. Deutschen Hist. Instituts in Rom, 1898 ff.
Rassow	P. Rassow, Deutsche Geschichte im Überblick, 1973^3
RB	Regesta sive rerum Boicarum autographa ad annum usque 1300, bearb. von K. H. Ritter v. Lang, M. Frhr. v. Freyberg und Th. Rudhart, 13 Bde., 1822/54, Register bearb. von J. Widemann, 1927
RE	Realenzyklopädie
Reg.	Register
Reg. Augsb.	W. Volkert-F. Zoepfl, Die Regesten der Bischöfe und des Domkapitels von Augsburg I/1, 1955, I/2, 1964, I/3, 1974 (Veröffentlichungen der Schwäb. Forschungsgem. bei der KBL, Reihe 2b)
Reg. Bamb.	E. Frhr. v. Guttenberg, Die Regesten der Bischöfe und des Domkapitels von Bamberg (Veröffentlichungen der

	Gesellschaft für fränkische Geschichte, 6. Reihe, Bd. 2) 1932/63
Reg. Bd.	Registerband
Reg. Bez.	Regierungsbezirk
Reg. Eichstätt	F. Heidingsfelder, Die Regesten der Bischöfe von Eichstätt (Veröffentlichungen der Gesellschaft für fränkische Geschichte, 6. Reihe, Bd. 1) 1915/38
Reg. Görz	H. Wiesflecker, Die Regesten der Grafen von Görz und Tirol, Pfalzgrafen in Kärnten I (957–1271), 1949; II/1 (–1295) (Publikationen des Institutes für österreichische Geschichtsforschung 4. Reihe, 1. Abteilung) 1952
Regino, Chron.	Reginonis Chronicon, hg. von F. Kurze (MGH SS rer. Germ.) 1890
Reg. Pfalzgr.	Regesten der Pfalzgrafen am Rhein, bearb. von A. Koch und J. Wille, 2 Bde., 1894/1913
Reg. Salzb.	F. Martin, Die Regesten der Erzbischöfe und des Domkapitels von Salzburg 1247–1343, 3 Bde., 1928/34
Reindel	K. Reindel, Die bayerischen Luitpoldinger 893–989. Sammlung und Erläuterung der Quellen (QE NF 11) 1953
Reindel, Arnulf	K. Reindel, Herzog Arnulf und das Regnum Bavariae (ZBLG 17) 1953/54, 187–252 (Wiederabdruck in: Die Entstehung des deutschen Reiches, Wege der Forschung 1, 1956, 213–288)
Reindel, Bistumsorganisation	K. Reindel, Die Bistumsorganisation im Alpen-Donau-Raum in der Spätantike und im Frühmittelalter (MIÖG 72) 1964, 277–310
RGF	Römisch-germanische Forschungen, 1928 ff.
RGG	Die Religion in Geschichte und Gegenwart, 2. Aufl. hg. von H. Gunkel und L. Zscharnack, 5 Bde., 1927/31
RGK	Römisch-Germanische-Kommission
Rhein. Vjbll.	Rheinische Vierteljahrsblätter, Mitteilungen des Instituts für geschichtliche Landeskunde der Rheinlande, 1931 ff.
RI	Regesta Imperii s. Hilfsmittel B 2
Riezler	S. Riezler, Geschichte Baierns, 8 Bde., 1878/1914, I 1927^2 in 2 Halbbänden, Registerband bearb. von J. Widemann 1932
RL	Reallexikon der deutschen Literaturgeschichte, begr. von P. Merker und W. Stammler, hg. von W. Kohlschmidt und W. Mohr, 2. Aufl.: I 1958, II 1965, III 1977
Rössler-Franz	H. Rössler-G. Franz, Sachwörterbuch zur deutschen Geschichte, 1958
Rosenthal	E. Rosenthal, Geschichte des Gerichtswesens und der Verwaltungsorganisation Baierns, 2 Bde., 1889/1906
RPR	A. Potthast, Regesta pontificum Romanorum 1198–1304, 2 Bde., 1874/75
RQ	Römische Quartalschrift für christliche Altertumskunde und für Kirchengeschichte, 1887 ff.
s.	siehe
Sax	Julius Sax, Die Bischöfe u. Reichsfürsten v. Eichstätt 745–1806, 2 Bde., 1884
SB	Sitzungsberichte

SB Berlin, Heidelberg, München	Sitzungsberichte der Philosophisch-Historischen Klasse der Akademie der Wissenschaften zu –
Schaffran	E. Schaffran, Die niederösterreichischen Stifte, 1925
Schieffer, Winfrid-Bonifatius	Th. Schieffer, Winfrid-Bonifatius und die christliche Grundlegung Europas, 1954
Schlecht	Wissenschaftliche Festgabe zum 1200jährigen Jubiläum des hl. Corbinian, hg. von J. Schlecht, 1924
Schlesinger, Beiträge	W. Schlesinger, Beiträge zur deutschen Verfassungsgeschichte des Mittelalters, I: Germanen, Franken, Deutsche, II: Städte und Territorien, 1963
Schmidt, Westgermanen	L. Schmidt, Geschichte der deutschen Stämme bis zum Ausgang der Völkerwanderung. Die Westgermanen, I 1938^2; II unter Mitwirkung von Hans Zeiss, 1940^2 (Neudruck 1970)
Schnelbögl, Landfrieden	W. Schnelbögl, Die innere Entwicklung der bayerischen Landfrieden des 13. Jahrhunderts, 1932
Schr.	Schrift(en)
Schriftenreihe	Schriftenreihe der Kommission für bayerische Landesgeschichte bei der Bayer. Akademie der Wissenschaften
Schröder-Künßberg	R. Schröder, Lehrbuch der deutschen Rechtsgeschichte, 7. Aufl. hg. von E. Frhr. v. Künßberg, 1932
Schw.	Schwaben
Schwäb. Forschungsgem.	Schwäbische Forschungsgemeinschaft
Schwarz, Sprache u. Siedlung	E. Schwarz, Sprache und Siedlung in Nordostbayern (Erlanger Beiträge zur Sprach- und Kunstwiss. 4) 1960
Schwarz, Stammeskunde	E. Schwarz, Germanische Stammeskunde, 1956
Schweizer Beitrr.	Schweizer Beiträge zur allgemeinen Geschichte, 1943 ff.
Seppelt	F. X. Seppelt, Geschichte der Päpste von den Anfängen bis zur Mitte des 20. Jahrhunderts, I 1954^2, II 1955^2, III 1956^1, IV neu bearb. von G. Schwaiger 1957^2, V neu bearb. von G. Schwaiger 1959^2
Siebmacher-v. Hefner	Siebmachers großes u. allgemeines Wappenbuch, neu hg. von O. T. von Hefner u. a., Bde. 1–96–, 1854–1949–, General-Index zu den Siebmacherschen Wappenbüchern, bearb. von H. Jäger-Sustenau, 1964
Simon	M. Simon, Evangelische Kirchengeschichte Bayerns, 2 Bde., 1942, 1952^2
s. o.	siehe oben
Sparber, Sabiona	A. Sparber, Das Bistum Sabiona in seiner geschichtlichen Entwicklung, 1942
Spindler, Aufsätze	M. Spindler, Erbe und Verpflichtung. Aufsätze und Vorträge zur bayerischen Geschichte, hg. von A. Kraus, 1966
Spindler, Landesfürstentum	M. Spindler, Die Anfänge des bayerischen Landesfürstentums (Schriftenreihe 26) 1937
Spindler, Primordia	Electoralis Academiae Scientiarum Boicae Primordia. Briefe a. d. Gründungszeit d. Bayer. Akademie der Wissenschaften, hg. von M. Spindler unter Mitarbeit von G. Diepolder, L. Hammermayer, A. Kraus, 1959
Spr.	Sprache

SS	Scriptores in Folio (MGH)
SS rer. Germ.	Scriptores rerum Germanicarum in usum scholarum seperatim editi (MGH)
SS rer. Merov.	Scriptores rerum Merovingicarum (MGH)
Stälin	Ch. F. Stälin, Wirtembergische Geschichte, 4 Bde., 1841/73
Starflinger	H. Starflinger, Die Entwicklung der Domvogtei in den altbayerischen Bistümern (Programm der Oberrealschule Ludwigshafen) 2 Bde., 1907/09
StD	E. v. Steinmeyer, Die kleineren althochdeutschen Sprachdenkmäler, 1963^2
Steichele-Schröder	A. v. Steichele, Das Bistum Augsburg, Historisch u. statistisch beschrieben. [Ab VII]: Fortgesetzt von A. Schröder, 1861/1932, IX von F. Zoepfl 1934/1939, X 1. und 2. Lieferung 1940
StMBO	Studien und Mitteilungen zur Geschichte des Benediktinerordens und seiner Zweige, hg. von der Bayer. Benediktinerakademie München, 32ff., 1911ff. (vorher: Wissenschaftliche Studien und Mitteilungen aus dem Benediktiner-Orden mit bes. Berücksichtigung der Ordensgeschichte u. Statistik, ab Jg. 4 mit dem Titel: Studien und Mitteilungen aus dem Benedictiner- und Cistercienserorden, 1–31, 1880–1910)
Stolz, Deutschtum in Südtirol	O. Stolz, Die Ausbreitung des Deutschtums in Südtirol im Lichte der Urkunden, 4 Bde., 1927/34
Stolz, Land	O. Stolz, Land und Landesfürst in Bayern und Tirol (ZBLG 13) 1942
Stolz, Tirol	O. Stolz, Geschichte des Landes Tirol I, Innsbruck-Wien 1955
Stud.	Studien
Sturm, Preysing	J. Sturm, Die Anfänge des Hauses Preysing (Schriftenreihe 8) 1931
s. u.	siehe unten
Tellenbach, Eigenklöster	G. Tellenbach, Die bischöflich passauischen Eigenklöster und ihre Vogteien (Hist. Studien 173) 1928
Tellenbach, Königtum	G. Tellenbach, Königtum und Stämme in der Werdezeit des Deutschen Reiches (Quellen und Studien zur Verfassungsgeschichte des Deutschen Reiches in Mittelalter und Neuzeit VII/4) 1939
Tellenbach, Libertas	G. Tellenbach, Libertas, Kirche und Weltordnung im Zeitalter des Investiturstreites, 1936
Tellenbach, Reichsadel	G. Tellenbach, Vom karolingischen Reichsadel zum deutschen Reichsfürstenstand (Adel und Bauern im deutschen Staat des Mittelalters, hg. von Th. Mayer) 1943, 22–73 (Wiederabdruck in: Wege der Forschung 2, 1956, Nachdruck 1974, 191–242)
Thietmar, Chron.	Thietmar, Chronicon, hg. von R. Holtzmann (MGH SS rer. Germ. NS 9) 1935, Neudruck 1955
ThQ	Theologische Quartalschrift, 1819ff. (ab Jg. 141/1961: Tübinger theologische Quartalschrift)

Tit.	Titel
Tomek	E. Tomek, Kirchengeschichte Österreichs, 3 Bde., 1935/59
Topograph. Atlas Bayern	Topographischer Atlas Bayern, hg. vom Bayer. Landesvermessungsamt. Kartenwahl u. Interpretationen von H. Fehn u. Mitarbeitern, 1970^2
Torbrügge/Uenze	W. Torbrügge und H. P. Uenze, Bilder zur Vorgeschichte Bayerns, 1968
Trad. Freis., Münchsmünster, Neustift, Obermünster, Passau, Raitenhaslach, Reg. (Regensburg), Schäftlarn, Tegernsee, Weihenstephan, Weltenburg	Die Traditionen des Hochstifts Freising etc. s. Hilfsmittel B 2 und D 2b
Tyroller, Genealogie	Genealogie des altbayerischen Adels im Hochmittelalter mit 51 genealogischen Tafeln mit Quellennachweisen und 1 Karte, bearb. von F. Tyroller, 1957ff.
UB	Urkundenbuch
UB Babenberger	Urkundenbuch zur Geschichte der Babenberger in Österreich I: Die Siegelurkunden der Babenberger bis 1215, bearb. von H. Fichtenau und E. Zöllner, 1950; IV/1: Ergänzende Quellen 976–1194, bearb. von H. Fichtenau, 1968
UB Brix.	Die Urkunden der Brixener Hochstiftsarchive, hg. von L. Santifaller, I (845–1295) (Schlern-Schriften 15) 1929, II (1295–1336) hg. von L. Santifaller und H. Appelt, 1. Teil: Die Urkunden, 1941 (= Brixener Urkunden, hg. von L. Santifaller II/1)
UBLE	Urkundenbuch des Landes ob der Enns, 10 Bde., Wien 1852/1906, XI bearb. von E. Trinks, Linz 1933/56
UB Regensbg.	s. Monumenta Boica Bd. 53, Hilfsmittel B 2 und D 2a
UB Salzb.	Salzburger Urkundenbuch, hg. von W. Hauthaler und F. Martin, 4 Bde., Salzburg 1910/33
Ufr.	Unterfranken
Uhlirz	K. u. M. Uhlirz, Handbuch der Geschichte Österreichs und seiner Nachbarländer Böhmen und Ungarn, 4 Bde., 1927/44, I 1963^2
Uhlirz, Jahrbücher	Jahrbücher des Deutschen Reichs unter Otto II. und Otto III., I: Otto II., von K. Uhlirz, 1902, II: Otto III., von M. Uhlirz, 1954
Ulbert, Regensburg	G. Ulbert, Das römische Regensburg (Germania Romana, Gymnasium Beih. 1) 1960, 64–77
Urk.	Urkunde(n)
v.	von
Vaněček	V. Vaněček, Der Staat der Mährer, das großmährische Reich (Das großmährische Reich. Tausendjährige Staats- und Kulturtradition) 1963
Vancsa	M. Vancsa, Geschichte Nieder- und Oberösterreichs, 2 Bde., 1905/27
Ver.	Verein

Verh.	Verhandlungen
Veröffentl.	Veröffentlichung(en)
Veröffentl. d. IOBH	Veröffentlichungen des Instituts für ostbairische Heimatforschung, 1951 ff.
Verz.	Verzeichnis
VF	Vorträge und Forschungen, hg. vom Institut für geschichtliche Landesforschung des Bodenseegebiets in Konstanz, ab Bd. 6 hg. vom Konstanzer Arbeitskreis für mittelalterliche Geschichte, geleitet von Th. Mayer, 1955 ff.
vgl.	vergleiche
VHN	Verhandlungen des Historischen Vereins für Niederbayern, 1846 ff.
VHOR	Verhandlungen des Historischen Vereins von Oberpfalz und Regensburg, 1838 ff. (vorher: ... des Hist. Vereins im Regenkreis 1831/32 ff.)
Vjbll.	Vierteljahrsblätter
Vjh(e).	Vierteljahresheft(e)
Vjschr.	Vierteljahr(e)sschrift
Vita Bonif.	Vita Bonifatii auctore Willibaldo, hg. von W. Levison (MGH SS rer. Germ.) 1905
Vita Godehardi	Vita Godehardi, hg. von G. H. Pertz (MGH SS 11) 1854
Vita Karoli	Einhard, Vita Karoli magni, hg. von O. Holder-Egger (MGH SS rer. Germ.) 1911^6
VL	Die deutsche Literatur des Mittelalters, Verfasserlexikon, hg. von W. Stammler und K. Langosch, 5 Bde., 1933/55, 2. Aufl. hg. von K. Ruh, 1978 ff.
vN	verbesserter Neudruck
Vollmer	F. Vollmer, Inscriptiones Baivariae Romanae, 1915
Vortr., Vortrr.	Vortrag, Vorträge
VSWG	Vierteljahrsschrift für Sozial- und Wirtschaftsgeschichte, 1903 ff.
Wagner, Bibliographie	F. Wagner, Bibliographie der bayerischen Vor- und Frühgeschichte 1884–1959, hg. von der KBL 1964
Wagner, Frühzeit	Aus Bayerns Frühzeit, F. Wagner zum 75. Geburtstag (Schriftenreihe 62) 1962
Wagner, Neue Inschriften	F. Wagner, Neue Inschriften aus Raetien (Ber. RGK 37–38) 1956/57, 215–264
Wagner, Römer	F. Wagner, Die Römer in Bayern, 1928^4
Waitz	G. Waitz, Deutsche Verfassungsgeschichte, 8 Bde., 1844/78, Bde. I–VI in 2. u. 3. Aufl. 1880/96
Wegener	W. Wegener, Böhmen-Mähren und das Reich im Hochmittelalter. Untersuchungen zur staatsrechtlichen Stellung Böhmens und Mährens im Deutschen Reich des Mittelalters 919–1253 (Ostmitteleuropa in Vergangenheit und Gegenwart 5) 1959
Werner, Langobarden	J. Werner, Die Langobarden in Pannonien. Beiträge zur Kenntnis der langobardischen Bodenfunde vor 568 (Abh. München NF 55 A) 1962
WH	W. Wattenbach-R. Holtzmann, Deutschlands Geschichts-

	quellen im Mittelalter. Die Zeit der Sachsen und Salier. Neuausgabe hg. von F.-J. Schmale, 3 Teile, 1967/71
Widmann	H. Widmann, Geschichte Salzburgs, 3 Bde., Wien 1907/14
Winkler	Bayern, Staat und Kirche, Land und Reich. Forschungen zur bayer. Geschichte, vornehmlich im 19. Jahrhundert. W. Winkler zum Gedächtnis, hg. von den staatlichen Archiven Bayerns, 1961
Wiss.	Wissenschaft(en)
WL	W. Wattenbach-W. Levison, Deutschlands Geschichtsquellen im Mittelalter. Vorzeit und Karolinger, 4 Hefte mit Beiheft (He. 2–4 bearb. von H. Löwe, Beih.: Die Rechtsquellen, bearb. von R. Buchner) 1952/63
Wodka	J. Wodka, Kirche in Österreich. Wegweiser durch ihre Geschichte, Wien 1959
Wohlhaupter	E. Wohlhaupter, Hoch- und Niedergericht in der mittelalterlichen Gerichtsverfassung Bayerns (Deutschrechtliche Beitrr. 12/2) 1929
Wopfner	H. Wopfner, Die Reise des Venantius Fortunatus durch die Ostalpen. Ein Beitrag zur frühmittelalterlichen Verkehrs- und Siedlungsgeschichte (Festschrift zu Ehren E. von Ottenthals, Schlern-Schriften 9) 1925, 362–417
WS	W. Wattenbach-F.-J. Schmale, Deutschlands Geschichtsquellen im Mittelalter. Vom Tod Kaiser Heinrichs V. bis zum Ende des Interregnums I, 1976
z.	zu, zur
ZBKG	Zeitschrift für bayerische Kirchengeschichte, hg. von H. Clauss, K. Schornbaum, M. Simon und G. Kuhr, 1926 ff. (vorher: Beitrr. BK)
ZBLG	Zeitschrift für bayerische Landesgeschichte, hg. von der KBL in Verbindung mit der Gesellschaft für fränkische Geschichte, 1928 ff.
ZDA	Zeitschrift für deutsches Altertum und deutsche Literatur, 1841 ff.
ZDPh.	Zeitschrift für deutsche Philologie, 1869 ff.
ZGO, ZGORh.	Zeitschrift für Geschichte des Oberrheins, 39 Bde., 1850/85, NF 1886 ff.
Zibermayr	I. Zibermayr, Noricum, Baiern und Österreich. Lorch als Hauptstadt und die Einführung des Christentums, 1956[2]
ZkTh.	Zeitschrift für katholische Theologie, 1877 ff.
Zoepfl	F. Zoepfl, Das Bistum Augsburg und seine Bischöfe im Mittelalter I, 1955
Zöllner	E. Zöllner, Geschichte Österreichs. Von den Anfängen bis zur Gegenwart, Wien 1961, 1966[3]
ZRG	Zeitschrift der Savigny-Stiftung für Rechtsgeschichte, Germanistische Abteilung, 1880 ff.
ZRG KA (ZRG, kan. Abt.)	Zeitschrift der Savigny-Stiftung für Rechtsgeschichte, Kanonistische Abteilung
Zschr.	Zeitschrift
ZWLG	Zeitschrift für württembergische Landesgeschichte, 1937 ff. (vorher: Württembergische Vierteljahrshefte für Landesgeschichte, 1878 ff.)

A

VOR- UND FRÜHZEIT
BIS ZUM ERSTEN AUFTRETEN DER BAYERN
IM ALPEN-DONAU-RAUM

I

VORZEIT BIS ZUM ENDE DER KELTENREICHE

§ 1. GRUNDLAGEN

WAGNER, Bibliographie; BVfr.; BVbll.; Beitrr. zur Anthropologie u. Urgesch. Bayerns 1–19, 1877–1915; Führer zu vor- u. frühgeschichtl. Denkmälern (6) 1963; (8) 1967; (18–19) 1971; (27–28) 1975; (40–41) 1979; Jbr. BD; Kat. Prähist. Stslg.; MBV; Münch. Beitrr.; Ausgrabungen in Deutschland (Monogr. Röm.-Germ. Zentralmus. Mainz 1, Teil 1–4) 1975.

BIRKNER; TORBRÜGGE/UENZE; WAGNER, Frühzeit; Vor- u. frühgeschichtl. Archäologie in Bayern, Redaktion u. Bibliogr. O. KUNKEL, 1972; H. DANNHEIMER, Prähist. Staatssammlung München. Die Funde aus Bayern (Gr. Kunstführer 67/68, hg. v. H. Schnell) 1976. – Bayer. Geschichtsatlas; HA v. Bayer.-Schwaben.

Der Bericht über die Vorzeit Bayerns muß sich an Staatsgrenzen halten, die mit geographischen und prähistorischen Trennlinien nur streckenweise zusammenfallen. Deshalb ist auch ganz Bayern in einem zu betrachten, weil Zusammenhänge oder Gegensätze im historisch begründeten Ausschnitt der einzelnen Regierungsbezirke nicht deutlich genug hervortreten. Ohnehin kann die Archäologie vom Sachbesitz früher Völkerschaften höchstens eine Auswahl heben und beschreiben. In ihr sind die verschiedenartigen Gruppen des ursprünglichen Güterbestandes längst nicht mehr mit gerechten Fundanteilen vertreten. Über Mittel und Ergebnisse der Forschung unterrichten genügend allgemeinverständliche Arbeiten, doch kommen dabei die Eigenheiten kleinerer Gebiete meist zu kurz.[1] Zudem erweckt die populäre Schilderung der glanzvollsten Funde und Befunde leicht den Anschein schier unerschöpflicher Erkenntnismöglichkeiten. Aber kartographischer Augenschein und prähistorische Wirklichkeit widersprechen sich vielfach. Die Isolierung der Quellen ist geradezu die Regel, Bewegungsvorgänge oder Entwicklungszyklen werden allein in der Schematisierung sichtbar. Selbst als reine Antiquitätenkunde befindet sich die Vorgeschichte indessen noch immer im Anfangs- und Sammelstadium. Ihr Material ist unvollständig, solange es zum Teil in der Erde ruht und solange gehobene Schätze

[1] Aus der Fülle einschlägiger Literatur mit unterschiedlicher Thematik besonders zu nennen V. G. CHILDE, Vorgesch. d. europäischen Kultur, 1960; R. PÖRTNER, Bevor die Römer kamen, 1961; J. A. H. POTRATZ, Einführung in die Archäol., 1962; E. WAHLE, Ur- u. Frühgesch. im mitteleurop. Raum (GG) 1970⁹, 1–89; St. PIGGOTT, Vorgesch. Europas vom Nomadentum zur Hochkultur, 1972; F. FELGENHAUER, Einführung in die Urgeschichtsforsch., 1973; H. J. EGGERS, Einführung in die Vorgesch., 1974²; H. MÜLLER-KARPE, Einführung in die Vorgesch., 1975; BENGTSON/MILOJČIĆ, Großer Hist. Weltatlas, 1. Teil: Vorgesch. u. Altertum, hg. v. Bayer. Schulbuchverlag, 1976⁴; D. u. R. WHITEHOUSE, (Lübbes) Archäol. Weltatlas, 1976.

nicht publiziert sind. Wo das Thema aber über die typologische, regionale und chronologische Ordnung hinausgreift, behindert das Fehlen einer gültigen Methodenlehre den Gang der Untersuchung. Die Ursachen liegen in der eigentümlichen und vergleichsweise kurzen Geschichte des Faches und im eher schwankenden Selbstverständnis der Vorgeschichtsforschung.[2] Vorweg sind demnach *Quellenlage* und *Arbeitsweisen* zu skizzieren.

Ein so vielgestaltiges Land wie Bayern kann nicht einheitlich beurteilt werden, denn die *geographischen Bedingungen* haben eine gleichmäßige Durchdringung ebenso verhindert wie nachmals die gleichmäßige Aufdeckung der Siedelspuren. Es genügt jedoch, Unterscheidungsmerkmale anzuführen, die der vorzeitliche Jäger und vor allem der Kolonist aus Erfahrung zu beachten gelernt haben muß.[3] Hindernisse für die Binnensiedlung unterbrechen die Verbindung nach außen nicht. Selbst die Kalkalpen im Süden bilden höchstens bis in die jüngere Steinzeit eine feste Barriere.

Als geknickte West-Ost-Achse teilt die Donau allerdings zwei recht gegensätzliche Zonen. Obwohl die Flüsse mitsamt ihren See- und Moorketten den Raum von Süden nach Norden oder Nordosten aufgliedern, bleibt Südbayern querläufig orientiert. Die geologische Stufung liegt parallel zu den Alpen. In mehreren Absätzen formen das Molassebergland vor dem Alpenrand, die lappig vorgelagerten Hügel der Würmmoränen, die östlich des Lechs nur schmale Schotterebene, auf sie folgend zwischen Lech, Inn und Donautal das tertiäre Hügelland und endlich die weiträumige Donauebene von Regensburg stromabwärts jeweils langgestreckte, selbständige Naturräume. Mit den Höhenlagen steigen nach Süden zu die Niederschlagsmengen an, in gleicher Richtung sinkt die Qualität der Böden von den Lehm- und Lößdecken der Stromebene und des Hügellandes aus merklich ab. Nordbayern kennt solch einfache Generallinien nicht. Im Südwesten spart hier die Alb als erste Sonderbildung den Rieskessel aus. Bis zu ihrem Nordzipfel in der Fränkischen Schweiz umschließt sie

[2] Das betrifft vor allem den Anspruch als historische Disziplin. Trotz vermehrter materieller Einsichten zum grundsätzlichen Dilemma immer noch gültig die Einschränkungen bei K. JASPERS, Vom Ursprung d. Gesch., 1949; zur Diskussion auch im Bereich der kulturhistorischen Völkerkunde W. ANGELI, Urzeit u. Gesch. (Mitt. Anthropol. Ges. Wien 100) 1970, 116–128; zu Definition und Stellung der Vorgeschichte in «universalgeschichtlichem» Rahmen MÜLLER-KARPE, Einführung (s.o. 3 Anm. 1) 9–16; unter geschichtsphilosophischen Erwägungen ebd. 38 bleibt die Reduzierung auf sozio-ökonomische Modelle in westlichen wie östlichen Schulen modische Randerscheinung; Ders., Gesch. d. Steinzeit, 1976², 5 betont immerhin die konkrete «quellenkundliche Seite» als praktische Forderung im «universalhistorischen Aspekt».

[3] Geol. Karte v. Bayern mit Erläuterungen, hg. v. Bayer. Geol. Landesamt, 1964²; Bodenkundl. Übersichtskarte v. Bayern, hg. v. Bayer. Geol. Landesamt, 1955; Topogr. Atlas Bayern, hg. v. Bayer. Landesvermessungsamt, 1970²; P. SEIBERT, Übersichtskarte d. natürl. Vegetationsgebiete v. Bayern 1:500000 mit Erläuterungen, hg. v. d. Bundesanst. f. Vegetationskd., Naturschutz u. Landschaftspflege (Schriftenreihe f. Vegetationskd. 3) 1968; HB d. naturräuml. Gliederung, hg. v. E. MEYNEN u. J. SCHMITHÜSEN, Bde. I, II, 1953/62; Die naturräuml. Einheiten auf Einzelblättern. Geogr. Landesaufnahme 1:200000 (Naturräuml. Gliederung Deutschlands), hg. v. d. Bundesforschungsanst. f. Landeskd. u. Raumordnung; Geol. Grundlagenkarte für die prähistorische Besiedlung in Bayern 1:2500000 bei FREUND (s.u. 11) 13 Abb. 2 u. MAIER, Steinzeit (s.u. 17) 13 Abb. 2.

vielerlei Landschaften, deren wechselhafte Züge sich aus der dreifachen Schichtung des Jura erklären, aus der kräftigen Profilierung durch diluviale Talgründe, aus unterschiedlichen Bodendecken und Quellhorizonten mit unterschiedlichen Vegetationsgruppen. Mannigfach ist auch das Stufenland mit seiner gezackten Treppe vom Keuperbecken im Rednitztal über die Muschelkalke bis zum Buntsandstein des Spessart ausgeformt, reich an lokalen Raumgestalten mit Höhenzügen wie Steigerwald und Haßberge, mit eigenwillig geschlungenen Flußsystemen und mit einem Ausläufer in der Oberpfälzer Senke tief zwischen Alb und Waldgebirge gedrängt.

Daraus folgt ganz von selbst die mehr kantonale Aufsplitterung mancher Siedelverbände, während die *Fundgebiete* Südbayerns meist im großflächigen Zusammenhang erscheinen, obwohl es auch hier an echten und vermeintlichen Schwerpunkten und an weißen Flecken auf der Karte nicht fehlt. Grundsätzliche Einschränkungen für die Beherrschung, Nutzung und Gestaltung des Raumes aus hinderlicher Landesnatur verstehen sich von selbst. Fundleere oder doch -armut in alten Hochwasserzonen oder in wald- und regenreichen Gebirgen ist prähistorisch begründet, zumal selbst sanftere Mittelgebirge erst unter mittelalterlicher Landnot gegen alle wirtschaftliche Vernunft bäuerlich erschlossen werden.[4] Gastlich haben sich dagegen von Beginn an immer die breiten Täler, Niederungen und Kessel mit optimalen Klimabedingungen gezeigt. Durchweg handelt es sich um Landstriche, in denen man heute gute bis sehr gute Ackerflächen registriert, doch ist ihre Bonität schwerlich sogleich erkannt und bewertet worden.

Das betrifft vor allem die bäuerlichen Kolonisten vom Neolithikum an, deren *Siedelschema* topographisch vorbestimmt bleibt. Stets besetzen sie in den Flußtälern vorzugsweise die Terrassen, die zwischen feuchten Auen und dichter bewaldetem Hinterland gewissermaßen die ökologischen Nahtstellen für mehrere natürliche Wirtschaftsbereiche bilden.[5] Gesucht werden vor allem die Quellhorizonte an den Terrassenkanten oder anderen Geländestufen. Aus gleichen Ansprüchen und Bedürfnissen bei ungefähr gleichen technischen Mitteln folgt eine gewisse Ortstradition bis ins frühe Mittelalter, obwohl die Wohnplatzfolge immer wieder unterbrochen wird.[6] Das Schema variiert örtlich, hebt aber überall das Gewässernetz als Grundgeflecht der Siedelgänge hervor. In den flächigen Ebenen liegen die vorgeschichtlichen Wohnplätze genau so an den Kanten von Hoch- und Niederterrassen aufgereiht wie die frühmittelalterlichen Orte, die freilich tiefer in die Bachtäler herabsteigen und durch Straßen wie Brücken endgültig festgebaut werden.

[4] Manske, Zur Frage d. Höhensiedlungen im südöstl. Oberpfälzer Wald (Mitt. Geogr. Ges. München 53) 1968, 307–337.

[5] B. Sielmann, Zur Interpretationsmöglichkeit ökologischer Befunde im Neolithikum Mitteleuropas (Germania 49) 1971, 231–238; zu den landschaftlichen Voraussetzungen für die Siedlung differenzierter Ruckdeschel, Südbayern (s. u. 28) Text 31–37.

[6] H. Dannheimer, Die germ. Funde d. späten Kaiserzeit u. d. frühen Mittelalters in Mittelfranken (Germ. Denkmäler d. Völkerwanderungszeit, Serie A, Bd. 7) 1962, bes. 137; Torbrügge, Oberpöring, Kat. z. Vorgesch. einer Ortsmarkung (Kat. Prähist. Stslg. 5) 1963, 9–10, 31–32; Torbrügge/Uenze 55, Abb. 17; Torbrügge, Hallstattzeit I (s. u. 44) 54–59.

Von der Basis in solchen *primären Siedlungsräumen* wird weiteres Umland schrittweise kolonisiert. Der Vorgang erscheint jedoch kontinuierlich höchstens im gedrängten fundstatistischen Rückblick, tatsächlich verändern sich im Lauf der Jahrtausende Richtung und Ausmaß der Siedelbewegungen mehrfach, weil neben der bäuerlichen Landnutzung noch andere Faktoren mitwirken. Immerhin bestätigt die Statistik den Vorrang der Primärlandschaften nicht nur durch eine hohe Zahl von Wohnplatzfunden, sondern mittelbar auch durch die Größe der zugehörigen Friedhöfe. Mit verminderten Existenzmöglichkeiten nimmt die Zahl der Bestattungen ab. Sie bezeichnen kurze Dauer oder geringe Bewohnerzahl eines Ortes als Folge geographisch bedingter Nachteile, die zur baldigen Abwanderung und Suche nach neuen Wohnsitzen zwingen.

In anderen Fällen erklärt sich freilich aus den *Fundbedingungen,* was beim ersten Blick auf die Karte gleichfalls wirtschaftlich begründet sein könnte. Es spiegeln sich Scheingesetzlichkeiten, denn fast alle Verbreitungskarten geben die ursprünglichen Ausgangswerte nicht mehr an, da die Funde und Befunde eine ganze Reihe von Filtern passieren müssen, ehe sie ans Licht kommen, und Zahl und Art dieser Filter mit den prähistorischen und historischen Gegebenheiten wechseln. Ohnedies gelangt vom vorzeitlichen Sachbesitz nur ein Bruchteil absichtlich oder unabsichtlich in den Schutz der Erde. Einiges wird mitsamt den Spuren bescheidener Baulichkeiten als unbrauchbar oder nicht transportabel auf Wohnstellen zurückgelassen, anderes als Schatz verborgen, auf der Jagd verloren, als Weihegabe in Horten auf dem festen Lande niedergelegt oder im Wasser versenkt. Den Löwenanteil stellen Wohnplatzfunde und die Grabbeigaben, die vom Neolithikum bis zum frühen Mittelalter als sogenannte geschlossene Funde den Grundstock für die periodische Gliederung des Stoffes liefern. Nicht alles bleibt schließlich erhalten. Der Rückgriff auf den dauerhaften Stein, auf Bronze und Eisen bei der Periodenbenennung macht hinreichend klar, wie groß der Verlust an Gütern aus organischen Stoffen ist, die jedenfalls die Masse vorgeschichtlicher Besitztümer gestellt haben müssen.

Diese Einbuße ist durch keine archäologische Interpolation auszugleichen. Korrekturen sind nur möglich, wo die geologischen Bedingungen und mit ihnen neuzeitliche Wirtschaftsformen das Fundbild nachweislich beeinflußt haben. So sind in den fruchtbaren Ackergründen der primären Siedlungslandschaften, die seit altersher unter dem Pflug stehen, zahllose Grabhügel der Bronze- und Hallstattzeit abgetragen worden, ehe sich die lokale Forschung ihrer annehmen konnte, während Wälder und Grünland auf der Alb, der Schotterebene, im Hügelland und im Moränengebiet ganze Nekropolen bis heute dauerhaft geschützt haben. Umgekehrt erscheint in den Zentralzonen alter und neuer Siedlungen der Anteil von unterirdischen Flachgräbern aus anderen Perioden und von Wohnplatzresten aller Zeitstufen stark überhöht, weil hier der Boden außer durch den Pflug auch durch Sand-, Ton- und Kiesgruben und durch Tiefbauten jeglicher Art besonders häufig aufgeschlossen wird. Die Wohnplätze einiger Gruppen und Zeitstufen sind zumeist überhaupt nur aus neuzeitlichen Industriegruben bekannt, ein fundstatistisches Kuriosum, das der prähistorischen Siedlungstopographie unmöglich gerecht werden kann. Es demonstriert vielmehr die historischen Auswahlfaktoren in der Fundkarte, die beispielsweise München mit seinen Vororten für mehrere Perioden als Fundzentrum erscheinen lassen, obwohl das Stadtgebiet gegenüber seinem Umland zu keiner Zeit natürliche Vorzüge besaß.[7] Häufige Bodeneingriffe haben hier lediglich zutage gefördert, was in landwirtschaftlich oder forstlich genutzter Umgebung noch verborgen oder infolge mangelhafter Beobachtung verlorengegangen ist. Tatsächlich werden aus einer dritten unterirdischen Dimension der Fundlandschaft durch technische Nachhilfe bis heute immer neue Friedhöfe ans Licht gehoben, die das räumliche Schwergewicht bestimmter Gruppen erheblich verschieben können. In der Donauebene etwa häufen sich die frühneolithischen Gräber neuerdings ebenso wie in Südwestdeutschland, wo zeitgleiche Siedelkonzentrationen namentlich im Rhein-Main-Neckar-Gebiet als ausgemacht gelten. Inzwischen kennt man die gegenwärtig größte bandkeramische Nekropole überhaupt mit über 200 Bestattungen von Aiterhofen im Landkreis Straubing-Bogen.[8] Die neolithischen wie frühbronze- und mittellatènezeitlichen Gräberfelder finden sich großenteils unter nachneolithischen Bodenaufschichtungen, die erst jetzt durch den Tiefpflug oder den Lehmabbau tief genug aufgerissen werden.

Solche historische Umschichtung der Fundstatistik erschwert die Feststellung regelhafter Orts- und Territorienwahl, aus der vor allem in den sekundären Siedlungslandschaften zeit- und gruppenbezogen auf *ökologische Abhängigkeiten* zu schließen wäre. Landläufige Kulturbilder stützen sich deshalb vorweg auf die sogenannten natürlichen oder potentiellen Vegetationsgesellschaften, um spezialisierte Wirtschaftsformen glaubhaft zu machen. Indessen bleiben derartige Rückschlüsse immer Konstruktion, da sich die örtlichen Verhältnisse sofort und folgenschwer schon mit Rodung oder Weide am Anfang jeder Kulturlandschaft ändern. Die zeitgenössische Umwelt ist höchstens aus einem ganzen Bündel naturwissenschaftlicher Begleituntersuchungen einigermaßen genau für kleinere Areale zu ermitteln.[9] Innerhalb gleicher Vegetationsgebiete differiert die Siedeldichte je nach Bodenrelief und Bodenart, Ortsklima und Wasserversorgung, so daß wechselhafte Fundbilder zustande kommen, die sich eben nicht vorwiegend aus der natürlichen Vegetation und ihrer planmäßigen Nutznießung erklären lassen.[10] Pollenanalytische Bestimmungen zur Pflan-

[7] Wagner, Denkmäler u. Fundstätten d. Vorzeit Münchens u. seiner Umgebung (Kat. Prähist. Stslg. 2) 1958; zur quellenkritischen Bewertung von Fundlandschaften zuletzt Ruckdeschel, Südbayern (s. u. 28) bes. 23–29.

[8] U. Osterhaus, Jungsteinzeitl. Gräberfelder am Donautal (Ausgrabungsnotizen aus Bayern) 1975/2; Ders., Das bandkeramische Gräberfeld v. Aiterhofen, Lkr. Straubing-Bogen (Jahresber. HV Straubing 78) 1975, 15–27; (VHN 101) 1975, 12–13, Abb. 3; (ebd. 102) 1976, 12; Gesamtzahl der Gräber inzwischen rund 230; vgl. Osterhaus/Pleyer, Ein bandkeramisches Gräberfeld b. Sengkofen, Lkr. Regensburg (Archäol. Korrespondenzbl. 3) 1973, 399–402.

[9] Mania/Preuss, Zu Methoden u. Problemen ökologischer Untersuchungen in d. Ur- u. Frühgesch. (Symbolae Praehistoricae. Festschr. z. 60. Geburtstag v. Fr. Schlette) 1975, 6–59.

[10] Exemplarisch zum hohen Grundwasserstand in der fundreichen Siedlungskammer von Oberhaching-Taufkirchen auf der trockenen Schotterebene südlich München Schwarz, Heiligtümer (s. u. 60 Anm. 56) bes. 277–279.

zen- und Klimageschichte sagen für die komplexen Zusammenhänge vorzeitlicher Ökonomien in Bayern vorerst wenig.[11] Allgemein darf man allerdings vom Neolithikum an eine bäuerliche Grundwirtschaft voraussetzen, bei der die Anteile von Feldbau, Gartenkultur und Viehhaltung nach den Eigenheiten der einzelnen Gruppen und den Zwängen des Ortes sich entsprechend verschieben, nicht gerechnet das zusätzliche Auskommen durch Jagd, Fischfang und Sammelwirtschaft.[12]

Die *Geschichte der lokalen Forschung* verschleiert oder verzerrt die prähistorischen Sachverhalte nochmals auf eigene Weise. Zwangsläufig werden die gegebenen Fundbedingungen und Beobachtungsmöglichkeiten im Wechsel der Zeitläufte und Forschungsprogramme nicht stetig und gleichmäßig genutzt. Zudem trennt der Limes mit den römischen Provinzen im Süden einen besonderen Denkmälerbestand ab, der ziemlich früh in ein historisches Rahmenfeld zu stellen ist. Schon 1505 legt Konrad Peutinger in Augsburg die erste Sammlung römischer Steininschriften von deutschem Boden vor,[13] doch leiten die humanistischen Studien noch keine archäologische Feldarbeit ein.[14] Prähistorische Bodenfunde bleiben ohnedies unverständlich und können neben Münzen, Uhren und Exotica in einer Abteilung der herzoglichen Kunstkammer zu München bestenfalls als Kuriosa gegolten haben.[15] Wo aber die

[11] Alle Analysen gelten grundsätzlich nur für einen begrenzten Bereich, bei älteren Proben nach F. Firbas, Spät- u. nacheiszeitl. Waldgesch. Europas nördl. d. Alpen, Bd. I, 1949, bes. 93–94 bleibt die Verbindung mit vorgeschichtlichen Funden aus nicht mehr bestimmbaren Moorhorizonten immer fraglich. H. Schmeidl, Der bronzezeitl. Prügelweg im Agathzeller Moos (BVbll. 27) 1962. 131–142 zieht zusätzlich ein fragwürdiges C 14-Datum (s. u. 20 Anm. 1) und zwei mittelbronzezeitliche Nadeln bei, die sicher nicht originär mit dem Prügelweg zusammenhängen. Schwierige vegetationsgeschichtliche Fixierung trotz C 14-Bestimmung für einen Bohlenweg auch bei Schmeidl/Kossack, Archäol. u. paläobotan. Untersuchungen an d. «Römerstraße» in den Rottauer Filzen, Lkr. Traunstein (Jbr. BD 8/9) 1967/68, 9–36, bes. 24–35; dazu ganz irrig kaiserzeitlicher Ansatz bei U. Körber-Grohne, Stand d. botan. Untersuchungen f. d. Archäologie in Süddeutschland u. ihre derzeitigen Möglichkeiten (Archäol. Korrespondenzbl. 3) 1973, 381–386, bes. 381.

[12] H. Jankuhn, Vor- u. Frühgesch. vom Neolithikum bis zur Völkerwanderungszeit (Deutsche Agrargesch. 1) 1969; J. Boessneck (Studien an vor- u. frühgeschichtl. Tierresten Bayerns I u. II) 1956 u. 1958; zur Haustierkunde auch spezielle Literatur über Manching (s. u. 58 Anm. 44); zu spärlichen botanischen Befunden aus Bayern Maier, Steinzeit (s. u. 17) 153 u. Körber-Grohne, Stand (s. o. Anm. 11); U. Willerding, Vor- u. frühgeschichtl. Kulturpflanzenfunde in Mitteleuropa (Neue Ausgrabungen u. Forsch. in Niedersachsen 5) 1970, 287–375 passim spart Bayern auf seinen Fundkarten praktisch aus, da durchaus bemerkenswerte Einzelbefunde in der Fachliteratur noch nicht systematisch gesammelt sind.

[13] Romanae vetustatis fragmenta in Augusta Vindelicorum et ejus diöcesi. – Zu Peutingers antiquarischen Neigungen Bd. III, 2, 1129–1130.

[14] Dannheimer/Fink, Fundort Bayern, 1968, 183 lassen Aventin als Begründer der Römerforschung in Bayern auftreten, doch müssen allgemeinere Bestrebungen gesehen werden, zumal Aventins handschriftliche Inventare von römischen Inschriftsteinen in Vindelicien und Noricum nur posthum in Ann. u. Chron. auszugsweise Erwähnung finden; dazu kritisch Fr. Vollmer, Über Fürsorge u. Verständnis f. röm. Inschriften in Bayern (Festrede gehalten in der öffentl. Sitzung d. k. Akad. d. Wiss. am 15. November) 1913 passim.

[15] K. Böhner, Altertumssammlungen gestern u. heute (Jb. Röm.-Germ.-Zentralmus. Mainz 17) 1970, 1–34, bes. 13; Dannheimer, Staatssammlung (s. u. 10 Anm. 24) 1 Anm. 1.

römische Vergangenheit mit ihren Steinmonumenten sichtbar in das deutsche Mittelalter hineingewachsen ist, forscht die gelehrte Welt des achtzehnten Jahrhunderts gründlicher nach. Sporadisch nehmen sich die süddeutschen Akademien der Wissenschaften der Sache an,[16] nur kann von den Anfängen sachgerechter Denkmalpflege noch lange die Rede nicht sein.[17] Beim nichtrömischen Nachlaß verstrickt man sich nach wie vor in gelehrsame Spekulation, die literarische Fehde wird unduldsam. Eine Ausnahme macht der besonnene Lorenz Westenrieder nach Öffnung von Grabhügeln bei Geiselbullach 1789 mit der Einsicht, daß «aus den angestellten Versuchen vielleicht vieles gemuthmaßet, aber noch zur Zeit mit Grund nichts Bestimmtes festgesetzt werden» könne.[18] Völlig unergiebig bleibt für die zeitgenössische Antiquitätenkunde, daß die naturwissenschaftlich orientierte Höhlenforschung bereits 1774 menschliche Skelettreste in gleicher Lagerung wie die Knochen ausgestorbener diluvialer Tiere entdeckt und daraus die Vermutung gleichzeitiger Existenz abgeleitet hat.[19] Auch die Gründung neuer Geschichts- und Altertumsvereine nach den Befreiungskriegen fördert eher verdienstvolle Sammlung und Bewahrung als fachliche Aufarbeitung des Stoffes.[20] Bis zur Mitte des neunzehnten Jahrhunderts fehlen methodische Voraussetzungen.[21] Allerdings zeichnen sich frische Ansätze ab. Gegen die alten Gespinste aus romantisch-literarischer Tradition stellen andere Autoren das Erfaßbare, die nüchterne Quellensammlung. Indem Joseph von Stichaner 1831 von den Schanzen und Grabhügeln im Rezatkreis «bloß eine Definition und zugleich chorographische Übersicht» geben will, legt er tatsächlich einen Baustein zu moder-

[16] Zur kurzlebigen aber intensiven römischen Feldforschung der kurpfälz. Akademie in Mannheim ab 1763 knapp E. WAHLE (Festschr. z. 34. Deutschen Geographentag in Heidelberg) 1963, 35; zu Aktivitäten der kurbayer. Akademie in München ab 1759 übertrieben Bd. II, vN 1977, 1016.

[17] Ebd.; vgl. aber DANNHEIMER, Staatssammlung (s. u. 10 Anm. 24) 2–3; K. BOSL, Aus den Anfängen moderner staatl. Denkmals- u. Kulturpflege in Bayern. Die Denkmäler Regensburgs (WAGNER, Frühzeit) 1–43 beschreibt mit zufälligen Grabungen B. Starks bis 1811 nur Fundgewinn, die gleichzeitige Inventarisation kulturgeschichtlicher Kollektionen ist Teil zentraler Erfassung im Zuge der Montgelasschen Reformen (vgl. Bd. IV, 1, bes. 43). Planmäßige Denkmalpflege mit dem Gebot örtlicher Erhaltung, zentraler und regionaler Sammlung läßt erst Ludwig I. durch Erlasse ab 1826 organisieren (s. u. Anm. 20).

[18] L. WESTENRIEDER, Gesch. d. k. bair. Akad. d. Wiss., 2. Theil, 1807, 204–214, bes. 214 Tab. I–III mit gleichwohl präzisem Plan und genauen Fundabbildungen zu einem Wagengrab der Hallstatt-, nicht Urnenfelderzeit (Bd. II, vN 1977, 1016); vgl. KOSSACK, Südbayern (s. u. 44) 198 Nr. 177 (Ortsflur Neu-Esting, Lkr. Fürstenfeldbruck).

[19] J. F. ESPER, Ausführliche Nachrichten von neuentdeckten Zoolithen, 1774, 26 über Funde in der Zoolithenhöhle b. Burggaillenreuth, Lkr. Ebermannstadt; vgl. SCHWARZ, Geländedenkmäler (s. u. 49 Anm. 27) 10.

[20] J. RANKE, Die akadem. Kommission f. Erforsch. d. Urgesch. u. die Organisation d. urgeschichtl. Forsch. in Bayern durch König Ludwig I. (Festrede gehalten in der öffentl. Sitzung d. k. b. Akad. d. Wiss. z. München z. Feier ihres 141. Stiftungstages am 28. März) 1900, bes. 19 u. 82–94, mit den amtlichen Erlassen bis 1837, die erst nach dem Willen des Königs vielerorts verspätete Neugründung bewirkt haben.

[21] WAHLE, Gesch. d. prähist. Forsch. (Anthropos 45) 1950, 497–538; vgl. Einführungen (s. o. 3 Anm. 1).

nen Systemen.[22] Außerhalb des Römischen wird der Begriff *Altertum* jedoch noch lange auf das Mittelalter und eine schattenhafte germanische, keltische oder auch slawische Vorstufe bezogen.

Die Umwege, Rückschläge und Erfolge bis zum letzten Drittel des Jahrhunderts, in dem sich die Prähistorie neben Anthropologie und Ethnologie als selbständige Disziplin einrichtet, sind Teilstücke der allgemeinen Wissenschaftsgeschichte.[23] Mit gewichtigem Denkmälerbestand und angemessenen Publikationen steuert Bayern nicht unbedeutend zum Gedeihen des Faches bei.[24] In den nachfolgenden Jahrzehnten stellt sich bis heute immer mehr die wirkungsvolle Organisation und Funktion der amtlichen Bodendenkmalpflege in den Vordergrund. Nach sehr bescheidenen Anfängen im Jahre 1908 kann sie trotz Außenstellen in jedem Regierungsbezirk selbst unter der Autorität eines neuen Denkmalschutzgesetzes von 1973 ihre ständig vermehrten Aufgaben wie eh und je allein mit Hilfe ehrenamtlicher Mitarbeiter und Freunde der Sache erfüllen. Die lokale Landeserforschung vor Ort ist jedoch kaum zu steuern. Sie liefert Fundmaterial und Informationen, deren Masse, Art und regionale Herkunft ständigen Schwankungen unterworfen ist, zumal nicht jede Materialgruppe überall und jederzeit ihre Liebhaber findet. Auf die Suche nach paläo- und mesolithischem Steingerät auf Freilandstationen hat sich überhaupt erst nach dem letzten Krieg eine eigene Sammelgilde gemacht. Ausgleich ist in absehbarer Zeit nicht zu erwarten, weil zu viele Motive und mancherlei Zufallsfaktoren mitspielen. Auch erweitert sich der Beobachtungsradius merklich mit verbesserten Verkehrsmöglichkeiten. Die heutigen Verhältnisse erlauben Ausdehnung in beliebige oder ganz bestimmte Richtung auf Auswahlobjekte von besonderer Faszination wie Höhen, Höhlen oder andere topographisch eigentümliche Orte. Endlich werden ständig alte Beobachtungspositionen aufgegeben und neue bezogen. Auf diese Weise füllen sich weiße Stellen auf der Fundkarte nach planmäßiger Erkundung in den letzten Jahrzehnten und Jahren selbst in Randlandschaften, die bisher als dünn besiedelt oder völlig siedlungsleer galten. Eine natürliche Fundgrenze scheint nicht einmal im Binnenraum Bayerns schon überall erreicht.

Dafür sprechen unter anderem lineare und punktuelle Konzentrationen auf Grund technisch-wirtschaftlicher Vorbedingungen, die noch immer von neuem in Torfsti-

[22] J. VON STICHANER, Ueber die alten Grabhügel u. Schanzen im Rezatkreise (Jahresber. HV Mittelfranken 7) 1837, 39–102.

[23] WAHLE, Einheit u. Selbständigkeit d. prähist. Forsch. (Schr. d. Ges. d. Freunde Mannheims u. d. ehemal. Kurpfalz 12) 1974.

[24] Skizzen bei RANKE (s. o. 9 Anm. 20) u. DANNHEIMER/FINK (s. o. 8 Anm. 14) 185–188; vgl. DANNHEIMER, 90 Jahre Prähist. Staatssammlung München. Aus d. Gesch. d. Museums u. seiner Vorläufer (BVbll. 40) 1975, 1–33; TORBRÜGGE, Zur Gesch. d. Anthropol. Sektion u. d. Prähist. Abteilung d. Naturhist. Ges. Nürnberg (Jbr. BD 11/12) 1970/71 (1977) 9–18; zur Personengeschichte und zum bestimmenden Einfluß J. Rankes auf seine Schüler Fr. Sprater, F. Birkner und P. Reinecke auch WAHLE, Der Prähistoriker. Zur Gesch. eines Berufsstandes im deutschen Sprachraum (Mitt. Anthropol. Ges. Wien 100) 1970, 129–137.

chen, an Baggerstellen, beim Bau von Straßen und Kanälen zutage kommen.[25] Nur stellenweise sind sie mit einer echten Denkmälerhäufung identisch,[26] oft heben sie aus einer breiteren potentiellen Fundschicht allein das historisch abgesteckte Auswahlareal hervor. Zu beachten bleibt, daß auch bei ausgewählten Materialvorlagen historische Fundbilder zugrunde liegen. Gerade die bearbeiteten *Kataloglandschaften* gewinnen in der Literatur als handliche Beziehungsgrößen zeitlich befristet oft ein unbilliges Übergewicht zu unbearbeiteten Zwischengebieten. Gleiches gilt für bestimmte Materialgruppen in monographischer Bearbeitung. Tatsächlich kann die Publikation mit dem zunehmenden Fundanfall kaum Schritt halten; auch dabei werden alte und neue Bestände nochmals nach bestimmten Programmen gesiebt und gesichtet. Im übrigen steht die Anzeige wesentlicher Komplexe in den aufgestauten Fundchroniken der Fach- und Vereinszeitschriften gerade für die nächsten Jahre noch bevor. Zu dieser Lücke in der Literatur kommt eine beachtliche Dunkelziffer für Fundbeute im Besitz privater Sammler. Das Gesamtbild nach vielen Einzelbeobachtungen in der Provinz und korrigierenden Plangrabungen kann folglich immer nur Annäherung an die prähistorische Wirklichkeit erhoffen lassen. Die bayerischen Befunde sind in jedem Fall an einem zentraleuropäischen Grundschema zu messen, zu dessen Beurteilung sie ihrerseits durchaus vermehrte und vertiefte Einsichten beitragen.

§ 2. ÄLTERE UND MITTLERE STEINZEIT

Quartär, Jb. f. Erforschung d. Eiszeitalters u. d. Steinzeit, hg. v. d. Hugo Obermaier-Ges., 1, 1938ff.; L. F. ZOTZ, Altsteinzeitkunde Mitteleuropas, 1951; H. MÜLLER-BECK, Das obere Altpaläolithikum in Süddeutschland, Teil 1, 1956; MÜLLER-KARPE, HB d. Vorgesch. I, 1966; HB d. Urgesch. 1, hg. v. K. J. NARR, 1966; GRAHMANN/MÜLLER-BECK, Urgesch. d. Menschheit, 1967³; Neue paläolith. u. mesolith. Ausgrabungen in der Bundesrepublik Deutschland (z. IX. INQUA-Kongreß Neuseeland 1973) hg. v. MÜLLER-BECK, 1973.

VON KOENIGSWALD/MÜLLER-BECK, Die Archäol. u. Paläontol. in d. Weinberghöhlen b. Mauern (Bayern), 1974; H. LINDNER, Die altsteinzeitl. Kulturen d. Räuberhöhle am Schelmengraben b. Sinzing (MBV 16) 1961; G. FREUND, Die ältere u. d. mittlere Steinzeit in Bayern (Jbr. BD 4) 1963 (1964) 9–167; Dies., Das Paläolithikum im Donaubogen südl. Regensburg (MBV Reihe A 32) 1977; H. J. SEITZ, Die Steinzeit im Donaumoos (Veröffentl. d. Schwäb. Forschungsgem. Reihe 1, 10) 1965; W. SCHÖNWEISS, Mittelsteinzeit in Franken (Abh. Naturhist. Ges. Nürnberg 34) 1967; Studien z. nordbayer. Epipaläolithikum (Certamina Praehistorica II. Bonner He. z. Vorgesch. 8) 1974.

[25] Grundsätzlich TORBRÜGGE, Vor- u. frühgeschichtl. Flußfunde. Zur Ordnung u. Bestimmung einer Denkmälergruppe (Ber. RGK 51/52) 1970/71, 1–146, bes. 9–21; zu zeitlich und örtlich begrenzten Fundstellen am und im Main G. WEGNER, Die vorgeschichtl. Flußfunde aus d. Main u. d. Rhein b. Mainz (MBV, Reihe A 30) 1976, bes. Karten Taf. 75–78.

[26] Sicher auf der Trasse des Rhein-Main-Donau-Kanals bei Kelheim, wo prähistorische Konzentrationen durch die Kreuzung von Altstraßen, durch das Oppidum auf dem Michelsberg und durch Eisenvorkommen begründet sind, die noch frühmittelalterlich in einer Vorgängersiedlung der Stadt verhüttet werden. Aus breit angelegten Grabungen des Bayer. Landesamtes f. Denkmalpflege schon bis 1977 umfängliche neolithische bis frühmittelalterliche Komplexe, die erst zum geringen Teil angezeigt sind.

Nach dem gegenwärtigen Stand der Forschung scheint der Mensch in Bayern erst in einem mittleren Abschnitt der Altsteinzeit oder des *Paläolithikums* aufzutreten, nämlich gegen Ende der vorletzten (Riß-) Eiszeit vor fast über 100000 Jahren. Als Wildbeuter, als Jäger und Sammler ganz auf die Gunst der Natur angewiesen, muß er sich im Wechsel der Kalt- und Warmphasen noch mehrmals einer veränderlichen Umwelt anpassen. Das geschieht mit geringen technischen Mitteln, von denen sich fast nur Gerätschaften aus Feuerstein oder Silex und aus Knochen erhalten haben. Sie entsprechen wesentlich dem europäischen Gesamtbesitz mit variablen Anteilen oder Anleihen aus Ost und West, da selbst in Glazialzeiten zwischen nordischem und alpinem Eis entlang der Donauachse ein breiter Korridor frei bleibt und Querverbindung erlaubt. Auch die chronologische Staffelung des Stoffes ergibt sich aus dem europäischen Verbund.[1]

Allerdings bleiben die ältesten Datierungen umstritten, wie denn selbst die Terminologie zur räumlichen und zeitlichen Gruppenteilung nicht einheitlich gehandhabt wird. Sicher ist nur, daß die materielle Entwicklung sich unendlich langsam und stockend vollzieht, so daß verschiedene Stadien in räumlicher Isolierung lange gleichzeitig bestehen können. Nach rein formalen und typologischen Kriterien beginnt die Werkzeugherstellung hierzulande mit den sogenannten *pebble tools* (Geröllgeräten) aus kieselhaltigen, sehr harten Gesteinen, die unter Ausnützung der natürlichen Gestalt mit einer einzigen geschärften Arbeitskante versehen werden.[2] An eindeutig mittelpaläolithischen Geräten mangelt es jedoch nicht: einteilige Waffen und Werkzeuge in differenzierter Vielzahl als Schaber, Spitzen oder Faustkeile durch Klingenabschlag aus dem Kern von Feuersteinknollen oder -platten hergestellt. Ebenso zahlreich sind die perfektionierten Industrien jüngerer Perioden vertreten, in denen die Klingen selbst als Werkteile verwendet und schon zu zweiteiligen Geräten zusammengesetzt werden können. Zugleich erscheint neuartiges Knocheninventar, dessen Bearbeitung im Magdalénien, der paläolithischen Endstufe, höchste Vollendung erreicht.

Die Beschaffenheit des Materials und der Befunde verlangt naturwissenschaftliche Parallelforschung und komplizierte statistische Auswertungsverfahren. Für den Nichtfachmann werden immerhin einfache archäologische Sachverhalte wie die Überlagerung von Kultur- und Fundschichten im ungestörten Boden von Höhlen und Abris (vorkragende Felsdächer) in den Karstgebieten des Jura einsichtig. Hier stellt sich zu altberühmten Stationen neuerdings unter anderem vielversprechend die Sesselfelsgrotte bei Neuessing im unteren Altmühltal mit einem meterdicken Paket aus fundleeren Straten und 18 bis 20 Kulturhorizonten, die sich mindestens von der letzten (Würm-) Eiszeit an bis ins nacheiszeitliche Mesolithikum säuberlich in zeitlicher Reihenfolge übereinander abgesetzt haben.[3] Freilandstationen mit durchweg

[1] Gesamtübersicht Freund, Steinzeit (s.o. 11).

[2] Zotz/Freund, Die mittelpaläolith. Geröllgeräteindustrie aus d. Umgebung v. Kronach in Ofr. (MBV 27) 1973; Freund, Donaubogen (s.o. 11) 63–66.

[3] Dies., Zum Stand d. Ausgrabungen in d. Sesselfelsgrotte im unteren Altmühltal

gestörten oder verschobenen Schichten verlocken seltener zu Grabungen,[4] obwohl sie das bisherige Fundbild mit einem Übergewicht der Höhlen als natürlichen Schutzräumen inzwischen wesentlich korrigieren.[5]

Fast alle paläolithischen Raststätten und Werkplätze liegen aber in Beobachtungsposition über oder nahe reichen Fisch- und Jagdgründen. Mittelbaren Einblick in die Gedankenwelt der Jäger gewähren denn auch einige *Bilddokumente*. Sie entstammen dem Magdalénien, an dessen großartiger Kunstübung Bayern im Vergleich zum europäischen Westen vorerst allerdings nur beiläufigen Anteil hat. Gravierungen an Höhlenwänden fehlen gänzlich.[6] Manches bleibt verschlüsselt, so rote Punktreihen auf einer gelben Steinplatte aus der Oberen Klause bei Neuessing im unteren Altmühltal.[7] Eindeutige Symbolik kommt dagegen in einer kaum fingerlangen Kalksteinstatuette aus den Weinberghöhlen zum Ausdruck, zumal sie in der Symbolfarbe für Blut dick mit Rötel bestrichen war, also mit Lebenssaft.[8] Die weibliche Gestalt ist zum fülligen Gesäß stilisiert und mit einem Phallus als Oberkörper kombiniert – eine präzise Verbindung von Idee und anschaulich gemachter Natur, bisher einmalig und Zeugnis für Witz im Ursinn des Wortes. Formal und inhaltlich besteht gleichwohl enge Verwandtschaft mit berühmten Venusfiguren, deren regelhafte Leibesfülle sich im Schema kleiner Anhänger aus Knochen, Geweih, Elfenbein oder Tertiärkohle wesenhaft wiederholt. Die Verbreitung dieser Anhänger von Böhmen und Mitteldeutschland bis zur Schwäbischen Alb überlagert sich am Mittelrhein örtlich mit der Ausbreitung gezeichneter Figurinen derselben Art,[9] die ihrerseits von der Dordogne bis zum Ries[10] bekannt sind. Eindringlicher als in den Gerätformen wird west-östli-

(s. o. 3, Ausgrabungen, Teil 1) 25–41; Dies., Ein jungpaläolith. Depotfund aus d. Sesselfelsgrotte im unteren Altmühltal (Jb. f. fränk. Landesforsch. 34/35) 1974/75, 17–36.

[4] Müller-Beck, Recent Excavations in Palaeolithic and Mesolithic Archaeology in the Federal Republic of Germany (s. o. 11, Neue Ausgrabungen) 7–9, Karte Abb. 1.

[5] Ebd. 29–36: Ders., Weinberghöhlen (Mauern) u. Speckberg (Meilenhofen) 1964–1972.

[6] Die Zeichnung eines Cerviden über einer Runeninschrift im Kleinen Schulerloch bei Neuessing im unteren Altmühltal kann nicht als paläolithisch erwiesen werden. Meinungen zum Für und Wider bei Freund (Quartär 6) 1953, 75 u. Wagner (BVbll. 20) 1954, 88–91; paläolithisches Alter behaupten H. Kühn (vgl. Südd. Zeitung nrr. 184, 214 u. 220) 1964 u. F. Ficker (Archeol. rozhledy 17) 1965, 674–682; Ders. (Bayer. Ärztebl. 27) 1972, 131–139, bes. 133, Abb. 2. – Zur Runeninschrift erst Fr. Herrmann (Altbayer. Heimat 5) 1952 Nr. 6.

[7] Freund, Steinzeit (s. o. 11) 108, Abb. 60, 4; Torbrügge, Europäische Vorzeit, 1968, 38; Torbrügge/Uenze 228, Abb. 196.

[8] Freund, Steinzeit (s. o. 11) 93, Abb. 48; Dannheimer/Fink (s. o. 8 Anm. 14) 38–39; Torbrügge, Vorzeit (s. o. Anm. 7) 17; Torbrügge/Uenze 226, Abb. 194.

[9] Vergleichsmaterial ausgehend von 11 Statuetten und über 150 Gravierungen aus Gönnersdorf, Stkr. Neuwied (Rheinland-Pfalz) zuletzt bei G. Bosinski (Germania 47) 1969, 1–38; Ders. (Bolletino del Centro Camuno di Studi Preist. 5) 1970, 57–97, bes. 67ff.; Ders. (s. o. 11, Neue Ausgrabungen) 41–44.

[10] Auf Kalksteinplatte aus dem Hohlenstein bei Ederheim, Lkr. Nördlingen: Freund, Steinzeit (s. o. 11) 117, Abb. 66; Narr, Die Altsteinzeitfunde aus d. Hohlenstein b. Nördlingen (BVbll. 30) 1965, 1–9, bes. 1–3, Abb. 1; Torbrügge/Uenze 226–227, Abb. 193 u. 195; Dannheimer, «Neue» Gravierungen d. Altsteinzeit aus Bayern (Archäol. Korrespondenzbl. 3) 1973, 7–10, Abb. 1–2, Taf. 1–2.

cher Austausch damit in Bildprinzipien sichtbar,[11] genauer in einheitlicher Idolatrie aus ständiger Beschwörung weiblicher Fruchtbarkeit.

Gegen die zeichenhaft abgekürzten Menschenbilder stehen naturalistische Tiergravierungen, Miniaturen von Mammut und Wildpferd in meisterhaft knapper Strichführung.[12] Da beide Tiere nach Knochenfunden besonders häufig erlegt wurden, ist ein motivischer Zusammenhang in *jagdmagischer Absicht* ohne weiteres ersichtlich. Einem merkwürdigen Tier-Menschen-Bild in Ritzung und Relief auf einem sogenannten Loch- oder Kommandostab aus der Mittleren Klause ist gewiß ebenfalls zauberische Wirkung zugedacht worden, wie dem Stab selbst vermutlich spezielle Funktion im praktischen Brauchtum.[13] Allen Tierdarstellungen liegt tiefer wohl das Bewußtsein existentieller Abhängigkeit zugrunde, nach dem die Tötung der Tierwesen irgendwie durch ihre Neuerschaffung im Bild ausgeglichen werden muß. Oder es erfolgt Ausgleich im Opfer, wobei sonderbare Entsprechungen im Ritual für Mensch und Tier offenbar aus grundsätzlicher Gleichbewertung zu erklären sind: so die Teilbestattung eines jungen Mammuts in den Weinberghöhlen mit Feuersteingeräten und Elfenbeinanhängern als Beigaben[14] wie die Leiche eines Mannes mit den Spuren gewaltsamer Zerlegung aus der Mittleren Klause, dessen Schädel man mit zerbrochenen Mammutknochen umpackt hatte.[15] Mensch und Mammut lagen in einem Rötelbett. Der sonst umstrittene Bärenkult ist jungpaläolithisch ziemlich glaubhaft aus dem Hohlen Stein im Schambachtal bei Böhmfeld im Landkreis Eichstätt nachzuweisen.[16]

Zu Beginn des *Mesolithikums,* der mittleren Steinzeit, bahnt sich um 8000 v. Chr. eine letzte entscheidende Umwandlung von Fauna und Flora an. Mit fortschreitender Erwärmung in Richtung auf das heutige Klima wird die Parktundra der spätpaläolithischen Rentierjäger allmählich von einer Birken-Kiefern-Vegetation und später von Eichenmischwald abgelöst. Die eiszeitlichen Großtiere wandern ab oder sterben aus, ein umfängliches Arsenal von Jagdwaffen bezeichnet jedoch weiterhin die wildbeuterische Existenzbasis des Menschen. Bei aller Abhängigkeit von der Landesnatur wird er aber aus dem Zwang entlassen, sich auf klimatische Vorzugsräume zu beschränken. Unter den verbesserten Bedingungen weitet er seine Jagd- und Fischgründe erstmals bis in das westliche Alpenvorland aus, bei Oberstdorf im Allgäu finden sich

[11] Narr (s. o. 13 Anm. 10) bes. 1–3 u. 9.

[12] Mammut auf Elfenbeinplatte aus der Oberen Klause bei Neuessing, Lkr. Kelheim: Freund, Steinzeit (s. o. 11) 109, Abb. 61; Dannheimer/Fink (s. o. 8 Anm. 14) 40–41; Torbrügge, Vorzeit (s. o. 13 Anm. 7) 32; Torbrügge/Uenze 224, Abb. 188–189. – Wildpferdkopf auf Kalksteinplatte aus der Mittleren Klause bei Neuessing: Freund (s.o. 11) 103, Abb. 56; Torbrügge/Uenze 224, Abb. 190. – Wildpferdkopf und -beine auf Kalksteinplatte mit Frauenfiguren aus dem Hohlenstein bei Ederheim: Dannheimer, Gravierungen (s. o. 13 Anm. 10) 7–10, Abb. 1 u. 3, Taf. 1–2.

[13] Freund, Steinzeit (s. o. 11) 105, Abb. 57; Torbrügge/Uenze 225, Abb. 191–192.

[14] Freund, Steinzeit (s. o. 11) 91.

[15] Ebd. 46; Müller-Beck, Altpaläolithikum (s. o. 11) 38.

[16] Taute, Die mittel- bis jungpaläolith. Stratigraphie im Hohlen Stein b. Böhmfeld (Bayern) u. d. Frage einer Höhlenbären-Schädeldeposition (Actes du VIIe Congrès Intern. des Sciences Préhist. et Protohist., Prague 1966) 1970, 308–311.

Wohnplatzspuren sogar in 1400 Meter Höhe.[17] Zu bergen sind neben verhältnismäßig seltenen Knochenartefakten, darunter zweiseitig gezähnten Harpunen, wiederum Unmassen von Feuersteingeräten in charakteristisch veränderten Formen, vorweg feingeschärfte mikrolithische Klingen in Zentimetergröße, Gebilde von handwerklicher Vollkommenheit und typologischer Prägnanz, die als Pfeilspitzen und als Einsätze in Harpunen oder Geschoßspitzen aus Holz und Knochen gedient haben. Wohnplätze liegen oft auf offenen Sandflächen und an Südhängen auch unter Felsdächern (Abris). Dauerhafte Behausung deutet sich nirgendwo an, wohl aber die periodische Wiederbenutzung günstiger Wohn- und Werkplätze in beutereichen Revieren, nicht selten über paläolithischen Stationen. Gruben, Pfostenspuren und Herdstellen belegen urtümlichen Hüttenbau.[18]

Trotz einer erstaunlichen Vielzahl von Fundorten[19] wirft der veränderliche Quellenwert der Fundkarte auf Grund gezielter Lokal- und Regionalforschung wie der Mangel an detaillierten Einzelbefunden methodische Problemfragen eigener Art auf.[20] Notgedrungen fußt die Gruppenzuweisung und Chronologie hauptsächlich auf gemischten Sammelfunden, die willkürliche Auslegung zulassen.[21] Die Auswertung einer Schichtenfolge unter einem Abri bei Altessing ist angekündigt,[22] sie könnte aufklären helfen, wieweit Spätpaläolithikum und Epipaläolithikum als gedachte mesolithische Frühstufe einander sachlich und zeitlich entsprechen.[23] Extreme Umwertung des spröden Fundstoffes erscheint noch immer möglich, denn heute wird als Abfallprodukt neolithischer Silexproduktion vorgestellt,[24] was bis vor kurzem als grob- oder großgerätiges Mesolithikum von Campignien-Art mit vermeintlich paläolithischer Abstammung angesehen wurde.[25]

Daß jägerische Urbewohner abseits der neolithischen Kulturlandschaften noch nach dem 5. Jahrtausend v. Chr. fortexistieren, steht wohl außer Frage. Art und Zeitpunkt ihrer Angleichung (Akkulturation) an die Wirtschaftsprinzipien und Gesittungsformen des Neolithikums lassen sich archäologisch jedoch schwer präzisieren.[26]

[17] FREUND, Steinzeit (s. o. 11) 128, 166 Nr. 49.

[18] SCHÖNWEISS/WERNER, Mesolithische Wohnanlagen v. Sarching, Lkr. Regensburg (BVbll. 39) 1974, 1–29; Dies. (Archäol. Korrespondenzbl. 4) 1974, 1–3; Dies. (Bonner He. z. Vorgesch. 8) 1974, 109–120. – In Schellnecker Wänden bei Altessing, Lkr. Kelheim, Grubenhütte mit Wandgraben und Pfostenlöchern: (VHN 102) 1976, 15.

[19] SCHÖNWEISS, Mittelsteinzeit (s. o. 11) 21–41 nennt allein für Franken über 600 Plätze.

[20] FREUND, Steinzeit (s. o. 11) 118–121.

[21] Vgl. grundsätzlich die ablehnende Rezension von TAUTE (Germania 46) 1968, 135–138 zu SEITZ (s. o. 11).

[22] (VHN 102) 1976, 15.

[23] Zu eigenständigem Spätpaläolithikum TAUTE, Neue Forsch. z. Chronologie v. Spätpaläolithikum u. Mesolithikum in Süddeutschland (s. o. 11, Neue Ausgrabungen) 59–66; Ders., Spätpaläolithikum u. Mesolithikum in Süddeutschland, Teil 1: Chronologie (im Druck); anders NABER, Ofnet-Problem (s. u. 16 Anm. 30) 82; vgl. Epipaläolithikum (s. o. 11).

[24] REISCH (s. u. 17) bes. 23–31, 81; zur Verbindung mit neolithischer Silexindustrie schon MAIER, Steinzeit (s. u. 17) 17; allgemein auch TAUTE (Germania 46) 1968, 137.

[25] FREUND, Steinzeit (s. o. 11) 164.

[26] Übersichtlich im europäischen Rahmen TAUTE, Neolith. Mikrolithen u. andere Silexartefakte aus Süddeutschland u. Österreich (Archäol. Informationen 2/3) 1973/74, 71–125, bes. 92–95.

Thesen zu einem vorneolithischen Getreidebau bleiben noch zu bestätigen,[27] Entwürfe zu einem sogenannten präkeramischen Neolithikum mit Getreidebau und vielleicht selektiver Haustierhaltung in einem Frühstadium der Periode ohne die sonstige bäuerliche Sachausrüstung sind hoffnungslos in sachlichen und methodischen Wirren verstrickt.[28]

Mesolithische Züge schlagen nach später Anpassung vielleicht aber wieder im Kulturverhalten mittel- bis endneolithischer Gruppen durch, etwa in der Ablehnung bandkeramischer Bildbegriffe oder in obskuren Totenritualen. Unter diesem Aspekt erscheint das *Schädelopfer* in Alb-Höhlen am Nördlinger Ries wenigstens als Hinweis auf urtümliche Traditionen von einiger Bedeutung. Ein einzelner männlicher Schädel aus einer ockerverfärbten Grube im Kaufertsberg bei Lierheim könnte aus dem Endpaläolithikum stammen.[29] Dagegen ist nach dem archäologischen Befund in der Großen Ofnet bei Holheim neuerdings mesolithische Deponierung wahrscheinlich gemacht.[30] Es handelt sich um zwei flache, ockerdurchsetzte Gruben mit jeweils 6 und 17 Schädeln eng nebeneinander, die meisten von Frauen und Kindern.[31] Hieb- und Schnittspuren bezeugen gewaltsame Tötung, doch weist die fürsorgliche Beigabe von Knochenspitzen, Mikrolithen sowie Ketten aus Muschelschalen und Hirschzähnen auf eine kultische Aktion, die wahrscheinlich – wie nachmals im Neolithikum – rituelle Verspeisung von Körperteilen als Arkanum für die Opferer einschließt, Gewinn von Lebenskraft in Teilhabe am Mahl für die angerufenen Mächte. Keinesfalls liegt ein Grabbrauch im Sinne späterer Teilbestattungen vor. Reguläre Beisetzung im Boden kommt offenbar schon aus dem indifferenten Verhältnis zur Erde nicht auf. Das einzige bis jetzt bekannte *mesolithische Grab* nach fast neolithischer Art ist als flache ovale Eintiefung für eine junge Frau mit einem Kind in den Armen unter einem Abri bei Altessing angelegt worden.[32] Es repräsentiert kaum schon eine feste Sitte aus eigener Vorstellung oder aus den Einwirkungen fremder Mythen. Im Neben- oder Nacheinander von Menschenopfer und Menschenbestattung deutet sich aber doch Bewußtseinsfindung und Lösung von den ursprünglichsten Bindungen an. Eben dieser eigentlich neolithische Reflex kennzeichnet mindestens das späte Mesolithikum als eine wirkliche Mittel- oder Übergangsperiode zwischen zwei Hauptstufen menschlicher Kulturbildung.

[27] KOSSACK/SCHMEIDL, Vorneolith. Getreidebau im bayer. Alpenvorland (Jbr. 15/16) 1974/75 (1977) 7–23; KOSSACK spekulativ auch (OA 103) 1978, 332–354, bes. 343.

[28] Zuletzt M. MENKE, Zum Frühneolithikum zwischen Jura u. Alpenrand (Germania 56) 1978, 24–52.

[29] FREUND, Steinzeit (s. o. 11) 117f. Anm. 181.

[30] F. B. NABER, Das Ende d. Ofnet-Problems? (Quartär 25) 1974, 73–84 in Kritik an einer C 14-Analyse (s. u. 20 Anm. 1), die ein absolutes Datum um 11000 ± 100 v. Chr. erbracht haben will: GLOWATZKI/PROTSCH, Das absolute Alter d. Kopfbestattungen in d. Großen Ofnet-Höhle b. Nördlingen im Ries (Homo 24) 1973, 1–5.

[31] FREUND, Steinzeit (s. o. 11) 113–115, Abb. 63–65; TORBRÜGGE/UENZE 288, Abb. 197.

[32] NABER, Ein mesolith. Doppelgrab aus d. unteren Altmühltal (Lkr. Kelheim, Bayern) Vorbericht (s. o. 11, Neue Ausgrabungen) 67–70.

§ 3. JÜNGERE STEINZEIT

MÜLLER-KARPE, HB d. Vorgesch. II, 1968 u. III, 1974; Fundamenta (Monogr. z. Urgesch., hg. v. H. SCHWABEDISSEN, Reihe A, Bd. 3: Die Anfänge d. Neolithikums vom Orient bis Nordeuropa, Teil V a u. b) 1972 u. 1976; J. LICHARDUS, Die Bedeutung d. Lengyel-Kultur f. d. frühe Äneolithikum in Mittel- u. Süddeutschland (BVbll. 39) 1974, 29–54; J. LÜNING, Die Michelsberger Kultur. Die Funde in ihrer zeitl. u. räuml. Gliederung (Ber. RGK 48) 1967, 1–350; Ders., Die Erforsch. d. Neolithikums in d. Bundesrepublik Deutschland (s. o. 3, Ausgrabungen, Teil 1) 77–84; HB d. Urgesch. 2, hg. v. NARR, 1975.

DEHN/SANGMEISTER, Die Steinzeit im Ries. Kat. d. steinzeitl. Altertümer im Mus. Nördlingen (MBV 3) 1954; H.-J. HUNDT, Kat. Straubing I. Die Funde d. Glockenbecherkultur u. d. Straubinger Kultur (MBV 11) 1958; O. KUNKEL, Die Jungfernhöhle b. Tiefenellern. Eine neolith. Kultstätte auf d. Fränk. Jura b. Bamberg (Münch. Beitrr. 5) 1955; Chr. PESCHECK, Kat. Würzburg I. Die Funde v. d. Steinzeit bis z. Urnenfelderzeit im Mainfränk. Mus. (MBV 12) 1958; J. DRIEHAUS, Die Altheimer Gruppe u. das Jungneolithikum in Mitteleuropa, 1960; MÜLLER-KARPE, Die spätneolith. Siedlung v. Polling (MBV 17) 1961; R. A. MAIER, Die jüngere Steinzeit in Bayern (Jbr. BD 5) 1964, 9–197; H. WOLF, «Knöbling-SSW», d. eponyme Siedlung d. endneolith. Chamer Gruppe u. d. weiteren vorgeschichtl. Fundstellen im Gebiet d. Gradabteilungsblattes 6841-Roding (Gymnasium u. Studienheim Cham 1923–1973) 1973, 147–212; L. REISCH, Der vorgeschichtl. Hornsteinabbau b. Lengfeld, Lkr. Kelheim u. d. Interpretation «grobgerätiger» Silexindustrien in Bayern (MBV 29) 1974; W. SCHÖNWEISS, Die bandkeramischen Siedlungen v. Zilgendorf u. Altenbanz (Kat. Prähist. Stslg. 18) 1976; L. SÜSS, Zur Münchshöfener Gruppe in Bayern (s. o. Fundamenta, Teil V b) 1976, 1–121; P. J. R. MODDERMAN, Die neolith. Besiedlung b. Hienheim, Lkr. Kelheim I. Die Ausgrabungen am Weinberg 1965 bis 1970 (MBV Reihe A 33) 1977.

Die *zeitliche und räumliche Gliederung* der Hauptgruppen nach antiquarischen Kriterien kann gedrängt in Stichworten vorweggenommen werden.

Altneolithikum: Linear- oder Linienbandkeramik nach eingeschnittenen Ornamenten auf rundbodigen Tongefäßen; mehrere Regionalgruppen und im westlichen Bereich fünf Stilstufen LBK I–V, die MEIER-ARENDT, Die bandkeramische Kultur im Untermaingebiet, 1966, im Sinne «genetischer Abfolge» zugleich als absolute Zeitstufen versteht; dagegen extrem chronologische Verschachtelung SANGMEISTER, Zur relativen Chronologie d. Neolithikums in Südwestdeutschland u. d. Schweiz (Germania 51) 1973, 387–403, bes. 396 Tab. 1. Vgl. MAIER, Steinzeit (s. oben) 19–28; SCHÖNWEISS, Siedlungen (s. oben); K. REINECKE, Die Linearbandkeramik in Niederbayern. Beitr. z. Gesch. Niederbayerns während d. Jungsteinzeit (Beilage z. amtl. Schul-Anz. f. d. Reg.-Bez. Nb.) 1978 H. 1, 4–20. – *Mittelneolithikum:* In unterschiedlicher Abhängigkeit voneinander mehrere keramische Stilkreise, die nur bedingt auch kulturmorphologische Einheiten vertreten. Vorherrschend Stichmuster in verschiedenen Techniken bei gruppenspezifischen Gefäßformen, doch sind einzelne Elemente austauschbar. Mischformen in räumlichen wie zeitlichen Kontakten, da die meisten Gruppen den fraglichen Zeitraum nur schwerpunktmäßig und nicht vollständig ausfüllen. Aus einer Vielzahl von Unter- und Nebengruppen, lokalen Varianten oder Mischbeständen mit wechselhaften Außenbeziehungen folgen kontroverse Auffassungen zu Entstehung, Abgrenzung und Chronologie. Unbestritten engere Verwandtschaft zwischen linien- und stichbandkeramischen Gruppen in formaler Nachfolge bei ähnlichem Kulturverhalten. In Bayern nach Fundort im Ries ornamentale Spielart Munzingen: BIRKNER 71; eine südostbayerische Variante Unterisling mit eingeschnittenen gleichartigen Mustern auf Gefäßen von stichbandkeramischer Kontur: W. BUTTLER, Der donauländische u. d. westische Kulturkreis d. jüngeren Steinzeit, 1938, 29, Taf. 6, 2.

Südwestdeutsche Stichkeramik (nicht Stichband-) vom Typ Großgartach entspricht in Siedel- und Bestattungsweisen großenteils stichbandkeramischen Gruppen wie dem westlichen Hinkelstein: MEIER-ARENDT, Die Hinkelsteingruppe (RGF 35) 1975; streut nach Osten mainaufwärts und mindestens bis ins Ries: K. GOLLER, Die Rössener Kultur in ihrem südwestl. Verbreitungsgebiet (s. o. 17, Fundamenta, Teil Va) 1972, 231–269, bes. 233–238; ebd. 238–243 zu südwestdeutschem Rössen mit ähnlicher Verbreitung, die punktuell bis Südostbayern reicht, massiert aber auch mit Randgruppen wie Bischheim bis Unterfranken östlich des Spessart auftritt: LÜNING, Funde d. Bischheimer Gruppe u. d. «Lengyel-Kreises» aus Unterfranken (Archäol. Korrespondenzbl. 1) 1971, 31–32; Ders., Schussenried u. Jordansmühl (s. o. 17, Fundamenta, Teil Vb) 1976, 122–187, bes. 158–162. Zu Unterschieden in Ausstattung und im Kulturverhalten bei Großgartach und Rössen GOLLER, ebd. passim; zur jüngeren Zeitstellung von Rössen ebd. 255–256; davon betroffen auch schrägschnittverzierte südostbayerische Tonware vom Typ Oberlauterbach, die GOLLER ebd. 252 Anm. 7 trotz ihrer eingeschränkten Verbreitung bis ins Ries allein auf Großgartacher Gefäßformen beziehen möchte, so daß der nach BIRKNER 71–72; BUTTLER (s. o. 17) 50 eingeführte Begriff «bayerisch Rössen» hinfällig würde. Basis der schnittverzierten bayerischen Varianten Unterisling und Oberlauterbach mit markanten Extremformen nach Typ Munzingen oder Großgartach/Rössen bleibt in jedem Falle ein breites Mischfeld mit Zwitterformen; vgl. TORBRÜGGE, Oberpöring (s. o. 5 Anm. 6) 18–21; MAIER, Steinzeit (s. o. 17) 31–32; SCHRÖTER, Buxheim (s. u. 22 Anm. 13) 122; SÜSS (s. o. 17) 70 Anm. 180 in Verwechslung von typographischer Definition und kultureller Zuweisung. Noch spärliche Tonware Aichbühler Art aus Bayerisch-Schwaben wie MAIER, ebd. 39–40, Abb. 28–29 wird von LICHARDUS (s. o. 17) 41 u. 49 als eigenständiges «bayrisch Aichbühl» und Vorläufer der süd- und mittelbayerisch basierten Hauptgruppe Münchshöfen vorgestellt, die er auf Grund einer jüngeren niederbayerischen Fazies mit Tonkrügen von metallischer Prägnanz und kupferzeitlicher Berührung sicher zu hoch insgesamt in das Jungneolithikum rückt; vgl. MAIER, Neolithische Henkelgefäße v. Wallerfing im Gäuboden Niederbayerns (Germania 50) 1972, 221–226; Ders., Badener Kultur (s. u. 19). Formale Beziehungen der Münchshöfener Gruppe zum westlichen Aichbühl und anderen Gruppen, vor allem zum ostalpin-nordwestbalkanisch-südostmitteleuropäischen Lengyel-Kreis seit langem und vielfach unter verschiedenen Aspekten betont. Sachbeschreibung neuerdings SÜSS (s. o. 17). – *Jungneolithikum:* Alle typologisch-chronologisch umgrenzbaren Einheiten spiegeln Gruppencharakter am ehesten in spezieller Auswahl aus einer gewissen Formenvielfalt, Eigenständigkeiten und Abhängigkeiten werden dementsprechend sehr unterschiedlich bewertet. Das schließt neuartiges Stein- und Knochengerät ein, beispielsweise mit bevorzugter Nutzung sogenannter Hammeräxte im Michelsberger Milieu, dagegen Vorliebe für Knaufhammeräxte, gepickte Walzenbeile mit spitzem Nacken und Sichelblätter aus Plattensilex im Altheimer Bereich. Vergröberungs- und Vergrößerungstendenzen bei der Keramik erschweren die Klassifizierung. Zu arbeitsmethodischen Folgerungen und Vorbehalten daraus grundsätzlich und grundlegend nur MAIER, Steinzeit (s. o. 17) 47–81. Innerhalb eines ausgedehnten nordalpinen Keramik-Kreises schärfer einzugrenzen die Michelsberger Gruppe mit rheinischen Kerngebieten und nordbayerischer Ausweitung: LÜNING, Michelsberger Kultur (s. o. 17). Zur extrem typologischen Stufung in fünf Stufen MK I–V s. u. 20 Anm. 2. Markante Keramiksätze wie Tulpenbecher und Tonflaschen mit Ösenkranz aber scheinbar isoliert bis ins Alpen- und Voralpenland, so daß Frage nach Import, Zuzug oder «lokaler Realisierung von allgemeinen Formideen» im Rahmen europäischer Trichterbecher-Gruppen offen bleibt: MAIER, Tönerner Tulpenbecher aus d. Neolithstation Polling im Ammertal (Germania 53) 1975, 144–148; Ders., (BVbll. 27) 1962 (1965) 180–181, Abb. 11–12 (Tulpenbecher und Ösenkranzflaschen aus Südbayern); LÜNING, Schussenried u. Jordansmühl (s. o. 17, Fundamenta, Teil Vb) 1976, 122–187, bes. 124 Anm. 7 (Ösenkranzflaschen in Mähren u. Dänemark). In Süd- und Mittelbayern wesentlich gleichzeitig und ungefähr auf Münchshöfener Territorium die Altheimer Gruppe: DRIEHAUS (s. o. 17). Engere Beziehungen zur Pfyner oder Bodensee-Gruppe der Michelsberger Kultur im Westen; wegen des schroffen Formenwechsels wird vielfach Zeitlücke zu Münchshöfen unterstellt, die ganz unbefriedigend durch jungneolithische Einsprengsel Jordansmühler Art (sonst Böhmen, Mähren, Mitteldeutschland, Schlesien) im danubischen Niederbayern gefüllt werden soll: LÜNING,

Schussenried (s. o.) 138, Abb. 14; 153, Abb. 18; 155–157. Vgl. aber MAIER, Entstehung u. Gliederung d. Badener Kultur im Spiegel d. nordalpinen Neolithikums (Symposium über die Entstehung u. Chronologie d. Badener Kultur) 1973, 199–204. Zu bestimmenden typologischen Details wenig übersichtlich SÜSS (s. o. 17) bes. 67–76. Zu komplexen Motivübertragungen sowie Jordansmühler und Schussenrieder Einflüssen in der Pollinger Gruppe und ihrer basishaften Verklammerung im jungneolithischen Materialbestand bes. MAIER, Steinzeit (s. o. 17) 53–55; Ders., Tulpenbecher (s. o. 18). Zum namengebenden Fundort MÜLLER-KARPE, Polling (s. o. 17). Feintonige Gefäße der Gruppe mit textilhaftem Schnittmuster bisher nur an wenigen Punkten entlang der Lech-Wörnitz-Achse von Polling im Alpenvorland bis zum Goldberg am Westrand des Ries: LÜNING (Ber. RGK 50) 1970, 36. Zu erwähnen bleiben Gefäße von «metallischer Prägnanz» aus dem niederbayerischen Donau- und Isartal, die Kontakt mit der ungarisch-niederösterreichisch-slowakisch beheimateten Baden-Péceler Kultur anzeigen: MAIER, Steinzeit (s. o. 17) 71–73, Abb. 51–52; Ders., Badener Kultur (s. o.). – *Endneolithikum:* Gemeineuropäischer und speziell zirkumalpiner Beziehungsreichtum verbieten exakte Gruppenzuweisung bei vielen Siedelkomplexen, weil außerhalb der Gräber die typologische Mischung überwiegt und zahlreiche Einzelfunde das Bild einer stein- bis bronzezeitlichen Übergangsphase verwischen. Zur Problematik durchgängig kritisch MAIER, Steinzeit (s.o. 17) 81–139; zweifellos materialüberfordernd die Differenzierungen bei E. PLESLOVÁ-ŠTIKOVÁ, Die Beziehungen zwischen Bayern u. Westböhmen im Äneolithikum (BVbll. 34) 1969, 1–29. Fundgemenge wie Schicht III auf dem Goldberg im Ries und einer Siedlung auf dem Altenberg bei Burgerroth, Lkr. Ochsenfurt, gelten als Goldberg III/Burgerroth auch ohne spezifische Eigenformen als zeittypisch. Einheitlicher zu umschreiben die Chamer Gruppe mit typischen Gefäßtechniken (Färbung und Magerung) sowie ungewöhnlichen Tonspulen und bombastischen Tonwirteln. Abgrenzung gegen Nachbargruppen nach Gefäßformen und Steingerät nicht immer eindeutig, wie bei der westlichen Leistenkeramik frühbronzezeitliche Affinitäten. Übersicht WOLF, «Knöbling-SSW» (s. o. 17) bes. 203, Abb. 39; I. BURGER, Die Chamer Gruppe in Niederbayern. Beitr. z. Gesch. Niederbayerns während d. Jungsteinzeit (Beilage z. amtl. Schul-Anz. f. d. Reg.-Bez. Nb.) 1978 H. 1, 28–44, bes. Abb. 2 (Karte), allerdings ohne Eintrag des Areals um Cham, stellt vier größere Regionen dar in Westböhmen, dem niederbayerischen Donaubereich, auf der südlichen Frankenalb bis zum Ries und in einem nordostalpinen Streifen zwischen Isar und Enns (= Art der «Salzburger Kerbleistenware»). – Im Endeffekt vielseitige Berührung der einheimischen Komplexe mit Bechermischgruppen, die ihrerseits Glockenbecher- und schnurkeramische Elemente aufgenommen haben; zu den sich andeutenden Querverbindungen MAIER u. a. (BVbll. 37) 1972, 119–121 mit Abb. 23–24. Stichworte zum mutmaßlich ursprünglichen Stadium: bei Glockenbecherleuten regelhaft geschlechtsdifferenzierte Hockerbestattung in Flachgräbern, Männer auf linker Seite mit Schädel in Generalrichtung Norden, Frauen in rechter Lage und umgekehrter Orientierung; in späterer Zeit (?) Brandbestattung. Letzte Übersicht zur Diskussion um Herkunft, Wanderungen, Sachbesitz, ökonomisches und gesellschaftliches Verhalten, Anthropologie in: Glockenbechersymposion, Oberried 1974, Redaktion J. N. LANTING u. J. D. VAN DER WAALS, 1976; ebd. 249–260 SCHRÖTER, Zur Stellung d. Glockenbecherkultur im Spätneolithikum Bayerns; bayerische Gräberliste RUCKDESCHEL, Südbayern (s. u. 28) Text 429–435; Nachträge u. a. SCHRÖTER, Die Funde d. Glockenbecherkultur im Lkr. Regensburg (Beitrr. z. Oberpfalzforsch. 2) 1966, 39–54; R. CHRISTLEIN, Neue Funde d. Glockenbecherkultur aus Niederbayern (Jahresber. HV Straubing 79) 1976, 35–76. – Schnurkeramik nach ursprünglich mit Schnur eingedrückten Mustern auf Bechern und Amphoren typischer Form, die in Süddeutschland selten sind. Ein sogenannter Einheitshorizont der Keramik löst sich zu den Bechermischgruppen hin und zu regionalen Fazies auf: vgl. MAIER, Steinzeit (s. o. 17) Abb. 67 u. 69. Die Gruppe steht im Verband der sogenannten Einzelgrab- und Streitaxtkulturen mutmaßlich östlicher Herkunft und letzter Ausbreitung bis Dänemark und in die Schweiz. Ursprünglich Flachgräber oder eingetiefte Gruben unter Grabhügeln mit geschlechtsdifferenzierten Hockerbestattungen, Frauen in der Regel auf linker, Männer auf rechter Seite mit Blick in Generalrichtung Süden; zu Grabhügeln mit hausartigen Einbauten oder Kreisgräben und zu Verbindungen mit Hügelbauten zeitgleicher Gruppen MAIER, Steinzeit (s. o. 17) bes. 104, Abb. 117; zu einem Grab mit Kreisgraben auch MODDER-

MAN, Hienheim I (s. o. 17) 132, Taf. 5 K–4. Allgemein SANGMEISTER/GERHARDT, Schnurkeramik u. Schnurkeramiker in Südwestdeutschland (Bad. Fundber. Sonderh. 8) 1965; Chr. KÖSTER, Beitrr. z. Endneolithikum u. z. frühen Bronzezeit am nördl. Oberrhein (PZ 43/44) 1965/66, 2–95; I. SCHWIDETZKY, Die anthropologische Stellung d. südwestdeutschen Schnurkeramiker (Homo 23) 1972, 208–212; bayer. Nachträge u. a. SCHÖNWEISS, Funde d. Schnurkeramik am Obermain (Gesch. am Obermain 5) 1968/69, 21–35; B.-U. ABELS, Ein Grab d. Schnurkeramik aus Opferbaum, Lkr. Schweinfurt (Archäol. Korrespondenzbl. 4) 1974, 201–207 mit Fundliste für Unterfranken; RUCKDESCHEL, Südbayern (s. u. 28) Text mit bayerischer Fundliste 435–439. – Vgl. M. PRIMAS, Untersuchungen z. d. Bestattungssitten d. ausgehenden Kupfer- und frühen Bronzezeit (Ber. RGK 58) 1977, 1–160.

Alle technischen und ökonomischen Prinzipien der jüngeren Steinzeit oder des *Neolithikums* stammen aus dem europäischen Südosten, der wiederum vom Kulturerbe Vorderasiens zehrt. Im Funktionszusammenhang erscheinen Feldbau und Viehhaltung, regelhafter Hausbau, Töpferei und neue Techniken des Steinschliffs im südlichen Mitteleuropa mindestens in der zweiten Hälfte des 5. Jahrtausends v. Chr.[1] Das Enddatum der Periode schwankt in regional abgestufter Überlappung mit der frühen Bronzezeit zwischen 1800 und 1700 v. Chr. Die gegenwärtige Gruppenteilung stützt sich notgedrungen auf Auswahlmaterialien, vorweg auf die Tonware mit differenzierten Techniken, Formen und Ornamenten. Dabei behindern typologisch begründete Zeitschemata den Gang der Untersuchung.[2] Auch werden häufig die kategoriellen Unterschiede zwischen Sachgruppen und kulturmorphologischen Einheiten verwischt.[3] Nach wie vor ist das Provisorische jeder Darstellung ausdrücklich zu betonen. Deutlich setzen sich in Süddeutschland jedoch vier Leithorizonte gegeneinander ab, die gewöhnlich als Alt-, Mittel-, Jung- und Endneolithikum bezeichnet werden.[4]

[1] Archäologisch-historische Datierungen über südosteuropäische Komplexe im Vergleich zur Ägäis und zu Ägypten reichen bis ins 3. Jahrtausend v. Chr. zurück, alle davorliegenden Daten beruhen auf Schätzung oder auf Bestimmung nach regelhaftem Zerfall von radioaktivem C 14 in organischen Stoffen, wobei korrigierte Daten (nach Eichung an Dendrochronologie = Auszählen von Baumjahresringen) zu extrem tiefen Ansätzen für mitteleuropäisches Neolithikum schon im 6. Jahrtausend führen. Da sich sämtliche naturwissenschaftlichen Verfahren zur absoluten Altersbestimmung noch in der Erprobung befinden und ständig korrigiert werden, ist blindes Vertrauen nicht angezeigt, zumal für die Erkenntnis kulturgeschichtlicher Abläufe die relative Chronologie maßgeblich bleibt. Zu neuesten Verfahren verständlich und optimistisch D. ANKNER, Kernchemische u. physikalische Datierung archäol. Funde (Arbeitsh. f. Restauratoren) 1976, 55–81; zur Problematik der C 14-Methode NARR (s. o. 17, HB d. Urgesch. 2) 1975, 21–25; zu krasser Fehldatierung um etwa anderthalb Jahrtausend noch MAIER, Polling (s. u. 24 Anm. 25) 32.

[2] S. o. 17, *Altneolithikum*; zur typologisch postulierten Stufenfolge MK I–V ohne Rücksicht auf allgemeine Stilbedingungen und regionale Kulturausprägungen kritisch MAIER, Tulpenbecher (s. o. 18, *Jungneolithikum*) bes. 147 mit Anm. 11–12.

[3] Zu Grundfragen neolithischer Kulturbildung R. HACHMANN, Die östl. Grenzen d. Michelsberger Kultur (Symposium über die Entstehung u. Chronologie d. Badener Kultur) 1973, 79–109, bes. 79; LÜNING, Zum Kulturbegriff im Neolithikum (PZ 47) 1972, 145–173; Ders. Schussenried (s. o. 18, *Jungneolithikum*) 147 schränkt den Begriff auf rein deskriptive Klassifikation in Definition nach Keramik ein.

[4] U. FISCHER, Ein Chronologiesystem im Neolithikum (Germania 54) 1976, 182–184.

Nach gewissen Gemeinsamkeiten sind die beiden ersten Abschnitte als Früh- und die beiden letzten als Spätneolithikum oder Kupferzeit zusammenzufassen.[5] Wechselseitige Überschneidungen verstehen sich.

Die Grundlegung der Kulturlandschaft beginnt im *Altneolithikum* (s. o. 17) mit Besetzung der Flußtalterrassen und Plateauränder durch bäuerliche Kolonisten aus linearbandkeramischen Siedelverbänden,[6] unabhängig von ihrer umstrittenen Herkunft und Ausformung.[7] Die Standorte der frühesten ortsfesten Wohnplätze zeigen jedenfalls nach Maßgabe praktischer Erfahrungen auf gezielte Nutzung der primären Siedlungsräume für Feldbau, Weide und andere Wirtschaftszwecke, kurz auf aneignende Produktion und planvolle Vorratshaltung als einen weiteren entscheidenden Schritt zur Naturbeherrschung. – Nach Süden dringt man kaum über das tertiäre Hügelland vor, im Norden erschwert punktuelle Beobachtung die Beurteilung, doch werden gleich zu Anfang der Periode auch das Maintal und günstige Zwischenareale besiedelt. Die meisten Wohnplatzbefunde treten indessen nur flüchtig mit Lesescherben, Gruben und Herdstellen zutage, aber Mahl- und Reibsteine, Spinnwirtel, Webegewichte und Feuersteinklingen als Sicheleinsätze geben hinreichend Einblick in die ökonomischen Verhältnisse. Neben neuartigen Silexformen[8] spielen differenzierte Geräte aus zugeschliffenem Felsgestein eine Hauptrolle. Ihre Masse wird beim Hausbau und in irgendeiner Weise bei Säuberung der Kulturflächen und Aufbereitung des Bodens für den Hackbau mitgewirkt haben. Aus den südöstlichen Stammländern sind Rind, Schwein, Schaf und Ziege als Haustiere mitgebracht oder eingeführt, ebenso Kulturpflanzen vorderasiatischer oder südosteuropäischer Abkunft: Weizen, Gerste, Hirse, Emmer, Einkorn, einige Küchengewächse. Die allgemeine mitteleuropäische Fundstatistik zeigt das Bild einer bäuerlichen Mischkultur, in der die Jagd eher nebenher betrieben wird.[9] Besser dokumentierte Fundplätze weisen geschlosse-

[5] Müller-Karpe, HB III (s. o. 17) 240–265 zieht Glockenbecherkultur und frühe Bronzezeit (Stufe A) zu einem dritten Abschnitt der Kupferzeit zusammen.

[6] Zur Standortwahl nach Bodenbeschaffenheit und -formation, Wassernähe und anderen ökologischen Faktoren Reinecke, Linearbandkeramik (s. o. 17 *Altneolithikum*) bes. 5–8; allgemein Sielmann, Die frühneolith. Besiedlung Mitteleuropas (s. o. 17, Fundamenta, Teil V a) 1972, 1–65 mit allerdings ganz unvollständiger Fundstatistik für bayerische Teilgebiete.

[7] Kossack/Schmeidl, Getreidebau (s. o. 16 Anm. 27) konstruieren in nicht geschlossener Beweiskette nach C 14-Datierung der voralpinen Vegetationsgeschichte spätmesolithischen Feldbau schon «irgendwann zwischen 6700 und 4600» v. Chr. und Ausweichen der Feldbauern vor urwaldartigen Eichenmischwäldern auf die lichtbestockten Uferränder der Talauen im Frühneolithikum, wo sie plötzlich in ortsfesten Siedlungen bandkeramischer Art auftreten sollen; Menke, Frühneolithikum (s. o. 16 Anm. 28) stützt die Behauptung einer «gestaffelten Neolithisierung» während des Frühneolithikums mit Fehlinformationen und mißverständlichen Belegstellen merkwürdigerweise ebenfalls auf beide Autoren; vgl. grundsätzlich immer noch H. Quitta, Zur Frage d. ältesten Bandkeramik in Mitteleuropa (PZ 38) 1960, 1–38, 153–188; J. Lichardus, Zur Entstehung d. Linearbandkeramik (Germania 50) 1972, 1–15.

[8] Taute, Mikrolithen (s. o. 15 Anm. 26); F. D. Davis, Die Hornsteingeräte d. älteren u. mittl. Neolithikums im Donauraum zwischen Neuburg u. Regensburg (Bonner He. z. Vorgesch. 10) 1975.

[9] J. Murray, The first European Agriculture, a study of the Osteological and Botanical Evidence until 2000 BC (The Univ. Press Edinburgh) 1970. – Zweifel an bäuerlichen Wirtschaftsformen des Altneo-

ne Dörfer aus, gelegentlich mit Palisadenanlagen, vor allem aber mit rechteckigen, langgestreckten und mehrfach unterteilten Pfostenhäusern von einheitlicher Bauart und Orientierung.[10] Vorauszusetzen ist demnach feste gesellschaftliche Organisation und mindestens zeitweilige Seßhaftigkeit,[11] die entschieden auch in den benachbarten Friedhöfen zum Ausdruck kommt. In der regelhaften Ausrichtung der Flachgräber, der vorherrschenden Hockerbestattung und endlich in der Beigabe von Schmuck, Gerät und Waffen spiegeln sich verbindliche Gesittungsformen vor einem mythisch bestimmten Hintergrund.

Der materielle Besitzstand und die Erfahrungswerte des Altneolithikums werden in den nachfolgenden Perioden nicht gleichmäßig verbessert und vermehrt, vielmehr zum Teil wieder aufgegeben und um spezialisierte Neuformen überhaupt erst im Jungneolithikum bereichert. Im *Mittelneolithikum* (s. o. 17f.) wird sonst gängiges Steingerät weitergeführt, manchmal in gruppenspezifischer Auswahl aus dem Gesamtbestand. Nur die stichbandkeramischen Gruppen scheinen sich wesentlich auf linienbandkeramischem Territorium noch mehr oder weniger streng an altüberlieferte Bestattungs- und Siedelweisen zu halten, indessen werden die Hausgrundrisse ovaloid oder trapezförmig verändert.[12] Die Bautraditionen reißen völlig ab, wo andere Gruppen neue Standorte in den sekundären Siedlungslandschaften bis in das Alpenvorland beziehen, zum Teil in höheren Lagen und erstmals sogar auf exponierten Höhen. Entsprechend verschieben sich die ökologischen Abhängigkeiten, regionsweise sichern vorweg wieder Viehhaltung oder intensive Jagd das Auskommen kleiner Siedelgemeinschaften.[13] Üblich werden rechteckige Ein- oder Zweiraumhäuser mit Firstdach bei stark verminderter Grundfläche. Im verschachtelten Neben- und

lithikums stützt MENKE, Frühneolithikum (s.o. 16 Anm. 28) bes. 45f. u.a. auf zwei linearbandkeramische Gruben mit Wildtierknochen, die von H.-P. UERPMANN, Betrachtungen z. Wirtschaftsform neolith. Gruppen in Südwestdeutschland (Fundberr. Baden-Württ. 3) 1977, 144–161 gerade als Beweis für die Schutzjagd von Getreideanbauern angesehen werden. Zum geringeren Wert entsprechender Knochenanalysen zuletzt A. T. CLASON in: MODDERMAN, Hienheim I (s.o. 17) bes. 101f.

[10] TORBRÜGGE/UENZE 54, Abb. 15; MODDERMAN, Ausgrabungen in Hienheim, Lkr. Kelheim (Jbr. BD 10) 1969, 7–26, bes. Beilage I, 1; Ders. Hienheim I (s. o. 17) 123ff., Beilage 1; Ders., Eine jungsteinzeitl. Siedlung in Meindling, Gem. Oberschneiding, Lkr. Straubing-Bogen. Beiträge z. Geschichte Niederbayerns während d. Jungsteinzeit (Beilage z. Amtl. Schul-Anz. f. d. Reg.-Bez. Nb.) 1978, H. 1, 21–27, bes. 25, Abb. 3; SCHÖNWEISS, Siedlungen (s. o. 17) Beilage I (Zilgendorf, Lkr. Lichtenfels); Hausgrundriß von über 10 m Breite und 50 m Länge neuerdings aus Lengfeld-Dantschermühle (Fundchronik Jahresber. HV Straubing); grundsätzlich sind westliche Baubefunde zu vergleichen: MODDERMAN, Die Hausbauten u. Siedlungen d. Linienbandkeramik in ihrem westl. Bereich (s. o. 17, Fundamenta, Teil V a) 1972, 77–84.

[11] MODDERMAN, Bandkeramik u. Wanderbauerntum (Archäol. Korrespondenzbl. 1) 1971, 7–9; H. BERLEKAMP, Wanderbauerntum oder Siedlungskonstanz? (Symbolae Praehistoricae. Festschr. z. 60. Geburtstag v. Fr. Schlette) 1975, 85–89.

[12] MODDERMAN, Hienheim (s. o. Anm. 10) Beilage I, 2; Ders., Hienheim I (s. o. 17) 128, Abb. 27.

[13] TORBRÜGGE, Zur Vorgesch. d. nördl. Alpenvorlandes (s. o. 3, Führer 18) 1971, 14–62, bes. 21; SCHRÖTER, Eine mittelneolith. Siedlung b. Memmingen im bayer. Oberschw. (Buxheim, Lkr. Memmingen) (Archäol. Korrespondenzbl. 4) 1974, 121–124.

Nacheinander der Bauformen bis zum Endneolithikum erscheinen nach den Bedingungen von Zeit und Ort aber auch Grubenhäuser und zuletzt einfache rechteckige Stangenhütten, ohne daß baugesetzliche Entwicklungslinien sichtbar würden.[14] Gleichläufig geben verschiedene mittelneolithische Gruppen die regulären Bestattungssitten auf,[15] Leichenverbrennung wird eingeführt. Wie die Stichbandkeramik setzen die Rössener Gruppen ihre Toten vielerorts hauptsächlich in gestreckter Rükkenlage bei,[16] doch kennen sie im mitteleuropäischen Zusammenhang zugleich rituelle Sonderformen wie die Teilbestattung und die eigentümliche Mischung mit dem Menschenopfer, die in sogenannten Knochentrümmerstätten als Zeugnis kannibalischer Kulte mindestens in der Höhlenregion auf der Alb bezeugt ist.[17] Auf die sonst weit verbreitete Sitte kollektiver Bestattungen in Höhlen und Grotten finden sich vorerst höchstens mittelbare Hinweise.

Die obskuren Tendenzen im Totenbrauchtum steigern sich im *Jungneolithikum* zur kollektiven Beisetzung mehrerer gewaltsam getöteter Menschen in siloartigen Gruben, wobei Tieropfer mitwirken.[18] Umgestülpte Sturzgefäße Altheimer Art scheinen als grabartige Deposita für mögliche Brand- oder Teilbestattungen gedient zu haben.[19] Alle diese sonderbaren Erscheinungen stehen in einem großräumigen Beziehungsnetz, das auf andere Weise vor allem durch materielle Fernverbindungen angezeigt wird, namentlich in Kontakten zu östlichen Nachbargruppen mit Kupferbesitz. Sie deuten sich mittelbar noch in Tongefäßen von metallischer Prägnanz an.[20] Unmittelbar werden sie an der östlichen Peripherie zum Beispiel auf dem Auhögl im Saalachtal sichtbar, einem breitflächigen Hügel in flutgefährdetem Tal, verkehrsmä-

[14] Maier, Steinzeit (s. o. 17) bes. 102 u. 142–144, Abb. 102 zu Verkleinerungs- und Verkümmerungstendenzen im neolithischen Hausbau; abwegig Menke, Frühneolithikum (s. o. 16 Anm. 28) 37, 51 zu einem angeblichen Firstträgerhaus aus dem Frühmesolithikum bei Sarching (s. o. 15 Anm. 18), das die Tradition kleinräumiger Pfostenbauten in Talauesiedlungen bis zum Mittelneolithikum wahrscheinlich machen soll.

[15] Ein Kindergrab von Pielweichs, Lkr. Deggendorf, und ein Toter mit nach rückwärts verdrehtem Kopf in einer Siedlungsgrube von Riekofen, Lkr. Regensburg, müssen als Sonderbestattungen der Münchshofener Gruppe angesehen werden; vgl. Maier, Steinzeit (s. o. 17) 41, Abb. 26; Süss (s. o. 17) 84, Abb. 4; 89–90; A. Dieck, Vorläufige Mitteilungen über Moorleichen in Bayern (Archäl. Korrespondenzbl. 3) 1973, 463–468, bes. 464 Anm. 14 erwähnt zudem eine Kinderbestattung im Moor bei Traunstein mit einer Fußschale offenbar Münchshöfener Art. Sie gehört zu den mehr als 30 Moorleichen im Lande, die meist schwer zu datieren sind.

[16] Zur mittelneolithischen Beisetzung in Gruben auf Siedelterrain u. a. R. Eckes, Neolith. Skelettgräber b. Regensburg-Pürkelgut (BVbll. 20) 1954, 97–104; Torbrügge/Uenze 142, Abb. 108; zu scharf gewinkelten und gespreizten Beinen wie in Pürkelgut aber auch Dieck, Postmortale Lageveränderungen in vor- u. frühgeschichtl. Gräbern (Archäl. Korrespondenzbl. 4) 1974, 277–283.

[17] Hohlenstein b. Ederheim u. Hanseles Hohl b. Fronhofen am Westrand des Ries mit zum Teil angebrannten, angeschnittenen oder aufgebrochenen Menschenknochen neben Wildtierknochen: Dehn/Sangmeister (s. o. 17) 30–31; vgl. Maier, Steinzeit (s. o. 17) 165.

[18] Maier, „Michelsberg-Altheimer" Skelettgruben v. Inningen b. Augsburg in Bayer.-Schwaben (Germania 43) 1965, 8–16.

[19] Ders., Steinzeit (s. o. 17) 66f.

[20] Ebd. 71–73, Abb. 51–52; 155f. gedrängt zu Verflechtungen und archäologischen Erscheinungsformen des Handels.

ßig gleichwohl in Vorzugsposition, der nach einer großen Zahl von Halbzeugen lange als Wohn- und Werkplatz, als Markt- und Handelsort gedient haben muß.[21] Von hier stammen ein importiertes Kupferbeil und Plattenhornstein der Fränkischen Alb. Der Anteil von Handel und spezialisierter Geräteproduktion ist freilich für alle Perioden schwer abzuschätzen, weil entsprechende Fundorte nur selten auf ihre ökonomische Bedeutung durchforscht worden sind. So stehen dem in Europa sonst gut belegten spätneolithischen Silexabbau in Steinbrüchen und regelrechten Bergwerken in Bayern bisher erst wenige beglaubigte Werkplätze wie bei Lengfeld gegenüber.[22] Gleichzeitige Verflechtungen über die Michelsberger Gruppe bis weit nach Nordwesten dokumentieren sich im Import von Silexklingen aus hochgeschätzten belgischen Lagerstätten.[23] – Die Wirtschafts- und Siedelweisen bleiben jedoch im hohen Maße variabel, abhängig vom allgemeinen Gruppenverhalten und den besonderen Gegebenheiten der Region oder des Ortes. In Polling im Voralpenland zum Beispiel deutet ein ungewöhnlich hoher Anteil von Wildtierknochen scheinbar auf extrem jägerische oder wildbeuterische Existenzgrundlage wie bei südwestdeutschen Uferrandsiedlern, wie denn hier auch Röhrenperlen aus Kalkstein aus südwestdeutscher Produktion engere Verbindungen zu westlichen Nachbarn anzeigen.[24] Zusammen mit steinernen Schleifstäben und Schleifsteinen von augenfälliger Menge auf dem Platz über einem heute verlandeten See lassen die Tierknochen aber geradezu an gewerbliche Fellbearbeitung und umfängliche Gerberei denken, so daß eher zeitgenössische Spezialisierung in einem komplexen Wirtschaftsverbund anzunehmen ist als ein Rückfall in ältere Beuteverfahren.[25]

Landverteilung und Wirtschaftsbeziehungen verlagern sich erneut im *Endneolithikum* (s. o. 19f.) mit dem Auftauchen von Glockenbecher- und schnurkeramischen Gruppen, die nach kriegerisch oder jägerisch betonter Ausrüstung und jedenfalls anfangs streng kodifizierten Bestattungsweisen eindeutig als selbständige Einheiten auszumachen sind. Zu den einheimischen Siedelgruppen vom Typ Cham oder Goldberg III/Burgerroth lassen sich regelhafte Gräberschichten wiederum nicht ermitteln.[26] Bei fortgesetzter Erweiterung der Ausbaulandschaften wird Getreideanbau unter besonderen Umständen bis in unfruchtbare Gebirgstäler vorgeschoben,[27] doch

[21] DRIEHAUS (s. o. 17) 39–45; TORBRÜGGE, Alpenvorland (s. o. 22 Anm. 13) 22f.

[22] REISCH (s. o. 17) 77, Abb. 13 mit Karte zur Silex- und Felsgesteingewinnung im neolithischen Europa; weitere Komplexe wie bei Günzburg mit über 50 Silexpfeilspitzen und entsprechenden Rohstücken noch nicht systematisch erfaßt (BVbll. 37) 1972, 93, Taf. 8 u. 9.

[23] MAIER, Zwei Importsilex-Dolche aus dem bayer. Inn-Oberland (Germania 45) 1967, 143–148.

[24] Ders., Steinzeit (s. o. 17) bes. 65, Abb. 49.

[25] Ders., Jäger u. Gerber in d. Neolithstation Polling im Alpenvorland (Jbr. BD 15/16) 1974/75 (1977) 24–32.

[26] Zu Verbindungen zwischen Siedlungskomplexen wie Goldberg III/Burgerroth und Cham mit indifferenten Bechergräbern MAIER, Steinzeit (s. o. 17) 104f. Skelettgruben mit aufgeschlagenen Menschenknochen zwischen den Häusern von Goldberg III setzen einheimisch überliefertes Opferbrauchtum fort: KUNKEL, Jungfernhöhle (s. o. 17) 119.

[27] WOLF, «Knöbling-SSW» (s. o. 17) 184–185 (Gerste und Einkorn); zugrunde liegt in der Cham-Further Senke sicher die Wegeverbindung nach Böhmen, der auch

bleiben die Primärzonen bevorzugt. Anders als im übrigen zirkumalpinen Bereich werden Moore, Seeufer und Inseln nur ausnahmsweise besetzt. Die Glockenbecher-Leute lassen sich hauptsächlich im Altsiedelland nieder, wie es scheint, aber die oft indifferenten oder gemischten Siedelbefunde der Zeit erlauben kein Urteil über das zeitgenössische Verhältnis zu Wohnplätzen anderer Art.[28] Herkunft und Stellung der Gruppe in paneuropäischen Verbänden sind noch immer von methodischen Notlösungen verdunkelt.[29] Sicher verschmelzen sie im Laufe etlicher Jahrhunderte mit eingesessenen und schnurkeramischen Einwohnern zum Kern frühbronzezeitlicher Populationen. Die Massierung schnurkeramischer Gräber im Mainfränkischen bezeichnet einen Hauptwanderweg von Mitteldeutschland nach Süden, muß aber durch verstreute Bechergräber und einzelne Streitaxt-Funde räumlich ergänzt werden.[30] Der Mangel an Wohnplätzen läßt sich durchaus mit nomadischen Zügen von Hirtenvölkern erklären, doch gelten dieselben Vorbehalte wie bei der Glockenbecher-Siedlung. Endneolithische Assimilierung zeigt sich gleicherweise in der Ablösung schnurkeramischer Ursprungs- durch allgemeine Mischformen, im Funktionswechsel bei Formentausch mit anderen Gruppen[31] und endlich im anthropologischen Befund.[32] Fraglich bleibt ein Zusammenhang mit der Indogermanisierung Mitteleuropas.[33]

Zu *Kulten* und *Symbolvorstellungen* sind einzelne Erscheinungen wenigstens in Stichworten anzumerken. Höhlenkulte sind bereits altneolithisch begründet, gut beobachtet vor allem in der Jungfernhöhle bei Tiefenellern auf der nördlichen Frankenalb,[34] wo das kultisch-kannibalische Menschenopfer von überwiegend Frauen und

mehrere Steinbeildepots entsprechen könnten, ebd. 153 u. 200 Anm. 73.

[28] Chamer Siedlungsplätze bevorzugt in höherer Lage, oft auch auf Spornen, gelegentlich am Rande fruchtbarer Bodenareale, doch kann von regelrechten Höhensiedlungen entgegen BURGER, Chamer Gruppe (s. o. 19, *Endneolithikum*) 28 f. nicht die Rede sein; im Altsiedelland werden auch die Terrassenränder mit stellenweise bandkeramischer Vorbelegung aufgesucht: vgl. MODDERMAN, Hienheim (s. o. 22 Anm. 10); Ders., Hienheim I (s. o. 17) Taf. 1–3; Steinfurthmühle, Lkr. Deggendorf: MAIER, Steinzeit (s. o. 17) 195; (Jbr. BD 5) 1964, 206–207. Exponierte Höhenlage auf Grund der Umstände allenfalls in den Ausbaulandschaften: MAIER, ebd. 100; vgl. Dobl, Lkr. Rosenheim, 50 m über dem flutgefährdeten Inntal am Rand der Hochfläche: TORBRÜGGE, Alpenvorland (s. o. 22 Anm. 13) 24 Lageplan; dagegen die eponyme Siedlung in der Cham-Further Senke nur 8–12 m über feuchten Bachtälern: WOLF, «Knöbling-SSW» (s. o. 17) 152, Lageplan Abb. 3. – Altbewohnte Höhen wie der Goldberg im Ries sind im Kontext mit ihrem fruchtbaren Umland anders zu beurteilen, unergiebig dazu SCHRÖTER, Goldberg (s. u. 26 Anm. 41).

[29] So noch SANGMEISTER, Sozial-ökonomische Aspekte d. Glockenbecherkultur (Homo 23) 1972, 188–203.

[30] RUCKDESCHEL, Südbayern (s. u. 28) Katalog Karte 3; MAIER, Zur Südausbreitung v. Steinstreitäxten in Art d. Einzelgrabkultur (Germania 30) 1972, 227–229.

[31] Ders., Steinzeit (s. o. 17) 94 zu Amphoren als Urnen in der Glockenbecherkultur und als Beigabe oder Wirtschaftstopf in der Schnurkeramik.

[32] Von der Gesamtheit schnurkeramischer Populationen weichen die südwestdeutschen Schnurkeramiker in Richtung auf extreme Ausbildung kennzeichnender Hirnschädelproportionen ab: I. SCHWIDETZKY, Schnurkeramiker (s. o. 20, *Endneolithikum*).

[33] WAHLE, Ur- u. Frühgesch. (s. o. 3 Anm. 1) 41–56; zum Hypothetischen aller Versuche, sprachliche und archäologische Felder zur Deckung zu bringen, zuletzt NARR (s. o. 17, HB d. Urgesch. 2) 1975, 690–703.

[34] KUNKEL (s. o. 17).

Kindern allerdings wohl erst auf eine Michelsberger Schicht zu beziehen ist.[35] Systematische Höhlenforschung wird die Verhältnisse anderwärts und örtliche Überlieferungen bis weit in die Metallzeiten noch aufzuklären haben.[36] Als topographische Gegenorte fungieren markante Felsblöcke und Felstürme mit Geschirropfern seit altneolithischen Tagen.[37] Weitläufige Kult-, Fest- oder Spielplätze sind in Analogie zu den megalithischen Monumentalbauten des Westens vielleicht in jungneolithischen Grabenwerken mit symmetrischer Gliederung zu suchen, die in offenem Siedlungsgelände keinerlei Verteidigungswert besessen haben können. Vergleiche mit Funeralanlagen bieten sich ebenso an wie mit Erdwerken Michelsberger Art, die zum Teil als Befestigungen angelegt sind, bei partieller Besiedlung aber auch Kultgruben und obskure Bestattungsplätze einschließen.[38] Neuentdeckte Grabenwerke in Ostbayern bleiben noch zu bearbeiten,[39] zu erwägen sind Doppelfunktionen, zumal auf Berghöhen.[40] Echte Verteidigungslinien mit Wall, Graben und Palisaden wie auf dem Goldberg sind offenbar selten,[41] Grabenberinge wie um die endneolithischen Chamer Wohnplätze tragen eher Grenzcharakter.[42] – Die mythisch gedachte Bedeutung der

[35] Die Kultaktionen am Höhlenschacht beginnen in bandkeramischer Zeit mit dem Lustrationsopfer eines Ferkels, dem brennendes Reisig nachgeworfen wurde. Es folgten die Scherben von zerschlagenen Gefäßen, in der Masse bandkeramisch und Michelsberg. Sie sind überall in tiefere Lagen des schrägen Schachtes abgerutscht und nicht mehr getrennt auf die Skelettreste von mindestens 38 Individuen zu beziehen, von denen bestimmte Leichenteile eingeworfen wurden. Zum Ritual gehörte die Extraktion der einwurzeligen Zähne der Opfer.

[36] Zu Grundfragen und religionsgeschichtlichem Hintergrund zuletzt MAIER, Urgeschichtl. Opferreste aus einer Felsspalte u. einer Schachthöhle d. Fränkischen Alb (Germania 55) 1977, 21–32 mit ausführlicher Bibliographie.

[37] Felsturm Motzenstein gut 12 Kilometer nordöstlich der Jungfernhöhle: KUNKEL (s. o. 17) 114–115; STROH, Der Maximiliansfelsen im Lkr. Eschenbach (WAGNER, Frühzeit) 45–49; Ders., Der Maifelsen b. Essing im Lkr. Kelheim (Nb.) (Fundber. Schw. NF 17) 1965, 184–187 (vorerst metallzeitl.); Teufelsstein b. Rödersdorf: DANNHEIMER/HERRMANN, Rothenburg o. d. T. Katalog z. Vor- u. Frühgesch. in Stadt u. Lkr. (Kat. Prähist. Stslg. 11) 1968, 40–42.

[38] MAIER, Fragen zu neolith. Erdwerken Südbayerns (Jbr. BD 3) 1962, 5–21 (Altheim, Lkr. Landshut; Kothingeichendorf, Lkr. Landau a. d. Isar); neuerdings Doppelgraben-Rondell von etwa 100 m Durchmesser mit vier Erdbrücken von Künzing-Unternberg (Fundchronik Jahresber. HV Straubing).

[39] z. B. jüngere Gräben am bandkeramischen Friedhof bei Aiterhofen, Lkr. Straubing-Bogen (VHN 101) 1975, 12–13, Abb. 3; symmetrisches Grabenwerk Altheimer Art bei Lengfeld, Lkr. Kelheim (VHN 102) 1976, 26–29, Abb. 12 u. 13; weitere Grabenanlagen durch Luftaufnahmen festgestellt und durch Scherbenfunde jünger als altneolithisch datiert: REINECKE, Linearbandkeramik (s. o. 17, *Altneolithikum*) 10.

[40] Etwa auf dem Staffelberg bei Staffelstein, Zeugenberg mit stichbandkeramischer Begehung und jungneolithischem Graben mit vorgelegtem Wall: ABELS/OSTERHAUS, Keltischer Mittelpunkt am Obermain (Ausgrabungsnotizen aus Bayern) 1975/1.

[41] SCHRÖTER, Zur Besiedlung d. Goldberges im Nördlinger Ries (s. o. 3, Ausgrabungen, Teil 1) 1975, 98–114; O. HÖCKMANN, Wehranlagen d. jüngeren Steinzeit (ebd. Teil 3) 278–296 sieht zu eindeutig nur Befestigungen.

[42] Vgl. MODDERMAN, The Aveburys and their Continental Counterparts (To illustrate the monuments. Essays on Archaeology presented to Stuart Piggott) 1976, 99–106; Ders., Hienheim I (s. o. 17) Beilage 3; BURGER, Chamer Gruppe (s. o. 19, *Endneolithikum*) 29–31, Abb. 3.

Quellorte wird durch einige Beildeponate bezeugt.[43] Eigene Beilkulte lassen sich nicht erschließen, doch zeigt etwa die Auflistung von Prunkbeilen aus bestimmten Qualitätsgruppen oder von hochwertigen Silexdolchen, daß auch Einzelfunde in magischer oder kultischer Absicht niedergelegt und vergraben[44] oder in Gewässern versenkt worden sind. Symbolhafte Wertung sekundär manipulierter Steingeräte ist offensichtlich, sie liegt in ähnlicher Weise bei Miniaturformen und Übersteigerungen wie den bombastischen Tonwirteln der Chamer Gruppe zugrunde.[45] – Die figürliche Darstellung von Mensch und Tier, das regelrechte *Bild* also, ist nur den linear- und stichbandkeramischen Gruppen bekannt. Köpfe und Beinpartien von spannenlangen Tonstatuetten, mutmaßlich in Frauengestalt, sind wohl rituell abgeschlagen worden.[46] Ein kugeliges Tongefäß von Gneiding im Landkreis Landau a. d. Isar, dem eine aus Tonwulst stilisierte Menschenfigur aufgelegt ist,[47] steht in einer Reihe mit ähnlich durch Wulstrelief, Zeichnung oder Henkelapplikation anthropomorph betonten Gefäßen aus Nachbarschaft und Nachbarländern.[48] Ritueller Gebrauch ist gleicherweise bei Tonstatuetten von Haustieren zu unterstellen. Vor allem kleine Gefäße in Rindergestalt müssen sich auf agrarische Kulte mit symbolisch bestimmter Aktion beziehen.[49] Das Vermögen begrifflicher Umsetzung ins Bild scheint anderen mittel- bis

[43] Maier, Steinzeit (s. o. 17) 161–162 Anm. 338 u. 339.

[44] Ebd. 118–139 zur sachgerechten Auswertung von Einzelfund-Komplexen; ebd. 162–163 zu Hort-, Höhen- und Höhlenfunden bestimmter Kategorien, die noch systematisch nach besonderem Ortsbezug zu überprüfen wären; Ders., Beispiele z. Fundstatistik d. Stein- u. Bronzezeit (Probleme d. Zeit, Neue Ausgrabungen in Bayern) 1970, 10–13; Ders., Alte Steinstreithämmer u. neue Hammervotive im südostbayerisch-oberösterr. Kulturgebiet (BJbV) 1968, 139–140; St. Winghart, Sonderdeponate in deutschen Mittelgebirgen (Diss. Regensburg 1979, erscheint voraussichtlich in Reihe d. Röm.-Germ. Zentralmus. Mainz).

[45] Maier, Steinzeit (s. o. 17) 161–165 u. passim zur irrealen Bewertung auch anderer Gerätformen nach Stoff- und Gestaltheiligkeit.

[46] Höckmann, Menschliche Darstellungen in d. bandkeramischen Kultur (Jb. Röm.-Germ. Zentralmus. Mainz 12) 1965, 1–34; Müller-Karpe, HB II (s. o. 17) 392–395; H. Stickroth, Menschliche u. tierische Darstellungen d. Jungsteinzeit im Straubinger Raum (Jahresber. HV Straubing 79) 1976, 25–34; vgl. Schönweiss, Siedlungen (s. o. 17) 28–36, Abb. 6 u. 7; (BVbll. 37) 1972, 85, Abb. 7; Reinecke, Neue Funde d. Linearbandkeramik aus Niederbayern (Archäol. Korrespondenzbl. 7) 1977, 201–210 zu Idolfragmenten und figürlichen Darstellungen.

[47] Maier, Steinzeit (s. o. 17) 23, Abb. 8; Torbrügge/Uenze 236–237; Dannheimer/Fink (s. o. 8 Anm. 14) 44–46.

[48] Stickroth (s. o. Anm. 46) 25–26, Abb. 1, 1–2: Zeichnung auf Scherbe von Straubing; vgl. allgemein Müller-Karpe, HB II (s. o. 17) Taf. 199–200, 222–223; A. Jockenhövel, Ein neuer Figuralgefäßtyp d. bandkeramischen Kultur (Germania 49) 1971, 179–187; Maier, Steinzeit (s. o. 17) 23 u. 158 zur formalen Überleitung in Winkelbandfriese und W- oder M-Muster als Verkörperung von Ahnenreihen.

[49] Unkenntliche Säugetierplastiken aus Ton Maier, ebd. 22 u. Abb. 9; stierfigurige Tongefäße ebd. 22 u. Abb. 10 (Herkheim); Torbrügge/Uenze 235, Abb. 203; Modderman, Hienheim (s. o. 22 Anm. 10) 11, Abb. 5; Ders., Hienheim I (s. o. 17) 57, Abb. 22; Ders., Meindling (s. o. 22 Anm. 10) 27, Abb. 5 (Schwein?); G. Wegner, Eine bandkeramische Tierplastik aus Würzburg-Heidingsfeld (Archäol. Korrespondenzbl. 4) 1974, 111–112, Taf. 12; Stickroth (s. o. Anm. 46) 26–27, Abb. 2; Erbshausen, Lkr. Karlstadt (BVbll. 27) 1962 (1965) 174 u. Abb. 7; Lauingen, Lkr. Dillingen? (BVbll. 37) 1972, 101.

endneolithischen Gruppen jedoch zu fehlen, sie nehmen die mythischen und spirituellen Grundsätze einer südosteuropäisch-ostmediterran verwurzelten Gedankenwelt nicht an.[50] Ansätze zu gemeineuropäischen Zivilisationsformen von Dauer zeichnen sich deutlicher erst in der Endphase des Neolithikums ab, in der Integration zur bronzezeitlichen Gruppenbildung.

§ 4. BRONZEZEIT

F. HOLSTE, Die Bronzezeit in Süd- u. Westdeutschland (HB d. Urgesch. Deutschlands I, hg. v. E. SPROCKHOFF) 1953; R. HACHMANN, Die frühe Bronzezeit im westl. Ostseegebiet u. ihre mittel- u. südosteurop. Beziehungen. Chronologische Untersuchungen, 1957; MÜLLER-KARPE, HB III (s. o. 17) 252–265; Fr. STEIN, Bronzezeitl. Hortfunde in Süddeutschland (Saarbrücker Beitrr. z. Altertumskd. 23) 1976; W. TORBRÜGGE, Zum Übergang v. d. frühen z. mittl. Bronzezeit in Süddeutschland (Archäol. Korrespondenzbl. 9) 1979; Prähist. Bronzefunde (= PBF), hg. v. MÜLLER-KARPE.

HOLSTE, Die bronzezeitl. Vollgriffschwerter Bayerns (Münch. Beitrr. 4) 1953; HUNDT, Straubing I (s. o. 17); Ders., Kat. Straubing II. Die Funde d. Hügelgräberbronzezeit u. d. Urnenfelderzeit (MBV 19) 1964; TORBRÜGGE, Die Bronzezeit in d. Oberpfalz (MBV 13) 1959; Ders., Die Bronzezeit in Bayern, Stand d. Forschungen z. relativen Chronologie (Ber. RGK 40) 1959, 1–78; W. RUCKDESCHEL, Geschlechtsdifferenzierte Bestattungssitten in frühbronzezeitl. Gräbern Südbayerns (BVbll. 33) 1968, 18–44; Ders., Die frühbronzezeitl. Gräber Südbayerns (Antiquitas, Reihe 2/11) 1978; H. KOSCHIK, Die Bronzezeit in Südwestbayern (MBV) in Vorbereitung.

Zur relativen Chronologie mit den vier Stufen Bz A bis D nach dem Grundkonzept Paul Reineckes Übersicht TORBRÜGGE, Chronologie (s. o.); Ders., Terminologische Mißverständnisse als Fehlerquellen d. Bronzezeit-Chronologie im südl. Mitteleuropa (Ber. über d. V. Intern. Kongr. f. Vor- u. Frühgesch. Hamburg 1958) 1961, 818–823. – Zur Phasengliederung Bz A 1 und A 2 nach Reinecke später R. CHRISTLEIN, Beiträge z. Stufengliederung d. frühbronzezeitl. Flachgräberfelder in Süddeutschland (BVbll. 29) 1964, 25–63 mit Unterstufen 1 bis 4, die von manchen Autoren bis heute akzeptiert werden, obwohl sachliche und methodische Bedenken dargelegt u. a. schon von STEIN, Beobachtungen z. Tracht- u. Bestattungssitten d. frühbronzezeitl. Bevölkerung v. Gemeinlebarn (Ber. RGK 49) 1968 (1970) 1–40; KÖSTER, Beiträge (s. o. 20, *Endneolithikum*) bes. 72; MAIER, Raisting (s. u. 31 Anm. 12) 3; Ders., Rinderbackzähne (s. u. 32 Anm. 15) bes. 231; RUCKDESCHEL, Bestattungssitten (s. o.) 40f.; Ders., Südbayern (s. o.) bes. 296; ebd. bes. 297f. führt Ruckdeschel im Rahmensystem Bz A 1 und A 2 aber zusätzlich eine Nadelchronologie mit den fünf Horizonten Bz A 1 a–b und A 2 a–c ein, die nicht durch geschlossene Grabfunde belegt werden; unergiebig und zum Teil terminologisch verwirrend neuerdings STEIN, Hortfunde (s. o.) bes. 47–64. – Zu einer fiktiven *Initialphase* der Stufe Bz B als vermeintlich selbständiger Zeit- und Materialschicht zwischen Bz A und B zuletzt TORBRÜGGE, Übergang (s. o.); ebd. zur chronologischen Indifferenz der Siedlungsware und Grobkeramik unter dem gängigen, aber unscharfen Sigel «Bz A 2/B 1»; vgl. dazu bes. MAIER, Altartige Keramik eines jüngerbronzezeitl. Brandgrabes aus Südbayern (Germania 54) 1976, 202–207. – Zur Chronologie auf Grund der Nadeln vgl. auch W. KUBACH, Zum Beginn d. bronzezeitl. Hügelgräberkultur in Süddeutschland (Jbr. Inst. f. Vorgesch. Univ. Frankfurt a. M.) 1977, 119–163. – JUNGHANS/SANGMEISTER/SCHRÖDER, Metallanalysen kupferzeitl. u. frühbronzezeitl. Bodenfunde aus Europa (Studien z. d. Anfängen d. Metallurgie = SAM 1; 2, 1–3; 2, 4) 1960, 1968, 1974. – Zur Überschneidung

[50] MAIER, Steinzeit (s. o. 17) 22 zum Aufgeben altneolithischer Wertvorstellungen im stofflichen Ausdruck; ebd. 45–46 zu mesolithischen Anklängen im Kulturverhalten mittelneolithischer Gruppen.

mit dem Endneolithikum maßgeblich zuletzt W. Pape, Histogramme neolithischer ^{14}C-Daten (Germania 57) 1979, 1–51.

Zur Terminologie nach allgemeiner Übung der PBF zuletzt Müller-Karpe, Zu d. Stufenbenennungen d. vorgeschichtl. Metallzeiten (Germania 53) 1975, 24–29 mit Bezeichnung nach «repräsentativen Fundorten in archäologisch-kulturell homogenen Gebieten», doch ist der Vorschlag seit langem umstritten, da die unübersichtliche Vielzahl von Typen- und Stufennamen nach Orten im chronologischen Bezug stets auf ein überregionales Grundsystem projiziert werden muß. Mißverständlich in der populären wie fachlichen Literatur allgemeine Bezeichnungen nach dem Bestattungsritual, die den jeweiligen Stufencharakter weder nach materiellen noch nach kulturellen Kategorien vollständig erfassen können: «Flachhockerzeit» oder «Flachhockergräberzeit» für die Stufe Bz A, die allgemein als *frühe Bronzezeit* oder neuerdings gestelzt als *Altbronzezeit* angesprochen wird; für die Stufen Bz B bis D in ganz unterschiedlicher Definition Wortverbindungen mit «Hügelgräberbronzezeit», «frühe Hügelgräberbronzezeit» jedoch gelegentlich auch für die Phase Bz A 2, obwohl in ihr andere Grabformen überwiegen; gewöhnlich ist die Stufe Bz B gemeint, in der aber vor allem in Südwestdeutschland regionsweise Flachgräber beibehalten werden. «Späte Hügelgräberbronzezeit» verbietet sich für die Stufe Bz D, weil in bestimmten Gebieten neuerlich Flachgräber aufkommen. In der Regel gelten im südlichen Mitteleuropa die Stufen B und C als *mittlere Bronzezeit,* die Stufe Bz D wird als *späte Bronzezeit* angesehen. Die Begriffe können allerdings bei Einschluß urnenfelder- oder sogar hallstattzeitlicher Stufen in die Bronzezeit terminologisch ganz uneinheitlich verschoben werden (s. u. 37). In Bayern wird die Stufe Bz D auch als Vor- oder Frühstufe der Urnenfelderzeit aufgefaßt: bes. Müller-Karpe, Chronologie (s. u. 37); Hennig, Franken (s. u. 37).

Als Bronzezeit gilt im südlichen Mitteleuropa die Kulturperiode zwischen dem Endneolithikum und dem Beginn der Urnenfelderzeit im 13. Jahrhundert v. Chr. Existenzbasis bleibt die bäuerliche Siedlung nach neolithischem Schema, doch verschieben sich durch die Metallwirtschaft sofort auch die ökonomischen Schwergewichte. Bayern deckt seinen Rohstoffbedarf mindestens anfangs aus alpinen Kupfervorkommen zwischen Inn und Salzach,[1] die Kenntnis der Metallurgie stammt aber sicher aus östlichen Nachbargruppen mit Bergbau- und Kupfererfahrung.[2] Frühe Werkstätten werden am Alpenrand und im Voralpenland eingerichtet,[3] wo sie leichter zu versorgen und an ein Netz von Handelswegen anzuschließen sind.[4] In den Handel kommen

[1] Grundlegend Reinecke, Die Bedeutung d. Kupferbergwerke d. Ostalpen f. d. Bronzezeit Mitteleuropas (Schumacher-Festschr. Mainz) 1930, 107–115; Schwarz, Zwei Ringbarren-Hortfunde d. frühen Bronzezeit aus Piding-Mauthausen (s. o. 3, Führer 19) 1971, 131–140, bes. 138f. zu osteuropäischem Kupfer in österreichischen Metallhorten; nach Menke, Vor- u. frühgeschichtl. Topographie in Karlstein u. Bad Reichenhall ebd. 140–150, bes. 142 in Karlstein Erzbrocken aus dem salzburgischen Mitterbergrevier; in der Tischoferhöhle (s. u. Anm. 3) Kupfer aus der Gegend von Brixlegg und Schwaz, hier zeigt ungewöhnlich hoher Zinnzusatz bis 19,5% bei später üblichen Mittelwerten um 11% außerdem einheimisches Experimentierstadium an.

[2] Übersicht Sangmeister, Die Anfänge d. Metallurgie in Europa (s. o. 3, Ausgrabungen, Teil 3) 297–299, Beilage 44.

[3] Steinerne Gußformen für Lanzenspitzen und Dolche von Margarethenberg a. d. Alz: J. Dirscherl, Garching a. d. Alz, I. Teil, 1967, 35–36, Taf. II; Torbrügge/Uenze 81, Abb. 49; Menke, Frühbronzezeitl. Gußformen aus Karlstein, Lkr. Berchtesgaden (Obb.) (Jb. Röm.-Germ. Zentralmus. Mainz 15) 1968, 69–74 (dazu Rohkupfer und Schlacken); Menghin/Kneussl, Die Tischofer Höhle (Tiroler Heimatbll. 42) 1967, 113–135; daraus Gußform, Tondüsen von Schmelzofen: Torbrügge/Uenze 80, Abb. 48.

[4] Hundt, Bronzezeitl. Siedlungsfunde v. Nonn, Gde. Karlstein, Lkr. Berchtesga-

Gußkuchen und eine große Zahl von kupfernen oder bronzenen Barren, die in Gestalt von Spangen oder Halsringen mit Ösenenden zugleich als eine Art Werteinheit zum Transportgut normiert erscheinen.[5] In gleicher Weise werden sehr bald Fertigwaren oder die Rohformen von Fertigwaren vertrieben. Mindestens von der späten Bronzezeit an sammelt man im größeren Ausmaß Altmaterial, um es nach Bedarf umzugießen. Die metallwirtschaftlichen Abhängigkeiten treten vorweg in zahllosen kleinen und großen Horten unterschiedlicher Zusammensetzung zutage, selbst wenn ein bedeutender Anteil als Opfergaben und nicht als Metallverstecke deponiert worden ist. Weite Streuung nach Norden und Westen zeigt die Generalrichtung des Güterstroms an, der sich auf einigen Trassen in Flußtälern und über Pässe wohl präziser abstecken läßt, zumal wo Salz und Graphit ins Spiel kommen.[6] Bei stetiger Entwicklung der Schmiede- und Gußverfahren scheinen südostbayerische und oberösterreichische Werkstätten schon in der mittleren Bronzezeit einen technischen Höchststand zu erreichen, der am ehesten in der fortschrittlichen und präzisen Einpassung der Klingen in die eigens gegossenen Griffe der sogenannten Vollgriffschwerter zu erkennen ist.[7] Unabhängig von der Eigenproduktion kommen aber während aller Stufen mancherlei Fremdgüter ins Land, die erstaunliche Fernkontakte mit Ost und West und sogar südalpinen Gebieten belegen.[8] Die Organisation des Handels bleibt freilich noch ganz im dunkeln. Wahrscheinlich stehen einige der abseitigen und auch zentralen Höhensiedlungen in diesem Zusammenhang, obwohl sich ihre Funktion gewiß nicht im Merkantilen erschöpft.[9]

den (BVbll. 31) 1966, 34–48; Torbrügge, Alpenvorland (s. o. 22 Anm. 13) 29.

[5] Zu Herstellung und Formengruppen Stein, Hortfunde (s. o. 28) 40–46; ebd. Karte 1 u. 2 mit letztem Verbreitungsstand, für den Häufung im Südosten Bayerns bezeichnend bleibt.

[6] Hundt, Nonn (s. o. Anm. 4) bes. 45 zu Beziehungen zwischen dem Passauer Raum und dem Reichenhaller Becken auf Grund von Graphittongefäßen.

[7] Ders., Produktionsgeschichtl. Untersuchungen über d. bronzezeitl. Schwertguß (Jb. Röm.-Germ. Zentralmus. Mainz 12) 1965, 41–58; D. Ankner, Röntgenuntersuchungen an Riegseeschwertern. Ein Beitrag z. Typologie (Arch. u. Naturwiss. 1) 1977, 269–459.

[8] Exemplarisch Hundt, Nonn (s. o. Anm. 4) bes. 47f. zu donauländischen und südalpinen Gefäßformen; Ders., Beitrag z. d. gegossenen südosteuropäischen Gürtelhaken (Jb. Röm.-Germ. Zentralmus. Mainz 15) 1968, 64–68 zu Vergleichsstükken aus Icking, Lkr. Wolfratshausen, und Marnay (Saône-et-Loire); Maier, Ein frühbronzezeitl. Grabdolch mit Griffknauf (Germania 50) 1972, 235–237 (Anzing, Lkr. Ebersberg) zu vergleichbaren Knäufen in England, Ungarn und Oberitalien sowie zur Klingenverwandtschaft mit Vollgriffdolchen; in Anleihe bei Maier notiert K. Schmotz, Ein bemerkenswertes Grabinventar d. Frühbronzezeit aus Raisting in Oberbayern (Archäol. Korrespondenzbl. 7) 1977, 31–35 weitere Gegenstücke zu einem dreirippigen triangulären Dolch mit Bronzeknauf.

[9] Genauere Einzelbefunde Hundt, Der Bogenberg b. Bogen (Nb.) in vor- u. frühgeschichtl. Zeit (BVbll. 21) 1956, 31–46; Koschik, Der Schloßberg v. Landsberg a. Lech als Siedelplatz seit früher Zeit (Landsberger Geschichtsbll.) 1970–71, 7–30; differenzierter zu Wegestationen in bronze- und urnenfelderzeitlichem Verbindungsnetz und Plätzen in beherrschender Lage Uenze/Katzameyer, Vor- u. Frühgesch. in d. Landkreisen Bad Tölz u. Miesbach (Kat. Prähist. Stslg. 9) 1972, 32–34, 39–41; offen die Frage nach befestigten Refugien und herrschaftlichen Höhensitzen, die Hundt, Älterbronzezeitl. Keramik aus Malching, Lkr. Griesbach (BVbll. 27) 1962, 33–61, bes. 56–57 nach östlichem Muster schon in der frühen Bronzezeit für möglich hält;

Im übrigen löst der neue Grundstoff nicht sofort alles Stein- und Knochengerät ab,[10] tatsächlich scheinen Bechergruppen im revierfernen Nordbayern noch längere Zeit in neolithischen Verhältnissen zu verharren.[11] Auf Dauer erweist sich Metallgerät freilich als überlegen: alte Steinmuster lassen sich funktionsgerecht verbessern, neuartiger Schmuck wird erdacht, vor allem erlaubt die steinerne Gußform mehrfache Reproduktion ein und desselben Objekts. Das arbeitsteilige Spezialistentum im Bergbau, in der Fertigung und im Vertrieb von Metallgütern hat notwendigerweise gesellschaftliche Aufgliederung zur Folge, die in den Grabfunden allerdings kaum und in den Siedelfunden schon gar nicht zum Ausdruck kommt. Zwar mangelt es nicht an Wohnplätzen, wohl aber wiederum an genauen Einzelbefunden und Hausgrundrissen.[12]

Nach den vielgestaltigen Metallformen aus Horten und Gräbern, nach Tracht- und Grabsitten lassen sich schon in der Stufe Bz A größere Regionalgruppen mit überwiegend gemeinsamem Sachbesitz und Kulturverhalten umgrenzen.[13] Der sogenannte *Straubinger Kreis* beherrscht das gesamte südöstliche Bayern von der Donauzone bis ins Voralpenland, auch wenn mehrere südliche Fundareale noch isoliert scheinen. Eine gewisse Massierung im Altsiedelland der Donauebene entspricht offenbar den realen Verhältnissen, zumal der Kreis zu charakteristischen Eigenprodukten eine ganze Reihe böhmischer, mährischer und namentlich donauländischer Materialien einführt und zum Teil nachbildet. Ein Fundareal an Lech und Wertach liegt schon in einer ost-westlichen Mischzone, in der sich als eigene Formation genauer eine nordschwäbische *Riesgruppe* im Ries, in der schwäbischen Donauzone und in den Randgebieten der Schwäbisch-Fränkischen Alb abhebt. Mit der geschlechtsdifferenzierten

vgl. Pätzold/Uenze, Vor- u. Frühgesch. im Lkr. Griesbach (Kat. Prähist. Stslg. 6) 1963, 79–85 Nr. 46. – Die bei Jockenhövel, Siedlungen (s. u. 42 Anm. 29) 49 im gleichen Zusammenhang genannte Abschnittsbefestigung auf dem Rauhen Forst bei Bergheim, Lkr. Augsburg, und eine wahrscheinlich nachchristliche Steinmauer im Lehmverband mit Holzversteifung auf dem Stätteberg bei Unterhausen, Lkr. Neuburg a. d. Donau, werden durch bronzezeitliche Fundschichten auf gleichem Terrain nicht datiert; vgl. (BVbll. 37) 1972, 124–125 (Rauher Forst); W. Dehn, Der Stätteberg b. Unterhausen, Lkr. Neuburg a. d. Donau (Schw.) (Germania 30) 1952, 280–287.

[10] Weiterverwendet vor allem Dolche und Pfeilspitzen aus Silex, frühbronzezeitlich neu entwickelt grob gezähnte Sichelsteine zum Einsetzen in hölzernen Kompositsicheln: Maier, Fundstatistik (s. o. 27 Anm. 44) 11 mit Abb.; (BVbll. 33) 1968, Abb. 17–20.

[11] Pescheck, Die Vorgesch. am mittleren Main (s. o. 3, Führer 27) 1975, 22–66, bes. 35; Ders., Vorgesch. im Gebiet zwischen Rhön u. Hassbergen (ebd. 28) 1975, 11–39, bes. 17; allgemein H. Schickler, Aufnahme u. Ablehnung d. Metallurgie b. frühbronzezeitl. Kulturen Europas (Germania 46) 1968, 11–19.

[12] Hausgrundrisse Modderman, Hienheim (s. o. 22 Anm. 10) 21–26, Abb. 14; Maier, Ein Gräberfeld d. frühen Bronzezeit b. Raisting im Ammertal (Bayerland, Sonderausgabe Ausgrabungen in Bayern) 1967, 1–4 zu mutmaßlich kultisch genutzten kleinräumigen Pfostenbauten am Gräberfeld; Ruckdeschel, Südbayern (s. o. 28) Katalog 62f., Abb. 13.

[13] Zuletzt Ders., Südbayern (s. o. 28) Text 271–291 mit Karten 1–9 in differenzierter Auswertung der einzelnen Fundareale nach Besitz von Eigen- und Fremdformen, Tracht- und Bestattungssitten in Rücksicht auf chronologische Abfolgen; dort vollständig auch die umfängliche und zum Teil sehr verstreute Literatur zum Thema.

Hockerbestattung im Flachgrab setzt sich endneolithisches Brauchtum fort,[14] im Straubinger Kreis überwiegend aus Glockenbecher-Tradition, die weithin auch die gängige Bewaffnung mit Dolch oder Dolch mit Pfeil und Bogen bestimmt. Ebenso versteht sich die Tierknochenbeigabe und die Verwendung von amuletthaftem Knochenschmuck, der zum Teil formgetreu in Bronze umgebildet wird, letztlich aus neolithischer Stoffbewertung.[15] In der Phase Bz A 2 lösen sich die im Prinzip einheitlichen Bestattungssitten allmählich auf. Vermehrt werden Grabhügel angelegt und damit neue Regionalgruppierungen sichtbar, die freilich noch nicht gleichmäßig zu dokumentieren sind.[16] Zudem wird Leichenverbrennung eingeführt und geht bis zur späten Bronzezeit neben der Körperbestattung her, stellenweise sogar in ein und demselben Grabhügel.[17] Im Straubinger Kreis weist die vereinzelte Beisetzung von Kleinkindern in großen Tongefäßen (Pithoi) auf gedanklichen Einfluß aus dem Bereich materieller Ostkontakte.[18]

Ab der mittleren Bronzezeit Stufe Bz B rechnet Bayern großräumig zu einer östlichen Zone der mitteleuropäischen Hügelgräbergruppen. Kleinräumig bezeichnen vor allem Ring- und Nadelschmuck einen süd- und einen nordbayerischen Trachtbereich mit mehreren Kantonalgruppen und lebhaften Tauschbeziehungen für Einzelformen in alle Nachbarlandschaften.[19] Gemeinsam ist allen Regionen der Grabhügel, in der Anhäufung sakraler Erdkräfte als dauerhafte Stätte für einzelne Tote oder einen Familienverband gedacht. Meist erfolgt die Beisetzung in engen Holzsärgen oder Steinkammern zu ebener Erde, den Hügel selbst kann abschließend eine ringförmige Trockenmauer oder ein Kreisgraben umziehen. Vielerorts wird die Hügelsitte konsequent bis in die Stufe Bz D beibehalten wie in der südwestbayerischen Riegseegrup-

[14] RUCKDESCHEL, Bestattungssitten (s. o. 28); vgl. aber G. GALLAY, Beigaben d. Frühbronzezeit Südwestdeutschlands in ihrer Verteilung auf Männer- u. Frauengräber (Homo 23) 1972, 50–73 zur variablen Orientierung im westlichen Süd- und Mittelbayern; ost-westliche Orientierung im Anschluß an endneolithisches Bechergrab gelegentlich auch in Südbayern wie in Steingrub-Langenpreising, Lkr. Erding (BVbll. 33) 154f.

[15] MAIER, Rinderbackzähne u. Rinderkiefer in Frühbronzezeitgräbern v. Raisting am Ammersee (Obb.) (Germania 50) 1972, 229–235.

[16] Die Häufung von Grabhügeln der Phase Bz A 2 in der sogenannten Laber-Gruppe der südlichen Oberpfalz bei RUCKDESCHEL, Südbayern (s. o. 28) Text 290f. mit Karte 8 geht sichtlich auf den Katalog bei TORBRÜGGE, Oberpfalz (s. o. 28) und nicht auf die tatsächliche Hügelverbreitung zurück; zu vermeintlich zerstörten Grabhügeln auch STEIN, Hortfunde (s. o. 28) 48–50, 54; Listen TORBRÜGGE, Chronologie (s. o. 28) 19 Anm. 77; RUCKDESCHEL, Südbayern (s. o. 28) Katalog Karte 8 u. Text, bes. 242 mit Korrektur zu Kay-Mühlham (Holzen).

[17] Ebd. Text 268–271 mit Liste der frühbronzezeitlichen Brandgräber.

[18] Ebd. u. Katalog 79f. Nr. 89 (Kelheim); 115–118 Nr. 130 (Mintraching, Lkr. Regensburg); zur vorderasiatischen Herkunft in schematischer Typisierung ohne religionsgeschichtliche Bezüge und zur Verbreitung in Böhmen, Mähren, Slowakei und Ungarn PRIMAS, Bestattungssitten (s. o. 20) bes. 81–84 mit Karte Beilage 3.

[19] HOLSTE, Bronzezeit (s. o. 28) 31–48; U. WELS-WEYRAUCH, Schmuckausstattungen aus Frauengräbern d. jüngeren Hügelgräberbronzezeit in Deutschland (s. o. 3, Ausgrabungen, Teil 3) 300–304; Dies., Die Anhänger u. Halsringe in Südwestdeutschland und Nordbayern (s. o. 28, PBF XI 1) 1978.

pe. In Nordbayern spiegeln sich rituelle Anpassungsprozesse am Übergang zur Urnenfelderzeit im scheinbaren Nebeneinander von Hügel- und Flachgräbern mit und ohne Steinschutz für Aschen- oder Körperbestattung.[20] Meterlange Schachtgräber für Brandbestattungen vertreten in Donaunähe vielleicht einen eigenen Typus.[21]

Obwohl sich noch keine regelrechten Urnenfelder mit relativ enger Grabfolge und eigenen Aschenurnen finden, werden in der Stufe Bz D doch schon überregional Sachmuster ausgetauscht, die urnenfelderzeitliche Merkmale vorwegnehmen. Gewisse Formverwandtschaften reichen von einem Ende Mitteleuropas bis zum andern. Die allseitige Öffnung ist zum Teil sicher auf die gesteigerten Außenbeziehungen einer waffentragenden Schicht oder Kaste zurückzuführen, die sich mindestens von der Stufe Bz C an im Grabe ebenso elitär repräsentiert wie im Leben. In der frühen Bronzezeit hebt sich soziale Stufung oder Sonderstellung in Bayern nicht ab. Prunkwaffen von eigenem Rang wie die Dolche mit eigens gefertigtem Bronzegriff und die sogenannten Stabdolche in beilartiger Schäftung an langen Bronze- oder Holzstäben erscheinen für den praktischen Gebrauch im Kampf untauglich, sie sind privater Handhabung offenbar weitgehend entzogen und entsprechend ihrer Symbolbedeutung als Würdezeichen oder Zeremonialgerät durchweg an besonderen Naturorten in Mooren oder Gewässern deponiert.[22] Unabhängig von ihrem symbolischen Eigenwert müssen aber die Schwerter der Stufen Bz C und D in persönlichem Besitz immer auch als soziale Markierung angesehen werden, denn in vielen Nekropolen sind sie überhaupt nicht oder nur mit einzelnen Exemplaren vertreten. Besitz und Ansehen demonstrieren vor allem die «Häuptlingsgräber» der Stufe Bz D, die sich ziemlich einheitlich durch aufwendigen Grabbau und durch die Beigabe von Schwert, Dolch oder Messer, Rasiermesser und mehrfach Pfeil und Bogen als den Jagdwaffen der Privilegierten auszeichnen.[23] Noch nicht genauer zu übersehen ist, wieweit solche Gräber und vergleichbare Frauenbestattungen ganz für sich angelegt, in gewöhnlichen Nekropolen integriert sind oder regelhaft zu kleinen Eigenfriedhö-

[20] HENNIG, Franken (s. u. 36) 20–25.

[21] TORBRÜGGE, Oberpfalz (s. o. 28) 202 f. Nr. 308; M. ECKSTEIN, Flachgräber d. frühen Urnenfelderkultur b. Bruck, Lkr. Neuburg a. d. Donau (Germania 41) 1963, 77–84; HUNDT, Straubing II (s. o. 28) 13–14.

[22] Zu Vollgriffdolchen aus Bayern K. SPINDLER, Ein frühbronzezeitl. Vollgriffdolch aus d. Donau b. Regensburg (Archäol. Korrespondenzbl. 8) 1978, 25–29 (angeblich zwischen Wiesent und Wörth) mit weiteren Funden vom Innufer bei Fraham, Lkr. Mühldorf a. Inn, und wohl aus Altlauf der Donau bei Zell, Lkr. Neuburg a. d. Donau; Stabdolche aus dem Moor bei Abtsdorf-Brünnthal, Lkr. Laufen, und aus anmoorigem Gelände bei Aham, Lkr. Rosenheim: G. BEHRENS, Die Bronzezeit Süddeutschlands (Kat. Röm.-Germ. Zentralmus. 6) 1916, 63, Taf. 4, 12; F. STEFFAN, Ein neuer Stabdolchfund aus Südostbayern (Germania 54) 1976, 360–364.

[23] Zur besonderen Gräbergruppe zuletzt H. WOCHER, Ein spätbronzezeitl. Grabfund v. Kreßbronn, Kr. Tettnang (Germania 43) 1965, 16–32; vgl. HUNDT, Ein spätbronzezeitl. Adelsgrab v. Behringersdorf, Lkr. Lauf a. d. Pegnitz (Jbr. BD 15/16) 1974/75, 42–57; zur mehrfach beobachteten Totenfolge HENNIG, Spätbronzezeitl. Gräber aus d. Behringersdorfer Forst, Lkr. Lauf a. d. Pegnitz (Jbr. BD 11/12) 1970/71 (1977) 19–60, bes. 49 f. mit einschlägiger Literatur zu vermeintlich praktischen Ursachen für Mehrfachbestattungen; zur rituellen Tradition der Totenfolge aber P. STARY, Das spätbronzezeitl. Häuptlingsgrab v. Hagenau (Erlanger Forsch. A 26) 1980, 46–97, bes. 58 u. 61 f.

fen von insgesamt erhöhtem Standard gehören,[24] also eher Einzel- oder Gruppenstatus repräsentieren. Unverkennbar stammen die Bronzebeigaben oft aus verschiedenen Werkstattkreisen. Anders als die Gräber des gemeinen Mannes mit begrenzter Ausstattung nach strengem Zeitschema bergen die «Häuptlingsgräber» zudem vielfach schon Formen der nachfolgenden Phase Ha A 1 oder doch sozusagen fortschrittliche Mischformen,[25] so daß Führungsanspruch sich sogar im Sinne der Stufenbildung bestätigt.

Vollends aufgehoben wird die Stufengrenze zur Urnenfelderzeit im *kultischen Brauchtum*. In beiden Perioden werden jedenfalls beträchtliche Mengen von Bronzegütern aus einer Vielzahl von Einzelmotiven außerhalb der Gräber deponiert. Augenfällig wird die Bedeutung topographischer Kategorien sogleich bei Extremlagen wie an Pässen oder auf abseitigen Höhen in den Alpen und im ostbayerischen Grenzgebirge.[26] Eine ausgesprochene Opferlandschaft eigener Art bilden die isolierten Hochmoorzonen zwischen Donau und Alpenrand, seinerzeit noch begehbar, aber mit zahlreichen Weihern und offenen Wasserstellen durchsetzt. In ihnen sind am häufigsten Nadeln versenkt worden, womit schon die Typenauswahl einen sinnvollen Aktionszusammenhang zu den einsamen Versenkungsorten andeutet. An einigen Stellen läßt sich das *Nadelopfer* ungebrochen über mehrere Jahrhunderte hinweg nachweisen.[27] Aus der überlieferten Symbolkraft der Nadeln, die vorweg im Bannen und Festmachen liegt, ist nach althistorischen Analogien sogar der Bezug auf die mythische Figur einer Mutter- und Heilsgottheit als Patronin der Frauenkulte erlaubt, wenngleich in einer unbekannten barbarischen Stilisierung.[28]

Die Quellfunde führen in dieselbe ehrwürdige Mythenschicht zurück, aus der Quellenverehrung und Quellopfer im Volksbrauch bis heute gespeist werden.[29] Bronze- und urnenfelderzeitliche Belege sind allerdings in Ergänzung mit Moor-,

[24] In Behringersdorf über ein Dutzend tiefer Kammergräber mit schwerer Steinauskleidung und insgesamt ungewöhnlich reichen Beigaben; Einzelhügel auf Düne: B.-U. ABELS, Ein urnenfelderzeitl. Grabfund aus Herlheim, Lkr. Schweinfurt (Archäol. Korrespondenzbl. 5) 1975, 27–34.

[25] ABELS, ebd.; der kleinen Flachgrabnekropole von Bruck schließt sich unmittelbar offenbar ein frühurnenfelderzeitliches Wagengrab an, wenn hier Zeitgrenzen überhaupt zu ziehen sind: ECKSTEIN, Flachgräber (s. o. 33 Anm. 21).

[26] WINGHART, Sonderdeponate (s. o. 27 Anm. 44); vgl. UENZE/KATZAMEYER (s. o. 30 Anm. 9) 126, Nr. 64, Taf. 7, 2 (Nadel in Bachrinne auf der Kühzagl-Alm), 92 Nr. 13, Taf. 8, 4 (Lanzenspitze auf der fast 1600 m hohen Rauh-Alpe nahe Lenggries).

[27] Bei Ellmoosen im Landkreis Bad Aibling reicht eine Fundreihe von 15 oder 16 Nadeln von der Stufe Bz B bis in die Stufe Ha A, wobei die ältesten Stücke aus 2,0 m und die jüngsten aus nur 1,2 m Tiefe die allmähliche Vertorfung der Wasserstelle demonstrieren: TORBRÜGGE/UENZE 238, Abb. 207; TORBRÜGGE, Alpenvorland (s. o. 22 Anm. 13) 36f.; Ders., Flußfunde (s. o. 11 Anm. 25) 120f.

[28] Ebd. 119–121; zur archäologisch-althistorischen Verknüpfung zuerst M. HELL, Bronzenadeln als Weihegaben in salzburgischen Mooren (Germania 31) 1953, 50–54; zu Moornadeln neuerdings KUBACH, Die Nadeln in Hessen u. Rheinhessen (s. o. 28, PBF XIII, 3) 1977, 567ff.

[29] Fr. GESCHWENDT, Der vor- u. frühgeschichtl. Mensch u. d. Heilquellen, 1977; R. KRISS, Volkskundl. aus altbayer. Gnadenstätten (Beitrr. 2, Volkskunstforsch. u. Volkskunde) 1930; Fr. MUTHMANN, Mutter u. Quelle. Stud. z. Quellenverehrung im Altertum u. im Mittelalter, 1977.

Hort- und sogenannten Einzelfunden aus besonderer Deponierung zu sehen,[30] ebenso in gedanklicher Parallele zu Funden aus *Seen, Bächen und Flüssen,* die unabhängig von ihrer praktischen Alltagsnutzung immer auch als Territorien besonderer Mächte oder als Zugänge zu einer jenseitigen Welt gelten.[31] Ursachen und Motive für die Versenkung zahlreicher Waffen und Schmuckstücke, oft von gehobener Qualität und gehäuft an naturheiligen Orten wie Furten und Mündungen, sind gewiß nicht auf einen Nenner zu bringen. Insgesamt überwiegen die Waffen, die zum Teil sicher als Weihegaben gelten müssen, zum Teil vielleicht als Ausstattung neben den Grabbeigaben. So jedenfalls läßt sich am ehesten verstehen, daß neben den frühbronzezeitlichen Prunkwaffen gut die Hälfte aller Schwerter beider Perioden wie an einem Totenweg auf dem Grunde der Flüsse aufgereiht liegt.

Moor- und Gewässerfunde gehören indessen in komplexer Verbindung mit einem Bündel zeitgleicher Kulte zusammen, unter denen vorweg die *Brandopfer* einer bestimmten Art trotz zeitlicher und räumlicher Lücken ein alteuropäisches Prinzip der Aschenaltäre anschaulich machen: auf Steinfundamenten wachsen periodisch angelegte Brandschichten mit den Knochen der geopferten Haustiere allmählich in die Höhe.[32] Entsprechende Plätze sind in Mitteleuropa vorerst nur von den Alpen bis zum südlichen Albrand bekannt und in Süddeutschland nicht einheitlich ausgeformt. Im Gesamtbereich der Erscheinung mischen sich differenzierte Kulttraditionen bei unterschiedlicher Dauer bis in die frühe Latènezeit. Gefäß-, Speise- und Tieropfer sind motivisch zu trennen,[33] fallen aber örtlich mehrfach zusammen. Reine Geschirropfer an künstlichen Steinsetzungen verbinden schließlich wieder zum Geschirrabwurf vom Plateau natürlicher Felsstöcke.[34]

Im Gegensatz zu den Opferplätzen im offenen Lande wird an den *Höhlen* der Schwäbisch-Fränkischen Alb zusätzlich und zahlreich Wild geopfert. Es scheint, daß sich an den unbegehbaren Schachthöhlen ein neolithisch begründetes Einwurfritual fortsetzt,[35] auch mit dem blutigen Menschen- und zumal Kinderopfer.[36] Entsprechendes Brauchtum ist im offenen Lande schon auf Grund nachhaltiger Störungen nur selten nachzuweisen, doch bleiben allgemein Opfergruben vorauszusetzen, die

[30] Einschlägige Literatur s. o. 27 Anm. 43 u. 44; zum Problem und religionsgeschichtlichen Hintergrund auch Maier, Ein weiterer Depot-Ringhalskragen d. Frühbronzezeit (Germania 51) 1973, 524–527; Ders., Frühbronzezeitl. Ösenhalsring-Opfer aus d. bayer. Inn-Oberland (Germania 54) 1976, 199–202; Ders., Ein Symbol- u. Votivring d. frühen Bronzezeit aus einem Quellbach b. Rosenheim (Das bayer. Inn-Oberland 41) 1977, 31–37.

[31] Torbrügge, Flußfunde (s. o. 11 Anm. 25) bes. 94–99.

[32] W. Krämer, Prähist. Brandopferplätze (Helvetia Antiqua. Festschr. Emil Vogt) 1966, 111–122.

[33] Reall. d. Germ. Altertumskd. 1, 451 f. s. v. Aschenaltäre (R. A. Maier) auch zur Selektion der Schädel und Extremitäten und zu europäischen Vergleichskomplexen; vgl. auch Kulturschicht mit grubenartigen Eintiefungen, Scherben und Knochen von Rind und Schaf oder Ziege in Icking-Irschenhausen, Lkr. Wolfratshausen (BVbll. 37) 1972, 135, Abb. 35–37.

[34] Zum Maifelsen (bronze- bis urnenfelderzeitlich) und zum Maximiliansfelsen (mit Unterbrechungen neolithisch bis latènezeitlich) s. o. 26 Anm. 37.

[35] Maier, Opferreste (s. o. 26 Anm. 36).

[36] H. Reisenhauer, Bronzezeitl. Funde aus d. Brunnerschacht b. Vorra, Lkr. Nürnberger Land (75 Jahre Anthrop. Staatssammlung München) 1977, 97–104.

als Öffnungen im Leib der Erde in abgewandelter oder abgeschwächter Form Höhlenfunktion übernehmen können.[37]

Wenig ist über bronzezeitliches *Symbolgut* zu sagen, zu dem aus formaler Begründung gerne auch die Radnadeln und radförmigen Anhänger gerechnet werden.[38] Die Bronzezeit ist ausgesprochen bildfeindlich, figürliche Darstellung fehlt. Seltene und späte Ausnahmen sind ein Bronzemesser mit stilisiertem Vogelkopf am Griffende von Riegsee im Landkreis Weilheim[39] und eine bronzene Zierscheibe zu einer Halskette aus dem Königswieser Forst im Landkreis Starnberg, der gegenständig zwei kleine Vogelfiguren angegossen sind.[40] Das Messer gehört zu einer Typengruppe, die sich in verschiedenen Serien von Ägypten bis Südskandinavien verbreitet, so daß die rein ornamentale Nachahmung der Vogelfigur leicht denkbar ist. Anders findet das Vogelpaar auf der Scheibe frühe ägäische Entsprechungen, in denen es offensichtlich die Verbindung zum Jenseits symbolisieren soll. In freier Stilisierung nimmt die bayerische Zierscheibe zudem schon die urnenfelderzeitliche Symbolkombination der sogenannten Vogel-Sonnen-Barke (s. u. 43 f.) mit gewiß mythischer Grundbedeutung vorweg, für die lange Zeit donauländische Entstehung als ausgemacht galt. Tatsächlich stammt sie aber wie die Brandopferplätze und das Nadelopfer im Moor aus einer immateriellen Kulturschicht von alteuropäischer Reichweite, die auf Grund lückenhafter Stoffüberlieferung großenteils verschüttet bleibt.

§ 5. URNENFELDERZEIT

Müller-Karpe, Beiträge z. Chronologie d. Urnenfelderzeit nördl. u. südl. d. Alpen (RGF 22) 1959; PBF (s. o. 28).

Müller-Karpe, Das Urnenfeld v. Kelheim (MBV 1) 1952; Ders., Münchener Urnenfelder (Kat. Prähist. Stslg. 1) 1957; Ders., Die Vollgriffschwerter d. Urnenfelderzeit aus Bayern (Münch. Beitrr. 6) 1961; Hundt, Straubing II (s. o. 28); H. Hennig, Die Grab- u. Hortfunde d. Urnenfelderkultur aus Ober- u. Mittelfranken (MBV 23) 1970; Dies., Die Grab- u. Hortfunde d. Urnenfelderkultur aus d. Oberpfalz (MBV) in Vorbereitung; H. G. Rau, Das urnenfelderzeitl. Gräberfeld v. Aschaffenburg-Strietwald (MBV 26) 1972.

Da Reinecke die Periode in seinen ersten Entwürfen zur relativen Chronologie als frühen Abschnitt der Hallstattzeit umschrieben hat, tragen ihre beiden Hauptstufen traditionell die Sigel Ha A und B. Zur Phasenteilung Ha A 1–2 und B 1–3 grundsätzlich Müller-Karpe, Chronologie (s. o.), doch sind beide Stufen faktisch nur großräumig in je zwei

[37] Ders., Bronze- u. urnenfelderzeitl. Siedlungsstellen im unteren Pegnitztal (Abh. Naturhist. Ges. Nürnberg 36) 1971, 27–34 zu einer Grube bei Lauf im Kreis Nürnberger Land, in der 10 tönerne Webegewichte als tabuisiertes Hausgerät ringförmig um eine Schicht mit Kohleresten, Scherben und verkohlter Hirse aufgestellt und unter einer gewölbten Lehmdecke eingeschlossen waren.

[38] In unterschiedlicher Beurteilung zur Funktion als Amulett oder als Rad- bzw. Sonnensymbol u. a. Kossack, Symbolgut (s. u. 43 Anm. 41) bes. 20–23; Torbrügge/Uenze 240 f.; Kubach, Nadeln (s. o. 34 Anm. 28) 133 u. 142.

[39] Müller-Karpe, Vogelkopfmesser (Germania 41) 1963, 9–13; (Jbr. Inst. f. Vorgesch. Univ. Frankfurt a. M.) 1975, 21.

[40] G. Kraft, Die Bedeutung d. ostmitteleuropäischen Kulturgebietes für d. Bronze- u. Ersteisenzeit Süddeutschlands (Mannus Erg.-Bd. 5) 1927, 41–49, bes. 47, Abb. 5 («Mühlthal»).

Phasen von annähernd gleichem Gewicht zu trennen, wobei Ha A 1 und 2 sich allein in Süd- und Mittelbayern schärfer gegeneinander absetzen. Im übrigen Süddeutschland verschwimmen die Grenzen innerhalb der regional eingeschränkten Fundbestände: HENNIG, Franken (s. o. 36) bes. 36–39 (Ha A mit B 1 «Mittelstufe»); RAU, Aschaffenburg-Strietwald (s. o. 36) 20–22; F.-R. HERRMANN, Die Funde d. Urnenfelderkultur in Mittel- u. Südhessen (RGF 27) 1966, 30–35; M. K. H. EGGERT, Die Urnenfelderkultur in Rheinhessen (Veröffentl. Inst. f. Geschichtl. Landeskd. Univ. Mainz, Bd. 13) 1976, 61–127; A. KOLLING, Späte Bronzezeit an Saar u. Mosel (Veröffentl. Inst. f. Landeskd. d. Saarlandes) 1968, 83–96 nennt typologische Phantomhorizonte «Ha A 1–3»; R. DEHN, Die Urnenfelderkultur in Nordwürttemberg (Forsch. u. Ber. z. Vor- u. Frühgesch. in Baden-Württemberg, Bd. 1) 1972, 43–59 meint in seinem Arbeitsgebiet und in Südbayern zusätzlich Ha A 1 a und A 1 b trennen zu können, doch liegt nur die überall typische Überlappung von Bz D und Ha A 1 vor; ähnlich zu beurteilen Keramik der «Zeitstufe III» im Ha A 1-Verband bei Chr. UNZ, Die spätbronzezeitl. Keramik in Südwestdeutschland, in d. Schweiz u. in Ostfrankreich (PZ 48) 1973, 1–124, bes. 66ff. – Nicht zu bestätigen ist nach seriösen Regionalkatalogen eine Dreiteilung der Stufe Ha B, die E. GERSBACH, Siedlungszeugnisse d. Urnenfelderkultur aus d. Limburger Becken u. ihre Bedeutung f. d. Untergliederung d. jüngeren Urnenfelderzeit in Südwestdeutschland (Fundber. Hessen 1) 1961, 45–62 schematisch nach Müller-Karpe aufgegriffen hat; vgl. TORBRÜGGE, Vollgriffschwerter (s. u. 38 Anm. 8) bes. 92 Anm. 47; in den Übersichtstabellen der PBF (s. o. 28) sind entsprechend vorgegebene Spalten gar nicht oder nur spärlich mit Übergangsformen ausgefüllt; je nach Bezugssystem ist in der Literatur daher auch von Ha B 2 oder Ha B 2/3 die Rede, ohne daß die Begriffe sich inhaltlich vollständig decken.

In der Terminologie hat sich für das südliche Mitteleuropa der sachlich nicht ganz zutreffende Name Urnenfelderzeit oder häufiger «Urnenfelderkultur» im Sinne einer Zeitperiode mindestens seit den vierziger Jahren endgültig fixiert. In manchen Konzepten wird jedoch nach nord- und westeuropäischem Muster für die gesamte Periode oder für Teilabschnitte auch die Bezeichnung «späte Bronzezeit» verwendet; je nach Einbeziehung der Stufe Bz D fristen die allgemeinen Formeln von einer «frühen, mittleren, späten» oder «ältesten, älteren, jüngeren und jüngsten» Phase sprachlich wie begrifflich ein chaotisches Eigenleben, das ohne Bezug auf ein überregionales Grundsystem nicht durchschaubar ist; in PBF (s. o. 28) bei ziemlich einheitlichem Grundschema zu unterschiedlichen allgemeinen Bezeichnungen zusätzlich gut zwei Dutzend Phasenbenennungen nach «repräsentativen Fundorten» (s. o. 29, Terminologie); Vorschlag zur Umbenennung von Ha A und B in Bz E und F bei W. A. v. BRUNN, Bemerkungen z. regionalen Gruppengliederung u. Chronologie d. süddeutschen Bronze- u. Urnenfelderkultur (Jahresber. Inst. f. Vorgesch. d. Univ. Frankfurt a. M.) 1974, 19–21.

Die Periode reicht wesentlich vom 13. bis zum Ende des 8. Jahrhunderts v. Chr.[1] Alle süddeutschen Gruppierungen wurzeln in der einheimischen Bronzezeit, deren späte Sachformen und Bestattungssitten teilweise bis in die Frühphase Ha A 1 gebräuchlich bleiben. Hypothetische Völkerzuwanderung aus dem Osten kann außer Betracht bleiben.[2] Nordalpin zeichnet sich die überlieferte Zonengliederung ab: das östliche

[1] Zur absoluten Chronologie auf Grund ägäischer und italischer Materialvergleiche zuletzt MÜLLER-KARPE, Zur urnenfelderzeitl. Besiedlung d. Gegend v. Steinkirchen, Nb. (s. o. 3, Ausgrabungen, Teil 1) 171–186, bes. 174 u. 181; zum Bestand urnenfelderzeitlicher Formen bis ins 7. Jahrhundert TORBRÜGGE, Hallstattzeit I (s. u. 44) mit Anm. 872.

[2] Expansionen vom östlichen Zentraleuropa aus, die zu Beginn der Epoche auch die dorische Wanderung auf das griechische Festland ausgelöst haben sollen, sind nach Westen nicht wahrscheinlich zu machen. Venetische und illyrische Sprachdenkmäler nördlich der Alpen belegen allenfalls Verwandtschaft mit entsprechenden Sprachgruppen in Italien oder auf dem nordwestlichen Balkan, nicht aber Richtung und Zeitpunkt von Wanderzügen. Ältere Forschungsmeinungen zu Mitteleuropa zusammenfassend W. KIMMIG, Seevöl-

Bayern gehört basishaft zu einem östlichen Urnenfelderkreis, in dem Böhmen, Nordostbayern und der niederbayerische Donauraum vielerlei materielle Querverbindungen eingehen, ohne daß die Kleinräume eine gewisse Selbständigkeit aufgeben.[3] Westlich des Spessart beherrschen untermainische Teilgruppen das Feld.[4] Auf der Schotterebene um München hebt sich eine besser erforschte Kataloglandschaft ab, die eher als Mischfeld denn als Einheit anzusehen ist.[5] Der schlecht überschaubare Südwesten steht jedenfalls unter dem Einfluß westlicher Nachbargruppen.[6] In Südostbayern werden ebenso ostmitteleuropäische wie nordtirolische und mittelbayerische Beziehungen wirksam.[7]

In beiden Stufen und in allen Landstrichen sind Fernkontakte ohne speziellen Gruppenbezug auszumachen, sie vermehren sich in der Endphase der Stufe Ha B mit der weiten Streuung überregionaler Metallformen. Zugleich gewinnt *Eisen* ökonomisches Gewicht, doch betonen ornamentale Eiseneinlagen auf Bronzeschwertern weiterhin die Seltenheit und die hohe Stoffbewertung des neuen Metalls.[8] Im Ende der Nordtiroler Urnenfelder[9] spiegeln sich offenbar wirtschafts- und handelsgeschichtliche Umschichtungen, die noch nicht näher zu präzisieren sind, wahrscheinlich aber im breitflächig nach Norden erweiterten Netz der Brucherzfunde zum Ausdruck kommen.[10] Alle zeitgenössischen Metalltechniken sind geläufig. Mit einem kleinen bronzenen Rippenamboß als Grabbeigabe tritt standesbezeichnet endlich auch der Handwerker selbst hervor,[11] dessen Werkzeug und Gerät in der bescheidenen Auswahl von Beilen, Hämmern, Meißeln, Punzen, Sägen und Gußformen aus Stein und Bronze sonst nur aus Verwahrfunden oder Altmaterialdepots bekannt war.

Anscheinend bleiben alle Siedelgebiete der Bronzezeit besetzt, nach Zahl der Fund-

kerbewegung u. Urnenfelderkultur. Ein arch.-hist. Versuch (Stud. aus Alteuropa, Teil 1, Beih. Bonner Jbb. 10 I) 1964, 220–283, bes. 268–273.

[3] Exemplarisch etwa die Verbreitung der sogenannten Knoviser Etagengefäße in Böhmen, Nordostbayern und dem niederbayerischen Donauraum bei Hennig, Franken (s. o. 36) 42, Abb. 4; ebd. 46ff., Abb. 7 aber Umgrenzung einer «Bamberger Gruppe» nach wenigen eigentümlichen Bronzen an Regnitz und oberstem Main sowie ebd. 25ff., Abb. 1 Verbreitung der Zeichensteingräber (s. u. 40 Anm. 20) an der mittleren Regnitz; vgl. R. Eckes, Eine Töpferei d. Urnenfelderzeit zu Atting, BA. Straubing, Bayer. Ostmark (Marburger Studien) 1938, 43–46 zur hauptsächlich danubischen Verbreitung der sogenannten Attinger Ware.

[4] Herrmann, Urnenfelderkultur (s. o. 37, Chronologie) bes. 36–42; Rau, Aschaffenburg-Strietwald (s. o. 36) bes. 18–22.

[5] Müller-Karpe, Urnenfelder (s. o. 36) 14–16; Uenze/Katzameyer (s. o. 30 Anm. 9) 40f.

[6] Uenze, Vor- u. Frühgesch. im Lkr. Schwabmünchen (Kat. Prähist. Stslg. 14) 1971, 40f. zur eingeschränkten Fundsituation.

[7] Torbrügge, Alpenvorland (s. o. 22 Anm. 13) 38–44.

[8] Liste urnenfelderzeitlicher Eisenfunde aus Nord- und Mitteleuropa bei Kimmig, Seevölkerbewegung (s. o. 37 Anm. 2) 274–281; dazu aber eine Reihe unbeachteter Eisenfunde an versteckten Katalogstellen; zu Eiseneinlagen Torbrügge, Vollgriffschwerter d. Urnenfelderzeit (BVbll. 30) 1965, 77–79.

[9] K. H. Wagner, Nordtiroler Urnenfelder (RGF 15) 1943; neue Bearbeitung in einer Münchener Dissertation.

[10] Stein, Hortfunde (s. o. 28) Karten 5–7.

[11] Müller-Karpe, Das urnenfelderzeitl. Toreutengrab v. Steinkirchen, Nb. (Germania 47) 1969, 86–91; Ders., Steinkirchen (s. o. 37 Anm. 1) 183.

orte und der Gräber massiert in den Vorzugslandschaften, verdünnt in den Sekundärzonen mit eingeschränkten Fundmöglichkeiten wie auf der Alb, wo reichlich Keramik von Höhen und aus Höhlen eher potentielle Durchdringung als große Wohndichte anzeigt.[12] Im bewährten Grundschema der bäuerlichen Niederlassung zeichnen sich Schwankungen ab, die möglicherweise mit kleineren Klimaverschiebungen zusammenhängen. Mindestens zeitweilig werden extreme Tieflagen in den Flußauen und ebenso die Seeinseln aufgesucht. Dorfanlagen sind kaum, Hausbauten recht gut zu rekonstruieren. Nachweisen lassen sich sowohl flache Gruben wie regelrechte Wohnpodien. Ein Generaltypus zeichnet sich im ebenerdigen, rechteckigen Pfostenhaus mit oder ohne Mittelstützen für einen Firstbalken ab.[13] Bauliche Einzelheiten werden von den örtlichen Umständen bestimmt.[14] Tönerne Feuerböcke in Gestalt eines stilisierten Rindergehörns und bronzene Fleischsiedehaken als Grabbeigaben[15] deuten gelegentlich die umfassende Wertgeltung von Haus und Hof an, symbolisch fixiert auf die zentrale Feuerstätte.

Der Totenkult wird hauptsächlich, aber keineswegs ausschließlich, von der Leichenverbrennung auf dem Scheiterhaufen bestimmt. Damit ist die Vorstellung mehr oder minder körperhafter Fortexistenz nicht aufgehoben, wie vor allem die Ausstattung mit persönlichen Besitztümern zeigt, ob nun unbeschädigt, mitverbrannt oder absichtlich zerbrochen beigegeben. Neuartige Beigabenkategorien tauchen auf, unter anderem tönerne Saugfläschchen für Kinder[16] und vielerlei Objekte in amuletthafter Verwendung. Singuläre Schuhmodelle aus Ton lassen hinter der eher ärmlichen Materialschicht aus rund einem halben Jahrtausend sehr differenzierte und weitreichende formale wie gedankliche Querverbindungen sichtbar werden.[17] – Bei der Bestattung selbst verfahren die einzelnen Regionen höchst unterschiedlich. Reguläre Urnenfelder mit ziemlich einheitlicher Anlage und engerer Folge der eingetieften Flachgräber finden sich vorweg auf ebenem und offenem Gelände Süd- und Mittelbayerns, wie es scheint. Rituelle Konsequenz wird vor allem in großen Nekropolen von langer Dauer wie in Kelheim erkennbar, wo bei rund 260 Gräbern mit Enghalsurnen für Männer und weitmündigen Aschengefäßen für Frauen generell Geschlechtsdifferenzierung

[12] Fr. VOLLRATH, Siedlungskeramik aus Höhlen d. mittl. Frankenalb (Abh. Naturhist. Ges. Nürnberg 29) 1959 erfaßt tatsächlich keine regulären Wohnplätze.

[13] HERRMANN, Hausgrundrisse aus einer urnenfelderzeitl. Siedlung v. Künzing (Nb.) (s. o. 3, Ausgrabungen, Teil 1) 155–170 (mit Beitrag v. A. ZIPPELIUS); Ders., Die urnenfelderzeitl. Siedlung v. Künzing (Jbr. BD 15/16) 1974/75, 58–107 (mit Beitrag v. A. ZIPPELIUS); DANNHEIMER, Siedlungsgeschichtl. Beobachtungen im Osten d. Münchner Schotterebene (BVbll. 41) 1976, 107–120.

[14] Die Wände können aus senkrecht gestellten Spalthölzern oder aus Flechtwerk mit außen weiß getünchtem Lehmverstrich bestehen: HUNDT, Straubing II (s. o. 28) 15 f.; zu Blockbauten UENZE/KATZAMAYER (s. o. 30 Anm. 9) 38.

[15] HUNDT, Über Tüllenhaken u. -gabeln (Germania 31) 1953, 145–155. – Zur Herstellung von tönernen Feuerböcken oder sog. Mondidolen neuerdings E. PRESSMAR, Elchinger Kreuz, Lkr. Neu-Ulm, Siedlungsgrabung mit urnenfelderzeitlichem Töpferofen (Kat. Prähist. Stslg. 19) 1979, bes. 35 u. 43.

[16] Cl. EIBNER, Die urnenfelderzeitl. Sauggefäße (PZ 48) 1973, 144–199.

[17] MÜLLER-KARPE, Steinkirchen (s. o. 37 Anm. 1) 182 f., Abb. 4 C 2 zu italischen Gegenstücken als mutmaßlichen Amts- oder Rangabzeichen.

beachtet ist.[18] Manche Erscheinungen sind noch nicht eindeutig zu beurteilen, so beispielsweise Grabhügel mit Kreisgräben ohne sonstige Auszeichnung im Inventar inmitten umgebender Flachgräber.[19] Durchweg setzen sich die neuen Friedhöfe von bronzezeitlichen Nekropolen räumlich ab, während sie in manchen nordbayerischen Landstrichen unmittelbar anschließen. Urnengräber sind sogar in Grabhügeln der Bronzezeit eingetieft oder an der Stelle des Scheiterhaufens wird ein eigener Grabhügel mit kreisrundem oder ovalem Steinkranz aufgeführt. In Flachgräberfeldern mischen sich in Überlappung mit der Stufe Bz D und älteren Ritualen (s. o. 33) oft mannslange Steinsetzungen für Körper- oder Brandbestattung mit sozusagen schon angepaßten kleinen Aschengräbern. Überhaupt gleicht Nordbayern sich nicht überall und sofort an, im nördlichen Oberfranken wird Leichenverbrennung gar erst in der Endphase der Periode üblich. Solche rituelle Beharrlichkeit hat wahrscheinlich die Bildung kleiner Kultgemeinschaften begünstigt, unter denen eine beiderseits der Regnitz besonders augenfällig mit geometrisierenden Ritzzeichen auf der Außenseite großer Steinplatten im Kreis um den Fuß von Grabhügeln hervortritt.[20]

Soziale Differenz wird in den Gräbern nur bedingt sichtbar, weil das Inventar nicht immer regelhaft den realen Besitzstand spiegelt. Ohne Frage darf man die reicher ausgestatteten *Kriegergräber* der Stufe Ha A in Nachfolge der bronzezeitlichen «Häuptlingsgräber» sehen, aber der Brandritus verschleiert mehrfach die Doppelbestattung von Mann und Frau. Bei Teilausstattung kann ein einzelnes Bronzegefäß für ein ganzes Trinkservice stehen oder Messer, Rasiermesser und Pfeilspitzen bezeichnen einen Mann von Stand, dessen Schwert nach bronzezeitlicher Sitte ausgehängt und an anderer Stelle deponiert worden ist.[21] Vollends müssen die wenigen Helme

[18] Ders., Kelheim (s. o. 36) 9.

[19] Osterhaus, Urnenfelderzeitl. Grabhügel in d. Donauniederung b. Herrnsaal, Lkr. Kelheim (Hamburger Beitrr. z. Archäol. 4) 1974, 21–31.

[20] Ausführlich zuletzt Hennig, Franken (s.o. 36) 25–30, Taf. 90–120. Die einfachen Strichmuster entsprechen im Prinzip den geläufigen Ornamenten auf Keramik und Bronzen der Zeit, doch treten komplexe Zeichen hinzu. Über Verwendung im Totenkult deutet sich vielleicht eine formale und gedankliche Verbindung zu plattenförmigen Steinstelen der Hallstattzeit mit geometrischen Ritzmustern an, die bisher ebenfalls nur in räumlicher Begrenzung in Württemberg nachzuweisen waren. Hinweise auf mögliche Querbeziehungen bei Torbrügge/Uenze 215 werden von Dannheimer, Steinstele (s. u. 51 Anm. 39) 47 Anm. 28 u. 52 Anm. 52 unter Bezug auf die mittelfränkische Plattenstele aus einem hallstattzeitlichen Grabhügel von Stetten, Lkr. Gunzenhausen, auch in gebietlicher Nachbarschaft ergänzt. Hennig a. a. O. 25 f. Anm. 70 betont allerdings formale und technische Unterschiede zu den Zeichensteinen, deren Datierung überdies in einigen Fällen schwierig ist: Torbrügge/Uenze 254, Abb. 226. Bezeichnend bleibt aber wohl die mehrfach belegbare Wiederverwendung in hallstattzeitlichen und noch latènezeitlichen (s. u. 54 Anm. 14) Gräbern, ohne daß jedoch sinngemäße Anordnung zu unterstellen wäre, da die Platten als Bauteile der Grabkammern dienen.

[21] Bei auf dem Scheiterhaufen zerschmolzenen Beigaben nicht immer zu kontrollieren; mehrfach aber allein Wetzsteine von der Waffengarnitur oder unversehrte Knebel und andere Bronzeteile vom Schwertgehänge, wobei gewisse Ringknebel nicht eindeutig zum Gehänge oder zum Pferdegeschirr zu rechnen sind; zu Knebeltypen Jockenhövel, Siedlungen (s. u. 42 Anm. 29) 58 mit Anm. 175 u. 176. – In Mauern scheinen Schwertscheide und -gehänge mit Ortband und kleinen Knebeln im Grabe verwahrt, Schwert und Lanzenspitze aber gesondert zwischen Holzdecke

und Schilde aus Bronzeblech, übernommen von der Rüstung donauländisch-balkanischer «Adelskrieger»,[22] hierzulande als Repräsentativwaffen gelten, die nach ihrem symbolischen Rang auch allesamt an besonderer Stelle niedergelegt oder in den Flüssen versenkt worden sind.[23] Führungsanspruch symbolisiert gleichermaßen das Zaumzeug von Zugpferden für vierräderige Wagen, die in Bayern allerdings selten sind.[24] Prunkvolle Ausführungen mit vogelfigurigen Bronzebeschlägen wie von Hart an der Alz aus einer großen Steingruft mit Schwert, Pfeilspitzen, Goldringlein und bronzenem Tafelgeschirr sind offenbar als eine Art fahrbarer Thron oder Hochsitz in vornehmlich zeremonieller Funktion zu denken.[25] Ein bronzener Kesselwagen von knapp 12 Zentimeter Höhe mit gegenständigen Vogelköpfen am vierräderigen Fahrgestell aus Acholshausen im Landkreis Würzburg[26] stellt sinnbildlich entweder die Totenfahrt eines Mächtigen in metallenem Aschenbehälter[27] oder das Abbild eines realen Kultwagens im zeitgenössischen Kesselbrauchtum dar. Im Wagen selbst scheint sich jedenfalls die Verbindung von weltlicher und sakraler Machtausübung und damit die mythische Dimension früher Herrschaftsbildung anzudeuten.

Unabhängig davon verflechten sich in der Endphase der Stufe Ha B gesellschaftliche und chronologische Kategorien zu deutlichen Gruppendifferenzen. Viele Nekropolen brechen vor dem Ende der Stufe ab, während gleichzeitig abseits der alten Friedhöfe neue Nekropolen angelegt werden, oft mit kleineren und größeren Grabhügeln, die fast immer gehobenen Status nach eigentlich hallstattzeitlichen Maßstäben anzeigen, entweder in der Schwertbeigabe, in anderen Beigaben von großem materiellen oder symbolischen Wert, im aufwendigen Grabbau oder einfach in der ungewöhnlichen Menge keramischer Geschirrsätze.[28] Solche Absonderung nach

der Kammer und abdeckender Steinschicht niedergelegt; Eckstein, Ein späturnenfelderzeitl. Kriegergrab v. Mauern, Lkr. Neuburg a. d. Donau (Germania 41) 1963, 88–92, bes. 89 mit Abb. 3; H. Werner, Neue Funde d. Urnenfelderkultur v. Mintraching, Lkr. Regensburg (Beitrr. z. Oberpfalzforsch. 3) 1969, 71–75 zu einem senkrecht in den Boden gerammten Schwert der Stufe Ha A über Grab 1.

[22] P. Schauer, Die Bewaffnung d. «Adelskrieger» während d. späten Bronze- u. frühen Eisenzeit (s. o. 3, Ausgrabungen, Teil 3) 305–311.

[23] Zwei Schilde aus dem Main bei Bamberg: Torbrügge/Uenze 166, Abb. 134–135 = Hennig, Franken (s. o. 36) Taf. 36–37 («Spalt»); Helm aus dem Main bei Ebing, Lkr. Staffelstein: Hennig, ebd. 90 Nr. 63, Taf. 82–85; Helm aus Hort (?) bei Thonberg, Lkr. Kronach: Hennig, ebd. 83 Nr. 46, Taf. 81; Helm von der Pockinger Haid, Lkr. Griesbach: Torbrügge/Uenze 167, Abb. 136; zu Deponierungsarten Torbrügge, Flußfunde (s. o. 11 Anm. 25) Beilage 12 u. 18.

[24] Eckstein, Bruck (s. o. 33 Anm. 21) 83–84, Abb. 3; Pätzold/Uenze (s. o. 31 Anm. 9) 28, 65–67 Nr. 24, Taf. 28–31 (Hader, Lkr. Griesbach); Liste von Wagengräbern mit und ohne Pferdegeschirr in Süddeutschland, Oberösterreich und der Schweiz bei C. J. Balkwill, The earliest horsebits of western Europe (Proc. Prehist. Soc. 39) 1973, 425–452, bes. 447 zu Karte Abb. 7.

[25] Müller-Karpe, Das urnenfelderzeitl. Wagengrab v. Hart a. d. Alz (Ob.) (BVbll. 21) 1956, 46–75.

[26] Pescheck, Ein reicher Grabfund mit Kesselwagen aus Unterfranken (Germania 50) 1972, 29–56.

[27] A. Jockenhövel, Eine Bronzeamphore d. 8. Jahrhunderts v. Chr. v. Gevelinghausen, Kr. Meschede (Sauerland) (Germania 52) 1974, 16–47, bes. 37–38.

[28] Torbrügge, Vollgriffschwerter (s. o. 38 Anm. 8) 88, Abb. 12 B 3; Hennig, Franken (s. o. 36) 23, 39.

Platz und Ausstattung ist weithin in Mitteleuropa zu beobachten.[29] Wie am Ende der Bronzezeit wird die nachfolgende Periode durch angepaßte Verhaltensmuster der Oberschicht eingeleitet, noch ehe neuartige Sachformen die zivilisatorische Stufung sichtbar machen. Aus dem veränderlichen Fundbild der Endphase mit scheinbar verstärkter Hortdeponierung sind indessen sogleich auch Thesen zum Einfall östlicher Reiternomaden nach Süddeutschland abgeleitet worden.[30] Dabei sollen befestigte und unbefestigte Höhen eine Schlüsselrolle als Fluchtorte spielen. Grundsätzlich fraglich bleibt die Datierung der meisten Ring- oder Abschnittswälle und damit die Bestätigung echter Refugien, wenn Umwallung denn immer schon Verteidigungszweck bedeutet.[31] Je nach Lage und Beschaffenheit der Plätze wird überdies mit unterschiedlichen Funktionen zu rechnen sein.[32] Die Bedeutung der Höhensiedlung für die territoriale Gliederung des Landes ist unverkennbar und im weitesten Sinne als soziales Phänomen zu begreifen. Maßgebliche Mitwirkung der Führungsgruppen steht außer Frage, aber von den festen Höhensitzen einer vorhallstattzeitlichen Nobilität mit konzentrierten Werkstattbetrieben und unabhängiger Handwerkerschicht kann trotz weniger Bronzegüter aus gehobenem Besitz und einiger Werkstatthinweise wohl kaum schon die Rede sein.[33]

Aus bronzezeitlichem *Brauchtum* (s. o. 34ff.) wird die Deponierung besonderer Güter in Mooren, Gewässern und auf Pässen oder anderen Orten von topographischer Eigentümlichkeit fortgeführt, ebenso das Geschirropfer an den Felstürmen, das aber um Tongefäß-Aufstellungen und ihre rituelle Zerstörung durch Steinwurf erweitert scheint.[34] Das Brandopfer wird stellenweise neu eingerichtet, ihm sind Gru-

[29] Gräberliste Jockenhövel, Bronzeamphore (s.o. 41 Anm. 27) 46 Anm. 122; Ders., Zu befestigten Siedlungen d. Urnenfelderzeit aus Süddeutschland (Fundber. Hessen 14) 1974, 19–62, bes. 57 zur typischen Grablege auf Brandflächen.

[30] Ders. ebd., bes. 54–56 kritisch zur einschlägigen Literatur; ebd. 37–46 Liste zu 46 bayerischen Höhenplätzen mit und ohne Befestigungen.

[31] Ebd. 37–42 Nr. 13–17 werden fünf befestigte Höhen genannt, von denen allein der Bogenberg bei Bogen siedlungstopographisch in die Stufe Ha A zu datieren ist: Schwarz, Vor- u. frühgeschichtl. Wallanlagen auf d. Bogenberg (s. o. 3, Führer 6) 1963, 31–39; Wallschnitte auf der Birg bei Altjoch über dem Kochelsee und auf dem Schloßberg bei Kallmünz, Lkr. Regensburg, haben keine eindeutigen Anhaltspunkte für eine Zeitbestimmung ergeben; Trockenmauern im Wall der Gelben Bürg bei Dittenheim, Lkr. Weißenburg, und innere Holzkonstruktionen auf dem Hesselberg bei Röckingen, Lkr. Ansbach, sind als nachchristlich erwiesen: Herrmann, Ausgrabungen an d. Ringwallanlagen d. Gelben Bürg (Probleme d. Zeit, Sonderh. Neue Ausgrabungen in Bayern) 1970, 36–40; Ders., Neue Ausgrabungen in Mittelfranken (Jb. HV Mittelfranken 85) 1969/70, 211–227, bes. 221–227 (Gelbe Bürg); Ders., Eine Notgrabung am Wall auf d. Kuppe d. Hesselberges (Ehinger Berg) im Jahre 1972 (BVbll. 39) 1974, 55–65. – Eine C 14-Bestimmung auf rund 900±50 v. Chr. für eine ähnliche Holz-Erde-Mauer auf dem Schwanberg bleibt deshalb vorerst fragwürdig: Pescheck, Der Schwanberg im Steigerwald b. Rödelsee (s. o. 3, Führer 27) 1975, 255–262, bes. 257f.

[32] Jockenhövel, Siedlungen (s. o. Anm. 29) bes. 54–57 zu Funktionstypen bei den wenigen Höhensiedlungen mit angeblich urnenfelderzeitlicher Befestigung, wobei grundsätzlich alle Höhenplätze einzuschließen wären; detaillierter zu Region im bayerischen Voralpenland Uenze/Katzameyer (s. o. 30 Anm. 9).

[33] So Jockenhövel, Siedlungen (s. o. Anm. 29) bes. 52, 57–59.

[34] Scherben von mehreren hundert Tongefäßen auf etwa 5 : 7 m Fläche vor einem Abri in den Schellnecker Wänden bei Alt-

bendepots mit keramischem Schutt und rotgeglühten oder zersprungenen Mahl- und Schleifsteinen als Rückstände großer Opferfeuer zuzurechnen.[35] Neuere Grabungen und Befundanalysen erweisen weiterhin differenzierte Einwurfrituale an Felsspalten und Schachthöhlen der Alb, die mit Sach-, Tier- und Menschenopfer kennzeichnende Kulttraditionen der Höhlenregion sichtbar machen.[36] – Andere Erscheinungen stehen im weitläufigen europäischen Ideenverbund, so etwa die Herstellung von Votivschwertern ohne praktischen Gebrauchswert,[37] die Weihung von Schwertern in der Dreizahl[38] und die Verwendung von Waffen ungewöhnlicher Form und Größe als Symbolzeichen und Zeremonialgeräte.[39] Ohne daß Materialzwang vorliegt, werden trotz höheren Arbeitsaufwandes neuerlich Steinäxte eigenartiger Gestalt produziert, deren Funktion wohl nur in der magischen oder symbolischen Verwendung aus urtümlich-wiederbelebter Stoffbewertung zu suchen ist.[40] In den Bannkreis der Magie gehören bronzene Klapperbleche an Gestängen oder Gewandnadeln, bei denen die Andeutung der menschlichen Figur in paariger und meist dreifacher Anordnung immerhin mehrschichtige Überlegungen als nur Abwehr böser Einflüsse durch Lärm vermuten lassen.[41]

Die spärliche Figuralkunst der Periode wird sonst vom *Vogelbild* beherrscht, das bei unstreitig mythischer Abkunft als Wagenbeschlag oder Aufsteckfigur im Einzelfall gleichwohl nicht eindeutig als Symbol, Amulett oder Ornament zu bestimmen ist. Die weite Verbreitung eines strengen Schemabildes der sogenannten Vogelbarke oder der Vogel-Sonnen-Barke ist allerdings auch auf ökonomischem Hintergrund zu sehen, denn es findet sich, nachgezeichnet durch dicht an dicht gesetzte größere und kleinere ausgetriebene Buckel, vornehmlich auf großen Bronzegefäßen aus mehreren Werkstätten in Italien, Ungarn und Mitteleuropa bis Südskandinavien.[42] Gekürzt auf Kopf und Hals sind die Vögel je nach Vorlage gegenständig einer zentralen Scheibe angefügt oder ohne Scheibe zu einem schiffsförmigen Fahrzeug mit Vogelkopfsteven verbunden, dem die Scheibe in der Mitte wieder aufgesetzt sein kann. In einem

essing, Lkr. Kelheim, im untersten Altmühltal; faustgroße ortsfremde Kieselsteine deuten auf Steinwürfe (VHN 102) 1976, 57–59.

[35] Altenstadt, Lkr. Schongau: Maier, Brandopferplätze um Schongau in Oberbayern (Germania 47) 1969, 173–176, bes. 175f.; (BVbll. 33) 1968, 182–184.

[36] Zuletzt Ders., Opferreste (s. o. 26 Anm. 36) auch zu Spuren von Anthropophagie und Schädelkulten im Veldensteiner Forst.

[37] Müller-Karpe, Vollgriffschwerter (s. o. 36) Taf. 74, 7: Vollgriffschwert mit Griff und allzu dünner Klinge aus einem Stück aus der Donau bei Dillingen.

[38] Ebd. 92.

[39] Tüllenbeil und große Lanzenspitze aus einem Hort von Krottenthal, Lkr. Dingolfing: Müller-Karpe, Neues z. Urnenfelderkultur Bayerns (BVbll. 23) 1958, 32, Abb. 17; Torbrügge/Uenze 165, Abb. 133; Dannheimer/Fink (s. o. 8 Anm. 14) 70f.; Dannheimer, Prähist. Staatssammlung (s. o. 3) 57, Abb. 61.

[40] Maier, Jüngermetallzeitl. Steinäxte aus Bayern (Germania 43) 1965, 152–155 (u. a. aus dem Main); zu weiteren Äxten dieser Art aus Flüssen und Quellen vgl. K. H. Brandt (Bremer Archäol. Bll. 6) 1973, 1–42.

[41] Torbrügge/Uenze 244f., Abb. 212 u. 213; reiches Material bei Kossack, Studien z. Symbolgut d. Urnenfelder- u. Hallstattzeit (RGF 20) 1954.

[42] Zu Herkunft, Werkstätten, Stilisierungen, vermeintlichen Ableitungen und zur Datierung der Barken zuletzt Jockenhövel, Bronzeamphore (s. o. 41 Anm. 27) passim.

Bronzeeimer mit solcher Vogel-Sonnen-Barke von Unterglauheim im Landkreis Dillingen lagen zwei Bronzekessel und zwei mit Golddraht umwickelte Becher aus Goldblech.[43] Augenfällig wird hier sofort die formale und wohl auch ideenhafte Beziehung der Barke zum Miniaturwagen im fürstlichen Grab von Acholshausen (s. o. 41), bei dem in sozusagen gedanklicher Umkehrung der Kessel selbst auf ein vogelköpfiges Fahrzeug gestellt ist. Der Wagen gehört in eine Reihe mit spätbronze- bis hallstattzeitlichen Gegenstücken und Abwandlungen aus Bronze und Ton, die je nach ihrem kulturellen Hintergrund und besonderem Verwendungszweck im Totenritual oder anderen periodisch wiederholbaren Kulten höchst unterschiedlich beschaffen sein können. Die Goldbecher stellen sich andererseits zu goldenen Schöpfgefäßen, die von der Iberischen Halbinsel bis Südschweden durchweg in zwei oder mehr Exemplaren vergraben sind, manchmal in Tongefäßen, zuweilen mit anderen Goldpretiosen und selten in einem regelrechten Ensemble mit Bronzeeimer wie in Unterglauheim.[44] Auch verbinden die mit Bronzemodeln eingetriebenen Ornamente der Becher aus papierdünnem Blech nach Technik und Musterkarte trotz regionaler Unterschiede insgesamt sowohl zu den goldenen Sonnenscheiben der Britischen Inseln und der nordischen Bronzezeit wie zu den raren Meisterwerken hoher Goldschmiedekunst in Gestalt schlanker Goldblechkegel, deren einer von Ezelsdorf im Kreis Nürnberger Land stammt.[45] Er ist fast 1 Meter hoch, aus einem einzigen Stück getrieben und gezogen und über und über mit eingestempelten Rillen, Kreisen, Rädchen und Buckeln verziert. Man kann ihn als schimmernde Bekrönung eines Kultpfahles denken, doch wirken Kegelsymbole nach bildlichen Darstellungen der Bronze- bis Hallstattzeit auch im repräsentativen Totenritual der Alten Welt mit. Kegel und Kessel, Vogel und Pferd, Wagen und Schiff als Teilelemente einer ideenhaften Kulteinheit lassen im gegenseitigen Austausch und in der unterschiedlichen Überlieferung als Bild oder Sache von der Ägäis bis Südskandinavien allerdings gebietliche und zeitliche Stilisierungen erkennen, die einen allgemeinen und weithin beherrschenden Sonnenkult ostmittelmeerischer Abkunft zweifelhaft machen.[46]

§ 6. HALLSTATTZEIT

G. Kossack, Zur Hallstattzeit in Bayern (BVbll. 20) 1954, 1–42; Ders., Südbayern während d. Hallstattzeit (RGF 24) 1959; Ders., Gräberfelder d. Hallstattzeit an Main u. Fränkischer Saale (MBV 24) 1970; Torbrügge, Die Hallstattzeit in d. Oberpfalz, Teil I, Auswertung u. Gesamtkat. (MBV Reihe A 39) 1979; Teil II, Die Funde u. Fundplätze in d. Gemeinde Beilngries (MBV 20) 1965; zu Fischbach-Schirndorf (MBV) in Vorbereitung.

[43] Müller-Karpe, Chronologie (s. o. 36) Taf. 169; Menghin/Schauer, Magisches Gold. Kultgerät d. späten Bronzezeit (Ausstellungskat. Germ. Nationalmus. Nürnberg) 1977, 73–75 Nr. 13.

[44] Übersicht ebd. 20f. (Verbreitung) und Katalog 60–104 mit einigen älteren und jüngeren Gefäßen von andersartiger Form und Verzierung.

[45] Ebd. bes. 1, 13–18, 45–50, 54–55; ebd. 56–59 Nr. 2 u. 3 zu den Goldkegeln von Aventon (Vienne), Frankreich, und Schifferstadt, Kr. Ludwigshafen.

[46] So Schauer ebd. 30–44 in geraffter Übersicht zu alteuropäischen Zusammenhängen unter religionsgeschichtlichen Aspekten; knappe Rezension Torbrügge (Weltkunst 47) 1977, 1841.

Benennung der Periode nach dem großen Gräberfeld bei Hallstatt, Salzburg; Gesamtmaterial K. Kromer, Das Gräberfeld von Hallstatt (Assoc. Intern. d'Archéol. Classique, Monogr. I) 1959. – Nach der ursprünglichen Konzeption Reineckes folgen die beiden Stufen Ha C und D in der relativen Chronologie den Stufen Ha A und B der jetzt terminologisch abgetrennten Urnenfelderzeit; zur späteren Phasengliederung Ha C 1–2 und D 1–3 umfängliche und zum Teil widersprüchliche Literatur. Zur typologisch konstruierten Zweiteilung der Stufe Ha C und zur jeweils partiellen Zeitstellung neben statt konventionell zwischen Ha B und D zuletzt Torbrügge, Hallstattzeit I (s. o. 44) bes. mit Anm. 781–782; zur breiten Überlappung der typologischen Phase Ha D 3 mit der frühen Latènezeit kritisch und maßgeblich Pauli, Untersuchungen z. Späthallstattkultur in Nordwürttemberg (Hamburger Beitrr. z. Archäol. 2, H. 1) 1972, bes. 58–74; zur substantiellen Trennung von Ha D 1 und D 2 übersichtlich zuletzt K. Spindler, Grabfunde d. Hallstattzeit v. Magdalenenberg b. Villingen im Schwarzwald (s. o. 3, Ausgrabungen, Teil 1) 221–242, bes. 222f. – In der allgemeinen Terminologie steht «mittlere Hallstattzeit» nach veraltetem Gebrauch noch in neuester Literatur für die Stufe Ha C.

Absolute Zeitansätze für die Periode bewegen sich neuerdings zwischen dem Ende des 8. und der Mitte des 5. Jahrhunderts, doch handelt es sich dabei höchstens um Extremwerte für Einzelformen; zu rechnen ist wesentlich mit dem 7. und 6. Jahrhundert v. Chr.[1] Die bayerischen Regionalgruppen werden konventionell zu einem westlichen Hallstattkreis gezählt,[2] liegen tatsächlich jedoch in einer Zone zwischen dem sogenannten nordwestalpinen und einem östlichen Bereich mit mehrfacher Untergliederung.[3] Da die materielle und kulturelle Grundlage aus der Urnenfelderzeit stammt, orientieren sich die einzelnen Landesteile traditionell nach den alten Nachbarschaftsverhältnissen. Die hallstattzeitliche Ausprägung wird aber anfangs wesentlich von elitären Gruppierungen bestimmt, die mit prinzipiell einheitlichem Sachbesitz und weitgehend einheitlichen Verhaltensweisen vom Donau-Theiß-Gebiet bis Böhmen, Bayern und abgestuft weiter westlich die Rolle der späturnenfelderzeitlichen Führungsschicht übernehmen. Ihr Nachlaß wird in der sogenannten Stufe Ha C erfaßt, stellt im streng antiquarischen Sinne indessen keine selbständige Zeitschicht zwischen den Stufen Ha B und D dar, sondern nur ein betont männliches Ausstattungsmuster in den Gräbern. Gleichwertige und gleichgewichtige weibliche Muster sind nicht zu ermitteln. Wohl aber lassen sich gerade beim formenreichen Frauenschmuck und bei der Keramik unmittelbare Formkontakte und Entwicklungstendenzen von Ha B nach D feststellen.

Die *Gräberschicht Ha C* muß folglich mindestens in ihrer sehr typischen Ausprägung das gemeinsame Verhalten besonderer Sozialverbände spiegeln, ob es sich nun im Einzelfall um Zuwanderer und Eroberer oder um angepaßte Landesbewohner handelt. Je nach örtlichem und regionalem Brauch sind in unterschiedlicher Auswahl

[1] Absolute Zeitbestimmungen bis vermeintlich 710 vor Chr. auf Grund dendrochronologischer Vergleiche lassen sich für die Hallstattzeit nicht nutzen, da nach archäologisch-historischer Überprüfung schon die kaiserzeitlichen Ansatzpunkte um Jahrzehnte verschoben sind: D. Baatz, Bemerkungen z. Jahrringchronologie d. römischen Zeit (Germania 55) 1977, 173–179.

[2] Kossack, Südbayern (s. o. 44) Taf. 150; W. Angeli, Die Erforschung d. Gräberfeldes v. Hallstatt u. d. Hallstattkultur (Krieger u. Salzherren, Ausstellungskat. Röm.-Germ. Zentralmus. Mainz 4) 14–39, bes. 25, Abb. 1.

[3] Torbrügge, Hallstattzeit I (s. o. 44).

und Kombination eiserne und bronzene Langschwerter mitgegeben, zu Nadeln der Männertracht vielfach auch feingliederiges Toilettegerät, öfters bronzenes Trinkgeschirr und fast immer prächtige Sepulchralkeramik in einiger Fülle. Von besonderer Bedeutung ist das Geschirr der Wagenpferde mit Zaumzeugteilen östlicher Abkunft und mit Trensen, die eine größere Pferdeart belegen.[4] Beigegeben sind manchmal vierräderige Wagen oder ihre Räder als Symbol eines herrschaftlichen Fahrzeuges.[5] Figürliche Darstellungen von Pferd und Reiter ergänzen das eher kriegerische Bild. Aus verzweigten Zusammenhängen fließen zudem Kultvorstellungen südosteuropäischer Reiternomaden in den Bestattungsbrauch ein, in dem Grabhügel und geräumige Holzkammergräber ähnlich wie in skythischen Kurganen der erhöhten Selbstdarstellung noch im Tode dienen.[6] Gemeinsame Religionsformen liegen nicht unbedingt zugrunde, doch äußert sich gleichartiges Selbstverständnis, auch wenn es nach den kleineren Dimensionen der Hügel, den geringerwertigen Grabbeigaben oder dem symbolischen Ersatz von Wagen durch Tonrädchen sichtlich den ärmeren Landesverhältnissen angepaßt scheint.[7]

Offenbar werden gegen Ende der Urnenfelderzeit nur bestimmte Auswahlregionen und nicht alle günstigen Siedelflächen in Besitz genommen. Die meisten *Gräberfelder* sind jedenfalls in unberührtem Gelände oder in Nachbarschaft zu Ha B-Hügelnekropolen angelegt. Einige brechen ohne Nachfolge ab, wenige existieren in örtlicher Absonderung bis in die Stufe Ha D, andere bilden – auch in deutlicher Gruppentrennung – die Kernzellen größerer Dorffriedhöfe, die bis in die Stufe Ha D und gelegentlich bis in die frühe Latènezeit belegt werden. Das schließt baldige Angleichung ein, Auflösung der klassischen Ha C-Schicht und neuerlich gesellschaftliche Umbildung, die in Bayern nicht leicht zu verfolgen ist. Zusätzlich deutet sich gerade im Grabbau kantonale Vielfalt an. Den allerwärts üblichen Hügeln mit ebenerdigen Kammern stehen gebietsweise Schachtgräber[8] mit Steindecken und Steindeckengräber anderer Art gegenüber.[9] In der Stufe Ha D werden bei allgemein verminderter Ausstattung Anbauten und schichtweise Aufstockung für Nachbestattungen eingeführt. Auf Grund konventioneller Grabungstechniken sind aber kaum schon alle Sonderformen wie kleine Brandgräber in unterirdischen Steinkreisen oder in Gruben

[4] KOSSACK, Pferdegeschirr aus Gräbern d. älteren Hallstattzeit Bayerns (Jb. Röm.-Germ. Zentralmus. Mainz 1) 1954, 111–178; BALKWILL (s. o. 41 Anm. 24).

[5] Zum Wagenbau KOSSACK, Südbayern (s. o. 44) 90–93; Ders., Gräberfelder (s. o. 44) 124–130 ausführlicher zur Wagenbeigabe und zu Radkonstruktionen; Ders., The construction of the felloe in Iron Age spoked wheels (The European Community in Later Prehistory. Studies in Honour of C. Hawkes) 1971, 141–163; zu vermeintlichen einachsigen Streitwagen TORBRÜGGE, Hallstattzeit I (s. o. 44) 223–226 mit Anm. 923–939.

[6] KOSSACK, Gräberfelder (s. o. 44) 155–168 zum mythischen Hintergrund von Bestattungsritus und Sozialverband.

[7] Ebd. 121–155 ausführlich zum Verhältnis von Ausstattung zu Kammergrößen und Beigabenregeln, die unter anderem Freiraum für einen nicht eingebrachten Wagen vorsehen können.

[8] Ebd. passim u. 139–141.

[9] STROH, Zum Stand d. Untersuchung d. hallstattzeitl. Gräberfeldes v. Schirndorf (s. o. 3, Ausgrabungen, Teil 1) 243–252; TORBRÜGGE, Hallstattzeit I u. II (s. o. 44) s. v. Steindeckengräber.

mit oberirdischer Steinmarkierung regelhaft erfaßt.[10] Namentlich Kindergräber zeichnen sich durch besondere Bauweisen und Beigabenkombinationen aus.[11] Zum Grabritual selbst deuten sich Gruben- und Gefäßopfer an sowie Feuerrituale auch bei der Körperbestattung, die von Beginn an neben der Leichenbestattung hergeht. Im Gesamtbereich sind die Leichen auffällig einheitlich orientiert, die Schädel liegen in sicher mythisch begründeter Ausrichtung in der Regel nach Süden oder annähernd Süden. Zahlreiche Doppel- und Mehrfachbestattungen belegen Totenfolge, in Gräberserien mit Mann und Frau vielleicht Witwentötung. Nachträgliche Manipulationen und Teilbestattungen sind nicht immer eindeutig zu beurteilen.[12] Schädelbeisetzungen stehen wohl in gedanklicher Verbindung zu den gleichzeitigen Schädelkulten in Höhlen, wie denn in manchen irregulären Befunden überhaupt Zusammenhang mit dem Menschenopfer zutage tritt.[13]

Den realen Alltag bestimmt eine bäuerliche Grundwirtschaft mit allen Formen dörflichen Handwerks. Genauer beobachtete *Wohnplätze* sind nicht eben zahlreich, doch lassen sich neben Blockbauweisen aus der Grabarchitektur immerhin Ständerbauten belegen und sogar holzverschalte Kellergruben.[14] Arbeitsteiliges Gewerbe ist auf breiterer Basis zu betrachten. Eisen wird zum bedeutsamen Wirtschaftsfaktor, allerdings ist über Art und Umfang seiner Gewinnung vorerst wenig zu sagen.[15] Für vielerlei Produkte sind zentrale Werkstätten vorauszusetzen, zumal wenn die Zusammenarbeit mehrerer Handwerker erforderlich ist wie beim Wagenbau. Aber auch bemalte Qualitätskeramik ist nicht mehr im Hausfleiß herzustellen. Schmiede und Metallarbeiter jeglicher Art behaupten als Spezialisten sicher eigenen Rang, mindestens in der Stufe Ha D wird die Drehbank benutzt. Bayern gestattet auf Grund unzulänglicher Befunde jedoch nur flüchtigen Einblick in hallstattzeitliche Techniken.[16] Deutlicher tritt im Fundbestand selbst der umfängliche Handel mit Graphit zutage, der als keramisches Färbemittel in großen Mengen gebraucht wird. Ausgetauschte Metallgüter zeichnen zudem verschiedene Wege nach, auf denen Salz von den Stätten bergmännischer Gewinnung im Salzkammergut bezogen oder durch das Land transportiert wird.[17]

Vor diesem allgemeinen wirtschaftlichen Hintergrund verschieben sich im Laufe der Periode die *Außenbeziehungen* der einzelnen Territorien gegeneinander. Die Früh-

[10] Ders., Hallstattzeit I (s. o. 44) Taf. 180,1.

[11] Ebd. mit Anm. 147.

[12] Ebd. s. v. Bestattungssitten; PAULI, Volksglaube (s. u. 52).

[13] Zu einem Hügel bei Götzendorf, Lkr. Amberg-Sulzbach, in dem über dem Grabe eines Mannes mit Pferdegeschirr und bizarren Tongebilden mehrere Leichenpaare teils gefesselt, teils mit gebrochenen Schienbeinen dicht übereinander in einen engen Schacht gezwängt waren, STROH, Neue Beobachtungen an eisenzeitl. Grabhügeln in d. Oberpfalz (BVbll. 21) 1956, 97–108, bes. 100ff.; TORBRÜGGE, Hallstattzeit I (s. o. 44) Nr. 285, bes. Taf. 175.

[14] Übersicht zum Siedelwesen KOSSACK, Südbayern (s. o. 44) 85f.; neuere Siedlungsfunde u. a. (VHN 102) 1976, bes. 66ff.

[15] M. ULRICHS, Zur Eisenverhüttung während d. Hallstattzeit in Mittelfranken (BVbll. 33) 1968, 120–122; zu Eisengewinnung auch TORBRÜGGE, Hallstattzeit I (s. o. 44) mit Anm. 911–921.

[16] Übersicht KOSSACK, Südbayern (s.o. 44), bes. 102–114; exemplarisch TORBRÜGGE/UENZE 104–107, Abb. 77–83.

[17] KOSSACK, Südbayern (s.o. 44) 69–77.

zeit mit der Schicht Ha C gibt sich weltoffen und nimmt Güter wie Anregungen von allen Seiten auf, obschon je nach Landesteil in differenzierender Auswahl. Dabei zeichnet sich querläufig zur ost-westlichen Zonenteilung auch eine großräumige Zweiteilung in das eigentliche Südbayern und in einen danubisch-nordbayerischen Bereich ab. Maßgebliche Unterscheidungsmerkmale liefert unter anderem die höchst variantenreiche Keramik. Im Norden und besonders im Nordosten des Landes wird in farbig bemalter Ware mit Symbolzeichen wie Dreiwirbeln und Hakenkreuzen, mit Fremdformen wie Schalen mit Innenwand und in Zwillingsgefäßen, die als kommunizierende Röhren miteinander verbunden sind, in tönernen Klapperkugeln und Tonklappern in Vogelgestalt unmittelbarer Einfluß aus verschiedenen Bezirken des Osthallstattkreises sichtbar. Alle Einsprengsel dieser Art sind in Süddeutschland allein nördlich der Donau oder entlang der Stromlandschaft verbreitet.[18] Das gilt ebenso für die tönerne Kleinplastik und für die figürliche Malerei und Zeichnung auf Keramik, die Südbayern gänzlich aussparen. Zugrunde liegt demnach für den Norden der Zugang zum Verbundnetz des östlichen Hallstattkreises, das sich über den nordwestlichen Balkan und die Ostalpen bis zur oberen Adria erstreckt, wo aus antiker Quelle die Vorlagen für einige der Sonderformen, für Plastik und Zeichnung und für gemalte Ornamentik bezogen worden sein müssen.[19]

Die nordbayerische Teilnahme am materiellen und gedanklichen Tauschverkehr des Ostens mit etruskischen und großgriechischen Partnern endet aber fast abrupt mit Auflösung oder Eingliederung der archäologischen Schicht Ha C. Die Verhältnisse der Stufe Ha D stellen sich insgesamt eher ärmlich dar, ausgenommen im westlichen Bayern an der Peripherie des nordwestalpinen Hallstattkreises, der im 6. Jahrhundert nun seinerseits im Abglanz italischer und griechischer Kulturzonen liegt.[20] Vielfache Handelsschaften laufen jetzt über den Rhein-Rhône-Weg bis zu den Kolonien um Massilia (Marseille). Aus einem breiten Importstrom von Bronze- und Tongefäßen gelangen Teilposten immerhin noch in den Westen des Landes,[21] während gehobener

[18] Zu Materialien TORBRÜGGE, Hallstattzeit I (s. o. 44); Ders., Hallstattzeitl. Terrakotten v. Fischbach-Schirndorf in d. Oberpfalz (Studien z. vor- u. frühgeschichtl. Archäol. Festschr. f. Joachim Werner z. 65. Geburtstag. Münchner Beitrr., Erg.-Bd. 1/I) 1974, 57–72, bes. 64–66 zur Verbreitung; vgl. neuerdings L. WAMSER, Zu hallstattzeitl. Trennwandschalen mit u. ohne Vogelterrakotten v. Aubstadt, Saal a. d. Saale u. Zeuzleben (Frankenland NF 30) 1978, 337–344.

[19] Exemplarisch H.-O. FREY, Die Entstehung d. Situlenkunst (RGF 31) 1969, 72–76, Abb. 40 zur Verbreitung des orientalisierenden konzentrischen Mäanders von Slowenien bis in den Bereich mährischer Kalenderberggruppen und zu einer eigenwilligen oberpfälzischen Variante auf einem weißgelben, schwarz und rot bemalten Tonschöpfer von Unterwiesenacker, Lkr. Neumarkt i. d. Opf.: TORBRÜGGE, Hallstattzeit I (s. o. 44) mit Anm. 671 u. Nr. 174, Taf. 91, 1.

[20] Zuletzt KIMMIG, Zum Fragment eines Este-Gefäßes v. d. Heuneburg a. d. oberen Donau (Hamburger Beitrr. z. Arch. 4) 1974, 33–96 mit grundlegender Literatur.

[21] G. MILDENBERGER, Griech. Scherben v. Marienberg in Würzburg (Germania 41) 1963, 103 f.; Ders., Der Marienberg in Würzburg (Antike Welt 6, H. 1) 1975, 44–51; weiter u. a. Perlrandbecken von Pürgen, Lkr. Landsberg a. Lech: KOSSACK, Südbayern (s. o. 44) 209 Nr. 213, Taf. 58, 12; eisernes Dreibein mit Bronzekessel und Ziergriffen mit Rinderkopf von Horgauergreut, Lkr. Augsburg: TORBRÜGGE/UENZE 264, Abb. 235 u. 236; zum Vergleich SCHAAFF/TAYLOR, Südimporte im

Sachbesitz im Osten höchstens an verkehrsgeographischen Knotenpunkten zu verzeichnen ist.[22] Gleicherweise massieren sich Wagen oder Wagenräder und Zaumzeug in den westlichen Gräbern, ebenso wie die Dolche, die in der Stufe Ha D eher als Würdezeichen denn als praktische Waffen an die Stelle der Schwerter treten.[23] Auch zeigen die Grabinventare deutlich soziale Differenzierung nach westlichem Vorbild an, obwohl regelrechte Fürstengräber mit reichem Goldschmuck nicht zu belegen sind. Die allgemeiner verbreiteten Lanzen bleiben Waffe und soziales Kennzeichen des Einzelkriegers.[24]

Ein herrschaftlicher oder fürstlicher Ansitz ist immerhin auf dem Marienberg in Würzburg zu vermuten.[25] Sonst heben sich nur *Gehöfte* auf geringen Anhöhen ab, die rechteckig mit Palisaden, Wall und Graben oder Holz-Erde-Mauern eingefriedet sein können.[26] Mehr als ihr fortifikatorischer Wert wiegen gewiß die bauliche Erhöhung und die feste Abgrenzung gegen das offene Bauernland als Zeichen gesellschaftlicher Vorrangstellung kraft Besitz oder Tradition. Großflächige Höhen in natürlicher Schutzlage sind wie im übrigen Süddeutschland meist durchgehend von der Stufe Ha D bis in die frühe Latènezeit besetzt. Um die Zentralorte mehr oder minder selbständiger Territorien handelt es sich gewiß bei befestigten Plätzen wie dem Staffelberg bei Staffelstein, der etwa 260 Meter über Flußgrund das obere Maintal mit Umland beherrscht. Sein Gipfelplateau wird in der späten Hallstattzeit mit einer 4,5 Meter breiten Mauer aus Erde und Steinen in hölzernem Rahmenwerk umgürtet. Man erneuert das System in der frühen und baut es schließlich in der späten Latènezeit zum Oppidum aus.[27] Der aufwendige Festungsbau belegt jedenfalls gebietliche Kleingliederung, die je nach Gruppenbildung auch anderwärts vorausgesetzt werden darf, selbst wo markante topographische Bezugsorte fehlen oder noch zu fehlen scheinen.

Die hallstattzeitliche Kunst ist sozusagen ebenfalls in zwei Schichten zu betrachten. Beim schematisierten Bild von *Mensch, Vogel und Pferd* auf bronzenen Gürtelblechen

Raum nördl. d. Alpen (6.–4. Jahrhundert v. Chr.) (s. o. 3, Ausgrabungen, Teil 3) 312–316.

[22] TORBRÜGGE, Terrakotten (s. o. 48 Anm. 18) 69f.

[23] KOSSACK, Südbayern (s. o. 44) 93–99 zur Bewaffnung und Kampftechnik; Dolche streuen nur wenig östlich über den Lech, in der Oberpfalz werden sie allein durch ein Ortband vertreten; Bronzebeile aus sicher fremder Produktion bleiben vereinzelt: TORBRÜGGE, Terrakotten (s. o. 48 Anm. 18) 70 Anm. 89; Ders., Hallstattzeit I (s. o. 44) mit Anm. 218.

[24] Ebd. mit Anm. 843–950 ausführlicher zum vermeintlichen Übergang vom Einzelkampf mit Schwert zum Gruppenkampf mit Lanze.

[25] S. o. 48 Anm. 21; zur toposhaften Fehlbeurteilung von Höhenfunden und vermeintlichen Höhenburgen TORBRÜGGE, Bemerkungen z. bronze- bis hallstattzeitl. Siedlung im Ries (s. o. 3, Führer 40) 1979, 86–115, bes. 100–106.

[26] PÄTZOLD/SCHWARZ, Ein späthallstattzeitl. Herrensitz am Kyberg b. Oberhaching im Lkr. München (Jbr. BD 2) 1961, 5–15; Vorbericht über eine mehrphasige und mehrgliederige Anlage bei Landshut-Hascherkeller neuerdings BECK/CHRISTLEIN/WELLS (Archäol. Korrespondenzbl. 9) 1979, 285–302.

[27] SCHWARZ, Die vor- u. frühgeschichtl. Geländedenkmäler Oberfrankens (MBV 5) 1955, 162–164; OSTERHAUS, Vorgeschichtl. Befestigungen auf d. Staffelberg (Neue Ausgrabungen in Bayern. Probleme d. Zeit) 1970, 18–22; ABELS/OSTERHAUS, Keltischer Mittelpunkt am Obermain – oppidum Menosgada – Staffelberg (Ausgrabungsnotizen aus Bayern) 1975/1.

und Blechgürteln aus Serienproduktionen der späten Hallstattzeit steht sicher die ornamentale Absicht im Vordergrund.[28] Vogelbilder von urnenfelderzeitlicher Abstammung bewahren wohl tieferen Sinngehalt, wo sie als Aufsteckfiguren für Grabkeramik im Totenkult dienen und in Bronzegehängen für amulett- oder symbolhafte Verwendung integriert sind.[29] Die übrige Figuralkunst osthallstättischer Prägung unter italisch-griechischem Einfluß erfaßt in der nordbayerischen Auswahl nur Kernstücke des allgemeinen nordalpinen Motivschatzes der Ha C-Schicht. Bei den Zeichnungen auf Keramik bedingen eingeritzte oder eingerollte Linien einen geometrischen Pseudostil, der im Gegensatz zum geometrischen und orientalisierenden Stil der antiken Musterbilder nicht als bewußte Kunstübung gelten darf.[30] Dargestellt werden vor allem Menschen, gereihte Vögel, Pferde und Roß mit Reiter. In Fischbach-Schirndorf im unteren Naabtal sind Wagen und Hirsch gezeichnet, Figuren- und Reiterfriese – Bruchstücke aus szenischen Aufzügen zu Toten- und Opferfeiern, die in Bild oder Kleinplastik anderwärts im Osthallstattkreis und seinen Randgebieten vollständiger erhalten sind. Vorlagen stammen offensichtlich aus den sogenannten Kalenderberggruppen in einem niederösterreichisch-westungarisch-slowakisch-mährischen Bereich. Von dort ist in barbarischer Umstilisierung nach Urmustern der griechischen Vasenmalerei auf danubischem Weg sogar die Darstellung eines Leierspielers nach Schirndorf gelangt.[31]

Tönerne Kleinplastik ist in Schirndorf mit je zwei kaum fingerlangen Menschenfiguren auf dem Rand zweier Tonschalen vertreten.[32] Die Form der ovalen Gefäße mit gezipfelten Handhaben und die Figurenaufsätze verbinden zu italischen Gegenstükken, die bandförmigen Gestalten der Figuren selbst aber wiederum ebenso zu plastischen Kultfiguren aus den Kalenderberggruppen. Und hier finden sich auch Vergleichsstücke zu einer Tonschale auf drei menschlich geformten Füßen von Prächting im Landkreis Lichtenfels,[33] in der die Motivkombination Mensch-Gefäß auf andere Weise variiert wird. Eine singuläre kleine Tonhand von Prächting gehört nach einem Tongefäß mit plastischem Handbesatz aus der Südslowakei in denselben Sinn- und Raumzusammenhang.[34]

[28] F. Maier, Zur Herstellungstechnik u. Zierweise d. späthallstattzeitl. Gürtelbleche Südwestdeutschlands (Ber. RGK 39) 1958, 131–249; I. Kilian-Dirlmeier, Studien z. Ornamentik auf Bronzeblechgürteln u. Gürtelblechen d. Hallstattzeit aus Hallstatt u. Bayern (ebd. 50) 1969, 97–189; Dies., Die hallstattzeitl. Gürtelbleche u. Blechgürtel Mitteleuropas (s. o. 28, PBF XII, 1) 1972.

[29] Torbrügge, Hallstattzeit I (s. o. 44) s. v. Aufsteckvögelchen und Stab-Ring-Gehänge; Wamser, Vogelterrakotten (s. o. 48 Anm. 18).

[30] Torbrügge, Figürliche Zeichnungen d. Hallstattzeit aus Nordostbayern u. ihre Beziehungen z. antiken Welt (Festschr. f. Max Spindler z. 75. Geburtstag) 1969, 1–24; Ders., Hallstattzeit I (s. o. 44) s. v. figürliche Zeichnungen und Malerei; Torbrügge/Uenze 271–273, Abb. 246–248.

[31] Torbrügge, Figürliche Zeichnungen (s. o. Anm. 30) Abb. 8 u. 9.

[32] Ders., Terrakotten (s. o. 48 Anm. 18) mit Abb. 1–4.

[33] B.-U. Abels, Ein hallstattzeitl. Grabfund aus Prächting, Lkr. Lichtenfels (Gesch. am Obermain 11) 1977/78, 57–75; zu tiergestaltigen Gefäßen Torbrügge, Hallstattzeit I (s. o. 44) mit Anm. 738–741.

[34] Abels, Vorbericht z. einer Grabung hallstattzeitl. Grabhügel in Prächting, Lkr.

Die *Tonpferdchen* sind zum Teil anders verbreitet als die übrigen Bilddenkmäler und betonen damit gleichfalls regionale Auswahlprinzipien. Bayerische Fundstücke stammen aus Mittel- und Oberfranken.[35] Mit überschlankem Leib, gestrecktem Hals, kleinem Kopf und oft deutlich ausgearbeiteter Mähne geben sie sich offen als die groben Kopien griechischer Vorlagen zu erkennen.[36] Ein Pferdchen mit aufgesetzter Rückenschale von Kirchensittenbach im Landkreis Hersbruck ist italischen Schalenpferdchen mit symbolhafter Geltung zu vergleichen.[37] Solche Bedeutungssteigerung aus der realen Wertschätzung des Tieres in der ritterlichen Hallstattgesellschaft soll wahrscheinlich in allen Zeichnungen und Terrakotten ausgedrückt werden, besonders wo sie Roß und Reiter im feierlichen Umritt bei der Totenfeier darstellen oder vielleicht ein Totenbild selbst, wie das immerhin bei einem Tonpferdchen mit kleinem Reiter von Speikern im Landkreis Lauf a. d. Pegnitz der Fall sein könnte.[38] Das kaum fingerlange Kompositgebilde ist vorerst einmalig und belegt mit dem schlechten Sitz der ungehobelten Reiterfigur deutlich genug, daß es an Fähigkeit oder Absicht zur sinnlich-anschaulichen Gestaltung durchaus mangelt. Alle Nachformung fremder Vorlagen bleibt im Schemahaften stecken, wie denn wohl ebenso Bildbegriff und -bedeutung verwandelt werden.

Vollends bei den *Steinstelen* beschränkt sich bildhafter Ausdruck auf Andeutung. Die Masse der Monolithen auf Grabhügeln oder über kleinen Brandgräbern ist inzwischen weggeräumt und verrät, soweit beschrieben, keinerlei figürliche Bearbeitung. Das hindert nicht ihre mögliche Auffassung als Totenmonument von Dauer, in dem Gestalt- und Gesichtslosigkeit sogar wesenhaft sein könnten. Menschenfigurig erscheint nur eine dicke meterhohe Platte aus Blasensandstein von Birkach im Landkreis Rothenburg o. d. T., die im Oberteil flüchtig geglättet und zu einem deutlich abgesetzten Kopf mit maskenartigem Antlitz ausgeformt ist.[39] Wenn hallstattzeitlich, schließt sie an die plattigen Ornament- und Figurenstelen Württembergs an und an die fast meterhohe figurlose Platte mit Ritzzeichen von einem Grabhügel bei Stetten im Landkreis Gunzenhausen.[40]

Mit der Öffnung für eine neuartige Bildwelt hängt offenbar ursächlich ein bestimmter Bruch im *Kultverhalten* zusammen. Horte als Weihegaben fallen in Süddeutschland plötzlich aus, die Zahl der sogenannten Einzelfunde und der besonderen

Lichtenfels, Ofr. (Archäol. Korrespondenzbl. 8) 1978, 203–207. – Zu den Figuren der Kessel- und Opfergabenträger aus ursprünglich mediterraner Bildwelt, in denen die Verbindung von Mensch und Gefäß auf naturalistische Weise anschaulich wird, gehört vielleicht eine spannenlange Tonfigur von Prohof im Landkreis Amberg-Sulzbach: Torbrügge, Terrakotten (s. o. 48 Anm. 18) 62 Anm. 27.

[35] Neufund Abels, Vorbericht (s. o. 50 Anm. 34) mit Liste Anm. 7 u. 27.

[36] Torbrügge, Figürliche Zeichnungen (s. o. 50 Anm. 30) bes. 16f.; Ders., Europäische Vorzeit, 1968, 9, Abb. 8 u. 114 mit Abb.

[37] (Abh. Naturhist. Ges. Nürnberg 21, H. 5) 1925, 207ff., Taf. 4.

[38] Zuletzt Uenze, Das Gräberfeld v. Speikern im Lkr. Lauf a. d. Pegnitz (Jbr. BD 11/12) 1970/71 (1977) 97–155, bes. 117f. u. 150f. mit Abb. 16 u. Liste der vorliegenden Abbildungen.

[39] Dannheimer, Die Steinstele aus Birkach, Lkr. Rothenburg o. d. T. (Mfr.) u. verwandte Denkmale aus Bayern (BVbll. 34) 1969, 41–54.

[40] Vgl. o. 40 Anm. 20.

Deponierungen in Mooren oder Gewässern vermindert sich auffällig.[41] An den altüberlieferten Ritualen an Brandplätzen und in Höhlen scheint die Materialschicht Ha C nur vergleichsweise selten beteiligt. Insgesamt allerdings steigern sich gerade die Höhlenkulte, und zwar in unmittelbarer Kontinuität von Ha D bis in die frühe Latènezeit. Nach verbackenem Getreide und zahlreichen Spinnwirteln finden sich Opfer ebenso aus einem ausgesprochen hauswirtschaftlich-agrarischen Bereich[42] wie weiterhin die Einwürfe von Sach-, Tier- und Menschenresten in Spalten und unbegehbaren Schachthöhlen.[43] In zugänglichen Systemen verweisen vor allem Kopfschmuck und viele Einzelschädel auf regelrechte Schädelkulte oder doch auf sehr obskure Totenfeiern mit Leichenmanipulation und dem kultischen Essen von Menschenfleisch,[44] das neuerdings auch im offenen Land wahrscheinlich zu machen ist.[45] Vielleicht beschränkt es sich räumlich auf beharrliche Kultregionen in Nordbayern.

§ 7. LATÈNEZEIT

T. G. E. Powell, Die Kelten (Alte Kulturen u. Völker) 1959; Schwarz, Zum Stand d. Ausgrabungen in d. spätkeltischen Viereckschanze v. Holzhausen (Jbr. BD 3) 1962, 22–77; Marburger Beitrr. z. Arch. d. Kelten (Festschr. f. Wolfgang Dehn z. 60. Geburtstag, Fundber. Hessen, Beih. 1) 1969; J. V. S. Megaw, Art of the European Iron Age, 1970; K. Peschel, Die Kelten als Nachbarn d. Germanen (Zschr. f. Archäol. 4) 1970, 1–36; Die Ausgrabungen in Manching 1–6 (RGK) 1969–1974; L. Pauli, Keltischer Volksglaube (Münch. Beitrr. 28) 1975; P.-M. Duval, Die Kelten (Universum d. Kunst 25) 1978; Untersuchungen z. Keltenproblem aus archäol. Sicht (Wege d. vor- u. frühgeschichtl. Forsch. 5) in Vorbereitung.

P. Reinecke, Die örtl. Bestimmung d. antiken geogr. Namen f. d. rechtsrhein. Bayern (BVfr. 4, 5, 6) 1924, 17–48; 1925, 17–48; 1926, 17–44; W. Krämer, Das Ende d. Mittellatènefriedhöfe u. die Grabfunde d. Spätlatènezeit in Südbayern (Germania 30) 1952, 330–337; Schwarz, Atlas d. spätkelt. Viereckschanzen Bayerns, Pläne u. Karten, 1959; Ders., Spätkelt. Viereckschanzen. Ergebnisse d. topogr. Vermessung u. d. Ausgrabungen 1957–1959 (Jbr. BD 1) 1960, 7–41; H. P. Uenze, Zur Frühlatènezeit in d. Oberpfalz (BVbll. 29) 1964, 77–118; Ders., Die Latènezeit in d. Oberpfalz (MBV) in Vorbereitung.

Das halbe Jahrtausend vom Ende der Hallstattzeit bis zur römischen Besetzung des rätischen Flachlandes im Jahre 15 v. Chr. zeichnet sich durch einen hohen Zivilisationsstand und ziemlich einheitliche Stilbildung in Kunst und Kunsthandwerk aus.[1] Beherrscht wird es von den *Kelten,* deren Zuwanderung aus dem Westen allerdings nicht genauer datiert werden kann, zumal schon der gewohnheitsmäßige Bezug auf

[41] Torbrügge, Flußfunde (s. o. 11 Anm. 25) bes. 47–52; Wegner, Flußfunde (s. o. 11 Anm. 25) bes. 34f.

[42] Torbrügge, Hallstattzeit I (s. o. 44) mit Anm. 190 u. 191.

[43] Maier, Opferreste (s. o. 26 Anm. 36); ältere Befunde Kunkel, Jungfernhöhle (s. o. 17) 119ff.

[44] Maier, a. a. O.; Torbrügge, Hallstattzeit I (s. o. 44) s. v. Höhlen.

[45] Abels, Spuren v. Anthropophagie an hallstattzeitl. Skelettresten (75 Jahre Anthrop. Staatssammlung München) 1977, 113–116 (Mistelfeld, Lkr. Lichtenfels).

[1] Benannt nach Fundplatz bei La Tène, Kt. Neuchâtel, am Nordufer des Neuenburger Sees, vgl. P. Vouga, La Tène. Monogr. de la station, 1923; H. Schwab, Neue Ergebnisse z. Topogr. v. La Tène (Germania 52) 1974, 348–367.

Herodots Angaben über ihre Sitze an den Donauquellen in der Luft hängt.[2] Von überlieferten Namen abgesehen,[3] sind in Südbayern immerhin die Verhältnisse der Spätzeit historisch skizziert. Zum Königreich Norikum, das bereits 129 v. Chr. als nomineller Verbündeter Roms an den Rand der antiken Welt gezogen wird, gehört vom heutigen Bayern allenfalls der Südostzipfel östlich des Innbogens mit dem Gebiet der Alaunen.[4] Westlich des Inn bis zur Donau im Norden sind vier vindelikische Stämme bekannt, die Cosuanetes, Rucinates, Licates und Catenates. Von ihnen sind allein die Licates als Anrainer des Lech (Licca/Likias) sicher zu lokalisieren.[5] Zuverlässig lassen sich sonst nur die Estionen mit dem Hauptort Cambodunum = Kempten und die Brigantier um den Hauptort Brigantium = Bregenz ausmachen. Nordbayern liegt im dunkeln. Unklar bleibt vor allem, wie die Begegnung mit Eindringlingen elbgermanischer Herkunft verläuft, die sich spätestens in augusteischer Zeit am Main niederlassen.[6]

Die archäologisch-antiquarische Teilung in die vier Stufen LT A bis D basiert auf Entwürfen Reineckes, ist inzwischen aber nicht ohne Kontroversen verfeinert und präzisiert worden.[7] Anders als in Norikum und in den Rheinlanden markiert ein schroffer Wechsel der zivilisatorischen Ausrüstung die Grenze zur frühen Kaiserzeit, die Fortexistenz der einheimischen Bevölkerung oder keltischer Neuzuwanderer ist archäologisch daher schwer zu erfassen.[8] Großräumig besteht anfangs die ost-westli-

[2] F. FISCHER, Die Kelten b. Herodot. Bemerkungen zu einigen geogr. u. ethnogr. Problemen (Madrider Mitt. 13) 1972, 109–124.

[3] REINECKE, Namen (s. o. 52); E. SCHWARZ, Sprache u. Siedlung in Nordostbayern (Erlanger Beitrr. z. Sprach- u. Kunstwiss. 4) 1960, bes. 2–29.

[4] WAGNER, Griech. u. lat. Schriftquellen z. antiken Geogr. Bayerns (BVfr 1/2) 1921/22, 45–60.

[5] Übersicht J. KELLNER, Die Römer in Bayern, 1971, 23–25; zur eher willkürlichen Lokalisierung der Catenates G. ULBERT, Zur Grenze zw. d. röm. Provinzen Norikum u. Raetien am Inn (BVbll. 36) 1971, 101–123, bes. 103 mit Anm. 4; zu Rekonstruktionshypothesen auf Grund der geographischen Reihung wie der chronologischen Folge der Unterwerfung FISCHER, P. Silius Nerva. Zur Vorgesch. d. Alpenfeldzuges 15 v. Chr. (Germania 54) 1976, 147–155.

[6] Chr. PESCHECK, Die german. Bodenfunde d. röm. Kaiserzeit in Mainfranken (Münch. Beitrr. 27) 1978. – Der bekannte Stein mit der Inschrift *inter toutones* bei Miltenberg am Main bezieht sich auf Verhältnisse in der mittleren Kaiserzeit: vgl. H. NESSELHAUF in: J. RÖDER, Toutonenstein u. Heunesäulen b. Miltenberg (MBV 15) 1960; gründliche Übersicht zu germanischen Aktivitäten während der Latènezeit gibt R. NIERHAUS, Das swebische Gräberfeld v. Diersheim. Stud. z. Gesch. d. Germanen am Oberrhein v. gallischen Krieg bis z. alamann. Landnahme (RGF 28) 1966, bes. 1–12 u. 182–234.

[7] KRÄMER, Mittellatènefriedhöfe (s. o. 52); Ders., Manching II. Zu d. Ausgrabungen in d. Jahren 1957 bis 1961 (Germania 40) 1962, 293–317; UENZE, Frühlatènezeit u. Ders., Latènezeit (s. o. 25); W. E. STÖCKLI, Bemerkungen z. räuml. u. zeitl. Gruppierung d. Funde im Oppidum v. Manching (Germania 52) 1974, 368–378; S. RIECKHOFF, Münzen u. Fibeln aus d. Vicus d. Kastells Hüfingen (Schwarzwald-Baar-Kreis) (Saalburg-Jb. 32) 1975, bes. 26–32.

[8] Als einheimisch wird eine augusteische Spätphase LT D 2 nach der römischen Besetzung angesehen, die mit nichtrömischen Inventaren vor allem aus relativ wenig Brandgräbern bekannt ist. Von ihr setzt sich eine Materialgruppe mit schweren massiv gegossenen Fibeln und Ringen ab, die in einer Phase LT D 3 bis etwa zur Mitte des ersten Jahrhunderts nach Chr. reicht. Sachformen und Körperbestattung erschei-

che Zonenteilung nördlich der Alpen fort, doch bedingt eine gewisse Unstabilität im Siedelverhalten mancherlei Verschiebungen, die nicht immer zu kontrollieren sind. Weite Landstriche wie das südliche Schwaben beiderseits der Landesgrenze scheinen periodisch fast unbewohnt.[9] Insgesamt wird die Übersicht durch die sehr wechselhaften Anteile verschiedener Fundkategorien in den einzelnen Stufen erschwert, da zuerst Hügel-, dann Flachgräber und zuletzt Siedlungsfunde und Geländedenkmäler ein Schwergewicht besitzen. Vor allem die Ausbreitung der Flachgräber mit Beginn der mittleren Latènezeit (Stufen LT B und C) muß häufig als Scheinbeleg für keltische Wanderzüge herhalten.[10]

Eingetiefte Schachtgräber werden indessen schon in der frühen Latènezeit (Stufe LT A) üblich, und zwar in kennzeichnender zeitlicher und kultureller Verklammerung mit Hügelnekropolen der Hallstattzeit, die als vertraute *Bestattungsplätze* vielerorts weiterbelegt werden.[11] Einige Befunde deuten Ritualformen der zweistufigen Bestattung an.[12] Auch sind vom Rand fränkischer Grabhügel Schächte und Gruben bekannt,[13] die vor allem im westkeltischen Bereich Entsprechungen finden. Eine viereckige Steinhege mit Randgrube und Steindecke von Heroldsberg im Landkreis Erlangen-Höchstadt ist im Bauprinzip allerdings ebenso mit viereckigen Totengehegen des Westens wie mit hallstattzeitlichen Schachtgräbern unter Steindecken in Nordbayern zu vergleichen.[14] Die Beigabe zahlreicher Amulette, ungewöhnliche Hockerlage und Schädelmanipulation in Gräbern der frühen bis mittleren Latènezeit deuten Sonderbehandlung aus abergläubischen Motiven an, die nicht leicht von rituellen Vorschriften zu trennen sind.[15] Das zeigt sich in der späten Latènezeit (Stufe LT

nen in der provinzialrömischen Umgebung fremd, Halsringe verweisen auf keltische Trachtsitten. Basierend auf REINECKE, Skelettgräber d. frühen Kaiserzeit in Raetien (BVbll. 22) 1957, 36–59 glaubte man folglich letzte einheimische Lokalgruppen abseits der römischen Straßen und Zentralorte erfaßt zu haben, doch hat MENKE, «Rätische» Siedlungen u. Bestattungsplätze d. frührömischen Kaiserzeit im Voralpenland (s.o. 48 Anm. 18, Festschr. Werner, Teil I) 141–159 die fraglichen Materialien neuerdings in einen größeren Werkstattzusammenhang gestellt und auf frühtiberische Neugründungen bezogen. Einheimische Tradition sieht er nicht gegeben, aber es handelt sich fraglos um den Nachlaß keltischer oder verwandter Gruppen aus der Provinz selbst oder ihren Nachbarländern.

[9] UENZE, Schwabmünchen (s.o. 38 Anm. 6) 42; Ders., Hügelgräber d. Hallstatt- u. Latènezeit b. Höresham (s.o. 48 Anm. 18, Festschr. Werner, Teil I) 73–113, bes. 111 mit Abb. 9 (Karte).

[10] PESCHEL, Kelten (s.o. 52) bes. 16–18 referiert eine verbreitete Ansicht, nach der die Ausbreitung einer «Flachgrabkultur» ab Stufe LT B die keltischen Wanderungen seit dem vierten Jahrhundert widerspiegeln soll. Tatsächlich handelt es sich dabei um eine historische Rückprojizierung, die für den Einzelfall ganz bedeutungslos bleibt, denn zu belegen ist nur, daß in der Wanderzeit das Flachgrab schon Regelform ist.

[11] UENZE, Höresham (s.o. Anm. 9) 107f. zu Latène-Grabschächten in Hallstatthügeln und zu Latène-Hügeln über Grabschächten oder Gräbern zu ebener Erde an einem Ort.

[12] Ders., Speikern (s.o. 51 Anm. 38) 152f. Anm. 4.

[13] PESCHECK, Kultschacht u. Stele in einem Grabhügel Nordbayerns (Mitt. österr. Arbeitsgem. f. Ur- u. Frühgesch. 22) 1971, 99–101; Landersdorf, Lkr. Roth-Hilpoltstein (unpubliziert).

[14] L. WAMSER, Ein frühlatènezeitl. Begräbnisplatz b. Heroldsberg, Lkr. Erlangen-Höchstadt (Gesch. am Obermain 11) 1977/78, 77–97.

[15] PAULI, Volksglaube (s.o. 52) bes. 84–89.

D), in der Leichenverbrennung aufkommt, gleichzeitig aber länger benutzte Friedhöfe aufgelassen, neue Gräber immer nachlässiger angelegt und immer spärlicher oder gar nicht mehr mit Beigaben ausgestattet werden.[16] Wenn man von wenigen reicheren Bestattungen absieht, bleibt ein archäologisch kaum registrierbares Totenbrauchtum von einiger Absonderlichkeit zu vermuten.

Materiell ist die gesamte Periode durch den lebhaft gesteigerten Tausch von Gütern und technischen Prinzipien zu charakterisieren. Glanz- und Höhepunkte liegen in den späten Oppida als zentralen Wirtschaftsorten, doch führt schon die Frühzeit bedeutsame Neuerungen wie die Töpferscheibe nördlich der Alpen ein. Als Massenware wird von Beginn an Passauer Graphiterde verhandelt, teils als keramischer Zusatz, teils als Rohstoff für besonders haltbare Kochtöpfe und für Tiegel zur Verwendung bei der Eisenverhüttung.[17] Industriesiedlungen entstehen in Bayern jedoch nicht. Der Dürrnberg bei Hallein im benachbarten Land Salzburg,[18] auf dem Steinsalz im Grubenbau gefördert wird, büßt seine Monopolstellung ein, sobald man mehr und mehr zum Gradieren von Salz aus Sole übergeht. Darauf beruht vermutlich der Wohlstand einer spätlatènezeitlichen Siedlung in Karlstein bei Reichenhall.[19]

Das Mineral spielt eine wichtige Nebenrolle in der Gerberei und der Metallurgie, ist also in dem technisch-ökonomischen Verbundnetz zu sehen, das sich auf breiter Grundlage der Gewinnung, Verhüttung und Verarbeitung von *Eisen* ausbildet und wesentlich alle Wirtschaftsabläufe mitbestimmt. Zeugnisse liefern zahlreiche Schlakkenhalden auf der Alb[20] und kiloschwere Eisenbarren in Gestalt spitzer Doppelpyramiden.[21] Im Donaumoos, wo Raseneisenerz in Knollen fast an der Oberfläche ansteht, ist Verhüttung seit der mittleren Latènezeit wahrscheinlich.[22] Deutlich wird ein Bezug auf das Oppidum von Manching bei Ingolstadt, denn Dutzende von Ofenanlagen ziehen sich bis dicht an die spätkeltische Stadt.[23] Von hier aus sind sie anscheinend nur während der schönen Jahreszeit betrieben worden, um zum Eigenbedarf nach Tonnen und zur Belieferung der Werkstätten beizutragen, die für den Verkauf gearbeitet haben. Nicht so ergiebig scheint der spätlatènezeitliche Abbau von Brauneisenerz unter geringer Überdeckung in Karstwannen der Alb innerhalb des Oppidums

[16] Krämer, Mittellatènefriedhöfe (s. o. 52).

[17] I. Kappel, Die Graphittonkeramik v. Manching (s. o. 52, Ausgrabungen in Manching 2) 1969, bes. 18–41 mit Abb. 11.

[18] F. Maier, Gedanken z. Entstehung d. industriellen Großsiedlung d. Hallstatt- u. Latènezeit auf d. Dürrnberg b. Hallein (Germania 52) 326–347.

[19] Menke, Die spätlatènezeitl. Jochbeschläge aus Karlstein, Lkr. Berchtesgaden (BVbll. 33) 1968, 58–81; Ders., Schrötlingsformen f. keltisches Silbergeld aus Karlstein, Lkr. Berchtesgaden (Oberbayern) (Germania 46) 1968, 27–35; Torbrügge, Alpenvorland (s. o. 22 Anm. 13) 55f.

[20] Reinecke, Bodendenkmale spätkeltischer Eisengewinnung an d. untersten Altmühl (Ber. RGK 24/25) 1934/35, 128–228.

[21] G. Jacobi, Werkzeug u. Gerät aus d. Oppidum v. Manching (s. o. 52, Ausgrabungen in Manching 5) 1974, bes. 67–82; vgl. Kl. Wilhelmi, Ein «neuer», zweiter Barrenfund d. vorrömischen Eisenzeit nördl. d. Rheins (Germania 55) 1977, 184–190 zu schwertförmigen Barren.

[22] H. J. Seitz, Vorgeschichtl. Eisengewinnung im Donaumoos (Mannus 30) 1938, 458–479; vgl. Jacobi a. a. O. 245–261.

[23] Krämer/Schubert, Die Ausgrabungen in Manching 1955–1961. Einführung u. Fundstellenübersicht (s. o. 52, Ausgrabungen in Manching 1) 1970, 46f.

von Kelheim gewesen zu sein.[24] Zahlreiche Schürf- und Verhüttungsstellen im übrigen Lande sind gewiß noch unentdeckt.

Am *Fernhandel* mit dem Süden, der mit Besetzung der Po-Ebene durch die Etrusker ab 500 eher intensiviert wird, nimmt Bayern anfangs kaum Anteil. Importwaren strömen in der Stufe LT A namentlich zum reichen Salzort auf dem Dürrnberg und weiter bis Böhmen sowie in einen Kreis an Mittelrhein und Mosel, der in räumlicher Verschiebung die Nachfolge der südwestdeutschen Fürstengräberprovinz der späten Hallstattzeit antritt.[25] Reiche oder gar fürstliche Bestattungen mit Wagen, goldenen Herrschaftsinsignien, fremdländischem Perlenschmuck, griechischen und etruskischen Ton- und Bronzegefäßen oder mit einheimischen Meisterstücken des Kunsthandwerks, wie feuervergoldete Bronzekannen und goldene Zierplatten mit Korallenbesatz, finden sich in Bayern nicht. Wenige Importbronzen an Salzach und Inn markieren den Transportweg nach Böhmen,[26] von wo zwei etruskische Bronzebekken über die Cham-Further Senke gerade noch an eine Altstraßenkreuzung in der östlichen Oberpfalz gelangt sein müssen.[27]

Vom 4. Jahrhundert an versiegen die Südimporte gänzlich wohl als Folge keltischer Einfälle in Norditalien. Sehr grob gerechnet fällt der Zeitpunkt mit dem Beginn der mittleren Latènezeit zusammen, für die innere Gliederungen nach regionalen oder ständischen Gruppierungen schwer auszumachen sind. Wohl lassen sich reich und arm unterscheiden, privilegierte Waffenträger oder Hofbesitzer und gesellschaftliche Randfiguren mit spärlicher Ausstattung, aber das medizinische Eisenbesteck aus einem Grabe mit Schwert, Lanze und Holzschild von München-Obermenzing deutet vielschichtige Differenzierung an,[28] wenn auch die maßgebliche Rolle eines Handwerkerstandes nur selten durch Werkzeugbeigaben zum Ausdruck kommt. Für die späte Latènezeit sind immerhin ganz ähnliche Verhältnisse wie in Gallien anzunehmen. Jedenfalls tritt hier wie dort eine beherrschende Nobilität in Erscheinung, ein *genus equitum,*[29] das sich aus dem neuerlich belebten Südhandel vorab mit bronzenem Trinkgeschirr[30] und Wein in großen Tonamphoren versieht,[31] dazu mit eher pracht-

[24] SCHWARZ/TILLMANN/TREIBS, Zur spätlatènezeitl. u. mittelalterl. Eisenerzgewinnung auf d. südl. Frankenalb b. Kelheim (Jbr. BD 6/7) 1965/66 (1967) 35–66.

[25] Karte der Wagen- und Fürstengräber zuletzt M. LENERZ-DE WILDE, Zirkelornamentik in d. Kunst d. Latènezeit (Münch. Beitrr. 25) 1977, 10f., Abb. 7 u. 8.

[26] PAULI, Der Goldene Steig. Wirtschaftsgeogr.-archäol. Untersuchungen im östl. Mitteleuropa (s. o. 48 Anm. 18, Festschr. Werner, Teil I) 115–139 passim; SCHAAFF/TAYLOR, Südimporte (s. o. 48–49 Anm. 21).

[27] PAULI a. a. O., bes. 123–126; TORBRÜGGE, Hallstattzeit I (s. o. 44) 219–220 mit Anm. 902–904.

[28] J. M. DE NAVARRO, A Doctor's Grave of the Middle La Tène Period from Bavaria (Proc. Prehist. Soc. 21) 1955, 231–248; JACOBI, Werkzeug (s. o. 55 Anm. 21) 99f. zu medizinischen Instrumenten von Manching und anderwärts, die teils importiert, teils mediterranen Instrumenten griechischer Ableitung nachgebildet sein werden.

[29] CAESAR, Bell. Gall. VI, 11–20 zur gallischen Gesellschaftsordnung.

[30] G. ULBERT, Ein spätlatènezeitl. Bronzebecher aus Manching, Lkr. Ingolstadt (BVbll. 25) 1960, 69–75; J. WERNER, Zur Bronzekanne v. Kelheim (ebd. 43) 1978, 1–18.

[31] O. UENZE, Frühröm. Amphoren als Zeitmarken im Spätlatène, 1958, bes. 21 zu vorcaesarischen Weinamphoren in Manching; TORBRÜGGE/UENZE 122, Abb. 104 u. 105.

vollem als praktischem Geschirr für Reitpferde.[32] Die Vornehmen fahren in einachsigen Kampf- oder Reisewagen,[33] deren Bau die Kelten meisterhaft beherrschen. Entsprechende Funde häufen sich in Manching nicht nur als Folge der umfänglichen Ausgrabungen, sondern weil zwischen Stadt und Land ein merkliches soziales Gefälle besteht.

Besser beobachtete Ansiedlungen im offenen Land sind freilich nicht sonderlich zahlreich, Qualitätsunterschiede im Fundbestand machen auch für sie noch Abstufungen sichtbar.[34] Bekannt sind neben mancherlei Hausgerät und bäuerlichen Feldwerkzeugen Pfostenhäuser, Grubenhütten und Kellergruben. Die meisten eindeutigen Befunde und eine Vielzahl von Wirtschaftsgerät sind jedoch in den befestigten *Oppida* gesammelt, die selbst erst nach Teilausschnitten beurteilt werden können. Einige kleinere Bewehrungen sind vorläufig nicht recht einzuordnen.[35] Bei Karlstein im norischen Anteil scheint oppidum-ähnlicher Status mit eigener Münzprägung auch ohne Mauerschutz möglich.[36] Die fünf gesicherten bayerischen Oppida unterscheiden sich sonst erheblich nach Größe, Lage im Gelände, Beschaffenheit der Stadtmauern, Siedeldichte, wirtschaftlicher und wohl politischer Bedeutung.[37] Mäßig erforscht sind die Fentbach-Schanze im Landkreis Miesbach[38] und die Houbirg bei Happurg im Kreis Nürnberger Land, die immerhin auf einem frühlatènezeitlichen Vorläufer stehen soll.[39] Auf dem Staffelberg bei Staffelstein ist eine späthallstatt-frühlatènezeitliche Anlage übernommen und ausgebaut,[40] für *Alkimoennis* auf dem Michelsberg bei Kel-

[32] WERNER, Keltisches Pferdegeschirr d. Spätlatènezeit (Saalburg-Jb. 12) 1953, 42–52 (ohne bayerische Fundorte); zu keramischen Fremdformen FREY, Ein bemaltes Spätlatènegefäß aus Manching (Alba Regia 14) 1975, 199–201.

[33] MENKE, Jochbeschläge (s. o. 55 Anm. 19); ausführlicher zu Pferdegeschirr und Wagenteilen JACOBI, Werkzeug (s. o. 55 Anm. 21) 175–225.

[34] Exemplarisch zu unterschiedlichen Anteilen von bemalter Ware, Graphittonkeramik, handgemachten und scheibengedrehten Gefäßen etwa E. PRESSMAR, Spätlatènezeitl. Siedlungsfunde v. Nersingen, Lkr. Neu-Ulm/Donau (BVbll. 39) 1974, 66–79; UENZE, Ein spätlatènezeitl. Siedlungsfund v. Straubing (Jahresber. HV Straubing 78) 1975, 32–39; reicherer Fundbestand mit Bronze-, Eisen- und Glasobjekten u. a. von Siedlung bei Altendorf, Lkr. Bamberg (BVbll. 37) 1972, 169f. mit Lit.

[35] ECKSTEIN, Keltische u. röm. Wehranlagen auf d. Stadtberg in Neuburg a. d. Donau (BVbll. 30) 1965, 135–153; PESCHECK, Schwanberg (s. o. 42 Anm. 31); Ders., Der Schwanberg im Steigerwald (Wegweiser z. vor- u. frühgeschichtl. Stätten Mainfrankens 1) 1968.

[36] MENKE, Silbergeld (s. o. 55 Anm. 19) bes. 33.

[37] Grundlegend WERNER, Die Bedeutung d. Städtewesens f. d. Kulturentwicklung d. frühen Keltentums (Die Welt als Gesch. 5) 1939, 380–390; zu Definition und Differenzierung auch SCHWARZ, Zum latènezeitl. Oppidum auf d. Staffelberg (Germania 41) 1963, 108–114; in den meisten überregionalen Listen werden für Bayern mehrere unbeglaubigte Plätze und Orte mit keltischer Namensüberlieferung ohne Befestigungen aufgeführt, bes. DEHN, «Mediolanum». Lagetypen spätkeltischer Oppida (Stud. aus Alteuropa II. Beih. Bonner Jbb. 10 II) 1965, 117–128; SCHAAFF/TAYLOR, Spätkeltische Oppida im Raum nördl. d. Alpen (s. o. 3, Ausgrabungen, Teil 3) 322–327 (nicht belegt als Oppida im Sinne d. mitteleurop. Sprachgebrauchs Nr. 121, 124, 127, 129–131).

[38] UENZE/KATZAMEYER (s. o. 30 Anm. 9) 111–116 Nr. 51.

[39] VOLLRATH, Die Houbirg (Altnürnberger Landschaft, Sonderh.) 1961; HENNIG, Franken (s. o. 36) 155f. Nr. 233 («undatierte Ringwallanlage»).

[40] SCHWARZ, Staffelberg (s. o. Anm. 37); vgl. o. 49 Anm. 27.

heim bleibt der Anschluß an eine frühe Talsiedlung noch offen.[41] In Manching kann nach zwanzigjähriger Grabungskampagne gesagt werden, daß der Ort offenbar schon im zweiten Jahrhundert noch während der Mittellatènezeit gegründet wird, seine Blüte im letzten Jahrhundert erlebt und vermutlich mit der römischen Eroberung zugrunde geht.[42] Wenig später müssen die nordbayerischen Oppida gefallen oder verlassen worden sein.

Als vindelikischer Hauptort nimmt Manching allerdings eine Sonderstellung ein, betont durch die Lage auf der offenen Donauterrasse an einem Platz von verkehrsgeographischem Rang, an dem sich noch sehr viel später der Strom als Schiffsweg und ein uralter Uferweg mit Bahn und Straßen in Nord-Süd-Richtung kreuzen. Entsprechend sind die Tore orientiert. Rund 380 Hektar Innenfläche werden von Mooren, umgeleiteten Bächen und einer über 7 Kilometer langen Mauer geschützt, die in erster Bauphase wie gallische Stadtmauern als Rahmenwerk von eisenvernagelten Balken mit Füllung aus schweren Steinblöcken und rückwärtiger Erdrampe errichtet war.[43] Wie bei den übrigen Oppida treten Elemente des antiken Festungsbaus vor allem in der sorgsamen Steinverblendung der Frontseite, in der streckenweise schnurgeraden Mauerführung und in den nach innen versetzten Toren am Ende einer Mauergasse (Zangentore) zutage. Ausmaß und Bedeutung als durchgängig bewohnter Siedelort, Wirtschaftsraum und Fabrikationszentrum von hohen Graden illustrieren sich in einer Unzahl von Fundstücken.[44] Randzonen des riesigen Areals werden bäu-

[41] F.-R. Herrmann, Testgrabung im Oppidum v. Kelheim 1964 (Germania 47) 1969, 91–96; Ders., Die Grabung am inneren Wall im Oppidum v. Kelheim im Jahre 1971 (ebd. 51) 1973, 133–146; Ders., Grabungen im Oppidum v. Kelheim 1964 bis 1972 (s. o. 3, Ausgrabungen, Teil 1) 298–311; (Christlein) Vorbericht über Grabungen an der Ufermauer 1976 (VHN 102) 1976, 70–72.

[42] Die widersprüchlichen Ansichten zum Ende von Manching durch römische Eroberung oder «innerkeltische Wirren» zitiert Krämer/Schubert, Manching 1 (s. o. 55 Anm. 23) 45 mit Anm. 45; Krämer, Zwanzig Jahre Ausgrabungen in Manching 1955 bis 1974 (s. o. 3, Ausgrabungen, Teil 1) 287–297, bes. 296 mit Anm. 14; zuletzt F. Maier, Ein Gefäßdepotfund mit bemalter Keramik v. Manching (Germania 54) 1976, 63–74, bes. 73 mit Anm. 58.

[43] K. H. Wagner, Untersuchungen am Wall d. spätkeltischen Stadt v. Manching, Lkr. Ingolstadt (BVbll. 16) 1942, 10–20; R. Gensen, Manching III. Die Ausgrabung d. Osttores in d. Jahren 1962 bis 1963 (Germania 43) 1965, 49–62. – Zum *Murus gallicus* nach Caes., Bell. Gall. VII, 23 und zu anderen Mauertypen einheimischer Wurzel mit sicher überschätztem britischen Einfluß Collis/McLaren Ralston, Late La Tène Defences (Germania 54) 1976, 135ff.

[44] Krämer, Zwanzig Jahre Ausgrabungen (s. o. Anm. 42) zusammenfassend zu Absicht, Möglichkeiten und Methoden mit vollständiger Bibliographie, aus der mit Jacobi, Kappel, Krämer/Schubert (s. o. Anm. 17, 21, 23) wichtige Arbeiten genannt sind; vgl. ferner Maier, Die bemalte Spätlatènekeramik v. Manching (s. o. 52, Ausgrabungen in Manching 3) 1970; V. Pingel, Die glatte Drehscheibenkeramik v. Manching (ebd. 4) 1971; Boessneck/v. den Driesch/Meyer-Lemppenau/Wechsler-v. Ohlen, Die Tierknochenfunde aus d. Oppidum v. Manching (ebd. 6) 1971; Einzelberichte zum Grabungsstand und über verschiedene Fundgruppen mit fremdem Frauenschmuck, Silberfibeln, Spielwürfeln, Glasarbeiten, Sapropelit und Fundmünzen (Germania 35, 39, 40, 43, 49, 50) 1957, 32–44; 1961, 299–360; 1962, 293–317; 1965, 49–62; 1971, 111–132; 1972, 110–121; populäre Darstellung H. Noelle, Die Kelten u. ihre Stadt Manching, 1974[2]; Krämer, Das keltische Oppidum b. Manching (Ingolstadt I, hg. v. Th. Müller u. W. Reissmüller) 1974, 19–50.

erlich genutzt, hauptsächlich wohl als Weiden. Fast eine Million Tierknochen belegen die Haltung von (der Häufigkeit nach) Rind, Schwein, Schaf und Ziege, Pferd, Hund und Huhn, aber nur sehr wenig Wildbret. In einem Kerngebiet läßt sich regelmäßige Bebauung nach festem Plan mit Straßenzügen und Entwässerungsgräben erkennen. Kleine Hütten in Wegereihung, rechteckige Gehöfte und bis zu 40 Meter lange hallenartige Bauten verweisen auf sehr differenzierte Zweckbestimmungen in einem Gemeinwesen von ökonomischer Vielgestaltigkeit. Schon ist der Platz bestimmter Werkstätten ermittelt, in denen Eisenschmiede, Bronzegießer und Glasarbeiter eine Fülle von Schmuck und Gebrauchswaren herstellen. Fast alle Erzeugungsprozesse der vorindustriellen Zeit werden beherrscht. Aus der Produktion für das Umland finden sich Sensen, Sicheln, Pflugscharen, Dechsel, Haumesser, dazu hunderte von Werkzeugen zur Bearbeitung von Metall, Holz, Leder, Stoff und Keramik. Töpferöfen für die massierte Fertigung mehrerer keramischer Spezialserien liegen wie die Eisenschmelzen wahrscheinlich außerhalb der Mauern. Im Rahmen der mittel- bis spätlatènezeitlichen Geldwirtschaft nach ursprünglich griechischem Muster tritt Manching endlich als Prägestätte der sogenannten glatten Regenbogenschüsselchen hervor, die vornehmlich im vindelikischen Gebiet, in Nordbayern und Württembergisch-Franken umzulaufen scheinen.[45] In denselben Zusammenhang gehören mehrere Feinwaagen zur Feststellung der Münzgewichte als eigentlichem Wertmesser in einer vielfach gemischten Währung. Zu aller Betriebsamkeit bezeugt ein Schreibgriffel aus Bein auch merkantilen Schriftgebrauch am Marktort.[46] Wohlstand im Gefolge von Produktion und Handel wird ebenso in Weinamphoren und anderen Importgütern sichtbar wie in typisch urbanen Inventaren, in beinernen Spielwürfeln für den Müßiggang und in einfach konstruierten Tür- und Kastenschlössern zum zuvor unnötigen Verschluß von Privatbesitz, der kostbar in vergrabenen Schätzen nachzuweisen ist. Die fortschreitende Aufarbeitung der Fundmaterialien wird fraglos genauere Einsichten in ökonomische und gesellschaftliche Gliederungen gewähren. Ähnlich metropolenhafte Geltung kann aber für die übrigen Oppida nicht ohne weiteres vorausgesetzt werden, obwohl bei Flächengrabungen mit Überraschungen zu rechnen ist. Topographisch fallen ihre Merkmale als Refugien auf, die Schutzlage auf Bergspornen oder Inselbergen und die Ausnützung natürlicher Geländevorteile bei der Mauerführung. Keineswegs spiegeln sie die allgemeine und einheitliche Ausbreitung einer Stadtkultur nach mediterranem Beispiel wider, sondern höchstens Ansätze dazu an Einzelorten, wobei wirtschaftliche und stammespolitische Faktoren zusammenwirken werden.

Der maßgebliche Einfluß einer Priesterkaste auf die öffentlichen Dinge, in Gallien

[45] Castelin/Kellner, Die glatten Regenbogenschüsselchen (Jb. f. Numismatik u. Geldgesch. 13) 1963, 105–130. – Allgemein R. Forrer, Keltische Numismatik d. Rhein- u. Donaulande. Erg. Neuausg., Redaktion K. Castelin, 1, 1968; 2, 1969 (Bibliogr., Nachtr. u. Erg.); zur naturwissenschaftlichen Gegenprobe nützlich A. Hartmann, Ergebnisse spektralanalytischer Untersuchungen an keltischen Goldmünzen aus Hessen u. Süddeutschland (Germania 54) 1976, 102–134.

[46] Jacobi, Zum Schriftgebrauch in keltischen Oppida nördl. d. Alpen (Hamburger Beitrr. z. Arch. 4) 1974, 171–181.

durch die Druiden ausgeübt, ist hierzulande nur an Zahl und Beschaffenheit der Viereckschanzen abzuschätzen, die als heilige Plätze (Temenos/Temenē) das spirituelle Gegengewicht zu den Oppida darstellen.[47] Vom vielgestaltigen Pantheon der Kelten und ihrer sonderbaren Naturmystik ist in Bayern Greifbares sonst nicht auszumachen. Naturheiligtümer eigener Art wie die heiligen Haine der Gallier sind zu vermuten, archäologisch aber nicht zu umschreiben. Die Brandopferplätze scheinen aufgegeben, dagegen werden mindestens in der frühen Latènezeit die überlieferten Höhlenkulte fortgesetzt.[48] Gegenüber der Hallstattzeit gewinnen auch die Deponierungen in Mooren und in oder an Gewässern erneut Bedeutung, doch sind sie schwer zu kategorisieren. An einem düsteren Amulettglauben aus allgemeiner Existenzangst darf man zweifeln.[49] Hinweise auf Schädelkulte sind nicht eindeutig,[50] die Hockerbestattung eines etwa sechsjährigen Kindes unter dem Osttor von Manching ist zum historisch belegten Menschenopfer zu stellen.[51]

Bei den spätkeltischen *Temenē* oder sogenannten *Viereckschanzen* handelt es sich um ungefähr quadratische Erdanlagen mit Wall und Graben, die bei Seitenlängen zwischen rund 70 bis 100 Metern trotz zahlreicher Abweichungen im einzelnen einem gemeinsamen Bauprinzip unterworfen sind. Frühformen werden nur von einem Zaun begrenzt und sind deshalb kaum alle entdeckt. Die bekannten Plätze häufen sich zwischen Main und Alpen, zwischen Seine-Mündung und Loire-Bogen und reichen in lockerer Streuung bis Böhmen und Mähren.[52] Den räumlichen und begrifflichen Zusammenhang stellen gallo-römische Umgangstempel und andere viereckig eingehegte Kultbezirke aus derselben Grundidee her.[53] Von den gut 150 bayerischen Plätzen[54] sind nur wenige einem Oppidum zugeordnet[55] oder nahe einer Fernstraße angelegt, die Mehrzahl liegt abgeschieden außerhalb der alten Siedelterritorien, manchmal gruppenweise in ehemals dichten Wäldern.[56] Grabungen im Temenos bei

[47] Zur Notwendigkeit der Umbenennung SCHWARZ, Zur Gesch. eines keltischen Temenos im nördl. Alpenvorland (s. o. 3, Ausgrabungen, Teil 1) 324–358, bes. 324f.; Ders., Kult u. Brauchtum d. Alten Welt in einem Latène-Temenos v. Holzhausen im Alpenvorland (Jbr. BD 13) 1975 (noch nicht erschienen); zum Begriff Der Kleine Pauly V, 1975, Sp. 577f. s. v. Temenos (H. VOLKMANN).

[48] MAIER, Opferreste (s. o. 26 Anm. 36).

[49] So PAULI, Volksglaube (s. o. 52) mindestens für die frühe Latènezeit.

[50] Etwa HERRMANN, Kelheim 1971 (s. o. 58 Anm. 41) 141 zur Schädelkalotte eines älteren Mannes mit Spuren eines tödlichen Schwerthiebes und gewaltsam weggebrochenen Unterteilen vor der jüngeren Talmauer.

[51] GENSEN, Manching III (s. o. 58 Anm. 43) bes. 56.

[52] SCHWARZ, Temenos (s. o. Anm. 47) Abb. 2.

[53] Ders., Holzhausen (s. o. 52) Beilage 5.

[54] Ders., Atlas (s. o. 52); inzwischen neuentdeckte Anlagen u. a. HAHN/PESCHECK, Die erste kelt. Viereckschanze nördl. d. Mains (Germania 41) 1963, 104f.; DANNHEIMER/HERRMANN, Rothenburg o. d. T. (s. o. 26 Anm. 37) 49; weitere Spuren neuerdings durch Luftaufnahmen im Ackerland festgestellt.

[55] Drei oder zwei bei Kelheim, eine bei Manching; vgl. DANNHEIMER/HERRMANN, Rothenburg o. d. T. 48, Abb. 7 zur Häufung um das Oppidum bei Finsterlohr im benachbarten Württembergisch-Franken; DRDA/WALDHAUSER/ČIŽMÁŘ, Oppida u. Viereckschanzen (Archaeol. rozhledy 23) 1971, 288–293.

[56] SCHWARZ, Ein Bezirk kelt. Heiligtümer an d. mittleren Isar b. Holzhausen u. Deisenhofen (s. o. 3, Führer 18) 1971, 258–283; Ders., Temenos (s. o. Anm. 47) 327.

Holzhausen im Landkreis Bad Tölz-Wolfratshausen geben exemplarischen Einblick in die Kultaktionen, die an offene Brandaltäre, Opferschächte, Kultpfähle und in einem späteren Stadium an einen hölzernen Tempel mit Cella und Umgang gebunden waren.[57] Die archäologisch-topographische Klassifikation erlaubt allerdings keine genauere Rekonstruktion der Vorgänge, doch wird im Vergleich eine gewisse Vielfalt deutlich, wie sie der Vielzahl keltischer Lokalgottheiten schon in der Ortswahl entsprechen muß, die von vornherein metertiefe Trockenschächte ausschließt, wo merklicher Bezug auf Quellen oder andere Wasserstellen zugrunde liegt.

Auf andere Weise darf man einigen Aufschluß über den geistigen Hintergrund von den *Kunstprodukten* der Periode erhoffen, da sie nicht nur oberflächig den Zeitgeschmack reflektieren, sondern in der besonderen Motivauswahl und der eigentümlichen Stilisierung zugleich wesenhafte Züge keltischer Weltvorstellung und Denkweisen offenlegen. Ausgangsformen finden sich wiederum im Musterkatalog der frühen Importware. Dabei wird die geometrische Erstarrung der hallstattzeitlichen Bild- und Ornamentkunst durch ständige Abwandlung und Neukombination der aufgenommenen Einzelelemente überwunden. Palmetten, Ranken und Voluten gewinnen gewissermaßen keltisches Aussehen, vor allem wo sie in die figürliche Darstellung einbezogen sind. Mit der geheimen Kunst des Zirkelschlagens wird Geometrie als Kunstmittel eingeführt und namentlich an Metall zu abstrakter Ornamentik übersteigert, die aber in Bayern mitsamt den höfischen Werkstätten bisher fehlt. Vertreten ist hier nur die auf simple keramische Stempelmuster reduzierte Spielart des sogenannten ostkeltischen Bogenstils.[58]

Figürliches beschränkt sich in der Frühzeit zur Hauptsache auf stilisierte Tier- und Menschenköpfe an Fibeln. Zu den wenigen originellen Meisterstücken des Landes rechnet die berühmte Maskenfibel von Parsberg, deren fingerlanger, elegant geschwungener Bügel zu einem feinmodellierten Menschenkopf von totemhafter Eindringlichkeit ausläuft.[59] Am Gegenende der Fibel sitzen antithetisch zwei greifenähnliche Fabelwesen mit volutenartig gebildeten Beinen und in einer gemeinsamen Schlußvolute auslaufenden Schwänzen, die in dieser figürlich-ornamentalen Umbildung klassischer Vorlagen geradezu ein Leitmotiv frühlatènezeitlicher Bildauffassung abgeben. Ein eingeritzter Tierfries auf einer tönernen Linsenflasche derselben Zeitstufe von Matzhausen im Landkreis Neumarkt mit jeweils einem Hirsch-, Reh-, Wildschwein- und großen Vogelpaar sowie den Einzelfiguren von Hund oder Wolf und Hase geht thematisch auf die griechische Vasenmalerei des 7. und 6. Jahrhunderts zurück, ist aber wohl eher aus zweiter Hand nach klassischen Bildfragmenten in der späten Treibverzierung auf oberitalisch-südostalpinen Bronzegefäßen (Situlenkunst)

[57] Ders., Holzhausen (s. o. 52); Ders., Temenos (s. o. 60 Anm. 47) bes. 337–339 zur Tempelrekonstruktion in baugeschichtlichen Zusammenhängen mit gallorömischen Umgangs- und mit griechischen Ringhallentempeln; Ders., Latène-Temenos (s. o. 60 Anm. 47).

[58] Lenerz-de Wilde, Zirkelornamentik (s. o. 56 Anm. 25) bes. 56–62.

[59] Unter zahlreichen Abbildungen Torbrügge/Uenze 281, Abb. 259; Dannheimer/Fink (s. o. 8 Anm. 14) 116f.; Duval, Kelten (s. o. 52) 50, Abb. 36.

übernommen.[60] Die szenische Reihung steht in einem räumlich wie motivisch weitverzweigten Beziehungsnetz, das Menschen- und Tierfiguren in ornamentaler Verflechtung oder Abkürzung noch bis in die späte Latènezeit erfaßt, oft mit kunstvoller Einpassung in die Gebrauchsform.[61]

Magische Bildwirkung ist wahrscheinlich bei dämonenhaften Eulenköpfen aus Bronze an eisernen Achsnägeln aus Manching[62] und bei plastischen Tierfiguren auf einem Bronzering von Garching nahe München im Spiel.[63] Tier- und menschengestaltige Kleinplastik ist hierzulande sonst selten, immerhin haben sich in Nachbarschaft bedeutsamer Latèneorte die knapp fingerlangen Bronzegestalten von Widder und Stieren gefunden.[64] Ohne jede naturalistische Absicht sind in Verbindung mit gängigen Ornamentformeln die wesenhaften Merkmale der Tiere betont, aber als Kunstwerk von außerordentlichem Rang stellt sich nur ein 18 Zentimeter langer Pferdekopf von Manching dar, der aus Eisen getrieben ist und ehemals Augen aus farbigem Glas besessen hat.[65] In der sensiblen Reduktion auf die einfachsten ornamentlosen Grundformen ist er gallischen Meisterwerken in gleicher Technik durchaus vergleichbar und allein als Bruchstück eines Kultbildes zu verstehen. Auch bezeichnet er den Höhepunkt und die Grenzen keltischer Kunstauffassung, die das Bild niemals aus der Verklammerung mit einem Ideenschema löst und damit die reale Welt und ihre Wesen gleichsam wie von innen betrachtet.

Diese eigentümliche Vorstellungswelt findet in Bayern keinen eigenen Ausdruck mehr, nachdem die keltische Gesellschaft als Kulturform und Gemeinwesen auf der

[60] TORBRÜGGE/UENZE 282f., Abb. 260 u. 261; POLENZ, Latènezeitl. Hundeplastiken aus Süd- u. Rheinhessen (Fundber. Hessen 14) 1974, 255–307, bes. 297, Abb. 27; Fr. SCHWAPPACH, Zu einigen Tierdarstellungen d. Frühlatènekunst (Hamburger Beitrr. z. Archäol. 4) 1974, 103–140.

[61] In Auswahl ebd., Taf. 8, 2 Bronzebeschlag von Kelheim mit Leiermotiv aus gegenständigen Pferdeköpfen; das verbreitete und unterschiedlich stilisierte Motiv verdoppelt und in Verbindung mit Menschen- und Vogelfiguren u. a. auf bronzenem Gürtelhaken von Hölzelsau bei Kufstein ebd., Taf. 15 = TORBRÜGGE, Europäische Vorzeit, 1968, 191; TORBRÜGGE/UENZE 277, Abb. 254; plastische Umsetzung des Leiermotivs u. a. bei bronzenem Zügelaufsatz von Manching durch Bildung eines unteren Zügelführungsringes mit gegenständigen Vogelköpfen, dem ein Leierbogen mit gegenständigen Stierköpfen aufgesetzt ist: TORBRÜGGE a. a. O. 229; TORBRÜGGE/UENZE 292, Abb. 274; KRÄMER, Manching (Ingolstadt I, s. o. 58 Anm. 44) 31, Abb. 9.

[62] Ebd. 29, Abb. 7; DUVAL, Kelten (s. o. 52) 163, Abb. 368; KRÄMER/SCHUBERT, Zwei Achsnägel aus Manching. Zeugnisse keltischer Kunst d. Mittellatènezeit (Jb. d. Dt. Archäol. Inst. 94) 1979, 366–389.

[63] DANNHEIMER, Zu zwei älteren keltischen Fundstücken aus d. Münchner Schotterebene (Archäol. Korrespondenzbl. 5) 1975, 59–67, Abb. 1, 1 u. Taf. 17, 1. Das Stück entstammt der variantenreichen Gruppe sogenannter Knotenringe, die bis in die frühe Kaiserzeit gebräuchlich bleiben.

[64] Je ein Stier aus dem Oppidum von Manching und nahe dem Oppidum von Kelheim, ein Widder aus der Nähe einer Viereckschanze bei Sempt, Lkr. Ebersberg: KRÄMER, Der keltische Bronzestier v. Weltenburg in Niederbayern (Germania 28) 1944/50, 210–213; TORBRÜGGE/UENZE 290f., Abb. 272 u. 273; DUVAL, Kelten (s. o. 52) 162, Abb. 168 (Stier von Weltenburg).

[65] KRÄMER, Manching (Ingolstadt I, s. o. 58 Anm. 44) 39, Abb. 15.

Stufe zwischen Barbarentum und Hochzivilisation zerschlagen ist. Restgruppen überleben in Fleisch und Blut, an neuen Bildungen bleiben sie gewiß vielfältig beteiligt, doch verlieren sie sich wie ihre Sprache zwischen Rom und Germanen sehr bald in Geschichtslosigkeit.

§ 8. ÜBERLIEFERUNG

Die geographische Grundlage vorzeitlicher Gruppenexistenz liegt zutage. Im zentraleuropäischen Zusammenhang zeigt Bayern sich nach allen Seiten offen und aufnahmewillig. Namentlich der Süden schleust wie ein breiter Kanal Sachgüter und Ideen aus Ost und West in und durch das Land. Mit neolithischem Kulturgefälle dringen donauwärts die Prinzipien ein, die die Zone nördlich der Alpen aus mittelsteinzeitlichen Verhältnissen auf eine bäuerliche Wirtschafts- und Gesittungsstufe heben. Danubische und ostalpine Verbindungen reißen nicht mehr ab und werden später durch Vermittlung westlicher und östlicher Nachbarn abgestuft nach Periode und Landesteil um Südbeziehungen erweitert. Die Verbreitung vieler Sachformen zeichnet ein hydrographisches Adernetz der Handelsbereiche nach. Kantonale Gliederung mit Vorzugstypen und eigentümlichen Verhaltensweisen mag sogar den Ansatz zu stammlichen oder doch territorialen Bildungen bezeichnen, in denen bestimmte Höhenplätze als Hauptorte fungieren können.

Bei der Wohnsiedlung ergeben sich Ortstraditionen aus der Natur der Sache, ohne daß dauerhafter Zusammenhang besteht. Nach der rein antiquarischen Ordnung der Sachmaterialien wird zuerst dinglicher Fortschritt sichtbar, eine langwierige, aber erfolgreiche Versuchsreihe vom Stein über Kupfer und Bronze zum Eisen, ein ständiger Triumph des Praktischen. In Wahrheit fordern und erhalten vorweg die Mächte über der Tageswelt ihr Recht, da ohne ihre Hilfe das Notwendige und Zweckmäßige gar nicht zu erlangen ist. Aus andersartigen sachlichen Einsichten wird man gerade heute mindestens zugeben müssen, daß zunehmende Beherrschung der Natur und ihrer Kräfte dem Menschen immer auch neue Abhängigkeiten aufzwingt.

Allen Maßnahmen zur Existenzsicherung liegen jedenfalls in der Vorzeit auch mythische Vorstellungen zugrunde, die stets den Tod und die gedachte Fortexistenz einschließen. In diesem Sinne ist das anfängliche Widerstreben gegen neue Bestattungsrituale durchaus als eine archäologische Folge spiritueller Auseinandersetzung zu verstehen. Noch deutlicher zeigt sich Beharren und Überlieferung an den Kultstätten, wenngleich im Wechsel der Zeitläufte unterschiedlich in den Mooren, an den Gewässern, an naturheiligen Felsen, auf den sakralen Erhöhungen der Brandopferplätze und namentlich in den Höhlen der Schwäbisch-Fränkischen Alb.

In manchen Bereichen steht endgültiger Bruch mit der Vergangenheit allerdings außer Zweifel. Er äußert sich nach Völkerwanderungszeit und Christianisierung trotz vieler Namen aus keltischer oder vorkeltischer Wurzel in der Beziehungslosigkeit zu den Bodendenkmälern, die als «Teufelsmauer» für den Limes und «Schwedenschanze» für traditionslose Befestigungen oder spätkeltische Heiligtümer nachträglich ganz mißverständlich erklärt werden. Hier und da scheinen freilich Institutionen, die unter dem Zugriff der Römer gewaltsam verlagert wurden, ihre ursprüngliche Funktion nicht völlig verloren zu haben.[1] In den meisten Fällen wird gedankliche oder örtliche Nachfolge jedoch nur vorgetäuscht, weil zumal die Gnadenstätten an Quellen und auf Bergen wohl aus Empfindung gegenüber den merkwürdigen Orten neu gestiftet sind, nicht aber Traditionen des Heiligen bewahren. Gleichermaßen gehört die Aufstellung zahlreicher Marienbilder in den Albhöhlen[2] zu den Ausdrucksformen urtümlicher Frömmigkeit, in denen sich die Anschauung von naturheiligen Plätzen mit christlichen Grundsätzen vermischt. Ähnlich lassen sich vorgeschichtliche Beilkulte und neuzeitliche Hammervotive allein nach dem Grundmotiv der Opferbereitschaft nebeneinander stellen.[3] Die Erinnerung an vorzeitliche Geschehnisse von besonderer Bedeutung mag stellenweise indessen durchaus noch sagenhaft überliefert sein wie vielleicht bei der neolithischen Opferhöhle von Tiefenellern, wo Jungfrauen ohne Kopf umgehen sollen.[4] Einiges wird im christlichen Brauchtum mindestens als Übung fortgesetzt, wenn auch anders begründet. So weihte man in der ehemaligen Gruftkirche zu München jährlich einen Goldring, der dem Wallersee «zur Sühne» übergeben wurde,[5] wie denn im Umgang mit den Gottheiten schon Jahrtausende zuvor bronzezeitliche Goldringlein im Innstrom versenkt worden sind.[6] Dergleichen ideenhafte Fäden in die Vorzeit sind dünn gesponnen, aber doch haltbar genug, um die Gegenwart an ihre frühesten Anfänge zu binden.

[1] So vielleicht ein Markt von Manching nachmalig in Oberstimm, wo der jährliche Barthelmarkt auf dem Gelände des ehemaligen Kastellvicus uralte Tradition besitzt: KRÄMER/SCHUBERT, Manching 1 (s. o. 55 Anm. 23) 60.

[2] STROH, Die vor- und frühgeschichtl. Geländedenkmäler d. Oberpfalz (MBV, Reihe B 3) 1975, 28, 31.

[3] MAIER, Hammervotive (s. o. 27 Anm. 44).

[4] KUNKEL, Jungfernhöhle (s. o. 17) 18–20.

[5] F. PANZER, Bayer. Sagen u. Bräuche (Denkmäler deutscher Vorzeitdichtung 2) 1954, 18–19 spricht vom «Wallersee in Oberbayern», doch liegt der Wallersee im Salzburgischen; dagegen nennt das Handwörterbuch d. deutschen Aberglaubens, hg. v. BÄCHTOLD-STRÄUBLI, Bd. IX, 1941, 182 s. v. Wassergeister den Walchensee.

[6] TORBRÜGGE, Die bayer. Inn-Funde (BVbll. 25) 1960, 19–69, bes. 50, Abb. 21, 16–19.

II

DIE ZEIT DER RÖMISCHEN HERRSCHAFT

Friedr. WAGNER, Die Römer in Bayern, 1928[4]; Ferd. HAUG, Art. Raetia (RE I A, I) 1914, 46–62; Hans-Jörg KELLNER, Die Römer in Bayern, 1978[4]; Bernh. OVERBECK, Raetien z. Prinzipatszeit (Aufstieg u. Niedergang d. Röm. Welt II 5,2) 1976, 658–689; Friedr. WAGNER u. a., Raetia und Noricum, Corpus Sign. Imp. Rom., Deutschland I, 1, 1973; Felix STAEHELIN, Die Schweiz in röm. Zeit, 1948[3]; Phil. FILTZINGER-Dieter PLANCK-Bernh. CÄMMERER (Hg.), Die Römer in Baden-Württemberg, 1976; Géza ALFÖLDY, Noricum, 1974. – Paul REINECKE, Die örtliche Bestimmung d. antiken geogr. Namen f. das rechtsrhein. Bayern (BVfr. 4–6) 1924/26, 17–48; 17–48; 17–44; Ludw. VOIT, Raetia Latina, 1959; Wilh. CAPELLE, Das alte Germanien. Die Nachrichten d. griechischen u. röm. Schriftsteller, 1937; Alex. RIESE, Das rhein. Germanien in d. antiken Literatur, 1892. – Friedr. VOLLMER, Inscriptiones Baivariae Romanae, 1915; WAGNER, Neue Inschriften; Die Fundmünzen der römischen Zeit in Deutschland (= FMRD), Abt. I Bayern, 1 Oberbayern, 1960, 2 Niederbayern, 1970, 3/4 Oberpfalz/Oberfranken, 1978, 5 Mittelfranken, 1963, 6 Unterfranken, 1975, 7 Schwaben, 1962; Der obergerm.-raetische Limes des Roemerreiches (= ORL), Abt. A Beschr. d. Limeslaufes Strecke 10–15, Abt. B Beschr. d. Hauptkastelle Nr. 33–38 (Mainlinie), Nr. 64–75 (Raet. Limes); Friedr. OHLENSCHLAGER, Röm. Überreste in Bayern, 1902/10; Hans-Jörg KELLNER, Augsburg, Provinzhauptstadt Raetiens (Aufstieg u. Niedergang d. Röm. Welt II 5,2) 1976, 690–717; ULBERT, Regensburg; Karlheinz DIETZ, Udo OSTERHAUS, Sabine RIECKHOFF-PAULI u. Konrad SPINDLER, Regensburg z. Römerzeit, 1979.

§ 9. EROBERUNG UND AUSBAU

Phil. FILTZINGER, Bemerkungen z. röm. Okkupationsgesch. Südwestdeutschlands (Bonner Jb. 157) 1957, 181–212; KRÄMER, Manching II, 297–317; Ders., Cambodunumforsch.; Konr. KRAFT, Zu den Schlagmarken d. Tiberius u. Germanicus. Ein Beitr. z. Datierung d. Legionslager Vindonissa u. Oberhausen (Jb. f. Numismatik u. Geldgesch. 2) 1950/51, 21–35; Ders., Zum Legionslager Augsburg-Oberhausen (Wagner, Frühzeit) 1962, 139–156; Paul REINECKE, Skelettgräber d. frühen Kaiserzeit in Raetien (BVbll. 22) 1957, 36–59; Ders., Zur Gesch. v. Bratananium (BVbll. 22) 1957, 96–99; Wilh. SCHLEIERMACHER, Flavische Okkupationslinien in Raetien (Jb. d. Röm.-Germ. Zentralmuseums Mainz 2) 1955, 245–252; Günter ULBERT, Die röm. Keramik aus d. Legionslager Augsburg-Oberhausen, 1960; Ders., Der Lorenzberg bei Epfach. Die frühröm. Militärstation, 1965; Ders., Die röm. Donau-Kastelle Aislingen u. Burghöfe, 1959; Hans SCHÖNBERGER, Kastell Oberstimm. Die Grabungen von 1968 bis 1971 (Limesforsch. 18) 1978; Wilh. SCHLEIERMACHER, Cambodunum – Kempten, 1972; C. M. WELLS, The German Policy of Augustus, 1972; Umberto LAFFI, Zur Gesch. Vindeliciens unmittelbar nach d. röm. Eroberung (BVbll. 43) 1978, 19–24.

Mit der Einbeziehung in das römische Imperium 15 v. Chr. beginnt für das Voralpenland eine vollständig neue Geschichtsepoche. Neben die bisher als einzige Quelle dienenden Sachgüter, die uns der Boden freigegeben hat, treten, zunächst noch recht sporadisch, Nachrichten, Erwähnungen und Hinweise in den Berichten antiker Autoren sowie Inschriften auf Weihesteinen, Grabdenkmälern, Meilensteinen, Militärdiplomen und anderem, die uns ein erheblich klareres Bild des Lebens und seines Ablaufes nachzuzeichnen erlauben. Da jedoch dieses Bild immer noch recht lückenhaft ist und bleiben wird, bezeichnen wir den Zeitabschnitt bis zum Zurücktreten der Bodenfunde als hauptsächlicher Quelle hinter die zahlreicher werdenden schriftlichen Zeugnisse im Mittelalter als *Frühgeschichte.*

Den Auftakt in unserem Raum bilden einige wenige, verstreute Nachrichten aus antiken Schriftstellern. Danach haben wir im zweiten Jahrhundert v. Chr. im Alpen- und Voralpengebiet mit größeren keltischen Stammesverbänden zu rechnen, von denen wir allerdings nur ungefähr ahnen können, wie sie sich etwa im Lande verteilt hatten. Beiderseits des Hochrheins und nördlich davon bis zum Neckar und Main saßen wohl die Helvetier. In Franken berührten sie sich mit dem Boierreich,[1] dessen Zentrum in Böhmen lag. Am nördlichen Alpenrand und im Vorland siedelten die Vindeliker als Nachbarn der Helvetier und Boier. Den Alpenraum, besonders den südlichen, nahmen raetische Stämme ein, während sich über die Ostalpen das Reich der Noriker erstreckte. Langsam, aber stetig schoben sich mit Beginn des ersten Jahrhunderts v. Chr. von Nordosten germanische Stämme vor. Zunächst nahmen sie die Nordzone Böhmens und das Mainmündungsgebiet ein, um 70 v. Chr. erreichten Sueben den unteren Neckar, und bald danach entstand das Reich des Ariovist beiderseits des Oberrheins.

Sehr früh waren die Noriker bzw. die Taurisker mit Rom in Berührung gekommen; ihr Bündnisvertrag geht wahrscheinlich bis in die Mitte des zweiten Jahrhunderts v. Chr. zurück.[2] 113 v. Chr. rückte der Consul Papirius Carbo in Noricum ein, um die Cimbern zu bekämpfen, wurde aber von diesen bei Noreia geschlagen. Das gute Verhältnis des regnum Noricum mit Rom führte zu immer engerer wirtschaftlicher Durchdringung und schließlich zur selbstverständlichen Eingliederung.[3] Im Gegensatz dazu standen die räuberischen raetischen Alpenstämme[4] Rom feindlich gegenüber. Immer wieder kam es zu Einfällen nach Oberitalien und auch zu Übergriffen nach Westen, wo die Raeter in der Nordschweiz 44/43 v. Chr. von Munatius Plancus zurückgeschlagen wurden. Der Feldzug des P. Silius Nerva 16 v. Chr. gegen Camuner und Vennonen im Südteil der Alpen ist wohl schon als vorbereitende Unternehmung zu verstehen.[5] Als dann jedoch im sog. *Alpenfeldzug,* im Sommer 15

[1] Hans-Jörg KELLNER, Die kelt. Silbermünzen v. Prager Typus. Zur Münzprägung d. Boier (Jb. f. Numismatik u. Geldgesch. 15) 1965, 195–207. – Strabo 4, 206.

[2] Herm. VETTERS, Zur ältesten Gesch. d. Ostalpenländer (Jhefte d. Österr. archäol. Institutes 46) 1961–63, 201–228; hier auch 209–210 Klärung des Verhältnisses Noriker-Taurisker.

[3] Rud. EGGER, Die Stadt auf d. Magdalensberg, ein Großhandelsplatz (Österr. Akad. d. Wiss., Phil.-hist. Klasse, Denkschriften 79) 1961, bes. 36/37; Arnold SCHOBER, Die Römerzeit in Österreich, 1953², 12–18; Hans MALZACHER, Der Magdalensberg u. seine Beziehungen zum norischen Eisenwesen (Ber. d. Geschichtsausschusses d. Ver. Dt. Eisenhüttenleute 57) 1964, 2–6.

[4] Zum heutigen Stand der Räterforschung vgl. Jb. Schweiz. Ges. f. Ur- und Frühgesch. 55, 1970, 119–146.

[5] Zur Diskussion: Franz FISCHER, P. Silius Nerva. Zur Vorgesch. des Alpenfeldzugs 15 v. Chr. (Germania 54) 1976, 147–155.

v. Chr., ein *Ausgreifen Roms* nach Norden erfolgte, war wohl nicht vorwiegend der Wunsch, hier Ordnung zu schaffen, ausschlaggebend. Es muß diese Operation zusammen mit Vorstößen über den Niederrhein als die großangelegte Konzeption gesehen werden, die Nordgrenze des Reichs weit vorzuschieben.[6] Der Angriff wurde in das Voralpenland von zwei Heeresgruppen gleichzeitig auf verschiedenen Vormarschrouten vorgetragen. Drusus, der eine Stiefsohn des Augustus, besiegte raetische Stämme in den Tridentiner Bergen und erreichte durch das Etschtal und über den Brenner den Inn, in dessen Tal die Genauner und die Breuner unterworfen wurden. Damit war der Weg ins Voralpenland frei. Sein Bruder Tiberius war von Westen über die Nordschweiz mit seiner Heeresabteilung vorgedrungen und hatte wahrscheinlich schon während des Feldzuges das erst kürzlich entdeckte Legionslager von Dangstetten[7] angelegt. Hier war bis etwa 9 v. Chr. die Legio XIX stationiert. Die Heeresabteilung des Tiberius war nach einer erfolgreichen Seeschlacht auf dem Bodensee zu den Quellen der Donau gelangt und hatte sich mit der Armee des Drusus vereinigt. Mit einem «schweren Kampf» (grave proelium, am 1. August des Jahres 15 v. Chr.), dessen Örtlichkeit unbekannt ist, fand der Feldzug sein Ende. Der Widerstand der einheimischen Bevölkerung kann bei seiner kurzen Dauer in den Kämpfen nicht allzu hartnäckig gewesen sein. Die Namen der unterworfenen 46 Völkerschaften nennt uns das etwa 7/6 v. Chr. am südlichsten Punkt der Seealpen errichtete Tropaeum Alpium, dessen imponierende Reste heute noch in der Nähe des Ortes La Turbie zu sehen sind.[8] In dieser Inschrift waren auch aufgeführt: «Vindelicorum Gentes quattuor Cosuanetes, Rucinates, Licates, Catenates». Strabo in seiner Geographika[9] zählt zu den Vindelikern die Likatii, Clautinatii, Vennones, Estiones und Brigantii, dagegen die Rucantii und Cotuantii zu den Raetern. Als Hauptorte nennt er Cambodunum (Kempten) für die Estiones, Brigantium (Bregenz) für die Brigantii und Damasia (?) für die Likatii. Über diese Örtlichkeiten hinaus lassen sich die Likatii am Lech und die Cattenates vermutlich am nördlichen Alpenrand zwischen Isar und Inn,[10] östlich dessen die norischen Ambisontii siedelten, lokalisieren.

Nach dem Feldzug wurde sicherlich eine Heeresabteilung mit 1 oder 2 Legionen im neueroberten Alpenvorland stationiert; ein Lager jedoch aus dieser Zeit wurde noch nicht aufgefunden. Von diesem noch unbekannten Platz aus wurde das Land verwaltet. Einer der Statthalter, vielleicht der erste, war wohl C. Vibius Pansa, dessen Titel legatus pro praetore[11] anzeigt, daß ihm Legionstruppen unterstanden. Fundstellen der Frühzeit kennen wir nur wenige. Eine große Zahl römischer Kleinfunde vorwiegend

[6] Kraft, Augsburg-Oberhausen (s. o. 65) 145–153.

[7] Gerh. Fingerlin, Dangstetten, ein augusteisches Legionslager am Hochrhein. Vorberichte über d. Grabungen 1967–1969 (Ber. d. Röm.-German. Komm. 51/52) 1970/71, 197–232; Ders., Rheinheim-Dangstetten, ein Legionslager aus frühröm. Zeit am Hochrhein (Archäolog. Nachrichten aus Baden 6) 1971, 11–20.

[8] J. Formigé, Le Trophée des Alpes (La Turbie) (Gallia, Supplem. 2) 1949; Nino Lamboglia, Le Trophée d'Auguste à La Turbie, 1964³.

[9] 4, 206. Zur Deutung vgl. Krämer, Cambodunumforsch. 117–119.

[10] Rud. Egger, Die Wohnsitze d. Cattenaten (Germania 19) 1935, 226–228.

[11] CIL 5, 4910; BVbll. 36, 1971, 50f. und 38, 1973, 111f. – Laffi (s. o. 65).

militärischen Charakters aus einer Kiesgrube in Augsburg-Oberhausen am linken Ufer der Wertach deuten auf einen ganz bedeutenden Waffenplatz hin.[12] Die rückwärtigen Verbindungen nach Italien waren durch Militärposten gesichert, wie einer auf dem Lorenzberg bei Epfach[13] entdeckt worden ist. Es finden sich auch die frühesten Spuren römischen Militärs zunächst nur zwischen Iller und Lech. Schwer erfaßbar ist jedoch das Schicksal der eingesessenen vindelikischen und raetischen Bevölkerung. Wir kennen nur ganz wenige Bodenfunde der Stufe Latène D 2, die vielleicht auf die einheimische Bevölkerung in jenen Jahrzehnten zu beziehen sind, die aber auch gewisse Beziehungen zur germanischen Bevölkerung Mitteldeutschlands aufweisen. Diese Fundlücke könnte auf die überlieferten Zwangsmaßnahmen gegen die Einwohner[14] – wir wissen von 8 raetischen und 4 vindelikischen Cohorten,[15] die wahrscheinlich damals durch Zwangsaushebungen neu aufgestellt worden sind – zurückzuführen sein, aber möglicherweise auch andere Gründe haben.

Bei den Feldzügen des Drusus gegen die Germanen, in deren Verlauf vor 9 v. Chr. die Markomannen «beinahe bis zur Vernichtung» geschlagen wurden, haben vielleicht auch die Truppen aus dem Voralpenland mitgewirkt. Um 8 v. Chr. wich daraufhin der Markomannenfürst Marbod nach Osten aus und begründete in Böhmen sein großes Reich. In den freigewordenen Raum Mitteldeutschlands und Frankens zogen bald darauf Hermunduren ein, nachdem ihnen Domitius Ahenobarbus bei seinem Zug an die Elbe gegen 7 v. Chr. die Erlaubnis zur Niederlassung in einem Teil der ehemaligen Markomannis erteilt hatte. Damit gelangten die Hermunduren auch nach Nordbayern, wohl bis zur Donau; sie traten in eine Art Klientelverhältnis zu Rom, das ihnen gewisse Vorteile gegenüber anderen Germanen, z. B. freien Zutritt zur raetischen Hauptstadt, brachte.[16] Diese Entwicklung ging langsam vor sich; zunächst war die Situation in Nordbayern unruhig. Wahrscheinlich haben die Feldzüge des Tiberius 4–6 n. Chr. das Land berührt, sicher der Zug des C. Sentius Saturninus 5/6 n. Chr. gegen Marbod. Dieses umfassend als Zangenangriff gegen Marbods Reich in Böhmen angelegte Unternehmen, bei dem höchstwahrscheinlich auch von Vindelicien aus eine Armee mit dem Stoßkeil von Mainz zusammengewirkt hat, mußte wegen des pannonischen Aufstandes ganz plötzlich abgebrochen werden. Nach Niederwerfung des pannonischen Aufstandes 9 n. Chr. kam es durch die Niederlage im Teutoburger Wald zunächst zu keinen weiteren Offensivhandlungen. Wahrscheinlich wird damals die 21. Legion aus dem Voralpenland an den Niederrhein abgezogen worden sein. Erst Germanicus nahm die Offensive nach Germanien

[12] Konr. Kraft, Zum Legionslager Augsburg-Oberhausen (Wagner, Frühzeit) 1962, 139–156; Günter Ulbert, Die röm. Keramik aus d. Legionslager Augsburg-Oberhausen (MBV 14) 1960; Wolfgang Hübener, Die röm. Metallfunde v. Augsburg-Oberhausen (MBV 28) 1973; Hans-Jörg Kellner, Die keltischen Münzen v. Augsburg-Oberhausen (Jb. f. Numismatik und Geldgeschichte 27) 1977, 21–27.

[13] Günter Ulbert, Der Lorenzberg bei Epfach. Die frührömische Militärstation, 1965.

[14] Wagner, Römer 11–12.

[15] Günter Ulbert, Alpenländ. Fibeln aus d. frühröm. Kastell Rheingönnheim (Mitt. d. Hist. Ver. d. Pfalz 58) 1960, 54.

[16] Tacitus, Germania Kap. 41.

wieder auf. Als aber auch ihm, besonders im Jahre 16 n. Chr., keine Erfolge glückten, gab Tiberius die Offensivpläne gegen Germanien auf und rief Germanicus ab.

Diese militärische Neuorientierung hatte tiefgreifende Folgen für das Voralpenland. Das Voralpenland wird wohl damals seine Legionsbesatzung verloren haben, und es wurde eine Legion südlich des Hochrheins in Vindonissa (Windisch, Kt. Aargau) stationiert.[17] Die militärischen Sicherungsaufgaben übernahmen kleinere Garnisonen an wichtigen Punkten im Landesinneren. Von solchen Standorten aus der Frühzeit des Tiberius kennen wir Bregenz,[18] Kempten, den Auerberg bei Schongau, den schon vorher besetzten Lorenzberg bei Epfach und Gauting,[19] alles Punkte zur Sicherung der Verkehrslinien. Zunächst übernahm nach dem Abzug der Legionen ein Präfekt die Verwaltung und das Kommando im Voralpenland. Den wahrscheinlich ersten Präfekten kennen wir aus einer Inschrift aus der Zeit von 14/17 n. Chr.: Sex. Pedius, Praefectus Raetis, Vindolicis, vallis Poeninae et levis armaturae.[20] Der Sitz der Verwaltung in jenen Jahren nach dem Abzug aller Legionstruppen ist uns noch unbekannt. Nach dem Ergebnis der jüngsten Ausgrabungen kommt in tiberischer Zeit hierfür möglicherweise der Auerberg bei Bernbeuren in Frage. Gegen das Ende der Regierung des Tiberius wurden die Binnenlandgarnisonen aufgegeben und erstmals Truppen an der Donaugrenze, z. B. in Aislingen und Hüfingen, stationiert. Auch in Augsburg, wo im Gebiet der späteren Stadt zwischen Wertach und Lech aus jener Zeit die frühesten Besiedlungsschichten nachweisbar sind, wird sich damals eine kleinere Truppeneinheit befunden haben.[21]

Unter Claudius (41–54) erhielt die Entwicklung entscheidende Impulse. Spätestens damals wurden die vindelikischen und raetischen Lande zur Provinz *Raetia* zusammengefaßt mit dem neubegründeten städtischen Gemeinwesen *Augusta Vindelicum* (Augsburg) als Hauptstadt. Die Verwaltung lag in den Händen eines kaiserlichen Procurators; der vor 37 n. Chr. genannte Octavius Sagitta war vielleicht der erste, wenn auch keineswegs sicher ist, ob zu seiner Zeit die Provinzverwaltung bereits etabliert war.[22] Nach der Amtsführung des procurator pro legato Q. Caecilius Cisiacus Septicius Pica Caecilianus wurde vor 47 n. Chr. das Wallis (vallis Poenina) von

[17] KRAFT, Vindonissa u. Oberhausen, bes. 27 u. 33; Ders., Augsburg-Oberhausen (s. o. 65) 145 ff.; Elis. ETTLINGER, Art. Vindonissa (RE IX A 1) Sp. 94 ff.

[18] H.-J. KELLNER, Zur Drusus-Inschrift v. Bregenz (Bericht über den 12. österr. Historikertag in Bregenz 2.–5. 10. 1973, Veröff. d. Verbandes Österreichischer Geschichtsvereine 20) 1974, 48–53.

[19] ULBERT, Donau-Kastelle (s. o. 65) 81–83 u. Abb. 16; Ders., Der Auerberg, Ergebnisse u. Probleme d. neuen Ausgrabungen 1968–1972 (Allgäuer Geschichtsfreund 73) 1973, 13–33; Ders., Der Auerberg, Vorbericht über d. Ausgrabungen von 1968–1974 (Ausgrabungen in Deutschland 1) 1975, 409–433.

[20] Wilh. SCHLEIERMACHER, Praefectus Raetis, Vindolicis, vallis Poeninae et levis armaturae (Germania 31) 1953, 200–201; CIL 9, 3044; Hans-Jörg KELLNER, Zur römischen Verwaltung in den Zentralalpen (BVbll. 39) 1974, 92–104; LAFFI (s. o. 65).

[21] KELLNER, Augsburg (s. o. 65) 701 u. 713.

[22] H. CHANTRAINE (BVbll. 38) 1973, 112 ff.; anderer Ansicht ist Umberto LAFFI, La procuratela quadriennale di Q. Octavius Sagitta in Vindalicis et Raetis et in valle Poenina (Athenaeum NS 55) 1977, 369–379.

der Provinz Raetien abgetrennt. Ob das Tal damals schon mit den Alpes Graiae zu einer Alpenprovinz vereinigt wurde oder erst sehr viel später, muß mangels hinreichender Quellen offen bleiben.[23] Planmäßig als Städte ausgebaut wurden zur selben Zeit Brigantium und *Cambodunum,* dessen römisches Stadtgebiet später nicht überbaut wurde, weshalb der Grundriß ziemlich vollständig ergraben werden konnte,[24] ein nördlich der Alpen einmaliger Glücksfall. Alle Anzeichen deuten darauf hin, daß das Land zwischen Iller und Lech damals unter dem römischen Adler eine erste Blütezeit erlebte, die nicht zuletzt auch auf die verbesserten Verkehrsverbindungen zum Mutterland durch den 47 n. Chr. erfolgten Ausbau der Lechtal-Reschenpaß-Straße zur Via Claudia Augusta zurückzuführen ist.[25] Im Zusammenhang damit stand auch die Verstärkung der Donaulinie durch Kastelle in Emerkingen, in Rißtissen, in Unterkirchberg bei Ulm, vielleicht in Günzburg[26] und bei den Burghöfen in der Nähe von Mertingen. Dieser Grenzschutz erstreckte sich erstmals auch weiter über den Lech nach Osten, wo abgesehen vom jüngst ausgegrabenen Kastell Oberstimm durch Funde militärische Anlagen auf dem Stadtberg in Neuburg und auf dem Frauenberg bei Weltenburg zu erschließen sind. Der übrige Ostteil Raetiens hat bisher erst sehr wenige Funde dieser frühen Zeitstellung in Eining, Regensburg (Kumpfmühl und Großprüfening) und Straubing erbracht.[27] Diese relative Fundleere in Ostraetien macht den Unterschied zu *Noricum* in der zivilisatorischen Entwicklung besonders deutlich. Während wir uns in Raetien den Ablauf des historischen Geschehens mit dem Verschwinden aller Zeugnisse einheimischer Bevölkerung im archäologischen Fundmaterial noch nicht vorstellen können, setzt sich ostwärts des Inn die Entwicklung vom norischen Königreich über eine lose Angliederung zur römischen Provinzverwaltung ungebrochen fort. Die wichtigste Siedlung im bayerischen Anteil, Seebruck (Bedaium), ja selbst kleinere Niederlassungen wie Marzoll (Marciolae) und auch der Hauptort dieses Gebietes, Salzburg (Juvavum), erbrachten Spätlatènefunde, die die Kontinuität illustrieren.[28] Der Inn bildete nicht nur die Grenze zwischen zwei verschiedenen keltischen Stammesgruppen, zwischen zwei römischen Provinzen und zeitweise zwei Zollbezirken, sondern schied darüber hinaus zwei

[23] Ernst HOWALD-Ernst MEYER, Die röm. Schweiz, 1940, 195–199.

[24] KRÄMER, Cambodunumforsch., Planbeilage 1; Wolfram KLEISS, Die öffentl. Bauten v. Cambodunum, 1962.

[25] Bartel EBERL, Die Römerstraße Augsburg-Füssen. Via Claudia Augusta (Schwäb. Museum) 1931, 1–34.

[26] Norbert WALKE, Zum röm. Günzburg (BVbll. 24) 1959, 86–109, mit älterer Literatur; Irmingard WALKE, Kastellgrabung in Günzburg 1962. Ber. über d. Ausgrabung d. Komm. z. Erforschung d. spätröm. Raetien bei d. Bayer. Akad. d. Wiss. (Günzburger Hefte 10) 1977, 50–60.

[27] Aus dieser Zeit stammt auch das einzige und letzte Zeugnis einheimischer *keltisch-raetischer Bevölkerung* (Latène D 3) in einer kleinen *Skelettgräbergruppe* an der mittleren Isar und westlich bis zum Lech; s. REINECKE, Skelettgräber (s. o. 65) Abb. 1; Erwin KELLER, Frühröm. Körpergräber aus Heimstetten (Archäologisches Korrespondenzbl. 3) 1973, 325–328.

[28] KELLNER-ULBERT, Das röm. Seebruck (BVbll. 23) 1958, 48–82; Rainer CHRISTLEIN, Ein röm. Gebäude in Marzoll, Lkr. Berchtesgaden (BVbll. 28) 1963, 30–57; Norb. HEGER, Art. Iuvavum (RE Suppl. XIII) 173–184; Ders., Salzburg in röm. Zeit (Jahresschrift d. Salzburger Museum Carolinum Augusteum 19) 1973, 8–235.

kulturell im Rahmen der römischen Reichskultur durchaus in Einzelheiten unterschiedliche Bereiche.[29]

Als nun nach dem Tode Neros 68 n. Chr. Bürgerkriege das Imperium erschütterten, kann es deshalb nicht verwundern, wenn die beiden Provinzen verschiedene Wege gingen. Nach dem Tode des Galba 69 proklamierten die Prätorianer den Statthalter von Lusitanien, M. Salvius Otho, zum Imperator. Als Vitellius gegen ihn nach Rom marschierte, wurde der Zug seines Heeres durch den Aufstand der Helvetier gegen die 21. Legion in Vindonissa gestört. Zur Niederwerfung der Helvetier dirigierte Vitellius die seinem Kommando unterstehenden raetischen Auxilien in deren Rücken. Die norischen und pannonischen Truppen standen zunächst auf seiten Othos, stellten sich aber dann nach der Ausrufung des T. Flavius Vespasianus am 1. Juli 69 durch die syrischen Legionen diesem zur Verfügung. Da der raetische Procurator Porcius Septiminus treu zu Vitellius hielt, stand den Sommer 69 über das raetische Aufgebot am Inn feindlich den norischen Truppen gegenüber. Zum Heer, das den Bataveraufstand am Niederrhein bekämpfen sollte, gehörte neben der 21. Legion die norische Heeresabteilung unter S. Felix, die damals recht gewaltsam Raetien passiert zu haben scheint.[30] Wie erst unlängst nachgewiesen wurde,[31] ist ein ausgedehnter Zerstörungshorizont in den raetischen Donaukastellen, in Augsburg, in Kempten und Bregenz auf die geschilderten Vorgänge zurückzuführen.

Vespasian (69–79) stand somit nach Abschluß der Kriegshandlungen vor der Notwendigkeit umfangreicher Wiederaufbauarbeiten. Die genannten Donaukastelle mit Ausnahme von Aislingen wurden wiederhergestellt (Bauinschrift von Günzburg 78 n. Chr.) und gleichzeitig die Linie durch Stationierung von Truppen in Eining (Bauinschrift 79/81 n. Chr.), Regensburg-Kumpfmühl und Straubing sowie in Moos[32] nach Osten bis etwa zur Provinzgrenze verlängert. Der Wiederaufbau in den Städten ging planmäßig und großzügig vor sich, wie aus den Verhältnissen in Kempten zu ersehen ist, wo das Forum größer wiedererstand und die große und die kleine öffentliche Therme errichtet wurden. In den Wirren der Jahre 68–70 mit all ihren Truppenverschiebungen hatte sich sicherlich die Grenzführung über obere Donau-Hochrhein-Oberrhein recht hinderlich erwiesen. Ein kurzer Feldzug des Pinarius Clemens brachte 74 n. Chr. die Unterwerfung des Dekumatlandes und damit über Offenburg-Kinzigtal-Rottweil-Tuttlingen-Günzburg eine stark verkürzte Ost-West-Straße, die durch entsprechende Kastelle gesichert wurde.[33]

[29] Günter ULBERT, Zur Grenze zwischen den röm. Provinzen Norikum u. Raetien am Inn (BVbll. 36) 1971, 101–123.

[30] Gesamtdarstellung dieser Vorgänge bei ULBERT, Donau-Kastelle (s. o. 65) 87.

[31] KRÄMER, Cambodunumforsch. 121 bis 123.

[32] Hans SCHÖNBERGER, Eine Straßenstation bei Moos? (BVbll. 24) 1959, 131–132; Paul KARNITSCH, Die Sigillata v. Burgstall, Gemeinde Moos (BVbll. 27) 1962, 142–148; Rainer CHRISTLEIN, Moos-Burgstall, Lkr. Deggendorf. Zur Topographie in röm. und frühmittelalterlicher Zeit (Beil. z. Amtl. Schul-Anz. f. d. Reg.Bez. Niederbayern Nr. 5/6) 1976, 16–21.

[33] Alfred RÜSCH, Arae Flaviae. Die Militärlager u. d. Zivilsiedlung in Rottweil am Neckar (Aufstieg u. Niedergang d. Röm. Welt II 5,1) 1976, 560–600; Dieter PLANCK, Neues zum röm. Kastell Waldmössingen, Kreis Rottweil (Fundber. aus Baden-Württ. 3) 1977, 374–387.

Dieses erste Ausgreifen über die obere Donau legte gewissermaßen die Entwicklung für die nächste Zeit fest. In den ersten Jahren Domitians (81–96) wurde die Donau auf größerer Breite überschritten; aus dieser spätvespasianisch-frühdomitianischen Zeit stammen die Kastelle Sulz, Häsenbühlhof bei Geislingen a. R. und Burladingen an der westlichen Schwäbischen Alb. Ob sich damals schon der von der Forschung angenommene sog. Alblimes nach Osten angeschlossen hat, scheint nach dem gegenwärtigen Wissensstand sehr fraglich.[34] Eindeutig sind hierzu gehörige Kastelle noch nicht aufgefunden worden. Wir wissen durch die Bauinschrift erst wieder, daß weit im Osten 80 n. Chr. das Alenkastell Kösching angelegt worden war. Vielerlei Gründe lassen vermuten, daß damals auch dazwischen Kastelle begründet wurden; nachgewiesen ist jedoch davon noch keines.[35] Dagegen erbrachte die Auswertung der Ausgrabungen im Kastell Oberstimm, daß die bisherige Vorstellung vom linearen Vorrücken des Limes keineswegs in vollem Umfang aufrechtzuerhalten ist. Allgemein wurde bisher z. B. angenommen, daß die Garnison nach Auflassung von Oberstimm 80 n. Chr. nach Kösching verlegt wurde. Nun stellte sich heraus, daß Oberstimm bis in die Endjahre Traians, wahrscheinlich sogar bis in die ersten Jahre Hadrians belegt war. Ähnliches könnte die Münzreihe auch für Burghöfe vermuten lassen, und auch für Faimingen ist die Frage eines frühen Kastells unter diesem Gesichtspunkt neu zu überprüfen.

Der Chattenkrieg 83 n. Chr. erzwang ein Überschreiten des Mittelrheins auf breiter Linie. Doch scheint hier der Übergang zur geschlossenen, linearen Grenzwacht erst nach Niederschlagung des Aufstandes des Antonius Saturninus 88/89 in der Anlage des Limes im Taunus, durch den Odenwald und entlang des mittleren Neckar wirksam geworden zu sein. Im heute bayerischen Untermaingebiet entstand damals das Kastell Stockstadt. Aus den Landstrichen beiderseits des Oberrheins wurde die Provinz Germania superior gebildet. In Raetien rückte mit der Errichtung der Kastelle Urspring, Heidenheim, Oberdorf am Ipf, Munningen,[36] Unterschwaningen, Gnotzheim, Weißenburg und Pfünz die Grenzlinie weiter nach Norden vor. Mit den Maßnahmen Domitians endete das Vordringen der Römer im Voralpenland; was folgt, sind ausschließlich Maßnahmen zum *Ausbau* und zur *Sicherung,* auch wenn sie verschiedentlich kleinere Grenzkorrekturen einschließen.

[34] Dieter PLANCK, Neue Forsch. z. obergerman. u. raetischen Limes (Aufstieg u. Niedergang d. röm. Welt II 5,1) 404–456, bes. 409ff.

[35] FILTZINGER (s. o. 65) 201 u. Taf. 18 nimmt frühdomitianische Anlagen in Frikkingen, Harburg, Gansheim, Nassenfels und Gaimersheim an, ohne daß jedoch ein Beweis zu erbringen ist. Dagegen gibt es z. B. von Nördlingen südgallische Sigillata domitianischer Zeit (BVbll. 38, 1973, 105–111); zum Kastell Eislingen D. PLANCK (Fundber. aus Baden-Württemberg 1) 1974, 527–532; hinzuweisen ist auch auf die aus der Luft neu entdeckten, aber noch nicht erforschten Kastelle: Ludw. WAMSER, Motorsegler u. Archäologie. Segelflugverein Weißenburg im Dienste d. Heimatforsch., 1977.

[36] Dietwulf BAATZ, Das Kastell Munningen im Nördlinger Ries (Saalburg-Jahrbuch 33) 1976, 11–62.

§ 10. BLÜTEZEIT

Walther BARTHEL, Die Erforschung d. obergerm. raetischen Limes in d. Jahren 1908–1912 (Ber. RGK 6) 1910–1911, 114–181; Dietwulf BAATZ, Der römische Limes, 1974; Hans SCHÖNBERGER, Neuere Grabungen am obergerm. u. raet. Limes (Limesforsch. 2) 1962, 69–137; Ders., The Roman Frontier in Germany: An Archaeological Survey (Journal of Roman Studies 59) 1969, 144–197; Dieter PLANCK, Neue Ausgrabungen am Limes (Kl. Schriften z. Kenntnis d. röm. Besetzungsgesch. Südwestdeutschlands 12) 1975; Hans-Jörg KELLNER, Raetien u. die Markomannenkriege (BVbll. 30) 1965, 154–175; Ders., Zwei neue raetische Militärdiplome (BVbll. 33) 1968, 92–99; W. ZWIKKER, Studien z. Markussäule, 1941; ULBERT, Regensburg; Paul REINECKE, Kleine Schriften z. vor- u. frühgeschichtl. Topographie Bayerns, 1962; Friedr. WINKELMANN, Eichstätt (Kat. West- u. Süddeutscher Altertumssamml. VI) 1926; Ernst FRICKHINGER, Die röm. Gutshöfe d. Rieses (Das Schwäb. Museum I) 1925, 133–134; Hans-Jörg KELLNER, Neue Ausgrabungen an Badegebäuden in Nordwest-Noricum (BVbll. 24) 1959, 146–172; Jos. REICHART, Villae rusticae in d. Umgebung Ingolstadts (Sammelbll. Hist. Ver. Ingolstadt 59) 1950, 39–49; Paul REINECKE, Die röm. Villenanlage v. Westerhofen (ebd. 65) 1956, 3–35; Ders., Röm. Villa rustica bei Burgweinting (Röm. Germ. Korrespondenzbl. 9) 1916, 54–57; Fritz-Rud. HERRMANN, Eine röm. Villa bei Schambach im Ldkr. Weißenburg (Jahresber. d. bay. Bodendenkmalpfl. 6/7) 1965/66, 14–34; Fridolin REUTTI, Eine röm. Villa suburbana bei Stadtbergen, Lkr. Augsburg (BVbll. 39) 1974, 104–126.

Unter dem Schutz der Truppen breiteten sich allmählich römische Zivilisation und Kultur, Handel und Wirtschaft auch in Raetien aus. Die frühesten Zentren für die Entwicklung römischen Lebens lagen mit Augsburg,[1] Kempten,[2] Bregenz,[3] Epfach[4] und Neuburg[5] im westlichen Teil der Provinz. Bemerkenswerte *Siedlungen* kennen wir ostwärts des Lech bis jetzt nur in München-Denning[6] und Pocking.[7] Die ausgedehnte Straßen- und Brückenstation Gauting (Bratananium) bei München muß dem Grabungsbefund nach in spättraianischer oder frühhadrianischer Zeit eine gründliche Brandkatastrophe erlitten haben.[8] Handelszentrum für das Limesgebiet war Nassenfels.[9] Für den bayerischen Anteil an Noricum bildete Salzburg (Juvavum),[10] das

[1] Ludw. OHLENROTH, Zum Stadtplan d. Augusta Vindelicum (Germania 32) 1954, 76–85; KELLNER, Augsburg (s. o. 65).

[2] SCHLEIERMACHER (s. o. 65), Cambodunum; Michael MACKENSEN, Das röm. Gräberfeld auf der Keckwiese in Kempten. Cambodunumforschungen IV (Materialhefte z. bayer. Vorgeschichte A 34) 1978.

[3] Ad. HILD, Brigantium u. seine Vorzeit (Jb. d. Vorarlberger Landesmuseumsvereins Bregenz) 1952, 28–43.

[4] Studien zu Abodiacum-Epfach (Münch. Beitrr. 7) 1964.

[5] Wolfg. HÜBENER, Ein röm. Gräberfeld in Neuburg a. d. Donau (BVbll. 22) 1957, 71–96; Michael ECKSTEIN, Ein röm. Gutshof im «Römerfeld» Neuburg a. d. Donau (BVbll. 26) 1961, 128–134. Noch unveröffentlicht sind weitere weit über 100 jüngst geborgene Brandgräber und die Beobachtungen und Grabungen der jüngsten Zeit.

[6] Wolfgang CZYSZ, Der röm. Gutshof in München-Denning u. d. römerzeitl. Besiedlung d. Münchner Schotterebene (Kat. d. Prähist. Staatsslg. 16) 1974.

[7] KELLNER, Pocking (s. u. 84).

[8] Ingeborg SCHÖCHLIN, Zur Topographie des röm. Gauting (BVbll. 33) 1968, 123–126; Herm. MÜLLER-KARPE, Ein röm. Gebäude in Gauting (Germania 30) 1952, 268–271; N. u. I. WALKE, Verzierte Terra Sigillata von Gauting (Ber. RGK 46/47) 1965/66, 77–132.

[9] Oswald BÖHME, Zur Topographie d. röm. Nassenfels (BVbll. 26) 1961, 143–147 (mit älterer Literatur).

[10] Norb. HEGER (s. o. 70 Anm. 28).

bereits unter Claudius zum Municipium erhoben war, den Vorort. Siedlungen dorfartigen Charakters sind bekannt in Seebruck am Chiemsee[11] (Bedaium) und in Karlstein bei Bad Reichenhall,[12] wo die bisher aufgefundenen Bestattungen für die ersten zwei Jahrhunderte n. Chr. eine durchschnittliche Mindestbevölkerung von 60 bis 80 Köpfen ergeben. Auf dem Lande traten neben einfache Lehmfachwerkbauten nun auch aus Stein gebaute Gutshöfe, sog. villae rusticae. Weitere Siedlungsstellen werden durch Friedhöfe mit den damals allgemein üblichen Brandbestattungen angezeigt.[13] Ein klares und ausreichendes Bild der Besiedlung des Landes ergibt sich uns allerdings heute noch nicht, da die bekannten Einzelhöfe und Villae ebenso wie die Brandgräber fast alle erst in traianischer Zeit beginnen, die letzteren meist am Ende des zweiten Jahrhunderts unvermittelt aufhören und der gesamte Fundstoff noch nicht überschaubar aufgearbeitet und publiziert ist.

Die Voraussetzung für die militärische Durchdringung und die Verteidigung wie auch für Wirtschaft und Handel bildete ein gutes *Straßennetz*.[14] Erhaltene Straßenreste, antike Straßenkarten oder -verzeichnisse und überkommene Meilensäulen erlauben uns eine ungefähre Rekonstruktion des Netzes, das sich auf Augsburg als Hauptknotenpunkt bezieht und im Limesgebiet aus militärischen Gründen am dichtesten ist. Auf diesen Straßen, zu denen noch ergänzend verschiedene Wasserwege traten, hatte das Voralpenland Anteil an Handel und Wandel des gesamten Imperiums. Anfangs war die wichtigste Verbindung nach Italien die Via Claudia, der letztlich auch Kempten seinen Aufschwung verdankte. Später kamen Ost-West-Verbindungen, unter Traian die direkte Route Mainz-Augsburg über Cannstatt und Günzburg und im zweiten Jahrhundert die Brennerstraße hinzu, wodurch sich der Verkehr verlagerte, manche Orte wie z. B. Kempten und Gauting in ihrer Bedeutung zurückgingen und andere emporkamen. Wirtschaftlicher Mittelpunkt für die jetzt beginnende reiche Besiedlung im Limesgebiet wurde Nassenfels, Lkr. Eichstätt (Vicus Scuttarensium).

Wie überall in den neuen Provinzen des Imperiums setzten sich auch bei uns die römischen *religiösen Vorstellungen* durch, wobei die Gefühle der einheimischen Bevölkerung geschont und sogar die Landesgötter in den Kreis der Verehrung einbezogen

[11] KELLNER-ULBERT (s. o. 70 Anm. 28).

[12] Paul REINECKE, Kaiserzeitliche Bauten bei Langacker, Gemeinde Karlstein, Lkr. Berchtesgaden (Mitt. d. Ges. f. Salzb. Landesk. 101) 1961, 161–171; Max v. CHLINGENSPERG AUF BERG, Die röm. Brandgräber bei Reichenhall in Oberbayern, 1896.

[13] Vgl. bis 1959 die Literaturangaben in WAGNER, Bibliographie 153–167, Kap. 4, Siedlungen u. Gräber; Martin HELL, Röm. Brandgräber aus d. Rupertiwinkel (Wagner, Frühzeit) 1962, 211–214; H. U. NUBER und A. RADNOTI, Röm. Brand- und Körpergräber aus Wehringen, Ldkr. Schwabmünchen (Jahresber. d. bay. Bodendenkmalpfl. 10) 1969, 27–49; Martin HELL, Röm. Grabfunde aus Freilassing (BVbll. 28) 1963, 148–152; GERHARDT-MAIER, Norische Gräber bei Hörafing im Chiemgau (BVbll. 29) 1964, 119–177.

[14] Zu den römischen Straßen in Bayern s. REINECKE, Kleine Schriften (s. o. 73). Nachdem neuere Arbeiten über das römische Straßennetz in Bayern nicht vorliegen, ist auch in diesem Punkt mit der Inventarisation der Bodendenkmäler durch das Bayerische Landesamt für Denkmalpflege der Anschluß an die Gegenwart zu erhoffen.

wurden.[15] Unter den hiesigen Weihesteinen finden sich solche an die keltische Pferdegottheit Epona, an die Heilgöttin Sirona, an den Flußgott Danuvius und die ebenfalls keltischen Gottheiten der Alounae u. a., sowie zahlreiche Zeugnisse von Gleichsetzungen einheimischer mit römischen Göttern (z. B. Mercurius Arcevius, Jupiter Arubianus u. a.). Auch die besondere Verehrung des Apollo Grannus im Tempel seines Wallfahrts- und Badeortes Faimingen gehört in diese Reihe.[16] Im Mittelpunkt der offiziellen Kultübung stand jedoch die kapitolinische Trias (Jupiter, Juno und Minerva) und besonders natürlich die göttliche Verehrung des kaiserlichen Hauses, für die wir eine besonders repräsentative Anlage im großen Tempelbezirk von Kempten zu sehen haben.

Die Zeit Hadrians (117–138) und seines Nachfolgers brachte dem Voralpenland die *größte Blüte* während seiner Zugehörigkeit zum Imperium. Nachdem dieses unter dem kaiserlichen Vorgänger seine weiteste Ausdehnung erreicht hatte, zeichnet sich allerdings mit Hadrian ein Wandel in der militärischen Zielsetzung ab. Vertraute man bisher allein auf die Schlagkraft der Armeen, so wurde nunmehr die Grenze durchgehend mit einer hohen Palisade aus Eichenpfählen abgeschlossen, die offensichtlich nicht nur zur Überwachung des Grenzverkehrs, sondern bereits als Annäherungshindernis dienen sollte – der *Limes Raeticus* war entstanden. Später wurde dann die Palisade noch durch einen Flechtwerkzaun verstärkt oder gar ersetzt. Diese bisher bestehende Ansicht vom Entwicklungsablauf, die auf den Feststellungen F. Winkelmanns vor dem ersten Weltkrieg basierte, wurde nun durch die Ausgrabungen beim Limestor von Dalkingen zumindest für den westlichen Abschnitt dahingehend korrigiert, daß die erste Anlage in spähadrianischer Zeit aus einem Flechtwerkzaun bestanden hat, die um 139/140 n. Chr. durch eine hohe Palisade ersetzt wurde.[17] In dieses lineare Grenzsystem gehörten noch Holztürme in regelmäßigen Abständen zur Überwachung und Nachrichtenübermittlung sowie kleinere Holz-Erde-Kastelle als Unterkunft für Wachtruppen. Speziell für den Grenzdienst hatte sich eine neue Truppengattung, die sog. numeri, herausgebildet, die in Kleinkastellen unmittelbar am Limes stationiert war. Von raetischen Numeruskastellen sind durch das Fundgut annähernd in diese Zeit datiert Dambach, Gunzenhausen, Böhming und im Osten Steinkirchen; auch die fundarmen Anlagen in Halheim, Ellingen und Oberhochstadt werden wahrscheinlich hierher gehören, obschon das kleine Kastell Unterschwaningen die Erbauung solcher Anlagen bereits in spätdomitianischer Zeit anzeigt und auch später noch solche Neubauten denkbar sind. Im Zuge dieser Maßnahmen scheint der Limesbogen eine letzte Grenzvorrückung nach Norden erfahren zu haben. Auch Auxiliarkastelle wurden noch zur Verstärkung eingeschoben,[18] so z. B. in der

[15] Wagner, Römer 106ff.

[16] Die Erforschung dieses in Raetien besonders hervorragenden Bauwerkes wurde mit Unterstützung der Deutschen Forschungsgemeinschaft durch Prof. Dr. K. Bittel und Architekt Gerhard Weber aufgenommen und führte bereits zu einer ersten Rekonstruktionsvorstellung des Tempels. Damit ist als erfreulicher Anfang eine erste Hinwendung der antiken Bauforschung zu Problemen der heimischen römischen Architektur zu verzeichnen.

[17] Planck (s. o. 72 Anm. 34) bes. 432ff.

[18] Die Donaugrenze war früher schon durch die Kastelle *Quintana*-Künzing (ca. 90/100 n. Chr.) und *Boiodurum*-Passau,

ersten Hälfte des zweiten Jahrhunderts Ruffenhofen und noch unter Traian Theilenhofen,[19] dessen Toranlagen bereits Elemente vorwegnahmen, die dann im dritten Jahrhundert zu neuen fortifikatorischen Prinzipien führten.[20] In der mittleren Kaiserzeit sind alle *Kastelle* nach demselben Grundrißschema angelegt worden, ganz unabhängig von der Gegend und der Bauweise. Die wesentlichen Kennzeichen stellen die stark abgerundeten Ecken der rechteckigen Umwehrung, das Tor etwa in der Mitte jeder Seite und das große Mittelgebäude (Principia) dar. Die Größe richtete sich nach der Garnison; eine Cohorte (ca. 500 Mann) benötigte ca. 2 ha, eine Ala (ca. 480 Reiter) etwa 3–4 ha, eine Ala milliaria (ca. 960 Reiter) um 6 ha, ein Numerus (ca. 200–400 Mann) dagegen nur ¾ ha. Das immer zugehörige Kastellbad lag außerhalb. In Bayern ist am vollständigsten ausgegraben und am besten konserviert das Cohortenkastell *Abusina* bei Eining.[21] Allerdings erfolgten diese Ausgrabungen in Eining bereits vor dem 1. Weltkrieg. Viele wissenschaftliche Fragen sind so bei den Methoden der damaligen Zeit ungeklärt geblieben. Neuere Plangrabungen mit modernen Methoden in verschiedenen Limeskastellen[22] erbrachten sehr wesentliche Erkenntnisse, zeigten aber auch die Differenziertheit der historischen Entwicklung. Für den bayerischen Donaulimes sind besonders wichtig die Ausgrabungen im Kastell Künzing[23] und in Straubing.[24]

Wir dürfen annehmen, daß Hadrian auch den Provinzen Raetien und Noricum seine Fürsorge zugewandt hat, hat er auf seinen großen Reisen doch auch Raetien und Noricum besucht. Wahrscheinlich ist er nach Raetien bei seiner Reise durch Gallien und Germanien 120/121 (121/122?) gekommen. Wenn wir diesen Zeitpunkt auch nicht genau kennen, so belegen doch diesen Besuch in der Serie der Reiseerinnerungsmünzen die Stücke mit der Rückseite «Exercitus Raeticus», «Exercitus Noricus» und «Adventui Aug(usti) Norici»,[25] übrigens das einzige Mal, daß diese Provinzen in der offiziellen Reichsprägung erscheinen.[26] Auch die unter Hadrian erfolgte Erhebung

Innstadt (ca. 80/90 n. Chr.) verstärkt worden. Vgl. Hans SCHÖNBERGER, Der Limes in Bayern (Limesforschungen 2) 1962, 126–134; Ders., Kastell Künzing-Quintana. Die Grabungen v. 1958 bis 1966 (Limesforsch. 13) 1975.

[19] Hans-Günther SIMON, Röm. Funde aus Theilenhofen (BVbll. 43) 1978, 25–56.

[20] Wilh. SCHLEIERMACHER, Centenaria am raetischen Limes (Wagner, Frühzeit) 1962, 197 ff.

[21] Wolfg. Maria SCHMID, Das röm. Kastell Abusina bei Eining an der Donau, 1910²; P. REINECKE, Das röm. Grenzkastell Abusina bei Eining/Donau (VHN 83) 1957, 7–10.

[22] Zur Veröffentlichung dieser Ausgrabungen wurde 1959 von der Römisch-Germanischen Kommission des Deutschen Archäologischen Instituts die Reihe Limesforschungen, Studien zur Organisation der römischen Reichsgrenze an Rhein und Donau, begründet. In dieser Reihe sind bisher 18 Bände erschienen. Ein kurzgefaßter Überblick bei: Dietwulf BAATZ, Der römische Limes, 1974.

[23] SCHÖNBERGER (s. o. Anm. 18).

[24] Joh. PRAMMER, Das Steinkastell von Sorviodurum. Die Ausgrabungen 1976 im Bereich des Nordtores (Jahresber. d. Hist. Ver. f. Straubing 79) 1977, 77–111. Die Ausgrabungen wurden fortgesetzt und führten zur Entdeckung mehrerer Erdkastelle.

[25] Paul L. STRACK, Untersuchungen z. röm. Reichsprägung des 2. Jh., Teil II: Die Reichsprägung z. Z. d. Hadrian, 1933, 143, 161 sowie Katalog nrr. 763, 804–807; The Roman Imperial Coinage II, 1926, nrr. 904, 927–930.

[26] Ebenfalls aus der Zeit Hadrians gibt es noch seltene Quadrantes aus Erz von nori-

Augsburgs zum municipium Aelium Augustum[27] könnte, Analogien entsprechend, gut beim Besuch des Kaisers vorgenommen worden sein. Vielerorts zeigt der stark vermehrte Fundstoff die günstige wirtschaftliche Entwicklung und den hohen Stand der Zivilisation an, die sich nicht mehr nur auf das eigentlich vindelikische Hochland beschränkten, sondern das ganze Land erfaßten.

Unter Antoninus Pius (138–161) wurde die militärische Grenzsicherung weiter verstärkt. Fast alle raetischen Lager wurden nun in Steinkastelle umgebaut. Bauinschriften sind bekannt von 141 n. Chr. aus Pförring (Celeusum) und Kösching (Germanicum), von 144 n. Chr. aus Gnotzheim (Mediana) und von ca. 140/150 n. Chr. aus Pfünz (Vetoniana).[28] Der Grabungsbefund beweist den Ausbau in Stein für Künzing (Quintana) etwa 140/150 n. Chr., macht ihn für Straubing (Sorviodurum) und Theilenhofen (Iciniacum) unter Antoninus Pius, für Weißenburg (Biriciana) vor 153 n. Chr. wahrscheinlich.[29] Neu angelegt wurde 139/141 n. Chr. oder möglicherweise auch erst etwas später[30] durch die Cohors IX Batavorum ein Kastell auf dem Altstadthügel in *Passau,* das, aller Wahrscheinlichkeit nach im Bereich des Doms gelegen, der späteren Stadt den Namen (Batavis-Passau) gab.[31] Auch in den Nachbarprovinzen wurde damals gebaut; eine Bauinschrift im norischen Alenkastell Traismauer gehört in die Zeit 140/144 n. Chr. Am obergermanischen Limes wurden 145/146 n. Chr. im Odenwald von Lützelbach bis Neckarburken-Ost sieben etwa 0,6 ha große Steinkastelle durch die Numeri Brittonum in Stein umgebaut; der Steinausbau von Wachttürmen am Odenwald-Limes ist ebenfalls durch Inschriften für die gleiche Zeit bezeugt.[32] Nur kurz nach der Erbauung dieser Brittonen-Kastelle wurde auf breiter Front die stark einspringende Ecke an der Naht zwischen dem obergermanischen und raetischen *Limes* vorverlegt und damit ein kürzerer und besser überschaubarer Limesverlauf erreicht. Der Neckar- und der Alblimes wurden aufgegeben und die Grenze in die Linie Wörth-Miltenberg-Öhringen-Lorch in Obergermanien und Schirenhof-Unterböbingen-Aalen-Buch-Ruffenhofen in Raetien vorverlegt, was die

schen Bergwerken mit der Rückseitenaufschrift MET(alla) NOR(ica), The Roman Imperial Coinage II, 1926, nr. 1011.

[27] VOLLMER, nr. 111.

[28] VOLLMER, nrr. 263, 258; WAGNER, Neue Inschriften nr. 81; VOLLMER, nrr. 276/278.

[29] Einzelnachweis bei KELLNER, Markomannenkriege (s. o. 73) 168 ff.

[30] Margaret M. ROXAN, A note on the Gnotzheim diploma fragment (BVbll. 44) 1979, 75–78.

[31] H.-J. KELLNER, Neue Militärdiplomfragmente aus Raetien (BVbll. 31) 1966, 89–94. Die Existenz überhaupt eines mittelkaiserzeitlichen Kastells in dem Winkel zwischen Donau und Inn wurde in letzter Zeit in Zweifel gezogen; Albr. AIGN, «Castra Batava» u. die Cohors nona Batavorum (Ostbair. Grenzmarken 17) 1975, 102–157. Durch die Außenstelle Landshut des Bayerischen Landesamtes für Denkmalpflege konnten nach Mitteilung von R. CHRISTLEIN in den letzten Jahren in der Altstadt von Passau bei Bodenaufschlüssen so viele Funde erfaßt werden, daß ihr Auftreten an dieser Stelle mit einer zivilen Siedlung nicht erklärt werden kann. Damit kommt der archäologischen Überwachung aller Erdarbeiten in Passau erhöhte Bedeutung zu, da nur hierdurch eine Klärung dieser Frage zu erwarten ist. Aufschluß versprechen die noch nicht abgeschlossenen Ausgrabungen in der Gegend des Doms.

[32] Dietwulf BAATZ, Eine neue Inschrift vom Odenwald-Limes (BVbll. 31) 1966, 85–89.

Anlage einer ganz neuen Kastellreihe bedingte.[33] Mit dieser Grenzverschiebung war die größte Ausdehnung des Imperiums im Voralpenland erreicht. Gleichzeitig hat der raetische Limes seine endgültigen Garnisonen erhalten. Neben wenigen Inschriften in Stein, den Ziegeln mit Truppenstempeln und seltenen Inschriften auf Metallgegenständen sind die vorzüglichste Quelle für den Exercitus Raeticus[34] und die Festlegung der Truppenstandorte die sog. Militärdiplome, bronzene Entlassungsurkunden von Auxiliarsoldaten, auf denen neben dem ehrenvoll Entlassenen der Provinzstatthalter und die ihm unterstellten Truppenteile in gleichbleibender Gruppierung aufgeführt sind. Aus Raetien bzw. von bayerischen Fundorten sind bis 168 n. Chr. insgesamt 30 derartige Militärdiplome ganz oder in Fragmenten erhalten.[35] Die daraus auf den Vorstudien von K. Kraft erarbeitete Übersicht über die raetischen Truppen und ihre Standorte gibt den gegenwärtigen Wissensstand wieder.[36] Am Ende der Regierung des Antoninus Pius bestand die gesamte Streitmacht der Provinz aus 4 Alen und 13 Cohorten.

Bald nach dem Beginn der Regierung des Marc Aurel (161–180) fand die lange Zeit ungestörter Entwicklung ein plötzliches Ende durch den Ausbruch der sog. *Markomannenkriege,* in denen wir bereits die Vorboten der Völkerwanderungszeit sehen können. Weit im Nordosten und Osten waren Völkerschaften in Bewegung geraten und hatten andere mit sich gerissen, so daß an der Reichsgrenze in großer Breite zahlreiche germanische und pontisch-skythische, aber auch keltische und dakische Volksstämme Land suchend, bittend oder fordernd, erschienen. Als erste fielen die Chatten 162 n. Chr. durch das Main- oder Lahntal in Obergermanien und auch Raetien (wohl nur im Nordwestteil) ein, konnten jedoch von dem hierzu nach Obergermanien gesandten Aufidius Victorinus rasch wieder zurückgeschlagen werden. Rom scheint die Lage jenseits der Grenze noch keineswegs für bedrohlich gehalten zu haben, war doch eine ganze Anzahl von Truppen vom Rhein und von der Donau in den 161 n. Chr. ausgebrochenen Partherkrieg gesandt worden.[37] Es blieb auch, wohl durch die Geschicklichkeit der örtlichen Statthalter, noch einige Jahre ruhig; im Sommer 167 n. Chr. überschritten die Donau in Pannonien erstmals Germanenhaufen, denen in den nächsten Jahren viele Wellen folgen sollten. Raetien wurde zunächst nicht in Mitleidenschaft gezogen, noch 167/168 n. Chr. erfolgten die regulären Veteranenentlassungen. Wie aus Andeutungen in der schriftlichen Überlieferung und aus Bodenbefunden hervorgeht, sind 168 n. Chr. die Chatten wieder unruhig geworden und haben den Main bei Stockstadt überschritten.[38] Zeugnisse von Kämpfen auch in

[33] Dieter PLANCK, Neue Forschungen zum obergerm. u. raetischen Limes (Aufstieg u. Niedergang d. röm. Welt II 5.1) 1976, 404–456.

[34] Hans-Jörg KELLNER, EXERCITVS RAETICVS, Truppenteile und Standorte im 1.–3. Jahrhundert n. Chr. (BVbll. 36) 1971, 207–215.

[35] Ders., Wieder neue Militärdiplome aus Raetien (BVbll. 38) 1973, 124–131. Noch unveröffentlicht sind Fragmente von Burghöfe und Regensburg.

[36] Übersichtstabelle bei Ders., Zwei neue raetische Militärdiplome (BVbll. 33) 1968, 92–99.

[37] Z. B. Legio I Minervia aus Bonn, Ala I Hispanorum Auriana aus Weißenburg i. B., Legio II Adiutrix aus Aquincum, Legio V Macedonica aus Troesmis.

[38] Hans-Jörg KELLNER, Ein Schatzfund

Raetien gibt es erst für 172/173 n. Chr.;[39] damals durchbrachen germanische Scharen im Abschnitt Regensburg-Pfünz-Limesbogen die Grenze, zerstörten die Kastelle und drangen ins Hinterland ein. Bald darauf wurden sie jedoch von dem an der Spitze der Legio I Adiutrix herbeigeeilten späteren Kaiser Pertinax zurückgeschlagen. Dennoch zwang die Gesamtsituation dazu, die militärische Abwehrkraft der Provinz bald danach durch die ständige Stationierung der Legio III Italica (ca. 6000 Mann und 700 Reiter) erheblich zu verstärken. Diese Legion war zusammen mit der Legio II Italica, die nach Noricum verlegt wurde, etwa 166/167 durch außerordentliche Rekrutierungen in Italien neu aufgestellt worden; sie scheint nach verschiedener Verwendung in den Markomannenkriegen mit Teilen kurze Zeit nordwärts Eining stationiert gewesen zu sein,[40] bevor sie in *Castra Regina* (Regensburg, gegenüber der Mündung des Regen) ihr endgültiges Standquartier bezog. Wesentliche Teile der Bauinschrift sind uns heute noch erhalten. Diese berichten uns, daß die dritte Italische Legion in der gemeinschaftlichen Regierung der Kaiser Marc Aurel (161–180) und Commodus (178–192) 179/180 n. Chr. «vallum cum portis et turribus» (die Umwallung mit den Toren und den Türmen) unter dem Legaten M. Helvius Clemens Dextrianus fertiggestellt hat.[41] In den Händen des «legatus pro praetore» der Legion lag von da an nicht nur der militärische Oberbefehl, sondern auch die zivile Verwaltung der Provinz an Stelle des bisherigen Procurators,[42] wenn auch der Sitz der Provinzverwaltung weiter in Augsburg verblieb. Ein Procurator war von nun ab mit der Finanzverwaltung Raetiens betraut. Die Bedeutung der Neugründung gegenüber der Regenmündung erhellt auch dadurch, daß ein Beamter im Range eines Aedilen mit der Aufsicht über das Legionsterritorium und die «canabae Reginenses» (zum Regensburger Legionslager gehörige Zivilsiedlung) beauftragt war, wie aus einer Weihinschrift des Aedilen Aurelius Artissius an Volkanus 178 n. Chr., wohl anläßlich der Fertigstellung der ersten Bauten, hervorgeht.[43] Große Fürsorge hatte die Provinz auch bitter nötig, da nicht nur durch die Kriegszerstörungen, sondern vor allem auch infolge der starken Entvölkerung durch die im Partherkrieg eingeschleppte Pest das ganze Leben darniederlag. Manche Grabsteine, gesetzt für ganze Familien, zeugen noch heute von den verheerenden Auswirkungen jener Seuche.

Commodus (178–192) stellte nach dem Tode seines Vaters unter Verzicht auf errungene Positionen rasch Frieden her; die Grenze des Reiches blieb die bisherige.

aus d. Kastell Stockstadt, Lkr. Aschaffenburg (Germania 41) 1963, 119–122.

[39] Aus anderen Erwägungen kommt Jenö FITZ zum Zeitansatz in die Jahre 171/172 für diese Ereignisse: Der markomannisch-quadische Angriff gegen Aquileia und Opitergium (Historia 15) 1966, 336–367; Ders., Pertinax in Raetien (BVbll. 32) 1967, 40–51.

[40] Hans SCHÖNBERGER, Das Römerlager im Unterfeld bei Eining. Ber. über die Grabung 1968 (Germania 48) 1970, 66–84.

[41] VOLLMER, nr. 362.

[42] Die letztgenannten Procuratoren sind Desticius Severus 166 n. Chr. und Sextus Baius Pudens 164/165 n. Chr.

[43] VOLLMER, nr. 361. – In diesem Zusammenhang ist auf die noch unveröffentlichte Dissertation über das territorium legionis um Regensburg von Thomas FISCHER hinzuweisen, die hier manche Klärung erwarten läßt. In Regensburg-Großprüfening wurde 1978 gegenüber der Naabmündung ein kleineres Auxiliarkastell derselben Zeitstellung entdeckt.

Trotz der Größe der Schäden an Gut und Blut erholten sich die Provinzen noch einmal verhältnismäßig schnell. Unter dem Legaten Spicius Cerialis wurden die beschädigten Kastelle wiederhergestellt; Bauinschriften aus Böhming (181 n. Chr.), Pfünz (183/185 n. Chr.) und Dambach (185/191 n. Chr.) sind gefunden worden. Verschiedene Grabungsbefunde legen nahe, daß man allgemein um die Verstärkung der Verteidigungsanlagen besorgt war. Auf Grund des Befundes von Dalkingen ist wahrscheinlich in dieser Periode nach den Markomannenkriegen der Ausbau des Raetischen Limes mit einer ca. 1,20 m breiten und 2,50–3,00 m hohen Steinmauer erfolgt. Auch die letzte Ausbauphase des Obergermanischen Limes mit Wall und Graben fällt möglicherweise in diese Jahrzehnte. Aus der Zeit des Commodus datieren die Schlußmünzen einiger kleiner Schatzfunde, ohne daß dies im Augenblick historisch ausgewertet werden kann. Als nach der Ermordung des Commodus dann 193 n. Chr. in rascher Folge Pertinax, Didius Julianus, Clodius Albinus und Pescenius Niger als Kaiser auftraten, konnte sich der von seinen Truppen in Carnuntum zum Augustus ausgerufene Septimius Severus bald die Alleinherrschaft erringen. Hierbei unterstützten ihn getreulich sowohl die zweite Italische Legion aus Noricum als auch die dritte Italische Legion aus Regensburg, weshalb auch beide in der Reihe seiner Legionsdenare erscheinen. Der Denar mit den Feldzeichen und der Aufschrift LEG. III. ITAL auf der Rückseite ist eines der wenigen numismatischen Denkmale der Regensburger Legion.[44]

Die Anwesenheit einer Legion wirkte sich auf lange Sicht in vielerlei Beziehungen förderlich für die Entwicklung in der Provinz aus. Unter Septimius Severus (193–211) wurden die Fernstraßen erneuert, wie aus zahlreichen erhaltenen Meilensäulen hervorgeht, und durch die Errichtung von Türmen in bestimmten Abständen der Unterhalt der Straße und die Sicherheit des Verkehrs gewährleistet.[45] Die Straßenpolizei wurde von den sog. Benefiziariern besorgt, deren vorauszusetzende Stationen wir in Raetien noch nicht kennen, die aber in Obergermanien (z. B. Stockstadt) und Noricum (z. B. Seebruck) bezeugt sind.[46] Es liegt auf der Hand, daß *Handel und Gewerbe* aus dieser Fürsorge für die Straßen Nutzen zogen. Gerade nach den Markomannenkriegen nahmen einige bekannte Produktionsstätten von überörtlichem Rang ihre Tätigkeit auf; es seien nur genannt die Legionsziegeleien bei Bad Abbach,[47] die ihre gestempelten Erzeugnisse bis Eining, Pförring und Augsburg im Westen und Künzing im Osten lieferten, die keramischen Werkstätten in Westheim bei Augsburg[48] und die Töpfereien für Terra Sigillata in Westerndorf St. Peter[49] und

[44] The Roman Imperial Coinage IV 1, 1936, nr. 7; vgl. V 1, 1927, 94, nr. 339ff.

[45] Ludw. OHLENROTH, Römische Burgi an d. Straße Augsburg-Kempten-Bregenz (Ber. RGK 29) 1940, 122–156, bes. 151ff.

[46] Phil. FILTZINGER, Röm. Straßenstation bei Sigmaringen (Fundber. aus Schwaben NF 19) 1971, 175–206 (mit Zusammenstellung aller Beneficiarierinschriften in Raetien und dem rechtsrheinischen Obergermanien).

[47] WAGNER, Römer 83.

[48] Otto ROGER, Röm. Töpferwaren v. Westheim b. Augsburg (Zschr. Hist. Ver. Schwaben 33) 1907, 37–42. Wesentlich bedeutender noch sind nach Mitteilung von W. CZYSZ die neu entdeckten Töpfereien für Sigillata und Gebrauchskeramik in Schwabmünchen. Veröffentlichung vorgesehen als Katalog der Prähistorischen Staatssammlung.

[49] Hans-Jörg KELLNER, Beiträge zum

Pfaffenhofen am Inn,[50] die ihre Sigillaten weit donauabwärts bis Noricum und Pannonien absetzten. Für den lokalen Bedarf ist die Gewinnung von Eisen aus Raseneisenerz im Limesgebiet und an anderen Orten wahrscheinlich, die Weiterverarbeitung von Roheisen und Herstellung von Glas verschiedentlich gesichert.[51] Sicherlich gab es Werkstätten, die einfaches Bronzegerät, Fibeln und Schmuck hergestellt haben, läßt sich doch für Regensburg um 200 n. Chr. die Tätigkeit eines Goldschmieds vermuten.[52] Gegenstände des gehobenen Bedarfs jedoch, wie z. B. das silberne Prunkgeschirr für höhere Offiziere im Fund von Manching,[53] die Treibarbeiten aus dem Schatzfund von Straubing[54] und dem neuen Verwahrfund von Eining,[55] die Bronzegefäße und -geräte aus Grab 3 von Wehringen,[56] das feine Sigillata-Geschirr, hervorragende Glaswaren u. a. brachte wohl zumeist der Handel aus Werkstätten des Mutterlandes, Galliens oder Pannoniens in das Voralpengebiet.

Für den Bereich der künstlerischen Entfaltung gilt auch hier, wie für das ganze Altertum, daß *Kunst und Handwerk* eins waren und eigentlich nicht getrennt werden können. In der Baukunst kam die Steinarchitektur, die im ersten Jahrhundert n. Chr. erstmals aus Italien in die Zone nordwärts der Alpen gelangt war, Ende des zweiten und Anfang des dritten Jahrhunderts n. Chr. zu größter Entfaltung. Die größeren Städte Augsburg und Regensburg, aber auch Marktflecken, hatten ihre Zentren mit öffentlichen Gebäuden, Tempeln, Bädern, ihre prachtvollen Tore[57] und Theater; von einigen kennen wir die Grundrisse, auf manche weisen Inschriften hin, von den

Typenschatz und zur Datierung der Sigillata von Westerndorf und Pfaffenhofen. Zur Sigillata-Töpferei von Westerndorf IV (Das bayer. Inn-Oberland 35) 1968, 5–72 (mit Angabe der älteren Literatur); Ders., Die raetischen Sigillata-Töpfereien u. ihr Verhältnis zu Westerndorf. Zur Sigillata-Töpferei v. Westerndorf III (BVbll. 27) 1962, 115–129; Ders., Die Sigillata-Töpfereien v. Westerndorf u. Pfaffenhofen (Kl. Schriften z. Kenntnis d. röm. Besetzungsgesch. Südwestdeutschlands 9) 1973; Johannes PRAMMER, Ein Sigillata-Brennofen aus Westerndorf-St. Peter (BVbll. 40) 1975, 129–142; Maurice PICON, Recherches techniques sur les céramiques de Westerndorf et Pfaffenhofen (BVbll. 39) 1974, 185–191. Der Bericht über weitere 1976 und 1978 ergrabene Brennöfen ist in Vorbereitung.

50 KELLNER, Die Sigillata-Töpferei in Pfaffenhofen am Inn u. ihr Formenschatz (Germania 42) 1964, 80–91; Ders. und Rainer CHRISTLEIN, Die Ausgrabungen 1967 in Pons Aeni (BVbll. 34) 1969, 76–161; Rainer CHRISTLEIN u. a., Die Ausgrabungen 1969–1974 in Pons Aeni (BVbll. 41) 1976, 1–106.

51 Z. B. in Pocking (BVbll. 25) 1960, 161–164 (W. SPECHT) und in Kempten.

52 KELLNER, Eining (s. u. 84) 210, 215, 216.

53 KRÄMER, Manching 197–201.

54 KEIM-KLUMBACH, Der röm. Schatzfund v. Straubing, 1978³.

55 Hans-Jörg KELLNER, Der röm. Verwahrfund v. Eining (Münch. Beitrr. 29) 1978; Jochen GARBSCH, Röm. Paraderüstungen (Münch. Beitrr. 30) 1978; an der Fertigung von Paraderüstungsteilen scheinen nach den neuesten Beobachtungen wesentlich Wanderhandwerker beteiligt gewesen zu sein.

56 Norbert WALKE, Röm. Gräberfeld in Wehringen, Lkr. Schwabmünchen, Schwaben (Germania 41) 1963, 122–123; Hans-Jörg KELLNER, Erwerbungsber. d. Prähist. Staatssammlung 1960–1964 (Münchner Jb. d. bildenden Kunst 3. Folge 16) 1965, 263–272; Hans Ulrich NUBER-Aladar RADNOTI, Röm. Brand- und Körpergräber aus Wehringen, Lkr. Schwabmünchen (Jahresber. d. bayer. Bodendenkmalpflege 10) 1969, 27–49.

57 Das einzige, allerdings in einem spätantiken Umbau erhaltene Tor ist die Porta Praetoria in Regensburg; vgl. Hans HÖRMANN, Die Instandsetzung d. Porta Praetoria d. röm. Legionslagers in Regensburg (Ber. d. BLfD 18) 1959, 85–89.

meisten wissen wir nichts. Wir haben z. B. bis heute auch noch nicht eine annähernde Vorstellung vom Grundriß der Provinzhauptstadt, obwohl dort seit langem und besonders intensiv «Denkmalpflege» betrieben worden ist. Erwähnung verdienen ein innen vollständig bemalter Gewölbebau in Augsburg[58] und die Ausschmückung der Hauptstraßen in Regensburg mit Portiken.[59] Demgegenüber sind die Skulpturen durchaus nicht frei von provinziellen Eigenheiten. Wenn sich auch an manchen Punkten die Funde häufen, so streuen doch Grabsteine, Reste von Grabaedikulen, Turmgrabmäler, Weihesteine, Altäre und Steinplastiken über das ganze Land hin.[60] Heimische Steinmetzwerkstätten befanden sich sicherlich in Augsburg[61] und Regensburg,[62] aber auch in Nassenfels[63] und wohl auch in Salzburg.[64] Daneben begegnen aber auch Arbeiten aus italischem Marmor von feinstem Stil, z. B. in Kellmünz.[65] Lebensgroße vergoldete Bronzestandbilder von Gottheiten oder des göttlichen Kaisers meist zu Pferd waren nicht nur auf den Fora der Städte Augusta Vindelicum, Brigantium oder Cambodunum, sondern vielfach auch in den Mittelpunkten der größeren oder kleineren Militärlager, wie z. B. Künzing, aufgestellt. Dies zeigen zahlreiche Statuenfragmente, die der Einschmelzung durch die Barbaren entgangen sind und häufig bei Grabungen zutage treten. Noch weit mehr verbreitet waren die Kleinplastiken aus Bronze, die Götter, Heroen, Laren oder Penaten darstellten, schmückten doch solche aus Metall oder Ton das Lararium jeden besseren Haushalts. Daß hierzu neben hochstehenden in Italien und Pannonien auch einheimische Werkstätten lieferten, haben erst jüngst neue Forschungen klargemacht.[66] Die Malerei beschränkte sich auf das Fresko; doch werden Spuren davon nicht nur in den Zentren städtischen Lebens,[67] sondern auch in den Villae rusticae des Landes gefunden.[68] In der starken Bevorzugung rein ornamentaler Motive läßt sich hier jedoch das Kulturgefälle zum Mittelmeerraum deutlich ablesen. Eine hervorragend gepflegte Kunstrichtung war die Aus-

[58] Klaus PARLASCA, Röm. Wandmalereien in Augsburg, 1956, 22–25.

[59] Ad. SCHMETZER, Der Ausbau d. Regensb. Legionslagers (BVbll. 11) 1933, 25–40; Armin STROH, Neue Beobachtungen im röm. Regensburg (Germania 31) 1953, 217–219; Udo OSTERHAUS, Baubeobachtungen an d. Via principalis im Legionslager von Regensburg (BVbll. 39) 1974, 160–180; Ders., Neuere Grabungen im Römischen Regensburg (VHOR 115) 1975, 193–201.

[60] Friedr. WAGNER, Corpus Signorum Imperii Romani, Deutschland I, 1. Raetia (Bayern südl. d. Limes) u. Noricum (Chiemseegebiet) 1973.

[61] Ludw. OHLENROTH, Grabmäler röm. Ehepaare aus Augsburg (Germania 31) 1953, 32–38.

[62] Gg. STEINMETZ, Die röm. Steindenkmale im Ulrichsmuseum (Führer durch d. Samml. d. hist. Ver. im Oberpfälz. Kreismuseum zu St. Ulrich in Regensb.) 1931, 29–60; Werner GAUER, Die raetischen Pfeilergrabmäler und ihre moselländischen Vorbilder (BVbll. 43) 1978, 57–100.

[63] Hans-Jörg KELLNER, Eine röm. Steinmetzwerkstatt in Nassenfels (Hist. Bll. f. Stadt u. Lkr. Eichstätt 11) 1962, 5–7.

[64] Norb. HEGER, Die Skulpturen d. Stadtgebietes v. Iuvavum (Corpus Sign. Imp. Rom., Österreich III, 1) 1975.

[65] Friedr. WAGNER, Skulpturen u. Werkstücke (Das spätröm. Kellmünz) 1957, 46–50.

[66] Rob. FLEISCHER, Zum röm. Schatzfund v. Straubing (Jhft. d. Österr. Archäologischen Institutes 46) 1965, Beibl. 171–190.

[67] PARLASCA (s. o. Anm. 58).

[68] Gisela ZAHLHAAS, Die Fresken d. röm. Thermengebäudes v. Schwangau (BVbll. 43) 1978, 101–113. Gesamtveröffentlichung von G. ZAHLHAAS in Zusammenarbeit mit Günther KRAHE in Vorbereitung.

schmückung des Fußbodens mit Mosaiken. Hier begegnen sich bei uns gallisch-obergermanische Ausstrahlungen, als deren prächtigstes Denkmal wir das Anfang des dritten Jahrhunderts n. Chr. entstandene Mosaik von Westerhofen bei Ingolstadt zu betrachten haben,[69] mit einem norischen Werkstättenkreis um Salzburg.[70]

Parallel mit der aufgezeigten Entwicklung und in gewissem Sinne als Voraussetzung vollzog sich der Prozeß der Verschmelzung der Provinzen mit dem Mutterland, die *Romanisierung*. Aus einheimischen keltischen Bevölkerungsteilen, römischen Chargen, Beamten und Kaufleuten sowie Soldaten aus allen Teilen des Imperiums mit ihrem Anhang entwickelte sich spätestens im Laufe des zweiten Jahrhunderts n. Chr. eine recht einheitliche romanische Provinzbevölkerung, der jedoch immer lokale Eigenheiten in Tracht, Sitte u. a. erhalten blieben.[71] Auf den sonst kaum faßbaren Vorgang der Romanisierung weisen verschiedene Grabsteine hin, auf denen die Eltern noch keltische Namen tragen, der Sohn jedoch vom Namen her in seiner keltischen Abstammung nicht mehr erkennbar ist. Damit verbunden ist ein deutliches Ansteigen der Durchschnittsbildung; nachdem Denkmale keltischer Schrift in Raetien fast völlig fehlen und im 1. Jahrhundert n. Chr. der Gebrauch der Schrift wohl durchweg auf Militär, Verwaltung und allenfalls die Städte beschränkt blieb, können wir aus zahlreichen Funden schließen, daß im 2. Jahrhundert n. Chr. die Kenntnis der Schrift und der Gebrauch der lateinischen Sprache allgemein war.[72] Es stellte somit die Gewährung des allgemeinen Bürgerrechts durch Caracalla (211–217) 212 n. Chr. (Constitutio Antoniniana) lediglich die staatliche Anerkennung einer vollzogenen Entwicklung dar. Selbstverständlich nahmen die Provinzen in diesem Sinne den ihnen gemäßen Anteil an der allgemeinen wirtschaftlichen, sozialen und geistigen Entwicklung im Imperium. In Raetien und Noricum drangen am Ende des zweiten und Anfang des dritten Jahrhunderts n. Chr. ebenfalls die *orientalischen Kulte*[73] der Mithras-, Dolichenus-, Sabazios- und Sol-Verehrung ein, breitete sich im dritten Jahrhundert n. Chr. die Skelettbestattung anstelle der bisherigen Leichenverbrennung aus und fand das junge Christentum Eingang. Daß schon viel früher all die zivilisatorischen Errungenschaften der mittelmeerischen Zentren, wie Badehygiene, Raumbeheizung, Wasserleitungen und viel anderes mehr Allgemeingut geworden waren, lehren uns zahlreiche Grabungsbefunde.

[69] Klaus PARLASCA, Die röm. Mosaiken in Deutschland, 1959, 91–108.

[70] Hans-Jörg KELLNER, Die röm. Mosaiken v. Marzoll, Lkr. Berchtesgaden (Germania 41) 1963, 18–28.

[71] Jochen GARBSCH, Die norisch-pannonische Frauentracht im 1. u. 2. Jh., 1965; Günter ULBERT, Zur Grenze zw. den röm. Provinzen Norikum u. Raetien am Inn (BVbll. 36) 1971, 101–123.

[72] Aus der Fülle der zahlreichen Schriftdenkmale an Inschriften, Schrifttäfelchen, Sgraffitos auf Keramik u. a. soll nur auf weniges Charakteristische hingewiesen werden. Rud. EGGER, Aus d. Unterwelt d. Festlandkelten (Wiener Jhft. 35) 1943, 99–137; Herb. NESSELHAUF, Beschriftetes Bleitäfelchen aus einer raetischen Villa [Peiting] (Germania 38) 1960, 76–80; (BVbll. 25) 1960, 138; Rud. EGGER, Nordtirols älteste Handschrift (SB d. Österr. Akad. d. Wiss., Ph.-Hist. Kl. 244) 1964, 3–23.

[73] Thilo ULBERT, Röm. Gefäße mit Schlangen- und Eidechsenauflagen aus Bayern (BVbll. 28) 1963, 57–66; M. J. VERMASEREN, Der Kult des Mithras im röm. Germanien, 1974; im Spätherbst 1977 wurde bei Prutting das erste Mithräum in Südbayern entdeckt (Mitt. d. Freunde d. bayer. Vor- und Frühgesch. 8) 1978.

§ 11. DIE ALAMANNENSTÜRME IM DRITTEN JAHRHUNDERT

Friedr. WAGNER, Das Ende d. röm. Herrschaft in Raetien (BVbll. 18/19) 1951/52, 26–45; Hans ZEISS, Die röm. Münzschätze aus d. bayer. Anteil v. Raetien (BVbll. 10) 1931/32, 42–59; Hans-Jörg KELLNER, Ein neuer Münzschatz beim Kastell Gunzenhausen u. der Fall d. raetischen Limes (Germania 31) 1953, 168–177; Ders., Die röm. Ansiedlung b. Pocking (Nb.) u. ihr Ende (BVbll. 25) 1960, 132–164; Harald KOETHE, Zur Gesch. Galliens im dritten Viertel des 3. Jhs. (Ber. RGK 32) 1942 (1950) 199–224; KELLNER, Der Schatzfund 1958 v. Cambodunum (Germania 38) 1960, 386–392; Max BERNHART, Der Römerfund v. Kirchmatting (Jber. d. Hist. Ver. Straubing 40) 1937, 52–63; KELLNER, Röm. Schatzfund aus dem Vicus des Kastells Eining (Jb. f. Numismatik und Geldgeschichte 14) 1964, 207–218; Schatzfunde s. auch FMRD I 1–7; ORL 66c Faimingen, 72 Weißenburg und 73 Pfünz; KELLNER, Die Kleinfunde aus d. spätröm. Höhensiedlung auf «Krüppel» bei Schaan (Jb. d. Hist. Vereins f. d. Fürstentum Liechtenstein 64) 1965, 56–118; Ders., Datierungsfragen z. spätröm. Iller-Donau-Limes (Limes-Studien) 1957, 55–60; Joachim WERNER, Die röm. Bronzegeschirrdepots des 3. Jhs. u. die mitteldeutsche Skelettgräbergruppe (Marburger Studien) 1938, 259–267; Rob. ROEREN, Zur Archäologie u. Gesch. Südwestdeutschlands im 3. bis 5. Jh. n. Chr. (Jb. d. Röm.-Germ. Zentralmuseums Mainz 7) 1960, 214–294; F.-R. HERRMANN, Der Eisenhortfund aus dem Kastell Künzing (Saalburg-Jb. 26) 1969, 129–141; Phil. FILTZINGER, Römische Straßenstation bei Sigmaringen (Fundber. aus Schwaben NF 19) 1971, 175–206; Burkhard BÖTTGER u. a., Die Römer an Rhein und Donau. Zur polit., wirtschaftl. u. soz. Entwicklung in den röm. Provinzen an Rhein, Mosel u. oberer Donau im 3. u. 4. Jh., 1975.

Ein völlig neuer Abschnitt in der Geschichte unseres Landes begann, als bald nach dem Anfang des dritten Jahrhunderts erstmals die Alamannen, ein neu entstandener suebischer Völkerverband, vor dem Limes erschienen. Durch sie wurde das Voralpenland für etwa ein halbes Jahrhundert zum Schauplatz heftiger Kämpfe und großer Verheerungen, die durchaus als Anzeichen der beginnenden Völkerwanderung zu verstehen sind. Eingeleitet wird diese Periode durch den allmählichen Zusammenbruch der Grenzverteidigung und in Folge davon durch Niedergang, ja Abbruch in allen Bereichen. Das halbe Jahrhundert ist gekennzeichnet durch ständige Einfälle, größte Unsicherheit und Wiederherstellungsversuche, bis es dann Probus gelang, Ansätze zur allgemeinen Stabilisierung der Lage zu schaffen. Archäologisch fallen viele Quellen aus; als sie dann am Ende des dritten Jahrhunderts wieder zu fließen beginnen, zeigt sich die tiefgreifende Veränderung auf allen Gebieten, so auch im vollkommen verschiedenen Formenbestand der Kleinaltertümer, in der gewandelten Siedlungsweise, in der neuen Organisation der Grenzverteidigung u. a. m.

Rückblickend läßt sich manches als Vorbote kommender Ereignisse deuten. 211 begab sich Caracalla (211–217) von Rom aus an den raetischen Limes, wo er für den Dezember in Eining[1] und unbestimmter in anderen Kastellen (Gnotzheim und Pfünz) nachweisbar ist. Ob diese Reise durch bedrohliche Anzeichen jenseits des Limes veranlaßt war oder nur anläßlich eines Besuches in Faimingen, wo der erkrankte

[1] Paul REINECKE, Der Eininger Kaiseraltar v. Jahre 211 n. Chr. ... (Nb. Monatsschr. 4) 1915, 125–128; G. WIRTH, Caracalla in Franken (Jb. f. fränk. Landesforsch. 34/35) 1974/75, 37–74.

Caracalla im Heiligtum des Apollo Grannus Heilung gesucht haben dürfte, stattfand, muß offenbleiben. Da zu eben derselben Zeit verstärkte Bemühungen und wohl auch der Abschluß des Steinausbaues der raetischen Mauer anzunehmen sind und Kastell und Vicus Faimingen von einer gemeinsamen Befestigung umgeben wurden, scheint manches für Abwehrmaßnahmen zu sprechen. Auch die Anlage der erst jüngst zahlreicher entdeckten und untersuchten Kleinkastelle am Limes wird als einheitliche Maßnahme aus dem Anfang des 3. Jahrhunderts gesehen. Wohl durch Übergriffe der Alamannen veranlaßt, unternahm im August 213 Caracalla gegen sie von Raetien aus einen Feldzug. Die etwas widersprüchlichen Quellen[2] berichten von einem römischen Sieg am Main und einem Rückzug nach Germanien (Provinz Germania superior). Doch stimmen sie darin überein, daß es nicht die römischen Waffen waren, sondern das den Barbaren großzügig gewährte Gold, das den Feldzug wenigstens zu einem Prestigeerfolg führte. Trotzdem legte sich Caracalla nach Beendigung des Unternehmens November oder Dezember 213 den Titel Germanicus (z. T. sogar Maximus) zu und prägte Münzen mit Victoria Germanica. Nur von der 1. Breucer-Cohorte, die in Pfünz stationiert war, wissen wir durch einen der Fortuna redux gesetzten Weihestein[3] um ihre Teilnahme am Feldzug des Jahres 213.

Nochmals blieb zwei Jahrzehnte die Lage ruhig, bis dann 233 der *erste Alamannensturm* großen Ausmaßes über den Limes, den Rhein und die Donau hinwegging, während Severus Alexander mit dem Feldheer seit 231 bemüht war, dem erneuerten persischen Reich unter den Sassaniden im Orient Einhalt zu gebieten. Dieser Einfall muß die Grenzverteidigung ebenso wie das offene Land ziemlich unvorbereitet getroffen haben, wie wir aus verschiedenen Befunden erschließen können. So wurden z. B. im Limeskastell Pfünz bei den Ausgrabungen in den Tortürmen die Skelette der erschlagenen Wachen mit ihren Waffen aufgedeckt, und selbst in einer Stadt wie Cambodunum hatte die überraschte Bevölkerung anscheinend kaum Gelegenheit, sich in Sicherheit zu bringen. Entsprechend groß war das Ausmaß der Katastrophe. Allein aus dem bayerischen Anteil der Provinz Raetien kennen wir bis heute 20 Münzschätze, zum Teil von beachtlichem Umfang, die, mehr oder minder sicher, damals verborgen wurden.[4] Dazu kommt noch eine Reihe von Versteckfunden mit Sachgütern, die ebenfalls wohl 233 in den Boden gelangten;[5] es seien hier nur die Bronzegeschirrfunde von Dambach und Kempten, der große Fund von Straubing[6] (Gesichtshelme, Rüstungsteile, Statuetten u. a.), der neue Verwahrfund von Eining[7] und die vier Funde bei Manching[8] (je einer mit Silbergefäßen und Bronzegeschirr, zwei mit Eisengeräten) aufgeführt. Gerade die letzteren Depots zeigen, wie damals Flüchtlinge aus nahegelegenen Kastellen oder Ansiedlungen mit ihrer Habe Schutz

[2] Capelle, 216–218 (nach Cassius Dio 77, 13–20); Voit (s. o. 65) 41–42 (Corpus Inscriptionum Latinarum VI 1, 2086).

[3] Vollmer, nr. 290; Hans-Jörg Kellner, Zu den raetischen Münzschätzen (Jb. f. Numismatik und Geldgesch. 18) 1968, 127–132.

[4] Kellner, Gunzenhausen (s. o. 84) 175 f.; Ders., Die Römer in Bayern, 1978⁴, Karte S. 140.

[5] Werner (s. o. 84).

[6] Keim-Klumbach (s. o. 81 Anm. 54).

[7] Kellner (s. o. 81 Anm. 55).

[8] Krämer, Manching 197–202.

hinter den Wällen des im unwegsamen Moor liegenden früheren Oppidums suchten und doch nicht gefunden haben. Von vielen Kastellen am raetischen Limes können wir annehmen oder wissen wir, daß sie bereits damals zerstört wurden. Wenige der zahlreichen bekannten Villae rusticae haben bisher Fundstücke aus der Zeit nach 233 geliefert. Selbst Städte wurden, wie Regensburg,[9] in Mitleidenschaft gezogen oder gar, wie Kempten,[10] zerstört.

Wenn auch Maximinus Thrax (235–238), der nach der Ermordung des Severus Alexander 235 zur Macht gelangt war, mit dem verstärkten Heer schon im nächsten Jahr von Mainz aus erfolgreich gegen die Germanen vorgehen konnte,[11] so reichte doch die Kraft des Reiches nicht mehr aus, die zerstörten Grenzbefestigungen alle wiederherzustellen. So bröckelte in den wiederholten Einfällen der nächsten Jahrzehnte die Grenzverteidigung immer mehr ab und brach schließlich ganz zusammen. Die letzten noch verteidigten Kastelle wurden spätestens in der Zeit des Gallienus um 260 n. Chr. verlassen. Münzschätze, die Zerstörung der dörflichen Ansiedlung von Pocking und Befunde im Kastell Künzing u. a. deuten auf einen Alamannenzug in das östliche Südbayern während neuer Perserkriege um 242 hin.[12] Daß überhaupt Versuche unternommen wurden, die Grenzwehr wieder aufzurichten, lassen Anzeichen im Kastell Weißenburg vermuten, wo eine inschriftlich bezeugte Abteilung der Cohors IX Batavorum equitata milliaria exploratorum[13] (9. Batavercohorte, eine berittene Aufklärungsdoppelcohorte) nach der Vernichtung der bisherigen Garnison Wiederherstellungsarbeiten vorgenommen haben könnte.

Das Jahr 253 sah nochmals eine größere Truppenkonzentration in Raetien, als Trebonianus Gallus seinen Feldherrn Valerianus beauftragt hatte, die «bei Kelten und Germanen» stehenden Legionen hier zum Kampf gegen Aemilianus zu sammeln. Die versammelten Abteilungen riefen jedoch in Raetien Valerianus (253–259) zum Kaiser aus, der dann mit ihnen zur Auseinandersetzung um die Macht nach Italien abzog. Der darauf 254 folgende Alamanneneinfall brachte für eine Reihe von Kastellen am obergermanischen Limes das Ende und führte zu Verheerungen bis weit nach Gallien hinein. Ein Münzschatz im Kastell Weißenburg aus diesem Jahr zeigt, daß hierbei auch dieses Lager als eines der letzten am raetischen Limes untergegangen ist. Spätere Münzschätze aus dem Limesgebiet kennen wir nicht, wie auch alle namentlich bekannten Garnisonen der Kastelle hinter der raetischen Mauer danach nicht mehr begegnen, also in jenen Jahren vernichtet wurden.

Literarisch bezeugt sind diese Alamanneneinfälle nach 233 nicht, wohl weil sich bei Beginn der Gotenkämpfe 238 das Schwergewicht der Abwehr an die untere Donau

[9] ULBERT, Regensburg 75; Germania 31, 1953, 219. Gewisse neue, noch unveröffentlichte Befunde führten in Regensburg zu der Annahme, daß die Stadt nicht schon 233, sondern erst Anfang der 40er Jahre stärker betroffen wurde.

[10] KELLNER, Cambodunum (s. o. 84) 389f.

[11] CAPELLE 221–223 (Herodian VII 1).

[12] KELLNER, Pocking (s. o. 84) 142–144; Hans SCHÖNBERGER, Römerkastell Künzing, Grabung 1962 (Saalburg-Jb. 21) 1963/64, 84–86; Hans-Jörg KELLNER, Eine röm. Votivtafel v. Passau (Innstadt) (BVbll. 41) 1976, 143–146.

[13] RADNOTI (Germania 39) 1961, 107 Anm. 72.

verlagert hatte. Das Land war weitgehend entvölkert; Handel und Wirtschaft lagen völlig darnieder. Ja selbst die eingedrungenen Alamannen waren damals in Bayern weder diesseits noch jenseits des Limes in nennenswertem Maße seßhaft geworden. So ist es nicht verwunderlich, daß der Boden nur wenige Zeugnisse jenes nun wiederum literarisch bekannten großen *Alamannensturmes* von 259/260 gebracht hat. Während der Auseinandersetzungen des Postumus mit Saloninus und des Gallienus mit Ingenuus überschritten Franken und Alamannen in großen Haufen die Grenzen vom Niederrhein bis zur oberen Donau. Die Alamannen haben wohl das bereits schwer mitgenommene Land ziemlich rasch durchzogen; von den aus jenen Jahren bekannten 11 Münzschätzen aus Südbayern weist lediglich eine bescheidene Zahl jeweils um Kempten und Regensburg auf Plätze hin, wo sich trotz der Ungunst der Zeiten noch römisches Leben gehalten hatte.[14] Auf ihrem weiteren Zug verwüsteten die Alamannen Aventicum (Avenches) und erreichten Oberitalien, wo es dann Gallienus (253–268) gelang, sie vor Mailand vernichtend zu schlagen.

Nun war ein solcher *Tiefpunkt* in der Geschichte Raetiens erreicht, daß er einen späteren Panegyriker zur Feststellung «Sub principe Gallieno ... amissa Raetia», unter der Herrschaft des Gallienus ging Raetien verloren, veranlaßt hat.[15] Aber trotz allem war das Leben in dem so schwer heimgesuchten Raetien nicht ganz erloschen. Eine Reihe von Ausgrabungsbefunden macht es z. B. wahrscheinlich, daß die Bevölkerung in Cambodunum sich noch nach 233 bemüht hat, wenigstens einen Teil der Schäden notdürftig zu beheben.[16] Dennoch wurden in den wiederholten Überfällen die bisherigen Plätze und offenen Siedlungen unhaltbar, so daß sich die restliche Bevölkerung auf fortifikatorisch günstigere Punkte zurückzog und dort unter dem Schutz von Mauern und Türmen eng gedrängt niederließ. Für die Bedrängnis spricht, daß man das Schutzbedürfnis allem anderen überordnete, auf alles mögliche Baumaterial zurückgriff und dabei auch Grabsteine, Ehreninschriften usw. nicht verschonte. Durch die Grabungen in der Höhenbefestigung «auf Krüppel» bei Schaan wissen wir, daß mit der Erbauung solcher umwehrter Siedlungen unmittelbar nach 260 begonnen wurde. In Raetien läßt sich bisher mit Sicherheit hier außer dem genannten «Krüppel» nur die Befestigung auf dem Moosberg bei Murnau, dessen Kuppe zusätzlich noch durch schwer passierbare Moorflächen geschützt war,[17] einordnen. Befestigungen in Vallei[18] und Seebruck werden auch hierher gehören, neben so mancher anderen, deren Erforschung noch im Gange ist.

Auch die nächste Zeit brachte *weitere Einfälle* in das unverteidigte Land. Der 268 von Claudius II. am Gardasee vernichtete Alamannenhaufen hatte seinen Weg nach Süden durch das Voralpenland und über die Brennerstraße genommen. Stärkere

[14] Zwei Münzschätze dieser Zeitstellung in Oberschwaben westlich der Iller zeigen, daß damals die Grenze noch nicht an der Iller und von da zum Bodensee verlaufen sein kann.

[15] RIESE (s. o. 65) 228 nr. 17 (Panegyricus Constantio 10).

[16] S. 86 Anm. 10.

[17] Paul REINECKE, Der Moosberg im Murnauer Moos (BVfr. 7) 1927/28, 67–71; Jochen GARBSCH, Der Moosberg bei Murnau, 1966.

[18] Hans Peter UENZE-JOS. KATZAMEYER, Vor- u. Frühgesch. in d. Landkreisen Bad Tölz u. Miesbach (Kat. d. Prähist. Staatsslg. 9) 1972, 59–64.

Alamannenstämme drangen 270 über das westliche Raetien und die Schweizer Alpenpässe bis in die Gegend von Mailand vor. In Eile wurde die Ummauerung Roms begonnen, und erst 271 gelang es Aurelian durch den Sieg am Ticinus bei Pavia, die Bedrohung Italiens abzuwehren. Wohl im Anschluß daran stieß er über die Alpen vor und befreite Augsburg von der Belagerung durch die Barbaren; «Vindelicis iugum barbaricae servitutis amovit»,[19] er erlöste die Vindeliker vom Joch der Barbarenknechtschaft, wird berichtet. Zu einer weitgehenden Befriedung kam es jedoch erst unter Probus (276–282), der sich auch den Schutz der neuen Grenze entlang der Iller und der Donau angelegen sein ließ. Aus dem Jahre 281 stammt eine Weiheinschrift von Reginus, dem Statthalter der Provinz, an den «vorsorgenden und über alles geliebten» Kaiser Probus als «Wiederhersteller und Erhalter der Provinzen und Befestigungswerke».[20] Von der spätrömischen Befestigung auf dem Lorenzberg bei Epfach wissen wir durch den Ausgrabungsbefund, daß sie zur Zeit des Probus angelegt worden war.[21] Ein kleiner Münzschatz im Spitzgraben der ersten Befestigung auf dem Goldberg bei Türkheim[22] führt uns mit der Anlage wieder in dieselben Jahre. Seine Vergrabung nach 283 kann ebenso wie die der Funde von München-Lochhausen und Großberg ca. 288[23] auf germanische Unruhen zurückzuführen sein wie auch in anderen Ursachen beruhen. Wenn Probus auf seinen Münzen als Germanensieger, Pacator Orbis (Friedensbringer für den Erdkreis), Restitutor Orbis (Wiederhersteller des Erdkreises) und sogar Restitutor Saeculi (Wiederhersteller des Jahrhunderts) gefeiert wird, so ist dies zum Teil auch auf die Befriedung und den Schutz Raetiens innerhalb der neuen Grenzen zu beziehen. Das Dekumatland nördlich des Bodensees und westlich der Iller blieb jedoch ebenso verloren wie das Limesgebiet nördlich der Donau.

§ 12. SPÄTZEIT UND ENDE

André PIGANIOL, L'empire chrétien (325–395) (Histoire Romaine 4) 1947; Herm. AUBIN, Vom Altertum z. MA, 1949; Otto SEECK, Gesch. des Untergangs d. antiken Welt, 5 Bde., 1909/11; Alfons DOPSCH, Wirtschaftl. u. soziale Grundlagen d. europ. Kulturentwicklung, 2 Bde., 1923²; Rich. HEUBERGER, Raetien im Altertum u. Frühmittelalter (Schlern-Schriften 20) 1932; WAGNER (s. o. 84); KELLNER, Iller-Donau-Limes (s. o. 84); Wilh. SCHLEIERMACHER, Der Obergerman. Limes u. spätröm. Wehranlagen am Rhein (Ber. RGK 33) 1943–1950, 133–184; Jochen GARBSCH, Der spätrömische Donau-Iller-Rhein-Limes, 1970; REINECKE, Kleine Schriften (s. o. 73); Gerh. BERSU, Die spätröm. Befestigung «Bürgle» b. Gundremmingen (Münch. Beitrr. 10) 1964; Joachim WERNER, Der Lorenzberg bei Epfach (Münch. Beitrr. 8) 1969; Ludw. OHLENROTH, Spätröm. Festung u. frühmittelalterl. Ministerialenburg auf d. Goldberg bei Türkheim, Lkr. Mindelheim

[19] RIESE (s. o. 65) 216 nr. 115 (Vopiscus, Vita Aureliani 41, 8).

[20] WAGNER, Neue Inschriften 224 nr. 30.

[21] Joachim WERNER, Der Lorenzberg bei Epfach. Die spätröm. u. frühmittelalt. Anlagen (Münch. Beitrr. 8) 1969, 58f.

[22] Norbert WALKE, Grabung außerhalb d. spätröm. Befestigungen auf d. Goldberg bei Türkheim (BVbll. 26) 1961, 61; FMRD I 7248.

[23] Bernh. OVERBECK, Alamanneneinfälle in Raetien 270 und 288 n. Chr. (Jb. für Numismatik u. Geldgesch. 20) 1970, 81–150.

(BVbll. 17) 1948, 44–51; Hans-Jörg KELLNER, Das spätröm. Kellmünz (Forsch. aus d. oberen Schwaben 2) 1957; Jochen GARBSCH, Neues vom spätröm. Pons Aeni (Archäolog. Korrespondenzbl. 5) 1975, 87–91; Erwin KELLER, Die spätrömischen Grabfunde in Südbayern (Münch. Beitrr. 14) 1971; KELLNER, Schaan (s. o. 84); ROEREN (s. o. 84); H. DANNHEIMER, Die german. Funde d. späten Kaiserzeit u. d. frühen MA in Mittelfranken (Germ. Denkmäler d. Völkerwanderungszeit A 7) 1962; Christian PESCHECK, Die german. Bodenfunde d. röm. Kaiserzeit in Mainfranken (Münch. Beitrr. 27) 1978; REINDEL, Bistumsorganisation; Ders., Staat u. Herrschaft in Raetien und Noricum im 5. und 6. Jh. (VHOR 106) 1966, 23–41.

Als 285 n. Chr. Diocletian durch die Ermordung des Carinus zur Alleinherrschaft gelangt war, gab er durch sein planvolles und tatkräftiges Wirken der Reichsverwaltung *neue Grundlagen*, die bis zum Ende des Reiches Gültigkeit behielten. Seine Aufteilung der obersten Reichsgewalt unter zwei Augusti und zwei Caesares (Tetrarchie), die Unterteilung der alten Provinzen und die Zusammenfassung von jeweils mehreren neuen, kleineren zu Diözesen, sowie die Trennung der Zivil- von der Militärverwaltung kamen einerseits der bestehenden Tendenz einer Erstarkung des indigenen Elements entgegen, halfen aber andererseits zusammen mit militärischen Erfolgen 289 und 298 gegen die Alamannen und 299 gegen die Markomannen die innere und äußere Sicherheit wiederherzustellen. Raetien wurde in eine westliche Provinz *(Raetia prima)* mit der Hauptstadt Curia (Chur) und eine nordostwärtige *(Raetia secunda)* mit der Hauptstadt Augusta Vindelicum geteilt. Beide gehörten zur italischen Diözese, während mit der in ein nördliches *Noricum ripense* mit Ovilava (Wels) und ein südliches *Noricum mediterraneum* mit Virunum (Zollfeld bei Klagenfurt) als Hauptstadt geteilten Nachbarprovinz die illyrische Diözese begann. Der Zivilverwaltung der raetischen Provinzen stand je ein Praeses im Rang eines «vir perfectissimus» vor, den Oberbefehl führte ein Dux mit Sitz in Augsburg oder Regensburg. Das Grenzheer war in zahlreichen kleineren Kastellen entlang der Grenze stationiert, deren Ausbau Diocletian und seine Mitregenten sich angelegen sein ließen. Eine in das Jahr 294 datierte Bauinschrift ist uns von dem Kastell Vitudurum (Oberwinterthur) vollständig, eine wohl derselben Zeitstellung von Tasgaetium (Burg bei Stein am Rhein) in Fragmenten bekannt.[1] Auch an Iller und Donau gehen sicherlich so manche Kastelle auf die Zeit der ersten Tetrarchie zurück.[2] Die einzige literarische Quelle über die Grenzsicherung in der Spätantike ist – abgesehen von den Grabungsergebnissen – die Notitia dignitatum, ein frühestens in der Zeit Constantin I. verfaßtes und uns in einer z. T. um oder kurz nach 400 n. Chr. erfolgten Überarbeitung erhaltenes Hof- und Staatshandbuch.[3] Wenn es auch nicht in jedem Fall möglich ist, die Grabungsbefunde mit diesen Angaben in Übereinstimmung zu bringen, so läßt sich doch ein ungefähres Bild skizzieren. Bei der in Abschnitte gegliederten *Grenzverteidigung* gehörte wohl zum Pars inferior der Bodensee und die Strecke bis zur Iller mit einer Cohorte in Arbor felix (Arbon), mit Reiterei in Vemania

[1] STAEHELIN (s. o. 65) 274 Anm. 2 u. 3.

[2] Nach dem Ergebnis einer noch unveröffentlichten Magisterarbeit von M. KLEE z. B. das Bürgle.

[3] Otto SEECK, Notitia Dignitatum, 1962, 199–202: XXXV Dux Raetiae.

(Betmauer bei Isny) und einer Bodenseeflotte in Brigantium und Confluentes (?). Die Illerstrecke bildete den Pars media mit Truppenstandorten in Cambodunum, Cassiliacum (?), Caelio monte (Kellmünz) und Piniana (?). An der Donau, dem Pars superior, kennen wir namentlich als Standorte Guntia (Günzburg), Summuntorium (Burghöfe), Parrodunum (Burgheim), Venaxamodurum (Neuburg?), Vallatum (bei Manching), Abusina (Eining), Castra Regina, Quintana (Künzing) und Batavis (Passau), durch Ausgrabungen oder Funde das Bürgle bei Gundremmingen und Straubing. Wenige der Truppenteile, nur die von Eining donauabwärts, sind dieselben wie in der mittleren Kaiserzeit; von den neuen zeigen eine ganze Reihe durch ihre Beinamen die Begründung in diocletianischer Zeit. Zwischen die Kastelle wurden sicherlich damals schon Wachttürme eingeschoben, von denen wir zwar manche in Raetien kennen; leider sind sie jedoch hinsichtlich ihrer näheren zeitlichen Einordnung noch nicht wissenschaftlich genau genug erforscht. Zur Sicherung der rückwärtigen Verbindungen dienten befestigte Standorte an den wichtigen Alpenstraßen in Foetibus (Füssen) und Teriolis (Zirl) sowie am Innübergang Pons Aeni (nördlich Rosenheim). Ob allerdings alle diese rückwärtigen Sicherungen schon aus dieser oder erst aus späterer Zeit stammen, ist noch ungeklärt.

Wenn auch den wirtschaftlichen Reformmaßnahmen Diocletians (Preisedikt, Münzreform u. a.) nur beschränkt Erfolge beschieden waren, so erstarkte das Leben mit wiederkehrender Sicherheit im Voralpenland doch allmählich. Die Bodenzeugnisse nehmen gegenüber denen aus der zweiten Hälfte des dritten Jahrhunderts wieder erheblich an Zahl und Qualität zu, wenn auch der Stand des zweiten Jahrhunderts nie mehr erreicht wird. Schmuck, Trachtzubehör und Gebrauchsgegenstände kennen wir vornehmlich aus kleinen Friedhöfen mit den seit Ende des dritten Jahrhunderts üblichen Skelettbestattungen. Auffallend ist die Ärmlichkeit der Beigaben verglichen etwa mit den Friedhöfen der gleichen Zeit aus dem Rheinland. Von den zugehörigen Siedlungen wissen wir wenig; meist sind es nur, abgesehen von den Zentren und Truppenstandorten, befestigte Höhensiedlungen wie der Moosberg bei Murnau, der Lorenzberg bei Epfach oder die Römerschanze bei Grünwald, die entdeckt und teilweise ausgegraben wurden. Sie alle zeigen die veränderte Siedlungsweise und das Schutzbedürfnis der Bevölkerung. Daß es daneben befestigte Einzelgehöfte und Weiler vor allem in einer schmalen Zone nördlich der Alpen und in der Nähe der Truppenorte gegeben hat, ließ sich erstmals bei Weßling nachweisen.[4] In den bescheidenen Verhältnissen war die Holzbauweise wieder allgemein üblich geworden. Zum wirtschaftlichen Leben im vierten Jahrhundert gibt es fast keine Quellen. Landwirtschaft, Viehzucht, Handwerk und ein bescheidener Handel sicherten den Erwerb. Über sonstige bemerkenswerte Gewerbezweige wissen wir aus der Spätzeit Raetiens nichts; auch die Weihe- und Grabsteine hören ja fast ganz auf.

Friede und Wiederaufbau blieben ziemlich ungestört. Um 308 wurde das Kastell Kellmünz in die Auseinandersetzung zwischen Maxentius und Constantin I. verwik-

[4] Helmut Bender u. a., Auswertung röm. Fundmünzen durch Datenverarbeitung. Demonstration an Hand der Grabung Weßling-Frauenwiese (BVbll. 43) 1978, 115–146 mit Plan.

kelt.[5] Auf Kämpfe in diesen Jahren bezieht sich auch ein Altar in Prutting (Lkr. Rosenheim), den für einen 310 erfochtenen Sieg der dux Aurelius Senecio der Victoria geweiht hat. Ansonsten blieben Raetien und Noricum bis um die Mitte des Jahrhunderts von der Kriegsfurie verschont, wie auch das Ausbleiben von Schatzfunden bekundet. Ein Feldzug des Constantius I. wohl 306 vom Rhein zum Donauübergang bei Günzburg hatte die Alamannen entsprechend geschwächt und abgeschreckt. Auch in späteren Jahren (etwa 320 und 331) scheinen Offensivhandlungen gegen die Alamannen durchgeführt worden zu sein. Ein weiterer Ausbau der Befestigungen ist anzunehmen, die Wiederherstellung der Straßen und der an ihnen gelegenen Wachttürme durch Grabungsbefunde wahrscheinlich gemacht.

Aus dieser Zeit stammen auch die ersten Zeugnisse des *Christentums* in unserer Gegend. Die traditionelle Überlieferung vom Märtyrertod der hl. Afra in Augsburg während der diocletianischen Verfolgungen ist nach den Ausgrabungen in und bei der Kirche St. Ulrich und Afra nicht zu bezweifeln.[6] Der früh blühende Afrakult setzt eine Christengemeinde im damaligen Augsburg voraus. Auch in Regensburg muß es Märtyrer gegeben haben, wie der sicher erst der Zeit nach den Mailänder Vereinbarungen von 313 n. Chr. angehörende Grabstein der Sarmannina zeigt.[7]

Neue Störungen entstanden erst, als Magnentius nach der Ausrufung zum Augustus am 18. Januar 350 zum Entscheidungskampf um die Macht die Rheingrenze stark von Truppen entblößt hatte. Daraufhin setzten noch im selben Jahr Einfälle der Alamannen und Franken an der ganzen Rheinfront ein. In den folgenden Jahren wurden weite Teile Galliens verwüstet und zahlreiche Städte, darunter Köln (355) und Straßburg (352), zerstört. Im Gegensatz zu früheren Einfällen ließen sich jetzt die Germanen im eroberten Land nieder. Das raetische Gebiet wurde mit dem Verlust des ganzen nördlichen Teils der Schweiz betroffen. Die Zerstörung der befestigten Höhensiedlung auf «Krüppel» bei Schaan und die Münzschätze von Fußach (Vorarlberg) und Pizokel bei Chur markieren die bis jetzt bekannte Ostausdehnung dieser Einfälle; die Lage wurde erst durch die militärischen Erfolge Julians wiederhergestellt.[8] Für das betroffene Land waren die Folgen ähnlich verheerend wie die der großen Alamanneneinbrüche um die Mitte des dritten Jahrhunderts. – Das Voralpenland der Raetia II scheint von den Magnentius-Wirren weniger berührt worden zu sein; erst 357 wurde es gleichfalls in Mitleidenschaft gezogen. Nachdem schon im Frühjahr kleinere Einfälle vorgekommen waren, brachen im Sommer die *Juthungen* unter Verletzung aller Verträge über die Donau nach Raetien ein und «versuchten auch sogar Städte zu belagern, was sonst nicht in ihrer Gewohnheit lag», wie Ammianus Marcellinus (17, 6, 1) berichtet. Verschiedene Schatzfunde zeigen, daß damals u. a. Regensburg, Eining und das Voralpenland wohl mit der Römerschanze bei

[5] Hans-Jörg KELLNER, Ein Fund spätröm. Münzen v. Kellmünz (BVbll. 20) 1954, 119–128.

[6] Joachim WERNER (Hg.), Die Ausgrabungen in St. Ulrich u. Afra in Augsburg 1961–1968 (Münch. Beitrr. 23) 1977.

[7] Otto KUNKEL, Archäolog. Zeugnisse frühen Christentums in Bayern (Bayer. Frömmigkeit, Ausstellungskatalog 1960) 46–50 und nrr. 1–4.29.30; ULBERT, Regensburg 76–77.

[8] KELLNER, Schaan (s. o. 84) 74–82.

Grünwald, dem Goldberg bei Türkheim und dem Lorenzberg betroffen wurden.[9] Noch im selben Jahr gelang es zwar dem Magister Peditum Barbatio, die Juthungen vernichtend zu schlagen, doch die Zeit der Ruhe war endgültig dahin.

Mit Valentinian I. (364–375) und Valens (364–378) waren noch einmal zwei Augusti zur Herrschaft gelangt, die sich mit Tatkraft bemühten, dem verstärkten Druck an den Grenzen durch starken *Ausbau der Grenzverteidigung* zu begegnen. Teilweise sogar unter der persönlichen Leitung Valentinians I. wurde neben kleineren Vorstößen über die Grenze gegen die Alamannen der Rhein in seinem ganzen Laufe von Raetien bis zur Mündung durch Neubau oder Verstärkung von Kastellen, Brückenköpfen und Wachttürmen stärker befestigt[10] und auch das Hinterland durch die Anlage von Kastellen und Wachttürmen an den wichtigen Verbindungsstraßen gesichert. Einige erhaltene Verfügungen wie jene vom 29. Januar 367 an die Offiziere der Rheingrenze und jene vom 3. Mai 369 über die Verproviantierung der Grenzkastelle unterrichten uns noch heute, wie sehr sich Valentinian I. den Grenzschutz angelegen sein ließ. Aus unserer Nachbarschaft wissen wir von der Neuanlage des Grenzkastells auf dem Münsterhügel in Breisach (30. August 369 weitgehend fertiggestellt), der Brückenköpfe «munimentum Robur» 374 wohl gegenüber Basel und bei Wyhlen um 370 gegenüber Kaiseraugst und schließlich noch zweier Wachttürme bei Etzgen, Bez. Laufenburg, 371 und bei Koblenz, Bez. Zurzach (Schweiz), wahrscheinlich auch 371. Daß auch die zugehörige rückwärtige Kastell-Linie Solothurn-Olten-Altenburg-Zürich-Irgenhausen-Schaan in valentinianische Zeit gehört, wurde erst kürzlich durch den Nachweis der valentinianischen Begründung des Kastells Schaan erneut bestätigt.[11] Demgegenüber ist das Wissen um die Befestigungen in Raetia II äußerst bescheiden. Von den Wachttürmen wird nur der von Stielings bei Kempten durch einen kleinen Münzschatz sicher in diese Zeit datiert. Welche der Umbauten in unseren Kastellen damals vorgenommen wurden, wissen wir nicht. Da wir aber die Fortsetzung der Grenzbefestigungen, wie sie die Schweizer Forschung westlich des Bodensees aufgezeigt hat, auch nordöstlich des Sees, an Iller und Donau annehmen müssen, ergeben sich für die bayerische Bodenforschung wichtige und infolge der fortschreitenden Landkultur äußerst dringliche Aufgaben. Daß jetzt noch wichtige Entdeckungen möglich sind, zeigt die vor kurzem erfolgte Feststellung einer spätrömischen Befestigung über Weltenburg.

Auch diese verstärkten Befestigungen konnten das Imperium nicht mehr gegen den zunehmenden Druck der in Bewegung und Wanderung befindlichen Völker schützen. Die schwachen, entlang der langen Grenzen verteilten Grenztruppen wurden immer wieder überrannt, so daß die jeweiligen Kaiser mit dem Feldheer mühsam

[9] Ders., Ein Fund spätröm. Münzen in Regensburg (Germania 36) 1958, 96–103. Seither bei Grabungen noch mehrere Funde dieser Zeit. Ders., Neue Fundmünzen aus Bayern. III Grünwald, Ldkr. München (Jb. f. Numismatik u. Geldgesch. 29/30) 1979/80.

[10] Jochen Garbsch, Die Burgi von Mekkatz und Untersaal und die valentinianische Grenzbefestigung zwischen Basel und Passau (BVbll. 32) 1967, 51–82.

[11] Kellner, Schaan (s. o. 84) 82–85.

die Lage wiederherzustellen trachten mußten. Dennoch wurden vielfach infolge der Schwäche des Reiches mehr oder minder große Teile der eingedrungenen Feinde innerhalb der Grenzen angesiedelt. Während wir diese *germanische Siedelschicht* im Rheinland sowohl archäologisch als auch in schriftlichen Quellen recht gut fassen können, haben wir in Raetien nur wenige Scherben in den Kastellen Kellmünz, Eining und Straubing sowie einige Metallfunde von Burghöfe und vom Bürgle und schließlich beispielhaft den Friedhof von Neuburg.[12] Dennoch verstärkt sich zunehmend der Eindruck, daß auch in Raetien im Laufe des 4. Jahrhunderts wesentliche germanische Bevölkerungsgruppen seßhaft geworden sind.[13] Auch nördlich der Donau ist die frühgermanische Hinterlassenschaft immer noch spärlich, wenn auch gerade hier Funde der letzten Zeit den Weg zu einem ganz neuen Besiedlungsbild bahnen.[14] Vier räumlich getrennte Siedlungsgruppen scheinen sich nach dem bisherigen Fundbild abzuzeichnen. Eine nordwestbayerische Gruppe im Maindreieck um Würzburg mit Baldersheim, Thüngersheim und Eßleben als bekanntesten Fundstellen scheidet sich deutlich von einer nordbayerischen bei Bamberg an Main und Pegnitz (bekannteste Fundstellen Bamberg, Altendorf, Scheßlitz, Staffelberg, Turmberg bei Kasendorf und Ehrenbürg). Die scheinbar recht locker gestreute Gruppe an Unterlauf und Mündung von Regen, Naab und Altmühl verdichtet sich durch neue Entdeckungen immer mehr; im Ingolstädter Gebiet nördlich der Donau zeigt sich eine größere Fundkonzentration. An bekannten Fundorten möchte ich hierzu Friedenhain, Burglengenfeld-Wieden und neuerdings auch Cham zählen. Von der vierten Gruppe kennen wir die meisten Fundstellen aus dem Ries, doch gehören hierzu auch die Höhensiedlungen auf der Gelben Bürg und dem Goldberg sowie die Gräber von Erlbach und Bergheim. Vielleicht ist auch noch manches vom Westteil unserer dritten Gruppe an Altmühl und Donau hierher zu rechnen. In Bezug auf eine ethnische Zuweisung der Gruppen, deren Hinterlassenschaft weder in sich noch zusammen ein geschlossenes Fundbild gibt, läßt sich nur vermuten, daß die Alamannen in dieser Besiedlung überwiegend vertreten waren. Die recht einheitliche Keramik aus dem Urnenfriedhof bei Friedenhain, von Burglengenfeld-Wieden und von Irl[15] bei Regensburg, von der Proben aus Regensburg selbst und aus Straubing vorliegen, zeigt so starke Entsprechungen zu den Tongefäßen von südwestböhmischen Gräberfeldern (vornehmlich Přestovice), daß B. Svoboda vermutete, diese Bevölkerung habe eine Rolle bei der Herausbildung des *Bajuwarenvolkes* gespielt.[16] Manches spräche auch dafür, in eben jener unserer dritten Gruppe die Juthungen, die ja im vierten Jahrhundert nördlich des Donauknies angenommen werden, zu sehen, doch reicht unser

[12] Erwin KELLER, Ausgrabungen im spätröm. Bestattungsplatz von Neuburg a. d. Donau (Archäolog. Korrespondenzbl. 1) 1971, 177–178.

[13] Ders., Germanische Truppenstationen an d. Nordgrenze d. spätröm. Raetiens (Archäolog. Korrespondenzbl. 7) 1977, 63–73.

[14] ROEREN (s. o. 84) vor allem 243 ff.; Christian PESCHECK, Die germ. Bodenfunde d. röm. Kaiserzeit in Mainfranken (Münch. Beitrr. 27) 1978.

[15] H. DANNHEIMER (BVbll. 32) 1967, 97–104.

[16] SVOBODA, Zum Verhältnis frühgeschichtl. Funde des 4. u. 5. Jh. aus Bayern u. Böhmen (BVbll. 28) 1963, 97–116.

Wissen zu schlüssigen Feststellungen noch nicht aus. Eindeutig haben sich in Nordbayern nur elbgermanische Einflüsse herausgestellt.

Nach dem Tode des Valentinian I. und des Valens verstärkte sich der Druck auf die Grenzen des römischen Reiches erheblich. Daß auch Raetien nach der Schlacht von Adrianopel 378 n. Chr. erneut Übergriffen ausgesetzt war, zeigen verschiedene Hinweise und Spuren z. B. in Bregenz an. Für den Sommer 383 berichtet Ambrosius von Juthungeneinfällen, die für manche Befestigungen gewaltige Zerstörungen und möglicherweise sogar das Ende gebracht haben.[17] Zwei kleinere Fundgruppen auf dem Lorenzberg bei Epfach und verschiedene ältere und deshalb nicht ganz zweifelsfreie Funde und Befunde deuten auf unruhige späte 80er Jahre hin. Raetien verschwindet aus den Quellen fast ganz. Die Fundmünzen aus der Zeit nach 388 n. Chr. und vollends nach Theodosius/Arcadius sind so selten, daß wir diese Zeit als das Ende eines geregelten und laufend ergänzten römischen Geldumlaufs anzusehen haben.[18] Wenig später, bald nach der Jahrhundertwende, zog Stilicho als Reichsverweser mit den rheinischen sicherlich auch die noch in Raetien stehenden Truppen großenteils zur Verteidigung Italiens gegen Alarich ab.[19] Dem würde entsprechen, daß mit dem vierten Jahrhundert die Funde auch in den meisten Kastellen aufhören. Das Voralpenland scheint von da an offen und kaum geschützt gewesen zu sein; dennoch erfolgte damals noch keine germanische Landnahme. Vorübergehend sind jedoch wiederholt größere oder kleinere Stammesverbände hereingekommen, wie es Hieronymus für das Jahr 409 andeutet[20] und Orosius um 415 berichtet:[21] «Die Germanen, die die Alpen und ganz Italien durchzogen haben, kommen schon bis Ravenna.» Hierbei verlor zu Anfang des fünften Jahrhunderts ein ostgermanischer Haufen einen seiner Führer, einen jungen Edeling, und setzte ihn in einem reich ausgestatteten Körpergrab bei Fürst, Gde. Pietling, Lkr. Laufen,[22] bei. Weitere germanische Funde aus dem Anfang des 5. Jh., wie das Frauengrab von Götting, die silberne Riemenzunge von Burghöfe, die silbernen Schnallen von Lorenzberg und Bürgle und noch anderes neue Material mehr, lassen sich erst andeutungsweise zu einem Bild interpretieren. Ob der im Jahre 409 mit dem Oberbefehl über Oberpannonien, Noricum und Raetien betraute Strategos Generidus über wieder dorthin zurückgekehrte Truppenteile oder über Milizverbände der Bevölkerung gebot oder vielleicht nur einen Titel mit mehr oder weniger verwirktem Anspruch führte, läßt sich bei der jetzigen Quellenlage schlüssig nicht erkennen. Auch die weitere Existenz der *romanischen Bevölkerung* entzieht sich bisher noch weitgehend einem archäologischen Nachweis; sichere Hinter-

[17] Bersu (s. o. 88) 48 ff.; Capelle (s. o. 65) 385–386.

[18] Wichtig sind hier die Münzen aus den noch unveröffentlichten Grabungen in Regensburg und Passau.

[19] Voit (s. o. 65) 55–58 (Claudius Claudianus, Bell. Get. 329–403, 414 f.) und Kommentar S. 51–52.

[20] Brief 123, an Ageruchias (nach Capelle 386).

[21] VII 32, 11 f. (nach Capelle 386–387).

[22] Joachim Werner, Die frühgeschichtl. Grabfunde vom Spielberg b. Erlbach, Lkr. Nördlingen, u. v. Fürst, Lkr. Laufen a. d. Salzach (BVbll. 25) 1960, 164–179. Noch unveröffentlicht ist ein Neufund der gleichen Zeitstellung aus Regensburg, der aller Wahrscheinlichkeit nach aus einem zerstörten Grab stammt.

lassenschaften davon aus dem fünften Jahrhundert zu erkennen, fällt der archäologischen Forschung noch nicht leicht. Das Studium der Keramik des fünften Jahrhunderts, ausgehend von den Grabungen in Regensburg-Niedermünster[23] und in Passau (Niedernburg[24] und Boiotro[25]) steht noch in den Anfängen, und man wird die Grabungsberichte mit den Materialvorlagen und –analysen bzw. den stratigraphischen Befunden abwarten müssen. Dennoch läßt sich jetzt schon eine Mehrung der Zeugnisse für germanische Besiedlung auch aus dem «dunklen» fünften Jahrhundert konstatieren.[26] Die Beigabensitte in den Körpergräbern hört bei uns etwa um die Wende zum fünften Jahrhundert auf, sei es unter dem Einfluß des Christentums, sei es wegen zunehmender Verarmung, sei es aus gänzlich unbekannten Gründen.[27] Eine ganz vereinzelte Nachricht aus dem Jahre 430 besagt, daß Aetius, magister utriusque militiae des Valentinian III., die eingedrungenen Juthungen aus Vindelicien zurückgedrängt hat. Zweifellos wurden danach die Verhältnisse wiederum völlig unsicher. Der Zug *Attilas* 451 n. Chr. von Pannonien nach Gallien muß ja auch Noricum und Raetien betroffen haben. Das einzelne Grab einer alten Germanin aus der zweiten Hälfte des fünften Jahrhunderts in München-Ramersdorf ließe sich möglicherweise mit germanischen Volksteilen aus dem Gefolge der Hunnen in Verbindung bringen.[28]

Die Zustände nach dem Tode Attilas 453 kennen wir durch die von Eugippius 511 n. Chr. verfaßte Lebensbeschreibung des hl. *Severin* (gest. 482 n. Chr.) etwas besser.[29] Anfang der sechziger Jahre kam der wandernde Mönch Severin «auf göttlichen Befehl» aus dem Osten nach Noricum ripense und in das östliche Raetien. Hier entfaltete er eine segensreiche Tätigkeit; indem er die romanische Restbevölkerung inmitten einer zusammenbrechenden Ordnung im christlichen Glauben bestärkte und zur wirtschaftlichen Selbsthilfe und zum Widerstand anhielt, wurde er bald zum geistigen Führer des ganzen Landstriches. Als solcher gewann er Einfluß auf die Rugierfürsten im Osten und trat dem von Westen bis Passau vorstoßenden Alamannenkönig Gibuld entgegen und konnte dadurch viel für die unterdrückte, gequälte und bedrohte Bevölkerung tun, nachdem ja damals funktionierende militärische und zivile Behörden nicht mehr existierten. Alle Kastelle an der Donau oberhalb Künzing

[23] Klaus SCHWARZ, Die Ausgrabungen im Niedermünster zu Regensburg. (Führer zu archäolog. Denkmalen in Bayern 1) 1971; Ders., Das spätmerowingerzeitliche Grab d. heiligen Bischofs Erhard im Niedermünster zu Regensburg (Ausgrabungen in Deutschland 2) 1975, 129–164.

[24] Rainer CHRISTLEIN, Die Ausgrabungen in d. Klosterkirche Hl. Kreuz zu Passau (Mitt. d. Freunde d. bayer. Vor- u. Frühgesch. 11) Mai 1979.

[25] Ders., VHN 101, 1975, 65–67.

[26] H. DANNHEIMER, Eine völkerwanderungszeitl. Grubenhütte bei Irl, Lkr. Regensburg (BVbll. 32) 1967, 97–104; vgl. bes. KELLER (s. o. 93 Anm. 13).

[27] Neue Wege beschreitet die anregende Studie von Rainer CHRISTLEIN, Das Gräberfeld auf d. Ziegelfeld bei Lauriacum-Lorch u. d. Vita Severini (Ostbair. Grenzmarken 20) 1978, 144–152.

[28] J. WERNER, Das Grab v. München-Ramersdorf ... (Jahresschr. f. Mitteldeutsche Vorgesch. 35) 1951, 144–148.

[29] Neueste Ausgabe: R. NOLL, Eugippius. Das Leben d. Heiligen Severin, 1963; Ders., Die Vita Sancti Severini des Eugippius im Lichte d. neueren Forschung (Anzeiger d. Phil.-hist. Klasse d. Österreich. Akad. d. Wiss. 112) 1975, 61–75.

werden als bereits verlassen bezeichnet und waren wohl schon längere Zeit zerstört. Die schlecht bewaffnete, völlig verarmte Bevölkerung konnte sich gegen die Übergriffe germanischer Gruppen nicht mehr schützen. Deshalb zogen sich etwa 473/75 unter dem Einfluß Severins die Romanen von Quintanis nach Batavis und von da bald darauf nach Lauriacum zurück. Schwer trennte sich die Bevölkerung von ihrer Heimat, zumal kurz vorher die Alamannen vor Batavis nochmals abgewehrt werden konnten. Sicher ist auch immer noch ein Rest verblieben. Dieser jedoch schien dem Untergang geweiht; so wissen wir z. B. von Batavis, daß in diesen Jahren alles Lebende bei einem Überfall durch die Thüringer umgekommen ist.

Archäologisch ließ sich bisher keine Verbindung zur schriftlichen Überlieferung der Vita Severini herstellen. So war es ein glücklicher Zufall, daß das in der Vita erwähnte spätrömische Kastell Boiotro (Boiodurum) unweit der Severinskirche in Passau-Innstadt 1974 entdeckt wurde und bis 1976 ausgegraben werden konnte.[30] Noch liegen erst Vorberichte vor, aber es scheint hier Kontinuität über das fünfte Jahrhundert hin, vermutlich bis zum Abzug der Romanen, nachzuweisen zu sein.[31] Der weitere Rückzug der alten Bewohner führte etwa 475/76 von Lauriacum nach Favianis im Machtbereich des Rugierreiches und von da nach dessen Untergang 488 schließlich nach Italien.[32] Spätestens dann enden heute für uns die letzten archäologischen Spuren römischen Lebens. Entsprechend dünn sind auch die Fäden, entsprechend schwach sind auch die Lebensadern, die bei uns die Antike mit dem Mittelalter verbinden, so daß immer noch heftig diskutiert ist, inwieweit und in welchem Maße von echter Kontinuität gesprochen werden kann. Da nach neueren Feststellungen die Bevölkerung in Raetia secunda z. T. aus mehr oder weniger romanisierten Germanen bestanden hat,[33] könnte auch bei uns einer der Wege aus dem Altertum in das Mittelalter über diese Bevölkerungsgruppen geführt haben. Damit würden neben Romanen diese romanisierten Germanen zusammen mit ebenfalls erst jüngst festgestellten Germanengruppen verschiedenster Stammeszugehörigkeit[34] aus dem späteren fünften Jahrhundert das Substrat gebildet haben, aus dem dann das Volk der Bajuwaren hervorgegangen ist. Immerhin war die germanische Dominanz doch so groß, daß die hiesige Bevölkerung im Mittelalter eine germanische Sprache und keine romanische, wie z. B. in manchen Teilen der Alpen und südlich davon in der Poebene, gesprochen hat.

[30] Rainer CHRISTLEIN, Ausgrabungen im spätröm. Kastell Boiotro zu Passau-Innstadt (Ostbair. Grenzmarken 18) 1976, 28–40.

[31] Band 25 der Vorträge und Forschungen (Sigmaringen 1979/80) „Von der Spätantike zum frühen Mittelalter" enthält eine Reihe für Raetien und Noricum wichtiger Beiträge; hinzuweisen ist besonders auf die Behandlung der Kontinuität am Beispiel Boiotro (Boiodurum) durch Rainer CHRISTLEIN (S. 91–123) und die Zusammenfassung seiner weitdiskutierten Neuinterpretation der Vita Severini durch Friedr. LOTTER (S. 27–90) mit früherer Literatur.

[32] Hans ZEISS, Die Nordgrenze d. Ostgotenreiches (Germania 12) 1928, 25–34.

[33] KELLER (s. o. 93 Anm. 13).

[34] Walter SAGE, Gräber d. älteren Merowingerzeit aus Altenerding, Lkr. Erding/Obb. (Ber. RGK 54) 1973 (1974) 212–317; Ders., Das Reihengräberfeld von Altenerding (Ausgrabungen in Deutschland 2) 1975, 254–277; Rainer CHRISTLEIN, Ausgrabung eines Gräberfeldes des 5.–7. Jhs. bei Bittenbrunn, Lkr. Neuburg a. d. Donau (Jbr. BD 8/9, 1967/68) 1971, 87–103.

B

GRUNDLEGUNG:
DAS ZEITALTER DER AGILOLFINGER

(bis 788)

I

DIE POLITISCHE ENTWICKLUNG

Allgemein. Literatur: Otto SEECK, Gesch. des Untergangs d. antiken Welt, 6 Bde., 1920/21^{4}; John B. BURY, A history of the later Roman Empire from the death of Theodosius I. to the death of Justinian, 2 Bde., 1923 (Nachdruck 1958); Ludw. SCHMIDT, Gesch. d. deutschen Stämme bis zum Ausgang d. Völkerwanderung. Die Ostgermanen, 1933^{2}, Neudr. 1941; Die Westgermanen I, 1938^{2}; II, unter Mitwirkung v. Hans ZEISS, 1940^{2}, Neudr. 1970; Vorgesch. d. deutschen Stämme, hg. v. Hans REINERTH, I: Urgermanen u. Westgermanen, 1940; II: Westgermanen, 1940; III: Ostgermanen u. Nordgermanen, 1940; Erich ZÖLLNER, Gesch. d. Franken bis z. Mitte d. 6. Jhs., 1970; Ferd. LOT-Christian PFISTER-François L. GANSHOF, Les Destinées de l'Empire en Occident (Histoire générale, Histoire du Moyen Age I) 1940/41^{2}; Ernst STEIN, Gesch. des spätröm. Reiches I, 1928 (2. Aufl. = Ders., Histoire du Bas-Empire 1, 1959); Ders., Histoire du Bas-Empire II, 1949, Neudr. 1968; Paul GOUBERT, Byzance avant l'Islam II: Byzance et l'Occident sous les successeurs de Justinien I: Byzance et les Francs, 1956; SCHWARZ, Stammeskunde; Wilh. ENSSLIN, Einbruch in d. antike Welt: Völkerwanderung (Historia Mundi 5) 1956, 78–132; Heinz LÖWE, Deutschland im fränk. Reich (GG I) 90–215; Harold STEINACKER, Die germ. Mittelmeerreiche d. Völkerwanderung (Just I) 62–106; Reinh. WENSKUS, Stammesbildung u. Verfassung. Das Werden d. frühmittelalterl. gentes, 1961; Gerold WALSER-Eug. EWIG, Die röm. u. germ. Grundlagen d. deutschen Gesch. (Rassow) 1–101; Gg. OSTROGORSKY, Gesch. des byzantin. Staates (HB d. klass. Altertumswiss. XII 1, 2) 1963^{3}; Theod. SCHIEDER (Hg.), HB d. europ. Gesch. I, 1976.

Bayern. Quellen: Die Bajuwaren haben, im Gegensatz etwa zu den Goten, Langobarden oder Franken, für die Geschichte ihrer Frühzeit keinen Geschichtsschreiber aus den eigenen Reihen gefunden. So ist man hierfür auf die meist nur spärlichen Nachrichten angewiesen, die sich in der Geschichtsschreibung ihrer Nachbarn oder in kirchlichen Aufzeichnungen finden. Erst aus dem 8. Jh., rund 250 Jahre nach Landnahme und Herrschaftsbildung, sind schriftliche Zeugnisse aus dem Land selbst auf uns gekommen. Die Überlieferung setzt sofort mit wertvollen urkundlichen und erzählenden Quellen ein, so mit den Traditionsbüchern, die von den Bischofssitzen, besonders reichhaltig aus Freising und Salzburg, sowie von einer Reihe von Klöstern erhalten sind (Oswald REDLICH, Über bair. Traditionsbücher u. Trad., MIÖG 5, 1884, 1–82; Jos. WIDEMANN, Die Trad. d. bayer. Klöster, ZBLG 1, 1928, 225–243; UHLIRZ I 322 f. und Heinr. WANDERWITZ, Traditionsbücher bayer. Klöster u. Stifte, voraussichtlich Arch. f. Diplomatik 24, 1978, 1980) – die schriftliche Sammlung und Beglaubigung ihrer Besitztitel (Oswald REDLICH, Die Privaturk. des MA, 1911, Nachdr. 1967, 79 ff.; Heinr. FICHTENAU, «Carta» et «Notitia» en Bavière du VIIIe au Xe siècle, Le Moyen Age 69, 1963, 105–120; Ders., Das Urkundenwesen in Österreich v. 8. bis zum frühen 13. Jh., MIÖG Erg.-Bd. 23, 1971; Ders., Bayerns älteste Urk., Monographien z. Gesch. d. MA 11, 1975, 179–190; grundsätzlich zur Problematik der Traditionsaufzeichnungen Peter JOHANEK, Zur rechtl. Funktion v. Traditionsnotiz, Traditionsbuch u. früher Siegelurk., VF 23, 1977, 131–162); ferner dem bayerischen Gesetzbuch, der Lex Baiuvariorum, das, in der uns erhaltenen Form im 8. Jh. entstanden, in seinen ältesten Schichten auch wertvolles Gut aus den vergangenen Jahrhunderten bewahrt hat (s. u. 243 ff.). Von den erzählenden Quellen weisen am weitesten zurück die Heiligenviten wie die Florians, Ruperts von Salzburg und insbesondere die in der zweiten Hälfte des 8. Jhs. von Arbeo von Freising verfaßten Lebensbeschreibungen der heiligen Emmeram und Corbinian (s. u. 524 f.). Am Ende der Agilolfingerzeit sind in Salzburg auch erste Ansätze einer Historiographie zu fassen (s. u. 532 ff.). Die bis 750 vorliegenden Quellen sind von Hans ZEISS gesammelt worden (Quellensammlung f. d. Gesch. des bair.

Stammesherzogtums bis 750, BVfr. 7, 1927/28, 38–66 und 8, 1929, 43–58); eine methodisch nicht ganz geglückte und auch sonst nicht fehlerfreie Sammlung bis 1180 (vgl. dazu Kurt REINDEL, DA 32, 1976, 668ff. und Walt. ZIEGLER, HZ 223, 1976, 129–132) lieferte Karl-Ludw. AY, Altbayern vom Frühmittelalter bis 1800 (Dokumente z. Gesch. v. Staat u. Ges. in Bayern I 1) 1974.

Bayern. Literatur: Moderne wissenschaftliche Zusammenfassungen des Gesamtstoffes fehlen. DOEBERL I 1–236 und RIEZLER I sind weitgehend überholt, auch RIEZLERS 2. Auflage (1927) seines ersten Bandes, doch ist sie wegen der aus den Quellen belegten Einzelheiten nach wie vor wertvoll und unentbehrlich. Für die Kirchengeschichte ist BAUERREISS I sowie Peter F. BARTON, Die Frühzeit des Christentums in Österreich u. Südostmitteleuropa bis 788 (Stud. u. Texte z. KG u. Gesch. I 1) 1975 einschlägig. – Die monographische Literatur wird bei den Kapiteln verzeichnet.

Unter dem Land Bayern, der terra Bavariae, verstand man im Mittelalter bis ins dreizehnte Jahrhundert das Land von Bozen und seiner Umgebung im Süden, dem Lech und der Regnitzfurche im Westen, dem Fichtelgebirge, dem Oberpfälzer und Böhmerwald im Nordosten, bis über Wien hinaus und an die Ränder der Puszta, bis nach Krain und Istrien im Südosten (Südtiroler Grenze s. Bd. II). Seiner geographischen Beschaffenheit nach war das Land, besonders wegen des Anteils an den Alpen, durch größte Vielgestaltigkeit ausgezeichnet. Das Kerngebiet war das Alpenvorland bis zur Donau hin, das durch seine Geschlossenheit und Weiträumigkeit zur Bildung einer großen politischen und ethnischen Einheit wie geschaffen war. Es war durch die Alpenpässe und die Donau nach Süden und Osten orientiert, was für die politische und kulturelle Entwicklung Bayerns bis ins neunzehnte Jahrhundert von entscheidender Bedeutung sein sollte. Hier entstanden der bayerische Stamm und der bayerische Staat. Die Anfänge liegen in den ersten Jahrzehnten des sechsten Jahrhunderts.

Die bayerische Stammes- und Staatsbildung vollzog sich in einer Zeit großer politischer Umwälzungen rundum in der Nachbarschaft, in der die Goten und Byzantiner, die Langobarden und Franken miteinander in Wettstreit lagen, in der Zeit des Übergangs von der Antike zum Mittelalter, die man heute noch weniger als früher als scharfe Zaesur sieht.[1] So ist man auch geneigt, die germanischen Reiche der Völkerwanderungszeit noch der antiken Geschichte zuzuzählen,[2] wie auch insbesondere der konservative Charakter der Herrschaft Theoderichs (471–526) betont wird.[3] Im Osten des alten Imperium Romanum behauptete sich damals Byzanz als stärkste Macht, und Justinian I. (527–565) gelang es sogar, einen großen Teil des weströmischen Imperiums wieder unter die unmittelbare kaiserliche Hoheit zu bringen. Mit

[1] Zuletzt, mit Anführung auch früherer Theorien, Karl Friedr. STROHEKER, Um die Grenze zw. Antike u. abendländ. MA (Saeculum 1) 1950, 433–465; Wiederabdruck in: Ders., Germanentum u. Spätantike, 1965, 275–308.

[2] Heinr. DANNENBAUER, Die Entstehung Europas (in: Ders., Grundlagen d. mittelalterl. Welt) 1958, 11–27, bes. 14; Karl Friedr. STROHEKER, Die geschichtl. Stellung d. ostgerm. Staaten am Mittelmeer (Saeculum 12) 1961, 140–157; Wiederabdruck in: Ders., Germanentum u. Spätantike, 1965, 101–133.

[3] Wilh. ENSSLIN, Theoderich d. Gr., 1959², bes. 74ff.; A. H. M. JONES, The Constitutional Position of Odoacer and Theoderic (Journ. of Roman Studies 52) 1962, 126–130, bes. 128ff.; Dietr. CLAUDE, Universale u. partikulare Züge in d. Politik Theoderichs (Francia 6, 1978) 1979, 19–58; zur Herrschaft Theoderichs über Noricum s. u. 113ff.

der Rückeroberung Italiens durch Byzanz war aber auch die Macht der Ostgoten, deren Bedeutung nach dem Tod Theoderichs ohnehin im Schwinden war, endgültig gebrochen. Sie fielen von da an als die großen Gegenspieler der Franken aus, die jetzt auf einen ersten Höhepunkt ihrer Machtausdehnung gelangten. Der zum katholischen Christentum übergetretene König Chlodwig (482–511) besiegte, wohl 496, die Alemannen und 507 die Westgoten, sein Sohn Theuderich (511–534) unterwarf 531 die Thüringer und 532/34 die Burgunder, sein Enkel Theudebert (534–548) betrieb bereits in Konkurrenz mit Byzanz eine Machtpolitik großen Stils. Er unterwarf 536 endgültig und vollständig die Alemannen, kämpfte 539 in Italien gegen die Ostgoten und Byzantiner und setzte sich auch in Noricum fest. Justinian suchte gegen ihn die Langobarden auszuspielen, die bereits 526/27 vom Nordufer der Donau in die Gebiete südlich des Stromes gekommen waren,[4] und die er 546 durch die Abtretung der pannonischen Provinz Savia und des östlichen Binnennoricum gewann. Doch während die fränkische Machtstellung nach dem Tode Theudeberts nur vorübergehend Einbußen erlitt, ergab sich eine grundlegende Änderung durch den Abzug der Langobarden nach Italien im Jahre 568: Byzanz büßte dadurch die eben gewonnene Provinz fast gänzlich wieder ein, und in die von den Langobarden aufgegebenen pannonisch-norischen Landstriche drangen Awaren und Slawen. Damit sind die Nachbarn genannt, mit denen die Bayern rundum zu rechnen hatten.

§ 13. DIE HERKUNFT DER BAYERN

Kaspar ZEUSS, Die Deutschen u. die Nachbarstämme, 1837 (Neudr. Germ. Bibl. 18, 1925); Ders., Die Herkunft d. Baiern v. den Markomannen, 1839, 1857²; DOEBERL I 1–9; HEUWIESER, Regensburg 77ff.; RIEZLER I 1, 92ff.; Alois F. SCHNEIDER, Alt-Sudetenland II: Die Langobarden u. Rugier, 1929; SCHMIDT, Westgermanen I 194ff.; Helm. PREIDEL, Die Markomannen u. Bayern (Vorgesch. d. deutschen Stämme 2) 1940, 561–668; Heinz LÖWE, Die Herkunft d. Bajuwaren (ZBLG 15/1) 1949, 5–67; Herb. MITSCHA-MÄRHEIM, Die Herkunft d. Baiern (Mitt. d. anthropolog. Ges. Wien 80) 1950, 213–244; Fritz POPELKA, Die Streitfrage über d. Herkunft d. Baiern (Zschr. d. Hist. Ver. Steiermark 43) 1952, 160–183; Ernst SCHWARZ, Herkunft u. Einwanderungszeit d. Baiern (Südost-Forsch. 12) 1953, 21–47; ZIBERMAYR; Ernst KLEBEL, Langobarden, Bajuwaren, Slawen (Mitt. d. anthropolog. Ges. Wien 69) 1939, 41–116, erweiterter Neudr. in: Ders., Probleme 1–89; Joach. WERNER, Die Herkunft d. Bajuwaren u. der «östlich-merowing.» Reihengräberkreis (Schriftenreihe 62) 1962, 229–250; Wiederabdruck in: Wege d. Forsch. 60, 1965, 12–43; EBERL, Bajuwaren, darin: Kurt REINDEL, Herkunft u. Landnahme d. Bajuwaren in d. neueren Forsch. 189–199; Helm. PREIDEL, Das Ende der germ. Völkerwanderungszeit an d. mittleren Donau u. die Baiwaren (Bohemia. Jb. d. Coll. Carolinum 10) 1969, 81–95; Ant. Adalb. KLEIN, Die Streitfrage über d. Herkunft d. Baiern nach dem neuesten Stand d. Forsch. (Bll. f. Heimatkunde [Steiermark] 45) 1971, 140–146; Franz ERTL, Topographia Norici I: Die röm. Siedlungen, Straßen u. Kastelle im Ostalpenraum, 1965; II: Von Noreia u. Hallstatt z. Stammesheimat d. Bayern, 1969; III: Bayer. Landnahme u. kelt. Rückzugsgebiete, 1974; Gottfried MAYR, Zur Entstehung des Baiernstammes (Amperland 7) 1971, 208–213 und (ebd. 8) 1972, 266ff.; Ders., Die Anfänge des Baiernstammes (Straubinger He. 24) 1974, 6–35; Heinz FISCHER, Als d. Bajuwaren kamen ... Die alamann. u. baier. Besiedlung Süddeutschlands, 1974; Raimund ERNST-Renate MÖHLENKAMP, Baioaria (Glossar. s.u. 272f. Anm. 184) 287–298; Dies., Baioarii (ebd.)

[4] WERNER, Langobarden 131ff.

302–313; Jos. REITINGER, Die baier. Landnahme aus d. Sicht d. Archäologie (Baiernzeit in Oberösterreich, Oberösterr. Landesmus., Kat. Nr. 96) 1977, 53–74; Wolfg. ALLESCHER, Die Stammesbildung d. Bajuwaren in d. neueren Lit., Zulassungsarbeit Masch. Regensburg 1977.

Herkunft und Landnahme der Bajuwaren haben in der zeitgenössischen Literatur keinen Niederschlag gefunden. Bruchstücke einer *Stammessage* sind erst in einer Überlieferung aus dem zwölften Jahrhundert zu fassen, deren einzelne Versionen etwas voneinander abweichen. Gemeinsam ist jedoch allen der Gedanke der Rückkehr der Bajuwaren in ein Land, aus dem sie einmal vertrieben worden seien. Ihr Stammvater sei Noricus, der Sohn des Herkules gewesen, als Wohnsitz wird auch Armenien angegeben. Im Jahre 508 sei der Stamm unter seinem Herzog Theodo nach Bayern zurückgekehrt und die Lateiner seien von dort abgezogen. Herzog Theodo (nach einer anderen Überlieferung Adalger genannt) sei 512 von Theoderich im Auftrag des Kaisers Anastasius (der auch Severus genannt wird) nach Rom berufen worden, dort sei ihm als Zeichen der Abhängigkeit Haar[1] und Gewand abgeschnitten worden und er habe auch Zins zahlen müssen. Doch noch im Jahre 512 hätten die Bayern in einer Schlacht bei Oetting (anders Brixen) die Römer besiegt und sich von deren Herrschaft befreien können.[2] Der Wert dieser Sagenüberlieferungen ist umstritten; Armenien als Ursprungsland ist wohl ein Niederschlag der Kreuzzüge,[3] und die Jahreszahlen wurden vermutlich erst aus späterer gelehrter Berechnung gefunden. Doch könnte der Inhalt der Sage zumindest auf Beziehungen zum Osten und auf eine ursprüngliche Abhängigkeit des Stammes deuten.[4] Eine neuere Untersuchung kommt zu dem Ergebnis, daß dabei keine «ursprünglich zusammenhängende Überlieferung» vorlag, daß sich die «Stammessage schrittweise aus einzelnen Elementen bildete».[5]

[1] Erchempert, Historia Langobardorum Beneventanorum c. 4 (hg. v. Gg. WAITZ, MGH SS rer. Langob.) 1878, 236 berichtet, daß Karl der Große von den Langobarden zum Zeichen der Unterwerfung das Abscheren des Kinnbartes verlangt habe; ähnlich waren die Langobarden mit den Römern verfahren; Liber pont. 92, Gregor III. c. 14 (s. u. 226 Anm. 1) 420; vgl. Percy Ernst SCHRAMM, Herrschaftszeichen u. Staatssymbolik I (Schr. d. MGH 13/1) 1954, 118ff.

[2] Die Sagen finden sich in einer österreichischen Annalengruppe (vgl. darüber Ernst MAYER, Übersehene Quellen z. bayer. Gesch. d. 6.–8. Jhs., ZBLG 4, 1931, 1–36 und Hans ZEISS, Bemerkungen z. frühmittelalterl. Gesch. Baierns V: Die Anfänge d. bair. Einwanderungssage, ebd., 351–361), in der Passio s. Quirini aus Tegernsee (hg. v. Theod. MAYER, AÖG 3, 1849, 325–351), im Annolied c. 20 (hg. v. Max ROEDIGER, MGH Deutsche Chron. 1/2, 1895, 121f.), in der Kaiserchronik Vers 6622–7135 (Kaiserchronik 202ff.) und in der Vita Altmanni c. 28 (s. u. 328 Anm. 21) 237 (Hinweis von Heinr. BECK, Bajuwaren I, Reallex. d. Germ. Altertumskunde 1, 1973, 601–606, bes. 606).

[3] Der Einwand von Gg. R. SPOHN, Armenien und Herzog Naimes. Zur bayer. Stammessage im MA u. bei Peter Harer (ZBLG 34) 1971, 185–210, bes. 191 würde hinfällig, wenn man mit einer Entstehungszeit des Annoliedes um 1106 rechnet; vgl. Eberh. NELLMANN, Annolied (VL 1) 1977[2], 366–371, bes. 367.

[4] Positiv: MAYER, Quellen (s. o. Anm. 2); MITSCHA-MÄRHEIM, Herkunft (s. o. 101) 235ff.; KLEBEL, Langobarden (s. o. 101) 73–77 bzw. 41–48; EBERL, Bajuwaren 98; negativ: ZEISS, Bemerkungen (s. o. Anm. 2).

[5] Mich. MÜLLER, Die bayer. «Stammessage» in d. Geschichtsschreibung des MA. Eine Untersuchung z. mittelalterl. Frühge-

Weder die Runeninschrift aus dem norwegischen Kaarstadt[6] noch eine Inschrift aus dem nordafrikanischen Tipasa[7] sind mit Sicherheit auf die Bayern zu deuten. Die sogenannte fränkische Völkertafel mit ihrer Nennung der Baioarii ist wohl frühestens ins ausgehende sechste Jahrhundert zu datieren.[8] So haben wir von den Bayern erst Kunde, als sie bereits in ihren späteren Sitzen wohnen; auch hier aber erfolgen die ersten Erwähnungen ohne ausdrückliche Namensnennung. Als der fränkische König Theudebert (534–548) die väterliche Herrschaft übernommen hatte, «unterwarf er die Alemannen und gewisse andere benachbarte Stämme», so berichtet der allerdings erst ein Menschenalter später schreibende byzantinische Historiker Agathias zum Jahre 536;[9] etwa zur gleichen Zeit teilte Theudebert in einem Brief an Kaiser Justinian diesem mit, seine Herrschaft reiche «über die Donau und die Grenze Pannoniens bis zu den Küsten des Ozeans».[10] Die *frühesten namentlichen Nennungen* liegen um die Mitte des sechsten Jahrhunderts. Der gotische Geschichtsschreiber Jordanis kennt die Baibari (nach einer anderen Lesart Baiobari) als östliche Nachbarn der Suavi (= Alemannen?).[11] Sein Werk ist 551 entstanden; falls diese Stelle auf der verlorenen Gotengeschichte Cassiodors, des Staatsmannes im Dienste Theoderichs, beruht, würde die erste Erwähnung der Bayern bereits in die Jahre 526/33 fallen.[12] Zwischen 565 und 571 berichtet der italienische Dichter und Hagiograph, der spätere Bischof von Poitiers Venantius Fortunatus, der anläßlich einer Pilgerreise zum Grab des heiligen Martin in Tours die Gebiete nördlich der Alpen kennenlernte, daß man vom Westen kommend bei Augsburg und am Lech auf die Bayern stoße.[13] Damit ist eine klare und verlässige Angabe gewonnen, zeitlich, örtlich und ethnisch.

schichtsforsch. in Bayern (ZBLG 40) 1977, 341–371, bes. 367.

[6] Ivo STRIEDINGER, Wie alt ist d. Baiern-Name? (ZBLG 10) 1937, 1–11.

[7] Adolf Wilh. ZIEGLER, Der schwäb. u. bayer. Name (Beitrr. ABK 22/1) 1961, 9–23; hier mag auch der Hinweis von Ernst KLEBEL, Baier. Siedlungsgesch. (ZBLG 15/2) 1949, 75–82, bes. 80 auf eine althochdeutsche Glosse aus St. Gallen erwähnt werden: «Wandali, quidam populi de Africa, quorum relique fertur, ut sint Paiwarii».

[8] Die sog. fränk. Völkertafel bei Hugo v. Flavigny, Chronicon I (hg. v. Gg. Heinr. PERTZ, MGH SS 8) 1848, 314 Anm.; vgl. Joh. FRIEDRICH, Die sog. fränk. Völkertafel (SB München 1910, 11) 1910 und Bruno KRUSCH, Der Bayernname. Der Kosmograph v. Ravenna u. die fränk. Völkertafel (NA 47) 1928, 31–76.

[9] Agathias, Historiae I 4 (hg. v. Rud. KEYDELL, Corpus fontium historiae Byzantinae 2) 1967, 13.

[10] Brief Theudeberts an Kaiser Justinian (hg. v. Wilh. GUNDLACH, MGH Epist. 3) 1892, nr. 20, S. 132f.; zur Interpretation dieses Schreibens Franz BEYERLE, Süddeutschland in d. polit. Konzeption Theoderichs d. Gr. (VF 1) 1976⁴, 65–81, bes. 77ff.; Wolfg. HESSLER Mitteldeutsche Gaue des frühen u. hohen MA (Abh. Leipzig 49/2) 1957, 70ff.

[11] Jordanis, De origine actibusque Getarum c. 55 § 280 (hg. v. Theod. MOMMSEN, MGH Auct. ant. 5/1) 1882, 130; vgl. dazu EBERL, Bajuwaren 44f. und 88ff.

[12] So MOMMSEN, MGH Auct. ant. 5/1, 1882, XXXIIf.; dagegen sucht, auf Grund schallanalytischer Untersuchungen, Eduard SIEVERS bei Ernst SCHWARZ, Die althochdeutsche Lautverschiebung im Altbairischen m. bes. Heranziehung d. Salzburger Güterverzeichnisse (PBB 50) 1927, 242–287, bes. 257 Anm. 1 nachzuweisen, daß es sich um eine Zufügung des Jordanis handelt; zustimmend Ernst SCHWARZ, Das Ende d. Völkerwanderungszeit in Böhmen u. die Herkunftsfrage d. Baiern. Ein krit. Überblick des derzeit. Forschungsstandes (Bohemia. Jb. d. Coll. Carolinum 8) 1967, 23–58.

[13] Venantius Fortunatus, Carmina praef. (hg. v. Friedr. LEO, MGH Auct. ant. 4/1)

Für die Herkunft der Bayern ist das wichtigste Kriterium der *Name:* die aus Baiwari erschlossene Form *Baiowarioz = Baiovarii ist gedeutet worden als «Männer aus dem Lande Baia».[14] Sie haben sich also ihren Namen nicht selbst gegeben, sondern sind von ihren neuen Nachbarn so genannt worden; daraus dürfte sich ergeben, daß ihr Herkunftsland für sie bezeichnender war als ihre ethnische Zugehörigkeit. Auch ihre relativ späte Nennung dürfte beweisen, daß ihre Zusammengehörigkeit und Eigenart vor der Besetzung des Alpenvorlandes nicht sehr ausgeprägt waren. Die Deutung des Herkunftslandes Baia aber, das den Bayern den Namen gab, ist eines der umstrittensten Forschungsprobleme der frühbayerischen Geschichte. Am häufigsten wird dafür auch heute noch Böhmen in Vorschlag gebracht, das Boiohaemum oder Boihaemum der Römer, wobei man allerdings einmal mit einem Wechsel von keltischem o zu germanischem a in der ersten Silbe rechnen muß und zum andern auch weder den Ausfall von -haemum noch die unterschiedliche sprachliche Entwicklung des «Bojerlandes» einerseits zu Böhmen und andererseits zu Bayern wirklich befriedigend erklärt hat. Auch mit der Bojerwüste, den «deserta Boiorum» in Westpannonien war der Name der Bojer verknüpft, und auch dieses Gebiet wurde als Herkunftsland der Bayern in Erwägung gezogen.[15] Eine unmittelbare Abstammung von den namengebenden keltischen Bojern, die für den im siebten Jahrhundert schreibenden Jonas von Bobbio feststand,[16] von Aventin wieder aufgegriffen und dann vor allem von der historischen Forschung des achtzehnten Jahrhunderts erwogen wurde,[17] ist neuerdings von Bosl[18] wieder aufgegriffen worden, der keltoromanische Bojer als «Ursubstrat und Kern» der Bajuwaren ansieht. Auch die Bojerstadt Bojodurum wurde als namengebend in Erwägung gezogen.[19] Schließlich hat man auch um Salzburg und die untere Salzach das namengebende Kristallisationszentrum des

1881, 2; Venantius Fortunatus, Vita s. Martini IV 644f. (ebd.) 368; vgl. Wopfner; zur Lechgrenze Pankraz Fried, Zur Entstehung u. frühen Gesch. d. alamann.-baier. Stammesgrenze am Lech (Augsburger Beitrr. z. Landesgesch. Bayer.-Schwabens 1) 1979, 47–67.

[14] Rud. Much, Germ. Völkernamen (ZDA 39) 1895, 20–52, bes. 31–34: Baioarii; Ders., Baiwarii (NA 46) 1926, 385–394; Löwe, Herkunft (s.o. 101) 6ff.; Jos. Schnetz, «Baias» u. der Baiernname. Zwei hist.-philolog. Streitfragen (ZBLG 16) 1951/52, 1–19; Ludw. Steinberger, Noricum, Baiern, Bayern – Namen, Sprache u. Gesch. (ebd. 18) 1955, 81–143, bes. 87ff.

[15] Schwarz, Stammeskunde 186ff.

[16] Jonas v. Bobbio, Vita Columbani II 8 (s.u. 136f. Anm. 4) 244: «... zu den Bojern, die jetzt Bajoarier heißen»; nach Löwe, Herkunft (s.o. 101) 8 in «antikisierender, aber irreführender Gelehrsamkeit»; Andr. Kraus, Die Herkunft d. Bayern (Augsburger Beitr. z. Landesgesch. Bayer.-Schwabens 1) 1979, 27–46 weist darauf hin, daß Jonas hier nur nach Art der antiken Scholien etymologisiert; zur Gleichsetzung der Bayern mit den Norikern Ernst Klebel, Das Fortleben des Namens «Noricum» im MA (Carinthia I 146) 1956, 481–492.

[17] Vgl. Andr. Kraus, Die Abstammung d. Bayern in d. Historiographie d. 18. Jhs. (ZBLG 20) 1957, 53–82, Wiederabdruck in: Ders., Bayer. Geschichtswiss. in drei Jahrhunderten, 1979, 185–211.

[18] Karl Bosl, Bayer. Gesch., 1971, 22ff.; im Anschluß daran Rud. Reiser, Agilolf oder Die Herkunft d. Bayern, 1977, 10ff. (kritisch dazu: Kurt Reindel, DA 34, 1978, 310ff.), ähnlich auch Hans F. Nöhbauer, Die Bajuwaren, 1976², 168f.; gegen die Thesen von Bosl Joach. Werner, Einführung (VF 25) 1979, 9–23, bes. 17.

[19] Ernst Gagel, Haben die Bajuwaren ihren Namen v. Passau (Boiodurum)? (Oberpfälzer Heimat 15) 1971, 19ff.

bayerischen Stammes gesucht: aus dem Namen Ivarus für die untere Salzach wurde eine Urform Iuvarus erschlossen; deren Anwohner, die Ambi-Iuvarii, seien von den Goten hier als eine Grenzmiliz gehalten worden. Nach Wegfall der Vorsilbe Am- sei aus dem keltisch-lateinischen Ambi- ein gotisches Bai-, und aus den Bijuvarii seien schließlich die Bajuwaren geworden.[20] Schließlich können wir dieser Namensdeutung entnehmen, daß die Bayern Bewohner eines Landes waren oder als solche angesehen wurden, welches sie als Nachfolger der keltischen Bojer in Besitz hatten.

Sieht man die Wohnsitze der Bojer in Böhmen als namengebend an, so müßten die Vorfahren der Bayern *die* Germanen gewesen sein, die etwa um 500 im böhmischen Kessel saßen. Aus der Überlegung, daß im ersten Jahrhundert n. Chr. unter dem Druck der Römer die Markomannen hierher ausgewichen sind, unter Marbod (gest. 37 n. Chr.) ein großes Reich gegründet haben[21] und seit der Mitte des fünften Jahrhunderts aus der Geschichte verschwinden,[22] entstand die zuerst von Kaspar Zeuss mit ausführlicher Begründung vertretene *Markomannentheorie:* «Seit der Name der Markomannen erlischt, erscheint das Volk von Beheim, wie wenn es seines Namens beraubt nach einem neuen suchte, zuerst unter dem großen Namen der Thüringer, dann der Franken, bis es mit neuem Einzelnamen, der an das alte Vaterland erinnert, ... vor seinem ehemaligen Grenzwalde steht, in einem Raume ausgedehnt, der zeigt, daß es von einem zahlreichen Geschlechte stammt».[23] Die Theorie der Abstammung von den Markomannen, an der Doeberl[24] wie Riezler[25] festhielten, wird bis heute vertreten, wenn auch bisweilen in etwas modifizierter Form. So suchte Heuwieser[26] nachzuweisen, daß die friedliche Landnahme der Markomannen-Bajuwaren in der Tradition der Zuweisung römischer Provinzen an germanische Foederaten stand, wie sie von den Ostgoten zu Beginn ihrer Auseinandersetzung mit Byzanz im Jahre 535 vorgenommen worden sei. Preidel[27] nahm an, daß die Markomannen im Thüringer Reich aufgegangen seien, sich nach dessen Niederlage aber davon getrennt hätten und nach Bayern gezogen wären. Schon vorher aber, im fünften Jahrhundert, habe sich ein erheblicher Teil in der Oberpfalz niedergelassen. Schmidt[28] sah zwar auch die Markomannen als Vorfahren der Bayern an, aber nicht die böhmischen, sondern die ungarischen, die in den ‹deserta Boiorum› seit dem Ende des vierten Jahrhunderts nachzuweisen seien. Als Untertanen der Hunnen hätten sie 451 an der Schlacht auf den Katalaunischen Feldern teilgenommen, hätten sich dann aber auf dem Rückzug

[20] ERTL, Topographia (s. o. 101) II 123 ff.

[21] Jos. DOBIÁŠ, Wo lagen die Wohnsitze d. Markomannen? (Historica 2) 1960, 37–75.

[22] Denis van BERCHEM, Les Marcomans au service de l'Empire (Röm. Forsch. in NÖ 3) 1956, 12–16.

[23] ZEUSS, Die Deutschen (s. o. 101) 372; Kritik an der ZEUSS'schen Markomannenhypothese bereits bei Adolf BACHMANN, Die Einwanderung d. Baiern (SB Wien 91) 1878, 815–892 und Bernh. SEPP, Die Zeuss'sche Hypothese über d. Herkunft d. Baiern. Eine krit. Untersuchung (OA 41) 1882, 177–222.

[24] DOEBERL I 3.

[25] RIEZLER I 1, 15 ff.

[26] HEUWIESER, Regensburg 76 ff.

[27] PREIDEL, Markomannen (s. o. 101) 632 ff.; Ders., Germanen in Böhmens Frühzeit, 1938, 15.

[28] SCHMIDT, Westgermanen I 194 ff.; Ders., Zum Ursprung d. Baiern (ZBLG 10) 1937, 12–18.

an der Nordgrenze Raetiens selbständig gemacht. In der Tat scheint der Hauptteil der Markomannen, die ohnehin immer mehr an Bedeutung verloren, spätestens um 400 Böhmen verlassen zu haben. Die Korrespondenz, die der hl. Ambrosius mit der Markomannenfürstin Fritigil führte,[29] könnte zu einer Ansiedlung auf römischem Boden geführt haben; um 420 erscheint eine ‹gens Marcomannorum› unter dem Befehl eines tribunus in Oberpannonien und Noricum und stellt den Römern Hilfstruppen.[30] Im Jahre 433 mußte Aëtius Pannonien den Hunnen abtreten,[31] das nach der Meinung von Varady[32] im Jahre 454 vom gotischen Volk in Besitz genommen worden sei, und im Jahre 451 zählte Paulus Diaconus Markomannen unter den Hilfsvölkern auf, die an Attilas Zug nach Gallien teilnahmen; dies ist zugleich die letzte Erwähnung der Markomannen.[33]

Man hat sich nicht damit begnügt, im Namen der Bajuwaren nur die Erinnerung an ehemalige Wohnsitze der Bojer zu sehen, sondern man wollte auch andere ähnlich klingende Namen zur Erklärung des Grundwortes heranziehen. Man suchte insbesondere das beim Geographen von Ravenna genannte Land ‹Baias› und die von Ptolemaeus von Alexandrien erwähnten ‹Baianoi› bzw. ‹Bainochaimai›[34] auszuwerten. Jedoch ist man weder über die Glaubwürdigkeit des Ptolemaeus[35] noch über den Quellenwert und die Abfassungszeit des Geographen von Ravenna[36] zu einer einheitlichen Auffassung gelangt, ganz abgesehen von der Frage, ob es berechtigt ist, die beiden etwa um ein halbes Jahrtausend voneinander getrennten Angaben miteinander zu verknüpfen. Wie unsicher diese geographischen Angaben sind und einen wie weiten Spielraum sie der Interpretation geben, zeigt die jeweils mit guten Gründen vorgenommene Lokalisierung des Landes Baias, das Krusch[37] an der Elbmündung

[29] Paulinus, Vita s. Ambrosii c. 36 (Migne PL 14) 39.

[30] Notitia dignitatum in partibus occidentis V 49, 50, 198 und 199; VI 22 und 65; VII 38 und 183; XXXIV 24 (hg. v. Otto SEECK, Notitia dignitatum) 1876, 117, 123, 129, 131, 134, 141 und 197.

[31] Zur Datierung und den anderen damit zusammenhängenden Problemen Andr. ALFÖLDI, Der Untergang d. Römerherrschaft in Pannonien, 2 Bde. (Ungar. Bibl. I 10 und 12) 1924/26, bes. II 90; Franz ALTHEIM, Gesch. d. Hunnen IV, 1962, 188; Erich SWOBODA, Carnuntum. Seine Gesch. u. seine Denkmäler (Röm. Forsch. in NÖ 1) 1964⁴, 265 ff.

[32] László VÁRADY, Das letzte Jahrhundert Pannoniens, 1969, 330.

[33] Paulus Diaconus, Historia Romana XIV 2 (hg. v. Hans DROYSEN, MGH Auct. ant. 2) 1879, 201.

[34] Reinh. WENSKUS, Bainaib u. Bainochaimai (Reallex. d. Germ. Altertumskunde 1) 1973, 600 f.

[35] Ptolemaeus, Geographie II 11, 10 und 11 (hg. v. Otto CUNTZ, Die Geographie des Ptolemaeus) 1923, 64 f.; vgl. Theod. STECHE, Altgermanien im Erdkundebuch des Claudius Ptolemäus, 1937; Ulr. KAHRSTEDT, Claudius Ptolemaeus u. die Gesch. d. Südgermanen (Mitt. d. prähist. Komm. d. Akad. d. Wiss. Wien 3) 1937/38, 161–194; Désirée SIMONYI, Sur l'identification des noms géographiques concernant la Slovaquie (Etudes slaves et roumaines 1) 1948, 129–138.

[36] Ravennatis Anonymi Cosmographia I 11 und IV 18 (hg. v. Jos. SCHNETZ, Itineraria Romana 2) 1940, 10 und 56; Ders., Untersuchungen über d. Quellen d. Kosmographie des anonymen Geographen v. Ravenna (SB München 1942, 6) 1942; Ravennas Anonymus: Cosmographia. Eine Erdbeschreibung um d. Jahr 700. Zum ersten Mal übersetzt v. Jos. SCHNETZ (Nomina Germanica 10) 1951; Ludw. SCHMIDT, Die Baiern u. der Geographus Ravennas (MÖIG 54) 1941, 213 ff.

[37] KRUSCH, Der Bayernname (s. o. 103 Anm. 8).

suchte, Zibermayr[38] am Schwarzen Meer, Löwe[39] in der Nähe der Kleinen und Weißen Karpaten, Mitscha-Märheim[40] nördlich des Donauknies, Schnetz[41] in Böhmen. Daneben blieb Böhmen auch dann als Herkunftsland in der Diskussion, wenn man an keine einheitliche ethnische Zusammensetzung der von dort nach Bayern kommenden Germanen dachte.[42] Schließlich könnte die Interpretation von Foerste[43] völlig wegführen von einer geographischen Deutung des zweiten Namensbestandteiles; er ist der Ansicht, daß -varii «viel eher die politische und körperschaftliche Struktur jener alten germanischen Gruppen, die vermutlich zu einem Herrschafts-, Verteidigungs- oder Kulturmittelpunkt gehörten, sprachlich zum Ausdruck bringt».

An Stelle der Markomannen suchte man auch andere germanische Stämme in den Kreis der Betrachtung einzubeziehen, von denen ja die im Jahre 511, also etwa in der vermuteten Zeit der Landnahme, entstandene Vita Severini[44] eine ganze Reihe erwähnt. Aus der bedeutenden Rolle, die hier die Alemannen unter ihrem König Gibuld im späteren Bayern bis nach Passau und Regensburg hin spielen, hat vor allem Helbok[45] die *Alemannen* als Grundlage des Bayernstammes erschlossen. Freilich gibt es, etwa in Sprache und Ortsnamenbildung,[46] zwischen Bayern und Alemannen Gemeinsamkeiten, doch dürften diese aus der elbgermanischen Abkunft beider Stämme herrühren. Der Haupteinwand gegen eine alemannische Abstammung ist der Bayernname. Immerhin deuten schwäbische Dialekteigentümlichkeiten östlich des Lech auf alemannische Vorbevölkerung;[47] auch vereinzeltes alemannisches Fundgut etwa in den Gräbern von Irsching kann in diese Richtung weisen.[48]

Die von Schneider[49] zuerst vertretene, von Holzmann[50] positiv gewürdigte *Langobardenhypothese* rechnet mit einer Zweiteilung des Volkes. Der Hauptzweig habe im Lande Baias des ravennatischen Geographen gewohnt, einem Gebiet vom Bodensee

[38] ZIBERMAYR 65 ff.

[39] LÖWE, Herkunft (s. o. 101).

[40] MITSCHA-MÄRHEIM, Herkunft (s. o. 101) 213 ff.

[41] SCHNETZ, «Baias» (s. o. 104 Anm. 14); auch Günter NEUMANN, Baias (Reallex. d. Germ. Altertumskunde 1) 1973, 600 hält das Wort für eine Kurzform von Baiahaimum.

[42] Jos. REITINGER, Ur- u. Frühgesch. Oberösterreichs I: Oberösterreich in ur- u. frühgeschichtl. Zeit, 1969, 311 ff.

[43] William FOERSTE, Die germ. Stammesnamen auf -varii (Frühmittelalterl. Stud. 3) 1969, 60–70, bes. 70.

[44] Eugippius, Vita Sev.; Lit. bei LHOTSKY 135 ff.

[45] Adolf HELBOK, Grundlagen d. Volksgesch. Deutschlands und Frankreichs I, 1937, 309–314; Ders., Die Baiern stammen nicht v. den Markomannen ab (Zschr. f. sudetendeutsche Gesch. 5) 1941/42, 22–29; auch FISCHER, Bajuwaren (s. o. 101) hält die Bajuwaren für Alemannen.

[46] Barth. EBERL, Die bayer. Ortsnamen als Grundlage d. Siedelungsgesch. (Bayer. Heimatbücher 2) 1925/26, 61 ff.

[47] Ed. Friedr. NÜBLING, Die «Dreistammesecke» in Bayern (Schwäbisch-Bairisch-Fränkisch) in sprachl. u. geschichtl. Betrachtung (Zschr. d. Hist. Ver. Schwaben u. Neuburg 53) 1938, 185–299; in veränderter Form auch in Schwabenland 6, 1939, 47–79.

[48] Hans ZEISS, Alamann. Gräber bei Irsching (Ob.) (Germania 11) 1927, 132–137; Rich. ECKES-Hans ZEISS, Bair. Reihengräber d. 6. Jhs. bei Irlmauth, BA Regensburg (BVbll. 15) 1938, 44–56, bes. 54.

[49] Außer dem in der Vorbemerkung genannten Werk noch Alois SCHNEIDER, Herkunft u. Gesch. d. pannon. Langobarden, 1926.

[50] Rob. HOLZMANN, Zur Gesch. d. Langobarden (Zschr. d. deutschen Ver. f. d. Gesch. Mährens u. Schlesiens 36) 1934, 1–8.

bis zu den Sudeten einschließlich Bayerns südlich der Donau. Ein anderer Teil habe sich in Pannonien ansässig gemacht; ihr Fürst Audoin sei der Vormund von Wachos minderjährigem Sohn Walthari geworden. Hierher habe sich das politische Schwergewicht des Stammes und auch der Königstitel verlagert, so daß es im Lande Baias hinfort nur noch Herzöge gegeben habe. Diese Aufstellungen, die von Zeiss[51] noch mit dem Hinweis unterstützt wurden, daß die Bajuwaren Lieder auf Alboin kannten, wurden von Klebel[52] modifiziert weitergeführt: eine Teilung des Langobardenstammes anzunehmen sei nicht nötig, und die Bayern seien auch nicht stammesmäßig Langobarden, seien aber eine enge Verbindung mit ihnen eingegangen und hätten nach ihrer stufenweise zwischen 488 und 540 aus Südwestböhmen erfolgten Einwanderung unter langobardischer Oberhoheit gestanden. Auch für Mathilde Uhlirz[53] sind die Beziehungen zwischen den beiden Völkern primär eine Frage der Herrschaft: bis zu Wachos Tod im Jahre 543 hätten die Bayern zwischen Enns und Isar unter langobardischer Hoheit gestanden. Jedenfalls scheitert auch die Langobardenhypothese ebenso wie die Alemannenhypothese vornehmlich am Namen.

Mit der Verlegung des Landes Baias in die Slowakei bzw. nach Westungarn rückten auch die hier wohnenden *Quaden-Sueben*[54] in den Blickpunkt der Forschung. Widemann[55] hatte als erster die suebische Herkunft der Bayern ernsthaft zur Diskussion gestellt, und vor allem Löwe[56] hat dann in gründlicher Beweisführung die nordungarischen Sueben als Grundstock der Bajuwaren zu erweisen gesucht. Auch Mitscha-Märheim[57] verlegt das Land Baias in die Slowakei nördlich des Donauknies, er sah aber neben zahlreichen anderen Stammessplittern vor allem die Skiren unter ihrem Fürsten Hunwulf, dem Bruder Odoakars, an der bajuwarischen Landnahme beteiligt, die er bereits in das Ende des fünften Jahrhunderts datiert. Für Schwarz[58] bildeten wieder die ungarischen Sueben den Kern des bayerischen Stammes; er sah jedoch als namengebendes Element nicht das Land Baias, sondern die ‹deserta Boiorum› an, die germanisch *Baiaheim genannten Teile Pannoniens zwischen Raab und Leitha. Eberl[59] schließlich lokalisierte Baias und die Baianoi zwischen March und Waag und betrachtete als Bewohner dieser slowakischen Landschaft ebenfalls die Quaden-Sueben. Sie seien von Theoderich nach der Niederlage der Heruler im Jahre 507 gegen die Langobarden auf norischem Boden als Schutz für diesen wichtigen

[51] Hans ZEISS, Von den Anfängen des Baiernstammes (BVbll. 13) 1936, 24–40, bes. 26.

[52] KLEBEL, Langobarden (s.o. 101) 41 bzw. 1f.; Ders., Baier. Siedlungsgesch. (s.o. 103 Anm. 7) 78ff.

[53] UHLIRZ I 161.

[54] Neuere Arbeiten zur Geschichte dieses Volkes: Paul GOESSLER, Quadi (Pauly-Wissowa, RE 24) 1963, 623–647 und I. BÓNA, Beitrr. z. Archäologie u. Gesch. d. Quaden (Acta archaeol. Acad. Scient. Hung. 15) 1963, 239–307.

[55] Jos. WIDEMANN, Die Herkunft d. Baiern (FGB 16) 1908, 30–84.

[56] LÖWE, Herkunft (s.o. 101) 42ff.

[57] MITSCHA-MÄRHEIM, Herkunft (s.o. 101) 215ff.

[58] SCHWARZ, Herkunft u. Einwanderungszeit (s.o. 101); Ders., Stammeskunde 182ff.; in einer späteren Stellungnahme (Konstanzer Arbeitskreis f. mittelalterl. Gesch., Protokoll über d. Tagung v. 2.–5. April 1963, nr. 109, S. 72) sprach SCHWARZ allerdings von der Suebentheorie nur noch als von einer «Arbeitshypothese».

[59] EBERL, Bajuwaren 41ff.

Grenzabschnitt angesiedelt worden; jetzt habe man sie Bajuwaren genannt, zur Unterscheidung von den ihnen am Lech begegnenden Alemannen, ihren suebischen Stammesverwandten. Der in der Slowakei und in Oberungarn schließlich noch verbleibende suebische Volksteil sei um 510 von Wacho dem langobardischen Volksverband eingegliedert worden und habe 568 am Zug nach Italien teilgenommen. Von hier aus würden auch die zahlreichen langobardisch-bajuwarischen Gemeinsamkeiten verständlich, auf die insbesondere von der Seite der Sprachwissenschaft aufmerksam gemacht wird.[60] Gegen die Suebentheorie wird insbesondere die relativ geringe Volkszahl der Quaden und Sueben ins Feld geführt.[61] Auch nach der Auffassung Lotters[62] spielten die Sueben keine entscheidende Rolle bei der Bildung des Bayernstammes, seiner Meinung nach könnten allenfalls die Anhänger des Hunimund, die ihm in das nördliche Alpenland folgten, einen Baustein gebildet haben.

Die These von Zibermayr[63] von der Urheimat der Bayern am Schwarzen Meer und ihrer *gotischen Herkunft* wird allgemein abgelehnt; sie scheitert unter anderem schon daran, daß die Bayern, von einigen gotischen Lehnwörtern abgesehen, sprachlich eindeutig zu den Westgermanen zu rechnen sind.[64] Steht somit Böhmen und der Osten als Herkunftsland der Bayern im Mittelpunkt der Diskussion, so suchte Zöllner[65] die beiden Theorien zu vereinigen; er glaubt an einen ersten Schub aus Pannonien und dem Karpatenland, auf den nach seiner Meinung eine zweite Wanderbewegung in der ersten Hälfte des sechsten Jahrhunderts aus dem böhmischen Kessel folgte, die namengebend für den ganzen Stamm geworden sei. Kunstgeschichtliche Gründe haben schließlich an einen Zusammenhang mit den Skythen und an eine Herkunft der Bayern von der unteren Donau denken lassen.[66]

Die Möglichkeiten, die uns die *Archäologie* an die Hand gibt, die aus den spärlichen und unsicheren schriftlichen Quellen gewonnenen Ergebnisse zu ergänzen, zu bestätigen oder zu korrigieren, sind bis jetzt sehr gering, vornehmlich wohl wegen des

[60] Ernst SCHWARZ, Slawen, Langobarden u. Baiern in ihren ältesten Namenbeziehungen (Acta Salmanticensia, Filosofia y Letras 11/2) 1958, 283–295; Jak. JUD, Die Verteilung d. Ortsnamen auf -engo in Oberitalien (Romanica Helvetica 4) 1937, 162–192.

[61] Karl VÖLKL, Zur Volkszahl d. Markomannen u. Quaden (Anzeiger f. d. Altertumswiss. 1) 1948, 127f.; Ders., Zur Bevölkerungsdichte im alten Germanien (Innsbrucker Beitrr. z. Kulturwiss. 2) 1954, 178–190, bes. 184ff. rechnet mit insgesamt 750000 Menschen für Markomannen und Quaden. Diese Zahl wird von Franz MILTNER, Von germ. Waffenübung u. Kriegskunst (Festschr. Konr. Ziegler) 1954, 131–153 akzeptiert, von SCHWARZ, Stammeskunde 168 Anm. 4, DOBIÁŠ, Markomannen (s. o. 105 Anm. 21) 43 Anm. 28 und Erich SWOBODA, Der pannon. Limes u. sein Vorland (Carnuntum Jahrbuch 1959) 1961, 17–30, bes. 21 Anm. 17 als zu hoch in Zweifel gezogen.

[62] Friedr. LOTTER, Zur Rolle d. Donausueben in d. Völkerwanderungszeit (MIÖG 76) 1968, 275–298, bes. 298.

[63] ZIBERMAYR 65ff.; auch Dušan LUDVIK, Zur Stammeskunde d. Baiern (Ostbair. Grenzmarken 2) 1958, 133ff. läßt die Bajuwaren vom Unterlauf der Donau kommen.

[64] Vgl. etwa Gg. BAESECKE, Anzeiger f. deutsches Altertum u. deutsche Lit. 64, 1948/50, 1–8.

[65] Erich ZÖLLNER, Zur Siedlungs- u. Bevölkerungsgesch. des österr. Frühmittelalters (Österreich in Gesch. u. Lit. 5) 1961, 113–126, bes. 116ff.; ZÖLLNER 39ff.

[66] Otfried KASTNER, Die Herkunft d. Baiern u. der Tassilokelch (Oberösterr. Heimatbll. 30) 1976, 123–144.

Mangels an genügendem Vergleichsmaterial; nach den in den letzten Jahren erfolgten Publikationen aus dem bayerischen, österreichischen und ungarischen Raum[67] hat auch das kürzlich veröffentlichte böhmische Fundmaterial keine wesentlichen neuen Aufschlüsse gebracht.[68] Wenn nach dem Ergebnis der von Swoboda veröffentlichten Ausgrabungen immerhin ein Abbrechen germanischer Funde um die Mitte des sechsten Jahrhunderts in Böhmen festzustellen ist,[69] so scheint man aus ihnen doch weder eine Verbindung mit Bayern noch überhaupt größere Wanderungsbewegungen ablesen zu können;[70] ausgeschlossen jedoch scheinen zumindest auf Grund der Funde aus dem Donautal bei Regensburg[71] wie auch nach den österreichischen Bodenfunden Beziehungen zu Böhmen nicht zu sein.[72] Man wird festhalten dürfen, daß das Aufkommen der Reihengräbersitte[73] wohl eine gewisse Bedeutung hat, wobei allerdings nicht völlig geklärt ist, ob sie auf die Einwanderung eines fremden Stammes oder auf einen Wechsel in der Bestattungssitte zurückgeführt werden muß. Ferner ist es offenbar bei der Auswertung der Beigaben nicht leicht, ethnische Besonderheiten von regional bedingten Werkstatteigenheiten zu scheiden;[74] «bajuwarische» Charakteristika hat man bisher nur mit allem Vorbehalt feststellen können: doppelkonische Gefäße mit Bandverzierung,[75] schmalfüßige Kerbschnittfibeln, Halbmond- und Tropfenge-

[67] Eine Übersicht über die Publikationen bei REINDEL, Herkunft u. Landnahme (s. o. 101) 191 ff.

[68] Hinweise darauf bei Herm. FÖDISCH, Das Saazer Land in ur- u. frühgeschichtl. Zeit, 1961, 58 Anm. und bei WERNER, Langobarden 138f.; Bedřich SVOBODA, Zum Verhältnis frühgeschichtl. Funde d. 4. u. 5. Jhs. aus Bayern u. Böhmen (BVbll. 28) 1963, 97–116 hat an Hand archäologischer Funde nachzuweisen versucht, daß eine Gruppe von Elbsueben, die um 300 nach Südböhmen gekommen war, im 5. Jh. über den Böhmerwald wanderte und sich in der Nähe von Straubing niederließ; in seiner großen Publikation kommt Bedřich SVOBODA, Čechy v době stěhování národů [Böhmen in d. Völkerwanderungszeit] (Monumenta Archaeologica. Acta praehistorica, protohistorica et historica Instituti archaeologici Acad. Scient. Bohemoslovacae 13) 1965, 357 zu dem Schluß, daß «bisher keine überzeugenden Beweise für die Verbindung zwischen den Funden in Mittelböhmen und in Bayern gefunden werden» konnten.

[69] Das ist nach Ernst SCHWARZ, Die Herkunftsfrage d. Goten (Wege d. Forsch. 249) 1972, 287–308, bes. 302 immerhin ein bemerkenswertes Ergebnis.

[70] PREIDEL, Völkerwanderungszeit (s. o. 101) 94f.

[71] Ursula KOCH, Die Grabfunde d. Merowingerzeit aus dem Donautal um Regensburg (Germ. Denkmäler d. Völkerwanderungszeit, Serie A Bd. 10) 1968; vgl. dazu aber Walt. SAGE, BVbll. 36, 1971, 193–197.

[72] REITINGER, Oberösterreich (s. o. 107 Anm. 42) 311–327.

[73] Paul REINECKE, Zur Frage «Reihengräber u. Friedhöfe d. Kirchen» (Germania 14) 1930, 175 ff.; Hans ZEISS, Fürstengrab u. Reihengräbersitte (Forsch. u. Fortschr. 12) 1936, 302f.; Joach. WERNER, Zur Entstehung d. Reihengräberzivilisation (Archaeol. geographica 1) 1950/51, 23–32; Berth. SCHMIDT, Reihengräber u. ihre hist. Interpretation (Römer u. Germanen in Mitteleuropa) 1976², 203–217.

[74] Hans ZEISS, Zur ethn. Deutung frühmittelalterl. Funde (Germania 14) 1930, 11–24; Ernst WAHLE, Zur ethn. Deutung frühgeschichtl. Kulturprovinzen. Grenzen d. frühgeschichtl. Erkenntnis (SB Heidelberg 31/2, 1940/41) 1952²; Hans Jürgen EGGERS, Das Problem d. ethn. Deutung in d. Frühgesch. (Festschr. Ernst Wahle) 1950, 49–59; Rafael v. USLAR, Archäolog. Fundgruppen u. germ. Stammesgebiete vornehmlich aus d. Zeit um Christi Geburt (HJb. 71, 1951) 1952, 1–36.

[75] ECKES-ZEISS Reihengräber (s. o. 107 Anm. 48) 51 und 53, dagegen SVOBODA, Verhältnis (s. o. Anm. 68) 116 Anm. 96.

hänge, eine besondere Form hohler Armreifen, Körbchenohrringe,[76] eine bestimmte Form von Wadenbeinriemenzungen[77] und die Spiraltauschierung.[78] Man hat schließlich unter den Beigaben auch einen Formenschatz alemannischer,[79] fränkischer,[80] langobardischer,[81] ostgotischer,[82] byzantinischer[83] und awarischer Prägung[84] nachgewiesen, wobei man wohl nicht in jedem Fall an Importstücke denken muß, sondern auch mit einer Aufnahme solcher Stammes- und Volkssplitter rechnen kann. Diese grundsätzlichen Schwierigkeiten wird man immer bedenken müssen, wenn man die Archäologie zur Lösung historischer Probleme heranziehen will. Zunächst kann die Archäologie noch eine negative Feststellung treffen: da die Bajuwaren zu den Trägern der Reihengräbersitte innerhalb des «östlich-merowingischen» Kulturkreises gehören, scheinen Beziehungen zu den Tälern der Waag, Gran und Eipel in der Slowakei, wo die Reihengräber völlig fehlen, ausgeschlossen zu sein.[85] Doch haben sich in letzter Zeit unter den Archäologen Stimmen erhoben, die auf Grund einer Interpretation einzelner Fundsituationen eine eigentliche Wanderungsbewegung überhaupt nicht mehr glauben nachweisen zu können. Eine Untersuchung vor allem oberösterreichischer Bodenfunde kam zu dem Ergebnis, daß gar nicht mit einer Einwanderung im eigentlichen Sinne zu rechnen sei, sondern mit einer allmählichen Stammesbildung der schon länger in ihren Wohnsitzen Ansässigen.[86]

Der Befund des Gräberfeldes von Bittenbrunn[87] nördlich der Donau bei Neuburg, wo man eine durchgehende Belegung von ca. 450 bis zum Ende des siebten Jahrhun-

[76] Hans BOTT, Bajuwar. Schmuck d. Agilolfingerzeit. Formenkunde u. Deutung (Schriftenreihe 46) 1952, 207ff.; Ders., Stud. z. bajuwar. Körbchenohrringen (BVbll. 26) 1961, 204–234.

[77] Eva OBERNDÖRFER, Bajuwar. Reihengräber an Salzach u. Saalach, Diss. Masch. München 1968, 46.

[78] Herm. DANNHEIMER, Neue Reihengräberfunde aus Bayer.-Schwaben (BVbll. 25) 1960, 179–202 mit Karte auf 201, die die Verbreitung dieser Arbeiten anzeigt.

[79] BOTT, Bajuwar. Schmuck (s. o. Anm. 76) 198f.

[80] Vgl. Herm. DANNHEIMER, Die germ. Funde d. späten Kaiserzeit u. des frühen MA in Mfr. (Germ. Denkmäler d. Völkerwanderungszeit, Serie A Bd. 7) 1962, Karte S. 128.

[81] Siegfr. FUCHS, Die langobard. Goldblattkreuze aus d. Zone südwärts d. Alpen, 1938; Joach. WERNER, Langobard. Einfluß in Süddeutschland während d. 7. Jhs. im Lichte archäolog. Funde (Atti del 1° congresso internazionale di Studi Longobardi) 1952, 521–524.

[82] Joach. WERNER, Ostgot. Bügelfibeln aus bajuwar. Reihengräbern (BVbll. 26) 1961, 68–75; Ders., Fernhandel u. Naturalwirtschaft im östl. Merowingerreich nach archäolog. u. numismat. Zeugnissen (Settimane di studio del Centro Italiano di studi sull'alto medioevo 8) 1961, 557–618; Wiederabdruck in: Ber. RGK 42, 1961, 1962, 307–346; Volker BIERBRAUER, Zu den Vorkommen ostgot. Bügelfibeln in Raetia II (BVbll. 36) 1971, 131–165.

[83] Hertha LADENBAUER-OREL, Linz-Zizlau. Das baier. Gräberfeld an d. Traunmündung, 1960, 82ff.

[84] Herb. MITSCHA-MÄRHEIM, Awar.-bair. Wechselbeziehungen im Spiegel d. Bodenfunde (Archaeol. Austriaca 4) 1949, 125–131; Ed. BENINGER-Aemilian KLOIBER, Oberösterreichs Bodenfunde aus baier. u. frühdeutscher Zeit (Jb. d. oberösterr. Musealver. 107) 1962, 125–250, bes. 201ff.

[85] WERNER, Herkunft (s. o. 101) 231 mit Anm. 11 und 235 bzw. 16 mit Anm. 11 und 20f.

[86] BENINGER-KLOIBER, Bodenfunde (s. o. Anm. 84) 241ff.

[87] Rainer CHRISTLEIN, Ausgrabung eines Gräberfeldes d. 5.–7. Jhs. bei Bittenbrunn, Lkr. Neuburg a. d. Donau (Jbr. BD 8/9) 1967/68, 87–103.

derts feststellte, wurde ähnlich interpretiert. Schließlich scheint auch die Untersuchung des größten bisher entdeckten Reihengräberfeldes von Klettham bei Altenerding[88] in eine ähnliche Richtung zu deuten: bereits in der zweiten Hälfte des fünften Jahrhunderts beginnen Bestattungen auf diesem Friedhof, die bis zum Ende des siebten Jahrhunderts kontinuierlich fortgesetzt werden. Das führte die Archäologie zu dem Schluß, in der Landnahme «nicht mehr den einmaligen, von einem schon fest gefügten Stammesverband vollzogenen Vorgang zu erblicken, sondern in der Entstehung des bairischen Großstammes eine vielschichtige und komplizierte Entwicklung» zu sehen, «die sich erst im endgültigen, anfänglich aber in kleinere Herrschaftsbereiche zerfallenen Siedlungsraum abspielte».[89]

Zusammenfassend ist zu sagen, daß man sich die Bajuwaren nicht als einen Stamm von einheitlicher ethnischer Zusammensetzung vorstellen darf; zahlreiche Splitter der am Ende des fünften und am Beginn des sechsten Jahrhunderts in Raetien, Noricum und Pannonien, aber auch nördlich der Donau erwähnten oder erschlossenen Stämme werden in ihm aufgegangen sein: Sueben und Markomannen, sodann die in der Vita Severini erwähnten Thüringer, bei denen es sich allerdings um die Nachfolger der Hermunduren handeln dürfte,[90] ferner die unter deren Herrschaft stehenden, in der Oberpfalz ansässigen Naristen-Varisten.[91] Eine alemannisch-juthungische Vorbevölkerung meint man aus archäologischen wie aus historischen Notizen erschließen zu können,[92] einen Anteil von Herulern[93] und Skiren[94] aus den Ortsnamen, und an die Rugier dürfte sogar noch eine Nennung aus dem Beginn des zehnten Jahrhunderts

[88] Walt. SAGE, Gräber d. älteren Merowingerzeit aus Altenerding, Lkr. Erding (Ob.) (Ber. RGK 54, 1973) 1974, 212–317.

[89] Walt. SAGE, Das Reihengräberfeld v. Altenerding (Ausgrabungen in Deutschland 2) 1975, 254–277, bes. 276; dazu jedoch kritisch KRAUS, Herkunft (s. o. 104 Anm. 16).

[90] Ernst SCHWARZ, Thüringer, Angeln u. Warnen (Jb. f. fränk. Landesforsch. 11/12) 1953, 23–28; Ders., Ermunduren – Thüringer, Böhmen – Baiern (Festgabe Kurt Lindner) 1971, 341–349.

[91] László BARKÓCZI, Die Naristen z. Zeit d. Markomannenkriege (Folia archaeolog. 9) 1957, 92–99; Jos. DOBIÁŠ, Expeditio Naristarum (Eunomia. Ephemeridis listy filologické suppl. 2/2) 1958, 65–68 und (ebd. 3/1) 1959, 22–31; Herm. BENGTSON, Neues z. Gesch. d. Naristen (Historia 8) 1959, 213–221; Ernst SCHWARZ, Neues u. Altes z. Gesch. d. Naristen (Jb. f. fränk. Landesforsch. 22) 1962, 281–289 ; Ders., Die Naristenfrage in namenkundl. Sicht (ZBLG 32) 1969, 397–476.

[92] ZEISS, Alamann. Gräber (s. o. 107 Anm. 48; BENINGER-KLOIBER, Bodenfunde (s. o. 111 Anm. 84) 242; Barth. EBERL, Die Niederlassung d. Alemannen u. Bayern auf rät. Boden (Das Schwäb. Mus. 1929) 1929, 1–37; Ders., Bajuwaren 150ff.; Herb. MEYER, Die Juthungen. Ein Beitr. z. schwäb. Frühgesch. (ZWLG 9, 1949/50) 1950, 1–16; Ernst SCHWARZ, Die Herkunft d. Juthungen (Jb. f. fränk. Landesforsch. 14) 1954, 1–8.

[93] Herb. MITSCHA-MÄRHEIM, Vor- u. frühgeschichtl. Völkerbewegungen an d. Donau im Raume v. Krems (Krems u. Stein. Festschr. zum 950-jähr. Stadtjubiläum) 1948, 5–18, bes. 13f. und KLEBEL, Langobarden (s. o. 101) 90f. bzw. 67; dagegen SCHWARZ, Herkunft u. Einwanderungszeit (s. o. 101) 37.

[94] Viktor v. GERAMB, Ostgerm. Spuren in Steiermark (Zschr. d. Hist. Ver. Steiermark 15) 1917, 7–39; MITSCHA-MÄRHEIM, Herkunft (s. o. 101) 230ff.; Ernst SCHWARZ, Die bair. Landnahme um Regensburg im Spiegel d. Völker- u. Ortsnamen (Beitrr. z. Namenforsch. 1) 1949/50, 51–71, bes. 70f.; Ders., Herkunft u. Einwanderungszeit (s. o. 101) 36f.

erinnern.[95] Auch mit hunnischen Bestandteilen rechnet man,[96] erwägt eine gemeinsame Abstammung von Bayern und Bulgaren[97] und eine Gleichsetzung der pannonischen Osi mit dem bayerischen Geschlecht der Huosi.[98] So wird man davon abkommen müssen, an eine Einwanderung eines Stammes im eigentlichen Sinne zu denken, wird vielmehr damit rechnen müssen, daß sich der Prozeß der Stammesbildung erst in den späteren Wohnsitzen vollzogen hat. Dabei scheinen jedoch die «Männer aus Baia» das auslösende Element gewesen zu sein; ein solcher wohl aus Böhmen stammender bestimmender Kern ist jedenfalls stark genug gewesen, dem neuen Land und Volk seinen Namen zu geben.

Auch über den *Zeitpunkt dieser Stammesbildung* bleiben wir bei dem Schweigen aller Quellen auf Vermutungen angewiesen, und wir müssen versuchen, sie in den Rahmen der politischen Geschichte der Zeit zu stellen. Trotz der Absetzung des letzten Westkaisers Romulus Augustulus im Jahre 476 stand der Skirenfürst Odoakar[99] noch ganz auf dem Boden des Imperium Romanum und betrachtete aus dessen Erbe auch die Provinz Noricum als zu seiner Herrschaft gehörig. Als Kaiser Zeno (474–491) versucht hatte, die nördlich der Donau sitzenden Rugier zum Kampf gegen ihn zu gewinnen, kam Odoakar dem durch zwei siegreiche Feldzüge gegen das Rugierreich in den Jahren 487 und 488 zuvor; dennoch ließ er im Jahre 488 zumindest einen Teil von Ufernoricum von den im Land ansässigen Romanen räumen, gab also die römische Herrschaft hier auf.[100] Gerade sein Sieg über die Rugier bedeutete für Odoakar aber den Anfang vom Ende, denn die rugisch-gotische Allianz führte im gleichen Jahr 488 zum Kampf des Gotenkönigs Theoderich gegen den Skirenfürsten, der im Jahre 493 mit dem Untergang Odoakars endete.[101] Auch Theoderich hat sich bemüht, seine Herrschaft im Rahmen des römischen Reiches weiterzuführen, und offenbar hat er sich an die von Odoakar veranlaßte Räumung eines Teiles von Noricum nicht gebun-

[95] Erich ZÖLLNER, Rugier oder Russen in d. Raffelstettener Zollurk.? (MIÖG 60) 1952, 108–119.

[96] MITSCHA-MÄRHEIM, Herkunft 233; SCHWARZ, Herkunft u. Einwanderungszeit (beide s. o. 101) 38.

[97] Karl FRITZLER, Die Herkunft d. deutschen Volksstämme I: Die Baiern, 1923.

[98] Gegen die von Max FASTLINGER, Der Volksstamm d. Hosi. Ein Beitr. z. Gesch. d. baiuwar. Einwanderung u. Besiedelung (Beitrr. z. Anthropologie u. Urgesch. Bayerns 19) 1913, 1–12; Ders., Hosi = Osi (NA 39) 1914, 179–184 vorgeschlagene, von RIEZLER I 1, 99f. (vgl. Ders., HZ 113, 1914, 618ff.) übernommene, zuletzt noch von STEINBERGER, Noricum (s. o. 104 Anm. 14) 88ff. vertretene Gleichsetzung aus sprachlichen Gründen KRALIK, Bestandteile (s. u. 241 Anm. 57) 49ff., SCHWARZ, Herkunft u. Einwanderungszeit (s. o. 101) 38.

[99] Assunta NAGL, Odoacer (Pauly-Wissowa, RE 17/2) 1937, 1888–1896; Rob. L. REYNOLDS-Rob. S. LOPEZ, Odoacer: German or Hun? (AHR 52, 1946/47) 1947, 36–53.

[100] Eugippius, Vita Sev. c. 44 NOLL 112; zum comes Pierius, der neben dem Bruder Odoakars, Onoulf, die Umsiedlung leitete, Assunta NAGL, Pierius (Pauly-Wissowa, RE 20/1) 1941, 1220f. und Leo SANTIFALLER, Die Urk. des Königs Odovakar vom Jahre 489 (MIÖG 60) 1952, 1–30, bes. 12ff.; Mich. MCCORMICK, Odoacer, Emperor Zeno and the Rugian Victory Legation (Byzantion 47) 1977, 212–222, bes. 216ff.

[101] ENSSLIN, Theoderich (s. o. 100 Anm. 3) 62ff.; Jaroslav ŠAŠEL, Antiqui Barbari. Zur Besiedlungsgesch. Ostnoricums u. Pannoniens im 5. u. 6. Jh. nach den Schriftquellen (VF 25) 1979, 125–139, bes. 131ff.

den gefühlt. Die insbesondere von Zeiss[102] vertretene Auffassung, daß die Nordgrenze des Ostgotenreiches nicht über die gebirgigen Teile von Raetien und Noricum hinausgereicht habe, ist nicht unwidersprochen geblieben.[103] Theoderich hat, anscheinend durch einen Foederatenvertrag mit den Alemannen, auch über Flachlandraetien einen Herrschaftsanspruch behaupten können.[104] Da Theoderich sich auch um die Einbeziehung von zumindest Teilen Pannoniens in seinen Hoheitsbereich bemüht hat,[105] wäre es von vorneherein schon nicht sehr wahrscheinlich, daß er das dazwischen liegende Gebiet, den von der alemannischen Besiedlung nicht mehr erfaßten Ostteil Raetiens, sowie Ufernoricum gleichsam als «herrschaftsleeren» Raum belassen haben sollte. Zudem wissen wir, daß der Ostgotenkönig mit den an der mittleren Donau mächtigen Herulern in ein enges Verhältnis trat und ihren König Rodulf zu seinem «Waffensohn» machte.[106] Auch nach der zwischen 505 und 508 zu datierenden Niederlage der Heruler gegen die Langobarden[107] haben diese Landstriche in der

[102] Hans ZEISS, Die Nordgrenze des Ostgotenreiches (Germania 12) 1928, 25–34; Ders., Bemerkungen z. frühmittelalterl. Gesch. Baierns I: War Südbayern ein Teil des Ostgotenreiches? (ZBLG 2) 1929, 343–354; vgl. ferner Rich. HEUBERGER, Das ostgot. Rätien (Klio 30) 1937, 77–109 und Em(m)erich SCHAFFRAN, Zur Nordgrenze des ostgot. Reiches in Kärnten (Jahreshefte d. österr. archäol. Inst. Wien 42, Beibl.) 1955, 111–130. Zu den Alpenfestungen HEUBERGER, Limes Tridentinus (s. u. 135) und Pierre DUPARC, Les cluses et la frontière des Alpes (Bibl. de l'école des Chartes 109) 1951, 5–31, zweifelnd am Limescharakter dieser Befestigungen: Rafael v. USLAR, Frühgeschichtl. Befestigungen zw. Alpen u. Nordsee. Beispiele z. ihrer Form u. Funktion (BlldLG 94) 1958, 65–110, bes. 73f. Die Thesen von ZEISS wurden, allerdings ohne neue Argumente, wieder aufgegriffen von Volker BIERBRAUER, Zur ostgot. Gesch. in Italien (Studi Mediev. 3ª Serie 14) 1973, 1–37; die Grenze zwischen N. ripense und N. mediterraneum verlief nach den Forschungen von Gerh. WINKLER, Die Reichsbeamten v. Noricum u. ihr Personal bis zum Ende d. röm. Herrschaft (SB Wien 261/2) 1969, 103ff. auf dem nördlichen Hauptkamm der Ostalpen. Mediterraneum umfaßte damit noch die von Géza ALFÖLDY, Patrimonium Regni Norici. Ein Beitr. z. Territorialgesch. d. röm. Provinz Noricum (Bonner Jbb. 170) 1970, 163–177 nachgewiesene große kaiserliche Domäne im norischen Bergland; vgl. Ders., Noricum, 1974, 216 und 226. Ferner Günter ULBERT, Zur Grenze zw. den röm. Provinzen Norikum u. Raetien am Inn (BVbll. 36) 1971, 101–123.

[103] BEYERLE, Süddeutschland (s. o. 103 Anm. 10).

[104] EBERL, Bajuwaren 166ff.; Kurt REINDEL, Staat u. Herrschaft in Raetien u. Noricum im 5. u. 6. Jh. (VHOR 106) 1966, 23–41; Otto P. CLAVADETSCHER, Churrätien im Übergang v. d. Spätantike zum MA nach den Schriftquellen (VF 25) 1979, 159–178, bes. 163ff.

[105] Der Teilungsvertrag zwischen Theoderich und Kaiser Anastasius, bei dem die Goten das erweiterte Stadtgebiet von Sirmium, die Byzantiner das Reich von Bassiana erhielten, bei Cassiodor, Variae III 23 (hg. v. Theod. MOMMSEN, MGH Auct. ant. 12) 1894, 91f. und Cod. Justin. Novell. XI (hg. v. Rud. SCHOELL-Wilh. KROLL, Corpus Iuris Civilis 3) 1895, 94; zur Interpretation Ernst STEIN, Untersuchungen z. spätröm. Verwaltungsgesch. (Rhein. Mus. NF 74) 1925, 347–394; Rud. EGGER, Civitas Noricum (Wiener Stud. 47) 1929, 146–154, bes. 150; Wiederabdruck in: Ders., Röm. Antike u. frühes Christentum I, 1967², 116–122, bes. 118f.

[106] Cassiodor, Variae IV 2 (s. o. Anm. 105) 114f.; nach Karl Aug. ECKHARDT, Studia merovingica (Bibl. rerum historicarum 11) 1975, 258 handelte es sich dabei um eine adoptio in tuitionem, vgl. auch Ed. HLAWITSCHKA, Adoptionen im mittelalterl. Königshaus (Festschr. Herb. Helbig) 1976, 1–32, bes. 5f.

[107] Zur Datierung SCHMIDT, Ostgermanen (s. o. 99) 552 und ENSSLIN, Theoderich (s. o. 100 Anm. 3) 365.

politischen Konzeption Theoderichs weiterhin eine Rolle gespielt, denn im Jahre 510 heiratete seine Nichte Amalaberga den Thüringerkönig Herminafried.[108] Diese enge Verbindung macht es unwahrscheinlich, daß sich zwischen den beiden Reichen politisches «Niemandsland» befunden haben soll. Geldner[109] rechnet auch aus dem Grund Raetien zum Herrschaftsbereich des Theoderich, da nur Briefe an die Könige der Heruler, Warnen und Thüringer gerichtet wurden, für Raetien also offenbar kein eigener König vorhanden war. Eine in das Jahr 506 zu datierende Anweisung Theoderichs an die Provinzialen von Noricum, die ermüdeten Rinder der durchziehenden Alemannen gegen die eigenen zu tauschen,[110] ist ein Hinweis auf die ostgotische Herrschaft nördlich der Alpen, der auch die Bodenfunde nicht widersprechen.[111] Die früheste Geschichte der Bayern, die Anfänge der Stammesbildung stehen daher unter ostgotischem, nicht unter fränkischem Einfluß.[112] Zwar bezeichnete nach dem Tod Theoderichs im Jahre 526 sein Nachfolger Athalarich die Donau noch als die Nordgrenze seines Reiches,[113] dennoch scheint die Gotenherrschaft hier rasch zusammengebrochen zu sein. Bereits im Jahre 527 erfolgte die langobardische Landnahme in Pannonien,[114] und zwischen 531 und 534 wurde Thüringen von den Franken niedergeworfen. Diese kamen in machtvollem Ausgreifen jetzt auf einen ersten Höhepunkt ihrer imperialistischen Politik: 536 trat ihnen der Gotenkönig Witigis die Herrschaft über die Alemannen ab[115] und im Jahre 539 kämpfte der Frankenkönig Theudebert

[108] Cassiodor, Variae IV 1 (s. o. 114 Anm. 105) 114; Jordanis c. 58 § 299 (s. o. 103 Anm. 11) 135; zur frühen thüringischen Geschichte auch Hans PATZE, Die Entstehung d. Landesherrschaft in Thüringen (Mitteldeutsche Forsch. 22/1) 1962, 3 ff.

[109] Ferd. GELDNER, Zur Frühgesch. des Obermain-Regnitz-Landes (ZBLG 39) 1976, 13–38, bes. 32.

[110] Cassiodor, Variae III 50 (s. o. 114 Anm. 105) 104 f.

[111] Außer der auf S. 121 f. in Anm. 27 genannten Literatur noch Ludw. OHLENROTH, Spätröm. Festung u. frühmittelalterl. Ministerialenburg auf dem Goldberg bei Türkheim, Lkr. Mindelheim (BVbll. 17) 1948, 44–51; WERNER, Bügelfibeln; Ders., Fernhandel; BIERBRAUER, Bügelfibeln (alle s. o. 111 Anm. 82); Vladimir MILOJČIĆ, Zur Frage des Christentums in Bayern z. Merowingerzeit (Jb. d. Röm.-Germ. Zentralmus. Mainz 13, 1966) 1968, 231–264, bes. 252; BEHR, Herzogtum (s. u. 140 Anm. 35) 45 ff.; hier ist auch ein Hinweis darauf angebracht, daß die Dietrichsage gerade in Bayern eine wesentliche Ausgestaltung erfuhr, vgl. Herm. SCHNEIDER, Germ. Heldensage I (Grundriß d. germ. Philol. 10/1) 1962^2, 397 ff., und daß sich im bayerischen Dialekt zahlreiche gotische Lehnwörter finden; Lit. bei Ingo REIFFENSTEIN, Das Althochdeutsche u. die irische Mission im oberdeutschen Raum (Innsbrucker Beitrr. z. Kulturwiss., Sonderh. 6) 1958, 15 ff. m. Anm. 87 ff.

[112] Von dieser früher gerne vertretenen fränkischen Patenschaft bei der bayerischen Stammes- und Staatsbildung beginnt die moderne Forschung abzurücken, vgl. etwa WENSKUS, Stammesbildung (s. o. 99) 569: «... so kann doch keine Rede davon sein, daß die Bildung des bairischen Stammes erst durch den fränkischen Staat ihren Rahmen erhalten hätte», oder SCHLESINGER, Heerkönigtum (s. u. 139 f. Anm. 34) 340 f.: «Die Einrichtung des bairischen Stammesherzogtums durch die Franken ist mir recht zweifelhaft»; Herwig WOLFRAM, Gesch. d. Goten, 1979, 395 f. rechnet mit einem Zusammenwirken von Goten und Thüringern bei der bajuwarischen Landnahme.

[113] Cassiodor, Variae VIII 21 (s. o. 114 Anm. 105) 252.

[114] Zum Datum besonders WERNER, Langobarden 131 ff.

[115] Agathias, Hist. I 6 (s. o. 103 Anm. 9) 17; zu der nur indirekten Bezeugung dieser Vorgänge bei Prokop, Bellum Gothicum I 12 und 13 (hg. v. Domenico COMPARETTI, Fonti per la storia d'Italia 23) 1895, 90 ff. vgl. Hans DITTEN, Zu Prokops Nachrich-

bei Pavia gegen die Byzantiner,[116] die eben mit der Rückeroberung Italiens begonnen hatten. Für die Bewohner Raetiens und Noricums ergab sich durch diesen fränkischen Vorstoß eine Änderung der politischen Konstellation; seit dem Zusammenbruch der gotischen Herrschaft hatten sie mit den Franken zu rechnen. «Landnahme» und Herrschaftsbildung müssen zu diesem Zeitpunkt bei ihnen bereits vollzogen gewesen sein.

§ 14. LANDNAHME UND ERSTE SIEDLUNG

Konr. SCHIFFMANN, Das Land ob d. Enns. Eine altbaier. Landschaft in den Namen ihrer Siedlungen, Berge, Flüsse u. Seen, 1922; Ders., Neue Beitrr. z. Ortsnamenkunde Ober-Österreichs, 3 Teile, 1926–29; Ed. WALLNER, Altbair. Siedelungsgesch. in den Ortsnamen d. Ämter Bruck, Dachau, Freising, Friedberg, Landsberg, Moosburg u. Pfaffenhofen, 1924; EBERL, Ortsnamen (s. o. 107 Anm. 46); Ders., Niederlassung (s. o. 112 Anm. 92); Karl TROLL, Die natürl. Landschaften des rechtsrhein. Bayerns (Geogr. Anzeiger 27) 1926, 5–18; Wilh. TROLL, Die natürl. Wälder im Gebiete des Isarvorlandgletschers (Mitt. d. Geogr. Ges. München 19) 1926, 1–129 und (ebd. 20) 1927, 123 ff.; Jos. STURM, Genealogie u. Ortsnamenkunde (Zschr. f. Ortsnamenforsch. 2) 1926/27, 85–133 und (ebd. 4) 1928, 39; STOLZ, Deutschtum in Südtirol; Rob. GRADMANN, Süddeutschland, 2 Bde., 1931, Neudr. 1964; Walt. STEINHAUSER, Zur Herkunft, Bildungsweise u. siedlungsgeschichtl. Bedeutung d. niederösterr. Orts- u. Flurnamen (Jb LKNÖ NF 25, 1932) 1933, 1–48; Jos. KÖSTLER, Gesch. des Waldes in Altbayern (MHA I 7) 1934; Ders., Hist. Aspekte einiger Waldlandschaften Bayerns (Speculum historiale, Festschr. Johannes Spörl) 1965, 499–510; KLEBEL, Siedlungsgesch.; Ders., Baier. Siedlungsgesch. (s. o. 103 Anm. 7); Ders., Siedlungsgesch. Bayerns u. der angrenzenden Länder (Das Bildungsgut d. höheren Schule. Geschichtl. Reihe 1) 1954, 99–112; Fritz BACKMUND, Der Wandel des Waldes im Alpenvorland. Eine forstgeschichtl. Untersuchung, 1941; Hans FEHN, Das Siedlungsbild des niederbair. Tertiärhügellandes zw. Isar u. Inn (Mitt. d. Geogr. Ges. München 28) 1935, 1–94; Ders., Niederbayer. Bauernland (Zschr. f. Erdkunde 7) 1939, 93–104; Ders., Zur Lkde. Bayerns (ZBLG 15/2) 1949, 7–25; Erich Frhr. v. GUTTENBERG, Siedlungsgesch. in Franken als Programm (ebd.) 83–90; Rich. DERTSCH, Schwäb. Siedlungsgesch. (Schwäb. Heimatkunde 2) 1949; Hugo HASSINGER, Österreichs Wesen u. Schicksal, verwurzelt in seiner geograph. Lage (Wiener geogr. Stud. 20) 1949; Herb. HELBIG, Deutsche Siedlungsforsch., 3. Ber. (AKG 34) 1952, 209–220, bes. 215–220; Otto SCHLÜTER, Die Siedlungsräume Mitteleuropas in frühgeschichtl. Zeit (Forsch. z. deutschen Lkde. 63) 1952; (ebd. 74) 1953 und (ebd. 110) 1958; dazu jedoch die kritischen Bemerkungen von Helm. JÄGER, Zur Gesch. d. deutschen Kulturlandschaften (Geogr. Zschr. 51) 1963, 90–143; Ders., Probleme u. Stand d. Flurformenforsch. in Süddeutschland (Ber. z. Deutschen Lkde. 20) 1958, 142–160; Hans M. ZIEGLER, Die Frühbesiedlung des bayer. Süddonauraumes im Spiegel d. Ortsnamen d. Traditionsbücher v. Freising, Passau, Salzburg u. Regensburg, Zulassungsarbeit Masch. München, Inst. f. bayer. Gesch. 1956; DIEPOLDER, Agilolfinger; Felix v. HORNSTEIN, Wald u. Mensch. Theorie u. Praxis d. Waldgesch., 1958²; SCHWARZ, Sprache u. Siedlung; Klaus FEHN, Die bayer. Siedlungsgesch. nach 1945. Quellen u. Methoden – Hauptergebnisse – Bibliographie (ZBLG 28) 1965, 651–676; Bayer. Geschichtsatlas, Karte 8a: Siedlungsland u. Wald im 6. Jh.; Wolf-Armin Frhr. v. REITZENSTEIN, Ortsnamenforsch. in Bayern. Ein Literaturber. (Beitrr. z. Volkstumsforsch. 17) 1968; Karl LECHNER, Grundzüge einer Siedlungsgesch. Niederösterreichs v. 7. bis zum

ten über d. deutschen Stämme (Byzantinoslavica 36) 1975, 1–24 und 184–191, bes. 13 ff.

[116] Prokop, Bellum Gothicum II 25 und 26 (ebd. 24) 1896, 162 ff.; Greg. Tur., Hist. III 32, S. 128; zur allgemeinen politischen Situation auch WERNER, Herkunft (s. o. 101) 239 ff. bzw. 27 ff.

12. Jh. (Archaeol. Austriaca 50) 1971, 320–373; Erich ZÖLLNER, Bevölkerung u. Siedlung des österr. Raumes in d. Völkerwanderungszeit (Siedlungs- u. Bevölkerungsgesch. Österreichs) 1974, 57–73; Otto KRONSTEINER, Die frühmittelalterl. Sprach- u. Besiedlungsverhältnisse Österreichs aus namenkundl. Sicht (Österr. Namenforsch. 1976, 2) 1976, 5–24; Peter WIESINGER, Die bair. Besiedlung Oberösterreichs auf Grund d. Ortsnamen (Baiernzeit in Oberösterreich, Oberösterr. Landesmus., Kat. Nr. 96) 1977, 99–119; Gisela BOTTEK, Die Neubesiedlung Raetiens u. Noricums an Hand d. Ortsnamen, Zulassungsarbeit Masch. Regensburg 1978; Heinr. KOLLER, Zur Besiedlung Österreichs nördl. d. Donau (Mikulovská Sympozia 78) 1980, 128–137; HA d. österr. Alpenländer, hg. v. d. Akad. d. Wiss. Wien, 1. Abt. Landgerichtskarte, seit 1906, dazu Erläuterungen, seit 1910; 2. Abt. Kirchen- u. Grafschaftskarte, seit 1940, dazu Erläuterungen, seit 1940; Arbeitsbericht u. Ergänzungen, 1959; HAB.

Der Charakter des bayerischen Landes war zum Zeitpunkt der bajuwarischen Besiedlung vom heutigen Erscheinungsbild verschieden: einem relativ geringen Fruchtland stand die große Masse der terra inculta gegenüber.[1] Er war vor allem in einem ganz anderen Ausmaß vom Wald bestimmt, der zumeist aus Laubbäumen (Eiche und Buche) bestand.[2] Die Römer betonten den unwirtlichen Charakter dieser «Hercynia silva»;[3] sie legten zwar Straßen durch den Wald an, haben ihn aber nie systematisch gerodet, sondern nur zum Holzeinschlag, etwa für den Limesbau, benützt.[4] Für Bayern ergibt sich folgendes Bild: der Nordgau war damals von Urwäldern bedeckt, die nur in den Flußniederungen des oberen Main, der Altmühl, der Naab und des Regen von einzelnen Siedlungsinseln durchsetzt waren. Eine waldfreie Siedelzone von verschiedener Breite und wechselnder Geschlossenheit erstreckte sich dann an der Donau, seit alters bebaut, das spätere niederbayerische Getreideland. In den heute österreichischen Ländern waren Mühlviertel und Waldviertel waldreicher als das östlich anschließende Weinviertel. Südlich vom Fruchtboden an der Donau durchzog das Land ein weiterer Waldgürtel, der dann von einer zweiten Siedelzone am mittleren Lech, an Iller, Isar, Inn, Salzach und Traun abgelöst wurde. Ein dritter Waldgürtel, oft eremus oder solitudo[5] genannt, lag abermals südlich am Rand der Alpen und erstreckte sich bis zur unbewaldeten Hochregion.[6] Ein einwandfreies Bild der bayeri-

[1] GRADMANN, Süddeutschland (s. o. 116) I 117f.; die Ausdehnung der Siedlungsflächen ist, noch in der Karte von SCHLÜTER, Siedlungsräume Mitteleuropas (s. o. 116), sehr überschätzt worden, vgl. einschränkend JÄGER, Kulturlandschaften 90ff. und FEHN, Siedlungsgesch. nach 1945 (beide s. o. 116) 656.

[2] Wilh. TROLL, Die Bedeutung d. Ortsnamen f. d. pflanzengeograph. Forsch. (Zschr. f. Ortsnamenforsch. 2) 1926/27, 12–31; Jos. STURM, Der Wald in den Freisinger Trad. (ZBLG 10) 1937, 311–373; Kurt KRISO, Der Kobernaußerwald unter dem Einfluß des Menschen. Eine waldgeschichtl. Stud. (Jb. d. oberösterr. Musealver. 106) 1961, 269–338; Ed. BENINGER, Die Paura a. d. Traun. Eine Landsiedlung d. Pfahlbaukultur u. ihre Verkehrslage in ur- u. frühgeschichtl. Zeit (Schriftenreihe d. oberösterr. Landesbaudirektion 17) 1961, 170.

[3] WENSKUS, Stammesbildung (s. o. 99) 225ff.

[4] Heinr. RUBNER, Vom röm. Saltus zum fränk. Forst (HJb. 83, 1963) 1964, 271–277.

[5] Wörtl. Einsamkeit.

[6] Karten bei HELBOK, Volksgesch. (s. o. 107 Anm. 45) II Karte 11: Die hist. u. heut. Waldausbreitung in Deutschland; SCHLÜTER, Siedlungsräume Mitteleuropas (s. o. 116); Bayer. Geschichtsatlas, Karte 8a: Siedlungsland u. Wald im 6. Jh.

schen Landschaft ist bisher nicht erarbeitet worden, doch ist sicher, daß der Wald in ihr in der Frühzeit vorherrschend war.

Ebenso ist eine Siedlungsgeschichte Bayerns noch zu schreiben,[7] und alle Aufstellungen tragen daher den Charakter des Vorläufigen. Auch die Bajuwaren hielten sich zunächst an die offene Kulturlandschaft, so daß wir anfangs mit einem starken Gegensatz zwischen besiedelten und siedlungsleeren Gebieten rechnen können. Aber man bezog jetzt mehr als früher den Wald in die Siedlung ein, vor allem die Randzonen der siedlungsfreundlichen Laubwälder im Alpenvorland. Außer als Lieferant für Bau- und Brennholz wurde der Wald nunmehr auch genützt für die Viehzucht, wie zur Waldweide und zur Schweinemast, und ebenso für den Waldfeldbau: das Holz wurde geschlagen oder verbrannt und zwischen die stehengebliebenen Stümpfe Getreide gesät.[8] Schließlich wurde der Wald in seinen wildreichen Randzonen durch die Jagd nutzbar gemacht.[9] Doch noch in die Agilolfingerzeit fällt bereits eine erste Rodungstätigkeit des bayerischen Stammes.

Über den Gang der Siedlung gibt es keine schriftlichen Quellen; die wertvollsten Aufschlüsse geben uns immer noch die *Ortsnamen*. Wenn man auch heute davon abgekommen ist, allzu bedenkenlos bestimmten Stämmen bestimmte Namensformen zuzusprechen,[10] so hat man doch immer wieder wenigstens die -ing-Orte für typisch bayerisch gehalten.[11] Es gebrauchen jedoch alle germanischen Stämme das Suffix -ing, das zudem ursprünglich überall in seiner volleren Form -inga, -ingon, -ingin oder -ingen vorkommt. Erst seit dem zwölften Jahrhundert wird im bayerischen Sprachgebrauch die Endung zu -ing abgeschliffen, während man in Schwaben die vollere -ingen-Endung weitergebraucht. Strenggenommen ist also etwa mit Hilfe der -ing-Namen vor dem zwölften Jahrhundert keine Unterscheidung zwischen schwäbischem und bayerischem Siedlungsgebiet zu treffen.[12] Immerhin kann man an den neuen Namen, die bald das ganze Land ergriffen, feststellen, daß neue Siedlungen geschaffen wurden, und da auch die Ortsnamengebung der Mode unterworfen war, kann man daran auch eine gewisse zeitliche Schichtung ablesen.[13] Man pflegt «echte»

[7] Heinr. RUBNER, Wald u. Siedlung im Frühmittelalter am Beispiel d. Landschaften zw. Alpen u. Main (Ber. z. Deutschen Lkde. 32) 1964, 114–127; FEHN, Siedlungsgesch. nach 1945 (s. o. 116) 652.

[8] RUBNER, Wald u. Siedlung (s. o. Anm. 7).

[9] Kurt LINDNER, Gesch. des deutschen Weidwerks II: Die Jagd im frühen MA, 1940, 235–455.

[10] Adolf BACH, Deutsche Namenkunde II 1: Die deutschen Ortsnamen, 1953, 9 und 34ff.

[11] Sigm. RIEZLER, Die bayer. u. schwäb. Ortsnamen auf -ing und -ingen als hist. Zeugnisse (SB München 1909, 2) 1909; Ders. I 1, 256ff.

[12] EBERL, Ortsnamen (s. o. 107 Anm. 46) 25; BACH, Namenkunde (s. o. Anm. 10) 162ff.; SCHWARZ, Sprache u. Siedlung 52ff.

[13] Adolf BACH, Deutsche Siedlungsnamen in genet.-wortgeograph. Betrachtung (Germ. Bibl. II 15) 1924, 233–279; RIEZLER, Ortsnamen (s. o. Anm. 11); STURM, Genealogie (s. o. 116); Ders., Ortsnamen als Zeugnisse grundherrl. Siedlung (Zschr. f. Ortsnamenforsch. 4) 1928, 26–38; Hans DACHS, Sippensiedlung oder Grundherrschaft? (Kritik d. Riezlerschen Sippensiedlungstheorie) (Korrespondenzbl. d. Gesamtver. d. deutschen Gesch.- u. Altertumsver. 78) 1930, 103–109; Ernst KLEBEL, Die zeitl. Schichtung v. Ortsnamen in Bayern u. Österreich (Bll. f. oberdeutsche Namenforsch. 6) 1965, 1–5.

und «unechte» -ing-Orte zu unterscheiden; die echten -ing-Orte sind mit Personennamen oder Appellativen zusammengesetzt und deuten sowohl auf eine Sippensiedlung hin als auf einen Gebrauch in der erweiterten Bedeutung «bei den Leuten des ...» (etwa Schwabing von Suuapo),[14] bzw. auf eine landschaftliche Gegebenheit (Wiesing von Wiese); unechte -ing-Orte sind aus ursprünglich anders gebildeten Ortsnamen später an die -ing-Form angeglichen worden (etwa Zeiling aus Zidelarum, Zeidlern).[15] Die echten -ing-Orte reichen in die Zeiten frühester bayerischer Siedlung zurück, finden sich aber als neue Ortsnamen auch noch im zehnten Jahrhundert. Die älteste Schicht der -ing-Orte ist die, deren Personennamen bei der ersten Erwähnung des Ortsnamens schon nicht mehr gebräuchlich waren. Diese Feststellung kann durch weitere Kennzeichen gestützt werden, etwa, wenn sich in der Nähe solcher -ing-Orte Reihengräber finden, wenn es sich dabei um Pfarrdörfer handelt, wenn diese Dörfer eine große Gemarkung haben. Schließlich sind zumeist auch wohl -ing-Orte in offener Landschaft älter als in Waldgebieten. Auch die mit dem Suffix -heim zusammengesetzten Ortsnamen können noch in die älteste Zeit zurückreichen, wenn sie auch wohl etwas später als die patronymischen -ing-Orte liegen: jetzt stand nicht mehr der Personenverband, sondern die neue Heimat im Vordergrund der Namengebung. Einer späteren Zeit gehören die -hausen-, -hofen- und -stätten-Orte an, ebenso die auffällig zahlreichen mit -bach zusammengesetzten Ortsnamen (vor 788: 52 -bach-Orte, nach den mit 120 Nennungen an der Spitze liegenden -ing-Orten); -dorf- und -brunn-Namen sind erst karolingisch, und ausgesprochene Spätformen sind die Rodungsnamen auf -ried, -reut, -brand und -grün; ebenso treten die -münchen-, -zell- und -münster-Orte zumeist erst im Zusammenhang mit der späteren Rodung auf.

Bei jeder Arbeit, die die überlieferten alten Ortsnamen zur Grundlage eines Siedlungsbildes macht, ist zu bedenken, daß alle Namen uns nur aus kirchlichen Aufzeichnungen überliefert sind, also bereits vom Besitzstand her eine notwendig beschränkte Auswahl bieten, und daß auch diese kirchliche Überlieferung nur zu einem Bruchteil erhalten ist: von mehr als zwanzig agilolfingischen Klöstern sind nur von fünf Aufzeichnungen überliefert, von den Bischofskirchen sind solche Aufzeichnungen in nennenswertem Umfang nur von Salzburg und Freising vorhanden. Eine angebliche Siedlungsleere kann also auch auf Quellenarmut beruhen. Immerhin wird man sagen können, daß beim Fehlen einer zusammenfassenden Siedlungsgeschichte gerade für den altbayerischen Raum wenigstens eine Reihe von regional begrenzten Vorarbeiten vorliegen,[16] die neben den Ortsnamen[17] verstärkt auch archäologische Quellen[18] auswerten.

[14] EBERL, Ortsnamen (s. o. 107 Anm. 46) 24 ff.

[15] Karl PUCHNER, Bll. f. oberdeutsche Namenforsch. 12, 1971, 27 f.

[16] Hans ZEISS, Die vor- u. frühgeschichtl. Besiedlung d. Gegend v. Regensburg (VHOR 77) 1927, 3–47; SCHWARZ, Landnahme (s. o. 112 Anm. 94); Ders., Die namenkundl. Grundlagen d. Siedlungsgesch. des Lkr. Regensburg (VHOR 93) 1952, 25–63; STURM, Rodungen (s. u. 191 Anm. 14); FEHN, Siedlungsbild; Ders., Bauernland (beide s. o. 116); Adalb. KLAAR, Die Grundzüge d. Siedellandschaft im österr. Donauraum (Südostdeutsche Forsch. 2) 1937, 152–174; Ders., Die Sied-

Mit diesen Einschränkungen kann man versuchen, den *Gang der Siedlung* und *Landnahme* wenigstens in großen Zügen an Hand der Ortsnamen festzulegen.[19] Es gibt in Bayern zwei Altsiedelzonen, eine entlang der Donau, und eine andere, mittlere, an Lech, Isar, Inn und Salzach; dieser Boden erscheint auch zuerst im Besitz der neuen Herren: der Gäuboden beiderseits der unteren Isar bis zur Donau hin und hier flußaufwärts die Niederungen bis westlich Kelheim, flußabwärts bis westlich Passau und die Niederung vom Inn bis Linz, ebenso das Land beiderseits des unteren Inn. Ins Land hinein folgte man den waldfreien Flußterrassen am Lech, isaraufwärts etwa von Moosburg bis Wolfratshausen, sempt- und ammeraufwärts, am Inn namentlich die Mühldorf-Öttinger Gegend, weiter das Land zwischen Ammer- und Starnbergersee, auch die östliche Seenzone am Mangfallknie bis nach Laufen. Siedlungsleer blieb zunächst die Waldzone nördlich der Linie vom mittleren Lech und vom mittleren Inn bis zur Donauniederung. Auch nördlich der Donau drang man, wenn man von der bereits altbesiedelten Chamer Bucht absieht, nur zögernd in das Waldland vor. Im Süden endete die erste Landnahme südlich der Linie vom Südrand des Starnberger Sees, des Chiemsees, des Wolfgangsees. Die Beobachtung, daß die ältesten Siedlungen der neuen Herren nicht bis unmittelbar an den Alpenrand gingen, wird noch verstärkt durch die Lage der alten Klöster am Rand der Voralpen: Wessobrunn, Staffelsee, Schlehdorf, Benediktbeuern, Tegernsee, Schliersee, Chiemsee, Mondsee, Altmünster am Traunsee, Kremsmünster, St. Pölten. Ebenso liegen Metten und Niederalteich am Südrand des noch siedlungsleeren Nordwaldes. Der Wald im Süden wie im Norden war am Vorrücken hinderlich, stellte Aufgaben, bot aber auch Schutz.

Nach Westen hin dürfte der Lech die Grenze gegen die Alemannen gebildet haben. Allerdings scheint wenigstens anfangs die staatliche Grenze hier schärfer gewesen zu sein als die völkische, und es könnte irgendeine Übereinkunft am Beginn der Beziehungen stehen. Jedenfalls hatten die Alemannen überhaupt seit ihrer Niederlage ge-

lungsformen des oberösterr. Mühlviertels u. des böhm. Grenzgebietes (DALVF 1) 1937, 131–138; Eberh. KRANZMAYER, Die Ergebnisse d. neuesten österr. Ortsnamenkunde u. das Land Salzburg (Mitt. d. Ges. f. Salzb. Landesk. 97) 1957, 1–16; Alex. SLAWIK, Siedlungs- u. Sippengemeinschaften in Oberösterreich z. Zeit d. ersten bair. Landnahme im Spiegel d. Ortsnamen (Baiernzeit in Oberösterreich, Oberösterr. Landesmus., Kat. Nr. 96) 1977, 121–138.

[17] Mehrere ungedruckte österreichische Dissertationen, die die Ortsnamen einzelner Bezirke untersuchen, führt WIESINGER, Oberösterreich (s. o. 117) 117 Anm. 9 und 15 an.

[18] Herm. DANNHEIMER, Untersuchungen z. Besiedlungsgesch. Bayerns im frühen MA (Ausgrabungen in Deutschland 2) 1975, 224–237; Klaus SCHWARZ, Der frühmittelalterl. Landesausbau in Nordost-Bayern archäolog. gesehen (ebd.) 338–409; REITINGER, Die baier. Landnahme (s. o. 102).

[19] Wertvolle Hilfe bieten dabei die Ortsnamenbücher: HONB; Jos. v. ZAHN, Ortsnamenbuch d. Steiermark im MA, 1893; Konr. SCHIFFMANN, Hist. Ortsnamen-Lexikon des Landes Oberösterreich, 2 Bde., 1935, Erg.-Bd. 1942; KRANZMAYER; Eberh. KRANZMAYER-Karl BÜRGER, Burgenländ. Siedlungsnamenbuch (Burgenländ. Forsch. 36) 1957; Hist. Ortsnamenbuch v. NÖ, verfaßt v. Heinr. WEIGL unter Mitarbeit v. Roswitha SEIDELMANN, Karl LECHNER u. Fritz EHEIM, 7 Bde., 1964 bis 1975; Heinr. WEIGL-Fritz EHEIM, Die Ortsnamen in NÖ (Wiss. Schriftenreihe NÖ 1) 1973.

gen die Goten im Jahre 470 ihre Stoßrichtung von Ost nach West verlagert und ihr Interessengebiet mehr in den Westen verlegt.[20]

Nach Osten hin ist eine Grenze nur sehr schwer festzustellen, zumal man hier auch mit germanischer Siedlungskontinuität rechnen muß.[21] Trotz ihrer zwei Niederlagen gegen Onoulf werden die Rugier im Rugiland, das vom Osthang des Waldviertels bis zum Donauknie bei Korneuburg reichte,[22] nicht völlig ausgerottet worden sein. Ferner werden noch zwischen 505 und 508 anläßlich ihrer Niederlage gegen die Langobarden die Heruler erwähnt,[23] die damit auch nicht völlig vernichtet worden sein dürften. Vermutlich seit 526/27 drangen die Langobarden auf das Südufer der Donau vor;[24] ihnen wurde von Justinian 547/48 als Bollwerk gegen das Vordringen der Franken auch die zwischen mittlerer Drau und Save gelegene Provinz Savia und das östliche Binnennoricum zugewiesen.[25] Bis zum Jahre 568 waren die Langobarden jedenfalls der entscheidende Machtfaktor im Osten der Bajuwaren. An ihrem Abzug nach Italien beteiligten sich dann außer den eigens herbeigerufenen Sachsen auch Pannonier, Noriker, Sueben, Thüringer, Gepiden und Sarmaten,[26] und wenn damit auch nicht eine völlige Siedlungsleere in den aufgegebenen Gebieten eingetreten ist, so doch sicher eine entscheidende Verdünnung. Da aber bei den Bajuwaren Herrschaftsbildung und Siedlung Hand in Hand gehen mußten, waren dafür im Osten anfangs schlechte Voraussetzungen vorhanden, zumal im Gefolge der Abwandernden schon bald Awaren und Slawen in die aufgegebenen Gebiete nachgestoßen sind.[27]

[20] EBERL, Bajuwaren 150ff.

[21] Ernst SCHWARZ, Das germ. Kontinuitätsproblem in NÖ (Festschr. Theod. Mayer 1) 1954, 17–47.

[22] Eugippius, Vita Sev. c. 44 NOLL 112; zur Ausdehnung von Rugiland Herb. MITSCHA-MÄRHEIM, Die Langobarden d. 6. Jhs. im österr. Donauland) Atti del II Convegno per lo Studio dell'arte dell'Alto Medio Evo) 1954, 201–204.

[23] Prokop, Bellum Goth. II 14 (s.o. 116 Anm. 116) 87ff.; Marcellinus comes, Chron. (zu 512) (hg. v. Theod. MOMMSEN, MGH Auct. ant. 2) 1894, 98; zur Niederlage und zu den späteren Umsiedlungen der Heruler ENSSLIN, Theoderich (s.o. 100 Anm. 3) 148f.; Max HOCHREITER, Rugier, Heruler u. Langobarden im Donauraum um d. Wende zum 5. u. 6. Jh., Zulassungsarbeit Masch. Regensburg 1979.

[24] Zur Datierung KLEBEL, Langobarden (s.o. 101) 52ff. bzw. 14ff.; I. BÓNA, Die Langobarden in Ungarn (Acta archaeol. Acad. Scient. Hung. 7) 1956, 183–244; WERNER, Langobarden 9ff.; dazu Walt. SCHLESINGER, ZBLG 28, 1965, 677–682.

[25] EGGER, Civitas Noricum (s.o. 114 Anm. 105) 146ff. bzw. 116ff.

[26] Paulus Diac. II 26, S. 87.

[27] Helm. PREIDEL, Awaren u. Slawen (Südost-Forsch. 11) 1946/52, 33–45; Arn. KOLLAUTZ, Die Awaren. Die Schichtung in einer Nomadenherrschaft (Saeculum 5) 1954, 129–178; Herb. MITSCHA-MÄRHEIM, Die Awaren. Kurzer Abriß ihrer Gesch. u. Kultur nach dem heut. Forschungsstand (Mitt. d. urgeschichtl. Arbeitsgemeinschaft in d. anthropolog. Ges. Wien 5, H. 5/6) 1954, 40–49; Ders., Die Awaren in Österreich (Der Mittelschullehrer u. die Mittelschule 4) 1955, 159–162; D. SIMONYI, Die Kontinuitätsfrage u. das Erscheinen d. Slawen in Pannonien (Studia Slavica 1) 1955, 333–361; Bogo GRAFENAUER, Die Beziehungen d. Slawen z. den Awaren u. ihre wirtschaftl.-sozialen Grundlagen bis z. Belagerung v. Konstantinopel (626) (10. Congresso Internazionale di Scienze Storiche Rom, Comunicazioni 7) 1956, 174–178; Dezsö CSALLÁNY, Archäolog. Denkmäler d. Awarenzeit in Mitteleuropa. Schrifttum u. Fundort, 1956; Ernst SCHWARZ, Das Vordringen d. Slawen nach Westen (Südost-Forsch. 15) 1956, 86–108; Herb. MITSCHA-MÄRHEIM, Archäologisches u. Historisches z. Slavensiedlung in Österreich (Ann. Instituti Slavici I 2) 1966, 1–32; Ders., Österreich zw. Langobarden,

Auf Grund der Befunde aus den Ortsnamen und der Archäologie kann man heute mehrere Schwerpunkte slawischer Siedlung herausarbeiten, wenn auch die Feststellung der zeitlichen Abfolge noch schwierig zu sein scheint. Im allgemeinen spricht man von einem slawischen Vordringen nach Westen in den großen Flußtälern der Donau, Mur, Drau und Save, wodurch die Gebiete bis zum Toblacher Feld und bis zu den Radstädter Tauern erfaßt worden sind.[28] Über den Semmering drangen die Slawen aber auch nach Niederösterreich[29] vor und von hier in das östliche Oberösterreich.[30] Slawen im Krems- und Garstnertal könnten über den Pyhrnpaß,[31] solche im Salzkammergut über den Pötschenpaß gekommen sein.[32] Beide Gruppen wären also den Alpenslawen zuzurechnen, während man bei den Slawen im Mühlviertel[33] und Waldviertel[34] an eine Herkunft aus Südböhmen denkt. So wird man sagen können, daß im Osten das Zentrum stärkster bajuwarischer Siedlungskonzentration im Gebiet der Traun lag[35] und in der Zeit des weitesten slawischen Vordringens im siebten Jahrhundert die bajuwarisch-slawische Siedlungsgrenze vom östlichen Pustertal bis südlich des Zuges der Hohen Tauern (nur im Gasteinertal reichten die Slawen darüber hinaus), bei Radstadt über das obere Ennstal, dann über das Salzkammergut zwischen Enns und Traun zur Donau verlief.[36] Doch muß man auch östlich der Enns

Baiern u. Slawen. Ein Beitr. d. Archäologie z. österr. Frühgesch. (Veröffentl. d. Verbandes österr. Geschichtsver. 16) 1965, 49–59; Ders., Zur Frühgesch. d. Slawen im Donau- u. Alpenraum (Großmähren u. die christl. Mission bei den Slawen) 1966, 3–8; Alex. AVENARIUS, Die Awaren in Europa, 1974; Dieter WOJTECKI, Avari (Glossar, s.u. 272f. Anm. 184) 187–257 und 403–407; Renate MÖHLENKAMP, Avaria (ebd.) 261–282 und 407f.; Falko DAIM, Die Awaren in NÖ, Diss. Masch. Wien 1976.

[28] Simon PIRCHEGGER, Die slav. Ortsnamen im Mürzgebiet (Veröffentl. d. Slav. Inst. a.d. Friedrich-Wilhelms-Univ. Berlin 1) 1927; Fritz POSCH, Die deutsch-slaw. Begegnung im Ostalpenraum u. die Grundlagen des steir. Volkstums (Jb LKNÖ NF 36) 1964, 87–99.

[29] Herwig FRIESINGER, Stud. z. Archäologie d. Slawen in NÖ (Mitt. d. prähist. Komm. d. österr. Akad. d. Wiss. 15/16) 1971/74; Ders., Die Slawen in NÖ. Beitrr. d. Frühmittelalterarchäologie (Wiss. Schriftenreihe NÖ 15) 1976.

[30] Jos. REITINGER, Die Slawen im österr. Donauraum (Velká Morava a feudální společnost v. 9.–13. století se zřetelem k jižní Moravě. Soubor přednášek na IV. Mikulovském sympoziu ve dnech 17.–19. října 1972 [Großmähren u. die Feudalges. im 9.–13. Jh. in Beziehung z. Südmähren. Eine Sammlung d. Vorträge auf dem 4. Symposion in Mikulov v. 17.–19. Okt. 1972]) Mikulov 1973, 98–132; Ders., Die baier. Landnahme (s.o. 102) 63ff. etwas einschränkend gegenüber der Ausbreitung der slawischen Siedlung; Henrik BIRNBAUM, Slav. Namengut aus dem frühmittelalterl. bayer. Raum. Das Zeugnis des Salzburger Verbrüderungsbuches u. des Placitum v. Buchenau (Wiener Slavist. Jb. 21) 1975, 34–42; KRONSTEINER, Besiedlungsverhältnisse (s.o. 117).

[31] Hans KRAWARIK, Die hist. Bedeutung des Pyhrnpasses (Zschr. d. Hist. Ver. Steiermark 59) 1968, 65–90; Ders., Zur Siedlungsgesch. des Pyhrnpaßraumes (Jb. d. oberösterr. Musealver. 116) 1971, 195–212.

[32] Margarete RADA, Die Siedlungsnamen des Salzkammergutes in Oberösterreich u. Steiermark, Diss. Masch. Wien 1955.

[33] Adolf WAGNER, Die slaw. Besiedlung des oberösterr. Mühlviertels v.d. Mitte d. 8. bis z. Mitte d. 12. Jhs. (Velká Morava ..., s.o. Anm. 30) 133–144.

[34] Otto KRONSTEINER, Die slaw. Ortsnamen des Waldviertels (Das Waldviertel 25) 1976, 25ff.

[35] Kurt HOLTER, Die Gründung v. Kremsmünster u. die Besiedelungsgesch. des mittleren Oberösterreich (Mitt. d. oberösterr. Landesarch. 8) 1964, 43–80, bes. 45f.

[36] ZÖLLNER 43f.

mit einem Mischsiedelgebiet rechnen, das sich bis an den Wienerwald erstreckte, jedoch nicht mehr in die erste bajuwarische Herrschaftsbildung einbezogen werden konnte, da zur Erfassung des Gebietes die Siedlung nicht ausreichte.[37]

Diesem Befund aus den Ortsnamen entspricht die Lage der Reihengräber des sechsten bis achten Jahrhunderts, die sich vor allem in den Donauniederungen finden, dann an den Flußterrassen von Lech, Isar, Inn und Salzach, sowie in dichter Massierung zwischen Traun und Donau, schließlich an dem mittleren Siedelstreifen der Seenplatte.[38]

Ortsnamenkunde und archäologische Ergebnisse erlauben über den Gang der Siedlung folgende Aussagen: zunächst, daß sie nicht von Süden oder Westen aus vorgeschritten ist, und ebenso, daß sie nicht unmittelbar von Norden kommend ihren Weg durch den Nordwald genommen hat. Auch ein von Ost nach West verlaufendes Vordringen ist wenig wahrscheinlich, da dann die bajuwarische Siedlungskonzentration im Raum östlich der Enns stärker gewesen sein müßte. Es ist auch wenig wahrscheinlich, daß dieses Gebiet nach einer Niederlage gegen die Awaren um das Jahr 700 wieder aufgegeben worden ist.[39] Diese angebliche «Awarenkatastrophe» ist in ihren Auswirkungen offenbar überschätzt worden, vielmehr weisen Bodenfunde und sprachliche Indizien auf ein friedliches Nebeneinander bajuwarischer, slawischer und awarischer Siedlung,[40] die wohl nur zu einer ausgeprägten Herrschaftsbildung von keiner Seite aus konzentriert genug war. Ebenso ist die Annahme, Lorch sei bis zur Niederlage um 700 die erste Hauptstadt der Bajuwaren gewesen, nicht zu halten; deren Lage wäre hier, in einem Grenzgebiet der Siedlung, sehr ungünstig gewesen, und zum andern findet sich gerade in diesen Gebieten relativ wenig Herzogsgut, das zum überwiegenden Teil vielmehr in Altbayern liegt. Ein Vordringen der Siedlung von Nordosten, also von Böhmen her, wird durch Ortsnamenkunde und Archäologie zwar nicht bewiesen, aber auch nicht ausgeschlossen. Die Wege von Böhmen nach Bayern führten durch das Egertal, durch die Further Senke, über den Goldenen Steig bei Passau, durch die Feldaistsenke und durch den Haselgraben nach Linz.[41]

Da die schriftliche Überlieferung der Ortsnamen erst in der ersten Hälfte des

[37] Zu einem bajuwarischen Grabfund bei Wien vgl. Herb. Mitscha-Märheim, Frühgeschichtl. Gräberfunde aus Unter St. Veit (Wien XIII.) (Archaeol. Austriaca 28) 1960, 50–57, bes. 54ff.; Ders., Zum bair. Grabfund v. Unter-St. Veit (Wien XIII.) (ebd. 30) 1961, 153; dazu Alfr. Neumann, Zu dem frühgeschichtl. Gräberfeld in Wien XIII, Unter St. Veit (Österr. Zschr. f. Kunst- u. Denkmalpflege 17) 1963, 145ff.

[38] Eine Übersicht über den Stand der archäologischen Forschung bei Reindel, Herkunft u. Landnahme (s. o. 101) vgl. ferner die Karte im Bayer. Geschichtsatlas: Karte 9a: Reihengräber 6.–8. Jh.

[39] Das ist die These vor allem von Zibermayr 94ff.; dagegen spricht schon das nach den Beigaben um 730 zu datierende Kriegergrab in Lorch; vgl. Herm. Vetters, Lauriacum u. seine Grabungsgesch. (Enns, Lorch, Lauriacum. Festschr. z. 750-Jahr-Feier des Stadtrechtes v. Enns) 1962, 90–100, bes. 99.

[40] Erich Zöllner, Awar. Namensgut in Bayern u. Österreich (MIÖG 58) 1950, 244–266; Mitscha-Märheim, Awar.-bair. Wechselbeziehungen (s. o. 111 Anm. 84).

[41] Zöllner, Zur Siedlungs- u. Bevölkerungsgesch. (s. o. 109 Anm. 65) 117; Paul Praxl, Zur Gesch. des Goldenen Steiges. Ein Forschungsber. (VHN 97) 1971, 100–112.

achten Jahrhunderts einsetzt, kann man von den Namen aus keine Entscheidung für die ersten zwei Jahrhunderte treffen. Von archäologischer Seite erfahren wir, daß auch hier die Zeitbestimmungen keine Differenzierung zulassen, aus denen wir Siedlungsbewegungen feststellen könnten, daß vielmehr das Bayerntum an der Enns sich ebensogut ins sechste Jahrhundert zurückverfolgen läßt wie am Inn.[42]

Auch bei der Frage nach den frühesten *Siedlungsformen* hat der Historiker wieder von den Ergebnissen der Archäologie Gebrauch zu machen. Wenn auch Reste von Siedlungen bisher nur ganz vereinzelt ausgegraben worden sind[43] und man sich im wesentlichen auf die Auswertung der zugehörigen Reihengräberfunde beschränken mußte,[44] so ergibt sich daraus doch ein allmählicher Wandel gegenüber früheren Anschauungen über die Frühformen der Siedlung. Man glaubt nachweisen zu können, daß nicht der Einzelhof am Beginn der Siedlung stand, sondern der kleine Weiler, das lockere Haufendorf,[45] und daß sich von hier aus eine «Vereinödung» auf der einen und die Entstehung größerer Siedlungen auf der anderen Seite ergaben.[46] Auch konnte bereits während des frühen Mittelalters eine Änderung der Siedlung in Richtung auf eine stärkere Siedlungskonzentration nachgewiesen werden.[47]

§ 15. DIE VORBEVÖLKERUNG

Ludw. STEUB, Die roman. Ortsnamen im Herzogtum Salzburg u. seiner Nachbarschaft (in: Ders., Zur Namens- u. Lkde. d. deutschen Alpen) 1885, 123–138;Jul. JUNG, Römer u. Romanen in den Donauländern, 1887², Neudr. 1969; DOPSCH, Europ. Kulturentwicklung; Hans DACHS, Röm.-germ. Zusammenhänge in d. Besiedlung u. den Verkehrswegen Altbaierns (Die ostbair. Grenzmarken 13) 1924, 74–80; 100–106 und 135–139; Ders., Herzogsgut; Anna JANDA, Die Barschalken. Ein Beitr. z. Sozialgesch. des MA (Veröffentl. d.

[42] BENINGER-KLOIBER, Bodenfunde (s. o. 111 Anm. 84) 189.

[43] Werner KRÄMER, Die frühmittelalterl. Siedlung v. Burgheim in Schwaben (BVbll. 18/19) 1951/52, 200–207; Ders., Frühmittelalterl. Siedlung bei Burgheim, Lkr. Neuburg a. d. Donau (Germania 29) 1951, 139ff.; Martin HELL, Roman.-baiwar. Siedlungsfunde aus Grödig bei Salzburg (Archaeol. Austriaca 4) 1949, 116–121: Ständerbau aus Holz, 6. Jh.; Klaus SCHWARZ, Neue archäolog. Zeugnisse frühmittelalterl. Landesausbaues (BVbll. 23) 1958, 101–126.

[44] Paul REINECKE, Altbajuwar. Siedelungsanlagen nach den zugehör. Reihengräberfunden (Germania 20) 1936, 261–269; Herm. DANNHEIMER, Reihengräber u. Ortsnamen als Quellen z. frühmittelalterl. Besiedlungsgesch. Bayerns. Die merowing. Funde aus dem Lkr. Landshut (Nb.) (Schriftenreihe 62) 1962, 251–286.

[45] Das betont Karl LECHNER, «Das Werden Wiens – Das Werden Österreichs» (Unsere Heimat 23) 1952, 45–67, bes. 51; FEHN, Siedlungsgesch. nach 1945 (s. o. 116) 657 nimmt an, daß sich die ersten Siedler «in Einzelhöfen oder lockeren Hofgruppen mit Blockfluren niederließen».

[46] Herm. WIESSNER, Beitrr. z. Gesch. des Dorfes u. der Dorfgemeinde in Österreich (Arch. f. vaterländ. Gesch. u. Topographie 30) 1946; Karl Siegfr. BADER, Stud. z. Rechtsgesch. des mittelalterl. Dorfes I: Das mittelalterl. Dorf als Friedens- u. Rechtsbereich, 1957; II: Dorfgenossenschaft u. Dorfgemeinde, 1962; III: Rechtsformen u. Schichten d. Liegenschaftsnutzung im mittelalterl. Dorf, 1973 (Lit.!); Torsten GEBHARD, Zur Frage d. frühen dörfl. Siedlungen in Bayern (Schriftenreihe 62) 1962, 351–369, bes. 366.

[47] Herm. DANNHEIMER, Die frühmittelalterl. Siedlung bei Kirchheim (Lkr. München, Ob.) (Germania 51) 1973, 152–169; Ders., Untersuchungen (s. o. 120 Anm. 18).

Seminars f. Wirtschafts- u. Kulturgesch. an d. Univ. Wien 2) 1926, Neudr. 1978; Hans ZEISS, Die Barschalken u. ihre Standesgenossen (ZBLG 1) 1928, 436–452; Ders., Das Kontinuationsproblem im rät. Flachland (BVbll. 11) 1933, 41–54; Rich. HEUBERGER, Rätien im Altertum u. Frühmittelalter. Forsch. u. Darstellung I (Schlern-Schr. 20) 1932, Neudr. 1971; Erna PATZELT, Die Kontinuitätsfrage (Festschr. Alfons Dopsch) 1938, Nachdruck 1966, 18–33; SPARBER, Sabiona; Herm. AUBIN, Vom Altertum zum MA. Absterben, Fortleben u. Erneuerung, 1949; Harald v. PETRIKOVITS, Das Fortleben röm. Städte an Rhein u. Donau im frühen MA (Trierer Zschr. 19) 1950, 72–81; Wiederabdruck in: VF 4, 1958, 63–76; OETTINGER; Franz MILTNER, Zur Frage d. Kontinuität röm. Siedlungen in Österreich (Fontes Ambrosiani 26) 1951, 117–134; WAGNER, Ende d. röm. Herrschaft (s. o. 84); Eug. EWIG, Das Fortleben röm. Institutionen in Gallien u. Germanien (10. Congresso Internazionale di Scienze Storiche Rom, Relazioni 6) 1955, 560–598; Rud. NOLL, Frühes Christentum in Österreich. Von den Anfängen bis um 600 n. Chr., 1954; BAUERREISS I; WODKA; Heinr. KOLLER, Der Donauraum zw. Linz u. Wien im Frühmittelalter. Kulturkontinuität u. Kulturverlust des Romanentums nördl. d. Alpen (HJb. d. Stadt Linz) 1960, 11–53; Gertr. DIEPOLDER, Altbayer. Laurentiuspatrozinien (Schriftenreihe 62) 1962, 371–396; REINDEL, Bistumsorganisation; Herm. VETTERS, Die Kontinuität v. d. Antike zum MA im Ostalpenraum (VF 10) 1965, 29–48; Ders., Das Problem d. Kontinuität v. d. Antike zum MA in Österreich (Gymnasium 76) 1969, 481–515; Ders., Zum Problem d. Kontinuität im niederösterr. Limesgebiet (Jb LKNÖ NF 38, 1968–70) 1970, 48–75; Paul Egon HÜBINGER (Hg.), Kulturbruch oder Kulturkontinuität im Übergang v. d. Antike zum MA (Wege d. Forsch. 201) 1968; Bogo GRAFENAUER, Die Kontinuitätsfragen in d. Gesch. des altkarantan. Raumes (Alpes orientales 5) 1969, 55–85; Jürgen FINDEISEN, Spuren römerzeitl. Siedlungsvorgänger im Dorf- u. Stadtbild Süddeutschlands u. seiner Nachbargebiete, Diss. Bonn 1970; Friedr. PRINZ, Fragen d. Kontinuität zw. Antike u. MA am Beispiel Bayerns (ZBLG 37) 1974, 699–727; Ders., Bayern, Salzburg u. die Frage d. Kontinuität zw. Antike u. MA (Mitt. d. Ges. f. Salzb. Landesk. 115, 1975) 1976, 19–50; Lothar ECKHART, Das Nach- u. Weiterleben d. Römerzeit in Oberösterreich (Baiernzeit in Oberösterreich, Oberösterr. Landesmus., Kat. Nr. 96) 1977, 27–38; Karl PIENDL, Die Romanen im bayer. Herzogtum bis 788, Zulassungsarbeit Masch. Regensburg 1978.

Die Bajuwaren kamen nicht in ein menschenleeres Land, und die Nachricht der Vita Severini, wonach auf Befehl Odoakars und unter Führung seines Bruders Onoulf und des Comes Pierius «alle Bewohner aus der täglich sich wiederholenden Ausplünderung durch die Barbaren herausgeführt» wurden und nach Italien abwanderten,[1] ist nicht im Sinne einer totalen Entvölkerung Noricums zu verstehen. Vielleicht besagt diese Stelle, daß nur das Gebiet zwischen Traun und Wienerwald von Odoakar im Zuge einer Politik der «verbrannten Erde» aufgegeben wurde;[2] auch die Tatsache, daß nur in diesem Landstrich die Namen der römischen Siedlungen untergegangen sind, könnte dafür sprechen.[3] Wir dürfen annehmen, daß sich aus den von Germanen besetzten Provinzen Raetien und Noricum lediglich das offizielle Rom zurückgezogen hat, die Vertreter der staatlichen Gewalt und allenfalls noch ein Teil der besitzenden Schichten. Es blieb eine recht zahlreiche Vorbevölkerung zurück, die man gewöhnlich und etwas summarisch als romanisch bezeichnet und in der der keltische Bevölkerungsteil sicher keine geringe Rolle gespielt hat. Daß er jedoch nicht den Kern der bayerischen Bevölkerung ausmachte, dafür spricht der völlige Untergang der keltischen Sprache, das relativ geringe Fortleben keltischer Ortsnamen sowie

[1] Eugippius, Vita Sev. c. 44 NOLL 112.

[2] So vermutet KOLLER, Donauraum (s. o. Lit.) 19 ff.

[3] Herma THALLER, Die Städte d. Vita S. Severini im Donauraum (Festschr. Rud. Egger 2) 1953, 315–321.

auch das germanische Recht der Bayern. Daß es bis heute nicht gelungen ist, diese Vorbevölkerung archäologisch exakt nachzuweisen, spricht nicht gegen ihr Vorhandensein. Sie ist am sinnfälligsten aus den vordeutschen Orts-, Fluß- und Flurnamen zu erschließen, deren Weiterleben eine Vorbevölkerung erweist, die immerhin so stark gewesen sein muß, daß ihre Namenüberlieferung dominierte.[4] Eine andere Gruppe bilden die mit «walch» zusammengesetzten Namen, sie stammen von den neuen Siedlern und beweisen, daß man das «welsche» Volkstum als vom eigenen verschieden empfand.[5] Aus dem Keltischen sind vor allem viele Flußnamen überliefert, wie etwa Moenus = Main, Aenus = Inn, Alcmona = Altmühl. Bei der keltischen Deutung der Ortsnamen ist große Vorsicht geboten; mit Sicherheit kann man wohl nur die Endungen auf -acum, -briga, -bona, -durum, -dunum, -magus und -ritum als keltisch ansprechen, also etwa Abodiacum = Epfach, Boiodurum = Beiderwies, Campodunum = Kempten.[6] Daneben hat eine Anzahl römischer Ortsnamen weitergelebt, etwa Augusta = Augsburg, Batava = Passau, Ovilava = Wels, Guntia = Günzburg. Zu beachten ist dabei, daß sich manche ursprünglich römische Namen unter einer bajuwarisierten Form verbergen können, so wie Flauring von Florinus, Marzling von Marcellinus oder Prüfening (Lkr. Regensburg) von Probinus, also von römischen Personennamen abgeleitet sind.[7] Bei den ebenfalls nicht wenigen Walchenorten (Walchensee, Straßwalchen bei Salzburg, Seewalchen am Wallersee usw.) hingegen ist zu bedenken, daß in einigen von ihnen auch der germanische Name eines Walho stecken könnte. Die These hingegen, daß es sich dabei um spätere «welsche» Zuwanderer handelt,[8] dürfte wenig wahrscheinlich sein.[9] Auch eine mög-

[4] Karl GRUBER, Vordeutsche Ortsnamen im südl. Bayern (Festschr. Karl Vollmöller) 1908, 295–370; Paul REINECKE, Die örtl. Bestimmung d. antiken geograph. Namen f. d. rechtsrhein. Bayern (BVfr. 4) 1924, 17–48; (ebd. 5) 1925, 17–48 und (ebd. 6) 1926, 17–44; Gertr. PASCHER, Röm. Siedlungen u. Straßen im Limesgebiet zw. Enns u. Leitha (Der röm. Limes in Österreich 19) 1949; MILTNER, Kontinuität (s. o. 125); Rud. NOLL, Röm. Siedlungen u. Straßen im Limesgebiet zw. Inn u. Enns (Oberösterreich) (Der röm. Limes in Österreich 21) 1958; Jos. RUNGG, Ortsnamen d. Goten, Römer, Franken in Rätien, Noricum, bes. Tirol, 1963; ERTL, Topographia I–III (s. o. 101); Elfriede BOEDEKKER, Stud. über d. Weiterleben u. die Neuverwendung v. antiken Orts- u. Provinznamen im österr. MA bis um 1250, Diss. Masch. Wien 1971.

[5] Ernst SCHWARZ, Walchen- u. Parschalkennamen im alten Norikum (Zschr. f. Ortsnamenforsch. 1) 1925, 91–99; hier ist auch der Stelle in den Kasseler Glossen zu gedenken (s. u. 613 Anm. 25), die zeigt, daß man sich «den Welschen» überlegen fühlte.

[6] Zu den keltischen Namen SCHWARZ, Kontinuitätsproblem (s. o. 121 Anm. 21) 23.

[7] SCHWARZ, Die namenkundl. Grundlagen (s. o. 119 Anm. 16); Ders., Landnahme (s. o. 112 Anm. 94); Karl PUCHNER, Roman.-germ. Mischnamen in Altbayern (Kärntner Museumsschr. 53) 1972, 61–67, bes. 65 zu Probinus.

[8] Theod. v. GRIENBERGER, Die Ortsnamen des Ind. Arn. u. der Brev. Not. Salzburgenses in ihrer Ableitung u. Bedeutung dargestellt (Mitt. d. Ges. f. Salzb. Landesk. 26) 1886, 1–76; Jul. STRNADT, Über d. Herkunft d. Romanen des Ind. Arn. (AbM 14) 1917/18, 20–28; für einen Parallelfall in Alemannien F. KUHN, Die Walchenorte Oberbadens. Ein Beitr. z. Siedlungsgesch. des frühen MA (Jb. d. Schweiz. Ges. f. Urgesch. 38) 1947, 118–126 und Heinr. DANNENBAUER, Bevölkerung u. Besiedelung Alemanniens in d. fränk. Zeit (ZWLG 13) 1954, 12–37, bes. 23 f.; Wiederabdruck in: Grundlagen d. mittelalterl. Welt, 1958, 284–308, bes. 295 f.; Ernst SCHWARZ, Baiern u. Walchen (ZBLG 33) 1970, 857–938.

[9] SCHIFFMANN, Land ob d. Enns (s. o.

liche Herleitung des welsch aus vallis ist erwogen worden, so daß also lediglich örtliche Gegebenheiten für die Namensgebung eine Rolle gespielt hätten.[10]

Wenn man mit diesen Einschränkungen versucht, ein Bild von der romanischen Vorbevölkerung in Bayern zu zeichnen, und dabei absieht von den direkt im Gebirge gelegenen Gebieten, die erst im zweiten Anlauf von der bajuwarischen Siedlung und Staatsbildung erfaßt worden sind, so liegt die größte Zahl dieser romanischen Orte am Alpenrand. Eine solche «romanische» oder «vordeutsche» Namengruppe bilden etwa Partenkirchen, Wallgau, Walchensee und Tölz, eine zweite findet sich bei Aibling: Irschenberg, Vallei, Langenpfunzen, eine dritte innaufwärts: Erl, Ebbs, Madron, und in förmlicher Massierung trifft man sie schließlich in der Salzburger Gegend, bezeichnenderweise im Gebiet der Salzgewinnung an: Gmain, Gnigl, Nonn, Anif, Vigaun, Kuchl, Marzoll, Morzg, Grödig, Wals. Diese Gegenden mit vordeutschen Ortsnamen sind fast frei von -ing-Orten, sie wurden von der ersten Landnahme nicht erfaßt, sie sind Rückzugsgebiete der Romanen. Daß jedoch auch im Flachland die romanische Bevölkerung nicht unbeträchtlich gewesen sein muß, sehen wir daran, daß von vielen Donaukastellen die Namen fortleben, wie etwa Quintana = Künzing, Castra Regina = Regensburg, Castra Batava = Passau, Lentia = Linz, während Vindobona wohl über ein keltisches Vedunia zu Wien geworden ist.[11] Dort, wo der römische und der germanische Name nebeneinander in Gebrauch sind (wie etwa bei Iuvavum – Salzburg),[12] erkennt man deutlich das Nebeneinander von romanischer und bajuwarischer Bevölkerung. Zu den Ortsnamen kann man auch die romanischen Personennamen stellen, die in den Urkunden überliefert sind; unter ihnen sind zahlreiche Grundbesitzer und Geistliche, woraus wir entnehmen können, daß für die Vorbevölkerung keine durchgängige Minderung ihrer sozialen Stellung eintrat.[13] Allerdings brachte eine auf österreichischem Namensmaterial basierende Untersuchung das Ergebnis, daß echte -ing-Namen «häufig in agrarischen Gunstlandschaften» zu finden seien, im Schottergebiet der Traun-Enns-Platte das -ing-Namen-Netz hingegen weitmaschiger sei.[14] In diesem Zusammenhang sind auch die Barschalken zu nennen, die man besonders in den romanisch besiedelten Gebieten nachzuweisen versucht hat; man hat in ihnen unterworfene romanische Bevölkerungsreste in minderfreier Stellung, bisweilen sogar in Bindung an Fiskalbesitz sehen wollen. Doch ist die rechtliche und soziale Stellung dieser Bevölkerungsgruppe sehr

116) 3ff. und 166f.; DOPSCH, Europ. Kulturentwicklung I 137ff.; SCHWARZ, Lautverschiebung (s. o. 103 Anm. 12); Karl FINSTERWALDER, Die Deutung d. Salzburger Güterverzeichnisse v. 788–790 u. vergleichbare Namenzeugen aus den Nachbarländern (Jb. f. fränk. Landesforsch. 20) 1960, 215–228, bes. 218; Franz HÖRBURGER, Die roman. u. vorröm. Ortsnamen des Landes Salzburg (Mitt. d. Ges. f. Salzb. Landesk. 107) 1967, 1–49.

[10] Ed. LICHTER, Welschbillig (Landeskundl. Vjbll. [Trier] 9) 1963, 3–12.

[11] Zum Sonderfall Wien OETTINGER 1ff.; Wilh. BRANDENSTEIN, Die Namen Vindobona u. Wien (Wiener Geschichtsbll. 15) 1960, 165–169.

[12] Herb. KLEIN, Juvavum – Salzburg (VF 4) 1958, 77–85.

[13] Vgl. dazu Jos. STURM, Roman. Personennamen in den Freisinger Trad. (ZBLG 18) 1955, 61–80; KOLLER, Donauraum (s. o. 125) 22ff.

[14] Irmtraut KOURIL, Die echten -ing-Namen in Oberösterreich, Salzburg, Tirol u. Vorarlberg, Diss. Masch. Wien 1950.

differenziert und die ausschließliche romanische Zusammensetzung nicht sicher, so daß hier nur schwer generelle Aussagen zu machen sind.[15]

Vor diesem Hintergrund ist auch das Problem der sogenannten *Kontinuität* zu sehen. Nur die Sage (s. o. 102) berichtet von Kämpfen der neuen Herren mit der Vorbevölkerung, während alle anderen Anzeichen darauf hindeuten, daß die neue Siedlung und Herrschaftsbildung friedlich vor sich gegangen sind und daß die Vorbewohner im allgemeinen gleichberechtigt in den Stammesverband aufgenommen wurden. So ist schon aus diesem Grunde natürlich die Möglichkeit des Fortlebens antiker Kulturformen gegeben, doch ist dabei zu bedenken, daß es nicht mehr der volle antike Kulturstrom war, der hier weiterfloß. Er hatte die römischen Provinzen Noricum und Raetien zudem wohl nie in seiner ganzen Breite und Tiefe erreicht, und in den letzten unruhigen Jahrzehnten der römischen Herrschaft fand sicher noch einmal eine Schrumpfung des kulturellen Lebens in den Ländern nördlich der Alpen statt. Die Kontinuität, die sich nachweisen läßt, beschränkt sich somit auf die einfacheren Dinge des täglichen Lebens und Teile des Unterbaus der mit den Römern ins Land gekommenen staatlichen und wirtschaftlichen Errungenschaften der Zeit: man hielt in der Regel sich an die schon vorhandenen Straßen,[16] wenn auch der Verkehr sich davon abweichend noch andere Wege suchte.[17] Man hielt sich auch an den schon bestellten Boden, an schon vorhandene Siedlungen. So sind gerade auf dem Gebiet des Wirtschaftswesens manche Ausdrücke der römischen Terminologie entnommen, wie Zins, Scharwerk, Pacht, Coloni, wobei man freilich die Einschränkung machen muß, daß diese Lehnwörter nicht nur direkt übernommen, sondern auch aus dem Westen auf dem Weg über die Franken eingedrungen sein können.[18] Eine unmittelbare Übernahme ist jedoch mit Sicherheit anzunehmen bei Ausdrücken aus dem Gebiet der Almwirtschaft, wie Senner (von senior) oder Käse (caseus). Auch auf dem Gebiet des Weinbaus scheinen die neuen Bewohner von den Romanen gelernt zu haben, wie sich aus den frühen urkundlichen Erwähnungen, aber auch aus Bezeichnungen wie

[15] JANDA, Die Barschalken; ZEISS, Die Barschalken (beide s. o. 125); Heinr. L. WERNECK, Barschalkenorte in NÖ (Kulturber. aus NÖ) 1953, 87f.; Theod. MAYER, Baar u. Barschalken (Mitt. d. oberösterr. Landesarch. 3) 1954, 143–156; Karl LECHNER, «Potschalln» – «Parschalches» – «Paschaler». Ein Beitr. z. österr. Rechtsgesch. u. Volkskunde (Festschr. Theod. Mayer 1) 1954, 65–80; Ernst SCHWARZ, Die Barschalkenfrage in namenkundl. Sicht (Innsbrucker Beitrr. z. Kulturwiss. 16) 1971, 143–151; Rob. SCHEYHING, Barschalken (Handwörterbuch z. deutschen Rechtsgesch. 1) 1971, 317ff.; Friedr. PRINZ, Barschalken, Bargilden (Reallex. d. Germ. Altertumskunde 2) 1976, 73f.

[16] Übersicht für Bayern bei Hans-Jörg KELLNER, Die Römer in Bayern, 1971, 55ff., für Österreich ECKHART, Römerzeit (s. o. 125) 28ff.

[17] Schon WAGNER, Römer 80f. wies darauf hin, daß nicht jede Römerstraße vom Mittelalter übernommen wurde; daß die veränderten Bedürfnisse zu ganz neuen Anlagen führten, daß die neuen Siedlungen teilweise weitab von den alten Straßen lagen, wird auch durch drei neuere Spezial-Untersuchungen erwiesen: DANNHEIMER-TORBRÜGGE, Vor- u. Frühgesch. im Lkr. Ebersberg (Kat. Präh. Stslg. 4) 1961, 34ff., Adolf SANDBERGER, Röm. Straßensystem u. bair. Siedlung im Osten v. München (Schriftenreihe 62) 1962, 287–292 und Klaus SCHWARZ, Archäolog.-topograph. Stud. z. Gesch. frühmittelalterl. Feldfluren u. Fernwege im Alpenvorland zw. Isar u. Inn (MBV 45) 1980.

[18] Belege bei RIEZLER I 1, 122f.

etwa Wein, Kelter und Most sowie aus Ortsnamen (Winzer) ergibt.[19] Da ebenfalls Bergbau und Salzgewinnung schon aus vorbajuwarischer Zeit belegt sind,[20] sind die Bajuwaren auch hier zu Erben einer schon vorhandenen Technik geworden. Bei zahlreichen römischen Lehnwörtern können wir zwar unterscheiden, ob sie in den Rheinlanden oder im oberdeutschen Süden in die deutsche Sprache aufgenommen wurden, so etwa bei dem im Westen beheimateten Kelter gegen das im Süden verbreitete Torkel, oder Kulter im Gegensatz zu Sech (Pflugmesser),[21] aber für das Bayerische charakteristisch ist nur das aus impetare abgeleitete p(f)elzen = veredeln, gegenüber dem sonst gebrauchten propfen oder impfen (aus propagare bzw. imputare).[22] Dazu kommen noch einige Lehnwörter mit sehr kleinräumiger Verbreitung besonders in Tirol.[23] Nach den überlieferten Bezeichnungen zu urteilen haben die Bajuwaren auf dem Gebiet der Viehzucht und des Ackerbaues nicht viele Anregungen von den Vorbewohnern empfangen; vereinzelt hat man auch versucht, die Weiterverwendung der Quadrafluren, die auf römische quadratische Flurmaße zurückgehen, als ein Fortleben antiker Einrichtungen anzusehen.[24]

Schwieriger ist der Nachweis der Kontinuität auf dem Gebiet der höheren Lebensformen, wie des städtischen Lebens, der staatlichen Verwaltung, der Schriftlichkeit, des christlichen Glaubens. Auf dem Gebiet der beiden raetischen Provinzen und Ufernoricums sind aus der Römerzeit nur neun Orte mit kolonialem oder munizipalem Rang belegt: Chur, Kempten, Bregenz, Augsburg, Regensburg, Künzing, Lorch, Wels und St. Pölten.[25] Dabei ist Regensburg ein Sonderfall; die Stadt, die Arbeo von Freising noch in der zweiten Hälfte des achten Jahrhunderts als wohlum-

[19] Eugippius, Vita Sev. c. 4 NOLL 62 erwähnt einen Ort Ad Vineas, und Herzog Theodo schenkt Weinberge und Winzer «prope civitate Reganesburch» (Ind. Arn. c. 1, S. 5); vgl. dazu ZEISS, Besiedlung 15 und SCHWARZ, Die namenkundl. Grundlagen (beide s. o. 119 Anm. 16) 32ff.; Ders., Walchen (s. o. 126 Anm. 8) 938 unter Weinzierl, Winzer.

[20] Literaturangaben bei UHLIRZ I 119f. und 124f.

[21] Bernd KRATZ, Zur Bezeichnung v. Pflugmesser u. Messerpflug in Germania u. Romania (Beitrr. z. deutschen Philol. 34) 1966.

[22] Diese Auskünfte verdanke ich Herrn Prof. Ingo Reiffenstein (Salzburg), der mich auch darauf hinwies, daß die von RIEZLER I 1, 123 angeführten bayerischen Dialektwörter romanischer Herkunft (Golze = Stiefel von calceus, Gugel = Kapuze von cucullа, Gräd = Stiege von gradus, Marterl = Gedächtnisbild an einen Unfall von martyrium, Säg = Netz von saiga) weder speziell bayerisch sind noch wegen ihrer jüngeren Lautgestalt unmittelbar von den Römern übernommen worden sein können.

[23] Elmar SCHNEIDER, Roman. Entlehnungen in den Mundarten Tirols (in: Ludw. Erich SCHMITT [Hg.], Deutsche Wortforsch. in europ. Bezügen 3) 1963, 443–679; Karl FINSTERWALDER, Roman. Vulgärsprache in Rätien u. Norikum v. d. röm. Kaiserzeit bis z. Karolingerepoche. Hist. Belege u. sprachl. Folgerungen (Innsbrucker Beitrr. z. Kulturwiss. 12) 1966, 33–64; EWIG, Das Fortleben (s. o. 125) 583 u. Lit. bei FINSTERWALDER, Vulgärsprache 36.

[24] Franz BROSCH, Agrar. Centurien in Lorch? (Jb. d. oberösterr. Musealver. 92) 1947, 187–198; Ders., Roman. Quadrafluren in Ufernoricum (ebd. 94) 1949, 125–177; Dominik PEKNY, Spuren röm. Flurteilung (Schlern-Schr. 52) 1947, 191–197; Herb. JANDAUREK, Das Alpenvorland zw. Alm u. Krems (Schriftenreihe d. oberösterr. Landesbaudirektion 15) 1957, 21–33: Die roman. Fluren.

[25] Die Nachweise bei REINDEL, Bistumsorganisation 281f.

mauert, mit steinernen Gebäuden und hohen Türmen versehen schildert,[26] ist anscheinend bald in die Hand des agilolfingischen Herrschergeschlechtes gelangt.[27] So ist auch vermutet worden, daß das praetorium, bzw. die heute so genannten principia[28] des römischen Legionslagers Vorläufer des agilolfingischen Herzogshofes gewesen seien,[29] wie man auch eine Beziehung zwischen der Gerichtsstätte des Legionslagers und dem später «Latron» genannten Häuserviertel in Regensburg hat herstellen wollen.[30] Nimmt man hinzu, daß die Archäologie auch eine Weiterbelegung des römischen Friedhofs festgestellt hat,[31] so kann man für Regensburg wohl eine begrenzte Fortdauer städtischen Lebens annehmen. Gegenüber Regensburg sind die Befunde an anderen Orten nicht so deutlich. Immerhin hat man in Lorch, wo auch direkt von einem oppidum[32] die Rede ist, nicht nur das Fortbestehen einer Kirche, sondern auch die Weiterbelegung eines Friedhofes nachweisen können.[33] In Passau lassen jüngste Ausgrabungen erkennen, daß der Faden zur antiken Vergangenheit dort «nie ganz abgerissen» ist,[34] und auch in Wien scheint sich in der Nordostecke des

[26] Arbeo, vita Emm. c. 4 und 6, S. 32 und 35f.

[27] Allerdings vermutet Ernst KLEBEL, Regensburg (VF 4) 1958, 87–104, bes. 91, daß Regensburg erst kurz vor dem Ende des 7. Jahrhunderts aus der Hand einer der bayerischen genealogiae, vermutlich der Hahilinga, in den Besitz der bayerischen Herzöge gelangt ist.

[28] Rud. FELLMANN, Die Principia des Legionslagers Vindonissa u. das Zentralgebäude d. röm. Lager u. Kastelle, 1958.

[29] Carlrichard BRÜHL, Königspfalz u. Bischofsstadt in fränk. Zeit (Rhein. Vjbll. 23) 1958, 161–274, bes. 243; anders allerdings schon Gg. STEINMETZ, Regensburg in d. vorgeschichtl. u. röm. Zeit (VHOR 76) 1925, 3–72, bes. 61 Anm. 94. Auch über den Zusammenhang zwischen spätrömischem Binnenkastell und frühmittelalterlicher Pfalz besteht in der Forschung noch keine Einigkeit, vgl. Armin STROH, Untersuchung an d. Südostecke des Lagers d. Legio III. it. in Regensburg (Germania 36) 1958, 78–89, bes. 88; ULBERT, Regensburg 76; Jürgen SYDOW, Der Regensburger Markt im Früh- u. Hochmittelalter (HJb. 80, 1960) 1961, 60–92, bes. 61; Max PIENDL, Die Pfalz Kaiser Arnulfs bei St. Emmeram in Regensburg (Thurn u. Taxis-Stud. 2) 1962, 95–126, bes. 102; vgl. auch Udo OSTERHAUS, Beobachtungen zum röm. u. frühmittelalterl. Regensburg (VHOR 112) 1972, 7–17; Ders., Ein bemerkenswerter frühmittelalterl. Fund aus Regensburg-Bismarckplatz (ebd. 117) 1977, 177–181; Kurt REINDEL, Regensburg als Hauptstadt im frühen und hohen MA (Schriftenreihe d. Univ. Regensburg 1) 1979, 37–54, bes. 41ff.

[30] Rich. STROBEL-Jürgen SYDOW, Der «Latron» in Regensburg. Ein Beitr. zum Kontinuitätsproblem (HJb. 83, 1963) 1964, 1–27; Romuald BAUERREISS, «Caput, matrix, magistra omnium ecclesiarum». Der röm. Lateran in Deutschland (MThZ 13) 1962, 202–206; Ders., Ein «Lateranpalast» in Altbayern (Regensburg) (Beitrr. ABK 23/1) 1963, 101–108 sucht hier kirchl. Parallelen zum Lateran; Ludw. FALKENSTEIN, Der «Lateran» d. karoling. Pfalz z. Aachen (Kölner hist. Abh. 13) 1966, 177ff.

[31] ULBERT, Regensburg 76f.; PRINZ, Frühes Mönchtum 332f.

[32] «nahe der Stadt, die Lorch heißt» datiert eine Urkunde von 791 (Trad. Freis. nr. 143a, S. 147f.); vgl. Alois ZAUNER, Lorch u. Enns (Enns, Lorch, Lauriacum. Festschr. z. 750-Jahr-Feier des Stadtrechtes v. Enns) 1962, 49–76, bes. 53f.

[33] Lothar ECKHART, Die Römersteine des Benediktinerstiftes Kremsmünster in Oberösterreich (Jb. d. oberösterr. Musealver. 114) 1969, 49–68, bes. 66; Ders., Die St. Laurentius-Kirche z. Lauriacum-Lorch/Enns in Gesch. u. Wiss. (ebd. 120) 1975, 37–55, bes. 43ff.; Ders., Römerzeit (s. o. 125) 32ff.; vgl. auch Friedr. LOTTER, Lauriacum-Lorch zw. Antike u. MA (Mitt. d. oberösterr. Landesarch. 11) 1974, 31–49.

[34] Walt. SAGE, Boiotro – Passau-Innstadt. Die Ausgrabungen 1976 in d. Kirche St. Severin (Beilage zum Amtl. Schul-Anzeiger f. den Reg. Bez. Nb. 1976, 5/6)

Römerlagers immerhin eine Restsiedlung erhalten zu haben.[35] Selbst außerhalb dieser größeren Siedlungen, wie etwa im niederösterreichischen Sommerein, will man eine Weiterbenützung römischer Gebäude bis in die zweite Hälfte des sechsten Jahrhunderts festgestellt haben.[36] Ob hingegen die castra in Salzburg[37] und Wels[38] aus dem achten Jahrhundert in römischer Tradition stehen, ist nicht ganz sicher. Wenn man in Rechnung stellt, daß bereits am Ausgang der römischen Epoche die Bevölkerungszahl in den Städten sehr abgenommen hat,[39] so scheint man bei den Bajuwaren offenbar nicht das Bedürfnis gehabt zu haben, selbst das bescheidene städtische Leben, das man vorfand, in vollem Umfang weiterzuführen, was ja auch anderwärts von den Germanen berichtet wird. Daß die bajuwarische Landnahme in der Tradition der römischen Landzuweisung an germanische foederati stand, ist zwar behauptet worden,[40] ist aber nicht mit Sicherheit zu beweisen. Und selbst wenn, wie wir annehmen, eine bajuwarische Stammes- und Herrschaftsbildung in den Provinzen Noricum und Raetien sich im Rahmen der Politik Theoderichs und mit seiner Billigung vollzog,[41] so ist damit noch kein Nachweis erbracht, daß der bajuwarische dux de iure in den Grundbesitz des römischen Staates eingerückt sei, daß eine *Fiskalsukzession* stattgefunden habe.[42] Wir besitzen kaum Nachrichten über römischen Staatsbesitz nördlich der Alpen: römisches Domanialland ist für uns nicht mehr aus allgemein römischem Besitz auszusondern.[43] Am ehesten ist Fiskalbesitz noch bei römischen Legionslagern zu vermuten,[44] wenn dabei auch in jedem Fall untersucht werden müßte, wieweit das territorium legionis reichte.[45] Will man zudem in der Fiskal-

1976, 64–75; Ders., Die Ausgrabungen in d. Severinskirche z. Passau-Innstadt 1976 (Ostbair. Grenzmarken 21) 1979, 5–48 sucht aus der Bausubstanz die Kontinuität eines christlichen Heiligtums von der Spätantike ins Mittelalter zu erschließen; Rainer CHRISTLEIN, Die Stadt Passau in d. Spätantike (Beitrr. z. Heimatkunde v. Nb. 3) 1976, 40–44, bes. 44.

[35] Hertha LADENBAUER-OREL, Der Berghof. Archäolog. Beitr. z. frühesten Stadtgesch. (Wiener Geschichtsbücher 15) 1975; Dies., Wien zw. Römerzeit u. MA (Archaeol. Austriaca Beih. 14) 1976, 335–350.

[36] Herwig FRIESINGER, Zur Frage d. Kontinuität im südöstl. NÖ am Beispiel v. Sommerein, p.B. Bruck a.d. Leitha (Archaeol. Austriaca Beih. 14) 1976, 272–291.

[37] PRINZ, Bayern (s.o. 125); daß Salzburg in den Wirren des 5. Jhs. befestigt wurde, nimmt an Norbert HEGER, Salzburg in röm. Zeit (Salzburger Mus. Carolino Augusteum, Jahresschr. 19, 1973) 1974, 156.

[38] «Geschehen in der Burg, die Wels heißt» aus dem Jahre 776 (Trad. Freis. nr. 74, S. 98f.); vgl. Erich TRINKS, Wels im Jahre 776 (Jb. d. Musealver. Wels 1954) 1954, 25–42.

[39] MITSCHA-MÄRHEIM, Österreich (s.o. 121f. Anm. 27) 53.

[40] HEUWIESER, Regensburg 82ff.

[41] EBERL, Bajuwaren 97f. und REINDEL, Staat u. Herrschaft (s.o. 114 Anm. 104) 37f.

[42] Diesen Nachweis versuchten DACHS, Röm.-germ. Zusammenhänge (s.o. 124) und Elis. HAMM, Herzogs- u. Königsgut, Gau u. Grafschaft im frühmittelalterl. Baiern, Diss. Masch. München 1949.

[43] Ernst KORNEMANN, Domänen (Pauly-Wissowa, RE Suppl. 4) 1924, 227–268; vgl. jedoch u. 357 Anm. 31.

[44] DACHS, Herzogsgut 295ff. bzw. 47ff.

[45] Vgl. etwa Adolf SCHULTEN, Das territorium legionis (Hermes 29) 1894, 481–516; Ed. NOWOTNY, Das Territorium legionis v. Carnuntum (Der röm. Limes in Österreich 18) 1937, 129–152; Rud. EGGER, Bemerkungen zum Territorium pannon. Festungen (Anzeiger d. phil.-hist. Kl. d. Österr. Akad. d. Wiss. 88, 1951) 1952, 206–232; Wiederabdruck in: Ders., Röm. Antike u. frühes Christentum II, 1963, 135–152; A. MÓCSY, Das Territorium legionis u. die canabae in Pannonien (Acta archaeol. Acad. Scient. Hung. 3) 1953,

sukzession ein Gesetz sehen, so wird man auch nachweisen müssen, daß die neuen Herren nur den römischen Staatsbesitz, diesen aber vollständig übernahmen. Im Hinblick jedoch auf die turbulenten Jahrzehnte, die den Ausgang der Römerherrschaft in den Provinzen Raetien und Noricum kennzeichnen, erscheint eine solche gesetzmäßige Übernahme schwierig, wenn nicht ausgeschlossen. Die wenigen Fälle, in denen man eine solche Kontinuität mit stichhaltigen Gründen vermuten zu können meint, dürften viel eher darauf beruhen, daß die neuen Herren das Land, das sie in Besitz nahmen, nach Güte und günstiger Lage auswählten.

Sehr schwierig ist es auch, Aussagen über das Fortleben irgendeiner Form von *Schriftlichkeit* zu machen. Die für uns faßbare schriftliche Überlieferung setzt erst in der Mitte des achten Jahrhunderts mit der Regierungszeit Herzog Odilos ein, und es ist wohl denkbar, daß man zu diesem Zeitpunkt einer sich bereits ankündigenden fränkischen Okkupation und der damit verbundenen Rechtsunsicherheit daranging, den Besitzstand schriftlich zu fixieren. In den gegen Ende des achten Jahrhunderts aufgezeichneten Salzburger Güterverzeichnissen (Indiculus Arnonis und Breves Notitiae) werden noch Schenkungen aus der Zeit Herzog Theodos erwähnt; damit käme man in der schriftlichen Überlieferung auf den Beginn des achten Jahrhunderts als den frühesten Zeitpunkt zurück, und wir müßten demnach für fast zwei Jahrhunderte mit einer Periode der Schriftlosigkeit rechnen,[46] einer Periode zumindest, über die wir in dieser Hinsicht kaum Aussagen machen können.[47] Umstritten ist auch, wieweit man bei der Redaktion zumindest der Passauer und Salzburger Aufzeichnungen im achten Jahrhundert ältere Vorlagen heranzog,[48] denn die antiken Formeln, die man nachweisen kann, könnte etwa auch Rupert von Salzburg aus seiner rheinischen Heimat mitgebracht haben.[49] In jedem Fall aber muß man bedenken, daß sowohl im

179–200; Herma STIGLITZ, Röm. Lager u. frühmittelalterl. Siedlungen am nor. Limes (Jahreshefte d. österr. archäol. Inst. Wien 46, Beibl.) 1961/63, 143–172.

[46] Wie gering jedenfalls die Schriftlichkeit in dieser Zeit war, entnehmen wir auch noch der für das 8. Jh. berichteten Erzählung vom karantanischen Grafen Ingo, dessen Autorität schon dann respektiert wurde, wenn er eine carta sine litteris, ein unbeschriebenes Pergament übersandte: Conv. Bag. c. 7, 132f., vgl. Milko KOS, Carta sine litteris (MIÖG 62) 1954, 97–100; Hartmut HOFFMANN, Zur mittelalterl. Brieftechnik (Festgabe Max Braubach) 1964, 141–170, bes. 158f.

[47] Allgemein zum frühbayerischen Urkundenwesen Heinr. BRUNNER, Zur Rechtsgesch. d. röm. u. germ. Urk. I, 1880, Neudr. 1961, 244ff.; Harold STEINACKER, Die antiken Grundlagen d. frühmittelalterl. Privaturk. (Aloys MEISTER [Hg.], Grundriß d. Geschichtswiss., Erg.-Bd. 1) 1927, 83ff.; Heinz ZATSCHEK, Die Benutzung d. Formulae Marculfi u. anderer Formularsammlungen in den Privaturk. d. 8. bis 10. Jhs. (MIÖG 42) 1927, 165 bis 267; Gg. BAESECKE, Der deutsche Abrogans u. die Herkunft des deutschen Schrifttums, 1930, 124ff.; Wilh. JOHN, Formale Beziehungen d. privaten Schenkungsurk. Italiens u. des Frankenreichs u. die Wirksamkeit d. Formulare (AUF 14) 1936, 1–104, bes. 90ff.; Heinr. FICHTENAU, Arenga. Spätantike u. MA im Spiegel v. Urkundenformeln (MIÖG Erg.-Bd. 18) 1957, 11ff.; Ders., Urkundenwesen; Ders., Älteste Urk. (beide s. o. 99).

[48] Franz JURASCHEK, Die Reihung d. Trad. im Passauer «codex antiquissimus» (MIÖG 66) 1958, 276–305; FICHTENAU, Urkundenwesen (s. o. 99) 11ff.; Peter CLASSEN, Fortleben u. Wandel spätröm. Urkundenwesens im frühen MA (VF 23) 1977, 13–54.

[49] Das vermutet KOLLER, Donauraum (s. o. 125) 27, der aber auch der Ansicht ist, daß Rupert ein von den Romanen bei Salz-

Bereich der staatlichen[50] als auch in dem der privaten Urkunde[51] bestenfalls äußere Formeln aus römischer Zeit fortlebten, daß es bei der langen Periode der Schriftlosigkeit jedoch schwer ist, im Inhalt und in der Funktion der Schriftstücke eine Kontinuität nachzuweisen. Das um die Mitte des achten Jahrhunderts in Bayern dann greifbare Urkundenwesen ist bereits von fränkischen und langobardischen Vorbildern beeinflußt.[52] Es setzt freilich, da es um diese Zeit schon durchgebildet ist, eine längere Vorstufe voraus.

Aus dem Bericht der Vita Severini können wir entnehmen, daß die römische Provinz Noricum in der zweiten Hälfte des fünften Jahrhunderts weitgehend christianisiert gewesen sein muß.[53] Aus dem benachbarten Raetien fehlen ähnliche Nachrichten, doch wird das auch daran liegen, daß für diese Provinz keine so ausgezeichnete Quelle zur Verfügung steht.[54] Daß aber auch hier bereits zur Römerzeit der *christliche Glaube* eingedrungen sein muß, beweist das Martyrium der hl. Afra in Augsburg[55] und beweisen zahlreiche auf ein christliches Bekenntnis der Bestatteten zu deutende Bodenfunde.[56] Die *kirchliche Organisation* scheint jedoch in beiden Provinzen in den an Italien stoßenden Gebirgsgegenden besser durchgeführt worden zu sein als im Flachland; hier sind auf raetischem Gebiet zwei Bistümer in Chur und Säben belegt, wobei es sehr zweifelhaft ist, ob Säben die Nachfolge eines ehemaligen Bistums Augsburg angetreten hat,[57] und in Binnennoricum fünf, in Poetovio (Pettau, Ptuj), in Tiburnia (St. Peter im Holz), in Aguntum (Dölsach bei Lienz), in Virunum (auf dem Zollfeld

burg tradiertes Urkundenwesen vorfand und übernahm.

50 Peter CLASSEN, Kaiserreskript u. Königsurk. Diplomat. Stud. zum röm.-germ. Kontinuitätsproblem (Arch. f. Diplomatik 1) 1955, 1–87, und (ebd. 2) 1956, 1–115.

51 Harold STEINACKER, ‹Traditio cartae› u. ‹traditio per cartam›, ein Kontinuitätsproblem (Arch. f. Diplomatik 5/6) 1959/60, 1–72.

52 Alexandra KANOLDT, Stud. zum Formular d. ältesten Freisinger Schenkungsurk. 743–782, Diss. Masch. Würzburg 1950.

53 Theo SOMMERLAD, Die Lebensbeschreibung Severins als kulturgeschichtl. Quelle (Ders., Wirtschaftsgeschichtl. Untersuchungen 2) 1903; Rud. TOMANEK, Die innerkirchl. Zustände in Norikum nach d. Vita Severini des Eugippius (Weidenauer Stud. 2) 1908, 351–418; Wilh. SCHERER, Kath. Denken u. Leben in Noricum z. Zeit des hl. Severin (Theol.-prakt. Quartalschr. 80) 1927, 95–108; Peter STOCKMEIER, Die spätantike Kirchen-Organisation des Alpen-Donauraumes im Licht d. literar. u. archäolog. Zeugnisse (Beitrr. ABK 23/1) 1963, 40–76; Klaus GAMBER, Die Severins-Vita als Quelle f. d. gottesdienstl. Leben in Norikum während d. 5. Jhs. (RQ 65) 1970, 145–157; Ders., Liturg. Leben in Norikum z. Zeit des hl. Severin (†482) (Hl. Dienst 26) 1972, 22–32.

54 Jos. Ant. FISCHER, Das Christentum z. Römerzeit im nachmal. Bistum Freising (Beitrr. ABK 23/1) 1963, 11–39.

55 Andr. BIGELMAIR, Die Afralegende (Arch. f. d. Gesch. d. Hochstifts Augsburg 1) 1909/11, 139–221; Ders., Die hl. Afra (Lebensbilder aus dem Bayer. Schwaben 1) 1952, 1–29; Friedr. ZOEPFL, Die hl. Afra in Gesch., Kult u. Legende (Jb. d. Ver. f. Augsburger Bistumsgesch. 1) 1967, 9–24; Ders., Die hl. Afra v. Augsburg (Bavaria Sancta 1) 1970, 51–58.

56 FUCHS, Goldblattkreuze (s. o. 111 Anm. 81); BOTT, Bajuwar. Schmuck (s. o. 111 Anm. 76) 215 ff.; Adolf Wilh. ZIEGLER, Kreuzfunde aus Südbayern in d. Münchener Prähist. Staatssammlung (in: Monachium [s. u. 177]) 53–86; Herm. MÜLLER-KARPE, Archäolog. Zeugnisse des frühen Christentums in d. Münchener Gegend (ebd.) 11–52.

57 Die Nachfolge vermutet von HEUBERGER, Rätien (s. o. 125) 323 f., bezweifelt von SPARBER, Sabiona 38 f.; allgemein zum Nachweis der Bistümer REINDEL, Bistumsorganisation.

bei Klagenfurt) und in Celeia (Cilli, Celje); im ganzen Flachland kann hingegen nur Lorch mit einiger Wahrscheinlichkeit als Bischofssitz vermutet werden. Diese ganze kirchliche Organisation ist, mit der einen Ausnahme von Chur, beim Rückzug des römischen Staates aus den beiden Provinzen zusammengebrochen. Anders verhält es sich jedoch mit dem christlichen Glauben, der zumindest an einzelnen Orten, wie die Martyrerverehrung beweist, weitergelebt hat. Das bekannteste und auch bedeutendste Beispiel ist die Verehrung der genannten hl. Afra, die in Augsburg der diokletianischen Verfolgung zum Opfer fiel, und deren Kult mehr als zwei Jahrhunderte später, in der zweiten Hälfte des sechsten Jahrhunderts, Venantius Fortunatus am gleichen Ort noch vorfand.[58] Ebenfalls Venantius Fortunatus verdanken wir die Kenntnis von einer fortlebenden Verehrung des hl. Valentin in einer Kirche im Inntal.[59] Erhalten hat sich die Erinnerung an das Martyrium des hl. Florian,[60] und ebenfalls in die Antike dürfte die Erinnerung an den hl. Maximilian zurückreichen, für den in einer Gedenkstätte nahe Bischofshofen noch in der Zeit Herzog Theodos Kerzen angezündet wurden.[61] Ist also in diesen vier Fällen eine Kontinuität des christlichen Glaubens an einzelnen Orten aus literarischen Quellen einwandfrei bezeugt, so hat die Archäologie dafür noch keine sichere Bestätigung beibringen können, sie ist jedenfalls in der Auswertung ihrer Ergebnisse bei den Ausgrabungen vor allem in Lorch,[62] Epfach[63] und Mühlthal bei Schäftlarn[64] noch nicht zu übereinstimmender Deutung gelangt. Ebenso gibt es offenbar noch keine absolut sicheren Kriterien, um unter den Grabbei-

[58] Venantius Fortunatus, Vita s. Martini IV 643 (s. o. 103f. Anm. 13) 368: «Dort wirst Du die Gebeine der heiligen Märtyrerin Afra verehren.»

[59] Venantius Fortunatus, Vita s. Martini IV 647 (s. o. 103f. Anm. 13) 368: «Dort suche die heilige Kirche Valentins auf»; nach HEUBERGER, Rätien (s. o. 125) 215ff. handelt es sich bei der Valentinskirche um die Nachfolgerin eines römischen Paßheiligtums auf dem Brenner, WOPFNER suchte sie in Mais bei Meran, ebenso Osmund MENGHIN, Ergänzende hist. Bemerkungen z. den Funden v. Pfaffenhofen im Oberinntal (Veröffentl. d. Mus. Ferdinandeum in Innsbruck 44) 1964, 211–236, bes. 217f.; Norbert MANTL, Vorchristl. Kultrelikte im oberen Inntal (Schlern-Schr. 247) 1967, 165–174; Ant. MAURER, St. Valentin u. seine Kirchen in Südtirol (Der Schlern 41) 1967, 61–66; Konr. KUNZE, Valentino (Bibliotheca Sanctorum 12) 1969, 890–896; Jos. OSWALD, Der hl. Bischof Valentin (Bavaria Sancta 2) 1971, 9–21.

[60] ... «in Buch, wo der kostbare Märtyrer Florian im Leibe ruht», heißt es noch im 9. Jh. von dem während der diokletianischen Verfolgung Hingerichteten: Trad. Passau nr. 71, S. 59f.; ZIBERMAYR 319ff. glaubt jedoch, daß erst bayerische Siedler zur Zeit Herzog Tassilos III. den Kult zu neuem Leben erweckt und hier lokalisiert hätten.

[61] Ind. Arn. c. 8, S. 15f.; Brev. Not. c. 3, S. A 4f.; dazu HEUWIESER, Passau 17f.; Willibrord NEUMÜLLER, Sanctus Maximilianus nec episcopus nec martyr (Mitt. d. oberösterr. Landesarch. 8) 1964, 7–42, bes. 13ff. bezweifelt mit guten Gründen seine Qualität als Bischof und Märtyrer; vgl. auch Konr. KUNZE, Massimiliano (Bibliotheca Sanctorum 9) 1967, 23ff. und Jos. OSWALD, Der hl. Maximilian (Bavaria Sancta 1) 1970, 59–69.

[62] VETTERS, Lauriacum (s. o. 123 Anm. 39).

[63] Joachim WERNER, Abodiacum (Neue Ausgrabungen in Deutschland) 1958, 409–424.

[64] Vladimir MILOJČIĆ, Zur Frage d. Zeitstellung des Oratoriums v. Mühlthal a. d. Isar u. des Christentums in Bayern zw. 500 u. 700 n. Chr. (BVbll. 28) 1963, 117–138; Herm. DANNHEIMER, Zum archäolog. Nachweis merowingerzeitl. Christentums in Bayern (ebd. 29) 1964, 182–192; Ders. (Hg.), Epolding-Mühlthal. Siedlung, Friedhöfe u. Kirche des frühen MA (Münch. Beitrr. 13) 1968.

gaben solche mit eindeutig christlichem Charakter zu bestimmen.[65] Bei der oft ins Feld geführten Patrozinienkunde, die besonders der Verehrung des hl. Laurentius in der Frage der Kontinuität eine große Bedeutung beimißt,[66] besteht die große Schwierigkeit darin, daß uns aus der Antike so gut wie gar keine Namen von Patrozinien überliefert sind und daß die für uns faßbare Überlieferung von Patrozinien erst mit dem Mittelalter einsetzt; so wird man auf diesem Gebiet über Vermutungen nie hinauskommen. Schließlich sei noch angeführt, daß man[67] aus den zahlreichen romanischen Namen in den Totenbüchern von St. Peter in Salzburg das Fortleben eines antiken Mönchkonventes erschließen will.

§ 16. DIE ERSTEN AGILOLFINGER UND DIE AUSWEITUNG DER GRENZEN BIS ZUM ENDE DES SECHSTEN JAHRHUNDERTS

Friedr. EBERL, Stud. z. Gesch. d. zwei letzten Agilulfinger (Programm Gymnasium Neuburg) 1881; Bernh. SEPP, Die bayer. Herzoge aus dem Geschlechte d. Agilulfinger u. die falschen Theodone (OA 50) 1897, 1–17; HARTMANN I und II; Jos. EGGER, Die Barbareneinfälle in d. Provinz Rätien u. deren Besetzung durch Barbaren (AÖG 90) 1901, 77–232 und 321–400; Felix DAHN, Die Könige d. Germanen. Das Wesen des ältesten Königthums d. germ. Stämme u. seine Gesch. bis z. Auflösung des Karoling. Reiches IX 2: Die Baiern, 1905, Nachdruck 1977; Jos. WIDEMANN, Kleine Beitrr. z. älteren Gesch. Baierns II: Die Agilulfinger (OA 59) 1915, 2–5; WOPFNER; Fedor SCHNEIDER, Die Entstehung v. Burg u. Landgemeinde in Italien. Stud. z. hist. Geographie, Verfassungs- u. Sozialgesch. (Abh. z. mittleren u. neueren Gesch. 68) 1924; HEUBERGER, Rätien (s. o. 125); Ders., Natio Noricorum et Pregnariorum. Beitrr. z. Frühgesch. d. Baiern u. der Alpen-Romanen, des Eisacktales u. des Vintschgaus (Veröffentl. d. Mus. Ferdinandeum in Innsbruck 10) 1930, 1–52; Ders., Frankenheere im Langobardenherzogtum Trient (Tiroler Heimat NF 4) 1931, 137–173; Ders., Vom alpinen Osträtien z. Grafschaft Tirol (Schlern-Schr. 29) 1935; Ders., Limes Tridentinus. Ein Beitr. z. Gesch. des spätröm.-ostgot. u. byzantin.-langobard. Grenzschutzes (Veröffentl. d. Mus. Ferdinandeum in Innsbruck 12) 1932, 27–50; Heinr. DIETZE, Rätien u. seine germ. Umwelt in d. Zeit v. 450 bis auf Karl d. Gr. unter bes. Berücksichtigung Churrätiens, Diss. Würzburg 1931; Gg. LÖHLEIN, Die Alpen- u. Italienpolitik d. Merowinger im VI. Jh. (Erlanger Abh. z. mittleren u. neueren Gesch. 17) 1932; Marcel BECK, Die Schweiz im polit. Kräftespiel des merowing., karoling. u. otton. Reiches (ZGO NF 50) 1937, 249–300; KLEBEL, Siedlungsgesch.; Rob. HOLTZMANN, Die Italienpolitik d. Merowinger u. des Königs Pippin (Festschr. Johannes Haller) 1940, 95–132; Giacinto ROMANO-Arrigo SOLMI, Le dominazioni barbariche in Italia (395–888) 1940^3; Friedr. STEFAN, Die germ. Landnahme im Ostalpenraum bis zum Ausgang d. Völkerwanderung (Das Joanneum 6) 1943, 29–112; Gian Piero BOGNETTI, S. Maria foris portas di Castelseprio e la storia religiosa dei Longobardi (in: Ders. – Gino CHIERICI – Alberto de CAPITANI D'ARZAGO, Santa Maria di Castelseprio) 1948, 11–511; Elis. MEYER-MARTHALER, Rätien im frühen MA. Eine verfassungsgeschichtl. Stud. (Zschr. f. Schweiz. Gesch., Beih. 7) 1948; Gg. STADTMÜLLER, Gesch. Südosteuropas, 1950; Erich ZÖLLNER, Die Herkunft d. Agilulfinger (MIÖG 59) 1951, 245–264; Wiederabdruck in: Wege d. Forsch. 60, 1965, 107–134; Ders., Das Geschlecht d. Agilolfinger (Mitt. d. oberösterr. Landesarch. Erg.-Bd. 2) 1978, 83–110; PREIDEL, Awaren (s. o. 121 Anm. 27); Eug. EWIG, Die fränk.

[65] Hans BOTT, Frühchristl. Denkmäler aus Schwaben? (Zschr. d. Hist. Ver. Schwaben 57) 1950, 1–25.

[66] Zuletzt zusammenfassend auch mit Anführung der älteren Literatur DIEPOLDER, Laurentiuspatrozinien (s. o. 125).

[67] PRINZ, Frühes Mönchtum 394 ff.; dagegen jedoch Einwände von KLEIN, Salzburg (s. u. 160 Anm. 53).

Teilungen u. Teilreiche (511–613) (Abh. Mainz 1952, 9) 1953, 651–715; Ders., Die fränk. Teilreiche im 7. Jh., 613–714 (Trierer Zschr. 22) 1953, 85–144; Gian Piero BOGNETTI, Milano sotto il regno dei Goti (Storia di Milano 2) 1954, 1–54; Ders., Milano longobarda (ebd.) 55–299; KOLLAUTZ, Awaren (s. o. 121 Anm. 27); STOLZ, Tirol; BÓNA, Langobarden in Ungarn (s. o. 121 Anm. 24); Francis DVORNIK, The Slavs. Their early history and civilization, 1956, dazu aber Manfr. HELLMANN, Zur Problematik d. slav. Frühzeit (Jbb. f. Gesch. Osteuropas NF 7, 1959) 1959/60, 196–203; Rolf SPRANDEL, Der meroving. Adel u. die Gebiete östl. des Rheins (Forsch. z. oberrhein. Landesgesch. 5) 1957; Ernst KLEBEL, Zur Gesch. des Herzogs Theodo (VHOR 99) 1958, 165–205; Wiederabdruck in: Wege d. Forsch. 60, 1965, 172–224; Heinr. BÜTTNER, Die Entstehung d. Churer Bistumsgrenzen. Ein Beitr. z. fränk. Alpenpolitik d. 6.–8. Jhs. (Zschr. f. Schweiz. KG 53) 1959, 81–104 und 191–212; Ders., Die Alpenpolitik d. Franken im 6. u. 7. Jh. (HJb. 79, 1959) 1960, 62–88; HERRMANN; BHB I; Wilh. STÖRMER, Adelsgruppen im früh- u. hochmittelalterl. Bayern (Stud. z. bayer. Verfassungs- u. Sozialgesch. 4) 1972; Ders., Früher Adel. Stud. z. polit. Führungsschicht im fränk.-deutschen Reich v. 8.–11. Jh. (Monographien z. Gesch. d. MA 6) 1973; Werner GOEZ, Über d. Anfänge d. Agilulfinger (Jb. f. fränk. Landesforsch. 34/35) 1974/75, 145–161; Walt. SCHLESINGER, Zur polit. Gesch. d. fränk. Ostbewegung vor Karl d. Gr. (Nationes 2) 1975, 9–61; Gerh. BARTL, Bayer.-fränk. Beziehungen im Zeitalter d. Agilolfinger, Zulassungsarbeit Masch. Regensburg 1976; Hedwig HEBENSBERGER, Das Verhältnis d. Franken z. den germ. Völkern rechts des Rheins bis zum Tode Dagoberts I., Zulassungsarbeit Masch. Regensburg 1977; Winfried DIRSCHERL, Die Franken, Italien u. Byzanz. Beziehungen des merowing. Frankenreiches zum Ostgotenreich in Italien u. Oström. Reich v. Byzanz in d. Zeit v. 481–570, Zulassungsarbeit Masch. Regensburg 1978; Siegfr. MEINUNGER, Der Weg Bayerns ins fränk. Reich, Zulassungsarb. Masch. Regensburg 1978; Norbert WAGNER, Zur Herkunft d. Agilolfinger (ZBLG 41) 1978, 19–48; Reinh. WENSKUS, Agilolfinger (Reallex. d. Germ. Altertumskunde 1) 1973, 96ff.; Wilh. STÖRMER, Agilolfinger (Lex. des MA 1) 1977, 207f.

a) *Früheste Geschichte bis 568.* Bayerns Eintritt in die Geschichte ist nicht vom Blickpunkt des späteren Territorialstaates aus zu sehen. Es war offen gegen Osten, zum Süden bildeten die Alpen keine Grenze, und wichtige Verkehrswege führten durch das Land. So lag Bayern bereits im frühen sechsten Jahrhundert im Spannungsfeld der Mächte. Welche Stellung es zu ihnen einnahm, bleibt im Dunkeln, da es an Nachrichten gebricht, oder kann nur indirekt erschlossen werden. Die Führung des Stammes lag schon in der ältesten Zeit beim Geschlecht der *Agilolfinger.* Es ist bezeichnend für die Spärlichkeit unserer Quellen, daß wir dies nur aus einer, freilich sehr bedeutsamen Quelle wissen, aus dem lapidaren Satz der Lex Baiuvariorum, der uns zugleich darüber belehrt, daß diesem Geschlecht ein erbliches Recht auf die Herrschaft zustand.[1] Über die Stammeszugehörigkeit der Agilolfinger fehlen sichere Angaben. Von Garibald, dem am frühesten erwähnten bayerischen Herzog, sagt Paulus Diaconus mit Bezug auf den Frankenkönig Chlothar «unus ex suis»;[2] in der sogenannten Fredegarchronik wird Garibalds Tochter «ex genere Francorum» genannt.[3] Zu den austrasischen Franken gehören auch die für das siebte Jahrhundert bezeugten Chrodoald und sein Sohn Fara «de gente nobile Ayglolfingam».[4] Neben dieser mehrfach bezeugten

[1] Lex. Baiw. III 1, S. 313: «... Der Herzog aber, der dem Volk vorsteht, war immer aus dem Geschlecht der Agilolfinger und muß es immer sein ...».

[2] Paulus Diac. I 21, S. 60; die Origo gentis Langobardorum, die sonst hier des Paulus Vorlage ist, hat diese Worte allerdings nicht (c. 4, hg. v. Gg. WAITZ, MGH SS rer. Langob., 1878, 4).

[3] Fredegar, Chron. IV 34, S. 133f.

[4] Fredegar, Chron. IV 52 und 87, S. 146 und 164; vielleicht ist Chrodoald der Mann

fränkischen Abkunft[5] hat man auch an eine burgundische Herkunft der Agilolfinger gedacht,[6] auf die neben Namensgleichheiten auch Zusammenhänge im Recht,[7] in den Ortsnamen[8] und in der burgundischen Heimat der ersten bayerischen Mission zu deuten scheinen.[9] Merkwürdig bleibt, daß in Bayern kein einziger Herrscher mit dem Namen Agilolf überliefert ist, daß aber ein Langobardenkönig so heißt, der aus thüringischem Stamm sein soll.[10] Da zu den Langobarden auch sonst vielfache Beziehungen bestehen, wurde mehrfach eine solche langobardische Herkunft der Agilolfinger erwogen,[11] zuletzt noch mit starken namenkundlichen Argumenten von Goez.[12] Da die römischen Provinzen Noricum und Raetien zum Herrschaftsbereich Theoderichs des Großen gehörten und da er auch zu dem nördlich anstoßenden Thüringerreiche enge Beziehungen hatte (s. o. 113f.), ist die an einer Stelle bezeugte thüringische Abkunft der Agilolfinger ein interessanter Hinweis – freilich auch nicht mehr. Daß freilich auch hier das letzte Wort noch nicht gesprochen ist, zeigt eine Untersuchung von Wagner,[13] die Hinweise auf eine Ableitung von einem thüringischen Geschlecht zusammenstellt. Genannt wird das Geschlecht der Agilolfinger erst nach der Jahrhundertmitte, als die gotische Herrschaft nördlich der Alpen längst erloschen war. Schließlich kann man noch darauf hinweisen, daß eine Versippung der

der Schwester Childeberts, vgl. Jonas v. Bobbio, Vita Columbani I 22 (hg. v. Bruno KRUSCH, MGH SS rer. Germ.) 1905, 202.

[5] Fränkische Herkunft nehmen etwa an: Karl Ferd. WERNER, Bedeutende Adelsfamilien im Reich Karls d. Gr. (Karl d. Gr. Lebenswerk u. Nachleben 1) 1965, 83–142, bes. 106ff.; Reinh. WENSKUS, Sächs. Stammesadel u. fränk. Reichsadel (Abh. Göttingen 3. Folge 93) 1976, 404–446: Agilulfinger in Sachsen?

[6] So vor allem ZÖLLNER, Agilulfinger (s. o. 135), der auf Fara, den Sohn Chrodoalds, die Burgundofaronen und die in einer Freisinger Tradition des Jahres 750 erwähnten agilolfingischen Feringas hinweist (Trad. Freis. nr. 5, S. 30f.); doch kann das ad Feringas auch rein lokal gedeutet werden, vgl. DACHS, Herzogsgut 304 Anm. 49 bzw. 60 Anm. 49; bezweifelt wurde die burgundische Abkunft auch von SCHLESINGER, Heerkönigtum (s. u. 139f. Anm. 34) 340f. und SPRANDEL, Der meroving. Adel (s. o. 136) 44 Anm. 182.

[7] Franz BEYERLE, Die süddeutschen Leges u. die merowing. Gesetzgebung (ZRG 49) 1929, 264–432, bes. 297ff.; Ders., Die beiden süddeutschen Stammesrechte (ebd. 73) 1956, 84–140, bes. 121f.

[8] Ernst GAMILLSCHEG, Romania Germanica. Sprach- u. Siedlungsgesch. d. Germanen auf dem Boden des alten Römerreichs III (Grundriß d. germ. Philol. 11/3) 1936, 22.

[9] Der Mönch Agrestius aus dem burgundischen Kloster Luxeuil unternahm vor 626 in Bayern einen vergeblichen Missionsversuch, vgl. Jonas, Vita Columbani II 9 (s. o. 136f. Anm. 4) 246.

[10] Origo c. 6 (s. o. 136 Anm. 2) 5: «... Acquo dux Turingus de Thaurinis ...»; Historia Langobardorum cod. Gothani c. 6 (hg. v. Gg. WAITZ, MGH SS rer. Langob.) 1878, 10: «... Agilwald dux Turigorum de Taurini ...»; HARTMANN II 1, 121 Anm. 4 vermutet, die thüringische Abstammung Agilolfs sei durch ein Mißverständnis aus seinem Herzogssitz Taurini entstanden, nach Norbert WAGNER, Beitrr. z. Namenforsch. NF 12, 1977, 299–302 jedoch wahrscheinlich; zu Agilolf auch ROMANO-SOLMI, Dominazioni (s. o. 135) 301ff.

[11] Karl Aug. ECKHARDT, Merowingerblut (Germanenrechte NF, Deutschrechtl. Arch. 10/11) 1965, 93ff., der eine langobardische und herulische Versippung der Agilolfinger nachzuweisen versucht; dagegen Ed. HLAWITSCHKA, Stud. z. Genealogie u. Gesch. d. Merowinger u. d. frühen Karolinger (Rhein. Vjbll. 43) 1979, 1–99.

[12] GOEZ, Agilulfinger (s. o. 136).

[13] WAGNER, Agilolfinger (s. o. 136); vgl. auch Alfr. FRIESE, Stud. z. Herrschaftsgesch. des fränk. Adels (Bochumer Hist. Stud. 18) 1979, 163ff.

Agilolfinger mit dem schwäbischen Herrscherhaus wenigstens seit dem achten Jahrhundert mit einiger Sicherheit nachgewiesen sein dürfte.[14] So wird man in jedem Fall den Hinweis von Schlesinger[15] bedenken müssen, daß, wenn uns auch die Quellen schon die «gentile Struktur» der Völker östlich des Rheins erkennen lassen, dennoch das Problem der stammesmäßigen Herkunft der Führer dieser «gentilen Verbände» bei der internationalen Verflechtung des hohen Adels von untergeordneter Bedeutung ist. Ein endgültiges Urteil ist jedenfalls beim gegenwärtigen Stand der Forschung nicht zu fällen, ebensowenig wie ein sicheres Urteil über den Beginn und die Form ihrer Herrschaft möglich ist.

Nach dem Tode Theoderichs holten die Franken auf. Der Gotenkönig Witigis (536 bis 540), der zweite Nachfolger Theoderichs, trat ihnen die Hoheit über die Alemannen ab, um ihre Hilfe gegen Byzanz zu gewinnen, das eben mit der Rückeroberung Italiens begonnen hatte.[16] Der byzantinische Geschichtsschreiber Agathias weiß zu berichten, daß der Frankenkönig Theudebert (534–547) die Alemannen und gewisse andere benachbarte Stämme unterwarf,[17] und Theudebert selbst schrieb an Kaiser Justinian (527–565), daß seine Herrschaft sich von der Donau und der Grenze Pannoniens bis an die Küsten des Ozeans erstrecke.[18] In dem im Jahre 535 in Italien zwischen Goten und Byzantinern ausgebrochenen Entscheidungskampf hatten sich beide Seiten um fränkische Unterstützung bemüht, und Theudebert verstand es, in geschicktem Spiel zwischen beiden Seiten seine eigenen Pläne zu verfolgen, die darauf hinausliefen, selbst in Italien Fuß zu fassen. Er sandte im Jahre 536 einen Heerhaufen der Sueben, unter dem man sowohl Bayern[19] als auch Alemannen[20] hat sehen wollen, zu einem Einfall nach Venetien, in das Zentrum der gotischen Macht. Nicht unwahrscheinlich ist es, daß sich Theudeberts Pläne nicht nur auf eine Beherrschung Italiens, sondern auch auf einen Angriff gegen Byzanz selbst richteten. Der Vorbereitung dieses Unternehmens diente wohl seine 537 erfolgte Heirat mit Wisigarda, der älteren Tochter des Langobardenkönigs Wacho.[21] Mit den Langobarden als stärkster Macht mußte Theudebert bei allen seinen Plänen im Osten rechnen, mochte das Volk nun

[14] So bereits ZÖLLNER, Agilulfinger (s. o. 135); zustimmend ECKHARDT, Merowingerblut (s. o. 137 Anm. 11) 60ff. und STÖRMER, Adelsgruppen (s. o. 136) 16ff.; vgl. auch Wilh. SCHNEIDER, Arbeiten z. allgem. Gesch. (Ders., Arbeiten z. alamann. Frühgesch. 3/4) 1976, 181–196.

[15] SCHLESINGER, Ostbewegung (s. o. 136) 34.

[16] Prokop, Bellum Gothicum I 13 (s. o. 115 Anm. 115) 105ff.

[17] Agathias, Hist. I 6 (s. o. 103 Anm. 9) 17; Prokop, Bellum Gothicum I 13 (s. o. 115 Anm. 115) 105ff.

[18] Brief Theudeberts an Kaiser Justinian (s. o. 103 Anm. 10) nr. 20, S. 132f.; zur Datierung STEIN, Histoire (s. o. 99) 525ff.; zur Interpretation BEYERLE, Süddeutschland; HESSLER, Mitteldeutsche Gaue (beide s. o. 103 Anm. 10) 70ff. und 112; SPRANDEL, Der meroving. Adel (s. o. 136) 107ff.; PRINZ, Frühes Mönchtum 351ff.

[19] So EBERL, Bajuwaren 106.

[20] So LÖHLEIN, Italienpolitik (s. o. 135) 29f.

[21] Greg. Tur., Hist. III 20 und 27, S. 121 und 124; Origo c. 4 (s. o. 136 Anm. 2) 4; davon abhängig Paulus Diac. I 21, S. 60; Walt. SCHLESINGER, ZBLG 28, 1965, 680 weist jedoch darauf hin, daß Theudebert dieser von seinem Vater verabredeten Heirat sieben Jahre lang mit Erfolg widerstrebt hat.

bereits 526/27[22] oder erst 547[23] die Donau überschritten haben. Im Jahre 539 erfolgte nach einem neuen Vorstoß der Franken nach Venetien deren Festsetzung in diesem Gebiet,[24] und etwa zur gleichen Zeit wurden die binnennorischen Bistümer von den Franken kontrolliert.[25] Nach dem Tod Wachos, des Schwiegervaters Theudeberts, im Jahre 540/41, herrschte über die Langobarden Audoin, zunächst als Regent für den unmündigen Walthari, seit 548 selbst als König.[26] Er unterhielt enge Beziehungen zu Justinian, der ihm 547/48 die Civitas Noricum, wohl die Provinz Savia und das östliche Binnennoricum anwies[27] und damit eine Gegnerschaft zu den am gleichen Raum interessierten Franken hervorrief. Tatsächlich scheint nach dem Dynastiewechsel eine Abkühlung der fränkisch-langobardischen Beziehungen stattgefunden zu haben,[28] und noch im Jahre 552 haben die Franken angeblich nur deshalb dem byzantinischen Feldherrn den Durchmarsch durch die von ihnen in Oberitalien besetzten Gebiete verweigert, weil sich in seinem Heer Langobarden befanden. Mit dem Tode Theudeberts im Jahre 547[29] war der Höhepunkt fränkischer Expansion gegen den Osten bereits überschritten, sein Nachfolger Theudebald (547–555) konnte diese Machtstellung nicht aufrechterhalten. Theudebald hatte, noch vor 540, die jüngere Tochter Wachos, Walderada, geheiratet,[30] nach Theudebalds Tod heiratete sie seinen Onkel Chlothar (511–561). Als sich von kirchlicher Seite wegen zu naher Verwandtschaft Widerspruch gegen diese Ehe erhob, trennte Chlothar sich von ihr und gab sie zwischen 555 und 561 nach Paulus Diaconus «uni ex suis, qui dicebatur Garipald» zur Ehe.[31] Nicht ausgeschlossen ist es, daß Paulus die Identität dieses Garibald mit dem gleichnamigen Bayernkönig gar nicht bewußt war.[32] Doch ist diese Eheschließung auch anderweitig belegt.[33]

Mit diesem *Garibald* begegnen wir dem ersten namentlich bekannten Agilolfinger, und man hat aus der Art seiner Eheschließung seine Abhängigkeit von den Franken, sogar seine Einsetzung als Beamter, als «Amtsherzog» erschließen wollen.[34] Jedoch

[22] So nach der Origo c. 5 (s. o. 136 Anm. 2) 4 und Paulus Diac. I 19 und 22, S. 57 und 60, ein Ansatz, der von WERNER, Langobarden auf Grund archäologischer Indizien bestätigt wird.

[23] Nach der Hist. Lang. cod. Goth. c. 2 (s. o. 137 Anm. 10) 8; dazu SCHLESINGER, ZBLG 28, 1965, 678ff.

[24] Prokop, Bellum Gothicum III 33 (s. o. 116 Anm. 116) 411f.

[25] Gregor, Reg. I 16a, S. 17–21, bes. 20.

[26] Reinh. SCHNEIDER, Königswahl u. Königserhebung im Frühmittelalter. Untersuchungen z. Herrschaftsnachfolge bei den Langobarden u. Merowingern (Monographien z. Gesch. d. MA 3) 1972, 16ff.

[27] Prokop, Bellum Gothicum III 33 (s. o. 116 Anm. 116) 412; dazu EGGER, Civitas Noricum (s. o. 114 Anm. 105) 150ff. bzw. 119ff.

[28] WERNER, Herkunft (s. o. 101) 246f. bzw. 36–39.

[29] STEIN, Histoire (s. o. 99) 816f.; zum Folgenden vor allem ZÖLLNER, Franken (s. o. 99) 89ff.

[30] Greg. Tur., Hist. IV 9, S. 140; Origo c. 4 (s. o. 136 Anm. 2) 4; Paulus Diac. I 21, S. 60.

[31] Paulus Diac. I 21, S. 60; in seiner Vorlage Origo c. 4 (s. o. 136 Anm. 2) 4 ist Garibald ohne Titel und näheren Hinweis genannt: «er gab sie Garibald zur Frau».

[32] Als bayerischer Herzog erscheint er bei Paulus Diac. III 10, S. 97 und in der Origo c. 6 (s. o. 136 Anm. 2) 5; dazu auch SCHLESINGER, Ostbewegung (s. o. 136) 23 Anm. 88, nach dem alle «Stellen . . . für das Verhältnis des bayerischen Herzogtums zum Frankenreiche unergiebig» sind.

[33] Greg. Tur., Hist. IV 9, S. 141.

[34] DOEBERL I 30 sprach von der «Modifikation eines vorfränkischen Volkskönigtums», RIEZLER I 1, 143 vom «Volksher-

erübrigt es sich wohl bei einer solchen Quellenlage, die Frage nach dem Charakter des bayerischen Herzogtums von damals zu stellen und entscheiden zu wollen, ob es als Stammesherzogtum oder als fränkisches Amtsherzogtum ins Leben getreten sei, eine Fragestellung, die für diese Frühzeit ohnehin ganz unhistorisch ist. Mit der starken Stellung, die den Agilolfingern in der Lex Baiuvariorum eingeräumt wird, läßt sich ein «Amtsherzogtum» kaum vereinbaren (s. o. 136 Anm. 1), und die Umstände der Eheschließung Garibalds lassen mit ebensoviel Recht vermuten, daß das Herzogtum in der Abwehr *gegen* die Franken entstanden ist, und daß die berichtete Heirat ein Kompromiß war.

Diese ganz vereinzelte Notiz über die Heirat des Bayernherzogs läßt uns das Fehlen aller anderen Nachrichten um so mehr bedauern. Sie läßt uns erkennen, daß *Bayern um die Mitte des sechsten Jahrhunderts* bereits eine wichtige Rolle spielte, verständlich, wenn man bedenkt, daß ihm schon durch seine Lage eine Schlüsselstellung zukam: es grenzte unmittelbar an die Reiche der Franken, der Langobarden und der Goten, und wichtige Alpenstraßen führten durch sein Gebiet nach Italien. Auch für Venantius Fortunatus war es ja um die Mitte des sechsten Jahrhunderts eine feste Größe (s. o. 103). Aus der berichteten Heirat können wir jedenfalls eine fränkisch-bayerisch-langobardische Allianz erschließen. Haben Theudebald (gest. 555) und Chlothar (gest. 561) zwar die expansive Politik Theudeberts nicht fortgesetzt, aber doch das Gewonnene zu halten versucht,[35] so ging nach dem Tode des letzteren die fränkische Herrschaft in Oberitalien vollends zugrunde: 561/62 wurde der letzte fränkische Befehlshaber in Venetien in den Untergang der letzten Goten hineingezogen. Damit mußte Bayern für die Franken an Interesse verlieren, und die Bayern gewannen in Byzanz im Süden einen neuen Nachbarn. Noch Byzanz begann mit dem Ausbau einer Verteidigungslinie im Alpenraum,[36] wenn wir auch über den genauen Grenz-

zogtum». Nach Bosl, Luitpoldinger 145 bzw. 331 handelt es sich «um ein hohes fränkisches Reichsamt, das auf königlicher Einsetzung beruhte», doch meldete Walt. Schlesinger, Über germ. Heerkönigtum (in: Ders., Beitrr. I) 53–87 und 339ff., bes. 340f., sowie Ders., ZBLG 28, 1965, 681 Zweifel an diesem Beamtencharakter der bayerischen Herzöge an. Herwig Wolfram, Intitulatio I. Lat. Königs- u. Fürstentitel bis zum Ende d. 8. Jhs. (MIÖG Erg.-Bd. 21) 1967, 168 Anm. 71 stellt fest, daß man von einem «Amtsherzog» «heute ja auch nur mehr unter Anführungszeichen sprechen kann», und Kobler, Lex Baiuvariorum (s. u. 234) erweist den «Amtsherzog» vollends als Erfindung des 19. Jhs. Dem Vf. sei auch an dieser Stelle für Mitteilungen aus seiner noch ungedruckten Arbeit gedankt.

[35] Agathias, Hist. I 6ff. und II 1–10 (s. o. 103 Anm. 9) 17ff. und 40ff. sowie Paulus Diac. II 2, S. 72f., berichten von dem Zug, den die Alemannenherzöge Leuthari und Butilin im Jahre 553 zur Unterstützung der Goten nach Italien unternahmen; ob dieser ohne Einwilligung der Franken (so Löhlein, Italienpolitik [s. o. 135] 46ff.) oder in deren Auftrag (so Schlesinger, Ostbewegung [s. o. 136] und Bruno Behr, Das alemann. Herzogtum bis 750 [Geist u. Werk d. Zeiten 41] 1975, 75ff.) erfolgte, ist umstritten; vgl. auch Schneider, Arbeiten (s. o. 138 Anm. 14) 153–160 und Hagen Keller, Fränk. Herrschaft u. alemann. Herzogtum im 6. u. 7. Jh. (ZGO NF 85) 1976, 1–30, bes. 7ff. Zu Butilin auch Norbert Wagner, Butilin u. die zweite Lautverschiebung (Sprachwiss. 2) 1977, 338–348.

[36] Ludo Moritz Hartmann, Untersuchungen z. Gesch. d. byzantin. Verwaltung in Italien 540–750, 1889, 53ff.; Ders., Iter Tridentinum (Jahreshefte d. österr. archäol. Inst. Wien 2, Beibl.) 1899, 1–14; Schneider, Entstehung (s. o. 135) 15ff.;

verlauf keine näheren Angaben machen können.[37] Auch aus dieser kurzen Periode bayerisch-byzantinischer Nachbarschaft sind uns kaum historische Nachrichten überliefert, wenn man von der Episode des rex Brentorum Sinduald absieht. Der in der benachbarten Mark Trient von Narses eingesetzte Herulerfürst empörte sich wohl 567 gegen Byzanz, wurde aber von Narses besiegt und hingerichtet.[38]

b) *Politische Geschichte von 568–591.* Eine entscheidende Änderung der politischen Situation für Bayern brachte das Jahr 568, denn jetzt gaben die *Langobarden* ihre pannonisch-norischen Wohnsitze auf und begannen ihren Angriff auf Italien. Sie wurden damit zu Erben der fränkischen Italienpolitik, sie wurden zugleich auch aus östlichen zu südlichen Nachbarn der Bayern und sie ermöglichten durch ihren Abzug den Vorstoß der Awaren und die Landnahme der Slowenen im Osten des bayerischen Reiches. Ihr Vorstoß brachte ihnen nicht nur die Feindschaft des byzantinischen Reiches, sondern auch die Rivalität der Franken ein, die ihre italienischen Pläne noch nicht aufgegeben hatten. Wir hören allerdings erst für das Jahr 575 von einem neuen fränkischen Heereszug nach Italien, und diesen unternahm, wahrscheinlich aus eigener Initiative, der Herzog Chramnichis, nach der Vermutung von Heuberger[39] der dux Raetiarum. Der langobardische Herzog Ewin von Trient konnte diesen Vorstoß zurückwerfen, und von diesem gleichen Ewin erfahren wir, daß er die Tochter des Bayernkönigs Garibald heiratete.[40] Das ist sicher ein Hinweis darauf, daß der Langobarde sich durch ein Bündnis mit seinem nördlichen Nachbarn gegen ähnliche fränkische Angriffe abzusichern suchte, es ist eine neue Intensivierung der bayerisch-langobardischen Beziehungen, diesmal allerdings mit deutlicher Spitze gegen die Franken.

Vielleicht hat diese bayerisch-langobardische Allianz wirklich die Franken von weiteren Angriffen zurückgehalten, denn erst von 584 ab hören wir von neuen Kriegszügen, die die Franken, diesmal im Solde von Byzanz, gegen die Langobarden unternahmen. Diese erneute Bedrohung war vermutlich auch der Grund für die Erneuerung des langobardischen Königtums, das von 574 bis 584 nicht bestanden

Ders., Zur Entstehung d. etschländ. Sprachgrenze (Elsaß-Lothring. Jb. 8) 1929, 40–68, bes. 59ff.; Walth. CARTELLIERI, Die röm. Alpenstraßen über den Brenner, Reschen-Scheideck u. Plöckenpaß (Philologus, Suppl. 18/1) 1926, 69ff.; HEUBERGER, Limes Tridentinus (s. o. 135); Ders., Rätien (s. o. 125) 262f.; Ders., Das Burggrafenamt im Altertum (Schlern-Schr. 28) 1935, 30–38; Franz JANTSCH, Ein spätantikes Verteidigungssystem des Weström. Imperiums (Schweizer Beitrr. 6) 1948, 201–209; Ders., Die spätantiken u. langobard. Burgen in Kärnten (Mitt. d. anthropolog. Ges. Wien 68) 1938, 337–390; Ders., Spätantike Befestigungen in Vorarlberg (ebd. 73–77) 1947, 168–218.

[37] Insbesondere geht es dabei um die von Cassiodor, Variae II 5, III 48 und XI 14 (s. o. 114 Anm. 105) 49, 103 und 343 erwähnten claustra provinciae und clusurae Augustanae, Lit. bei REINDEL, Staat u. Herrschaft (s. o. 114 Anm. 104) 40 Anm. 146.

[38] Zu Sinduald EGGER, Barbareneinfälle 364ff.; LÖHLEIN, Italienpolitik (beide s. o. 135) 50ff.; WOPFNER 367f. vermutet, daß die Franken dem rex Brentorum das Königtum über den Stamm der Breonen übertragen und ihn damit von der byzantinischen Sache abspenstig gemacht haben, doch zweifelt Rich. HEUBERGER, König Sindual (Der Schlern 18) 1937, 89–95 die Gleichsetzung der Brentonen mit den Breonen an.

[39] HEUBERGER, Frankenheere (s. o. 135) 142ff.

[40] Paulus Diac. III 10, S. 97.

hatte. Dagegen spräche allerdings die sonst nicht belegte Behauptung bei Fredegar, daß die Königserhebung Autharis mit Erlaubnis Gunthrams und Childeberts erfolgt sei.[41] Der neue Langobardenkönig *Authari* bemühte sich zunächst um eine Verständigung mit den Franken, und als ihm dies nicht gelang, schloß er sich an die Bayern an und bekräftigte das Bündnis durch seine Heirat mit *Theudelinde,* der Tochter des Herzogs Garibald.[42] Für Authari besiegelte diese Ehe nicht nur den Vertrag mit dem nördlichen Nachbarn, sondern er konnte durch die Heirat mit einer Enkelin König Wachos auch seine eigene junge Königsherrschaft an das alte langobardische Königsgeschlecht anknüpfen. Doch stand seine Eheschließung, die am 15. Mai vermutlich des Jahres 589 auf dem Campo Sardi vor den Toren von Verona gefeiert wurde,[43] bereits im Zeichen eines energischen fränkischen Eingreifens. Im gleichen Jahr 589 noch geriet Garibald von Bayern durch einen fränkischen Vorstoß in Bedrängnis, seine Tochter Theudelinde und sein Sohn Gundoald, der von Authari das Herzogtum Asti erhielt, mußten zu den Langobarden fliehen.[44] Im folgenden Jahr 590 richtete sich ein neuer fränkischer Kriegszug dann gegen die Langobarden, der aber keinen vollen Erfolg brachte, und bei dem vor allem die langobardischen Städte und Kastelle nicht bezwungen werden konnten. Die Langobarden waren jedoch zu einem Übereinkommen bereit, das Herzog Ewin von Trient vermittelte, und das entgegen den byzantinischen Wünschen, die auf Vernichtung der langobardischen Macht drängten, zu einem Verständigungsfrieden führte.[45] Es ist nicht sicher, ob die fränkischen Pläne wieder auf eine unmittelbare Herrschaft über Norditalien hinausliefen;[46] daß aber dieser neue fränkische Vorstoß als eine Bedrohung Norditaliens empfunden wurde, kann man auch dem Hilfegesuch der Bischöfe aus dem Sprengel von Aquileja entnehmen, die sich an den Kaiser Maurikios wenden.[47] Sie bitten allerdings um Hilfe nicht

[41] Fredegar, Chron. IV 45, S. 143; SCHNEIDER, Königserhebung (s. o. 139 Anm. 26) 26f. vermutet, daß sich diese Erlaubnis vielleicht nur auf die Person Autharis beziehen könnte.

[42] Origo c. 6 (s. o. 136 Anm. 2) 5; bei Paulus Diac. III 30, S. 109f. findet sich die Erzählung sagenhaft ausgeschmückt: Authari habe unter anderem Namen bei einem Besuch am bayerischen Herzogshof sich nur seiner künftigen Braut entdeckt und sich erst auf der Rückreise dem bayerischen Geleite zu erkennen gegeben, als er mit machtvollem Schwung seine Streitaxt in einen Baum schleuderte: «Solche Hiebe führt Authari»! Zur Abstammung Theudelindes ECKHARDT, Studia merovingica (s. o. 114 Anm. 106) 189ff.; zur späteren Ehe Theudelindes mit Ago (Agilulf) vgl. Fredegar, Chron. IV 34, S. 133f.

[43] BOGNETTI, Milano longobarda (s. o. 136) 101.

[44] Paulus Diac. III 30, S. 110; hinter dem bald darauf erfolgten gewaltsamen Tod Autharis, von dem Paulus Diac. berichtet, vermutet EBERL, Bajuwaren 113f. Auseinandersetzungen zwischen den Langobarden und einem in ihnen aufgegangenen suebischen Volksteil, der an den stammverwandten suebischen Bajuwaren Unterstützung gefunden habe.

[45] Greg. Tur., Hist. X 3, S. 483ff.

[46] Das vermutet HEUBERGER, Frankenheere (s. o. 135) 154ff., ebenso SCHNEIDER, Sprachgrenze (s. o. 140f. Anm. 36) 48ff. Daß der fränkische Vorstoß auf Grund eines Bündnisses mit den Byzantinern erfolgte, geht aus den Epistolae Austrasicae hervor (hg. v. Wilh. GUNDLACH, MGH Epist. 3, 1892, nrr. 25–48, S. 138–153); zur Interpretation GOUBERT, Byzance (s. o. 99) 95ff.

[47] Gregor, Reg. I 16a, S. 17–21, bes. 20, Lit. bei REINDEL, Bistumsorganisation 289ff., sowie BARTON, Frühzeit (s. o. 100) 179ff.

vor politischem, sondern vor kirchlichem Druck; sie haben Sorge, daß ihre seit dem Dreikapitelstreit[48] erfolgte Trennung von Rom von Papst Gregor I. mit Gewalt rückgängig gemacht werden sollte. Doch ist bei dieser Gelegenheit die Rede vom schweren Joch der Heiden, das auf ihnen liege, worunter vielleicht die langobardische Herrschaft, vielleicht auch bereits die slawische Herrschaft in Binnennoricum zu verstehen ist. Daß aber außerdem die Franken unmittelbar vor der Türe standen, zeigt die unverhüllte Drohung, sie würden sich, wenn der Kaiser ihnen nicht gegen Rom hülfe, von der Kirchenprovinz Aquileja lossagen und an Gallien anschließen, so wie ja in früherer Zeit schon einmal mehrere Bischöfe ihres Sprengels von gallischen Erzbischöfen ordiniert worden seien.[49] Unterstanden also diese Gebiete politisch dem Langobardenreich, so blieben sie doch, trotz des schweren Joches der Heiden, kirchlich immer noch mit Byzanz verbunden, während die fränkische Herrschaft sowohl den politischen als auch den kirchlichen Bereich erfaßt haben würde. Doch die Franken nahmen diesmal die weitreichenden italienischen Pläne Theudeberts nicht wieder auf, und beim *Friedensschluß des Jahres 591* scheinen sie auch von den Langobarden keine territorialen Zugeständnisse verlangt zu haben, denn das Etschland, der Vintschgau, war offenbar schon vorher in ihrem Besitz.[50]

Es war ein Verständigungsfrieden, der den Franken die verlorenen Positionen nicht mehr zurückbrachte und den Langobarden den Frieden gab, den sie für ihre Aufgaben brauchten. Für Bayern aber waren die Folgen dieser Verständigung der Franken mit den Langobarden schwerwiegend, was aus dem zur gleichen Zeit in Bayern erfolgten Herrschaftswechsel ersichtlich ist, der das Land zum ersten Mal in Abhängigkeit von den Franken zu zeigen scheint: «Tassilo ist vom Frankenkönig Childebert in Bayern als König eingesetzt worden»,[51] wie Paulus Diaconus überliefert. Der langobardisch orientierte Garibald wurde durch den frankenfreundlichen Tassilo abgelöst. Über das Schicksal Garibalds erfahren wir nichts, daß jedoch der neu eingesetzte Tassilo mit Garibald verwandt gewesen sein muß, vielleicht sogar sein Sohn gewesen ist, kann

[48] Rud. SCHIEFFER, Zur Beurteilung des nordital. Dreikapitel-Schismas (Zschr. f. KG 87) 1976, 167–201.

[49] Zur kirchlichen Situation CASPAR II 425f. und Eug. Heinr. FISCHER, Gregor d. Gr. u. Byzanz. Ein Beitr. z. Gesch. d. päpstl. Politik (ZRG KA 36) 1950, 15–144, bes. 54ff.

[50] So HEUBERGER, Frankenheere (s. o. 135) 149, SCHNEIDER, Sprachgrenze (s. o. 140f. Anm. 36) und BÜTTNER, Churer Bistumsgrenzen (s. o. 136) 97.

[51] Paulus Diac. IV 7, S. 118; den dem Bayern hier und an anderen Stellen von Paulus zugelegten Königstitel hat man aus einem Versehen des Paulus erklären wollen, der es «mit den Titeln nicht genau genommen habe» (RIEZLER I 1, 144f.). Doch befriedigt diese Erklärung nicht recht, insbesondere angesichts der sich in der Forschung durchsetzenden Erkenntnis, daß es nur die konsequente fränkische «Sprachregelung» war, die den Königstitel allein dem fränkischen Großkönigtum vorbehielt und die anderen Fürsten zu duces herabdrückte, vgl. Reinh. WENSKUS, Amt u. Adel in d. frühen Merowingerzeit (Mitt. Universitätsbund Marburg 1959) 1959, 40–56; Rolf SPRANDEL, Dux u. comes in d. Merovingerzeit (ZRG 74) 1957, 41–84 und besonders SCHLESINGER, Heerkönigtum (s. o. 139f. Anm. 34) 53–87, bes. 71ff., sowie Ders., ZBLG 28, 1965, 681f. Von einer staatsrechtlichen Ausdeutung dieser vereinzelten Stelle sollte man wohl Abstand nehmen, ehe sie nicht im Zusammenhang mit ähnlichen Äußerungen untersucht worden ist; WOLFRAM, Intitulatio (s. o. 139f. Anm. 34) 168 Anm. 71 spricht von einem «Amtskönig».

man daraus entnehmen, daß auch Tassilos eigener Sohn wieder Garibald hieß;[52] eine solche Berücksichtigung der Verwandtschaft ließe auch das Eingreifen der Franken in einem anderen Licht erscheinen. Als offensichtlichen Preis für die Anerkennung ihres Eingreifens ließen sie dem neuen Herzog in Verfolgung bayerisch-territorialpolitischer Ziele auf Kosten der Langobarden freie Hand. Diese Ziele gingen auf die Gewinnung des Ausganges aus dem Gebirge.

c) *Die Erweiterung der Grenze im Süden.* In den fränkisch-langobardischen Friedensschluß des Jahres 591 sind auch die Bayern einbezogen worden. Der Frieden beendete vorläufig die aktive fränkische Italienpolitik, und damit hatten die Bayern an ihrer Südgrenze zunächst freie Hand. Es kam in Bayern zu einem Thronwechsel, der den fränkischen Interessen entsprach, und dieser politische Stellungswechsel hatte zur Folge, daß die Bayern offenbar mit freundlicher Duldung des Frankenreiches ihre Grenzen auf Kosten der Langobarden nach Süden vorschieben konnten. Nach dem Schreiben der Bischöfe aus dem Sprengel von Aquileja vom Jahre 591 lag das Bistum Säben noch im langobardischen Machtbereich; unmittelbar hernach aber, im Anschluß an die zu 592 gemeldete Einsetzung Tassilos, erfahren wir von Kämpfen der Bayern mit den Slawen,[53] die nach dem Abzug der Langobarden in die Alpentäler eingedrungen waren.[54] Umstritten ist, ob es sich dabei um planmäßige Expansions- bzw. Defensivmaßnahmen[55] handelte oder um reine Plünderungszüge.[56] Diese Kämpfe müssen im Pustertal stattgefunden haben, was die Erwähnung eines Schlachtortes in der Nähe von Aguntum, dem heutigen Dölsach bei Lienz, zum Jahre 610 beweist.[57] Solche Operationen setzen jedoch voraus, daß die Bayern zu diesem Zeitpunkt nicht nur den Brenner, sondern auch das Eisacktal und damit Säben in Besitz hatten.[58] Vielleicht sind sie sogar schon zu diesem Zeitpunkt bis in die Gegend von Bozen vorgedrungen, wenn auch ihre Anwesenheit hier erst für das Ende des siebten Jahrhunderts belegt ist;[59] vom neunten bis elften Jahrhundert

[52] Paulus Diac. IV 39, S. 133.

[53] Paulus Diac. IV 10 und 39, S. 120 und 133.

[54] KLEBEL, Langobarden (s. o. 101) 101 ff. bzw. 80 ff.; Arn. KOLLAUTZ, Awaren, Langobarden u. Slawen in Noricum u. Istrien (Carinthia I 155) 1965, 619–645 sowie Ders., Bibliographie d. hist. u. archäolog. Veröffentl. z. Awarenzeit Mitteleuropas u. des Fernen Ostens (Kärntner Museumsschr. 38) 1965.

[55] Lothar WALDMÜLLER, Die ersten Begegnungen d. Slawen mit dem Christentum u. den christl. Völkern v. 6.–8. Jh. (Enzyklopädie d. Byzantinistik 51) 1976, 183 ff.

[56] Mich. MITTERAUER, Das agilolfing. Herzogtum u. sein Machtbereich in den Ostalpen (Der Schlern 45) 1971, 419–435, bes. 430.

[57] So interpretiert KLEBEL, Langobarden (s. o. 101) 105 bzw. 84 das «in Agunto» des Paulus Diaconus, das sonst meist bei Stribach in der Nähe von Lienz gesucht wird; vgl. Rud. EGGER, Frühchristl. Kirchenbauten im südl. Norikum (Sonderschr. d. österr. archäol. Inst. 9) 1916, 58; KOLLAUTZ, Awaren (s. o. Anm. 54) 636.

[58] Dazu SCHNEIDER, Sprachgrenze (s. o. 140 f. Anm. 36) 62 ff.; WOPFNER 407 f.; Rich. HEUBERGER, Die Bevölkerung Tirols im Wandel d. Gesch. (Tiroler Heimat 3/4) 1923, 39–60; STOLZ, Deutschtum in Südtirol III 1, 6 ff.; aus sprachlichen Gründen datiert die bayerische Landnahme in die gleiche Zeit Karl FINSTERWALDER, Ortsnamen u. Schicksale d. deutschen Sprache im Wipp- u. Eisacktal (Jb. d. Südtiroler Kulturinst. 1) 1961, 268–280.

[59] Paulus Diac. V 36, S. 156; HEUBERGER, Rätien (s. o. 125) 285 ff. ist der Ansicht, daß die Bayern erst nach 612 ins Boz-

kommt für das Bozner Becken und das Eisacktal die Bezeichnung Vallis Noricana oder Nurihtal vor.[60] Ob die bayerische Besitznahme ehemals langobardischen Landes friedlich vor sich ging, wissen wir nicht. Lediglich die Sage weiß von Kämpfen; die Kaiserchronik des zwölften Jahrhunderts kennt einen Bayernherzog Adelger, der ein römisches Heer bei Brixen besiegt, seinen Speer am Haselbrunnen in die Erde gestoßen und dabei gerufen habe: «Daz lant hân ih gewunnen/den Baieren ze êren./diu marke diene in iemer mêre».[61] Die Landnahme im Pustertal und Eisacktal zwingt zur Annahme, daß die Bayern vorher auch das tirolische Inntal in ihren Besitz gebracht haben müssen. Noch im Jahre 565 war im Inntal (laut Venantius Fortunatus) das Land der Breonen,[62] das sich gegenüber Franken, Byzantinern und Langobarden offenbar immer eine gewisse Selbständigkeit bewahrt hatte, von Bayern deutlich geschieden. Ob allerdings König Sinduald hier eine Rolle gespielt hat, ist nicht zu erweisen (s. o. 141). Zuerst müssen die Bayern begonnen haben, innaufwärts über Kufstein, Kitzbühel, Rattenberg in das Tal (pagus inter valles) einzudringen.[63] Auch der Name des Sundergaues, der das Inntal im bayerischen Oberland umfaßt, zeigt als ursprünglich südlichster bayerischer Gau, daß die bayerische Herrschaft anfangs nicht in die Alpen ausgriff.[64] Wohl gleichzeitig mit dem pagus inter valles wurde das Gebiet um Telfs,

ner Etschland eingedrungen seien, nach dem Todesjahr des Secundus von Trient, da dieser ein solches Ereignis in seiner (von Paulus Diaconus ausgeschöpften) Chronik sicher erwähnt hätte.

[60] HEUBERGER, Natio Noricorum (s. o. 135) 38ff. nimmt an, daß diese Bezeichnung von Romanen herrührt, die um 600 vor den vordrängenden Slawen flüchtend aus Binnennoricum ins Rienz- und Eisacktal eingewandert sind; dagegen Anselm SPARBER, Die Norici d. Quartinusurk. v. 31. Dez. 827 (Schlern-Schr. 30) 1935, 161–175; KLEBEL, Noricum (s. o. 104 Anm. 16) nimmt an, daß die Byzantiner 598 nach dem Verlust Karantaniens den alten Namen der Provinz Noricum auf das mittlere Tirol, vielleicht auch auf Bayern übertragen haben.

[61] Kaiserchronik Vers 6622–7135, S. 202ff.; Passio s. Quirini (s. o. 102 Anm. 2) 333 von ca. 1160/70 (vgl. Bernh. SCHMEIDLER, Stud. z. Geschichtschreibung des Klosters Tegernsee v. 11. bis zum 16. Jh., Schriftenreihe 20, 1935, 78ff.) und daraus die Tegernseer Gründungsgeschichte aus dem 13./14. Jh. (hg. v. Bernh. PEZ, Thesaurus anecdotorum novissimus III 3, 1721, 475–496), wo Adelger Theodo oder Dieto heißt und die Schlacht bei Otinga und Puren stattfindet. Zum Haselbrunnen RIEZLER I 1, 101f. und KLEBEL, Langobarden (s. o. 101) 44 Anm. 7b, der ihn vermutungsweise bei Haslach bei Nieder-Vintl westlich St. Sigmund sucht, während Paul UIBLEIN, Stud. z. Passauer Geschichtschreibung des MA (AÖG 121/2) 1956, 93–180, bes. 140 auf «Seslbrunnen» südlich Bozen bei Leifers verweist; zum Wert der Sagenüberlieferung HEUBERGER, Rätien (s. o. 125) 289ff. und Ders., Die Sage v. Herzog Adelger (Theodo) u. der Schlacht bei Brixen (Der Schlern 4) 1923, 72–78.

[62] Venantius Fortunatus, Carm. praef. (s. o. 103f. Anm. 13) 2: «Oenum Breonis ... transiens»; Karl v. ETTMAYER, Die geschichtl. Grundlagen d. Sprachenverteilung in Tirol (MIÖG Erg.-Bd. 9) 1915, 1–33 und WOPFNER 398ff. denken an eine Besitznahme durch die Bayern noch vor 565, vielleicht in fränkischem Auftrag; dagegen HEUBERGER, Rätien (s. o. 125) 212ff.; DIETZE, Rätien (s. o. 135) 302f. rechnet mit einer bayerischen Einwanderung zwischen 575 und 585 und denkt an einen Vertrag zwischen Bajuwaren und Breonen.

[63] Otto STOLZ, Gesch. d. Gerichte Deutschtirols (AÖG 102) 1913, 83–334, bes. 92f.; Ders., Polit.-hist. Landesbeschreibung I: Nordtirol (ebd. 107) 1926; Ders., Tirol 223ff. sowie HEUBERGER, Rätien (s. o. 125) 281f.

[64] Zum Sundergau EGGER, Barbareneinfälle (s. o. 135) 370; WOPFNER 405f.; HEUBERGER, Rätien (s. o. 125) 279 und 281f.;

Zirl[65] und Seefeld besetzt, man hat mehrfach vermutet, daß es Alemannen waren, die von diesen Landstrichen zuerst siedelnd Besitz ergriffen und später unter bayerische Herrschaft geraten sind.[66] Der oberste Teil des tirolischen Inntals erscheint als pagus Vallenensium; da er auch Poapintal genannt wird, glaubt man, daß die Poaponensippe bei der Besitznahme mitgewirkt hat.[67] Von Kämpfen hört man nichts; doch hat man aus dem Zurücktreten romanischer Ortsnamen im Unterinntal bis zum Ziller wenigstens für diese Gebiete schließen wollen, daß die romanische Vorbevölkerung von den Bayern hier weitgehend ausgeschaltet worden sei.[68] Auch hat man, allerdings wohl zu Unrecht, versucht, die Sage vom Riesen Haimo, der vom Norden kommend den bei Seefeld hausenden heimischen Riesen Thyrsus besiegt habe, mit einer gewaltsamen bayerischen Eroberung dieser Gegenden in Verbindung zu bringen.[69] Im allgemeinen ist man heute der Ansicht, daß die bayerische Siedlung in den Alpentälern friedlich vor sich gegangen sei.[70] Sehr schwierig ist es zu entscheiden, ob die Bayern damals schon im Engadin und im Vintschgau Fuß gefaßt haben. Vermutlich gehörten diese Gebiete zu Churrätien, unterstanden also dem rätischen Praeses und damit, in mehr oder minder starker Abhängigkeit, dem fränkischen Reich.[71] Für den Beginn des achten Jahrhunderts ist allerdings ihre Zugehörigkeit zu Bayern bezeugt,[72] doch überwiegt die Anschauung, daß die Bayern das östlichste Stück des Vintschgaues nur für einen ganz kurzen Zeitraum in den ersten Jahren des achten Jahrhunderts in ihren Besitz gebracht haben.[73]

d) *Neue Nachbarn im Osten.* Am Ende des sechsten Jahrhunderts, zur gleichen Zeit,

DIEPOLDER, Agilolfinger 390ff. will den Gaunamen allerdings seiner geographischen Bedeutung entkleiden und darin einen «Sondergau» vermutlich der Fagana sehen; dagegen jedoch DACHS, Herzogsgut 306 Anm. 61 bzw. 64 Anm. 61; Peter SCHMID, Regensburg. Stadt d. Könige u. Herzöge im MA (Regensburger Hist. Forsch. 6) 1977, 200f. denkt an einen weitgehend dem Herzog bzw. dem König vorbehaltenen Sondergau.

[65] Peter VOLK, Zur Identifizierung v. The(o)doricopolis des Anonymus v. Ravenna (Archäolog. Korrespondenzbl. 1) 1971, 123–128 identifiziert Zirl/Martinsberg mit Theodoricopolis.

[66] So RIEZLER I 2, 545.

[67] HEUBERGER, Rätien (s. o. 125) 222ff.; PRINZ, Frühes Mönchtum 549ff.; MITTERAUER, Herzogtum (s. o. 144 Anm. 56) 426f.; STÖRMER, Adelsgruppen (s. o. 136) 96.

[68] So etwa EGGER, Barbareneinfälle (s. o. 135) 370f.; WOPFNER 374 und 405f. und HEUBERGER, Rätien (s. o. 125) 278.

[69] Zur Sage Jos. SEEMÜLLER, Die Wiltener Gründungssage (Zschr. d. Ferdinandeums f. Tirol u. Vorarlberg 3. Folge 39) 1895, 1–142 und MANTL, Kultrelikte (s. o. 134 Anm. 59) 92ff.; zweifelnd im Hinblick auf ihren historischen Wert RIEZLER I 1, 111 und HEUBERGER, Rätien (s. o. 125) 289ff.

[70] Herm. WOPFNER, Die Besiedlung unserer Hochgebirgstäler. Dargestellt an d. Siedlungsgesch. d. Brennergegend (Zschr. d. Deutschen u. Österr. Alpenver. 51) 1920, 25–86; Karl FINSTERWALDER, Die Schichten d. Ortsnamen auf -ing u. die Altsiedlung am Rande u. im Innern d. Alpen (Veröffentl. d. Mus. Ferdinandeum in Innsbruck 31) 1951, 95–113; Ders., Ortsnamen u. Schicksale (s. o. 144 Anm. 58).

[71] MEYER-MARTHALER, Rätien (s. o. 135) 29ff.

[72] Arbeo, vita Corb. c. 15, S. 203, erwähnt herzogliche Beamte (actores) im Vintschgau. Südtiroler Grenze s. Bd. II.

[73] So HEUBERGER, Frankenheere (s. o. 135) 140 und 148f.; Ders., Rätien (s. o. 125) 205ff.; Ders., Der Vinschgau im Altertum u. im Frühmittelalter (Der Schlern 13) 1932, 132–137; Iso MÜLLER, Der rät. Vintschgau im Frühmittelalter (ebd. 34) 1960, 318–329.

als die Bayern ihre Herrschaft nach Süden in die Alpentäler auszudehnen begannen, erhielten sie im Osten neue Nachbarn, mit denen sie anfangs in heftige Kämpfe verwickelt wurden, die Awaren[74] und die Slawen.[75] Da mit dem Frieden von 591 und der Einsetzung Tassilos der fränkische Druck von den Bayern genommen war, konnten sie ihr Verhältnis zu diesen Nachbarn in den folgenden zwei Jahrzehnten selbständig regeln. Die *Awaren* hatten um 560 in Schlesien gegen die Franken gekämpft, hatten nach anfänglicher Niederlage einen Sieg davongetragen, bald darauf den Schwerpunkt ihrer Macht aber mehr nach Süden verlegt. Im Jahre 567 erschienen sie an der mittleren Donau und kämpften hier gemeinsam mit den Langobarden gegen die Gepiden. Als im folgenden Jahr 568 die Langobarden ihnen ihre pannonischen Wohnsitze überließen, um nach Italien zu ziehen, waren die Awaren zu östlichen Nachbarn der Bayern geworden. Ihre Stoßrichtung ging jedoch einstweilen noch weiter nach Süden; im Jahre 582 fiel ihnen Sirmium in die Hände,[76] und mit dem Gewinn dieser wichtigen Festung hatten sie eine seit alters wichtige Schlüsselstellung inne für ihre auf Byzanz gerichteten Unternehmungen sowie für ihre Herrschaft über die Ostalpen, hatten sie die Landbrücke zwischen Byzanz und dem Westen und zugleich den Zugang nach Italien von Nordosten her in der Hand.

Im Gefolge der Awaren waren es jedoch vor allem die *Slawen*, die siedelnd von den Tälern der Ostalpen Besitz ergriffen. Auf einer zwischen 572 und 579 in Grado tagenden Synode[77] werden noch die Bischöfe von Emona (Laibach), Tiburnia (bei St. Peter im Holz/Kärnten), Celeia (Cilli, Celje) und Aguntum (Dölsach bei Lienz) genannt, und in dem wiederholt erwähnten Schreiben der Bischöfe aus dem Sprengel von Aquileja vom Jahre 591 an den Kaiser Maurikios erscheinen noch die Namen der alten Bistümer Virunum (auf dem Zollfeld bei Klagenfurt), Aguntum und Tiburnia, wenn auch ihre Inhaber die Bittschrift nicht mehr unterschreiben (konnten?). Nach 572/79, spätestens 591 müssen also die Slawen in Binnennoricum eingedrungen sein, etwa um 592 hören wir von den ersten Kämpfen mit den Bayern, die ihnen im

[74] Außer der S. 121 f. Anm. 27 genannten Literatur noch Ludmil HAUPTMANN, Les rapports des Byzantins avec les Slaves et les Avares pendant la seconde moitié du VIe siècle (Byzantion 4, 1927/28) 1929, 137–170; Gerard LABUDA, Chronologie des guerres de Byzance contre les Avars et les Slaves à la fin du VIe siècle (Byzantinoslavica 11) 1950, 167–173.

[75] Außer der oben S. 121 f. Anm. 27 erwähnten Literatur E. E. LIPŠIC, Byzanz u. die Slaven. Beitrr. z. byzantin. Gesch. d. 6.–9. Jhs., 1951; Gerard LABUDA, Die Einwanderungen d. Slawen auf den Balkan im 6.–7. Jh. (XIe Congrès intern. des sciences historiques 1960; Résumés des Communications) 1960, 80 ff.; dazu: Actes du XIe Congrès intern. des sciences historiques 1960, 1962, 100 ff.; WALDMÜLLER, Slawen (s. o. 144 Anm. 55).

[76] Menander Protector, fragm. 66 (zu 581) (hg. v. Carl MÜLLER, Fragmenta historicorum Graecorum 4) 1851, 268; vgl. Ernst STEIN, Stud. z. Gesch. des byzantin. Reiches, vornehml. unter den Kaisern Justinus II. u. Tiberius Constantinus, 1919, 109 ff.; ALFÖLDI, Untergang (s. o. 106 Anm. 31) II 91 ff.; Adolf Wilh. ZIEGLER, Das Verhalten d. kirchl. Oberhirten in d. slaw. Völkerwanderung d. 6. u. 7. Jhs. (Episcopus. Festschr. f. Kardinal Mich. v. Faulhaber) 1949, 110–135, bes. 119.

[77] Die Akten sind überliefert im Protokoll der Synode von Mantua aus dem Jahre 827 (hg. v. Alb. WERMINGHOFF, MGH Concilia 2/2) 1908, nr. 47, S. 583 f.; das Schreiben der Bischöfe bei Gregor, Reg. I 16a, S. 17 ff.

westlichen *Pustertal* entgegentraten. Damals zog Tassilo «mit einem Heer in das Land der Slawen, errang einen Sieg und kehrte mit großer Beute in die Heimat zurück».[78] Ein neuer Einfall um 595 endete mit einem Mißerfolg und dem Tod von 2000 Bayern, da den Slawen ein awarischer Chakan zu Hilfe kam.[79] Um 610 wurde dann Garibald II., der Sohn Tassilos, bei Aguntum von den Slawen besiegt und das Grenzland der Bayern geplündert; kurz darauf aber konnten die Bayern ihre Gegner besiegen und ihnen die Beute wieder abnehmen.[80] In diesen Kämpfen waren die Bayern ganz auf sich gestellt; sie erhielten keine Unterstützung von den Franken,[81] während die Langobarden vornehmlich darauf bedacht waren, ihre traditionelle Freundschaft mit den Awaren aufrechtzuerhalten, und sich nur bemühten, die Slawen ihrer Herrschaft zu unterstellen.[82] Die Bayern konnten nicht verhindern, daß die Ostalpen an die Slawen verlorengingen, aber sie haben ihnen Halt geboten, sie haben das westliche Pustertal behauptet und außerdem den Brennerweg nach dem Süden offengehalten. Man wird vermuten können, daß in diesen Jahrzehnten die Grundlagen für den karantanischen Staat gelegt worden sind, der im Zusammenhang mit der bayerischen Geschichte noch eine wichtige Rolle gespielt hat.[83]

Das siebte Jahrhundert brachte das aus Ortsnamen[84] und Grabfunden[85] abzulesende weiteste Vordringen der Slawen nach Westen bis etwa zu folgender Grenze: vom Pustertal nordwärts bis zum Kamm der Hohen Tauern, bei Radstadt über das Ennstal und das Tal der Traun bis zur Donau; über den Haselgraben nördlich der Donau dürfte dann sogar der Anschluß an die Nordslawen in Böhmen gewonnen worden sein.[86] Allerdings hat man von archäologischer Seite aus den Bodenfunden keinen Hinweis auf das Vordringen der Alpenslawen auf das nördliche Donauufer finden

[78] Paulus Diac. IV 7, S. 118; zu dem von der Sage an den «Viktoribühel» bei Innichen verlegten Sieg (Franz Xaver ZAHNBRECHER, Die Kolonisationstätigkeit des Hochstifts Freising in den Ostalpenländern, DB 10, 1907, 56–139) vgl. WALDMÜLLER, Slawen (s. o. 144 Anm. 55) 183.

[79] Paulus Diac. IV 10, S. 120.

[80] Paulus Diac. IV 39, S. 133.

[81] Vgl. dazu auch LÖHLEIN, Italienpolitik (s. o. 135) 75ff.

[82] Die langobardisch-awarischen Freundschaftsverträge erwähnt Paulus Diac. IV 4, IV 12 und IV 24, S. 117, 121 und 125; vgl. auch KOLLAUTZ, Awaren (s. o. 144 Anm. 54) 625f.

[83] Herm. BALTL, Der karantan. Staat (Veröffentl. d. Verbandes österr. Geschichtsver. 18) 1970, 144–151; Ders., Zur karantan. Gesch. d. 6.–9. Jhs. (Festschr. Nik. Grass 1) 1974, 407–423; Günter THALLER, Die Gesch. Karantaniens v. 568 bis z. Ablösung d. slaw. Stammesherzöge in den Zwanzigerjahren d. 9. Jhs., Zulassungsarbeit Masch. Regensburg 1977.

[84] Mart. WUTTE, Deutsche u. Slowenen in Kärnten (Carinthia I 109) 1919, 1–26; Ernst SCHWARZ, Die Ortsnamen des östl. Oberösterreich (Bayer. He. f. Volkskunde 9) 1922, 34–106; Ders., Kontinuitätsproblem (s. o. 121 Anm. 21); Ders., Vordringen d. Slawen (s. o. 121 Anm. 27); Günter GLAUERT, Deutsche u. slowen. Hof- u. Geländenamen im Bereich d. Wasserscheide zw. Drau, Sann u. Sawe (Südost-Forsch. 11) 1946/52, 46–83; KRANZMAYER; Gerh. STRASSBERGER, Siedlungsgesch. des nordwestl. Waldviertels im Lichte seiner Ortsnamen (Forsch. z. Lkde. v. NÖ 11) 1960.

[85] BENINGER-KLOIBER, Bodenfunde (s. o. 111 Anm. 84); Herb. MITSCHA-MÄRHEIM, Archäolog. Anmerkungen z. Frage d. slaw. Besiedlung Niederösterreichs (Jb LKNÖ NF 34, 1958/60) 1960, 44–48.

[86] Die Grenzen bei KLEBEL, Siedlungsgesch. 29f. und ZÖLLNER, Zur Siedlungs- u. Bevölkerungsgesch. (s. o. 109 Anm. 65) 119f.; ZÖLLNER 43f.

können, und man hat daher die Existenz einer Landbrücke zwischen Nord- und Südslawen in Oberösterreich verneint.[87] Über diese Grenzzone hinaus war die slawische Siedlung noch ins Gasteinertal vorgedrungen, auch noch weiter in die meisten rechtsseitigen Salzachnebentäler und in das Salzachtal,[88] während die bayerische Siedlung sehr bald bis an die Enns gelangt sein muß, denn im achten Jahrhundert erscheint bereits das Tal der Traun förmlich als ein Zentrum bayerischer Siedlung. In keinem Fall wird man sich die Siedlungsgrenze als allzu scharf vorstellen dürfen, es gab breite Mischsiedelzonen und im übrigen, nach den anfänglichen Kämpfen am Ende des sechsten Jahrhunderts, bald ein friedliches Nebeneinander bayerischer, slawischer und awarischer Siedlung, das sich aus archäologischen[89] und sprachlichen[90] Indizien erschließen läßt. Östlich der Enns dürfte allerdings die bayerische Siedlung anfangs nur sehr spärlich vorgedrungen sein. Die These Zibermayrs,[91] daß dieses Gebiet erst um 700 nach einer angeblichen Niederlage gegen die Awaren den Bayern (zusammen mit ihrer bisherigen Hauptstadt Lorch) verlorengegangen sei, findet in den Quellen keine Stütze.

e) *Der bayerische Nordgau.* Als bayerischen Nordgau[92] bezeichnet man das Gebiet nördlich der Donau zunächst bis in die Gegend von Nürnberg[93] und Fürth.[94] Die Westgrenze gegen Franken verlief später entlang der Rednitz[95] bis Roth und von dort aus durch die großen Wälder[96] nach Süden, wo sie westlich Neuburg auf die Donau

[87] BENINGER-KLOIBER, Bodenfunde (s. o. 111 Anm. 84) 221.

[88] So Heinz DOPSCH, Adel u. Kirche als gestaltende Kräfte in d. frühen Gesch. des Südostalpenraumes (Carinthia I 166) 1976, 21–49, bes. 28 mit Berufung auf das nachgelassene Ortsnamenbuch von Salzburg von Felix HÖRBURGER.

[89] Rich. PITTIONI, Der frühmittelalterl. Gräberfund v. Köttlach, Lkr. Gloggnitz, Niederdonau, 1943; MITSCHA-MÄRHEIM, Awar.-bair. Wechselbeziehungen (s. o. 111 Anm. 84); Ders., Österreich (s. o. 121 f. Anm. 27).

[90] ZÖLLNER, Awar. Namensgut (s. o. 123 Anm. 40); SCHWARZ, Slawen, Langobarden u. Baiern (s. o. 109 Anm. 60); Ders., Deutschslaw. Namensbeziehungen v. d. Ostsee bis z. Adria (Studia Onomastica Monacensia 2/1) 1960, 29–56.

[91] ZIBERMAYR 103.

[92] Zum Nordgau s. auch Band III dieses Handbuches; jetzt vor allem Andr. KRAUS, Marginalien z. ältesten Gesch. des bayer. Nordgaus (Jb. f. fränk. Landesforsch. 34/35) 1974/75, 163–184; Ders., Bayern u. der Nordgau. Eine Richtigstellung (VHOR 116) 1976, 175–178.

[93] Noch 1148 heißt es «in der Burg Nürnberg, das in Bayern liegt» (Wibald v. Stablo an Papst Eugen III., hg. v. Philipp JAFFÉ, Bibl. rer. Germ. I, 1864, Neudr. 1964, nr. 89, S. 162).

[94] Urk. Heinrichs II. v. 1. März 1007 (hg. v. Harry BRESSLAU-Herm. BLOCH, MGH Dipl. 3) 1900/03, nr. 152, S. 180ff.: «. . . der Ort Fürth genannt, im Nordgau».

[95] Gottfried v. Viterbo, Pantheon XXIII 33 (hg. v. Gg. WAITZ, MGH SS 22) 1872, 240: «Ein bayerischer Fluß, Radantia genannt».

[96] Karl Theod. v. EHEBERG, Die Reichswälder bei Nürnberg bis zum Anfang d. Neuzeit (Neujahrsbll. d. Ges. f. fränk. Gesch. 9) 1914; Wilh. KRAFT, Über Weißenburg u. den Weißenburger Wald in ihren Beziehungen z. den Marschällen v. Pappenheim (Jahresber. d. Hist. Ver. Mfr. 66) 1930, 145–174; allgemein zur Bedeutung der Forste auch Karl BOSL, Forsthoheit als Grundlage d. Landeshoheit in Baiern (Gymnasium u. Wissenschaft. Festgabe z. Hundertjahrfeier d. Maximiliansgymnasiums in München) 1949, 1–55; Wiederabdruck in: Wege d. Forsch. 60, 1965, 443–509.

traf.[97] Eine lineare Grenze zum westlich anstoßenden fränkischen Radenz-, Ran- und Sualafeldgau bildete sich allerdings erst in der Karolingerzeit heraus. Die Bezeichnung «Nord»gau muß verstanden werden von einem zentralen Kerngebiet des bayerischen Herzogtums aus,[98] und es ist fraglich, ob der Nordgau schon in die erste bajuwarische Herrschaftsbildung einbezogen worden ist. In der Zeit Severins, also in der zweiten Hälfte des fünften Jahrhunderts, erstreckte sich die Herrschaft der Thüringer bis an die Donau,[99] sie bedrohten Künzing, Passau und Lorch. Da das Thüringerreich bis zum Jahre 531 bestand, erscheint eine bayerische Herrschaft vor diesem Zeitpunkt ausgeschlossen. In der ersten Hälfte des siebten Jahrhunderts berichteten die in Burgund wohnenden Varasker christlichen Missionaren, daß ihre eigentliche Heimat der Gau Stadevanga am Fluß Regnus sei,[100] also die «Uferfelder» am Regen. Klebel[101] und Löwe[102] sehen in ihnen ein Klientelvolk der Burgunder und datieren ihre Verpflanzung nach Burgund in die Zeit um 450, Schwarz[103] hingegen nimmt an, sie seien von den Franken nach der Vernichtung des Thüringerreiches und dem Anschluß der Bayern um 536 umgesiedelt worden, «als es galt, die Thüringer zu schwächen und die Baiern zu stärken». Von dieser Überlegung aus ist vermutet worden, daß auch Regensburg erst nach 536 aus dem Besitz der Thüringer und Naristen in den der Bayern gekommen sei.[104] Der Nordgau war durch seine ausgedehnten Wälder nicht siedlungsfreundlich, immerhin sind für die Frühzeit aus Ortsnamen und Reihengräbern drei Siedlungszonen festzustellen. Die eine hat ihr Zentrum im Becken von Cham am mittleren Regen mit Ausläufern an die mittlere Naab und zum Amberger Becken,[105] eine zweite erstreckt sich am Nordufer der Donau etwa von der Mündung der Altmühl bis nach Ingolstadt und eine dritte folgt dem Altmühltal bis Eichstätt.[106] Man wird auch festhalten können, daß auf Grund des

[97] Zur Grenzbeschreibung Erich Frhr. v. GUTTENBERG, Stammesgrenzen u. Volkstum im Gebiet d. Rednitz u. Altmühl (Jb. f. fränk. Landesforsch. 8/9) 1943, 1–109, bes. 6ff.; Wilh. KRAFT, Gau Sualafeld u. Grafschaft Graisbach (ebd.) 110–175 und (ebd. 13) 1953, 85–127; zur Ausgestaltung des «Grenzsaumes» zwischen Bayern und Franken vgl. Erich Frhr. v. GUTTENBERG, Die polit. Mächte des MA (8.–14. Jh.) (in: Hans SCHERZER [Hg.], Gau Bayreuth. Land, Volk u. Gesch.) 1943^2, 214–275.

[98] Ludw. STEINBERGER, Benediktbeurer Stud. Nebst einem Beitr. z. Gauforsch. (HJb. 38) 1917, 237–283 und 459–485.

[99] Eugippius, Vita Sev. c. 27 NOLL 92; auch der Kosmograph von Ravenna berichtet, daß Regen und Bac (= Naab) durch das Land der Thüringer fließen: Ravenn. Anon. Cosmogr. IV 25 (s. o. 106 Anm. 36) 61.

[100] Vita s. Ermenfridi c. 1 (AASS September VII) 1867, 107.

[101] KLEBEL, Baier. Siedlungsgesch. (s. o. 103 Anm. 7) 80.

[102] LÖWE, Herkunft (s. o. 101) 27.

[103] SCHWARZ, Sprache u. Siedlung 45f.; zur Streitfrage um die Naristen auch BENGTSON, Naristen; SCHWARZ, Naristen (beide s. o. 112 Anm. 91) und KELLNER, Raetien (s. o. 73) 171f.

[104] HEUWIESER, Regensburg; MITSCHA-MÄRHEIM, Herkunft (s. o. 101) 236ff.; SCHWARZ, Sprache u. Siedlung 47.

[105] DACHS, Oberpfalz; Werner EMMERICH, Das mittelalterl. Siedelwerk (in: Hans SCHERZER [Hg.], Gau Bayer. Ostmark) 1941, 276–300.

[106] Mich. BACHERLER, Die deutsche Besiedlung d. Diözese Eichstätt auf Grund d. Ortsnamen (Sammelbl. d. Hist. Ver. Eichstätt 45, 1930) 1931, 75–125; (ebd. 46/47, 1931/32) 1932, 1–123; (ebd. 50/51, 1935/36) 1936, 16–70 und (ebd. 52) 1937, 1–54.

archäologischen Befundes in Lauterhofen bereits in der zweiten Hälfte des siebten Jahrhunderts Bewohner nachgewiesen werden können, die zum bayerischen Trachtgebiet gehören.[107]

Einen besonderen Hinweis verdienen die zahlreichen *slawischen Siedlungen*[108] insbesondere am oberen Main, aber auch in der Oberpfalz und im Bayerischen Wald. Sie sollen jedoch nach der letzten einschlägigen Untersuchung von Schwarz[109] nicht mehr im Zuge der ersten slawischen Landnahme im Westen im sechsten Jahrhundert, sondern erst im achten und im Gebiet des oberen Main im Einvernehmen mit dem Frankenreich erfolgt sein.

§ 17. POLITISCHE GESCHICHTE VOM ENDE DES SECHSTEN JAHRHUNDERTS BIS ZUM AUSGANG DER AGILOLFINGERZEIT

Literatur: s. § 16.

Das Jahr 591 bedeutet in der politischen Geschichte einen gewissen Einschnitt. Der in diesem Jahr erfolgte Friedensschluß zwischen Franken und Langobarden lockerte die bayerisch-langobardischen Beziehungen und brachte in die bayerische Politik eine stärkere fränkische Orientierung. Der Schwerpunkt der bayerischen Außenpolitik aber lag weiterhin im Süden und Südosten. Man kann darin das Verlangen erkennen, sich einen Anteil an der mittelmeerischen Kultur und die Verbindung zu ihr zu wahren. Hier lagen auch die politischen Aufgaben staatlicher Behauptung: im Süden galt es, gegen die Langobarden eine vorteilhafte Grenze zu schaffen und den Ausgang aus den Alpen zu gewinnen. Im Osten und Südosten mußte man dem weiteren Vordringen der Slawen südlich der Donau und in die Alpentäler ein Ziel setzen und versuchen, mit den neuen Nachbarn zu einem Übereinkommen zu gelangen.

[107] Herm. DANNHEIMER, Lauterhofen im frühen MA (MBV 22) 1968.

[108] Zum Slawenproblem: Margarete BACHMANN, Die Verbreitung d. slav. Siedlungen in Nordbayern, Diss. Erlangen 1925; Paul REINECKE, Die Slaven in Nordostbayern (BVfr. 7) 1927/28, 17–37; Adam STUHLFAUTH, Die bair.-fränk. Kolonisation gegen d. Slawen auf dem Nord- u. Radenzgau (Arch. f. Gesch. u. Altertumskunde v. Ofr. 31/3) 1932, 1–185; Erich Frhr. v. GUTTENBERG, Kirchenzehnten als Siedlungszeugnisse im oberen Maingebiet (Jb. f. fränk. Landesforsch. 6/7) 1941, 40–129; Ders., Land- u. Stadtkreis Kulmbach (HONB Ofr. 1) 1952, 22*–31*; Ernst SCHWARZ, Die slaw. Ortsnamen in Nordbayern u. ihr Verhältnis zum deutschen Landesausbau (Zschr. f. Ostforsch. 5) 1956, 350–363; Ders., Wenden beim Landesausbau in Deutschland (ebd. 7) 1958, 210–230; Ders., Die Stammeszugehörigkeit d. Slawen am oberen Main im Lichte d. Ortsnamen (Festschr. Hans Krahe) 1958, 138–145; Hans JAKOB, Siedlungsarchäologie u. Slawenfrage im Main-Regnitz-Gebiet (Ber. d. Hist. Ver. Bamberg 96, 1957/58) 1959, 207–248; Rud. ENDRES, Das Slawenmotiv bei d. Gründung des Bistums Bamberg (ebd. 109) 1973, 161–182 und WALDMÜLLER, Slawen (s.o. 144 Anm. 55) 441 ff.

[109] SCHWARZ, Sprache u. Siedlung 362 ff., dazu kritisch Karl BOSL, BlldLG 97, 1961, 394–409. S. auch Bd. III dieses Handbuchs über die Slawenfrage in Nordbayern.

a) *Die Zeit von 591–639.* Die Kunde von der Einsetzung des bayerischen Königs Tassilo im Jahre 592 sowie von den folgenden Slawenkämpfen sind für einige Zeit die letzten Nachrichten, die wir aus Bayern haben. In den fränkischen Quellen wird Bayern nicht genannt, was ein Zeichen dafür sein dürfte, daß das Land in seiner Ost- und Südwestpolitik selbständig war und daß es bei seinen Kämpfen mit den Slawen auf Unterstützung durch die Franken nicht rechnen konnte. Erst unter der Regierung des tatkräftigen fränkischen Königs Dagobert I. (623–639), der die Zügel seiner Herrschaft straff anzog, trat der Osten wieder in das Blickfeld fränkischer Politik. In seine Regierungszeit fällt auch das Unternehmen eines *Samo,*[1] der zu Beginn des siebten Jahrhunderts zusammen mit «plures secum neguciantes» zu den Slawen kam. Unter diesem merkwürdigen Ausdruck kann man Händler, aber auch Unterhändler, also auch eine fränkische Gesandtschaft mit Samo an der Spitze verstehen.[2] Jedenfalls hat Samo sogleich aktiv in das politische Geschehen eingegriffen und erreicht, daß die Slawen sich aus der Hoheit der Awaren lösten, die damit etwa zur gleichen Zeit, nach ihrem mißglückten Angriff auf Konstantinopel im Jahre 626, an anderer Stelle noch einen weiteren schweren Rückschlag erlitten.[3] Samo gelang daraufhin eine Herrschaftsbildung bei den Slawen. Sein Versuch, jede Bindung an das Fränkische Reich abzuschütteln, löste 630/631 einen Kriegszug Dagoberts gegen ihn aus.[4] Ob in diesen Zusammenhang die bei Fredegar[5] überlieferte Nachricht gehört, im Jahre 629 hätten die Völkerschaften, die an der slawischen Grenze wohnten, den Frankenkönig Dagobert um Unterstützung gebeten, bleibt ungewiß. Unter den benachbarten Völkern, deren Hilfe Dagobert gewann, sind laut Fredegar Langobarden und Alemannen anzutreffen, jedoch keine Bayern. Zwar hat man in der Nennung der Langobarden eine Verwechslung mit den Bayern sehen wollen,[6] doch ist das ebensowenig bewiesen wie

[1] Zum Samoreich die Literatur bei UHLIRZ I 178ff.; zu Samo: Joseppi Jul. MIKKOLA, Samo u. sein Reich (Arch. f. slav. Philol. 42) 1929, 77–97; Charles VERLINDEN, Le Franc Samo (Revue belge de philol. et d'hist. 12) 1933, 1090–1095; Václav CHALOUPECKÝ, Considérations sur Samon, le premier roi des Slaves (Byzantinoslavica 11) 1950, 223–239; HERRMANN 40ff.; Gerh. MILDENBERGER, Samo u. sein Reich (BHB I) 142ff.; Karl RICHTER, Die böhm. Länder im Früh- u. Hochmittelalter (ebd.) 163–347, bes. 187; Heinr. KUNSTMANN, Dagobert I. u. Samo in d. Sage (Zschr. f. slav. Philol. 38) 1975, 279–302; WALDMÜLLER, Slawen (s. o. 144 Anm. 55) 291ff.

[2] Fredegar, Chron. IV 48, S. 144; zur Interpretation dieser Stelle Theod. MAYER, Zu Fredegars Ber. über d. Slawen (MIÖG Erg.-Bd. 11) 1929, 114–120; PREIDEL, Anfänge (s. u. 250) I 82ff.; nach der Conv. Bag. c. 4, S. 129 war Samo ein Slawe und ein dux der Karantanen, welcher Meldung noch mehr Gewicht zukommen würde, wenn sich die Vermutung von HAUPTMANN, Polit. Umwälzungen (s. u. 252) 245ff. und KOS, Conv. Bag. 149 bestätigen würde, wonach die Conversio aus einer von Fredegar unabhängigen Quelle schöpft; zu Fredegars Nachricht Erich DONNERT, Stud. z. Slawenkunde des deutschen Frühmittelalters v. 7. bis zum beginnenden 11. Jh. (Jb. f. Gesch. d. UdSSR u. der volksdemokrat. Länder Europas 8) 1964, 289–358, bes. 295ff.

[3] Paul LEMERLE, Invasions et migrations dans les Balkans depuis la fin de l'epoque romaine jusqu'au VIIIe siècle (Revue historique 211) 1954, 265–308, bes. 296f.; STADTMÜLLER, Südosteuropa (s. o. 135) 93f.; OSTROGORSKY, Gesch. (s. o. 99) 85ff.

[4] Fredegar, Chron. IV 68 und 75, S. 154f. und 158.

[5] Fredegar, Chron. IV 58, S. 150.

[6] RIEZLER I 1, 149f.

die Vermutung, einzelne bayerische Adlige hätten auf seiten Dagoberts gekämpft.[7] Eine langobardische Beteiligung am Aufgebot läge jedoch durchaus im Bereich des Möglichen, wenn man nachweisen könnte, daß auch die Alpenslawen zum Herrschaftsbereich des Samo gehört hätten.[8] Jedenfalls hat auch die Vermutung gute Gründe für sich, daß das Reich Samos von Kärnten bis zur mittleren Elbe gereicht haben könnte,[9] wie überhaupt Karantanien als Ausgangs- und Schwerpunkt der Samo-Herrschaft in der Forschung neuerdings mit Nachdruck vertreten wird.[10] Immerhin müssen die Langobarden an einer «norischen Mark» zur Sicherung der Pontebbastraße[11] interessiert gewesen sein; sie besetzten einen Teil des slawischen Alpenstaates, was archäologische[12] und sprachliche[13] Indizien beweisen. In diesem Zusammenhang gewinnt die Nachricht Fredegars von der langobardischen Beteiligung an den Kämpfen gegen Samo an Glaubwürdigkeit durch den Bericht des Paulus Diaconus, wonach die Herzöge Taso und Kako von Friaul damals Teile von Karantanien mit Meclaria (Maglern) und Zellia (Gailtal) besetzt hätten.[14] Jedenfalls siegten das alemannische und langobardische Hilfskontingent, während das fränkische Hauptheer 631/32 eine Niederlage erlitt in der Nähe von Wogastisburg, das man bei Kaaden an der Eger in Böhmen,[15] aber auch auf dem Staffelberg bei Staffelstein in Franken[16]

[7] Franz JURASCHEK, Zur Frage «Baiern u. Kärnten im siebenten Jh.» (Carinthia I 144) 1954, 201–204 vermutet, daß ein Teil der Bayern auf seiten Samos stand.

[8] Bejaht von Eberh. KRANZMAYER, Etymolog. Beitrr. z. Entstehung des karantan. Herzogtums (Carinthia I 115) 1925, 65–72 und KLEBEL, Siedlungsgesch. 33ff., verneint von PREIDEL, Anfänge (s. u. 250) I 95ff., zweifelnd BENINGER-KLOIBER, Bodenfunde (s. o. 111 Anm. 84) 226f.; mit Recht hält man jedoch die Teilnahme der Langobarden am Kampf gegen Samo für ein wichtiges Argument, das für die Zugehörigkeit der karantanischen Slowenen zum Samoreich spricht; vgl. DEÉR 739 und KOLLAUTZ, Awaren (s. o. 144 Anm. 54) 638f.

[9] Wolfg. FRITZE, Untersuchungen z. frühslaw. u. frühfränk. Gesch. bis ins 7. Jh., Diss. Masch. Marburg 1952, 97–111.

[10] BALTL, Gesch. (s. o. 148 Anm. 83) 409ff.

[11] So STEFAN, Landnahme (s. o. 135) 99f.

[12] JANTSCH, Burgen in Kärnten (s. o. 140f. Anm. 36); HEUBERGER, Limes Tridentinus (s. o. 135); zu den besonders wichtigen Befestigungen auf dem Hoischhügel bei Thörl-Maglern EGGER, Frühchristl. Kirchenbauten (s. o. 144 Anm. 57) 123f. und Friedr. STEFAN, Der Münzfund v. Maglern-Thörl (vergraben um 570/71 bis 584/85) u. die Frage d. reduzierten Solidi (Numismat. Zschr. NF 30) 1937, 43–63, aber wie schwierig die Zuschreibung archäologischen Fundmaterials ist, zeigt Herb. MITSCHA-MÄRHEIM, Bemerkungen zum frühmittelalterl. Fundmaterial aus Kärnten (Carinthia I 150) 1960, 750–753; vgl. auch Hans DOLENZ, Germ. Bügelfibeln aus Kärnten (ebd.) 727–733 und Ders., Funde aus Kärnten aus dem 7.–11. Jh. (ebd.) 733–749; Em(m)erich SCHAFFRAN, Langobard. u. nachlangobard. Ornamentplatten in Kärnten (ebd. 128) 1938, 159–169; Herm. BRAUMÜLLER, Noriker u. Karantanen (ebd. 123) 1933, 21–31, sucht das Fortleben langobardischer Einrichtungen in Kärnten über die Völkerwanderungszeit hinaus nachzuweisen.

[13] Primus LESSIAK, Die kärntn. Stationsnamen (Carinthia I 112) 1922, 1–124.

[14] Paulus Diac. IV 38, S. 132, die Deutung auf Maglern und Gailtal bei LESSIAK, Stationsnamen (s. o. Anm. 13) ist heute allgemein übernommen, vgl. Karl DINKLAGE, Zur Vor- u. Frühgesch. des Gailtales. Funde aus Förk v. d. Latènezeit bis z. den Ottonen (Carinthia I 145) 1955, 226–244 und Hans DOLENZ, Archäolog. Mitt. aus Kärnten II: Fund eines röm. Benefiziarieraltares in Seltschach, Gem. Arnoldstein, u. das antike Straßennetz im Gebiete v. Thörl-Maglern (ebd.) 96–104.

[15] So Ernst SCHWARZ, Wogastisburg (Sudeta 4) 1928, 154–164; Ders., Die Mainwenden u. Wogastisburg (Zschr. f. Ost-

sucht, während man eine Lokalisierung nach Karantanien bisher offenbar noch nicht erwogen hat. Es gelang den Franken also nicht, die slawische Staatsgründung Samos zu zerschlagen. Bis zu seinem Tod im Jahre 660 bestand im Osten Bayerns ein slawisches Großreich, dessen Zentrum in Böhmen oder an der Marchmündung lag,[17] und das vielleicht auch die karantanischen Alpenslawen erfaßt hat (vgl. 153 Anm. 8). Wenn sich auch die Bayern am fränkischen Kampf gegen Samos Reich nicht beteiligt haben, so besaß König Dagobert anscheinend doch Einwirkungsmöglichkeiten auf sie, wie durch einen vereinzelten, bei Fredegar berichteten Vorfall beleuchtet wird: etwa in den Jahren 630/31 fand ein Kampf zwischen Awaren und Bulgaren statt, nach dessen für die letzteren unglücklichem Ausgang 9000 Bulgaren mit Frauen und Kindern vertrieben wurden und sich an König Dagobert mit der Bitte um Aufnahme in sein Reich wandten. Dagobert wies ihnen die Gehöfte der Bayern zur Überwinterung zu, hier wurden sie auf seinen Befehl von den Bayern in einer Nacht erschlagen. Nur 700 von ihnen unter der Führung eines Alciocus entkamen nach der Windischen Mark, die man in Mitteldeutschland,[18] aber auch in Karantanien[19] sucht, und lebten hier bei Herzog Walluc.[20] Soweit Fredegar; die Nachricht steht isoliert und entzieht sich, abgesehen von ihrer moralischen Wertung, jeder Einordnung in das politische Geschehen der Zeit.

b) *Die Zeit vom Tode Dagoberts (639) bis 680.* Will man in diesem auf fränkischen Befehl durchgeführten Bulgarenmord einen Hinweis auf die Abhängigkeit Bayerns vom Frankenreich sehen, so steht die Tat auf der anderen Seite auch am Ende unserer Kenntnis weiterer Abhängigkeit für das nächste halbe Jahrhundert. Es fehlt für die Zeit von etwa 630 bis 680 in den fränkischen Quellen jeder Hinweis auf Bayern. Man

forsch. 16) 1967, 1–17; MIKKOLA, Samo (s. o. 152 Anm. 1) 95f.; Rud. KÄUBLER, Wogastisburg (Zschr. f. slav. Philol. 14) 1937, 255–270: Wogau im Egerland; Gerard LABUDA, Wogastis-Burg (Slavia Antiqua 2) 1949/50, 241–252; CHALOUPECKÝ, Samon (s. o. 152 Anm. 1) 235.

[16] Rud. GRÜNWALD, Wogastisburk (Vznik a počátky Slovanů 2) 1958, 99–120; Antonín FRINTA, Wogastisburg (Slavia 32) 1963, 528–531; Rud. FISCHER, Zur bohemist. Namenforsch.: Der Name Wogastisburg (Festschr. Adolf Bach) 1965, 359–364: Wugasterode bei Staffelstein.

[17] OETTINGER 66ff. vermutet Wien als Residenz Samos, hat damit aber keinen Beifall gefunden: LECHNER, Werden Wiens (s. o. 124 Anm. 45) und Eberh. KRANZMAYER, Herkunft u. Gesch. d. Namen Wiens (Unsere Heimat 23) 1952, 67–73.

[18] DONNERT, Stud. (s. o. 152 Anm. 2).

[19] WALDMÜLLER, Slawen (s. o. 144 Anm. 55) 302.

[20] Fredegar, Chron. IV 72, S. 157; Paulus Diac. V 29, S. 154 berichtet, daß unter König Grimoald (662–672) Herzog Alzeco mit einer Schar Bulgaren im langobardischen Herzogtum Benevent angesiedelt wurde, vgl. Milko KOS, O bolgarskem knezu Alcioku in slovenskem knezu Valuku (Šišićev Zbornik) [Über den Bulgarenfürsten Alciocus u. den Slowenenfürsten Wallucus (Mélanges Sisic)] 1929, 251–258; Dezsö CSALLÁNY, A kuturgur-bolgárok (-hunok) régészeti hagyatékának meghatározása [Die Bestimmung d. archäolog. Hinterlassenschaft d. Kuturgur-Bulgaren] (Archaeológiai Ertesitö 90) 1963, 21–38 will die awarischen Beigaben des bajuwarischen Friedhofs in Linz-Zizlau (vgl. LADENBAUER-OREL, Linz-Zizlau [s. o. 111 Anm. 83]) mit diesen Ereignissen in Zusammenhang bringen; Joseppi Jul. MIKKOLA, Ein altslowen. Wort in Fredegars Chronik (Arch. f. slav. Philol. 41) 1927, 160 sieht in Walduco das slawische Wort vladyka für Herrscher.

hat für diese Jahrzehnte andere Quellen auszuwerten versucht, insbesondere die Ortsnamen und die Bodenfunde und sich aus ihrer Interpretation um den Nachweis bemüht, daß die Bayern nach dem Zusammenbruch des Samoreiches den Versuch unternommen hätten, nach Osten vorzudringen.[21] So hat man aus den Ortsnamen eine «vorkarolingische» Besiedlung Niederösterreichs zu erschließen versucht;[22] auch Lechner[23] ist der Ansicht, daß eine vorkarolingische, vom bayerischen Herzogtum getragene Kolonisation bereits am Ende des siebten Jahrhunderts den Wienerwald erreicht habe und sogar über seinen Hauptkamm vorgedrungen sei. Man hat vordeutsche Siedlungsnamen zu nennen gewußt, die bereits im siebten, vielleicht vereinzelt sogar noch im sechsten Jahrhundert in die bayerische Sprache übernommen worden seien, bisweilen über ein slawisches Zwischenglied.[24] Möglicherweise hat die bayerische Landnahme in diesen Gebieten sogar noch an eine germanische Restbevölkerung anknüpfen können.[25] Es werden slawische Namengruppen in der Gegend des Wienerwaldes genannt, die um 700 ins Deutsche entlehnt sind; einen Hinweis in diese Richtung gibt auch die Deutung des Namens Melk, slawisch Medelijka, als Grenzfluß;[26] schließlich hat man geglaubt, in Wien ein bajuwarisches Grab des siebten Jahrhunderts entdeckt zu haben.[27] Unsicher bleibt einstweilen noch der große Grenzwall angeblich bayerischer Herkunft aus dem sechsten Jahrhundert, den man westlich des Wienerwaldes nachgewiesen haben will.[28] Immerhin könnten solche Befestigun-

[21] Heinr. WEIGL, Die Grundlagen d. modernen Besiedlung Niederösterreichs (Jb LKNÖ NF 23) 1930, 25–36; KLEBEL, Siedlungsgesch. 41 ff.; Karl LECHNER, Leistungen u. Aufgaben siedlungskundl. Forsch. in den österr. Ländern mit bes. Berücksichtigung v. Niederdonau (DALVF 4) 1940, 494–546.

[22] STEINHAUSER, Flurnamen (s. o. 116); KLEBEL, Langobarden (s. o. 101) 108 f. bzw. 88 f.; Eberh. KRANZMAYER, Die Ortsnamen des Bezirkes Wels als siedlungsgeschichtl. Quelle (Jb. d. Musealver. Wels 1956) 1956, 49–64, bes. 62 f., doch werden diese aus den Ortsnamen gewonnenen Ergebnisse angezweifelt von DEÉR 740 ff.

[23] LECHNER, Siedlungsgesch. (s. o. 116); ZÖLLNER, Bevölkerung (s. o. 117); Maria HORNUNG, Das Zeugnis d. Ortsnamen f. d. Siedlungsgesch. Österreichs (Siedlungs- u. Bevölkerungsgesch. Österreichs) 1974, 35–45; Fritz POSCH, Der Landesausbau Österreichs im Früh- u. Hochmittelalter (ebd.) 75–95; für Oberösterreich: REITINGER, Die baier. Landnahme (s. o. 102)

[24] Ernst SCHWARZ, Über antike Namen in Österreich als Zeugen v. Völkerberührungen (Wiener Prähist. Zschr. 19) 1932, 286–299.

[25] SCHWARZ, Kontinuitätsproblem (s. o. 121 Anm. 21).

[26] SCHWARZ, Kontinuitätsproblem (s. o. 121 Anm. 21) 32; KLEBEL, Mittelalterl. deutsche Siedlung (s. u. 311 Anm. 68) 34; Franz HUTTER, Melkfluß – Medjilica – Grenzfluß (Unsere Heimat 35) 1964, 63–73; Carl PLANK–Walt. STEINHAUSER, Colomezza. Eine vordeutsche Grenze zw. Melk u. Erlaf (Jb LKNÖ NF 39, 1971/73) 1973, 1–39 stellen fest, daß das Land östlich der Melk ursprünglich nicht in den bayerischen Siedlungsbereich einbezogen war, und vermuten, daß Übereinkommen der Agilolfinger mit den Slawen im 7./8. Jh. an alte Grenzvorstellungen anknüpften.

[27] MITSCHA-MÄRHEIM, Grabfund; NEUMANN, Gräberfeld (beide s. o. 123 Anm. 37); das keltische Vedunia, illyrisch Veidunja = Waldbach ist nach LECHNER, Siedlungsgesch. (s. o. 116) 327 direkt vom Germanischen ins Deutsche, ohne slawische Vermittlung, übernommen worden.

[28] Jul. CASPART, Die Schanze auf dem Rauchbuchberg (SB d. anthropolog. Ges. Wien 1933/34) 1934, [34] ff.; zu entsprechenden awarischen Anlagen Herb. MITSCHA-MÄRHEIM, Gab es «Awarenringe» in NÖ? (Jb LKNÖ NF 27) 1938, 25–29; Ders., Eine awar. Grenzorganisation d. 8. Jhs. in NÖ? (Jb. d. Röm.-Germ. Zentralmus. Mainz 4) 1957, 129–135.

gen darauf hindeuten, daß der Niedergang des Samoreiches für die Bayern nicht nur Vorteile brachte, sondern auch eine neue Gefährdung durch den Zusammenbruch eines Schutzwalles gegenüber der Macht der Awaren, ein Hinweis vielleicht auch darauf, warum die Bayern sich am Kampf Dagoberts gegen Samo nicht beteiligt haben. Unsere Nachrichten über Kämpfe der Bayern mit ihren neuen östlichen Nachbarn sind allerdings sehr dürftig und unsicher; lediglich Arbeo berichtet in seiner Vita sancti Emmerammi[29] von einem Kampf zwischen Bayern und Awaren, der kurz vor dem Erscheinen Emmerams in Bayern stattgefunden haben muß. Da wir aber über die Lebenszeit Emmerams keine sicheren Angaben machen können, schwankt auch die Datierung dieses Kampfes, den Zibermayr[30] um das Jahr 700, Klebel[31] um 680 stattfinden läßt; dieser bringt ihn in Zusammenhang mit dem 679 erfolgten bulgarischen Vorstoß tiefer in den Balkan hinein. Die Sage berichtet, daß Herzog Diet (Theodo?) in einer Schlacht auf der «Blutigen Alm» nördlich des Kremstales gegen die Slawen gefallen sei.[32] Wenn hier an der Enns wirklich ein Zusammenstoß zwischen Bayern und Awaren stattgefunden hat, so wird man doch dessen Auswirkungen nicht überschätzen dürfen, sondern bedenken müssen, daß unsere Kenntnis der Vorgänge nur auf einigen Worten Arbeos beruht, der die zerstörenden Folgen dieses Zusammenstoßes für die Gebiete an der Enns schon deswegen stark herausheben mußte, um den Entschluß seines Helden zu begründen, nicht hierherzuziehen, sondern am Herzogshof in Regensburg zu bleiben. Offensichtlich haben sich die neuen Nachbarn bald miteinander vertragen. Man wird lediglich sagen können, daß in Niederösterreich weder der Schwerpunkt der bayerischen noch der awarischen Macht lag, daß das Land ein «Vorhof»[33] nach der einen wie nach der anderen Seite war, ein Land, das damals von keiner straffen Herrschaftsbildung erfaßt worden ist.

c) *Bayern in der Zeit Herzog Theodos (ca. 680–725/28).* Eine neue Periode bayerischer Geschichte kann man von etwa 680 bis 725/28 datieren. Hier ist die Überlieferung etwas reichhaltiger; in fränkischen Quellen werden die Bayern nur flüchtig erwähnt, denn das Frankenreich war in dieser Zeit der Konsolidierung seiner inneren Verhältnisse nicht in der Lage, den Vorgängen jenseits seiner Grenzen erhöhte Aufmerksamkeit zu schenken. Lediglich zu 688 und 691 berichten die Metzer Annalen «von Unternehmungen gegen verschiedene Völker, die einst den Franken unterworfen waren», und unter denen auch die Bayern genannt werden.[34] Man hat diese Nachricht einerseits nur als stilistisches Hilfsmittel des Verfassers zur Überhöhung der

[29] Arbeo, vita Emm. c. 5, S. 33; zur Interpretation Kurt REINDEL, Die staatsrechtl. Stellung des Ostlandes im frühmittelalterl. Bayern (Mitt. d. oberösterr. Landesarch. 7) 1960, 138–149.

[30] ZIBERMAYR 103.

[31] KLEBEL, Theodo (s.o. 136) 178 bzw. 189.

[32] KRANZMAYER I 117.

[33] Der Begriff wurde geprägt von BENINGER-KLOIBER, Bodenfunde (s.o. 111 Anm. 84) 227, dazu zweifelnd DEÉR 749f.

[34] Ann. Mett. (zu 688 und 691) 4 und 12f.; KLEBEL, Theodo (s.o. 136) 175f. und 198f. bzw. 186 und 216 vermutet einen Zusammenhang mit der Ermordung Emmerams.

Pippiniden gesehen,[35] ihr andererseits aber auch zumindest im Kern Glauben geschenkt.[36] Dafür aber kommen die Bayern in der langobardischen Geschichtsschreibung vor, wie denn überhaupt die bayerische und langobardische Geschichte dieser Zeit eng verflochten sind. Zum Jahre 680 hören wir von bayerisch-langobardischen Grenzkämpfen bei Bozen, die für die Bayern unglücklich verliefen;[37] doch diese Kämpfe, zumeist als ein Zeichen für die Verschlechterung der bisherigen bayerisch-langobardischen Freundschaft angesehen, dürfen nicht in ihrer Vereinzelung betrachtet, müssen in einen größeren Zusammenhang gestellt werden.

Als im Jahre 661 Aripert von Asti,[38] der Sohn Gundoalds und Neffe der Theodelinde, starb, hinterließ er zwei Söhne, Godepert und Perctarit, die das Reich und die Herrschaft unter sich teilen sollten, eine bemerkenswerte Parallele zu einer ähnlichen Teilung in Bayern, die hier Herzog Theodo einige Jahrzehnte später vornahm. Godepert residierte in Pavia, Perctarit in Mailand. In den bald zwischen den beiden entbrennenden Streit griff Herzog Grimoald von Benevent ein, der die Oberhand gewann: er konnte Godepert töten und Perctarit aus dem Land vertreiben; dieser floh zuerst zu den Awaren, später ins Frankenreich und nach England. Jetzt herrschte Grimoald als langobardischer König, allerdings blieben die traditionell agilolfingisch-langobardischen Herzogtümer Turin und Asti im Besitz der Anhänger der vertriebenen Dynastie. Als beim Tode Grimoalds im Jahre 671 Perctarit zurückkehrte, konnte er sich auch ohne Mühe gleich wieder im Land durchsetzen und im Jahre 680 seinen Sohn Cunincpert bereits zum Mitregenten erheben. Zu diesem Zeitpunkt geriet Herzog Alahis von Trient mit dem bayerischen Grafen von Bozen, der nach der Meinung Bognettis[39] auf Befehl seines Herzogs gegen ihn kämpfte, in Konflikt und schob dabei seine Grenze nach Norden vor. Das war jedoch offenbar nicht nur ein lokaler Grenzkonflikt, sondern bereits ein Zeichen der Rebellion des Herzogs von Trient gegen den langobardischen König, denn Perctarit selbst belagerte kurz darauf Alahis von Trient, wurde aber geschlagen und mußte seither eine relativ große Selbständigkeit des Trienter Herzogtums anerkennen. Nach dem Tode Perctarits erhob sich Alahis wenn auch ohne nachhaltigen Erfolg gegen dessen Sohn Cunincpert. Hinter den Kämpfen bei Bozen im Jahre 680 wird man also eine (allerdings mißglückte) Intervention der bayerischen Verwandten für den langobardischen König erblicken dürfen.

Wenige Jahrzehnte später war die bayerische Hilfe im Süden jedoch erfolgreicher. Bei seinem Tode im Jahre 700 hinterließ Cunincpert nur einen minderjährigen Sohn Liutpert, für den Ansprand die vormundschaftliche Regierung führte. Gegen ihn

[35] Irene HASELBACH, Aufstieg u. Herrschaft d. Karlinger in d. Darstellung d. sog. Ann. Mett. priores (Hist. Stud. 412) 1970, 86ff.

[36] Jörg JARNUT, Beitrr. z. den fränk.-bayer.-langobard. Beziehungen im 7. u. 8. Jh. (656–728) (ZBLG 39) 1976, 331–352, bes. 340f.

[37] Paulus Diac. V 36, S. 156.

[38] Die folgenden Ereignisse nach der Darstellung in der Historia Langobardorum des Paulus Diaconus, zur politischen Geschichte HARTMANN II, zu genealogischen Beziehungen WERNER, Adelsfamilien (s. o. 137 Anm. 5) 106ff., sowie sein dort erwähntes noch ungedrucktes Werk: Die Entstehung des Fürstentums, 7.–10. Jh. Stud. z. fränk. Reichsstruktur u. z. Gesch. des nichtkönigl. Herrschertums.

[39] BOGNETTI, S. Maria del Castelseprio (s. o. 135) 213.

rebellierte der der älteren agilolfingischen Linie angehörende Herzog Raginbert von Turin; nach dessen Tod setzte sein Sohn Aripert den Aufstand fort. Aripert blieb siegreich: Liutpert wurde getötet, Ansprand vertrieben. Etwa ins Jahr 702 fällt Ansprands Flucht, die ihn über Chur und Raetien nach Bayern führte, und obwohl ihn vermutlich keine verwandtschaftlichen Beziehungen mehr mit den bayerischen Agilolfingern verbanden, erhielt er dennoch von ihnen Unterstützung.[40] Er konnte sich, zusammen mit seinem Sohn Liutprand, zunächst neun Jahre lang in Bayern bei Herzog Theodo und dessen Sohn Theodebert aufhalten, und Theodebert leistete ihm auch 711/12 bei der Rückeroberung Italiens militärische Hilfe. Vor Pavia kam es zur Schlacht, die nach den Angaben des Paulus Diaconus mit einer Flucht der Bayern endete. Doch sprechen die Tatsachen eine andere Sprache: Aripert zog sich nach Pavia zurück und versuchte von dort aus ins Frankenreich zu fliehen; dabei ist er in einem Fluß ertrunken. Das läßt wiederum einen Schluß auf die damalige politische Konstellation zu, die nun merkwürdigerweise die Franken als die Verteidiger der älteren agilolfingischen Linie in Italien zeigt, während die bayerischen Agilolfinger den mit ihnen wohl nicht mehr verwandten Ansprand und seinen Sohn Liutprand unterstützten. Jedoch wurden sogleich neue verwandtschaftliche Beziehungen geknüpft, denn König Liutprand (712–744) heiratete Guntrut, die Tochter Herzog Theodos oder Theodeberts,[41] seiner bayerischen Helfer. Diese Vorgänge zeigen, wie das bayerische Herzogtum sich zur Vormacht im Südosten entwickelt, daß es in die inneren Verhältnisse des Langobardenreiches eingreift, im eigenen Interesse handelnd, ohne Rücksicht auf die Franken, im Gegensatz zu ihnen, deren Großmachtpolitik hier, nach Jarnut,[42] eine «indirekte Niederlage» erlitten hat.

d) *Herzogsreihe und Teilung.* Von dieser Zeit an können wir die hier genannten bayerischen Herzöge nun auch schon durch eine einheimische Überlieferung belegen. Das im Jahre 784 angelegte Verbrüderungsbuch von Sankt Peter in Salzburg gibt folgende «Reihe der gestorbenen Herzöge mit ihren Frauen und Kindern»:[43]

[40] Paulus Diac. VI 21, S. 172: «Ansprand floh nach Chiavenna; darauf kam er durch Chur, die Stadt der Raeter, zu Theudebert, dem Herzog der Bayern, und blieb neun Jahre bei ihm»; nach ZEISS, Quellensammlung (s. o. 99) nr. 24, Bd. 7, S. 49 hat Paulus Theodo und Theodebert nicht klar auseinandergehalten, und zu einer solchen Verwechslung mag er um so eher verleitet worden sein, als Herzog Theodo anläßlich einer Erkrankung, vermutlich 711/12, seinen ältesten Sohn Theodebert mit seiner Vertretung beauftragt hat: Brev. Not. c. 3, S. A 4; daß nach dieser Intervention eine große Zahl bayerischer Hilfstruppen im Langobardenreich ansässig blieb, sucht BOGNETTI, S. Maria del Castelseprio (s. o. 135) 268 und Ders., Milano longobarda (s. o. 136) 261 f. zu zeigen.

[41] Paulus Diac. VI 43, S. 179f. führt sie als Tochter Theodeberts an.

[42] JARNUT, Beziehungen (s. o. 157 Anm. 36) 346.

[43] Liber confraternitatum col. 62 (hg. v. Sigm. HERZBERG-FRÄNKEL, MGH Necr. 2) 1904, 26. Die Einträge auf fol. 20 des Verbrüderungsbuches sind von dem vor 784 anzusetzenden Schreiber H 1 geschrieben worden: Das Verbrüderungsbuch v. St. Peter in Salzburg. Vollständ. Faksimile-Ausgabe ... mit einer Einführung v. Karl FORSTNER (Codices selecti phototypice impressi 51) 1974; vgl. Karl FORSTNER, War Virgil d. Schreiber des Verbrüderungsbuches? (1200 Jahre Dom z. Salzburg) 1974, 26–30.

Karl Bosl

Franken um 800

Strukturanalyse einer fränkischen Königsprovinz. 2., erweiterte Auflage. 1969. XII, 210 Seiten. Mit 6 Kartenskizzen im Text und einer Kartenbeilage. Leinen DM 36,–

«Ein bedeutsames Buch zur Geschichte und Kultur des fränkischen Raumes ... Mögen sich Bosls Untersuchungen auch erst einmal an den Historiker wenden, so bieten sie doch für den geschichtlich interessierten Laien ... wertvolle Anregungen ... hier wird das Modell einer Gesellschaftsstruktur entwickelt, das über den Rahmen der Landesgeschichte hinaus wesentliche Erkenntnisse zur gesamtdeutschen Gesellschaftsgeschichte vermittelt.»
Neue Bücherei

München um 1800

Die Häuser und Gassen der Stadt

Gezeichnet und beschrieben von Johann Paul Stimmelmayr. 1980. Herausgegeben von Gabriele Dischinger und Richard Bauer. XIX, 280 Seiten mit 136 ganzseitigen Abbildungen, davon 5 farbig. Leinen DM 48,–

«Ein ungewöhnliches Buch ... Stimmelmayr erfaßt zu Beginn des 18. Jahrhunderts ganz exakt die zeitgenössische Bausubstanz.»
Münchner Merkur

Industriekultur Nürnberg

Eine deutsche Stadt im Maschinenzeitalter

Herausgegeben von Hermann Glaser, Wolfgang Ruppert und Norbert Neudecker. 1980. 375 Seiten mit 299 Abbildungen im Text und 29 farbigen Abbildungen auf 15 Tafeln. Leinen DM 94,–

«Die Vergegenwärtigung der Kulturgeschichte Nürnbergs von der Mitte des 19. Jahrhunderts bis zum Ende des Ersten Weltkriegs, die Verlebendigung jener Zeit also, die heute intensiver nachwirkt als die immer wieder beschworene mittelalterliche Stadt und deren romantische Wiederaufbereitung.» *Nürnberger Zeitung*

Nürnberg · Geschichte in Bilddokumenten

Herausgegeben von Gerhard Pfeiffer unter Mitarbeit von Wilhelm Schwemmer. 3. Auflage. 1977. 120 Seiten Text und 359 Abbildungen auf 220 Tafeln, davon 10 farbig. Leinen DM 88,–

«Es macht den besonderen Wert des hervorragend zusammengestellten Bandes aus, das Leben in einer Stadt des Mittelalters und der beginnenden Neuzeit sichtbar zu machen.» *Stuttgarter Zeitung*

Würzburg · Geschichte in Bilddokumenten

Herausgegeben von Alfred Wendehorst. 1981. 251 Seiten Text und 385 Abbildungen, darunter 15 in Farbe. Subskriptionspreis bis 31. 1. 1982 Leinen DM 98,– (Normalpreis DM 118,–)

Erstmals wird hier eine zusammenhängende Geschichte der alten Bischofs- und Universitätsstadt Würzburg vorgelegt, deren wissenschaftlich fundierte Texte zusammen mit dem reichen Bildmaterial eine mehr als 1200jährige Entwicklung dokumentieren.

Regensburg · Geschichte in Bilddokumenten

Herausgegeben von Andreas Kraus und Wolfgang Pfeiffer. 1979. 191 Seiten Text und 455 Abbildungen auf 239 Tafeln, davon 16 in Farbe. Leinen DM 94,–

«Ein historisches Panorama von einzigartiger Reichhaltigkeit, an dem sich die wechselvollen Schicksale eines fast zwei Jahrtausende alten Stadtorganismus ablesen lassen.» *Unser Bayern*

Augsburg · Geschichte in Bilddokumenten

Herausgegeben von Friedrich Blendinger und Wolfgang Zorn unter Mitwirkung von Josef Bellot, Elfriede Blendinger, Bruno Bushart und Leo Weber, mit Unterstützung von Stadtrat Arthur Vierbacher. 1976. 204 Seiten Text mit 401 Abbildungen auf 224 Tafeln, davon 14 in Farbe. Leinen DM 88,–

Ingolstadt

Die Herzogstadt · Die Universitätsstadt · Die Festung

Herausgegeben von Theodor Müller und Wilhelm Reissmüller in Zusammenarbeit mit Siegfried Hofmann. Zwei Bände in Schuber. 1974. 931 Seiten mit 376 Abbildungen, davon 93 in Farbe. Leinen DM 480,– (Verlag Donau Courier, Ingolstadt. In Kommission bei C. H. Beck)

«Hervorragende Fachleute arbeiten die drei großen historischen Perioden der Stadtgeschichte in methodisch vorzüglicher Verzahnung der jeweiligen Betrachtungsweise heraus; es ist tatsächlich eine Ganzheit, die dabei entsteht.» *Süddeutsche Zeitung*

Walter Ziegler

Studien zum Staatshaushalt Bayerns in der zweiten Hälfte des 15. Jahrhunderts

Die regulären Kammereinkünfte des Herzogtums Niederbayern 1450–1500 XV, 547 Seiten mit 50 Tabellen, 38 Zeichnungen, 5 Karten und 3 Handschriftenproben. Leinen DM 305,–

In seinem Werk untersucht der Autor Höhe und Herkunft der Finanzen der niederbayerischen ‹reichen› Herzöge im 15. Jahrhundert; er legt dazu alle erreichbaren Quellen vor, wertet sie in Höhe und Struktur aus und gibt dadurch Einsicht in die finanziellen Grundlagen Niederbayerns.

Museen und Sammlungen in Bayern

Ein Führer zu den kunst- und kulturhistorischen Museen, Schlössern und Gärten, technischen und naturkundlichen Museen. Herausgegeben vom Bayerischen Nationalmuseum. 311 Seiten mit 106 Abbildungen, davon 16 farbig. Kartoniert DM 28,–

Wolfgang Braunfels

Die Kunst im Heiligen Römischen Reich

In acht Bänden

Unter Mitarbeit von Eckart Bergmann, Irena du Bois-Reymond, Christine Hoh-Slodczyk, Eva Horváth, Ernst Wolfgang Huber, Ingrid Kessler-Wetzig, Klaus Kratzsch

Band I

Die weltlichen Fürstentümer

1979. 424 Seiten mit 358 Abbildungen

Band II

Die geistlichen Fürstentümer

1980. 450 Seiten mit 380 Abbildungen

Band III

Reichsstädte, Grafschaften, Reichsklöster

1981. Etwa 470 Seiten mit 374 Abbildungen

Einzelpreis: pro Band DM 118,–

Subskriptionspreis bei Abnahme des achtbändigen Gesamtwerks Band I–III je DM 98,–

«Schon die klare Disposition des opus magnum zeigt die Überlegenheit, die Räume, Themen, Fakten, Situationen und Bauten ordnet und nach ausgereiften Erkenntnissen zusammenstellt und ausrichtet. Diese gesamtdeutsche und in alle Teile des ehemaligen Deutschen Reiches vordringende und erhellende Geschichte der Kunst wurde bisher von niemand unternommen. Und Braunfels meistert sie im Text und in dem ausgezeichneten Bildmaterial, zu dem Karten, Übersichtstabellen und Grundrisse treten.»

Bayerischer Landesverband für Heimatpflege / Schönere Heimat

Karl Bosl

Die Geschichte der Repräsentation in Bayern

Landständische Bewegung, Landständische Verfassung, Landesausschuß und altständische Gesellschaft.

1974. XI, 294 Seiten mit 3 Abbildungen im Text und 15 Abbildungen auf 12 Tafeln. Leinen DM 48,–

«... eine Darstellung der Entwicklung, Bedeutung und Wirkung der Landstände in Altbayern seit dem ausklingenden 18. Jahrhundert. Bosls ... Leitgedanke, die Repräsentation des ‹armen Mannes› und Untertanen durch die *Potentes* als die Geschichte des politisch handelnden Volkes zu sehen, ist konsequent durchgeführt. Gerade diese Verschränkung von Verfassung und Gesellschaft gibt dem Buch in der ausufernden Diskussion um ständische Bewegungen und Repräsentativverfassungen im alten Europa seinen besonderen Rang, der es zu einem Standardwerk macht.» *Das historisch-politische Buch*

Karl Otmar Freiherr von Aretin

Bayerns Weg zum souveränen Staat

Landstände und konstitutionelle Monarchie 1714–1818. 1976. 288 Seiten. Leinen DM 58,–

«Die Arbeit knüpft in manchem an Karl Bosls Geschichte der bayerischen Landstände an, da der Verfasser auch die Wandlungen des ständischen Prinzips in der Diskussion nach der Niederlage Napoleons behandelt ... Das Buch ist ein wesentlicher Beitrag zur Vorgeschichte und historischen Entwicklung der Verfassung von 1818, zumal er auch das Problem des Verhältnisses Bayerns zum Reich bzw. Deutschen Bund mit berücksichtigt.»

Der Schlern,
Zschr. für südtiroler Landeskunde

Eckart Schremmer

Die Wirtschaft Bayerns

Vom hohen Mittelalter bis zum Beginn der Industrialisierung. Bergbau, Gewerbe, Handel.
1970. XXIV, 780 Seiten mit 8 Abbildungen und 1 Falttabelle im Text und 9 Karten. Leinen DM 128,–

«Schremmer hat eine Geschichte der Wirtschaft Bayerns bis ins frühe 19. Jahrhundert geschrieben, die nicht nur ein Handbuch, geschweige denn nur eine Kompilation ist. Hier liegt eine Pionierleistung vor, ein Werk, das zu seinem größten Teil unmittelbar auf die Quellen zurückgeht. Der Blick richtet sich auf Unternehmungen wie die Salzgewinnung, den Bergbau, Handwerks- und Industriebetriebe und den Handel. Schremmer vermittelt neue Einsichten in die Ausbreitung von handwerklichen Betrieben über das Land seit dem Dreißigjährigen Krieg.»

International Review of Social History

Eckart Schremmer

Technischer Fortschritt an der Schwelle zur Industrialisierung

Ein innovativer Durchbruch mit Verfahrenstechnologie bei den alpenländischen Salinen.
101 Seiten mit 25 Abbildungen. Paperback DM 17,80

Neue Technologien leiteten im 18./19. Jahrhundert die industrielle Revolution und die damit verbundene Änderung der Gesellschafts- und Wirtschaftsordnung ein. Die Arbeit Eckart Schremmers zeigt – am Modell der alpenländischen Salinen –, auf welche Weise, mit welchem Erfolg, aber auch mit welchen Risiken für die Umwelt hier technischer Fortschritt eingeführt wurde.

Als kartonierte Sonderausgabe liegt vor:

Max Spindler (Hrsg.)
Bayerische Geschichte im 19. und 20. Jahrhundert 1800–1970

Ungekürzte Sonderausgabe von Band IV des Handbuchs der bayerischen Geschichte. 1978. XLVI, 1398 Seiten. Zwei Bände in Kassette. Kartoniert DM 174,–

Kurt Reindel
Bayern im Mittelalter

1970. 163 Seiten. Mit 22 Abbildungen auf 16 Tafeln und einer Karte. DM 19,80 (Edition Beck)

«Das Werk ... ist in seinem Genre einfach als mustergültig zu bezeichnen: Überall spürt man die außerordentlich solide Grundlage im Fachwissenschaftlichen heraus, ebenso positiv berühren die klare und einprägsame Sprache und die sichere Auswahl der gelegentlich recht umfangreichen Quellenstellen.»
Blätter für deutsche Landesgeschichte

Andreas Kraus
Bayerische Geschichtswissenschaft in drei Jahrhunderten

Gesammelte Aufsätze. 1979. 268 Seiten. Leinen DM 58,–

«Der Schwerpunkt dieser Versuche liegt im Zeitalter des Barock wie der Aufklärung, die beide in Bayern besonders dicht ineinander verflochten sind. Im besonderen zeichnet sich das Jahrhundert zwischen Humanismus und Aufklärung aus durch die einzigartige Energie seines Ringens um die wissenschaftliche Methode, in der Geschichte nicht anders als in den Naturwissenschaften. Dieser Aspekt wird bei der Betrachtung dieses Zeitalters vor allem bedacht.»
Zeitschrift für bayerische Landesgeschichte

Friedrich Merzbacher
Die Hexenprozesse in Franken

2., erweiterte Auflage. 1970. XII, 258 Seiten und 3 Abbildungen. Leinen DM 48,–

«Kultur- und sozialgeschichtliche Perspektiven vereinigt der Rechtshistoriker Friedrich Merzbacher mit territorialstaatlichen und rechtsgeschichtlichen Problemstellungen in seiner ausgezeichneten Darstellung der Hexenprozesse in Franken ...»
Geschichte in Wissenschaft und Unterricht

Erich Zöllner
Geschichte der Franken bis zur Mitte des sechsten Jahrhunderts

Auf der Grundlage des Werkes von Ludwig Schmidt unter Mitwirkung von Joachim Werner neu bearbeitet von Erich Zöllner. 1970. VII, 278 Seiten mit einer Tafel. Leinen DM 58,–

Ludwig Pauli

Die Alpen in Frühzeit und Mittelalter

Die archäologische Entdeckung einer Kulturlandschaft

2., durchgesehene Auflage. 1981.
344 Seiten mit 174, teils farbigen Abbildungen. Leinen DM 48,–

«... eine nach Konzeption wie Darstellung gleichermaßen gelungene und zugleich originelle Veröffentlichung, zu der sich im Augenblick nichts Vergleichbares findet. Zum einen entstand eine kenntnisreiche Darstellung, die dem Fachmann vielerlei Anregungen und eine treffliche Überschau bietet. Darüber hinaus war es jedoch das besondere Bemühen des Autors, auch ein breiteres, archäologisch interessiertes Publikum anzusprechen, um es mit der besonderen Arbeitsweise des Archäologen vertraut zu machen und ihm etwas von der Faszination dieser Wissenschaft zu vermitteln.» *Frankfurter Allgemeine Zeitung*

Klassizismus in Bayern, Schwaben und Franken

Architekturzeichnungen 1775–1825

Im Auftrag des Münchner Stadtmuseums hrsg. v. Winfried Nerdinger. VIII, 448 Seiten mit 335 Abbildungen, davon 18 Farbtafeln. Kartoniert DM 36,– (Empfohlener Preis)

Anhand von Architekturzeichnungen zu Bauten und Projekten aus verschiedenen Regionen des heutigen Bayern, die in den ersten Jahrzehnten des 19. Jahrhunderts zu einer Einheit zusammenwachsen, wird die Architekturentwicklung von 1775 bis 1825 dargestellt.

Im Verlag C.H. Beck erscheinen außerdem die Reihen ‹Münchner Beiträge zur Vor- und Frühgeschichte›, ‹Quellen und Erörterungen zur bayerischen Landesgeschichte›, die ‹Dokumente zur Geschichte von Staat und Gesellschaft in Bayern› (in Kommission), sowie die ‹Zeitschrift für Bayerische Landesgeschichte› und die ‹Bayerischen Vorgeschichtsblätter›. Über diese Publikationen informieren die Kataloge ‹Geschichte und Zeitgeschichte› und ‹Altertumswissenschaft und Alte Geschichte›, die der Verlag gern auf Anforderung zuschickt (Verlag C.H. Beck, Postfach, 8000 München 40).

Achtung!
Falsche Preisangabe auf Seite 3 dieses Prospekts:
Spindler (Hrsg.), **Bayerische Geschichte im 19. und 20. Jahrhundert**
Kartoniert nur DM 74,–

Preisänderungen vorbehalten.

Überreicht von

P 2225

Theoto Folchaid
Theotpert
Crimolt Pilitrud
Theodolt Uualtrat
Tassilo
Hucperht Rattrud
Otilo

Das ist die sicherste Aufzeichnung, von der jede Kombination über die *Genealogie der Agilolfinger* auszugehen hat; alle Versuche, nach rückwärts einen gesicherten Anschluß an die im sechsten und im Anfang des siebten Jahrhunderts erwähnten bayerischen Herrscher zu finden, Versuche, die bereits in den Salzburger Annalen des zwölften Jahrhunderts einsetzten, befriedigen nicht.[44] Der an der Spitze stehende Theodo ist wohl der gleiche, den Arbeo von Freising in seinen Lebensbeschreibungen der hl. Korbinian und Emmeram im Zusammenhang mit den beiden Glaubensboten erwähnt; ebenso erfolgt die Ankunft des hl. Rupert in Bayern zu einem Zeitpunkt, als hier ein Herzog Theodo herrschte. Heute ist man in der Forschung überwiegend geneigt, alle drei Nennungen auf den gleichen Herrscher zu beziehen.[45] Allerdings muß man annehmen, daß dann zwei Kinder des Herzogs im Ordo nicht aufgeführt worden sind, Uta und Lantpert, das Geschwisterpaar, das mittelbar und unmittelbar Ursache für die Tötung Emmerams (s. u. 196f.) war; aber es ist denkbar, daß die beiden auf Grund ihrer Untat hier nicht genannt worden sind.[46] Eine andere Schwierigkeit besteht darin, daß Hermann von Niederalteich eine Grabschrift aus Sankt Michael im Lungau anführt, in der die Gemahlin Herzog Theodos Gleisnot genannt wird.[47] Das ist mit der im Verbrüderungsbuch genannten Folchaid nicht in Übereinstimmung zu bringen, aber weder für die Vermutung, daß wir es mit einer zweiten Ehe Theodos zu tun haben, noch für die Annahme, daß es sich um einen früheren Herzog gleichen Namens handelt,[48] haben wir wirkliche Beweise. Auch die weiter erwähnten Namen sind fast alle aus anderen Quellen zu belegen. Theodebert wird im

[44] Arnold I 1, S. 549 trennt allerdings den Theodo Emmerams und den Corbinians, und Ekkehards Auctarium Altahense (hg. v. Philipp JAFFÉ, MGH SS 17) 1861, 360 unterscheidet vier Theodonen; einen Überblick über den allmählichen «Ausbau» der Dynastie gibt SEPP, Herzoge (s. o. 135).

[45] Vgl. ZIBERMAYR 102f.; KLEBEL, Theodo (s. o. 136).

[46] KLEBEL, Theodo (s. o. 136) 177 bzw. 188 vermutet eine zweite Ehe; Paulus Diac. IV 46, S. 135 erwähnt ein «gefangen gehaltenes aber dennoch adliges Mädchen, dessen Name Ita war», die Grimoald (663–672) heiratete; Jos. WIDEMANN, Kleine Beitrr. z. älteren Gesch. Baierns III: Emmeram (OA 59) 1915, 5ff., bes. 7 setzt sie mit Uta gleich; vgl. RIEZLER I 1, 184 Anm. 1.

[47] Ekkehard, Auctarium Altahense (s. o. Anm. 44) 360, von einer Hand des 13. Jhs. zur Nachricht von der Einwanderung der Bajuwaren im Jahre 508 vermerkt: «In ecclesia s. Michahelis in Longeweu inventum fuit sepulchrum, et in lapide superposito scriptum fuit, quod ibi sepultus fuerit Theodo dux et uxor eius domina Gleisnot. Set quis Theodo ex quatuor Theodonibus fuerit, ignoratur»; vgl. Österr. Kunsttopographie 22, 1929, 62; Der 11. Dezember als Todestag Theodos im Nekrolog v. Nonnberg zum 11. Dez. (hg. v. Sigm. HERZBERG-FRÄNKEL, MGH Necr. 2) 1904, 74.

[48] STÖRMER, Adelsgruppen (s. o. 136) 18 Anm. 18.

Indiculus Arnonis, in den Breves Notitiae und bei Paulus Diaconus erwähnt; seine Gemahlin war nach jüngeren Salzburger Aufzeichnungen eine Regintrud.[49] Nach einer Urkunde Erzbischof Konrads I. aus dem Jahre 1117 hat eine Regintrud regina Besitz in Tittmoning an das Kloster Nonnberg, das Regintrud auch als seine fundatrix bezeichnet,[50] geschenkt.[51] Da hier nach den Aufzeichnungen des Indiculus Arnonis und der Breves Notitiae ebenfalls Theodebert schenkte,[52] hat man vermutet, daß Regintrud seine Frau[53] oder seine Mutter[54] gewesen sei. Auch über ihre Herkunft bestehen unterschiedliche Meinungen; sie wurde für eine Tochter Dagoberts,[55] aber auch für eine Tochter des Pfalzgrafen Hugobert[56] angesehen, in welch letzterem Fall die Verschwägerung mit Pippin einen Hinweis auf einen Ausgleich zwischen Agilolfingern und Pippiniden geben, vielleicht auch eine Erklärung für das in diese Zeit fallende Wirken Ruperts in Bayern sein könnte.[57] Da der Vater dem Theodebert während der Zeit seiner Krankheit die Herrschaft anvertraute, scheint er der Älteste gewesen zu sein.[58] Auch die beiden folgenden Namen sind aus unabhängiger Überlieferung bekannt: Grimoald und Pilitrud sind das in der Vita Corbiniani genannte Freisinger Herzogspaar.[59] Die gleiche Pilitrud war vorher mit dem Bruder Grimoalds, Theodolt, verheiratet, der bei Arbeo als Theodoalt[60] erscheint. Im Verbrüderungsbuch wird jedoch Theodolts Frau nicht Pilitrud, sondern Waltrat genannt, so daß man auch hier an eine frühere Ehe denken muß, oder aber, daß der Name der Waltrat um eine Zeile zu hoch geraten ist und eigentlich zu Tassilo gehört.[61] Störmer hält Waltrat für eine Schwester Theodolts,[62] rechnet sie an anderer Stelle aber wieder zu den Agilolfingergemahlinnen,[63] und sucht für sie und Folchaid genealogische Beziehungen zum mittelrheinischen Gebiet, für Folchaid Verbindungen zu den Ru-

49 HUBER, Gesch. (s. u. 177) II 23 f.

50 Nekrolog v. Nonnberg zum 26. Mai (s. o. 159 Anm. 47) 69: «regina et fundatrix nostri monasterii».

51 UB Salzb. II nr. 119, S. 187 f.

52 Ind. Arn. c. 2, S. 6; Brev. Not. c. 5, S. A 6 f.

53 Herb. KLEIN, Salzburg an d. Slawengrenze (Südostdeutsches Arch. 11) 1968, 1–14, bes. 9 f.; Herwig WOLFRAM, Der hl. Rupert u. die antikaroling. Adelsopposition (MIÖG 80) 1972, 4–34, bes. 16; JARNUT, Beziehungen (s. o. 157 Anm. 36) 341 ff.

54 Ed. HLAWITSCHKA, Merowingerblut bei den Karolingern? (Festschr. Gerd Tellenbach) 1968, 66–91, bes. 77 f.; ECKHARDT, Merowingerblut (s. o. 137 Anm. 11) 107 ff. und 151 ff.; STÖRMER, Adelsgruppen (s. o. 136) 21 ff.

55 So ECKHARDT, Merowingerblut (s. o. 137 Anm. 11) 106 ff.; WOLFRAM, Rupert (s. o. Anm. 53) 16 und STÖRMER, Adelsgruppen (s. o. 136) 21 Anm. 42.

56 So HLAWITSCHKA, Merowingerblut (s. o. Anm. 54) 77 ff. und JARNUT, Beziehungen (s. o. 157 Anm. 36) 341 ff.

57 JARNUT, Beziehungen (s. o. 157 Anm. 36) 343 f.

58 Brev. Not. c. 3, S. A 4.

59 Arbeo, vita Corb. c. 15 und 23–26, S. 203 ff. und 214–218.

60 Arbeo, vita Corb. c. 24, S. 215; Herzog Theodbald mit Todestag 15. Oktober in einem Regensburger Nekrolog (hg. v. Franz Ludw. BAUMANN, MGH Necr. 3) 1905, 369.

61 So KLEBEL, Theodo (s. o. 136) 166 bzw. 174.

62 STÖRMER, Früher Adel (s. o. 136) 38 Anm. 29; man sollte allerdings nicht übersehen, daß in der Überschrift ausdrücklich von Ordo ducum defunctorum cum coniugibus et liberis die Rede ist.

63 STÖRMER, Adelsgruppen (s. o. 136) 19 ff.; zur gens nobilis Ayglolfinga: Mich. GOCKEL, Karoling. Königshöfe am Mittelrhein (Veröffentl. d. Max-Planck-Inst. f. Gesch. 31) 1970, 289 ff.

pertinern zu erweisen. Von diesem Sohn Theodos, Tassilo II., hat man außer der Notiz im Salzburger Verbrüderungsbuch keinen weiteren Beweis für seine Existenz. Der folgende Hucbert ist als ein Sohn Theodeberts bekannt,[64] während für Odilo eine Abkunft sowohl von Hucbert als auch von Tassilo II. vermutet, von keinem aber bewiesen worden ist.[65]

Herzog Theodo trat kurz vor dem Ende seines Lebens, vermutlich 715 oder 716, eine Romreise an. In Aufnahme einer bei den Germanen verbreiteten Tradition[66] hat er vorher sein Herzogtum unter seine Söhne geteilt, ein bedeutsamer, leider jedoch nicht näher überlieferter Vorgang. Es ist nicht klar, ob die so geschaffenen Teilherzogtümer völlig unabhängig werden oder weiterhin einem «Oberherzog» unterstehen sollten. Nach dem Bericht bei Arbeo[67] hat er sein Land in vier Teile geteilt; da das Salzburger Verbrüderungsbuch auch die Namen von vier Söhnen überliefert, kann man vermuten, daß Theodo sich selbst die Oberhoheit vorbehalten hat, da ihm ja sonst keine eigene Herrschaft zugestanden wäre. Auch über die Abgrenzung und die Hauptorte der einzelnen Teilreiche erfahren wir nichts, und man kann nur vermuten, daß sich die Grenzen an die bei dem Rombesuch geplante Bistumsorganisation des Landes anlehnten.[68] Vorausgesetzt daß diese von Bonifatius übernommen wurde, käme man auf Regensburg, Freising, Passau und Salzburg als die Zentren der vier Herzogtümer. Den aus der Vita Corbiniani bekannten Grimoald finden wir in Freising wieder, für alles andere aber bleiben nur Vermutungen: die Verbindung Theodeberts mit Italien ebenso wie seine zahlreichen, der Salzburger Kirche gemachten Schenkungen könnten ihn am ehesten nach dem Süden des Landes, nach Salzburg weisen.[69] Eine dunkle Stelle in der Willibalds Vita des Bonifatius, der die Thüringer an ein ihnen von einem Theotbald zugefügtes Unglück erinnert, veranlaßte Quitzmann,[70] diesen in den Nordgau (also wohl nach Regensburg unter seinen Vater Theodo) zu versetzen und damit Tassilo Passau und den Osten anzuweisen.[71] Doch ist der hier genannte Theotbald wohl eindeutig nach Thüringen zu lokalisieren.[72] Nun ist Theodos Teilung schon deshalb nicht politisch wirksam geworden, weil drei seiner Söhne, Theodebert, Theodebald und Tassilo, anscheinend bald gestorben sind. Nur einer der drei, Theodebert, hat einen Sohn namens Hucbert gehabt, der dem Vater in der Herrschaft nachfolgte.[73] Neben ihm dürfte weiterhin Grimoald regiert

[64] Ind. Arn. c. 3, S. 6.

[65] SEPP, Herzoge (s. o. 135) Beilage V und S. 17 hält ihn für einen Sohn Hucberts, RIEZLER I 1, 154 für einen Sohn Tassilos II.

[66] Hans-Walt. KLEWITZ, Germ. Erbe im fränk. u. deutschen Königtum (Die Welt als Gesch. 7) 1941, 201–216; MITTEIS 41 f.; zur langobardischen Herrschaftsteilung oben S. 157.

[67] Arbeo, vita Corb. c. 15, S. 203.

[68] Papst Gregor II., Litterae decretales c. 3 (s. u. 226 Anm. 2) 452: «Daß ihr die Entfernungen zwischen den Orten beachtet, gemäß der Herrschaft der einzelnen Herzöge Bistümer einteilt und für die einzelnen Bischofssitze die ihnen zu unterstellenden Sprengel abgrenzt.»

[69] ZIBERMAYR 126 f.

[70] Ernst Ant. QUITZMANN, Die älteste Gesch. d. Baiern bis zum Jahre 911, 1873, 228 f.

[71] Zu Tassilo Sigm. HERZBERG-FRÄNKEL, Über d. älteste Verbrüderungsbuch v. St. Peter in Salzburg (NA 12) 1886, 53–107, bes. 66.

[72] Vita Bonif. c. 6, S. 32, dazu Anm. 4 mit Verweis auf eine verschollene Inschrift des 9. Jhs., die einen Theotbaldus dux erwähnt; SEPP, Herzoge (s. o. 135).

[73] Ind. Arn. c. 3, S. 6.

haben, so daß wir mit einer Zweiteilung des bayerischen Herzogtums rechnen müssen; allerdings ist damit nicht die Angabe der Vita Corbiniani Arbeos zu vereinen, der von Grimoald als dem «princeps totius gentis» spricht.[74] Daß aber dennoch zwei Herrschaftszentren im damaligen Bayern bestanden haben müssen, sieht man auch an der Feindschaft zwischen Hucbert und seinem Onkel Grimoald, die sowohl die Langobarden als auch die Franken zum Eingreifen in Bayern veranlaßte. Der mit Herzog Hucbert verschwägerte Langobardenkönig Liutprand (er war mit Hucberts Schwester oder Tante Guntrut verheiratet) nahm zu Beginn seiner Regierung den Bayern, also wohl dem Herrschaftsbereich Grimoalds, mehrere befestigte Orte weg.[75] Daß es sich dabei um Orte in Südtirol handelt, sehen wir daraus, daß Corbinian (s. u. 202 ff.) sich auf der Flucht vor der Frau des Herzogs Grimoald nach Mais bei Meran wenden kann.[76] Jarnut[77] ist der Ansicht, daß Corbinian, auf seiner Romreise von Liutprand ehrenvoll empfangen, von diesem in seinen kirchenrechtlichen Bedenken gegen die Ehe Grimoalds bestärkt worden sein könnte, damit dieser sich durch die dadurch ausgelösten Wirren Gelegenheit zum Eingreifen in Bayern verschaffte. Das Endergebnis dieses von etwa 680 bis 725 sich erstreckenden Zeitabschnitts ist also eine *Zweiteilung Bayerns,* sind innere Spannungen, die den Feind ins Land locken, und die namentlich den Franken willkommen sind, die nach einer Periode innerer Schwäche jetzt wieder stärker hervortreten und zum Aufstieg ansetzen, insbesondere in der Persönlichkeit des tatkräftigen Karl Martell.

e) *Bayern und das Frankenreich von 725–748.* Unter der Regierung Pippins (gest. 714) waren alle Versuche gescheitert, östlich des Rheins politisch wieder Fuß zu fassen; vier Feldzüge, die der Hausmeier von 709 bis 712 gegen die Alemannen unternahm, brachten keinen Erfolg. Erst als sich *Karl Martell* die Herrschaft erkämpft hatte, konnte er Alemannien, wo insbesondere das Kloster Reichenau unter Pirmin ein Zentrum fränkischen Einflusses wurde, näher an das Frankenreich heranziehen. Jedenfalls mußte Herzog Lantfrid es dulden, daß Karl im Jahre 725 durch sein Land einen Vorstoß nach Bayern unternahm, wo dem Franken die inneren Spannungen eine günstige Gelegenheit zum Eingreifen eröffneten. Von diesem ersten Heereszug nach Bayern brachte Karl Martell nicht nur große Schätze, sondern auch die Herzogin Pilitrud und deren Nichte Swanahilt mit heim.[78] Vielleicht war Pilitrud ihm freiwillig gefolgt;[79] von ihrer Nichte Swanahilt erhielt Karl einen Sohn namens Grifo.[80] Nach der Vermutung Störmers[81] entstammte Pilitrud der Ehe Theodeberts und Regintruds, während Jarnut[82] sich darüber hinaus um den Nachweis bemüht, daß ein

[74] Arbeo, vita Corb. c. 23, S. 214.

[75] Paulus Diac. VI 58, S. 187.

[76] Arbeo, vita Corb. c. 30, 33 und 37f., S. 223f. und 226; zu den hier erwähnten partes Vallenensium STOLZ, Gerichte (s. o. 145 Anm. 63) 95; zu den Romanen HEUBERGER, Natio Noricorum (s. o. 135) 12f.; zur Unterscheidung von Innetini (Engadin) und Vallenenses (Inntal) WOPFNER 385f.

[77] JARNUT, Beziehungen (s. o. 157 Anm. 36) 348f.

[78] Fredegar, Cont. c. 12 (108) S. 175.

[79] Arbeo, vita Corb. c. 31, S. 224.

[80] Ann. Einh. (zu 741) 3.

[81] STÖRMER, Adelsgruppen (s. o. 136) 21ff.

[82] Jörg JARNUT, Untersuchungen z. Herkunft Swanahilds, der Gattin Karl Martells (ZBLG 40) 1977, 245–249.

Bruder Pilitruds Tassilo II. gewesen sei, aus dessen Ehe mit Irmina von Oeren Swanahilt hervorging.[83] Für Karl war allerdings noch ein zweiter Feldzug nach Bayern nötig, der 728 stattfand,[84] und vielleicht geschah es bei dieser Gelegenheit, daß Herzog Grimoald einem Meuchelmord zum Opfer fiel.[85] Die Dynastie Grimoalds scheidet damit völlig aus der Herrschaft über Bayern aus, und Hucbert scheint von diesem Zeitpunkt an über ganz Bayern geherrscht zu haben; jedenfalls rief er sogleich Corbinian ins Land zurück.[86] Man nimmt allgemein an, daß Hucbert unter fränkischer Oberhoheit regiert habe,[87] doch ein wirklicher Beweis dafür fehlt. Man darf auch nicht übersehen, daß Hucbert mit dem mächtigen Langobardenkönig Liutprand verschwägert war, bei dem er gegen allzu starken fränkischen Druck wohl Unterstützung gefunden hätte. Wir werden diese ganzen Vorgänge wohl mehr in den Rahmen dynastischer Verbindungen und persönlicher Lehensverhältnisse stellen müssen, so auch die vermutete Teilnahme bayerischer Adliger an den Kämpfen Karl Martells gegen die Araber, die man aus den an Bayern ausgetanen Lehen in der Gegend von Auxerre erschließt.[88] Nach der auf Aventin zurückgehenden Vermutung habe Bayern ebenso wie im Süden an die Langobarden so auch im Nordwesten an die Franken eine territoriale Einbuße erlitten: mit den beiden Königshöfen Ingolstadt und Lauterhofen sei durch Karl Martell der ganze westliche Nordgau von Bayern abgetrennt worden, etwa vom Umfang der späteren Diözese Eichstätt. Dadurch hätten die Franken eine strategisch wichtige Straße nach Bayern, einen wichtigen Donauübergang beherrscht und von hier aus sehr rasch auf die Hauptstadt Regensburg vorstoßen können. Doch ist nach den Forschungen von Kraus diese Abtrennung wohl erst 743 erfolgt.[89]

Der Nachfolger des um 736 gestorbenen[90] Hucbert war *Odilo,* dessen Verwandtschaftsverhältnis zu seinem Vorgänger ungeklärt ist. Zöllner[91] hat nachzuweisen versucht, daß Odilo ein Sohn Herzog Gottfrieds von Alemannien und damit ein Bruder des alemannischen Herzogs Lantfried gewesen sei. Die von Eckhardt[92] darüber hinaus angeführte Vermutung, Gottfried sei mit einer Tochter Herzog Theodos verheiratet gewesen, wird von Störmer[93] abgelehnt, der jedoch noch weitere Gründe für

[83] Zu ihr auch HLAWITSCHKA, Merowingerblut (s. o. 160 Anm. 54) 79ff.

[84] Ann. s. Amandi (zu 728) (hg. v. Gg. Heinr. PERTZ, MGH SS 1) 1826, 8.

[85] Arbeo, vita Corb. c. 31, S. 223.

[86] Arbeo, vita Corb. c. 32, S. 224; zur Herrschaft Hucberts auch Ind. Arn. c. 3, S. 6, Brev. Not. c. 6, S. A 7 und die Vita Bonif. c. 6, S. 35f.

[87] Etwa RIEZLER I 1, 153.

[88] Joach. WOLLASCH, Das Patrimonium beati Germani in Auxerre. Ein Beitr. z. Frage d. bayr.-westfränk. Beziehungen in d. Karolingerzeit (Forsch. z. oberrhein. Landesgesch. 4) 1957, 185–224; WERNER, Adelsfamilien (s. o. 137 Anm. 5) 110f.

[89] DACHS, Oberpfalz; hingegen KRAUS, Marginalien (s. o. 149 Anm. 92) 170.

[90] Das ist daraus zu erschließen, daß eine Urkunde aus dem Jahre 748 das zwölfte Regierungsjahr für Hucberts Nachfolger Odilo angibt (Trad. Freis. nr. 2, S. 28f.).

[91] ZÖLLNER, Agilulfinger (s. o. 135) 258ff. bzw. 126ff.; Jos. SIEGWART, Zur Frage des alemann. Herzogsgutes um Zürich. Beitr. z. Genealogie des alemann.-bayr. Herzogshauses (Schweiz. Zschr. f. Gesch. 8) 1958, 145–192; Jörg JARNUT, Stud. über Herzog Odilo (736–748) (MIÖG 85) 1977, 273–284.

[92] ECKHARDT, Merowingerblut (s. o. 137 Anm. 11) 78.

[93] STÖRMER, Adelsgruppen (s. o. 136) 22ff.; vgl. auch Gottfried MAYR, Stud. zum Adel im frühmittelalterl. Bayern (Stud. z. bayer. Verfassungs- u. Sozialgesch. 5) 1974, 106f.

diese alemannisch-bayerische Versippung beizubringen versucht. Es sind freilich gegen diese genealogischen Beziehungen auch Einwände erhoben worden.[94] Odilo erscheint im Salzburger Verbrüderungsbuch in der Deszendenz der übrigen agilolfingischen Herzöge.[95] Wie bei Hucbert wird seine Einsetzung durch den fränkischen Hausmeier[96] zwar immer wieder behauptet, aber sie ist nicht bewiesen. Sie ist auch wenig wahrscheinlich; alle Anzeichen deuten vielmehr darauf hin, daß Odilo vom Anfang seiner Regierung an völlig selbständig herrschte. Ein Beweis dafür ist die Tatsache, daß er die Organisation der bayerischen Kirche, die schon Herzog Theodo im Zeichen der Unabhängigkeit in Angriff genommen hatte, durch direkten Kontakt mit dem römischen Sendboten Bonifatius vollendete.[97] Daß Bayern ein unabhängiges Reich bildete, ist auch daraus zu erkennen, daß Karl Martell bei der im Jahre 741 vorgenommenen Teilung seines Reiches nicht darüber verfügen konnte, im Gegensatz zu Alemannien und Thüringen.[98]

Bis zum Tode Karl Martells blieb Bayern unbehelligt, und erst unter der Regierung seiner beiden Söhne Pippin und Karlmann kam es zu erneuten kriegerischen, durch dynastische Verwicklungen ausgelösten Auseinandersetzungen, die wir nicht mehr bis ins Letzte erkennen können. Die bayerische Prinzessin Swanahilt, die als neptis Pilitruds,[99] als neptis Odilos[100] und als neptis Hucberts[101] bezeichnet wird, wurde von Karl Martell ins Frankenreich mitgeführt und wurde hier seine legitime Gemahlin.[102] Auf ihren Rat hat sich Hiltrud, die Tochter Karl Martells aus seiner ersten Ehe, nach dem Tod ihres Vaters (22. 10. 741)[103] zu Herzog Odilo von Bayern begeben und sich gegen den Willen und Rat ihrer Brüder mit ihm vermählt.[104] Swanahilt war es auch, die ihren und Karl Martells Sohn Grifo zum Aufstand gegen seine Halbbrüder anstachelte, wohl um sich einen größeren Anteil am Erbe zu erkämpfen. Doch noch im Jahre 741 wurde Grifo besiegt und gefangengesetzt, seine Mutter mußte sich ins Kloster Chelles zurückziehen.[105] Ob ein Zusammenhang zwischen diesen Vorgängen und dem Kampf Odilos von Bayern mit Karlmann und Pippin bestand, ist nicht mehr zu entscheiden. Möglich wäre es immerhin, daß der Bayernherzog zugunsten

[94] Behr, Herzogtum (s. o. 140 Anm. 35) 184f.; Rolf-Peter Lacher, Die Anfänge d. Reichenau u. agilolfing. Familienbeziehungen (Schr. d. Ver. f. Gesch. d. Bodensees u. seiner Umgebung 92) 1974, 95–129, bes. 107ff.

[95] Ind. Arn. c. 4, S. 7; Brev. Not. c. 7, S. A 8.

[96] Riezler I 1, 154.

[97] Vita Bonif. c. 7, S. 37; Bayern fehlen auch auf der großen fränkischen Reichssynode des Jahres 741/42 (s. u. S. 230).

[98] Ann. Mett. (zu 741) 32f. und Fredegar, Cont. c. 23 (110) S. 179.

[99] Fredegar, Cont. c. 12 (108) S. 175; das nepta sua muß sich hier, obwohl grammatikalisch falsch, sinngemäß auf Pilitrud und nicht auf Karl Martell beziehen; vgl. Eug. Schumacher, Beitrr. z. Gesch. Grifos, des Sohnes Karl Martells (Programm Gymnasium Landau 1903/04) 1904.

[100] Ann. Einh. (zu 741) 3.

[101] Aventin, Ann. III 8, Bd. I, S. 383.

[102] Hanns Leo Mikoletzky, Karl Martell u. Grifo (Festschr. Edm. Ernst Stengel) 1952, 130–156, bes. 144ff.

[103] Da Tassilo 741 geboren wurde, muß die Verbindung Hiltruds und Odilos offenbar bei einem Aufenthalt des Bayernherzogs im Frankenreich erfolgt sein; vgl. Mayr, Stud. (s. o. 163 Anm. 93) 7 Anm. 30; s. u. S. 166f.

[104] Fredegar, Cont. c. 25 (111) S. 180.

[105] Ann. Einh. (zu 741) 3; Ann. Mett. (zu 741) 32f.

seiner Verwandten interveniert hat. Auf jeden Fall wurde Odilo zum Zentrum einer sich über das ganze Abendland erstreckenden Opposition gegen die imperialistische Politik der beiden Hausmeier. Als Karlmann und Pippin im Jahre 743 gegen ihn heranzogen, befanden sich in Odilos Heer sächsische, alemannische und slawische Truppen,[106] der Herzog Hunold von Aquitanien war mit ihm im Bündnis und bei Odilo befand sich ein päpstlicher Gesandter, Sergius, der die Franken von einem Angriff auf Bayern abzuhalten suchte. Diese eindeutige päpstliche Stellungnahme für Bayern ist erstaunlich und in der Literatur auch entsprechend gewürdigt worden.[107] Vielleicht hängt sie zusammen mit den vergeblichen päpstlichen Versuchen, bei den Franken Unterstützung gegen die ihn bedrängenden Langobarden zu finden,[108] vielleicht aber griff der Papst hier fern aller politischen Rücksichtnahme und Zweckmäßigkeit als die «höchste moralische Autorität in der Völkergemeinschaft des Corpus Christianum» ein,[109] die durch den zupackenden Imperialismus der Franken gefährdet schien.

Schließlich scheint Odilo seinen Kampf auch im Namen der Legitimität geführt zu haben, wozu er sich um so mehr befugt halten durfte, als die karolingischen Hausmeier wenigstens nominell immer noch keine selbständigen Herrscher waren. Mit einem ähnlichen Argument hatte eine Generation früher bereits Herzog Gottfried von Alemannien seinen Kampf gegen Pippin den Mittleren gerechtfertigt,[110] und ein in diese Richtung deutender Zusatz ist anscheinend auch zur Zeit Odilos in die Lex Baiuvariorum aufgenommen worden.[111] Wie ernst die Karolinger ein solches Argument nahmen, sieht man daraus, daß sie noch vor Beginn ihres Feldzuges gegen Odilo von Bayern im Frühjahr 743 mit Childerich III. noch einmal einen Merowingerkönig einsetzten, obwohl der Thron bereits seit 737 vakant war.[112] Die militärische Entscheidung fiel jedoch gegen Bayern aus; nachdem sich die beiden Heere fünfzehn Tage lang am Lech gegenübergestanden hatten,[113] überschritten die Franken den Fluß an einer unerwarteten anderen Stelle und fielen dem bayerischen Heer in die Seite und in den Rücken. Den Schlachtort sucht man bei Apfeldorf in der Nähe von Epfach,[114] die Schlacht selbst endete mit einer völligen Niederlage des bayerischen Heerbannes, die Sieger durchstreiften 52 Tage lang plündernd das Land, Herzog

[106] Ann. Mett. (zu 743) 33.

[107] HAUCK I 523f.; Theod. ZWÖLFER, St. Peter. Apostelfürst u. Himmelspförtner. Seine Verehrung bei den Angelsachsen u. Franken, 1929, 113; CASPAR II 710f.; HALLER, Papsttum I 552; Theod. SCHIEFFER, Angelsachsen u. Franken. Zwei Stud. z. KG d. 8. Jhs. (Abh. Mainz 1950, 20) 1951, 1431–1539, bes. 1442f.; Ders., Winfrid-Bonifatius 208.

[108] CASPAR II 733ff.

[109] LÖWE, Bonifatius 101ff. bzw. 288ff.

[110] Erchanberti Breviarium (hg. v. Gg. Heinr. PERTZ, MGH SS 2) 1829, 328.

[111] Lex Baiw. I 1, S. 267, dazu BEYERLE, Leges (s. o. 137 Anm. 7) 275ff.

[112] Vielleicht auf dem Märzfeld am 1. März 743, vgl. RI I nr. 45a, S. 22f. und Bruno KRUSCH, MGH SS rer. Merov. 7, 1920, 507f.

[113] Zum Typ dieser Schlacht als «Herausforderung am Fluß» vgl. Kurt-Gg. CRAM, Iudicium belli (AKG Beih. 5) 1955, 28ff. und STÖRMER, Früher Adel (s. o. 136) 167ff.

[114] RIEZLER I 1, 154 Anm. 3; dagegen verlegt ihn Barthel EBERL, Die Ungarnschlacht auf dem Lechfeld (Gunzenlê) im Jahre 955 (Abh. z. Gesch. d. Stadt Augsburg 7) 1955, 98f. auf das Lechfeld.

Odilo zog sich hinter den Inn zurück. Der Bericht der Breves Notitiae, er sei in die Hand des Siegers gefallen,[115] dürfte nicht den Tatsachen entsprechen.[116] Der Friede, der zustande kam, glich nicht entfernt dem Strafgericht, das die Alemannen nach einem neuen Aufstand 746 bei Cannstatt über sich ergehen lassen mußten. Die schonende Behandlung Bayerns hatte Odilo wohl auch seiner Verwandtschaft mit den Karolingern zu verdanken, seine Gemahlin Hiltrud war ja die Schwester der Hausmeier.

Bayern blieb zwar zu Lebzeiten Odilos ruhig, aber der bayerische Widerstand gegen die fränkische Herrschaft war keineswegs gebrochen. Er knüpfte sich hinfort an *Grifo,* der im Jahre 747 aus der Haft entlassen worden war.[117] Grifo hatte sich zunächst nach Sachsen, dann nach Thüringen gewandt, im Jahre 748 aber nach Bayern, wo eben Herzog Odilo gestorben war.[118] Er konnte hier auf besondere Unterstützung hoffen, weil seine Halbschwester Hiltrud als Witwe des Herzogs eine vormundschaftliche Regierung für ihren jungen Sohn Tassilo III. führte. Grifo bemächtigte sich der beiden und begann in Bayern aus eigenem Recht zu herrschen; da er über seine Mutter ja ebenfalls dem agilolfingischen Herrscherhaus angehörte, fand er in Bayern,[119] aber selbst in Franken und Schwaben Unterstützung.[120] Pippin war gezwungen, im Jahre 749 abermals mit einem sehr starken Aufgebot nach Bayern zu ziehen; Grifo zog sich bis hinter den Inn zurück. Als die Bayern sahen, daß Pippin mit seinem Heer Anstalten machte, über den Fluß zu setzen, gaben sie den Kampf auf, unterwarfen sich und stellten Geiseln. Grifos Geschichte ist damit noch nicht beendet, für Bayern aber hat sie keine Bedeutung mehr.

f) *Tassilo III. (748–788).* Die Herrschaft des letzten Agilolfingers, Tassilos III., begann ganz im Zeichen der Abhängigkeit von den Franken. Wahrscheinlich 741 gebo-

[115] Brev. Not. c. 7, S. A 7f.

[116] Hans ZEISS, Bemerkungen z. frühmittelalterl. Gesch. Baierns III: Geriet Herzog Odilo 743 in fränk. Gefangenschaft? (ZBLG 2) 1929, 356ff.

[117] Ann. Mett. (zu 747, 748 und 749) 39ff.; Ann. regni Franc. (zu 747, 748 und 749) 6 und 8.

[118] Den 18. Januar (748) als Todestag überliefert der Nekrolog v. St. Emmeram (hg. v. Franz Ludw. BAUMANN, MGH Necr. 3) 1905, 304; vgl. Friedr. Hektor Graf HUNDT, Ueber d. Bayr. Urk. aus d. Zeit d. Agilolfinger (Abh. München, hist. Cl. 12/1) 1874, 145–290, bes. 167.

[119] Fredegar, Cont. c. 35 (118) S. 183; zur Teilnahme Suidgers vom Nordgau Ann. regni Franc. (zu 748) 6. Aventin hält Grifos bayerische Abkunft für den Grund, daß er hier viele Anhänger fand (Aventin, Ann. III 9, Bd. I, S. 401); daß es sich bei diesen sich durch das ganze 8. Jh. hinziehenden Kämpfen wesentlich um dynastische Auseinandersetzungen handelte, suchte WERNER, Adelsfamilien (s. o. 137 Anm. 5) 115 nachzuweisen: «Widerstände gegen die ‹Reichsgewalt› im 8. Jh. in Baiern und Alemannien waren nicht antifränkisch, sondern antikarolingisch bestimmt»; die Vermutung von Sigm. RIEZLER, Naimes v. Bayern u. Ogier d. Däne (SB München 1892) 1893, 713–788, daß Grifo auch in der Sage noch weiterlebt, hat Adalb. HÄMEL, Vom Herzog Naimes «v. Bayern», dem Pfaffen Konrad v. Regensburg u. Pseudo-Turpin (SB München 1955, I) 1955 widerlegt; MAYR, Stud. (s. o. 163 Anm. 93) 9 Anm. 36 rechnet damit, daß die für den Namen Grifo überlieferte Form Gripo eine Kurzform von Garibald sein könnte.

[120] Ann. Einh. (zu 748) 7; Ann. regni Franc. (zu 748) 8.

ren,[121] hat er im Jahre 748[122] nach dem Tod seines Vaters Odilo unter der Hoheit seines Onkels, des fränkischen Hausmeiers Pippin,[123] und der Vormundschaft seiner Mutter Hiltrud seine Herrschaft angetreten, die allerdings gleich zu Beginn durch die Rebellion Grifos für kurze Zeit unterbrochen wurde. Wieweit schon damals eine lehensrechtliche Bindung geschaffen wurde, ist nicht sicher. Das in diesem Zusammenhang von den Reichsannalen gebrauchte Wort beneficium[124] muß nicht unbedingt einen technischen Sinn besitzen. Nach dem Tod seiner Mutter im Jahre 754 scheint Pippin selbst die Vormundschaft innegehabt zu haben.[125] Im Jahre 756 nahm Tassilo an Pippins Feldzug gegen die Langobarden teil,[126] und im folgenden Jahr 757 leistete der jetzt sechzehnjährige Tassilo in Compiègne Pippin und seinen beiden Söhnen den vasallitischen Lehenseid,[127] der aber in seiner streng juristischen Bedeutung auch wieder angezweifelt wurde. Classen[128] hat neuerdings jedoch mit guten Gründen eine vasallitische Bindung erst für das Jahr 787 angenommen. 757 sei lediglich ein Treueid geleistet worden, der erst in der späteren Redaktion der Reichsannalen zum Lehenseid umstilisiert worden sei. Diese Lehensbindung hat Tassilos Herrschaft nicht erst begründet, hat aber die Abhängigkeit Bayerns vom Frankenreich auf eine neue Grundlage gestellt. Bisher hatten weder die Merowinger noch die Karolinger irgendeinen Rechtsanspruch auf die Herrschaft in Bayern gehabt. Seit aber die Karolinger im Jahre 751 mit ihrer Königserhebung zu wirklich souveränen Herrschern geworden waren, waren sie bestrebt, die Herrscher anderer Staaten sich durch

[121] Das von den Ann. Altah. (zu 741) 1 und den Ann. Iuv. max. (zu 741) 732 überlieferte Geburtsjahr ist von Zeiss, Quellensammlung (s. o. 99) nr. 48, Bd. 8, S. 43 bezweifelt worden, da seine Mutter Hiltrud nach dem Bericht Fredegars, Cont. c. 25 (111) S. 180 erst nach dem Tod Karl Martells im Jahre 741 zu Odilo geflohen sei; das dadurch hervorgerufene Ärgernis war noch zur Zeit Ludwigs des Frommen bekannt: Anon. Vita Hludowici imperatoris c. 21 (hg. v. Gg. Heinr. Pertz, MGH SS 2) 1829, 618.

[122] In den chronikalischen Quellen schwankt der Zeitpunkt des Regierungsantritts zwischen 748 und 749 (RI I nr. 57e, S. 30), doch seine Regierungsjahre datieren seit 748 (Hundt, Agilolfinger [s. o. 166 Anm. 118] 167ff.).

[123] Ob jetzt schon eine Lehensabhängigkeit bestand, ist trotz des von den Ann. regni Franc. (zu 748) 8 gebrauchten Ausdrucks beneficium nicht sicher.

[124] Ann. regni Franc. (zu 748) 8: «Tassilonem in ducatu Baioariorum conlocavit per suum beneficium»; nach Störmer, Adelsgruppen (s. o. 136) 39 bedeutet beneficium hier lediglich Gnadenerweis; vgl. auch Uwe Eckardt, Untersuchungen z. Form u. Funktion d. Treueidleistung im merowing. Frankenreich (Untersuchungen u. Materialien z. Verfassungs- u. Landesgesch. 6) 1976, 261f.

[125] Seine Mutter starb 754 (Ann. Mosellani zu 754, hg. v. Joh. Mart. Lappenberg, MGH SS 16, 1859, 495) und im folgenden Jahr erschien Tassilo bei Pippin auf dem Märzfeld (Ann. Mosellani zu 755, S. 495).

[126] Fredegar, Cont. c. 38 (121) S. 185.

[127] Ann. regni Franc. (zu 757) 14: «... in vasatico se commendans per manus ... et fidelitatem promisit regi Pippino ...», die Ann. Einh. (zu 757) 15 fügen hier bezeichnenderweise hinzu «more Francico»; vgl. Heinz Löwe, Salzburg als Zentrum literar. Schaffens im 8. Jh. (Mitt. d. Ges. f. Salzb. Landesk. 115, 1975) 1976, 99–143, bes. 119 Anm. 84; von Herm. Krawinkel, Untersuchungen zum fränk. Benefizialrecht (Forsch. zum deutschen Recht II 2) 1937, 47ff. zu Unrecht für ein bloßes Freundschaftsversprechen gehalten.

[128] Peter Classen, Bayern u. die polit. Mächte im Zeitalter Karls d. Gr. u. Tassilos III. (Mitt. d. oberösterr. Landesarch. Erg.-Bd. 2) 1978, 169–187; Lothar Kolmer, Zur Kommendation u. Absetzung Tassilos III. (voraussichtlich ZBLG 43) 1980.

einen Vasalleneid zu verbinden.[129] Diese Lehensbindung sollte hinfort die Grundlage der Beziehungen zwischen Franken und Bayern werden, und wie sehr man dabei auch an die Zukunft dachte, zeigt die Tatsache, daß der junge Tassilo seinen Eid nicht nur Pippin, sondern auch dessen beiden Söhnen Karl und Karlmann leisten mußte, und daß in Compiègne auch eine Anzahl bayerischer Adliger in die fränkische Vasallität eintrat.[130]

Andererseits war Tassilo in Compiègne auch für mündig erklärt worden, und das bedeutete, daß sein Onkel die vormundschaftliche Regierung niederlegte und Tassilo im Innern seines Herzogtums frei schalten konnte. Eine Abhängigkeit vom Frankenreich bestand nur auf dem Gebiet der Außenpolitik, sie gründete auf der Treueverpflichtung des Lehnsmannes, der den Interessen des Lehnsherrn nicht zuwiderhandeln durfte, und daraus ergab sich auch die Verpflichtung des Herzogs, daß er dem Frankenherrscher bei dessen Kriegen Heeresfolge leisten mußte.[131] Ausdrücklich überliefert ist diese Heeresfolge allerdings erst für den vierten Kriegszug gegen Aquitanien, den Pippin im Jahre 763 antrat. Tassilo erschien zwar noch auf dem Hoftag, doch hier kam es zum Bruch; er schützte Krankheit vor und kehrte mit seinen Truppen heim, mit dem zornigen Schwur, seinen Oheim nie wiedersehen zu wollen.[132] Das war zweifellos eine einseitige Lösung des Lehensverhältnisses, über deren Anlaß und letzte Gründe man allerdings keine Klarheit gewinnt. Auf jeden Fall war es nicht der unüberlegte Trotz eines jungen Mannes und keine spontane Handlung. Die Tat war geplant und berechnet, die fränkischen Reichsannalen sprechen von trügerischen Machenschaften. Vielleicht stand Tassilo im Einverständnis mit Herzog Waifar von Aquitanien, dem alten Bundesgenossen seines Vaters; zumindest hat er nicht dazu beitragen wollen, «seinen Bundesgenossen im Westen zu vernichten».[133] Der von Pippin geplante Feldzug gegen Aquitanien führte dann noch bis an die Garonne.[134] Auf dem Wormser Reichstag des Jahres 764 verhandelte man über Tassilo, kam jedoch zu keinem Ergebnis;[135] ein Kriegszug gegen ihn, wie ihn Pippin gegen Odilo

[129] MITTEIS, Lehnrecht 65ff.; Ilse SCHEIDING-WULKOPF, Lehnsherrl. Beziehungen d. fränk.-deutschen Könige z. anderen Staaten v. 9. bis zum Ende d. 12. Jhs. (Marburger Stud. z. älteren deutschen Gesch. II 9) 1948, 7f.; nach SCHLESINGER, Ostbewegung (s. o. 136) 47 Anm. 265 berücksichtigen beide zuwenig das zweimalige sicut vassus, das ursprünglich nur eine Analogie zur vasallitischen Huldigung bedeute und in den Ann. Einh. bezeichnenderweise getilgt sei.

[130] Diese fränkische Gruppe im bayerischen Adel untersuchten LÖWE, Reichsgründung 9ff.; Ernst KLEBEL, Bayern u. der fränk. Adel im 8. u. 9. Jh. (VF 1) 1976[4], 193–208; Jos. FLECKENSTEIN, Fulrad v. Saint-Denis u. der fränk. Ausgriff in den süddeutschen Raum (Forsch. z. oberrhein. Landesgesch. 4) 1957, 9–39; WOLLASCH, Patrimonium (s. o. 163 Anm. 88); PRINZ, Herzog u. Adel; WERNER, Adelsfamilien (s. o. 137 Anm. 5) 106ff.; SEMMLER, Beziehungen (s. u. 176 Anm. 197); Albr. KLINGSPORN, Beobachtungen z. Frage d. bayer.-fränk. Beziehungen im 8. Jh., Diss. Freiburg 1965.

[131] MITTEIS, Lehnrecht 43ff.

[132] Ann. regni Franc. (zu 763) 20 und 22.

[133] Wilh. STÖRMER, Die Agilolfinger im polit. Kräftefeld v. 6.–8. Jh. (Baiernzeit in Oberösterreich, Oberösterr. Landesmus., Kat. Nr. 96) 1977, 1–12, bes. 10.

[134] Ann. regni Franc. (zu 763) 22; vgl. Herwig WOLFRAM, Das Fürstentum Tassilos III., Herzogs d. Bayern (Mitt. d. Ges. f. Salzb. Landesk. 108) 1968, 157–179, bes. 163 Anm. 37.

[135] Nach den Ann. Einh. (zu 764) 23 hat

unternommen hatte, unterblieb. Tassilo scheint eine militärische Intervention befürchtet zu haben, er wandte sich um Unterstützung an die beiden Mächte, die dafür allein in Frage kamen, an das Papsttum und an die Langobarden. Jedoch hatten die beiden Mächte verschiedene Interessen: dem Papst war an einer Freundschaft zwischen Bayern und Franken gelegen, die den Langobarden nicht ins politische Konzept paßte, und so kam es, daß die päpstlichen Gesandten, die in dieser Angelegenheit an den Frankenkönig gingen, von den Langobarden abgefangen wurden.[136] Tassilo suchte seine Beziehungen zum südlichen Nachbarn durch seine Heirat mit Liutbirc, der Tochter des Langobardenkönigs Desiderius, zu stärken. Liutbirc ist als Gemahlin Tassilos natürlich vielfach bezeugt, wenn auch die Tatsache der Hochzeit nirgends erwähnt ist, so daß die Datierung nicht ganz sicher ist.[137] Man nimmt allgemein an, daß er bei dieser Gelegenheit Gebiete in Südtirol zurückerhielt, die Bayern anläßlich der Auseinandersetzung zwischen Grimoald und Hucbert an die Langobarden verloren hatte.[138] Im Endergebnis war jedenfalls die fränkische Politik gegenüber Bayern trotz aller Kriegszüge und Verschwägerungen seit 725 gescheitert, denn es war Pippin nicht mehr gelungen, das Land in irgendeiner Weise für die Franken zurückzugewinnen. Als nach seinem Tod das Frankenreich unter seine beiden Söhne Karl und Karlmann geteilt wurde, blieb Bayern unerwähnt.[139]

Dieses Herausstreben aus dem Verband des fränkischen Reiches und der Bruch der Lehenseide finden ihre Erklärung und Rechtfertigung darin, daß Bayern mit dem Westen und Norden kaum verbunden war, daß vielmehr seine politischen, wirtschaftlichen, kulturellen und zum Teil auch seine kirchlich-missionarischen Interessen und seine geschichtlichen Aufgaben im Süden und Osten lagen. Hier gelang Herzog Tassilo auch noch eine wesentliche Erweiterung seines Herrschaftsbereiches. In der alten römischen Provinz Binnennoricum hatten die slowenischen *Karantanen* Fuß gefaßt und einen eigenen Staat gründen können,[140] dem auch andere Volksgruppen angehörten.[141] Noch zur Regierungszeit Herzog Odilos wurden sie jedoch von

man einen Kriegszug gegen Tassilo erwogen.

[136] Vermittlung des Papstes: Cod. Carolinus (hg. v. Wilh. GUNDLACH, MGH Epist. 3) 1892, nr. 36, S. 545.

[137] LÖWE, Reichsgründung 46f. setzt diese Eheschließung in das Jahr 763, das Jahr des ‹harisliz›; RIEZLER I 1, 300 datiert sie zwischen 765 und 769, Willibrord NEUMÜLLER, Tassilo III. v. Bayern u. Karl d. Gr. (Jahresber. Gymnasium Kremsmünster 110) 1967, 7–34, bes. 19 Anm. 48 auf Grund des Briefes von Papst Paul I. an König Pippin (s. o. Anm. 136) nach 764 vor 768/69.

[138] «In Bozen auf der Rückkehr von Italien» stellt Tassilo 769 eine Urkunde aus (Trad. Freis. nr. 34, S. 61f.), doch STOLZ, Deutschtum in Südtirol III 1, 8 sagt mit Recht, daß die daraus erschlossene Rückerstattung des Bozner Gebietes anläßlich der Heirat mit Liutbirc nicht mehr als eine Vermutung ist.

[139] Fredegar, Cont. c. 53 (136) S. 192.

[140] HAUPTMANN, Polit. Umwälzungen (s. u. 252); KRANZMAYER, Beitrr. (s. o. 153 Anm. 8); Josip MAL, Die Eigenart des karantan. Herzogtums (Südost-Forsch. 20) 1961, 33–73; Gotbert MORO, Zur polit. Stellung Karantaniens im fränk. u. deutschen Reich (ebd. 22) 1963, 78–96; Wiederabdruck in: Buchreihe d. Südostdeutschen Hist. Komm. 11, 1964, 66–84; außer der auf S. 153f. angegebenen Literatur noch Sergij VILFAN, Rechtsgesch. d. Slowenen (Grazer rechts- u. staatswissenschaftl. Stud. 21) 1968.

[141] MITTERAUER, Herzogtum (s. o. 144 Anm. 56) weist auf die Romanen, DOPSCH,

den Awaren so bedrängt, daß sich ihr Herzog Boruth an die Bayern um Hilfe wandte,[142] die ihm auch zuteil wurde. Nach der Darstellung der Conversio hätten die Bayern nach ihrem Sieg über die Awaren[143] die Karantanen «der Herrschaft der Könige»[144] unterworfen. Ob es sich dabei tatsächlich um eine Herrschaft[145] oder mehr um vertragsähnliche Beziehungen[146] handelte, ist umstritten. Immerhin mußte nur Herzog Boruth Geiseln stellen, darunter seinen Sohn Cacatius (Gorazd?) und seinen Neffen Cheitmar (Hotimir?),[147] die beide im Chiemseekloster erzogen wurden.[148] Ein Preis für die Unterstützung war wohl die Annahme des Christentums, wobei es fraglich bleibt, ob Boruths Bitte freiwillig erfolgte.[149] Umstritten ist auch, wieweit bereits damals eine systematische Christianisierung des Landes einsetzt oder wieweit man überhaupt mit einer durchgreifenden bayerischen Kolonisation im Land rechnen kann.[150] Nach dem wohl gegen 750 erfolgten Tod Boruths wird sein bereits getaufter Sohn Cacatius «auf Befehl der Franken»,[151] drei Jahre später dessen Nachfolger Cheitmar «mit Erlaubnis des Herrn Königs Pippin» eingesetzt.[152] Dabei ist bemerkenswert, daß jeweils das «Volk» sich seinen Fürsten erbittet,[153] wobei unsicher ist, wieweit die später bezeugte Erhebung auf den Fürstenstein schon damals eine Rolle spielte.[154] Von Cheitmar wird berichtet, daß ihn ein Priester Maioran begleitete,[155] nach Waldmüller[156] allerdings eher ein Hofkaplan als ein Missionar unter dem Volk. Eine wirkliche Mission scheint erst unter Bischof Virgil von Salzburg eingesetzt zu haben, der Modestus als Chorbischof ins Land sandte.[157] Von

Adel u. Kirche (s. o. 149 Anm. 88) 29 auf die Kroaten hin.

[142] Conv. Bag. c. 4, S. 130.

[143] BALTL, Gesch. (s. o. 148 Anm. 83) 420f. sucht die Bedeutung des bayerischen Sieges abzuschwächen und zweifelt auch an der Bedrängung durch die Awaren (S. 413f.).

[144] Conv. Bag. c. 4, S. 130: «... servitutique eos regum subiecerunt ...»; zu der dadurch gegebenen Datierungsmöglichkeit vgl. Herwig WOLFRAM, Libellus Virgilii. Ein quellenkrit. Problem d. ältesten Salzburger Güterverzeichnisse (VF 20) 1974, 177–214, bes. 194.

[145] So DOPSCH, Adel u. Kirche (s. o. 149 Anm. 88) 26.

[146] So WALDMÜLLER, Slawen (s. o. 144 Anm. 55) 487f.

[147] Zu den Namen KOS, Conv. Bag. 35f.

[148] Zum Chiemseekloster als Missionszentrum für Karantanien PRINZ, Frühes Mönchtum 432ff.

[149] Vgl. WALDMÜLLER, Slawen (s. o. 144 Anm. 55) 488f.

[150] Positiv Aloysius L. KUHAR, The Conversion of the Slovenes and the German-Slav Ethnic Boundary in the Eastern Alps (Studia Slovenica 2) 1959, 32; zweifelnd MITTERAUER, Herzogtum (s. o. 144 Anm. 56) 431f.

[151] Conv. Bag. c. 4, S. 130: «per iussionem Francorum ...».

[152] Conv. Bag. c. 4, S. 130: «permissione domni Pippini regis ...».

[153] Conv. Bag. c. 4, S. 130: «ipsis populis petentibus ...»; während Manfr. HELLMANN, Der Begriff «populus» in d. Conversio Bagoariorum et Carantanorum (Slavist. Forsch. 6) 1964, 161–167; Ders., Bemerkungen zum Aussagewert d. Fuldaer Ann. u. anderer Quellen über slav. Verfassungszustände (Festschr. Walt. Schlesinger 1) 1973, 50–62, bes. 53 in diesem «populus» das «Kirchenvolk» sehen will, denkt Ludolf MÜLLER, Zschr. f. Ostforsch. 19, 1970, 338f. eher an eine politische «Formiertheit».

[154] Gotbert MORO, Zur Zeitstellung u. Bedeutung des Kärntner Herzogstuhles (Stud. z. österr.-bair. Dialektkunde) 1967, 95–110; neue Arbeiten über den Kärntner Herzogstuhl vgl. Carinthia I 157, 1967, 420–468.

[155] Conv. Bag. c. 4, S. 130.

[156] WALDMÜLLER, Slawen (s. o. 144 Anm. 55) 491.

[157] Conv. Bag. c. 5, S. 130f.

Cheitmar heißt es auch, daß er an Salzburg für die missionarische Betreuung eine jährliche Abgabe als servitium zahlte,[158] was man auch als lehensrechtlichen Begriff gedeutet hat.[159] Für die Regierungszeit des Cheitmar sind zwei heidnische Aufstände belegt, ein letzter nach seinem Tod im Jahre 769 konnte erst 772 von Herzog Tassilo niedergeworfen werden.[160] Auch jetzt behielten die Karantanen ihre eigenen Herzöge, doch wurden die Beziehungen zum Bayernherzog vielleicht auch lehensrechtlich geregelt. Ein Herzog Waltunc, über dessen Volkszugehörigkeit und Herrschaftsantritt keine Einigkeit herrscht,[161] erbat wieder Missionare. Auch die karantanische Wehrorganisation der Edlinger, über deren Form und Bedeutung die Forschung immer noch nicht zu einer einhelligen Auffassung gelangt ist, blieb bestehen.[162]

Über die bayerischen Beziehungen zu den *Awaren* wissen wir nicht viel.[163] Das Zentrum der awarischen Macht scheint östlich des Wienerwaldes gelegen zu sein, wohin eine bayerische Landnahme zu dieser Zeit ohnehin noch nicht ausgreifen konnte. Ungeklärt aber bleiben die Verhältnisse im östlichen Niederösterreich; ob die Awaren einen Anspruch auf dieses Gebiet erhoben, da sie sich «in bezug auf Noricum als Erben und Rechtsnachfolger der Langobarden betrachteten», und ob sie hier ein «im wesentlichen menschenleeres, doch militärisch kontrolliertes und mit einer Flußgrenze abgeschlossenes Vorfeld» aus dem Bedürfnis nach Sicherheit bestehen ließen,[164] wird sich nicht entscheiden lassen. Nach der von Arbeo in seiner Vita s.

[158] Conv. Bag. c. 4, S. 130: «... annis singulis ibidem suum servitium persolvebat»; nach DOPSCH, Südosten (s. u. 224 Anm. 247) 8 ist das servitium keine Zahlung.

[159] Carlrichard BRÜHL, Fodrum, gistum, servitium regis (Kölner hist. Abh. 14) 1968, I 97ff.

[160] Ann. Iuv. max. (zu 772) 732; diesen Sieg bringen die bayerischen Annalen in Parallele zur Eroberung der Eresburg und der Zerstörung der Irminsul durch König Karl; vom Eindruck, den Tassilos Sieg auf die Geistlichkeit machte, kündet der Brief eines Clemens peregrinus an den Bayernherzog, in welchem er diesen mit den Gottesstreitern des Alten Testamentes und mit Kaiser Konstantin vergleicht (hg. v. Ernst DÜMMLER, MGH Epist. 4, 1895, nr. 1, S. 496f.); Bernh. BISCHOFF, Salzburger Formelbücher u. Briefe aus Tassilon. u. Karoling. Zeit (SB München 1973, 4) 1973, 19f.; vgl. auch Eug. EWIG, Das Bild Constantins d. Gr. in den ersten Jahrhunderten des abendländ. MA (HJb. 75, 1955) 1956, 1–46, bes. 22f.

[161] Lothar WALDMÜLLER, Salzburg als Zentrum d. bair. Slawenmission d. 8. Jhs. (Beitrr. ABK 27) 1973, 111–127, bes. 123 denkt an eine Einsetzung durch Tassilo.

[162] Mart. WUTTE, Zur Gesch. d. Edlinger, der Kärntner Pfalzgrafen u. des Herzogstuhles (Carinthia I 139) 1949, 13–78, will durch Beachtung der Rechtssitten Bayern unter den Edlingern nachweisen; dazu Fritz POPELKA, Die Judenburger Ritterstadt u. das karoling. Wehrsystem in Karantanien (MIÖG 62) 1954, 299–316; Theod. MAYER, ZWLG 13, 1954, 361; zusammenfassend zuletzt Herwig EBNER, Von den Edlingern in Innerösterreich (Arch. f. vaterländ. Gesch. u. Topographie 47) 1956; dazu Ernst KLEBEL, ZBLG 20, 1957, 347f. und Ludmil HAUPTMANN, HZ 185, 1958, 216; ferner Ferd. TREMEL, Das slowen. Karantanien u. das Edlingerproblem (Zschr. d. Hist. Ver. Steiermark 45) 1954, 191–194; Ludmil HAUPTMANN, Der kärntn. Pfalzgraf (Südost-Forsch. 15) 1956, 108–123; Walth. FRESACHER, Klagenfurt – eine Edlinger-Siedlung? (Carinthia I 150) 1960, 118–161; Josip MAL, Ist d. Edlingerproblem wirklich unlösbar? (Südost-Forsch. 22) 1963, 140–178; Rob. BARBO, Zu zwei slowen. Arbeiten über Kärnten (Carinthia I 155) 1965, 646–688.

[163] Mit neuen Fragestellungen und Gesichtspunkten untersuchte die bayerisch-awarischen Beziehungen DEÉR 740ff; AVENARIUS, Awaren (s. o. 121f. Anm. 27) 179ff.

[164] DEÉR 752f.; Andr. LIPPERT, Zur mili-

Emmerammi erwähnten, vermutlich um 700 liegenden bayerisch-awarischen Auseinandersetzung an der Enns (s. u. 196), hören wir von neuen Kämpfen erst wieder um 740, als der Karantanenherzog Boruth den Bayernherzog Odilo gegen die Awaren zu Hilfe rief (s. o. 170).[165] Dann hören wir nichts mehr von Kämpfen, auch bei dem Kriegszug, den Tassilo 772 gegen die Slowenen unternahm, haben die Awaren nicht interveniert. Als im Jahre 783 ein awarisches Heer an der Enns erschien (ohne dort jedoch irgendwelchen Schaden anzurichten), hielt der Chronist das für ein so bemerkenswertes Ereignis, daß er es aufzeichnete.[166] Man hat vermutet, daß diese Demonstration den Anspruch der Awaren auf die Ennsgrenze dokumentieren[167] und ihre im gleichen Jahr auf einer fränkischen Reichsversammlung erschienene Gesandtschaft ein Beweis dafür sein sollte, daß sie diese Gefährdung nicht bei den Bayern, sondern bei den Franken sahen.[168] Tassilo hingegen ist es offenbar sogar gelungen, auf dem Höhepunkt seiner Auseinandersetzung mit Karl dem Großen mit den Awaren ein Bündnis zu schließen.

Tassilos Unabhängigkeit wurde in allen diesen Jahren nicht gestört, und auch als Karl der Große sich die Alleinherrschaft erkämpft hatte, stellte er das bayerische Problem vorläufig zurück und begann im Jahre 772 mit der Lösung der sächsischen Frage. Auf die bayerischen Verhältnisse wirkte mehr die geschäftige Tätigkeit der Mutter Karls, Bertrada, ein. Ihr Ziel war eine fränkisch-langobardische Versöhnung, und dafür scheint sie auch die bayerische Unterstützung gewonnen zu haben; vielleicht vermittelte der gebürtige Bayer Abt Sturm von Fulda hier den Ausgleich im Jahre 769.[169] Im gleichen Jahr reiste Tassilo zu seinem Schwiegervater Desiderius nach Italien, und wenig später nahm auch Bertrada auf ihrer Reise ins Langobardenreich ihren Weg über Bayern.[170] Wegen seiner Verwandtschaft mit Desiderius war Tassilo zu einer solchen Vermittlung besonders geeignet, und die 770 zustande gekommene Heirat Karls mit einer Tochter des Desiderius, die Karl und Tassilo zu

tär. Westgrenze des Awarenreiches (Mitt. d. anthropolog. Ges. Wien 100) 1970, 162–172; Horst WIECHERS, Anesus (Glossar, s. u. 272f. Anm. 184) 99ff.

[165] Mit einem Vorstoß der Awaren an und über die Enns im Jahre 742 rechnet Arn. KOLLAUTZ, Awaren, Franken u. Slawen in Karantanien u. Niederpannonien u. die fränk. u. byzantin. Mission (Carinthia I 156) 1966, 232–275, bes. 253f.

[166] Ann. s. Emmerammi maiores (zu 783) (hg. v. Harry BRESSLAU, MGH SS 30/2) 1926, 735.

[167] DEÉR 755.

[168] LÖWE, Reichsgründung 62 mit Hinweis auf den im Vorjahre 781 geleisteten Vasalleneid Tassilos, auf Grund dessen «Karl und nicht Tassilo ihnen also als der eigentliche Leiter der bairischen Politik erschien»; ähnlich DEÉR 755f.

[169] Vita s. Sturmi c. 22 (hg. v. Gg. Heinr. PERTZ, MGH SS 2) 1829, 376; dazu aber Erich ZÖLLNER, Der bair. Adel u. die Gründung v. Innichen (MIÖG 68) 1960, 362–387, bes. 362; bereits HARTMANN II 2, 271 Anm. 2 wies mit Recht darauf hin, daß sich der Vermittlungsversuch chronologisch nicht fixieren läßt; vgl. auch Pius ENGELBERT, Sturmi v. Fulda – Versuch eines Porträts (StMBO 77, 1966) 1967, 74–92.

[170] Die Quellen zur politischen Aktivität Bertradas bei ABEL-SIMSON, Jbb. (s. u. 249) 65ff. und 75ff. sowie RI I nr. 139a, S. 64; vgl. ferner Mart. LINTZEL, Karl d. Gr. u. Karlmann (HZ 140) 1929, 1–22, der vermutet, daß das Bündnis zwischen Karl, Tassilo und Desiderius sich gegen Karlmann richtete; ähnlich schon B. KNEISEL, Sturz des Baiernherzogs Tassilo (Jahresber. Domgymnasium Naumburg) 1875, 20f.; vgl. auch Etienne DELARUELLE, Charlemagne, Carloman, Didier et la politique du

Schwägern machte,[171] hatte sicher das Ziel, durch diesen fränkisch-bayerisch-langobardischen Dreibund einen dauerhaften Frieden herzustellen. Tassilo steht in diesen Jahren zweifellos auf einem Höhepunkt seiner Macht,[172] der sich auch in seinem Karantanensieg (s. o. 171) dokumentiert. Das zeigt ferner die Taufe und Salbung seines Sohnes durch den Papst in Rom,[173] sowie die erstmalige Führung eines Herzogtitels, der sich eng an Pippins Königstitel anschloß.[174] Vielleicht 770, sicher 772 sind Synoden bekannt, deren Protokolle Tassilo an der Spitze einer bayerischen Landeskirche zeigen,[175] und in die Jahre 769 bzw. 777 fällt die Gründung von Innichen und Kremsmünster (s. u. 208 ff.). Schließlich wird man darauf hinweisen können, daß der wohl 767 begonnene Bau der Rupertikirche in Salzburg, mit den gleichen Ausmaßen wie St. Denis, 774 mit der Weihe vollendet wurde und damit die «Metropolitankirche der bayerischen Kirchenprovinz und (oder) agilolfingische Königskirche»,[176] die «Krönungskirche» der Agilolfinger, vielleicht für die Königskrönung Tassilos bestimmt,[177] geschaffen war. Bereits das Jahr 771 leitete eine allmähliche Änderung der Verhältnisse ein: nach dem Tode seines Bruders brachte Karl unter Zurücksetzung der Gemahlin und der Kinder Karlmanns dessen Erbe an sich; zugleich verstieß er seine langobardische Gemahlin, die ebenso wie die Familie Karlmanns an den Hof des Desiderius flüchtete, der jetzt zu einem Sammelpunkt aller Gegner des Frankenkönigs wurde. Von Bayern und Tassilo hören wir in diesem Zusammenhang nichts; er unterließ es, seinen Schwiegervater in den Kämpfen der Jahre 773/74 zu unterstützen, die zum Zusammenbruch des Langobardenreiches führten. Die Gründe dafür sind nicht bekannt, und sein Verhalten bleibt um so unerklärlicher, als ihn der Ausfall der Langobarden ja seines einzigen Bundesgenossen beraubte. Möglich wäre natürlich auch, daß Tassilo durch die von Abt Sturm vermittelten Abmachungen irgendwie gebunden war.

mariage franco-lombard (Revue historique 170) 1932, 213–224.

[171] NEUMÜLLER, Tassilo III. (s. o. 169 Anm. 137) 19 f.

[172] So auch WOLFRAM, Fürstentum (s. o. 168 Anm. 134) 165.

[173] Im Jahre 772 hatte Tassilo seinen Sohn Theodo in Rom durch Papst Hadrian I. taufen und salben lassen: «Tassilo Carenthiam subiugavit, et Theodo filius eius Romae baptizatus est» (Ann. Admuntenses zu 772, hg. v. Wilh. WATTENBACH, MGH SS 9, 1851, 572); «Theodo filius Thessaloni in Italiam ad avum Desiderium ducitur, inde Romam; ungitur (?) quinquagenalibus» (RIEZLER, Geschichtswerk [s. u. 174 Anm. 180] 255 und 261), ein Vorgang, den LÖWE, Reichsgründung 51 Anm. 148 wohl mit Recht als «geistliche Legitimierung» von Tassilos Haus ansieht, und der eine Parallele findet in der 781 erfolgten Taufe und Salbung von Karls Sohn Pippin durch den Papst; gegen die Salbung Walt. MOHR, Die Rolle Bayerns in d. Komposition d. Ann. regni Franc. (Mitt. d. österr. Staatsarch. 25) 1972, 126–134, bes. 130 Anm. 21.

[174] WOLFRAM, Intitulatio (s. o. 139 f. Anm. 34) 181 ff.

[175] Synodalakten v. Dingolfing (hg. v. Alb. WERMINGHOFF, MGH Concilia 2/1) 1906, nr. 15, S. 93 ff.; Synodalakten v. Neuching (ebd.) nr. 16, S. 98 ff.

[176] Hans SEDLMAYR, Die polit. Bedeutung des Virgildomes (Mitt. d. Ges. f. Salzb. Landesk. 115, 1975) 1976, 145–160, bes. 152.

[177] Herm. VETTERS, Der Dombau des hl. Virgil in Salzburg (Slavist. Forsch. 6) 1964, 262–273, bes. 272 f.; Siegfr. HAIDER, Zur Baugesch. des Salzburger Virgil-Domes (MIÖG 80) 1972, 35–47, bes. 46 f.; Ders., Wann wurde d. Salzburger Virgil-Dom geweiht? (Mitt. d. Ges. f. Salzb. Landesk. 114, 1974) 1975, 7–13 (767 Baubeginn; 780 Weihe); Franz PAGITZ, Die mittelalterl. Dome in hist. Sicht (1200 Jahre Dom z. Salzburg) 1974, 31–62, bes. 36 f.

Nach dem Gewinn des Langobardenreiches konnte es Karl bei seinen ausgreifenden Plänen nicht gleichgültig sein, daß der nördliche Angrenzer der Poebene, der zudem im Besitz wichtiger Alpenpässe war, immer noch eine völlig unabhängige Stellung behauptete. Anläßlich eines Besuches in Rom im Jahre 781 gewann Karl den Papst zu einem gemeinsamen Vorgehen gegen den Bayern und beraubte Tassilo damit seines letzten außerbayerischen Rückhalts. Eine gemeinsame Gesandtschaft von Papst Hadrian I. und König Karl erinnerte Tassilo an die Einhaltung der in Compiègne geschworenen Eide.[178] Gegen die Verbürgung freien Geleits stellte Tassilo sich daraufhin im gleichen Jahre 781 in Worms ein, erneuerte seinen Lehenseid und stellte zwölf Geiseln. Wahrscheinlich geschah es damals auch, daß er von Karl die 725/28 von Bayern abgetrennten Höfe Ingolstadt und Lauterhofen auf dem Nordgau zurückerhielt.[179] Doch war das nicht nur ein Geschenk im Zeichen der wieder erneuerten Freundschaft, sondern bedeutete, daß zu der bisher rein persönlichen Bindung, die Tassilo durch die vasallitische Kommendation eingegangen war, jetzt auch noch eine dingliche Bindung trat.

Die 781 erneuerten Beziehungen zwischen den beiden Herrschern wurden abermals getrübt, vielleicht auf Grund kriegerischer Verwicklungen, die sich im Jahre 784 an der bayerisch-langobardischen Grenze ereigneten.[180] Tassilo muß in diesen Jahren die Überzeugung gewonnen haben, daß Karl zu einem entscheidenden Schlag gegen ihn ausholte, denn er bat im Jahre 787 den Papst um Vermittlung zwischen ihm und dem Frankenkönig. Das blieb ohne Erfolg; vielmehr erinnerte der Papst ihn anläßlich der Heerfahrt Karls gegen Tassilos Schwager Arichis von Benevent unter Androhung des Bannes an die Einhaltung seiner Eide, hielt allerdings vielleicht auch Karl von einem Angriff auf Bayern ab;[181] zugleich lud ihn der König nach Worms vor.[182] Als Tassilo sich hier nicht einfand, unternahm Karl, mit drei getrennten Heeresgruppen operierend, einen Feldzug gegen Bayern. Doch ehe es überhaupt zur Schlacht kam, mußte Tassilo kapitulieren, da sein Adel ihm die Gefolgschaft versagte, die vasallitische Bindung an den Frankenkönig also offenbar für höher erachtete als die landrechtliche an den Bayernherzog.[183] Tassilo mußte daraufhin erneut die

[178] Ann. Einh. (zu 781) 59; Ann. regni Franc. (zu 781) 58.

[179] In der Reichsteilung des Jahres 806 heißt es mit Bezug auf Lauterhofen und Ingolstadt: «mit denen wir einstmals Tassilo belehnt haben» (Divisio regnorum c. 2, hg. v. Alfr. Boretius, MGH Capit. 1, 1883, nr. 45, S. 127); dazu Dachs, Oberpfalz.

[180] Ann. Iuv. max. (zu 784) 734; nach dem von Riezler entdeckten Geschichtswerk des Tassilokanzlers Crantz (Sigm. Riezler, Ein verlorenes bair. Geschichtswerk d. 8. Jhs. [SB München 1881, 1] 1881, 247–291, bes. 258; zu den Zweifeln an der Existenz des Creontius Harold Steinakker, Zu Aventin u. den Quellen des dritten Kreuzzugs, MÖIG 41, 1926, 159–184, bes. 165f.) war der Langobarden«herzog» Hrodpert der Angreifer; nach dem Bericht des Auct. Garst. (zu 784) 564 ist Hrodbert dabei getötet worden; Heuberger, Rätien (s.o. 125) 288f. vermutet, daß Bayern damals den Vintschgau einbüßte.

[181] So Peter Classen, Karl d. Gr., das Papsttum u. Byzanz (Karl d. Gr. Lebenswerk u. Nachleben 1) 1965, 537–608, bes. 558, der dem von Riezler, Geschichtswerk (s.o. Anm. 180) entdeckten Annalenfragment hier Glaubwürdigkeit zuspricht.

[182] Ann. regni Franc. (zu 787) 74 und 76.

[183] Ann. regni Franc. (zu 787) 78; ein bezeichnender Hinweis auf Bischof Arbeos von Freising frankenfreundliche Einstellung findet sich in einer Freisinger Urkun-

Lehenshoheit des fränkischen Königs anerkennen, diesmal aber in noch bindenderer Form als früher: er übergab mit der symbolischen Überreichung eines Szepters[184] Land und Herrschaft dem König und erhielt beides als Lehen zurück. Darüber hinaus mußte er wiederum zwölf Geiseln stellen und als dreizehnte seinen Sohn Theodo. Jetzt war die dingliche Bindung des Herzogs über die Güterkomplexe Ingolstadt und Lauterhofen hinaus auf das ganze Land ausgedehnt und Bayern war ein Lehen des fränkischen Königs. Vielleicht ist zu diesem Zeitpunkt auch die Bestimmung in die Lex Baiuwariorum eingefügt worden, die strenge Sanktionen gegen den dem König ungehorsamen Herzog vorsieht.[185] Auch der ganze bayerische Adel ist damals dem Franken eidlich verpflichtet worden.

Das geschickte Vorgehen des Königs,[186] das den bayerischen Herzog schließlich in ein ganzes Netz von Bindungen verstrickt und zudem von seinem eigenen Adel isoliert hatte, führte schließlich zum vollen Erfolg. Als Tassilo im Jahre 788 in Erfüllung seiner Vasallenpflichten auf einem Hoftag in Ingelheim erschien,[187] wurde er unter der von den Bayern erhobenen[188] Anklage verhaftet, er habe ein Bündnis mit den Awaren geschlossen, er gehe gegen die königlichen Vasallen in Bayern vor, habe auch seine eigenen Leute angewiesen, dem Frankenkönig nur unter Vorbehalt die Treue zu schwören. Nach der fränkischen Berichterstattung wurde Tassilo aller dieser Vergehen auch überführt, doch reichte das zu einer Verurteilung offensichtlich nicht aus.[189] So griff man auf das 25 Jahre zurückliegende Verbrechen des ‹harisliz›, der eigenmächtigen Entfernung vom Heer auf dem aquitanischen Feldzug, zurück und fällte daraufhin ein Todesurteil.[190] Dadurch wurde es möglich, nicht nur Tassilo, sondern auch die im bayerischen Gesetzbuch verankerten rechtlichen Ansprüche der Agilolfinger auf die Herrschaft in Bayern zu treffen. Offensichtlich waren in Ingel-

de des Jahres 804 (Trad. Freis. nr. 193b, S. 182ff.): «... Herzog Tassilo und seine Gemahlin Liutbirc ... wegen der Mißgunst, die sie gegen Bischof Arbeo hegten, da sie sagten, er sei König Karl und den Franken treuer als ihnen ...»; vgl. dazu Ulr. STUTZ, Gesch. des kirchl. Benefizialwesens I, 1895, 214; zu Arbeo ferner STURM, Preysing 157ff.; Ders., Bischof Arbeos v. Freising bayer. Verwandte (ZBLG 19) 1956, 568–572; Friedr. PRINZ, Arbeo v. Freising u. die Agilulfinger (ebd. 29) 1966, 580–590; KLINGSPORN, Beziehungen (s. o. 168 Anm. 130) 58ff.

[184] Zu diesem in einen Männerkopf auslaufenden Herrscherstab Karl v. AMIRA, Der Stab in d. germ. Rechtssymbolik (Abh. München 25/1, 1909) 1911, 127; Karl HAUCK, Halsring u. Ahnenstab als herrscherl. Würdezeichen (Schr. d. MGH 13/1) 1954, 145–212, bes. 209.

[185] Lex Baiw. II 8a, S. 302; vgl. ROSENSTOCK, Volksname (s. u. Anm. 190) 15ff.

[186] Vgl. Kurt REINDEL, Bayern im Karolingerreich (Karl d. Gr. Lebenswerk u. Nachleben 1) 1965, 220–246, bes. 223ff. und MOHR, Rolle Bayerns (s. o. 173 Anm. 173) 128ff.

[187] Horst FUHRMANN, Die Synoden v. Ingelheim (Ingelheim am Rhein) 1964, 147–173, bes. 154f.

[188] Die Ann. Laureshamenses (zu 788) (s. u. Anm. 189) 33 nennen die consiliarii Tassilonis et legatarii ipsius als anwesend.

[189] Zum Bericht der Ann. Laureshamenses (zu 788) (hg. v. Gg. Heinr. PERTZ, MGH SS 1) 1826, 33 über den Prozeß Tassilos Heinr. FICHTENAU, Karl d. Gr. u. das Kaisertum (MIÖG 61) 1953, 257–334, bes. 289 und 317f.; zum Vorwurf der Verbindung mit den Awaren DEÉR 756.

[190] Zur Berechtigung eines solchen Urteils Eug. ROSENSTOCK, Unser Volksname Deutsch u. die Aufhebung des Herzogtums Bayern (Mitt. d. schles. Ges. f. Volkskunde 29) 1928, 1–66, bes. 33ff. und LÖWE, Reichsgründung 67; daß vielleicht die aus dem römischen Recht stammende Anklage

heim auch Tassilos Gemahlin Liutbirc, seine Söhne Theodo und Theodebert und seine Töchter Rotrud und Cotani anwesend.[191] Durch einen bedeutsamen Fund Bischoffs können wir aus zeitgenössischen Briefen noch neue Einblicke in die Zeit des Untergangs eines selbständigen bayerischen Herzogtums gewinnen. Ein Brief berichtet von Verhandlungen, die ein Priester Liutprand und ein weiterer ungenannter bayerischer Priester am fränkischen Königshof geführt haben, und enthält schließlich den Befehl an die Herzogstochter Cotani, sich an den Königshof zu begeben.[192] Zwei weitere Briefe von einem Geistlichen Promo und vermutlich von Fater, dem Abt von Kremsmünster und Kaplan Tassilos,[193] bestätigen die annalistischen Notizen,[194] daß mit Tassilo auch mehrere seiner bayerischen Anhänger verurteilt worden sind. War ein Todesurteil über Tassilo gefällt, so kam es auf dessen Vollstreckung nicht mehr an und Tassilo konnte vom König zu Klosterhaft «begnadigt» werden. In St. Goar erhielt er die Tonsur, später kam er nach Jumièges, noch später nach Lorsch. Doch auch jetzt war noch kein Abschluß erreicht. Sechs Jahre später, 794, wurde Tassilo auf einer Reichsversammlung in Frankfurt vorgeführt, und hier «verzichtete er auf jeden Rechtsanspruch und auf allen Eigenbesitz, soweit er ihm oder seinen Söhnen und Töchtern im Herzogtum rechtmäßig zugestanden war».[195] Über die Hintergründe dieses erneuten Verzichts können wir nur Vermutungen anstellen, etwa, ob ein Zusammenhang mit der zwei Jahre zuvor erfolgten Empörung des Königssohnes Pippin bestand.[196] In Lorsch ist Tassilo am 11. Dezember eines unbekannten Jahres gestorben. Auch seine Frau und seine Kinder kamen hinter Klostermauern, bekannt ist nur der Aufenthalt des ältesten Sohnes Theodo in St. Maximin in Trier und seiner Töchter Cotani in Chelles und Rotrud in Soissons.[197]

wegen Majestätsverbrechen eine Rolle gespielt hat, könnten die Worte «ut maiestatis reus» der Ann. Einh. (zu 788) 81 nahelegen.

[191] Ann. Nazariani (zu 788) (hg. v. Gg. Heinr. PERTZ, MGH SS 1) 1826, 43 f.; zur Familie Tassilos auch STÖRMER, Adelsgruppen (s. o. 136) 28 und 32.

[192] BISCHOFF, Formelbücher (s. o. 171 Anm. 160) nr. 20, S. 55.

[193] BISCHOFF, Formelbücher (s. o. 171 Anm. 160) nrr. 19 und 21, S. 54 f.

[194] Ann. regni Franc. (zu 788) 82: « ... und wenige Bayern, die in der Gegnerschaft zum Herrn Karl verharren wollten, sind ins Exil geschickt worden».

[195] Capitulare Francofurtense (hg. v. Alb. WERMINGHOFF, MGH Concilia 2/1) 1906, nr. 19, S. 166.

[196] Bejahend STOLLENMAYER, Grab (s. u. Anm. 197) 38 ff.; NEUMÜLLER, Tassilo III. (s. o. 169 Anm. 137) 32 ff.; ablehnend LÖWE, Reichsgründung 68.

[197] Über den Ort seiner Verbannung und seines Begräbnisses hat sich eine Kontroverse erhoben: Romuald BAUERREISS, Wo ist d. Grab Herzog Tassilos III.? (StMBO 49) 1931, 92–102; Max HEUWIESER, Ist Herzog Tassilo im Kloster Niedernburg z. Passau begraben? (ZBLG 9) 1936, 412–416; Pankraz STOLLENMAYER, Das Grab Herzog Tassilos v. Bayern (Jahresber. Gymnasium Kremsmünster 105) 1962, 1–66; dazu die Rezension von Gertr. SANDBERGER, ZBLG 26, 1963, 453–458; zur Frage des Szepters: Adolf GAUERT, Das Zepter Tassilos III. (DA 18) 1962, 214–223; einen wichtigen Hinweis auf Jumièges bringt Jos. SEMMLER, Zu den bayr.-westfränk. Beziehungen in karoling. Zeit (ZBLG 29) 1966, 344–424, bes. 344 Anm. 1; zur späteren literarischen Tradition Andr. KRAUS, Tassilo u. Karl d. Gr. in d. bayer. Geschichtsschreibung d. 17. Jhs. (Festschr. Max Spindler) 1969, 451–471; Walth. LASKE, Die Mönchung Herzog Tassilos III. u. das Schicksal seiner Angehörigen (Mitt. d. oberösterr. Landesarch. Erg.-Bd. 2) 1978, 189–197; Karl Jos. MINST, Herzog Tassilo in Lorsch (Geschichtsbll. f. den Kreis Bergstraße Sonderbd. 4) 1978, 313–331.

II

CHRISTENTUM UND KIRCHE

Joh. FRIEDRICH, KG Deutschlands, 2 Bde., 1867/69; Alois HUBER, Gesch. d. Einführung u. Verbreitung des Christenthums in Südostdeutschland, 4 Bde., 1874/75; JANNER I; Gg. RATZINGER, Zur älteren KG Bayerns (in: Ders., Forsch. z. Bayr. Gesch.) 1898, 401–445; FASTLINGER; Trad. Freis.; Andr. BIGELMAIR, Die Anfänge des Christentums in Bayern (Veröffentl. aus dem Kirchenhist. Sem. d. Univ. München III 1) 1907, 1–24; WIDMANN I; Joh. Gg. MAYER, Gesch. des Bistums Chur I, 1907; Joh. DOLL, Die Anfänge d. altbayer. Domkapitel (DB 10) 1907, 1–55; LINDNER, Monasticon; Otto RIEDNER, Das bayer. Eigenkirchenwesen. Eine Literaturübersicht (Hist.-polit. Bll. 148) 1911, 17–29 und 116–122; GP; EGGER, Frühchristl. Kirchenbauten (s.o. 144 Anm. 57); Jacques ZEILLER, Les origines chrétiennes dans les provinces danubiennes de l'Empire Romain, 1918, Neudr. 1967; HAUCK I und II; NOTTARP; Wilh. FINK, Zur Gesch. des Mönchtums im alten Stammesherzogtum Bayern (Sammelbl. d. Hist. Ver. Freising 13) 1922, 99–105; Leo SANTIFALLER, Das Brixner Domkapitel in seiner persönl. Zusammensetzung im MA (Schlern-Schr. 7) 1924; TELLENBACH, Eigenklöster; MITTERER; Trad. Passau; HEUWIESER, Passau; CASPAR; Hieronymus FRANK, Die Klosterbischöfe des Frankenreiches (Beitrr. z. Gesch. des alten Mönchtums u. des Benediktinerordens 17) 1932; Jos. OSWALD, Das alte Passauer Domkapitel. Seine Entwicklung bis zum 13. Jh. u. sein Wahlkapitulationswesen (Münchener Stud. z. hist. Theologie 10) 1933; TOMEK I; HARTIG, Ob. Stifte; Ders., Nb. Stifte; Ders., Die Errichtung des Bistums Freising im Jahre 739, 1939; LÖWE, Reichsgründung; Franz Xaver BUCHNER, Das Bistum Eichstätt I, 1937; Reg. Eichstätt; Ernst KLEBEL, Kirchl. u. weltl. Grenzen in Bayern (ZRG KA 28) 1939, 153–270; Wiederabdruck in: Ders., Probleme 184–256; SPARBER, Sabiona; Trad. Reg.; Fritz KAPHAHN, Zwischen Antike u. MA. Das Donau-Alpenland im Zeitalter St. Severins, 1947; HALLER, Papsttum I; HEMMERLE, Benediktinerklöster; SCHIEFFER, Winfrid-Bonifatius; NOLL, Frühes Christentum (s.o. 125); Reg. Augsb.; SEPPELT II; ZOEPFL; ZIBERMAYR; BAUERREISS I; WODKA; Monachium. Beitrr. z. Kirchen- u. Kulturgesch. Münchens u. Südbayerns anläßlich d. 800-Jahr-Feier d. Stadt München 1958, 1958; PIENDL, Emmeram; Rud. PFISTER, KG d. Schweiz I, 1964; REINDEL, Bistumsorganisation; Bayer. Frömmigkeit. Kult u. Kunst in 14 Jahrhunderten, Text v. Hugo SCHNELL, mit Originalaufnahmen v. Benno KEYSSELITZ, 1965; PRINZ, Frühes Mönchtum; Eberh. DÜNNINGER, Die christl. Frühzeit Bayerns, 1966; Jos. STABER, KG des Bistums Regensburg, 1966; MILOJČIĆ, Frage des Christentums (s.o. 115 Anm. 111); Peter STOCKMEIER, Aspekte z. Frühgesch. des Christentums in Bayern (Beitrr. ABK 27) 1973, 11–35; Herm. VETTERS, Zum Christentum in den Donauländern (Die Römer a.d. Donau, Niederösterr. Landesmus., Kat. NF Nr. 55) 1973, 105–109; Rud. NOLL, Neuere Funde u. Forsch. zum frühen Christentum in Österreich (Mitt. d. österr. Arbeitsgemeinschaft f. Ur- u. Frühgesch. 25) 1974/75, 195–216; BARTON, Frühzeit (s.o. 100); Herwig WOLFRAM, Die Christianisierung d. Baiern (Baiernzeit in Oberösterreich, Oberösterr. Landesmus., Kat. Nr. 96) 1977, 177–188; Erika RADLBECK, Die Kontinuität v. Christentum u. Kirche in Norikum u. Rätien, Zulassungsarbeit Masch. Regensburg 1977; Eug. EWIG-Knut SCHÄFERDIEK, Christl. Expansion im Merowingerreich (KG als Missionsgesch. II 1) 1978, 116–145.

§ 18. ERSTE CHRISTIANISIERUNG UND KIRCHLICHE ORGANISATION

Die Christianisierung auf später bayerischem Boden beginnt bereits in der Römerzeit, als zur Bevölkerung der römischen Provinzen Noricum und Raetien durch römische Kaufleute, Beamte und Soldaten eine erste Kenntnis des christlichen Glaubens gedrungen ist. Von den *frühesten Zeugnissen* dürfte das in die Zeit der Markomannenkriege fallende sogenannte «Regenwunder» wohl das erste sein: bei einer Schlacht im Jahre 172 an der Donau, vermutlich nördlich Carnuntum an der pannonisch-norischen Grenze, wurde in glühender Hitze das römische Heer durch einen plötzlichen Regenguß erfrischt, der germanische Gegner durch ein Unwetter zugleich in Verwirrung gebracht.[1] Diese himmlische Fügung soll nach verschiedener Interpretation durch ein Gebet Mark Aurels, durch einen beim Heer anwesenden ägyptischen Priester oder aber durch das Gebet christlicher Soldaten bewirkt worden sein, ein Beweis, daß es unter den römischen Legionären, die damals im späteren bayerischen Stammesgebiet stationiert waren und gegen die Markomannen eingesetzt wurden, bereits Christen gegeben haben muß. Insbesondere die diokletianische Christenverfolgung zu Beginn des vierten Jahrhunderts zeigt dann mit überraschender Deutlichkeit, daß das Christentum in den beiden Provinzen schon verbreitet Eingang gefunden hatte. Als der Statthalter von Ufernoricum in Lorch vierzig Christen einkerkern ließ, bekannte sich auch Florian, der frühere Amtsvorstand des Statthalters, als Christ und erlitt daraufhin in der Enns durch Ertränken das Martyrium.[2] Daß dieser Legende ein historischer Kern zugrunde liegt, wird heute allgemein angenommen,[3] wie man auch besonders archaische Züge im Glaubensgut Florians entdeckt haben will.[4] Ebenfalls durch Ertränken erlitt den Märtyrertod Viktorin von Poetovio (= Pettau, Ptuj), der gelehrte Korrespondent des Origenes,[5] der deshalb hier zu erwähnen ist, weil Pettau (heute Ptuj in Jugoslawien) in seiner Zugehörigkeit zwischen Pannonien und Noricum schwankte.[6] In der Hauptstadt der Provinz Rae-

[1] Eusebius, Historia ecclesiastica V 5 (hg. v. Ed. SCHWARTZ, Die griech. christl. Schriftsteller d. ersten drei Jh. 9/1) 1903, 434 und 436; Tertullian, Apologeticum V 6 (hg. v. Eligius DEKKERS, Corpus Christianorum. Series latina 1/1) 1954, 96; eine Darstellung des Regenwunders findet sich auf der Markussäule in Rom: W. ZWIKKER, Stud. z. Markussäule (Allard Pierson Stichting 8) 1941, 206ff.

[2] Der Text der Passio Floriani (hg. v. Bruno KRUSCH, MGH SS rer. Merov. 3) 1896, 65–71; mit Verbesserungen: Ders., Der hl. Florian u. sein Stift (NA 28) 1903, 337–392, bes. 386–392.

[3] Vgl. bes. ZIBERMAYR 17ff. und die Lit. bei LHOTSKY 132–135 und UHLIRZ I 163f.; Willibrord NEUMÜLLER, Sie gaben Zeugnis. Lorch, Stätte des hl. Florian u. seiner Gefährten, 1968; Ders., Der hl. Florian u. seine «Passio» (Mitt. d. oberösterr. Landesarch. 10) 1971, 1–35; Ders., Die Lorcher Martyrer (ebd. 11) 1974, 3–29; Jos. WODKA, Der hl. Florian (Bavaria Sancta 1) 1970, 38–50.

[4] So BARTON, Frühzeit (s. o. 100) 48ff.

[5] AASS (November I) 1887, 432–443.

[6] András GRAF, Übersicht d. antiken Geographie v. Pannonien (Dissertationes Pannonicae I 5) 1936, 21ff.; Giovanni FORNI, Die röm. Tribus in Pannonien (Carnuntum Jb. 1956) 1957, 13–22, bes. 19; Balduin SARIA, Pettau. Entstehung u. Entwicklung einer Siedlung im deutsch-slowen. Grenzraum (Zschr. d. Hist. Ver. Steiermark Sonderh. 10) 1965.

tien fiel die durch den Bischof Narcissus von Gerona bekehrte[7] Afra von Augsburg vermutlich der gleichen Verfolgung zum Opfer; sie erlitt den Flammentod.[8] Schließlich kündet ein Regensburger Grabstein von einer Sarmannina, die den Märtyrern beigesellt worden sei;[9] das muß nicht auf ein persönliches Martyrium der Sarmannina hindeuten, kann aber darauf hinweisen, daß auch in Regensburg eine Christenverfolgung stattgefunden hat. Nach der Tolerierung des Christentums durch Konstantin und Licinius im Jahre 313[10] und insbesondere nach der Anerkennung des Christentums als Staatsreligion durch Theodosius im Jahre 392[11] wird die Ausbreitung des Christentums in Noricum und Raetien noch wesentlich gefördert worden sein, und die Vita Severini, die die Verhältnisse aus der zweiten Hälfte des fünften Jahrhunderts vor allem in Ufernoricum schildert, bietet ein eindrucksvolles Bild christlichen Lebens.[12]

Severins Wirken (s. o. 133) in Ufernoricum beginnt bald nach dem Tode Attilas; er fand schon christliche Gemeinden vor, als er erschien, hat aber das christliche Leben durch sein Wirken zweifellos noch stärker ausgebaut, zumal er in diesen Jahrzehnten einer erschütterten Römerherrschaft auch zum politischen Führer der bedrängten

[7] Friedr. ZOEPFL, Narcissus v. Gerona u. sein Wirken in Augsburg (Festschr. Max Spindler) 1969, 31–40.

[8] Passio Afrae vetustior et de Passione Afrae Armenia (hg. v. Bruno KRUSCH, MGH SS rer. Merov. 7) 1920, 192–204; Conversio et Passio Afrae (hg. v. Bruno KRUSCH, MGH SS rer. Merov. 3) 1896, 41–64; vgl. BIGELMAIR, Afralegende; Ders., Die hl. Afra (beide s. o. 133 Anm. 55); dazu Walt. BERSCHIN, Die Anfänge d. latein. Lit. unter den Alemannen (Veröffentl. d. Alemann. Inst. Freiburg 34) 1974, 121–133, bes. 123 ff.; ZOEPFL 3 ff.; Ders., Die hl. Afra; Ders., Die hl. Afra v. Augsburg (beide s. o. 133 Anm. 55).

[9] Der 1839 auf dem Gräberfeld westlich des Jakobstores gefundene Stein ist heute im Städtischen Museum Regensburg; Abb.: Bayer. Frömmigkeit (s. o. 177) Tafel 19; Text der Inschrift: VOLLMER nr. 419, S. 127, Tafel 58; ob Sarmannina selbst den Martyrertod erlitten hat (so Jos. OSWALD in: Jos. H. BILLER, [Hg.], Die Donau v. Passau bis Wien, 1963, 33 und BARTON, Frühzeit [s. o. 100] 42), ob hier nur allgemein auf die Gemeinschaft der Heiligen hingewiesen wird (so BAUERREISS I 21 Anm. 83) oder ob wir einen speziellen Hinweis auf Regensburger Blutzeugen haben (so WAGNER, Römer 114 und Klaus GAMBER, Der «Grabstein» d. Sarmannina. Gab es Märtyrer im röm. Reginum? [Beitrr. z. Gesch. des Bistums Regensburg 13] 1979, 19–33), muß bei dem vorliegenden Text wohl unentschieden bleiben. Eine «depositio ad martyres» nimmt an Karlheinz DIETZ, Die Römer in Regensburg – Gesch. (Regensburg z. Römerzeit) 1979, 35–174, bes. 138 f.; Ders., Katalog ausgewählter Inschriften (ebd.) 385–443, bes. 424 f.; zu dem Goldglas des 4./5. Jahrhunderts mit der Darstellung von Petrus und Paulus GAMBER, Bischöfe (s. u. 222 Anm. 225) 77 Anm. 101; zweifelnd an den Fundumständen DIETZ 147 und 441 f.

[10] HERB. NESSELHAUF, Das Toleranzgesetz des Licinius (HJb. 74, 1954) 1955, 44–61.

[11] Gerh. RAUSCHEN, Jbb. d. christl. Kirche unter dem Kaiser Theodosius d. Gr., 1897, 375 f.

[12] Eugippius, Vita Sev.; kritischer Literaturbericht: Rud. NOLL, Neuere Lit. z. Vita Severini (MIÖG 59) 1951, 440–446; weitere Lit. bei LHOTSKY 135 ff., UHLIRZ I 165 f. und BARTON, Frühzeit (s. o. 100) 119 ff.; Hans-Joach. DIESNER, Severinus u. Eugippius (in: Ders., Kirche u. Staat im spätröm. Reich) 1964², 155–167; ferner Erwin Maria RUPRECHTSBERGER, Beobachtungen zum Stil u. z. Sprache des Eugippius (Röm. Österreich 4) 1976, 227–299, Antonio QUACQUARELLI, La «Vita s. Severini» di Eugippio: etopeia e sentenze (Vetera Christianorum 13) 1976, 229–253 und Dieter SCHWAIGER, Die «Vita Severini» als hist. Quelle, Zulassungsarbeit Masch. Regensburg 1977.

Provinz geworden ist. Neuere Arbeiten versuchen, hinter dem Geheimnis, mit dem seine Herkunft umgeben ist, eine bekannte historische Persönlichkeit festzustellen. Nach Bona[13] sei Severin, der Sohn wohlhabender norditalischer Eltern, am Hofe Attilas gewesen und nach dessen Tod aus Pannonien in das benachbarte Ufernoricum geflüchtet. Formal sei er der örtliche Vertreter des römischen Reiches gewesen, politischen Rückhalt habe er jedoch an Rikimer, Orestes und später Odoakar gefunden. Nach Lotter[14] war Severin der Konsul des Jahres 461, Flavius Severinus, der 457 dem Kaiser Maiorian eine aus Donauvölkern rekrutierte Armee zugeführt habe und nach 467 mit dem Titel eines comes oder magister militum an die mittlere Donau zurückgekehrt sei, und nach des Romulus Sturz sich von der Zentralgewalt losgesagt habe. Diese neuen Thesen sind von der Forschung unterschiedlich aufgenommen worden.[15] Jedenfalls fand Severin in Noricum[16] Bischöfe, Presbyter, Diakone, Subdiakone und Ostiarier, es werden Mönchsgemeinden genannt, auch eine virgo consecrata. Der christliche Glaube ist katholisch, Heiligenfeste werden gefeiert, die Reliquien der Martyrer verehrt, das Fasten gehalten, die Sakramente der Taufe und Eucharistie sind bekannt. Andererseits ist freilich zu bedenken, daß die Vita Severini zugleich auch den Endpunkt des römischen (und damit auch wohl des organisierten christlichen) Lebens in diesen Gebieten schildert: wenige Jahre nach dem 482 erfolgten Tod Severins verließen im Jahre 488 die Römer auf Befehl Odoakars die Provinz Ufernoricum. Sie nahmen dabei den Leichnam des Heiligen, der in seinem Lieblingssitz Favianis (= Mautern)[17] bestattet war, mit sich nach Italien. Es ist fraglich, ob man die aus der Vita

[13] I. Bóna, Severiana (Acta antiqua Acad. Scient. Hung. 21) 1973, 281–338.

[14] In Zusammenfassung zahlreicher früherer Arbeiten jetzt Friedr. Lotter, Severinus v. Noricum. Legende u. hist. Wirklichkeit (Monographien z. Gesch. d. MA 12) 1976.

[15] Ablehnend Friedr. Prinz, Zur Vita Severini (DA 25) 1969, 531–536 und Rud. Noll, St. Severin u. der Untergang d. röm. Herrschaft an d. nor. Donau (Die Römer a. d. Donau, Niederösterr. Landesmus., Kat. NF Nr. 55) 1973, 111–116, bes. 112; Ders., Die Vita s. Severini des Eugippius im Lichte d. neueren Forsch. (Anzeiger d. phil.-hist. Kl. d. Österr. Akad. d. Wiss. 112, 1975) 1976, 61–75; positiv Heinr. Koller, Die Christianisierung des Ostalpenraumes (Religion u. Kirche in Österreich) 1972, 13–27, bes. 16; mit Einschränkungen Andr. Kusternig, Neue Forsch. über den hl. Severin (Unsere Heimat 48) 1977, 36–42; Herwig Wolfram, MIÖG 85, 1977, 352ff.; Heinz Dopsch, Mitt. d. Ges. f. Salzb. Landesk. 117, 1977, 1978, 438–441; dazu wieder: Friedr. Lotter, Die hist. Daten z. Endphase röm. Präsenz in Ufernorikum (VF 25) 1979, 27–90.

[16] Vgl. dazu Tomanek, Zustände; Scherer, Noricum (beide s. o. 133 Anm. 53); Ambros J. Pfiffig, Christl. Leben im nor. Österreich z. Zeit des hl. Severin (Unsere Heimat 31) 1960, 99–112; Stockmeier, Kirchenorganisation (s. o. 133 Anm. 53) 74ff.; Heinr. Koller, Die Klöster Severins v. Norikum (Schild v. Steier 15/16) 1978/79, 201–207.

[17] Die von Klemens Kramert-Ernst Karl Winter, St. Severin, der Heilige zw. Ost u. West, 1958, 13ff. und Ernst Karl Winter, Stud. zum Severinsproblem, 1959, 41ff. vorgenommene Lokalisierung von Favianis nach Heiligenstadt in Wien ist allgemein abgelehnt worden; vgl. Albr. Aign, Favianis u. der hl. Severin (Ostbair. Grenzmarken 3) 1959, 168–200; (ebd. 6) 1962/63, 5–77 und (ebd. 7) 1964/65, 9–70; Karl Lechner, Heiligenstadt-Sanctus Locus (Wiener Geschichtsbll. 8) 1953, 54–76; Ders., Ein letztes Wort in d. Frage: Severin-Sanctus Locus-Heiligenstadt (ebd. 9) 1954, 31–38; Walt. Steinhauser, Noch einmal «Wien-Favianis» (Österr. Namenforsch. 1973, 1) 1973, 38–51; Ders., Nachtrag z. «Wien-Favianis» (ebd. 1974, 1) 1974, 19f.; zuletzt wurde die Gleichsetzung

Severini bekannten ufernorischen Verhältnisse ohne weiteres auch auf das benachbarte Raetien übertragen darf, zumal das Land hier seit der Mitte des fünften Jahrhunderts schon weit stärker von Germanen besetzt war. Immerhin greift das Wirken Severins auch in die raetischen Grenzgebiete, nach Künzing und Passau hinüber, und ebenso erwähnt die Vita Severini einen Abt Valentin, einstmals Bischof von Raetien.[18]

Neben den schriftlichen sind es in noch größerem Umfang die *archäologischen Quellen,* die unsere Kenntnis von der Ausbreitung des römischen Christentums bereichern. Einigermaßen bestimmte Aussagen zu machen, ist jedoch schwierig, da die Meinungen der Archäologen in den Deutungen oft sehr auseinandergehen.[19] Die spärlichen Baureste lassen vielfach keinen Schluß zu, ob es sich bei ihnen um ein profanes Gebäude oder um einen Kultbau handelt, und bisweilen schwanken auch die Datierungen beträchtlich. Immerhin kann man wohl mit einiger Bestimmtheit behaupten, daß man in Epfach,[20] Augsburg,[21] Regensburg,[22] Lorch,[23] wo in der ersten Hälfte des vierten Jahrhunderts in einen niedergebrannten Tempel eine christliche Kirche hineingebaut wurde,[24] Mautern, in dessen dreischiffiger Hallenkirche man ebenfalls eine Bischofskirche vermutet,[25] und Carnuntum (zwischen Hainburg und

von Favianis mit Wien noch einmal aufgegriffen von Johanna Haberl, Favianis, Vindobona u. Wien. Eine archäolog.-hist. Illustration z. Vita S. Severini des Eugippius, 1976; dagegen Kurt Reindel, DA 34, 1978, 312f. und Ekkehard Weber, Unsere Heimat 49, 1978, 24–27.

[18] Zu Valentin: Heuwieser, Passau 37ff.; Otmar Scheiwiller, Der hl. Valentin, ein Apostel beider Rätien (Zschr. f. Schweiz. KG 34) 1940, 1–13; Rud. Herber, Der hl. Valentin, Bischof v. Rätien, u. seine Verehrung in Österreich, Diss. Wien 1950; Kunze, Valentino; Oswald, Bischof Valentin (beide s. o. 134 Anm. 59).

[19] Eine Zusammenstellung bringen Alföldy, Noricum (s. o. 114 Anm. 102) 213ff. und 279ff. und Barton, Frühzeit (s. o. 100) 54ff.

[20] Werner, Abodiacum (s. o. 134 Anm. 63); Ders. (Hg.), Stud. z. Abodiacum-Epfach (Münch. Beitrr. 7) 1964; Ders. (Hg.), Der Lorenzberg bei Epfach. Die spätröm. u. frühmittelalterl. Anlagen (ebd. 8) 1969; Günter Ulbert, Der Lorenzberg bei Epfach. Die frühröm. Militärstation (ebd. 9) 1965; Gerh. Pohl, Die Ausgrabungen auf dem Lorenzberg bei Epfach (Ausgrabungen in Deutschland 2) 1975, 99–112.

[21] Joach. Werner (Hg.), Die Ausgrabungen in St. Ulrich u. Afra in Augsburg (Münch. Beitrr. 23) 1977.

[22] Franz Schwäbl, Neue Fragen z. frühen Baugesch. d. St. Emmeramskirche in Regensburg (VHOR 93) 1952, 65–88; Jürgen Sydow, Bemerkungen z. Frage einer spätantiken Georgskirche (St. Emmeram in Regensburg) (ebd. 95) 1954, 227–234; Ders., Untersuchungen über d. frühen Kirchenbauten in Regensburg (Rivista di Archeologia Cristiana 31) 1955, 75–96.

[23] Der bisher letzte zusammenfassende Bericht über die noch nicht abgeschlossenen Ausgrabungen bei Vetters, Lauriacum (s. o. 123 Anm. 39); ferner Lothar Eckhart, Aufgaben, Ergebnisse u. Bedeutung d. Ausgrabungen 1960 in d. got. Kaplaneikirche St. Laurenz z. Lorch-Enns (Jb. d. oberösterr. Musealver. 106) 1961, 65–69; Franz Juraschek, Die frühesten Kirchen v. Österreich (Beitrr. z. Kunstgesch. u. Archäologie des Frühmittelalters. Akten zum VII. Intern. Kongreß f. Frühmittelalterforsch., 21.–28. Sept. 1958) 1962, 3–20; Herm. Vetters, Lauriacum (Aufstieg u. Niedergang d. röm. Welt 2/6) 1977, 355–379; vgl. Barton, Frühzeit (s. o. 100) 64ff., der von einer Bischofs- und Märtyrergedächtniskirche spricht.

[24] Barton, Frühzeit (s. o. 100) 64.

[25] Herma Stiglitz-Thaller, Grabungen in Mautern a. d. Donau 1957–59. Eine frühchristl. Kirche (Pro Austria Romana 9) 1959, 31ff.; sie wird von Wodka 12 ebenfalls für eine Bischofskirche gehalten.

Deutsch-Altenburg),[26] wo man ebenfalls mit einer Bischofskirche rechnet,[27] spätantike christliche Bauten zutage gefördert hat. Noch reicher waren die Ergebnisse in dem archäologisch besonders gut durchforschten Binnennoricum.[28] Hier ergab sich zudem die Besonderheit, daß neben den bischöflichen Kirchen der alten Bischofssitze von Aguntum, Virunum und Tiburnia auf benachbarten Anhöhen befestigte Bergkirchen aus den Sturmzeiten der Völkerwanderung ausgegraben wurden.[29] So finden sich bei Aguntum[30] Kirchenreste auf dem Kirchbichl bei Lavant,[31] bei Virunum[32] auf dem Hemmaberg, dem antiken Juenna,[33] sowie auf dem Gratzerkogel,[34] nahe Tiburnia[35] steht in Laubendorf über dem Millstätter See eine Kirche,[36] andere auf dem

[26] SWOBODA, Carnuntum (s. o. 106 Anm. 31); wenigstens hingewiesen sei auf die Altarplatte von Donnerskirchen (A. A. BARB, Die röm. Ausgrabungen v. Donnerskirchen u. das älteste Denkmal christl. Kults in Österreich, Burgenländ. Heimatbll. 15, 1953, 97–118) sowie auf die Funde in Au am Leithaberg (Arnold SCHOBER, Röm. Friedhof in Au am Leithaberg, Jahreshefte d. österr. archäol. Inst. Wien 17, Beibl., 1914, 203–256) und auf dem Georgenberg (Herm. VETTERS, Der Georgenberg bei Micheldorf, Oberösterreich, ebd. 43, Beibl., 1956, 123–146 und Ders. [Hg.], Tutatio. Die Ausgrabungen auf dem Georgenberg u. in Micheldorf, Der röm. Limes in Österreich 28, 1976), wo man überall mit einiger Wahrscheinlichkeit spätrömische christliche Bauten vermuten kann.

[27] VETTERS, Christentum (s. o. 177) 106.

[28] Als grundlegend gelten hier die Forschungen von EGGER, Frühchristl. Kirchenbauten (s. o. 144 Anm. 57); neuerdings Gernot PICCOTTINI, Frühes Christentum in Kärnten (Carinthia I 161) 1971, 3–33.

[29] Zum Problem dieser Doppelkirchen BARTON, Frühzeit (s. o. 100) 116.

[30] Erich SWOBODA, Aguntum (Jahreshefte d. österr. archäol. Inst. Wien 29, Beibl.) 1935, 5–102; Franz MILTNER, Lavant u. Aguntum. Die frühgeschichtl. Ruinen bei Lienz in Osttirol, 1951; Stefan KARWIESE, Aguntum (Pauly-Wissowa, RE Suppl. 12) 1970, 4–9; Ders., Lavant – ein Schwerpunkt d. Frühgesch. Osttirols (Osttiroler Heimatbll. 41) 1973, H. 7–10; Ders., Aguntum – Das Ende einer Stadt im Spiegel d. Münzfunde (Beitrr. z. römerzeitl. Bodenforsch. in Österreich 2) 1974; Ders., Der Ager Aguntinus. Eine Bezirkskunde des ältesten Osttirol, 1975, wo er S. 27 und 50 auch eine philologische Beziehung zwischen Aguntum und Lavant herzustellen sucht: ille Aguntum (jenseitiges Agunt) › il'Awúntu › l'Awunt › Lavant; Wilh. ALZINGER, Das Municipium Claudium Aguntum. Vom kelt. Oppidum zum frühchristl. Bischofssitz (Aufstieg u. Niedergang d. röm. Welt 2/6) 1977, 380–413, bes. 404; Herm. WIESFLECKER, Aguntum – St. Andrä – Luenzina – Patriarchesdorf (Festschr. Hans Kramer), 1976, 171–191; Wilh. ALZINGER, Aguntum u. Lavant, 1974³.

[31] KARWIESE, Lavant (s. o. Anm. 30).

[32] Herm. VETTERS, Virunum (Pauly-Wissowa, RE 2. Reihe 9/1) 1961, 244–309; Ders., Virunum (Aufstieg u. Niedergang d. röm. Welt 2/6) 1977, 302–354.

[33] EGGER, Frühchristl. Kirchenbauten (s. o. 144 Anm. 57) 70–92; Ders., Die frühchristl. Kunst in Österreich (in: Karl GINHART [Hg.], Die bildende Kunst in Österreich. Voraussetzungen u. Anfänge. Von d. Urzeit bis um 600 n. Chr.) 1936, 124–136, bes. 132 f.; Gernot PICCOTTINI, Iuenna-Globasnitz-Hemmaberg. Eine antike Kulturlandschaft in Südkärnten (Kärntner Museumsschr. 50) 1970, 7–12.

[34] EGGER, Frühchristl. Kirchenbauten (s. o. 144 Anm. 57) 105–109.

[35] Rud. EGGER, Teurnia. Die röm. u. frühchristl. Altertümer Oberkärntens, 1970⁶; Joh. HAGENAUER, Arbor Evangelica. Zur Deutung des Fußbodenmosaiks v. Teurnia (Carinthia I 153) 1963, 304–320; Alice SCHULTE, Das Mosaik v. Teurnia (ebd. 157) 1967, 211–250; weitere Lit. zum Mosaik bei BARTON, Frühzeit (s. o. 100) 149 ff.; ferner Hans DOLENZ, Ausgrabungen in d. Kirche v. St. Peter im Holz (Teurnia) (Carinthia I 161) 1971, 35–48; zum Friedhof der romanischen Bevölkerung aus dem 6. Jahrhundert: Gernot PICCOTTINI, Das spätantike Gräberfeld Teurnia St. Peter im Holz (Arch. f. vaterländ. Gesch. u. Topographie 66) 1976.

Hoischhügel bei Villach,[37] in Duel bei Feistritz[38] und auf dem Ulrichsberg,[39] schließlich noch im tirolischen Pfaffenhofen.[40] Andere Ausgrabungen sind nach ihrer Deutung und Datierung sehr umstritten. Ob die bei Bregenz aufgedeckten Fundamentreste[41] wirklich auf das alte Aurelia-Kirchlein zurückgehen, ist unsicher,[42] während in Imst neben dem Fund einer Schrankenplatte offenbar noch Überreste einer kleinen Apsidenkirche zutage kamen.[43] Auch in Kempten[44] glaubt man eine römerzeitliche Kirche entdeckt zu haben, während die Datierung des Befundes in Mühlthal bei Schäftlarn umstritten ist.[45] Waren die bisherigen Funde in Passau in ihrer Deutung unsicher,[46] so brachten die letzten Grabungen sichere Ergebnisse. Es scheinen tatsächlich die Überreste der aus der Severins-Vita bekannten basilica, die «Gemeindekirche des spätantiken Kastells Boiotro», neben der «der heilige Severin ein Klösterchen gründete», entdeckt worden zu sein.[47] In Anaunia bei Bozen,[48] auf dem Martinsbühel

[36] Hans DOLENZ, Die frühchristl. Kirche v. Laubendorf am Millstättersee (Pro Austria Romana 12) 1962, 28ff.; Ders., Die frühchristl. Kirche v. Laubendorf am Millstätter See (Carinthia I 152, Beigabe) 1962, 38–64.

[37] Hans DOLENZ, Kadischen (Tscheltschnigkogel) in Warmbad-Villach (Carinthia I 128) 1938, 120f.

[38] Rud. EGGER, Ausgrabungen in Feistritz a. d. Drau, Oberkärnten (Jahreshefte d. österr. archäol. Inst. Wien 25, Beibl.) 1929, 159–216.

[39] Rud. EGGER, Der Ulrichsberg. Ein hl. Berg Kärntens (Carinthia I 140) 1950, 29–78.

[40] Gerard KALTENHAUSER, Die Aufdeckung d. frühchristl. Kirche z. Pfaffenhofen in Tirol (Veröffentl. d. Mus. Ferdinandeum in Innsbruck 44) 1964, 75–98; Osmund MENGHIN, Spätantike Friedhofskirche u. frühmittelalterl. Eigenkirche in Pfaffenhofen (Pro Austria Romana 12) 1962, 35ff.; Ders., Frühmittelalterl. Kirche mit Begräbnisplatz in Pfaffenhofen, Tirol (Österr. Zschr. f. Kunst- u. Denkmalpflege 17) 1963, 148–153; Ders., Bemerkungen (s. o. 134 Anm. 59); Ders., Von Pfaffenhofen nach Säben: Zur Kontinuität kirchl. Strukturen in Tirol (Tiroler Wirtschaftsstud. 26) 1969, 263–278. Gegen Pfaffenhofen als Bischofskirche: Ekkart SAUSER, Zur Entdeckung einer frühchristl. Bischofskirche in Pfaffenhofen bei Innsbruck (Christl. Kunstbll. 99) 1961, 142f.

[41] Vgl. NOLL, Frühes Christentum (s. o. 125) 89f. und 140; Bened. BILGERI, Gesch. Vorarlbergs I: Vom freien Rätien zum Staat d. Montforter, 1971.

[42] BARTON, Frühzeit (s. o. 100) 94.

[43] Alfons WOTSCHITZKY, Eine christl. Schrankenplatte in Imst (Pro Austria Romana 10) 1960, 15; Ders., Die Laurentiuskapelle in Imst – eine neuentdeckte frühchristl. Kultstätte in Nordtirol (Österr. Zschr. f. Kunst- u. Denkmalpflege 15) 1961, 97–104; Ders., Frühchristl. Sanctuarium in d. Laurentiuskirche in Imst (Pro Austria Romana 11) 1961, 18f.; Ders., Zum Christogramm auf d. frühchristl. Schrankenplatte in d. Laurentiuskirche z. Imst (Innsbrucker Beitrr. z. Kulturwiss. 12) 1966, 317–325.

[44] Ludw. OHLENROTH, 4. Grabungsber. über Untersuchungen im Bereich des spätröm. Cambodunum u. z. Baugesch. Kemptens II (Allgäuer Geschichtsfreund NF 47) 1941, 55–82, bes. 64ff.; Wolfg. HÜBENER (HA v. Bayer.-Schwaben) Karte 9, S. 11.

[45] MILOJČIĆ, Oratorium; DANNHEIMER, Nachweis; Ders., Epolding (alle s. o. 134 Anm. 64).

[46] Hans HÖRMANN, St. Severin z. Passau. Die Kirche u. ihre Baugesch. nach neueren Ausgrabungen u. Untersuchungen (Veröffentl. d. Inst. z. Erforsch. des deutschen Volkstums im Süden u. Südosten in München u. des Inst. f. ostbair. Heimatforsch. in Passau 4) 1935; dazu aber HEUWIESER, Passau 51 und BAUERREISS I 18.

[47] Rainer CHRISTLEIN, Ausgrabungen im spätröm. Kastell Boiotro z. Passau-Innstadt (Ostbair. Grenzmarken 18) 1976, 28–40; Ders., Stadt Passau (s. o. 130f. Anm. 34); Ders., Das spätröm. Kastell Boiotro z. Passau-Innstadt. Formen d. Kontinuität am Donaulimes im raet.-nor. Grenzbereich (VF 25) 1979, 91–123, bes. 120.

[48] BARTON, Frühzeit (s. o. 100) 94.

bei Zirl[49] und auf dem Säbener Berg[50] sind römerzeitliche Kirchenbauten entdeckt worden, bei denen ebenfalls eine Deutung als Bischofskirche erwogen wird. Da wie bei den norischen Kirchenbauten auch hier jedoch wieder die freistehende Priesterbank ein wesentliches Argument für diese Deutung ist, sollte wohl auf die Interpretation von Gamber[51] verwiesen werden, der diese Bank nicht als Priesterbank ansieht, sondern als notwendigen Bestandteil einer aus dem Urchristentum stammenden Sonderentwicklung der Eucharistiefeier. In Wien[52] will man die Kirche Sankt Peter auf einen altchristlichen Kultbau zurückführen; daß der christliche Glaube hier in der Römerzeit verbreitet war, zeigt ein auf dem Hohen Markt gefundener frühchristlicher Grabstein.[53] Die Auswertung der Grabungen in Heiligenstadt wird dadurch erschwert, daß man hier wohl unberechtigt das Grab Severins lokalisieren will, und in Klosterneuburg schließlich vermitteln die Ausgrabungen bisher noch kein abschließendes Bild.[54] Auch die Ausdeutung des Befundes in der Martinskirche in Linz[55] ist umstritten.[56] Neben den Kirchenbauten hat man auch zahlreiche Denkmäler der Kleinkunst aufgefunden, die einen christlichen Charakter aufweisen.[57] Dabei bil-

[49] Alfons WOTSCHITZKY, Grabung in d. Kapelle St. Martin am Martinsbühel bei Zirl (Pro Austria Romana 14) 1964, 36ff.; Ders., Archäolog. Zeugnisse aus den ersten christl. Jahrhunderten in Tirol (Tiroler Heimatbll. 40) 1965, 23–26; Elis. WALDE, Die Grabung in d. Kirche St. Martin in Martinsbühel (BVbll. 40) 1975, 108–127.

[50] Rud. EGGER, Die Kirchen in Sabiona-Säben u. Maria Saal (Frühmittelalterl. Kunst in den Alpenländern) 1954, 25–32; Wiederabdruck in: Ders., Röm. Antike u. frühes Christentum II, 1963, 218–225, der um 574 datiert; dagegen jedoch BARTON, Frühzeit (s. o. 100) 146, der an die Gotenzeit denkt.

[51] Klaus GAMBER, Domus Ecclesiae. Die ältesten Kirchenbauten Aquilejas sowie im Alpen- u. Donaugebiet bis zum Beginn d. 5. Jhs. liturgiegeschichtl. untersucht (Studia patristica et liturgica 2) 1968, 86ff.; Theod. KLAUSER, Jb. f. Antike u. Christentum 11/12, 1968/69, 1970, 215–224; dazu GAMBER, Leben (s. o. 133 Anm. 53) 29 Anm. 34.

[52] Vgl. OETTINGER 7ff.; dazu aber NOLL, Frühes Christentum (s. o. 125) 78ff.; Gertr. MOSSLER, Archäolog. Untersuchungen auf dem Petersplatz/Wien (Pro Austria Romana 15) 1965, 29f.

[53] Alfr. NEUMANN, Vindobona. Die röm. Vergangenheit Wiens. Gesch., Erforsch., Funde, 1972, 55 mit Abb. 49.

[54] Rud. EGGER, Ein frühchristl. Kultbau in Klosterneuburg (Pro Austria Romana 4) 1954, 36f.; Die Ausgrabungen in Klosterneuburg 1953–1954. Mit Beitrr. v. Alfr. SCHMELLER, Rud. EGGER, Erich POLASCHEK, Elise HOFMANN u. Herb. MITSCHA-MÄRHEIM (Beitrr. z. Kunstgesch. u. Archäologie des Frühmittelalters. Akten zum VII. Intern. Kongreß f. Frühmittelalterforsch., 21.–28. Sept. 1958) 1962, 291–351; VETTERS, Christentum (s. o. 177) 107 erwägt, ob Klosterneuburg Bischofssitz oder Fliehburg des Bischofs von Wien gewesen sein könnte.

[55] Franz JURASCHEK-Wilh. JENNY, Die Martinskirche in Linz. Ein vorkaroling. Bau in seiner Umgestaltung z. Nischenkirche, 1949; Rud. EGGER, Die Martinskirche in Linz (Österr. Zschr. f. Kunst- u. Denkmalpflege 17) 1963, 165–168.

[56] Lothar ECKHART, Oberösterr. Kirchen in archäolog. Schau (Jb. d. oberösterr. Musealver. 106) 1961, 165–179, bes. 174ff. hält sowohl die Verwendung wie auch die Datierung der Baureste für unsicher.

[57] BOTT, Bajuwar. Schmuck (s. o. 111 Anm. 76) 197ff.; MÜLLER-KARPE, Zeugnisse (s. o. 133 Anm. 56); Wolfg. KUNKEL, Archäolog. Zeugnisse frühen Christentums in Bayern (Bayer. Frömmigkeit. 1400 Jahre christl. Bayern) 1960, 46–50; Rud. NOLL, Altchristl. Funde in Österreich (Studi di antichità cristiana 22) 1957, 261–264; Rud. EGGER, Ber. über d. altchristl. Funde in Österreich ab 1938 (ebd.) 73–81; NOLL, Frühes Christentum (s. o. 125) 71 ff.; Widerspruch gegen allzu bedenkenlose christliche Deutung bei BOTT, Denkmäler (s. o. 135 Anm. 65).

det ein Grabrelief in St. Georgen im Attergau, das ein betendes Ehepaar mit gefalteten Händen zeigt, ein «bislang unikales Monument ufernorischen Christentums des 5./6. Jahrhunderts».[58] Ein römerzeitlicher Grabstein aus Wels nennt eine Ursa crestiana fidelis,[59] und aus Lorch, wo man ohnehin wohl eine christliche Kultkontinuität von der Antike zum Mittelalter nachweisen kann, sind auch christliche Kleinfunde zutage gefördert worden.[60] Naturgemäß handelt es sich dabei zumeist um Grabbeigaben, die auf den christlichen Glauben des Bestatteten deuten. Generelle Schlüsse kann man daraus allerdings nicht ziehen, denn Beigabenlosigkeit kann auch ihre Ursachen in der sozialen Stellung des Bestatteten haben, wie ja andererseits die Beigabensitte gerade unter christlichem Einfluß aufgehört haben soll.[61] Schließlich muß man bedenken, daß auch hier eine abweichende Interpretation zu grundverschiedenen Resultaten führen kann; so hat man etwa den ein Lamm tragenden Mann sowohl christlich als Guten Hirten als auch einfach als bukolisches Schäfermotiv gedeutet;[62] ebenso schwankt die Datierung der vornehmlich bei Eining gefundenen Eisenkreuze um viele Jahrhunderte.[63]

Eine andere Möglichkeit, spätrömisches Christentum nachzuweisen, hat Fastlinger[64] auszuschöpfen versucht, indem er die *Patrozinien* vor allem der hll. Laurentius, Georg und Johannes des Täufers in die römische Zeit zurückzuführen suchte. Die Beweisführung ist freilich sehr erschwert, da aus der Antike so gut wie keine Namen von Patrozinien überliefert sind (s. o. 135). Trotzdem hielt man den Nachweis schon dann für gegeben, wenn ein nur mittelalterlich belegtes Patrozinium sich an einem

[58] Lothar Eckhart, Ein Grabstein d. späten Völkerwanderungszeit aus St. Georgen im Attergau oder Der Tod d. Antike in Oberösterreich (Jb. d. oberösterr. Musealver. 118) 1973, 89–114.

[59] Barton, Frühzeit (s. o. 100) 66.

[60] Lothar Eckhart, Neue Zeugnisse des frühen Christentums aus Lauriacum-Lorch/Enns I: Eine «christianisierte» Lanula (Jb. d. oberösterr. Musealver. 121) 1976, 153–167.

[61] Clara Redlich, Erbrecht u. Grabbeigaben bei den Germanen (Forsch. u. Fortschr. 24) 1948, 177–180; Alb. J. Genrich, Grabbeigaben u. germ. Recht (Die Kunde NF 22) 1971, 189–226. Mir scheint hier das letzte Wort noch nicht gesprochen zu sein. Eher als Verbote von Beigaben finden sich Strafbestimmungen gegen Grabräuber, die ja Beigaben voraussetzen; für Bayern vgl. Herm. Nehlsen, Der Grabfrevel in den germ. Rechtsaufzeichnungen (Abh. Göttingen 3. Folge 113) 1978, 107–168, bes. 130ff.

[62] Der Gute Hirte in christlicher Deutung bei Noll, Frühes Christentum (s. o. 125) 105, dagegen Kunkel, Archäolog. Zeugnisse (s. o. 184 Anm. 57) 47: «ländlich-idyllische Szene ohne spezifisch christlichen Symbolgehalt».

[63] Paul Reinecke, Röm. u. frühmittelalterl. Denkmäler vom Weinberg bei Eining a. d. Donau (Festschr. d. Röm.-Germ. Zentralmus. Mainz) 1927, 157–166; Ziegler, Kreuzfunde (s. o. 133 Anm. 56); Herm. Dannheimer-Lenz Kriss-Rettenbeck, Die Eininger Eisenkreuze, ihre Deutung u. Datierung (BVbll. 29) 1964, 192–219; Herm. Dannheimer, Neufunde eiserner Steckkreuzchen in Südbayern (Archäolog. Korrespondenzbl. 3) 1973, 251–256; erwähnt sei hier schließlich noch die im Salzburger Stadtteil Nonntal 1834 gefundene, seither aber wieder verschwundene Metalltafel, die nur aus zwei Nachzeichnungen bekannt ist. Sie wäre ein Beweis für römerzeitliches Christentum, doch ist ihre Echtheit sehr umstritten: Noll, Frühes Christentum (s. o. 125) 87f. und Em(m)erich Schaffran, Frühchristentum u. Völkerwanderung in den Ostalpen (AKG 37) 1955, 16–43, bes. 17 und 28.

[64] Max Fastlinger, Die Kirchenpatrozinien in ihrer Bedeutung f. Altbayerns ältestes Kirchenwesen (OA 50) 1897, 339–440.

Ort fand, der durch andere Indizien sich in die Römerzeit zurückdatieren ließ. Eine derartige Argumentation kann höchstens zu Vermutungen führen,[65] überzeugt jedoch nicht.[66] Es ist außerdem anläßlich einer dem hl. Laurentius gewidmeten Untersuchung[67] darauf hinzuweisen, daß nur eine einzige Laurentius-Kirche wenigstens aus dem sechsten Jahrhundert bezeugt ist, und daß man noch nicht einmal diese mit aller Sicherheit ins bayerische Herzogtum verlegen kann.[68] So ist es nicht verwunderlich, daß sich gerade gegenüber diesem Heiligen die kritischen Stimmen mehren, ihn «immer und ohne weiteres auf die römische Zeit zurückzudatieren».[69] Ebenso ist für den hl. Georg[70] nur eine einzige alte Nennung eines Patroziniums belegt, und auch diese gehört bestenfalls der zweiten Hälfte des siebten Jahrhunderts an.[71] Für Taufkirchen, die dem hl. Johannes geweiht waren, haben wir zwei Belege aus der Vita Severini,[72] wohl zu wenig für die Behauptung Fastlingers,[73] «in römischer Zeit scheint Altbayern gleich Italien mit S. Johannestaufkirchen übersät».

Will man verläßliche Aussagen machen über eine römerzeitliche *Pfarrorganisation,*[74] so wird man sich wieder an die Vita Severini halten müssen. Diese erwähnt Kirchen in Batavis (Passau), Quintanis (Künzing), Joviacum (zwischen Engelhartszell und Aschach),[75] Iuvavum (Salzburg), Cucullis (Kuchl), Lauriacum (Lorch), Favianis

[65] Vgl. in bezug auf die Urpfarrkirche St. Lorenzen im Pustertal oder auf das Laurentiuspatrozinium in Imst MITTERAUER, Herzogtum (s. o. 144 Anm. 56) 426 und 431.

[66] Mit besonnener Zurückhaltung gibt für Oberösterreich einen Überblick Benno ULM, Patrozinien in Spätantike u. Agilolfingerzeit (Baiernzeit in Oberösterreich, Oberösterr. Landesmus., Kat. Nr. 96) 1977, 189–212.

[67] DIEPOLDER, Laurentiuspatrozinien (s. o. 125).

[68] Gregor v. Tours, In gloria martyrum c. 41 (hg. v. Bruno KRUSCH, MGH SS rer. Merov. 1/2) 1885, 516 erwähnt ein (verlorenes) Gedicht des Venantius Fortunatus, in dem er ein Wunder beim Bau einer Laurentiuskirche schildert: «Geschehen ist dieses bei Brionas, einer Burg Italiens.» Man hat diese Kirche in Wilten (Otto STOLZ, Gesch. d. Hofmark Wilten, Tiroler Heimatbücher 1, 1924, 59–230, bes. 61), in Imst (STOCKMEIER, Kirchenorganisation [s. o. 133 Anm. 53] 63 Anm. 128), in Bruneck (Heinr. BÜTTNER, Frühmittelalterl. Bistümer im Alpenraum zw. Großem St. Bernhard u. Brennerpaß, HJb. 84, 1964, 1–33, bes. 28 Anm. 128) oder in St. Lorenzen im Pustertal (MITTERAUER, Herzogtum [s. o. 144 Anm. 56] 430) gesucht, doch betonte WOPFNER 374f., daß noch nicht einmal die Beziehung von Brionas auf die Breonen gesichert ist.

[69] Karl SCHMID, Bischof Wikterp in Epfach. Eine Stud. über Bischof u. Bischofssitz im 8. Jh. (Münch. Beitrr. 7) 1964, 99–139, bes. 106f.

[70] Ernst KLEBEL, Zur Gesch. des Christentums in Bayern vor Bonifatius (Sankt Bonifatius) 1954^2, 388–411, bes. 399f.; Wiederabdruck in: Ders., Probleme 100–122, bes. 111; SYDOW, Georgskirche (s. o. 181 Anm. 22); Marinus MAIER, Früher Georgskult im altbayer. Raum (Abh. d. bayer. Benediktinerakad. 9) 1965, 25ff.; PRINZ, Frühes Mönchtum 337f.

[71] Arbeo, vita Emm. c. 34, S. 77 berichtet von der Beisetzung Emmerams in der Georgskirche bei Regensburg.

[72] In Boiotro (Beiderwies) Eugippius, Vita Sev. c. 22, NOLL 86 und in Favianis (Mautern) ebd. c. 23, NOLL 88.

[73] FASTLINGER, Kirchenpatrozinien (s. o. 185 Anm. 64) 379.

[74] BAUERREISS I 15f. weist auf die spärliche Überlieferung hin, ebenso KLEBEL, Christentum in Bayern (s. o. Anm. 70) 397 bzw. 108, der betont, daß «kaum irgendeine Spur da ist, die auf Landkirchen aus der Zeit vor 700 hindeutet».

[75] Zur Lokalisierung Lothar ECKHART, Das röm. Donaukastell Schlögen in Oberösterreich (Der röm. Limes in Österreich 25) 1969, 65.

(Mautern), Comagenis (Tulln) und Asturis (Klosterneuburg). Etwas sicherere Aussagen sind zu machen über *römische Bistümer* in den Provinzen Noricum und Raetien.[76] Da die kirchliche Organisation überhaupt an die römische Verwaltung gebunden war, scheint die Einrichtung eines Bistums wesentlich von der römischen Städteverfassung abhängig gewesen zu sein. Nachdem der inneralpine, unmittelbar an Italien grenzende Raum eine ausgebildetere Munizipalverfassung hatte als das voralpine Gebiet, ist es verständlich, daß sich hier auch die größere Zahl von Bistümern findet. Binnennoricum: in Aguntum (bei Lienz), Virunum (auf dem Zollfeld bei Klagenfurt), Teurnia (St. Peter im Holz in Kärnten), Celeia (Cilli, Celje), Poetovio (Pettau, Ptuj). Im gebirgigen Raetien: in Curia (Chur) und Sabiona (Säben) sind mit Sicherheit spätantike Bistümer nachzuweisen; im Flachland hingegen nur Lauriacum (Lorch).

Mit dem Zusammenbruch der Römerherrschaft in Raetien und Noricum ging bei der engen Bindung der Kirche an den Staat auch die kirchliche Organisation langsam zugrunde. Zuerst zog sich Rom aus den voralpinen Gebieten im Flachland zurück: in Raetien waren diese Landstriche wohl schon um die Mitte des fünften Jahrhunderts in den Händen der Alemannen, und wenn Theoderich sie auch noch einmal als Foederaten gewinnen konnte, so bestand bei ihnen für die Kirchenorganisation kein Rückhalt mehr.[77] Das östlich anschließende Ufernoricum wurde von Rom zunächst 488 offiziell aufgegeben, und auch hier ist es fraglich, ob der politische Restitutionsversuch Theoderichs auf kirchlichem Gebiet Erfolg hatte.[78] In den Alpen selbst hielt sich die römische Herrschaft und damit auch die Kirchenorganisation besser. Die Bistümer Binnennoricums überstanden sogar noch die langobardische Eroberung Italiens, wenn auch der Sprengel von Aquileja hinfort in einen byzantinischen und einen langobardischen Teil zerfiel.[79] Die Oberhirten aus beiden Teilen des Sprengels versammelten sich auf einer in Grado zwischen 572 und 577 tagenden Synode, deren Akten erhalten sind, weil sie 827 auf dem Konzil von Mantua als Beweis für die Vorrangstellung Aquilejas vorgelegt wurden.[80] Hier finden sich die Unterschriften von Leonianus Tyborniensis, Johannes Caleianensis, ... Aaron Avoriensis ... Materninus Sabionensis ... Vigilius Scaravasiensis, die in einer anderen Überlieferung der Synodalakten[81] als Leonianus ... tiborniensis ... Clarisimus ... celeiane ...

[76] Dazu Reindel, Bistumsorganisation.

[77] Zum Problem der gotischen Herrschaft über die Alemannen Egger, Barbareneinfälle 323ff.; Dietze, Rätien (beide s.o. 135) 79ff.; Felix Staehelin, Die Schweiz in röm. Zeit, 1948³, 321ff.; Wagner, Ende d. röm. Herrschaft (s.o. 84); Eberl, Bajuwaren 165ff.; Reindel, Staat u. Herrschaft (s.o. 114 Anm. 104) 34ff.; Behr, Herzogtum (s.o. 140 Anm. 35) 45ff.

[78] Die «Auswanderung» berichtet Eugippius, Vita Sev. c. 44 Noll 112; zur Deutung Koller, Donauraum (s.o. 125) 38ff.; zur Herrschaft Theoderichs Reindel, Staat u. Herrschaft (s.o. 114 Anm. 104) 37ff.

[79] Wilh. Meyer, Die Spaltung des Patriarchats Aquileja (Abh. Göttingen NF 2/6) 1898, Nachdruck 1970, 28f.; Horst Fuhrmann, Stud. z. Gesch. mittelalterl. Patriarchate (ZRG KA 39) 1953, 112–176 und (ebd. 40) 1954, 1–84, bes. 43ff.

[80] Synodalakten v. Mantua (s.o. 147 Anm. 77); Lit. bei Reindel, Bistumsorganisation 289 Anm. 70.

[81] Andreae Danduli Chronica VI 1 (hg. v. Ester Pastorello, Muratori, Rer. Ital. SS NS 12/1) 1938/46, 83; vgl. Heuberger, Rätien (s.o. 125) 173f.

Arom ... avociensis ... Virgilius ... scaravaciensis ... Marcianus ... sabionensis ... erscheinen. Völlige Einigkeit besteht nur in der Deutung auf Celeia = Cilli und Sabiona = Säben; hingegen hat man Tibornia in dem auch aus der Vita Severini bekannten norischen Tiburnia, Teurnia,[82] aber auch in Tierno bei Rovereto[83] gesucht, Avoriensis bzw. Avoriciensis bzw. Avonciensis[84] mit einigem Vorbehalt in Aguntum,[85] während man bei dem geheimnisvollen Scaravasiensis sowohl an Scarabantia (Sopron = Ödenburg),[86] an eine Verschreibung für Tarvisianensis (Treviso),[87] auf Grund der überlieferten Form Caravaciensis[88] auch an ein Karawankenbistum[89] oder aber an die kärntnerische Karnburg,[90] eine Fliehburg[91] des Bischofs von Virunum, gedacht hat. In einem Schreiben aus dem Jahre 591[92] werden noch einmal die Kirchen von Beconensis, Tiburniensis und Augustana genannt, die wiederum in ihrer Deutung sehr umstritten sind, am ehesten aber doch wohl im binnennorischen Raum zu suchen sein werden.[93] Dieser Brief ist ebenso wie schon das Protokoll der Synode von Grado auch unterschrieben von einem Bischof von Sabiona (Säben), dessen Existenz damit für das Ende des sechsten Jahrhunderts gesichert ist.[94] Unmit-

[82] Eugippius, Vita Sev. c. 21 NOLL 86, nach der ihm sogar eine Art Metropolitanstellung für ganz Binnennoricum zuzukommen scheint.

[83] Stefan KARWIESE, Die Franken u. die Suffragane Aquileias (Jahreshefte d. österr. archäol. Inst. Wien 51) 1976/77, 173–191.

[84] Chronica patriarcharum Gradensium c. 1 (hg. v. Gg. WAITZ, MGH SS rer. Langob.) 1878, 393: Aaron Avonciensis.

[85] Das hoch über der Drau aufragende Aguntum erwähnt auch Venantius Fortunatus bei einer etwa ins Jahr 565 fallenden Reise: Venantius Fortunatus, Vita s. Martini IV 649f. (s.o. 103f. Anm. 13) 368.

[86] ZEILLER, Les origines chrétiennes (s.o. 177) 141; E. TÓTH, Vigilius episcopus Scaravaciensis (Acta archaeol. Acad. Scient. Hung. 26) 1974, 269–275.

[87] FRIEDRICH, ecclesia Augustana (s.u. Anm. 93) 342 Anm. 3.

[88] Chronica patriarcharum Gradensium c. 1 (s.o. Anm. 84) 393.

[89] So ursprünglich EGGER, Frühchristl. Kirchenbauten (s.o. 144 Anm. 57) 138; zuletzt BARTON, Frühzeit (s.o. 100) 182.

[90] Rud. EGGER, Die ecclesia secundae Raetiae (Festschr. Paul Reinecke) 1950, 51–60, bes. 59; Wiederabdruck in: Ders., Röm. Antike u. frühes Christentum II, 1963, 69–85, bes. 83.

[91] Herm. VETTERS, Zum «episcopus in castellis» (Anzeiger d. phil.-hist. Kl. d. Österr. Akad. d. Wiss. 106, 1969) 1970, 75–93.

[92] Gregor, Reg. I 16a, S. 17–21, bes. 20: «... in tribus ecclesiis nostri concilii, id est, Beconensi, Tiburniensi, et Augustana ...»; zur politischen Situation CASPAR II 425f. und Jak. SPEIGL, Aquileja zw. Ost u. West. Zu einem Brief vom Jahr 591 an Kaiser Maurikios (Beitrr. ABK 27) 1973, 37–51.

[93] Von Joh. FRIEDRICH, Die ecclesia Augustana in dem Schreiben d. istrischen Bischöfe an Kaiser Mauritius vom Jahre 591 u. die Synode v. Gradus zw. 572 u. 577 (SB München 1906) 1907, 327–356 auf Aguntum (Augustana), Virunum (Beconensis = Beronensis nach der Lesart bei Theod. MOMMSEN, Zu den Gregorbriefen, NA 17, 1891, 189–192) und Tiburniensis (Teurnia) gedeutet; doch vgl. auch MAYER, Quellen (s.o. 102 Anm. 2) 17ff.: Tiburniensis=Regensburg; Alois HUBER, Die Ecclesia Petena d. Salzburger Urk., als Einleitung z. Gesch. d. Verbreitung des Christenthums in Südostdeutschland (AÖG 37) 1867, 1–103, bes. 101f.: Beconensis=Petenensis=Salzburg; FRIEDRICH, KG (s.o. 177) I 352: Augustana=Lorch; WOPFNER 391f.: Beconensis = Breonensis = Breonenbistum; BAUERREISS I 13f.: Augustana=Augsburg.

[94] Das Synodalprotokoll unterschreibt Materninus (anders Marcianus) Sabionensis episcopus, den EGGER, ecclesia (s.o. Anm. 90) mit einem im Dom von Grado bestatteten Marcianus episcopus gleichsetzt, der «pro causa fidei» vierzig Jahre in der Fremde geweilt habe, und den er für einen vertriebenen Bischof von Augsburg hält; skeptisch BÜTTNER, ZBLG 19, 1956,

telbar darauf aber müssen diese Reste der binnennorischen Kirchenorganisation zugrunde gegangen sein, denn sie werden hinfort nicht mehr genannt, und selbst die Städtenamen gerieten in Vergessenheit. Wahrscheinlich fielen sie der Landnahme der Slawen zu Opfer, die um 600 mit den Bajuwaren im Pustertal kämpften.[95] Offenbar ohne Unterbrechung hat das Bistum Chur weitergelebt,[96] während von Säben ein Jahrhundert lang jede Nachricht fehlt.[97]

§ 19. FORTLEBEN DES CHRISTENTUMS NACH DER BAJUWARISCHEN LANDNAHME UND NEUE MISSIONSVERSUCHE

Der nahezu vollständige Untergang der kirchlichen Organisation am Ende der Römerzeit muß nicht auch ein Erlöschen des christlichen Glaubens im Gefolge gehabt haben. Das Christentum wurde unter der germanischen Herrschaft weder verfolgt noch bekämpft, im Gegenteil, einzelne Germanenstämme hingen bereits selber dem christlichen Glauben an. Jedoch war das Christentum bei ihnen keine Staatsreligion mehr, und somit fiel anfangs jede Unterstützung und jeder organisatorische Halt von dieser Seite fort. Mehrere Zeugnisse beweisen das ununterbrochene Fortleben des Christenglaubens, so der schon erwähnte Florianskult und die Afraverehrung, die Venantius Fortunatus in Augsburg antraf (s. o. 134). Die weiterlebende Verehrung

598, der ihn (Ders., Bistümer [s. o. 186 Anm. 68] 21) als einen im Umkreis der Brennerstraße und im Alpenvorland tätigen Missionsbischof ansieht, den man nicht mit einer bestimmten Diözese in Verbindung bringen dürfe; Vorbehalte gegenüber der Deutung auf Augsburg auch Reg. Augsb. I 1, 8. Nach Ernst KLEBEL, Zur Gesch. d. christl. Mission im schwäb. Stammesgebiet (ZWLG 17) 1958, 145–218, bes. 162ff. stammt er aus Konstanz, nach Werner GOEZ, Bemerkungen z. einem Bischofsgrab im Dom v. Grado (Zschr. f. KG 70) 1959, 121–140 aus Oderzo; nach MENGHIN, Pfaffenhofen (s. o. 183 Anm. 40) 276ff. habe dieser Bischof Martin auch in Pfaffenhofen und Zirl residiert. Die Bittschrift an den Kaiser unterschreibt Ingenuinus; vgl. Rich. HEUBERGER, Der hl. Ingenuinus (Festschr. Alb. Brackmann) 1931, 17–39.

[95] S. o. S. 147f.; dagegen BALTL, Gesch. (s. o. 148 Anm. 83) 410ff.

[96] Ein Churer Bischof ist sowohl in der Spätantike, auf dem Konzil von Mailand im Jahre 451, bezeugt (vgl. Elis. MEYER-MARTHALER-Franz PERRET, Bündner UB I, 1955, nr. 2, S. 3) als auch im Frühmittelalter, wo der Bischof von Chur im Jahre 614 an der Synode von Paris teilnahm (Synodalakten, hg. v. Friedr. MAASSEN, MGH Concilia 1, 1893, 185–192, bes. 192); Theod. SCHWEGLER, Gesch. des Bistums Chur (1500 Jahre Bistum Chur) 1950, 29–69; BÜTTNER, Churer Bistumsgrenzen (s. o. 136) 103f.; Ders., Bistümer (s. o. 186 Anm. 68); Barb. HELBLING, Die Entstehung des christl. Churrätien (Schweiz. Zschr. f. Gesch. 25) 1975, 469–498, bes. 476ff.; Gertr. SANDBERGER, Bistum Chur in Südtirol (ZBLG 40) 1977, 705–828.

[97] Nach den erwähnten Nennungen am Ende des 6. Jhs. wird Säben erst wieder im Jahre 769 erwähnt (Trad. Freis. nr. 34, S. 61f.); HEUBERGER, Rätien (s. o. 125) 188ff. hat daher angenommen, daß Säben bei der Landnahme der (heidnischen) Bajuwaren zugrunde gegangen ist; dagegen rechnet SPARBER, Sabiona 72ff. mit einer nur unwesentlich unterbrochenen Fortexistenz des Bistums; ähnlich Franz HUTER, Säben, Mittelpunkt christl. Frühzeit in den Alpen (Jb. d. Südtiroler Kulturinst. 1) 1961, 244–259, bes. 248; für eine archäologische Kontinuität: EGGER, Sabiona-Säben (s. o. 184 Anm. 50).

noch eines anderen Heiligen erwähnt Venantius anläßlich der Nennung der im Inntal, im Land der Breonen gelegenen Kirche des hl. Valentin.[1] Sie wird im allgemeinen mit der Kirche in Mais bei Meran gleichgesetzt, da hier, wie wir aus der Vita Corbiniani Arbeos wissen, die Gebeine eines heiligen Valentin ruhten, neben denen Corbinian beigesetzt werden wollte.[2] Der Leichnam Valentins wurde dann auf Betreiben Herzog Tassilos im Jahre 764 nach Passau, der Corbinians 765 nach Freising überführt.[3] Die Wahrscheinlichkeit, daß wir es dabei mit dem gleichen Heiligen zu tun haben, ist groß, doch ist die Identität nicht vollständig gesichert, ebensowenig wie die Behauptung über jeden Zweifel erhaben ist, daß es sich bei dem in der Vita Severini erwähnten «heiligen Abt Valentin, einstmals Bischof der Raeter»[4] um die gleiche Person handelt. Unmöglich ist es auf jeden Fall, ihn mit einem bestimmten Bischofssitz, etwa Augsburg[5] oder Passau,[6] in Verbindung zu bringen. Ohne jeden historischen Wert ist die in der zweiten Hälfte des zwölften Jahrhunderts entstandene Vita sancti Valentini, die den Bischof Valentin nach Passau versetzt.[7] Recht unzuverlässig sind die Nachrichten über den zweiten Passauer Bistumspatron, den heiligen *Maximilian,* dem zu Ehren der hl. Rupert in Bischofshofen eine Zelle gegründet haben soll.[8] Diese scheint von den benachbarten Slawen bald nach der Gründung zerstört worden zu sein und längere Zeit wüst gelegen zu haben.[9] Auch als sie unter Herzog Odilo durch einen Priester Ursus wieder errichtet worden war, fiel sie, wie die Entdeckung Bischoffs[10] gezeigt hat, im Jahre 820 einer erneuten Zerstörung durch die Slawen zum Opfer und wurde 821 von Erzbischof Adalram wieder geweiht. Ob

[1] Venantius Fortunatus, Vita s. Martini IV 645ff. (s.o. 103f. Anm. 13) 368: «... ziehe über die Alpen, wo in der Nähe die Siedlungen der Breonen liegen; du betrittst sie, wo der Inn sich in reißendem Strudel dahinwälzt. Dann suche die heilige Kirche Valentins auf ...». Ganz klar sind die geographischen Angaben nicht; zur Interpretation WOPFNER 370ff.; HEUBERGER, Rätien (s.o. 125) 215ff. und 293ff.; zur archäologischen Situation s.o. 134 Anm. 59; allgemein: Jos. OSWALD, Die hl. Bischöfe Valentin u. Maximilian, Patrone des Bistums Passau (Bayer. Bistumspatrone) 1966, 74–87; Ders., Bischof Valentin; KUNZE, Valentino (beide s.o. 134 Anm. 59).

[2] Arbeo, vita Corb. c. 37 und 38, S. 226f.; zur geographischen Deutung Germain MORIN, Das Castrum Maiense u. die Kirche des hl. Valentin in d. Vita Corbiniani (Schlecht) 69–78; MAURER, St. Valentin (s.o. 134 Anm. 59); Carl v. BRAITENBERG, Der hl. Corbinian u. das Castrum Maiense (Der Schlern 42) 1968, 91–105.

[3] Translation Valentins: Arbeo, vita Corb. c. 41, S. 228f.; Translation Corbinians: ebd. versio B c. 39 (hg. v. Bruno KRUSCH, MGH SS rer. Merov. 6) 1913, 634f.; Peter STOCKMEIER, Korbinian u. Valentin (Beitrr. ABK 26) 1971, 9–20 und Jos. Ant. FISCHER, Die Translation des hl. Korbinian im Jahre 768 (ebd. 27) 1973, 53–75, der auf 768 datiert.

[4] Eugippius, Vita Sev. c. 41 NOLL 106.

[5] So HEUBERGER, Rätien (s.o. 125) 179ff., SCHEIWILLER, Valentin (s.o. 181 Anm. 18) und ZIBERMAYR 50f.

[6] So HEUWIESER, Passau 37ff. und PRINZ, Frühes Mönchtum 329f.; Heinr. BÜTTNER, ZBLG 19, 1956, 597 setzt ihn nach Regensburg oder Passau.

[7] Vita s. Valentini (AASS Januar I) 1863, 369–372; negativ beurteilt von Andr. SEIDER, Die Bleitafel im Sarge des hl. Valentin (Veröffentl. aus dem Kirchenhist. Sem. d. Univ. München III 1) 1907, 254–274 und von HEUWIESER, Passau 37ff.; die Gleichsetzung der drei Valentine bezweifelt von HEUBERGER, Rätien (s.o. 125) 293f.

[8] Ind. Arn. c. 8, S. 15; Brev. Not. c. 3, S. A 4f.

[9] WALDMÜLLER, Slawen (s.o. 144 Anm. 55) 436f.

[10] BISCHOFF, Formelbücher (s.o. 171 Anm. 160) 9 und nr. 2, S. 28.

der hier verehrte Maximilian der gleiche ist, dessen Leib König Karlmann nach Altötting übertragen ließ,[11] bleibt ebenso unsicher wie die Gleichsetzung mit dem angeblich 284 in Celeia gemarterten Maximilian.[12] Noch schwieriger zu deuten ist die Lebensbeschreibung der beiden Heiligen *Marinus* und *Annianus,*[13] die angeblich zur Zeit des Kaisers Leontius (695–698) von einer gens Vandalorum gemartert worden seien, und deren Kult im Kloster Rott am Inn und in Wilparting am Irschenberg im Landkreis Miesbach bis zur Gegenwart noch fortdauert.[14] Aber ob sie aus Südfrankreich kommen,[15] ob ihr Wirken wirklich in die angegebene Zeit des ausgehenden siebten Jahrhunderts fällt und sie damit noch den (irischen?) Frühmissionaren zuzurechnen sind, ob sich, wie Bauerreiß will, unter den korrumpierten Namen der Vita (Tolusius, Priamus) historische Persönlichkeiten aus der Freisinger Diözese des achten Jahrhunderts verbergen, oder ob sich hier eine alte Erinnerung an römisches Christentum bewahrt hat, bleibt letztlich unentschieden. Von der Schwierigkeit, christliche Kontinuität archäologisch nachzuweisen, war bereits die Rede (s. o. 179ff.); ganz vereinzelt bleibt eine diesbezügliche literarische Nachricht: daß der heilige Columban bei Bregenz eine entweihte Aurelia-Kirche wieder instand gesetzt hat,[16] läßt zwar auf den Verfall der Kultstätten, aber auf eine Erinnerung an die ursprüngliche Weihe schließen. Daß das Land nicht völlig dem Heidentum anheimfiel, zeigt schließlich auch die Gestalt der bayerischen Prinzessin Theodelinde, die eine katholische Christin war, wodurch ein solches Bekenntnis auch für die übrigen Mitglieder der agilolfingischen Herrscherfamilie wahrscheinlich wird.[17]

Noch viel schwieriger ist es, Aussagen über die vorgefundene *heidnische Religion* zu machen. Haben wir bei den benachbarten Alemannen wenigstens einige konkrete

[11] Urk. Karlmanns v. 8. Sept. 878 (hg. v. Paul KEHR, MGH Urk. d. deutschen Karolinger 1) 1934, nr. 14, S. 304f.

[12] So HEUWIESER, Passau 15ff. und KLEBEL, Christentum in Bayern (s. o. 186 Anm. 70) 395 bzw. 106f.; dazu aber NEUMÜLLER, Sanctus Maximilianus (s. o. 134 Anm. 59) 7ff.

[13] Edition von Bernh. SEPP, Die Vita ss. Marini et Anniani, 1892, doch mit «normalisiertem» Text; die ursprüngliche Form bei Oswald HOLDER-EGGER, Zu deutschen Heiligenleben II: Über die Heiligen Marinus u. Annianus (NA 13) 1888, 22–28; allgemein: Alfonso M. ZIMMERMANN, Marino e Aniano (Bibliotheca Sanctorum 8) 1967, 1180f. und Karl HAUSBERGER, Die hl. Marinus u. Anianus (Bavaria Sancta 3) 1973, 21–32.

[14] Romuald BAUERREISS, Die «Vita SS. Marini et Anniani» u. Bischof Arbeo v. Freising (765–783) (StMBO 51) 1933, 37–49; dazu Gg. BAESECKE, Bischof Arbeo v. Freising (PBB 68) 1945/46, 75–134; dazu wieder BAUERREISS I 47f.; zu den Personennamen und Patrozinien STURM, Roman. Personennamen (s. o. 127 Anm. 13) 72f.; Ders., Die Rodungen in den Forsten um München, 1941, 84f.; zum Text der Vita: Marinus MAIER, Die «Vita SS. Marini et Anniani» in ihrer kürzeren Fassung – Untersuchung u. Text (Beitrr. ABK 23/1) 1963, 87–100.

[15] PRINZ, Frühes Mönchtum 347f.

[16] Vita Galli auctore Wettino c. 6 (hg. v. Bruno KRUSCH, MGH SS rer. Merov. 4) 1902, 260; vgl. Friedr. BLANKE, Columban in Bregenz (Ev. Missionsmagazin 95) 1951, 164–179, (ebd. 96) 1952, 172–186 und (ebd. 97) 1953, 165–180; BILGERI, Vorarlberg (s. o. 183 Anm. 41) 237f. Anm. 54; Kurt-Ulr. JÄSCHKE, Kolumban v. Luxeuil u. sein Wirken im alamann. Raum (VF 20) 1974, 77–130, bes. 129; zur angeblichen Auffindung der Aurelia-Kirche BARTON, Frühzeit (s. o. 100) 94.

[17] Zu Theodelinde BOGNETTI, Milano longobarda (s. o. 136) 100ff. und Peter STOCKMEIER, Theodolinde, Königin d. Langobarden (Bavaria Sancta 3) 1973, 9–20.

Hinweise,[18] so hat das fast völlige Fehlen aller Nachrichten über die Bajuwaren hier zu um so kühneren Hypothesen in der Forschung geführt.[19] Einigermaßen sichere Nachrichten können wir wohl nur den Berichten der christlichen Missionare entnehmen,[20] wie ja auch bei der Ankunft Corbinians der Götzendienst in Bayern nach den Angaben seines Biographen noch nicht völlig ausgemerzt gewesen sein soll.[21] Auch diejenigen Grabbeigaben, die eindeutig heidnischen Charakter tragen,[22] etwa die Charonsmünzen,[23] sind hier einschlägig. Alle anderen Hinweise aber sind wohl zu vage, um aus ihnen wirklich Beweise ableiten zu können: so hat man die mit «weih» zusammengesetzten Ortsnamen von heidnischen Kultstätten ableiten wollen,[24] hat insbesondere Weillohe bei Regensburg als einem ehemals heiligen Hain eine große Bedeutung beigemessen.[25] Auch aus Personennamen hat man Erinnerungen an germanische Gottheiten und Heldensagen herauslesen wollen;[26] der Straßenname «Am Zitzenberg» in Augsburg soll an einen alten Ziu-Kult erinnern;[27] auf dem Marienberg bei Würzburg glaubt man ein Dianaheiligtum erschlossen zu haben.[28] Die kirchliche Praxis, christliche Kirchen möglichst an der Stelle heidnischer Kultstätten zu errichten, ist zwar bekannt,[29] unmöglich aber dürfte es sein, hier nun im einzelnen eine Ablösung heidnischer Gottheiten durch christliche Heilige, etwa einer Wassergottheit durch den heiligen Michael, feststellen zu wollen.[30] Für diesen ganzen Komplex fehlt es an ausreichenden sachkundigen Vorarbeiten.

[18] Vgl. etwa Agathias, Hist. I 7 und II 1 (s. o. 103 Anm. 9) 18f. und 40f.; dazu Averil CAMERON, Agathias, 1970, 51 und 90f., Jonas, Vita Columbani I 27 (s. o. 136f. Anm. 4) 213 und die Runenspange von Nordendorf (Abb. bei Helm. ARNTZ, HB d. Runenkunde, 1944², Tafel VIII).

[19] Insbesondere in den Werken von Ant. QUITZMANN, Die heidn. Religion d. Baiwaren, 1860 und Joh. SEPP, Religionsgesch. v. Ob., 1895; seither erschienene Lit. bei RIEZLER I 1, 159ff.

[20] Eine Zusammenstellung für das 8. Jh. bietet Ant. MAYER, Religions- u. kultgeschichtl. Züge in Bonifatian. Quellen (Sankt Bonifatius) 1954², 291–319; vgl. ferner Wilh. BOUDRIOT, Die altgerm. Religion in d. amtl. kirchl. Lit. des Abendlandes v. 5. bis 11. Jh. (Untersuchungen z. allgem. Religionsgesch. 2) 1928.

[21] Arbeo, vita Corb. c. 15, S. 203.

[22] Vladimir MILOJČIĆ, Die Propstei Solnhofen a. d. Altmühl in Mfr. Untersuchungen 1961–1966 u. 1974 (Ausgrabungen in Deutschland 2) 1975, 278–312, bes. 311 Anm. 93 ist hier mißverständlich: natürlich nicht alle, sondern nur bestimmte Grabbeigaben tragen heidnischen Charakter; S. 312 Anm. 123 geht an dem eigentlichen Problem, der Aufnahme heidnischer Bräuche ins Christentum, vorbei. Interessant sind in diesem Zusammenhang Überlegungen zur Ambivalenz der Beigaben bei Ludw. PAULI, Heidnisches u. Christliches im frühmittelalterl. Bayern (BVbll. 43) 1978, 147–157.

[23] DANNHEIMER, Funde (s. o. 111 Anm. 80) 115; LADENBAUER-OREL, Linz-Zizlau (s. o. 111 Anm. 83) 78.

[24] Max FASTLINGER, Wintpozing. Ein Zeugnis f. d. Tempelwesen u. f. d. erste Landnahme d. Baiersweben in Noricum (Festschr. Sigm. Riezler) 1913, 1–34.

[25] SCHWARZ, Landnahme (s. o. 112 Anm. 94).

[26] KLEBEL, Christentum in Bayern (s. o. 186 Anm. 70) 388f. bzw. 100f.

[27] Hellm. ROSENFELD, Alamann. Ziu-Kult u. SS. Ulrich- u. Afra-Verehrung in Augsburg (AKG 37) 1955, 306–335.

[28] Andr. BIGELMAIR, Die Passio des hl. Kilian u. seiner Gefährten (Würzb. Diözesangeschichtsbll. 16/17, 1954/55) 1955, 104–130, bes. 123.

[29] Gregor, Reg. XI 56, S. 331ff.

[30] So FASTLINGER, Kirchenpatrozinien (s. o. 185 Anm. 64) 347; allgemein auch L. FRANZ, Michaelsberge u. Michaelskirchen (Germanen-Erbe 2) 1937, 194–199; vgl. aber BAUERREISS I 41.

Eine andere Frage ist, wieweit bei den Bajuwaren möglicherweise *christliche Irrlehren* verbreitet waren. Insbesondere hat man arianische Einflüsse[31] nachweisen wollen, und hauptsächlich sprachliche Gründe wurden dafür angeführt: bestimmte Worte aus der Kirchensprache, wie Pfinztag (Donnerstag), Pfingsten, Pfaffe, Samstag, taufen, Teufel seien nicht aus der lateinischen, sondern aus der griechischen Mission zu erklären; diese könnte aber nur von den Goten gekommen sein.[32] Auch ein bayerischer Dialektausdruck, der Erchtag für Dienstag, weise in diese Richtung; aus einem griechischen «Areos hemera», dem Tag des Ares, hätten wiederum die arianischen Goten einen Tag des Arjaus, einen Ariustag gemacht.[33] Auch das Fußbodenmosaik in der Kirche von Teurnia hat man teilweise aus arianischem Gedankengut deuten wollen, hat auch in dem hier abgebildeten Baum eine Erinnerung an die Weltesche Yggdrasil sehen wollen.[34] Ebenso hat man gewisse Kultgegenstände als Hinweise auf den arianischen Glauben gedeutet, etwa eine bestimmte Form von Löffelchen beim Meßopfer,[35] doch ist schon deren kultische Bedeutung umstritten.[36] Auch die vornehmlich bei Eining gefundenen eisernen Steckkreuzchen (s. o. 185 Anm. 63), die man mit der Eustasius-Agilus-Mission in Zusammenhang bringt[37] und für die man sowohl arianische Provenienz vermutet,[38] wie man sie auch als «antiarianische Trinitätssymbole» ansieht,[39] sind in ihrer Datierung umstritten.[40] Auch eine Deutung der Goldblattkreuze[41] als Zeichen der Bekehrung vom Arianismus zum Katholizismus ist

[31] Allgemein Heinz Eberh. GIESECKE, Die Ostgermanen u. der Arianismus, 1939; Kurt Dietr. SCHMIDT, Die Bekehrung d. Ostgermanen zum Christentum, 1939.

[32] Friedr. KLUGE, Got. Lehnworte im Althochdeutschen (PBB 35) 1909, 124–160; Ders., Deutsche Sprachgesch., 1925², 180–184; Jos. WEISWEILER-Werner BETZ, Deutsche Frühzeit (in: Friedr. MAURER-Heinz RUPP [Hg.], Deutsche Wortgesch., Grundriß d. germ. Philol. 17/1) 1974³, 55–133, bes. 94–97; Friedr. KLUGE-Walth. MITZKA, Etymolog. Wörterbuch d. deutschen Sprache, 1975²¹, 138, 540, 544, 623, 773 und 777; Theod. FRINGS, Antike u. Christentum an d. Wiege d. deutschen Sprache, 1949 rechnet mit einem starken irischen Einfluß auf die süddeutsche Kirchensprache und ebenso REIFFENSTEIN, Das Althochdeutsche (s. o. 115 Anm. 111).

[33] Eberh. KRANZMAYER, Die Namen d. Wochentage in den Mundarten v. Bayern u. Österreich (Arbeiten z. Bayer.-Österr. Dialektgeographie 1) 1929; Ders., Die bair. Kennwörter u. ihre Gesch., 1960; dazu aber kritisch Ernst SCHWARZ, Probleme d. langobard. Stammesgesch. im germ. Osten (Zschr. f. Ostforsch. 13) 1964, 601–613, bes. 613.

[34] Wilh. HAIDEN, Das Mosaik v. Teurnia. Der Versuch einer Deutung aus symbol. Sicht (Carinthia I 159) 1969, 445–460; skeptisch BARTON, Frühzeit (s. o. 100) 154ff.

[35] Paul ZENETTI, Kultlöffel als Zeugnisse christl.-arian. Bestattungen (Mannus 33) 1941, 148–154; skeptisch BOTT, Bajuwar. Schmuck (s. o. 111 Anm. 76) 119.

[36] Für kultische Bedeutung: Harald v. PETRIKOVITS, Frühchristl. Silberlöffel (Röm. Forsch. in NÖ 5) 1966, 173–182 und Vladimir MILOJČIĆ, Zu den spätkaiserzeitl. u. merowing. Silberlöffeln (Ber. RGK 49, 1968) 1970, 111–148; dagegen Herm. DANNHEIMER, Silberlöffel aus Reihengräbern (BVbll. 30) 1965, 278.

[37] REINECKE, Denkmäler (s. o. 185 Anm. 63).

[38] FUCHS, Goldblattkreuze (s. o. III Anm. 81).

[39] Rud. BERLINER (bei REINECKE, Denkmäler [s. o. 185 Anm. 63] 166).

[40] DANNHEIMER-KRISS-RETTENBECK, Eisenkreuze (s. o. 185 Anm. 63).

[41] Außer FUCHS, Goldblattkreuze (s. o. 111 Anm. 81) jetzt: Wolfg. HÜBENER (Hg.), Die Goldblattkreuze des frühen MA (Veröffentl. d. Alemann. Inst. Freiburg 37) 1975; Darin: Rainer CHRISTLEIN, Der soziolog. Hintergrund d. Goldblattkreuze nördl. d. Alpen, 73–83, bes. 82.

nicht unbestritten. Alle diese Argumente haben auch Widerspruch erfahren,[42] und es wird sich schwer sagen lassen, ob man sie für beweiskräftig erachten soll. Das gleiche ist zu sagen zu dem angeblichen östlichen Einfluß im frühen bayerischen Christentum, den man nachweisen wollte im Wort Kirche aus dem vulgärgriechischen kyrikon[43] und in gewissen Formen der Liturgie.[44] In diesem Zusammenhang ist jedoch daran zu erinnern, daß Noricum und Teile von Raetien zur Kirchenprovinz von Aquileja[45] und damit zur Metropole Sirmium[46] und ferner zu Byzanz gehörten. Aus der Lebensbeschreibung der Äbtissin Salaberga hat man auf eine Einwirkung der Lehre des Bonosus in Bayern geschlossen,[47] doch scheint es sich bei dem angeblichen Hinweis um einen mißverstandenen späteren Einschub zu handeln.[48] Daß Bayern Bekanntschaft mit dem sogenannten Dreikapitelstreit gemacht hat, der die Kirche von Aquileja zu einem erst um 700 beigelegten Schisma mit Rom führte,[49] zeigt das Auftreten des Mönches Agrestius von Luxeuil,[50] wie ja auch die Vermutung sehr begründet ist, daß die Königin Theodelinde ursprünglich eine Anhängerin der verurteilten «Drei Kapitel» war.[51] Schließlich traf Bonifatius auf einer Missionsreise im Jahre 736 noch einen «scismaticus heretica» namens Eremwulf, über dessen Glaubensbekenntnis allerdings nichts bekannt ist.[52] Abermals der Zeit des Bonifatius gehört ein Zeugnis an, das an eine arianische Vorstufe bei der Bekehrung der Bayern denken lassen könnte. In der von Virgil von Salzburg verfaßten Kosmographie des Aethicus Ister[53] ist von Haeresien in Histria die Rede, unter denen die des Eunomius, des hauptsächlichen Vertreters der Anhomoeer und des Macedonius, des Gründers der Sekte der Pneumatomachen, besonders genannt werden,[54] beides besondere Richtungen des Arianismus. Löwe hat nachgewiesen, daß unter Histria Bayern und unter Hieronymus, der von den Haeresien spricht, Bonifatius zu verstehen ist, dem Virgil diese Worte in den Mund legt.[55]

[42] Besonders von BAUERREISS I 30ff.

[43] Franz Jos. DÖLGER, Kirche als Name f. den christl. Kultbau (Antike u. Christentum 6) 1941, 161–240, bes. 161f.

[44] KLEBEL, Christentum in Bayern (s. o. 186 Anm. 70) 403ff. bzw. 114ff.

[45] Jürgen SYDOW, Aquileia e Raetia secunda (Aquileia nostra 28) 1957, 73–90.

[46] Zur weltlichen und kirchlichen Bedeutung von Sirmium Rud. EGGER, Der hl. Hermagoras. Eine krit. Untersuchung (Carinthia I 134/135) 1947, 16–55 und (ebd. 136–138) 1948, 208–246, bes. 208ff.; ZIBERMAYR 21ff.

[47] Vita s. Salabergae c. 1 (hg. v. Bruno KRUSCH, MGH SS rer. Merov. 5) 1910, 51.

[48] Hans ZEISS, Bemerkungen z. frühmittelalterl. Gesch. Baierns II: Bonosianer in Baiern? (ZBLG 2) 1929, 354ff.

[49] CASPAR II 271ff.

[50] Jonas, Vita Columbani II 9 (s. o. 136f. Anm. 4) 246.

[51] Gregor, Reg. IV 4, S. 236; vgl. BARTON, Frühzeit (s. o. 100) 178.

[52] Vita Bonif. c. 6, S. 35f.

[53] Die Kosmographie des Istrier Aithicos im latein. Auszuge des Hieronymus, hg. v. Heinr. WUTTKE, 1853, in Auszügen hg. v. Bruno KRUSCH (MGH SS rer. Merov. 7) 1920, 517–528.

[54] Carl SCHNEIDER, Geistesgesch. des antiken Christentums I, 1954, 408.

[55] LÖWE, Lit. Widersacher 956ff.; die Verfasserschaft Virgils wurde in Frage gestellt von Franz BRUNHÖLZL, Zur Kosmographie des Aethicus (Festschr. Max Spindler) 1969, 75–89 und Kurt HILLKOWITZ, Zur Kosmographie des Aethicus II, 1973, XIIIff.; dagegen jedoch LÖWE, Salzburg (s. o. 167 Anm. 127) 114ff.; Ders., Aethicus Ister u. das alttürk. Runenalphabet (DA 32) 1976, 1–22, bes. 21f.

Die ersten Nachrichten von einer *Mission* bei den Bajuwaren fallen in den Beginn des siebten Jahrhunderts. War Columban nur bis in die alemannische Nachbarschaft gelangt (s. o. 191), so kam sein Schüler, der Abt Eustasius von Luxeuil, «zu den Boiern, die jetzt Bayern heißen».[56] Viele von ihnen habe er dort zum Glauben bekehrt, und nach seiner Rückkehr nach Luxeuil[57] habe er von dort Männer gesandt, die die begonnene Arbeit fortführen sollten. Man hat darin einen Zusammenhang mit der seit dem Ende des sechsten Jahrhunderts verstärkten fränkischen Einflußnahme in Bayern, die sich auch in der Einsetzung eines gefügigeren Zweiges der agilolfingischen Familie geäußert habe, sehen wollen,[58] wie man andererseits vermutet[59] hat, daß diese erste Mission auf Veranlassung der bayerischen Prinzessin Theodelinde durchgeführt worden sei, die mit Columban gut bekannt war. Vielleicht können wir den Nachfolgern des Eustasius auch Agilus von Luxeuil zurechnen, dessen Vita allerdings auf weite Strecken von der Columbans abhängig ist.[60] Unsicher bleibt auch die Authentizität des hier erwähnten Synodalbeschlusses Chlothars II., auf Grund dessen man die Missionierung Bayerns in den Rahmen der fränkischen Politik stellen wollte.[61] Sehr vage erscheint auch die aus einigen paläographischen Indizien gewonnene Verbindung von Luxeuil mit dem Kloster Weltenburg.[62] In den Zusammenhang dieser von Luxeuil ausgehenden Mission gehört auch Amandus,[63] der auf seinen weiten Missionsreisen auch nach Bayern und, wie ausdrücklich bezeugt wird, zu den Slawen kam.[64] Von irgendwelchen greifbaren Erfolgen hören wir allerdings nichts. Schließlich ist auch noch Agrestius von Luxeuil zu erwähnen, der ursprünglich im fränkischen Hofdienst Theuderichs II. stand, dann ins Kloster eintrat und gegen den Willen seines Abtes Eustasius missionierend auszog. In Bayern hatte er keinen Erfolg, er zog weiter nach Aquileja und schloß sich hier den Schismatikern an (s. o. 194). Daß diese Mission aus der ersten Hälfte des siebten Jahrhunderts im ganzen gesehen ohne

[56] Jonas, Vita Columbani II 8 (s. o. 136f. Anm. 4) 243f.

[57] Zur Bedeutung von Luxeuil für diese Mission Friedr. PRINZ, Augsburg im Frankenreich (Münch. Beitrr. 23) 1977, 375–398, bes. 378ff.

[58] PRINZ, Frühes Mönchtum 355f. vermutet, daß diese «irofränkische» Mission in Zusammenhang stand mit der Einsetzung Tassilos um 592 durch Childebert II. (575–595).

[59] Das ist die Vermutung von Bened. PARINGER, Wie die Bayern Christen wurden (Der Zwiebelturm 7) 1952, 84–88.

[60] Vita Agili c. 3 (AASS August VI) 1868, 580; ZÖLLNER, Agilulfinger (s. o. 135) 254 bzw. 120f. vermutet, daß Agilus wegen seiner Verwandtschaft mit den Agilolfingern ausgewählt worden sei.

[61] So ZIBERMAYR 86ff.; zweifelnd BARTON, Frühzeit (s. o. 100) 195.

[62] Bened. PARINGER, Das alte Weltenburger Martyrologium u. seine Miniaturen. Ein Beitr. z. Frühgesch. des Klosters Weltenburg (StMBO 52) 1934, 146–165; Ders., Ein vorkaroling. Evangeliar aus Weltenburg (ebd. 51) 1933, 143–160; dazu BISCHOFF 260; PRINZ, Frühes Mönchtum 357f. sucht die Weltenburger Tradition von Herzog Tassilo als Klostergründer (s. u. 219 Anm. 182) zu retten, indem er sie statt auf Tassilo I. auf Tassilo III. bezieht.

[63] Vita Amandi episcopi c. 16 (hg. v. Bruno KRUSCH, MGH SS rer. Merov. 5) 1910, 439f.; vgl. Edouard de MOREAU, La Vita Amandi prima et les fondations monastiques de S. Amand (Analecta Bollandiana 67) 1949, 447–464.

[64] Milič ČAPEK, The first contact of Czechs with western civilization: the mission of St. Amand in the 7th century (Czecho-Slovak Contribution to World Culture) 1964, 183–201; Herm. BALTL, Das frühe Christentum in Karantanien u. der hl. Amandus (Zschr. d. Hist. Ver. Steiermark 66) 1975, 41–63.

bedeutenden Erfolg blieb, zeigen nicht nur die vergleichsweise dürftigen Nachrichten, sondern zeigt auch die Tatsache, daß die Missionare, die wenige Jahrzehnte später ins Land kamen, praktisch von vorn beginnen mußten.

Von der kirchlichen Organisation der römischen Provinzen Noricum und Raetien zu der des mittelalterlichen Herzogtums Bayern führt kein Weg; die veränderten politischen Gegebenheiten bedingten auch neue Formen der Organisation. Die neuen politischen Zentren des Landes wurden auch die neuen kirchlichen Mittelpunkte. Für die meisten der bayerischen Bistümer haben wir Berichte über die Gründung und den Gründer, Berichte freilich, deren primärer Zweck nicht historische Unterrichtung, sondern fromme Erbauung war. So ist es kaum verwunderlich, daß diese Gründungslegenden und Heiligenviten, die am Beginn der Geschichte der einzelnen Bistümer stehen, sowohl in ihrer historischen Deutung als auch in ihrer zeitlichen Einreihung sehr unterschiedliche Wertungen erfahren haben, und man wird gut daran tun, den Aussagewert dieser frühen Berichte nicht zu überschätzen.[65] Von den großen Missionsbischöfen Emmeram, Rupert und Corbinian dürfte das Wirken *Emmerams* am frühesten liegen. Nach seiner von Arbeo von Freising aufgezeichneten Lebensbeschreibung[66] sei er zur Zeit eines Herzogs Theodo auf dem Weg zu den Awaren nach Bayern gekommen. Nach der gleichen Quelle stammte er aus Poitiers. Der Herzog habe ihn mit dem Hinweis auf die durch eine Schlacht mit den Awaren wüst gewordenen Gebiete an der Enns zum Bleiben in Regensburg bewegen können, sei es als Bischof, sei es als Abt der Klöster des Landes. Drei Jahre lang sei er dann im Land herumgezogen, um den noch vorhandenen Götzendienst auszurotten. Als Uta, die Tochter des Herzogs, vom Sohn eines Richters verführt worden sei, habe Emmeram freiwillig die Schuld auf sich genommen und sei wegen dieser angeblichen Schuld vom Bruder Utas, Lantpert, in Kleinhelfendorf grausam gemartert worden, als er sich auf eine Reise nach Rom begeben habe. Der historische Hintergrund dieses Berichtes bleibt ganz im Dunkel. Die Regensburger Tradition verlegt das Martyrium in das Jahr 652;[67] das würde bedeuten, daß der hier erwähnte Herzog Theodo nicht

[65] Daß man dabei den Verzicht auf manche liebgewordene Einzelheit, auf manche vertraute Personifizierung wird in Kauf nehmen müssen, zeigt eine Untersuchung über den heiligen Gallus, die zu erweisen sucht, daß die vielfachen Ansatzpunkte, die zur Christianisierung eines Landstriches führten, sich hier im Namen einer letztlich fiktiven Person kritallisiert haben: Barb. u. Hanno HELBLING, Der hl. Gallus in d. Gesch. (Schweiz. Zschr. f. Gesch. 12) 1962, 1–62; allgemein zu den Problemen um die frühen Missionare in Bayern František GRAUS, Volk, Herrscher u. Heiliger im Reich d. Merowinger. Stud. z. Hagiographie d. Merowingerzeit, 1965, 121 ff.; PRINZ, Frühes Mönchtum 317 ff., sowie Karl BOSL, Der «Adelsheilige». Idealtypus u. Wirklichkeit, Gesellschaft u. Kultur im merowingerzeitl. Bayern d. 7. u. 8. Jhs. (Speculum historiale, Festschr. Johannes Spörl) 1965, 167–187, der aber topoi und historischen Gehalt der Heiligenleben nicht sorgfältig genug trennt.

[66] Neben der Edition von Bruno KRUSCH (MGH SS rer. Germ.) 1920 gibt es eine verbesserte Ausgabe mit Übersetzung von Bernh. BISCHOFF, Leben u. Leiden des hl. Emmeram (Tusculum Bücherei) 1953.

[67] Grabstein mit Jahreszahl bei Coelestinus (VOGL), Mausoleum oder Herrliches Grab, 1680³, 27; die Stellen der Regensburger Chronistik bei KRUSCH, vita Emm. (s. o. Anm. 66) 10 Anm. 6; vgl. auch WIDEMANN, Kleine Beitrr. (s. o. 159 Anm. 46).

mit dem aus dem Anfang des achten Jahrhunderts bekannten identisch sein kann. Auch wenn man die Vorgänge zwischen 660 und 670 datiert,[68] kommt man noch nicht an die Regierungszeit des aus anderer Quelle historisch beglaubigten Herzogs Theodo heran. Um das zu erreichen, muß man sein Wirken zwischen 685/90[69] oder gar erst um 700[70] datieren, was jedoch aufgrund der im Vergleich zur exakten Vita Corbiniani historisch ganz vagen Emmeramsvita in Zweifel gezogen wurde.[71] Auf Grund einer Urkunde von 772, in der ein Ortlaip eine von ihm erbaute Kirche in Helfendorf an Freising schenkt, kommt Mayr[72] zu dem Schluß, daß eine «persönliche Beziehung des Schenkers Ortlaip zur Todeszeit des Emmeram» bestand, und daß deshalb der Tod in die Zeit um 715 zu datieren sei. Auch alle anderen Versuche historischer Deutung können so nur mit allem Vorbehalt angeführt werden: daß die im Anschluß an den Mord verbannte Uta eine historisch bekannte Ita captiva puella ist,[73] daß noch nach Jahrhunderten angebliche Nachkommen Lantperts lebten,[74] daß die Romfahrt Herzog Theodos eine Bußfahrt,[75] daß die exorbitante Strafe für Bischofsmord in der Lex Baiuvariorum eine Lex Emmeram gewesen sei.[76] Die ganzen Begleitumstände von Emmerams Tod sind romanhaft aufgebauscht und in den Einzelheiten so unglaubwürdig, daß man wohl nur das mit Bestimmtheit sagen kann, daß ein aus dem Frankenreich kommender Missionsbischof Emmeram um die Wende vom siebten zum achten Jahrhundert in Bayern das Martyrium erlitt.[77] Sicher aber ist, daß Emmeram bei der alten Georgskirche in Regensburg beigesetzt, hier bald verehrt und daß schon um die Mitte des achten Jahrhunderts am 22. September sein Festtag gefeiert wurde.[78]

[68] So Krusch, vita Emm. (s. o. 196 Anm. 66) 10.

[69] Klebel, Theodo (s. o. 136) 172f. bzw. 182f.

[70] Zibermayr 103.

[71] Dazu Bischoff, Emmeram (s. o. 196 Anm. 66) 87f.; Heinz Löwe, Corbinians Romreisen (ZBLG 16) 1951/52, 409–420, bes. 419 Anm. 42.

[72] Gottfried Mayr, Zur Todeszeit des hl. Emmeram u. z. frühen Gesch. des Klosters Herrenchiemsee (ZBLG 34) 1971, 358–373; zu einer Datierung in die Spätzeit Theodos kommt aus anderen Gründen auch Barton, Frühzeit (s. o. 100) 209ff.

[73] Paulus Diac. IV 46, S. 135: «Dieser (sc. Grimoald, 662–671 König der Langobarden) hatte von einem gefangengehaltenen, aber dennoch adligen Mädchen mit Namen Ita, einen Sohn Romuald und zwei Töchter.»; dazu Widemann, Kleine Beitrr. (s. o. 159 Anm. 46) 6 und Riezler I 1, 184 Anm. 1.

[74] Nach Arnold I 11, S. 552 lebten noch im 11. Jh. Nachkommen Lantperts.

[75] So schon Aventin, Ann. III 8, Bd. I, S. 381, der hier nach Riezler, Geschichtswerk (s. o. 174 Anm. 180) 282 aus dem verlorenen Werk des Tassilo-Kanzlers Crantz schöpft; auch Caspar II 692 und Mayr, Todeszeit (s. o. Anm. 72) 364 rechnen mit einer Bußfahrt Herzog Theodos.

[76] Eine nach der Gestalt des Erschlagenen angefertigte Bleitunika muß mit Gold aufgewogen werden: Lex Baiw. I 10, S. 281ff.; dazu Kurt Reindel, Neue Forsch. z. Lex Baiuwariorum (ZBLG 21) 1958, 130–137, bes. 134f.

[77] Ähnlich auch Hauck I 353; daß jedoch Emmerams Kommen nicht im Zusammenhang mit einer fränkischen Intervention in Bayern stand, macht Prinz, Frühes Mönchtum 380ff. wahrscheinlich; daß nach dem Mord keine fränkische Intervention erfolgte, erklärt Jarnut, Beziehungen (s. o. 157 Anm. 36) 346f. aus den Wirren, die um 715 im Frankenreich herrschten.

[78] Genannt in einem nur teilweise erhaltenen Regensburger Missale, auf das Bischoff, Emmeram (s. o. 196 Anm. 66) 88f. aufmerksam gemacht hat; vgl. Karl Babl, Emmeram v. Regensburg. Legende u. Kult (Thurn u. Taxis-Stud. 8) 1973.

Noch drei andere Namen von Bischöfen sind in Regensburg vor der endgültigen organisatorischen Einrichtung des Bistums durch den hl. Bonifatius genannt, Erhard, Wikterp und Rathar. Erhards Gestalt[79] ist wohl historisch, er ist neben Vivilo von Passau ins Salzburger Verbrüderungsbuch eingetragen worden,[80] ihm ist das Kloster Niedermünster in Regensburg geweiht,[81] und im Jahre 1052 ließ Papst Leo IX. seine Gebeine erheben.[82] Hier haben die inzwischen abgeschlossenen Ausgrabungen in Niedermünster in Regensburg neue Erkenntnisse gebracht.[83] In einem um 700 errichteten Kirchenbau, dem Vorläufer des späteren Niedermünster, wurde das Grab Erhards entdeckt, und eine anthropologische Untersuchung der Gebeine mediterranen Typs widerspricht immerhin nicht der Angabe aquitanischer Herkunft, die sich in seiner Vita findet.[84] Auch bei ihm setzt schon bald eine breite Verehrung ein.[85] Seine erst dem elften Jahrhundert angehörende Vita, nach der er aus Narbonne stammt und schottischer Herkunft ist, ist dennoch wohl ohne großen historischen Wert.[86] Das Gedicht «De ordine conprovincialium pontificum» nennt einen Wikterp als Bischof von Regensburg,[87] doch dieser verdankt seine Existenz nur einer Verwechslung mit dem 756 in Tours verstorbenen gleichnamigen Abtbischof Wikterp.[88] Ein dort entstandener Codex, der Wikterps Namen als Schreiber trug, kam nach Regensburg und wurde hier Anlaß zur Verwechslung in dem Gedicht.[89] Über Rathar erfahren wir nur aus einer Aufzeichnung Arnolds von St. Emmeram, daß ihm Herzog Hucbert Pürkwang bei Kelheim geschenkt habe.[90] Reguläre Diözesanbischöfe mit Metropole und Sprengel aber waren sie alle nicht, auch wenn sie die Bischofsweihen hatten;[91] sie wirkten missionierend vielleicht als Vorsteher einer kleinen Mönchs- oder Klerikergemeinschaft am Herzogshof.[92]

[79] Allgemein Paul MAI, Der hl. Bischof Erhard (Bavaria Sancta 2) 1971, 32–51.

[80] Damit ist seine Anwesenheit vor 784, dem Zeitpunkt der Anlage des Verbrüderungsbuches belegt (Liber confraternitatum col. 63 [s. o. 158 Anm. 43] 26).

[81] Urk. Ottos I. v. 27. April 973 (hg. v. Theod. SICKEL, MGH Dipl. 1) 1879/84, nr. 433, S. 585f.

[82] Notae s. Emmerammi (zu 1052) (hg. v. Philipp JAFFÉ, MGH SS 17) 1861, 572.

[83] Jetzt mit Zusammenfassung zahlreicher früherer Publikationen Klaus SCHWARZ, Das spätmerowingerzeitl. Grab des hl. Bischofs Erhard im Niedermünster z. Regensburg (Ausgrabungen in Deutschland 2) 1975, 129–164; Ders., Archäolog. Geschichtsforsch. in frühen Regensburger Kirchen (Beitrr. z. Gesch. des Bistums Regensburg 10) 1976, 13–54, bes. 14ff.

[84] Vita Erhardi c. 1 (s. u. Anm. 86) 10: «Narbonensis gentilitate»; vgl. PRINZ, Frühes Mönchtum 385ff.

[85] Gisela KOSCHWITZ, Der hl. Bischof Erhard v. Regensburg. Legende – Kult – Ikonographie (StMBO 86) 1975, 481–644; Hans STELZER, Ein Bittgesang an den hl. Erhard (Bll. f. Heimatkunde [Steiermark] 50) 1976, 143–147.

[86] Vita Erhardi episcopi Bavarici auctore Paulo (hg. v. Wilh. LEVISON, MGH SS rer. Merov. 6) 1913, 1–21; Erhard wird hier in Verbindung gebracht mit der hl. Ottilia, die das Kloster Niedermünster im Elsaß gestiftet hat (Vita Odiliae abbatissae Hohenburgensis, hg. v. Wilh. LEVISON, MGH SS rer. Merov. 6, 1913, 24–50).

[87] De ordine conprovincialium pontificum c. 2 (hg. v. Ernst DÜMMLER, MGH Poetae lat. 2) 1884, 638.

[88] SCHMID, Bischof Wikterp (s. o. 186 Anm. 69) 112ff.; vgl. auch u. S. 228 und Kurt REINDEL, AZ 63, 1967, 224ff.

[89] Bernh. BISCHOFF, Ein wiedergefundener Papyrus u. die ältesten Handschriften d. Schule v. Tours (AKG 29) 1939, 25–38, bes. 36f.; LÖWE, Bonifatius 98 Anm. 69 bzw. 285 Anm. 69.

[90] Arnold I 1, S. 549; dazu JANNER I 60f.

[91] FRANK, Klosterbischöfe (s. o. 177).

[92] Eine solche Vermutung bestätigt vom archäologischen Befund in Niedermünster

Mit Salzburg wird *Rupert*[93] in Verbindung gebracht; auch die von ihm überlieferten Daten sind nur mit Vorsicht zu verwerten, da in ihnen bereits das Bestreben herrscht, die spätere Vorrangstellung Salzburgs zu motivieren. Die zeitlich erste Nachricht findet sich in dem 784 angelegten Verbrüderungsbuch von St. Peter,[94] das Rupert als Abtbischof des Stiftes aufführt.[95] Es folgt dann die Notitia Arnonis, die aus der Zeit um 790 stammt und mit einer beim Sturz Tassilos notwendigen Sicherung des Salzburger Besitzstandes im Zusammenhang steht.[96] In ihr ist davon die Rede, Herzog Theodo habe das oppidum Salzburg[97] mit dem zugehörigen castrum superius an Rupert geschenkt, und Rupert habe hier seinen Bischofssitz eingerichtet. In der Nähe auf dem Nonnberg habe er unter der Leitung seiner Nichte Erentrud ein Frauenstift gegründet, und schließlich gehe auf ihn auch noch die Erbauung der Maximilianszelle in Bischofshofen zurück, die bald darauf von den Slawen wieder zerstört worden ist.[98] Dann folgen die Gesta Ruperti,[99] für deren Datierung jüngst neue Vorschläge gemacht worden sind, die die Entstehung einer verlorenen Urfassung in die Zeit der Überführung Ruperts in die Krypta des neuen Virgil-Domes im Jahre 774 setzen.[100] Danach kommt Rupert im zweiten Jahr der Regierung des Königs Childebert als Bischof von Worms[101] nach Bayern. Hier wird er von Herzog Theodo feierlich empfangen, reist aber zunächst nach Laureacum-Lorch an die Donau, dann zum Wallersee und läßt sich schließlich in Salzburg nieder, wo er Land im Umkreis von zwei Meilen, vielleicht auch Stadt und Burg Salzburg geschenkt erhält.[102] Die Forschung ist sich nicht einig, ob man mehr auf die Angaben der Vita Gewicht legen soll, wonach die Gebäude der Römerstadt Juvavum zerstört und von Wald überwachsen

SCHWARZ, Niedermünster (s. o. Anm. 83) 161.

[93] Allgemein Jos. WODKA, Der hl. Bischof Rupert (Bavaria Sancta 1) 1970, 107–120; Johannes BAUR, Ruperto (Bibliotheca Sanctorum 11) 1968, 506ff.; BARTON, Frühzeit (s. o. 100) 202ff.

[94] Liber confraternitatum col. 41 (s. o. 158 Anm. 43) 18: «Hrodpertus ep. et abb.»; vgl. die dort zitierte Lit. und K. Friedr. HERMANN, Confraternitas Sanpetrensis. Die Gesch. d. Gebetsverbrüderungen in St. Peter z. Salzburg (StMBO 79) 1968, 26–53, bes. 26–30.

[95] Vgl. FRANK, Klosterbischöfe (s. o. 177) 150.

[96] WOLFRAM, Libellus (s. o. 170 Anm. 144); Herb. HAUPT, Zur Sprache frühmittelalterl. Güterverzeichnisse (MIÖG 83) 1975, 33–47.

[97] Vgl. Herwig WOLFRAM, Grenze u. Mission. Salzburg vom hl. Rupert zum hl. Virgil (Mitt. d. Ges. f. Salzb. Landesk. 115, 1975) 1976, 51–79; Franz PAGITZ, Der Pfalzbezirk um St. Michael in Salzburg (ebd.) 175–241, bes. 178ff.

[98] Ind. Arn. c. 8, S. 15f.; zur Slawenmission bei Rupert: WALDMÜLLER, Salzburg (s. o. 171 Anm. 161) 114ff.; Ders., Slawen (s. o. 144 Anm. 55) 435ff.

[99] Entstanden um 850: Gesta s. Hrodberti confessoris (hg. v. Wilh. LEVISON, MGH SS rer. Merov. 6) 1913, 157–162; vgl. Wilh. LEVISON, Die älteste Lebensbeschreibung Ruperts v. Salzburg (NA 28) 1903, 283–321; Bruno KRUSCH, Die Gesta Hrodberti (ebd.) 611–617; Herb. KLEIN, Zur Rupertfrage (Mitt. d. Ges. f. Salzb. Landesk. 84/85) 1944/45, 180–190 setzt sie zwischen 790 und 850.

[100] Helm. BEUMANN, Zur Textgesch. d. Vita Ruperti (Veröffentl. d. Max-Planck-Inst. f. Gesch. 36/3) 1972, 166–196; Ders., Zur Vita Ruperti (Mitt. d. Ges. f. Salzb. Landesk. 115, 1975) 1976, 81f.

[101] Erich ZÖLLNER, Woher stammte d. hl. Rupert? (MIÖG 57) 1949, 1–22; akzeptiert von Ignaz ZIBERMAYR, Die Rupertlegende (ebd. 62) 1954, 67–82.

[102] Ind. Arn. c. 1, S. 4.

waren, oder aber ob man nicht eher die Tatsache in den Vordergrund stellen soll, daß hier überhaupt noch von oppidum und castrum die Rede ist.[103] Möglicherweise sollte mit der Niederlassung in Juvavum-Salzburg auch einer kanonischen Vorschrift entsprochen werden, wonach ein Bischofssitz nur in einer Stadt eingerichtet werden dürfe.[104] Eine kirchliche Kontinuität an diesem Ort hat man auch aus den überwiegend romanischen Namenslisten des frühesten Konventes von St. Peter ableiten wollen,[105] doch wurde dagegen auch Widerspruch erhoben.[106] In den zeitlich später liegenden Breves Notitiae zieht Rupert zuerst an den Wallersee, wo er eine Peterskirche erbaut, dann aber erkennt, daß der Ort den kanonischen Vorschriften für die Errichtung eines Bistums nicht genügt und sich daraufhin erst in Salzburg niederläßt.[107] Die um 870 entstandene «Conversio Bagoariorum et Carantanorum», in deren relativ später Überlieferung offenbar gerade sehr frühe Vorlagen verwertet sind,[108] läßt Rupert nach seiner Ankunft in Bayern sogar erst nach Unterpannonien ziehen und von dort über Lorch nach Salzburg.[109] Wenn man den zeitlichen Angaben der Rupertvita Glauben schenkt und den genannten fränkischen König Childebert für den dritten dieses Namens hält (694–711), so käme man auf das Jahr 696 für die Ankunft Ruperts in Bayern,[110] das von der Forschung im allgemeinen auch akzeptiert wurde.[111] Diese Datierung auf 696 und auch die Tatsache des Wormser Bischofsamtes haben gerade in letzter Zeit eine neue positive Würdigung erfahren,[112] wie auch Ruperts von Zöllner bereits wahrscheinlich gemachte Herkunft aus einem in Worms begüterten Adelsgeschlecht mit neuen Argumenten unterstützt wurde.[113] Es ist sogar die Möglichkeit erwogen worden, daß Rupert sich als Anhänger einer antikarolingischen Opposition für einige Zeit aus dem Frankenreich zu dem ebenfalls antikarolingischen Theodo nach Bayern begeben habe.[114] Es hatte sich dagegen aber auch Widerspruch erhoben, vor allem von Zibermayr,[115] der Ruperts Aufenthalt etwa in die Jahre zwischen 710 und 720 datiert und die immer weitere Ausdehnung seiner Wanderung mit dem Bestreben Salzburgs motiviert, hier gegenüber etwa konkurrierenden Ansprüchen anderer Bistümer Besitztitel zu schaffen. Daß in der Forschung noch

[103] Ersteres betont KLEIN, Juvavum – Salzburg (s. o. 127 Anm. 12), letzteres DOPSCH, Europ. Kulturentwicklung I 178ff.

[104] Kurt REINDEL, Die Organisation d. Salzburger Kirche im Zeitalter des hl. Rupert (Mitt. d. Ges. f. Salzb. Landesk. 115, 1975) 1976, 83–98.

[105] PRINZ, Frühes Mönchtum 397ff.; Ders., Salzburg zw. Antike u. MA (Frühmittelalterl. Stud. 5) 1971, 10–36; Ders., Fragen; Ders., Bayern (beide s. o. 125).

[106] KLEIN, Salzburg (s. o. 160 Anm. 53).

[107] Brev. Not. c. 1 und 2, S. A 2f.

[108] BEUMANN, Textgesch. (s. o. 199 Anm. 100) und WOLFRAM, Adelsopposition (s. o. 160 Anm. 53) 4ff.

[109] Conv. Bag. c. 1, S. 126ff.

[110] Bernh. SEPP, Die Berechnungen des Todesjahres des hl. Rupert (OA 49) 1895/96, 408–431.

[111] HAUCK I 347ff.; NOTTARP 44; BAUERREISS I 51f.

[112] WOLFRAM, Grenze (s. o. 199 Anm. 97); Ders., Die Zeit d. Agilolfinger. Rupert u. Virgil (in: Heinz DOPSCH [Hg.], Gesch. Salzburgs. Stadt u. Land I) voraussichtlich 1980, 121–156, bes. 124ff.; vgl. auch BEUMANN, Textgesch. (s. o. 199 Anm. 100) 178.

[113] GOCKEL, Königshöfe (s. o. 160 Anm. 63) 300ff.

[114] WOLFRAM, Adelsopposition (s. o. 160 Anm. 53).

[115] ZIBERMAYR 121ff.; Ders., Rupertlegende (s. o. 199 Anm. 101).

keine einhellige Meinung herrscht, zeigen auch die kürzlich von Baltl[116] mit guten Gründen angestellten Überlegungen, wonach man Rupert auch um die Wende vom sechsten zum siebten Jahrhundert datieren kann. Vielleicht mußte Rupert vor einem heidnischen Rückfall, auf den man seinen Titel Confessor bezogen hat,[117] aus Bayern weichen. Auch über Ruperts Ende besteht keine völlige Klarheit. Nach den Angaben der Conversio starb er jedenfalls nicht an seinem eigenen Sitz,[118] und auch die neugefundenen Salzburger Annalen bestätigen, daß sein Leib 774 nach Salzburg überführt wurde.[119] Ob diese Überführung freilich von Worms nach Salzburg[120] oder nur innerhalb Salzburgs vom Peterskloster in den neuen Dom erfolgte, ist wiederum umstritten.[121]

Auch in Salzburg werden noch bis zur eigentlichen Bistumsgründung durch Bonifatius Bischöfe genannt, Vitalis, Flobargisus (Flobrigis) und Liuti, wobei aber insbesondere die Nennung der ersten beiden in der Conversio mitten unter der Abfolge der Äbte zeigt, daß wir hier lediglich Vorsteher einer Mönchsgemeinde vor uns haben, von denen einige die bischöfliche Weihe besaßen.[122] Der Name des Bischofs Liuti findet sich im Verbrüderungsbuch von St. Peter,[123] in den Breves Notitiae,[124] und man hat ihn schließlich auch im Adressaten eines Bonifatius-Briefes wiederfinden wollen.[125]

Aus der Sendung des Eustasius von Luxeuil hat man ebenso einen starken irischen Einfluß auf die frühe bayerische Mission ablesen wollen,[126] wie man in den in Bayern oft genannten Abtbischöfen eine Entlehnung aus der irischen Kirchenverfassung mit ihrer auf die Mönchsgemeinde ausgerichteten Abtskirche gesehen hat.[127] Doch

[116] Herm. BALTL, Zur Datierungsfrage des hl. Rupert (ZRG KA 61) 1975, 1–16; dagegen Jos. SEMMLER, Zur pippinid.-karoling. Sukzessionskrise 714–723 (DA 33) 1977, 1–36, bes. 21 Anm. 142.

[117] BARTON, Frühzeit (s. o. 100) 208.

[118] Conv. Bag. c. 1, S. 128: «... er kehrte an seinen eigenen Sitz zurück ...»; das Jahr des Todes ganz unbestimmt: nach SEPP, Berechnungen (s. o. 200 Anm. 110) 424f.: 715; andere Vermutungen schwanken zwischen 702 und 717: vgl. NOTTARP 47f.

[119] Ann. luv. max. (zu 774) 734: «Der heilige Rupert ist überführt worden».

[120] So etwa WOLFRAM, Adelsopposition (s. o. 160 Anm. 53) 28ff.

[121] LÖWE, Salzburg (s. o. 167 Anm. 127) 108ff.; zum sogenannten Felsengrab Ruperts Mart. HELL, Röm. Steinsärge f. christl. Bestattungen in d. St. Peterskirche z. Salzburg (Pro Austria Romana 17) 1967, 3f.; Ders., Antike Steinsärge in d. Abteikirche St. Peter z. Salzburg (Salzburger Mus. Carolino Augusteum, Jahresschr. 11, 1965) 1966, 23–32.

[122] Conv. Bag. c. 2, S. 128: Die hier genannten Vitalis und Flobargisus (Flobrigis) erscheinen auch im Liber confraternitatum col. 41 (s. o. 158 Anm. 43) 18 und in «De ordine conprovincialium pontificum» c. 1 (s. o. 198 Anm. 87) 637.

[123] Liber confraternitatum col. 63 (s. o. 158 Anm. 43) 26; vgl. Wilh. LEVISON, MGH SS rer. Merov. 6, 1913, 141 Anm. 10.

[124] Brev. Not. c. 8, S. A 9.

[125] Epistolae Bonifatii (hg. v. Mich. TANGL, MGH Epist. selectae 1) 1916, nr. 44, S. 70f.; für Salzburg beansprucht von ZIBERMAYR 172f. und SCHIEFFER, Winfrid-Bonifatius 181f.; LÖWE, Bonifatius 98f. bzw. 282ff. hält ihn für einen Wanderbischof, der mit Virgil von Salzburg in Konflikt geriet, später aber seinen Frieden mit der Salzburger Kirche machte; Reg. Augsb. I 1, nr. 2, S. 14ff. sehen in ihm einen Bischof von Speyer; WALDMÜLLER, Salzburg (s. o. 171 Anm. 161) 125 hält ihn für einen episcopus vacans, nicht vagans, also einen seiner Diözese beraubten Bischof.

[126] PARINGER, Martyrologium (s. o. 195 Anm. 62) 152ff.

[127] ZIBERMAYR 198ff.

braucht der «episcopus et abbas» nicht in jedem Fall auf irische Herkunft zu deuten,[128] wie man auch im besonderen Fall des Eustasius heute weiß, daß er gar «nicht mehr der irischen Gründergruppe an(gehörte), sondern ... Burgunder (war)»,[129] wie man denn heute überhaupt den früheren Anschauungen eines weit verbreiteten irischen Einflusses[130] zurückhaltend gegenübersteht.

Auch Freising hat seinen Gründungspatron, doch mit dem heiligen *Corbinian*[131] (s. u. 206f.) betreten wir sichereren Boden. Auch von ihm besitzen wir eine Lebensbeschreibung Arbeos, die jedoch schon deswegen mehr Glaubwürdigkeit als die Emmerams beanspruchen kann, weil Arbeo Corbinian örtlich und zeitlich näherstand.[132] Nach seinem Namen zu urteilen könnte er keltischer Abstammung gewesen sein,[133] wie ihn ja auch sein Biograph «Brittanorum origine ortus» nennt.[134] Sein Geburtsort «vicus Castrus in regione Militonensi» ist sehr verschieden gedeutet worden.[135] Um das Jahr 716 kam Corbinian nach Freising und ließ sich hier auf dem Domberg neben der Burg Herzog Grimoalds nieder, wo er neben der Marienkirche[136] und gegenüber Weihenstephan eine dem hl. Martin (später Benedikt) geweihte Kirche[137] erbaute. Das Wirken Corbinians ist wesentlich bestimmt durch die inner- und außerbayerischen politischen Verhältnisse; er begegnet in enger Verbindung mit dem Frankenherrscher Pippin dem Mittleren, von dem er auch finanziell so reich ausgestattet wurde, daß er vom bayerischen Herzog für 900 Goldschillinge Güter für die Freisinger Kirche kaufen konnte,[138] auch in Kuens bei Meran, hier nach der Vermutung Stockmeiers[139] wegen der Nähe des Valentinheiligtums. So hat man auch

[128] FRANK, Klosterbischöfe (s. o. 177) 82ff.

[129] PRINZ, Augsburg (s. o. 195 Anm. 57) 378.

[130] So wollte FASTLINGER 64ff. alle -zell-Namen auf irische Gründungen zurückführen; BAUERREISS I 44 ist von der Überschätzung des irischen Einflusses in einer früheren Arbeit wieder abgerückt (Ders., Irische Frühmissionäre in Südbayern [Schlecht] 43–60); einen Überblick über die sprachlichen Argumente gibt Leo WEISGERBER, Die Spuren d. irischen Mission in d. Entwicklung d. deutschen Sprache (Rhein. Vjbll. 17) 1952, 8–41; vgl. auch Jul. STURM, Irische Mönche in Bayern (Der Zwiebelturm 8) 1953, 159–163.

[131] Peter STOCKMEIER, Bischof Korbinian v. Freising, Patron des Erzbistums München-Freising (Bayer. Bistumspatrone) 1966, 38–51; Ders., Der hl. Bischof Korbinian (Bavaria Sancta 1) 1970, 121–135.

[132] Arbeo, vita Corb. (hg. v. Bruno KRUSCH, MGH SS rer. Merov. 6, 1913, 560–593 und MGH SS rer. Germ., 1920).

[133] So urteilt Karl LANGOSCH, Arbeo v. Freising (VL 1) 1933, 100–107, bes. 102.

[134] Arbeo, vita Corb. c. 26, S. 218, dazu KRUSCH ebd. S. 113; zweifelnd LÖWE, Corbinian (s. o. 197 Anm. 71) 410 Anm. 8; Balth. ARNOLD, Zur Vita Corbiniani (Schlecht) 61–68 hält den zornigen Ausruf der Herzogin Pilitrud für eine Beschimpfung, die den «Briten» mit einem Haeretiker gleichsetzt.

[135] Zumeist gleichgesetzt mit Chartrettes oder Arpajon bei Melun (Arbeo, vita Corb. c. 1, S. 189, dazu KRUSCH ebd. S. 189 Anm. 3), aber von Ludw. STEINBERGER, Zu Arbeos Vita Corbiniani (NA 40) 1916, 245–248 auf Melten bei Mais gedeutet.

[136] Nach HAUCK I 357 Anm. 1 sowie nach ZIBERMAYR 155f. ist die Marienkirche der spätere Dom, die Kirche Korbinians; anders NOTTARP 53 Anm. 3.

[137] Das Doppelpatrozinium geht noch aus einer von Sigm. RIEZLER, Arbeo's Vita Corbiniani in d. ursprüngl. Fassung (Abh. München, hist. Cl. 18, 1888) 1889, 217–274, bes. 274 aus clm 6427 veröffentlichten Domweihinschrift hervor.

[138] Arbeo, vita Corb. versio B c. 20 (s. o. 190 Anm. 3) 621.

[139] STOCKMEIER, Korbinian (s. o. 190 Anm. 3).

sein Auftreten in Bayern mit einer fränkischen Einwirkung in Verbindung gebracht,[140] wogegen allerdings spricht, daß die Beziehung Corbinians zu Bayern gerade in der Zeit großer Selbständigkeit des Herzogtums geknüpft wurde. Corbinian kam ins Land, nachdem Herzog Theodo im Jahre 716 von einer Romreise zurückgekehrt war, auf der für Bayern die Grundlagen einer landeskirchlichen Ordnung geschaffen werden sollten. Möglicherweise steht überhaupt Corbinians Erscheinen in Zusammenhang mit der «Romnähe» der bayerischen Kirche in diesen Jahren,[141] denn Corbinians zweite Romreise, auf der er die Bischofsweihe empfing, erfolgte von Bayern aus. Corbinian begab sich zuerst zu Herzog Theodo, der eben damals Bayern in vier Teile geteilt hatte und das Land gemeinsam mit seinen Söhnen regierte, und darauf zu einem der Söhne Theodos, zu Herzog Grimoald von Freising. Hier machte er sich durch sein schroffes Auftreten und durch seine Forderung, daß die Ehe des Herzogspaares aus kanonischen Gründen getrennt werden müsse (Grimoald hatte die Witwe seines Bruders geheiratet),[142] die Herzogin Pilitrud zur Feindin. Vor ihrem Zorn mußte er nach Mais[143] fliehen, das demnach vielleicht zu den Orten gehörte, die König Liutprand den Bayern weggenommen hatte (s. o. 162), vielleicht aber auch nur im Einflußbereich eines anderen Mitgliedes der bayerischen Herzogsfamilie lag. Die Flucht liegt jedenfalls vor 725, denn dieses Jahr brachte mit dem Einfall Karl Martells nach Bayern den Untergang Herzog Grimoalds und die Wegführung seiner Frau ins Frankenreich.[144] Jetzt holte der in Bayern regierende Herzog Hucbert Corbinian zurück und «verband sich mit ihm durch das Band der Taufe», eine Stelle, die man wenig wahrscheinlich auf eine Taufe des bisher heidnischen Hucbert,[145] richtiger auf die Patenschaft Corbinians für ein Kind Hucberts gedeutet hat.[146] Ob Corbinian seither für ganz Bayern oder weiterhin nur als Klosterbischof für den Freisinger Landesteil zuständig war, ist nicht zu entscheiden.[147] Er muß ohnehin bald darauf gestorben sein, wenn auch der von Fastlinger[148] errechnete Todestag des 8. Septem-

[140] Riezler I 1, 189; Löwe, Corbinian (s. o. 197 Anm. 71) 416 Anm. 29; einen durch Corbinian vermittelten gallo-fränkischen Einfluß auf kirchlichem und kulturellem Gebiet suchte Prinz, Frühes Mönchtum 388 ff. nachzuweisen; Jarnut, Beziehungen (s. o. 157 Anm. 36) 348 ist der Ansicht, daß Corbinian als «Neustrier, der zudem stark nach Rom orientiert war», für die bayerische Selbständigkeit keine Gefahr bedeutete.

[141] Vgl. dazu Caspar II 694 Anm. 3.

[142] Die strengen Ehegesetze waren auf einer römischen Synode vom 5. April 721 wieder eingeschärft worden (Carl Jos. Hefele-Henri Leclercq, Histoire des conciles III 1, 1909, Nachdruck 1973, 597 f.); sie standen aber auch in der Lex Baiw. VII 1, S. 347 f.; Störmer, Früher Adel (s. o. 136) 81 vermutet, daß diese «inzestuösen» Ehen ein Mittel des Adels gewesen sein könnten, den Besitz zusammenzuhalten; zur möglichen Einwirkung des langobardischen Königs vgl. o. S. 162.

[143] Morin, Castrum Maiense; Braitenberg, Corbinian (beide s. o. 190 Anm. 2).

[144] Diese Datierung auch bei Zeiss, Quellensammlung (s. o. 99) nr. 29, Bd. 7, S. 52 ff.

[145] Zibermayr 153 f.; nach Barton, Frühzeit (s. o. 100) 216 war Hucbert vorher Katechumene gewesen.

[146] So Riezler I 1, 191 und Zeiss, Quellensammlung (s. o. 99) nr. 36, Bd. 7, S. 58.

[147] Löwe, Corbinian (s. o. 197 Anm. 71) 417 f.

[148] Max Fastlinger, Das Todesjahr des hl. Korbinian (DB 7) 1901, 1–16; Balth. Arnold, Das Todesjahr des hl. Korbinian (Sammelbl. d. Hist. Ver. Freising 13) 1922, 106–112 errechnete 729.

ber 725 zu früh liegen dürfte. Corbinian wurde zunächst auf dem Zenoberg[149] in Mais bei Meran bestattet, auf Veranlassung Herzog Tassilos III. 768[150] aber nach Freising überführt (s. o. 190).

§ 20. ERSTE KLOSTERGRÜNDUNGEN IN BAYERN

Bereits das Christentum der Römerzeit kannte auf später bayerischem Boden das Zusammenleben von Mönchsgemeinden. Nach der Lebensbeschreibung Severins gründete der Heilige in Passau eine Mönchsniederlassung «nach gewohnter Art».[1] Ob davon etwas den Untergang der Römerherrschaft nördlich der Alpen überdauert hat, ist unsicher;[2] von der Schar, die Severin in Favianis um sich selbst versammelt hatte, ist ausdrücklich die Abwanderung nach Italien berichtet.[3]

Der Neuansatz des Christentums in Bayern erhielt durch die vorwiegend von Mönchen getragene Mission einen starken klösterlichen Einschlag (s. o. 195 f.). Es ist allerdings sehr schwer, einen exakten Überblick über die ersten nachrömischen Klostergründungen in Bayern zu erhalten. Viele der angeblichen Gründungsgeschichten sind als spätere Legenden für die historische Erkenntnis wertlos,[4] wie andererseits auch manche der frühen Klostergründungen später spurlos abgegangen sind. Jedenfalls ist es nicht möglich, allein schon aus den Namen der mit -zell oder -münster zusammengesetzten Ortsnamen[5] auf die Existenz alter klösterlicher Niederlassungen zu schließen,[6] und ebenso können die mit -münchen oder -beuern zusammengesetzten Ortsnamen zwar auf ein altes Kloster, aber auch nur auf ehemaligen Klosterbesitz hindeuten.[7]

Die an den Hauptzentren missionarischer Tätigkeit, an den Herzogshöfen tätigen Glaubensboten scheinen alle die Doppelfunktion eines «Klosterbischofs» bekleidet zu

[149] Hubert VOGEL, Über d. Anfänge des Zenokultes in Bayern (Beitrr. ABK 27) 1973, 177–203, bes. 189f.

[150] FISCHER, Translation (s. o. 190 Anm. 3).

[1] Von Passau wird gesagt, daß Severin hier «cellulam monachis solito more fundaverat» (Eugippius, Vita Sev. c. 19 NOLL 84); dazu HEUWIESER, Passau 48ff. und PRINZ, Frühes Mönchtum 325f.; führten die archäologischen Reste bis vor kurzem nur ins 8. Jh. zurück (HÖRMANN, St. Severin [s. o. 183 Anm. 46]), so hat man jetzt den Anschluß an die Zeit Severins gefunden (s. o. 130f. Anm. 34 und S. 183 Anm. 47).

[2] NOTTARP 30f. nimmt auch für den hl. Valentin im 5. Jh. in Mais bei Meran ein Kloster an, doch ist davon in Eugippius, Vita Sev. c. 41 NOLL 106 keine Rede; PRINZ, Frühes Mönchtum 326ff. und 400f. und Ders., Salzburg (s. o. 200 Anm. 105) sucht auch für Salzburg monastisches Leben aus der Zeit Severins, jedoch nicht auf Severin zurückgehend, nachzuweisen, das sogar bis in die Agilolfingerzeit weitergelebt habe.

[3] Eugippius, Vita Sev. c. 44 NOLL 112; zu den Grabungsbefunden bei Severins Kloster in Favianis Hans-Jörg UBL, Österr. Limesforsch. seit 1945 (Mitt. d. österr. Arbeitsgemeinschaft f. Ur- u. Frühgesch. 25) 1974/75, 145–194, bes. 154.

[4] Eine in diese Richtung gehende Untersuchung bringt Otto MEYER, Die Klostergründung in Bayern und ihre Quellen vornehml. im Hochmittelalter (ZRG KA 20) 1931, 123–201.

[5] HUBER, Gesch. (s. o. 177) III 116–129.

[6] Abgelehnt von RIEZLER I 1, 203 Anm. 1.

[7] Vgl. BAUERREISS I 94.

haben, doch dürfen wir uns vor der Kirchenorganisation des Bonifatius weder das bischöfliche noch das klösterliche Amt, das diese Männer bekleideten, allzu verfestigt vorstellen.[8] Rupert von Salzburg heißt im Salzburger Verbrüderungsbuch von 784 «episcopus et abbas».[9] Daß er in *Salzburg* das Peterskloster gegründet hat, berichtet erst die spätere Vita Ruperti, aber falls er hier nicht überhaupt noch an eine alte monastische Tradition anknüpfte, so kann mindestens eine Klostergründung durchaus auf ihn zurückgehen,[10] da wir aus den zuverlässigen Breves Notitiae wissen, daß er auch an anderen Orten Klöster gegründet hat: das seiner Verwandten Erentrud unterstellte Frauenkloster auf dem Nonnberg[11] sowie eine Zelle an der angeblichen Grabstätte Maximilians in Bischofshofen, wo Rupert jedenfalls eine alte christliche Tradition vorfand.[12] Ähnlich ist es bei Emmeram in *Regensburg;* aus seiner Lebensbeschreibung erfahren wir, daß bei seiner Ankunft in Bayern erwogen wurde, er solle als Klosterabt mit der Pflicht der Aufsicht über die anderen klösterlichen Niederlassungen im Lande bleiben.[13] Ebenso ist es möglich, daß er bei der Georgskirche vor den Toren der Stadt eine Mönchsgemeinde um sich gesammelt hat,[14] wenn wir dabei auch völlig auf Vermutungen angewiesen sind.[15] Zur Zeit Herzog Hucberts (727–737) ist strenggenommen nur die Verehrung Georgs und Emmerams an diesem Ort, aber noch kein Kloster nachzuweisen;[16] später wurde Georg von Emmeram verdrängt.[17] Bis 975 bildeten Bistum und Kloster vermögensrechtlich eine Einheit, und ihre Vorsteher waren in Personalunion verbunden[18] (s. u. 222).

[8] FRANK, Klosterbischöfe (s. o. 177) 148 ff.

[9] Liber confraternitatum col. 41 (s. o. 158 Anm. 43) 18.

[10] Gesta Hrod. c. 8 (s. o. 199 Anm. 99) 160; ZIBERMAYR 144 zieht zum Beweis für die Gründung des Petersklosters durch Rupert noch ein Gedicht Alkuins (hg. v. Ernst DÜMMLER, MGH Poetae lat. 1, 1881, nr. 109, S. 335) heran; zur spätantik-romanischen Mönchsgemeinde, die Rupert hier vorgefunden haben soll, die S. 204 Anm. 2 zitierten Arbeiten von PRINZ mit dem Widerspruch KLEINS (s. o. 160 Anm. 53).

[11] Ind. Arn. c. 7, S. 13; Brev. Not. c. 3, c. 4 und c. 8–10, S. A 4 ff. und A 8–A 11.

[12] Ind. Arn. c. 8, S. 15 f.; Brev. Not. c. 3, S. A 4 f.; nach NOTTARP 47 Anm. 2 herzogliches Eigenkloster, nach MITTERER 47 Anm. 1 bischöflich; Forsch. z. Bischofshofen (Mitt. d. Ges. f. Salzb. Landesk. 117, 1977) 1978, 1–93.

[13] Arbeo, vita Emm. c. 5, S. 34: «... daß er sich nicht weigere, als Abt über die Klöster dieses Landes mit seinem Eifer für die Regel über deren gute Entwicklung zu wachen»; daß man darin nicht das «Amt eines Provinzialabtes», sondern eher eine höchste reformerisch-kirchliche Instanz sehen muß, betont mit Recht PRINZ, Frühes Mönchtum 380 mit Anm. 170 gegen ZIBERMAYR 121.

[14] So bereits Rud. BUDDE, Die rechtl. Stellung des Klosters St. Emmeram in Regensburg z. den öffentl. u. kirchl. Gewalten v. 9. bis zum 14. Jh. (AUF 5) 1914, 153–238, bes. 155; über eine mögliche Weiterführung römisch-antiker Tradition, die durch eine fortlaufende Belegung des Friedhofs bei St. Georg eine Stütze erhalten könnte, KLEBEL, Regensburg (s. o. 130 Anm. 27) 89 ff.; ULBERT, Regensburg; PRINZ, Frühes Mönchtum 380 f.

[15] Das betont FRANK, Klosterbischöfe (s. o. 177) 157 mit Recht.

[16] Arnold I 1, S. 549; auch eine andere von PIENDL, Emmeram nr. 2, S. 10 herangezogene Stelle spricht nur von einem atrium und portarum introitus bei der Kirche; Ders., Probleme d. frühen Baugesch. v. St. Emmeram in Regensburg (ZBLG 28) 1965, 32–46.

[17] Trad. Reg. nr. 16, S. 15 ff.

[18] Jos. HEMMERLE, Die Benediktinerklöster in Bayern (Germania Benedictina 2) 1970, 238–247; allgemein Gg. SCHWAIGER, Die Benediktiner im Bistum Regensburg (Beitrr. z. Gesch. des Bistums Regensburg 12) 1978, 7–60.

Über agilolfingische Klöster in *Passau* wissen wir nichts. Die gern dafür in Anspruch genommenen Erchanfrid und Otkar[19] gehören nicht dem achten, sondern erst dem neunten Jahrhundert als Chorbischöfe an.[20] In Passau bestand zwar schon vor Bonifatius eine Stefanskirche, an die Herzog Hucbert eine Schenkung machen konnte,[21] aber die mehrfach geäußerte Vermutung, der Bischofssitz sei aus einer klösterlichen Niederlassung hervorgegangen,[22] entbehrt jeder Begründung.[23] Ebensowenig ist für die Agilolfingerzeit die Gründung des Frauenklosters Niedernburg[24] oder die Errichtung einer Zelle in St. Florian von Passau aus (s. u. 220) nachzuweisen.

In *Freising* hingegen könnten noch zwei Klöster in die Zeit des hl. Corbinian zurückgehen. Jedenfalls ist in seiner Lebensbeschreibung davon die Rede, daß er auf dem Berg, der ein dem heiligen Stephan geweihtes oratorium trug, eine «cellula» errichtete.[25] Nicht ganz sicher ist es, ob er bereits auf dem gegenüberliegenden Berg, auf dem die herzogliche Burg und eine Marienkapelle standen, ein Kloster gründete.[26] Nach seinem Tod, und noch zur Agilolfingerzeit, ist hier aber schon eine klösterliche Niederlassung nachzuweisen.[27] Nach einer Vermutung von Uhl[28] ist diese klösterliche Niederlassung angesichts des Domklosters eingegangen. Worauf sich die

[19] HAUCK I 354 macht beide zu Leitern geistlicher Gemeinschaften an der Stefanskirche in Passau und am Grabe St. Florians in Puoche-Buch.

[20] NOTTARP 41 f.; HEUWIESER, Passau 73 ff.

[21] Trad. Passau nr. 3, S. 3 f.

[22] Arnold POESCHL, Bischofsgut u. mensa episcopalis. Ein Beitr. z. Gesch. des kirchl. Vermögensrechtes II, 1909, 91 Anm. 3; Ders., Der «vocatus episcopus» d. Karolingerzeit (Arch. f. kath. Kirchenrecht 97) 1917, 3–43 und 185–219, bes. 10 Anm. 4; Sigisbert MITTERER, Die Bedeutung des hl. Bonifazius f. d. bayer. Klosterwesen (StMBO 46) 1928, 333–360, bes. 352; Ders., Eigenklöster 37 etwas abgeschwächt.

[23] HEUWIESER, Passau 109 f.; das Domkloster erscheint erst 796 als monasterium (Trad. Passau nr. 44 b, S. 38 f.).

[24] Alex. ERHARD, Das ehem. Nonnenkloster Niedernburg in Passau (VHN 2/2) 1851, 19–33; nach BAUERREISS, Grab (s. o. 176 Anm. 197) 98 ff., Ders., Der Tassilokelch v. Kremsmünster u. seine Inschriften (StMBO 50) 1932, 508–515, bes. 512 ff. ist es jedoch ein Tassilokloster; dazu HEUWIESER, Passau 277 ff.; mit Recht weist PRINZ, Frühes Mönchtum 411 f. darauf hin, daß die erste sichere Erwähnung aus dem Jahre 888 stammt (Urk. Arnolfs v. 8. Feb. 888, hg. v. Paul KEHR, MGH Urk. d. deutschen Karolinger 3, 1940, nr. 13, S. 21 f.).

[25] Arbeo, vita Corb. c. 25 und 27, S. 216 f. und 219; zum Domkloster Sigisbert MITTERER, Das Freisinger Domkloster u. seine Filialen. Ein Beitr. z. frühbayer. Ordensgesch. (Schlecht) 26–42; HEMMERLE, Benediktinerklöster (s. o. 205 Anm. 18) 105 f.; zu Weihenstephan: Romuald BAUERREISS, «Weihen» stefan bei Freising (StMBO 58, 1940) 1941, 146–151; Ders., Stefanskult u. frühe Bischofsstadt (Veröffentl. d. Bayer. Benediktinerakad. 2) 1963, 3 ff.; Hans RAUM, Weihenstephan v. den Anfängen bis 1803 (Ders., Beitrr. z. Gesch. v. Weihenstephan 7) 1964; HEMMERLE, Benediktinerklöster (s. o. 205 Anm. 18) 322–326; Trad. Weihenstephan.

[26] Zuerst berichtet von Otto Fris., Chron. V 24, S. 250 f.; daß das von Otto genannte Benedikt-Patrozinium nicht ursprünglich war, sieht man wohl daraus, daß 825 das Marienpatrozinium für das Benediktinerkloster genannt ist (Trad. Freis. nr. 523, S. 448 ff.); zum früheren Martinspatrozinium NOTTARP 53 Anm. 3.

[27] Erwähnt zu 744 (Trad. Freis. nr. 1, S. 27 f.); zu einem vielleicht unterhalb von Weihenstephan gelegenen, wohl in der 1. Hälfte des 9. Jhs. gegründeten Veitskloster vgl. Romuald BAUERREISS, Stud. z. Gesch. verschollener bayr. Frühklöster II: Das «monasterium s. Viti ad Sconinberg» (StMBO 52) 1934, 254–260.

[28] Trad. Weihenstephan 15*.

Notiz der Notae Necrologicae Weihenstephanenses bezieht,[29] wonach Bischof Hitto (811–835) als erster den Gottesdienst mit einem Propst, also ein Kanonikerstift, eingerichtet habe, ist nicht ganz sicher (s. u. 222). Ebenso ist wohl unter dem «habitaculum» und «oratorium», das er auf dem ihm von Herzog Grimoald geschenkten Grund am Begräbnisplatz des hl. Valentin in Kains bei Meran errichtete, eine Mönchszelle zu verstehen.[30]

Die Dotierung der bisher genannten Klöster war im wesentlichen das Werk der agilolfingischen Herzogsfamilie gewesen, aber auch außerhalb dieser Zentralpunkte herzoglicher Gewalt haben die Agilolfinger noch eine stattliche Anzahl von Klöstern gegründet oder dotiert, selbst wenn man die zahlreichen Legenden, die sich insbesondere an die Person Tassilos als Klostergründer knüpften, abzieht. Auf dem Grund und Boden, den Odilo mitsamt dem Abersee und Fuschlsee an Salzburg geschenkt hatte, entstand wohl in Elsenwang eine Zelle.[31] Auf Odilo gehen auch Klostergründungen in Kufstein[32] und Zell am See[33] zurück, die später zu salzburgischen Wirtschaftshöfen absanken. Ebenso wurde Chammünster von Odilo gestiftet, von Tassilo erneuert.[34] Daß die Inseln im Chiemsee schon früh christliche Mittelpunkte gewesen sein müssen, sehen wir aus einer Notiz der Conversio,[35] wonach vermutlich um 740[36] vom Erzbistum Salzburg ein Lupo «auf die Insel im Chiemsee, die auch Auua genannt wird», gesandt wird. Ist auch hier noch nicht ausdrücklich eine klösterliche Niederlassung erwähnt, so läßt doch die große Rolle in der Karantanenmission (s. o. 170) eine solche vermuten. Ein Hrodhart, der sich bereits auf der Synode von Dingolfing 770 als Abt nachweisen läßt,[37] wird von Mayr[38] in das Chiemseekloster gesetzt. Nach Hrodhart scheint Dobdagrec, der bischöfliche Begleiter des Virgil, Abt im Chiemseekloster gewesen zu sein, und durch ihn soll das Kloster auch in besonderem Maße auf die Agilolfinger ausgerichtet worden sein.[39] Die Notiz der Salzburger

[29] Notae Necrologicae Weihenstephanenses (hg. v. Franz Ludw. BAUMANN, MGH Necr. 3) 1905, 219: «Hitto Frisingensis episcopus, qui in isto loco primus initiavit dei servitium cum uno preposito et sex prebendariis».

[30] Arbeo, vita Corb. c. 25, S. 216f.; MORIN, Castrum Maiense (s. o. 190 Anm. 2); von ZIBERMAYR 150f. jedoch bei Paris lokalisiert; nach VOGEL, Zenokult (s. o. 204 Anm. 149) 187 Anm. 40 hat Corbinian bei Kuens/Kains eine Mauritiuskirche errichtet, die bis 1150 dem Freisinger Dom gehörte.

[31] Ind. Arn. c. 4, S. 7; nach MITTERER 56ff. bezieht sich die Stelle auf Elsenwang, nach FASTLINGER 84 hat Salzburg hier in Konkurrenz zu Mondsee Fuß zu fassen versucht.

[32] Ind. Arn. c. 6, S. 12; nach MITTERER 59f. ebenso wie Elsenwang und Zell am See zu einem salzburgischen Wirtschaftshof abgesunken.

[33] Ind. Arn. c. 6, S. 8; Brev. Not. c. 14, S. A 13; das hier genannte Bisonzio wird von HAUTHALER, UB Salzb. I 8 Anm. 35 auf Zell am See gedeutet; ebenso Franz PAGITZ, Die Kirchen v. Zell a. See in hist. Sicht (Die Kirche zum hl. Hippolyth, Zell a. See) 1975, 45–70 und Heinr. KOLLER, Zur Frühgesch. d. ältesten Klöster in d. Umgebung v. Salzburg (Mitt. d. Ges. f. Salzb. Landesk. 117, 1977) 1978, 5–20, bes. 11f.

[34] Trad. Reg. nr. 16, S. 15ff.; DACHS, Oberpfalz 161ff.; Karl DINKLAGE, Cham im Frühmittelalter (VHOR 87) 1937, 162–184.

[35] Conv. Bag. c. 4, S. 130: «... ordinatus de Iuvavense sede in insulam Chemingi lacus, quae et Auua vocatur ...».

[36] PRINZ, Frühes Mönchtum 432.

[37] Synodalakten v. Dingolfing (s. o. 173 Anm. 175) 97.

[38] MAYR, Todeszeit (s. o. 197 Anm. 72) 368ff.

[39] PRINZ, Frühes Mönchtum 432f.

Annalen zu 782, daß «ein Kloster im Chiemsee erbaut worden und die Kirche geweiht worden ist am ersten Tag des September in der fünften Indiktion», ist in ihrer Glaubwürdigkeit umstritten.[40] Sie wird sowohl auf das Kloster auf der Fraueninsel[41] als auch auf die Weihe der von Dobdagrec erbauten Kirche auf der Herreninsel bezogen.[42] Bei Ausgrabungen hat man auf der Fraueninsel Reste karolingischer Klosterbauten gefunden.[43] Gars am Inn brauchte bei der Gründung durch den Kleriker Boso die Zustimmung Tassilos[44] und das gleiche gilt für Au am Inn.[45] Hugibertsmünster kann auf den Herzog Hucbert ebenso wie auf einen auch anderweitig bezeugten Priester Hugbert zurückgehen.[46] Innichen ist zwar im eigentlichen Sinne keine Klostergründung Tassilos, aber erst durch seine große Landschenkung lebensfähig geworden.

Als Filiale von Scharnitz entstanden,[47] erhielt dessen Abt Atto von Herzog Tassilo 769 bei seiner Rückkehr von Italien in Bozen[48] den Ort Innichen zum Zwecke der

[40] Vgl. Ernst KLEBEL, Eine neuaufgefundene Salzburger Geschichtsquelle (Mitt. d. Ges. f. Salzb. Landesk. 61) 1921, 33–54, bes. 35; Wiederabdruck in: Ders., Probleme 123–143, bes. 126, der diese Nachricht aus dem Auctarium Garstense übernommen hatte; von BRESSLAU nicht in die MGH-Edition der Ann. Iuv. max. aufgenommen; aber 788 kann Karl der Große das «monasterium virorum nomine Kieminseo, quod Doddogrecus peregrinus habuit» (Urk. Karls d. Gr. v. 25. Okt. 788, hg. v. Engelb. MÜHLBACHER, MGH Dipl. Karolinorum 1, 1906, nr. 162, S. 219f.) verschenken. Zur Anknüpfung an ein römerzeitliches Bistum Romuald BAUERREISS, «Ecclesia Petena» (StMBO 63) 1951, 22–30; Ders., Die ältesten Gotteshäuser im Chiemsee (ebd. 71, 1960) 1961, 5–12; Ders., Kloster «Au» im Chiemsee im IX. Jh. (ebd.) 186ff.; allgemein Joh. DOLL, Frauenwörth im Chiemsee, 1912; Gertr. u. Adolf SANDBERGER, Frauenchiemsee als bayer. Herzogskloster (ZBLG 27) 1964, 55–73; Hartmut ATSMA, Die schriftl. Quellen z. Gesch. d. Chiemsee-Klöster bis z. Errichtung des Augustinerchorherrenstiftes auf d. Herreninsel (Abh. München NF 65 A) 1966, 43–57.

[41] SANDBERGER, Frauenchiemsee (s. o. Anm. 40) 63; MAYR, Todeszeit (s. o. 197 Anm. 72) 370.

[42] HEMMERLE, Benediktinerklöster (s. o. 205 Anm. 18) 72f.

[43] Siegfr. Graf v. PÜCKLER-LIMPURG, Das Münster Frauenchiemsee, ein karoling. Bau (Nachrichten d. Deutschen Inst. f. merowing.-karoling. Kunstforsch. 10) 1955, 1–14; Vladimir MILOJČIĆ, Ber. über d. Ausgrabungen u. Bauuntersuchungen in d. Abtei Frauenwörth auf d. Fraueninsel im Chiemsee, 3 Bde. (Abh. München NF 65) 1966; Ders., Zwei karoling. Klöster (Vor- u. frühgeschichtl. Archäologie in Bayern) 1972, 201–211, bes. 205ff.

[44] Ind. Arn. c. 5, S. 7f.; Jos. WEBER, Das Benediktinerkloster Gars a. Inn im 8.–10. Jh. (Inn-Isengau 1924, 3) 1924, 1–4.

[45] Ind. Arn. c. 6, S. 10; Hans PETZ – Herm. GRAUERT – Joh. MAYERHOFER (Hg.), Drei bayer. Traditionsbücher aus dem 12. Jh., 1880, 87–152; Peter SCHMALZL, Au a. Inn. Gesch. des ehem. Augustiner-Chorherrenstiftes Au a. Inn, 1962.

[46] Trad. Freis. nr. 26, S. 55; Joh. Bapt. PRECHTL, Das Kanonikatsstift St. Andre auf dem Domberge z. Freising, 1888.

[47] Anselm SPARBER, Zur ältesten Gesch. Innichens (Der Schlern 29) 1955, 54–63; Franz HUTER, Kloster Innichen u. die Besiedlung Tirols (Jb. d. Südtiroler Kulturinst. 2) 1962, 11–32; Ders., Stift Innichen. Siedlungsleistung u. Grundherrschaft (ZBLG 36) 1973, 450–469; Karl WOLFSGRUBER, Das Stift Innichen (Jb. d. Südtiroler Kulturinst. 2) 1962, 33–52; Karl BOSL, Die Gründung Innichens u. die Überlieferung (ZBLG 33) 1970, 451–469 sowie (Der Schlern 45) 1971, 407–417; dazu und zum Folgenden auch: Sigm. HARINGER, Erste Klostergründungen im agilolfing. Bayern. Dargestellt u. untersucht anhand d. ältesten Quellen aus den Freisinger u. Schäftlarner Traditionsbüchern, Zulassungsarbeit Masch. Regensburg 1978.

[48] Trad. Freis. nr. 34, S. 61f.; HUTER, Tiroler UB (s. u. 290 Anm. 86) nr. 1, S. 1:

Errichtung eines der Mission unter den benachbarten Slawen[49] gewidmeten Klosters, wobei die Zustimmung des bayerischen Adels ausdrücklich erwähnt wird.[50] Das Kloster war wohl auch als wirtschaftlich-politischer Stützpunkt Bayerns im Pustertal gedacht.[51] Durch Abt Atto, seit 783 Bischof von Freising, gelangte es an dieses Bistum,[52] kam dann für einige Zeit in den Besitz Salzburgs, wurde aber 816 durch Ludwig den Frommen der Freisinger Kirche zurückgegeben.[53]

Kremsmünster[54] ist überhaupt die große Stiftung Tassilos, in Angriff genommen wohl nach seinem großen Karantanensieg von 772. Die Weihe wird im Jahre 777 vorgenommen,[55] doch ist der Stiftsbrief Tassilos in seiner Echtheit umstritten,[56] ein 1971 aufgetauchtes Originalfragment der Stiftungsurkunde mit Sicherheit falsch.[57] Die erste sichere Bezeugung ist somit die Bestätigungsurkunde Karls des Großen von 791,[58] die zugleich den außergewöhnlichen Umfang der Schenkung Tassilos erkennen läßt.[59] Auch hier wird die Mission unter den Slawen wieder im Vordergrund

Die Datierung wird nur aus der Angabe des 22. Regierungsjahres erschlossen: «Actum in Bauzono rediente de Italia anno ducatui eius XXII».

[49] Trad. Freis. nr. 34, S. 61f.: «... propter incredulam generationem Sclauanorum ad tramitem veritatis deducendam ...»; an eine eher kleinräumige, auf die engste Umgebung des Ortes bezogene Mission denken Egon KÜHEBACHER, Die Hofmark Innichen, 1969, 49 und Fridolin DÖRRER, Die geistige u. geistl. Aufgabe Innichens (Der Schlern 45) 1971, 487–502, bes. 491.

[50] ZÖLLNER, Innichen (s. o. 172 Anm. 169).

[51] Vgl. etwa MITTERAUER, Herzogtum (s. o. 144 Anm. 56) 432.

[52] MB 31/1, nr. 13, S. 32: «Hatto ... cellulam quae nuncupatur hinticha ... aecclesiae frisingensi perpetuo adhabendum tradidit»; dazu: RI I nr. 607, S. 258; vgl. ZAHNBRECHER, Kolonisationstätigkeit (s. o. 148 Anm. 78); Ant. SCHARNAGL, Freising u. Innichen (Sammelbl. d. Hist. Ver. Freising 17) 1931, 5–32; Gotbert MORO, Wirken u. Besitz des Bistums Freising in Kärnten (Südostdeutsches Arch. 10) 1967, 66–82; Karl WOLFSGRUBER, Die Beziehungen des Bistums Freising z. Innichen (Der Schlern 45) 1971, 467–473.

[53] MB 31/1 nr. 13, S. 32: «Unde deprecatus est ... Arno episcopus qui ipsam cellulam in beneficio habere videbatur, ut eam ... aecclesiae sancte Marie Frisinge ... redderemus»; SCHARNAGL, Freising 12f. und WOLFSGRUBER, Beziehungen (beide s. o. Anm. 52) 467 vermuten, daß der Zwist zwischen Bischof Arbeo von Freising und Herzog Tassilo der Grund für die Übergabe Innichens an Arn von Salzburg gewesen ist.

[54] Vgl. die Festschrift Cremifanum 777–1977 (Mitt. d. oberösterr. Landesarch. 12) 1977.

[55] Pankraz STOLLENMAYER, Zur Gründung des Stiftes Kremsmünster 777 (StMBO 85) 1974, 259–342; Willibrord NEUMÜLLER, 777 – Das Gründungsjahr Kremsmünsters (Mitt. d. oberösterr. Landesarch. 12) 1977, 7–15.

[56] Für Echtheit: Bernh. PÖSINGER, Die Stiftungsurk. des Klosters Kremsmünster (Gymnasial-Programm Kremsmünster 59) 1909, 1–76; STOLLENMAYER, Gründung (s. o. Anm. 55); für Verfälschung in der 1. Hälfte des 10. Jhs.: HOLTER, Kremsmünster (s. o. 122 Anm. 35); für Verfälschung in der 2. Hälfte des 10. Jhs.: FICHTENAU, Kremsmünster; Herwig WOLFRAM, Die Gründungsurk. Kremsmünsters (Mitt. d. oberösterr. Landesarch. Erg.-Bd. 2) 1978, 51–82: Der Stiftbrief beruht auf einer echten cartola donationis Tassilos, empfing seine heutige Gestalt aber in mehreren Etappen während d. 9./10. Jhs.

[57] Matthias THIEL, Ein angebl. Originalfragment d. «Stiftungsurk.» Herzog Tassilos III. f. Kremsmünster v. 777 (MHStud., Abt. Geschichtl. Hilfswiss. 15) 1976, 1–11.

[58] Urk. Karls d. Gr. v. 3. Jan. 791 (s. o. 208 Anm. 40) nr. 169, S. 226ff.

[59] Vgl. dazu Bernh. PÖSINGER, Die Rechtsstellung des Klosters Kremsmünster 777–1325 (Arch. f. d. Gesch. d. Diöz. Linz 3) 1906, 13–133.

gestanden sein,[60] wenn man auch wirtschaftliche und politische Gründe bei der Klostergründung nicht übersehen darf. Tassilo hat seinen Kaplan Fater als ersten Abt eingesetzt. Dessen Herkunft aus Niederalteich ist nicht sicher,[61] doch dürften für die Frühzeit Beziehungen des Klosters zu Mondsee bestanden haben.[62]

Daß das 817 zuerst in der Aachener Klosterliste[63] genannte Mattsee Herzog Tassilo[64] seine Gründung verdanke, behauptet die Mattseer Überlieferung.[65] Tatsächlich kann man annehmen, daß die Gründung vor 783/784 fällt, da das in diesem Jahr angelegte Verbrüderungsbuch von St. Peter in Salzburg (s. o. 158 Anm. 43) den Abt Albuin nennt, der aus dem Reichenauer Verbrüderungsbuch als Abt von Mattsee bekannt ist.[66] Im Jahre 877 kam es durch Karlmann an Altötting.[67]

Mondsee[68] entstand wohl noch unter Odilo. Der Text der ersten aus dem Jahre 748 stammenden Schenkungsurkunde, die demnach die Gründung noch in die Zeit vor 748 rückt, nennt nur seinen Namen, eine Notiz von einer Hand des zwölften Jahrhunderts erwähnt ihn als Gründer.[69] Eine andere Aufzeichnung des zwölften Jahr-

[60] Karl HELLEINER, Die Gründungsurk. f. Kremsmünster u. der Grunzwiti-Gau (MIÖG Erg.-Bd. 11) 1929, 121–128 untersucht die Schenkung von Slawen als Hörige und Tributpflichtige an das Kloster; BOSL, Innichen (s. o. 208 Anm. 47) 453f. bzw. 408 bezweifelt allerdings die Bedeutung Kremsmünsters für die Slawenmission und nimmt als Hauptgrund für die Gründung die Beherrschung der Straße zum Pyhrnpaß an.

[61] Zuerst bezeugt in den Ann. v. Kremsmünster (zu 777) (hg. v. Joh. LOSERTH, Die Geschichtsquellen v. Kremsmünster im XIII. u. XIV. Jh.) 1872, 18f.

[62] Willibrord NEUMÜLLER–Kurt HOLTER, Der Codex Millenarius (FGO 6) 1959; Carl PFAFF, Scriptorium u. Bibliothek des Klosters Mondsee im hohen MA (Österr. Akad. d. Wiss., Veröffentl. d. Komm. f. Gesch. Österreichs 2) 1967.

[63] Aachener Klosterliste (hg. v. Alfr. BORETIUS, MGH Capit. 1) 1883, nr. 171, S. 350.

[64] Mathias KASERER, Das weltpriesterl. Kollegiatstift Mattsee. Eine Denkschr. z. eilfhundertjähr. Säkular-Feier im Jahre 1877, 1877; Walt. STEINBÖCK, Die Klostergründungen v. Mondsee u. Mattsee durch d. Agilolfingerherzöge Odilo u. Tassilo (StMBO 85) 1974, 496–530; KOLLER, Klöster (s. o. 207 Anm. 33) 16f.; Hans SPATZENEGGER, Zur 1200jähr. Gesch. des Stiftes Mattsee (Festschr. z. 1200-Jahr-Feier des Stiftes Mattsee) 1977, 13–37; Ders., 1200 Jahre Mattsee. Die Frühzeit als Benediktinerkloster (StMBO 88) 1977, 285–292.

[65] Nekrolog v. Mattsee zum 11. Dezember (hg. v. Wilh. ERBEN, FRA II 49/1) 1896, 61: «Tassilo dux illustris Wawarie et fundator nostre Maticensis ecclesie obit ...».

[66] Reichenauer Verbrüderungsbuch col. 112 (hg. v. Paul PIPER, MGH Libri confraternitatum) 1884, 188.

[67] Urk. Karlmanns v. 24. Feb. 877 (s. o. 191 Anm. 11) nr. 2, S. 286f.

[68] Felix WINTERMAYR, Die Benediktiner-Abtei Mondsee. Zur Zwölfjahrhundertfeier 748–1948 (Oberösterr. Heimatbll. 2) 1948, 193–214; Willibrord NEUMÜLLER, Der Codex Millenarius u. sein hist. Umkreis (Jahresber. Gymnasium Kremsmünster 103) 1960, 7–49; STEINBÖCK, Klostergründungen (s. o. Anm. 64) 499ff. mit Verweis auf Hartwik SCHWAIGHOFER, Die ehem. Benediktinerabtei Mondsee. Ein Überblick über ihre Gesch. u. ihre Beziehungen z. den jeweil. Zentren des Geistes u. der Kultur (Christl. Kunstbll. 86) 1948, 3–26.

[69] UBLE I, 1852, nr. 39, S. 24: «In nomine domini regnante domno hotiloni inclito duci gentis nostre bauuariorum ...» dazu am Rand «Anni domini DCCXLVIII. Pippinus Tassilonem sororis suę filium baivarie ducem post Otilonem patrem suum fecit et ipse domnus Otilo non longe antea construxit cenobium Maninse ...»; vgl. Willibald HAUTHALER, Der Mondseer Codex traditionum (MIÖG 7) 1886, 223–239.

hunderts erwähnt, daß die ersten Mönche aus Montecassino gekommen seien,[70] und Verbindungen zum Süden hat man auch aus anderen Indizien erschließen wollen.[71] Für den als ersten genannten Abt Opportunus hat man auch eine Herkunft aus dem romanischen Konvent von St. Peter in Salzburg erwogen.[72]

Nicht geklärt sind die Verhältnisse bei der Gründung des St. Castulusstiftes in Moosburg,[73] die man sowohl den Fagana[74] als auch den Huosi[75] zugeschrieben hat, wobei jedoch auch die Versippung dieser beiden Geschlechter zu berücksichtigen ist.[76] Doch scheint eine Schenkung Tassilos auch auf agilolfingische Beteiligung zu deuten.[77] Zwei Mönche, Reginpert und Albinus, sollen die Castulus-Reliquien aus Rom geholt haben;[78] vielleicht ist dieser Reginpert der gleiche, der auf der Synode von Dingolfing 770 als Abt nachzuweisen ist[79] und möglicherweise ist er verwandt mit der Gründersippe von Scharnitz-Schlehdorf.[80] Das Kloster, im Aachener Verzeichnis von 817 nur in die dritte Klasse aufgenommen,[81] kann, wie Hemmerle betont, nicht unbedeutend gewesen sein, da im Verbrüderungsbuch von St. Peter fünfundneunzig Mönche aus Moosburg erwähnt werden.[82] Bei Münchsmünster[83] scheint die Gründung durch Tassilo III. gesichert, ein iroschottischer Einfluß wird vermutet.[84]

Bei Niederalteich[85] ist die Gründung durch Odilo sicher, der auch für die erste reiche Ausstattung sorgte.[86] Die Alteicher Annalen überliefern zum Gründungsjahr

[70] De constructione vel destructione claustri in Maense, Vers 27 (hg. v. Oswald Holder-Egger, MGH SS 15/2) 1888, 1101; «Cassino de Monte legunt ...».

[71] Prinz, Frühes Mönchtum 341f. und 420ff.; Fichtenau, Urkundenwesen (s. o. 99) 15.

[72] Steinböck, Klostergründungen (s. o. 210 Anm. 64) 509 Anm. 87.

[73] A. Alckens, Moosburg (Bayer. Städte in Kunst u. Gesch. 2) 1951; Alex. v. Reitzenstein, Die St. Kastuluskirche in Moosburg, 1951; Hemmerle, Benediktinerklöster (s. o. 205 Anm. 18) 165f.

[74] Fastlinger 168ff.

[75] Prinz, Frühes Mönchtum 372f.

[76] Störmer, Adelsgruppen (s. o. 136) 114f.

[77] Trad. Freis. nr. 3, S. 29; vgl. Prinz, Frühes Mönchtum 373 Anm. 144.

[78] Wilh. Hotzelt, Translationen v. Martyrerreliquien aus Rom nach Bayern im 8. Jh. (StMBO 53) 1935, 286–343, bes. 320–324.

[79] Synodalakten v. Dingolfing (s. o. 173 Anm. 175) 97.

[80] Prinz, Frühes Mönchtum 372; Alois Angerpointner, Abt Reginperht v. Moosburg (Amperland 3) 1967, 66f.

[81] Aachener Klosterliste (s. o. 210 Anm. 63) 351.

[82] Liber confraternitatum col. 103–106 (s. o. 158 Anm. 43) 42.

[83] Hemmerle, Benediktinerklöster (s. o. 205 Anm. 18) 172ff.

[84] Matthias Thiel-Odilo Engels, Trad. Münchsmünster 59*.

[85] Gg. Stadtmüller-Bonifaz Pfister, Gesch. d. Abtei Niederaltaich 741–1971, 1971; Hemmerle, Benediktinerklöster (s. o. 205 Anm. 18) 188–197; Johannes Molitor, Zur Gründungsgesch. des Klosters Niederaltaich (Jahresber. des Schulheims St. Gotthard Niederaltaich 10, 1975/76) 1976, 42–65.

[86] Odilos Schenkungen zählt der Breviarius Urolfi auf (hg. v. Karl Roth, Beitrr. z. deutschen Sprach-, Gesch.- u. Ortsforsch. 11, 1854, 17–28); die Gründung erfolgte nicht 731, wie Herm. v. Reich. Chron. (zu 731) (s. u. 314 Anm. 89) 98 angibt, sondern 741: Wilh. Fink, Das Gründungsjahr d. niederbayer. Benediktinerabtei Niederaltach (StMBO 48) 1930, 441–446; Gislar Stieber, Das Gründungsjahr d. niederbayer. Benediktinerabtei Niederaltaich (ebd. 49) 1931, 103–109; G. Wachinger, Beitrr. z. Wirtschaftsgesch. des Klosters Niederaltaich (ebd. 44) 1926, 1–56; Dietr. Lucas, Der Anteil d. Klöster Niederaltaich u. Metten an d. Kulturlandschaft des Baier. Waldes (Mitt. d. Geogr. Ges. München 40)

741 auch die Geburt Tassilos,[87] so daß man die beiden Ereignisse miteinander in Zusammenhang gebracht hat. Der Breviarius Urolfi erwähnt ausdrücklich die Unterstützung «König» Pippins und des Bischofs Eddo von Straßburg bei der Gründung,[88] doch sieht man hierin ebensowenig wie in der Erstbesetzung mit Mönchen aus der Reichenau eine Dokumentation des fränkischen Einflusses in Bayern, sondern eher der guten Zusammenarbeit der miteinander verwandten Herzöge von Bayern und Alemannien.[89] Pfaffenmünster[90] nördlich Straubing soll nach einer Randnotiz des dreizehnten Jahrhunderts in einer Handschrift des Auctarium Ekkehardi[91] eine Gründung Tassilos sein; es liegt auch «in einem Streifen längs der Donau ..., der in besonders auffälliger Weise durch reiches Herzogsgut charakterisiert ist»,[92] und es erinnert durch seinen Patron Tiburtius, der sich auch auf dem Kremsmünsterer Tassilokelch findet, an die Agilolfinger.[93] Auch für Wessobrunn[94] ist die Gründung durch Tassilo wahrscheinlich;[95] der erste Abt Ilsung[96] kam aus Niederalteich, doch scheinen auch Beziehungen zu Benediktbeuern bestanden zu haben;[97] für Thierhaupten[98] behauptet die Gründung durch Tassilo der Nekrolog des Klosters.[99]

Noch schwieriger ist es Aussagen über die sog. Adelsklöster zu machen. Ein Alto reclausus[100] unterschreibt eine Schenkung, die ein David 758/763 in Mammendorf macht.[101] Vermutlich ist er der gleiche, an den Pippin eine allerdings erst in der Vita Otlohs von St. Emmeram[102] belegte Schenkung machte, aus der das Kloster Alto-

1955, 9–120. Von Niederalteich aus entstand eine Wirtschaftszelle in Auerbach (Lkr. Deggendorf): Breviarius Urolfi 18.

[87] Ann. Altah. (zu 741) 1: «Natus est Thassilo. Monasterium Altah construitur divo Mauricio».

[88] Breviarius Urolfi (s.o. 211 Anm. 86) 18.

[89] PRINZ, Frühes Mönchtum 418.

[90] Wilh. FINK, Pfaffmünster (Jahres-Ber. d. Hist. Ver. Straubing 58, 1955) 1956, 9–18; HEMMERLE, Benediktinerklöster (s.o. 205 Anm. 18) 222f.

[91] Ekkehard, Auctarium Altahense (s.o. 159 Anm. 44) 362: «Tassilo dux ... fundavit et Phaffi-Munster prope Strubing».

[92] PRINZ, Frühes Mönchtum 435.

[93] BAUERREISS, Tassilokelch (s.o. 206 Anm. 24); Ders., KG I 162 deutet das T–M am Fuß des Kelches auf Tiburtius Martyr; Pankraz STOLLENMAYER, Der Tassilokelch (Professorenfestschr. Kremsmünster) 1949, 1–109, bes. 31ff. liest jedoch Theodor Megalomartyr; Kurt HOLTER, Kunstschätze d. Gründungszeit (Mitt. d. oberösterr. Landesarch. Erg.-Bd. 2) 1978, 111–143, bes. 111–116.

[94] HEMMERLE, Benediktinerklöster (s.o. 205 Anm. 18) 336–342.

[95] Die Glaubwürdigkeit der von den Notae Wessofontanae (hg. v. Oswald HOLDER-EGGER, MGH SS 15/2) 1888, 1024 auf das Jahr 752 datierten Gründung wird von Jos. WIDEMANN, Kleine Beitrr. z. älteren Gesch. Baierns VII: Die Klostergründungen d. Herzoge Otilo u. Tassilo (OA 59) 1915, 20–30, bes. 26 und DIEPOLDER, Agilolfinger 383 bezweifelt, doch zumeist anerkannt: GP II 1, 64f.; Norbert LIEB – Hugo SCHNELL – Jos. Klemens STADLER, Wessobrunn. Gesch., Bedeutung, Führung, 1953; ZOEPFL 46; PRINZ, Frühes Mönchtum 429.

[96] Nekrolog v. Wessobrunn zum 14. Mai (hg. v. Franz Ludw. BAUMANN, MGH Necr. 1) 1888, 46.

[97] Frumentius RENNER, Bonifatius u. der Benediktbeurer Klosterverband (StMBO 76, 1965) 1966, 118–134.

[98] Nik. DEBLER, Gesch. des Klosters Thierhaupten, 3 Teile, 1908–1912; HEMMERLE, Benediktinerklöster (s.o. 205 Anm. 18) 308–313.

[99] Nekrolog v. Thierhaupten zum 15. Februar (hg. v. Franz Ludw. BAUMANN, MGH Necr. 1) 1888, 38; vgl. ZOEPFL 46; PRINZ, Frühes Mönchtum 431.

[100] Trad. Freis. nr. 12, S. 39f.

[101] Wilh. STÖRMER, Mammendorf a.d. Maisach u. seine adeligen Besitzer im frühen MA (Amperland 3) 1967, 38ff.; Ders., Adelsgruppen (s.o. 136) 84ff.

[102] Otloh v. St. Emmeram, Vita s. Alto-

münster entstand.[103] Ob allerdings «Altomünster vor dem zehnten Jahrhundert überhaupt ein reguläres Kloster gewesen ist», ist nicht sicher.[104] Die drei Brüder Lantfrid, Waltram und Elilant, die nach 748 das Kloster Benediktbeuern[105] gründeten, werden der Sippe der Huosi zugewiesen.[106] Unsicher bleibt die Frühgeschichte von Kochel. Nach der Benediktbeurer Chronik ist die erste Äbtissin Gailswind die Schwester der Stifter von Benediktbeuern gewesen,[107] so daß man mit einem Doppelkloster rechnet.[108] Mit Gailswind hat man die «aus königlichem Geschlecht stammende» Kisyla gleichgesetzt, die an Benediktbeuern geschenkt hat.[109]

Über die Gründung des Klosters Tegernsee[110] erfahren wir erst aus der Passio s. Quirini, deren älteste Fassung Ende des neunten Jahrhunderts entstanden ist.[111] Danach haben zwei im «Sundergau» am Tegernsee begüterte Brüder Adalbert und

nis c. 4 (hg. v. Gg. WAITZ, MGH SS 15/2) 1888, 843.

[103] Mich. HUBER, Der hl. Alto u. seine Klosterstiftung Altomünster (Schlecht) 209–244; Heinr. DÜRSCHERL, Festschr. zum zwölfhundert-jähr. St. Alto-Jubiläum, 1930; HEMMERLE, Benediktinerklöster (s. o. 205 Anm. 18) 27; BAUERREISS I 98 hält Alto für einen Angelsachsen und seine Gründung für einen fränkischen Stützpunkt; PRINZ, Frühes Mönchtum 349 diskutiert auch irische Herkunft; vgl. auch Romuald BAUERREISS, Kappel bei Unterammergau, ein Vorläufer Altomünsters (StMBO 48) 1930, 325–328; Wilh. LIEBHART, Kloster, Wallfahrt u. Markt in Ob. (ebd. 88) 1977, 324–549, bes. 330ff.

[104] PRINZ, Frühes Mönchtum 349 Anm. 82.

[105] Chronicon Benedictoburanum c. 1–5 (hg. v. Wilh. WATTENBACH, MGH SS 9) 1851, 212–215; STEINBERGER, Benediktbeurer Stud. (s. o. 150 Anm. 98); Dieter ALBRECHT, Die Klostergerichte Benediktbeuern u. Ettal (HAB 6) 1953; HEMMERLE, Benediktinerklöster (s. o. 205 Anm. 18) 61–67; über die von hier aus erfolgte Gründung von acht weiteren Klöstern, zumeist in Schwaben, vgl. ZOEPFL 44f.; vielleicht gehört auch das im 10. Jh. zugrunde gegangene Kloster Sandau bei Landsberg noch in diesen Zusammenhang: Herm. DANNHEIMER, Karoling. Funde aus Sandau (Stadt Landsberg a. Lech) (Beitrr. ABK 31) 1977, 175–178; Ders., Ausgrabungen in d. Benediktus-Kirche v. Sandau (Stadtkr. Landsberg a. Lech) (Mitt. d. Freunde d. bayer. Vor- u. Frühgesch. 1977, 5) 1977.

[106] PRINZ, Herzog u. Adel 292 Anm. 27 und 296 Anm. 43 bzw. 237 Anm. 27 und 243 Anm. 43; Ders., Frühes Mönchtum 366f.; ferner Wilh. STÖRMER, Fernstraße u. Kloster. Zur Verkehrs- u. Herrschaftsstruktur des westl. Altbayern im frühen MA (ZBLG 29) 1966, 299–343 und Ders., Adelsgruppen (s. o. 136) 96ff. mit Verweis auf Maria NEUMANN, Die bair. Volksordnung z. Karolingerzeit auf Grund genealog. Untersuchungen, Diss. Masch. Erlangen 1947, 69ff. Vielleicht bestand auch ein Zusammenhang der Gründer von Benediktbeuern mit den Huosiern von Schlehdorf.

[107] Chronicon Benedictoburanum c. 2 (s. o. Anm. 105) 213: «... Chochalon, ubi soror eorum nomine Kaylswindis ...».

[108] Irma BÜHLER, Forsch. über Benediktiner-Doppelklöster im heut. Bayern (ZBKG 3) 1928, 197–207, (ebd. 4) 1929, 1–13 und 199–229 und (ebd. 5) 1930, 17–33 und 229–251, bes. (ebd. 4) 8–11; PRINZ, Frühes Mönchtum 367.

[109] Romuald BAUERREISS, Über d. angebl. Bücher- u. Reliquienschenkung Karls d. Gr. an Benediktbeuern (StMBO 57) 1939, 151–163, bes. 151ff.; Ders., KG I 102; Paul RUF, Kisyla v. Kochel u. ihre angebl. Schenkungen (StMBO 47) 1929, 461–476; positiver beurteilt von Bernh. BISCHOFF, Die Kölner Nonnenhandschriften u. das Skriptorium v. Chelles (Forsch. z. Kunstgesch. u. christl. Archäologie 3) 1957, 395–411, bes. 407ff.

[110] LÖWE, Reichsgründung 27ff.; Romuald BAUERREISS, Die älteste Kirche v. Tegernsee u. ihre Stifter (StMBO 60) 1946, 9–26; HEMMERLE, Benediktinerklöster (s. o. 205 Anm. 18) 297–304.

[111] Passio s. Quirini c. 5 (hg. v. Bruno KRUSCH, MGH SS rer. Merov. 3) 1896, 12: «... erant in provincia Noricorum duo germani fratres Adalpertus et Otkarius ...

Otkar eine Kirche mit dem Salvator-Patrozinium und ein Kloster errichtet. Bei einem Besuch in Rom erhielten sie Quirinus-Reliquien.[112] Adalbert wird als Abt von Tegernsee in zeitgenössischen Urkunden erwähnt,[113] doch Otkar ist historisch nicht so gut faßbar. Löwe[114] setzte ihn mit einem um die Mitte des achten Jahrhunderts auch anderwärts belegten Autcharius dux gleich, Bauerreiß[115] sieht in einem dänischen Gefolgsmann Karls des Großen, Ogier li Danois, einen Otker von Dießen und rechnet ihn zu den Huosiern. Zöllner[116] identifizierte ihn mit dem königlichen missus Audaccrus, rückte aber später von dieser These wieder ab,[117] und setzte ihn dann mit einem bei Mainz begüterten Grundherrn gleich.[118] Die in einer späteren Urkunde behauptete Erlaubnis Pippins[119] und die von Metellus[120] berichtete Verwandtschaft mit den Karolingern sind in ihrer Glaubwürdigkeit umstritten.

In enger Verbindung mit Tegernsee steht Ilmmünster.[121] Aus der Tatsache, daß die Hauptmasse der Besitzungen des Klosters an der Ilm im Zentrum des Huosi-Gebietes lag, hat man an eine Zugehörigkeit der Gründer des Klosters zu den Huosi gedacht.[122] Eine Tegernseer Inschrift des neunten Jahrhunderts nennt einen Eio als Abt,[123] den man gleichzusetzen versucht hat mit dem in der «Huosier-Urkunde» von 791 genannten Eio presbyter,[124] aber auch mit dem aus der Passio s. Quirini bekannten Uto, dem Neffen der Gründer von Tegernsee,[125] der aus Rom Arsacius-Reliquien in das Kloster brachte.[126] Ausgrabungen haben in die Karolingerzeit zurückreichende

praedia in pago australi iuxta lacum Tegarinsem ...»; vgl. Urk. Ottos II. v. 979 (hg. v. Theod. SICKEL, MGH Dipl. 2/1) 1888, nr. 192, S. 219f.: «... coenobio Tegarinseo ... in pago Sundargovue ...».

[112] HOTZELT, Translationen (s.o. 211 Anm. 78); die römischen Beziehungen erkennt man auch aus den hier überlieferten Versinschriften (hg. v. Karl STRECKER, MGH Poetae lat. 4/3) 1923, 1044ff.; dazu Bernh. BISCHOFF, Bemerkungen z. den Tegernseer Inschriften (StMBO 60) 1946, 27–31.

[113] Trad. Freis. nr. 197, S. 187ff.; auch an der Synode von Dingolfing 770 nimmt er teil.

[114] LÖWE, Reichsgründung 31f.

[115] BAUERREISS, Tegernsee (s.o. 213 Anm. 110); eine schon früher auf Grund eines anderen Belegs versuchte Zurechnung zu den Huosiern durch RATZINGER wurde von STÖRMER, Adelsgruppen (s.o. 136) 97f. zurückgewiesen.

[116] Erich ZÖLLNER, Zur Bedeutung d. älteren Otachare f. Salzburg, St. Pölten u. Wien (Neues Jb. d. herald.-genealog. Ges. Adler 3. Folge 1, 1945/46) 1947, 7–32; so auch MITTERAUER 50ff.

[117] ZÖLLNER, Innichen (s.o. 172 Anm. 169) 377.

[118] Erich ZÖLLNER, Genealog. Beobachtungen z. den Anfängen v. Tegernsee, St. Pölten u. Benediktbeuern (Jb LKNÖ NF 38, 1968/70) 1970, 185–195.

[119] Urk. Ottos II. v. 979 (s.o. Anm. 111) nr. 192, S. 219f.

[120] Peter Christian JACOBSEN, Die Quirinalien des Metellus v. Tegernsee. Untersuchungen z. Dichtkunst u. krit. Textausgabe (Mittellat. Stud. u. Texte 1) 1965, 207, kritisch 35ff.

[121] HEMMERLE, Benediktinerklöster (s.o. 205 Anm. 18) 119f.

[122] MITTERAUER 54f.; PRINZ, Frühes Mönchtum 377f.; STÖRMER, Adelsgruppen (s.o. 136) 98f.

[123] Gg. RATZINGER, Quirinus u. Arsacius. Tegernsee u. Ilmünster (in: Ders., Forsch. z. Bayr. Gesch.) 1898, 457–492, bes. 472f.

[124] Trad. Freis. nr. 142, S. 146f.

[125] Romuald BAUERREISS, Die Stifter v. Ilmmünster (StMBO 60) 1946, 32–37; zweifelnd PRINZ, Frühes Mönchtum 377 Anm. 161.

[126] Peter STOCKMEIER, Der hl. Arsatius v. Ilmmünster. Ein Problem d. Hagiographie (Beitrr. ABK 31) 1977, 179–194.

Reste aufgedeckt.[127] Die Existenz eines von Tegernsee aus im achten Jahrhundert gegründeten Klosters Sankt Pölten ist nicht über jeden Zweifel erhaben.[128]

Zwischen 760 und 764 hat der presbyter Waltrih auf seinem Eigengut «in loco Peipinbach ... in villa nuncupata Sceftilari ...»[129] mit Zustimmung Tassilos eine dem heiligen Dionysius geweihte[130] Kirche erbaut und an das Freisinger Bistum übergeben.[131] Man hat daraus schließen wollen, daß die Kirche auf ausgetanem Herzogsgut errichtet worden sei, und daß die Ausgabe an Freising als dem Zentrum der Opposition gegen Tassilo die völlige Entfremdung dieses Gutes bedeutet habe.[132] Über die Person Waltrihs ist sich die Forschung nicht einig. Er wird mit den gleichnamigen Bischöfen von Passau oder Langres gleichgesetzt,[133] wird der Familie der Hahilinga[134] oder der Huosier[135] zugerechnet.

Im Jahre 763 ließ ein Reginpert mit Angehörigen seiner Sippe eine dem heiligen Petrus geweihte Kirche in Scharnitz[136] erbauen und stattete sie, in der Hoffnung auf

[127] Walt. SAGE (mit einem Beitr. v. Herm. DANNHEIMER), Ausgrabungen in d. Pfarr- u. ehem. Stiftskirche St. Arsatius z. Ilmmünster, Lkr. Pfaffenhofen (Beitrr. ABK 31) 1977, 165–174.

[128] Nach LÖWE, Reichsgründung 34ff. um die Mitte des 8. Jhs. als Filiale von Tegernsee gegründet; von TELLENBACH, Eigenklöster 16ff. bezweifelt; HEUWIESER, Passau 297ff. hält es für passauisch und um die Mitte des 9. Jhs. von Bischof Hartwig gegründet; Jos. WODKA, Das ehem. Augustiner Chorherrenstift St. Pölten (Beitrr. z. Stadtgeschichtsforsch. Festschr. d. Stadtgem. St. Pölten) 1959, 156–198 glaubt an eine um die Wende vom 8. zum 9. Jh. von Tegernsee aus erfolgte Gründung; FLEKKENSTEIN, Fulrad (s. o. 168 Anm. 130) 37 glaubt, daß die Hippolytreliquien nicht direkt aus Rom kamen, sondern durch Fulrad vermittelt worden sind.

[129] Sigisbert MITTERER, «Locus Peipinpach» – «villa Sceftilari». Ein Beitr. z. Ortsnamenkunde u. zum Wortgebrauch frühbayer. Urk. (StMBO 45) 1927, 284–290.

[130] Romuald BAUERREISS, Schäftlarn in Ob. u. der hl. Dionysius (StMBO 73, 1962) 1964, 9–13.

[131] Sigisbert MITTERER (Hg.), 1200 Jahre Kloster Schäftlarn 762–1962 (Beitrr. ABK 22/3) 1962; HEMMERLE, Benediktinerklöster (s. o. 205 Anm. 18) 270ff.; Trad. Schäftlarn nr. 1, S. 1ff.: Kirchweihe 1. November 760–764.

[132] PRINZ, Herzog u. Adel 306 bzw. 255f.

[133] Zur umstrittenen Gleichsetzung des Gründerabtes Waltrih mit dem späteren Bischof von Passau vgl. MITTERER 89f. (ablehnend), HEUWIESER, Passau 126 Anm. 28 (ablehnend); vgl. ferner Notker WÜRMSEER, Der «Waltrih episcopus» einer Freisinger Urk. v. 778 (StMBO 69, 1958) 1959, 143–156; Ders., Der Sedenzbeginn des Bischofs Waltrih v. Passau (gest. 804) (ebd. 70, 1959) 1960, 236–242; Ders., Um d. Bischöfe Waltrih u. Petto in den Frühurk. des Klosters Schäftlarn (ebd. 75, 1964) 1965, 244–252; Ders., Die Bischöfe Waltrich u. Petto in den Trad. des Klosters Schäftlarn (Ostbair. Grenzmarken 7) 1964/65, 237–259; Wilh. STÖRMER, Schäftlarn, Murrhardt u. die Waltriche d. 8. u. 9. Jhs. Klostergründungen u. adelige Sippenbeziehungen im bayer.-württemberg. Raum (ZBLG 28) 1965, 47–81; Ders., Fernstraße (s. o. 213 Anm. 106); DANNHEIMER, Epolding (s. o. 134 Anm. 64); SCHMID, Bischof Wikterp (s. o. 186 Anm. 69) 124; PRINZ, Frühes Mönchtum 369f.; STÖRMER, Adelsgruppen (s. o. 136) 102; zweifelnd: SEMMLER, Beziehungen (s. o. 176 Anm. 197) 372ff.

[134] Romuald BAUERREISS, Altbayr. Hachilingen als Bischöfe v. Langres in Burgund. Ein Beitr. z. Frühgesch. Schäftlarns (StMBO 75, 1964) 1965, 253–261.

[135] PRINZ, Frühes Mönchtum 371 (Huosi).

[136] Jos. STURM, Schlehdorfs Urgesch. (Beitrr. ABK 23/3) 1964, 11–26; HEMMERLE, Benediktinerklöster (s. o. 205 Anm. 18) 272f.; Wilh. GESSEL, Die Bedeutung des Klosters in d. Scharnitz (Beitrr. ABK 27) 1973, 77–85.

ein Kloster, mit Zustimmung Herzog Tassilos mit reichem Besitz aus.[137] Die Beziehungen zum Freisinger Bistum sind nicht ganz klar. Ein Archipresbyter Arbeo, der die Leitung des Klosters erhält, wird der spätere Freisinger Bischof sein. Als auch der zweite Abt, Atto, 783 auf den Freisinger Bischofsstuhl erhoben wird, behielt er selber die Leitung des Klosters und berief zum Vorsteher des inzwischen nach Schlehdorf verlegten Klosters einen abbas vocatus Ellanod.[138] Man hat auch an eine Zugehörigkeit von Arbeo,[139] Atto und Ellanod zur Gründersippe gedacht;[140] diese rechnet man den Huosi zu,[141] jedoch erwog man auch Verwandtschaft mit den Agilolfingern.[142] Für die zwischen 769 und 772 erfolgte Verlegung nach Schlehdorf[143] führt man klimatische oder wirtschaftliche Gründe an,[144] hat auch an einen Zusammenhang mit der Slawenmission gedacht[145] und hat vermutet, daß diese Verlegung vom Freisinger Bischof inspiriert wurde als Gegengewicht gegen eine allzu starke Ausdehnung Benediktbeuerns nach Süden und Westen,[146] von dem bald acht weitere Klöster in Abhängigkeit standen (s. o. 213 Anm. 105). Berg im Donaugau,[147] dessen genaue Lage allerdings unklar ist, kam durch seinen auch auf der Synode von Dingolfing bezeugten Gründerabt Wolchanhard an Karl den Großen.[148] Durch die Schenkung eines Abtes Sigfrid aus dem Jahre 820[149] erfahren wir von der Existenz eines noch in die Zeit Tassilos zurückreichenden mit Namen nicht bekannten Klosters, das zuerst von Janner[150] mit Engelbrechtsmünster gleichgesetzt wurde, und dessen Gründung nach Meinung von Klingsporn «der Sicherung fränkischen Einflusses dienen» sollte.[151]

[137] Trad. Freis. nr. 19, S. 46ff.: «... in solitudine Scarantiensę ... et ibi in cenobie spem ...»; Vermutungen, daß die Kirche nicht im tirolischen Scharnitz, sondern in Klais zu suchen sei (MITTERER 99 Anm. 1 und STURM, Schlehdorf [s. o. 215f. Anm. 136] 14) haben jüngste Ausgrabungen erhärtet: Walt. SAGE, Das frühmittelalterl. Kloster in d. Scharnitz. Vorber. über d. Ausgrabungen auf dem Kirchfeld z. Klais, Gde. Krün, Lkr. Garmisch-Partenkirchen (Beitrr. ABK 27) 1973, 87–101; Ders., Das frühmittelalterl. Kloster in d. Scharnitz (ebd. 31) 1977, 11–133; Gerfried ZIEGELMAYER, Die Skelettreste des Friedhofs z. Klais (ebd.) 135–163.

[138] Romuald BAUERREISS, Der «abbas vocatus» in Freisinger Urk. d. 9. Jhs. (StMBO 43, 1925) 1926, 193–199.

[139] STURM, Verwandte; PRINZ, Arbeo v. Freising (beide s. o. 175 Anm. 183).

[140] STÖRMER, Früher Adel (s. o. 136) 362.

[141] PRINZ, Herzog u. Adel 292 Anm. 27 bzw. 237 Anm. 27; Ders., Frühes Mönchtum 549ff.

[142] ZÖLLNER, Innichen (s. o. 172 Anm. 169) 366f.

[143] HEMMERLE, Benediktinerklöster (s. o. 205 Anm. 18) 281f.

[144] FASTLINGER 111.

[145] STURM, Schlehdorf (s. o. 215f. Anm. 136) 17ff.

[146] MITTERER 99ff.

[147] Nach HAUCK II 447 Anm. 6 Haindlingberg bei Geiselhöring, nach Max FASTLINGER, Das Salvatorkloster Berg im Donaugau (VHN 34) 1898, 203–207 Bogenberg, nach BAUERREISS I 96 keines von beiden. MITTERER 130ff. trennt das in Trad. Reg. nrr. 9 und 11, S. 7f. und 9f. genannte Kloster an der Rezat von dem in nr. 22, S. 27ff. genannten Kloster Berg, hält aber die Lage beider für unbekannt; nach Ant. ECKARDT, Paring (Die Kunstdenkmäler v. Bayern, Reg. Bez. Nb. 22: BA Rottenburg) 1930, 171–185, bes. 174 Kloster Paring (Hinweis v. Gg. Listl); vgl. HEMMERLE, Benediktinerklöster (s. o. 205 Anm. 18) 68.

[148] Synodalakten v. Dingolfing (s. o. 173 Anm. 175) 97; zur Schenkung: RI I nr. 598, S. 257.

[149] Trad. Reg. nr. 17, S. 17ff.

[150] JANNER I 168f.; zum Kloster auch MITTERER 133ff.

[151] KLINGSPORN, Beziehungen (s. o. 168 Anm. 130) 79ff.

Kirchbach – Rotthalmünster geht auf eine Schenkung zurück, die ein Adliger Wilhelm noch zur Zeit Herzog Hucberts machte, und die unter Odilo an Irminswind, die Tochter Wilhelms, und ihre Nonnen kam, später aber an das Bistum Passau fallen sollte.[152] 738 wird ein mit Namen nicht bekanntes Kloster im Mattichgau gegründet, das ebenfalls in enger Beziehung zu Passau stand.[153] Die Frühgeschichte von Metten[154] ist nur aus der unzuverlässigen Vita Gamalberti bekannt.[155] Danach soll «ein Gutsherr und Pfarrer» Gamalbert aus Michaelbuch seinem Paten Utto Besitzungen zur Gründung eines Klosters überlassen haben, dem Utto als erster Abt vorstand. Utto ist als Abt in den Verbrüderungsbüchern von St. Peter in Salzburg und von der Reichenau genannt.[156] Seinen großen Aufschwung nahm das Kloster jedoch erst nach bedeutenden Schenkungen der Karolinger. Ein Graf Gunther im Chiemgau[157] hat um 755[158] geplant, ein Kloster in Otting am Waginger See zu gründen, hat aber die zur Weihe notwendige Zustimmung des Diözesanbischofs Virgil von Salzburg nur erreicht, indem er dem Bischof eine weitgehende Verfügungsgewalt zugestand.[159] Störmer hat Gunther mit einem in Freisinger Urkunden belegten gleichnamigen iudex zu identifizieren versucht und Verwandtschaft mit den Agilolfingern vermutet.[160] Die Zelle Otting ist später nach Michaelbeuern verlegt worden.[161] Die Lage einer «cellula quae vocatur Rimbach» ist nicht ganz klar.[162] Die älteste überlieferte Urkunde Schliersees[163] von 779[164] weist auf eine Gründung vor diesem Zeitpunkt

[152] Trad. Passau nr. 33 v. 789/91, S. 28ff.; HEUWIESER, Passau 272–275; Ders., Die Klöster des Rottales (Das Bayerland 36) 1925, 528–531; daß Bonifatius hier bereits zur Zeit Herzog Hucberts die Benediktinerregel einführte, vermutet PRINZ, Frühes Mönchtum 410; MITTERAUER 26ff. und 43ff. rechnet den Klostergründer Wilhelm zu der um die Isen zentrierten Graman-Sippe.

[153] Trad. Passau nr. 2, S. 2f.; FASTLINGER 38; MITTERER 144ff. und ZIBERMAYR 163f. identifizieren es mit Niedernburg in Passau; dagegen HEUWIESER, Passau 276f. und TELLENBACH, Eigenklöster 20; PRINZ, Frühes Mönchtum 411 setzt es gleich mit der 803 erwähnten Marienkirche in Enknach mit Verweis auf Trad. Passau nr. 57, S. 48ff.; vgl. auch JURASCHEK, Trad. (s. o. 132 Anm. 48) 283–286.

[154] Wilh. FINK, Entwicklungsgesch. d. Benedictinerabtei Metten, 3 Bde. (StMBO Erg.-H. 1) 1926–30, bes. II, 1928, 3ff.; Friedr. PRINZ, Die Anfänge d. Benediktinerabtei Metten (ZBLG 25) 1962, 20–32; Ders., Frühes Mönchtum 436ff.; 766–1966. 1200 Jahre Abtei Metten (Alt- u. Jung-Metten 32) 1966; HEMMERLE, Benediktinerklöster (s. o. 205 Anm. 18) 143–148.

[155] Vita Gamalberti (hg. v. Wilh. LEVISON, MGH SS rer. Merov. 7) 1920, 183–191.

[156] Salzburg col. 30 (s. o. 158 Anm. 43) 12; Reichenau col. 188 (s. o. 210 Anm. 66) 212.

[157] Brev. Not. c. 13, S. A 12: «Guntherius quidam, comes in pago Chiemingen, in propria hereditate sua ...»; vgl. Ind. Arn. c. 6, S. 10.

[158] Zur Datierung: Herwig WOLFRAM, Der Zeitpunkt d. Bischofsweihe Virgils v. Salzburg (MIÖG 79) 1971, 297–315, bes. 304ff.

[159] Dazu STÖRMER, Früher Adel (s. o. 136) 358ff.

[160] STÖRMER, Adelsgruppen (s. o. 136) 30f.; Gunther war auch im westlichen Bayern, südöstlich Augsburg, begütert, vgl. ZÖLLNER, Innichen (s. o. 172 Anm. 169) 373f.

[161] Mich. FILZ, Gesch. des salzburg. Benedictiner-Stiftes Michaelbeuern, 1833.

[162] Trad. Passau nrr. 53 und 73, S. 45 und 61f.; Rimbach im Lkr. Eggenfelden oder im Lkr. Dingolfing bieten sich an; FASTLINGER 117 sieht den Nachfolger im heutigen Pfarrsprengel Malgersdorf.

[163] HEMMERLE, Benediktinerklöster (s. o. 205 Anm. 18) 282f.; Hubert VOGEL, Schliersee, seine Grundherrschaft u. seine Vogtei im MA, 1939; der Freisinger Ein-

hin. Die Gründer, für die man Verwandtschaft mit den Huosiern,[165] aber auch mit den Fagana[166] hat nachweisen wollen, unterstellten sich der Hoheit des Bischofs Arbeo von Freising, behielten aber das Recht der freien Abtwahl.[167]

Viele der genannten Klöster kamen später in bischöflichen Besitz, andere wurden von vorneherein als bischöfliche Eigenklöster eingerichtet, so das von Bischof Joseph von Freising gegründete Isen, das eine Filiation des Freisinger Domklosters war, wie auch das Zeno-Patrozinium auf die enge Verbindung mit Freising weist.[168] Wegen einer von Herzog Odilo vorgenommenen Schenkung muß es schon vor 748 bestanden haben,[169] als Kloster ist es aber zuerst zu 758 belegt.[170] Ob die weitere Ausstattung des Klosters durch die Sippe der Fagana vorgenommen wurde, ist umstritten.[171] 775 schenkt ein Priester Tarchnat ein oratorium an der Schwindach an das Bistum Freising,[172] und 780 erfolgt eine Schenkung an die ebenfalls dem heiligen Benedikt geweihte an der Schwindach gelegene Kirche in Mainbach,[173] so daß man die beiden Nennungen wohl miteinander gleichsetzen kann. Eine Verbindung mit Freising und den Fagana ist möglich,[174] ob hier allerdings ein Kloster bestanden hat, ist nicht gesichert.[175] Ursprünglich regensburgisch könnte die spätere salzburgische Filialzelle Wörth an der Donau gewesen sein.[176]

Keine näheren Angaben haben wir bei Staffelsee,[177] das nach Benediktbeurer Tradition eine Filiation dieses Klosters war.[178] Die Tatsache, daß Staffelsee karolingischer Fiskalbesitz wurde,[179] könnte darauf deuten, daß es eine agilolfingische Gründung

fluß war von Anfang an stark, und später zog das Bistum das Kloster ganz an sich; vgl. Trad. Freis. nr. 376, S. 320f.

[164] Trad. Freis. nr. 94, S. 112f.; Übersetzung bei MITTERER 116f.

[165] Über die Verwandtschaft mit den Stiftern von Tegernsee STÖRMER, Adelsgruppen (s. o. 136) 136–147; über das für Tegernsee wie Schliersee gleiche Sixtus-Patrozinium PRINZ, Frühes Mönchtum 376; vgl. auch MITTERAUER 56.

[166] FASTLINGER 115.

[167] Zum Begriff «... sub ditione ipsius episcopi ...» (Trad. Freis. nr. 94, S. 112f.) vgl. MITTERER 118.

[168] VOGEL, Zenokult (s. o. 204 Anm. 149) 196ff.

[169] Trad. Freis. nr. 4, S. 30: «Inprimis Oatilo dux tradidit ...».

[170] Trad. Freis. nr. 11, S. 38f.

[171] Trad. Freis. nr. 4, S. 30; FASTLINGER 105ff. rechnet Bischof Josef zu den Fagana, und auch nach PRINZ, Frühes Mönchtum 373 handelt es sich dabei um ein Faganakloster; vgl. auch STURM, Preysing 188; zweifelnd jedoch MITTERER, Freisinger Domkloster (s. o. 206 Anm. 25) 35f.; Ders., Eigenklöster 78ff. und Hubert STRZEWITZEK, Die Sippenbeziehungen d. Freisinger Bischöfe im MA (Beitrr. ABK 16) 1938, 196f.; vgl. auch Ludw. HEILMAIER, Das obere Isental u. das Kloster Isen im ersten christl. Jahrtausend (Isener Heimatschr. 1) 1938.

[172] Trad. Freis. nr. 68, S. 94.

[173] Trad. Freis. nr. 103, S. 119f.

[174] BAUERREISS I 96 führt es unter den Freisinger Domklöstern auf; PRINZ, Frühes Mönchtum 374 betont den Zusammenhang mit den Fagana-Preysingern; vgl. STURM, Preysing 169ff.

[175] Vermutet zuerst von Max FASTLINGER, Zwei verschollene Klöster des Isengaues (Theol.-prakt. Monats-Schr. 8) 1898, 607ff.

[176] Trad. Reg. nr. 2, S. 2.

[177] HEMMERLE, Benediktinerklöster (s. o. 205 Anm. 18) 294f.

[178] Chronicon Benedictoburanum c. 5 (s. o. 213 Anm. 105) 215; skeptisch RENNER, Bonifatius (s. o. 212 Anm. 97) 130.

[179] Brevium exempla ad describendas res ecclesiasticas et fiscales (hg. v. Alfr. BORETIUS, MGH Capit. 1) 1883, nr. 128, S. 250–256; vgl. Wolfg. METZ, Zur Entstehung d. Brevium Exempla (DA 10) 1953/54, 395–416; Ders., Reichsgut 26ff.

war, und ebenso das mit den Agilolfingerklöstern Mondsee und Mattsee gemeinsame Michaelspatrozinium.[180]

Im Weltenburger[181] Nekrolog[182] aus dem zwölften/dreizehnten Jahrhundert heißt es, daß Tassilo «der Gründer dieses Klosters» gewesen sei; indem Prinz[183] diese Notiz auf Tassilo I. bezieht, sucht er eine in die Zeit des Eustasius von Luxeuil zurückreichende Gründung des Klosters, die man aus anderen Indizien glaubt erschließen zu können (s. o. 195), von dieser Seite her abzusichern.

Umstritten ist die agilolfingische Gründungszeit bei Altmünster am Traunsee,[184] das erst in einer Urkunde Ludwigs des Kindes aus dem Jahre 909 genannt ist.[185] Auch bei Madron am Petersberg[186] berichtet nur die Legende von einer im achten Jahrhundert vom Salzburger Peterskloster aus vorgenommenen Gründung. Osterhofen-Altenmarkt soll nach einer Wessobrunner Quelle von Herzog Odilo gegründet worden sein, der hier auch sein Grab gefunden habe.[187] Von Polling als einer Agilolfinger-

[180] PRINZ, Frühes Mönchtum 434; zur Kontroverse, ob Staffelsee ein ehemaliger Bischofssitz war, Romuald BAUERREISS, Bonifatius u. das Bistum Staffelsee. Zur bayr. Bistumsorganisation v. 739 (StMBO 57) 1939, 1–11; Ders., Nochmals d. Bistum Neuburg-Staffelsee (ZBLG 14, 1943/44) 1944, 391–394; Ders., Das frühmittelalterl. Bistum Neuburg im Staffelsee (StMBO 60) 1946, 375–438; NOTTARP 68 ff.; Ders., ZRG KA 37, 1951, 438 f.; Friedr. ZOEPFL, Um d. Bistum Neuburg-Staffelsee (ZBLG 13, 1941/42) 1942, 94–101; Ders., Schlußwort (ebd. 14) 1943/44, 395 f.; SCHMID, Bischof Wikterp (s. o. 186 Anm. 69) 133; ein Hinweis, der auf Neuburg a. d. Donau deutet, bei DACHS, Herzogsgut 84; nach BAUERREISS sind die Mönche zugleich Kathedralkleriker, nach ZOEPFL ist Staffelsee Dotationskloster von Neuburg/Donau; zweifelnd HEMMERLE, Benediktinerklöster (s. o. 205 Anm. 18) 295.

[181] HEMMERLE, Benediktinerklöster (s. o. 205 Anm. 18) 330–335; Gg. SCHWAIGER, Das Kloster Weltenburg in d. Gesch. (Beitrr. z. Gesch. des Bistums Regensburg 11) 1977, 51–59; zu den Resten eines in Staubing bei Weltenburg ausgegrabenen, um 600 n. Chr. datierten hölzernen Kirchenbaues Rainer CHRISTLEIN, Das Reihengräberfeld u. die Kirche v. Staubing bei Weltenburg (Archäolog. Korrespondenzbl. 1) 1971, 51–55; Günter FEHRING, Missions- u. Kirchenwesen in archäolog. Sicht (VF 22) 1979, 547–591, bes. 560.

[182] Nekrolog v. Weltenburg zum 11. Dezember (hg. v. Franz Ludw. BAUMANN, MGH Necr. 3) 1905, 382: «Thessalo dux, fundator cenobii huius».

[183] PRINZ, Frühes Mönchtum 357 f.

[184] LÖWE, Reichsgründung 60 Anm. 180; TELLENBACH, Eigenklöster 4 Anm. 18; HEUWIESER, Passau 310 f. weist darauf hin, daß über den Ort nichts anderes ausgesagt werden könne, als daß er am Traunsee liegt; vgl. auch Franz AHAMMER, Das alte Münster am Traunsee. Die Ortsgem. Altmünster in Oberdonau im Spiegel ihrer Vergangenheit, 1939 und Karl AMON, Gesch. des Benediktinerinnenklosters Traunkirchen im Salzkammergut, Diss. Masch. Graz 1949, der Traunkirchen nicht damit identifiziert; Karl BERGER, Die Abtei am Traunsee (Jahresber. Bundesgymnasium Gmunden 59, 1972/73) 1973, 7–11.

[185] Urk. Ludwigs d. Kindes v. 19. Feb. 909 (hg. v. Theod. SCHIEFFER, MGH Urk. d. deutschen Karolinger 4) 1960, nr. 67, S. 198 f.

[186] Seb. DACHAUER, Zur Gesch. d. Kirche am Petersberge u. der Burgen Falkenstein, Kirnstein u. Auerburg (OA 2) 1840, 356–401; Ludw. OBHOLZER, Die Wallfahrtskirche auf dem Petersberg am Inn (bei Brannenburg), 1911; HEMMERLE, Benediktinerklöster (s. o. 205 Anm. 18) 136 f.

[187] Notae Wessofontanae (s. o. 212 Anm. 95) 1025: «Otilo . . . sepultus est cum uxore in Osterhoven, quod nichilominus monasterium sub regula sancti Benedicti . . . ipse construxerat»; vgl. dazu Ludw. Heinr. KRICK, Die ehem. stabilen Klöster des Bistums Passau. Chronolog. Reihenfolgen ihrer Mitglieder v. d. Gründung d. Klöster bis z. ihrer Aufhebung, 1923, 39–56; Max HEUWIESER, Osterhofen-Damenstift (in: Jos. OSWALD [Hg.], Alte Klöster in Passau u. Umgebung) 1954^{2},

gründung berichtet nur die Benediktbeurer Tradition.[188] Postmünster begegnet zum ersten Mal in der Zeit Reginhars von Passau,[189] wird aber auch für agilolfingisch gehalten. Aus einer Bestätigung Ludwigs des Frommen von 823 erfahren wir, daß Karl der Große die cellula sancti Floriani[190] an Passau geschenkt habe.[191] Da das die einzige bekannte Klostergründung Karls des Großen in Bayern gewesen wäre, hat man auch die Gründung von St. Florian in agilolfingische Zeit datiert.[192] Ähnlich ist es bei St. Veit am Schönberg[193] und bei Schönau-Munichen. Das nördlich Eggenfelden gelegene Sconenauua ist nach dem Aachener Klosterkatalog[194] königlich, doch hat man auch hier agilolfingische Gründung vermutet,[195] und hat es auf Grund einer Regensburger Aufzeichnung von 819[196] für ein regensburgisches Eigenkloster gehalten; später kam es an Passau. Die agilolfingische Gründungszeit ist auch für Siessbach-Munichen[197] und Tegernbach[198] nicht gesichert.

Eine ungeklärte Streitfrage ist bis heute, nach welcher *Regel* die frühesten klösterlichen Konvente lebten. Zumeist werden sie der iroschottischen Observanz zugerechnet, da auch die früheste Mission von Iren getragen worden sei.[199] Jedoch ist die Forschung heute geneigt, starke Abstriche an der Bedeutung dieses *irischen Einflusses* zu machen,[200] und von wenigen Ausnahmen abgesehen, wie etwa von der bald wieder versickernden Mission aus dem Columbankloster Luxeuil[201] oder von den

97–111; nach HEUWIESER, Passau 286f. ist es zwischen 1004 und 1009 als Kanonikatsstift gegründet worden.

[188] Romuald BAUERREISS, Stud. z. Gesch. verschollener bayr. Frühklöster III 4: Das Frauenkloster St. Jakob in Polling (StMBO 57) 1939, 227–232 wertet die Benediktbeurer Tradition der Tassilogründung positiv; zweifelnd DIEPOLDER, Agilolfinger 383; Ed. WALLNER, Zur Frühgesch. des Frauenklosters St. Jakob in Polling (StMBO 59, 1941/42) 1942, 187f.

[189] Trad. Passau nr. 73a v. 818–838, S. 61f.; HEUWIESER, Passau 303–306 hält es aber noch für agilolfingisch; vgl. auch Ignaz ZIBERMAYR, Das älteste Traditionsbuch des Hochstiftes Passau (MIÖG 26) 1905, 369–414, bes. nr. 5, S. 409f.; Wilh. STÖRMER, Probleme des frühmittelalterl. Adels im ostniederbayer. Raum (Ostbair. Grenzmarken 18) 1976, 49–62, bes. 58f.

[190] Karl REHBERGER, Zur Verehrung des hl. Florian im Stift St. Florian (Mitt. d. oberösterr. Landesarch. 11) 1974, 85–98; Heinr. KOLLER, Zur Überlieferung älterer St. Florianer Trad. (Festschr. Friedr. Hausmann) 1977, 285–298, bes. 285f.

[191] UBLE II, 1856, nr. 6, S. 9f.; hierzu UB des Burgenlandes I (Publikationen d. Inst. f. österr. Geschichtsforsch. 7. Reihe 1) 1955, nr. 1a, S. 2; Ernst KLEBEL, Zur Kritik d. Urk. Ludwigs d. Frommen f. Passau v. 28. 6. 823 (AZ 50/51) 1955, 319–327; ZIBERMAYR 319ff. hält die Schenkung für eine Fälschung zugunsten Passaus; HEUWIESER, Passau 294–297 hält sie für echt und setzt die Gründung in das Jahr 791.

[192] Bernh. SEPP, Die cellula s. Floriani u. die civitas Lauriacensis, 1904.

[193] BAUERREISS, Stud. (s. o. 206 Anm. 27).

[194] Aachener Klosterliste (s. o. 210 Anm. 63) 351.

[195] MITTERER 135.

[196] Trad. Reg. nr. 15, S. 14f.; BAUERREISS I 97; Ders., «München – Altheim». Stud. z. frühesten Gesch. d. Landeshauptstadt München (Monachium [s. o. 177]) 87–118, bes. 96–99.

[197] Trad. Reg. nr. 14, S. 13f.; BAUERREISS, «München-Altheim» (s. o. Anm. 196) 91ff.

[198] Trad. Freis. nrr. 570 und 593, S. 488 und 508; Jos. HEMMERLE, Tegernbach, ein frühbayer. Kloster (Zwischen Sempt u. Isen 12) 1968, 8–17.

[199] FASTLINGER 64ff.; BAUERREISS, Irische Frühmissionäre; WEISGERBER, Spuren (beide s. o. 202 Anm. 130); REIFFENSTEIN, Das Althochdeutsche (s. o. 115 Anm. 111); ZIBERMAYR 81ff.

[200] BAUERREISS I 93 Anm. 136.

[201] S. o. S. 195; PRINZ, Frühes Mönchtum 350 betont bei dieser Mission besonders das iro-«fränkische» Element.

Iren Alto[202] und Dobdagrec,[203] haben wir viel zu wenig konkrete Anhaltspunkte über die Herkunft und den Einfluß dieser Mission, so daß wir über die Regelbeobachtung nichts aussagen können. Auch eine von Kremsmünster nach Mähren ausgehende, angeblich iroschottische Mission, die man aus einem eigenartigen, in Mähren aufgedeckten Kirchengrundriß hat erschließen wollen,[204] wird von der Forschung mit Vorsicht betrachtet.[205] Für die zahlreich vorkommenden Doppelklöster hat man angelsächsischen Einfluß vermutet.[206] Sicherheit gewinnen wir erst mit der Zeit des Bonifatius, der die Benediktinerregel auch für Bayern als verbindlich erklärt hat.[207]

Schwierig ist für die agilolfingische Frühzeit die Entscheidung, ob die *Kapitel an den Domklöstern* sich aus Mönchen oder Saekularkanonikern zusammensetzten.[208] In Salzburg ist bereits für die Zeit Ruperts zwischen Mönchen und anderen Klerikern unterschieden,[209] doch hat man[210] darin nur einen Doppelausdruck für die gleichen Personen, die priesterlich-mönchischen Begleiter Ruperts sehen wollen. Aber es scheint doch noch im achten Jahrhundert ein Kanonikat eingerichtet worden zu sein; als Graf Gunther Otting gründete, ließ Bischof Virgil sich das Vorrecht bestätigen, in das neue Kloster «Mönche aus dem Bischofssitz selbst oder Kanoniker zu setzen».[211] Die hier getroffene Unterscheidung läßt auf eine bereits vorhandene doppelte Institution schließen,[212] die für die Kanoniker vermutlich anläßlich des Neubaues des Salzburger Domes durch Virgil erfolgt ist.[213] Es ist allerdings diese Notiz in ihrer Beweiskraft auch angezweifelt worden, so daß dann vielleicht erst 891,[214] sicher aber erst zu 925[215] Kanoniker in Salzburg bezeugt wären. In jedem Fall sehen wir aus den seit 923 erhaltenen Traditionsurkunden, daß sich umfangreicher Besitz in der Hand von Klerikern befand. Erst eine Urkunde vom Jahre 931 läßt jedoch eine vermögensrechtliche Trennung zwischen Mönchen und Kanonikern erkennen,[216] möglicherweise nur eine Station auf einem fortwährenden Differenzierungsprozeß, der erst 987 seinen

[202] S. o. S. 212f. PRINZ, Frühes Mönchtum 348f. hält Alto nicht für einen Iren.

[203] Conv. Bag. c. 2, S. 129; LÖWE, Lit. Widersacher 929f.

[204] Jos. CIBULKA, Zur Frühgesch. d. Architektur in Mähren (800–900) (Festschr. Karl M. Swoboda) 1959, 55–74.

[205] Helm. PREIDEL, Archäolog. Denkmäler u. Funde z. Christianisierung des östl. Mitteleuropa (Die Welt d. Slaven 5) 1960, 62–89; Vladimír VAVŘÍNEK, Die Christianisierung u. Kirchenorganisation Großmährens (Historica 7) 1963, 5–56, bes. 16ff.

[206] BÜHLER, Benediktiner-Doppelklöster (s. o. 213 Anm. 108).

[207] Concilium Liftinense c. 1 (hg. v. Alb. WERMINGHOFF, MGH Concilia 2/1) 1906, nr. 2, S. 7; vgl. Stephanus HILPISCH, Bonifatius als Mönch u. Missionar (Sankt Bonifatius) 1954², 3–21; Romuald BAUERREISS, Benediktusverehrung in Ob. im VIII. Jh. (StMBO 61, 1947/48) 1948, 143–149.

[208] DOLL, Anfänge (s. o. 177); BAUERREISS I 93; Rud. SCHIEFFER, Die Entstehung v. Domkapiteln in Deutschland (Bonner hist. Forsch. 43) 1976, 192ff.

[209] Brev. Not. c. 3, S. A 5.

[210] MITTERER 11ff.

[211] Brev. Not. c. 13, S. A 12.

[212] So LEVISON, Lebensbeschreibung (s. o. 199 Anm. 99) 308 und NOTTARP 64 Anm. 2; zweifelnd MITTERER 17f. und PRINZ, Frühes Mönchtum 407.

[213] Joh. Alois HOFMANN, Gesch. d. Dotation des Domkapitels v. Salzburg (Mitt. d. Ges. f. Salzb. Landesk. 9) 1869, 68–230 und DOLL, Anfänge (s. o. 177) 14.

[214] Urk. Arnolfs v. 9. März 891 (s. o. 206 Anm. 24) nr. 87, S. 128ff.

[215] UB Salzb. I nr. 9, S. 76.

[216] UB Salzb. I nr. 84, S. 145ff.

Abschluß fand.[217] Ob diese Trennung schon früher erfolgt ist, ist nicht sicher.[218] In Freising werden Kanoniker neben Mönchen zum ersten Mal ausdrücklich im Jahre 842 erwähnt;[219] auch hier dürften sie aber schon früher vorhanden gewesen sein; Mitterer[220] ist geneigt, die Freisinger Tradition zu akzeptieren, wonach unter Bischof Hitto (811–835), mutmaßlich im Jahre 830, in Weihenstephan ein Kanonikat errichtet wurde, das sich von dem auf dem Domberg zurückbleibenden Mönchskonvent unterschied. Jedenfalls ist ein immer stärkeres Vordringen der Kanoniker festzustellen, bis gegen Ende des neunten Jahrhunderts die Mönche nicht mehr genannt werden. Man hat in dieser Entwicklung die «Abgrenzung vom Domkloster zum Domstift»,[221] aber auch einen «allmählichen Gestaltwandel des ursprünglich benediktinisch geprägten Domklosters»[222] sehen wollen. Besonders ausgeprägt war die Stellung eines Mönchsbischofs ursprünglich in Regensburg, zumal sich die religiöse Verehrung anfangs wohl auch ganz auf die Begräbnisstätte Emmerams im Georgskloster vor den Toren der Stadt, dem «Domkloster»,[223] konzentrierte.[224] Zudem waren die Würden eines Abtes von St. Emmeram und eines Bischofs von St. Peter in Personalunion miteinander verbunden.[225] Dahinter mußten die Kanoniker an Bedeutung zurücktreten, wenn auch Arnold von St. Emmeram überliefert, die Bischöfe seien abwechselnd aus ihren Reihen und aus dem Mönchskonvent gewählt worden;[226] allerdings ist erst im Jahre 889 zum ersten Mal ausdrücklich von einem Kanonikat die Rede.[227] Erst Bischof Wolfgang von Regensburg löste die Personalunion von Bistum und Kloster auf und gab St. Emmeram im Jahre 975 einen eigenen Abt.[228] Sehr dürftig sind dann wieder die Nachrichten über Passau,[229] wo allerdings die Existenz eines Domklerus um so wichtiger gewesen wäre, als sich hier für die Frühzeit kein Mönchskloster nachweisen läßt.[230] Erst gegen Ende des achten Jahrhun-

[217] SCHIEFFER, Domkapitel (s. o. 221 Anm. 208) 195; zur Bedeutung des Jahres 987 für die Bibliothek: Franz PAGITZ, Quellenkundliches z. den mittelalterl. Domen u. zum Domkloster in Salzburg (Mitt. d. Ges. f. Salzb. Landesk. 108) 1968, 21–156, bes. 83f.

[218] MITTERER 16ff.

[219] Trad. Freis. nr. 653, S. 551.

[220] MITTERER 28; vgl. auch Herm.-Jos. BUSLEY, Die Gesch. des Freisinger Domkapitels v. den Anfängen bis z. Wende d. 14./15. Jhs., Diss. Masch. München 1956.

[221] Jos. MASS, Das Bistum Freising in d. späten Karolingerzeit (Stud. z. altbayer. KG 2) 1969, 137.

[222] SCHIEFFER, Domkapitel (s. o. 221 Anm. 208) 197f. Anm. 393.

[223] SCHIEFFER, Domkapitel (s. o. 221 Anm. 208) 199.

[224] HEUWIESER, Regensburg 171; PIENDL, Emmeram nr. 4, S. 11ff.; SCHIEFFER, Domkapitel (s. o. 221 Anm. 208) 199ff.

[225] BUDDE, Stellung (s. o. 205 Anm. 14) 157; Klaus GAMBER, Die ersten Bischöfe von Regensburg. Worin bestand ihre Funktion als Äbte v. St. Emmeram? (Beitrr. z. Gesch. des Bistums Regensburg 12) 1978, 61–94.

[226] Arnold II 9, S. 559; nach HEUWIESER, Regensburg 174 bestand das Kanonikat schon seit der Zeit des Bonifatius; mit Recht skeptisch SCHIEFFER, Domkapitel (s. o. 221 Anm. 208) 201 Anm. 409.

[227] Vielleicht kann man doch mit DOLL, Anfänge (s. o. 177) 38 aus Trad. Reg. nr. 30, S. 36ff. eine erste Erwähnung zu 842 herauslesen.

[228] BUDDE, Stellung (s. o. 205 Anm. 14) 163ff.; SCHIEFFER, Domkapitel (s. o. 221 Anm. 208) 258.

[229] OSWALD, Passauer Domkapitel (s. o. 177); SCHIEFFER, Domkapitel (s. o. 221 Anm. 208) 202f.

[230] Vgl. oben S. 206 und HEUWIESER, Passau 215f.

derts wird von einem monasterium in Passau bei der Kirche St. Stephan[231] berichtet, ausdrücklich ist sogar erst um die Mitte des neunten Jahrhunderts von Kanonikern die Rede.[232] Mitterer[233] hat sich dagegen ausgesprochen, aus dem Ausdruck «regulariter et canonice» in einer Urkunde aus der Zeit Bischof Richars (899–903)[234] ein Nebeneinander von Mönchen und Kanonikern ablesen zu wollen.[235] Erst am Ende des neunten Jahrhunderts erscheinen Mönche und Kanoniker deutlich getrennt.[236]

Den Grund für die zahlreichen Klostergründungen und kirchlichen Landschenkungen werden wir wohl in erster Linie in *religiösen Motiven* zu suchen haben, in der Sorge um das Seelenheil, in dem Wunsch nach Ausbreitung und Festigung des christlichen Glaubens. Daneben ist freilich nicht zu übersehen, daß ein Kloster auch eine bedeutende Wirtschaftsmacht darstellte, die bei der Bestellung und Urbarmachung des Bodens gute Dienste leisten konnte.[237] Doch ist die Anschauung Fastlingers,[238] der nahezu die ganze wirtschaftliche Entwicklung der Agilolfingerzeit den Klöstern zuschrieb, heute in vielen Stücken korrigiert;[239] eine spezielle Untersuchung über die Rodungen in den Forsten um München hat gezeigt, daß diese durchwegs nicht auf die Initiative von Klöstern, sondern auf die weltlicher Herren zurückzuführen sind.[240] Vor allem bei den im östlichen Grenzgebiet gegen die Slawen erfolgten Klostergründungen wird man neben den religiösen auch wirtschaftlich-politische Gründe in Anschlag bringen müssen. So war das nach dem Sieg Tassilos über die Karantanen mit reichster Ausstattung gestiftete Kloster Kremsmünster zweifellos als Stützpunkt zur Sicherung und Festigung der Herrschaft über die Slawen gedacht;[241] ebenso dürfte die von Herzog Tassilo großzügig geförderte Gründung von Innichen einen politisch-wirtschaftlichen Hintergrund gehabt haben.[242] Da das Kloster bald an Freising kam, wurde es zu einem wichtigen Stützpunkt der Mission und Kolonisation in den Alpenländern.[243] Noch nachhaltiger war die von Salzburg ausgehende Mission unter den Slawen und Karantanen, über die in Salzburg selbst zur Abwehr anderweitiger Ansprüche ein Bericht verfaßt wurde.[244] Aus dem Hinweis Erzbischofs Arn von Salz-

[231] Trad. Passau nr. 44b. S. 38f.

[232] Unter Bischof Hartwig: Trad. Passau nr. 80, S. 66f.

[233] MITTERER 38.

[234] MB 28/1, nr. 28, S. 26.

[235] MITTERER 38; sein Hinweis auf ZIBERMAYR, Traditionsbuch (s. o. 220 Anm. 189) 303 ist jedoch falsch.

[236] Urk. Arnolfs v. 9. Sept. (?) 898 (s. o. 206 Anm. 24) nr. 163, S. 247ff.; sie ist zwar verunechtet, aber nicht an der einschlägigen Stelle.

[237] Oft genug ist von persönlicher Handarbeit der Brüder die Rede: Ind. Arn. c. 4 und 6, S. 7f.

[238] FASTLINGER; allgemein auch Theo SOMMERLAD, Die wirtschaftl. Tätigkeit d. Kirche in Deutschland I, 1900, 224ff. und 287ff. und II, 1905, 37ff.

[239] MITTERER 42f.; Hans BLEIBRUNNER, Der Einfluß d. Kirche auf d. niederbaier. Kulturlandschaft (VHN 77) 1951, 1–189.

[240] STURM, Rodungen (s. o. 191 Anm. 14).

[241] Karl HELLEINER, Die Gründungsurk. f. Kremsmünster u. der Grunzwiti-Gau (MIÖG Erg.-Bd. 11) 1929, 121–128; Fritz ZIMMERMANN, Der Grunzwitigau (Burgenländ. Heimatbll. 22) 1960, 39ff.; Karl LECHNER, Der «pagus Grunzwiti» u. seine Besitzverhältnisse (Jb LKNÖ NF 34, 1958–60) 1960, 302–324; FICHTENAU, Kremsmünster; HOLTER, Kremsmünster (s. o. 122 Anm. 35).

[242] ZÖLLNER, Innichen (s. o. 172 Anm. 169).

[243] ZAHNBRECHER, Kolonisationstätigkeit (s. o. 148 Anm. 78); SCHARNAGL, Freising (s. o. 209 Anm. 52).

[244] Conv. Bag., dazu Thomas v. Bo-

burg auf Privilegien der Päpste Zacharias (741–752), Stephan II. (752–757) und Paul I. (757–767), durch die Karantanien der Salzburger Diözese angegliedert worden sei,[245] kann man entnehmen, daß bereits zur Agilolfingerzeit eine *Salzburger Mission* einsetzte, der insbesondere Bischof Virgil starke Antriebe gegeben haben muß. Wir erkennen dies auch daran, daß er es war, der die ersten Kirchenbauten in Karantanien errichtete.[246] Überhaupt dürfte die personelle Betreuung in den Missionsgebieten mit den sehr zahlreichen Kirchenbauten nicht Schritt gehalten haben.[247] Schließlich hat man vermutet, daß gerade das weite Missionsgebiet im Osten entscheidend dazu beigetragen hat, Salzburg im Jahre 798 zum Erzbistum zu erheben.[248] Nach Süden wurde der Salzburger Missionssprengel im Jahre 802 gegen Aquileja durch die Drau abgegrenzt,[249] während nach Norden sich am ehesten Überschneidungen mit der von Passau ausgehenden Mission ergaben.[250] Jedoch die von *Passau* getragene Mission[251] an der Donau stand immer ein wenig im Schatten der von den bayerischen Klöstern betriebenen,[252] und einer der größten Erfolge Passaus war so auch die Erwerbung des Klosters Kremsmünster.[253] Auch hier hat die verfälschende Anknüpfung an die Lorcher Tradition später manche Mißerfolge zu korrigieren versucht.[254] Außer Kremsmünster hat vor allem das Kloster Niederalteich in diesen Gebieten eine bedeutende Rolle gespielt;[255] auch den Klöstern Metten und Chammünster am Rande des dichten

GYAY, Die Kirchenorte d. Conversio Bagoariorum et Carantanorum. Methoden u. Möglichkeiten ihrer Lokalisierung (Südost-Forsch. 19) 1960, 52–70.

[245] UB Salzb. II nr. 3, S. 10ff.

[246] Heinr. KOLLER, Die Kirche in Gratschach (Carinthia I 151) 1961, 472–477; ebenso wurde bereits in der Agilolfingerzeit der Chorbischof von Karantanien vom Salzburger Erzbischof eingeführt: Conv. Bag. c. 5 und 8, S. 131ff.

[247] Heinr. KOLLER, Zur Salzburger Missionsmethode d. Karolingerzeit (Österreich in Gesch. u. Lit. 11) 1970, 273–288; vgl. auch Ders., Christianisierung (s. o. 180 Anm. 15); Ders., Pannonien im 9. Jh. (Ann. Instituti Slavici 8) 1974, 7–19; Heinz DOPSCH, Salzburg u. der Südosten (Südostdeutsches Arch. 21) 1978, 5–35.

[248] Rud. HINDRINGER, Das Quellgebiet d. bayer. Kirchenorganisation (Schlecht) 1–25, bes. 4f.; CLASSEN, Karl d. Gr. (s. o. 174 Anm. 181) 569 Anm. 140 sieht jedoch die Person Arns als ausschlaggebend für die Erhebung an.

[249] Urk. Karls d. Gr. v. 14. Juni 811 (s. o. 208 Anm. 40) nr. 211, S. 282f.; vgl. Gerh. SCHNORR, Einfluß u. Schicksal des Patriarchates Aquileja im oberen Drautal während des MA (Festschr. Nik. Grass 1) 1974, 425–447, bes. 426ff.

[250] Die Urkunde Ludwigs des Deutschen vom 18. Nov. 829 (hg. v. Paul KEHR, MGH Urk. d. deutschen Karolinger 1) 1934, nr. 173, S. 244f., die die Bistumsgrenzen von Salzburg und Passau östlich des Wiener Waldes festlegt, ist eine Fälschung; vgl. HEUWIESER, Passau 139.

[251] HEUWIESER, Passau 205ff.; WODKA 46ff.

[252] KLEBEL, Siedlungsgesch. 61; ZÖLLNER, Zur Siedlungs- u. Bevölkerungsgesch. (s. o. 109 Anm. 65) 123; gegen die Unterschätzung der Rolle Passaus bei BOSL, Probleme (s. u. 262 Anm. 105) 7 bzw. 107 bzw. 63f. wendet sich Jos. MATZKE, Mährens frühes Christentum (Mähr.-Schles. Heimat 11) 1966, 162–180 und 242–263 und (ebd. 12) 1967, 2–18 und 82–95; Wiederabdruck: Schriftenreihe d. Sudetendeutschen Priesterwerkes 13, 1969; ebenso Karl GUTKAS, MIÖG 76, 1968, 216.

[253] TELLENBACH, Eigenklöster 7ff.

[254] Erich ZÖLLNER, Die Lorcher Tradition im Wandel d. Jahrhunderte (MIÖG 71) 1963, 221–236; Heinr. FICHTENAU, Zu den Urkundenfälschungen Pilgrims v. Passau (Mitt. d. oberösterr. Landesarch. 8) 1964, 81–100.

[255] Das hat besonders Karl LECHNER, Stud. z. Besitz- u. Kirchengesch. d. Karoling. u. Otton. Mark an d. Donau (MÖIG 52) 1938, 195–215; Wiederabdruck in:

Nordwaldes wird eine kolonisatorische Aufgabe zugedacht gewesen sein.[256] Die große Zeit der Bistümer Passau und Regensburg begann erst im neunten Jahrhundert mit der Bekehrung in Mähren und Böhmen; daß Mähren vom *Passauer* Bistum die erste Verkündigung der christlichen Lehre erhalten habe, wird jedenfalls in dem aus dem Jahre 900 datierenden Beschwerdeschreiben der bayerischen Bischöfe gegen Cyrill und Methodius behauptet.[257] Auch *Regensburg* und St. Emmeram wurden erst im karolingischen Zeitalter in größerem Umfang missionarisch aktiv, wie sich besonders aus der 845 in Regensburg erfolgten Taufe von vierzehn böhmischen Fürsten ergibt.[258] Für die Zeit Bischof Tutos (894–930) erfahren wir, daß Böhmen unter der geistlichen Leitung der Regensburger Bischöfe stehe,[259] allerdings in einer in Regensburg geschriebenen Quelle,[260] die besonders Bischof Tuto[261] verherrlichen will. Die Behauptung, das Kloster Sankt Emmeram habe in der Mission auch nach Mähren ausgegriffen,[262] ist nicht ohne Widerspruch geblieben.[263]

Schließlich ist, abgesehen von der wirtschaftlichen und missionarischen Bedeutung der Klostergründungen, der Nachweis versucht worden, daß Klöster in Bayern auch als politische Stützpunkte des fränkischen Reiches ausgebaut wurden im westlichen, fränkisch beeinflußten Teil des bayerischen Herzogtums;[264] doch ist eine solche «Zweiteilung» oder «Zweigliederung» des bayerischen Herzogtums in der Forschung stark umstritten.[265] Die beiden Ausdrücke führen leicht irre und sind besser zu vermeiden; es gibt bestenfalls strukturelle Unterschiede.

Ders., Ausgew. Schr., 1947, 45–68, herausgearbeitet.

[256] FINK, Metten II 24ff.; PRINZ, Metten (beide s. o. 217 Anm. 154); Ders., Frühes Mönchtum 416ff.

[257] Brief Erzbischof Theotmars (hg. v. Gustav FRIEDRICH, Cod. diplomaticus et epistolaris regni Bohemiae 1) 1904/07, nr. 30, S. 29–33.

[258] Ann. Fuld. (zu 845) 35; vgl. auch Erwin HERRMANN, Zur frühmittelalterl. Regensburger Mission in Böhmen (VHOR 101) 1961, 175–187 und u. S. 265.

[259] Jos. STABER, Regensburg u. Böhmen bis 870 (Beitrr. z. Gesch. des Bistums Regensburg 6) 1972, 11–16; Ders., Die Missionierung Böhmens durch d. Bischöfe u. das Domkloster v. Regensburg im 10. Jh. (ebd.) 29–37; Paul MAI, Regensburg als Ausgangspunkt d. Christianisierung Böhmens (Schriftenreihe d. Regensburger Osteuropainst. 1) 1973, 9–21.

[260] Jos. STABER, Die älteste Lebensbeschreibung des Fürsten Wenzeslaus u. ihr Ursprungsort Regensburg (Ann. Instituti Slavici II 2) 1970, 183–193.

[261] Erwin HERRMANN, Bischof Tuto v. Regensburg (894–930) (Beitrr. z. Gesch. des Bistums Regensburg 6) 1972, 17–28.

[262] Karl BOSL, Der Eintritt Böhmens u. Mährens in den westl. Kulturkreis im Lichte d. Missionsgesch. (Veröffentl. d. Coll. Carolinum 1) 1958, 43–64; Wiederabdruck in: ebd. 32, 1976, 15–37.

[263] VAVŘÍNEK, Christianisierung (s. o. 221 Anm. 205) 24 Anm. 73.

[264] PRINZ, Herzog u. Adel 294ff. bzw. 240ff.

[265] Kritisch Andr. KRAUS, Zweiteilung des Herzogtums d. Agilolfinger? Die Probe aufs Exempel (BlldLG 112) 1976, 16–29; Ders., Das Herzogtum Bayern im 8. Jh. (ebd. 113) 1977, 33–43; Einwände auch bei Wilh. STÖRMER, Adel. Träger v. Rodung, Siedlung u. Herrschaft im Raum zw. Salzach-Inn u. Enns während d. 8. u. frühen 9. Jhs. (Mitt. d. oberösterr. Landesarch. Erg.-Bd. 2) 1978, 145–167, bes. 161. Friedr. PRINZ, Nochmals z. «Zweiteilung des Herzogtums d. Agilolfinger» (BlldLG 113) 1977, 19–32; Ders., Bayerns agilolfing. Kloster- u. Adelsgesch. u. die Gründung Kremsmünsters (Mitt. d. oberösterr. Landesarch. Erg.-Bd. 2) 1978, 25–50 macht gegenüber seinen früheren Thesen gewisse Abstriche.

§ 21. DIE ERRICHTUNG EINER NEUEN BISTUMSORGANISATION

Zu Beginn des achten Jahrhunderts war der erste Versuch unternommen worden, zu einer organisatorischen Zusammenfassung der bayerischen Kirche zu gelangen. Während der Regierungszeit Papst Gregors II. (715–731), vermutlich 715 oder 716, kam Herzog Theodo von Bayern als «der erste seines Stammes, mit dem Wunsch zu beten», nach Rom.[1] Auch auf eine mögliche Beziehung dieser Reise zur Ermordung St. Emmerams wurde bereits verwiesen (s. o. 197). Daß aber in Rom noch über weit mehr verhandelt wurde, zeigt eine auf den 15. Mai 716 datierte Anweisung Papst Gregors II. an den Bischof Martinian, den Presbyter Georg und den Subdiakon Dorotheus zur Organisation einer im unmittelbaren Zusammenhang mit Rom in Bayern zu schaffenden *Landeskirche*.[2] Im Einverständnis mit dem Herzog des Landes sollten die in Bayern vorhandenen Priester auf ihre Rechtgläubigkeit überprüft werden. Entsprechend dem Herrschaftsbereich eines jeden Teilherzogs sollten drei, vier oder noch mehr Bistümer errichtet und gegeneinander abgegrenzt, für das ganze Land ein Erzbischof aufgestellt werden, der beim Fehlen eines geeigneten Kandidaten in Bayern aus Rom angefordert werden sollte. Diese und andere bis ins Einzelne gehenden Vorschriften sind aus den Vorlagen römischer Formulare zusammengesetzt; sie zeigen, daß man vorhatte, hier eine «neue Kirchenprovinz des unmittelbaren römischen Bereichs» zu schaffen.[3] Die geplante Organisation verdankte ihre Entstehung der Initiative Herzog Theodos, des «ersten der bairischen Fürsten, der mit der Gewohnheit brach, die kirchlichen Dinge gehen zu lassen, wie sie eben gingen».[4] Die Aktivität auf kirchlicher wie weltlicher Seite hatte auch politische Hintergründe.[5] In engem Zusammenwirken beider Gewalten und unter Berücksichtigung der durch die Teilung (s. o. 158 ff.) geschaffenen neuen politischen Gestalt des Landes sollte durch die Begründung einer selbständigen Landeskirche Bayern aus fränkischem Einfluß gelöst werden. Vielleicht war damals bereits Salzburg als Zentrum einer solchen kirchlichen Organisation vorgesehen. Die durch Rupert erfolgte sorgfältige Wahl gerade dieses den kanonischen Vorschriften entsprechenden Ortes[6] und ferner Salzburgs reiche wirtschaftliche Ausstattung[7] könnten in diese Richtung deuten, ebenso wie eine vermutungsweise erwogene antikarolingische Haltung und merowingische Versippung Ruperts.[8] Ebenso war man in Rom wohl geneigt, nach einer Schutzmacht nördlich

[1] Liber Pontificalis 91, Gregor II. c. 4 (hg. v. Louis DUCHESNE, Le Liber pontificalis 1) 1886, 398.

[2] Papst Gregor II., Litterae decretales (hg. v. Joh. MERKEL, MGH Leges in fol. 3) 1863, 451–454; GP I nr. 1, S. 387; JAFFÉ I nr. 2153, S. 249; Sigm. RIEZLER, Zur älteren bair. Gesch. I: Für d. Rettung des ältesten Aktenstückes z. bair. Gesch. (FdG 18) 1878, 519–526.

[3] CASPAR II 693.

[4] HAUCK I 349.

[5] LÖWE, Reichsgründung 6 ff.

[6] REINDEL, Organisation (s. o. 200 Anm. 104) 91 ff.

[7] Herwig WOLFRAM, Frühe Stützpunkte Salzburgs im Traungau (Mitt. d. oberösterr. Landesarch. 12) 1977, 17–27; Ders., Agilolfinger (s. o. 200 Anm. 112).

[8] WOLFRAM, Adelsopposition (s. o. 160 Anm. 53).

der Alpen Ausschau zu halten, hatte sich dabei aber durchaus noch nicht auf die Franken festgelegt. Der bedeutsame Plan ist anscheinend jedoch nicht verwirklicht worden,[9] auch wenn man den Nachweis versucht hat, daß der Organisationsentwurf zur Ausführung gelangt[10] und daß Vivilo der für Bayern ausersehene Metropolit gewesen sei.[11] Ebenso ist die Vermutung ausgesprochen worden, daß es dem päpstlichen Gesandten Martinian geglückt sei, den eben nach Bayern gekommenen Corbinian in die «römische Tendenz» der bayerischen Kirche hineinzuziehen.[12]

Die endgültige kirchliche Organisation blieb jedoch dem heiligen *Bonifatius* vorbehalten. Bereits im Jahre 719 hatte er auf einer Reise nach Thüringen Bayern kurz berührt;[13] vor 736 hatte er sich dort etwas länger aufgehalten, wobei vor allem von seinem Kampf gegen einen Schismatiker namens Eremwulf die Rede war.[14] Die wenige Jahre später von ihm in Angriff genommene Bistumsorganisation war wiederum wie zur Zeit Herzog Theodos durch eine besondere politische Konstellation bedingt: das Bestreben des bayerischen Herzogs Odilo, für seine auf Lösung vom Frankenreich gerichtete Politik nach Bundesgenossen zu suchen, traf sich mit dem päpstlichen Entgegenkommen in der Frage der Bistumsgründungen, das sich indirekt gegen das Frankenreich Karl Martells richtete, der den Plan einer Bistumsorganisation für Germanien in keiner Weise gefördert hatte. Ursprünglich war anscheinend geplant, in diese landeskirchliche Organisation auch noch das schwäbische Herzogtum einzubeziehen; das ergibt sich aus einem auf 738 datierten Brief Papst Gregors III. an die «geliebten im Land der Bayern und in Alemannien eingesetzten Bischöfe Wiggo, Liudo, Rydoltus und (et) Phyphylo und (seu) Adda».[15] Das Schreiben ermahnt die Bischöfe, den Unterweisungen des Bonifatius zu gehorchen und zu der Synode zusammenzukommen, wo auch immer der Legat sie abzuhalten gedenke, sei es in einem Ort an der Donau, sei es in Augsburg oder sonstwo. In der Deutung dieses Briefes gehen die Meinungen weit auseinander; sie hängen letzten Endes davon ab, ob man ihn an die Bischöfe von Bayern und Schwaben oder nur an die von

[9] Das ist jedenfalls die herrschende Meinung: Hauck I 356; Nottarp 36f.; Caspar II 694; Bigelmair, Anfänge (s. o. 177) 24; Bauerreiss I 58; seine in der 1. Auflage (S. 56) geäußerte Vermutung, die bayerischen Bischöfe hätten den straffen päpstlichen Organisationsentwurf zum Scheitern gebracht, hat er in der 2. Auflage nicht aufrechterhalten.

[10] Klebel, Kirchl. u. weltl. Grenzen (s. o. 177).

[11] Dagegen Heuwieser, Passau 190 Anm. 2; Zeiss, Quellensammlung (s. o. 99) nr. 28, Bd. 7, S. 51f. weist darauf hin, daß der vermutlich von Papst Gregor III. geweihte Vivilo immerhin zeigt, daß die Verbindung mit Rom nicht wieder abgerissen ist.

[12] Löwe, Corbinian (s. o. 197 Anm. 71) 416f.

[13] Vita Bonif. c. 5, S. 22: « ... er betrat das unbekannte und Germanien benachbarte Land der Bayern»; ein Überblick über den Zustand vor Bonifatius' Eingreifen bei Wilh. Fink, Die religiös-kirchl. Lage im Herzogtum Baiern vor 739 (Ostbair. Grenzmarken 6) 1962/63, 152–160.

[14] Vita Bonif. c. 6, S. 35f.; das Datum ergibt sich daraus, daß er zur Regierungszeit Herzog Hucberts kam, der 736 starb; die Vita Bonif. c. 7, S. 36 läßt vermuten, daß Bonifatius 737 und 738 noch mehrfach in Bayern predigte.

[15] Epist. Bonifatii (s. o. 201 Anm. 125) nr. 44, S. 70f.; GP I nr. 2, S. 387; Jaffé I nr. 2247, S. 259; vgl. auch Barton, Frühzeit (s. o. 100) 223ff.

Bayern gerichtet sein läßt. Da man «den Gedanken an eine Einbeziehung Alemanniens in die bonifatianische Reform» für «grundsätzlich verfehlt» hielt, «weil dazu die im staatskirchlichen Zeitalter unerläßlichen politischen Voraussetzungen fehlten»,[16] hat man die Erwähnung Alemanniens in dem Papstbrief aus textkritischen[17] oder sachlichen[18] Erwägungen abzuschwächen versucht. Jedoch ließe sich aus politischen und dynastischen Gegebenheiten durchaus auch eine Verknüpfung der bayerischen und schwäbischen Interessen erklären.[19] Es bleibt jedenfalls die Annahme viel wahrscheinlicher, daß der ursprüngliche Plan des Bonifatius auf Bayern *und* Alemannien berechnet war, aber nur in Bayern zur Durchführung kam, da in Alemannien der politische und kirchliche Einfluß fränkischer Kräfte bereits zu stark war.[20] Nahezu aussichtslos aber ist es, die in der Adresse genannten Bischöfe identifizieren zu wollen. Einig ist man sich nur darüber, daß sich unter Phyphylo Bischof Vivilo von Passau verbirgt; die Deutungen aller anderen hängen davon ab, ob man sie auf Bayern und Alemannien verteilen kann, oder ob man sich bemühen muß, sie allein in Bayern und in Augsburg unterzubringen. Den zuerst genannten Bischof Wiggo hat man in dem Bischof Wikterp von Regensburg wiederfinden wollen,[21] doch ist nach dem oben (s. o. 198) Gesagten die Existenz eines Regensburger Bischofs dieses Namens nicht sicher. Mit etwas mehr Recht könnte man Wiggo nach Augsburg setzen, denn seinem Namen wurde in dem aus der Mitte des elften Jahrhunderts stammenden Cod. Vindobonensis lat. 413 bereits ein Augustensi beigefügt.[22] Um ihn zum Staffelsee-Bischof (s. o. 219 Anm. 180) zu machen,[23] kann man nur die späte Nachricht des unzuverlässigen Wolfgang Lazius anführen, Papst Zacharias habe auf Bitte Karl Martells Wicco in «Nova Civitate», Neuburg, ordiniert.[24] Liudo, den man mit Speyer in Verbindung gebracht,[25] besonders häufig aber nach Salzburg lokalisiert hat,[26] bleibt

[16] SCHIEFFER, Winfrid-Bonifatius 181.

[17] Besonders Herm. TÜCHLE, Bonifatius u. Schwaben (Sankt Bonifatius) 1954², 441–449, bes. 442 erschloß das daraus, daß nur von Bayern als von einer Provinz die Rede ist, während Alemannien ohne weiteren Zusatz erscheint; doch provincia heißt, wie BRUNNER 188 ff. gezeigt hat, auch nichts anderes als Land.

[18] Die Erwähnung Augsburgs suchte man daraus zu erklären, daß eben damals ein Teil des Landes mit Augsburg politisch zu Bayern gehörte; vgl. ZOEPFL 29 Anm. 3 und KLEBEL, Adel (s. o. 168 Anm. 130) 205 ff.; Ders., Kirchl. u. weltl. Grenzen (s. o. 177) 164 ff. bzw. 190 ff.

[19] ZÖLLNER, Agilulfinger (s. o. 135) 259 ff. bzw. 126 ff.; SIEGWART, Herzogsgut (s. o. 163 Anm. 91).

[20] LÖWE, Bonifatius 99 bzw. 286; ähnlich CASPAR II 703 f.

[21] Die verschiedenen Deutungen zusammengestellt bei SCHMID, Bischof Wikterp (s. o. 186 Anm. 69) 110 f.; vgl. auch SCHIEFFER, Domkapitel (s. o. 221 Anm. 208) 166 f.; SEMMLER, Beziehungen (s. o. 176 Anm. 197) 351 ff. setzt Uiggo-Wicterp nach Regensburg; zu seiner Deutung von provincia vgl. aber Anm. 17.

[22] Epist. Bonifatii (s. o. 201 Anm. 125) nr. 44, S. 70; zur Handschrift (ebd.) XXXI; vgl. ferner Reg. Augsb. I 1, nr. 2, S. 14 ff.

[23] BAUERREISS I 9 Anm. 36; Ders., Die Anfänge d. Metropolitanverfassung in Altbayern (Sankt Bonifatius) 1954², 465–470, bes. 469; Ders., Bistum Neuburg (s. o. 219 Anm. 180) 395.

[24] Wolfg. LAZIUS, De gentium aliquot migrationibus, sedibus fixis, reliquiis, linguarumque initiis et immutationibus ac dialectis libri XII, 1600², 232.

[25] So TANGL, Epist. Bonifatii (s. o. 201 Anm. 125) 70 Anm. 1; Reg. Augsb. I 1, nr. 2, S. 14 ff.

[26] So ZIBERMAYR 173; LÖWE, Bonifatius 98 f. bzw. 285 glaubt, er sei ein Wanderbischof gewesen, der mit Virgil von Salzburg in Konflikt geraten sei; BAUERREISS I 3 f.;

ebenso unerklärt wie Rydolt, der nach Augsburg,[27] Freising[28] und Konstanz[29] versetzt worden ist, ohne daß man für irgendeine Deutung wirklich überzeugende Gründe hätte beibringen können. Den zuletzt genannten Adda bemüht man sich mit Bischof Heddo von Straßburg zu identifizieren,[30] was freilich Schwierigkeiten bietet, aber doch nicht soviel, wie wenn man in ihm einen sonst völlig unbekannten Augsburger Bischof sucht.[31]

Der Plan, Bayern *und* Alemannien in diesen Organisationsversuch einzubeziehen, kam nicht zur Ausführung, und die Vorgänge des folgenden Jahres 739 zeigen, daß in Bayern allein eine Neuordnung des Kirchenwesens vorgenommen wurde. In ihren Grundzügen hat sie bis heute Bestand. Der Brief des Bonifatius über die von ihm getroffenen Maßnahmen ist verlorengegangen, seinen Inhalt kennen wir nur aus der päpstlichen Antwort.[32] Die Organisation bezog sich nur auf Bayern, und sie griff somit die bereits 716 durch Herzog Theodo eingeleitete unmittelbare Beziehung zum Bischof von Rom wieder auf: Bonifatius schuf seine Organisation mit Zustimmung des bayerischen Herzogs, nicht aber des fränkischen Hausmeiers. Es wurden vier Diözesen, in *Regensburg, Passau, Salzburg* und *Freising,* eingerichtet, was an die Teilung des Landes unter Herzog Theodo erinnert, obwohl zu Odilos Zeiten von solchen bayerischen Teilherzogtümern nichts mehr bekannt ist. Immerhin lehnte Bonifatius sich an die Orte an, die früher schon Herrschaftszentren gewesen waren und von denen drei zudem durch das Wirken besonders bedeutender Glaubensboten ausgezeichnet waren: Emmeram in Regensburg, Rupert in Salzburg und Corbinian in Freising. Der Antwortbrief des Papstes an Bonifatius betont ausdrücklich, daß die Bayern keine Bischöfe im Land hätten, außer dem einen Vivilo, den der Papst selber früher geweiht hatte; auch das könnte ein Hinweis darauf sein, daß die im Papstbrief von 738 genannten anderen Bischöfe nicht nach Bayern gehörten, da man dann hier doch wohl irgendeinen Hinweis auf sie erwarten dürfte, zumal Bonifatius sich wegen Vivilo in Rom erkundigt hatte. Das wichtigste aber war, daß Bayern durch Bonifatius in vier Diözesen eingeteilt und daß damit zum erstenmal eine Abgrenzung der Sprengel gegeneinander vorgenommen wurde,[33] ein entscheidender Fortschritt ge-

Ders., Metropolitanverfassung (s. o. Anm. 23) 469 hält ihn für einen im Chiemseebistum residierenden Bischof von Juvavum-Petena.

[27] So Bauerreiss I 3; Ders., Bistum Neuburg (s. o. 219 Anm. 180) 395, wiederum unter Berufung auf Lazius, De gentium (s. o. 228 Anm. 24) 232, der einen Rozzilo in Augsburg ordiniert werden läßt; vgl. dazu Reg. Augsb. I 1, nr. 2, S. 14ff.

[28] Zibermayr 173; ebenso Wodka 31.

[29] Es machen jedoch sowohl Hauck I 465 Anm. 1 als auch Tangl, Epist. Bonifatii (s. o. 201 Anm. 125) 70 Anm. 1 und Caspar II 703 hinter diese Zuweisung ein Fragezeichen; Löwe, Bonifatius 99 bzw. 285 möchte aus der politischen Situation heraus den Bischof von Konstanz in diesem Schreiben nicht missen; dazu aber Reg. Augsb. I 1, nr. 2, S. 14ff., die als Bischof von Konstanz für diese Zeit einen Arnefried nachweisen.

[30] Schieffer, Winfrid-Bonifatius 181 setzt ein Fragezeichen; positiv jedoch Caspar II 703, Nottarp 38 Anm. 2 und Löwe, Bonifatius 97 Anm. 67 bzw. 282 Anm. 67.

[31] Zibermayr 172.

[32] Epist. Bonifatii (s. o. 201 Anm. 125) nr. 45, S. 71ff.

[33] Über die weitere kirchliche Gliederung des Landes können wir keine verläßlichen Ergebnisse gewinnen; daß die im Indiculus Arnonis genannten «ecclesiae parrochiales» keine Pfarrkirchen, sondern bi-

genüber den bisher in Bayern ausschließlich tätigen Kloster- oder Wanderbischöfen, die sich in ihrem Wirken nur an Herrschaftssitze anlehnten. Über die einzelnen Bischofssitze und die von Bonifatius geweihten Bischöfe erfahren wir (Vivilo von Passau ausgenommen) aus dem Papstbrief nichts, wohl aber aus Willibalds Lebensbeschreibung des hl. Bonifatius.[34] Danach wurden Johannes für Salzburg, Erembert für Freising und Gaubald für Regensburg eingesetzt, die alle drei auch anderweitig quellenmäßig belegt sind.[35]

Im Jahre 741[36] erfolgte die Gründung der drei sogenannten mitteldeutschen Bistümer *Erfurt, Büraburg* und *Würzburg*.[37] Eine Bestätigung der Gründung haben wir auch hier wieder nicht im unmittelbaren Bericht des Bonifatius, sondern in der vom 1. April 743 datierenden Bestätigung des Papstes.[38] Bonifatius konnte hier an die älteren irisch-angelsächsischen Bestrebungen von Kilian und Willibrord anknüpfen; auch der erste Würzburger Bischof Burkhard war ein Angelsachse. Die Gründung dieser Bistümer, denen neben ihrer missionarischen Aufgabe sicher auch die andere zugedacht war, Stützpunkte der fränkischen Macht in diesen Gebieten zu sein,[39] sah Bonifatius wieder in einer engeren Bindung an die fränkischen Hausmeier, die im folgenden Jahr 742 durch seine von Karlmann gebilligte Erhebung zum Metropoliten Austrasiens noch gefördert wurde.[40] Herzog Odilos Besorgnisse, es könnte auf diesem Weg auch Bayern in die fränkische Landeskirche eingegliedert werden, scheinen dadurch behoben worden zu sein, daß auf seinen Wunsch der Legatenauftrag des Bonifatius für Bayern suspendiert worden ist.[41] In diese Zeit datiert man auch die Gründung eines anderen bayerischen Bistums aus dem in Bayern gelegenen Teil der Diözese Augsburg: Bonifatius fand im Jahre 744 in Bayern einen ohne sein Wissen vom Papst geweihten Bischof vor, den er absetzte und den der Papst aufgrund der geänderten politischen Situation (743 hatte Herzog Odilo seine entscheidende Niederlage gegen die Franken erlitten) fallenließ.[42] Die Nachrichten, die darüber vorlie-

schofseigene Kirchen waren, hat Romuald BAUERREISS, Altbayer. «ecclesiae parrochiales» d. Karolingerzeit u. der «Phapho» (Festschr. Mich. Schmaus) 1957, 899–908, zu erweisen gesucht; vgl. auch WOLFRAM, Stützpunkte (s. o. 226 Anm. 7) 18 Anm. 7.

[34] Vita Bonif. c. 7, S. 37ff.

[35] Johannes findet sich im Liber confraternitatum col. 41 (s. o. 158 Anm. 43) 18; Erembert ist nach Arbeo, vita Corb. c. 30, S. 222 der Bruder Corbinians und Gaubald befindet sich 743 in der Umgebung Herzog Odilos (Ann. Mett. zu 743, S. 34).

[36] Das Jahr erwies LÖWE, Bonifatius 110ff. bzw. 303ff. gegen SCHIEFFER, Angelsachsen u. Franken (s. o. 165 Anm. 107) 1463–1471; Kurt-Ulr. JÄSCHKE, Die Gründungszeit d. mitteldeutschen Bistümer u. das Jahr des Concilium Germanicum (Festschr. Walt. Schlesinger 2) 1974, 71–136 sucht für das Jahr der Gründung 741, für das Concilium 743 nachzuweisen; skeptisch jedoch SCHIEFFER, Domkapitel (s. o. 221 Anm. 208) 180 Anm. 297.

[37] Über Würzburg Band III des Handbuches.

[38] Epist. Bonifatii (s. o. 201 Anm. 125) nr. 51, S. 86ff.

[39] Marcel BECK–Heinr. BÜTTNER, Die Bistümer Würzburg u. Bamberg in ihrer polit. u. wirtschaftl. Bedeutung f. d. Gesch. des deutschen Ostens (Stud. u. Vorarbeiten z. GP 3) 1937; Klaus LINDNER, Untersuchungen z. Frühgesch. des Bistums Würzburg u. des Würzburger Raumes (Veröffentl. d. Max-Planck-Inst. f. Gesch. 35) 1972.

[40] Epist. Bonifatii (s. o. 201 Anm. 125) nr. 56, S. 98ff.

[41] LÖWE, Bonifatius 100f. bzw. 286f.

[42] Epist. Bonifatii (s. o. 201 Anm. 125) nr. 58, S. 105ff.

gen, sind allerdings so widerspruchsvoll und so unsicher bezeugt, daß es ausgeschlossen erscheint, hier zu einem abschließenden Urteil zu kommen.[43] Statt auf *Neuburg* an der Donau[44] hat man die Nova civitas oder ecclesia Niuuinburgcensis aufgrund der einmaligen Nennung eines «Sintpertus Stafnensis ecclesiae episcopus», der ebenfalls als «episcopus ecclesiae Niuuinburgcensis» erscheint, auch auf ein Bistum Neuburg im Staffelsee gedeutet, gegen dessen Existenz sich jedoch schwerwiegende Einwände erheben lassen.[45] Der gleiche Sintpert ist es dann auch, der im Auftrag Karls des Großen und mit Bewilligung Papst Leos III. zwischen 801 und 807 die Vereinigung oder Wiedervereinigung des Bistums mit Augsburg, «einem Sprengel auf beiden Seiten des Lechflusses»,[46] vollzieht.

Politische Motive hat man schließlich auch für die Gründung des Bistums *Eichstätt* erwogen, auch hier aber sind die zur Verfügung stehenden Quellen sehr widersprüchlich. Nach der Lebensbeschreibung des hl. Willibald[47] nahm dieser seinen Weg

[43] LAZIUS, De gentium (s. o. 228 Anm. 24) 232 hat angeblich aus einem alten Codex die Nachricht, daß Papst Zacharias auf Bitten König Karls zwei Bischöfe geweiht habe ... «Wicconem in Novam civitatem et Rozilonem in Augustam»; Rozzilo hat man mit dem aus dem Papstbrief bekannten Rydolt identifiziert und nach Augsburg versetzt (vgl. o. 229), und in Wicco hat SCHMID, Bischof Wikterp (s. o. 186 Anm. 69) den Bischof Wikterp wiederzuerkennen geglaubt, der in Epfach mit dem hl. Magnus zusammentraf und diesen zur Mission nach Füssen sandte; ihn rechnet SCHMID zu den «in germanisch adligen Vorstellungen verhafteten» Bischöfen, die in politischer Tätigkeit dem hl. Bonifatius Widerstand entgegensetzten und der als falsus sacerdos von Bonifatius abgesetzt worden sei; auch hier kann man wieder eine Notiz des LAZIUS heranziehen, der einen Wicco als den von Bonifatius mit Zustimmung König Pippins und Herzog Odilos Abgesetzten namhaft macht und dafür einen Manno ordiniert werden läßt, eine Notiz, die wenigstens zum Teil eine Bestätigung zu finden scheint in einer dem 11./12. Jh. angehörenden Handschrift der Vita Bonifatii (clm 4618 aus Benediktbeuern, LEVISON, Vita Bonif. XXIV), wonach Bonifatius außer den oben genannten drei Bischöfen noch einen vierten in Nova civitate eingesetzt habe «mit Namen Manno, dem Bischof Odalhart folgte»; SEMMLER, Beziehungen (s. o. 176 Anm. 197) 353 ff. steuert die Vermutung bei, daß Wicterp zwar für Augsburg ordiniert worden sei, aber in Epfach als dem Zentrum seines grundherrlichen Eigenbesitzes residiert habe.

[44] HAUCK I 502 f.; NOTTARP 68 ff.; RIEZLER I 1, 195 f.; ZIBERMAYR 176; KLEBEL, Kirchl. u. weltl. Grenzen (s. o. 177) 245 ff. bzw. 241 ff.; zur Bedeutung Neuburgs Jos. HEIDER, Herrschaftsverhältnisse im östl. Lech-Donauwinkel z. Zeit d. Staufer (1200–1245) mit Karte (Neuburger Kollektaneenbl. 105) 1950/51, 48–62, bes. 50; Ders., Von d. Keltenburg zum deutschen Königshof (ebd. 118/119) 1965/66, 17–33; BEYERLE, Süddeutschland (s. o. 103 Anm. 10) 73 und 75 und Mich. ECKSTEIN, Kelt. u. röm. Wehranlagen auf dem Stadtberg in Neuburg a. d. Donau (BVbll. 30) 1965, 135–153.

[45] Die Arbeiten von BAUERREISS, der für die Gleichsetzung mit Staffelsee eintritt, oben S. 219 Anm. 180; ihm schließen sich, wenn auch mit Einschränkungen an NOTTARP, ZRG KA 37, 1951, 437 ff.; SCHIEFFER, Winfrid-Bonifatius 234 und 304; SCHMID, Bischof Wikterp (s. o. 186 Anm. 69) 133 f.; ablehnend ZOEPFL, Neuburg-Staffelsee (s. o. 219 Anm. 180); Ders., Augsburg 30 ff.

[46] Translatio s. Magni c. 14 (hg. v. Gg. WAITZ, MGH SS 4) 1841, 425; zu Sintpert Andr. BIGELMAIR, Der hl. Sintpert (Lebensbilder aus dem Bayer. Schwaben 3) 1954, 1–36; Friedr. ZOEPFL, Der hl. Sintpert, Bischof v. Augsburg (Bavaria Sancta 2) 1971, 93–97; SCHIEFFER, Domkapitel (s. o. 221 Anm. 208) 167 f.; PRINZ, Augsburg (s. o. 195 Anm. 57) 391 ff.

[47] Die letzte Ausgabe durch Andr. BAUCH, Quellen z. Gesch. d. Diözese Eichstätt I: Biographien d. Gründungszeit, 1962, 13–122, die hier berichteten Ereignisse c. 5, S. 80 ff.; vgl. Ders., St. Willibald.

von Rom über den Hof des bayerischen Herzogs Odilo zum Nordgaugrafen Suidger, der uns hier bereits als örtlicher Machthaber, als Bundesgenosse Grifos, begegnete.[48] Suidger schenkte an Bonifatius und Willibald die «regio Eihstat», in Eichstätt weihte Bonifatius Willibald am 22. Juli 740 zum Priester. Ein Jahr später, am 22. Oktober 741, erhielt er die Bischofsweihe, vielleicht zuerst für Erfurt,[49] doch wurde er bald darauf der erste Bischof von Eichstätt. Die Gründung der Eichstätter Diözese betraf zum erstenmal nicht mehr kirchliches Neuland, sondern Bonifatius «teilte von Regensburg, von Augsburg und von Salzburg den Nordgau und das Sualafeld ab, schloß sie zu einer Kirche zusammen und errichtete dort einen Bischofssitz».[50] Daß die Gründung erst nach der Niederwerfung der alemannischen und bayerischen Herzöge in den Jahren 743 und 744 erfolgte und daß das Bistum Eichstätt die kirchliche Zusammenfassung der politisch von Schwaben und Bayern abgetrennten Gebiete, des Sualafelds und des westlichen Nordgaus darstellte, wird heute allgemein angenommen.[51] Noch ein weiteres Bistum kam erst später zur bayerischen Kirchenprovinz hinzu: Sabiona-*Säben*. Es wird zum erstenmal genannt am Ende des sechsten Jahrhunderts, und es steht hier, wie die Nennung seines Bischofs als episcopus sanctae ecclesiae Raetiae secundae zeigt, noch ganz im Rahmen der spätantiken Kirchenorganisation mit der Anlehnung an die römische Provinzeinteilung.[52] Erst im Jahre 769 unterschrieb dann wieder ein Bischof Alim von Säben die Stiftungsurkunde von Innichen;[53] für die dazwischenliegenden zwei Jahrhunderte fehlt jede Nachricht sowohl von seinem Weiterbestehen wie von seiner Wiedererrichtung, und so gehen die Meinungen über den Fortbestand des Säbener Bistums weit auseinander.[54] Vielleicht

Mönch, Pilger u. Missionar, Patron des Bistums Eichstätt (Bayer. Bistumspatrone) 1966, 88–106; Ders., Willibald, der erste Bischof v. Eichstätt (Fränk. Lebensbilder 1) 1967, 10–32; Ders., Der hl. Willibald, Bischof v. Eichstätt (Bavaria Sancta 1) 1970, 148–167.

[48] S. o. S. 166 und Reg. Eichstätt nr. 1, S. 1–7, bes. 9.

[49] Man schließt das daraus, daß er 742 an dem rein fränkisch orientierten Reichskonzil teilnahm; erst als Erfurt sich als ungeeignet erwiesen habe, sei er nach Eichstätt gegangen; vgl. Franz FLASKAMP, Das Bistum Erfurt (Zschr. f. vaterländ. Gesch. u. Altertumskunde 83) 1925, 1–26; Andr. BIGELMAIR, Das Jahr d. Gründung des Bistums Eichstätt (Festgabe Karl Schornbaum) 1950, 19–35; Ders., Die Gründung d. mitteldeutschen Bistümer (Sankt Bonifatius) 1954², 247–287, bes. 279ff.; Herm. NOTTARP, Sachkomplex u. Geist des kirchl. Rechtsdenkens bei Bonifatius (ebd.) 173–196, bes. 182ff.; Karl BOSL, Franken um 800. Strukturanalyse einer fränk. Königsprovinz (Schriftenreihe 58) 1959, 90ff.; LÖWE, Bonifatius 116 bzw. 310f.; nach MAYR, Stud. (s. o. 163 Anm. 93) 5 Anm. 13 war er Bischof von Erfurt, nach Gerh. PFEIFFER, Erfurt oder Eichstätt? Zur Biographie des Bischofs Willibald (Festschr. Walt. Schlesinger 2) 1974, 137–161 war er Bischof von Erfurt und nur Klosterbischof von Eichstätt.

[50] Vita Bonif. c. 4, S. 96.

[51] BIGELMAIR, Mitteldeutsche Bistümer (s. o. Anm. 49) 279ff., Reg. Eichstätt nr. 1, S. 1–7, bes. 3f., RIEZLER I 1, 195, DACHS, Oberpfalz 167ff.; Widerspruch bei BAUERREISS I 61f. und SCHIEFFER, Winfrid-Bonifatius 200f.

[52] Zur Frage einer evtl. Nachfolge eines römischen Bistums Augsburg in Säben und zu den ersten Bischöfen Mater(ni)nus und Ingenuinus s. o. S. 133.

[53] Trad. Freis. nr. 34, S. 61f.; HUTER, Tiroler UB (s. u. 290 Anm. 86) nr. 1, S. 1.

[54] Die Argumente gegen die Fortexistenz bei HEUBERGER, Rätien (s. o. 125) 168ff., die dafür bei SPARBER, Sabiona 72ff.; nach WOLFRAM, Bischofsweihe (s. o. 217 Anm. 158) 311 Anm. 62 ist der Brief des Bonifatius (s. o. 201 Anm. 125) nr. 80, S. 172ff. ein Argument dafür, daß Säben

bringt hier die Archäologie einmal nähere Aufschlüsse. Auf jeden Fall aber gehörte Säben, als es im achten Jahrhundert wieder in Erscheinung trat, zur bayerischen Kirche, und so nahm der Bischof zur Zeit Herzog Tassilos an den Synoden von Dingolfing und Neuching teil.[55]

Die in der Diözesaneinteilung Herzog Theodos bereits vorgesehene organisatorische Zusammenfassung der bayerischen Kirchenprovinz unter einem Metropoliten kam während der Regierungszeit der Agilolfinger nicht mehr zum Abschluß. Erst der bereits auf Wunsch Karls des Großen im Jahre 785 zum Bischof von Salzburg erhobene Arn,[56] der allerdings bei der Besetzung Bayerns durch Karl beim Frankenherrscher vorübergehend in Ungnade gefallen zu sein scheint[57] und vielleicht damals zur Sicherung des Salzburger Besitzstandes das berühmte Güterverzeichnis des Indiculus Arnonis anlegen ließ,[58] erhielt, wiederum auf Wunsch Karls des Großen, im Jahre 798 durch Papst Leo III. das Pallium.[59] Diese *Erhebung Salzburgs zum Erzbistum,* die nach dem päpstlichen Schreiben auch von den bayerischen Bischöfen erbeten worden war, bedeutete den organisatorischen Abschluß einer bayerischen Landeskirche, die auch für den Fortbestand des bayerischen Staates von großer Bedeutung war. Die Frage, warum gerade Salzburg zu dieser Würde erhoben wurde, ist bis heute nicht befriedigend beantwortet worden. Es konnte nicht auf ein höheres kanonisches Alter hinweisen, und an weltlicher Bedeutung stand es der Hauptstadt Regensburg oder sogar Freising bei weitem nach. Wenn man nicht annehmen will, daß die persönlichen Beziehungen Arns zum Frankenherrscher eine Rolle spielten, so kann man nur vermuten, daß die Bedürfnisse der Mission im Osten, die insbesondere von Salzburg aus in Angriff genommen wurde, dabei den Ausschlag gaben.[60]

am 1. Mai 748 noch nicht zum bayerischen Diözesanverband gehörte oder damals noch nicht gegründet worden war.

[55] Synodalakten v. Dingolfing u. Neuching (s. o. 173 Anm. 175).

[56] Gertraud DEMMELBAUER, Arno, der erste Erzbischof v. Salzburg, 798–821, Diss. Masch. Wien 1950; Rüdiger MOLDENHAUER, Arno v. Salzburg (785–821), Diss. Masch. Berlin 1956; SEMMLER, Beziehungen (s. o. 176 Anm. 197) 391 ff.

[57] Das kann man wohl daraus entnehmen, daß Karl noch 788 das zu Salzburg gehörige Kloster Chiemsee seinem Vertrauten Angilram von Metz übertrug: Urk. Karls d. Gr. v. 25. Okt. 788 (s. o. 208 Anm. 40) nr. 162, S. 219f.

[58] Lit. bei LHOTSKY 151 ff.; ferner WOLFRAM, Libellus (s. o. 170 Anm. 144); Ders., Die Notitia Arnonis u. ähnl. Formen d. Rechtssicherung im nachagilolfing. Bayern (VF 23) 1977, 115–130; HAUPT, Sprache (s. o. 199 Anm. 96).

[59] UB Salzb. II nr. 2a, S. 2ff.; Brief Papst Leos III. v. 20. April 798 (hg. v. Karl HAMPE, MGH Epist. 5) 1899, nr. 4, S. 59f.

[60] HINDRINGER, Kirchenorganisation (s. o. 224 Anm. 248) 4f.; LÖWE, Reichsgründung 82.

III

RECHT UND VERFASSUNG

Literatur. F. M. WITTMANN, Bayer. Landes- u. Rechtsgesch. I 1: Die Baiovarier u. ihr Volksrecht, 1837; Ant. QUITZMANN, Die älteste Rechtsverfassung d. Baiwaren, 1866; Heinr. Gottfried GENGLER, Beitrr. z. Rechtsgesch. Bayerns, 4 Bde., 1889–94; FICKER-PUNTSCHART; BRUNNER, Landschenkungen; Franz GUTMANN, Die soziale Gliederung d. Bayern z. Zeit des Volksrechtes (Abh. aus dem staatswiss. Sem. Straßburg 20) 1906; Bruno KRUSCH, Die Lex Bajuvariorum. Textgesch., Handschriftenkritik u. Entstehung, 1924; Ernst MAYER, Die oberdeutschen Volksrechte, 1929; WOHLHAUPTER; Friedr. ZELLER, Das Verhältnis d. Lex Bajuvariorum zum späteren bayer. Recht. Ein Beitr. z. Kritik des bayer. Volksrechts, jur. Diss. München 1941; HAMM, Herzogs- u. Königsgut (s. o. 131 Anm. 42); DOLLINGER, Classes rurales; Hubert RIESINGER, Die Lex Baiuvariorum (Straubinger He. 4) 1954; KLEBEL, Probleme; WOLFRAM, Intitulatio (s. o. 139f. Anm. 34) 156–184; Mich. KOBLER, Stammesrecht u. Stammesherrschaft. Stud. z. Lex Baiuvariorum, Habil. Schrift Masch. München 1967; Armin STEINBERGER, Die Lex Baiuvariorum (Beitrr. z. Heimatkunde v. Nb. 2) 1970, 94–132; Theodore John RIVERS, Contributions to the Criticism and Interpretation of the Lex Baiuvariorum: A Comparative Study of the Alamannic and Bavarian Codes, Diss. Fordham Univ. New York 1973; Hans K. SCHULZE, Die Grafschaftsverfassung d. Karolingerzeit in den Gebieten östl. des Rheins (Schr. z. Verfassungsgesch. 19) 1973; Johannes SCHMITT, Untersuchungen z. den Liberi Homines d. Karolingerzeit (Europ. Hochschulschr. III 83) 1977; SCHMID, Regensburg (s. o. 145f. Anm. 64). Die Arbeit von H. L. Günter GASTROPH, Herrschaft u. Gesellschaft in d. Lex Baiuvariorum. Ein Beitr. z. Strukturanalyse des Agilolfing. Stammesherzogtums v. 6. zum 8. Jh. (Miscellanea Bavarica Monacensia 53) 1974 ist methodisch unzulänglich; vgl. Kurt REINDEL, DA 32, 1976, 670f. und Mich. KOBLER, ZRG 93, 1976, 358–361; Harald SIEMS, Lex Baiuvariorum (Handwörterbuch z. deutschen Rechtsgesch. 2) 1978, 1887–1901.

§ 22. RECHT UND VERFASSUNG

Man wird bei der Behandlung dieses Themas bedenken müssen, daß die einschlägige Forschung gerade hier in den letzten Jahren stark in Fluß geraten ist, ohne doch bisher schon abschließende neue Ergebnisse vorlegen zu können. Eine gewisse Schwierigkeit ergibt sich auch dadurch, daß es nicht vermeidbar ist, mit modernen Begriffen wie Staat, Beamtentum, Verfassung zu arbeiten, deren heutiger Bedeutungsinhalt den mittelalterlichen Verhältnissen nicht entspricht. Schließlich wird man bei allen Untersuchungen sehr genau die zeitlichen und räumlichen Differenzierungen beachten müssen; ebensowenig wie man Verhältnisse der merowingischen ohne weiteres auf die karolingische Zeit übertragen darf, darf man etwa von den Einrichtungen in Westfranken auf die in den Gebieten östlich des Rheins schließen.[1] Die an der Spitze

[1] Darauf wies besonders hin Heinr. DANNENBAUER, Adel, Burg u. Herrschaft bei den Germanen (ergänzte Fassung in: Wege d. Forsch. 2) 1956, 66–134, bes. 71 Anm. 7.

Bayerns stehenden Agilolfinger werden zumeist mit dem Titel dux bezeichnet, der als alte römische Ämterbezeichnung[2] auch auf germanische Herrschaftsverhältnisse angewendet wurde.[3] Paulus Diaconus allerdings nennt die Agilolfinger auch reges;[4] vielleicht haben wir darin einen Hinweis auf eine späte Nachwirkung des germanischen Heerkönigtums zu erblicken, dessen Träger eigentlich der Titel rex zugestanden wäre, der jedoch durch die Ausbildung des fränkischen Großkönigtums anderswo keinen Bestand hatte.[5] Die oft erörterte Frage, ob es sich bei dem agilolfingischen Herzogtum in Bayern um ein *Amts-* oder *Volksherzogtum* gehandelt habe, dürfte in dieser Zuspitzung falsch gestellt sein. Daß die Agilolfinger keine ein- und absetzbaren «Beamten» waren, zeigt die durch die Lex Baiuvariorum garantierte Erblichkeit der Herrschaft in ihrer Familie;[6] andererseits mußte die ebenfalls im Gesetzbuch vorgesehene Wahl durch das «Volk» auf das hier garantierte Erbrecht Rücksicht nehmen.[7] Die tatsächlich bisweilen erfolgte Ein- und Absetzung der bayerischen Fürsten durch die Franken war primär keine Frage des Rechtes und der Verfassung, sondern der Machtverhältnisse; der Zusatz zum bayerischen Gesetzbuch, der eine solche Möglichkeit rechtlich verankert, dürfte zudem erst nach der Katastrophe des Jahres 788 oder kurz davor aufgenommen worden sein.[8]

Die «völkerrechtliche» Selbständigkeit des bayerischen Stammesherzogs[9] kommt in den zeitgenössischen Aufzeichnungen auch darin zum Ausdruck, daß der *Herzog* als *oberster Repräsentant des Stammes* politisch verantwortlich für ihn handelt, Kriege führt und Verträge abschließt. Auch im Innern des Landes war seine Stellung sehr stark: «Von keinem Stammesherzog sind soviele Funktionen und Rechte überliefert.»[10] Auf seine Eigenschaft als oberster Heerführer und Richter verweist der Text

[2] Otto SEECK, dux (Pauly-Wissowa, RE 5/2) 1905, 1869–1875.

[3] Edward SCHRÖDER, «Herzog» u. «Fürst». Über Aufkommen u. Bedeutung zweier Rechtswörter (ZRG 44) 1924, 1–29; Ders., Herzog (Nachrichten d. Ges. d. Wiss. Göttingen, phil.-hist. Kl. 1932) 1932, 182–195; Rud. MUCH, «Herzog», ein altgerm. Name des dux (ZRG 45) 1925, 1–12 und 406f.; Hans ZEISS, Herzogname u. Herzogamt (Wiener Prähist. Zschr. 19) 1932, 145–160; Karl BOSL, «Reges ex nobilitate, duces ex virtute sumunt» (Tacitus, Germania c. 7) (Aus dem Bildungsgut d. Antike 1) 1956, 123–134; Wiederabdruck in: Ders., Frühformen 62–73; SPRANDEL, Dux u. comes (s. o. 143 Anm. 51); Walth. KIENAST, Der Herzogstitel in Frankreich u. Deutschland (9.–12. Jh.) 1968; vgl. ferner das ausführliche Résumée von Walth. KIENAST, HZ 203, 1966, 532–580; das Werk behandelt im wesentlichen aber einen späteren Zeitraum; Hans WERLE, Herzog, Herzogtum (Handwörterbuch z. deutschen Rechtsgesch. 2) 1978, 119–127.

[4] Paulus Diac. III 30, S. 109; vgl. dazu WOLFRAM, Intitulatio (s. o. 139f. Anm. 34) 168.

[5] So SCHLESINGER, Heerkönigtum (s. o. 139f. Anm. 34) 71ff.

[6] Lex Baiw. III 1, S. 313.

[7] Lex Baiw. II 1, S. 291ff.

[8] Lex Baiw. II 8a, S. 302; vgl. ROSENSTOCK, Volksname (s. o. 175 Anm. 190) 15ff.; zur Ablehnung eines «Amtsherzogs» die oben S. 139f. Anm. 34 angeführte Literatur.

[9] Der «dux gentis» ist in der bayerischen Herzogsurkunde schon zur Zeit Odilos nachzuweisen: Urk. f. Mondsee v. 748 (UBLE I, 1852, nr. 39, S. 24); vgl. FICHTENAU, Kremsmünster 2ff. bzw. 63ff. und WOLFRAM, Intitulatio (s. o. 139f. Anm. 34) 163ff. Der Titel wird aber auch bereits vom offiziösen Liber pontificalis anläßlich des Besuches Herzog Theodos in Rom gebraucht: Liber pont. 91, Gregor II. c. 4 (s. o. 226 Anm. 1) 398.

[10] So Karl BOSL, Das bayer. Stammesherzogtum (ZBLG 25) 1962, 275–282, bes.

des bayerischen Gesetzbuches, das die Nachfolge des Herzogssohnes ausschloß, solange der Vater noch imstande war, «einen Spruch zu fällen, mit dem Heer ins Feld zu ziehen und das Volk zu richten».[11] Der Herzog kann im Herzogtum selbständig die Nachfolge regeln, kann auch eine Teilung des Gesamtreiches vornehmen (s. o. 158 ff.). Er ist Herr der bayerischen Landeskirche, mit seiner Zustimmung werden die Bistümer im Land eingerichtet (s. o. 161), er präsidiert den Landessynoden, die wohl jeweils mit Landtagen verbunden waren.[12] Vielleicht noch unter Odilo fand ca. 740–750 das Concilium Baiuwaricum statt;[13] im folgenden in Aschheim, wohl 756, wird bereits Tassilo erwähnt,[14] ebenso in Dingolfing vielleicht im Jahre 770,[15] und auch in Neuching findet 772 eine Synode statt «sub principe domino Thessilone mediante».[16] Der Herzog und die Familie der Agilolfinger sind durch ein besonderes Wergeld noch einmal aus der Schicht der höchsten Adligen herausgehoben,[17] auch der herzogliche Hof ist durch ein besonders hohes Friedensgeld geschützt.[18] Die Familie der Agilolfinger hat auch einen besonders reichen Besitz; daß der Herzog bereits bei der Landnahme in besonderem Maße mit römischem Fiskalgut bedacht worden sei, ist nicht sehr wahrscheinlich (s. o. 131 f.). Die Annahme, daß der Herzog im Osten Bayerns reicher begütert sei als im Westen, was bis zur These einer «Zweiteilung» des bayerischen Herzogtums in einen ostbayerischen Herzogsraum und in einen von einem frankophilen westbayerischen Adel beherrschten Westen führte,[19] ist nicht unwidersprochen geblieben.[20] Untersuchungen an Hand des von den Bänden des historischen Atlasses von Bayern bereitgestellten Materials zeigen vielmehr den Herzog ebenso im Westen begütert wie im Osten, während andererseits nicht nur im

276; ähnlich auch FICKER-PUNTSCHART II 3, 33; die frühere Auffassung über das Wesen des Herzogtums bei Wilh. SICKEL, Das Wesen des Volksherzogthums (HZ 52) 1884, 407–490, bes. 411 ff.; Conr. BORNHAK, Das Stammesherzogtum im fränk. Reiche, bes. nach d. Lex Alamannorum u. der Lex Bajuvariorum (FdG 23) 1883, 165–186; Willy VARGES, Das Herzogtum (Aus Politik u. Gesch. Gedächtnisschr. Gg. v. Below) 1928, 17–31.

[11] Lex Baiw. II 9, S. 302 f.

[12] Alb. WERMINGHOFF, Zu den bayr. Synoden am Ausgang d. 8. Jhs. (Festschr. Heinr. Brunner) 1910, 39–55; Hans BARION, Die Verfassung d. bayr. Synoden d. 8. Jhs. (RQ 38) 1930, 90–94; F. FREIBERGER, Die ersten vier altbayer. Synoden d. 8. Jhs. als Kirchengeschichtsquelle (Rhaeten-Herold 228) 1956, 12–16; Hans SCHLOSSER, Decreta Tassilonis (Handwörterbuch z. deutschen Rechtsgesch. 1) 1971, 665 f.

[13] Synodalakten des Concilium Baiuwaricum (hg. v. Alb. WERMINGHOFF, MGH Concilia 2/1) 1906, nr. 7, S. 51 ff.

[14] Synodalakten v. Aschheim (hg. v. Alb. WERMINGHOFF, MGH Concilia 2/1) 1906, nr. 10, S. 56 ff.; Gertr. DIEPOLDER, Aschheim in d. Gesch. (Festschr. z. 1200-Jahrfeier d. 1. Landessynode u. des 1. Landtags unter Herzog Tassilo III. im Jahre 756 in Aschheim) 1956, 7–22; Walt. DIECK, Die Synode v. Aschheim 756, der erste bayer. Landtag (Bayer. Verwaltungsbll. NF 9) 1963, 140 f.

[15] Synodalakten v. Dingolfing (s. o. 173 Anm. 175); vgl. Karl SCHMID-Otto Gerh. OEXLE, Voraussetzungen u. Wirkung des Gebetsbundes v. Attigny (Francia 2, 1974) 1975, 71–122, bes. 86 f.

[16] Synodalakten v. Neuching (s. o. 173 Anm. 175); vgl. Festschr. 1200 Jahre Synode Neuching, 1975.

[17] Lex Baiw. II 2, S. 293.

[18] Lex Baiw. II 10, S. 304 f.

[19] DIEPOLDER, Agilolfinger 381 ff.; PRINZ, Herzog u. Adel; Ders., Zur Herrschaftsstruktur Bayerns u. Alemanniens im 8. Jh. (BlldLG 102) 1966, 11–27; zu den Klöstern PRINZ, Frühes Mönchtum 413 ff.

[20] KRAUS, Zweiteilung; PRINZ, «Zweiteilung»; KRAUS, Herzogtum (alle s. o. 225 Anm. 265); SCHMID, Regensburg (s. o. 145 f. Anm. 64) 193 ff.

Westen, sondern auch im Osten ein mächtiger Adel nachzuweisen ist. Schließlich wird man bei der Erörterung dieses Problems auch bedenken müssen, daß wir von einer frankophilen Haltung einzelner bayerischer Adliger erst seit dem achten Jahrhundert, und auch dann nur in vereinzelten Zeugnissen, Kunde haben. Auch in der Frage der pagi, der Gaue als fiskaler Verwaltungsbezirke, scheint das letzte Wort noch nicht gesprochen zu sein. Man hat gegen eine solche Deutung eingewendet, daß man die Großgaue als Siedlungseinheiten und Landschaftsbezeichnungen aus einer solchen Interpretation herausnehmen müsse, daß das weitgehende Fehlen der in-pago-Formel in den Urkunden für den Westen des Herzogtums aus der Quellenlage zu erklären sei, und daß selbst für die Kleingaue der Fiskalcharakter nicht in jedem Fall zutreffe.[21] Die Pfalzen sind jedenfalls Zentren herzoglicher Herrschaft gewesen.[22] Auch die Barschalken und Romani tributales, über deren Stellung sich die Forschung noch nicht einig geworden ist, dürften auf jeden Fall in einem besonderen Abhängigkeitsverhältnis zum Herzog gestanden haben.[23] Über die herzogliche Verwaltungsorganisation ist wenig bekannt. Wir hören von einem fiscus, an den Strafgelder fließen;[24] der iudex,[25] vicarius,[26] der auch subactor genannt ein Unterbeamter des actor gewesen ist,[27] centenarius,[28] der centorio[29] und die actores[30] werden als herzogliche Beamte erwähnt, ohne daß ihre Stellung und ihre Aufgaben bislang wirklich befriedi-

[21] SCHMID, Regensburg (s. o. 145f. Anm. 64) 198 mit Verweis auch auf die Untersuchungen von POLENZ und METZ (s. u. 238 Anm. 37).

[22] Außer Salzburg, Regensburg und Passau kann man Aibling, Niedernburg, Ötting, Osterhofen und Ranshofen mit einiger Sicherheit als Pfalzorte nachweisen; vgl. auch Karl BOSL, Pfalzen, Klöster und Forste in Bayern (VHOR 106) 1966, 43–62.

[23] JANDA, Barschalken; ZEISS, Die Barschalken (beide s. o. 125); Ludmil HAUPTMANN, Colonus, Barschalk u. Freimann (Festschr. Alfons Dopsch) 1938, Nachdruck 1966, 170–190; SCHWARZ, Walchen- u. Parschalkennamen (s. o. 126 Anm. 5); DOLLINGER, Classes rurales 311 ff.; MAYER, Baar u. Barschalken; LECHNER, «Potschalln» (beide s. o. 128 Anm. 15); Übereinstimmung mit dem pagus-Raum der agilolfingischen Herzöge DIEPOLDER, Agilolfinger 398f.

[24] Lex Baiw. I 6, S. 275 und öfter.

[25] Johannes MERKEL, Der judex im bair. Volksrechte. Ein Beitr. z. bair. Rechtsgesch. (Zschr. f. Rechtsgesch. 1) 1861, 131–167; Gg. BESELER, Der Judex im bair. Volksrechte (ebd. 9) 1870, 244–261; Sigm. RIEZLER, Zur älteren bair. Gesch. II: Über d. Bedeutungen des Wortes judex in Baiern bis zum Ausgange d. 12. Jhs. (FdG 18) 1878, 526ff.; METZ 75ff.

[26] Vicarii nach Mich. MITTERAUER, Wirtschaft u. Verfassung in d. Zollordnung v. Raffelstetten (Mitt. d. oberösterr. Landesarch. 8) 1964, 344–373, bes. 359ff. Unterbeamte des Grafen; von SCHMID, Regensburg (s. o. 145f. Anm. 64) 256ff. modifiziert.

[27] Arbeo, vita Corb. c. 30, S. 222: vicarius; c. 31, S. 223: subactor.

[28] Während der Karolingerzeit ist die Centene ein Bezirk, in dem die Leute auf Königsland sitzen und dafür einen Zins an den König entrichten; der Centenar ist ihr Oberer; vgl. Rud. SOHM, Die Altdeutsche Reichs- u. Gerichtsverfassung I: Die Fränk. Reichs- u. Gerichtsverfassung, 1871; Heinr. DANNENBAUER, Hundertschaft, Centena u. Huntari (HJb. 62–69) 1949, 155–219, bes. 195f.; Wiederabdruck in: Ders., Grundlagen d. mittelalterl. Welt, 1958, 179–239, bes. 214f.; Hansjörg KRUG, Untersuchungen zum Amt des «centenarius»-Schultheiß (ZRG 87) 1970, 1–31 und (ebd. 88) 1971, 29–109, bes. 69ff.; Heike GRAHN-HOEK, Die fränk. Oberschicht im 6. Jh. Stud. z. ihrer rechtl. u. polit. Stellung (VF Sonderbd. 21) 1976, 283ff.

[29] Synodalakten v. Aschheim c. 11 (s. o. 236 Anm. 14) 58.

[30] Arbeo, vita Corb. c. 15, S. 204; ferner Salzburger Urk. v. 781 (UB Salzb. I nr. 3, S. 51f.); vgl. Heinr. BRUNNER, Deutsche Rechtsgesch. II, 1892, 123.

gend geklärt worden wären. Der Herzog hatte auch eine voll ausgebildete Kanzlei zur Verfügung,[31] die sich in ihrem Formular mehr an dem der bayerischen und oberitalienischen Privaturkunden orientierte, als an dem der fränkischen und langobardischen Königskanzlei;[32] es werden herzogliche cancellarii[33] und capellani genannt,[34] auch eine Urkundenschrift der Kanzlei Tassilos hat man nachweisen wollen.[35]

Daß das bayerische Stammesherzogtum bzw. der Staat der Agilolfinger eine dem Vermögen der Zeit entsprechend durchgebildete staatliche Ordnung, die sich allein schon aus dem herzoglichen Kanzleiwesen ergibt, besessen haben muß, ist ebenso sicher, wie es schwer, wenn nicht der Quellenlage wegen unmöglich ist, sie im einzelnen darzulegen. Eine besondere Bemerkung verdienen dabei die *Grafen*[36] und das Problem der Grafschaftsverfassung.[37] Die Auffassung, daß die fränkische Grafschaftsverfassung ein lückenloses System von Verwaltungs- und Gerichtsbezirken gewesen wäre, für deren Einrichtung, Bestand und Wirksamkeit zumal in Bayern mit seiner namentlich in der Frühzeit inselhaften Besiedlung die natürlichen Vorausset-

[31] HUNDT, Agilolfinger (s. o. 166 Anm. 118); BRUNNER, Landschenkungen; Ders., Zur Rechtsgesch. d. röm. u. germ. Urk. I, 1880, Neudr. 1961, 248ff.; Hans RALL, Die bayer. Herzogsurk. als verfassungsgeschichtl. Aussage (Festgabe Kronprinz Rupprecht) 1953, 194–214; FICHTENAU, Kremsmünster; Ders., «Carta»; Ders., Urkundenwesen 11ff.; Ders., Älteste Urk. (alle s. o. 99); WOLFRAM, Intitulatio (s. o. 139f. Anm. 34) 156ff. arbeitet besonders den langobardischen Einfluß heraus, der durch das Wirken Arbeos (vgl. auch Heinz LÖWE, Arbeo v. Freising, Rhein. Vjbll. 15/16, 1950/51, 87–120) noch einmal verstärkt worden sei. Von besonderer Bedeutung für die Erkenntnis des ganzen frühbayerischen Urkundenwesens ist die leider ungedruckte Dissertation von Alexandra KANOLDT, Stud. zum Formular d. ältesten Freisinger Schenkungsurk. 743–782, Diss. Masch. Würzburg 1950.

[32] FICHTENAU, Kremsmünster 18f. bzw. 78f.

[33] Die Brev. Not. c. 8, S. A 9 erwähnen bereits einen cancellarius Herzog Theodos, doch bezweifelt FICHTENAU, Kremsmünster 11 bzw. 73, daß es sich «um einen feststehenden und weiterhin gebräuchlichen Titel am bayerischen Herzogshof gehandelt habe». Aus einer Nachricht bei Aventin (Ann. III, Bd. I, S. 328 z. Zeile 2: «Crentius scriba Thessaloni 3. de suis temporibus») glaubte RIEZLER, Geschichtswerk (s. o. 174 Anm. 180) einen «Herzog Thessels Kanzler mit Namen Crantz» erschließen zu können, den Romuald BAUERREISS, Ein Quellenverzeichnis d. Schr. Aventins (StMBO 50) 1932, 54–77 und 316–335, bes. 318ff. mit Fater, dem Abt von Kremsmünster, gleichsetzen wollte; doch wurde diese Gleichsetzung bezweifelt (LHOTSKY 145), wie überhaupt seiner Person «gelinde Zweifel» begegnen: STEINACKER, Aventin (s. o. 174 Anm. 180) 165f.; weitere Literatur bei WL 191 Anm. 77.

[34] Genannt werden ein Kaplan Odilos (Brev. Not. c. 8, S. A 8) und einer Tassilos (Trad. Freis. nr. 37, S. 64f.).

[35] Klaus GAMBER, Der Zeno-Kult in Regensburg. Ein Beitr. z. Gesch. des frühen Christentums in Bayern (Beitrr. z. Gesch. des Bistums Regensburg 11) 1977, 7–24, bes. 20 Anm. 56.

[36] Otto SEECK, comites (Pauly-Wissowa, RE 4/1) 1900, 622–679; Erich Frhr. v. GUTTENBERG, Iudex hoc est comes aut grafio. Ein Beitr. zum Problem d. fränk. «Grafschaftsverfassung» in d. Merowingerzeit (Festschr. Edm. Ernst Stengel) 1952, 93–129; SPRANDEL, Dux u. comes (s. o. 143 Anm. 51); Wolfg. HESSLER, Comes – «Begleiter/Graf» (Archivum latinitatis medii aevi 39) 1974, 121–153.

[37] Jos. PRINZ, Pagus u. comitatus in den Urk. d. Karolinger (AUF 17) 1942, 329–358; Peter v. POLENZ, Gaunamen oder Landschaftsnamen? Die pagus-Frage sprachl. betrachtet (Rhein. Vjbll. 21) 1956, 77–96; Wolfg. METZ, Bemerkungen über Provinz u. Gau in d. karoling. Verfassungs- u. Geistesgesch. (ZRG 73) 1956, 361–372.

zungen gefehlt hätten, wurde lange Zeit nicht mehr vertreten. Man sah vielmehr in den fränkischen Grafen und Grafschaften vom König geschaffene Organe und Einrichtungen zur Wahrnehmung der staatlichen Aufgaben auf der unteren Ebene, an militärisch oder wirtschaftlich besonders wichtigen Zentren seiner Herrschaft.[38] Der Graf wurde damit zu einem Vertreter königlicher Interessen auf dem in Streulage befindlichen Königsgut. Ähnliche Einrichtungen hat man auch im agilolfingischen Bayern vorausgesetzt, und so hat man nachweisen wollen, daß es im Zentrum und im Osten Bayerns, in dem der Schwerpunkt der agilolfingischen Macht gelegen haben soll, fiskalisch organisierte «Gaue» (pagi) als herzogliche Wirtschafts- und Verwaltungsbezirke gegeben habe.[39] Doch ist diese ganze Problematik aufs neue zur Diskussion gestellt worden, seit Schulze[40] mit seinen von der Forschung weitgehend akzeptierten Thesen zu einer modifizierten Interpretation der Auffassung der älteren Forschung von einer das ganze Land umspannenden Grafschaftsverfassung zurückgelenkt hat. Danach stehen dem Grafen in seiner Grafschaft umfassende Rechte in Gericht und Heerbann zu, die nicht nur auf die sogenannten Königs- bzw. Herzogsfreien beschränkt sind. Ohnehin hat Krause[41] nachgewiesen, daß die sogenannten Königs- und Herzogsfreien in den Quellen gar nicht belegt und lediglich eine Konstruktion der Forschung sind. Der Gau schließlich stellte in der quellenmäßig faßbaren Zeit «keine politisch organisatorische Einheit mehr dar».[42] Umstritten ist die Frage, ob schon ins agilolfingische Bayern die fränkische Grafschaftsverfassung eingedrungen ist.[43] Tatsächlich werden vor 788 in Bayern mehrere comites namentlich genannt, und man hat hierin das Eindringen einer fränkischen Amtsbezeichnung ins agilolfingische Bayern, hat fränkisch orientierte «viri potentes» in diesen comites sehen wollen[44] oder sogar die Inhaber eines fränkischen «Amtes» im agilolfingischen Bayern.[45] Ist eine solche «fränkische» Amtstätigkeit in ihrer praktischen Durchfüh-

[38] Vgl. insbesondere BOSL (GG I) 720; Ders., Franken um 800 (s. o. 232 Anm. 49) 15ff.; Ders., Grafschaft (Rössler-Franz) 369ff.; METZ 171ff.; Dietr. CLAUDE, Untersuchungen zum frühfränk. Comitat (ZRG 81) 1964, 1–79; Rolf SPRANDEL, Bemerkungen zum frühfränk. Comitat (ebd. 82) 1965, 288–291.

[39] DIEPOLDER, Agilolfinger.

[40] SCHULZE, Grafschaftsverfassung (s. o. 234); vgl. dazu: Wolfram BAER, Frühmittelalterl. Verwaltungsorganisation im alamann.-schwäb. u. bayer. Raum (Zschr. d. Hist. Ver. Schwaben 69) 1975, 91–101; Wolfg. METZ, HJb. 94, 1974, 359f.; Hansmartin SCHWARZMAIER, Arch. f. hess. Gesch. u. Altertumskunde NF 33, 1975, 431ff.; Karl BRUNNER, MIÖG 84, 1976, 494; Wolfg. LEISER, ZRG 93, 1976, 364ff.; Ulr. NONN, VSWG 63, 1976, 125ff.; Wilh. SCHNEIDER, Arbeiten z. Verfassungs-, Wirtschafts- u. Sozialgesch. (Ders., Arbeiten z. alamann. Frühgesch. 5/6) 1977, 215–226; kritisch Friedr. PRINZ, ZBLG 38, 1975, 357ff.

[41] KRAUSE, liberi (s. u. 242 Anm. 65).

[42] SCHMID, Regensburg (s. o. 145f. Anm. 64) 203.

[43] Das behauptet WOHLHAUPTER; ebenso spricht Ernst KLEBEL, Diplomat. Beitrr. z. bayer. Gerichtsverfassung (AZ 44) 1936, 186–232, bes. 192; Wiederabdruck in: Ders., Probleme 144–183, bes. 151 von einer «Übertragung der fränkischen Grafschaftsverfassung nach Bayern schon vor 788».

[44] So PRINZ, Frühes Mönchtum 406; Ders., Herzog u. Adel 307ff. bzw. 258ff., hier eine Zusammenstellung der Nennungen vor 788, ebenso bei REINDEL, Karolingerreich (s. o. 175 Anm. 186) 228 Anm. 68 und bei Uwe UFFELMANN, Das Regnum Baiern v. 788–911, Diss. Heidelberg 1965, 32.

[45] In diesen Fehler verfällt UFFELMANN, Baiern (s. o. Anm. 44) 30ff., der mit dem

rung ohnehin nur schwer vorzustellen, so muß die Annahme auch deswegen ganz hypothetisch bleiben, weil wir nicht einmal mit Sicherheit wissen, ob der comes-Titel wirklich eine ausschließlich fränkische Amtsbezeichnung ist. Er wird jedenfalls auch mit Bayern in Verbindung gebracht[46] und der comes erscheint nun im bayerischen Gesetzbuch gerade mit richterlichen Funktionen betraut;[47] unter diesen Umständen könnte man mit mehr Recht vermuten, daß der bayerische comes kein fränkischer Amtsträger war, sondern daß er in enger Beziehung zum bayerischen Herzog stand.[48]

Geht man von der Tatsache aus, daß der bayerische *Stamm* erst mit und nach der Besetzung des Landes durch «die Männer aus Baia» sich gebildet hat, so scheidet die Frage nach einer urzeitlichen Verfassung des bayerischen Stammes überhaupt aus.[49] Seine einzelnen ethnischen Bestandteile lebten bereits im fortgeschrittenen staatlichen und gesellschaftlichen Rahmen ihrer Zeit. Unter der Führung der Agilolfinger wuchsen sie zu einer durch Wohnsitze, Sprache, Recht und das gemeinsame Geschichtserlebnis verbundenen, rechts- und herrschaftsständisch gegliederten, sozial vielfach gestuften Volkseinheit innerhalb der westgermanischen Welt zusammen. Von inneren Kämpfen oder äußerem Zwang verlautet nichts, doch darf angenommen werden, daß die aus der Grenzlage erwachsenden großen Aufgaben und die anfängliche Bedrohung durch die Slawen und Awaren einend und bindend wirkten.

Auch über das Problem der *ständischen Gliederung* des bayerischen Stammes in der agilolfingischen Zeit ist noch kein abschließendes Urteil zu fällen.[50] Daß es neben dem Herzog einen *Adel* gab, erfahren wir aus den freilich sehr dürftigen Quellen des sechsten und siebten Jahrhunderts überhaupt nicht. Man wird in diesem Zusammenhang bedenken müssen, daß die Problematik einer aus der Gruppe der Freien nicht nur sozial herausgehobenen, sondern von ihr auch juristisch abgegrenzten Schicht des Adels in letzter Zeit wieder sehr diskutiert worden ist. Von der Seite der Archäologie hat man gegen eine allzu bedenkenlose Einstufung reich ausgestatteter Gräber als «Adelsgräber»[51] Einspruch erhoben, aber auch mit schriftlichen Quellen arbeitende

Titel bereits ein Amt gegeben sieht, ohne dieses, geschweige denn seine fränkische Provenienz nachweisen zu können.

[46] Vgl. etwa Paulus Diac. (zu 680) V 36, S. 156: «cum comite Baioariorum, quem illi gravionem dicunt ...».

[47] Lex Baiw. II 4, 5 und 14, S. 297ff. und 308.

[48] REINDEL, Karolingerreich (s. o. 175 Anm. 186) 228.

[49] Die romantische Vorstellung, daß die deutschen Stämme völkisches, in die geschichtliche Zeit hineinragendes «Urgestein» gewesen seien, ist längst überwunden, nicht zuletzt durch das Buch von WENSKUS, Stammesbildung (s. o. 99).

[50] Untersuchungen bieten GUTMANN, Soziale Gliederung (s. o. 234); Helm. PREIDEL, Die Sozialordnungen in den oberdeutschen, sog. Volksrechten (Festschr. Karl Valentin Müller) 1963, 779–802; Karl BOSL, Über soziale Mobilität in d. mittelalterl. «Gesellschaft». Dienst, Freiheit, Freizügigkeit als Motive soz. Aufstiegs (VSWG 47) 1960, 306–332, bes. 320ff.; Wiederabdruck in: Ders., Frühformen 156–179, bes. 169ff.; NEUMANN, Volksordnung (s. o. 213 Anm. 106) behandelt im wesentlichen einen späteren Zeitraum.

[51] Frauke STEIN, Adelsgräber d. 8. Jhs. in Deutschland (Germ. Denkmäler d. Völkerwanderungszeit, Serie A Bd. 9) 1967; vgl. dazu Wilh. STÖRMER, Adelsgräber im frühmittelalterl. Bayern u. Ostfranken (ZBLG 32) 1969, 748–766; Einwände bei Heiko STEUER-Mart. LAST, Zur Interpreta-

Untersuchungen tun sich mit dem exakten Nachweis rechtlicher Standesqualitäten einer besonderen Adelsschicht für diese frühe Zeit schwer.[52] Zum erstenmal ist vom Adel in Bayern erst 715/16 die Rede, als eine Synode abgehalten werden soll mit Priestern, Richtern und den primarii gentis.[53] Selbst diese Notiz bleibt noch ganz vereinzelt, und erst gegen die Mitte des Jahrhunderts sind die Nennungen zahlreicher, in Viten und Traditionen und auf Landtagen. Bis gegen die Mitte des achten Jahrhunderts wissen wir also von der Funktion und Stellung des Adels aus den Quellen, von der einen Nennung 715/16 abgesehen, überhaupt nichts. Die Schlußfolgerung aus diesem Befund muß wohl sein, daß es den Herzögen glänzend gelungen ist, den Adel einzuordnen, und damit die schwierigste Aufgabe, die ihm gestellt war, zu lösen. Und zweitens können wir daraus entnehmen, daß der Adel bis dahin nicht gegen den Herzog gearbeitet hat; es gibt bis zu diesem Zeitpunkt keine Adelsopposition, keine Verbindung einer solchen mit Langobarden oder Franken. Die Herzöge dominieren, und erst mit Odilo greift die fränkische Zersetzung um sich. Auf der anderen Seite ist sowohl der innere Aufbau des agilolfingischen Staates wie auch seine außenpolitische Wirksamkeit vom sechsten bis achten Jahrhundert nicht denkbar ohne die Mitwirkung einer zahlreichen und mächtigen Oberschicht.

Wenn dann vom Adel in den Quellen die Rede ist, so lassen die wechselnden Bezeichnungen als optimates, potentes, nobiles oder satrapae[54] bereits auf eine starke Differenzierung dieser Schicht schließen. Wichtige Hinweise bringt die Lex Baiuvariorum, wenn sie auch wegen ihrer schichtweisen Entstehung nicht zur chronologischen Fixierung herangezogen werden kann. Sie nennt allerdings den Adel als eine juristisch herausgehobene Gruppe überhaupt nicht,[55] denn dessen Gleichsetzung mit den hier genannten homines potentes ist abzulehnen.[56] Sie kennt grundsätzlich nur die Unterscheidung zwischen liber und servus, allerdings werden die *fünf Geschlechter* der Huosi, Fagana, Hahhilinga, Draozza und Anniona genannt, die das doppelte

tion d. beigabenführenden Gräber d. 8. Jhs. im Gebiet rechts des Rheins (Nachrichten aus Niedersachsens Urgesch. 38) 1969, 25–88; Herm. Hinz, Zu den «Adelsgräbern» d. 8. Jhs. (Offa 27) 1970, 31–55; Walt. Janssen, Rhein. Vjbll. 35, 1971, 465–472; um exakte Kriterien bemüht sich Rainer Christlein, Besitzabstufungen z. Merowingerzeit im Spiegel reicher Grabfunde aus West- u. Süddeutschland (Jb. d. Röm.-Germ. Zentralmus. Mainz 20, 1973) 1975, 147–180.

[52] Störmer, Früher Adel; Ders., Adelsgruppen (beide s. o. 136); Mayr, Stud. (s. o. 163 Anm. 93); vgl. Peter Johanek, Mainfränk. Jb. 27, 1975, 194–199 und Kurt Reindel, DA 32, 1976, 653 ff.

[53] Gregor II., Litterae decretales c. 1 (s. o. 226 Anm. 2) 451: «... eine Versammlung tritt zusammen der Priester, der Richter und aller Vornehmen dieses Stammes (universorum gentis eiusdem primariorum)».

[54] Die satrapae Arbeos (vita Emm. c. 10 und 34, S. 41 und 76, vita Corb. c. 15 und 42, S. 203 und 230f.) werden in der Fassung B der Vita Emmerami (c. 10, ebd. 41) durch den Ausdruck primores terrae ersetzt, in der Fassung B der Vita Corbiniani (c. 9 [s. o. 190 Anm. 3] 608) durch nobiles; das spricht gegen ihre Deutung als herzogliche «Beamte»; vgl. auch Schlesinger, Heerkönigtum (s. o. 139f. Anm. 34) 339 und Dannenbauer, Adel, Burg u. Herrschaft (s. o. 234 Anm. 1) 100f.

[55] Nur nebenbei ist einmal von «nobilis persona» und den «curtes nobilium» die Rede (Lex Baiw. XVIII 1 und XXI 6, S. 453 und 467).

[56] Vgl. Schmid, Regensburg (s. o. 145f. Anm. 64) 205ff.

Wergeld der Freien haben.[57] Es wird vermutet,[58] daß sie «Fürstengeschlechter kleiner Völkersplitter waren, die erst nachträglich in die bayerische Stammesentwicklung hineingezogen wurden». Von ihnen scheinen die Huosi das nach den Agilolfingern mächtigste Geschlecht gewesen zu sein.[59] Auch die Fagana,[60] die mutmaßlich in den Aribonen weiterleben,[61] sind in ihrer personellen Zusammensetzung und der Ausdehnung ihrer Wohnsitze noch relativ gut zu fassen, während die drei anderen Geschlechter sich nicht recht abheben. Die Hahhilinga sucht man in der Gegend von Regensburg nachzuweisen, sogar als die Vorgänger der Agilolfinger im Besitz dieser Stadt,[62] die Draozza und Anniona vermutet man in Niederösterreich.[63] Sollten sie wirklich einmal in diesen östlichen Gebieten des Herzogtums ihre Sitze gehabt haben, so sind sie doch an Bedeutung hinter den Agilolfingern ganz zurückgetreten. Der Herzog hat die Klärung seines Verhältnisses zum Landesadel, obwohl dieser zumindest zeitweise im achten Jahrhundert eine Stütze an der fränkischen Macht fand, durchaus in seinem Sinne geregelt. Erst für die Tassilo-Zeit ist bezeugt, daß eine Adelsopposition wesentlich zu dem raschen Sturz des Herzogs beigetragen hat (s. o. 174f.).

In jedem Fall gehört auch der Adel zur großen Gruppe der liberi, einer großen und in sich vielfach differenzierten Schicht,[64] die ihrerseits lediglich deutlich vom servus abgegrenzt ist. Man wird auch, wenn man die Lex Baiuvariorum für diese Fragen heranzieht, bedenken müssen, daß es sich bei den Volksrechten generell um rein rechtliche Abgrenzungen handelt, die nicht mit der ständischen oder sozialen Gliederung übereinstimmen müssen. Gerade auch für den bayerischen Bereich ist die Forschung entschieden abgerückt[65] von der alleinigen Gleichsetzung des Freien mit dem «Königs-» bzw. «Herzogsfreien», dem nur eine «unfreie Freiheit» zuteil gewesen,[66] dessen Freiheit nach Dannenbauer, Mayer und Bosl durch die Königsmunt bedingt und durch sie garantiert gewesen sei. Das wird neuerdings in Zweifel gezogen; es läßt

[57] Lex Baiw. III 1, S. 312ff.; zu den Namen Dietr. v. KRALIK, Die deutschen Bestandteile d. Lex Baiuvariorum (NA 38) 1913, 13–55, 401–449 und 581–624; RIEZLER I 1, 226.

[58] KLEBEL, Adel (s. o. 168 Anm. 130) 196; Karl BOSL, Anfänge u. Ansatzpunkte deutscher Gesellschaftsentwicklung. Eine Strukturanalyse (Das Bildungsgut d. höheren Schule. Geschichtl. Reihe 3) 1959, 5–54, bes. 49; Wiederabdruck in: Ders., Frühformen 11–61, bes. 55 vermutet in ihnen «alten fränkischen Reichs-Dienstadel».

[59] STURM, Preysing 210ff.; DIEPOLDER, Agilolfinger 383ff.; PRINZ, Herzog u. Adel 286 bzw. 228.

[60] STURM, Preysing 211ff.

[61] DIEPOLDER, Aribonen.

[62] KLEBEL, Regensburg (s. o. 130 Anm. 27) 91; STROBEL-SYDOW, «Latron» (s. o. 130 Anm. 30) 26.

[63] KLEBEL, Adel (s. o. 168 Anm. 130) 195f.; EBERL, Bajuwaren 114 und 145 vermutet hinter den beiden Geschlechtern suebische Volksteile, die in den Bajuwaren aufgegangen seien, und zieht Parallelen zu den «suebischen Langobarden». So erinnere der Langobardenherzog Droctulf an die Draozza und das Geschlecht der Anawas, dem Agilulf entstammt, an die Anniona.

[64] SCHMITT, Untersuchungen (s. o. 234).

[65] Eckhard MÜLLER-MERTENS, Karl d. Gr., Ludwig d. Fromme u. die Freien (Forsch. z. mittelalterl. Gesch. 10) 1963; Herm. KRAUSE, Die liberi d. lex Baiuvariorum (Festschr. Max Spindler) 1969, 41–73; SCHMID, Regensburg (s. o. 145f. Anm. 64) 209ff.

[66] BOSL, Anfänge (s. o. Anm. 58) 50f. bzw. 57.

sich nur nachweisen, daß eine Schicht von Freien durch Ansiedlung auf Königs- bzw. Herzogsland vom König bzw. Herzog abhängig und ihnen zu Diensten und Abgaben verpflichtet war, vor allem zu Kriegsdienst und Kurierdienst; sie stellten aber nur eine Gruppe innerhalb der Freien dar.[67] Ihnen nahe standen die Barschalken (s. o. 127f.), die in irgendeinem Abhängigkeitsverhältnis zum Herzog standen, und die man als «Staatskolonen, Fiskalinen ..., die zu Abgaben verpflichtet waren und wohl auch Kriegsdienste leisten mußten», bezeichnen kann.[68] Unter den liberi stand der frilaz und die auch wieder in sich vielfach gestufte Schicht der servi, bei denen die Rechtsstellung noch nicht in allem geklärt und heute Gegenstand angespannter Forschung ist.[69]

Von besonderer Bedeutung für die Erkenntnis der bayerischen Frühzeit ist das bayerische Gesetzbuch, die Lex Baiuvariorum.[70] Von den 23 Titeln beschäftigen sich die ersten sechs mit dem Recht der einzelnen Stände, Titel 1 mit dem Klerus und der Kirche,[71] Titel 2 mit dem Herzog, Titel 3 mit den schon erwähnten Genealogien, den fünf großen Geschlechtern, Titel 4 mit den Freien, Titel 5 mit den Freigelassenen, Titel 6 mit den Knechten;[72] Titel 7 bis 23 bringen einzelne Bestimmungen des Straf-,

[67] Hans K. SCHULZE, Rodungsfreiheit u. Königsfreiheit. Zur Genesis u. Kritik neuerer verfassungsgeschichtl. Theorien (HZ 219) 1974, 529–550; Herm. KRAUSE, Königsfreie (Handwörterbuch z. deutschen Rechtsgesch. 2) 1978, 1029–1032; SCHNEIDER, Arbeiten (s. o. 239 Anm. 40) 289–398.

[68] MAYER, Baar u. Barschalken (s. o. 128 Anm. 15) 148.

[69] Eberh. F. OTTO, Adel u. Freiheit im deutschen Staat des frühen MA (Neue Deutsche Forsch. 130) 1937, 147; Karl PIVEC, Servus u. Servitium in den frühmittelalterl. Salzburger Quellen (Südost-Forsch. 14) 1955, 55–66; Ders., Romanus, colonus, colonia in den frühmittelalterl. Quellen des österr. Alpenraumes (Innsbrucker Beitrr. z. Kulturwiss. 7/8) 1962, 377–381; Karl SCHWARZENBERG, Die Hörigkeit in d. Erzdiözese Salzburg bis auf d. Zeit Eberhards II. nach den Quellen des Salzburger UB (Mitt. d. Ges. f. Salzb. Landesk. 99) 1959, 1–79, bes. 6ff.; Renate STERNAGEL, Gesellschaftl. Schichtung im Ind. Arn. u. den Brev. Not., Zulassungsarbeit Masch. München 1964; BOSL, Anfänge (s. o. 242 Anm. 58) 50ff. bzw. 57f.; Ders., Freiheit u. Unfreiheit. Zur Entwicklung d. Unterschichten in Deutschland u. Frankreich während des MA (VSWG 44) 1957, 193–219; Wiederabdruck in: Ders., Frühformen 180–203.

[70] Hg. v. Joh. MERKEL (MGH Leges in fol. 3) 1863, 183–496; hg. v. Edm. v. SCHWIND (MGH Leges sectio I 5/2) 1926, 177–492 (danach zitiert); hg. v. Karl Aug. ECKHARDT (Germanenrechte 2/2) 1934.

[71] Konstantin HOHENLOHE, Das Kirchenrecht d. Lex Bajuvariorum, 1932; einen starken kirchlichen Einschlag in der Lex Baiuvariorum sieht Giulio VISMARA, Cristianesimo e legislazioni germaniche. Leggi longobarde, alamanne e bavare (Settimane di studio del Centro Italiano di studi sull' alto medioevo 14) 1967, 397–467, bes. 455ff.

[72] Eine ständische Untersuchung außer den oben S. 240 Anm. 50 genannten Arbeiten bietet Jaroslav KUDRNA, Studie k barbarslým zákonikům Lex Baiuvariorum a Lex Alamanorum a počátkům feudálních vztahů v jižním Německu [Stud. z. Lex Baiuvariorum u. Alamanorum u. den Anfängen des Feudalismus in Südwestdeutschland] (Opera Universitatis Brunensis Facultas Philosophica 60) 1959; vgl. ferner Hannelore LEHMANN, Bemerkungen z. Sklaverei im frühmittelalterl. Bayern u. z. den Forschungsmethoden auf dem Gebiet germ. Sozialgesch. (Zschr. f. Geschichtswiss. 13) 1965, 1378–1387; Herm. NEHLSEN, Sklavenrecht zw. Antike u. MA. Germ. u. röm. Recht in den germ. Rechtsaufzeichnungen (Göttinger Stud. z. Rechtsgesch. 7) 1972; Karl BOSL, Die ältesten sog. germ. Volksrechte u. die Gesellschaftsstruktur d. Unterschichten (Monographien z. Gesch. d. MA 11) 1975, 129–152.

Prozeß- und Privatrechts. Über den Zeitpunkt und die Art der Entstehung dieses Gesetzbuches ist die Forschung bis heute nicht zu einer einhelligen Auffassung gelangt.[73] Jedoch ist man jetzt überwiegend der Meinung, daß die Lex stufenweise entstanden ist, daß sich mehrere Schichten in ihr finden.[74] Bereits der Prolog des Gesetzbuches, dem man heute entgegen den heftigen Attacken von Bruno Krusch[75] wieder mehr Glaubwürdigkeit zuzuerkennen geneigt ist, gibt einen Hinweis darauf, daß die Redaktion dieses Gesetzbuches in Zusammenarbeit mit den Franken erfolgt ist. In ihrem Kern könnte sie noch in die Zeit Theudeberts (534–548) fallen, mit der Einfügung kirchlicher Novellen unter Childebert II. (575–595) und Chlothar II. (584 bis 629), und mit einer Neuredaktion zur Zeit Dagoberts I. (623–639). Man hat in der Lex den Charakter eines «Schutzgesetzes» erkennen wollen, das der vom Frankenreich getragenen christlichen Mission im Land einen gewissen Rückhalt geben sollte.[76] Ist das bayerische Gesetzbuch auch vom Edictum Rothari,[77] von der Lex Burgundionum[78] und vor allem vom westgotischen Gesetzbuch, dem Codex Euricianus[79] beeinflußt worden, so hat man doch bereits bei der Redaktion weitgehend auf bajuwarische Rechtsgewohnheiten Rücksicht genommen. Das Ohrenzupfen wird als bayerischer Rechtsbrauch ausdrücklich erwähnt,[80] ist aber schon in der Antike bekannt[81] und hat auch über den bayerischen Rechtskreis hinaus Verbreitung gefunden.[82] Jedenfalls bietet die Lex nicht nur in dieser Beziehung reiche Erkenntnisse,[83] sondern sie gibt auch wertvolle Hinweise auf die Sprach-,[84] Kultur-[85] und Wirt-

[73] Ein Überblick über den Forschungsstand bei Rud. BUCHNER, Die Lex Baiuvariorum (WL Beih.) 1953, 26–29; REINDEL, Lex Baiuwariorum (s. o. 197 Anm. 76) und KOBLER, Lex Baiuvariorum (s. o. 234).

[74] Besonders BEYERLE, Stammesrechte und Ders., Leges (beide s. o. 137 Anm. 7); gegen dessen Datierung der ältesten Schichten ins 6. Jahrhundert Eug. EWIG, Das merowing. Frankenreich (561–687) (in: Theod. SCHIEDER [Hg.], HB d. europ. Gesch. I) 1976, 396–433, bes. 432 Anm. 6.

[75] KRUSCH, Lex (s. o. 234) 259ff.

[76] ZIBERMAYR 221ff.; vgl. auch Heinr. BRUNNER, Über ein verschollenes merowing. Königsgesetz d. 7. Jhs. (SB Berlin 1901, 39) 1901, 932–955.

[77] Ernst MAYER, Volksrechte (s. o. 234) 6ff.

[78] BEYERLE, Stammesrechte (s. o. 137 Anm. 7) 121 Anm. 76.

[79] BEYERLE, Stammesrechte (s. o. 137 Anm. 7) 127ff.

[80] Lex Baiw. XVI 2 und XVII 3 und 6, S. 432 und 449ff.

[81] Reinhold GRAF, Über d. Ohrenzupfen (Österr. Zschr. f. Volkskunde 62) 1959, 120ff.; Herib. AIGNER, Testes per aures tracti u. Plinius, n. h. XI 45, 251 (Zschr. d. Hist. Ver. Steiermark 67) 1976, 221–225.

[82] Gerh. KÖBLER, Das Recht im frühen MA. Untersuchungen z. Herkunft u. Inhalt frühmittelalterl. Rechtsbegriffe im deutschen Sprachgebiet (Forsch. z. deutschen Rechtsgesch. 7) 1971, 3f.

[83] Vgl. schon Ant. QUITZMANN, Rechtsverfassung; ferner KRUSCH, Lex (beide s. o. 234); Ders., Neue Forsch. über d. drei oberdeutschen Leges: Bajuvariorum, Alamannorum, Ribuariorum (Abh. Göttingen NF 20/1) 1927, Nachdruck 1970; MAYER, Volksrechte (s. o. 234) 154ff.

[84] KRALIK, Bestandteile (s. o. 241 Anm. 57).

[85] Torsten GEBHARD, Zu den Hausangaben d. lex Bajuvariorum (Germania 29) 1951, 230–235; Hildeg. DÖLLING, Haus u. Hof in westgerm. Volksrechten, 1958, 19ff.; Gunter DIMT, Haus u. Hof in frühbair. Zeit (Baiernzeit in Oberösterreich, Oberösterr. Landesmus., Kat. Nr. 96) 1977, 161–176; vergleichende Hinweise auch bei Franz BEYERLE, Das Kulturporträt d. beiden alamann. Rechtstexte: Pactus u. Lex Alamannorum (Hegau 1) 1956, 93–108; eine Spezialuntersuchung bietet

schaftsgeschichte[86] des bayerischen Stammes sowie auf seine soziale Ständeordnung (s. o. 240 Anm. 50 und 243 Anm. 72). Vor allem aber ist die Lex in Zeiten völliger bayerischer Unabhängigkeit in diesem Sinne überarbeitet worden, vielleicht unter Herzog Hucbert,[87] vielleicht unter Odilo.[88] Diese ins achte Jahrhundert weisenden Züge haben den Anlaß gegeben, die Entstehung des Gesetzbuches überhaupt in diese Zeit zu verlegen,[89] wohl nicht zu Recht. Ebenso sind die für eine Entstehung in einem bayerischen Kloster angeführten Argumente[90] nicht beweiskräftig, ist ihre Redaktion in einem klösterlichen Umkreis auch aus sachlichen Gründen eher unwahrscheinlich.[91]

Louis MORSAK, Zum Tatbestand d. Abtreibung in d. Lex Baiuvariorum (Festschr. Ferd. Elsener) 1977, 199–206.

[86] Wolfg. METZ, Die hofrechtl. Bestimmungen d. Lex Baiuuariorum I 13 u. die fränk. Reichsgutverwaltung (DA 12) 1956, 187–196; Ders., Das Kolonenstatut d. Lex Baiuuariorum I 13 (in: Ders., Reichsgut) 72 ff.; Renate FISCHER, Die Siedlungsverhältnisse v. 6.–8. Jh. auf Grund d. fränk., alemann. u. bayr. Gesetzgebung, Zulassungsarbeit Masch. Regensburg 1977.

[87] So MAYER, Volksrechte (s. o. 234) 142.

[88] So BEYERLE, Leges (s. o. 137 Anm. 7) 277.

[89] Konr. BEYERLE, Lex Baiuvariorum. Lichtdruckwiedergabe d. Ingolstädter Handschrift (B 1) mit Transkription u. Übersetzung, 1926, LXV ff.; Karl v. AMIRA-Karl Aug. ECKHARDT, Germ. Recht I (Grundriß d. germ. Philol. V 1) 1960[4], 58 f.; Herm. CONRAD, Deutsche Rechtsgesch. I, 1962[2], 132 f.; nach KOBLER, Lex Baiuvariorum (s. o. 234) fand die endgültige Redaktion, beeinflußt vom Gedankengut Arbeos von Freising, im 8. Jh. statt.

[90] Romuald BAUERREISS, Benediktinerregel u. Lex Baiuvariorum (StMBO 61, 1947/48) 1948, 73–76; Bened. PARINGER, Zur Textgesch. d. Lex Baiuvariorum (Der Zwiebelturm 8) 1953, 23 ff.: Weltenburg.

[91] REINDEL, Lex Baiuwariorum (s. o. 197 Anm. 76) 136 f.

C

BAYERN VOM ZEITALTER DER KAROLINGER BIS ZUM ENDE DER WELFENHERRSCHAFT

(788–1180)

I

DIE POLITISCHE ENTWICKLUNG

Allgemein. Literatur: Alex. CARTELLIERI, Weltgesch. als Machtgesch. 382–911: Die Zeit d. Reichsgründungen, 1927; Ders., Die Weltstellung des deutschen Reiches 911–1047, 1932; Ders., Der Aufstieg des Papsttums im Rahmen d. Weltgesch. 1047–1095, 1936; Ders., Der Vorrang des Papsttums z. Zeit d. ersten Kreuzzüge 1095–1150, 1941; Carlo Guido MOR, L'età feudale I (Storia politica d'Italia delle origine ai nostri giorni) 1952; Gerd TELLENBACH, Europa im Zeitalter d. Karolinger (Historia mundi 5) 1956, 393–450; Ders., Kaisertum, Papsttum u. Europa im hohen MA (ebd. 6) 1958, 9–103; Heinz LÖWE, Das Zeitalter d. Karolinger (GG I) 149–215; Jos. FLECKENSTEIN, Das Reich d. Ottonen im 10. Jh. (ebd.) 217–283; Marie Luise BULST-THIELE, Das Reich vor dem Investiturstreit (ebd.) 284–321; Karl JORDAN, Investiturstreit u. frühe Stauferzeit (ebd.) 322–425; Ders., Deutsches Reich u. Kaisertum (Just I); Franz STEINBACH, Das Frankenreich (ebd.); Eugen EWIG, Die Karolingerzeit (Rassow) 67–101; Helm. BEUMANN, Das Zeitalter d. Ottonen (ebd.) 103–129; Theod. SCHIEFFER, Das Zeitalter d. Salier (ebd.) 130–168; Peter RASSOW, Das Zeitalter d. Staufer (ebd.) 168–210; Theod. SCHIEFFER, Das Karolingerreich (in: Theod. SCHIEDER [Hg.], HB d. europ. Gesch. I) 1976, 527–633; Ders.-Kurt REINDEL-Karl Ferd. WERNER, Die karoling. Nachfolgestaaten (ebd.) 633–783.

Bayern. Quellen: Bayerns Verflechtung in die Geschichte des fränkischen und deutschen Reiches sowie die der Nachbarstaaten bringt es mit sich, daß auch jetzt außerbayerische Quellen Wesentliches zur bayerischen Geschichte beisteuern, wie die fränkischen Reichsannalen, Annalen aus Saint-Bertin, Fulda, Metz usw. (WL), die Werke eines Regino von Prüm, Widukind von Corvey, Thietmar von Merseburg, Lampert von Hersfeld, Berthold von der Reichenau usw. (WH) und insbesondere die Geschichtsquellen der östlichen Nachbarn (HERRMANN). So bieten auch die Urkunden der fränkischen und deutschen Kaiser und Könige reiches Material zur bayerischen Geschichte. Daneben aber beginnt die eigene Überlieferung reicher zu fließen. Die bayerischen Traditionsbücher sind besonders auch für die nachagilolfingische Zeit eine nahezu unerschöpfliche Fundgrube zur Genealogie, Besitz- und Siedlungsgeschichte. Die ersten Anfänge einer Salzburger Geschichtsschreibung entfalten sich zu reicher Blüte, vor allem in der politisch erregten Zeit des Investiturstreites, die im Erzbistum tiefe Spuren hinterließ. Daneben treten auch die anderen Bischofssitze hervor, insbesondere Regensburg und Passau, sowie die Klöster, aus deren Reihe sich die österreichischen abzuheben beginnen. Ansätze einer bayerischen Hofhistoriographie finden sich im 10. Jh. im Fragmentum de Arnulfo duce Bavariae, dann in wesentlich ausgebildeterer Form unter den Welfen. Der Höhepunkt der Geschichtsschreibung auf bayerischem Boden, der auch für Bayern wichtig ist, wird mit Otto von Freising erreicht. Im einzelnen s. u. 549ff., 565ff.

Literatur siehe die einzelnen Kapitel.

§ 23. POLITISCHE GESCHICHTE BAYERNS IM KAROLINGERREICH

Sigurd ABEL-Bernh. SIMSON, Jbb. des fränk. Reichs unter Karl d. Gr., 2 Bde., 1888²/1883, Neudr. 1969; Bernh. SIMSON, Jbb. des Fränk. Reichs unter Ludwig d. Frommen, 2 Bde. (Jbb. d. Deutschen Gesch.) 1874/76; DÜMMLER; BRETHOLZ; TELLENBACH, Königtum; Ders., Reichsadel; Ders., Die Entstehung des deutschen Reiches, 1946³; Heinz ZATSCHEK,

Wie d. erste Reich d. Deutschen entstand. Staatsführung, Reichsgut u. Ostsiedlung im Zeitalter d. Karolinger (Quellen u. Forsch. aus dem Gebiete d. Gesch. 16) 1940; HÓMAN; SCHEIDING-WULKOPF, Beziehungen (s. o. 168 Anm. 129); Erich ZÖLLNER, Die polit. Stellung d. Völker im Frankenreich (Veröffentl. d. Inst. f. österr. Geschichtsforsch. 13) 1950; Helm. PREIDEL, Die Anfänge d. slaw. Besiedlung Böhmens u. Mährens, 2 Bde., 1954/57; WEGENER; Ed. HLAWITSCHKA, Franken, Alemannen, Bayern u. Burgunder in Oberitalien (774–962). Zum Verständnis d. fränk. Königsherrschaft in Italien (Forsch. z. oberrhein. Landesgesch. 8) 1960; Joach. FISCHER, Königtum, Adel u. Kirche im Königreich Italien (774–875) 1965; Em(m)erich SCHAFFRAN, Hunnen u. Awaren im Donauraum (in: Franz ALTHEIM, Gesch. d. Hunnen 5) 1962, 265–292; VANĚČEK; HERRMANN; Karl d. Gr. Lebenswerk u. Nachleben, hg. v. Wolfg. BRAUNFELS, 5 Bde., 1965–68; BHB; ZÖLLNER; Heinz DOPSCH (Hg.), Gesch. Salzburgs. Stadt u. Land I, voraussichtlich 1980.

a) *Fortdauer der Stammeseinheit*

Friedr. EBERL, Stud. z. Gesch. d. Karolinger in Bayern (Programm Studienanstalt Straubing 1890/91) 1891; Ders., Stud. z. Gesch. des fränk. Königreiches Bayern (Programm Gymnasium Passau 1894/95) 1895; KLEBEL, Herzogtümer; Ders., Adel (s. o. 168 Anm. 130); MITTERAUER; Kurt REINDEL, Die staatl. Entwicklung Bayerns vom Ende d. Agilolfingerzeit bis z. Mitte d. 10. Jhs. (ZBLG 25) 1962, 665–678; Ders., Karolingerreich (s. o. 175 Anm. 186); UFFELMANN, Baiern (s. o. 239 Anm. 44).

Bayern hat im Jahre 788 seine Selbständigkeit verloren. In den vielfältigen Beziehungen des fränkischen und bayerischen Staates, die in den letzten zwei Jahrhunderten alle Stadien freundschaftlichen Nebeneinanders, lehensrechtlicher Beziehungen und kriegerischer Auseinandersetzung durchlaufen hatten, war mit der Konstituierung Bayerns als einer Provinz des Frankenreiches eine neue Phase erreicht, wobei man aus einer in einer Passauer Urkunde von 788/789 gebrauchten Datierungsformel die Gleichwertigkeit des bayerischen Dukats mit den großen regna der Karolinger hat ablesen wollen.[1] Dieser grundlegende Wandel, der wohl noch bei Karls erstem Aufenthalt in Regensburg im Jahre 788 eingeleitet worden war,[2] läßt sich den zeitgenössischen Äußerungen allerdings kaum entnehmen; nach der Auffassung Karls des Großen selbst war überhaupt nur der rechtmäßige Zustand, der durch die «bösen Männer» Odilo und Tassilo vorübergehend gestört worden war, wiederhergestellt,[3] und nach den Worten Papst Leos III. aus dem Jahre 798 habe Karl die Provinz «wunderbar» geordnet.[4] In der fränkischen Annalistik, soweit sie auf die Umgestaltung überhaupt Bezug nimmt, ist davon die Rede, daß Karl das Land «ferner nicht einem Herzog, sondern Grafen zum Regieren übergeben habe».[5] Damit soll sicherlich nicht von einer Einführung der karolingischen «Grafschaftsverfassung» in Bayern die Rede sein,[6] sondern der Wechsel in der Titulatur vom dux zum comes wird die neue Abhängigkeit des neuen bayerischen Herrn vom Frankenherrscher kennzeichnen sol-

[1] WOLFRAM, Intitulatio (s. o. 139f. Anm. 34) 157 Anm. 7.

[2] Peter SCHMID, Die Regensburger Reichsversammlungen im MA (VHOR 112) 1972, 31–130, bes. 34ff.

[3] Urk. Karls d. Gr. v. 25. Okt. 788 (s. o. 208 Anm. 40) nr. 162, S. 219f.

[4] Brief Papst Leos III. v. 20. April 798 (s. o. 233 Anm. 59) nr. 3, S. 58f.: «... provincia ipsa mirifice a filio nostro domno Carolo ... ordinata est».

[5] Vita Karoli c. 11, S. 14.

[6] So bereits Otto RIEDNER, ZBLG 4, 1931, 493; UFFELMANN, Baiern (s. o. 239 Anm. 44) 31f.; SCHULZE, Grafschaftsverfassung (s. o. 234) 161f.

len. Es wird hinfort auch jahrzehntelang sorgfältig die Bezeichnung dux vermieden;[7] außer vom comes ist noch vom praefectus[8] oder vom missus[9] die Rede, wenn man nicht überhaupt Umschreibungen für die Befehlsgewalt der neuen Herren wählte.[10] Der entscheidende Wandel lag darin, daß Karl sich über die Bestimmung des bayerischen Volksrechtes hinwegsetzte, wonach der Herzog immer aus dem Geschlecht der Agilolfinger sein müsse; es wurde bereits gesagt, daß das Todesurteil gegen Tassilo deswegen gefällt worden war, um auch das Erbrecht seiner Familie ausschalten zu können.[11] Der neue Mann wurde vom König ernannt, von einer Mitwirkung der bayerischen Großen hören wir nichts. Wenn somit auch seit 788 «Stamm und Herzogtum getrennt» sind,[12] wenn bis auf die Luitpoldinger keine neue Erblichkeit der bayerischen Herrscherwürde mehr eingetreten ist, wenn die bayerischen Praefekten auch für die Zukunft von den karolingischen Königen ernannt worden sind, so scheint aber Karl gerade in der Person des seit 791 in Bayern nachzuweisenden[13] ersten Praefekten Gerold[14] besondere Rücksicht auf die bayerischen Verhältnisse genommen zu haben. Gerold war nicht nur sein Schwager, sondern über das alemannische Herzogshaus auch mit den Agilolfingern versippt.[15] Abgesehen davon wurde mit Bayern jedoch keine Veränderung vorgenommen. Der Name des Landes blieb erhalten, ebenso sein territorialer Umfang, und das bayerische Gesetzbuch blieb in Kraft.[16] Die Geschlossenheit des Landes wurde noch dazu durch die Erhebung Salzburgs zum Erzbistum verstärkt,[17] wobei vielleicht auch deswegen Salzburg gewählt

[7] Zuerst erscheint der Titel wieder im Jahre 849 bei Ernst, dem Schwiegervater König Karlmanns: Ann. Fuld. (zu 849) 38; allgemein auch BRUNNER, Fürstentitel (s. u. Anm. 13) 211ff.

[8] Ann. regni Franc. (zu 799) 108.

[9] Ann. regni Franc. (zu 788) 82; Victor KRAUSE, Gesch. des Institutes d. Missi dominici (MIÖG 11) 1890, 193–300.

[10] Trad. Freis. nr. 397c, S. 337ff.: «Audulf ... erhielt die Macht, diesem Land vorzustehen, es zu regieren und zu beherrschen».

[11] ROSENSTOCK, Volksname (s. o. 175 Anm. 190) 33ff.

[12] MITTEIS 71.

[13] Zum Datum und zu den ihm beigelegten Titeln Karl BRUNNER, Der fränk. Fürstentitel im 9. u. 10. Jh. (MIÖG Erg.-Bd. 24) 1973, 179–340, bes. 236.

[14] James Bruce ROSS, Two neglected paladins of Charlemagne: Erich of Friuli and Gerold of Bavaria (Speculum 20) 1945, 212–235; MITTERAUER 1ff.; Heinr. BIRNDORFER, Die Geroldinger u. Bayern (Der Zwiebelturm 24) 1969, 313–319; daß die Familie zu den Vorfahren der Aribonen gehörte, hat Heinz DOPSCH, Die Aribonen. Ein führendes Adelsgeschlecht in Bayern u. Kärnten während des Hochmittelalters, Staatsprüfungsarbeit am Inst. f. österr. Gesch. 1968, zu erweisen versucht.

[15] ZÖLLNER, Otachare (s. o. 214 Anm. 116) 15; Hans JÄNICHEN, Baar u. Huntari (VF 1) 1976⁴, 83–148, bes. 96ff.; SIEGWART, Herzogsgut (s. o. 163 Anm. 91) 175f.; GOCKEL, Königshöfe (s. o. 160 Anm. 63) 243ff.; STÖRMER, Adelsgruppen 39f.; Ders., Früher Adel (beide s. o. 136) 218ff. Fränkische Abkunft des mit den Agilolfingern versippten Gerold nehmen an Irmg. DIENEMANN-DIETRICH, Der fränk. Adel in Alemannien im 8. Jh. (VF 1) 1976⁴, 149–192, bes. 188f. und WERNER, Adelsfamilien (s. o. 137 Anm. 5) 109ff.

[16] Die Lex Baiuvariorum wurde lediglich zwischen 801 und 813 durch ein Kapitulare ergänzt, das die fränkischen Bannfälle in Bayern einführte, die Capitula ad legem Baiwariorum addita (hg. v. Alfr. BORETIUS, MGH Capit. 1) 1883, nr. 68, S. 157f.

[17] Urk. Papst Leos III. v. 20. April 798 (hg. v. Karl HAMPE, MGH Epist. 5) 1898, nr. 4, S. 59f. (JAFFÉ I nr. 2496, S. 308); Arns Pallienurkunde: UB Salzb. II nr. 2a, S. 2ff. (JAFFÉ I nr. 2498, S. 308); vgl. Wilh. M. PEITZ, Die Erhebung Salzburgs zum

wurde, um vom «Agilolfingerort» Regensburg wegzukommen.[18] In jedem Fall war es die äußere Dokumentation einer einheitlichen Kirchenprovinz, die bei der Bistumsorganisation des Bonifatius nicht gelungen war. Vor allem aber blieb das Land als politische Einheit erhalten, es stand auch fortan unter der Leitung nur eines Mannes. Der Amtsbereich des Grafen Gerold umfaßte das ganze Gebiet des alten bayerischen Herzogtums, und da er im Jahre 797 zusammen mit dem Erzbischof Arn von Salzburg den Chorbischof Theoderich in dessen nördlich der Drau gelegenen Sprengel einführte, war er also auch für das erst 772 von Herzog Tassilo endgültig dem bayerischen Staat angefügte slowenische Herzogtum Karantanien zuständig.[19] Auch die im awarisch-bayerischen Grenzgebiet des Ostens den Awaren abgenommenen Gebiete unterstanden seiner Oberhoheit, das zeigt seine Amtstätigkeit in Linz ebenso[20] wie die Tatsache, daß er sich vom Passauer Bischof Waltrih in Linz eine dem hl. Martin geweihte Kapelle als Lehen erbat.[21]

b) *Der Osten*

Ernst DÜMMLER, Über d. südöstl. Marken des fränk. Reiches unter den Karolingern (AÖG 10) 1853, 1–85; M. Felicetti v. LIEBENFELSS, Steiermark im Zeitraume v. 8. bis 12. Jh. Hist.-topograph. Skizze auf Grundlage krit. Quellenstud. (Beitrr. z. Kunde steiermärk. Geschichtsquellen 9) 1872, 3–60 und (ebd. 10) 1873, 24–128; Max LIPP, Das fränk. Grenzsystem unter Karl d. Gr. (Untersuchungen z. Deutschen Staats- u. Rechtsgesch. 41) 1892; Victor HASENÖHRL, Deutschlands südöstl. Marken im 10., 11. u. 12. Jh. (AÖG 82) 1895, 419–562; VANCSA; Hans PIRCHEGGER, Karantanien u. Unterpannonien z. Karolingerzeit (MIÖG 33) 1912, 272–319; Ders., Steiermark; Adolf HOFMEISTER, Markgrafen u. Markgrafschaften im Ital. Königreich in d. Zeit v. Karl d. Gr. bis auf Otto d. Gr. (774–962) (MIÖG Erg.-Bd. 7) 1907, 215–435; Ludmil HAUPTMANN, Polit. Umwälzungen unter den Slowenen vom Ende d. 6. Jhs. bis z. Mitte d. 9. (MIÖG 36) 1915, 229–287; Hans v. VOLTELINI, Die territoriale Entwicklung d. südl. Landschaften Österreich-Ungarns im MA u. in d. Neuzeit u. die Entstehung d. heut. Südgrenze Österreichs (Mitt. d. geogr. Ges. Wien 59) 1916, 481–519; Konr. SCHÜNEMANN, Die Deutschen in Ungarn bis zum 12. Jh. (Ungar. Bibl. I 8) 1923; JAKSCH I; Ernst KLEBEL, Die Ostgrenze des Karoling. Reiches (Jb LKNÖ NF 21, Festschr. Oswald Redlich) 1928, 348–380; überarbeitete Fassung in: Wege d. Forsch. 1, 1956, 1–41; Ders., Niederösterreich; Ders., Der Einbau Karantaniens in d. ostfränk. u. deutsche Reich (Carinthia I 150) 1960, 663–692; Heinz ZATSCHEK, Baiern u. Böhmen im MA (ZBLG 12, 1939/40) 1940, 1–36; OETTINGER; Karl LECHNER, Die territoriale Entwicklung v. Mark u. Herzogtum Österreich (Unsere Heimat 24) 1953, 33–55; Herm. BRAUMÜLLER, Zur Gesch. d. Karolingerzeit in Kärnten (Carinthia I 148) 1958, 295–301; REINDEL, Staatsrechtl. Stellung (s. o. 156 Anm. 29); Mich. MITTERAUER, Slaw. u. bayr. Adel am Ausgang d. Karolingerzeit (Carinthia I 150) 1960, 693–726; MORO, Polit. Stellung (s. o. 169 Anm. 140); DEÉR; František GRAUS-Herb. LUDAT (Hg.),

Erzbistum (Stella Matutina 1) 1931, 395–408.

[18] So DOPSCH, Gesch. Salzburgs (s. o. 250) 161.

[19] S. o. S. 169ff.; die Einführung des Chorbischofs: Conv. Bag. c. 8, S. 133.

[20] Trad. Freis. nr. 143, S. 147ff.

[21] Erich TRINKS, Die Urk. v. 799 (in: Franz JURASCHEK-Wilh. JENNY, Die Martinskirche in Linz. Ein vorkaroling. Bau in seiner Umgestaltung z. Nischenkirche) 1949, 65–84; Heinr. FERIHUMER, Die kirchl. Gliederung d. Groß-Stadt Linz (Jb. d. Stadt Linz 1951) 1952, 170–261, bes. 186ff.; Nik. GRASS, Pfalzkapellen u. Hofkirchen in Österreich. Ein Beitr. z. Rechtsgesch. d. Capella regia (ZRG KA 46) 1960, 345–394 und (ebd. 47) 1961, 129–195, bes. (ebd. 46) 355ff.; Karl GINHART, Die frühmittelalterl. Martinskirche auf dem Römerberg in Linz (Linzer Archäolog. Forsch. 4) 1968.

Siedlung u. Verfassung Böhmens in d. Frühzeit, 1967; VILFAN, Rechtsgesch. (s. o. 169 Anm. 140); Rostislav NOVÝ, Die Anfänge des böhm. Staates I (Acta Universitatis Carolinae philosophica et historica, Monographia 26) 1968; Hartmut HOFFMANN, Böhmen u. das deutsche Reich im hohen MA (Jb. f. d. Gesch. Mittel- u. Ostdeutschlands 18) 1969, 1–62; A. P. VLASTO, The Entry of the Slavs into Christendom, 1970; Arn. KOLLAUTZ-Hisayuki MIYAKAWA, Gesch. u. Kultur eines völkerwanderungszeitl. Nomadenvolkes. Die Jou-Jan d. Mongolei u. die Awaren in Mitteleuropa, 2 Bde. (Aus Forsch. u. Kunst 10/11) 1970; AVENARIUS, Awaren (s. o. 121 f. Anm. 27); Rud. TUREK, Böhmen im Morgengrauen d. Gesch., 1974; WALDMÜLLER, Slawen (s. o. 144 Anm. 55); Manfr. HELLMANN, Die polit.-kirchl. Grundlagen d. Osthälfte Europas (in: Theod. SCHIEDER [Hg.], HB d. europ. Gesch. I) 1976, 857–938; Karl BOSL, Böhmen u. seine Nachbarn (Veröffentl. d. Coll. Carolinum 32) 1976.

Mit der Beseitigung des agilolfingischen Herzogtums übernahm das fränkische Königtum dessen Rechte, Pflichten, Aufgaben und politische Tradition. Diese Aufgaben erwuchsen aus der bayerischen Situation als Grenzland gegen den Osten, sie bestanden in der politischen und missionarischen Durchdringung der slawischen Gebiete. Seit Tassilos Karantanensieg fanden hier keine militärischen Auseinandersetzungen mehr statt; auch das bayerische Verhältnis zu den *Awaren* scheint nicht schlecht gewesen zu sein, zumal man offenbar auf eine starre Grenzziehung im Gebiet zwischen Enns und Wienerwald verzichtet hatte.[22] Dabei wollte Karl es jedoch nicht belassen; er betrachtete vielmehr die Auseinandersetzung mit den Awaren als eine wesentliche Aufgabe seiner Regierung. Im Jahre 788 erschien er in Regensburg und «ordnete die Grenzen und Marken Bayerns, wie sie sicher sein könnten gegen die schon genannten Awaren».[23] Im selben Jahr 788 kam es zu kriegerischen Zusammenstößen an drei Stellen, in Italien, auf dem Ybbsfeld und nahe der Donau,[24] die nach dem Bericht der Reichsannalen durch awarische Angriffe zur Unterstützung des abgesetzten Herzogs Tassilo ausgelöst wurden.[25] Daraufhin scheint Karl eine feste Grenzregelung im Osten in Angriff genommen zu haben, die nur auf Kosten der Awaren gehen konnte. Die awarische Gesandtschaft, die im Jahre 790 in Worms

[22] Dazu REINDEL, Karolingerreich (s. o. 175 Anm. 186) 229; DEÉR 742 ff. nimmt jedoch an, daß der Hoheitsanspruch der Awaren bis zur Ennsgrenze reichte, daß sie aber das Gebiet zwischen Enns und Wienerwald als schützendes Grenzödland ihrem Herrschaftsbereich vorgelagert ließen; AVENARIUS, Awaren (s. o. 121 f. Anm. 27) 181 ff. meint, daß der Preis für die Hilfe der Awaren die stillschweigende Zustimmung zur Besetzung des Territoriums bis zur Enns gewesen sei.

[23] Ann. regni Franc. (zu 788) 84; vgl. auch DEÉR 756 ff., der auch darauf hinweist, daß Karl, für den die Missionsaufgabe nur ein Vorwand war, den Krieg mit dem Vorsatz begann, die Grenzen zuungunsten der Awaren zu korrigieren; zum Wandel, den das Jahr 788 in den Beziehungen zum Osten brachte, auch Heinr. KOLLER, Bayer.-fränk. Kolonisation in Pannonien im 8. Jh. (Ann. Instituti Slavici I 2) 1966, 51–61.

[24] Ann. regni Franc. (zu 788) 82 und 84; Ann. s. Emmerammi maiores (zu 788) (s. o. 172 Anm. 166) 735; allgemein zu den Awaren außer der oben S. 121 f. Anm. 27 angeführten Literatur noch Thomas v. BOGYAY, Die Reiternomaden im Donauraum des Frühmittelalters (Südosteuropa 1) 1959, 88–103, bes. 95 ff.

[25] KLEBEL, Siedlungsgesch. 48; DEÉR 756 vermutet, daß ihr Angriff gegen Friaul auch der Rache des abgesetzten Langobardenkönigs Desiderius galt; es ist daran zu erinnern, daß Odilo 743 am Lech mit slawischer Unterstützung kämpfte (Ann. Mett. zu 743, S. 33).

gegen diese einseitige Festlegung protestierte,[26] konnte allerdings nichts erreichen und konnte es auch nicht verhindern, daß im Jahre 791 Karl offensiv gegen die Awaren vorging und das Land offenbar ohne größere Kampfhandlungen bis zur Raab besetzte.[27] Nicht unmöglich wäre es, daß die Anlage des Main-Donaukanals, die Karl damals vergeblich durchzuführen versuchte, mit dem großangelegten Awarenunternehmen im Zusammenhang stand.[28] Die Kämpfe[29] waren damit jedoch noch nicht beendet; in den Jahren 795, 796, 797, 799 und 802 kam es erneut zu kriegerischen Verwicklungen, in denen sowohl der erste Praefekt Bayerns, Graf Gerold, als auch der erste Praefekt des Ostlandes, Graf Gotram, fielen. Über die Schwere dieser Kämpfe ist man in der Forschung geteilter Meinung,[30] ebenso darüber, ob die Unterwerfungen awarischer Großer, von denen 795, 796 und 803 die Rede ist, vasallitische Kommendationen an den Frankenherrscher waren.[31] Jedenfalls dürfte zu beachten sein, daß verschiedene Häuptlinge und nicht das unter einheitlicher politischer Spitze geschlossen handelnde Volk der Awaren den Franken gegenübertraten; auch der Kagan, der im Jahre 805 in Aachen erschien «wegen der Bedrückung seines Volkes und den Kaiser bat, ihm zwischen Savaria und Carnuntum Wohnsitze zu überlassen, weil er wegen der Angriffe der Slawen sich in seinen bisherigen Sitzen nicht mehr halten könne»,[32] und der mit seinem Volksteil daraufhin zwischen Steinamanger und

[26] Ann. Einh. (zu 790) 87.

[27] Quellen bei HERRMANN 68ff.; daß das «per Beheimos» beim Zug der einen Heeresgruppe sich auf einen Durchmarsch durch Böhmen und nicht durch das (von Böhmen bewohnte?) Gebiet nördlich der Donau bezieht, zeigt Jos. DOBIÁŠ, Seit wann bilden die natürl. Grenzen v. Böhmen auch seine polit. Landesgrenze? (Historica 6) 1963, 5–44, bes. 5ff.; zum Problem der awarischen, bayerischen und fränkischen Grenzbefestigungen Hans REUTTER, Ein fränk. Grenz- u. Siedlungssystem in den karoling. Südostmarken (Jb LKNÖ NF 10, 1911) 1912, 1–108, bes. 23ff.; MITSCHA-MÄRHEIM, «Awarenringe»; Ders., Grenzorganisation (beide s.o. 155 Anm. 28); Hans P. SCHAD'N, Die Hausberge u. verwandten Wehranlagen in NÖ. Ein Beitr. z. Gesch. des mittelalterl. Befestigungswesens u. seiner Entwicklung vom Ringwall bis z. Mauerburg u. Stadtumwehrung (Mitt. d. anthropolog. Ges. Wien 80) 1950, 245–352; Heinr. L. WERNECK, Grundlagen z. Frühgesch. zw. Dunkelsteiner Wald u. Unterlauf d. großen Tulln, 1955, 52ff.; Heinr. KOLLER, Der «mons Comagenus» (MIÖG 71) 1963, 237–245; Ders., Enns u. Wien in d. Karolingerzeit (Jb LKNÖ NF 36) 1964, 74–86; Ders., Fluß u. Ort «Peinihhaa» (Burgenländ. Heimatbll. 26) 1964, 61–70.

[28] Klaus SCHWARZ, Der «Main-Donau-Kanal» Karls d. Gr. Eine topograph. Stud. (Schriftenreihe 62) 1962, 321–328; Hanns Hubert HOFMANN, Fossa Carolina. Versuch einer Zusammenschau (Karl d. Gr. Lebenswerk u. Nachleben 1) 1965, 437–453; Ders., Kaiser Karls Kanalbau, 1969.

[29] Eine übersichtliche Zeittafel bei DEÉR 724f.

[30] Peter CSENDES, Zu den Awarenkriegen unter Karl d. Gr. (Unsere Heimat 41) 1970, 93–107; Heinr. KOLLER, Die Awarenkriege Karls d. Gr. (Mitt. d. österr. Arbeitsgemeinschaft f. Ur- u. Frühgesch. 15) 1964, 1–12 glaubt, daß die fränkischen Reichsannalen die Schwere der Kämpfe vertuschen; dagegen DEÉR 765f.

[31] Hans JÄGER, Rechtl. Abhängigkeitsverhältnisse d. östl. Staaten vom Fränk.-Deutschen Reich, Diss. Frankfurt a. Main 1960, 30ff.; dagegen DEÉR 766ff.

[32] Ann. regni Franc. (zu 805) 119f.; zur Lokalisierung und zum Zustand von Carnuntum und Savaria Erich POLASCHEK, Die Tabula Peutingeriana u. das Itinerarium Antonini als topograph. Quellen f. NÖ (Jb LKNÖ NF 26) 1936, 39–50; Ant. SCHEIBLIN, Der Mons Cetius u. Aelium Cetium (Beitrr. z. Stadtgeschichtsforsch. Festschr. d. Stadtgem. St. Pölten) 1959, 7–23; Paul UIBLEIN, Die Anfänge d. Erforschung Car-

Petronell angesiedelt wurde, repräsentierte wohl nur einen Teil des Volkes; auch außerhalb dieser «Reservation» lebten bis zur Theiß noch Awaren nach ihrer eigenen gentilen Verfassung,[33] wobei die in den Quellen wechselnden Bezeichnungen Avaria, Hunia und Pannonia Schwierigkeiten in der genauen Lokalisierung der Gebiete bezeichnen.[34] Zum größten Gegner der Awaren scheinen die Slawen geworden zu sein; in die zwischen beiden Völkern ausbrechenden Kämpfe mußten im Jahre 811 sogar fränkische Truppen eingreifen.[35] Nach 826 werden die Awaren nicht mehr genannt,[36] mutmaßlich deswegen, weil in der damals durch Ludwig den Deutschen erfolgten großen Umgestaltung des Ostens für ihre selbständige politische Organisation kein Platz mehr war, sind aber, auch aus Bodenfunden, noch in der ersten Hälfte des neunten Jahrhunderts im heutigen Niederösterreich nachzuweisen.[37] Im Jahre 889 spricht Regino von Prüm von den «Pannoniorum et Avarum solitudines».[38] Das Volk war ausgelöscht.

Daß die Verhältnisse an der Ostgrenze auch weiterhin mit besonderer Aufmerksamkeit betrachtet wurden, ergibt sich aus der *organisatorischen Umgestaltung,* die mit Bayern wohl kurz nach Gerolds Tod vorgenommen wurde: im Osten des Landes wurde eine eigene Grenzorganisation geschaffen. Über die Organisationsform dieser späteren «Ostmark» und den Zeitpunkt ihrer Einrichtung kann man keine genauen Angaben machen;[39] daß sie jedoch bald nach der Niederwerfung der «Hunnen» und der Übertragung der Slawenmission an Erzbischof Arn von Salzburg erfolgte, können wir den Worten der Conversio Bagoariorum entnehmen: «Dann wurde vom Kaiser als erster Grenzgraf Goteram eingesetzt, als zweiter Werinhar, als dritter Albrih, als vierter Gotafried, als fünfter Gerold.»[40] Es handelte sich dabei um eine reine Verwaltungsmaßnahme; das «Ostland» blieb bei Bayern,[41] der Ostlandpräfekt dem

nuntums (MIÖG 59) 1951, 95–108; Karl LECHNER, Urgeschichtl. Bodendenkmäler in mittelalterl. Urk. (ebd. 60) 1952, 90–107; Erich POLASCHEK, Tulln in röm. Zeit (Heimatkalender des Tullner Bezirkes 1952) 1952, 108–121; KOLLER, «mons Comagenus» (s. o. Anm. 27); ZIBERMAYR 292f. setzt Carnuntum mit Karantanien gleich; akzeptiert von SÓS, Zalavár (s. u. 261 Anm. 89) 224f.

33 DEÉR 774ff.

34 Gerald HUBER, Der Begriff Pannonia in den Quellen d. Karolingerzeit, Diss. Masch. Salzburg 1972, 10ff.; KOLLER, Pannonien (s. o. 224 Anm. 247); Gyula LÁSZLÓ, «Inter Sabariam et Carnuntum ...» (Studia Slavica Acad. Scient. Hung. 21) 1975, 139–157.

35 Ann. regni Franc. (zu 811) 135; nach KOLLAUTZ, Awaren (s. o. 121 Anm. 27) 157f. bestand eine enge Lebensgemeinschaft zwischen Awaren und Slawen; dagegen PREIDEL, Anfänge (s. o. 250) II 106ff.

36 Vgl. Ann. regni Franc. (zu 826) 169.

37 Andr. LIPPERT, Awaren nach 800 in NÖ? (Jb LKNÖ NF 38, 1968–70) 1970, 145–157; Ders., Bair.-awar. Beziehungen im Lichte neuer Funde aus Sommerein a. L., G. B. Bruck a. d. Leitha/NÖ (Jb. d. Röm.-Germ. Zentralmus. Mainz 16, 1969) 1971, 159–166.

38 Regino, Chron. (zu 889) 132.

39 Allgemein nimmt man 799 an: ZÖLLNER 54; KLEBEL, Siedlungsgesch. 52; PFEFFER 165; dagegen MITTERAUER 5 für 803; WENSKUS, Stämme (s. u. 258) 202 weist darauf hin, daß diese Teilung keiner älteren Gliederung des Stammesgebietes entsprach; zur Verwaltungsgliederung auch Ágnes Cs. SÓS, Die slaw. Bevölkerung Westungarns im 9. Jh. (Münch. Beitrr. 22) 1973, 22ff.

40 Conv. Bag. c. 10, S. 135; zur Deutung der Personen REINDEL, Karolingerreich (s. o. 175 Anm. 186) 233f.

41 Das ergibt sich aus den Worten der Chronik des südfranzösischen Klosters Moissac: Chronicon Moissiacense (zu 805)

praefectus Baioariae gleich-, vielleicht sogar untergeordnet, aber doch bahnte sich damit schon die spätere Verselbständigung Österreichs an. Das Machtzentrum der neuen Herrschaft lag in der Mark an der Donau, im Gebiet zwischen Enns und Wienerwald, das nach den Awarenkriegen zum sicheren Besitz Bayerns geworden war; als Hinterland wurde ihm wohl der bayerische Traungau angegliedert.[42]

Da es zum System des karolingischen Grenzschutzes im Osten gehörte, die eigentliche Grenze noch einmal durch ein System vorgelagerter abhängiger Slawenstaaten zu schützen,[43] so scheint Karl ebenso wie zu den Awaren auch das Verhältnis zu den *Böhmen* bald auf eine ähnliche Weise geregelt zu haben. Dabei ist jedoch zu bedenken, daß Böhmen zu diesem Zeitpunkt mehr ein geographischer als ein staatlicher Begriff ist,[44] und daß sich die fränkisch-bayerischen Feldzüge jedenfalls im wesentlichen gegen den Norden und Westen des Landes richteten.[45] Im Jahre 805 ließ Karl drei Heeresabteilungen in Böhmen einrücken, von denen eine unter seinem Sohn Karl, eine zweite aus Bayern gebildete unter dem Befehl der Grafen Audulf und Werinher stand[46] und eine dritte aus Sachsen gebildet wurde. Von den Kämpfen erfahren wir, daß die Canburg belagert und das Elbtal verwüstet wurde.[47] Im Jahre 806 wurde der Feldzug wiederholt, und wenn auch der militärische Erfolg offenbar nicht vollständig war,[48] so genügte er doch, um Böhmen hinfort in Abhängigkeit vom bayerischen Reich zu bringen.[49] Im Zusammenhang mit diesen Kriegszügen muß auch wohl das 805 in *Diedenhofen* erlassene Capitulare[50] gesehen werden,[51] das den Waffenhandel

(hg. v. Gg. Heinr. PERTZ, MGH SS 1) 1826, 307: «...und ein anderes Heer mit Audulf und Werinhar, das heißt mit den Bayern».

[42] Zur Organisationsform dieser Gebiete OETTINGER 89; Franz TYROLLER, Bayern, Österreich, Steiermark. Wandlungen 1156 u. 1180 (Beilage zum Jahresber. d. Wittelsbacher Gymnasiums München) 1952/53; ZIBERMAYR 297f.; PFEFFER 31; MITTERAUER 165f.

[43] Herm. AUBIN, Die Ostgrenze des alten deutschen Reiches (Hist. Vjschr. 28) 1934, 225–272.

[44] Rud. TUREK, Die frühmittelalterl. Stämmegebiete in Böhmen, 1957, 94ff.; Ders., Zur Diskussion über d. frühmittelalterl. Stämmegebiete Böhmens (Památky archeologické 51) 1960, 406–410.

[45] BRETHOLZ 46ff.; KLEBEL, Ostgrenze (s.o. 252) 352ff. bzw. 5ff.

[46] Quellen bei HERRMANN 80ff.

[47] Zur Lage der Canburg, die nur ungefähr mit «nördlich Prag» anzugeben ist, vgl. Rud. KÄUBLER, Wo lag d. Canburg des Jahres 805? (Zschr. f. slav. Philol. 19) 1947, 326–345; Rud. FISCHER, Zur Frühgesch. Böhmens. Wo lag d. Canburg des Jahres 805? (Wiss. Zschr. d. Friedr.-Schiller-Univ. Jena, Gesellschafts- u. Sprachwiss. Reihe 1) 1951/52, 67f.; RICHTER, Die böhm. Länder (s.o. 152 Anm. 1) 191 Anm. 10; TUREK, Böhmen (s.o. 253) 169; nach Ernst SCHWARZ, Canburg (Bohemia. Jb. d. Coll. Carolinum 15) 1974, 421–426: Kanín bei Poděbrad.

[48] PREIDEL, Anfänge (s.o. 250) II 84f.; VANĚČEK 17f.

[49] Bei der Reichsteilung des Jahres 817 wird über Böhmen bereits verfügt (Ordinatio Imperii c. 2, hg. v. Alfr. BORETIUS, MGH Capit. 1, 1883, nr. 136, S. 271), und zwar erscheint es in unmittelbarer Abhängigkeit vom Reich; WEGENER 12f. datiert die Einrichtung der Cosmas, Chron. II 8, S. 93f. noch bekannten Tributleistung in die Zeit zwischen 806 und 810; vgl. auch Friedr. PRINZ, Die Stellung Böhmens im mittelalterl. deutschen Reich (ZBLG 28) 1965, 99–113, bes. 102f.

[50] Capitulare v. Diedenhofen (hg. v. Alfr. BORETIUS, MGH Capit. 1) 1883, nrr. 43f., S. 120–126; Fritz TIMME, Scheeßel a.d. Wümme u. das Diedenhofener Capitulare vom Jahre 805 (BlldLG 100) 1964, 122–144.

[51] Karl GAREIS, Oberpfälzisches aus d. Karolingerzeit (FGB 6) 1898, 1–17, bes.

mit den Slawen gewissen Beschränkungen unterwarf, ebenso vielleicht die Capitula addita (s. o. 251 Anm. 16). Für eine zu diesem Zeitpunkt eingerichtete, auf dem Nordgau gelegene böhmische Markgrafschaft gibt es keinen Anhaltspunkt,[52] doch ist anzunehmen, daß man irgendeinen Grenzschutz eingerichtet hat.

Von einem weiteren slawischen Staat zwischen Drau und Save unter einem Fürsten Liudewit, der unter fränkischer Herrschaft stand, erfahren wir erst anläßlich eines Aufstandes, den Liudewit im Jahre 819 gegen das Frankenreich unternahm.[53] Möglicherweise haben wir es hier auch mit einer heidnischen Reaktion zu tun,[54] und vielleicht stand die Zerstörung der Maximilianszelle in Bischofshofen im Jahre 820 damit in Zusammenhang.[55] Das nicht ungefährliche Unternehmen, dem sich auch Teile der Karantanen anschlossen, erforderte bis zum Jahre 822 nicht weniger als fünf Feldzüge fränkisch-bayerisch-italienischer Heere,[56] und es fand schließlich nur durch die Ermordung Liudewits im Jahre 823 sein Ende.[57]

Eine territoriale Umgestaltung erfolgte im slowenischen Herzogtum *Karantanien*, das von Tassilo für Bayern erworben worden war. Zu einer wichtigen kirchlichen Grenze wurde die Drau, die seit 796 die Sprengel von Salzburg und Aquileja schied,[58] eine Regelung, die im Jahre 811 von Karl dem Großen offiziell bestätigt wurde.[59] Obwohl in der Anordnung Karls ausdrücklich von einer Provinz Karantanien die Rede ist, scheint der Fluß doch seither nicht nur eine kirchliche, sondern auch eine politische Grenze gebildet zu haben, da ein Kapitulare Karls selbst die Teilung einer

6ff.; Erwin HERRMANN, Das Diedenhofer Capitulare Karls d. Gr. (Oberpfälzer Heimat 6) 1961, 15–22.

[52] Für eine böhmische Mark DOEBERL, Nordgau; LIPP, Grenzsystem (s. o. 252) 41; Gg. WAITZ, Über d. angebl. Mark in Ostfranken (FdG 3) 1863, 154–160; Ernst DÜMMLER, De Bohemiae condicione Carolis imperatoribus (788–928), 1854; Ders., Südöstl. Marken (s. o. 252) 16ff.; GUTTENBERG, Territorienbildung 31f.; dagegen: DACHS, Oberpfalz 173 Anm. 67; KLEBEL, Herzogtümer 46f. bzw. 85f.; GUTTENBERG, Stammesgrenzen (s. o. 150 Anm. 97) 18 in Korrektur seiner früheren Meinung; BOSL, Markengründungen 189 bzw. 377f.

[53] Die Kämpfe in den Ann. regni Franc. (zu 819–822) 150ff. sowie in der Anon. Vita Hludowici c. 31 und 32 (s. o. 167 Anm. 121) 624.

[54] WALDMÜLLER, Slawen (s. o. 144 Anm. 55) 583.

[55] BISCHOFF, Formelbücher (s. o. 171 Anm. 160) nr. 2, S. 28.

[56] PIRCHEGGER, Karantanien; HAUPTMANN, Polit. Umwälzungen (beide s. o. 252).

[57] Liudewits Sohn Ratimar führte später den Kampf fort; vgl. Ann. Iuv. max. (zu 838) 740 und Conv. Bag. c. 10, S. 135.

[58] Die erste Entscheidung fiel auf einer Bischofskonferenz an der Donau 796, anläßlich des Awarenfeldzuges Pippins; hier wurde für Salzburg und Aquileja die Drau als Grenze für die beiderseitige Awarenmission festgesetzt; vgl. Conv. Bag. c. 6, S. 132; zur Interpretation Ernst KLEBEL, Zur Gesch. d. Pfarren u. Kirchen Kärntens (Carinthia I 115) 1925, 1–47; (ebd. 116) 1926, 1–63 und (ebd. 117) 1927, 81–144, bes. (ebd. 115) 31ff.; zum Problem der Awarenmission Wolfg. H. FRITZE, Slaven und Avaren im angelsächs. Missionsprogramm (Zschr. f. slav. Philol. 31) 1963, 316–338; Heinr. BÜTTNER, Mission u. Kirchenorganisation des Frankenreiches bis zum Tode Karls d. Gr. (Karl d. Gr. Lebenswerk u. Nachleben 1) 1965, 454–487, bes. 476ff., sowie DEÉR 757ff. und KOLLAUTZ, Franken (s. o. 172 Anm. 165).

[59] Daß die Entscheidung durch Karl schon 803 bestätigt worden sei, sagt die Conversio, erhalten hat sich aber nur die Urkunde Karls d. Gr. v. 14. Juni 811 (s. o. 208 Anm. 40) nr. 211, S. 282f.

Provinz unter zwei Metropolen verbot.[60] So unterstanden hinfort die südlich der Drau gelegenen Teile Karantaniens kirchlich Aquileja und politisch dem Markgrafen von Friaul.[61]

c) *Bayern als karolingisches Teilregnum*

Gustav EITEN, Das Unterkönigtum im Reiche d. Merovinger u. Karolinger (Heidelberger Abh. z. mittleren u. neueren Gesch. 18) 1907; Heinz ZATSCHEK, Die Reichsteilungen unter Kaiser Ludwig d. Frommen. Stud. z. Entstehung des ostfränk. Reiches (MÖIG 49) 1935, 185–224; PFEFFER; dazu: Probleme d. Entstehung des Landes ob d. Enns (Mitt. d. oberösterr. Landesarch. 7) 1960, 125–315; Reinh. WENSKUS, Die deutschen Stämme im Reiche Karls d. Gr. (Karl d. Gr. Lebenswerk u. Nachleben 1) 1965, 178–219.

Bei der Reichsteilung des Jahres 806 war Bayern dem Königssohn Pippin zugeteilt worden,[62] «so, wie es Tassilo in Besitz hatte, ausgenommen die beiden Höfe Ingolstadt und Lauterhofen, mit denen wir einst Tassilo belehnt haben und die zum Nordgau gehören»; wenig später ist davon die Rede, daß «der Teil Bayerns, der Nordgau heißt», an Karls gleichnamigen Sohn fallen soll,[63] und aus dieser hier getroffenen Unterscheidung hat man den Schluß gezogen, daß mit der Nennung der beiden Höfe Ingolstadt und Lauterhofen nur die Schlüsselpunkte für den ganzen westlichen Teil des Nordgaues angegeben seien,[64] der somit bei der Reichsteilung des Jahres 806 von Bayern getrennt worden ist. Hier also hat man ein einziges Mal in der karolingischen Geschichte Bayerns auf die historischen Grenzen des Landes keine Rücksicht genommen. Bei dieser nur geplanten, aber nie verwirklichten Teilung von 806 ist jedoch Bayern überhaupt noch keine besondere Rolle zugedacht worden, es ging unter in der Ländermasse, die Pippin darüber hinaus noch zugeteilt wurde.

Bei der nächsten Teilung, noch unter der Verwaltung Audulfs,[65] des Nachfolgers Gerolds, erfuhr Bayern eine wichtige Umgestaltung; es erhielt bei den Reichsteilungen der Karolinger fortan eine besondere Rolle als «Unterkönigtum»[66] oder richtiger als Teilregnum.[67] Im Jahre 814 wies Ludwig der Fromme seinem Sohn Lothar Bayern als selbständige Herrschaft zu.[68] Damit war für Bayern eine Regelung getroffen

[60] Capitula excerpta de canone (hg. v. Alfr. BORETIUS, MGH Capit. 1) 1883, nr. 47, S. 133; Walafrid Strabo, Libellus de exordiis et incrementis rerum ecclesiasticarum c. 32 (hg. v. Alfr. BORETIUS-Victor KRAUSE, MGH Capit. 2) 1897, 515.

[61] So JAKSCH-WUTTE, Erläuterungen 52; akzeptiert von KLEBEL, Siedlungsgesch. 52 und JAKSCH I 75; vgl. SCHNORR, Einfluß (s. o. 224 Anm. 249).

[62] Divisio regnorum c. 2 (s. o. 174 Anm. 179) 127; Walt. SCHLESINGER, Kaisertum u. Reichsteilung. Zur Divisio regnorum v. 806 (in: Ders., Beitrr. I) 193–232 und 345; Peter CLASSEN, Karl d. Gr. u. die Thronfolge im Frankenreich (Veröffentl. d. Max-Planck-Inst. f. Gesch. 36/3) 1972, 109–134, bes. 129ff.; Dieter HÄGERMANN, Reichseinheit u. Reichsteilung. Bemerkungen z. Divisio regnorum v. 806 u. z. Ordinatio Imperii v. 817 (HJb. 95) 1975, 278–307.

[63] Divisio regnorum c. 3 (s. o. 174 Anm. 179) 127.

[64] DACHS, Oberpfalz 166ff.

[65] Herm. SCHREIBMÜLLER, Audulf, der frühest bezeugte Graf im Taubergau (Mainfränk. Jb. 3) 1951, 53–69; STURM, Preysing 206; MITTERAUER 58ff.

[66] EITEN, Unterkönigtum (s. o. Lit.) 59ff. und 114ff.; ZÖLLNER, Polit. Stellung (s. o. 250) 153ff.

[67] Militärische Gründe für die Erhebung Bayerns zum «Königsland» nimmt an KLEBEL, Ostgrenze (s. o. 252) 368 bzw. 25, dynastische ZATSCHEK, Reich (s. o. 249f.) 50f.; dazu REINDEL, Karolingerreich (s. o. 175 Anm. 186) 235.

[68] Ann. regni Franc. (zu 814) 141.

worden, wie sie bereits Karl der Große im Jahre 781 für Italien und Aquitanien vorgenommen hatte, als er hier seine vom Papst im gleichen Jahr zu Königen gesalbten[69] Söhne Pippin und Ludwig als Herrscher über die beiden Länder eingesetzt hatte.[70] Riezler[71] legt großen Wert auf die Feststellung, daß der Königstitel in Bayern nicht am Land, sondern an der Person haftete. Das wird auch zutreffen, aber es ist dennoch bezeichnend, daß unter den drei Ländern mit dem offenbar am stärksten ausgeprägten staatlichen Eigenleben, die für eine solche Sonderrolle ausgewählt wurden, sich auch Bayern befand. Zudem dürfte es auch das staatliche Selbstbewußtsein in Bayern selbst sehr gestärkt haben, wenn es hinfort nicht mehr ein Präfekt, sondern ein König war, der zum Regieren ins Land kam. So ist von Bayern als einem regnum die Rede und bereits unter Lothar datierte man in Freising Urkunden nach den Jahren seiner Königsherrschaft in Bayern.[72] Lothars Herrschaft in Bayern hinterließ allerdings kaum Spuren, und erst als er im Jahre 817 durch seinen jüngeren Bruder Ludwig den Deutschen abgelöst wurde, hatte Bayern den Herrscher erhalten, der auf Jahrzehnte hinaus seine Geschicke bestimmen sollte. Im Gegensatz zur Reichsteilung von 806, wo Bayern nur eines von vielen Ländern gewesen wäre, wurde es in der *Ordinatio* von 817 zu einer selbständigen Teilherrschaft: «Ebenso wollen wir, daß Ludwig Bayern erhält, die Karantanen, Böhmen, Avaren und Slaven, die im Osten Bayerns wohnen, und ferner zu seinem Unterhalt zwei Königshöfe im Nordgau, Lauterhofen und Ingolstadt».[73] Bayern, das hier allein mit dem Ländernamen aufgeführt ist, erscheint als das Zentrum eines eigenen kleinen Imperiums, dem die Völker der Karantanen, der Böhmen, der Awaren und Slawen (wohl die Herrschaft Liudewits) angegliedert sind; außerdem ist auch die 806 erfolgte Abtrennung der beiden Königshöfe Ingolstadt und Lauterhofen und damit wohl des ganzen westlichen Nordgaues rückgängig gemacht. Der etwa 805 geborene Ludwig[74] war noch zu jung, die Herrschaft zu diesem Zeitpunkt bereits anzutreten, doch hat man auch nach dem Tode des Grafen Audulf im Jahre 819[75] die Stelle eines bayerischen Präfekten nicht mehr besetzt, offenbar um dem jungen Herrscher für künftige Regierungsaufgaben freie Hand zu lassen.[76] Erst im Jahre 825 trat Ludwig seine Herrschaft in Bayern wirklich an,[77] und in einer Freisinger Privaturkunde nahm man ausdrücklich darauf Bezug.[78] Eigene Urkunden, die «Ludwig von Gottes Gnaden König der Bayern» ausstellt, sind seit 830 belegt.[79]

[69] HALLER, Papsttum I 459 f.

[70] Ann. Laureshamenses (zu 781) (s. o. 175 Anm. 189) 31 f.

[71] RIEZLER I 1, 365 f.

[72] Trad. Freis. nr. 333 b, S. 284 f.

[73] Ordinatio imperii c. 2 (s. o. 256 Anm. 49) 271; dazu auch Ann. regni Franc. (zu 817) 146; François L. GANSHOF, Observations sur l'Ordinatio Imperii de 817 (Festschr. Guido Kisch) 1955, 15–32; CLASSEN, Thronfolge; HÄGERMANN, Reichseinheit (beide s. o. 258 Anm. 62).

[74] Vgl. DÜMMLER I 17.

[75] Ann. s. Emmerammi maiores (zu 819) (s. o. 172 Anm. 166) 739.

[76] Allerdings vermutet KLEBEL, Herzogtümer 43 f. bzw. 82 ff. und Ostgrenze (s. o. 252) 361 bzw. 25, daß diese Institution, kollegial besetzt, weitergeführt worden sei.

[77] Ann. regni Franc. (zu 825) 168; Ann. Iuv. max. (zu 825) 740.

[78] Trad. Freis. nr. 529, S. 453.

[79] Urk. Ludwigs d. Deutschen v. 6. Okt. 830 (s. o. 224 Anm. 250) nr. 2, S. 2 f., dazu die Vorrede S. XVIII; vgl. auch Heinr. FICHTENAU, «Polit.» Datierun-

d) *Ludwig der Deutsche als König in Bayern.* Ludwigs des Deutschen Herrschaft in Bayern[80] ist durch zwei Faktoren bestimmt, durch seine aktive und zielstrebige Politik im Osten und durch den Versuch, sich von Bayern aus eine größere Herrschaft im Karolingerreich zu erkämpfen. Ludwig hat die nach Audulfs Tod im Jahre 819 verwaiste Würde eines bayerischen Präfekten einstweilen nicht erneuert, hat aber die Institution eines Statthalters für das Ostland bestehen lassen; Gerold (II.) hatte er bei seinem Regierungsantritt bereits vorgefunden, und als dieser, wohl 832, gestorben war,[81] gab er ihm einen Nachfolger in der Person des Grafen Radbod.[82] Hieß Gerold im Jahre 826 noch «Wächter der Awarengrenze»,[83] so erscheint Radbod 844 in Oberpannonien als Graf,[84] wohl eine Folge der jetzt vom mährischen Reich drohenden Gefahr und zugleich ein Zeichen dafür, daß eigene politische Organisationsformen der Awaren in diesen Gebieten spätestens zu diesem Zeitpunkt von unmittelbarer fränkischer Verwaltung abgelöst wurden.[85] Eine zweite Markgrafschaft südlich davon, vermutlich mit dem Zentrum Steinamanger, erhielt Graf Rihher.[86] Auch ein neues slawisches Fürstentum wurde, vielleicht als Gegengewicht gegen die zwischen Drau und Save fortbestehende Herrschaft Ratimars, des Sohnes Liudewits, geschaffen: der bisher im slowakischen Neutra gebietende Fürst Priwina, der im Verlaufe innermährischer Auseinandersetzungen 834 zu den Franken geflohen war,[87] erhielt von Ludwig dem Deutschen in Unterpannonien, nördlich der Drau, etwa von Pettau bis Belgrad und nördlich bis zum Bakonyawald, eine Herrschaft,[88] für die Priwina

gen des frühen MA (MIÖG Erg.-Bd. 24) 1973, 453–548, bes. 530f.

[80] Zu Ludwig dem Deutschen ZATSCHEK, Reich (s. o. 249f.) 78–173; Ders., Ludwig d. Deutsche (in: Theod. MAYER [Hg.], Der Vertrag v. Verdun 843) 1943, 31–65; Ders., Reichsteilungen (s. o. 258); Walt. SCHLESINGER, Die Auflösung des Karlsreiches (Karl d. Gr. Lebenswerk u. Nachleben 1) 1965, 792–857, bes. 805ff.

[81] Gerold wird zuletzt 832 genannt (Vita s. Anskarii c. 13, hg. v. Carl Friedr. DAHLMANN, MGH SS 2, 1829, 699), sein Nachfolger Radbod zuerst 833 (Trad. Reg. nr. 26, S. 33).

[82] Carl PLANK, Die Regensburger Grafschaft im Unterinntal u. die Rapotonen (Veröffentl. d. Mus. Ferdinandeum in Innsbruck 31) 1951, 561–565; Ders., Siedlungs- u. Besitzgesch. d. Grafschaft Pitten (Veröffentl. d. Inst. f. österr. Geschichtsforsch. 10) 1946; MITTERAUER 91ff.

[83] Ann. regni Franc. (zu 826) 169.

[84] Urk. Ludwigs d. Deutschen v. 15. Sept. 844 (s. o. 224 Anm. 250) nr. 38, S. 49f.

[85] DEÉR 781ff. vermutet hinter dieser Änderung vornehmlich fiskalische Gründe.

[86] Excerpta Aventini ex Ann. Iuv. (zu 854 und 857) (hg. v. Harry BRESSLAU, MGH SS 30/2) 1926, 744.

[87] Zur Herrschaft Priwinas Manfr. HELLMANN, Grundfragen slav. Verfassungsgesch. des frühen MA (Jbb. f. Gesch. Osteuropas NF 2) 1954, 387–404, bes. 391f.; PREIDEL, Anfänge (s. o. 250) II 102ff.; VANĚČEK 20ff.; Jan SIEKLICKI, Quidam Priwina. Z zagadnień kształtowania się państwowości morawskiej w IX wieku [Des problèmes de la formation de l'état morave au IXe siècle] (Slavia Occidentalis 22) 1962, 115–145; die Conv. Bag. c. 11, S. 136 berichtet, daß Erzbischof Adalram von Salzburg noch an Priwinas Herrschersitz in Neutra eine Kirche geweiht habe, deren Spuren jedoch von der Archäologie bisher vergeblich gesucht wurden: Bohuslav CHROPOVSKÝ, The Situation of Nitra in the Light of Archaeological Finds (Historica 8) 1964, 5–33; zur Taufe Priwinas Heinr. Ludw. WERNECK, Die St. Martins-Kirche z. Traisenburg bei Traismauer/NÖ (Ostbair. Grenzmarken 4) 1960, 73–84.

[88] Zur Ausdehnung KLEBEL, Ostgrenze (s. o. 252) 377 bzw. 37f.; Ders., Herzogtümer 18 bzw. 58f.

sich in Moosburg-Zalavar, nahe dem Plattensee, eine Hauptstadt schuf.[89] Dieses Transdanubien hat man neuerdings (freilich kaum zu Recht) nicht mehr als slawischen Vasallenstaat, sondern als direkt zur fränkischen Verwaltungsorganisation gehörig betrachtet.[90]

Eine wichtige Änderung für die politisch-militärische Organisation des Ostlandes brachte die im Jahre 828 erfolgte Absetzung[91] des Markgrafen Balderich von Friaul,[92] dem man die Schuld an einem erfolgreichen bulgarischen Zug nach Pannonien im Jahre 827 gab. Seine Mark wurde in vier Grafschaften aufgeteilt, deren Namen uns nicht genannt sind, die man aber in Friaul, Istrien, Unterpannonien-Slawonien und vielleicht in Krain sucht.[93] Vermutlich zur gleichen Zeit[94] erfolgte die von der Conversio berichtete Umgestaltung Karantaniens, durch die an die Stelle der bisherigen slawischen Fürsten bayerische Grafen gesetzt wurden.[95] Sehr wahrscheinlich erfolgte diese Umorganisation im Zusammenhang mit der Bedrohung durch bulgarische Angriffe, die gerade in den Jahren 828 und 829 hier zu schweren Kämpfen führten.[96] Vielleicht ist in diesem Zusammenhang auch noch die 828/829 erfolgte Abgrenzung der Salzburger und Passauer Diözesen im Osten zu sehen.[97]

Jedoch nicht die Bulgaren, sondern *das Reich der Mährer*[98] wurde für Bayern zur

[89] Thomas v. BOGYAY, Die kunst- u. kirchengeschichtl. Bedeutung d. Ausgrabungen v. Mosapurc-Zalavár (Forsch. z. Kunstgesch. u. christl. Archäologie I 2) 1954, 131–145; Ders., Mosapurc u. Zalavár. Eine Auswertung d. archäolog. Funde u. schriftl. Quellen (Südost-Forsch. 14) 1955, 349–405; Agnes Cs. SÓS, Ausgrabungen v. Zalavár. Die ethn. Fragen des Priwina-Besitzes u. die fränk. Herrschaft in Transdanubien im Spiegel d. neueren archäolog. Freilegungen (Slavist. Forsch. 6) 1964, 222–261.

[90] SÓS, Bevölkerung (s. o. 255 Anm. 39) 41 f.; vgl. dazu Kurt REINDEL, DA 32, 1976, 630 f.

[91] Ann. regni Franc. (zu 828) 174.

[92] Zu ihm HLAWITSCHKA, Franken (s. o. 250) 146 f.

[93] Vielleicht sind Karantanien und Pannonien südlich der Drau damals wieder zu Bayern gekommen; HOFMEISTER, Markgrafen (s. o. 252) 275 f.; HAUPTMANN, Erläuterungen 341 ff.; KLEBEL, Siedlungsgesch. 52 f.; Ders., Herzogtümer 19 ff. bzw. 60 ff.; RIEZLER I 1, 381.

[94] So JAKSCH I 85 f. und MITTERAUER 86; Ders., Herzogtum (s. o. 144 Anm. 56) 433 rechnet allerdings erst mit einem Zeitpunkt nach dem Regierungsantritt Ludwigs im Jahre 826.

[95] Conv. Bag. c. 10, S. 135: «... die bayerischen Herzöge begannen über das erwähnte Land aufgrund der Verleihung durch die Könige unmittelbar zu herrschen»; nach MORO, Polit. Stellung (s. o. 169 Anm. 140) erfolgte die fränkische Grafschaftseinteilung jedoch bereits vor 819; vgl. auch Ders., Das Königsgut in Kärnten (800 bis etwa 1000) (Carinthia I 131) 1941, 35–40; zur missionarischen Tätigkeit Freisings in diesen Gebieten Ders., Freising (s. o. 209 Anm. 52) 68; Hans MALLOTH, Frühkaroling. Schriftdenkmäler aus dem Kärntner Unterland (Carinthia I 155) 1965, 689–700.

[96] Quellen bei HERRMANN 99 ff.

[97] Karl LECHNER, Die salzburg.-passau. Diözesanregulierung in d. Buckligen Welt im Rahmen d. Landschaftsgesch. d. 9. Jhs. (Mitt. d. Ges. f. Salzb. Landesk. 109) 1969, 41–63.

[98] Eine Aufführung der tschechischen Nachkriegsliteratur mit ihrer intensiven Erforschung des «großmährischen Reiches» bei VANĚČEK, František GRAUS, L'empire de Grande-Moravie, sa situation dans l'Europe de l'époque et sa structure intérieure (Das Großmähr. Reich) 1966, 133–219 und RICHTER, Die böhm. Länder (s. o. 152 Anm. 1) 170 ff. Ferner Karl BOSL, Das Großmähr. Reich in d. polit. Welt d. 9. Jhs. (SB München 1966, 7) 1966; Wiederabdruck in: Veröffentl. d. Coll. Carolinum 32, 1976, 38–58; Heinr. KOLLER, Das Großmähr. Reich (Österreich in Gesch. u.

entscheidenden Macht unter seinen östlichen Nachbarn. Dieses «großmährische Reich», das in seiner Bedeutung in den letzten Jahrzehnten mehr und mehr herausgestellt worden ist,[99] ist durch eine neuere Untersuchung in seiner politischen Bedeutung und räumlichen Ausdehnung sehr in Frage gestellt worden,[100] wobei diese neuen Thesen mit Zustimmung[101] wie mit Ablehnung[102] aufgenommen worden sind. Die Mährer traten im Jahre 822 zum ersten Mal in das Blickfeld des karolingischen Reiches, als ihre Gesandten, gemeinsam mit einer awarischen Gesandtschaft, mit Geschenken in Frankfurt erschienen.[103] Über die hier geknüpften Beziehungen bestanden vielleicht in fränkischer und mährischer Sicht verschiedene Auffassungen,[104] jedenfalls hat man von fränkischer Seite sich von jetzt an bemüht, die Mährer der eigenen Hoheit zu unterwerfen. Bei Lage der Dinge mußte Bayern die Hauptlast der Kämpfe tragen; allerdings wurde Mähren dann auch in Zeiten der Unterwerfung zum bayerischen Reich gerechnet. Die Flucht Priwinas zum bayerischen Herrscher war bis gegen die Mitte des Jahrhunderts das einzige Ereignis von größerer politischer Bedeutung in der Beziehung zwischen den beiden Reichen. Die staatliche, kulturelle und religiöse Entwicklung der Völker um die mittlere Donau vom siebten bis zum neunten Jahrhundert, die auch die Entscheidung brachte, ob diese Völker zum Westen oder zum Osten hinneigen würden, vollzog sich unter starkem bayerischen Einfluß, sei es aufgrund eigener Initiative des bayerischen Stammes oder im Dienste des fränkischen Imperialismus. An der politischen Erfassung der Länder orientierte sich auch deren christliche Durchdringung, wobei Mähren der Passauer, Böhmen der Regensburger Mission vorbehalten gewesen zu sein scheint.[105] Die Annalen von Kremsmünster schreiben, daß der «Mährerbischof Reginhar (= B. Reginhar von Passau 818–838) alle Mährer tauft»,[106] doch dürfte eine solche Nachricht vielleicht in den Umkreis der Lorcher Fabeln gehören,[107] denn die Synode von Mainz

Lit. 10) 1966, 100–105; Jos. Poulík, Ein Beitr. südmähr. archäolog. Grabungen z. Frage des Ursprungs des großmähr. Staates (ebd.) 112–117; Ders., Mikulčice, 1975, mit deutscher Zusammenfassung S. 188–200; František Graus, Das Großmähr. Reich in d. böhm. mittelalterl. Tradition (Ann. Instituti Slavici I 2) 1966, 129–139; Adolf Provazník, The British Isles and Great Moravia in the early middle ages (Journ. of Medieval History 5) 1979, 97–113 weist auf Übereinstimmung in den Kirchenbauten hin.

[99] Insbesondere sei verwiesen auf die Magnae Moraviae Fontes Historici, 5 Bde., 1966–77.

[100] Imre Boba, Moravia's history reconsidered. A reinterpretation of medieval sources, 1971.

[101] Charles R. Bowlus, Die Wilhelminer u. die Mährer (ZBLG 36) 1973, 759–775.

[102] František Graus, Jbb. f. Gesch. Osteuropas NF 20, 1972, 280ff.; Jos. Staber, Moravia's history reconsidered. Zur Frage d. Bischofstadt des hl. Methodius (Beitrr. ABK 28) 1974, 61–71.

[103] Ann. regni Franc. (zu 822) 159.

[104] Preidel, Anfänge (s. o. 250) II 102ff. in Polemik mit der tschechischen Forschung.

[105] Matzke, Christentum (s. o. 224 Anm. 252); Heinr. Koller, Zur Eingliederung d. Slaven in d. karoling. Imperium (Ann. Instituti Slavici II 2) 1970, 33–45; Ders., Christianisierung (s. o. 180 Anm. 15); Bosl, Eintritt (s. o. 225 Anm. 262); Ders., Probleme d. Missionierung des böhm.-mähr. Herrschaftsraumes (Slavist. Forsch. 6) 1964, 1–38; Wiederabdruck in: František Graus-Herb. Ludat (Hg.), Siedlung u. Verfassung Böhmens in d. Frühzeit, 1967, 104–132 und in: Veröffentl. d. Coll. Carolinum 32, 1976, 59–87.

[106] Ann. v. Kremsmünster (zu 831) (s. o. 210 Anm. 61) 15.

[107] Heuwieser, Passau 140.

stellt 852 fest, daß noch «ein rohes Christentum beim Mährervolk herrscht».[108] In Regensburg haben sich Bischöfe und Domkloster an der Missionierung beteiligt,[109] hier scheint mit der Taufe von 14 böhmischen duces im Jahre 845 (s. u. 265) ein gewisser Erfolg erzielt worden zu sein. Das Salzburger Missionsgebiet war einmal Pannonien mit seinen slawischen Fürstentümern, wo allein unter dem Pontifikat des Erzbischofs Liupram 17 Kirchen geweiht wurden,[110] zum andern Karantanien, wo das Erzbistum vor allem durch die große Schenkung Ludwigs des Deutschen aus dem Jahre 860 eine reiche Ausstattung erhielt.[111]

Ludwig der Deutsche konnte seine Aufmerksamkeit den Vorgängen innerhalb des fränkischen Reiches und der karolingischen Dynastie zuwenden. Die Ordinatio Imperii hatte das Prinzip der Reichsteilung dem Gedanken der Reichseinheit untergeordnet: Ludwig der Fromme erhob seinen ältesten Sohn Lothar zum Mitkaiser, dem die jüngeren Brüder als Könige in Aquitanien und Bayern unterstellt wurden. Diese Ordnung wurde erschüttert, als Ludwig der Fromme seinen nachgeborenen Sohn Karl (den Kahlen) aus seiner zweiten Ehe mit der Welfin Judith im Jahre 829 mit einer Herrschaft ausstattete, die sich über Alemannien, das Elsaß und Teile Burgunds erstreckte. Im folgenden Jahr 830 erfolgte daraufhin unter der Führung Lothars die erste Empörung der älteren Söhne gegen den Vater, unter deren Druck Ende 830 oder Anfang 831 Ludwig der Fromme eine neue Reichsteilung vornehmen mußte, die Ludwig dem Deutschen den Anspruch auf die meisten rechtsrheinischen Gebiete und dazu noch auf einen Teil Nordgalliens sicherte.[112] Alemannien allerdings, das seinem Stiefbruder Karl dem Kahlen vorbehalten war, blieb davon ausgenommen, und dieses sich mit Gewalt zu erobern, unternahm Ludwig der Deutsche 832 mit bayerischen und slawischen Truppen einen Kriegszug.[113] Doch war er dem Heer seines Vaters nicht gewachsen und mußte sich noch im gleichen Jahr in Augsburg unterwerfen. Bereits im folgenden Jahr beteiligte er sich wieder an der Erhebung seiner Brüder Lothar und Pippin, die durch den Abfall der kaiserlichen Truppen auf

[108] Synodalakten v. Mainz c. 11 (hg. v. Alfr. BORETIUS-Victor KRAUSE, MGH Capit. 2) 1890, nr. 249, S. 189.

[109] STABER, Regensburg u. Böhmen; Ders., Missionierung (beide s. o. 225 Anm. 259); Jos. HEMMERLE, Mission u. Klöster d. bayer. Benediktiner in Böhmen (Beitrr. z. Tausendjahrfeier des Bistums Prag 2) 1972, 20–37; Wiederabdruck in: Tausend Jahre Bistum Prag 973–1973. Beitrr. zum Millenium (Veröffentl. d. Inst. Bohemicum 1) 1974, 52–69; Zdenka KRUMPHANZLOVÁ, Die Regensburger Mission u. der Sieg d. latein. Kirche in Böhmen im Licht archäolog. Quellen (Ann. Instituti Slavici 8) 1974, 20–40.

[110] KOLLER, Missionsmethode; Ders., Pannonien (beide s. o. 224 Anm. 247); DOPSCH, Gesch. Salzburgs (s. o. 250) 176ff.

[111] Urk. Ludwigs d. Deutschen v. 20. Sept. 860 (s. o. 224 Anm. 250) nr. 102, S. 147f.; Heinr. KOLLER, Der östl. Salzburger Besitz im Jahre 860 (Burgenländ. Heimatbll. 22) 1960, 89–106; Ders., König Arnolfs großes Privileg f. Salzburg (Mitt. d. Ges. f. Salzb. Landesk. 109, 1969) 1970, 65–75 (Die Urkunde Arnolfs [s. o. 206 Anm. 24] nr. 184, S. 281ff. nimmt die Ludwig-Urkunde als Vorlage); Fritz POSCH, Zur Lokalisierung des in d. Urk. v. 860 genannten Salzburger Besitzes (Mitt. d. Ges. f. Salzb. Landesk. 101) 1961, 243–260.

[112] Regni divisio (hg. v. Alfr. BORETIUS-Victor KRAUSE, MGH Capit. 2) 1890, nr. 194, S. 20ff.

[113] Ann. Bertiniani (zu 832) (hg. v. Gg. WAITZ, MGH SS rer. Germ.) 1883, 4: «mit allen Bayern, Freien und Knechten und mit den Slawen, die er zu sich rufen konnte».

dem «Lügenfeld» bei Colmar zum Erfolg führte. Die Reichsteilung, die daraufhin im Jahre 833 vorgenommen wurde, brachte den drei Brüdern nicht nur eine Vergrößerung ihres Anteils auf Kosten des Stiefbruders, sondern auch die Selbständigkeit ihrer Herrschaften ein. Ludwig erhielt wiederum den Osten, diesmal aber unter Einschluß Alemanniens.[114] Von diesem Zeitpunkt an urkundet Ludwig nur noch als rex, nicht mehr als rex Baioariorum, und die Datierung seiner Urkunden zählt nach seinen Herrscherjahren «in orientali Francia».[115]

Allerdings mußte Ludwig noch ein Jahrzehnt darum kämpfen, bis seine Herrschaft hier wirklich feststand, und es dauerte lange, bis sie im übrigen Ostfranken so fest verankert war wie in Bayern. Als er im Jahre 838 von seinem Vater wieder auf Bayern beschränkt wurde,[116] gelang es ihm nicht, sich mit Waffengewalt zu behaupten, denn außer den Bayern fielen alle anderen ostfränkischen Stämme von ihm ab.[117]

Nach dem Tod Ludwigs des Frommen trat Lothar I. mit dem Anspruch auf Oberhoheit über seine jüngeren Brüder auf. Ludwig der Deutsche errang mit Hilfe bayerischer Truppen am 13. Mai 841 im schwäbischen Riesgau einen Sieg über das Heer seines Bruders Lothar,[118] und am 25. Juni 841 besiegte er gemeinsam mit seinem Halbbruder Karl den Kaiser bei Fontenoy.[119] Der *Vertrag von Verdun* im August 843 beendete die Auseinandersetzungen, er setzte Ludwig den Deutschen endgültig in den Besitz des ganzen ostfränkischen Reiches.[120] Wie sehr aber auch jetzt noch das bayerische Reich als das eigentliche Zentrum von Ludwigs Macht angesehen wurde, zeigt die Tatsache, daß in der päpstlichen[121] wie in der byzantinischen[122] Kanzlei Ludwig auch fortan noch gelegentlich als König der Bayern tituliert wurde.

e) *Ludwig der Deutsche vom Vertrag von Verdun bis zu seinem Tod* (843–876). Das Amt eines Präfekten für ganz Bayern ist nach dem Tode Audulfs anscheinend einstweilen

[114] Anon. Vita Hludowici c. 48 (s. o. 167 Anm. 121) 635f.

[115] Zuerst in der Urkunde Ludwigs d. Deutschen vom 19. Okt. 833 (s. o. 224 Anm. 250) nr. 13, S. 15f.; auch die Freisinger Privaturkunden zählen zumeist nur noch nach seinen Regierungsjahren; Zusammenstellung bei EITEN, Unterkönigtum (s. o. 258) 127.

[116] Ann. Bertiniani (zu 838) (s. o. 263 Anm. 113) 16; Ann. Fuld. (zu 838) 29.

[117] Nithard, Historiae I 8 (hg. v. Ernst MÜLLER, MGH SS rer. Germ.) 1907³, 12; Anon. Vita Hludowici c. 62 (s. o. 167 Anm. 121) 646.

[118] Dazu DÜMMLER I 151.

[119] Zur Schlacht bei Fontenoy CRAM, Iudicium (s. o. 165 Anm. 113) 20ff.

[120] Zum Vertrag von Verdun V. SCHLEITER, La guerre des trois frères et le traité de Verdun (Mémoires de la soc. philomatique de Verdun 17) 1931, 33–159; Theod. MAYER (Hg.), Der Vertrag v. Verdun 843. Neun Aufsätze z. Begründung d. europ. Völker- u. Staatenwelt, 1943; Paul Egon HÜBINGER, Der Vertrag v. Verdun u. sein Rang in d. abendländ. Gesch. (Düsseldorfer Jb. 44) 1947, 1–16; François L. GANSHOF, Zur Entstehungsgesch. u. Bedeutung des Vertrages v. Verdun (843) (DA 12) 1956, 313–330; CLASSEN, Thronfolge (s. o. 258 Anm. 62); die bayerischen Teilnehmer an den Verhandlungen genannt Trad. Freis. nr. 661, S. 556ff.; ihre Deutung bei RIEZLER I 1, 375.

[121] Brief Papst Johannes VIII. aus dem Jahre 876 (hg. v. Erich CASPAR-Gerh. LAEHR, MGH Epist. 7) 1928, nr. 7, S. 320; Briefe Papst Johannes VIII. aus dem Jahre 878 (hg. v. Erich CASPAR, ebd.) nrr. 87 und 88, S. 82 und 84.

[122] Konstantin Porphyrogenitus, De cerimoniis aulae Byzantinae II 48 (hg. v. Joh. Jac. REISKE, Corpus scriptorum Byzantinae 5/1) 1829, 689.

nicht mehr besetzt worden, wohl um den bayerischen König Ludwig nicht irgendwie zu beirren. Erst als Ludwig über die Grenzen des ihm zugewiesenen bayerischen Reiches hinausgriff, wurde auch die Frage eines Stellvertreters für Bayern wieder akut. Dieses Amt übernahm der einem fränkischen Geschlecht angehörige Graf Ernst, der 829 zum ersten Mal in der Umgebung des Königs,[123] 837 zuerst mit dem Grafentitel nachzuweisen[124] ist. Daß seine Würde noch darüber hinaus ging, zeigen die anderen für ihn gefundenen Bezeichnungen: «Herzog und unter den Freunden des Königs der erste»,[125] «der erste unter allen Adligen»,[126] «Führer des bayerischen Aufgebotes».[127] Zudem wurde er der Schwiegervater des Königssohnes Karlmann. Wann er sein Amt antrat, können wir nicht sagen, er hatte es inne bis zu seiner Absetzung im Jahre 861. Neben ihm stand nach dem Tod Gerolds (II.), im Jahre 833 zum ersten Mal nachzuweisen,[128] als Präfekt für das Ostland der Graf Radbod.[129] Der einem fränkisch-friesischen Geschlecht entstammende Graf war zwei Jahrzehnte lang die eigentliche Schlüsselfigur für den bayerischen Osten, mit einer sehr starken Machtkonzentration in seiner Hand, die ihn wie auch die anderen Grenzgrafen immer wieder zu Aufständen verleitete.

Seitdem Ludwig durch den Vertrag von Verdun seine weitgesteckten Ziele im Kampf um eine größere Herrschaft garantiert erhalten hatte, lebte seine Aktivität in der Ostpolitik merklich wieder auf. In *Böhmen* hatte sich zu diesem Zeitpunkt anscheinend noch keine große staatliche Macht ausbilden können,[130] und nur langsam konnte sich die Familie der Přzemysliden durchsetzen.[131] Daß sich im Jahre 845 vierzehn böhmische duces in Regensburg taufen ließen, dürfte neben dem Missionserfolg auch von erheblicher politischer Bedeutung gewesen sein.[132] Bereits im folgenden Jahr 846 zog Ludwig mit Heeresmacht nach *Mähren* und ersetzte hier den Herzog Moimir durch dessen Neffen Rastislav. Den Rückweg durch Böhmen mußte der König sich mühsam erkämpfen, und das könnte darauf schließen lassen, daß die Regensburger Taufe mit dieser aufflammenden kriegerischen Aktivität anderer in Böhmen ansässiger Stämme in Zusammenhang stand.[133] Über Einzelheiten können

[123] Trad. Reg. nr. 24, S. 30f.
[124] Trad. Reg. nr. 29, S. 36.
[125] Ann. Fuld. (zu 849) 38.
[126] Ann. Fuld. (zu 861) 55.
[127] Urk. Ludwigs d. Deutschen v. 17. März 855 (s. o. 224 Anm. 250) nr. 72, S. 101f.
[128] Trad. Reg. nr. 26, S. 32f.
[129] MITTERAUER 91ff.
[130] TUREK, Stämmegebiete (s. o. 256 Anm. 44) 94ff.; Václav VANĚČEK, Über d. Außenpolitik des mähr. Staates in den vierziger- bis achtziger Jahren d. 9. Jhs. (Das Großmähr. Reich) 1966, 287–300.
[131] Wilh. WOSTRY, Die Ursprünge d. Primisliden (Forsch. z. Gesch. u. Lkde. d. Sudetenländer 1) 1953, 156–253.
[132] Ann. Fuld. (zu 845) 35; Helm. PREIDEL, Die Taufe d. 14 böhm. Herzöge in Regensburg (Prager Nachrichten VI 11/12) 1955, 12ff.; BOSL, Eintritt (s. o. 225 Anm. 262) 44ff. bzw. 16ff.; PRINZ, Stellung Böhmens (s. o. 256 Anm. 49) 103f.; für irischen Einfluß bei der Mission in Böhmen CIBULKA, Frühgesch. (s. o. 221 Anm. 204); Ders., Die Bekehrung des Böhmenherzogs Bořivoj u. der Magnaten des Fürsten Ingo (Österreich in Gesch. u. Lit. 10) 1966, 106–112; s. o. S. 225.
[133] Ann. Fuld. (zu 846) 36; Ann. Altah. (zu 846) 5; MATZKE, Christentum (s. o. 224 Anm. 252) weist darauf hin, daß weder von einer Auflehnung noch einer Absetzung Moimirs die Rede sei; vgl. dazu HOFFMANN, Böhmen (s. o. 253) 12.

wir nur Vermutungen anstellen, jedenfalls folgten jetzt Einfälle auf böhmisches Gebiet, die sich bis 850 fortsetzten.

Der große Gegner des bayerischen Reiches aber wurde der von Ludwig dem Deutschen eingesetzte Herzog Rastislav von Mähren. Offenbar im Zusammenhang mit dem Mährer[134] entfachte im Jahre 854 der Ostmarkpräfekt Radbod einen Aufstand,[135] der zwar rasch wieder niedergeworfen wurde, durch den aber doch der ganze Osten in Bewegung geraten zu sein scheint. Im Jahre 855 unternahm Graf Ernst als Führer des bayerischen Aufgebotes einen Kriegszug nach Böhmen,[136] und im gleichen Jahr führte Ludwig selbst einen allerdings nicht sehr erfolgreichen Zug gegen Rastislav.[137] 856 kämpfte Ludwig wieder in Böhmen und ausdrücklich wird gesagt, daß der Sohn eines der besiegten Fürsten zu Rastislav von Mähren floh,[138] der mehr und mehr zur zentralen Figur in der slawischen Staatenwelt wurde. Im Zusammenhang damit und mit der Empörung des Präfekten Radbod wird Ludwig eine neue Ordnung der Ostgebiete getroffen haben: im Jahre 856 verlieh er die «marca orientalis», wie sie in diesem Jahr zum ersten Mal heißt, seinem Sohn *Karlmann.*[139]

Mit dieser Übertragung des Ostlandes an einen Angehörigen der eigenen Familie hat Ludwig wohl die Aufstandsgefahr bannen wollen; er suchte ihr auch dadurch zu begegnen, daß er, wohl beim Regierungsantritt seines Sohnes, die Ostmarkpräfektur um Karantanien verkleinerte und einem eigenen Kommando unterstellte.[140] Karlmann hat anscheinend von Anfang an versucht, sich eine größere und selbständige Herrschaft zu erkämpfen. Der Vorbereitung dazu dienten Friedensschluß und Bündnis mit Rastislav von Mähren im Jahre 858,[141] das eine längere Periode von Kämpfen abschloß und für das Land eine Reihe von Friedensjahren heraufführte. Dann führte er eine Anzahl von Kämpfen gegen die ihm untergebenen oder gleichgestellten Grafen des Ostlandes, ohne daß wir den wortkargen Quellenberichten noch irgend etwas über die Hintergründe dieser Kämpfe entnehmen könnten. Zum Jahre 857 ist von einem Aufstand Rihhers von Unterpannonien und Pabos von Karantanien die Rede,[142] und es bedurfte dabei offenbar längerer Kämpfe, um beide schließlich durch einen Udalrich (Unterpannonien) und Gundakar (Karantanien) ersetzen zu können.[143] Zugleich ging Karlmann im Einvernehmen mit Herzog Rastislav von Mähren gegen seinen Vater vor und besetzte Bayern bis zum Inn.[144] Dem Übereinkommen mit dem Mährerherzog opferte Karlmann auch den slawischen Fürsten Priwina, der in seinem pannonischen Fürstentum am Plattensee durch seinen Sohn Kozel abgelöst wurde. Nach dem Bericht der Conversio[145] ist Priwina bei einem Einfall der Mährer

[134] So BRESSLAU, Salzb. Annalistik 46.

[135] Excerpta Aventini (zu 854) (s. o. 260 Anm. 86) 744.

[136] Urk. Ludwigs d. Deutschen v. 17. März 855 (s. o. 224 Anm. 250) nr. 72, S. 101 f.

[137] Ann. Altah. (zu 855) 6.

[138] Ann. Fuld. (zu 857) 47.

[139] Excerpta Aventini (zu 856) (s. o. 260 Anm. 86) 744.

[140] So HAUPTMANN, Erläuterungen 343.

[141] Excerpta Aventini (zu 858) (s. o. 260 Anm. 86) 744.

[142] Excerpta Aventini (zu 857) (s. o. 260 Anm. 86) 744.

[143] Ann. Fuld. (zu 861) 55.

[144] Ann. Bertiniani (zu 861) (s. o. 263 Anm. 113) 55.

[145] Conv. Bag. c. 13, S. 139; vgl. DÜMMLER II 24 und DOPSCH, Gesch. Salzburgs

erschlagen worden, nach der Vermutung von Sós[146] ist er beim Feldzug gegen die Mährer getötet worden. Im gleichen Jahr 861 wurde Karlmanns Schwiegervater, der Graf Ernst, von Ludwig dem Deutschen seiner Posten enthoben,[147] und man geht wohl nicht fehl in der Annahme, daß hier ein Zusammenhang besteht.

Wie weitgespannt die Pläne waren, zeigt auch der zum gleichen Zeitpunkt unternommene Versuch Herzog Rastislavs, des Verbündeten Karlmanns, sich von der fränkischen Reichskirche zu emanzipieren. Vom Jahre 863 datiert das Empfehlungsschreiben des byzantinischen Kaisers für den Missionar Konstantin, der sich auf Bitten Herzog Rastislavs zur Bekehrung der Mährer aufmachte.[148] Ob man darin außerdem noch den Versuch des Mährers sehen kann, gegen die sich damals anbahnende fränkisch-bulgarische Allianz[149] zu einer Verständigung mit Byzanz zu kommen, mag dahingestellt bleiben.[150] Jedoch scheint der byzantinische Kaiser gewillt gewesen zu sein, größere Verwicklungen mit dem Frankenreich zu vermeiden, da er dem Mährerherzog nicht den zur Einrichtung einer eigenen Kirchenprovinz notwendigen Bischof, sondern lediglich einen einfachen Priester sandte.[151] Von diesem Zeitpunkt an datiert jedoch das missionarische Wirken der Brüder *Konstantin-Kyrillos* und *Methodios* unter den slawischen Völkern, insbesondere den Mährern, das noch zu heftigen Spannungen auf kirchlichem und politischem Gebiet führen sollte.

Ludwig der Deutsche war zunächst nicht in der Lage gewesen, gegen die neue Konstellation, die sich hier abzeichnete, etwas zu unternehmen. Er hatte sich damit begnügen müssen, den Grafen Ernst abzusetzen, ohne daß wir mit Sicherheit entscheiden könnten, ob diese Maßnahme der Anlaß oder erst eine Folge des Aufstandes war. Erst im Jahre 863 konnte er offensiv gegen seinen Sohn vorgehen. Ludwig

(s. o. 250) 181; neuere ungarische Literatur zu Priwina bei Sós, Zalavár (s. o. 261 Anm. 89) 226ff.

[146] Sós, Bevölkerung (s. o. 255 Anm. 39) 29f.

[147] Ann. Fuld. (zu 861) 55.

[148] Franz Dölger (Hg.), Regesten d. Kaiserurk. des oström. Reiches (Corpus d. griech. Urk. d. MA u. der neueren Zeit, Reihe A I 1) 1924, nr. 463, S. 56; die Literatur über Kyrill u. Method bei Franz Grivec, Konstantin u. Method, Lehrer d. Slawen, 1960; Günther Stökl, Gesch. d. Slavenmission (Die Kirche in ihrer Gesch. 2) 1961, E 75–E 91, bes. E 78ff.; Uhlirz I 202ff.; Sancti Cyrillus et Methodius. Leben u. Wirken, 1963; Cyrillo-Methodiana. Zur Frühgesch. des Christentums bei den Slaven 863–1963 (Slavist. Forsch. 6) 1964; Karl Bosl, Kyrill u. Method. Ihre Stellung u. Aufgabe in d. röm. Kirchenorganisation zw. Ost u. West (ZBLG 27) 1964, 34–54; Wiederabdruck in: Veröffentl. d. Coll. Carolinum 15, 1965, 7–25; Richter, Die böhm. Länder (s. o. 152 Anm. 1) 176f.; Prolegomena ad Acta Congressus historiae Slavicae Salisburgensis in memoriam SS. Cyrilli et Methodii anno 1963 celebrati (Ann. Instituti Slavici I 1) 1964; Cyrillo-Methodianische Fragen, Slav. Philol. u. Altertumskunde (ebd. I 4) 1968; Methodiana (ebd. 9) 1976; Christian Hannick, Die byzantin. Missionen (KG als Missionsgesch. II 1) 1978, 279–359, bes. 284–301.

[149] Brief Papst Nikolaus I. an Ludwig d. Deutschen aus dem Jahre 864 (hg. v. Ernst Perels, MGH Epist. 6) 1925, nr. 26, S. 290ff.

[150] Das vermutet Viktor Burr, Anmerkungen zum Konflikt zw. Methodius u. den bayer. Bischöfen (Slavist. Forsch. 6) 1964, 39–56, bes. 40f.

[151] Zur Christianisierung Mährens Zdenek R. Dittrich, Christianity in Great-Moravia (Bijdragen van het Instituut voor middeleeuwse geschiedenis d. Rijksuniversiteit te Utrecht 33) 1962, 92ff.; Vavřínek, Christianisierung (s. o. 221 Anm. 205) 32ff.; Bosl, Probleme (s. o. 262 Anm. 105).

gewann vor allem den Grafen Gundakar, der die Zugänge nach Karantanien preisgab und dadurch Karlmann zur Unterwerfung nötigte. Er kam nach Regensburg in Haft, konnte im folgenden Jahr 864 aber wieder in seine östlichen Marken entfliehen.[152] Ludwig trug seinem Sohn den Aufstand nicht nach; bei der Reichsteilung des Jahres 865, die zu diesem Zeitpunkt allerdings noch nicht praktisch verwirklicht wurde, fielen an Karlmann Bayern mit den östlichen Marken sowie die slawischen Völker, insbesondere Böhmen und Mähren.[153]

Ludwig traf noch im Jahre 863 mit dem Bulgarenfürsten zusammen und die hier getroffenen Vereinbarungen scheinen ihm Gelegenheit gegeben zu haben, im folgenden Jahr 864 gegen *Rastislav* von Mähren zu ziehen, den er in seiner Burg Theben belagerte und zur Unterwerfung zwingen konnte.[154] Daß aber der dabei geleistete Eidschwur des Mährers nicht ernst gemeint gewesen sei, betont schon der Annalist, und tatsächlich sehen wir Rastislav in den Jahren 865 und 866 in verstärkter politischer Aktivität, um im Frankenreich neue Verbündete zu gewinnen. Das gelang ihm auch im Jahre 865 mit dem Grafen Werner von der pannonischen Mark (zwischen Enns und Wienerald), der im Jahre 865 wegen seiner Konspiration mit Rastislav angeklagt und seiner Würden entsetzt wurde. Vielleicht wollte er auch einfach die mährerfreundliche Politik Karlmanns der letzten Jahre fortsetzen. Er wurde ein Opfer der Versöhnung Ludwigs des Deutschen mit seinem Sohn Karlmann. Werner ging zu Ludwig dem Jüngeren über, dem jüngsten Sohn Ludwigs des Deutschen, der anscheinend durch Vermittlung Werners ebenfalls auf die Seite des Mährers trat. Rastislav nahm seine Versuche, die kirchliche Selbständigkeit des Landes zu erringen, wieder auf, diesmal aber nicht im Zusammenwirken mit Byzanz, sondern mit Rom, das gerne auf diese Bestrebungen einging und in Mähren, in Anknüpfung an die 582 untergegangene Metropole Sirmium,[155] eine selbständige Kirchenprovinz zu errichten suchte.[156] Der Papst sah darin jedenfalls nicht nur die Möglichkeit, die einst an die

[152] Ann. Fuld. (zu 863 und 864) 56ff. und 62f.; MATZKE, Christentum (s. o. 224 Anm. 252).

[153] Ado v. Vienne, Chronicon, Continuatio (zu 865) (hg. v. Gg. Heinr. PERTZ, MGH SS 2) 1829, 324; Erchanberti Breviarium (s. o. 165 Anm. 110) 329.

[154] Ann. Fuld. (zu 864) 62; auch für das Folgende die Hauptquelle; vgl. auch Ann. Bertiniani (zu 866) (s. o. 263 Anm. 113) 84.

[155] Zur Frage, ob das pannonische Erzbistum Methods die Fortsetzung des alten Erzbistums Sirmium ist, Adolf Wilh. ZIEGLER, Der Slawenapostel Methodius im Schwabenlande (Dillingen u. Schwaben. Festschr. z. Vierhundertjahrfeier d. Univ. Dillingen a. d. Donau) 1949, 169–189, bes. 172; Jos. MASS, Bischof Anno v. Freising 854/5–875 (Slavist. Forsch. 6) 1964, 210–221, bes. 216f.; Imre BOBA, The Episcopacy of St. Methodius (Slavic Review 26) 1967, 85–93; HUBER, Begriff Pannonia (s. o. 255 Anm. 34) 57ff.; Lubomír E. HAVLÍK, Das pannon. Erzbistum im 9. Jh. im Lichte d. wechselseit. Beziehungen zw. Papsttum u. den ost- u. weström. Imperien (Ann. Instituti Slavici 9) 1976, 45–60.

[156] Brief Papst Hadrians II. (spur.) (hg. v. Ernst PERELS, MGH Epist. 6) 1925, nr. 43, S. 763f.; Reg. Papst Johannes VIII. (hg. v. Erich CASPAR, MGH Epist. 7) 1928, nrr. 15–24, S. 280–287; Francis DVORNIK, Les Slaves, Byzance et Rome au IXe siècle, 1926, Neudr. 1970; Ders., La lutte entre Byzance et Rome à propos de l'Illyricum au IXe siècle (Mélanges Charles Diehl I) 1930, 61–80; Ders., Byzantium, Rome, the Franks, and the christianization of the southern Slavs (Slavist. Forsch. 6) 1964, 85–125.

Ostkirche verlorene Provinz Illyricum wiederzugewinnen, sondern hoffte damit wohl auch seine Stellung gegenüber dem fränkischen Episkopat stärken zu können. Diese Versuche schienen zunächst von Erfolg gekrönt, zumal nach dem großen Erfolg Rastislavs im Jahre 869 über ein vereinigtes ostfränkisches Heeresaufgebot, ein Sieg, der zugleich auch die Böhmen wieder zu neuen Einfällen in Bayern anstachelte.[157] Erst das Jahr 870 brachte einen Umschwung, als *Swatopluk,* der Neffe Rastizlavs, der offenbar bisher Teilfürst von Neutra gewesen war,[158] seinen Onkel gefangennahm und an Ludwig den Deutschen auslieferte, der ihn blenden ließ.[159] Bei dieser Gelegenheit geriet auch der Erzbischof von Pannonien, *Methodius,* in die Gewalt der bayerischen Bischöfe. Er war zwar nicht nach Mähren zurückgekehrt, residierte aber in Zalavár-Moosburg, der Hauptstadt von Priwinas Fürstentum. Mit der Katastrophe Rastislavs verlor er jedoch auch hier seinen Rückhalt, er mußte sich vor einer bayerischen Synode verantworten und wurde gefangengesetzt. Die Verhandlung scheint in Regensburg[160] stattgefunden zu haben, auf der gleichen Reichsversammlung des Jahres 870, die auch über das Schicksal des Rastislav entschied. Bei der Verhandlung gegen Methodius[161] scheint auch Ludwig der Deutsche zumindest anwesend gewesen zu sein,[162] während beim Bischofsgericht Anno von Freising[163] den Vorsitz geführt haben dürfte.[164] Als Ort der Verbannung hat man das Kloster Ellwangen,[165] auf Grund einer Eintragung des Methodius in das Verbrüderungsbuch des Reichenau-Klosters[166] auch dieses in Vorschlag gebracht.[167] Die bayerische Kirche sah sich durch die Errichtung eines eigenen slawischen Erzbistums um die Erfolge einer jahrzehntelangen Missionstätigkeit bei den slawischen Völkern gebracht. In diesem Zusammenhang ist auch die Conversio Bagoariorum et Carantanorum entstanden, eine zur Vorlage bei König Ludwig oder beim Papst sorgfältig ausgearbeitete Denkschrift, die auf die Verdienste der Salzburger Kirche bei der Mission im Osten hinweist.[168]

[157] Ann. Fuld. (zu 869) 67.

[158] So VAVŘÍNEK, Christianisierung (s. o. 221 Anm. 205) 45.

[159] Ann. Fuld. (zu 870) 70.

[160] SCHMID, Reichsversammlungen (s. o. 250 Anm. 2) 48 f.; Ders., Regensburg (s. o. 145 f. Anm. 64) 322 f.

[161] S. SAKAČ, Bemerkungen zum Methodiusprozeß in Bayern, 870 (Orientalia Christiana Periodica 20) 1954, 175–180; Adolf Wilh. ZIEGLER, Der Konsens d. Freisinger Domherrn im Streit um Methodius (Slavist. Forsch. 6) 1964, 312–328; Ders., Die Absetzung des Erzbischofs Methodios im Lichte d. altkirchl. Rechtsgesch. (Beitrr. ABK 24/1) 1965, 11–24; Franz GRIVEC, Das Verhältnis Cyrills u. Methods z. Bayern (MThZ 6) 1955, 167–176; BURR, Anmerkungen (s. o. 267 Anm. 150); Franz MAYER, Causa Methodii (Die Welt d. Slaven 15) 1970, 335–360.

[162] So STABER, Regensburg u. Böhmen (s. o. 255 Anm. 259) 15 Anm. 20 mit Recht gegen Zdenek DITTRICH, Erzbischof Method. u. Fürst Svätopluk (Ann. Instituti Slavici I 4) 1968, 58–62, der den erwähnten König für Svätopluk hält.

[163] MASS, Bistum Freising (s. o. 222 Anm. 221) 123 ff.

[164] Jos. MASS, Bischof Anno v. Freising, Richter über Methodius in Regensburg (Ann. Instituti Slavici 9) 1976, 31–44.

[165] ZIEGLER, Slawenapostel (s. o. 268 Anm. 155); Ders., Methodius auf dem Weg in d. schwäb. Verbannung (Jbb. f. Gesch. Osteuropas NF 1, 1953) 1954, 369–382.

[166] Franz V. MAREŠ, Die Namen des Slavenapostels Methodius v. Saloniki u. seiner Gefährten im Verbrüderungsbuch des Reichenauer Klosters (Cyrillomethodianum 1) 1971, 107–112.

[167] MASS, Richter (s. o. Anm. 164) 40 ff.

[168] Hg. v. Milko KOS, 1936; zur Inter-

Eine voreilige Maßnahme Karlmanns, der auf eine unbegründete Verdächtigung den ihm bisher verbündeten Swatopluk von Mähren gefangensetzen ließ, trieb diesen in das Lager seiner Gegner. Als daraufhin das bayerische Heer im Jahre 871 nach Mähren zog, erlitt es hier eine vernichtende Niederlage, in der auch Wilhelm und Engelschalk, die bisherigen Grenzgrafen gegen Mähren, fielen.[169] 872 erlitten die Bayern eine neue Niederlage in Mähren, konnten jedoch in Böhmen ein Aufgebot von fünf Fürsten schlagen.[170] Im Jahre 874 kam es in *Forchheim* zum *Friedensschluß* zwischen Karlmann und Swatopluk, dem sich auch der «rex Bohemorum» anschloß, und man[171] hat vermutet, daß erst zu diesem Zeitpunkt die Gebiete zwischen Böhmerwald und Donau von mährischer unter bayerische Herrschaft gekommen sind.[172] Für Mähren brachte der Friedensschluß praktisch die Unabhängigkeit, auch der von den Bayern freigelassene Methodius konnte hier seine Tätigkeit wieder aufnehmen.

War mit dem Friedensschluß des Jahres 874 im Osten für einige Zeit Ruhe eingekehrt, so sollten dafür die bayerischen Truppen bald an anderer Stelle zu kämpfen gezwungen sein. Der kinderlose Ludwig II. hatte mehrfach Ludwig dem Deutschen für dessen Sohn Karlmann die Kaiserkrone zugesichert. Als jedoch Ludwig II. im Jahre 875 starb, wandte sich Papst Johann VIII. nicht an Karlmann von Bayern, sondern an den westfränkischen König Karl den Kahlen und lud diesen zur Kaiserkrönung nach Rom ein. Karlmann zog zum Kampf um die Kaiserkrone mit bayerischen Truppen noch im Jahre 875 nach Italien, ließ sich aber trotz militärischer Erfolge von seinem Oheim überspielen und zum Rückzug bestimmen und ermöglichte dadurch Karl dem Kahlen den Erwerb der Kaiserkrone am Weihnachtsfest des Jahres 875.[173] Ludwig der Deutsche gab den Kampf um das ihm zugesicherte Erbrecht noch nicht auf und unternahm im nächsten Jahr 876 einen Einfall in das westfränkische Reich

pretation BOGYAY, Kirchenorte (s. o. 224 Anm. 244), LHOTSKY 155 ff. und Herwig WOLFRAM, Conversio Bagoariorum et Carantanorum, 1979; ferner Franz ZAGIBA, Die «Conversio Bagoariorum et Carantanorum» als musikgeschichtl. Quelle (Festschr. Higinio Anglés) 1961, 1023–1051; zur bayerischen Mission im Osten Joh. Bapt. AUFHAUSER, Bayer. Missionsarbeit im Osten während d. 9. Jhs. (Festgabe Alois Knöpfler) 1917, 1–17; Ernst KLEBEL, Die bayr. Kirche u. die Christianisierung d. Ostalpenländer (Kath. Glaube und Deutsches Volkstum in Österreich) 1933, 88–106; Ders., Pfarren u. Kirchen (s. o. 257 Anm. 58); KUHAR, Conversion (s. o. 170 Anm. 150) 29 ff.; Ders., The irish missions (Studia Slovenica 4) 1962, 12–50; Franz ZAGIBA, Die bair. Slavenmission u. ihre Fortsetzung durch Kyrill u. Method (Jbb. f. Gesch. Osteuropas NF 9) 1961, 1–56; Ders., Zur Gesch. Kyrills u. Methods u. der bair. Ostmission (ebd.) 247–276; Ders., Das abendländ. Bildungswesen bei den Slawen im 8./9. Jh. Ein Beitr. z. Gesch. d. bayer. Ostmission (Beitrr. ABK 22/2) 1962, 15–44; Ders., Die abendländ.-latein. Grundlagen d. slav. literar. Bildung vor u. während d. kyrillo-methodian. Zeit (Wiener Slavist. Jb. 10) 1963, 86–108; Maurus SCHELLHORN, Erzbischof Adalwin v. Salzburg u. die Pannon. Mission (Mitt. d. Ges. f. Salzb. Landesk. 104) 1964, 103–121.

169 MITTERAUER 178 ff. und BOWLUS, Wilhelminer (s. o. 262 Anm. 101).

170 Ann. Fuld. (zu 871 und 872) 72 ff.; die Excerpta Aventini (zu 872) (s. o. 260 Anm. 86) 744 verschweigen die Niederlage in Mähren.

171 RIEZLER I 1, 395.

172 Zur Frage der frühen slawischen Siedlung im norddanubischen Österreich die bei DOBIÁŠ, Landesgrenze (s. o. 254 Anm. 27) 16 Anm. 24 verzeichnete Literatur.

173 Zu den Kämpfen Ann. Fuld. (zu 875) 84 f.

seines Halbbruders. Während er noch mit neuen Rüstungen beschäftigt war, starb er am 28. August 876.

f) *Das regnum Bavariae vom Tod Ludwigs des Deutschen bis zum Ausgang der Karolingerzeit.* Mit Ludwig dem Deutschen starb ein König, der ein halbes Jahrhundert über Bayern geherrscht hatte und dessen Regierungszeit für die Festigung des bayerischen Eigenlebens von großer Bedeutung gewesen ist. Er hatte durch eine zielstrebige Politik gegenüber den slawischen Völkern und durch eine planvolle Organisation der östlichen Marken für Bayerns politische und kulturelle Vorrangstellung im Südosten eine neue Grundlage geschaffen. Auch als Ludwig zur Würde eines ostfränkischen Königs emporgestiegen war, blieb doch Bayern immer das Zentrum seiner Herrschaft; Bayern wurde zum Königsland des ostfränkischen Reiches, Regensburg seine Hauptstadt.[174] Mußte das schon die bayerische Eigenständigkeit und das bayerische Selbstbewußtsein fördern, so war es schließlich die von Ludwig dem Deutschen vorgenommene Reichsteilung, durch die eine Verselbständigung des bayerischen Reiches in den Bereich der Möglichkeiten rückte. Bereits im Jahre 865 hatte Ludwig eine Teilung seines Reiches vorgenommen, die mit seinem Tod in Kraft treten sollte. Dabei war auf die historischen Individualitäten der einzelnen Länder Rücksicht genommen, die als selbständige Gebilde erhalten blieben. Danach erhielt Karlmann im Jahre 876 das bayerische Reich mit seinen Marken und der Hoheit über die Slawenstaaten des Südostens,[175] und diese Teilung trug wie keine der vielen karolingischen Teilungen die Möglichkeit in sich, daß sich auf dem Boden des ostfränkischen Reiches drei selbständige Staaten mit den Schwerpunkten in Bayern, Schwaben und Sachsen entwickelten. Insbesondere für Bayern schien die Möglichkeit einer zukünftigen autonomen Entwicklung gegeben, getrennt von der des späteren deutschen Reiches.[176] Karlmann war es, der sich seit seiner ersten Belehnung mit einem selbständigen Kommando im Osten des Landes im Jahre 856 in ganz besonderem Maße als bayerischer Herrscher fühlte, der sogleich, anfangs sogar im Gegensatz zu seinem Vater, eine Ostpolitik von ganz eigenem Zuschnitt begann. Er nahm seine Frau aus dem bayerischen Adel,[177] er war mindestens seit 865 der präsumptive Nachfolger in Bayern und er hat vielleicht schon seit dieser Zeit unter der Hoheit seines Vaters über das ganze Land geherrscht. Nach dem Tod seines Vaters, als er im Jahre 876 eine selbständige Herrschaft antrat, urkundete er als rex Bawariorum,[178] und während

[174] Vgl. Max FASTLINGER, Karoling. Pfalzen in Altbayern (FGB 12) 1904, 233–269; vor allem aber Andr. KRAUS, Civitas Regia. Das Bild Regensburgs in d. deutschen Geschichtsschreibung des MA (Regensburger Hist. Forsch. 3) 1972, 10ff. und SCHMID, Regensburg (s. o. 145f. Anm. 64) 48ff.

[175] S. o. 268 Anm. 153; dazu Ann. Fuld. (zu 876) 89 und Regino, Chron. (zu 876) 112.

[176] REINDEL, Staatl. Entwicklung (s. o. 250).

[177] Nach MITTERAUER 135f. gehörte Graf Ernst, dessen Tochter Karlmann heiratete, allerdings einem fränkischen Geschlecht an; GEWIN, Bayer.-österr. Geschlechter 151ff. weist auf den reichen Besitz der Ernste im Nordgau, Donaugau und Sualafeld hin.

[178] Urk. Karlmanns v. 3. Nov. 876 und 24. Febr. 877 (s. o. 191 Anm. 11) nrr. 1 und 2, S. 285ff.

seiner Regierungszeit drangen viele Formen der bayerischen Privaturkunde in die Königsurkunde ein.[179] Auch als er im Jahre 877 noch das italienische Königreich seiner bayerischen Herrschaft hinzuerwarb, führte er nur die seit Jahrhunderten bestehenden engen Beziehungen zwischen den beiden Ländern und Staaten fort, und damit eine Tradition, die Bayern wesentlich näher lag als die Verbindung nach Nord und West.

Karlmann führte auch die Institution der Ostland-Präfekten fort, denn als er im Jahre 876 König von Bayern wurde, übertrug er die Verwaltung des Ostlandes, vielleicht auch nur des eigentlichen Karantanien, seinem unehelichen Sohn Arnulf.[180] Dieser ist als *Arnulf von Kärnten* in die Geschichte eingegangen und tatsächlich lag der Schwerpunkt seiner östlichen Herrschaft im alten slowenischen Herzogtum Karantanien, mit den Mittelpunkten der Moosburg und Karnburg.[181]

Für Arnulf wirkte sich nachteilig aus, daß sein Vater Karlmann seit 878 durch einen Schlaganfall gelähmt war.[182] Die beiden waren nicht einmal mehr in der Lage, einer innerbayerischen Opposition Herr zu werden, denn als Graf Ermbert vom Isengau im Jahre 878 Karlmann in Ergolding angegriffen hatte und daraufhin von Arnulf aus dem Land vertrieben worden war, wandte Ermbert sich mit seinen Genossen an Ludwig den Jüngeren. Dieser ergriff gerne die Gelegenheit, sich mit Hilfe einer innerbayerischen Opposition in Bayern Einfluß zu verschaffen. Ludwig intervenierte zu Ermberts Gunsten und ließ sich bei dieser Gelegenheit im Jahre 879 von seinem todkranken Bruder die Nachfolge in Bayern versprechen. Seine Herrschaft in Bayern war nur von kurzer Dauer. Kaum hatte er nach dem Tod Karlmanns[183] im Jahr 880 die Nachfolge angetreten, starb auch er, im Januar 882. Jetzt gelang es dem letzten der Brüder, *Karl III. (dem Dicken),* sich in Bayern durchzusetzen. Ob dabei Arnulf von Kärnten überspielt worden ist, ob ihm etwa sein Vater selber die Nachfolge in Bayern zugedacht hatte, wird sich beim Schweigen der Quellen nicht entscheiden lassen. Auf alle Fälle war Arnulf im Augenblick militärisch nicht stark genug, um sich die Herrschaft zu erkämpfen, scheiterte er doch sogar beim Versuch, diese im Ostland allein zu erweitern. Die Grafschaft an der Donau scheint von Anfang an nicht zu Arnulfs Herrschaftsbereich gehört zu haben, sie war im Jahre 871 nach dem Tode der Grafen Wilhelm und Engelschalk bei der Niederlage gegen die Mährer dem Grafen Aribo übertragen worden.[184] Damals waren die beiden jungen Söhne der gefallenen Mark-

[179] Paul KEHR, Die Kanzleien Karlmanns u. Ludwigs d. Jüngeren (Abh. Berlin 1933, 1) 1933, 10.

[180] Es ist zwar kein Jahr überliefert, aber Regino schreibt zu 880 (S. 117) «verlieh dem Arnulf Karantanien, was ihm sein Vater schon früher verliehen hatte»; von da aus wäre 876 das Nächstliegende; MITTERAUER 165f. rechnet mit 865, als Karlmann Bayern zugesprochen wurde; nach der Vermutung von Herm. BRAUMÜLLER, Gesch. Kärntens (Kärntner heimatkundl. Schriftenreihe 2) 1949, 59 hat Arnulf das Fürstentum Priwinas und Kozels an Karantanien angegliedert; vgl. ferner DOPSCH, Gesch. Salzburgs (s. o. 250) 181 ff.; Ders., Adel u. Kirche (s. o. 149 Anm. 88) 24f.

[181] Franz X. KOHLA, Zur Wehrgestalt d. alten Moosburg in Kärnten (Carinthia I 152, Beigabe) 1962, 79–91.

[182] Ann. Iuv. max. (zu 878) 742.

[183] Zur Entdeckung der Gebeine Karlmanns in Ötting Walt. EGGER, Ein karoling. König in Baiern (Der Zwiebelturm 24) 1969, 84–88.

[184] Zu Aribo EGGER; MITTERAUER 188ff.;

grafen übergangen worden. Sie wandten sich 882 an Arnulf, leisteten ihm den Lehenseid, und Arnulf suchte durch die hier geknüpfte Verbindung seine Herrschaft nach Norden auszuweiten. Markgraf Aribo wandte sich daraufhin an König Karl, der ihn auch in seinem Amt bestätigte und somit ähnlich wie sein Bruder Ludwig der Jüngere durch das Eingreifen in innerbayerische Adelsfehden Einfluß im Land zu gewinnen suchte. Außerdem erhielt Aribo militärische Unterstützung beim Mährerherzog Swatopluk. Diesem war Arnulf nicht gewachsen, er mußte schließlich froh sein, sich einem Frieden, den sein Oheim Karl im Jahre 884 mit dem Mährerreich vermittelte,[185] im folgenden Jahr anschließen zu können. Dabei hat er dem Mährer offenbar territoriale Zugeständnisse in den pannonischen Marken machen müssen.[186]

Im Jahre 882 hatte mit Karl III. ein Herrscher die Regierung angetreten, für den Bayern nur noch ein Nebenland war. Vielleicht hängt damit zusammen, daß in diesem Jahr zum erstenmal nach dem Grafen Ernst wieder von einem Statthalter in Bayern die Rede ist, von Engildeo marchensis Baioariorum.[187] Nimmt man hinzu, daß neben ihm im Osten Markgraf Aribo an der Donau und Arnulf in Karantanien tätig waren, so erkennt man, daß Karl III. jedenfalls nicht daran gedacht hat, die Einheit des bayerischen Reiches durch eine einheitliche Leitung zu bewahren, und ebensowenig daran, seinem Neffen Arnulf eine größere Herrschaft zu geben. Daß Arnulf nicht in den Besitz einer solchen Stellung gelangte, ist wohl auch ein Zeichen, daß seine Machtmittel wesentlich im Osten des Landes konzentriert waren. Aber von hier aus, mit einer «starken Schar Noriker (Bayern) und Slawen», unternahm er im Jahre 887 auch seinen Staatsstreich, der zur Absetzung seines Oheims und zum Beginn seiner eigenen Königsherrschaft im ostfränkischen Reich führte.[188] Arnulf stützte sich auch nach Erlangung dieser weiteren Herrschaft wesentlich auf Bayern. Hier hielt er sich vorwiegend auf, von hier aus trat er seine Kriegszüge an, und die

DIEPOLDER, Aribonen; STÖRMER, Früher Adel (s. o. 138) 192f. und 227f.; Renate MÖHLENKAMP, Aribo (Glossar z. frühmittelalterl. Gesch. im östl. Europa, Serie A Bd. 1) 1975, 126ff.

185 Ann. Fuld. (zu 884) 110f.

186 OETTINGER 91.

187 Die Zusammenstellung seines Besitzes und seiner Ämter bei REINDEL nr. 2, S. 2ff.; zu seiner Abstammung MITTERAUER 167ff.

188 Gerd TELLENBACH, Zur Gesch. Kaiser Arnulfs (HZ 165) 1942, 229–245; Wiederabdruck in: Wege d. Forsch. 1, 1956, 135–152; Ders., Wann ist d. deutsche Reich entstanden? (DA 6) 1943, 1–41, bes. 31ff.; Wiederabdruck in: Wege d. Forsch. 1, 1956, 171–212, bes. 201ff.; Ders., Entstehung (s. o. 249); Walt. SCHLESINGER, Kaiser Arnulf u. die Entstehung des deutschen Staates u. Volkes (in: Ders., Beitrr. I) 233–244 und 346; Ders., Die Anfänge d. deutschen Königswahl (ebd.) 139–192 und 342ff., bes. 143ff.; Ders., Auflösung (s. o. 260 Anm. 80) 837ff.; Mart. LINTZEL, Die Anfänge des Deutschen Reiches. Über den Vertrag v. Verdun u. die Erhebung Arnulfs v. Kärnten, 1942; Ders., Zur Stellung d. ostfränk. Aristokratie beim Sturz Karls III. u. der Entstehung d. Stammesherzogtümer (HZ 166) 1942, 457–472; Wiederabdruck in: Wege d. Forsch. 1, 1956, 153–170; Heinr. MITTEIS, Die Krise des deutschen Königswahlrechts (SB München 1950, 8) 1950, 29ff.; Heinr. APPELT, Arnulf v. Kärnten u. das Karolingerreich (Kärntner Hochschulwochen-Ber. 6) 1961, 27–41; Hagen KELLER, Zum Sturz Karls III. (DA 22) 1966, 333–384, bes. 383f.; Klaus GAMBER, Die Pfalz Kaiser Arnulfs in Regensburg u. ihr künstler. Schmuck (VHOR 117) 1977, 183–196.

Verhältnisse unter ihm erinnern an die unter Ludwig dem Deutschen, wo Bayern zum Königsland des ostfränkischen Reiches geworden war.

Im Osten war das mährische Reich *Swatopluks* zu einer beachtlichen Macht geworden, mit der Arnulf sich um ein gutes Einvernehmen bemühen mußte und 885 Frieden geschlossen hatte. Der Mährerfürst wurde der Taufpate von Arnulfs Sohn Zwentibold,[189] im Jahre 890 trat Arnulf dem Mährer sogar den Anspruch auf Böhmen ab.[190] Nach den Worten der Fuldaer Annalen[191] schickte Arnulf im Jahre 892 Gesandte «zur Erneuerung des Friedens zu den Mährern», und über diese Vermittlungsaktion ist ein Bericht Aribos erhalten.[192] Im Jahre 892 setzten Störungen ein; vielleicht glaubte Arnulf, der jetzt im sicheren Besitz der Herrschaft in Ostfranken war, die früheren Konzessionen an den Mährer rückgängig machen zu können. Jedenfalls war er es, der den Krieg eröffnete. Er wurde dabei unterstützt von Herzog Brazlawo,[193] der damals anscheinend über ein Gebiet zwischen Drau und Save gebot und im Jahre 896 dann in der Nachfolge Priwinas und Kozels deren unterpannonisches Fürstentum erhielt,[194] und von den *Ungarn,* mit denen es vor zehn Jahren 882 bei Wenia[195] bereits zu einem kriegerischen Zusammenstoß gekommen war. Daß 892 Ungarn im Solde Arnulfs kämpften, wurde ihm sehr bald zum Vorwurf gemacht, da er dadurch dieses Volk ins Abendland geholt habe.[196] Man wird immerhin bedenken müssen, daß im Augenblick nicht die wenig bekannten Ungarn, sondern die Mährer für Arnulf die großen Gegner waren; bereits 893 war ein neuer Feldzug gegen Mähren erforderlich, veranlaßt durch die Flucht des Grafen Engelschalk dorthin.[197] Im gleichen Jahr mußte auch Wiching sein Bistum im mährischen Neutra aufgeben; er war dann als Kanzler Arnulfs tätig, bis er im Jahre 899 Bischof von Passau wurde.[198] Jedoch mit dem Tod Swatopluks im Jahre 894 zerfiel die Machtstellung des mährischen Reiches, noch im Herbst des gleichen Jahres schlossen seine beiden Söhne Moymir und Swatopluk (II.) mit Arnulf Frieden. Auch die Böhmen scheinen erkannt zu haben, daß die Gelegenheit günstig war, sich von der mährischen Herrschaft wieder unabhängig zu machen. Die beiden Fürsten Spitignev und Vratislav trennten sich vom mährischen Reich, kommendierten sich 895 in Regensburg aufs neue Arnulf und baten ihn 897 um Hilfe gegen die sie bedrängenden Mährer.[199] Im gleichen

[189] DÜMMLER II 317.

[190] Regino, Chron. (zu 890) 134; die Nachricht wird von DÜMMLER III 339 bezweifelt; weitere Lit. bei WEGENER 25 und HOFFMANN, Böhmen (s. o. 253) 13.

[191] Ann. Fuld. (zu 891) 119.

[192] Hansmartin SCHWARZMAIER, Ein Brief des Markgrafen Aribo an König Arnulf über d. Verhältnisse in Mähren (Frühmittelalterl. Stud. 6) 1972, 55–66.

[193] Ann. Fuld. (zu 892) 121.

[194] Zur Ausdehnung seiner Herrschaft KLEBEL, Herzogtümer 17f. bzw. 57f.

[195] Ann. Iuv. max. (zu 881) 742; dazu auch KLEBEL, Geschichtsquelle (s. o. 208 Anm. 40) 37 bzw. 134f.; zur Namensform auch BRESSLAU, Salzb. Annalistik 51 und OETTINGER 71ff.

[196] Liutpr., Antap. I 13, S. 15; Widukind, Res gestae Saxonicae I 18 (hg. v. Hans-Eberh. LOHMANN-Paul HIRSCH, MGH SS rer. Germ.) 1935[5], 28f.

[197] Ann. Fuld. (zu 893) 122.

[198] HERRMANN 209ff.; MATZKE, Christentum (s. o. 224 Anm. 252) 256 bzw. 43f.; Jos. OSWALD, Der Mährenbischof Wiching u. das Bistum Passau (Ann. Instituti Slavici I 3) 1967, 11–14.

[199] Ann. Fuld. (zu 895) 126; ausdrücklich ist die Rede davon, daß die böhmischen Stämme früher zum Machtbereich der gens Baioarica gehört hätten, aus dem sie der

Jahr 897 war aber in Mähren ein Bruderzwist ausgebrochen, und die Abgesandten beider Parteien baten Arnulf, ihre flüchtigen Verbannten nicht aufzunehmen. Arnulf blieb den ganzen Herbst des Jahres 897 in diesen Gegenden nördlich der Donau, um jederzeit in die Verhältnisse der slawischen Reiche eingreifen zu können. Im folgenden Jahr 898 sandte er seine Markgrafen Aribo und Luitpold nach Mähren, um das Land zu verwüsten. Im gleichen Jahre 898 noch wurden jedoch der Donaumarkgraf Aribo und sein Sohn Isanrich ihres Postens enthoben, weil Aribo beschuldigt wurde, den Streit in Mähren geschürt zu haben; während Aribo sich bald wieder mit dem Kaiser versöhnte, blieb Isanrich im Aufstand, wurde eine Zeitlang in der Burg Mautern belagert und konnte von hier nach Mähren entkommen. Im Jahre 899 fanden dann sogar zwei bayerische Kriegszüge nach Mähren statt; auf dem zweiten nahm man aus Mitleid den jungen, von seinem Bruder Moymir hart bedrängten Swatopluk, dessen Taufpate Arnulf war, mit nach Bayern.

Im Dezember des gleichen Jahres 899 starb Kaiser Arnulf, der letzte der karolingischen Herrscher, unter denen Bayern auch in der Politik des ostfränkischen Reiches noch zu einer bedeutenden Rolle berufen war. Sein Sohn *Ludwig das Kind* folgte ihm zwar im Februar 900 ohne Schwierigkeiten nach, doch ist der damals Siebenjährige nicht mehr zu einer selbständigen Regierung gelangt. In der Reichsregentschaft, die hauptsächlich der Erzbischof Hatto von Mainz führte, ist allerdings auch der bayerische Adel und hier vornehmlich Markgraf Luitpold vertreten. Aber die Blicke des Landes waren vor allem nach dem Osten gerichtet, die hier wartenden Aufgaben waren für Bayern die drängendsten. Noch einmal im Jahre 900 zogen die Bayern plündernd durch das mährische Reich, doch zu Beginn des Jahres 901 wurde Frieden geschlossen:[200] jedenfalls hatten die beiden Staaten jetzt die Ungarn als die große Gefahr erkannt. Nach ihrem Kampf gegen die Mährer im Jahre 892 waren die *Ungarn* im Jahre 894 wiedergekommen, um, wie man[201] vermutet hat, von Arnulf wieder als Hilfstruppen verwendet zu werden. Als sie das nicht erreichten, plünderten sie Pannonien und kehrten dann wieder in ihre Sitze zurück. Kaiser Arnulf scheint die von hier drohende Gefahr wohl gesehen zu haben; er richtete Grenzgrafschaften ein, in denen die dort angesiedelten Ministerialen beim Bau von Zufluchtsstätten und Grenzbefestigungen Hilfe leisten mußten;[202] in diesen Zusammenhang dürfte die Einsetzung des Grafen Ratold von Ebersberg in der Grafschaft an der Save, dem später Krain genannten Gebiet,[203] des Markgrafen Luitpold in Karantanien und Ober-

Mährerherzog Swatopluk gewaltsam losgerissen hätte; vgl. Bosl, Eintritt (s. o. 225 Anm. 262) 55 bzw. 27; Wegener 25 f.; Prinz, Stellung Böhmens (s. o. 256 Anm. 49) 103 f.; Jos. Staber, Missionierung (s. o. 225 Anm. 259) 33 f. rechnet mit einer seither datierenden kirchenrechtlichen Abhängigkeit Böhmens von Regensburg.

200 Die Ereignisse nach den Ann. Fuld. (zu 894–901) 125–135; vgl. auch Peter Ratkoš, La conquête de la Slovaquie par les Magyars (Studia historica Slovaca 3) 1965, 7–57; zur wirtschaftlichen und gesellschaftlichen Umgestaltung nach der ungarischen Eroberung Matúš Kučera, Die Struktur d. Bevölkerung in d. Slowakei im 10.–12. Jh. (ebd. 4) 1966, 7–82, bes. 19 ff.; Sós, Bevölkerung (s. o. 255 Anm. 39) 170 ff.

201 Hóman 98.

202 Urk. Arnolfs v. 888 (s. o. 206 Anm. 24) nr. 32, S. 47 f.

203 Chronicon Eberspergense (zu 906) (hg. v. Wilh. Arndt, MGH SS 20) 1868, 10; zum Datum Aug. v. Jaksch, Die

pannonien[204] und des Slawenherzogs Brazlawo in Slawonien (seit 892) und Unterpannonien (seit 896) (s. o. 274) gehören. Zu einer wirklichen Gefahr für den Osten Bayerns wurden die Ungarn aber erst, als sie im Gefolge größerer Völkerwanderungen von den Petschenegen aus ihren Sitzen am Schwarzen Meer verdrängt wurden und weiter im Westen neue Wohnsitze suchten.[205] Ihre mehr als ein halbes Jahrhundert fortgesetzten Züge wurden für das Abendland zu einer schweren Belastung.[206] In Bayern erschienen sie zum erstenmal im Jahre 900, im Jahr nach dem Tod Kaiser Arnulfs, sei es, daß sie tatsächlich mit ihm durch Verträge gebunden waren, oder daß sie seine kriegerische Tüchtigkeit respektiert hatten. Angeblich sei eine Gesandtschaft der Ungarn erschienen, um einen Vertrag abzuschließen, in Wahrheit habe sie jedoch nur das Land ausgekundschaftet, und so habe denn der erste Vorstoß im Jahre 900 bis über die Enns, also in den bayerischen Traungau geführt. Bis der bayerische Heerbann heran war, hatte die Hauptmacht der Feinde das Land bereits wieder verlassen, und Graf Luitpold sowie Bischof Richar von Passau konnten am 20. November in der Nähe von Linz nur noch eine kleine Abteilung schlagen.[207] Im Anschluß an den Sieg erbaute man an der Enns, teilweise auf dem Gebiet des Grenzgrafen, teils auf dem des Klosters St. Florian, eine Burg, die im Jahre 901 zur Wiedergutmachung des durch den Ungarneinfall erlittenen Schadens an St. Florian geschenkt wurde.[208] Ebenfalls im Jahre 901 mußten die Ungarn einen Einfall nach Karantanien auf dem Rückweg mit einer Niederlage an der Fischa östlich Wien bezahlen.[209] Im Jahre 902 kämpfte eine ostfränkische Heeresabteilung gemeinsam mit den Mährern gegen die Ungarn,[210] 903 fand eine Schlacht mit unbekanntem Ausgang zwischen Bayern und Ungarn statt,[211] und 904 wurde eine ungarische Gesandtschaft offenbar arglistig von

Kärntner Geschichtsquellen 811–1202 (Monumenta historica ducatus Carinthiae 3) 1904, nr. 67, S. 29; zum Territorium PIRCHEGGER, Karantanien (s. o. 252) 306; JAKSCH-WUTTE, Erläuterungen 53 und HAUPTMANN, Erläuterungen 342; zur Abkunft GEWIN, Bayer.-österr. Geschlechter 38f. und MITTERAUER 222ff.

[204] Seit 893 Nachfolger des Grafen Ruodpert in regno Carantano, REINDEL nr. 3, S. 5ff.

[205] HÓMAN 100; Thomas v. BOGYAY, Forsch. z. Urgesch. d. Ungarn nach dem 2. Weltkrieg (Ural-Altaische Jbb. 29) 1957, 93–114; Ders., Reiternomaden (s. o. 253 Anm. 24) 98ff.; Antal BARTHA, Hungarian Society in the 9th and 10th Centuries (Studia Historica Acad. Scient. Hung. 85) 1975.

[206] Rud. LÜTTICH, Ungarnzüge in Europa im 10. Jh. (Hist. Stud. 84) 1910; Gina FASOLI, Le incursioni ungare in Europa nel secolo X (Biblioteca storica Sansoni NS 11) 1945; Dies., Points de vue sur les incursions hongroises en Europe au Xe siècle (Cahiers de civilisation médiévale 2) 1959, 17–35; Heinr. BÜTTNER, Die Ungarn, das Reich u. Europa bis z. Lechfeldschlacht des Jahres 955 (ZBLG 19) 1956, 433–458; Gg. SPITZLBERGER, Die Ungarnstürme des 10. Jhs. (Beilage zum Amtl. Schul-Anzeiger f. den Reg.-Bez. Nb. 1960, 3–5) 1960; Wiederabdruck in: Beitrr. z. Heimatkunde v. Nb. 1, 1967, 132–176; Szabolcs de VAJAY, Der Eintritt des ungar. Stämmebundes in d. europ. Gesch. (862–933) (Studia Hungarica 4) 1968; Ders., Über d. Wirtschaftsverhältnisse d. landnehmenden Ungarnstämme (Ungarn-Jb. 2) 1970, 9–19.

[207] Quellen bei REINDEL nr. 22, S. 25ff.

[208] Urk. Ludwigs d. Kindes v. 9. Jan. 901 (s. o. 219 Anm. 185) nr. 9, S. 108ff.; ZAUNER, Lorch (s. o. 130 Anm. 32) 56ff.

[209] Quellen bei REINDEL nr. 24, S. 34ff.; zur Örtlichkeit Hans PIRCHEGGER, Beitrr. z. älteren Besitz- u. Rechtsgesch. steir. Klöster (Zschr. d. Hist. Ver. Steiermark 38) 1947, 5–43, bes. 41; OETTINGER 93.

[210] REINDEL nr. 27, S. 39.

[211] REINDEL nr. 32, S. 47.

den Bayern zu einem Gastmahl geladen und dabei erschlagen.[212] Hatten die Bayern also bisher gegen die Ungarn nicht ohne Erfolg gekämpft, so brachte das Jahr 907 die vernichtende Niederlage bei *Preßburg*, in der Markgraf Luitpold, Erzbischof Thietmar von Salzburg, die Bischöfe Udo von Freising und Zacharias von Säben sowie zahlreiche Grafen fielen.[213] «Der bayerische Stamm ist beinahe vernichtet worden» heißt es in der zeitgenössischen Annalistik.[214] Bemerkenswert ist, daß der Kampf diesmal offenbar nicht in der Verteidigung erfolgte, sondern, wie der Ort der Schlacht weit im Osten zeigt, bei einem Offensivunternehmen. An Preßburg aber knüpft auch der Beginn eines neuen Abschnitts in der bayerischen Geschichte an.

§ 24. BAYERN UNTER DEN LUITPOLDINGERN

DÜMMLER III; Johannes KRÜGER, Grundsätze u. Anschauungen bei den Erhebungen d. deutschen Könige in d. Zeit v. 911–1056 (Untersuchungen z. Deutschen Staats- u. Rechtsgesch. 110) 1911; Eug. ROSENSTOCK-HUESSY, Königshaus u. Stämme in Deutschland zw. 911 u. 1250, 1914, Neudr. 1965; Ludw. Alfr. LERCHE, Die polit. Bedeutung d. Eheverbindungen in den bayr. Herzogshäusern v. Arnulf bis Heinrich d. Löwen (907–1180) (Sammlung wissenschaftl. Arbeiten 43) 1915; LÄWEN, Stammesherzog; Mart. LINTZEL, Die Beschlüsse d. deutschen Hoftage v. 911–1056 (Hist. Stud. 161) 1924; Christoph OBERMÜLLER, Die deutschen Stämme. Stammesgesch. als Namensgesch. u. Reichsgesch., 1941; Heinr. MITTEIS, Die deutsche Königswahl. Ihre Rechtsgrundlagen bis z. Goldenen Bulle, 1944²; Ders., Staat; Fritz RÖRIG, Geblütsrecht u. freie Wahl in ihrer Auswirkung auf d. deutsche Gesch. Untersuchungen z. Gesch. d. deutschen Königserhebung (911–1198) (Abh. Berlin 1945/46, 6) 1948; REINDEL; Ders., Arnulf; Emil KIMPEN, Zur Genealogie d. bayr. Herzöge v. 908–1070 (Jb. f. fränk. Landesforsch. 13) 1953, 55–83; Jos. Otto PLASSMANN, Princeps u. Populus. Die Gefolgschaft im otton. Staatsaufbau nach den sächs. Geschichtsschreibern d. 10. Jhs. (Schr. d. Forschungshilfe) 1954; Eckhard MÜLLER-MERTENS, Das Zeitalter d. Ottonen. Kurzer Abriß d. polit. Gesch. Deutschlands im zehnten Jh., 1955; Karl Gottfried HUGELMANN, Stämme, Nation u. Nationalstaat im deutschen MA, 1955; HOLTZMANN; BOSL, Luitpoldinger; J. P. J. GEWIN, Die Verwandtschaften u. polit. Beziehungen zw. den westeurop. Fürstenhäusern im Frühmittelalter, 1964; Hans Joach. BARTMUSS, Die Geburt des ersten deutschen Staates. Ein Beitr. z. Diskussion d. deutschen Geschichtswiss. um den Übergang vom ostfränk. zum mittelalterl. deutschen Reich (Schriftenreihe d. Inst. f. deutsche Gesch. a. d. Martin-Luther-Univ. Halle-Wittenberg 2) 1966; Eckhard MÜLLER-MERTENS, Regnum Teutonicum. Aufkommen u. Verbreitung d. deutschen Reichs- u. Königsauffassung im früheren MA (Forsch. z. mittelalterl. Gesch. 15) 1970; dazu Helm. BEUMANN, Regnum Teutonicum u. rex Teutonicorum in otton. u. sal. Zeit (AKG 55) 1973, 215–223; Carlrichard BRÜHL, Die Anfänge d. deutschen Gesch. (SB d. Wissenschaftl. Ges. a. d. Joh.-Wolfg. Goethe-Univ. Frankfurt 10) 1972, 147–181; Wolfg. EGGERT, Das ostfränk.-deutsche Reich in d. Auffassung seiner Zeitgenossen (Forsch. z. mittelalterl. Gesch. 21) 1973.

212 REINDEL nr. 36, S. 51 f.

213 REINDEL nr. 45, S. 62 ff.; zur Teilnahme der Bischöfe Friedr. PRINZ, Klerus u. Krieg im früheren MA (Monographien z. Gesch. d. MA 2) 1971, 142 ff.

214 Die gleichzeitigen Ann. Alamannici (zu 907) (hg. v. Gg. Heinr. PERTZ, MGH SS 1) 1826, 54 schreiben: «Gewaltige Schlacht der Bayern mit den Ungarn, und Herzog Luitpold und ihr abergläubischer Hochmut ist vernichtet worden»; ob sich das auf den Hochmut der Bayern bezieht, dem gefährlichen Gegner offensiv entgegenzutreten?

Im Auflösungsprozeß des Karlsreiches bedeutete das Jahr 887 eine wichtige Etappe. Arnulf hatte, im Gegensatz zur bisherigen Praxis, darauf verzichtet, die karolingischen Teilreiche wieder zu vereinen, er hatte sich mit einer nur nominellen Hoheit über die «reguli» des Westens begnügt. Man hat mit Recht darauf hingewiesen, daß wir es hier nicht mit einem Wiederaufleben der Institution der «Unterkönigtümer» zu tun haben;[1] trotz des abschätzigen Ausdrucks «reguli»[2] ist damit die unabhängige Existenz von Teilkönigtümern anerkannt worden. Das Jahr 887 war jedoch kein Abschluß, war nur eine Etappe in dem langgestreckten Prozeß, der zur Entstehung der Völker und Reiche des abendländischen Mittelalters führte, in dem sich neben der Konstellation von 887 bald andere Möglichkeiten eröffneten.[3]

a) *Markgraf Luitpold*

Jos. v. HORMAYR, Herzog Luitpold (Gedächtnisrede zum 72. Stiftungstage d. kgl. bayr. Akad. d. Wiss. am 28. März 1831) 1831; Konr. SCHOTTMÜLLER, Die Entstehung des Stammesherzogthums Baiern am Ausgang d. Karoling. Periode, Diss. Berlin 1868; Edm. KÖRNER, Baiern unter den beiden Herzögen Luitpold u. Arnulf v. 895–936, Diss. Jena 1870; L. GEILER, Die ersten Luitpolde in Bayern, 1901.

Der Aufstieg des mehrere Generationen in Bayern führenden Geschlechtes der Luitpoldinger erfolgte in engem Zusammenhang mit den bayerischen Karolingern. Die Dynastie des ersten, der uns aus dieser Familie entgegentritt, Markgraf Luitpold, läßt sich nicht mit Sicherheit zurückverfolgen.[4] Daß er mit den Karolingern verwandt war, sagen diese selbst[5] und läßt sich auch aus der Namenswahl für seinen Sohn Arnulf erschließen; daß sich diese Verwandtschaft über Kaiser Arnulfs Mutter Luitswinde herleitet, ist nach dem Anklang im Namen immerhin möglich.

Die Stellung Luitpolds hatte ursprünglich nicht den gleichen Charakter wie die der

[1] SCHLESINGER, Auflösung (s. o. 260 Anm. 80) 852.

[2] Ann. Fuld. (zu 888) 116.

[3] REINDEL, Arnulf 203 ff. bzw. 231 ff.

[4] Keine der Vermutungen von TYROLLER, Wittelsbacher I (s. u. 289) 3, GEWIN, Verwandtschaften (s. o. 277) 66 ff. und MITTERAUER 236 ff. kann wirklich zur Evidenz erhoben werden; RIEZLER I 1, 561 und I 2, 571 vermutet, kaum ohne Grundlage, daß sie mit den Aribonen verwandt seien; vgl. auch Ders., Zur älteren bair. Gesch. IV: Über d. Abstammung des Hauses Scheiern v. den Huosiern (FdG 18) 1878, 529–532.

[5] «Propinquus et consanguineus noster» heißt Luitpold bei Kaiser Arnulf (Urk. Arnolfs v. 31. Aug. 898 und 4. Sept. 898 [s. o. 206 Anm. 24] nrr. 162 und 193, S. 245 f. und 298 f.), «dilectus propinquus noster» und «nepos noster» bei Ludwig dem Kind (Urk. Ludwigs d. Kindes v. 19. Jan. 901 und 13. Sept. 901 [s. o. 219 Anm. 185] nrr. 9 und 12, S. 108 ff. und 113 ff.), «nepos regis» wird Luitpold in den Fuldaer Annalen genannt (zu 895, S. 125), und das Fragmentum de Arnulfo duce Bavariae (hg. v. Philipp JAFFÉ, MGH SS 17) 1861, 570 rühmt Arnulf «de progenie imperatorum et regum est ortus»; Verwandtschaft über Luitswinde vermutet Osk. MITIS, Eine Gedenkstiftung f. Babenberger im Verbrüderungsbuch des Klosters Reichenau (MIÖG 57) 1949, 257–278, bes. 259; TYROLLER, Genealogie 27; GEWIN, Bayer.-österr. Geschlechter 36; MITTERAUER 218 und 236 ff. vermutet eine über die burgundischen Welfen vermittelte Verwandtschaft mit den Karolingern; Silvia KONECNY, Die Frauen des karoling. Königshauses (Diss. d. Univ. Wien 132) 1976, 139 f., denkt an eine Verwandtschaft der Luitswinde mit Herzog Ernst.

beiden ersten bayerischen Statthalter Gerold und Audulf; ihnen war von vornherein ganz Bayern übertragen worden, Luitpold wuchsen seine Machtbefugnisse nach und nach zu. Ebenso wie bei den etwa mit ihm vergleichbaren Grafen Ernst und Engildeo konzentrierten sich schließlich in Luitpolds Hand soviel Rechte und Macht, daß er de facto nach dem karolingischen König der erste Mann in Bayern war.[6] Luitpold war im Laufe weniger Jahre Graf in Karantanien, in Oberpannonien, im Nord- und Donaugau geworden.[7] Dem dadurch bewirkten machtmäßigen Übergewicht in Bayern mußte eine noch größere Bedeutung zukommen, als mit der Wahl des siebenjährigen Ludwigs des Kindes am 4. Februar 900 in Forchheim[8] die Regierungsgewalt praktisch in die Hände der ersten Magnaten überging. Wenige Wochen später, im Juli 900, ist von einem «conventus et colloquium principum» in Reisbach die Rede, einer Versammlung des bayerischen Adels, an dessen Spitze offenbar Luitpold stand, ein Beweis dafür, daß der Adel in dieser durch die Herrschaft eines Kindes doppelt schwierigen Zeit die Initiative ergriff.[9] Luitpold, der während der Regierung Ludwigs des Kindes mehrmals in dessen Umgebung erscheint, der für sich und seine Vasallen mehrere Gunstbeweise vom König erwirkte,[10] war auch entscheidend an dem Feldzug gegen Adalbert von Babenberg sowie seiner verräterischen Gefangennahme und Hinrichtung beteiligt.[11] In einer Urkunde für St. Gallen aus dem Jahre 903 wird er «dux Boemanorum» genannt, was vielleicht auf eine Statthalterschaft für Böhmen hindeuten könnte, dessen Fürsten sich ja 895 dem ostfränkischen Kaiser aufs neue kommendiert hatten (s. o. 274). Es könnte andererseits jedoch auch der Versuch der königlichen Kanzlei sein, durch einen über den comes-Rang hinausgehenden Titel seine besondere Stellung zu kennzeichnen.[12] Luitpold hat auch die außenpolitischen Aufgaben der karolingischen Könige für Bayern übernommen; er setzt sich mit dem mährischen Reich auseinander und er übernimmt die Kriegführung gegen die Ungarn (s. o. 274ff.).

b) *Das regnum Bavariae unter Herzog Arnulf*

Agnellus CANDLER, Arnolphus male malus cognominatus, 1735; Rup. MITTERMÜLLER, Herzog Arnulf v. Bajoarien (Programm Studien-Anstalt im Benediktiner-Stifte Metten

[6] TELLENBACH, Königtum 18f.

[7] Die Quellen bei REINDEL nrr. 1, 2, 3 und 7, S. 1ff. und 10ff.; vgl. Ant. MELL, Der comitatus Liupoldi u. dessen Auftheilung in d. Landgerichte d. XIX. Jhs. (MIÖG 21) 1900, 385–444; Hans PIRCHEGGER, Beitrr. z. mittelalterl. Gesch. Innerösterreichs II: Liutpoldinger u. Aribonen in Kärnten u. in d. Kärntnermark (Zschr. d. Hist. Ver. Steiermark 26) 1931, 36–48; zu seinen Titeln auch BRUNNER, Fürstentitel (s. o. 251 Anm. 13) 242f.

[8] Helm. WEIGEL, Der karoling. Pfalzort Forchheim (725–918) (Jb. f. fränk. Landesforsch. 19) 1959, 135–170, bes. 168f.; Helm. BEUMANN, Die Einheit des ostfränk. Reichs u. der Kaisergedanke bei d. Königserhebung Ludwigs d. Kindes (Arch. f. Diplomatik 23) 1977, 142–163.

[9] Trad. Reg. nr. 178, S. 133f.; vgl. BOSL, Luitpoldinger 160 bzw. 349.

[10] REINDEL nr. 23 (19. Jan. 901) 32ff.; nr. 26 (13. Sept. 901) 38f.; nr. 28 (14. Feb. 903) 40f.; nr. 29 (24. Juni 903) 41ff.; nr. 31 (12. Aug. 903) 46f.; nr. 33 (26. Sept. 903) 47ff.; nr. 34 (30. Nov. 903) 49f.; nr. 35 (10. März 904) 50f.; nr. 38 (14. Feb. 905) 53f.; nr. 39 (16. Mai 905) 54f.; nr. 40 (8. Mai 906) 55f.; nr. 43 (19. März 907) 60; nr. 44 (17. Juni 907) 61f.

[11] Quellen bei REINDEL nr. 42, S. 57ff.

[12] LÄWEN, Stammesherzog 24f.

1862/63) 1863; Gg. WAITZ, Jbb. des deutschen Reichs unter König Heinrich I., 1963[4]; Heinz ELSTERMANN, Königtum u. Stammesherzogtum unter Heinrich I., Diss. Kiel 1939; Herm. HEIMPEL, Bemerkungen z. Gesch. König Heinrichs des Ersten (Ber. über d. Verh. d. Sächs. Akad. d. Wiss. Leipzig 88/4) 1937; Mart. LINTZEL, König Heinrich I. u. die Gründung des Deutschen Reiches (Thüring.-sächs. Zschr. f. Gesch. u. Kunst 24) 1936, 25–42; Ders., Zur Designation u. Wahl König Heinrichs I. (DA 6) 1943, 379–400; Ders., Miszellen z. Gesch. d. 10. Jhs. (Ber. über d. Verh. d. Sächs. Akad. d. Wiss. Leipzig 100/2) 1953; Wiederabdruck in: Ders., Ausgew. Schr. II, 1961, 220–296; Hans RALL, Der Königsplan des Bayernherzogs Arnulf in Geschichtsschreibung u. Politik (HJb. 60) 1940, 231–245; Walth. HOLTZMANN, König Heinrich I. u. die hl. Lanze. Krit. Untersuchungen z. Außenpolitik in den Anfängen des Deutschen Reiches, 1947; Johannes RAMACKERS, Zur ersten deutschen Königskrönung in Aachen (936) (Zschr. d. Aachener Geschichtsver. 62) 1949, 45–56; Walt. MOHR, König Heinrich I. (919–936). Eine krit. Stud. z. Geschichtschreibung d. letzten hundert Jahre, 1950; Ders., Von d. «Francia Orientalis» zum «Regnum Teutonicum» (Archivum latinitatis medii aevi 27) 1957, 27–49; Franz TYROLLER, Zu den Säkularisationen des Herzogs Arnulf (StMBO 65, 1953/54) 1955, 303–312; Ed. HOCHENBICHLER, Die Besetzung d. Herzogtümer Bayern, Kärnten u. Schwaben in Otton. u. Sal. Zeit, Diss. Masch. Wien 1965; Wolfg. EGGERT, 919 – Geburts- oder Krisenjahr des mittelalterl. deutschen Reiches (Zschr. f. Geschichtswiss. 18) 1970, 46–65; Walt. SCHLESINGER, Die Königserhebung Heinrichs I. z. Fritzlar im Jahre 919 (Fritzlar im MA. Festschr. z. 1250-Jahrfeier) 1974, 121–143; Ders., Die Königserhebung Heinrichs I. Der Beginn d. deutschen Gesch. u. die deutsche Geschichtswiss. (HZ 221) 1975, 529–552; Herfried STINGL, Die Entstehung d. deutschen Stammesherzogtümer am Anfang d. 10. Jhs. (Untersuchungen z. deutschen Staats- u. Rechtsgesch. NF 19) 1974; Hans-Werner GOETZ, «Dux» u. «Ducatus». Begriffs- u. verfassungsgeschichtl. Untersuchungen z. Entstehung des sog. «jüngeren» Stammesherzogtums an d. Wende v. 9. zum 10. Jh., Diss. Bochum 1977; Alois SCHMID, Das Bild des Bayernherzogs Arnulf (907–937) in d. deutschen Geschichtsschreibung v. seinen Zeitgenossen bis z. Wilhelm v. Giesebrecht (Regensburger Hist. Forsch. 5) 1976.

Auf einer solchen durch Macht, Einfluß und Ansehen gleich ausgezeichneten Stellung Luitpolds konnte dessen ältester Sohn Arnulf nach dem Tod seines Vaters im Jahre 907 aufbauen, um sich eine selbständige Herrschaft zu schaffen. Nach der vereinfachenden Ausdrucksweise mancher Quellen ist der Sohn dem Vater «im Herzogtum» nachgefolgt.[13] Dennoch bestand ein Unterschied: bei aller Machtfülle war Luitpold kein selbständiger Herrscher gewesen, er befahl im Auftrag der Karolinger. Arnulf hingegen trat seine Herrschaft, vermutlich unmittelbar nach der Niederlage von 907, aus eigener Machtvollkommenheit an. Weder von einer Ernennung durch den König noch von einer Wahl durch das Volk ist dabei die Rede;[14] aber auch, wenn sie nicht ausdrücklich überliefert ist, muß Arnulfs Erhebung doch von einer zustimmenden Mitwirkung der bayerischen Dynasten begleitet gewesen sein, deren Selbstbewußtsein und Unabhängigkeit gerade in den Jahren der sinkenden Macht der karolingischen Könige beträchtlich gewachsen war. Gegen ihren Willen hätte Arnulf sich wohl kaum der Herrschaft bemächtigen können. Jedoch war es eine Herrschaft, die sich gründete auf das faktische Übergewicht der Luitpoldinger in Bayern und auf den Zwang der Verhältnisse, die nach der Niederlage gegen die Ungarn eine einheitliche Leitung des Landes in einer kräftigen Hand erforderte. Aus der von Arnulf begründeten Herrschaft ging später das bayerische Stammesherzogtum im Verband des deut-

[13] Continuatio Reginonis (zu 907) (in: Regino, Chron.) 154.

[14] REINDEL nr. 46, S. 71 ff.

schen Reiches hervor, das man über die karolingische Epoche in Bayern hinweg auch als das jüngere bayerische Stammesherzogtum bezeichnet hat; zunächst aber konnte davon noch keine Rede sein. Vielmehr wird man Arnulf in der karolingischen Tradition des neunten Jahrhunderts sehen müssen; er wollte anknüpfen an das Regnum Bavariae, das in den karolingischen Teilungen mit seinem Markengürtel und den abhängigen slawischen Völkern im Osten eine so wichtige Rolle gespielt hatte und zu einem politischen Gebilde von großer Bedeutung und ausgeprägtem Eigenleben geworden war.[15] Für die Fortsetzung einer karolingischen Herrschaft in Bayern mochte sich Arnulf auch durch seine Verwandtschaft mit den Karolingern (s. o. 278) für legitimiert halten. Auffällig ist jedenfalls, daß er sich im Gegensatz zu seinem Vater völlig vom Hof des noch nominell regierenden karolingischen Königs Ludwigs des Kindes zurückzieht; er ist nie mehr dort nachzuweisen, und in der königlichen Kanzlei ist nur noch einmal anläßlich einer Schenkung im Nordgau vom «comitatus Arnolfi» die Rede.[16] Dafür datiert vom 13. September 908 eine ganz nach dem Vorbild der Königsurkunden stilisierte und besiegelte[17] Urkunde, in der «Arnulf von Gottes Gnaden Herzog der Bayern und auch der angrenzenden Gebiete» sich an «alle Bischöfe, Grafen und Fürsten dieses Reiches» wendet.[18] Auch das *Fragmentum de Arnulfo duce Bavariae*[19] aus St. Emmeram in Regensburg spricht vom «regnum Baioariae» und gibt dem Herzog als Träger des «Königheils» königliche Beinamen, wie «gloriosus» oder «eximius».[20]

Die gleiche Selbständigkeit zeigte Arnulf auch bei seinen außenpolitischen Unternehmungen, insbesondere bei der Auseinandersetzung mit den *Ungarn,* die nach der Niederlage von 907 ohnehin die für Bayern vordringlichste Aufgabe war. Daß er die umfangreichen *Säkularisationen* bayerischer Kirchengüter,[21] die ihm in der klösterlichen Geschichtsschreibung den Beinamen des «Bösen» eingetragen haben,[22] zur Auf-

[15] Die «Erneuerung des bayerischen Stammesherzogtums der Agilolfingerzeit» ist eine Erfindung der modernen Geschichtsschreibung, ein bewußtes Anknüpfen an die agilolfingische Tradition lag ohnehin nicht vor.

[16] Urk. Ludwigs d. Kindes v. 5. Feb. 908 (s. o. 219 Anm. 185) nr. 58, S. 185 ff.

[17] Fichtenau, Urkundenwesen (s. o. 99) 115 ff. weist darauf hin, daß die Siegelurkunde ein Attribut der neuen herzoglichen Würde wird.

[18] Reindel nr. 48, S. 77 ff.; freilich ist die Urkunde nur die Bestätigung eines am 13. September 908 vollzogenen Tausches, könnte also theoretisch noch bis 926, dem Todesjahr Drakolfs, ausgestellt worden sein. Vgl. allgemein Rall, Herzogsurk. (s. o. 238 Anm. 31) 196 f.; Kienast, Herzogstitel (s. o. 235 Anm. 3) 353 ff.; Brunner, Fürstentitel (s. o. 251 Anm. 13) 235 ff.

[19] Fragmentum de Arnulfo duce Bavariae (s. o. 278 Anm. 5) 570.

[20] Schmid, Arnulf (s. o. 280) 8.

[21] Quellen bei Reindel nr. 49, S. 80 ff.; vgl. Wilh. Beck, Tegernseeische Güter aus dem 10. Jh. (AZ NF 20) 1914, 83–105; Tyroller, Säkularisationen (s. o. 280) und Walt. Jaroschka, Unbekannte Ulrichs- u. Maximiliansüberlieferungen u. ihre Verwertung bei bayer. u. österr. Historiographen (MIÖG 65) 1957, 98–105; zur Teilnahme Bischof Drakolfs von Freising an den Säkularisationen Jos. Ant. Fischer, Bischof Dracholf v. Freising (907–926) (ZBKG 30) 1961, 1–32, bes. 19 ff.

[22] Andr. Wrackmeyer, Stud. z. den Beinamen d. abendländ. Könige u. Fürsten bis zum Ende d. 12. Jhs., Diss. Marburg 1936, 43 f.; Bened. Kraft, Andechser Stud. II (OA 74) 1940, 282 f. und 286 Anm. 1; Kurt Reindel, Ein neues Gedicht zum Tode Herzog Arnulfs v. Bayern (ZBLG 20) 1957, 153–160.

stellung eines neuen Heeres gegen die Ungarn vornahm, ist wahrscheinlicher und entspricht mehr der historischen Wirklichkeit, als daß er von ihnen im Kampf um sein «Gegenkönigtum» Gebrauch machte.[23] Die Säkularisationen dürften zwischen 907 und 914 erfolgt sein, und zu diesem Zeitpunkt bestanden noch gute Beziehungen zum Königtum. Man kann auch feststellen, daß sich in den zeitgenössischen Quellen noch gar kein Hinweis auf die Säkularisationen Arnulfs findet. Andererseits können wir aus zahlreichen Indizien, nicht zuletzt aus einem wohl an der Alten Kapelle in Regensburg verwendeten, heute in Brüssel liegenden Sakramentar,[24] auf das Schmid hinwies, ablesen, daß «Arnulfs Verhältnis zur Kirche ... sicherlich besser (war), als allgemein angenommen wird».[25] Die ersten Nachrichten, die wir über Herzog Arnulfs Regierung haben, zeigen ihn im Kampf mit den Ungarn. Bereits am 11. August 909 schlug er die bis nach Schwaben vorgedrungenen Ungarn auf ihrem Rückweg, den sie über Freising nahmen, an der Rott.[26] Im Juni 910 brachte er ihnen bei Neuching eine neue Niederlage bei, nachdem sie vorher das fränkische Aufgebot unter Ludwig dem Kind geschlagen hatten,[27] und im Jahre 913 konnte er gemeinsam mit seinen schwäbischen Oheimen Erchanger und Berthold die abermals von einem Einfall in Schwaben heimkehrenden Ungarn am Inn besiegen.[28] Das ist für fast zwei Jahrzehnte der letzte kriegerische Zusammenstoß zwischen Bayern und Ungarn, von dem wir Kunde haben, ebenso wie wir fortan nichts mehr von ungarischen Plünderungen in Bayern lesen. So liegt es sehr nahe, anzunehmen, daß angesichts der Niederlagen, die sie im Kampf gegen die Bayern erlitten hatten, die Ungarn sich zu einem Übereinkommen bereitgefunden haben.[29]

Als am 24. September 911 König Ludwig das Kind als letzter ostfränkischer Karolinger ohne Nachkommen gestorben war, war man an einem Wendepunkt für den ferneren Zusammenhalt des ostfränkischen Reiches angelangt. So war es von großer Wichtigkeit, daß an der *Wahlversammlung* im November 911 in *Forchheim* mit Franken, Sachsen, Schwaben und Bayern alle bisher im ostfränkischen Reich vereinigten Stämme teilnahmen.[30] Jedoch scheinen die Bayern sich ebensowenig wie die Schwa-

[23] Diesen Gesichtspunkt stellt in den Vordergrund TYROLLER, Säkularisationen (s. o. 280), der diese auch erst in die Zeit nach 921 datiert; ähnlich BAUERREISS I 164f.

[24] Hansjörg WELLMER, Persönl. Memento im deutschen MA (Monographien z. Gesch. d. MA 5) 1973, 45ff.

[25] SCHMID, Arnulf (s. o. 280) 23.

[26] REINDEL nr. 50, S. 93f.; die gleichzeitige Niederschrift in einem Freisinger Nekrolog spricht von Arnulf bereits als dux; zur Schlacht Jos. HOFBAUER, Südost-Bayern u. Ungarn am Anfang d. 10. Jhs. Die Schlacht a. d. Rott 909 (Ostbair. Grenzmarken 4) 1960, 145–154.

[27] REINDEL nr. 51, S. 94ff.

[28] REINDEL nr. 54, S. 103ff.

[29] Dagegen sprach sich BÜTTNER, Ungarn (s. o. 276 Anm. 206) 444 Anm. 33 aus, der den Vertrag als Rückendeckung, geschlossen erst nach Arnulfs Rückkehr aus Ungarn, ansieht.

[30] Quellen bei REINDEL nr. 52, S. 98ff.; zwar berichten nur die Ann. Alamannici (zu 912) (s. o. 277 Anm. 214) 55 ausdrücklich von der Teilnahme der Bayern, so daß BRESSLAU, Salzb. Annalistik 54 gar nicht an ihre Teilnahme glaubte; Helm. BEUMANN, Widukind v. Korvey. Untersuchungen z. Geschichtsschreibung u. Ideengesch. d. 10. Jhs. (Abh. über Corveyer Geschichtsschreibung 3) 1950, 226 suchte dagegen zu erweisen, daß der von Widukind gebrauchte Ausdruck «das ganze Volk der Franken und Sachsen» nicht nur Franken

ben aktiv an den Wahlverhandlungen beteiligt zu haben. Die Wahl war vornehmlich eine Angelegenheit der Franken und Sachsen, und nur deren Stammesführer Konrad und Heinrich wurden für eine Wahl zum ostfränkischen König in Erwägung gezogen. Eine eventuelle Kandidatur Arnulfs von Bayern scheint gar nicht erwogen worden zu sein. Die Gründe hierfür wird man bei Arnulf suchen müssen, der nach seiner Abstammung, seinen Machtmitteln und seiner militärischen Erfahrung für diese Würde prädestiniert gewesen wäre, aber vermutlich kein Interesse hatte, seine fast königgleiche bayerische Herrschaft mit der unsicheren Würde eines ostfränkischen Königs zu vertauschen.[31]

Das Verhältnis zwischen Arnulf von Bayern und Konrad von Franken scheint anfangs gut gewesen zu sein. Im Jahre 912 erschien Arnulf am königlichen Hof in Ulm,[32] und im folgenden Jahr 913 heiratete Konrad Arnulfs Mutter Kunigunde, die Witwe Luitpolds, die Schwester der schwäbischen Grafen Erchanger und Berthold.[33] Im folgenden Jahr 914 stand *Konrad I.* jedoch im Kampf gegen Arnulf, wahrscheinlich weil dieser für seinen mit dem König im Kampf liegenden Oheim Erchanger Partei ergriffen hatte.[34] Arnulf konnte sich gegen das Heer des Königs nicht behaupten und floh nach Ungarn. Es ist zwar unwahrscheinlich, daß, wie Konrad von Scheyern berichtet, Arnulf und auch sein Bruder Berthold ungarische Prinzessinnen geheiratet hätten,[35] aber es ist denkbar, daß das Nibelungenlied mit dem zu König Etzel geflohenen bayerischen Nationalhelden Dietrich und mit dem in ungarischen Diensten stehenden bayerischen Markgrafen Rüdiger noch dunkle Erinnerungen an diesen für die damalige Zeit unerhörten Vorgang bewahrt hat.[36] Im Jahre 916 kehrte Arnulf aus Ungarn zurück, vermutlich, um dem aus der Verbannung zurückgekehrten Erchanger bei seinem Kampf gegen den König beizustehen. Arnulf nahm den

und Sachsen, sondern das ganze fränkische Reichsvolk unter Einschluß der Bayern meine; dagegen PLASSMANN, Princeps (s. o. 277) 75ff., der darin nur den Gefolgschaftsverband der Franken und Sachsen sieht; LINTZEL, Miszellen (s. o. 280) 9ff. bzw. 223ff. rechnet mit einer Teilnahme der Bayern; zu den sonstigen Problemen dieser Wahl SCHLESINGER, Anfänge (s. o. 273 Anm. 188) 154ff. und 343; allgemein auch Heinr. WEBER, Die Reichsversammlungen im ostfränk. Reich 840–918. Eine entwicklungsgeschichtl. Untersuchung vom karoling. Großreich zum deutschen Reich, Diss. Würzburg 1962, 190ff.; WEIGEL, Forchheim (s. o. 279 Anm. 8) 169f.

[31] Dieser Gedanke bereits bei DÜMMLER III 576 und MITTEIS, Krise (s. o. 273 Anm. 188) 38.

[32] Urk. Konrads I. v. 5. März 912 (hg. v. Theod. SICKEL, MGH Dipl. 1) 1879/84, nr. 3, S. 3f.

[33] Ann. Alamannici (zu 913) (s. o. 277 Anm. 214) 56; zu Kunigundes Abkunft GEWIN, Bayr.-österr. Geschlechter 100 und 103 und MITTERAUER 238f. und 243f.

[34] Quellen bei REINDEL nr. 55, S. 107ff.

[35] Konrad, Chronicon Schirense c. 16 (hg. v. Philipp JAFFÉ, MGH SS 17) 1861, 620; vgl. SCHMID, Arnulf (s. o. 280) 99.

[36] Bálint HÓMAN, Geschichtliches im Nibelungenlied (Ungar. Bibl. I 9) 1924, 19; REINDEL, Arnulf 219f. bzw. 250f.; zu den Namensformen Rüdiger in Österreich SCHWARZ, Kontinuitätsproblem (s. o. 121 Anm. 21) 39ff. Im Nekrolog des um die Mitte des 12. Jhs. gegründeten Chorherrenstiftes St. Andrä an der Traisen (hg. v. Adalb. Franz FUCHS, MGH Necr. 5) 1913, 362 findet sich zum 4. Dezember ein «Rudegerus marchio». Während PFEFFER 201ff. für eine Gleichsetzung mit dem Rüdiger der Sage eintritt, hält ihn LECHNER, Babenberger (s. u. 299 Anm. 143) 310 Anm. 13 eher für einen Eppensteiner.

Weg über Salzburg, wo er vielleicht den bayerischen Erzbischof auf seine Seite zu ziehen trachtete, nach Regensburg, wurde aber hier von Konrad belagert und besiegt und mußte abermals zu den Ungarn fliehen.[37] Die Kirche stand bei dieser Auseinandersetzung fast durchweg auf der Seite des Königs; dabei spielte wohl die Besorgnis der Bischöfe eine Rolle, von der reichskirchlichen Stellung in landeskirchliche Abhängigkeit zu sinken. Einer der konsequentesten Gegner Arnulfs ist dabei offenbar Tuto, der Bischof seiner «Hauptstadt» Regensburg, gewesen.[38] Am 20. September 916 trat in *Hohenaltheim* (nahe dem schwäbischen Nördlingen) eine Synode der ostfränkischen Geistlichen zusammen, auf der nicht nur der Rang des Königs als des «christus Domini» im Vergleich zu den anderen Fürsten herausgehoben, sondern auch eindeutig gegen Erchanger von Schwaben und Arnulf von Bayern Stellung genommen wurde.[39] Die Haltung der Kirche blieb ohne Auswirkungen; vielmehr konnte Arnulf im Jahre 917 Bayern zurückerobern und den hier eingesetzten Eberhard, den Bruder König Konrads, vertreiben.[40] Im folgenden Jahr schlug er einen Angriff König Konrads ab, bei dem dieser, wie überliefert wird, eine zum Tode führende Verletzung empfing.[41]

Arnulf war im unangefochtenen Besitze Bayerns, als Konrad am 23. Dezember 918 starb. Die mit der Königswahl Heinrichs I. zusammenhängenden Probleme[42] interessieren hier nur in bezug auf Arnulf von Bayern. Daß auch er bei dieser Gelegenheit zum König ausgerufen wurde, wußte man schon aus einer Notiz bei Liutprand,[43] und die 1921 gefundenen Salzburger Annalen schienen einwandfrei zu bestätigen, daß es sich dabei um ein «deutsches Gegenkönigtum» gehandelt habe.[44] Nun ist der zeitliche Abstand zwischen dem Tod Konrads (Dezember 918) und der Wahl Heinrichs (Mai 919) aber so groß, daß durchaus die Möglichkeit besteht, daß Heinrich von Sachsen als Gegenkönig gegen Arnulf von Bayern aufgestellt worden ist.[45] Außerdem ist die Überlieferung der Wendung «regnum teutonicorum», in welchem Arnulf herrschen

[37] Quellen bei REINDEL nr. 56, S. 111ff.; auf Grund dieser Quellengruppe setzte BRESSLAU, Salzb. Annalistik 31 und 55 den Beginn der Auseinandersetzungen Arnulfs mit Heinrich erst ins Jahr 916.

[38] So Alois SCHMID, Die Herrschergräber in St. Emmeram z. Regensburg (DA 32) 1976, 333–369, bes. 362 Anm. 141 in Korrektur der etwas zu positiven Wertung durch HERRMANN, Bischof Tuto (s. o. 225 Anm. 261).

[39] Synodalakten v. Hohenaltheim (hg. v. Ludw. WEILAND, MGH Const. 1) 1893, nr. 433, S. 618ff.; dazu Manfr. HELLMANN, Die Synode v. Hohenaltheim (916). Bemerkungen über d. Verhältnis v. Königtum u. Kirche im ostfränk. Reich z. Beginn d. 10. Jhs. (HJb. 73, 1953) 1954, 127 bis 142; Wiederabdruck in: Wege d. Forsch. 1, 1956, 289–312; Horst FUHRMANN, Die pseudoisidor. Fälschungen u. die Synode v. Hohenaltheim (916) (ZBLG 20) 1957, 136–151; auf eine noch weitgehend königstreue kanonistische Stellungnahme aus Regensburg weist hin: Peter LANDAU, Kanonist. Aktivität in Regensburg im frühen MA (Schriftenreihe d. Univ. Regensburg 1) 1979, 55–74, bes. 65.

[40] REINDEL nr. 58, S. 116.

[41] REINDEL nr. 60, S. 118f.

[42] SCHLESINGER, Anfänge (s. o. 273 Anm. 188) 156ff. und 343 mit reicher Literatur.

[43] Liutpr., Antap. II 21, S. 47.

[44] Ann. Iuv. max. (zu 920) 742: «Die Bayern ergaben sich wieder freiwillig Herzog Arnulf und gaben ihm die Herrschaft im Reich der Deutschen»; vgl. KLEBEL, Geschichtsquelle (s. o. 208 Anm. 40) 38 m. Anm. 122 bzw. 137 m. Anm. 122.

[45] Diese Möglichkeit erwog bereits LINTZEL, Designation (s. o. 280) 388ff.

sollte, nicht völlig zweifelsfrei.[46] Die Vermutung ist wohl naheliegend, daß hier die spätere Chronistik ex eventu berichtet: von der tatsächlich erfolgten Gründung des deutschen Reiches aus betrachtet, die sich als der in die Zukunft weisende Vorgang herausstellte, mußte natürlich Arnulfs Verhalten als «Rebellion» erscheinen. Von der Zeit aus gesehen dürfte *Arnulf* 919 vielmehr *König in einem bayerischen Reich* (mit Einschluß eines kleinen Landstriches im östlichen Franken)[47] geworden sein, eines Reiches, das in der Tradition eines karolingischen Teilkönigtums stand.[48] Ersetzt man den Titel dux in der oben (281 Anm. 18) angeführten Urkunde Arnulfs durch rex, so dürfte man der Vorstellung, die Arnulf sich von seiner Herrschaft machte, nahekommen. Anders hingegen Heinrich: er suchte die Herrschaft in der ganzen Orientalis Francia für sich zu erwerben. Noch im Jahre 919 zog er gegen Burchard von Schwaben, der sich ihm gleichfalls nicht angeschlossen hatte, den er aber jetzt zu einem gütlichen Übereinkommen bewegen konnte.[49] Im folgenden Jahr ging er ähnlich gegen Bayern vor, erlitt jedoch eine Niederlage und mußte sich nach Sachsen zurückziehen.[50] Bei einem im Jahr 921 wiederholten Versuch konnte er Arnulf in einer Unterredung vor Regensburg ebenfalls zu einer friedlichen Verständigung bewegen, bei der dem Bayern für den Verzicht auf den Königstitel und für die Anerkennung der Oberhoheit Heinrichs weitgehende Unabhängigkeit nach innen und außen,

[46] Die ersten Buchstaben des Wortes «teutonicorum» stehen in der einzigen Handschrift (Admont, Stiftsbibliothek Cod. 718) auf Rasur; zur Deutung REINDEL, Arnulf 234ff. bzw. 266ff.; dazu MITTEIS, Krise 54 Anm. 2; SCHLESINGER, Kaiser Arnulf (beide s. o. 273 Anm. 188) 239 und 346; MOHR, «Francia Orientalis» (s. o. 280) 42ff.; Heinr. BÜTTNER, Heinrichs I. Südwest- u. Westpolitik, 1964, 6 Anm. 3; Rud. BUCHNER, Nachträge aus den neu gefundenen Ann. Iuv. max. (in: Gg. WAITZ, Jbb. des deutschen Reiches unter König Heinrich I.) 1963⁴, 297–302; MÜLLER-MERTENS, Regnum Teutonicum (s. o. 277) 105ff.; EGGERT, 919 (s. o. 280) 52ff.; Ders., Reich (s. o. 277) 337; SCHLESINGER, Fritzlar; Ders., Königserhebung; SCHMID, Arnulf (alle s. o. 280) 9ff.; Heinz THOMAS, Regnum Teutonicorum = Diutiskono Richi? Bemerkungen z. Doppelwahl des Jahres 919 (Rhein. Vjbll. 40) 1976, 17–45; zu dem in Salzburg im 12. Jh. niedergeschriebenen Ausdruck regnum teutonicorum möchte ich noch hinweisen auf die Notae de episcopis Pataviensibus (zu 918) (hg. v. Gg. WAITZ, MGH SS 25) 1880, 626: «König Konrad von Bayern starb als letzter (der bayerischen Könige). Damit hörte das Reich der Bayern auf und es begann das der Deutschen»; vgl. auch RALL, Königsplan (s. o. 280).

[47] Zur Geschichte dieses mit dem bayerischen Nordgau vielfach verknüpften fränkischen Gebietes REINDEL, Arnulf 210f. bzw. 239f.; zur Wahl auch LINTZEL, Designation (s. o. 280) 389f. und MITTEIS, Krise (s. o. 273 Anm. 188) 55.

[48] Gegen die Zweifel von KIENAST, Herzogstitel (s. o. 235 Anm. 3) 354f. FICHTENAU, Urkundenwesen (s. o. 99) 117 und Heinr. BÜTTNER, ZRG 89, 1972, 285.

[49] Mart. LINTZEL, Heinrich I. u. das Herzogtum Schwaben (Hist. Vjschr. 24) 1927, 1–17; Wiederabdruck in: Ders., Ausgew. Schr. II, 1961, 73–84; BÜTTNER, Westpolitik (s. o. Anm. 46) 6ff.

[50] Quellen bei REINDEL nr. 61, S. 119ff.; KLEBEL, Geschichtsquelle (s. o. 280 Anm. 40) 38 m. Anm. 123 bzw. 137 m. Anm. 123 bezieht auch das «interfectio Francorum» der Ann. Ratisp. (zu 920) 583 auf die Kämpfe um Regensburg; zum Mauerbau Arnulfs BRÜHL, Königspfalz (s. o. 130 Anm. 29) 242ff.; PIENDL, Emmeram 21; Ders., Pfalz (s. o. 130 Anm. 29) 100; Rich. STROBEL, Die Stadtbefestigung an d. Südost-Ecke v. Castra Regina in nachröm. Zeit (VHOR 102) 1962, 209–223, bes. 210ff.

insbesondere das Recht der Bischofsernennung zugestanden wurde.[51] Von der Seite Heinrichs brachte das Abkommen auch einen «recht weitgehenden materiellrechtlichen Verzicht auf die königliche Verfügungsgewalt über das Reichsgut».[52] Auch die Bemerkung des sächsischen Geschichtsschreibers Widukind von Korvey, daß Arnulf «Freund des Königs» genannt worden sei, zeigt den weiten Spielraum, der dem bayerischen Herzog durch das Regensburger Abkommen des Jahres 921 zugestanden wurde, das man mit einem außenpolitischen Vertrag in eine Linie stellen könnte,[53] das «ein rechtsverbindliches Bündnis gleichrangiger Partner»[54] war. Heinrichs Handeln freilich hatte Arnulf aus seiner Isolierung herausgerissen, es hatte den Bayern zum «Rivalen im Reich» gemacht, eine Vorstellung, die bereits bei Liutprand von Cremona ihren literarischen Niederschlag gefunden hat.[55]

Auch nach dem Vertrag mit König Heinrich I. übte Arnulf in seinem bayerischen Reich königliche Rechte aus, ohne die Königskrone zu tragen. Die Intitulatio seiner Urkunde aus dem Jahre 924 betont auch weiterhin das Gottesgnadentum seiner Würde,[56] er ließ eigene Münzen schlagen,[57] er präsidierte bayerischen Landessynoden,[58] und er handelte außenpolitisch selbständig. Bereits im Jahre 922 zog er mit einem Heer nach *Böhmen,* ohne daß dabei von Kämpfen die Rede ist.[59] Man kann somit

[51] Daß der zur Familie der Aribonen gehörige Erzbischof Odalbert von Salzburg im Jahre 924 «auf Ersuchen und Befehl» Herzog Arnulfs einen für ihn sehr ungünstigen Tausch mit der edlen Frau Rihni, wohl einer Verwandten Arnulfs, abschließen mußte, hat man wohl mit Recht auf die Tatsache zurückgeführt, daß Odalbert ohne Zustimmung Arnulfs auf den Salzburger Erzstuhl gekommen sei: Heinz DOPSCH, Der bayer. Adel u. die Besetzung des Erzbistums Salzburg im 10. u. 11. Jh. (Mitt. d. Ges. f. Salzb. Landesk. 110/111) 1970/71, 125–151, bes. 128ff.

[52] Hans Constantin FAUSSNER, Die Verfügungsgewalt des deutschen Königs über weltl. Reichsgut im Hochmittelalter (DA 29) 1973, 345–449, bes. 400.

[53] So SCHLESINGER, Anfänge (s.o. 273 Anm. 188) 158; daß schon die Ablehnung der Salbung durch Heinrich I. die Verständigung mit den Herzögen erleichterte, vermutet Mart. LINTZEL, Heinrich I. u. die fränk. Königssalbung (Ber. über d. Verh. d. Sächs. Akad. d. Wiss. Leipzig 102, 3) 1955, 38f.; Wiederabdruck in: Ders., Ausgew. Schr. II, 1961, 583–612, bes. 602f.

[54] Helm. BEUMANN, Historiograph. Konzeption u. polit. Ziele Widukinds v. Corvey (Settimane di studio del Centro Italiano di studi sull'alto medioevo 17) 1970, 857–894, bes. 881.

[55] Liutpr., Antap. II 21, S. 47f.

[56] UB Salzb. I nr. 44, S. 105ff.; REINDEL nr. 65, S. 134ff.; das im Titel zum Ausdruck kommende Gottesgnadentum wird von KIENAST, Herzogstitel (s.o. 235 Anm. 3) 353ff. abgewertet.

[57] Heinr. Philipp CAPPE, Die Münzen d. Herzöge v. Baiern, d. Burggrafen v. Regensburg u. der Bischöfe v. Augsburg aus dem X. u. XI. Jh., 1850; Herm. DANNENBERG, Die deutschen Münzen d. sächs. u. fränk. Kaiserzeit I, 1876, Neudr. 1967, 403; Jul. MENADIER, Das Münzrecht d. deutschen Stammesherzoge (Zschr. f. Numismatik 27) 1909, 158–167, bes. 159f. und 164.

[58] Im Januar und Juli 932 kommen in Regensburg und Dingolfing zwei Synoden zusammen «regnante Arnolfo venerabili duce», von denen insbesondere die zweite mit 117 Teilnehmern eine machtvolle Kundgebung des geistlichen und weltlichen bayerischen Adels gewesen sein muß: Synodalakten v. Dingolfing v. 932 (hg. v. Joh. MERKEL, MGH Leges in fol. 3) 1863, 482f.; dazu Mart. BOYE, Quellenkat. d. Synoden Deutschlands u. Reichsitaliens v. 922–1059 (NA 48) 1930, 45–96, bes. 50.

[59] REINDEL nrr. 62 und 76, S. 131f. und S. 148ff.; auch HERRMANN 193ff.

wohl annehmen, daß das Unternehmen primär den Zweck verfolgte, die 895 wieder bekräftigte Abhängigkeit Böhmens, die vielleicht während der Ungarnkämpfe in Vergessenheit geraten war, erneut zu betonen. Zudem wird man bedenken müssen, daß nach Arnulfs Auffassung Böhmen nicht vom ostfränkischen, sondern vom bayerischen Reich abhängig war: in Regensburg hatten die böhmischen Fürsten die Taufe empfangen, dem hier residierenden Herrscher hatten sie sich kommendiert, und Böhmen hatte zu den «angrenzenden Gebieten» gehört, die bei den karolingischen Reichsteilungen dem bayerischen Herrscher zugesprochen worden waren (s. o. 258f.). Auch ein persönlicher Grund mag für Arnulf mitgesprochen haben, da sein Vater Luitpold als «dux Boemanorum» hier vielleicht eine Art Statthalterstelle innehatte. Jedoch hat auch Heinrich I. sich bemüht, in Böhmen Einfluß zu erlangen, und man hat vermutet, daß es ihm gelungen sei, Wenzel als Gegenspieler gegen den von Arnulf unterstützten Boleslaw zu gewinnen.[60] Im Jahre 929 unternahmen Heinrich und Arnulf gemeinsam einen Zug nach Böhmen, im gleichen Jahr wurde Wenzel von seinem Bruder Boleslaw ermordet, wobei unsicher ist, ob ein Zusammenhang zwischen der Ermordung und dem Heereszug besteht.[61] Vielleicht zog Heinrich im Jahre 931 noch einmal in das Land.[62]

Im Jahre 926 machten die *Ungarn,* ohne daß ein Anlaß bekannt ist, nach vierzehn Jahren der Ruhe wieder einen Einfall nach Bayern, sei es, daß der erste Vertrag auf eine Reihe von Jahren begrenzt war, sei es, daß sie ihre Forderungen, die vielleicht bisher nur in der Gewährung freien Durchzugs bestanden, erhöhten, sei es schließlich, daß es sich dabei nur um eine einzelne ungarische Abteilung handelte. Jedenfalls schloß Arnulf im folgenden Jahr 927 mit ihnen erneut Frieden.[63] Ob auch seine im gleichen Jahr erfolgte Zusammenkunft in Ingelheim mit Heinrich, der mit den Ungarn ebenfalls 927 einen Waffenstillstand schließen konnte,[64] damit in Zusammenhang stand, ist fraglich.

Außer in Böhmen und Ungarn wurde Herzog Arnulf auch noch in *Italien* außenpolitisch aktiv. Im Kampf um die langobardische Königskrone standen sich Rudolf II.

[60] Zur innerböhmischen Auseinandersetzung Wostry, Ursprünge (s. o. 265 Anm. 131) und Wegener 55ff.; Pavel Radoměrský, Emma regina (Časopis Národního Musea I 122) 1953, 157–212, S. 208–212 Summary: Essay on the origin of Princess Emma and her part in the striking of the Bohemian coins of the 10th century, hat die These entwickelt, bei der Auseinandersetzung zwischen Wenzel und Boleslav, die zur Ermordung Wenzels führte, habe es sich nicht primär um eine heidnisch-christliche Auseinandersetzung, sondern um einen sächsisch-bayerischen Machtkampf in Böhmen gehandelt; vgl. Preidel, Denkmäler (s. o. 221 Anm. 205).

[61] Turek, Böhmen (s. o. 253) 176; František Graus, Böhmen zw. Bayern u. Sachsen (Historica 17) 1969, 5–42, bes. 18; Hoffmann, Böhmen (s. o. 253) 20f.; Karl Bosl, Herzog, König u. Bischof im 10. Jh. (Veröffentl. d. Coll. Carolinum 32) 1976, 88–124, bes. 100.

[62] Ann. Gradicenses (zu 931) (hg. v. Wilh. Wattenbach, MGH SS 17) 1861, 645.

[63] Reindel nr. 66, S. 138; nach Mart. Lintzel, Die Schlacht v. Riade u. die Anfänge des deutschen Staates (Sachsen u. Anhalt 9) 1933, 27–51, bes. 43f.; Wiederabdruck in: Ders., Ausgew. Schr. II, 1961, 92–111, bes. 104f. zeigt dieses Abkommen, daß der Friedensschluß Heinrichs I. aus dem Jahre 926 für das ganze fränkische Reich mit Ausnahme des unabhängigen Bayern galt.

[64] Reindel nr. 72, S. 145.

von Hochburgund und Hugo von der Provence gegenüber.[65] Es gelang Hugo, der im Jahre 926 in Pavia zum König erhoben wurde, Rudolf zum Verzicht auf seine italienischen Pläne zu bewegen, indem er ihm seine Herrschaftsansprüche in der Provence abtrat. Eine Partei der mit Hugos Herrschaft Unzufriedenen, von denen wir nur die Namen des Bischofs Rather[66] und des Grafen Milo von Verona[67] erfahren, wandte sich an Herzog Arnulf von Bayern, der für seinen ältesten Sohn Eberhard die langobardische Königskrone annahm. Im Herbst 933 zog Arnulf mit einem Heer nach Italien und konnte Verona besetzen. Auf die Kunde hiervon kehrte Hugo, der sich auf einem Zug gegen Rom befand, sogleich um und besiegte die bayerische Besatzung des Kastells Bussolengo am Etschknie oberhalb Verona. Da mit diesem Brückenkopf am südlichen Etschufer ein Sammelpunkt verschiedener Straßen und ein strategischer Punkt erster Ordnung in die Hand des Gegners gefallen war, der damit auch die Nachschubstraße nach Bayern bedrohte, brach Arnulf sein Unternehmen sogleich ab und zog sich in sein Herzogtum zurück. Daß er seine italienischen Pläne damit nicht aufgegeben hatte, berichtet Liutprand von Cremona,[68] auch der allerdings fehlgeschlagene Versuch, den Grafen Milo als Geisel mitzunehmen, könnte in diese Richtung deuten. Die Einladung der italienischen Großen an den bayerischen Herzog hatte sich an den mächtigen und kriegserfahrenen Fürsten des nördlich angrenzenden Reiches gerichtet, mit dem das Langobardenreich zudem vielfältige landschaftliche und völkische Beziehungen verbanden, die bis in die Agilolfinger- und Karolingerzeit zurückreichten. Insbesondere die unmittelbaren Vorgänger Arnulfs in der Herrschaft über Bayern, Karlmann und Kaiser Arnulf, hatten beide auch nach Italien gegriffen und sich die langobardische Königskrone erworben. Hätte Arnulf mit seinem Plan Erfolg gehabt, so ist die Vermutung nicht von der Hand zu weisen, daß Bayern nahezu zwangsläufig aus dem Verband des ostfränkischen Reiches herausgewachsen, daß hier ein großes bayerisch-italisches Reich entstanden wäre. Die eigene Gestaltung der Außenpolitik des Bayern war die letzte Konsequenz von Heinrichs Zugeständnissen vor Regensburg im Jahre 921. Daß König Heinrich aufgrund der Italienpolitik des bayerischen wie des schwäbischen Herzogs[69] selbst den Plan eines Italienzuges gefaßt habe,[70] ist oft vermutet worden.[71]

Im Jahre 935 übertrug Herzog Arnulf seinem Sohn Eberhard, für den die langobardische Königskrone vorgesehen gewesen war, die *Nachfolge* in seinem bayerischen Reich, das somit ungeteilt an den Nachfolger übergehen sollte. Die zum 22. Juli 935 in Gegenwart des Salzburger Erzbischofs vorgenommene Designation bleibt in ihrer

[65] Zur politischen Konstellation HARTMANN III 2, 197ff.; auch HLAWITSCHKA, Franken (s. o. 250) 83ff.

[66] Fritz WEIGLE, Zur Gesch. des Bischofs Rather v. Verona. Analekten z. Ausgabe seiner Briefe (DA 5) 1941, 347–386, bes. 378; nach Rathers eigenen Angaben war er mit Herzog Arnulf von Bayern verwandt: Brief Rathers (hg. v. Fritz WEIGLE, MGH Briefe d. deutschen Kaiserzeit 1) 1949, nr. 1, S. 17.

[67] Zu Milo HLAWITSCHKA, Franken (s. o. 250) 237ff.

[68] Liutpr., Antap. III 50, S. 101.

[69] Dazu HOLTZMANN 79ff.

[70] Widukind, Res gestae Saxonicae I 40 (s. o. 274 Anm. 196) 59.

[71] HOLTZMANN, Heinrich I. (s. o. 280) 52f.

von den Salzburger Annalen[72] überlieferten Beziehung auf Reichenhall und die dortigen ‹Salinarii› unerklärt.[73] Die selbständige Regelung der Nachfolgefrage in Bayern war jedenfalls der Preis dafür, daß Arnulf seinerseits auch den von König Heinrich als Nachfolger designierten Otto anerkannte.[74] So nahm Arnulf auch an der Wahl und Krönung Ottos I. im August 936 in Aachen teil und versah eines der Erzämter.[75] Die guten Beziehungen zwischen dem bayerischen und sächsischen Herrscher zeigt auch die wohl noch zu Lebzeiten Arnulfs erfolgte Heirat oder zumindest Eheabsprache zwischen seiner Tochter Judith und Heinrich, dem Bruder Ottos I.[76] Am 14. Juli 937 starb der Herzog; daß er im Kloster Sankt Emmeram in seiner Hauptstadt Regensburg beigesetzt wurde,[77] ist nach neuesten Forschungen eher unwahrscheinlich.[78] Sein angeblich schlimmes Ende ist von der klösterlichen Geschichtsschreibung entstellt und mit sagenhaften Zügen ausgestattet worden.[79]

c) *Der Weg Bayerns ins Reich*

Siegfr. HIRSCH, Jbb. des Deutschen Reichs unter Heinrich II. (Jbb. d. Deutschen Gesch.) I 1862; II vollendet v. Herm. PABST, 1864; III hg. v. und vollendet v. Harry BRESSLAU, 1875; Rud. KÖPKE-Ernst DÜMMLER, Kaiser Otto d. Gr., 1876, Neudr. 1962; UHLIRZ, Jahrbücher I/II; Franz TYROLLER, Die Ahnen d. Wittelsbacher (Beilage zum Jahresber. d. Wittelsbacher Gymnasiums München) 1950/51; Ders., Die Ahnen d. Wittelsbacher zum anderen Male (Jb. f. fränk. Landesforsch. 15) 1955, 129–156.

[72] REINDEL nr. 87, S. 170f.: «... et fidelitatem iuraverunt ei Salinarii cuncti tam nobiles quam ignobiles viri».

[73] Nach KLEBEL, Geschichtsquelle (s. o. 208 Anm. 40) 38 Anm. 132 bzw. 138 Anm. 132 sind die «nobiles» Hochfreie, die Anteil an den Salzquellen hatten, die «ignobiles» Salzarbeiter; RIEZLER I 1, 526 vermutet, es sei hier ein Landtag abgehalten worden, oder aber der Vorgang sei nur zufällig für Reichenhall überliefert; BRESSLAU, Salzb. Annalistik 61 nimmt an, daß es nicht bei dieser einen Huldigung geblieben sei.

[74] So REINDEL, Arnulf 249f. bzw. 284f.; daß der Designation Ottos I. durch Heinrich I. lange Verhandlungen vorausgingen, zeigte Mart. LINTZEL, Miszellen (s. o. 280) 65ff. bzw. 261ff.; vgl. Karl SCHMID, Die Thronfolge Ottos d. Gr. (ZRG 81) 1964, 80–163, bes. 124; dazu Hartmut HOFFMANN, Zur Gesch. Ottos d. Gr. (DA 28) 1972, 42–73; Herm. JAKOBS, Zum Thronfolgerecht d. Ottonen (Wege d. Forsch. 178) 1971, 509–528.

[75] REINDEL nr. 88, S. 171ff.; vgl. Max BUCHNER, Die Entstehung d. Erzämter u. ihre Beziehung zum Werden des Kurkollegs mit Beitrr. z. Entstehungsgesch. des Pairskollegs in Frankreich (Veröffentl. d. Görres-Ges., Sektion f. Rechts- u. Sozialwiss. 10) 1911, 95; Karl HAUCK, Rituelle Speisegemeinschaft im 10. u. 11. Jh. (Studium Generale 3) 1950, 611–621; Ders., Die Ottonen u. Aachen. 876–936 (Karl d. Gr. Lebenswerk u. Nachleben 4) 1967, 39–53; Herb. ZIELINSKI, Zur Aachener Königserhebung v. 936 (DA 28) 1972, 210–222; RAMACKERS, Königskrönung (s. o. 280).

[76] REINDEL nr. 89, S. 173f.

[77] REINDEL nr. 91, S. 175ff.; Jos. Ant. ENDRES, Die Hochgräber v. St. Emmeram z. Regensburg (Hist.-polit. Bll. f. d. kath. Deutschland 156) 1915, 459–472 und 517–538, bes. 469f.; Wiederabdruck in: Ders., Beitrr. z. Kunst- u. Kulturgesch. des mittelalterl. Regensburgs, 1924, 138–162, bes. 144f.; Kurt REINDEL, Rätsel um d. Grab Herzog Arnulfs v. Bayern (Unser Bayern. Beilage d. Bayer. Staatszeitung 7) 1958, 77f.

[78] SCHMID, Herrschergräber (s. o. 284 Anm. 38) 356ff.

[79] WAITZ, Heinrich I. (s. o. 280) 225–228; REINDEL, Ein neues Gedicht (s. o. 281 Anm. 22); SCHMID, Arnulf (s. o. 280).

Arnulfs Sohn *Eberhard* hat die Nachfolge in Bayern zunächst auch angetreten,[80] doch ist es sogleich zu einem Zerwürfnis mit Otto I. gekommen, ohne daß wir den Anlaß kennen.[81] Otto scheint beim Tod Arnulfs die Gültigkeit der schon geordneten Nachfolge nicht ohne weiteres anerkannt und eine neue Huldigung gefordert zu haben, was Herzog Eberhard, der möglicherweise sogar eine weitergehende Selbständigkeit anstrebte, als sie sein Vater besessen hatte, ebenso wie seine Brüder verweigerten. Otto suchte den Streit mit kriegerischen Mitteln zu entscheiden, kehrte aber von einem Kriegszug gegen Bayern, den er in der ersten Hälfte des Jahres 938 unternahm, erfolglos zurück. Erst ein zweites Unternehmen, das ebenfalls noch in das Jahr 938 fiel, brachte Erfolg: alle Söhne Arnulfs bis auf einen konnte er unterwerfen, den ältesten, Eberhard, schickte er in die Verbannung.[82]

Die Nachfolge in Bayern trat jetzt *Berthold,* der Bruder Arnulfs, an. Er führte bereits zu Lebzeiten seines Bruders den Titel dux, vielleicht als jüngerer Prinz des bayerischen Herzogshauses.[83] Da ihn zahlreiche Urkunden insbesondere in Karantanien tätig zeigen, ist die Vermutung naheliegend, daß er unter der Oberhoheit seines Bruders hier in seiner Würde an das alte Amt des Ostlandpräfekten anknüpfte.[84] Darüber hinaus erscheint er auch noch als Graf im Vintschgau und im Engadin.[85] Diese Gebiete waren allerdings kaum luitpoldingischer Familienbesitz,[86] sondern wurden ihm wohl im Jahre 926 bei der Neubesetzung und Verkleinerung des schwäbischen Herzogtums durch König Heinrich I. übertragen.[87] Nach seiner Einsetzung in Bayern erscheint auch in Kärnten neben ihm ein königlicher Amtsträger, und es ist in diesem Zusammenhang vermutet worden, daß nicht die «jüngeren Stammesher-

[80] Unter den Fälschungen Pilgrims von Passau befindet sich eine Urkunde Papst Leos VII. an den Herzog Eberhard von Bayern (Waldem. LEHR, Piligrim, Bischof v. Passau u. die Lorcher Fälschungen, Diss. Berlin 1909, 36ff. und FICHTENAU, Urkundenfälschungen [s. o. 224 Anm. 254] 90f.); zur Münzprägung Eberhards: Rich. GAETTENS, Mittelaltermünzen als Quellen d. Gesch. (Die Welt als Gesch. 14) 1954, 91 bis 108, bes. 99ff.; dazu Kurt REINDEL, DA 11, 1954/55, 267.

[81] Continuatio Reginonis (zu 938) (in: Regino, Chron.) 160: «Die Söhne des Herzogs Arnulf rebellieren in ihrem Streben nach dem Herzogtum»; Widukind, Res gestae Saxonicae II 8 (s. o. 274 Anm. 196) 72; WAITZ III 496f. übersetzt «comitatum» mit «Hoflager», SCHLESINGER, Anfänge (s. o. 273 Anm. 188) 183 Anm. 181 und PLASSMANN, Princeps (s. o. 277) 51 mit «militärische Gefolgschaft».

[82] Nach Léon VANDERKINDERE, La formation territoriale des principautés belges au moyen âge II, 1902², 350ff. habe er in Lothringen die Tochter Herzog Friedrichs I. geheiratet; übernommen von Franz TYROLLER, Die ältere Genealogie d. Andechser (Beilage zum Jahresber. d. Wittelsbacher Gymnasiums München) 1951/52, 13; nach HÓMAN 126 ist er nach Ungarn geflüchtet; beides bleibt beim Fehlen aller Quellen unbewiesen.

[83] DOPSCH, Adel u. Kirche (s. o. 149 Anm. 88) 25 Anm. 19.

[84] REINDEL nr. 68 (9./10. Mai 927) 139ff.; nr. 69 (23. Mai 927) 141ff.; nr. 70 (23. Mai 927) 143f.; nr. 77 (30. März 930) 150f.

[85] Urk. Heinrichs I. v. 9. April 930 (hg. v. Theod. SICKEL, MGH Dipl. 1) 1879/84, nr. 22, S. 57f.; MEYER-MARTHALER–PERRET, Bündner UB (s. o. 189 Anm. 96) nr. 100, S. 81f.; Urk. Heinrichs I. v. 14. April 931 (s. o.) nr. 28, S. 63f.; HUTER, Tiroler UB (s. u. Anm. 86) nr. 27, S. 18f.; REINDEL nrr. 78 und 82, S. 152 und 156ff.

[86] Das vermutet Franz HUTER, Tiroler UB I 1, 1937, nr. 28, S. 19f.

[87] So MEYER-MARTHALER, Rätien (s. o. 135) 94ff.

zogtümer», sondern die karolingischen regna die Grundlage für die Entwicklung regionaler Pfalzgrafschaften abgegeben hätten.[88] So besaß Berthold eine starke Machtstellung, auf der er seine Herrschaft in Bayern gründen konnte, er war auch durch seine luitpoldingische Abkunft legitimiert, und doch bedeutet der Beginn seiner Herrschaft einen wichtigen Einschnitt in der bayerischen Geschichte. Es war der Verzicht auf eine selbständige Regelung der Erbfolge in Bayern: die Nachfolge wurde wesentlich durch das Eingreifen des deutschen Königs entschieden. Die Beschneidung der bayerischen Unabhängigkeit zeigte sich auch darin, daß jetzt wieder der König die Bischöfe in Bayern einsetzte.[89] Ob damals dem Bayernherzog auch das Recht der Grafeneinsetzung entzogen sowie das Amt eines Pfalzgrafen als eines Vertrauensmannes des Königs mit der Aufsicht über das Königsgut geschaffen worden ist,[90] ist möglich, aber nicht beweisbar. Herzog Berthold war König Otto stets loyal ergeben, auch in den schwierigen Anfangsjahren seiner Regierung, als Otto gegen die Rebellion Eberhards von Franken, Giselberts von Lothringen und seines eigenen Bruders zu kämpfen hatte. Der Bericht Ekkehards von St. Gallen, wonach sich die Verschwörer des Jahres 938 mit Bayern in Verbindung gesetzt und hier Entgegenkommen gefunden hätten, nennt Bertholds Namen nicht und kann sich somit auch auf Gegner der sachsenfreundlichen Politik in Bayern beziehen.[91] Berthold hat sich zwar, im Gegensatz etwa zu Hermann von Schwaben, nicht direkt am Kampf gegen die Gegner des Königs beteiligt, doch hat Otto Bertholds «wohlwollende Neutralität» damit belohnt, daß er ihm nach dem Sieg von Breisach seine Schwester Gerberga, die Witwe Giselberts von Lothringen, oder deren Tochter zur Gemahlin anbot.[92] Zudem hat er sich durch diese erneute verwandtschaftliche Verbindung der luitpoldingischen Familie versichern wollen. Ob die geplante Heirat zustande gekommen ist, ist ungewiß; als Bertholds Frau erscheint später eine Biletrud.[93] Der Kurswechsel in Bayern zeigte sich auch auf außenpolitischem Gebiet, denn im Jahre 943 sehen wir Herzog Berthold im Kampf mit den Ungarn, denen er am 12. August bei Wels eine Niederlage zufügen konnte.[94] Es war ein Sieg, der in der zeitgenössischen Annalistik weitgehende Beachtung fand und der von Widukind mit fast den gleichen Worten wie Ottos Triumph auf dem Lechfeld kommentiert wurde. Er zeigt aber zugleich, daß Berthold nicht gewillt war, die vertragsmäßigen und freundschaftlichen Beziehungen, die sein Bruder mit den Ungarn unterhielt, fortzusetzen, daß er also auch hier in das Fahrwasser der sächsischen Politik geraten war.

Nach dem Tod Herzog Bertholds am 23. November 947[95] folgte als bayerischer

[88] Heinz Dopsch, Gewaltbote u. Pfalzgraf in Kärnten (Carinthia I 165) 1975, 125–151.

[89] Die Formulierung der Ann. Iuv. max. (zu 938) 743: «Heroldus archiepiscopus factus est ab Ottone rege» ist sicher bewußt so gewählt.

[90] Das behauptet Doeberl I 107ff.

[91] Ekkehard, Casus s. Galli c. 50 (hg. v. Gerold Meyer v. Knonau, Mitt. z. vaterländ. Gesch. [St. Gallen] 15/16) 1877, 183ff.

[92] Reindel nr. 94, S. 189ff.

[93] Urk. Ottos II. v. 29. Sept. 976 (s. o. 214 Anm. 111) nr. 141, S. 158f.

[94] Reindel nr. 99, S. 196ff.

[95] Reindel nr. 102, S. 201ff.; zum Begräbnis in Niederalteich Riezler I 1, 531 Anm. 3.

Herzog *Heinrich*, der Bruder Ottos I., womit der König bewies, daß er seinem Bruder die früheren Aufstände nicht nachtrug.[96] Er hat ihm, seiner politischen Energie und seinem ehrgeizigen Tatendrang, durch diese Belehnung mit dem bayerischen Herzogtum eine große Aufgabe gestellt. Für Bayern wurde damit allerdings der Erbgedanke in der Herrschersukzession, den Arnulf hatte verankern wollen, abermals durchbrochen, denn der Sohn Herzog Bertholds wurde bei diesem Herrscherwechsel übergangen.[97] Die Herzogswürde kam an einen Stammesfremden, der mit dem alten Herrscherhaus allerdings durch verwandtschaftliche Beziehungen verbunden war; die Ehe mit Judith, der Tochter Herzog Arnulfs, mochte dazu beitragen, die Stellung des sächsischen Herrschers in Bayern zu festigen. Herzog Heinrich übernahm die ungarnfeindliche Politik seines Vorgängers; offenbar in den Jahren 948 und 949 fanden Kämpfe im Nordgau statt, von denen der erste bei Floß mit einem Sieg, der zweite an der Luhe mit einer Niederlage der Bayern endete.[98] Im Jahre 950 ging hingegen Heinrich offensiv vor; er zog bis über die Theiß, schlug die Ungarn zweimal und erbeutete neben vielen Gefangenen auch reiche Schätze. Seit dem Jahre 907 war es das erste Offensivunternehmen, das man wieder gegen die Ungarn vortragen konnte, und der Erfolg hat Heinrichs Ansehen sehr gesteigert.[99] Eine neue Steigerung seiner Machtstellung erfuhr er im Jahre 950; als König Otto Herzog Boleslav von Böhmen unterworfen hatte, unterstellte er ihn dem Bayernherzog und erneuerte damit die alte Tradition, nach der die böhmischen Fürsten vom bayerischen Herrscher abhängig waren.[100] Eine territoriale Ausdehnung erfuhr Bayern sodann nach dem siegreichen Kriegszug Ottos im Jahre 951 gegen Italien, an dem sich auch Bayern beteiligten.[101] Auf dem Reichstag zu Augsburg im August 952 wurde das alte langobardische Herzogtum Friaul, das die Markgrafschaften Istrien, Aquileja, Verona und Trient umfaßte, an Bayern angegliedert.[102] Das bayerische Herzogtum erstreckte sich jetzt vom Fichtelgebirge bis zur Adria, vom Lech bis zum Wienerwald und hatte damit seine größte territoriale Ausdehnung während des ganzen Mittelalters erreicht. Freilich wird man bedenken müssen, daß Bayern diese letzte Ausdehnung und Machtsteigerung nach Süden nicht mehr aus eigener Kraft, nicht mehr als

[96] SCHMID, Regensburg (s. o. 145 f. Anm. 64) 149 ff.

[97] REINDEL nr. 102, S. 201 ff.

[98] Vgl. KLEBEL, Geschichtsquelle (s. o. 208 Anm. 40) 38 m. Anm. 138 bzw. 139 m. Anm. 138.

[99] LÜTTICH, Ungarnzüge (s. o. 276 Anm. 206) 111 f.

[100] S. o. S. 256; bei Thietmar, Chron. II 2, S. 38 und 40 heißt es: «Boleslav ... ist vom König besiegt worden ...; er übergab ihn seinem Bruder, Herzog Heinrich von Bayern, zum Dienst»; doch sind die sich daraus ergebenden lehensrechtlichen Beziehungen von der Forschung nicht einhellig beurteilt, vgl. Arnold KÖSTER, Die staatl. Beziehungen d. böhm. Herzöge u. Könige z. den deutschen Kaisern v. Otto d. Gr. bis Ottokar II. (Untersuchungen z. deutschen Staats- u. Rechtsgesch. 114) 1912, Neudr. 1971, 3; Wilh. WOSTRY, Drei St. Wenzel-Stud. (Jb. d. Ver. f. Gesch. d. Deutschen in Böhmen 3, 1930–33) 1934, 290–371, bes. 301 ff.; SCHEIDING-WULKOPF, Beziehungen (s. o. 168 Anm. 129) 53; WEGENER 58 ff.; Walt. SCHLESINGER, Die böhm. Länder in d. Gesch. d. deutschen Ostbewegung (Zwischen Frankfurt u. Prag) 1963, 25–50, bes. 36; HOFFMANN, Böhmen (s. o. 253) 22.

[101] Ann. Iuv. max. (zu 952) 743: «König Otto eroberte Italien mit den Bayern».

[102] Continuatio Reginonis (zu 952) (in: Regino, Chron.) 166; HOFMEISTER, Markgrafen (s. o. 252) 385 f.

unabhängiger Staat errungen hatte, sondern im Verband des deutschen Reiches, durch eine Entscheidung des deutschen Königs.

Daß die Herrschaft des Sachsen in Bayern noch nicht fest verwurzelt war, zeigten die Ereignisse des Jahres 953, wo sich in Bayern die Empörung des Königssohnes *Liudolf* mit einem Aufstand des bayerischen Stammesadels unter luitpoldingischer Führung verknüpfte.[103] Beim Kampf gegen seinen Sohn erhielt Otto zunächst von seinem Bruder Heinrich Unterstützung, der bayerische Hilfstruppen zur Belagerung Liudolfs in Mainz heranführte.[104] Während seiner Abwesenheit hatte Heinrich den Pfalzgrafen Arnulf,[105] den Sohn des alten Herzogs Arnulf, mit seiner Stellvertretung in Bayern beauftragt. Arnulf verständigte sich jetzt mit Liudolf, und es ist nicht ganz klar, von wem dabei die Initiative ausging. Jedenfalls mußten beide Männer in Herzog Heinrich ihren Hauptgegner sehen, der den einen aus der Gunst beim Vater, den anderen aus dem Besitz des bayerischen Herzogtums verdrängt hatte. Die bayerischen Truppen vor Mainz verließen das königliche Heer; Liudolf konnte an ihrer Spitze nach Bayern ziehen, wo sich Arnulf ihm jedenfalls als dem künftigen deutschen König unterwarf. Dem Aufstand hatten sich fast alle Mitglieder der luitpoldingischen Familie angeschlossen, außer Arnulf werden noch seine Brüder Hermann[106] und Heinrich[107] sowie Bertholds Witwe Biletrud (s. u. 299) genannt. Auch der bayerische Adel scheint sich überwiegend dem einheimischen Geschlecht angeschlossen zu haben, das zeigt der Abfall des Heeres vor Mainz und ebenso die Tatsache, daß in Bayern fast alle festen Plätze in den Händen der Empörer waren, und daß Otto Ende 953 Regensburg mehrere Monate lang vergeblich belagerte. Lediglich Bischof Ulrich von Augsburg trat tatkräftig für die Sache des Königs ein. Doch während er den größten Teil seiner Ritter zur Verstärkung des königlichen Heeres nach Regensburg führte, konnte Pfalzgraf Arnulf inzwischen Augsburg erobern und plündern. Im Winter 953/54 verschanzte Ulrich sich daher in seinem Kastell Schwabmünchen,[108] und bei den Kämpfen, die sich hier abspielten, fiel ein Bruder Arnulfs, Hermann, in seine Hand. Noch während des Kampfes um Schwabmünchen erschienen die Ungarn im Land, das nun, durch keine vertraglichen Bindungen mehr geschützt, von

[103] Gunther WOLF, Über d. Hintergründe d. Erhebung Liudolfs v. Schwaben (ZRG 80) 1963, 315–325; Helm. NAUMANN, Rätsel des letzten Aufstandes gegen Otto I. (953–954) (AKG 46) 1964, 133–184; Lore SPRANDEL-KRAFFT, Eigenkirchenwesen, Königsdienst u. Liturgie bei Bischof Ulrich v. Augsburg (Zschr. d. Hist. Ver. Schwaben 67) 1973, 9–38, bes. 22 ff.; Helm. MAURER, Confinium Alamannorum. Über Wesen u. Bedeutung hochmittelalterl. «Stammesgrenzen» (Hist. Forsch. f. Walt. Schlesinger) 1974, 150–161; nach dem Bericht der Vita Udalrici c. 10 (s. u. Anm. 106) 398 kämpfen 953 Liudolf von Schwaben und Heinrich von Bayern «propter confinia regionum».

[104] REINDEL nr. 104, S. 204 ff.

[105] Pius WITTMANN, Die Pfalzgrafen v. Bayern, 1877; Mart. LINTZEL, Der Ursprung d. deutschen Pfalzgrafschaften (ZRG 49) 1929, 233–263, bes. 239; Wiederabdruck in: Ders., Ausgew. Schr. II, 1961, 42–61, bes. 46.

[106] Gerhard, Vita s. Udalrici episcopi c. 10 (hg. v. Gg. WAITZ, MGH SS 4) 1841, 400.

[107] Urk. Ottos I. v. 10. Dez. 953 (s. o. 198 Anm. 81) nr. 171, S. 252 f.; REINDEL nr. 105, S. 215 f.

[108] Das ist die allgemeine Annahme (Reg. Augsb. I 1, nr. 120, S. 72 f.) gegen RIEZLERS I 1, 537 Deutung auf Merching an der oberen Paar.

ihnen geplündert wurde. «Durch inneren und äußeren Krieg erschöpft» mußten die Bayern den König bis zum 15. Juni 954 um Waffenstillstand bitten.[109] Bei dem am 16. Juni in Langenzenn bei Fürth beginnenden Reichstag machten sich beide Parteien gegenseitig den Vorwurf, den auswärtigen Feind ins Land gerufen und mit ihm paktiert zu haben. Allerdings lichtete der Tag von Langenzenn die Reihen der Königsgegner, nur Liudolf und die Luitpoldinger blieben unversöhnlich und zogen sich wieder nach Regensburg zurück. König Otto versuchte vergeblich, die ebenfalls von den Aufständischen besetzte Festung Roßtal bei Kadolzburg südwestlich Nürnberg zu erstürmen, und machte sich dann wieder an die Belagerung der bayerischen Hauptstadt. Als die Lebensmittel in der belagerten Stadt knapp wurden, versuchte man mehrere Ausfälle. Bei einer solchen Gelegenheit ist das Haupt des luitpoldingischen Aufstandes, Pfalzgraf Arnulf, vor dem Osttor gegen eine vom Markgrafen Gero von Sachsen befehligte Heeresabteilung gefallen, vermutlich am 22. Juli 954.[110] Die Aufständischen gaben dennoch ihren Widerstand nicht auf, auch nicht, als ein Teil der Stadt von den Belagerern erobert wurde und ein anderer, vermutlich am 15. August, niederbrannte. Selbst als Liudolf sich seinem Vater unterworfen und Verzeihung gefunden hatte, war die Empörung in Bayern noch nicht beendet; es bedurfte einer erneuten Belagerung im Frühjahr 955, um Regensburg endlich zu bezwingen, und weiterer Widerstand mußte dann noch durch eine Schlacht nahe Mühldorf, vermutlich am 1. Mai 955, gebrochen werden. Dabei fiel der wohl mit den Luitpoldingern verwandte Erzbischof Herold von Salzburg,[111] der sich nach anfänglichem Schwanken den Aufständischen angeschlossen hatte, in die Hände Herzog Heinrichs, der ihn geblendet in die Verbannung nach Säben schickte.[112]

Inzwischen waren auch die Ungarn wieder in Bayern erschienen, durchzogen plündernd das Land und belagerten das von Bischof Ulrich verteidigte Augsburg.[113] Hier trat ihnen Otto im August 955 mit einem Heer entgegen, in dem zwar Sachsen und Lothringer fehlten, in dem aber neben Franken, Schwaben und Böhmen auch bayerische Kontingente standen. Es ist kaum anzunehmen, daß sich darunter auch Truppen der Empörer befanden, die eben erst im Mai 955 von Otto endgültig niedergeworfen worden waren. Zudem sehen wir an dem Verhalten Bertholds von Reisensburg, des Sohnes des Pfalzgrafen Arnulf, daß der Widerstand immer noch nicht erloschen war. Er war im Jahre 955 offenbar aus Bayern verbannt worden[114] und hatte sich auf die Reisensburg[115] (bei dem schwäbischen Günzburg) zurückgezogen.

[109] Widukind, Res gestae Saxonicae III 31 (s. o. 274 Anm. 196) 118.

[110] Zum 22. Juli meldet jedenfalls ein Freisinger Nekrolog (Notae Necrologicae ecclesiae maioris Frisingensis, hg. v. Franz Ludw. BAUMANN, MGH Necr. 3, 1905, 22) den Tod eines «Arnolt comes».

[111] MITTERAUER 238; DOPSCH, Der bayer. Adel (s. o. 286 Anm. 51) 132ff.

[112] Ann. Iuv. max. (zu 955) 743; KLEBEL, Geschichtsquelle (s. o. 208 Anm. 40) 38 bzw. 139.

[113] Walt. GROOS, Augsburg z. Zeit Bischof Ulrichs (Zschr. d. Hist. Ver. Schwaben 67) 1973, 39–46; allgemein zu Ulrich auch: Bischof Ulrich v. Augsburg u. seine Verehrung (Jb. d. Ver. f. Augsburger Bistumsgesch. 7) 1973.

[114] REINDEL nr. 106, S. 216ff.

[115] Paul AUER, Die Reisensburg u. ihre Gesch. (Günzburger Heimatbll. 2) 1954.

Von hier aus warnte er die Augsburg belagernden Ungarn vor dem Anrücken des königlichen Heeres, das dann allerdings trotz dieser Warnung am 9. August 955 auf dem *Lechfeld* den großen Sieg errang, der die Ungarngefahr für die abendländischen Reiche bannte.[116] Bei dieser Unternehmung Bertholds mögen die alten Beziehungen der luitpoldingischen Familie zu den Ungarn ebenso eine Rolle gespielt haben wie der Haß des Angehörigen des alten bayerischen Herrscherhauses, der vom stammesfremden Sachsen mit seiner Familie aus der Herrschaft über Bayern verdrängt worden war. Entgegen der Nachricht Ottos von Freising hat Berthold von Reisensburg jedoch den Tag der Schlacht auf dem Lechfeld überlebt (s. u. 297f.).

Am 1. November 955 starb Herzog Heinrich I. von Bayern,[117] und die Nachfolge seines damals vierjährigen gleichnamigen Sohnes «in ducatum et marcam» ist anscheinend ohne Schwierigkeiten vonstatten gegangen.[118] Seine Witwe Judith, die offenbar als einzige aus der luitpoldingischen Familie am Aufstand nicht teilgenommen hatte und deswegen sogar eine Zeitlang aus Bayern verbannt worden war, führte jetzt für ihren noch unmündigen Sohn, zusammen mit Bischof Abraham von Freising, die Regentschaft.[119] Wann Herzog *Heinrich II.* eine selbständige Regierung antrat, ist nirgends überliefert. Rechnet man das normale Mündigkeitsalter mit sechzehn Jahren, so hätte der 951 Geborene seit 967 aufgrund eigenen Rechtes geherrscht.[120] Judith hat sich später in das von ihr reich beschenkte Kloster Niedermünster in Regensburg zurückgezogen, vermutlich aber erst nach einem Aufstandsversuch, an dem sich ihr eigener Sohn beteiligt hatte.

Otto der Große hat, vermutlich wegen seines Eingreifens in Italien, den Sieg auf dem Lechfeld nicht zu einem aktiven Vorgehen gegen Ungarn ausgenutzt; das wird ersichtlich aus der Antapodosis Liutprands aus dem Jahre 960[121] sowie aus den 967

[116] Die Quellen Reg. Augsb. I 1, nr. 124, S. 74f.; eine neue Interpretation der Topographie des «Lechfeldes» versucht EBERL, Ungarnschlacht (s. o. 165 Anm. 114); dazu Kurt REINDEL, ZBLG 19, 1956, 173f.; vgl. ferner Karl LEYSER, The Battle at the Lech 955. A Study in Tenth-Century-Warfare (History 50) 1965, 1–25; Lorenz WEINRICH, Tradition u. Individualität in den Quellen z. Lechfeldschlacht 955 (DA 27) 1971, 291–313. Von der Verfolgung der flüchtenden Ungarn und den bei ihnen erbeuteten Gold- und Silberschätzen haben wir einen anschaulichen Bericht aus Ebersberg: Ann. Sangallenses maiores (zu 955) (hg. v. Ildefons v. ARX, MGH SS 1) 1826, 79; Chronicon Eberspergense (s. o. 275 Anm. 203) 12.

[117] Zu seinem Grab im Kloster Niedermünster in Regensburg vgl. Klaus SCHWARZ, Die Ausgrabungen im Niedermünster in Regensburg, 1971.

[118] Continuatio Reginonis (zu 955) (in: Regino, Chron.) 168; daß die «marca» hier Verona meint, zeigen KÖPKE-DÜMMLER, Kaiser Otto (s. o. 289) 269.

[119] EKKEHARD, Casus s. Galli c. 90 (s. o. 291 Anm. 91) 319ff.; ferner REINDEL nrr. 107–118, S. 220–235 und Edm. v. OEFELE, Urkundliches z. Genealogie d. Herzogin Judith v. Bayern (AZ NF 2) 1891, 27–32.

[120] Dazu könnte stimmen, daß Judith bis etwa 965/966 «dux et domina» und von da an «venerabilis domna» oder «sanctimonialis femina» genannt wird: Urk. Ottos I. v. 3. April 965 (s. o. 198 Anm. 81) nr. 279, S. 395f.: «dux et domina»; Rather v. Verona nennt sie 965/966 «dux inclita» (REINDEL nr. 112, S. 225ff.); in einer zwischen 972 und 974 datierten Traditionsnotiz heißt sie «venerabilis patrona ac sanctimonialis femina» (Trad. Reg. nr. 195, S. 145f.) und eine Urk. Ottos I. v. 27. April 973 (s. o. 198 Anm. 81) nr. 431, S. 584 nennt sie «venerabilis domna».

[121] Liutprand, Historia Ottonis c. 6 (hg. v. Jos. BECKER, MGH SS rer. Germ.) 1915³, 163.

niedergeschriebenen Gesta Oddonis Hrotswiths[122] und der etwa gleichzeitig entstandenen Sachsengeschichte Widukinds,[123] wo überall nur vom tiefen Frieden an der ungarischen Grenze die Rede ist. Im Jahre 973 erschien jedoch in Quedlinburg eine Gesandtschaft Gezas von Ungarn,[124] und wenn auch hier über den Zweck der Verhandlungen nichts gesagt ist, so hat man doch aus anderen Notizen erschlossen,[125] daß Geza dabei über den Frieden verhandelt hat. Das kann nur auf eine verstärkte militärische Aktivität des bayerischen Herzogs deuten, der, inzwischen mündig geworden und zu selbständiger Herrschaft gelangt, hier ein Betätigungsfeld suchte. Mit diesem kriegerischen Ausgreifen Heinrichs wird es auch zusammenhängen, daß in den siebziger Jahren des zehnten Jahrhunderts an der Ostgrenze des bayerischen Herzogtums eine Reihe von *Marken* genannt werden, an der mittleren Mur, an der Drau, an der Sann und an der Save.[126] Zum gleichen Zeitpunkt beginnt auch wieder eine Reihe von Besitzbestätigungen und Schenkungen für die bayerischen Bistümer im Osten[127] und vielleicht gehören auch die in diesem Zeitpunkt einsetzenden Pilgrimschen Fälschungen in diesen Zusammenhang.[128] So wäre es denkbar, daß sich hier nach den Jahren der Ruhe ein verstärkter Druck von seiten des jungen bayerischen Herzogs auf den ungarischen Staat bemerkbar machte. Diese Unternehmungen dürften nicht so sehr durch die Friedensgesandtschaft Gezas ein Ende gefunden haben als vielmehr durch die in Bayern mit der Rebellion Herzog Heinrichs II. im Jahre 974 ausbrechenden Wirren, die nun sogar die Ungarn wieder zu Einfällen ermutigten. Im Jahre 985 stießen sie bis nach Friaul vor.[129]

d) *Letzte Aufstände in Bayern und territoriale Verkleinerung des bayerischen Herzogtums.* Im letzten Drittel des zehnten Jahrhunderts war die luitpoldingische Familie in Süddeutschland wieder zu großem Einfluß gekommen. In Bayern herrschte Herzog Heinrich II., der Sohn der Luitpoldingerin Judith. In Schwaben war Judiths Tochter Hedwig Gemahlin Herzog Burchards III. (954–973),[130] und eine Schwester Judiths

[122] Hrotsvith, Gesta Ottonis Vers 378ff. (hg. v. Paul v. WINTERFELD, MGH SS rer. Germ.) 1902, 215.

[123] Widukind, Res gestae Saxonicae III 49 (s. o. 274 Anm. 196) 128f.

[124] KÖPKE-DÜMMLER, Kaiser Otto (s. o. 289) 497 und 504.

[125] HAUPTMANN, Erläuterungen 347.

[126] PIRCHEGGER, Steiermark 122ff.; Mark an der Donau: Urk. Ottos I. v. 18. Okt. 972 (s. o. 198 Anm. 81) nr. 423, S. 577f.; Mark an der Mur: Urk. v. 7. März 970 (hg. v. J. ZAHN, UB des Herzogthums Steiermark I) 1875, nr. 25, S. 29ff.; Marken an der Drau und an der Sann: Urk. v. 980 (ebd.) nr. 29, S. 35f.; Mark an der Save (Krain): Urk. v. 973 (hg. v. Franz SCHUMI, Urk.- u. Regestenbuch des Herzogtums Krain I) 1882/83, nr. 8, S. 10ff.

[127] Eine Zusammenstellung findet sich bei VANCSA I 208ff. und 355ff.

[128] Karl UHLIRZ, Die Urkundenfälschung z. Passau im 10. Jh. (MIÖG 3) 1882, 177–228; vgl. auch oben S. 224; die angebliche Urkunde Papst Benedikts VI. von 973, die Erzbischof Friedrich von Salzburg das schon von seinen Vorgängern besessene päpstliche Vikariat für Noricum, Ober- und Unterpannonien zusprach, ist von ERBEN, Erzbischof Gebhard (s. u. 328 Anm. 22) 29f. als Fälschung erwiesen.

[129] Urk. Ottos III. v. 30. Sept. 985 (hg. v. Theod. SICKEL, MGH Dipl. 2/2) 1893, nr. 21, S. 419f.; erst im Jahre 991 konnte Herzog Heinrich wieder einen Sieg erringen: Auct. Garst. (zu 991) 567.

[130] Casus monasterii Petrishusensis I 43 (s. u. 331 Anm. 47) 74; Theod. MAYER, Das

war mit Burchard, dem Markgrafen der Ostmark und Burggrafen von Regensburg, verheiratet.[131] Im Jahre 973 gelang es, Heinrich, einen Sohn aus dieser Ehe, durch ein Ränkespiel zwischen dem schwäbischen und bayerischen Herzogshof, das auf Kosten des deutschen Herrschers ging, zum Bischof von Augsburg zu machen.[132] Vielleicht sah sich Otto II., der eben die Herrschaft im deutschen Reich angetreten hatte, durch diesen Vorgang vor der überhandnehmenden Macht der Luitpoldinger gewarnt, jedenfalls verlieh er nach dem Tod Burchards von Schwaben im Jahre 973 das Herzogtum keinem Angehörigen dieser Familie, sondern seinem Neffen Otto, dem jungen Sohn Liudolfs. Damit herrschten in den beiden süddeutschen Herzogtümern die Söhne der beiden Männer, deren Feindschaft zu den blutigen Kämpfen der Jahre 953 bis 955 geführt hatte.

Man hat Herzog Heinrich II. von Bayern in der modernen Geschichtsschreibung den Beinamen «der Zänker» gegeben, der sich jedoch in den zeitgenössischen Quellen nicht belegen läßt.[133] Immerhin hat er sich bereits ein Jahr nach dem Regierungsantritt Ottos II., im Jahre 974, in eine Verschwörung gegen seinen kaiserlichen Vetter eingelassen, in die er die Herzöge Boleslav von Böhmen und Miesco von Polen einbeziehen konnte.[134] Die Gründe für *Heinrichs Rebellion* bleiben im Dunkel. Vielleicht fühlte er sich bei der Vergebung des schwäbischen Herzogtums übergangen; vielleicht aber empfand er auch eine Bedrohung durch die wachsende Machtstellung der beiden babenbergischen Brüder Berthold und Luitpold auf dem Nordgau und in der Ostmark, da Otto II. die Babenberger wohl zur Schwächung der bayerischen Herzogsgewalt bewußt stützte.[135] Gewinnen wir über Heinrichs Motive auch keine letzte Klarheit, so fand er für seinen Aufstand jedoch auch innerhalb Bayerns Unterstützung bei den Angehörigen und Freunden der luitpoldingischen Familie, so bei dem schon aus der Ungarnschlacht von 955 bekannten Berthold von Reisensburg,[136]

Schwäb. Herzogtum u. der Hohentwiel (Hohentwiel) 1957, 88–113; Helm. MAURER, Der Herzog v. Schwaben, 1978, 49ff.

[131] REINDEL nr. 103, S. 203f.; GEWIN, Geschlechter im MA 66 und 166 nennt die Tochter Arnulfs ohne Beleg Adelheid; zu Burchard: Karl LECHNER, Beitrr. z. Genealogie d. älteren österr. Markgrafen (MIÖG 71) 1963, 246–280, bes. 246ff; SCHMID, Regensburg (s. o. 145f. Anm. 64) 155ff.

[132] Dazu RIEZLER I 1, 556f. und Reg. Augsb. I 2, nr. 160, S. 90f.

[133] Inspiriert vielleicht durch Aventins «rixosus» (Aventin, Ann. V 2, Bd. II, S. 16); sollte er wirklich das historische Vorbild für den Markgrafen Gelpfrat von Baierland des Nibelungenliedes gewesen sein (so RIEZLER I 2, 510), so wäre seine anmaßende und übermütige Art auch den Zeitgenossen aufgefallen. Eine zeitgenössische Miniatur Heinrichs aus dem Niedermünsterer Regelbuch im Cod. Bamberg Ed. II 11 fol. 5b; Abbildung bei Gg. SWARZENSKI, Die Regensburger Buchmalerei d. X. u. XI. Jhs. Stud. z. Gesch. d. deutschen Malerei des frühen MA, 1969², Taf. II 4.

[134] HOLTZMANN 254ff.

[135] Zu Berthold: GUTTENBERG, Territorienbildung 57ff. und KIMPEN, Genealogie (s. o. 277) 64ff.; zu Luitpold: LECHNER, Genealogie (s. o. Anm. 131) 250f., der aber im Gegensatz zu RIEZLER I 1, 557 der Ansicht ist, daß Luitpolds Einsetzung in der Ostmark die Folge und nicht die Ursache von Heinrichs Empörung war.

[136] REINDEL nr. 117, S. 232f.; die einzige Stelle der Ann. Altah. (zu 974) 12, die davon Kunde gibt, kann allerdings auch anders gedeutet werden; vgl. TYROLLER, Wittelsbacher I (s. o. 289) 8 und Karl UHLIRZ, Untersuchungen z. Gesch. Kaiser Otto II. (MIÖG Erg.-Bd. 6) 1901, 41–69, bes. 54ff.; Abrahams Beteiligung wird ebenfalls in den Alteicher Annalen erwähnt; zu Burchard: LECHNER, Genealogie (s. o. Anm. 131) 250.

bei Markgraf Burchard von der Ostmark und schließlich bei Bischof Abraham von Freising, dem Ratgeber und Mitregenten Judiths bei ihrer Regentschaft während der Minderjährigkeit ihres Sohnes. Doch der Plan wurde verraten und die Verschwörer kamen noch 974 in Haft, Herzog Heinrich nach Ingelheim. Der Kriegszug, den im folgenden Jahr 975 Otto II. gegen Herzog Boleslav von Böhmen, den Verbündeten des Bayernherzogs, unternahm, stand zweifellos noch im Zusammenhang mit dem gescheiterten Aufstandsversuch. Zu Anfang des Jahres 976 gelang es Herzog Heinrich, aus seiner Haft in Ingelheim zu entkommen, er wandte sich nach Bayern und fand hier sogleich wieder Anhänger für die Fortsetzung seines Aufstandes. Es kam zu Kämpfen in Bayern, die der Kaiser im Juli dieses Jahres durch die Eroberung von Regensburg für sich entscheiden konnte;[137] Heinrich entkam nach Böhmen. Im Zusammenhang mit diesen Vorgängen könnte auch die Erhebung Prags zum Bistum gesehen werden.[138] Sie erfolgte nach dem Bericht Otlohs[139] auf Intervention Heinrichs des «Zänkers» bei Otto II., wohl auf böhmischen Wunsch und im Einvernehmen mit Bischof Wolfgang von Regensburg.[140] Möglicherweise hat sich durch diese wohl Ende 973 erfolgte Gründung Herzog Heinrich der böhmischen Unterstützung zu versichern gesucht, während für Otto I. die Überlegung eine Rolle gespielt haben könnte, dadurch Böhmen aus dem bayerischen Einflußbereich zu lösen.[141] Bischof Wolfgang hat sich den ausbrechenden Kämpfen wohl durch seinen Aufenthalt in Österreich entzogen.[142]

Hier in Regensburg wurden 976 auch mehrere *territoriale* und *personelle Veränderungen* in Bayern vorgenommen, die für die Zukunft des Landes von entscheidender Bedeutung wurden. Der mit den Luitpoldingern verschwägerte Markgraf Burchard von der Ostmark wurde durch den Markgrafen Luitpold ersetzt, den Stammvater der «jüngeren Babenberger» in der Ostmark, die hier noch eine bedeutende Rolle spielen

[137] Heuwieser, Regensburg 113.

[138] Jaroslav Kadlec, Auf dem Wege zum Prager Bistum (Ann. Instituti Slavici I 3) 1967, 29–45; Regensburg u. Böhmen. Festschr. z. Tausendjahrfeier des Regierungsantrittes Bischof Wolfgangs v. Regensburg u. der Errichtung des Bistums Prag (Beitrr. z. Gesch. des Bistums Regensburg 6) 1972; Beitrr. z. Tausendjahrfeier des Bistums Prag, 3 Bde., 1971–73; = Tausend Jahre Bistum Prag 973–1973. Beitrr. zum Millenium (Veröffentl. d. Inst. Bohemicum 1) 1974.

[139] Otloh, Vita s. Wolfkangi episcopi c. 29 (hg. v. Gg. Waitz, MGH SS 4) 1841, 538.

[140] Rud. Graber, St. Wolfgang, ein Reformator d. Klöster, Patron des Bistums Regensburg (Bayer. Bistumspatrone) 1966, 107–125; Gg. Schwaiger, Der hl. Wolfgang, Bischof v. Regensburg (Bavaria Sancta 1) 1970, 212–220; Paul Mai, Lebensbild des hl. Wolfgang nach d. ältesten Regensburger Überlieferung (St. Wolfgang. 1000 Jahre Bischof v. Regensburg) 1972, 11–20; Marianne Popp, St. Wolfgang, Bischof v. Regensburg (VHOR 112) 1972, 19–30; Rud. Zinnhobler, Leben u. Wirken des hl. Wolfgang (Der hl. Wolfgang in Gesch., Kunst u. Kult) 1976, 17–28.

[141] Gg. Schwaiger, Der hl. Bischof Wolfgang v. Regensburg (972–994). Gesch., Legende u. Verehrung (Beitrr. z. Gesch. des Bistums Regensburg 6) 1972, 39–60, bes. 49f.; Mai, Lebensbild (s. o. Anm. 140) 15.

[142] Rud. Zinnhobler, Der hl. Wolfgang u. Österreich (Beitrr. z. Gesch. des Bistums Regensburg 6) 1972, 95–103; Kurt Holter (Hg.), Der hl. Wolfgang u. Oberösterreich (Schriftenreihe d. oberösterr. Musealver. 5) 1972.

sollten.[143] Bayern selbst erhielt Otto von Schwaben, der damit zwei Herzogtümer in seiner Hand vereinigte, von denen das bayerische allerdings wesentlich verkleinert wurde. *Kärnten* und die seit 952 dazugehörigen Marken wurden von Bayern getrennt und bildeten fortan ein eigenes Herzogtum,[144] das Herzog Heinrich erhielt, der Sohn Herzog Bertholds. Damit kam dieser 947 abgetretene Zweig der luitpoldingischen Familie noch einmal zur Herrschaft.[145] Da Herzog Berthold noch im Jahre 939 unvermählt war, war sein Sohn bei seinem Tod im Jahre 947 noch zu jung, um in der Herrschaft über Bayern nachfolgen zu können; vielleicht ist er auch bei der Regelung der Nachfolge in Bayern bewußt von Otto I. zugunsten seines eigenen Bruders Heinrich übergangen worden. Darauf könnte auch die Tatsache hindeuten, daß seine Mutter Biletrud sich an dem Aufstand der Jahre 953–955 oder an der Verschwörung von 974 beteiligt hat, denn jetzt im Jahre 976, anläßlich der Belehnung ihres Sohnes, erhielt sie ihre ihr früher abgesprochenen Besitzungen zurück.[146] Daß Heinrich gerade das neue Herzogtum Kärnten erhielt, mag in den engen Beziehungen seines Vaters seinen Grund finden. Berthold war in Karantanien, wie zahlreiche Tauschurkunden zeigen, reich begütert gewesen, er hatte hier mit dem Titel eines dux unter der Regierung seines Bruders offenbar eine Art Praefektur bekleidet (s. o. 290f.). Für Otto II. war es sehr wichtig, dieses für die Grenzdeckung gegen Osten wie auch für die Züge nach Italien gleich wichtige Land in der Hand eines treuen Anhängers zu wissen, wie andererseits die Belehnung eines Luitpoldingers mit dem neuen Herzogtum ein Beweis dafür ist, daß der Kaiser auf diese einflußreiche Familie Rücksicht nehmen mußte.

[143] LECHNER, Genealogie (s. o. 297 Anm. 131); Wolfg. METZ, Das Problem d. Babenberger in landesgeschichtl. Sicht (BlldLG 99) 1963, 59–81; Ferd. GELDNER, Zum Babenberger-Problem (HJb. 81, 1961) 1962, 1–21; Ders., Zur Genealogie d. «alten Babenberger» (ebd. 84) 1964, 257–270; Ders., Neue Beitrr. z. Gesch. d. «alten Babenberger» (Bamberger Stud. z. fränk. u. deutschen Gesch. 1) 1971; Karl LECHNER, Die Babenberger. Markgrafen u. Herzoge v. Österreich (976–1246) (Veröffentl. d. Inst. f. österr. Geschichtsforsch. 23) 1976, 39ff.; Erich ZÖLLNER, Die Dynastie d. Babenberger (1000 Jahre Babenberger in Österreich, Niederösterr. Landesmus., Kat. NF Nr. 66) 1976, 9–22; Heinr. FICHTENAU, Herkunft u. Bedeutung d. Babenberger im Denken späterer Generationen (MIÖG 84) 1976, 1–30; Fritz ZIMMERMANN, Neues z. Abstammung d. Babenberger (Adler 10 [XXIV.]) 1976, 221–224.

[144] JAKSCH I 139ff.; Herm. BRAUMÜLLER, Wann wurde Kärnten Herzogtum? (Carinthia I 134/135) 1947, 58–68; Wilh. NEUMANN, Grundlinien d. Landesbildung (Österreich in Gesch. u. Lit. 6) 1962, 258–270; Ders., Rückblick auf ein Jahrtausend Landesgesch. (Carinthia I 166) 1976, 51–72; Heinr. APPELT, Das Herzogtum Kärnten u. die territoriale Staatsbildung im Südosten (ebd.) 5–20; DOPSCH, Adel u. Kirche (s. o. 149 Anm. 88).

[145] Die Ernennung Heinrichs können wir nicht chronikalischen Quellen entnehmen, sondern nur seiner Erwähnung in einer Urk. Ottos II. v. 6. April 977 (s. o. 214 Anm. 111) nr. 151, S. 169f. als «Karentanorum dux».

[146] Urk. Ottos II. v. 29. Sept. 976 (s. o. 214 Anm. 111) nr. 141, S. 158f. Biletrud stiftete damit das Kloster Bergen bei Neuburg a. d. Donau: Anonymus Haserensis de episcopis Eichstetensibus c. 14 (hg. v. Ludw. BETHMANN, MGH SS 7) 1846, 257f.; Rud. GEIGER, Hersbruck, Propstei des Klosters Bergen (Mitt. d. Ver. f. Gesch. d. Stadt Nürnberg 43) 1952, 154–224; Jos. HEIDER-Ferd. Maria WEISS, Das Benediktinerinnenkloster Bergen u. seine Urk. (Neuburger Kollektaneenbl. 117) 1964, 7–182.

Ottos erste Aufgabe mußte es sein, den Bund Heinrichs des «Zänkers» mit Böhmen zu sprengen. Die enge Verbindung, in der die Herrscher beider Länder bei diesem Aufstand miteinander standen, gibt der Vermutung Raum, der Böhme habe eher den bayerischen Herzog als seinen Oberherrn angesehen als den sächsischen König, wie ja Boleslav dann auch 984 dem bayerischen Herzog Heinrich als seinem «rex et dominus» huldigte.[147] Als im Jahre 976 der Kaiser gegen Boleslav von Böhmen und den zu ihm geflüchteten Heinrich den «Zänker» zog, erlitt eine bayerische Abteilung im kaiserlichen Heer eine schwere Niederlage.[148] Im Sommer 977 wiederholte Otto den Angriff, unterstützt durch ein bayerisch-schwäbisches Heer unter Herzog Otto. Dabei mußte der Kaiser erkennen, daß er sich in der Treue des Luitpoldingers getäuscht hatte: als zum gleichen Zeitpunkt Herzog Heinrich II. mit böhmischer Hilfe sein Land zurückzuerobern suchte, schloß Heinrich von Kärnten sich ihm an und besetzte gemeinsam mit dem «Zänker» Passau, das für die Verbindung nach Böhmen sehr wichtig war. Zugleich hatte sein Vetter, der luitpoldingische Bischof Heinrich von Augsburg, der sich ebenfalls am Aufstand beteiligte, mit der Besetzung von Neuburg an der Donau einen anderen strategisch wichtigen Punkt in seine Hand gebracht.[149] Während Kaiser Otto im August 977 zunächst noch Boleslav von Böhmen zur Unterwerfung brachte, machte sich Herzog Otto an die Belagerung von Passau, das nach der Ankunft des Kaisers im September 977 erobert und auf Ottos Befehl von Grund auf zerstört wurde.[150] Der Krieg der beiden Ottonen gegen die drei Heinriche, der das Land wiederum gespalten und Bayern gegen Bayern im Kampf gesehen hatte, war damit beendet. Heinrich von Bayern wurde abermals verbannt und in die Haft des Bischofs von Utrecht gegeben. Auch Heinrich von Kärnten erlitt die Strafe der Verbannung, über seinen Aufenthaltsort erfahren wir jedoch nichts. Sein Herzogtum erhielt Otto von Worms, der Sohn Konrads des Roten.[151]

An dem im November 980 beginnenden Italienzug, der mit der schweren Niederlage vom 15. Juli 982 in der Nähe von Cap Colonne endete, beteiligte sich auch Herzog Otto von Bayern mit einem stattlichen bayerischen Aufgebot.[152] Noch auf

[147] WEGENER 62.

[148] Thietmar, Chron. III 7, S. 104.

[149] UHLIRZ, Jahrbücher I 92ff.; REINDEL nr. 123, S. 241ff.

[150] Karl UHLIRZ, Die Kriegszüge Kaisers Otto II. nach Böhmen in den Jahren 976 u. 977 (Festschr. d. Ver. f. Gesch. d. Deutschen in Böhmen) 1902, 154–158; Max HEUWIESER, Die stadtrechtl. Entwicklung d. Stadt Passau bis z. Stadtherrschaft d. Bischöfe, 1910, 47f.; Manfr. HELLMANN, Die Ostpolitik Kaiser Ottos II. (Syntagma Friburgense. Festschr. Herm. Aubin) 1956, 49–67.

[151] Herm. GRAF, War d. Salier, Graf Otto v. Worms, Herzog v. Kärnten (955–1004) unter Ausnützung d. Schwäche d. Reichsregierung ein Raffer v. Reichsland u. ein Räuber v. Klostergut? (Bll. f. pfälz. KG u. relig. Volkskunde 28) 1961, 45–60.

[152] Die bayerischen Domstifter wurden aufgefordert, als Nachschub 340 Panzerreiter zu senden. Der Text des Aufgebots hg. v. Philipp JAFFÉ, Bibl. rer. Germ. 5, 1869, 471f. und v. Ludw. WEILAND, MGH Const. 1, 1893, nr. 436, S. 632f.; dazu UHLIRZ, Jahrbücher I 247ff. und Math. UHLIRZ, Der Fürstentag z. Mainz im Februar bis März 983 (MIÖG 58) 1950, 267–284, bes. Exkurs: Das Aufgebot Kaiser Ottos II., S. 283f. Bei UHLIRZ Datierung zu 983; dagegen Reg. Augsb. I 2, nr. 172, S. 97f. zu 981; ebenso Karl Ferd. WERNER, Heeresorganisation u. Kriegführung im deutschen Königreich d. 10. u. 11. Jhs. (Settimane di studio del Centro Italiano di studi sull'alto

dem Heimweg starb er am 1. November 982 in Lucca, das damit verwaiste bayerische Herzogtum wurde im Mai 983 auf dem Reichstag in Verona dem aus der Verbannung zurückgerufenen Luitpoldinger Heinrich (III.) verliehen, während Kärnten in der Hand Ottos von Worms verblieb.[153] Diese erstaunliche Rehabilitierung dürfte ein Zeichen dafür sein, daß Kaiser Otto nach seiner schweren Niederlage in Italien den mächtigen Fürstenfamilien gegenüber zum Einlenken gezwungen war,[154] wie sie andererseits auch ein Beweis für den immer noch vorhandenen Einfluß der Luitpoldinger ist. Der Luitpoldinger Heinrich blieb hinfort dem sächsischen Kaiserhaus treu ergeben, auch als am 7. Dezember 983 Kaiser Otto II. gestorben war. Der daraufhin aus seiner Haft in Utrecht entlassene Heinrich «der Zänker» bemächtigte sich hingegen des kleinen Sohnes Kaiser Ottos und suchte auf dem Weg über die Vormundschaft die Herrschaft im deutschen Reich an sich zu bringen. Er suchte auch in seinem alten Herzogtum Bayern Rückhalt, fand hier aber im wesentlichen nur bei den Bischöfen Unterstützung;[155] er hatte vor allem den Luitpoldinger Heinrich als konsequenten Gegner, der hier nun freilich nicht nur für die kaiserliche Sache, sondern auch um sein eigenes Recht kämpfte. Denn als im Juni 984 Heinrich «der Zänker» den jungen Otto III. ausgeliefert und für sich auf die Ansprüche auf den deutschen Thron verzichtet hatte, versuchte er mit Waffengewalt wenigstens sein bayerisches Herzogtum zurückzuerobern. Der Luitpoldinger scheint bei diesen in das Jahr 984 fallenden Auseinandersetzungen nicht sehr erfolgreich gekämpft zu haben; er erklärte sich jedenfalls nach der Vermittlung durch einen Grafen Hermann, vielleicht den Sohn des alten Herzogs Arnulf, zum Verzicht auf Bayern gegen die Belehnung mit dem von ihm schon früher besessenen Herzogtum Kärnten mit seinen italienischen Marken bereit. Auf dieser Basis kam es im Januar 985 auf einem Reichstag in *Frankfurt* zum *Ausgleich,* nachdem man Otto von Worms zum Verzicht auf Kärnten hatte bewegen können. Heinrich der «Zänker» wurde erneut mit Bayern belehnt, der Luitpoldinger Heinrich wurde wieder Herzog von Kärnten.[156] Vereint traten die beiden dann auch beim Osterfest 986 in Quedlinburg auf, wo Heinrich von Bayern als Truchsess, Heinrich von Kärnten als Mundschenk diente.[157] Am 5. Oktober 989 starb Heinrich von Kärnten, er wurde vermutlich im Kloster Niederalteich begra-

medioevo 15) 1968, 791–843, bes. 805ff.; Leop. AUER, Der Kriegsdienst des Klerus unter den sächs. Kaisern (MIÖG 79) 1971, 316–407, bes. 372ff. und (ebd. 80) 1972, 48–70 datiert auf 980.

[153] REINDEL nr. 124, S. 245f.; JAKSCH I 149 nimmt hingegen an, Otto habe zu diesem Zeitpunkt auf Kärnten verzichtet und Heinrich beide Herzogtümer in seiner Hand vereinigt.

[154] LINTZEL, Miszellen (s. o. 280) 108–116 bzw. 291–296 weist auf die Zwangslage Ottos II. nach seiner großen Niederlage hin.

[155] UHLIRZ, Jahrbücher II 21.

[156] REINDEL nr. 128, S. 248ff. Die Versöhnung der beiden Heinriche feierte ein Gedicht, das auf ihr friedliches Zusammentreffen hier in Frankfurt oder auf einen im September in Bamberg stattfindenden Hoftag Bezug nahm: REINDEL nr. 130, S. 251f.; Math. UHLIRZ, Der Modus «de Heinrico» u. sein geschichtl. Inhalt (DVjschrLG 26) 1952, 153–161; Marie-Luise DITTRICH, De Heinrico (ZDA 84) 1952/53, 274–308; dazu Kurt REINDEL, DA 10, 1953/54, 540.

[157] REINDEL nr. 134, S. 255; UHLIRZ, Jahrbücher II 69f.

ben.[158] Damit trat der letzte im Mannesstamm mit Sicherheit nachzuweisende Luitpoldinger von der politischen Bühne ab. Sein Herzogtum Kärnten erhielt nun ebenfalls, vermutlich auf Grund früherer Abmachungen,[159] Heinrich «der Zänker», der damit noch einmal das ganze Gebiet des bayerischen Reiches in seiner Hand vereinigte. Ihm gelang im Jahre 991 ein Sieg über die Ungarn,[160] und er beteiligte sich 992 am Zug Ottos III. gegen Brandenburg.[161] Bis zu seinem Tod im Jahre 995 blieb er der Reichsgewalt treu ergeben.

In der bayerischen Geschichte ist das luitpoldingische Jahrhundert eine sehr kämpferische Zeit gewesen. Die sich am Anfang des Jahrhunderts anbahnende kontinuierliche Entwicklung durch die Erbfolge einer starken Herzogsfamilie wurde durch die Einfügung Bayerns in das deutsche Reich unterbrochen. Die Schwierigkeiten, von denen diese Einfügung begleitet war, zeigen zugleich die ungebrochene Machtstellung dieser Familie, deren Anhang jede von Bayern ausgehende Opposition gegen die Reichsgewalt stützte. Trotz dieser latent wohl immer vorhandenen Gegnerschaft waren die deutschen Herrscher gezwungen, auf die Luitpoldinger Rücksicht zu nehmen, suchten sie durch Eheverbindungen oder durch neue Belehnungen zur Zusammenarbeit zu gewinnen.

§ 25. BAYERN IM DIENSTE DES REICHES

HIRSCH, Heinrich II. (s. o. 289); Harry BRESSLAU, Jbb. des Deutschen Reichs unter Konrad II., 2 Bde. (Jbb. d. Deutschen Gesch.) 1879/84, Neudr. 1964; Ernst STEINDORFF, Jbb. des Deutschen Reichs unter Heinrich III., 2 Bde. (Jbb. d. Deutschen Gesch.) 1874/81, Nachdruck 1963; Gerold MEYER v. KNONAU, Jbb. des Deutschen Reiches unter Heinrich IV. u. Heinrich V., 7 Bde. (Jbb. d. Deutschen Gesch.) 1890–1909, Neudr. 1964/65; VANCSA I; BRETHOLZ; Karl LECHNER, Grafschaft, Mark u. Herzogtum. Ein Beitr. z. Territorial- u. Verfassungsgesch. Österreichs (Jb LKNÖ 20) 1926, 32–69; Wiederabdruck in: Ders., Ausgew. Schr., 1947, 8–44; Ders., Babenberger (s. o. 299 Anm. 143); JAKSCH; PIRCHEGGER, Steiermark; HÓMAN; Karl WELLER, Gesch. des schwäb. Stammes bis zum Untergang d. Stauferzeit, 1944; WEGENER; BRUNNER.

Das elfte Jahrhundert sah Bayern in einer so engen Verbindung mit dem Reich, wie sie vorher und nachher nie wieder erreicht worden ist. Man kann ausrechnen, daß innerhalb des von 995 bis 1096 reichenden Jahrhunderts 53 Jahre lang die deutschen Könige, ihre Frauen und Kinder das bayerische Herzogtum selbst in der Hand behielten, daß allein Heinrich III. in den siebzehn Jahren seiner Regierung Bayern siebenmal

[158] REINDEL nr. 136, S. 256 und Notae Necrologicae ecclesiae maioris Frisingensis (s. o. 294 Anm. 110) 81, die den 5. Oktober als Todestag angeben; im Jahre 1769 wurde sein Grab in Niederalteich geöffnet; vgl. Joh. Bapt. LACKNER, Memoriale seu Altachae inferioris memoria superstes, 1779, 69 ff.

[159] So JAKSCH I 152; vgl. UHLIRZ, Jahrbücher II 115.

[160] Ann. s. Rudberti Salisburgenses (zu 991) (hg. v. Wilh. WATTENBACH, MGH SS 9) 1851, 772.

[161] Ann. Hildesh. (zu 992) (s. u. 304 Anm. 9) 69.

einen neuen Herzog gab.[1] Das alles ging freilich auf Kosten einer kontinuierlichen Entwicklung, auf Kosten bayerischen Eigenlebens: Bayern verbrauchte seine Kräfte im Dienste des Reiches.

a) *Die Anfänge Herzog Heinrichs IV.* Diese Entwicklung wurde eingeleitet durch den bayerischen *Herzog Heinrich IV.*, den späteren Kaiser Heinrich II., dessen Aufstieg zur Würde eines deutschen Königs und römischen Kaisers allerdings anfangs noch nicht abzusehen war.[2] Zunächst schien es, als würde der 973 oder 978 geborene Heinrich[3] durch die Rebellion seines Vaters von der Nachfolge im bayerischen Herzogtum ausgeschlossen werden. Der 974 einsetzende Kampf Heinrich «des Zänkers» gegen die Reichsgewalt führte diesen in die Verbannung nach Utrecht, den jungen Sohn nach Hildesheim, wo die vorübergehende Bestimmung des Knaben zum geistlichen Stand zeigt, daß man die Hoffnung auf eine Thronfolge in Bayern aufgegeben hatte. Erst im Jahre 985, mit der endgültigen Aussöhnung seines Vaters mit der Reichsgewalt, besserten sich Heinrichs Aussichten. Der Vater konnte noch zu seinen Lebzeiten für seinen Sohn beim König das Zugeständnis der Mitregierung in Bayern erwirken; nach seinem Tod im Jahre 995[4] wurde Herzog Heinrich IV. vom bayerischen Adel dann noch einmal ausdrücklich gewählt.[5] Die bayerische Herkunft blieb für ihn sein Leben lang bestimmend in der engen Bindung an bayerische Kirchenfürsten wie Abraham von Freising[6] oder Wolfgang von Regensburg.[7] Bayern blieb auch für den König das Zentrum seiner Macht, aus Bayern holte er sich seine bedeutendsten Mitarbeiter.

[1] RIEZLER I 2, 3; TELLENBACH, Reichsadel 41 ff. bzw. 210 ff.

[2] Heinr. GÜNTER, Kaiser Heinrich II., der Heilige (Sammlung illustr. Heiligenleben 1) 1904; Hanns Leo MIKOLETZKY, Kaiser Heinrich II. u. die Kirche (Veröffentl. d. Inst. f. österr. Geschichtsforsch. 8) 1946; Theod. SCHIEFFER, Heinrich II. u. Konrad II. Die Umprägung des Geschichtsbildes durch d. Kirchenreform d. 11. Jhs. (DA 8) 1951, 384–437; erweiterter Neudr.: Libelli 285, 1969².

[3] Bei Adalbold, Vita Heinrici II. imperatoris c. 14 (hg. v. Gg. WAITZ, MGH SS 4) 1841, 687 heißt es «Bavaria nativa terra sua»; nach dem Annalista Saxo (zu 1044) (hg. v. Gg. WAITZ, MGH SS 6) 1844, 686 ist er in Hildesheim geboren; Leop. AUER, Geburtsjahr u. Herkunft Kaiser Heinrichs II. (DA 28) 1972, 223–228; Emmeram RITTER, Stud. z. Frage des Geburtsjahres u. Geburtsortes Kaiser Heinrichs II. (Festschr. Bischof Rud. Graber) 1973, 149–168; Ferd. GELDNER, Geburtsort, Geburtsjahr u. Jugendzeit Kaiser Heinrichs II. (DA 34) 1978, 520–538.

[4] Er ist in Gandersheim gestorben (Thietmar, Chron. IV 20, S. 154); auf einem Kenotaph in St. Emmeram in Regensburg fand sich eine aus jüngerer Zeit rührende Inschrift: «Heinricus regis pater et defensio legis/Bavariae cultus pius est hic duxque sepultus (hg. v. Max STRECKER, MGH Poetae lat. 5) 1939, 285 Anm. zu nr. 4; eine zeitgenössische Miniatur findet sich in einem Regelbuch des Klosters Niedermünster (heute Bamberg Cod. Ed. II 11); Abbildung bei SWARZENSKI, Buchmalerei (s. o. 297 Anm. 133) Taf. II 4.

[5] Thietmar, Chron. IV 20, S. 154: «als das sein Sohn erfuhr, erhielt er durch die Wahl und mit der Hilfe der Bayern vom König den Besitz des Vaters»; vgl. LINTZEL, Hoftage (s. o. 277) 47.

[6] Urk. Heinrichs II. v. 10. Mai 1007 (s. o. 149 Anm. 94) nr. 136, S. 162 f.; zu Abraham auch STRZEWITZEK, Sippenbeziehungen (s. o. 218 Anm. 171) 155 f.

[7] Franz HEIDINGSFELDER, Heinrichs II. Beziehungen z. Regensburg (VHOR 75) 1925, 89–118; SCHMID, Regensburg (s. o. 145 f. Anm. 64) 123 ff.

Herzog Heinrich IV. konnte den territorialen Umfang des bayerischen Herzogtums zunächst behaupten. Es war zwar 976 ein Teil des alten slowenischen Fürstentums Karantanien als Herzogtum *Kärnten* von Bayern abgetrennt worden, aber der Prozeß, der zur Ablösung dieses Gebietes vom Mutterland führte, verlangsamte sich zunächst. Beim Tode des Luitpoldingers Heinrich III. im Jahre 989 war Kärnten sogar an Heinrich II., «den Zänker», zurückgefallen,[8] und es ist nicht einmal ganz sicher, ob Otto von Worms, der 985 zugunsten des Luitpoldingers auf Kärnten verzichtet hatte, im Jahre 995, beim Tode des «Zänkers», hierher zurückkehrte. Möglicherweise hat er anfangs nur die Mark Verona erhalten,[9] und noch im Jahre 1000 ist es der bayerische Herzog, der einen Streit zwischen Aquileja und Parenzo entscheidet;[10] Otto von Worms ist erst wieder im Jahre 1002 im Lande nachzuweisen,[11] und es ist wahrscheinlich, daß diese erneute Belehnung mit Kärnten der Kaufpreis dafür war, daß er in diesem Jahre Heinrich II., den er zunächst bekämpft hatte, als König anerkannte. Bei der Leichtigkeit des Verzichts und bei der Gleichgültigkeit gegenüber dem kärntnerischen Herzogtum spielt wohl eine Rolle, daß Otto mehr am Ausbau seiner führenden Stellung am Mittelrhein gelegen war,[12] andererseits ist auch zu bedenken, daß, von den Luitpoldingern abgesehen, keines der hierher verpflanzten Geschlechter im Lande richtig Fuß fassen konnte, daß Kärnten vielmehr als erstes Land lediglich zur Bestätigung der Herzogseigenschaft führender Geschlechter herangezogen wurde, daß die Kärntner Herzogswürde in erster Linie die Qualifikation für die Einreihung in den Reichsfürstenstand bringen sollte.[13] Otto hat sich anscheinend mehr auf die Mark Verona als auf das eigentliche Kärnten konzentriert,[14] wenn er auch versucht hat, durch die Verpflanzung heimatlicher Untergrafen im Lande Einfluß zu gewinnen.[15] Und auch als Otto im Jahre 1002 ganz Kärnten erhielt,[16] hat Heinrich II., der auch als König zunächst Bayern in seiner Hand behielt, sich doch bemüht, die Selbständigkeit Kärntens gegenüber Bayern nicht zu betonen.[17] Herzog Ottos Sohn Bruno wurde im Jahre 996 als Gregor V. Papst.[18]

[8] RI II nrr. 1017c und 1046c, S. 501 und 599.

[9] Ann. Hildesheimenses (zu 996) (hg. v. Gg. Heinr. PERTZ, MGH SS 3) 1839, 91, sowie Urk. Ottos III. v. 1001 (s. o. 296 Anm. 129) nr. 412, S. 846f.

[10] HIRSCH, Heinrich II. (s. o. 289) I 9 Anm. 1.

[11] RI II nr. 1146c, S. 599.

[12] Herm. SCHREIBMÜLLER, Die Ahnen Kaiser Konrads II. u. Bischof Brunos v. Würzburg (Würzb. Diözesangeschichtsbll. 14/15, 1952/53) 1952, 173–233, bes. 206ff.

[13] Paul PUNTSCHART, Zur Frage des deutschen Stammesrechtes d. ältesten Herzoge v. Kärnten (Arch. f. vaterländ. Gesch. u. Topographie Kärntens 24/25) 1936, 33–47; Hans WERLE, Titelherzogtum u. Herzogsherrschaft (ZRG 73) 1956, 225–299, bes. 239ff.

[14] Urban WAHNSCHAFFE, Das Herzogthum Kärnten u. seine Marken im XI. Jh., Diss. Leipzig 1878, 8ff.

[15] UHLIRZ I 217.

[16] So RIEZLER I 2, 9 und HAUPTMANN, Erläuterungen 377f. gegen HIRSCH, Heinrich II. (s. o. 289) I 176 und JAKSCH-WUTTE, Erläuterungen 56, die für 995 eintreten.

[17] Roderich SCHMIDT, Königsumritt u. Huldigung in otton.-sal. Zeit (VF 6) 1961, 97–233, bes. 149 Anm. 248 vermutet, daß Heinrich II. auf seinem Königsumritt Kärnten deswegen nicht berührte, weil er vermeiden wollte, daß dadurch die Verselbständigung des Landes einen sinnbildlichen Ausdruck erhielt.

[18] Aug. v. JAKSCH, Der erste deutsche Papst Gregor V., 996–999, ein Kärntner Herzogssohn (Carinthia I 117) 1927, 163; Teta E. MOEHS, Gregorius V. (996–999). A

b) *Die bayerische Mark an der Donau unter den Babenbergern.* Die «Mark Österreich»,[19] das agilolfingische Ostland, die karolingische Ostlandpräfektur, war nach der Niederlage bei Preßburg im Jahre 907 weitgehend an die Ungarn verlorengegangen, war zumindest in deren Herrschaftsbereich gefallen. Auch der Sieg von 955 brachte hier keine durchgreifende Änderung, denn im Gegensatz zur Politik Karls des Großen gegenüber den Awaren hat Otto der Große seinen Sieg nicht zur vollständigen Niederwerfung des Gegners ausgenützt. Es blieb für die folgenden Jahrzehnte eine Aufgabe der bayerischen Herzöge und der hier eingesetzten Markgrafen, die Herrschaftsgrenze wieder nach Osten vorzurücken.[20] Daß diese Versuche anknüpfen konnten an eine germanische Siedlung, die sich von der Antike her über alle Wechselfälle einer fremden Oberhoheit kontinuierlich erhalten habe, hat man von mehreren Seiten aus nachweisen wollen.[21] Versuche zur militärischen Rückeroberung dieser Gebiete scheinen am Ende der 60er Jahre des zehnten Jahrhunderts begonnen zu haben, als der bayerische Herzog Heinrich II. mit seiner Mündigkeit zu größerer politischer Aktivität kam.

Die Aufgaben, die neugewonnenen Gebiete auch missionarisch zu durchdringen und kirchlich zu organisieren, hat insbesondere die Passauer Kirche in Angriff genommen; das Bestreben, bei dieser Gelegenheit auch noch eine angebliche Metropolitanstellung des Lorcher Bischofs für ganz Bayern zu übernehmen, hat Bischof Pilgrim von Passau zu umfangreichen Fälschungen veranlaßt (s. o. 224).[22]

Seit 976 waren die Babenberger[23] in der Mark an der Donau tätig, ein Geschlecht, dessen ostfränkische Abkunft gesichert ist, dessen genaue verwandtschaftliche Eingliederung man jedoch bis heute nicht hat erforschen können.[24] Während der wohl

biographical study (Päpste u. Papsttum 2) 1972.

[19] Alph. LHOTSKY, Ostarrîchi (Vortr. Akad. Wien) 1947, 8ff.; Leo SANTIFALLER, Über die «Ostarrîchi-Urk.» v. 1. XI. 996, 1948; Heinr. APPELT, Zur diplomat. Beurteilung d. Ostarrîchi-Urk. (Jb LKNÖ NF 42) 1976, 1–8; Karl KLIMESCH, Zur Herkunft d. Wörter «Österreich» u. «Austria», 1950; FICHTENAU, Mark 12 betont, daß «Ostmark» die jüngere Bildung sei.

[20] S. o. S. 296 und LECHNER, Stud. (s. o. 225 Anm. 255).

[21] SCHWARZ, Kontinuitätsproblem (s. o. 121 Anm. 21) 17ff.; WEIGL, Grundlagen (s. o. 155 Anm. 21); Karl LECHNER, Die geschichtl. Landschaft zw. Donau u. Wagram (Jb LKNÖ NF 27) 1938, 30–70; Ders., Territoriale Entwicklung (s. o. 252) 33ff.

[22] Aug. LEIDL, Der Wandel des Pilgrimbildes in d. Geschichtsschreibung (Ostbair. Grenzmarken 14) 1972, 72–79.

[23] Andr. MEILLER, Regesten z. Gesch. d. Markgrafen u. Herzoge Österreichs aus dem Hause Babenberg, 1850; UB Babenberger; JURITSCH; Karl LECHNER, Die Babenberger in Österreich (Der Bindenschild 6) 1947; Ders., Babenberger (s. o. 299 Anm. 143); dazu: Leop. AUER, «Die Babenberger. Markgrafen u. Herzöge v. Österreich 976–1246». Bemerkungen z. Karl Lechners gleichnam. Buch (Unsere Heimat 48) 1977, 109–114; FICHTENAU, Mark; Alois ZAUNER, Oberösterreich z. Babenbergerzeit (Mitt. d. oberösterr. Landesarch. 7) 1960, 207–251; Helga MARCO, Die älteren Babenberger im Spiegel d. zeitgenöss. u. nahzeitl. Historiographie (Area and Culture Studies [Tokyo University of Foreign Studies] 24) 1974, 201–243.

[24] Wolfg. METZ, Babenberger u. Rupertiner in Ostfranken (Jb. f. fränk. Landesforsch. 18) 1958, 295–304; Ders., Problem; GELDNER, Problem; Ders., Genealogie; Ders., Neue Beitrr. (alle s. o. 299 Anm. 143); LECHNER, Genealogie (s. o. 297 Anm. 131); Ders., Babenberger (s. o. 299 Anm. 143) 39ff. und Stammtafel nach S. 478, der eine luitpoldingische Deszen-

zum Zeichen seiner «übergräflichen» Würde «marchiocomes» genannte Berthold von Schweinfurt[25] auf dem bayerischen Nordgau zurückblieb, erhielt sein Bruder Luitpold die Mark im Osten, vielleicht um dadurch an den Rändern des bayerischen Herzogtums Gegengewichte gegen die Anhänger des 974 durch Otto II. abgesetzten Herzogs Heinrich II. zu schaffen.[26] Jedoch konnte Luitpold sich auch nach der Rückkehr des «Zänkers» in seiner Stellung behaupten, und gemeinsam mit dem bayerischen Herzog ist er an die Rückeroberung der im Osten verlorenen Gebiete gegangen.[27] Daß auch die rückgewonnenen Gebiete nicht sicher vor ungarischen Einfällen waren, zeigt die Erbauung der Wieselburg an der Erlauf durch Bischof Wolfgang von Regensburg, die Otto II. 979 genehmigte.[28] Zwischen 985 und 987 ist die Burg Melk erobert worden, allerdings ist nicht ganz sicher, ob hinter dem «homo potentissimus», dem man die Burg entriß, wirklich der ungarische Herzog Geza oder nicht vielmehr ein bayerischer Gegner des Babenbergers sich verbirgt.[29] Erst ein Sieg, den die bayerischen Truppen unter Heinrich dem «Zänker» im Jahre 991 errangen, schob die Grenze der Ostmark mindestens bis zum Kamm des Wienerwaldes vor.[30] Der Umfang dieser Mark an der Donau war nicht groß. Etwa von der Enns[31] bis zur kleinen Tulln reichte ein schmaler Korridor auf beiden Seiten der Donau.[32] Hier

denz für gegeben ansieht; Hans STEIDLE, Die mittelrhein. Herkunft d. älteren Babenberger (Ber. d. Hist. Ver. Bamberg 114) 1978, 311–341.

[25] BOSL, Markengründungen 191f. bzw. 379ff.

[26] FICHTENAU, Mark 6f.; VANCSA I 197 vermutet sogar, daß Luitpold sich die ihm verliehene Mark von den Anhängern der bayerischen Partei und des gestürzten Markgrafen Burchard erkämpfen mußte.

[27] Kurt HETZER, Takt. Betrachtungen z. babenberg. Eroberung Niederösterreichs (Unsere Heimat 23) 1952, 2–11; Mich. MITTERAUER, Burgbezirke u. Burgwerksleistung in d. babenberg. Mark (Jb LKNÖ NF 38, 1968–70) 1970, 217–231; Ders., Zur räuml. Ordnung Österreichs in d. frühen Babenbergerzeit (MIÖG 78) 1970, 94–120; Leop. AUER, Frühe Babenbergerpfalzen in Österreich (Unsere Heimat 44) 1973, 165–169; Ders., Zum Kriegswesen unter den früheren Babenbergern (Jb LKNÖ NF 42) 1976, 9–25.

[28] Urk. Ottos II. v. 14. Okt. 979 (s.o. 214 Anm. 111) nr. 204, S. 231f.; zur umstrittenen Echtheit Ignaz ZIBERMAYR, Die St. Wolfganglegende in ihrem Entstehen u. Einflusse auf d. österr. Kunst (Jahresber. d. Oberösterr. Musealver. 80, 1922/23) 1924, 139–232, bes. 150ff.; Hertha LADENBAUER-OREL, Das otton. Castellum Wieselburg a. d. Erlauf (Jb. d. Röm.-Germ. Zentralmus. Mainz 12, 1965) 1967, 127–141; Dies., Der Kirchenberg in Wieselburg a. d. Erlauf (Jb LKNÖ NF 37, 1965–67) 1967, 28–39; Dies., Wieselburg a. d. Erlauf, das östlichste Imperium des hl. Wolfgang (Jb. d. oberösterr. Musealver. 117) 1972, 26–62; Dies., Die Kirche in Wieselburg a. d. Erlauf, eine Gründung des hl. Wolfgang in NÖ (Der hl. Wolfgang in Gesch., Kunst u. Kult) 1976, 29–34.

[29] Breve Chronicon Austriae Mellicense (hg. v. Wilh. WATTENBACH, MGH SS 24) 1879, 70; die ungarische These abgelehnt von VANCSA I 197, akzeptiert von UHLIRZ I 218; OETTINGER 160ff. liest statt Gizo (= Geza) Sizo (= Sieghart); vgl. auch Mich. MITTERAUER, Zollfreiheit u. Marktbereich. Stud. z. mittelalterl. Wirtschaftsverfassung am Beispiel einer niederösterr. Altsiedellandschaft (Forsch. z. Lkde. v. NÖ 19) 1969, 64ff.; Edm. KUMMER, Melk in d. Babenbergerzeit (Jahresber. d. öffentl. Stiftsgymnasiums d. Benediktiner z. Melk a. d. Donau 112) 1969/70, 3–25.

[30] UHLIRZ, Jahrbücher II 64ff.; RI II nr. 1027a, S. 518f.

[31] Das «praedium» Ennsburg liegt 977 zwar «in comitatu Liutpaldi», aber «in pago Trungouue»: Urk. Ottos II. v. 5. Okt. 977 (s.o. 214 Anm. 111) nr. 167b, S. 189ff.; dazu ZAUNER, Oberösterreich (s.o. 305 Anm. 23) 218.

[32] LECHNER, Territoriale Entwicklung

wurde das Marchfutter eingehoben,[33] eine mit dem militärischen Charakter der Mark in Zusammenhang stehende Haferabgabe, und hier kann man in den «Potschallen» zum Wehrdienst verpflichtete Barschalken nachweisen.[34] Die hier neu erworbenen Gebiete gehörten aber nicht im eigentlichen Sinne zur Ostmark, sondern sie waren Reichsland,[35] das zum Teil an hohen Adel als Herrschaften ausgegeben war.[36] Den östlichsten Teil hatte der Markgraf selbst in der Hand behalten, das Tullner Becken vom Dunkelsteiner Wald[37] bis zum Wienerwald.[38] Der Markgraf war aber schon von seiner verfassungsrechtlichen Stellung her den anderen Gewalten hier übergeordnet; seine Stellung war bedeutend durch die Kontrolle der wichtigen Donaustraße, den Babenbergern gelang es zudem, hier auch herrschaftlich-besitzmäßig mit der Zeit immer stärker Fuß zu fassen. Vor allem jenseits des Wienerwaldes, bis hin zur March und Triesting, erhielt der Sohn und Nachfolger Markgraf Luitpolds I., Markgraf Heinrich I. (994–1018),[39] im Jahre 1002 von König Heinrich II. eine große Schenkung,[40] die wohl ein Entgegenkommen des neugewählten deutschen Königs gegenüber der mächtigen babenbergischen Familie war, zum andern aber auch deren Stellung in der Abwehr gegen polnische und ungarische Bedrohung stärken sollte.

c) *Der bayerische Herzog als deutscher König.* Nach dem Tode Ottos III. am 23. Januar 1002 scheint der Bayernherzog sogleich den Entschluß gefaßt zu haben, sich um die deutsche Königskrone zu bemühen. Während er dem Trauerzug mit der Leiche des verstorbenen Kaisers von Polling bis Neuburg an der Donau das Geleit gab, setzte er sich bereits in den Besitz der Reichsinsignien.[41] Die Mauritiuslanze, die Erzbischof Heribert von Köln bereits nach Aachen vorausgesandt hatte, ließ er sich von diesem durch Drohungen wieder zurückerstatten; vermutlich hatte der Erzbischof hier zudem ein Recht des Bayernherzogs als Lanzenträger verletzt.[42] So entschieden wie Heinrich im Jahre 1001 eine Beteiligung an einer Verschwörung gegen Otto III. abgelehnt hatte, so entschlossen war er jetzt, sich die Herrschaft zu erwerben. Er war

(s. o. 252) 33ff.; Karte von Karl LECHNER: Atlas v. NÖ, 1951–58, nr. 37; auch abgedruckt bei MAYER, Privilegium minus 25 bzw. 216.

[33] KLEBEL, Niederösterreich 16ff.; BOSL, Markengründungen 201f. bzw. 390f.; LECHNER, Territoriale Entwicklung (s. o. 252) 38.

[34] LECHNER, «Potschalln» (s. o. 128 Anm. 15) 65.

[35] MAYER, Privilegium minus 22f. bzw. 214.

[36] LECHNER, Stud. (s. o. 225 Anm. 255).

[37] WERNECK, Grundlagen (s. o. 254 Anm. 27).

[38] Hanns WOLF, Die Anfänge des Stiftes Klosterneuburg (Jb LKNÖ NF 29, 1944–48) 1948, 82–117; Herb. MITSCHA-MÄRHEIM, Eine genealog.-besitzgeschichtl. Untersuchung z. Frühgesch. Wiens (Monatsbl. d. Ver. f. Gesch. d. Stadt Wien 4) 1934–38, 135–140.

[39] Erich ZÖLLNER, Ein Markgraf des karoling. Südostens im franz. Epos? (Festschr. Rud. Egger 2) 1953, 377–387, bes. 380; Peter CSENDES, König Heinrich II. u. Markgraf Heinrich I. v. Babenberg (Unsere Heimat 47) 1976, 3–6.

[40] Urk. Heinrichs II. v. 1. Nov. 1002 (s. o. 149 Anm. 94) nr. 22, S. 25.

[41] Thietmar, Chron. IV 50, S. 188, dazu Mart. LINTZEL, Zu den deutschen Königswahlen d. Ottonenzeit (ZRG 66) 1948, 46–63, bes. 59ff.; SCHLESINGER, Anfänge (s. o. 273 Anm. 188) 175f. und 344; RI II nr. 1450 IV g, S. 831.

[42] Math. UHLIRZ, Zur Gesch. d. Mauritiuslanze, der sacra lancea imperialis (Ostdeutsche Wiss. 5, 1958) 1959, 99–112.

der nächste lebende männliche Verwandte des in direkter Linie ausgestorbenen sächsischen Hauses; vom «Geblütsrecht» her hätte auch noch Otto von Kärnten, als Sohn der Luitgard ein Enkel Ottos des Großen, Ansprüche erheben können, doch scheint Heinrich ihn durch die Verleihung des ganzen kärntnerischen Herzogtums zum Verzicht bewogen zu haben (s. o. 304). Die starke Opposition, die aber dennoch weiter gegen den Bayernherzog bestand, kam dadurch nicht zum Ziel, daß einer der Hauptgegner, der Markgraf Ekhard von Meißen, in diesem Augenblick als Opfer einer Privatrache ermordet wurde, und daß andererseits der Episkopat für Heinrich Stellung nahm. So wurde Heinrich im Juni 1002 in Mainz zum König erhoben und von Erzbischof Willigis gesalbt und gekrönt.[43] Damit waren vollendete Tatsachen geschaffen, und der bisherige Mitbewerber um die Krone, Herzog Hermann von Schwaben, war nunmehr dem gekrönten Heinrich II. gegenüber ein Rebell.[44] Wichtig war es auch, die Sachsen zu gewinnen, die dem Reich gegenüber jetzt eine ähnliche Stellung einnahmen wie die Bayern unter Arnulf gegenüber dem sächsischen Königtum Heinrichs I. Der süddeutsche König gewann die Sachsen, indem er ihrem Herzog Bernhard auf einem Stammestag in Merseburg[45] ausdrücklich das sächsische Stammesrecht garantierte. Nachdem er auch noch die Anerkennung der Lothringer erreichen und Herzog Hermann von Schwaben unterwerfen konnte, hatte er seinen viermonatigen Krönungsritt erfolgreich beendet[46] und konnte sein deutsches Königtum auf eine sehr breite Machtbasis stützen. Es war ein *süddeutsches Königtum,* das hier begründet worden war, dessen Machtzentrum im bayerischen Herzogtum lag. Daß das auch von den Zeitgenossen so empfunden wurde, zeigt die Bemerkung eines italienischen Klerikers: «Jetzt triumphiert Bayern . . .».[47] Diese Vorzugsstellung Bayerns äußerte sich vor allem darin, daß Heinrich zahlreiche geistliche Würden im Reich mit Angehörigen des bayerischen Stammes besetzte: der Regensburger Tagino wurde Erzbischof von Magdeburg, der Bayer Poppo Patriarch von Aquileja, der gleichnamige Sohn des bayerischen Pfalzgrafen Aribo Erzbischof von Mainz, ebenfalls ein Aribone war Pilgrim, der Erzbischof von Köln wurde. Heinrichs Bruder Bruno wurde Bischof von Augsburg, ein Halbbruder Arnold Erzbischof von Ravenna.[48]

Nicht so großzügig verfuhr der neue König allerdings mit der Verleihung weltlicher Herrschaften. Heinrich hatte noch während seiner Bemühung um die Königskrone dem auf dem bayerischen Nordgau gebietenden Babenberger Markgrafen *Heinrich von Schweinfurt* die Nachfolge im Herzogtum Bayern versprochen, zögerte aber, sein Versprechen zu halten, als er sein Ziel erreicht hatte. Als der Markgraf ihn daran erinnerte, berief sich der König auf das Wahlrecht der Bayern, das ihm eine

[43] Walt. SCHLESINGER, Erbfolge u. Wahl bei d. Königserhebung Heinrichs II. 1002 (Veröffentl. d. Max-Planck-Inst. f. Gesch. 36/3) 1972, 1–36; Reinh. SCHNEIDER, Die Königserhebung Heinrichs II. im Jahre 1002 (DA 28) 1972, 74–104.

[44] HOLTZMANN 385 ff.

[45] Walt. SCHLESINGER, Die sog. Nachwahl Heinrichs II. in Merseburg (Festschr. Karl Bosl) 1974, 350–369.

[46] SCHMIDT, Königsumritt (s. o. 304 Anm. 17) 114 ff.

[47] Versus de Ottone et Heinrico Vers 28 (hg. v. Ernst DÜMMLER, Anselm der Peripatetiker) 1872, 81.

[48] Zusammenstellung bei RIEZLER I 2, 10 f.

selbständige Entscheidung verbiete. Möglicherweise handelte es sich dabei um eine Ausrede gegenüber einem unbequemen Mahner,[49] immerhin aber war auch bei Heinrichs eigener Erhebung zum bayerischen Herzog zumindest eine nachträgliche Wahl durch die bayerischen Großen nötig gewesen (s. o. 303). Der enttäuschte Markgraf verständigte sich daraufhin mit Herzog Boleslav Chrobry von Polen, der dem König die Huldigung für Böhmen verweigerte,[50] zu gemeinsamer Empörung. Durch einen Feldzug im Jahre 1003 bezwang Heinrich die Burgen Ammerthal, Creussen, Kronach und Schweinfurt, Markgraf Heinrich floh vorübergehend zu Boleslav, seine Mark auf dem Nordgau wurde zerstückelt. Später erhielt Heinrich, der einige Zeit auf dem Giebichenstein in Haft gehalten worden war, seine Eigengüter und einen Teil seiner Grafschaften zurück.[51] Zwei Jahre nach seinem Regierungsantritt als deutscher König gab Heinrich II. das Herzogtum Bayern aus der Hand. Am 21. März 1004 belehnte er damit durch Überreichung einer Fahnenlanze auf dem Reichstag zu Regensburg seinen Schwager Heinrich von Lützelburg «mit Zustimmung aller Anwesenden»,[52] der sich später von den bayerischen Großen versprechen ließ, drei Jahre lang keinen anderen Herzog zu wählen.[53] Auch das zeigt, daß das Wahlrecht in Bayern noch nicht erloschen war. Damit hatte der erste Lützelburger den bayerischen Herzogsthron bestiegen.[54] Von seinem Wirken in Bayern ist wenig bekannt; er beteiligte sich 1004/5 am Feldzug Heinrichs II. gegen Boleslav von Polen.[55] Bereits im Jahre 1008 stand er im Aufstand gegen den König,[56] im Jahre 1009 verlor er sein Herzogtum, das Heinrich II. jetzt bis 1017 in eigener Hand behielt.[57] Dann erhielt es der Lützelburger zurück; im Juni 1018 wurde er von seiner Schwester, der Kaiserin Kunigunde, feierlich in Regensburg eingeführt. Auch seine weitere Tätigkeit in Bayern zeigt ihn in engem Zusammenwirken mit der Kaiserin. Nach dem Tode Heinrichs II. sorgte er für die Aufrechterhaltung der Ordnung im Reich und nahm an der Königswahl Konrads II. teil.[58] Am 27. 2. 1026 ist er gestorben.

[49] Thietmar, Chron. V 14, S. 236: «die Bayern hatten von Anfang an die Freiheit der Herzogswahl»; dazu Läwen, Stammesherzog 62.

[50] Wegener 65.

[51] Thietmar, Chron. V 32–39 und VI 2, S. 256–264 und 276; dazu Guttenberg, Territorienbildung 59ff. und Friedr. Geppert, Die Burgen u. Städte bei Thietmar v. Merseburg (Thüring.-sächs. Zschr. f. Gesch. u. Kunst 16) 1927, 161–244, bes. 184ff.; Rud. Endres, Die Rolle d. Grafen v. Schweinfurt in d. Besiedlung Nordostbayerns (Jb. f. fränk. Landesforsch. 32) 1972, 1–43.

[52] Thietmar, Chron. VI 3, S. 276; dazu Jul. Bruckauf, Fahnlehn u. Fahnenbelehnung im alten Deutschen Reiche (Leipziger hist. Abh. 3) 1907, 20; Adolf Hofmeister, Die hl. Lanze, ein Abzeichen des alten Reichs (Untersuchungen z. Deutschen Staats- u. Rechtsgesch. 96) 1908; Carl Erdmann, Kaiserfahne u. Blutfahne (SB Berlin 1932, 28) 1932, 868–899, bes. 885; Mitteis, Lehnrecht 419 Anm. 553.

[53] Thietmar, Chron. VI 41, S. 324; dazu Lintzel, Hoftage (s. o. 277) 6.

[54] Zur Genealogie der Lützelburger Heinz Renn, Das erste Luxemburger Grafenhaus 963–1136 (Rhein. Arch. 39) 1941; Kimpen, Genealogie (s. o. 277) 74ff.

[55] Thietmar, Chron. VI 22, S. 300 und 302.

[56] Riezler I 2, 19 vermutet wegen der Ausstattung Bambergs mit Gütern, auf deren Anfall er einst selbst gehofft hatte.

[57] Thietmar, Chron. VI 41, S. 324.

[58] Wipo, Gesta Chuonradi c. 1 (s. u. 313 Anm. 76) 9f.

d) *Bayern und die deutsche Ostpolitik unter Otto III. und Heinrich II.* Am wichtigsten wurden für Bayern wie schon seit einem Jahrhundert die Beziehungen zu dem unmittelbar östlich angrenzenden Nachbarn, den *Ungarn*.[59] Das Jahr 955 war für die Ungarn zu einem Wendepunkt in ihrer Geschichte geworden, da es ihren Beutezügen im Abendland ein Ende machte und sie auf ihre Wohnsitze in Pannonien beschränkte.[60] Zudem bewirkte die Existenz starker Staaten an ihren Grenzen – im Süden Byzanz, im Westen Bayern, im Norden Polen und im Osten Rußland –, daß auch sie jetzt innerhalb der ihnen gezogenen Grenzen an die Ausbildung einer starken staatlichen Gewalt gehen mußten. Ebenso war das bei ihnen fortlebende Heidentum jetzt inmitten einer christlichen Umgebung zum allmählichen Absterben verurteilt. Byzanz und Rom traten missionierend bei den Ungarn in Wettstreit;[61] eine wesentliche Rolle bei der Konsolidierung eines christlichen Königreiches Ungarn spielte jedoch der heilige Adalbert, der Freund Kaiser Ottos III.[62] Er hat sich am Hof des Arpadenfürsten Geza aufgehalten und hat hier die Taufe des Thronfolgers Waik-Stephan und seine eheliche Verbindung mit einer Angehörigen des bayerischen Herrscherhauses, mit Gisela, der Schwester Herzog Heinrichs IV., vorbereitet.[63] Auch die Verhandlungen, die zur Erhebung Ungarns zum Königreich führten, leitete von ungarischer Seite ein Schüler Adalberts, der Abt Anastasius vom Kloster Meseritsch.[64] Er hat auch im August 1001 in Gran die Krönung Stephans mit der sogenannten Stephanskrone vorgenommen.[65]

[59] SCHÜNEMANN, Die Deutschen in Ungarn (s. o. 252); HÓMAN 138ff.

[60] BÜTTNER, Ungarn (s. o. 276 Anm. 206) 455f.

[61] Endre v. IVÁNKA, Ungarn zw. Byzanz u. Rom (Blick nach Osten 2) 1949, 22–36.

[62] Alb. BRACKMANN, Kaiser Otto III. u. die staatl. Umgestaltung Polens u. Ungarns (Abh. Berlin 1939, 1) 1939; Wiederabdruck in: Ders., Ges. Aufs., 1967², 242–258; HELLMANN, Ostpolitik (s. o. 310 Anm. 150); Math. UHLIRZ, Die älteste Lebensbeschreibung des hl. Adalbert (Schriftenreihe d. Hist. Komm. bei d. Bayer. Akad. d. Wiss. 1) 1957; Karl BOSL, Adalbert v. Prag, Heiliger an einer europ. Zeitenwende (Festschr. Hans Schütz) 1971, 107–121; Wiederabdruck in: Beitrr. z. Tausendjahrfeier des Bistums Prag 1, 1971, 20–33 und in: Veröffentl. d. Coll. Carolinum 32, 1976, 125–136; Thomas v. BOGYAY, Adalbert v. Prag u. die Ungarn – ein Problem d. Quellen-Interpretation (Ungarn-Jb. 7) 1976, 9–36 weist jedoch darauf hin, daß Adalbert als Lenker und Erzieher der Massen weniger geeignet war, und daß er eher durch seinen Einfluß auf einzelne wirkte.

[63] UHLIRZ, Jahrbücher II 226f.; RI II nr. 1217c, S. 645f.; Jos. DEÉR, Die Entstehung des ungar. Königtums (Ostmitteleurop. Bibl. 38) 1942; Birgit HIELSCHER, Gisela, Königin v. Ungarn u. Äbtissin v. Passau-Niedernburg (Ostbair. Grenzmarken 10) 1968, 265–289; Aug. LEIDL, Die sel. Gisela, Königin v. Ungarn (Bavaria Sancta 3) 1973, 138–155; Jenö SZÜCS, König Stephan in d. Sicht d. modernen ungar. Geschichtsforsch. (Südost-Forsch. 31) 1972, 17–40; Thomas v. BOGYAY, Stephanus Rex. Versuch einer Biographie, 1975.

[64] UHLIRZ, Jahrbücher II 566–582.

[65] Alb. BOECKLER, Die «Stephanskrone» (Schr. d. MGH 13/3) 1956, 731–742; dazu Percy Ernst SCHRAMM, Die «Stephanskrone» im Rahmen d. ungar. Staatssymbolik (11.–13. Jh.) (ebd.) 742–754; Magda v. BÁRÁNY-OBERSCHALL, Die ungar. St. Stefanskrone im Lichte d. neuesten Forsch. (Südost-Forsch. 16) 1957, 24–53; Dies., Die St. Stephans-Krone u. die Insignien des Königreiches Ungarn (Die Kronen des Hauses Österreich 3) 1961; Jos. KARPAT, Corona regni Hungariae im Zeitalter d. Arpaden (Wege d. Forsch. 3) 1961, 225–348; Percy Ernst SCHRAMM, Zu den ungar. Herrschaftszeichen (DA 25) 1969, 541–548; Jul. GREXA, Die Probleme d. ungar. Königskrone (Festschr. Mich. de Ferdinandy) 1972, 400–427; Szabolcs de VA-

Die Erhebung Ungarns zum Königreich gehörte zweifellos in den Rahmen der großen politischen Pläne Kaiser Ottos III., doch überliefert Thietmar von Merseburg, daß dabei auch dem Bayernherzog ein wesentlicher Anteil zukam.[66] Das wird verständlich vor dem Hintergrund der jahrzehntelangen engen Beziehungen zwischen Bayern und Ungarn, durch die der Kaiser gerade hier Männer finden konnte, die mit den Verhältnissen in Ungarn so gut vertraut waren, daß sie ihm bei seinen Bemühungen Hilfe leisten konnten. Jedenfalls schien sich hier zu Beginn des elften Jahrhunderts ein friedliches Nebeneinander der beiden benachbarten Völker anzubahnen. Mit Gisela kamen bayerische Priester ins Land, und auf sie ist auch die Redaktion des Gesetzbuches Stephans I. mit reichen Anleihen bei der Lex Baiuvariorum zurückzuführen.[67] Ebenso wurden bayerische Siedler im Lande seßhaft.[68] Organisatorisch konnte die bayerische Kirche allerdings nach der Gründung eines eigenen Erzbistums in Gran in Ungarn nicht mehr Fuß fassen.[69]

Ein gefährlicher Gegner für Bayern wurde *Boleslav Chrobry* von Polen, der seinem Vater Miesko im Jahre 992 in der Herrschaft gefolgt war.[70] Der tatkräftige Fürst benützte im Jahre 1002 die inneren Wirren in Böhmen, um das Land zu besetzen. Damit war er ein unmittelbarer Nachbar der bayerischen Ostmark und zu einer Bedrohung für die dortige Grenze geworden; die große Besitzverleihung Heinrichs II. an den Babenberger aus dem Jahre 1002 sollte sicherlich auch diesen Verhältnissen Rechnung tragen (s. o. 307). Zudem weigerte sich der Polenfürst als Herrscher

JAY, Corona Regia – Corona Regni – Sacra Corona. Königskronen u. Kronensymbolik im mittelalterl. Ungarn (Ungarn-Jb. 7) 1976, 37–64.

66 Thietmar, Chron. IV 59, S. 198: «durch die Gnade des vorerwähnten Kaisers und auf Bitten seines Schwagers Heinrich, des Bayernherzogs»; dazu Percy Ernst SCHRAMM, Kaiser, Rom u. Renovatio I, 1929, 153f.

67 Herm. v. Reich., Chron. (zu 1044) (s. u. 314 Anm. 89) 125: «Ungarios petentes lege Baioarica donavit»; vgl. auch Ann. Altah. (zu 1044) 37; dazu Felix SCHILLER, Das erste ungar. Gesetzbuch u. das deutsche Reich (Festschr. Heinr. Brunner) 1910, 379–404, bes. 399f.; Imre MADZSAR, Szent István törvenyei és a Lex Bajuvariorum [Die Gesetze des hl. Stefan u. die LB] (Történeti szemle 10) 1921, 48–75 und Jak. v. SAWICKI, Zur Textkritik u. Entstehungsgesch. d. Gesetze König Stefans d. Hl. (Ungar. Jbb. 9) 1929, 395–425, bes. 422 Anm. 5, der die «lex Baioarica» für die in Bayern gültigen Landfriedensbestimmungen hält.

68 Ernst KLEBEL, Die mittelalterl. deutsche Siedlung im deutsch-magyar. u. deutsch-slowen. Grenzraum (Volk u. Reich Bücherei 6) 1934, 31–78; Otto Albr. ISBERT, Geschichtl. Untersuchungen über d. südwestl. ungar. Mittelgebirge u. seine Bauernsiedlungen (Ungar. Jbb. 10) 1930, 230–281 und 387–425; Fritz ZIMMERMANN, Die Umformung madjar. Ortsnamen im Sprachgebrauch d. Donauschwaben (Zschr. f. Namenforsch. 18) 1942, 49–61 und 189–199; Alfr. ROTH, Deutschrechtl. Ansiedlung u. Gemeinschaftsbildung in Ungarn (DALVF 7) 1943, 403–413; Erik FÜGEDI, Das mittelalterl. Königreich Ungarn als Gastland (VF 18) 1975, 471–507.

69 Konr. SCHÜNEMANN, Ungarn in d. Missions- u. Kirchenpolitik d. sächs. Kaiser (Deutsch-ungar. Heimatbll. 1) 1929, 65–71 und 119–123; György GYÖRFFY, Zu den Anfängen d. ungar. Kirchenorganisation auf Grund neuer quellenkrit. Ergebnisse (Archivum historiae Pontificiae 7) 1969, 79–113.

70 Bernh. STASIEWSKI, Die Anfänge d. Regierung Bolesław Chrobrys (Zschr. f. osteurop. Gesch. 9) 1935, 572–604; Helm. BEUMANN-Walt. SCHLESINGER, Urkundenstud. z. deutschen Ostpolitik unter Otto III. (Arch. f. Diplomatik 1) 1955, 132–256, bes. 207ff.

von Böhmen, die über dieses Land bestehende deutsche Lehenshoheit anzuerkennen,[71] und da er sich zudem noch am Aufstand des Markgrafen Heinrich von Schweinfurt beteiligte, führte Heinrich II. im Jahre 1004 einen Angriff nach Böhmen, an dem der Babenberger Markgraf Heinrich mit dem bayerischen Aufgebot beteiligt war. Der damals von Heinrich II. in Böhmen eingesetzte Přzemyslide Jaromír wurde bereits 1012 von seinem Bruder Udalrich wieder gestürzt, was erneute Kämpfe hervorrief. Im Jahre 1015 sollte an einem großen Feldzug gegen Boleslav Chrobry auch ein bayerisches Heer unter dem Markgrafen Heinrich teilnehmen, doch mußte Heinrich sich in seiner Mark gegen einen polnischen Angriff wehren. Im Jahre 1017 erging es dem bayerischen Aufgebot ähnlich, es wurde durch einen polnischen Angriff von Mähren her dezimiert. Erst im Jahre 1018 wurden die Kämpfe mit Polen durch den Frieden von Bautzen zwischen Heinrich II. und Boleslav Chrobry abgeschlossen. In Böhmen machte sich in den folgenden Jahren Udalrichs Sohn Břetislav an die Rückeroberung Mährens, die etwa 1020 vollendet war; damit war die unmittelbare Nachbarschaft Polens an der Grenze der bayerischen Ostmark beendet.[72] Wie gespannt jedoch die Verhältnisse an der Ostgrenze Bayerns mit ihrer ständigen Bedrohung von Ungarn, Mähren oder Polen her waren, zeigt das Schicksal des irischen Pilgers Koloman, der von der Bevölkerung für einen Spion gehalten und aufgehängt wurde; von Stockerau, wo er das Martyrium erlitt, und wo demnach damals die bayerische Grenze verlaufen sein muß,[73] wurde er nach Melk überführt und hier als Heiliger verehrt.[74] Daß Bischof Megingaud von Eichstätt seine Bestattung in Melk vornahm, zeigt, daß das bayerische Bistum hier Besitzrechte hatte.[75]

e) *Bayern als Kronland unter Konrad II.* Wie schon beim Tode Ottos III. war auch mit dem Ableben Heinrichs II. die unmittelbare Deszendenz in der Herrscherabfolge einer Familie unterbrochen. Abermals hielt man sich jedoch an die sächsische Dynastie, wenn auch diesmal das Wahlrecht gegenüber dem «Geblütsrecht» noch mehr in den Vordergrund trat. Unter den beiden zur Wahl stehenden, in weiblicher Linie mit den Ottonen verwandten Konraden fiel die Entscheidung, an der sich auch die Bayern

[71] Thietmar, Chron. V 31, S. 255 und 257; ZATSCHEK, Baiern (s. o. 252) 11; WEGENER 65.

[72] BRETHOLZ 122ff.; Hans HIRSCH, Zur Entwicklung d. böhm.-österr.-deutschen Grenze (Jb. d. Ver. f. Gesch. d. Deutschen in Böhmen 1) 1926, 7–32; Ders. Die Entstehung d. Grenze zw. NÖ u. Mähren (DALVF 1) 1937, 856–866; Franz RIEDL, Die Entwicklung d. Grenze zw. NÖ u. Mähren, Diss. Masch. Innsbruck 1951.

[73] Ann. Mellicenses (zu 1012) (hg. v. Wilh. WATTENBACH, MGH SS 9) 1851, 497; dazu LECHNER, Stud. (s. o. 225 Anm. 255) 212ff. bzw. 65ff.

[74] Karl LECHNER, Die Anfänge des Stiftes Melk u. des St. Koloman-Kultes (Jb LKNÖ NF 29, 1944–48) 1948, 47–81; Jos. WODKA, Der hl. Koloman (Bavaria Sancta 1) 1970, 221–232; Laurenz G. KULL, Der hl. Koloman in Gesch. u. Kunst (1000 Jahre Babenberger in Österreich, Niederösterr. Landesmus., Kat. NF Nr. 66) 1976, 664–670.

[75] Karl LECHNER, Beitrr. z. älteren Besitzgesch. des Klosters Melk (Jb LKNÖ NF 36) 1964, 111–141; Ernst KLEBEL, Eichstätt u. Herrieden im Osten (Jb. f. fränk. Landesforsch. 14) 1954, 87–95, bes. 92ff.; Wiederabdruck in: Ders., Probleme 332–340, bes. 337ff.

beteiligten, im Jahre 1024 bei Kamba am Rhein auf den älteren, den ersten Salier.[76] Der neue Herrscher, Konrad II., im Gegensatz zu seinem geistlich erzogenen Vorgänger mehr laienhaft gebildet, unterschied sich von diesem in seiner stark herrscherlich betonten Einstellung gegenüber der deutschen Reichskirche jedoch nicht.[77] Mit der Wahl Konrads war das Zwischenspiel, das einen bayerischen Herzog auf dem deutschen Königsthron gesehen hatte, beendet. Die Personalunion, die zwischen dem deutschen und dem bayerischen Herrscher unter Heinrich II. zeitweise bestand, hatte dieser in den letzten Jahren seiner Regierung jedoch wiederum aufgehoben, indem er seinem 1009 abgesetzten Schwager, dem Lützelburger Heinrich V., im Jahre 1018 das bayerische Herzogtum erneut verlieh. Dieser starb 1026, zwei Jahre nach Konrads Regierungsantritt,[78] sein Tod aber machte deutlich, daß auch Konrad II. Bayern als Kronland betrachtete, daß er versuchen wollte, dieses wichtige Land als Stütze seiner Herrschaft in der Hand seiner Familie zu behalten. Im Jahre 1027 ließ er auf einem Landtag in Regensburg seinen damals zehnjährigen Sohn Heinrich III. zum bayerischen Herzog wählen.[79] Da dieser bereits als Nachfolger im Reich designiert war, zeigt sich in dieser Handlung deutlich das Bestreben, dem künftigen deutschen Herrscher hier eine breite Machtgrundlage mitzugeben, Bayern als Königsland zu erhalten. In Bayern scheint sich kein Widerstand dagegen geregt zu haben; den Aufstand Herzog Ernsts von Schwaben, des Stiefsohnes Konrads, unterstützte zwar auch der in Bayern begüterte Graf Welf,[80] der daraufhin seine im Oberinntal gelegene Grafschaft an den Bischof von Brixen verlor,[81] doch sind bei seiner Rebellion nicht unmittelbar bayerische Interessen im Spiel. Mit der Wahl des designierten deutschen Thronfolgers Heinrichs III. zum bayerischen Herzog Heinrich VI. war der bis über die Mitte des Jahrhunderts führende Höhepunkt in der Betrachtung Bayerns als Kronland, in der Entfremdung zwischen Stamm und Herzog erreicht, was allein schon eine Betrachtung der Herzogsreihe deutlich macht.[82]

[76] Wahlbericht bei Wipo, Gesta Chuonradi c. 5 und 6 (hg. v. Harry BRESSLAU, MGH SS rer. Germ.) 1915³, 27ff.; dazu Mart. LINTZEL, Zur Wahl Konrads II. (Festschr. Edm. Ernst Stengel) 1952, 289–300; Wiederabdruck in: Ders., Ausgew. Schr. II, 1961, 421–430 und SCHMIDT, Königsumritt (s. o. 304 Anm. 17) 106ff. und 150ff.; Karl Jos. BENZ, Kaiser Konrad II. u. die Kirche (Zschr. f. KG 88) 1977, 190–217; Tilmann SCHMIDT, Kaiser Konrads II. Jugend u. Familie (Festschr. Heinz Löwe) 1978, 312–324.

[77] SCHIEFFER, Heinrich II. (s. o. 303 Anm. 2).

[78] Zum Datum BRESSLAU, Konrad II. I 193 und STEINDORFF, Heinrich III. (beide s. o. 302) I 9 Anm. 5; nach Aventin, Ann. V 6, Bd. II, S. 37 ist er in Osterhofen begraben.

[79] RI III nr. 106a, S. 57.

[80] Hist. Welf. c. 9, S. 14.

[81] S. u. S. 324; Ernst KLEBEL, Das Hohenstaufenerbe im Oberinntal u. am Lech (Schlern-Schr. 9) 1925, 16–28; Wiederabdruck in: Ders., Probleme 430–439.

[82] Heinrich IV. (= Kaiser Heinrich II.) 995–1004 und 1009–1017; Heinrich V. von Lützelburg 1004–1009 und 1018–1026; Heinrich VI. (= Kaiser Heinrich III.) 1027–1042; Heinrich VII. von Lützelburg 1042–1047; Konrad von Zütphen 1049 – Dezember 1053; Heinrich VIII. (= Kaiser Heinrich IV.) Dezember 1053 – Juni 1054; Konrad II. (Bruder Heinrichs VIII.) Juni 1054–1055; Kaiserinwitwe Agnes 1055–1061; Otto v. Nordheim 1061–1070.

f) *Bayern und der Osten während der Regierung Konrads II. und Heinrichs III.* Seit dem Tode Heinrichs II. hatten sich die Beziehungen zu *Ungarn* verschlechtert, ohne daß recht ersichtlich wäre, worauf das zurückzuführen ist.[83] Aventin bringt die nicht weiter belegte Nachricht, der Ungarnkönig Stephan und seine Gattin, die bayerische Prinzessin Gisela, hätten auf dem Regensburger Landtag von 1027 für ihren Sohn Emmerich wegen seiner Abkunft von den bayerischen Liudolfingern die bayerische Herzogswürde gefordert, und die Ablehnung dieser Forderung sei der Anlaß zu dem jetzt ausbrechenden Krieg gewesen.[84] Ein Heereszug, den Konrad II. im Jahre 1030 unternahm, endete jedoch mit einem völligen Mißerfolg und führte sogar zur Einnahme Wiens durch König Stephan.[85] Der damals vierzehnjährige Herzog Heinrich VI., der spätere Kaiser Heinrich III., schloß, es war seine erste selbständige Regierungshandlung, einen Frieden mit Ungarn, bei dem Bayern territoriale Verluste bis zur March und Leitha hinnehmen mußte.[86] Nach dem Tode Stephans im Jahre 1038 folgte ihm als König von Ungarn sein Neffe Peter Orseolo, der aber schon im Jahre 1041 von einem ehemaligen Ratgeber Stephans, Samuel-Aba, vertrieben wurde. Dieser fiel im Jahre 1042 plündernd in die Ostmark und nach Kärnten ein.[87] Die schwierigen Verhältnisse an der bayerischen Ostgrenze haben Heinrich III. im gleichen Jahr 1042 wohl bewogen, das bayerische Herzogtum aus der Hand zu geben und *Heinrich VII.*, abermals einem Lützelburger, dem Neffen Herzog Heinrichs V., zu verleihen.[88] In den Jahren 1042, 1043 und 1044 unternahm der König dann gemeinsam mit dem Bayernherzog drei Feldzüge gegen Ungarn, deren letzter mit dem Sieg bei *Menfö* den Untergang Samuel-Abas und die Wiedereinsetzung Peters brachte.[89] Peter mußte dem deutschen Herrscher den Lehenseid schwören und erhielt die bei Menfö erbeutete «lancea deaurata» überreicht.[90] Damals dürfte auch die bayerische Grenze gegen Ungarn in ihrem für die Zukunft im wesentlichen gültigen Verlauf an der March, Leitha und Lafnitz festgelegt worden sein,[91] was wiederum auf ungari-

[83] UHLIRZ I 236 vermutet den Zwist Konrads II. mit dem Dogen von Venedig, dem Schwager König Stephans, als Anlaß.

[84] Aventin, Ann. V 6, Bd. II, S. 39.

[85] Konr. SCHÜNEMANN, Deutsche Kriegführung im Osten während des MA (DA 2) 1938, 54–84, bes. 71ff.

[86] BRESSLAU, Konrad II. (s. o. 302) I 311; Otto AULL, Die polit. Beziehungen zw. Österreich u. Ungarn in ihrer Auswirkung auf d. Burgenland (Burgenland 3) 1929, 98–117.

[87] Simon v. Kéza, Gesta Hungarorum c. 48 (hg. v. Alex. DOMANOVSZKY, Scriptores rerum Hungaricarum 1) 1936, 174f.; Jos. LAMPEL, Über d. Mark Pütten (Bll LKNÖ NF 22) 1888, 133–187; PLANK, Pitten (s. o. 260 Anm. 82) 47ff.

[88] Ann. Altah. (zu 1042) 31: «. . . traditus est principatus Baioariae . . .».

[89] Ann. Altah. (zu 1042–1044) 29ff. und Hermann v. Reichenau, Chronicon (zu 1042–1045) (hg. v. Gg. Heinr. PERTZ, MGH SS 5) 1844, 124f.

[90] Peter PAULSEN, Wikingerfunde aus Ungarn (Archaeol. Hungarica 12) 1933, 7ff.; Ders., Die Feldzeichen d. Normannen (AKG 39) 1957, 1–42, bes. 4; Percy Ernst SCHRAMM, Herrschaftszeichen u. Staatssymbolik (Schr. d. MGH 13/2) 1955, 519ff.

[91] Mart. WUTTE, Die Kärntner Landesgrenze u. ihre geschichtl. Entwicklung (Carinthia I 109) 1919, 26–41; Hugo HASSINGER, Die Grenzen unseres Heimatgaues (Jb LKNÖ NF 27) 1938, 15–24; Fritz POSCH, Siedlungsgesch. d. Oststeiermark (MIÖG Erg.-Bd. 13/4) 1941, 385–679, bes. 403f.; Ders., Die deutsch-ungar. Grenzentwicklung im 10. u. 11. Jh. auf dem Boden d. heut. Steiermark (Südost-

scher Seite die Anlage neuer, etwa 40 bis 50 Kilometer nach Osten verschobener Grenzbefestigungen erforderlich machte.[92]

Sehr günstig entwickelte sich auch die Lage in den übrigen Staaten des Ostens. In Polen hatte noch unter Konrad II. im Jahre 1031 ein Feldzug gegen Miesko II. zur Rückgewinnung der Lausitz und zur Wiederherstellung der Lehenshoheit geführt.[93] In *Böhmen* wurden schließlich nach langen Auseinandersetzungen im Jahre 1034 die Brüder Udalrich und der von diesem geblendete Jaromír gemeinsam durch Konrad II. belehnt,[94] doch Udalrich starb noch 1034 und ihm folgte sein Sohn Břetislav I., der zwar 1035 Konrad II. auch noch huldigte, aber doch die inneren Wirren in Polen dazu benützte, hier militärisch einzugreifen. Damit berührte er wesentliche Interessen des deutschen Herrschers, verletzte dessen Lehenshoheit über das polnische Reich und beschwor die Gefahr einer großen slawischen Staatengründung herauf. Heinrich III. hat daraufhin in den Jahren 1039 bis 1041 mehrere Feldzüge nach Böhmen unternommen,[95] bei denen sich Luitpold II., der Sohn des Markgrafen Adalbert, besonders auszeichnete und anscheinend bei dieser Gelegenheit für die Ostmark noch einen territorialen Gewinn mit der Gegend um das mährische Leiserberg erzielen konnte.[96] Nach einem Vorstoß Heinrichs III. auf Prag im Jahre 1041 unterwarf sich auch Bretislav dem deutschen Herrscher; diese Erneuerung der Lehenshoheit war insofern ein Einschnitt in den Beziehungen zu Böhmen, als hinfort für lange Zeit die deutsche Lehenshoheit ohne Schwierigkeiten anerkannt wurde.[97]

Seine außerordentlich aktive und erfolgreiche Ostpolitik[98] hat Heinrich III. durch ein System von *Markengründungen* zu sichern versucht, deren relativ kleiner Umfang vielleicht nicht nur der größeren Beweglichkeit des Aufgebotes, sondern auch der Aufsplitterung der großen Machtblöcke dienen sollte (s. u. 438 f.). Heinrich III. errichtete auf dem bayerischen Nordgau zwei Marken gegen Böhmen, er wurde damit

Forsch. 22) 1963, 126–139; LECHNER, Territoriale Entwicklung (s. o. 252) 33 ff.

[92] Die bis 1042/44 bestehenden ungarischen sog. Gyepüposten nachgewiesen von Karl TAGÁNYI, Alte Grenzschutz-Vorrichtungen u. Grenz-Ödland: gyepü u. gyepüelve (Ungar. Jbb. 1) 1921, 105–121; POSCH, Oststeiermark (s. o. 314 Anm. 91) 400 f.; die neuen Grenzanlagen behandelt von Elemer MOÓR, Zur Siedlungsgesch. d. deutsch.-ungar. Sprachgrenze (Ungar. Jbb. 9) 1929, 41–67 und 230–255; Ders., Westungarn im MA im Spiegel d. Ortsnamen (Acta Univ. Szeged 10) 1936; Hansgerd GÖCKENJAN, Hilfsvölker u. Grenzwächter im mittelalterl. Ungarn (Quellen u. Stud. z. Gesch. des östl. Europa 5) 1972.

[93] SCHEIDING-WULKOPF, Beziehungen (s. o. 315 Anm. 93) 67.

[94] W. MÜLLER, Das Verhältniss Böhmens zum Deutschen Reiche unter Konrad II. u. Heinrich III., Diss. (o. O.) 1874, 5 f.; KÖSTER, Beziehungen (s. o. 292 Anm. 100); WEGENER 67 ff.

[95] M. PERLBACH, Die Kriege Heinrichs III. gegen Böhmen 1039–1041 (FdG 10) 1870, 427–465; Karl BEER, Zur Wehr- u. Gerichtsorganisation böhm. Grenzgebiete im MA (MÖIG 52) 1938, 243–256; Karl WILD, Baiern u. Böhmen. Beitrr. z. Gesch. ihrer Beziehungen im MA (VHOR 88) 1938, 3–166, bes. 31 f.; ZATSCHEK, Baiern (s. o. 252) 12; allgemein auch Karl LECHNER, Die Bildung des Territoriums u. die Durchsetzung d. Territorialhoheit im Raum des östl. Österreich (VF 14) 1971, 389–462, bes. 393 ff.

[96] Ann. Altah. (zu 1041) 28; STEINDORFF, Heinrich III. (s. o. 302) I 109 f.

[97] WEGENER 67 f.; PRINZ, Stellung Böhmens (s. o. 256 Anm. 49) 106 f.

[98] Paul KEHR, Vier Kapitel aus d. Gesch. Heinrichs III. (Abh. Berlin 1930, 3) 1931, 18 f.

hier zum Schöpfer der Markenorganisation,[99] die nicht, wie oft vermutet wurde, in karolingische Zeit zurückreicht (s. o. 257); ebensowenig deutete der Titel «marchiocomes», den Berthold von Schweinfurt im zehnten Jahrhundert führte, auf den Besitz einer Markgrafschaft.[100] Erst Heinrich III. richtete zwei Markgrafschaften ein, um Cham[101] und Nabburg,[102] wohl noch während der Kämpfe mit Břetislav.[103] Bei dem späterhin guten Verhältnis zu Böhmen, um das sich auch der im Grenzgebiet des Böhmerwaldes lebende Eremit Gunther bemühte,[104] verloren sie an Bedeutung und wurden zu erblichen Reichslehen einer Familie. Auch im Osten entstanden Marken; vermutlich noch im Jahre 1039 eine vom Pulkautal bis zur Thaya reichende «böhmische Mark»,[105] die allerdings nur in *einer* Urkunde als «marchia Bohemica» bezeichnet wird.[106] Jedenfalls mit Beginn der Ungarnkriege wurde eine andere, von der Ostmark getrennte[107] ungarische Mark, an der Leitha und March eingerichtet,[108] die

[99] S. o. 257 Anm. 52 und Ernst KLEBEL, Die Grafen v. Sulzbach, als Hauptvögte des Bistums Bamberg (MÖIG 41) 1926, 108–128, bes. 125; Wiederabdruck in: Ders., Probleme 306–324, bes. 321; Ders., Diplomat. Beitrr. (s. o. 239 Anm. 43) 227f.

[100] Das zeigt BOSL, Markengründungen 191ff. bzw. 379ff. gegen GUTTENBERG, Territorienbildung 57ff.; Ders., Mächte (s. o. 150 Anm. 97) 227ff.

[101] Zuerst genannt 1056: Urk. Heinrichs III. v. 19. Jan. 1056 (hg. v. Paul KEHR, MGH Dipl. 5) 1931, nr. 363, S. 495f.; DINKLAGE, Cham (s. o. 207 Anm. 34).

[102] Urk. Heinrichs III. v. 29. Juli 1040 (spur.!) (s. o. Anm. 101) nr. 385, S. 528ff.

[103] Karl BOSL, Markengründungen 193ff. bzw. 381ff.; Ders., Die Reichsministerialität als Träger stauf. Staatspolitik in Ostfranken u. auf dem bayer. Nordgau (Jahresber. d. Hist. Ver. Mfr. 69) 1941, 1–103; Ders., Reichsministerialität 55ff.

[104] Gotthard LANG, Gunther d. Eremit in Gesch., Sage u. Kult (StMBO 59, 1941/42) 1942, 3–85; Ernst KLEBEL, Der hl. Gunther in d. deutschen Reichspolitik (1000 Jahre St. Gunther) 1955, 82ff.; Edith PÁSZTOR, Guntero (Bibliotheca Sanctorum 7) 1966, 528–531; Klaus PFEFFER, Der hl. Gunther v. Niederaltaich (Bavaria Sancta 2) 1971, 98–112.

[105] HIRSCH, Entstehung (s. o. 312 Anm. 72); Herb. MITSCHA-MÄRHEIM, Zur ältesten Besitzgesch. des nordöstl. NÖ (Jb LKNÖ NF 26) 1936, 80–91; BOSL, Markengründungen 226ff. bzw. 418ff.; Karl GUTKAS, Zur Frage d. «Böhm. Mark des Adalbero» (Unsere Heimat 23) 1952, 133f.

[106] Urk. Heinrichs III. v. 3. März 1055 (s. o. Anm. 101) nr. 331, S. 453f.; zum hier tätigen Markgrafen Adalbero Karl LECHNER, Die Gründung des Klosters Maria-Zell im Wiener Wald u. die Besitzgesch. seiner Stifterfamilie (Jb LKNÖ NF 26) 1936, 92–118, bes. 113f.; Wiederabdruck in: Ders., Ausgew. Schr., 1947, 69–100, bes. 94f.; KLEBEL, Niederösterreich 43ff.

[107] Heinr. SPERL, Die Grenzen zw. Böhmen u. dem Mühllande im MA u. die Heimat d. Witigonen (Mitt. d. Ver. f. Gesch. d. Deutschen in Böhmen 38) 1900, 394–404; Heinz ZATSCHEK, Die Witigonen u. die Besiedelung Südböhmens (DALVF 1) 1937, 110–130; Herb. MITSCHA-MÄRHEIM, Die Grenzen zw. Ostmark, Ungarnmark u. Böhm. Mark im Spiegel d. Flurnamen (Mitt. d. geogr. Ges. Wien 80) 1937, 233–240; Ders., Die Wallburg Stillfried a. d. March u. die Ungarnmark Kaiser Heinrichs III. (Wiener Prähist. Zschr. 30) 1943, 82–87.

[108] Moriz THAUSING, Die Neumark Österreich u. das Privilegium Heinricianum 1043-1058 (FdG 4) 1864, 355–383; Karl BEDNAR, Zur ältesten Besitzgesch. des Neumarkgebietes (Jb LKNÖ NF 21, Festschr. Oswald Redlich) 1928, 49–76; MITSCHA-MÄRHEIM, Besitzgesch. (s. o. Anm. 105); Ders., Frühgesch. Wiens (s. o. 307 Anm. 38); gegen den von THAUSING vorgeschlagenen Namen «Neumark» wendet sich Peter CSENDES, «Regio finibus Ungarorum gladio ab hostibus adquisita». Überlegungen z. Gesch. d. Ungarnmark in Österreich (Jb LKNÖ NF 42) 1976, 38–51, bes. 43.

ihre zentrale Burganlage in der von den Ungarn mehrmals zerstörten Hainburg erhielt.[109] Dem bald gestorbenen ersten Markgrafen Luitpold, dem Sohn Adalberts, folgte 1045 Luitpolds Schwiegersohn Siegfried, dem Heinrich III. eine ungewöhnlich große Schenkung zukommen ließ.[110] Nach dessen Tod erhielt der Babenberger Markgraf Ernst (1055–1075) zusammen mit einer großen Schenkung um Raabs die militärische Leitung dieser Mark.[111] Die große Bedeutung dieser Markengründungen Heinrichs zeigt sich auch darin, daß erst jetzt die Besiedlung des Waldviertels in Angriff genommen worden ist.[112] Die Kämpfe mit Ungarn waren noch nicht beendet. 1046 wurde der von den Deutschen gestützte König Peter von einer anfangs national-heidnischen Reaktion unter Andreas gestürzt.[113] Kaiser Heinrich III. hat zunächst, auch durch Ergebenheitsadressen von seiten Andreas' beschwichtigt, nicht an ein militärisches Eingreifen in Ungarn gedacht. Zudem war nach dem Tode Heinrichs VII. von Lützelburg im Jahre 1047 das bayerische Herzogtum zwei Jahre lang vakant, bis es 1049 an *Konrad von Zütphen* verliehen wurde.[114] Mehrere bayerische Große, insbesondere Gebhard von Regensburg, begannen daraufhin auf eigene Faust einen Grenzkrieg gegen Ungarn,[115] der erst im Juni 1050 auf einem Hoftag in Nürnberg durch den Kaiser legalisiert wurde. Im Jahre 1051 unternahm dann Heinrich III. einen allerdings wenig erfolgreichen Feldzug, 1052 belagerte er Preßburg, gab auf Bitten Papst Leos IX., der auf einen Hilferuf König Andreas' persönlich vor Preßburg erschien, die Belagerung jedoch auf.[116] Schließlich verknüpfte sich der Kampf mit Ungarn, wie in den Zeiten der Luitpoldinger, noch mit einer innerbayerischen Fehde. Herzog Konrad war im Jahre 1053 vornehmlich auf Betreiben des Bischofs Gebhard von Regensburg abgesetzt worden; jetzt begab er sich zu König Andreas und begann mit ungarischer Hilfe den Kampf um Kärnten, wo Konrad viele Anhänger hatte und sich bis zu seinem Tode Ende 1055 behaupten konnte.[117]

[109] Ernst KLEBEL, Altenburg u. Hainburg (MÖIG 47) 1933, 57–64; Rich. Kurt DONIN, Die Kunstdenkmäler d. Stadt Hainburg (Jb LKNÖ NF 24) 1931, 1–123.

[110] Urk. Heinrichs III. v. 7. März 1045 und 15. Juli 1045 (s. o. 316 Anm. 101) nrr. 133 und 141, S. 167f. und 177; Karl BEDNAR, Das Schenkungsgut d. ersten Königsschenkung f. den Markgrafen Siegfried v. 7. März 1045 (Jb LKNÖ NF 22) 1929, 402–430; Herb. MITSCHA-MÄRHEIM, Probleme um den Ungarnmarkgrafen Siegfried, die Herren v. Weikersdorf u. v. Liechtenstein (Adler 1 [XV.]) 1947/49, 178–183; Friedr. HAUSMANN, Siegfried, Markgraf d. «Ungarnmark» u. die Anfänge d. Spanheimer in Kärnten u. im Rheinland (Jb LKNÖ NF 43) 1977, 115–168.

[111] Karl LECHNER, Die Grafschaft Raabs (Jb LKNÖ NF 21, Festschr. Oswald Redlich) 1928, 77–111.

[112] LECHNER, Waldviertel; Ders., Besiedlungs- u. Herrschaftsgesch. des Waldviertels (in: Ed. STEPAN [Hg.], Das Waldviertel 7/2) 1937, 3–276; Otto BRUNNER, Die geschichtl. Stellung des Waldviertels (ebd.) 368–431.

[113] SCHÜNEMANN, Die Deutschen in Ungarn (s. o. 252) 70ff.

[114] Heinr. WITTE, Genealog. Untersuchungen z. Reichsgesch. unter den sal. Kaisern (MIÖG Erg.-Bd. 5) 1896–1903, 309–474, bes. 334ff.; Emil KIMPEN, Ezzonen u. Hezeliniden in d. rhein. Pfalzgrafschaft (ebd. 12) 1933, 1–91; Ders., Genealogie (s. o. 277) 80ff.

[115] Herm. v. Reich., Chron. (zu 1050) (s. o. 314 Anm. 89) 129; zu Gebhard: Kurt REINDEL, Gebhard III. (NDB 6) 1964, 115f.

[116] Wibert, Vita Leonis papae c. 8 (hg. v. Joh. Matthias WATTERICH, Pontificum Romanorum Vitae 1) 1862, 160.

[117] Herm. v. Reich., Chron. (zu 1053) (s. o. 314 Anm. 89) 133; Ann. Altah. (zu 1053–1055) 48ff.

Der wahre Grund für das schroffe Vorgehen des Kaisers gegen Konrad war wohl der, daß er das bayerische Herzogtum seinem 1050 geborenen Sohn Heinrich verleihen wollte. Im Dezember wurde dieser als *Heinrich VIII.* damit belehnt, bereits im folgenden Juni aber anläßlich der Königskrönung Heinrichs IV. erhielt Bayern des Kaisers 1052 geborener Sohn Konrad, als bayerischer Herzog *Konrad II.*[118] Dieser starb jedoch bereits 1055. Die Regentschaft in Bayern für die unmündigen Kaisersöhne führte Bischof Gebhard von Eichstätt, bis er im März 1055 als Viktor II. Papst wurde.[119] Jetzt erhielt das bayerische Herzogtum *Agnes,* die Gemahlin Kaiser Heinrichs III.[120]

Agnes bemühte sich nach dem Tode ihres Mannes im Jahre 1056, die Unruhen im Osten durch einen Friedensschluß zu bereinigen. Das gelang auch im September 1058 zwischen Agnes, dem jungen Heinrich IV. und König Andreas. Anscheinend hat Agnes bei dieser Gelegenheit auf die Vasallität des ungarischen Königs gegenüber dem deutschen Herrscher verzichtet, dafür aber durch eine Familienbindung ein neues Band zu knüpfen versucht: ihre Tochter Judith, die in Ungarn Sophie genannt wurde, heiratete Salomon, den Sohn des Ungarnkönigs Andreas.[121] Der Versuch der Deutschen, König Andreas gegen Angriffe seines Bruders Bela zu unterstützen, endete im Jahre 1060 mit einer großen *Niederlage bei Wieselburg,* bei der der aus Thüringern und Bayern bestehende Heerbann empfindliche Verluste erlitt. Diese Niederlage wird der Anlaß gewesen sein, daß Agnes, vermutlich Anfang 1061 auf einem Reichstag in Regensburg, auf Bayern verzichtete und es an den sächsischen Grafen *Otto von Nordheim* übertragen ließ.[122] Otto besonders war es auch, der auf einen neuen Krieg gegen Ungarn drängte; dieser fand 1063 unter seiner und des jungen Königs Heinrich Führung statt und führte zur Einnahme der Wieselburg. Als König Bela im gleichen Jahre 1063 starb, konnte der deutsche Herrscher seinem Schwager Salomon (1063–1074) zur ungarischen Königskrone verhelfen.[123] Über diesen ungarischen Feldzug hinaus ist jedoch von Ottos Wirken als bayerischer Herzog wenig bekannt; sein aktives Eingreifen in die politischen Verhältnisse in Italien und in das Papstschis-

[118] Herm. v. Reich., Chron. (zu 1053) (s. o. 314 Anm. 89) 133; Ann. Altah. (zu 1054) 49.

[119] Reg. Eichstätt nr. 204, S. 74; KEHR, Heinrich III. (s. o. 315 Anm. 98) 57ff.

[120] Ann. Lamp. (zu 1061) 78f.; Urk. Heinrichs IV. v. 20. Sept. 1058 (hg. v. Dietr. v. GLADISS, MGH Dipl. 6) 1941/52, nr. 38, S. 47f.; Marie Luise BULST-THIELE, Kaiserin Agnes, 1933.

[121] SCHÜNEMANN, Die Deutschen in Ungarn (s. o. 252) 76.

[122] Herm. MEHMEL, Otto v. Nordheim, Herzog v. Bayern (1061–1070), Diss. Göttingen 1870; Adolf VOGELER, Otto v. Nordheim in den Jahren 1070–1083. Ein Beitr. z. Gesch. König Heinrichs IV., Diss. Göttingen 1880; Edm. Frhr. v. USLAR-GLEICHEN, Die Abstammung d. Grafen v. Northeim u. Katlenburg v. den Grafen v. Stade nebst biograph. Nachrichten über d. älteren Glieder dieser Häuser (Veröffentl. z. niedersächs. Gesch. 3) 1900; Fritz CURSCHMANN, Zwei Ahnentafeln. Ahnentafeln Kaiser Friedrichs I. u. Heinrichs d. Löwen z. 64 Ahnen (Mitt. d. Zentralstelle f. Deutsche Personen- u. Familiengesch. 27) 1921, 71.

[123] Die ungarischen Ereignisse in den Ann. Lamp. (zu 1061 und 1063) 77f. und 88ff., sowie in den Ann. Altah. (zu 1060–1063) 56ff.; Otto RADEMACHER, Ungarn u. das deutsche Reich unter Heinrich IV. (Progr. Dom-Gymnasium Merseburg) 1885; Friedr. SCHUSTER, Ungarns Beziehungen z. Deutschland v. 1056–1108 (Programm Gymnasium Hermannstadt) 1899.

ma zwischen Alexander II. und Honorius II. legt den Verdacht nahe, daß er in Konkurrenz zu Heinrich IV. treten wollte. Ein solcher Verdacht des Herrschers hat denn auch im Jahre 1070 zu seinem Sturz geführt, dessen unmittelbarer Anlaß eine allerdings unbegründete Anklage war.[124] Bei diesen jahrzehntelangen Kämpfen im Osten hatte Bayern die Hauptlast zu tragen, konnte aus den Erfolgen aber nicht den vollen Nutzen ziehen. Als Kronland zumeist im Besitz der deutschen Herrscher hat es durch deren reiche Schenkungen aus Herzogsgut auch hier Opfer für die Politik des Reiches bringen müssen.

g) *Kärnten und die südöstlichen Marken.* Das Herzogtum Kärnten, das sich seit dem Jahre 976 von Bayern zu lösen begann, setzte die Tradition des alten slowenischen Fürstentums Karantanien fort.[125] Das Zusammentreffen slawischer und germanischer Rechtsbräuche führte hier zu oft seltsamen und immer noch nicht bis ins Letzte geklärten Zeremonien, wie der der Herzogseinsetzung,[126] und zur Ausbildung von besonderen Adelsschichten wie den Edlingern.[127] Die Herzöge, die hier seit 976 eingesetzt wurden, erhielten mehr ein «Titelherzogtum», das ihre Erhebung in den Reichsfürstenstand legitimieren sollte.[128] Sie konnten im Land kaum Fuß fassen, ihre eigentliche Machtgrundlage befand sich in der Mark Verona.[129] Sehr umstritten ist in der Forschung auch die Stellung des im zehnten Jahrhundert auftauchenden «Waltpoten», eines königlichen missus; die Frage, ob sein Amt sich in dem des kärntnerischen Pfalzgrafen des zwölften Jahrhunderts fortsetzt, der Richter über den Herzog war, wird nicht eindeutig beantwortet.[130]

Seit dem Ende des zehnten Jahrhunderts sind auch die Namen dreier Grafschaften auf kärntnerischem Boden bekannt: Lurn im Westen, die auch einen Teil Osttirols umfaßte, und nach Osten anschließend Friesach und Jaun.[131] Gefährlicher für die territoriale Zersplitterung des Landes wurden jedoch die ebenfalls seit dem ausgehen-

[124] Die Ann. Altah. (zu 1069) 76ff. sind unsere Hauptquelle, in ihrer sichtlichen Voreingenommenheit gegenüber Otto allerdings mit Vorsicht zu benützen.

[125] MAL, Eigenart (s. o. 169 Anm. 140).

[126] Paul PUNTSCHART, Herzogseinsetzung u. Huldigung in Kärnten, 1899; Ders., Stammesrecht (s. o. 304 Anm. 13); Emil GOLDMANN, Die Einführung d. deutschen Herzogsgeschlechter in den sloven. Stammesverband (Untersuchungen z. Deutschen Staats- u. Rechtsgesch. 68) 1903; Gg. GRABER, Schwabenspiegel u. Einritt am Fürstenstein (Carinthia I 132) 1942, 168–205.

[127] Hans LESSIAK, Die Entstehung d. Ministerialität in Kärnten (Carinthia I 142) 1952, 226–248 und (ebd. 145) 1955, 275–303; außer der oben S. 171 Anm. 162 genannten Literatur zu den Edlingern noch Walth. FRESACHER, Das Ende d. Edlinger in Kärnten (Das Kärntner Landesarch. 1) 1970.

[128] PUNTSCHART, Stammesrecht; WERLE, Titelherzogtum (beide s. o. 304 Anm. 13) 245ff.

[129] TELLENBACH, Reichsadel 46ff. bzw. 215ff.

[130] Mart. WUTTE, Zur Gesch. d. Edlinger, der Kärntner Pfalzgrafen u. des Herzogstuhles II: Gewaltbote, Pfalzgraf u. Pfalzgrafensitz des Herzogstuhles (Carinthia I 139) 1949, 33–46; Herm. BRAUMÜLLER, Die Frage des Kärntner Pfalzgrafenamtes (ebd. 140) 1950, 618–630; HAUPTMANN, Pfalzgraf (s. o. 171 Anm. 162); Hans-Joach. WINZER, Zum Problem d. Kärntner Pfalzgrafschaft (Carinthia I 160) 1970, 631–645; DOPSCH, Gewaltbote (s. o. 291 Anm. 88).

[131] JAKSCH-WUTTE, Erläuterungen 55ff.

den zehnten Jahrhundert an seiner Ostgrenze entstehenden *Marken*, die im Zusammenhang mit einer neuen Offensivpolitik gegenüber dem ungarischen Reich geschaffen worden sind:[132] die Mark Pettau, die Mark im Sanntal mit dem Mittelpunkt Cilli und die eigentliche karantanische Mark an der Mur, der Kern der später so genannten *Steiermark*.[133] Die staatsrechtliche Stellung dieser Gebiete ist unübersichtlich und nicht bis ins Letzte geklärt, insbesondere die Frage ihrer Zugehörigkeit zu Bayern oder Kärnten.[134] Außerdem lag in den teilweise von den Ungarn eroberten Grenzgebieten reiches Königsgut, mit dem der König die Grafen auf Kosten des Herzogs stärken konnte.

Otto von Worms, der vermutlich im Jahre 1002 als Preis für seinen Thronverzicht von Heinrich II. das Herzogtum Kärnten im vollen Umfang zurückerhalten hat (s. o. 304), hat sich im Land nie richtig durchsetzen können, wenn er auch von hier aus im Interesse des Königs, allerdings erfolglos, gegen den Usurpator Arduin von Ivrea kämpfte.[135] Von seinem Sohn Konrad, der nominell von 1004 bis 1011 Herzog von Kärnten war, ist keine einzige Regierungshandlung mehr im Lande belegt.[136] Auf ungeklärte Weise hat die Familie das Vertrauen Kaiser Heinrichs II. verloren, jedenfalls ungerechtfertigt[137] wurden die Söhne Konrads bei dessen Tod übergangen und das Herzogtum an den Markgrafen Adalbero von Eppenstein verliehen.[138] Die *Eppensteiner*[139] sind seit dem Jahre 970 im Besitz der eigentlichen karantanischen Mark an der Mur, der späteren Steiermark, nachzuweisen.[140] Sie gehörten zu den an Besitz mächtigsten Familien im Land, und vermutlich hat Heinrich auch mit der Übertragung der Kärntner Herzogswürde an dieses Geschlecht dem kärntnerischen Herzog-

[132] HAUPTMANN, Erläuterungen 344ff.

[133] PIRCHEGGER, Erläuterungen II 1, 185–191; HAUPTMANN, Erläuterungen 344ff.

[134] Nach PIRCHEGGER, Steiermark 126 erst seit 1002 unter dem Herzog von Kärnten, vorher bayerisch, während HAUPTMANN, Erläuterungen 379 meint, daß sie gerade 1002 von Kärnten getrennt worden sei.

[135] Gerh. GRAF, Die weltl. Widerstände in Reichsitalien gegen d. Herrschaft d. Ottonen u. der ersten beiden Salier (951–1056) (Erlanger Abh. z. mittleren u. neueren Gesch. 24) 1936, 23ff. und 73ff.

[136] JAKSCH I 162; WAHNSCHAFFE, Herzogthum (s. o. 304 Anm. 14) 11f.

[137] Diese Wertung schon bei Herm. v. Reich., Chron. (zu 1012) (s. o. 314 Anm. 89) 119.

[138] Karlmann TANGL, Die Grafen, Markgrafen u. Herzoge aus dem Hause Eppenstein (AÖG 4) 1850, 157–230; (ebd. 6) 1851, 319–401; (ebd. 11) 1853, 225–297 und (ebd. 12) 1854, 91–217; PUNTSCHART, Stammesrecht (s. o. 304 Anm. 13) 45f.; Adalbero heiratete eine Schwester der Kaiserin Gisela; vgl. Erich BRANDENBURG, Probleme um d. Kaiserin Gisela (Ber. über d. Verh. d. Sächs. Akad. d. Wiss. Leipzig 80/4) 1928, 29f.

[139] Karl-Engelhardt KLAAR, Die Herrschaft d. Eppensteiner in Kärnten (Arch. f. vaterländ. Gesch. u. Topographie 61) 1966.

[140] PIRCHEGGER, Steiermark; Ders., Landesfürst u. Adel in Steiermark während des MA (Forsch. z. Verfassungs- u. Verwaltungsgesch. d. Steiermark 12) 1951; Ders., Siedlungsgeschichtl. u. staatsrechtl. Beziehungen d. Steiermark z. Baiern (ZBLG 12, 1939/40) 1940, 195–208; Fritz POSCH, Die Entstehung des steir. Landesfürstentums (MIÖG 59) 1951, 109–117; Ders., Die Entwicklung d. Steiermark bis zum Erbanfall an d. Babenberger (1000 Jahre Babenberger in Österreich, Niederösterr. Landesmus., Kat. NF Nr. 66) 1976, 38–49; Heinr. APPELT, Die Entstehung des Landes (Die Steiermark. Land, Leute, Leistung) 1971, 313–320.

tum einen stärkeren Rückhalt geben, vielleicht auch eine sich anbahnende Trennung der Mark vom Herzogtum aufhalten wollen.[141] Allerdings hatte Adalbero im Land auch mächtige Gegner, insbesondere den in der Mark im Sanntal gebietenden Grafen Wilhelm von Zeltschach, den Gemahl der heiligen Hemma.[142] Dessen Intrigen kam dann die veränderte politische Situation beim Regierungsantritt Konrads II. im Jahre 1024 entgegen, der seinem jüngeren Vetter Konrad, seinem Mitbewerber um die deutsche Königskrone, für seinen Verzicht die Herzogswürde von Kärnten versprochen hatte. Konrad II. versuchte mit allen Mitteln, sich des ihm unbequemen Adalbero zu entledigen,[143] und er hat vielleicht sogar im Jahre 1025 die Markgrafschaft im Sanntal von Kärnten abgetrennt.[144] Gegen den Widerstand seines eigenen Sohnes Heinrich konnte Konrad II. Adalbero schließlich 1035 durch ein Fürstengericht wegen angeblichen Hochverrats absetzen lassen.[145] Im Februar 1036 belehnte Konrad II. dann seinen gleichnamigen Vetter mit Kärnten und Istrien;[146] die Kärntnermark aber wurde wieder vom Herzogtum getrennt und dem Grafen Arnold von *Wels-Lambach* übergeben.[147] Er und sein Sohn Gottfried beteiligten sich an den Ungarnkämpfen zur Zeit Kaiser Heinrichs III.,[148] in diesen Jahren erhielt die karantanische Mark eine starke Ausdehnung nach Osten.[149] Während der Kämpfe, die der abgesetzte Bayernherzog Konrad 1053–1055 mit ungarischer Hilfe um den Besitz Kärntens führte, wurde die in der karantanischen Mark gelegene Hengistburg, wohl St. Margarethen bei Wildon, heftig umkämpft.[150] Das mit der Ermordung Gottfrieds im Jahre 1050 und dem Tod seines Vaters Arnold ca. 1055 ausgestorbene Geschlecht der Wels-Lambacher erhielt seine Nachfolger in den aus dem Traungau stammenden *Otakaren*.[151] Nach ihrer an der oberen Enns gelegenen Styraburg wurde jetzt die karantani-

[141] So PIRCHEGGER, Beziehungen (s. o. 320 Anm. 140) 201; dem von JAKSCH-WUTTE, Erläuterungen 55f. angenommenen «Geburtsdatum» vom 13. April 1000 widersprach HAUPTMANN, Erläuterungen 372f.

[142] PIRCHEGGER, Erläuterungen II 1, 191ff.

[143] PIRCHEGGER, Steiermark 128ff.

[144] JAKSCH-WUTTE, Erläuterungen 56; dazu HAUPTMANN, Erläuterungen 373ff., der auch zeigt, daß der von Altsaunien nach dem Tode des Markgrafen Wilhelm II. im Jahre 1036 noch vorhandene Rest an Krain kam.

[145] Heinr. MITTEIS, Polit. Prozesse im MA (SB Heidelberg 17/3) 1926/27, Nachdruck 1974, 27ff.; Ingrid HEIDRICH, Die Absetzung Herzog Adalberos v. Kärnten durch Kaiser Konrad II. 1035 (HJb. 91) 1971, 70–94.

[146] Herm. v. Reich., Chron. (zu 1036) (s. o. 314 Anm. 89) 122: «Counradus ... ducatum in Carentano et in Histria ... recepit»; dazu JAKSCH-WUTTE, Erläuterungen 56; Walt. LENEL, Venezian.-Istr. Stud. (Schr. d. Wissenschaftl. Ges. in Straßburg 9) 1911.

[147] PIRCHEGGER, Steiermark 130ff.

[148] S. o. S. 314f.; ferner Franz v. KRONES, Zur Gesch. d. nachbarl. Beziehungen Steiermarks u. Ungarns bis zum Ausgange d. Traungauer (Mitt. d. Hist. Ver. Steiermark 40) 1892, 231–270.

[149] Hans PIRCHEGGER, Zur Besiedlungsgesch. d. Oststeiermark (Zschr. d. Hist. Ver. Steiermark 37) 1946, 86–107; Fritz POSCH, Probleme d. steir. Frühgesch. (ebd. 39) 1948, 43–58; Hans PIRCHEGGER, Schlußwort (ebd. 40) 1949, 108–111.

[150] Lui v. FRIZBERG, Wildon u. der Markgrafensitz Heingistaburg, 1952.

[151] Jos. WINKLER, Die Otakare, ihre Heimat, ihre genealog. Abfolge u. Karantaner Markgrafschaft bis zum Jahre 1122 (Jahresber. d. Fürstbischöfl. Gymnasiums Graz 1917/18) 1918, 2–18 und (ebd. 1918/19) 1919, 3–38; PIRCHEGGER, Steiermark 490ff.; Karl GUTKAS, Der Besitz d. steir. Otakare im oberen Traisen- u. im Gölsental (Unsere Heimat 24) 1953, 198–202; Heinz DOPSCH, Ministerialität u. Herren-

sche Mark als Steiermark bezeichnet, die von Kärnten getrennt ihren eigenen Weg ging, aber, vielleicht durch die Herkunft ihrer führenden Geschlechter, in einer gewissen Abhängigkeit zu Bayern blieb.[152]

Inzwischen hatten die Eppensteiner den Kampf um Kärnten nicht aufgegeben, insbesondere die beiden Söhne des 1039 gestorbenen Adalbero, Markwart und der gleichnamige Adalbero d.J., der seit 1053 Bischof von Bamberg war.[153] Nach dem Tode Konrads des Jüngeren ebenfalls im Jahre 1039 blieb die Herzogswürde in Kärnten bis 1047 unbesetzt; in diesem Jahr erhielt sie, zusammen mit der ausdrücklich erwähnten Markgrafschaft Verona,[154] der Graf Welf. Haben wir von dessen Aufenthalt in Kärnten wenigstens einen urkundlichen Hinweis,[155] so wird von dem 1056 mit Kärnten belehnten Konrad, einem Bruder des lothringischen Pfalzgrafen Heinrich, berichtet, daß er dem Herzogtum Kärnten «nur dem Namen nach» vorstand.[156] Der 1061 von der Kaiserin Agnes zum Ersatz für das ihm entgangene Herzogtum Schwaben mit Kärnten belehnte Zähringer Berthold scheint, obwohl er theoretisch diese Würde sechzehn Jahre lang innehatte, das Land überhaupt nicht betreten zu haben, das praktisch vom Eppensteiner Markwart verwaltet wurde. Doch als Berthold sich an der Verschwörung gegen Heinrich IV. und der Aufstellung Rudolfs von Rheinfelden als Gegenkönig beteiligt hatte, wurde er im Jahre 1077 auch förmlich seiner Würde enthoben und diese Liutold, dem Sohn des genannten Markwart, übertragen.[157] Für die Eppensteiner war das eine späte Rehabilitierung und eine Belohnung für ihre immer reichstreue Haltung, die sie auch im Kampfe Heinrichs IV. gegen die Fürstenopposition auf der Seite des Kaisers stehen ließ; für den Kaiser lag hier in dem von Aquileja, Verona und Kärnten gebildeten königstreuen Block immer eine sichere Rückzugsposition.

Neben der nördlichen Karantanenmark, der Steiermark, steht die seit dem ausgehenden zehnten Jahrhundert so genannte Craina marcha oder Carniola, *Krain*,[158] die aus Altkrain und der unterkrainischen «windischen» Mark zusammenwuchs.[159] Sie

stand in d. Steiermark u. in Salzburg (Zschr. d. Hist. Ver. Steiermark 62) 1971, 3–31, bes. 15ff.

[152] Franz v. KRONES, Die Markgrafen v. Steier. Ihre Anfänge, ihr Verwandtschaftskreis u. ihre Kärntner Markgrafschaft vor 1122 (AÖG 84) 1897, 137–282; LIEBENFELSS, Steiermark (s. o. 252); PIRCHEGGER, Beziehungen (s. o. 320 Anm. 140).

[153] Reg. Bamb. nrr. 263–276, 118ff.

[154] Hist. Welf. c. 10, S. 16: «... der das Herzogtum Kärnten und die Mark Verona erwarb»; zur Verbindung Kärntens mit der Mark Verona: FICKER-PUNTSCHART II 3, 118ff.; Carlo Guido MOR, Dalla caduta dell'impero al comune (Verona e il suo territorio 2) 1964, 3–242.

[155] Urk. Heinrichs III. v. 11. Nov. 1055, (s. o. 316 Anm. 101) nr. 357, S. 485f.

[156] Berthold, Ann. (zu 1061) (s. u. Anm. 157) 271; Karl STARZACHER, Herzog u. reichsunmittelbare Herren in Kärnten. Einige grundsätzl. Bemerkungen z. mittelalterl. Gesch. Kärntens (Carinthia I 129) 1939, 41–55, bes. 43; vgl. KLAAR, Eppensteiner (s. o. 320 Anm. 139) 100ff.

[157] Berthold v. Reichenau, Ann. (zu 1077) (hg. v. Gg. Heinr. PERTZ, MGH SS 5) 1844, 295; zur Tätigkeit Bertholds im Reich JAKSCH I 195ff.; Gerd TELLENBACH, Berthold I. (NDB 2) 1955, 159.

[158] Peter HITZINGER, Die polit. Verhältnisse Krains im MA (Mitt. d. Hist. Ver. Krain 11) 1856, 29–43, bes. 33ff.; Ant. MELL, Die hist. u. territoriale Entwicklung Krains v. 10. bis ins 13. Jh., 1888; HAUPTMANN, Erläuterungen 344ff.

[159] HAUPTMANN, Erläuterungen 358ff.

kam im Jahre 1004 an den Grafen Ulrich von Sempt und Ebersberg,[160] und sie erscheint im Jahre 1040 zum erstenmal selbständig unter dem Kommando eines Grafen Eberhard,[161] in dem man auch einen Angehörigen der Ebersberger Grafenfamilie hat finden wollen.[162]

Das abermals südlich benachbarte *Istrien*,[163] das 952 aus dem Verband des langobardischen Königreiches gelöst wurde und an Bayern kam, wurde 976 bei Kärnten belassen und begann sich ebenfalls gegen die Mitte des elften Jahrhunderts selbständig zu machen. Fraglich ist, ob das Land bereits zu dem Amtsbereich des eben erwähnten Markgrafen Eberhard von Krain gehört hat.[164] Sein Nachfolger jedoch, der 1058 zuerst genannte Markgraf Ulrich aus dem Geschlecht der Markgrafen von Weimar-Orlamünde,[165] hat beide Gebiete, Krain und Istrien, in seiner Hand vereinigt. Nach seinem Tod im Jahre 1070 wird noch ein Markgraf Heinrich genannt,[166] und im Jahre 1077 kamen Krain und Istrien zusammen mit der Grafschaft Friaul an den Patriarchen Sigihard von Aquileja.[167] Da das Patriarchat bereits 1027 aus der Oberhoheit Kärntens herausgenommen worden war,[168] büßte das Herzogtum mit dieser Unterstellung einen großen Teil seines Umfanges ein; die Ansätze zur Bildung eines großen geistlichen Fürstentums, die hier gegeben waren, konnten die Patriarchen jedoch nicht weiter ausbauen.[169] Von Friaul löste sich vermutlich noch im elften Jahrhundert die Grafschaft *Görz* ab.[170]

[160] Franz SCHUMI, Die Herren v. Krain u. der Windischen Mark. Versuch einer urkundl. Stud. über d. Verwaltungsgesch. Krains bis z. Vereinigung unter dem Hause Habsburg (Arch. f. Heimatkunde [Laibach] 1) 1882/83, 97–101, 113–127, 161–168, 177–181, 193–202, 209–235, 240–245 und 257–265, bes. 116ff.

[161] Urk. Heinrichs III. v. 16. Jan. 1040 (s. o. 316 Anm. 101) nr. 22, S. 29.

[162] WAHNSCHAFFE, Herzogthum (s. o. 304 Anm. 14) 43ff.; Ernst KLEBEL, Über d. Städte Istriens (VF 4) 1958, 41–62, bes. 42 Anm. 7 vermutet in ihm einen Bruder des Herzogs Adalbero von Kärnten.

[163] Giovanni de VERGOTTINI, Lineamenti storici della costituzione politica dell'Istria durante il medio evo, 2 Bde., 1924/25; PIRCHEGGER, Erläuterungen I 4, 489ff.; Branko MARUŠIĆ, Istrien im Frühmittelalter (Kulturhist. Denkmäler in Istrien 3) 1960.

[164] STEINDORFF, Heinrich III. (s. o. 302) I 80f. und WAHNSCHAFFE, Herzogthum (s. o. 304 Anm. 14) 57 lassen es dahingestellt sein, PIRCHEGGER, Erläuterungen I 4, 489 und KLEBEL, Istrien (s. o. 323 Anm. 162) 42 nehmen es an.

[165] Urk. Heinrichs IV. v. 18. Okt. 1058 (s. o. 318 Anm. 120) nr. 43, S. 54f.

[166] Ernst KLEBEL, Die Ahnen d. Herzoge v. Kärnten aus dem Hause d. Spanheimer (Arch. f. vaterländ. Gesch. u. Topographie 24/25) 1936, 47–66, bes. 63f.

[167] Grafschaft Friaul: Urk. Heinrichs IV. v. 1077 (s. o. 318 Anm. 120) nr. 293, S. 384f.; Grafschaft Istrien: (ebd.) nr. 295, S. 387ff.; Mark Krain: (ebd.) nr. 296, S. 389f.; vgl. Emil v. OTTENTHAL, L'administration du Frioul sous les patriarches d'Aquilée (Mélanges Paul Fabre) 1902, Neudr. 1972, 303–320; Alfr. HESSEL, Friaul als Grenzland (HZ 134) 1926, 1–13.

[168] RI III nr. 82b, S. 49.

[169] Heinr. SCHMIDINGER, Patriarch u. Landesherr. Die weltl. Herrschaft d. Patriarchen v. Aquileja bis zum Ende d. Staufer (Publikationen d. österr. Kulturinst. in Rom I 1) 1954, 62ff.

[170] Reg. Görz nrr. 11 und 12, S. 13; SCHMIDINGER, Patriarch (s. o. Anm. 169) 49; Herm. WIESFLECKER, Die polit. Entwicklung d. Grafschaft Görz u. ihr Erbfall an Österreich (MIÖG 56) 1948, 329–384; Arth. Maria SCHEIBER, Zur Genealogie d. Grafen v. Görz (Adler 1 [XV.]) 1947/49, 22–25, 33–39 und 58–61; Ernst KLEBEL, Die Grafen v. Görz als Landesherren in Oberkärnten (Carinthia I 125) 1935, 59–82 und 218–246.

Diese Verleihung einer weltlichen Herrschaft an den Patriarchen von Aquileja entsprach innerhalb des ottonisch-salischen Reichskirchensystems[171] dem Bestreben der deutschen Herrscher, wichtige Territorien in die Hand zuverlässiger geistlicher Fürsten zu legen. So hat Heinrich II. im Jahre 1004 die bis dahin zur Mark Verona gehörige Grafschaft *Trient* dem Bischof von Trient verliehen.[172] Diese Verfügung wurde 1027 von Konrad II. bestätigt, der zugleich das bisher bayerische *Bozen* und den zu Schwaben gehörenden *Vintschgau*[173] an den Bischof von Trient gab.[174] Der Bischof von Brixen erhielt ebenfalls von Konrad II. die dem Grafen Welf abgesprochenen Grafschaften im *Eisacktal* und im unteren *Inntal*,[175] zu denen durch eine Schenkung Heinrichs IV.[176] noch die Grafschaft im *Pustertal*[177] kam. Die Haupttendenz war auch hier, die wichtigen Übergänge nach Italien in die Hand reichstreuer geistlicher Fürsten zu legen.[178] Wie in Aquileja gelang es jedoch auch hier den Bischöfen nicht, eigene Landesherrschaften auszubilden, doch lag in diesen Verleihungen der Beginn der allmählichen Absonderung Tirols von Bayern.[179]

§ 26. DAS WELFISCHE JAHRHUNDERT IN BAYERN

HEIGEL-RIEZLER; MEYER v. KNONAU, Heinrich IV. (s. o. 302); Wilh. BERNHARDI, Lothar v. Supplinburg (Jbb. d. Deutschen Gesch.) 1879; Ders., Konrad III. (Jbb. d. Deutschen Gesch.) 1883; Henry SIMONSFELD, Jbb. des deutschen Reiches unter Friedrich I., Bd. I (Jbb. d. Deutschen Gesch.) 1908; HÓMAN; Arth. DIEDERICHS, Staufer u. Welfen (Beitrr. z.

[171] Leo SANTIFALLER, Zur Gesch. des otton.-sal. Reichskirchensystems (SB Wien 229/1, 1961²) 1964.

[172] Harry BRESSLAU, Exkurse z. den Diplomen Konrads II. 3: Die Urk. f. Trient u. Brixen v. Juni 1027 (NA 34) 1909, 106–123; Hans v. VOLTELINI, Das welsche Südtirol (Erläuterungen z. HA d. österr. Alpenländer I 3) 1919, 95–310, bes. 131f.; Alfons HUBER, Die Entstehung d. weltl. Territorien d. Hochstifter Trient u. Brixen nebst Untersuchungen über d. ältesten Glieder d. Grafen v. Eppan u. Tirol (AÖG 63) 1882, 609–654; Jul. FICKER, Forsch. z. Reichs- u. Rechtsgesch. Italiens I, 1868, 265ff.; Franz HUTER, Nochmals DKII v. 1. VI. 1027 f. Trient (Veröffentl. d. Mus. Ferdinandeum in Innsbruck 12) 1932, 51–67; Leo SANTIFALLER, Über d. Verleihung d. Grafschaft Trient an den Bischof v. Trient (HJb. 54) 1934, 476–479.

[173] Rich. HEUBERGER, Die Südost-Grenze d. Grafschaft Vinschgau (Der Schlern 11) 1930, 393–399; Elis. MEYER-MARTHALER, Untersuchungen z. Verfassungs- u. Rechtsgesch. d. Grafschaft Vintschgau im MA (Jahresber. d. Hist.-antiquar. Ges. v. Graubünden 70, 1940) 1941, 41–235 und (ebd. 72, 1942) 1943, 95–223.

[174] Urk. Konrads II. v. 31. Mai 1027 und 1. Juni 1027 (hg. v. Harry BRESSLAU, MGH Dipl. 4) 1909, nrr. 101 und 102, S. 143ff.; ferner HUTER, Tiroler UB (s. o. 290 Anm. 86) nr. 52, S. 31.

[175] Urk. Konrads II. v. 7. Juni 1027 (s. o. Anm. 174) nr. 103, S. 146f.; RI III nr. 106, S. 57.

[176] Urk. Heinrichs III. v. 16. Jan. 1040 (s. o. 316 Anm. 101) nr. 23, S. 30f.

[177] Oswald REDLICH, Zur Gesch. d. Bischöfe v. Brixen (907–1125) (Zschr. d. Ferdinandeums f. Tirol u. Vorarlberg 3. Folge 28) 1884, 1–52, bes. 23; Rich. HEUBERGER, Die Begründung des Brixner Fürstentums (Der Schlern 8) 1927, 181–190.

[178] Karl HAFF, Die Wildbannverleihungen unter Kaiser Heinrich III. u. IV. an d. Bischöfe v. Augsburg u. Brixen u. die Paßhut (ZRG 69) 1952, 300–309.

[179] HEUBERGER, Osträtien (s. o. 135); Otto STOLZ, Begriff, Titel u. Name des tirol. Landes-Fürstentums in ihrer geschichtl. Entstehung (Schlern-Schr. 9) 1925, 418–490; Ders., Tirol 430ff.

mittelalterl. u. neueren Gesch. 10) 1943[3]; Karl HAMPE, Deutsche Kaisergesch. in d. Zeit d. Salier u. Staufer, 1963[11]; OSTROGORSKY, Gesch. (s. o. 99); Rud. GOES, Die Hausmacht d. Welfen in Süddeutschland, Diss. Masch. Tübingen 1960; FLECKENSTEIN, Welfen; Karl SCHMID, Welf. Selbstverständnis (Festschr. Gerd Tellenbach) 1968, 389–416.

a) *Die Anfänge des Welfenhauses in Bayern.* Die Jahre der Regentschaft nach dem Tode Heinrichs III. 1056 brachten umfangreiche Verluste an königlichen Rechten und königlichem Gut. Diese nach Möglichkeit rückgängig zu machen, bemühte sich Heinrich IV., seit er mit seiner im Jahre 1065 eingetretenen Volljährigkeit eine selbständige Regierung antreten konnte. Bei diesen Bemühungen dürfte der junge Herrscher mit dem 1061 von seiner Mutter Agnes als Herzog von Bayern eingesetzten Otto von Nordheim in Konflikt geraten sein. Insbesondere der Versuch, die auf ottonischen Familienbesitz zurückgehenden Domanialgüter in Sachsen zurückzuerwerben und abzurunden,[1] mußte ihn mit dem in der Nähe begüterten Otto in Konflikt bringen.[2] Da für Heinrich noch die persönliche Erinnerung an die Rolle, die dieser auf dem Tag von Kaiserswerth gespielt hatte, hinzukommen mochte, benützte er eine leichtfertige Anklage gegen den Herzog gerne zu dessen Sturz.[3] Sein Nachfolger in Bayern wurde ein Angehöriger des welfischen Geschlechtes, das mit dem von 1047 bis 1055 allerdings wohl mehr nominell herrschenden Welf III. bereits einen Herzog von Kärnten gestellt hatte (s. o. 322). Dieser aber war zugleich der letzte Angehörige in direkter männlicher Deszendenz des ursprünglich fränkischen, später schwäbischen Geschlechtes.[4] Nach seinem kinderlosen Tod im Jahre 1055 kam ein italienischer Neffe, der Sohn seiner Schwester Kunigunde und des Markgrafen Azzo von Este, nach Deutschland, um hier die reichen Eigengüter des Geschlechtes in Besitz zu nehmen, die im schwäbisch-bayerischen Grenzgebiet lagen. *Welf IV.*, der diese jüngere Linie einleitet, war ein kluger, wendiger, wandlungsfähiger Politiker, der, günstige politische Situationen rasch erkennend und ergreifend, zu den Fürsten gehörte, die in den wirren Zeiten des Investiturstreites und der ihn begleitenden innerdeutschen Kämpfe seinen Vorteil überall zu wahren wußte. Er war vermählt mit Ethelinde, einer Tochter Ottos von Nordheim, schickte diese aber dem Vater nach dessen Sturz zurück und

[1] Das Verzeichnis d. Tafelgüter des röm. Königs (hg. v. Ludw. WEILAND, MGH Const. 1, 1893, 646–649 und besser bei Aloys SCHULTE, Das Verzeichnis d. königl. Tafelgüter u. Servitien v. 1045/46, NA 41, 1919, 571–577 und Carlrichard BRÜHL-Theo KÖLZER, Das Tafelgüterverzeichnis des röm. Königs, 1979) wurde von WEILAND auf 1064/65 datiert, wird aber auch in die staufische Zeit gesetzt, so von Heinr. DANNENBAUER, Das Verzeichnis d. Tafelgüter des röm. Königs (ZWLG 12, 1953) 1954, 1–72; Wiederabdruck in: Ders., Grundlagen d. mittelalterl. Welt, 1958, 354–431 (dazu aber kritisch Friedr. BAETHGEN, DA 10, 1953/54, 530), ebenso von Carlrichard BRÜHL, Nochmals d. Datierung des Tafelgüterverzeichnisses (DA 12) 1956, 527–535; Walt. SCHLESINGER, Gedanken z. Datierung des Verzeichnisses d. Höfe, die z. Tafel des Königs d. Römer gehören (Jb. f. fränk. Landesforsch. 34/35) 1974/75, 185–203 datiert das Verzeichnis im Gegensatz zu Hans H. KAMINSKY, Das «Tafelgüterverzeichnis des röm. Königs»: Eine Bestandsaufnahme f. Lothar III.? (DA 29) 1973, 163–196 auf das Frühjahr 1152.

[2] Karl-Heinz LANGE, Die Stellung d. Grafen von Northeim in d. Reichsgesch. d. 11. u. frühen 12. Jhs. (Niedersächs. Jb. 33) 1961, 1–107.

[3] HAMPE, Kaisergesch. (s. o. Lit.) 45 f.

[4] FLECKENSTEIN, Welfen; s. auch u. S. 407.

heiratete die Tochter des Grafen Balduin von Flandern. Der Parteiwechsel war für ihn lohnend, denn zu Weihnachten 1070 belehnte ihn König Heinrich IV. mit dem bayerischen Herzogtum.[5] Unmittelbar vor dem Ausbruch des Investiturstreites hat sich das Erzbistum Salzburg durch seinen Erzbischof Gebhard[6] mit der Gründung des Bistums Gurk,[7] dessen Bischöfe zum Salzburger Erzbischof in einem besonderen Abhängigkeitsverhältnis standen,[8] sowie durch das Kloster Admont,[9] in Kärnten eine starke Machtposition schaffen können. Wirtschaftliche Grundlage waren für Gurk wie für Admont Schenkungen aus dem Besitz der Gräfin Hemma von Zeltschach.[10]

Die Belehnung Welfs war für Bayern, wie die Zukunft lehren sollte, ein Ereignis von großer Bedeutung, auch wenn Welf IV. von 1077–1096 das Herzogtum noch einmal entbehren mußte: die Periode der Wechselherzöge und der Kronlandsepoche war jetzt für Bayern abgeschlossen. Die Welfen hatten, von dem babenbergischen Zwischenspiel von 1139–1156 abgesehen, durch fünf Generationen die bayerische Herzogswürde inne und bildeten dadurch den Erbcharakter in einem Maße aus, daß Barbarossa nach dem babenbergischen Interregnum wieder zum Welfengeschlecht zurückkehren mußte. Sofort zeigte sich dann auch am Verhältnis Herzog Welfs zu Heinrich IV., daß mit ihm das Herzogtum einer starken Hand anvertraut worden war. Die Stellung des bayerischen Herzogs in dem 1073 offen ausbrechenden Konflikt des Königs mit den Sachsen ist nicht ganz klar. Er scheint einerseits sich geweigert zu haben, dem König bei seinem Kampf gegen die sächsischen Aufständischen Hilfe zu leisten,[11] mußte aber andererseits doch befürchten, daß eine Einigung Heinrichs IV. mit Otto von Nordheim nur auf seine Kosten gehen konnte. Nach zwei voneinander unabhängigen Nachrichten hätte Heinrich im Oktober 1073 bei den Vorverhandlungen von Gerstungen Otto das bayerische Herzogtum wieder zugesagt,[12] in das er dann auch anläßlich des im Februar 1074 endgültig abgeschlossenen Friedens wieder eingesetzt worden sei.[13] Zur Ausführung dieses Beschlusses, wenn wirklich ein solcher gefaßt worden sein sollte, ist es jedoch nicht gekommen. Viel-

[5] Die Ann. Lamp. (zu 1071) 118 berichten, Welf sei auf Empfehlung Rudolfs von Rheinfelden erhoben worden, und Ernst KLEBEL, Alemann. Hochadel im Investiturstreit (VF 1) 1976[4], 209–242, bes. 212 wies darauf hin, daß Welfs zweite Frau mit Rudolf verwandt war.

[6] STEINBÖCK, Gebhard v. Salzburg (s. u. 328 Anm. 22); DOPSCH, Gesch. Salzburgs (s. o. 250) 232ff.

[7] Festgabe zum 900-Jahrjubiläum des Bistums Gurk 1072–1972, 2 Bde. (Carinthia I 161 und 162) 1971/72; Walt. HEINEMEYER, Zur Gründung des Bistums Gurk in Kärnten (Hist. Forsch. f. Walt. Schlesinger) 1974, 495–513.

[8] Carl HOLBÖCK, Das Salzburger Privileg d. freien Verleihung d. Suffraganbistümer (Festschr. Hans Lentze) 1969, 325–338; Jak. OBERSTEINER, Die Bischöfe v. Gurk (1072–1822) (Aus Forsch. u. Kunst 5) 1969, 16.

[9] Walt. STEINBÖCK, Die Gründung des benediktin. Reformklosters Admont (StMBO 84) 1973, 52–81; Friedr. HAUSMANN, Die Vogtei des Klosters Admont u. die Babenberger (Jb LKNÖ NF 42) 1976, 95–128.

[10] Heinz DOPSCH, Die Stifterfamilie des Klosters Gurk u. ihre Verwandtschaft (Carinthia I 161) 1971, 95–123.

[11] Ann. Lamp. (zu 1074) 175.

[12] Bruno, De bello Saxonico c. 30 (hg. v. Hans-Eberh. LOHMANN, MGH Deutsches MA 2) 1937, 33.

[13] Ann. Lamp. (zu 1074) 183; Ernst MEYER, Lambert v. Hersfeld als Quelle z. Deutschen Gesch. in den Jahren 1069–1077, Diss. Königsberg 1877, 33 bezweifelt die Glaubwürdigkeit.

leicht war aber die Sorge vor einer Restitution des Nordheimers die Ursache dafür, daß Welf sich jetzt aktiv am Krieg gegen die Sachsen beteiligte: am 9. Juni 1075 nahm er mit bayerischen Truppen an der für den König erfolgreichen Schlacht bei Homburg teil.[14]

b) *Bayern im Investiturstreit* (s. u. 549ff.).[15] Zu seinem Sieg über die Sachsen hatte Papst Gregor VII. dem König noch einen Glückwunsch geschickt, doch das durch den Erfolg gesteigerte Selbstbewußtsein Heinrichs ließ den König auch in der bisher zurückgestellten Frage der Bischofsinvestitur wieder mit entschiedeneren Forderungen auftreten, die jene kirchenpolitisch und reichsgeschichtlich bewegte Epoche einleiteten, die man als Investiturstreit zu bezeichnen sich gewöhnt hat. Als auf der 1076 in Rom tagenden Fastensynode der Papst den deutschen König absetzte und bannte,[16] zeigte die Reaktion auf die Bannung in Deutschland, daß Heinrich die Festigkeit seiner Stellung überschätzt hatte. Blieb auch von den geistlichen Reichsfürsten der größte Teil auf seiner Seite, so benützten die weltlichen Fürsten doch überwiegend die willkommene Gelegenheit, dem Herrscher den Gehorsam aufzusagen. Auf dem Fürstentag von Tribur im Oktober 1076, der dem König die Krone absprach, wenn er sich nicht innerhalb eines Jahres vom Bann gelöst haben würde, befand sich neben dem Zähringer Berthold von Kärnten auch Welf von Bayern.[17] Auch die in Canossa erfolgte Bannlösung vermochte die Fürsten nicht von ihrer oppositionellen Haltung abzubringen, im März 1077 stellten sie in Forchheim den Schwabenherzog Rudolf von Rheinfelden als Gegenkönig auf.[18] Für Heinrich IV. bedeutete die geschlossene Gegnerschaft der drei süddeutschen Fürsten, Bertholds von Kärnten, Welfs von Bayern und Rudolfs von Schwaben, daß ihm die Alpenpässe und damit der Rückweg von Italien gesperrt worden waren; doch jetzt bewährte sich die Königstreue der Eppensteiner, die ihm den Heimweg über Kärnten ermöglichten. Die Belohnung dafür war die Belehnung mit dem Herzogtum Kärnten, die Luitpold, der Sohn Markwarts, im Jahre 1077 erhielt; zur gleichen Zeit bekam der Patriarch Sigihard von Aquileja die Mark Friaul.[19]

[14] Ann. Lamp. (zu 1075) 219; Berthold, Ann. (zu 1075) (s. o. 322 Anm. 157) 278.

[15] Karl Bosl, Adel, Bistum, Kloster Bayerns im Investiturstreit (Veröffentl. d. Max-Planck-Inst. f. Gesch. 36/2) 1972, 1121–1146.

[16] Über die rechtlichen Vorgänge besteht noch keine absolute Klarheit; so suchte Karl F. Morrison, Canossa: a revision (Traditio 18) 1962, 121–148 zu zeigen, daß auch Gregor VII. seine Absetzung Heinrichs nur als deklamatorischen Akt ohne tatsächliche Rechtsfolgen betrachtete; zuletzt Helm. Beumann, Tribur, Rom u. Canossa (VF 17) 1973, 33–60; Walt. Ullmann, Von Canossa nach Pavia. Zum Strukturwandel d. Herrschaftsgrundlagen im sal. u. stauf. Zeitalter (HJb. 93) 1973, 265–300; Ed. Hlawitschka, Zwischen Tribur u. Canossa (ebd. 94) 1974, 25–45; Harald Zimmermann, Der Canossagang v. 1077. Wirkungen u. Wirklichkeit (Abh. Mainz, geistes- u. sozialwiss. Kl. 1975, 5) 1975.

[17] Ann. Lamp. (zu 1076) 273 f.

[18] Heinz Thomas, Erzbischof Siegfried I. v. Mainz u. die Tradition seiner Kirche. Ein Beitr. z. Wahl Rudolfs v. Rheinfelden (DA 26) 1970, 368–399; Herm. Jakobs, Rudolf v. Rheinfelden u. die Kirchenreform (VF 17) 1973, 87–115; Walt. Schlesinger, Die Wahl Rudolfs v. Schwaben zum Gegenkönig 1077 in Forchheim (ebd.) 61–85.

[19] Zu Sigehard: Ernst Klebel, Zur Gesch. d. Patriarchen v. Aquileja (Festschr.

Auf dem Reichstag in Ulm im Mai 1077, der den aufständischen Adligen den Verlust ihrer Lehen und Besitzungen brachte, wurde auch Bayern Welf abgesprochen, das Herzogtum jedoch nicht weiterverliehen; es blieb in der Hand des Königs.[20] Nun zeigte es sich, daß der Anhang des Welfen in Bayern sehr gering, seine Machtmittel nur beschränkt waren: Welf IV. war anfangs ein Herzog ohne Land, und Bayern wurde im Investiturstreit zunächst zu einem wichtigen Stützpunkt der königlichen Macht.

Von den geistlichen Fürsten Bayerns waren zwei entschiedene Gregorianer und Gegner Heinrichs IV., Bischof Altmann von Passau, vom Papst zu seinem Vikar in Deutschland bestellt,[21] und Erzbischof Gebhard von Salzburg.[22] Beide konnten sich jedoch in ihren Diözesen nicht behaupten. Von den weltlichen Großen Bayerns standen im Lager der Königsgegner insbesondere der Graf Ekbert von Vornbach und Heinrich von Hildrizhausen, der Schwiegersohn und Nachfolger des Markgrafen Otto von Schweinfurt, von denen jener 1077/78 in einem Feldzug niedergeworfen werden konnte, dieser in der Schlacht von Mellrichstadt im August 1078 fiel.[23] In die entscheidenden Herrschaftspositionen auf dem Nordgau rückten damals die dem

Rud. Egger I) 1952, 396–422, bes. 403; SCHMIDINGER, Patriarch (s. o. 323 Anm. 169) 62f.; hinzuweisen ist auch auf die Ann. Augustani (zu 1077) (hg. v. Gg. Heinr. PERTZ, MGH SS 3) 1839, 129: «Nach seiner Rückkehr wurde König Heinrich von den Bayern mit aller Treue aufgenommen».

[20] MEYER v. KNONAU, Heinrich IV. (s. o. 302) III 36f.

[21] Vita Altmanni episcopi Pataviensis (hg. v. Wilh. WATTENBACH, MGH SS 12) 1856, 226–243; dazu Hans HIRSCH, Die Vita Altmanni episcopi Pataviensis (Jb LKNÖ NF 15/16) 1916/17, 349–366; ferner MOIS; Jos. OSWALD, Beitrr. z. Gesch. Bischof Altmanns v. Passau (1070–1091) u. des Chorherrenstiftes St. Nikola (Ostbair. Grenzmarken 4) 1960, 212–226; Der hl. Altmann, Bischof v. Passau. Sein Leben u. sein Werk. Festschr. z. 900-Jahr-Feier, 1965; Helga MAY, Altmann v. Passau als Reformer u. die Reformkreise in Bayern u. Deutschland, Magisterarbeit Masch. Univ. München 1966; Jos. LENZENWEGER, Der hl. Bischof Altmann v. Passau, ein unentwegter Anhänger Gregors VII. aus Westfalen (Christuszeugnis d. Kirche) 1970, 129–144; Siegfr. HAIDER, Passau – St. Florian – St. Pölten (Mitt. d. oberösterr. Landesarch. 10) 1971, 36–49; Jos. OSWALD, Der hl. Altmann, Bischof v. Passau (Bavaria Sancta 3) 1973, 182–196.

[22] Vita Gebehardi archiepiscopi Salisburgensis (hg. v. Wilh. WATTENBACH, MGH SS 11) 1854, 17–49; vgl. ferner Ludw. SPOHR, Über d. polit. u. publizist. Wirksamkeit Gebhards v. Salzburg, Diss. Halle 1890; Pius KARNER, Austria Sancta. Die Heiligen u. Seligen Salzburgs (Stud. u. Mitt. aus dem kirchengeschichtl. Sem. d. theol. Fak. d. k. u. k. Univ. Wien 12) 1913, 94–124; Wilh. ERBEN, Untersuchungen z. Gesch. des Erzbischofs Gebhard (Mitt. d. Ges. f. Salzb. Landesk. 53) 1913, 1–38; Werner OHNSORGE, Die Byzanzreise des Erzbischofs Gebhard v. Salzburg u. das päpstl. Schisma im Jahre 1062 (HJb. 75, 1955) 1956, 153–166; Wiederabdruck in: Ders., Abendland u. Byzanz, 1958, 342–363; Kurt REINDEL, Gebhard (NDB 6) 1964, 116; Walt. STEINBÖCK, Erzbischof Gebhard v. Salzburg (1060–1088). Ein Beitr. z. Gesch. Salzburgs im Investiturstreit (Veröffentl. d. Hist. Inst. d. Univ. Salzburg) 1972; DOPSCH, Gesch. Salzburgs (s. o. 250) 240ff.

[23] Zu Heinrich von Hildrizhausen DOEBERL, Nordgau 24ff., Leop. BÖHLING, Beitr. z. Gesch. d. Burgruinen Kräheneck u. Weißenstein in Dill-Weißenstein bei Pforzheim, sowie d. Grafen v. Creinegge u. v. Hilteratshusen, wie auch d. advocati de Wizzenstein (Württemberg. Vjhe. f. Landesgesch. NF 36, 1930) 1931, 87–94 und GUTTENBERG, Territorienbildung 125; zum Kampf gegen Eckbert von Formbach Berthold, Ann. (zu 1077) (s. o. 322 Anm. 157) 302; Bernold, Chron. (zu 1077) 434; Bruno, De bello Saxonico c. 95 (s. o. 326 Anm. 12) 88; Annalista Saxo (zu 1077) (s. o. 303 Anm. 3) 712.

König treu ergebenen Diepoldinger ein, und Heinrich hatte damit ein wichtiges Bollwerk in der Hand, das die nord- und süddeutsche Opposition trennte.[24] Nach anfänglichem Schwanken stellte sich seit 1078 auch der Babenberger Luitpold II., der Schöne,[25] Markgraf der Ostmark, dessen Vater Ernst auf Heinrichs Seite bei Homburg im Kampf gegen die Sachsen gefallen war, gegen den König.[26] Daß diese Stellungnahme einzelner Großer für die Haltung Bayerns insgesamt wenig bedeutete, zeigt die Tatsache, daß Heinrich IV. die Schlachten von Mellrichstadt im August 1078 und von Flarchheim im Januar 1080 mit einem starken bayerischen Aufgebot in seinem Heer schlagen konnte.[27] In dieser letzten Schlacht zeichnete sich der Böhmenherzog Wratislaw aus, einer der treuesten Anhänger Heinrichs IV.,[28] der hier die von Rudolf von Rheinfelden geführte heilige Lanze erbeutete.[29] Die erneute Bannung Heinrichs im März 1080 sowie seine Niederlage vom Oktober des gleichen Jahres in Thüringen, bei der allerdings der Gegenkönig Rudolf von Rheinfelden fiel, scheinen auch den Babenberger Luitpold bewogen zu haben, seine Opposition gegen den König wieder zu verschärfen. Auf einer Versammlung in Tulln kündigte er Heinrich den Gehorsam auf und vertrieb dessen Anhänger aus seinem Machtbereich.[30] Im März 1081 sprach König Heinrich daher dem Babenberger die Markgrafschaft ab und verlieh sie Wratislav von Böhmen.[31] Der errang auch im Mai 1082 bei Mailberg einen großen Sieg über die babenbergischen Truppen, konnte sich aber auf die Dauer doch nicht in der Mark behaupten[32] und wurde von Heinrich IV. schließlich durch die Verleihung der Königswürde für Böhmen entschädigt.[33]

Inzwischen schien sich die Sache des Königs, der von 1081 bis 1084 mit seinen Feldzügen gegen Rom beschäftigt war, auch in Bayern zu verschlechtern. Welfs Bemühungen insbesondere war die Erhebung des Gegenkönigs Hermann von Salm im Sommer 1081 zu verdanken, die von ihm geführten schwäbischen Truppen erran-

[24] Mich. DOEBERL, Regesten u. Urk. z. Gesch. d. Dipoldinger Markgrafen auf dem Nordgau (Programm Ludwigsgymnasium München, 1892/93) 1893; Ders., Nordgau 26ff.; Lioba THRONER, Die Diepoldinger u. ihre Ministerialen, Diss. Masch. München 1944.

[25] Fritz EHEIM, Zur Gesch. d. Beinamen d. Babenberger (Unsere Heimat 26) 1955, 153–160, bes. 155.

[26] Berthold, Ann. (zu 1078) (s. o. 322 Anm. 157) 311; JURITSCH 100f. glaubt, daß nur persönliche Differenzen zum Bruch führten.

[27] Berthold, Ann. (zu 1078 und 1080) (s. o. 322 Anm. 157) 312 und 324f.

[28] KÖSTER, Beziehungen (s. o. 292 Anm. 100) 130ff.

[29] Wilh. WEGENER, Die Lanze des hl. Wenzel. Ein Versuch z. Gesch. d. mittelalterl. Herrschaftszeichen (ZRG 72) 1955, 56–82.

[30] Vita Altmanni c. 25 (s. o. 328 Anm. 21) 236: «Inzwischen versammelte Luitpold den Adel aus seinem Herrschaftsbereich in der Stadt Tulln ...»; zum hier gehaltenen Landtag FICKER-PUNTSCHART II 3, 92ff.; zum Zusammenwirken mit Altmann Hans HIRSCH, Die Klostergründungen [des Waldviertels: Altenburg, Geras, Zwettl] (in: Ed. STEPAN [Hg.], Das Waldviertel 7/1) 1937, 101–119, bes. 104; MAYER, Privilegium minus 27f. bzw. 218f.; Floridus RÖHRIG, Altmann u. die Babenberger (Der hl. Altmann [s. o. 328 Anm. 21]) 34–38.

[31] WEGENER 119f.

[32] Quellen bei JURITSCH 106f., VANCSA I 275, BRETHOLZ 179, MEYER v. KNONAU, Heinrich IV. (s. o. 302) III 465f.; zur Schlacht LECHNER, Maria-Zell (s. o. 316 Anm. 106) 114 Anm. 127 bzw. 95 Anm. 132 und Leop. AUER, Die Schlacht bei Mailberg am 12. Mai 1082 (Militärhist. Schriftenreihe 31) 1976.

[33] WEGENER 99ff.

gen im August des gleichen Jahres bei Höchstädt einen großen Sieg über das königstreue bayerische Aufgebot.[34] Erst der Tod Ottos von Nordheim 1083 und die Rückkehr Heinrichs IV. nach Regensburg[35] im Juni 1084 brachten wenigstens vorübergehend eine Wendung: in einem erfolgreichen Feldzug nach Westen gegen Welf konnte Heinrich IV. Augsburg besetzen, während er im Osten den Markgrafen Luitpold zu erneuter Unterwerfung zwang. Aber mit welchem Vorbehalt man selbst diese Erfolge des Kaisers betrachten muß, zeigt die Tatsache, daß sich der Gregorianer Altmann von Passau unangefochten in der Ostmark halten konnte, daß der acht Jahre in der Verbannung lebende Gebhard von Salzburg eben jetzt im Jahre 1086 in der Lage war, in sein Bistum zurückzukehren. Da es außer für Passau und Salzburg auch für Freising zwei Bischöfe gab, erhält die Klage des Augsburger Annalisten für Bayern besondere Berechtigung: «Alle sind wir gedoppelt, die Päpste gedoppelt, die Bischöfe gedoppelt, die Könige gedoppelt, die Herzöge gedoppelt».[36]

Der abgesetzte Welf blieb in Süddeutschland Heinrichs gefährlichster Gegner; er hatte großen Anteil an dem Sieg von Pleichfeld im August 1086, er konnte Augsburg in seine Gewalt bringen, das bisher die Verbindung zwischen seinen in Schwaben und Bayern gelegenen Besitzungen behindert hatte,[37] und «über den größten Teil der bairischen Lande scheint er damals eine herzogliche Gewalt tatsächlich wieder ausgeübt zu haben».[38] Vor dem Hintergrund dieser Kämpfe müssen auch wohl Hinweise auf Bemühungen um einen Landfrieden in Bayern in den Jahren 1093 und 1094 gesehen werden.[39] Welf war durch Papst Urban II. besonders fest mit den Interessen der päpstlichen Partei verknüpft worden, da der Papst 1089 eine Ehe zwischen dem Sohn Welfs IV., dem damals siebzehnjährigen Welf V. und der vierzigjährigen Gräfin Mathilde von Tuszien vermittelte, die dem jungen Welf eine Erbaussicht auf den reichen Besitz der Markgräfin eröffnen mußte.[40] Welf hatte die Sache der päpstlichen Partei völlig zu der seinen gemacht, im Jahre 1093 bezeichnete er sich selbst als Vasall des heiligen Petrus[41] und knüpfte Beziehungen zu dem von seinem Vater abgefallenen Kaisersohn Konrad an. Heinrich IV., dessen Erfolge mit dieser neuen Rebellion wieder zunichte gemacht worden waren, der weder in Italien eingreifen noch nach Deutschland zurückkehren konnte, hielt sich in diesen Monaten des für ihn so schwe-

[34] Quellen bei RIEZLER I 2, 162 Anm. 1.

[35] Ein wohl in Freising verfaßtes Gedicht, in dem der König auf seiner Reise nach Regensburg begrüßt wird, veröffentlichte Wilh. MEYER, Ein Gedicht u. ein Brief aus Freising v. den Jahren 1084 u. 1085 u. ein Labyrinth mit Versen (Clm 6394) (SB München 1882, 2) 1882, 253–300.

[36] Ann. Augustani (zu 1079) (s. o. 328 Anm. 19) 130; zu den kirchlichen Fragen BAUERREISS II 217ff.

[37] Ann. Augustani (zu 1086) (s. o. 328 Anm. 19) 132.

[38] So RIEZLER I 2, 173.

[39] Allgemein Pankraz FRIED, Zur «staatsbildenden» Funktion d. Landfrieden im frühen bayer. Territorialstaat (Festschr. Max Spindler) 1969, 283–306; Theod. KÖRNER, Iuramentum u. frühe Friedensbewegung (10.–12. Jh.) (Abh. z. rechtswissenschaftl. Grundlagenforsch. 26) 1977, 39ff.

[40] Alfons BECKER, Papst Urban II. (1088–1099) (Schr. d. MGH 19/1) 1964, 125ff.; die mathildischen Güter in der Urk. Papst Innozenz II. v. 8. Juni 1133 (hg. v. Ludw. WEILAND, MGH Const. 1) 1893, nr. 117, S. 169f.

[41] Bernold, Chron. (zu 1093) 456.

ren Jahres 1093 auf den Burgen der treu gebliebenen Eppensteiner östlich der Etsch auf (s. o. 322). Als die Welfen erfahren mußten, daß die Markgräfin Mathilde ihre italienischen Güter schon seit langem St. Petrus vermacht hatte, lösten sie 1095 den Ehebund auf und suchten die Aussöhnung mit dem Kaiser. Nach zwanzigjährigem Kampf wurde im Sommer 1096 Welf IV. in Verona wieder mit dem bayerischen Herzogtum belehnt,[42] und für den Kaiser ergab sich durch die damit verbundene Öffnung der Alpenpässe die Möglichkeit, nach Deutschland zurückzukehren. Welf IV., der hinfort mit dem Kaiser im guten Einvernehmen blieb, der wohl 1098 von ihm auch noch die Zusicherung der Nachfolge seines Sohnes Welf V. im bayerischen Herzogtum erhielt,[43] ist im November 1101 auf dem Heimweg vom Kreuzzug in Paphos auf Cypern gestorben.[44]

c) *Bayern bis zum Ausgang der Salierzeit.* Daß mit dem Herrschaftsbeginn der Welfen die Zeit der «Schattenherzöge» für Bayern vorüber war, daß ein starkes Geschlecht wieder im Lande zu verwurzeln suchte, hat die Geschichte Welfs IV. bewiesen, der es nach anfänglichen Mißerfolgen mit großer Zähigkeit verstand, sich im Lande zu behaupten, und den der deutsche Kaiser schließlich erneut mit dem Herzogtum belehnen mußte. Welf IV. hat bereits die Grundlage für eine neue Erblichkeit gelegt, denn die Nachfolge seines Sohnes *Welf V.* in Bayern hat sich ohne Schwierigkeiten vollzogen. Der neue Herzog blieb dem Kaiser zunächst ergeben, und doch hat die letzte Opposition, gegen die Kaiser Heinrich IV. zu kämpfen hatte, die seines Sohnes Heinrich V., von Bayern ihren Ausgang genommen, wenn auch die Ursachen nicht ganz klar zutage treten. Es ist von einer Unzufriedenheit des bayerischen Adels mit richterlichen Entscheidungen des Kaisers die Rede,[45] deren sich der Sohn bedient habe. Durch Doeberl[46] wissen wir zudem, daß abermals der bayerische Nordgau zu einem Zentrum des Widerstandes gegen den Kaiser wurde. Hier verband sich die Unzufriedenheit des hohen Adels, insbesondere Diepolds III., Berengars von Sulzbach und Ottos von Habsberg-Kastl (s. u. 419) über die Begünstigung, die die Ministerialen durch Heinrich IV. erfuhren, mit einer lebhaften «gregorianischen» Propaganda, die über die Hirsauer Filiale Petershausen[47] ins Nordgaukloster Kastl[48] drang.

[42] Ekkehard, Chronicon Universale (zu 1096) (hg. v. Gg. WAITZ, MGH SS 6) 1844, 208.

[43] Ekkehard, Chron. (zu 1098) (s. o. Anm. 42) 209: «und einem von ihnen nach ihm das Herzogtum anzuvertrauen, hat er erbeten».

[44] Hist. Welf. c. 13, S. 22; das Datum des 1. April als Antritt der Fahrt in den Ann. Welfici Weingartenses (zu 1101) (hg. v. Erich KÖNIG, Schwäb. Chroniken d. Stauferzeit 1) 1938, 86; Begräbnis in Weingarten: Traditionsbuch v. Weingarten (Wirtemberg. UB 4) 1883, Anhang S. X.

[45] Die Einzelheiten bei RIEZLER I 2, 184 ff.

[46] DOEBERL, Nordgau 31 ff.

[47] Im Jahre 1103 waren die Mönche aus Petershausen auf der Flucht vor dem kaiserlich gesinnten Bischof Arnold von Konstanz nach Kastl gelangt, das von Luitgard, der Witwe des 1078 gefallenen Markgrafen Diepold I., mitgestiftet worden war, und deren Bruder der päpstliche Legat und vertriebene Konstanzer Bischof Gebhard war. Vgl. Casus monasterii Petrishusensis III 33 (hg. v. Otto FEGER, Schwäb. Chroniken d. Stauferzeit 3) 1956, 156.

[48] Jos. WEIGL, Die Verfassung des Benediktinerklosters Kastl bei Amberg 1089–1560, Diss. Erlangen 1933, 4 ff.; BOSL, Kastl 13 ff.; JAKOBS, Hirsauer 62 ff.

Doch ging die letzte Initiative wohl von Heinrich V. aus, der zur Unterstützung seiner ehrgeizigen Pläne überall Unzufriedene suchte und fand.[49] Jedenfalls fand Heinrich V. in Bayern und besonders in Regensburg sofort Aufnahme und Unterstützung, als er sich im Jahre 1105 von seinem Vater lossagte, und auch als dieser im Herbst des gleichen Jahres 1105 am Regen im bayerischen Nordgau zur Schlacht gegen seinen Sohn gerüstet stand, fiel die Entscheidung dadurch, daß es Heinrich V. gelang, den Markgrafen Luitpold III. von der Ostmark und dessen Schwager Boriwoi von Böhmen auf seine Seite zu ziehen, so daß sich das kaiserliche Heer auflöste.[50] Das weitere Schicksal Heinrichs IV. ist für die bayerische Geschichte nicht mehr von Bedeutung.

Der Abfall Luitpolds III., des Heiligen, war ein sehr geschickter Zug, der den Aufstieg der Babenberger endgültig entschied.[51] Als Belohnung für den Abfall hatte ihm Heinrich V. die Hand seiner Schwester Agnes versprochen,[52] durch diese Heirat mit der Kaisertochter rückten die *Babenberger* in die oberste Schicht des Hochadels ein.[53] Auch bei seiner sonstigen Heiratspolitik bewies Luitpold III. eine geschickte Hand,[54] was seinem Geschlecht zu Beginn des zwölften Jahrhunderts einen großen Besitzanfall einbrachte. Er benützte seinen reichen Besitz zu wohlfundierten Klostergründungen in Klosterneuburg, das vielleicht als Sühnestiftung gedacht war für seinen im Bann gestorbenen Schwiegervater Heinrich IV.,[55] und in Heiligenkreuz,[56] verstand es aber auch sehr geschickt, sich in die Besitz- und Personalpolitik der von anderen Geschlechtern gegründeten Klöster einzuschalten, so in Zwettl[57] und Maria-

[49] Hans F. Haefele, Fortuna Heinrici IV. imperatoris. Untersuchungen z. Lebensbeschreibung des dritten Saliers (Veröffentl. d. Inst. f. österr. Geschichtsforsch. 15) 1954, 101 ff.

[50] Otto Fris., Chron. VII 9, S. 321; Cosmas, Chron. III 18, S. 182.

[51] Helga MARCO, Markgraf Leopold d. Heilige im Spiegel d. zeitgenöss. u. nahzeitl. Historiographie (Jb. d. Stiftes Klosterneuburg NF 2) 1962, 75–99; Heide DIENST, Babenberger-Stud. Niederösterr. Traditionsnotizen als Quellen f. d. Zeit Markgraf Leopolds III. (Wiener Diss. aus dem Gebiete d. Gesch. 7) 1966; Floridus RÖHRIG, Der hl. Markgraf Leopold III. v. Österreich (Bavaria Sancta 2) 1971, 130–143; Gg. WACHA, Leopold III. d. Heilige, ein Symbol in Österreichs Gesch. (Wiss. Schriftenreihe NÖ 12) 1975; Heinr. KOLLER, Der Babenberger Markgraf Leopold III. u. Baiern (MHStud., Abt. Geschichtl. Hilfswiss. 15) 1976, 86–94.

[52] Daß Otto Fris., Chron. VII 9, S. 321 besonderes Gewicht zukommt, betont MEYER v. KNONAU, Heinrich IV. (s. o. 302) V 242 Anm. 49.

[53] Hans HIRSCH, Österreichs Werden im Deutschen Reich (DALVF 2) 1938, 640 bis 653, bes. 648; MAYER, Privilegium minus 29 f. bzw. 220 f.

[54] UHLIRZ I 245; WODKA 80 f.

[55] Herm. MASCHEK, Kaiser Heinrich IV. u. die Gründung des Chorherrenstiftes Klosterneuburg (MÖIG 47) 1933, 186–211; gegen die These von der Sühnestiftung WOLF, Anfänge (s. o. 307 Anm. 38); dagegen Franz MASCHEK, Wie entstand das Stift Klosterneuburg? (MIÖG 57) 1949, 404–410; allgemein Floridus RÖHRIG, Klosterneuburg (Wiener Geschichtsbücher 11) 1972.

[56] Viktor FLIEDER, Die Frühgesch. d. Cistercienserabtei Heiligenkreuz im Wienerwald 1136–1246, Diss. Wien 1957; Herm. WATZL, Die Babenberger u. das Stift Heiligenkreuz im Wienerwald (Sancta Crux 37 H. 1/2) 1975, 11–21; Paulus NIEMETZ, Die Grablege d. Babenberger in d. Abtei Heiligenkreuz, 1974; Walt. KOCH, Zu den Babenbergergräbern in Heiligenkreuz (Jb LKNÖ NF 42) 1976, 193–215.

[57] HIRSCH, Klostergründungen (s. o. 329 Anm. 30); Heinr. KOLLER, Die Besiedlung des Raumes um Zwettl (NÖ) (BlldLG 110) 1974, 43–82; Joach. RÖSSL, Stud. z. Früh-

Zell.[58] Einen sichtbaren Ausdruck fand seine glänzende Stellung in der Erbauung einer Pfalz in Klosterneuburg.[59] Im Ausbau dieser bedeutenden Machtstellung in den Ostmarken legten die Babenberger die Grundlagen, von denen aus sie dann den Kampf gegen die Welfen in Bayern aufnehmen konnten.[60]

Auch die Verhältnisse in *Kärnten* und dessen Marken haben die Babenberger nicht aus den Augen verloren. Das kaisertreue Geschlecht der Eppensteiner hatte mit Liutold im Jahre 1077 die Kärntner Herzogswürde erhalten (s. o. 327). Für Heinrich war die Freundschaft Liutolds von besonderer Wichtigkeit, da der Herzog mit dem kärntnerischen Kanaltal einen wichtigen Zugang nach Italien in Händen hatte. Die Bistümer von Passau und Aquileja kamen 1086 an Brüder Herzog Liutolds, und vermutlich erhielt dieser auch die Steiermark, als im Jahre 1087 Markgraf Adalbero starb; dessen überlebender Bruder Ottokar zählte zu den treuesten Papstanhängern und dürfte von Heinrich IV. kaum belehnt worden sein. Unter diesen Umständen ist der Bericht Bernolds, Liutold habe das Gegenkönigtum Hermanns von Salm fortsetzen wollen, sehr unwahrscheinlich, zumal nach Liutolds Tod im Jahre 1090 dessen Bruder Heinrich das Kärntner Herzogtum erhielt, offenbar ebenfalls zusammen mit der karantanischen Mark.[61] Dafür verzichtete Heinrich auf die bisher von ihm besessenen Markgrafschaften Istrien und Krain, die an Poppo von Weimar-Orlamünde und an den Patriarchen von Aquileja fielen.[62] Auf einer Burg Heinrichs von Eppenstein war es auch, wo Kaiser Heinrich IV. seit 1093, dem Abfall seines Sohnes Konrad, Zuflucht fand.

Mit dem Tod Herzog Heinrichs im Jahre 1122 – kurz zuvor hatte er noch das Familienkloster St. Lambrecht gestiftet[63] – starb das Geschlecht der Eppensteiner aus. Ihm folgten die *Spanheimer* von der mittleren Mosel,[64] die aber schon seit der Zeit Konrads II. eine systematische Besitzpolitik in Kärnten betrieben hatten.[65] Die starke

gesch. u. Historiographie Zwettls im 12. Jh., Diss. Masch. Wien 1974; Ders., Die Frühgesch. des Zisterzienserklosters Zwettl (BlldLG 113) 1977, 44–88; Folker REICHERT, Polansteig u. Böhmensteig. Zur ältesten Besitzgesch. d. Zisterze Zwettl (Jb LKNÖ NF 43) 1977, 64–80.

[58] LECHNER, Maria-Zell (s. o. 316 Anm. 106).

[59] Karl OETTINGER, Die Babenbergerpfalz in Klosterneuburg (MIÖG 55) 1944, 147–170; Ders., Die Babenberger-Pfalz in Klosterneuburg als Beispiel einer bair. Dynastenpfalz (Jb. f. fränk. Landesforsch. 19) 1959, 371–376; Karl LECHNER, «Chalwenperg» – «Kalenberg» – Leopoldsberg (Unsere Heimat 30) 1959, 51–79; Floridus RÖHRIG, Der Babenberger-Stammbaum im Stift Klosterneuburg, 1975.

[60] Jul. STRNADT, Das Land im Norden d. Donau. Mit einer hist. Karte (AÖG 94) 1906, 83–310; Ders., Hausruck u. Atergau (ebd. 99) 1908, 1–396.

[61] JAKSCH I 228; PIRCHEGGER, Steiermark 149; Ders., Herzog Heinrich III. v. Kärnten († 1122) – Markgraf d. Kärntner Mark? (MIÖG 56) 1948, 419–423.

[62] SCHMIDINGER, Patriarch (s. o. 323 Anm. 169) 69 und 73.

[63] Othmar WONISCH, Die Urk. Herzog Heinrichs III. v. Kärnten v. 7. 1. 1103 f. St. Lambrecht (MIÖG Erg.-Bd. 11) 1929, 162–168.

[64] Heinr. DISSELNKÖTTER, Auf den ältesten Spuren d. Spanheimer Grafenfamilie an d. Mosel (Rhein. Vjbll. 6) 1936, 1–27; Heinr. WITTE, Über d. älteren Grafen v. Spanheim u. verwandte Geschlechter (ZGO NF 11) 1896, 161–229.

[65] Aug. v. JAKSCH, Eine Genealogie d. kärntn. Spanheimer u. der ursprüngl. Traditionscodex v. St. Paul (MIÖG Erg.-Bd. 6) 1901, 197–208; KLEBEL, Herzoge v. Kärnten (s. o. 323 Anm. 166); HAUSMANN, Siegfried (s. o. 317 Anm. 110).

Stellung der Eppensteiner erreichten die Spanheimer allerdings nie, und neben ihnen bildeten die *Otakare* von Steyr immer ein gleich mächtiges Gegengewicht.[66] Sie erbten vor allem den größten Teil des privaten Besitzes der Eppensteiner. Da im Jahre 1122 zudem auch die Steiermark definitiv aus der Unterstellung unter den Herzog von Kärnten gelöst und zu einem bayerischen Lehen geworden zu sein scheint,[67] da schließlich auch die in Lienz sitzenden Görzer vom Kärntner Herzog unabhängig waren,[68] war das Kärntner Herzogtum entscheidend geschwächt worden und sank zu einem der schwächsten Territorien der Alpenländer herab.[69] Auch in Steyr konnten die Babenberger Fuß fassen; bei der Heirat des 1122 gestorbenen Otakar II. mit der Babenbergerin Elisabeth ist vermutlich schon ein Erbvertrag geschlossen worden, der 1186 im Georgenberger Vertrag erneuert, im Jahre 1192 beim Aussterben der Otakare wirksam wurde.[70]

An der Empörung Heinrichs V. gegen seinen Vater hat sich der bayerische Herzog *Welf V.* nicht beteiligt, hat sich aber sogleich auf die Seite des neuen Herrschers gestellt. Ebenso stand der Bayernherzog in dem sogleich wieder ausbrechenden Kampf zwischen geistlicher und weltlicher Gewalt um die Frage der Investitur auf der Seite des Kaisers. Er nahm im Jahre 1107 an der Gesandtschaft Heinrichs V. teil, die in Châlons-sur-Marne unter Vermittlung des französischen Königs Ludwigs VI. allerdings erfolglos mit Papst Paschalis verhandelte, und hat durch seine ungewöhnliche Erscheinung dabei die Aufmerksamkeit des französischen Chronisten erregt.[71] Er beteiligte sich auch am Romzug des Jahres 1111, der zur Gefangennahme des Papstes und zu dem von Paschalis erpreßten «Pravileg» führte, das dem deutschen Herrscher die Investiturrechte verbürgen sollte; allerdings hat er sich nach dem Bericht der welfischen Geschichtsschreibung nicht an der Gefangensetzung des Papstes beteiligt.[72] Welf nahm schließlich im kaiserlichen Auftrag auch noch an den Verhandlungen von Mouzon im Jahre 1119 teil, starb dann aber bereits am 24. September 1120 in Kaufering am Lech.[73]

Da Welf V. kinderlos starb, folgte ihm sein Bruder *Heinrich IX. der Schwarze*,[74] der

[66] PIRCHEGGER, Steiermark 490ff.; Ders., Die Otakare, Markgrafen v. Steiermark (Dungern) 59–65; Ders., Bayern, Österreich, Steiermark u. der Traungau 1156–1192 (ZBLG 13, 1941/42) 1942, 384–402; s. o. S. 321f.

[67] Herm. Altah. (zu 1156) 382: «Die vier Markgrafen von Österreich, Steiermark, Istrien und Cham folgten der Ladung zum Hoftag des Bayernherzogs»; vgl. auch KLEBEL, Karantanien (s. o. 252) 680; POSCH, Entstehung (s. o. 320 Anm. 140) 111.

[68] WIESFLECKER, Grafschaft Görz (s. o. 323 Anm. 170); KLEBEL, Karantanien (s. o. 252) 679.

[69] BRUNNER 209–213.

[70] Karl RAUCH, Die Erwerbung des Herzogtums Steiermark durch d. Babenberger (ZRG 38) 1917, 269–299; Ders., Die Übertragung d. steir. Allode an d. österr. Herzogsgeschlecht d. Babenberger. Eine Erbvergabung durch Scheinverkauf (ebd. 58) 1938, 448–477; Heinr. APPELT, Zur diplomat. Kritik d. Georgenberger Handfeste (MIÖG 58) 1950, 97–112.

[71] Suger, Vita Ludovici c. 10 (hg. v. Henri WAQUET, Classiques de l'histoire de France au moyen âge) 1929, 56.

[72] Hist. Welf. c. 14, S. 24: «... unbefleckt von einem solchen Verbrechen».

[73] Hist. Welf. c. 14, S. 24; Nekrolog v. Weingarten zum 24. September (hg. v. Franz Ludw. BAUMANN, MGH Necr. 1) 1888, 228 in Altdorf begraben.

[74] Der spät belegte Beiname gründet

ebenfalls auf kaiserlicher Seite an den Verhandlungen von Würzburg und Regensburg im Jahre 1121 beteiligt war, die dann schließlich auf dem Wormser Reichstag vom 22. September 1122 zum Konkordat mit dem Papsttum führten.[75] Die Tatsache, daß das welfische Geschlecht nun schon in dritter Generation in Bayern herrschte, daß es hier auch durch kluge Heiraten und überlegte Besitzpolitik hatte Fuß fassen können, schließlich die seit der Aussöhnung des Jahres 1096 unerschütterliche Treue zur Reichsgewalt, schienen alle Möglichkeiten zu bieten, daß nach dem Abtreten der Luitpoldinger wieder ein Herzogsgeschlecht im Lande verwurzeln und dem Stamm einen dynastischen Rückhalt geben könnte. Jedoch noch in die Regierungszeit Heinrichs des Schwarzen fällt der Keim des Konfliktes mit den Staufern, der zum Untergang der welfischen Machtstellung in Bayern führen sollte.

d) *Der Beginn des staufisch-welfischen Gegensatzes.* Nach dem Tode Kaiser Heinrichs V. am 23. Mai 1125 schien sein Neffe, der schwäbische Herzog Friedrich von Staufen, zum Nachfolger vorbestimmt zu sein. Bei der Wahlversammlung, die im August in Mainz zusammentrat, war er auch einer der drei Kandidaten, die neben Lothar von Supplinburg und dem Babenberger Markgrafen Luitpold von den Vorwählern aus den vier deutschen Stämmen erhoben wurden.[76] Verzichtete Luitpold von sich aus auf eine Kandidatur, so gelang es der geschickten Verhandlungsführung des Erzbischofs Adalbert von Mainz, den Staufer zu überspielen und die Wahl auf Lothar von Supplinburg zu lenken. Schwankend war die Stellungnahme Herzog Heinrichs IX. von Bayern. Der Staufer war mit Heinrichs Tochter Judith verheiratet,[77] diese Verwandtschaft ließ ihn auf der Wahlversammlung selbst energisch für seinen Schwiegersohn eintreten; doch schwenkte er bald zu Lothar über. Über die Gründe für diesen Parteiwechsel, der Lothars Königtum erst ermöglichte und der zugleich der Anlaß für den staufisch-welfischen Konflikt war,[78] erfahren wir nichts. Man wird jedoch bedenken müssen, daß Heinrichs Interessen auch sehr stark in Sachsen verwurzelt waren. Er selbst war verheiratet mit Wulfhilde, der Tochter des Herzogs

nach RIEZLER I 2, 206 eher auf einem Bild, das ihn in der schwarzen Tracht des Laienmönches zeigt, als auf einer schwarzen Haarfarbe.

[75] Wormser Konkordat (hg. v. Ludw. WEILAND, MGH Const. 1) 1893, nrr. 107 und 108, S. 159ff.; Peter CLASSEN, Das Wormser Konkordat in d. deutschen Verfassungsgesch. (VF 17) 1973, 411–460.

[76] Narratio de electione Lotharii in regem Romanorum (hg. v. Wilh. WATTENBACH, MGH SS 12) 1856, 509–512; Herm. KALBFUSS, Zur Entstehung d. ‹Narratio de electione Lotharii› (MIÖG 31) 1910, 538 bis 557; LHOTSKY 221f.; Siegfr. HAIDER, Die Wahlversprechungen d. röm.-deutschen Könige bis zum Ende d. 12. Jhs. (Wiener Diss. aus dem Gebiete d. Gesch. 11) 1968, 54ff.; Heinz STOOB, Zur Königswahl Lothars v. Sachsen im Jahre 1125 (Hist. Forsch. f. Walt. Schlesinger) 1974, 438–461; Ferd. GELDNER, Kaiserin Mathilde, die deutsche Königswahl v. 1125 u. das Gegenkönigtum Konrads III. (ZBLG 40) 1977, 3–22; Wolfg. GIESE, Das Gegenkönigtum des Staufers Konrad 1127–1135 (ZRG 95) 1978, 202–220.

[77] Hist. Welf. c. 15, S. 26; Otto Fris., Gesta I 14, S. 30; CURSCHMANN, Ahnentafeln (s. o. 318 Anm. 122) 31.

[78] Nach Bernh. SCHMEIDLER, Königtum u. Fürstentum in Deutschland in d. mittelalterl. Kaiserzeit (Preuß. Jbb. 208) 1927, 280–301, bes. 287ff. ist der staufisch-welfische Gegensatz zugleich verknüpft mit dem Gegensatz zwischen Bayern und Schwaben.

Magnus, des letzten Billungers. Als dieser im Jahre 1106 ohne männliche Nachkommen gestorben war und der große private Besitz an die beiden Erbtöchter Eilika und Wulfhilde kam,[79] waren durch diesen Erbfall die Welfen auch in Sachsen begütert. Wulfhildes Eigengüter waren um Lüneburg gelagert, und so hatten die Welfen durch diese Heirat Heinrichs des Schwarzen mitten im sächsischen Stammesgebiet Fuß gefaßt, sie mußten daran interessiert sein, ihre Stellung und ihren Einfluß hier nicht durch die Gegnerschaft zu Lothar von Supplinburg aufs Spiel zu setzen. Zudem scheint bei den Mainzer Wahlverhandlungen des Jahres 1125 eine andere Heirat besprochen worden zu sein, die den welfischen Besitz in Sachsen abermals vermehren mußte, die Heirat von Herzog Heinrichs gleichnamigem Sohn Heinrich dem Stolzen mit Gertrud, der einzigen Tochter Lothars von Supplinburg; 1127 wurde in Merseburg diese Ehe geschlossen.[80] Auch Gertrud erwartete einst ein reiches Erbe; diese doppelten Möglichkeiten, die sich für die Welfen in Sachsen boten, mögen sie wohl zum Bruch mit den Staufern bestimmt haben. Dem Konflikt jedoch, in Ausübung der Reichsacht gegen seinen staufischen Schwiegersohn zu Felde ziehen zu müssen, entzog sich Heinrich der Schwarze durch seinen Eintritt als Laienmönch in das Kloster Weingarten, wo er bereits am 13. Dezember 1126 starb.[81]

Sein Sohn *Heinrich X., der Stolze*, folgte ihm ohne Schwierigkeiten im bayerischen Herzogtum nach, er hat im Gegensatz zu seinem Vater sogleich die Waffen gegen den Staufer ergriffen. Im Jahre 1127 belagerte er gemeinsam mit seinem Schwiegervater Lothar das von den Staufern besetzte Nürnberg, das als Reichsbesitz von den Staufern zurückgefordert worden war. Die Belagerung blieb zwar erfolglos, aber Lothar gab Nürnberg als Lehen an Heinrich den Stolzen aus, so daß die Stadt 1130 bei der Übergabe an Bayern fiel.[82] Im Jahre 1129 unternahm Heinrich der Stolze einen allerdings mißglückten Anschlag auf Friedrich von Staufen in Zwiefalten,[83] und im gleichen Jahr noch unterstützte er König Lothar beim Kampf um Speyer.[84] 1134 waren dann wieder bayerische Truppen unter Heinrich dem Stolzen maßgeblich an den Kämpfen gegen die Staufer in Schwaben beteiligt, die zur Unterwerfung der beiden staufischen Brüder Friedrich und Konrad führten.[85] Heinrich der Stolze blieb auch in Bayern nicht ohne Opposition. Zwar gelang es ihm im Jahre 1128, den mächtigen Markgrafen Diepold von Vohburg durch eine Ehe mit der Tochter Heinrichs des

[79] Herb. W. VOGT, Das Herzogtum Lothars v. Süpplingenburg 1106–1125 (Quellen u. Darstellungen z. Gesch. Niedersachsens 57) 1959, 9ff.; Franz-Jos. SCHMALE, Lothar III. u. Friedrich I. als Könige u. Kaiser (VF 12) 1968, 33–52; Elmar WADLE, Reichsgut u. Königsherrschaft unter Lothar III. (1125–1137) (Schr. z. Verfassungsgesch. 12) 1969.

[80] Hist. Welf. c. 16, S. 28ff.; CURSCHMANN, Ahnentafeln (s. o. 318 Anm. 22) 64.

[81] Ann. Welfici Weingart. (zu 1127) (s. o. 331 Anm. 44) 88.

[82] Nach dem Tafelgüterverzeichnis gehört es zu Bayern, vgl. o. S. 325 Anm. 1; Karl BOSL, Nürnberg als Stützpunkt stauf. Staatspolitik (Mitt. d. Ver. f. Gesch. d. Stadt Nürnberg 39) 1944, 51–81.

[83] Berthold v. Zwiefalten, Chron. c. 36 (hg. v. Otto ABEL, MGH SS 10) 1852, 114; Otto Fris., Gesta I 20, S. 33f.

[84] Hist. Welf. c. 17, S. 30.

[85] Der Annalista Saxo (zu 1134) (s. o. 303 Anm. 3) 769 meldet die Eroberung Ulms durch bayerische Truppen.

Schwarzen auf die Seite König Lothars zu bringen,[86] aber dafür hatte er jahrelang mit der Feindschaft der Grafen von Bogen zu kämpfen.[87] Der Herzog hatte den Grafen Friedrich von Bogen aus dem einträglichen Amt eines Vogtes der Regensburger Kirche verdrängt,[88] das war der Beginn offener Fehde. Nach längerer Belagerung konnte der Herzog Friedrichs Burg Falkenstein erobern.[89] Bald darauf errang der Bogener wieder einen Erfolg; er setzte beim Tode Bischof Kunos von Regensburg im Jahre 1132 die Wahl des ihm befreundeten Heinrich von Wolfratshausen durch und erscheint bald darauf wieder im Besitz der Vogtei.[90] Daraufhin griff Herzog Heinrich nicht nur die Besitzungen der Regensburger Kirche an, sondern auch die der Wolfratshausener, zunächst die im Inntal gelegenen, dann Wolfratshausen selbst. Bei der Belagerung dieses Ortes zog ein Entsatzheer heran, in dem sich neben zahlreichen Grafen auch Markgraf Luitpold III. von der Ostmark befand,[91] der mit dem Wolfratshausener Grafen in einem allerdings nicht erkennbaren Grad verwandt war.[92] Ehe es jedoch zur Schlacht kam, hatte der Pfalzgraf Otto von Wittelsbach einen Ausgleich vermittelt.

Da das Jahr 1135 mit dem auf einem Reichstag in Bamberg verkündeten allgemeinen Landfrieden und mit der Unterwerfung der staufischen Brüder eine noch weitergehende Entspannung brachte, konnte Lothar 1136/37 einen neuen Italienzug durchführen.[93] An diesem beteiligten sich auch die Bayern mit einem stattlichen Aufgebot, und ihr Herzog Heinrich der Stolze führte eine der beiden Heersäulen, die ihren Weg durch Tuszien bis nach Bari nahm. Bei dieser Heeresabteilung befand sich auch Papst Innozenz II., der während des Zuges mit dem Bayernherzog mehrere Zusammenstöße hatte. Dennoch erhielt Heinrich der Stolze bei dieser Gelegenheit die Markgrafschaft Tuszien und das früher an Lothar übertragene private Gut der Mathilde von Tuszien als Lehen aus der Hand des Kaisers.[94]

e) *Babenberger und Welfen im Kampf um Bayern.* Als Lothar von Supplinburg auf der Heimkehr vom Italienzug am 3. Dezember 1137 in Breitenwang bei Reutte in Tirol starb, übergab er seinem bei ihm befindlichen Schwiegersohn Heinrich dem Stolzen die Reichsinsignien und designierte ihn zu seinem Nachfolger. Er mochte glauben, ihm auch über diese ausdrückliche Willenskundgebung hinaus den Weg zum deutschen Thron auf jede nur erdenkliche Weise geebnet zu haben: durch die Verleihung des sächsischen zu seinem bayerischen Herzogtum hinzu sowie durch die Vereinigung reichen Privatbesitzes in Sachsen, Bayern und Tuszien in seiner Hand. Mag es

[86] DOEBERL, Dipoldinger (s.o. 329 Anm. 24) nr. 76d, S. 18.
[87] Lit. über die Grafen v. Bogen s.u. S. 417.
[88] Eine Urk. Lothars v. 18. Aug. 1127 (hg. v. Emil v. OTTENTHAL-Hans HIRSCH, MGH Dipl. 8) 1927, nr. 11, S. 13f. nennt Friedrich als Vogt.
[89] Hist. Welf. c. 17, S. 30 und 32.
[90] Ann. Ratisp. (zu 1134) 585.
[91] Hist. Welf. c. 22, S. 40.
[92] JURITSCH 146; Kamillo TROTTER, Das Haus d. Grafen v. Andechs (Dungern) 6–28, bes. nr. 22, S. 20.
[93] Für das Folgende Annalista Saxo (zu 1136 und 1137) (s.o. 303 Anm. 3) 770ff.
[94] Hist. Welf. c. 23, S. 44; als Markgraf zuerst genannt in einer Urk. Lothars v. 22. Sept. 1137 (s.o. Anm. 88) nr. 119, S. 190ff.

nun diese ungewöhnliche Machtkonzentration in einer Hand gewesen sein, sich dehnend «von Meer zu Meer, von Dänemark bis Sizilien»,[95] oder aber die persönliche Unbeliebtheit des Welfen, seine «nota superbia»,[96] die die übrigen Fürsten von seiner Wahl abhielt – der Welfe erhielt die Königskrone jedenfalls nicht. Die Königswahl des Staufers Konrad III.,[97] die Erzbischof Albero von Trier[98] mit Hilfe einer geschickten Taktik durchsetzte, wurde für die deutsche wie für die bayerische Geschichte von gleich entscheidender Bedeutung. Es war damit die Möglichkeit vergeben, daß sich in Deutschland noch einmal ein auf einer breiten Machtgrundlage ruhendes starkes Königtum entwickeln konnte: statt eine tragfähige Grundlage für eine welfische Königsherrschaft abzugeben, wurde die in der Hand dieses Geschlechtes befindliche Machtkonzentration zur schwersten Gefährdung für ein vergleichsweise schwaches staufisches Königtum. Ebenso wurde in Bayern die stetige Entwicklung unter einer immer fester im Land verwurzelnden Dynastie dadurch zugunsten einer neuen Rivalität zwischen Babenbergern und Welfen unterbrochen.

Heinrich der Stolze scheint anfangs gewillt gewesen zu sein, den Kampf um die Krone aufzunehmen, bewogen durch die zunächst schwankende Haltung des bayerischen Metropoliten, des Erzbischofs Konrad von Salzburg aus dem bayerischen Geschlecht der Abensberger südwestlich Regensburg.[99] Erst als dieser gegen ihn Stellung nahm, lieferte Heinrich der Stolze die in seinem Besitz befindlichen Reichsinsignien aus, erhielt aber dafür offenbar unter Bruch der ihm gemachten Versprechungen dennoch keines seiner Reichslehen zurück.[100] Im August 1138 wurde ihm auf einem Reichstag in Würzburg Sachsen, im Dezember des gleichen Jahres in Goslar auch Bayern abgesprochen.[101] Sachsen erhielt Albrecht der Bär, Bayern im Frühjahr 1139 der Babenberger *Markgraf Luitpold IV.* Der Babenberger, 1136 unter Übergehung seiner beiden älteren Brüder Adalbert und Heinrich Markgraf der bayerischen Ostmark geworden, war ein Halbbruder Konrads III.; ihrer beider Mutter war die salische Kaisertochter Agnes. Die Tatsache, daß dieser nach dem Herzog mächtigste Dynast im bayerischen Stammesherzogtum mit der Herzogswürde betraut wurde, konnte für die Verklammerung der auseinanderstrebenden Teile nur von Vorteil sein. Die sich hier anbahnende Entwicklung, die als Konsequenz eine Verlegung der bayerischen Hauptstadt von Regensburg nach Wien hätte zur Folge haben können, ist in ihrer Wertung jedoch in der Forschung umstritten.[102]

[95] Otto Fris., Chron. VII 23, S. 345.

[96] Otto Fris., Gesta I 23, S. 36f.

[97] Friedr. HAUSMANN, Die Anfänge des stauf. Zeitalters unter Konrad III. (VF 12) 1968, 53–78.

[98] N. ZIMMER, Albero v. Montreuil, Erzbischof v. Trier (1132–1152) (Trier. Chronik NF 3) 1907, 113–123 und 145–154.

[99] WIDMANN I 223–245; MOIS 144ff.; Kurt ZEILLINGER, Erzbischof Konrad I. v. Salzburg (Wiener Diss. aus dem Gebiete d. Gesch. 10) 1968; Stefan WEINFURTNER, Salzburger Bistumsreform u. Bischofspolitik im 12. Jh. Der Erzbischof Konrad I. v. Salzburg (1106–1147) u. die Regularkanoniker (Kölner Hist. Abh. 24) 1975.

[100] Hist. Welf. c. 24, S. 46: «... durch viele Versprechungen verleitet...», wohl aus Otto Fris., Chron. VII 19, S. 321.

[101] Otto Fris., Chron. VII 23, S. 345; MITTEIS, Prozesse (s. o. 321 Anm. 145) 42ff.

[102] Positiv gewertet bei Götz Frhr. v. PÖLNITZ, Deutsches Volkstum u. österr. Gesch. (HJb. 55) 1935, 423–438, bes. 426f.; Heinr. v. SRBIK, Österreich in d. deutschen

Der abgesetzte Welfe scheint sich die besseren Chancen zum Widerstand in Sachsen ausgerechnet zu haben, hierhin wandte er sich, um den Kampf aufzunehmen; er starb aber bereits im Oktober 1139. Dennoch blieb Herzog Luitpold seine bayerische Herrschaft auch jetzt nicht unbestritten, denn Heinrichs Bruder Welf setzte den Kampf im Süden fort, besiegte den Babenberger im August 1140 bei Vallei, erlitt jedoch im Dezember des gleichen Jahres bei Weinsberg eine Niederlage und wurde von Luitpold im Sommer 1141 am Lech bedrängt.[103] Aus Neigung oder Furcht seien dem seit 1139 mit Bayern belehnten Herzog Luitpold die bayerischen Großen zugeströmt,[104] und der Herzog konnte sich auch tatsächlich mit großer Energie durchsetzen, mußte allerdings seine Hauptstadt Regensburg gegen den Widerstand der Bürger erobern.

Als Luitpold IV. bereits im Oktober 1141 starb, behielt König Konrad III. das bayerische Herzogtum zunächst selbst in der Hand. Den Bruder Luitpolds, Heinrich Jasomirgott,[105] belehnte er allein mit der Ostmark. Mit seiner Hilfe versuchte der König jetzt eine welfisch-babenbergische Versöhnung zustande zu bringen; er vermittelte Ostern 1142 eine Ehe zwischen Heinrich und Gertrud, der Witwe Heinrichs des Stolzen, bei welcher Gelegenheit wohl auch der Sohn Gertruds, Heinrich der Löwe, mit dem Herzogtum Sachsen belehnt wurde. Im folgenden Jahr 1143 erreichte Konrad von Heinrich dem Löwen den Verzicht auf das Herzogtum Bayern, mit dem er nun seinen Stiefbruder *Heinrich Jasomirgott*, als bayerischer Herzog Heinrich XI., belehnte. Allerdings wurden diese verheißungsvollen Ansätze bald zunichte gemacht, denn als Welf vom Verzicht seines Neffen auf Bayern hörte, erhob er seinerseits Ansprüche auf dieses Land;[106] zudem starb Gertrud bereits 1143. Welf konnte Heinrich Jasomirgott auch bedeutenden Abbruch tun: 1143 kämpfte er mit ihm in der Gegend von Freising,[107] und er scheint auch den Erzbischof Konrad von Salzburg,[108] den Bischof Heinrich von Regensburg und den Markgrafen Otakar von Steyer zu einer Empörung angestachelt zu haben, die vor allem um Regensburg, aber auch in der Ostmark zu schweren Kämpfen führte.[109] Schließlich kam es für Herzog Heinrich auch noch zu schweren Verwicklungen an der Ostgrenze seines Reiches; durch einen Handstreich hatten einige bayerische Grafen sich der ungarischen Grenzfestung Preßburg bemächtigt, in einem daraufhin unternommenen Rachefeldzug König Gezas II. erlitt Heinrich Jasomirgott im September 1146 an der Leitha eine schwere Niederlage.[110]

Gesch., 1936, 15; HIRSCH, Österreichs Werden (s.o. 332 Anm. 53); ZÖLLNER 69 weist dagegen auf die Gefahr hin, daß Österreich zu einem Nebenland hätte absinken können.

[103] Jos. LAMPEL, Stud. z. Reichsgesch. unter König Konrad III. 1: Österreichs Anteil an den Kämpfen des Königs gegen den Grafen Welf in Schwaben (MIÖG 32) 1911, 249–274; zu Welf allgemein Hans PÖRNBACHER, Herzog Welf VI. (Lebensbilder aus dem Bayer. Schwaben 8) 1961, 1–41.

[104] Otto Fris., Chron. VII 23 und 25, S. 347 und 349.

[105] Karl LECHNER, Herzog Heinrich II. Jasomirgott (Stud. d. Wiener kath. Akad. 2) 1962, 35–49.

[106] Hist. Welf. c. 25, S. 50; Karin FELDMANN, Herzog Welf VI. u. sein Sohn. Das Ende des süddeutschen Welfenhauses (mit Regesten), Diss. Masch. Tübingen 1971; Dies., Herzog Welf VI., Schwaben u. das Reich (ZWLG 30, 1971) 1973, 308–326.

[107] Hist. Welf. c. 25, S. 50ff.

[108] Gegen eine Beteiligung Konrads DOPSCH, Gesch. Salzburgs (s.o. 250) 272 Anm. 289.

[109] Ann. Ratisp. (zu 1145) 586.

[110] HÓMAN 384f.

Eine Atempause in den Auseinandersetzungen brachte der 1147 beginnende *Kreuzzug,*[111] an dem außer dem König sowohl Graf Welf als auch Herzog Heinrich teilnahmen. Dadurch war Konrad III. einer sofortigen Entscheidung über die Forderung Heinrichs des Löwen enthoben, die dieser auf dem Reichstag zu Frankfurt im März 1147 auf Belehnung mit dem Herzogtum Bayern gestellt hatte.[112] Der erfolglose Kreuzzug brachte für den bayerischen Herzog Heinrich Jasomirgott immerhin den Gewinn, daß er auf der Durchreise in Konstantinopel Verhandlungen anknüpfen konnte, die zu seiner Heirat mit der byzantinischen Prinzessin Theodora führten.[113] Dadurch gewann der Babenberger einen wertvollen Bundesgenossen bei einer neuen möglichen Verwicklung mit Ungarn; zudem hob die Heirat mit einer byzantinischen Prinzessin das Ansehen des Geschlechtes und ließ auch einen reichen Strom byzantinischer Kultur an den Babenberger Hof gelangen, der seinen Sitz damals nach dem aufblühenden Wien verlegte.[114] Daß Heinrich Jasomirgott seine Herrschaft so sehr im Osten des bayerischen Herzogtums zentrierte, steht vielleicht auch im Zusammenhang mit einer neuen Gegnerschaft, die ihm eben jetzt dort erwuchs.

Heinrich der Löwe[115] hatte seine Ansprüche auf Bayern nur während der Zeit des Kreuzzuges zurückgestellt; auf dem Würzburger Reichstag im Juli 1150 trat er damit wieder hervor. Hat sich Konrad III. gegen diese Forderung energisch zur Wehr gesetzt, so war nach seinem Tod am 15. Februar 1152 doch der Weg frei für eine Regelung, die nur auf Kosten des Babenbergers gehen konnte. Der im März 1152 zum König gewählte Friedrich I. dürfte schon anläßlich seiner Wahl seinem Vetter Heinrich dem Löwen Zusicherungen im Hinblick auf Bayern gemacht haben, da auch der andere Angehörige des welfischen Hauses, Welf VI., bereits auf dem Regensburger Reichstag vom Juni 1152 im Besitz der Titel eines Herzogs von Spoleto und Markgrafen von Tuszien erscheint.[116] Ein Kriegszug gegen Ungarn, den Friedrich damals in Regensburg beschließen lassen wollte, fand nicht die Zustimmung der Reichsfürsten;[117] daß der Staufer jedoch seine ungarischen Pläne damit nicht aufgegeben hatte, zeigt die ebenfalls in Regensburg im Juni 1152 erfolgte Verleihung des

[111] Zum 2. Kreuzzug Hans Eberh. MAYER, Gesch. d. Kreuzzüge (Urban-Bücher 86) 1965, 96ff. mit weiterer Literatur und den Quellen; zuletzt Rud. HIESTAND, «Kaiser» Konrad III., der zweite Kreuzzug u. ein verlorenes Diplom f. den Berg Thabor (DA 35) 1979, 82–126.

[112] Otto Fris., Gesta I 45, S. 63f.

[113] Ann. Palidenses (zu 1148) (hg. v. Gg. Heinr. PERTZ, MGH SS 16) 1859, 83; Konr. Jos. HEILIG, Ostrom u. das Deutsche Reich um d. Mitte d. 12. Jhs. Die Erhebung Österreichs zum Herzogtum 1156 u. das Bündnis zw. Byzanz u. dem Westreich (Schr. d. MGH 9) 1944, Nachdruck 1952, 1–271, bes. 229ff.; Franz DÖLGER, Byzanz u. das Westreich (DA 8) 1951, 238–249.

[114] OETTINGER 173ff.; Peter CSENDES, Straße, Burg u. Ministerialität im Raum v. Wien (Unsere Heimat 45) 1974, 143–152.

[115] Karl JORDAN, Die Gestalt Heinrichs d. Löwen im Wandel des Geschichtsbildes (GWU 26) 1975, 226–241.

[116] Karl Friedr. STUMPF-BRENTANO, Die Reichskanzler vornehml. d. X., XI. u. XII. Jhs. II, 1865, Nachdruck 1964, nr. 3632; zu den mathildischen Gütern außer der oben S. 330 Anm. 40 zitierten Literatur auch Alfr. OVERMANN, Gräfin Mathilde v. Tuscien. Ihre Besitzungen, Gesch. ihres Gutes v. 1115–1230 u. ihre Regesten, 1895, Nachdruck 1965, 59.

[117] Otto Fris., Gesta II 6, S. 107; FICHTENAU, Mark 30f. vermutet, daß hauptsächlich der Babenberger sich hier versagte, da Ungarn zur Einflußsphäre des mit ihm befreundeten Kaisers Manuel gehörte, und da

Titels eines Herzogs von Meranien an den Grafen Konrad von Dachau. Die vom slawischen morje = Meer abgeleitete Bezeichnung galt dem Küstenland von Dalmatien, das, zur Markgrafschaft Istrien gehörig, später an Ungarn gelangt war.[118] Sollte damit vielleicht noch eine Drohung gegenüber Ungarn ausgesprochen werden, so hat Friedrich doch seine ungarische Politik schon kurz darauf entscheidend geändert, als er Ungarns Bedeutung als Pufferstaat für Deutschland erkannte.[119]

Um die Unterstützung der Welfen zu gewinnen, mußte Friedrich bedingungslos auf deren Forderungen eingehen, und von diesen war die Rückgabe des bayerischen Herzogtums immer noch nicht erfüllt. Heinrich Jasomirgott weigerte sich, in Verhandlungen einzutreten,[120] bei denen er doch nur verlieren konnte, und so wurde die Neuordnung schließlich ohne seine Zustimmung vorgenommen. Formell war Barbarossa dabei im Recht, da er bei der Vergebung von Reichslehen nicht an die Verfügungen seines Vorgängers gebunden war,[121] formell ging er auch mit der mehrmaligen Ladung des Babenbergers vor: im Oktober 1152 nach Würzburg, wo Heinrich nicht erschien, zu Pfingsten 1153 nach Worms, wo Heinrich sich zwar einfand, aber die Ungesetzlichkeit der Ladung einwandte. Den gleichen Einwand brachte er, als er im Dezember 1153 in Speyer erschien; schließlich wurde im Juni 1154 in *Goslar* in Abwesenheit des betroffenen Babenbergers das Herzogtum Bayern Heinrich dem Löwen zugesprochen, als bayerischer Herzog Heinrich XII.[122] Damit hatte Barbarossa dem Welfen den Preis für seine Teilnahme am ersten Italienzug im Winter 1154/55 bezahlt, an dem Heinrich Jasomirgott sich nicht beteiligte. Während dieser Abwesenheit Friedrichs und Heinrichs des Löwen kam es zu einer Versammlung bayerischer und sächsischer Fürsten im Böhmerwald, an der wohl auch Heinrich Jasomirgott teilnahm.[123] Doch die oppositionellen Pläne blieben nach der siegreichen Rückkehr des Kaisers aus Italien unausgeführt. Friedrich versuchte jetzt noch einmal

die zu einem Kriegszug gegen Ungarn nötige Anwesenheit von Truppen auch in seinem Land leicht zu seiner Absetzung hätte führen können.

[118] Zu Meranien FICKER-PUNTSCHART II 3, 64ff.; SCHMIDINGER, Patriarch (s.o. 323 Anm. 169) Register s. unter Andechs; HAUPTMANN, Erläuterungen 382ff., weist nach, daß hier nicht nur ein Titularherzogtum bestand; WERLE, Titelherzogtum (s.o. 304 Anm. 13) 275ff. sucht zu zeigen, daß «ducatus» hier im weiteren Sinn mit «herzoglich reichsfürstliche Gewalt» übersetzt werden muß, und daß die Dachauer Grafen im Gegensatz zu den folgenden Andechsern kaum Beziehungen zu den Küstenstrichen an der Adria hatten; vgl. auch Ernst KLEBEL, Vom Herzogtum zum Territorium (Festschr. Theod. Mayer I) 1954, 205–222, bes. 218; nach Erwin HERRMANN, Die Grafen v. Andechs u. der ducatus Meraniae (Arch. f. Gesch. v. Ofr. 55) 1975, 5–35 sei Marano (heute Marano Lagunare) östlich des Flusses Livenza, der bei Caorle in die Adria mündet, Mittelpunkt des ducatus Meranie gewesen. Lit. zu den Dachauern bzw. Andechsern s.u. S. 410f.

[119] Werner OHNSORGE, Die Bedeutung d. deutsch-byzantin. Beziehungen im 12. Jh. f. den deutschen Osten (DALVF 5) 1941, 249–259; Wiederabdruck in: Ders., Abendland u. Byzanz, 1958, 434–455.

[120] Otto Fris., Gesta II 7, S. 107.

[121] MITTEIS, Prozesse (s.o. 321 Anm. 145) 46f.

[122] Otto Fris., Gesta II 11, S. 112f.; Heinrich urkundet seither als Herzog von Sachsen und Bayern: Urk. Heinrichs d. Löwen v. 3. Juni 1154 (hg. v. Karl JORDAN, MGH Laienfürsten- u. Dynastenurk. d. Kaiserzeit 1) 1941, nr. 27, S. 36ff.

[123] SIMONSFELD, Friedrich I. (s.o. 324) 277; JURITSCH 205.

Verhandlungen mit Heinrich Jasomirgott, als auch diese erfolglos blieben, wies er im Oktober 1155 in Regensburg Heinrich den Löwen in das bayerische Herzogtum ein; neben dem Adel mußten ihm auch die Bürger der bayerischen Hauptstadt einen Treueid schwören.[124] Der Babenberger verzichtete deswegen immer noch nicht; in einer in dieser Zeit erlassenen Urkunde nannte er sich «dux Bawariae et marchio Austriae»,[125] und es hat nicht den Anschein, als habe ihn Heinrich der Löwe in seiner in den östlichen Teilen Bayerns ungestörten Regierung irgendwie beeinträchtigen können. Er besaß hier eine starke Rückendeckung durch Herzog Wladislav von Böhmen, der mit ihm aus seiner ersten Ehe verschwägert war, durch den Ungarnkönig Geza II., von dessen Land er 1152 einen Angriff Barbarossas abzuwenden geholfen hatte, und durch Kaiser Manuel von Byzanz, mit dem Heinrich Jasomirgott durch seine Heirat mit der Prinzessin Theodora ebenfalls verschwägert war. Diese weitreichenden außenpolitischen Verbindungen werden auch wohl der Grund gewesen sein, warum Friedrich von einem militärischen Vorgehen gegen den Babenberger absah, wozu ihm das Reichsrecht formell eine Handhabe geboten hätte.

Friedrich hat abermals den Weg zu Verhandlungen beschritten, die Anfang Juni 1156 in der Nähe von *Regensburg* ihren Abschluß fanden;[126] hier sind die Abmachungen in ihren Grundzügen festgelegt worden, die dann am *8. September 1156* ausgeführt wurden. Auf den Wiesen von Barbing östlich Regensburg[127] (die Hauptstadt vermied man wahrscheinlich, um nicht mit Fragen der rechtlichen Zuständigkeit konfrontiert zu werden) fand die feierliche Zeremonie statt, bei der Heinrich Jasomirgott an Friedrich Barbarossa sieben Fahnenlanzen überreichte, die das Herzogtum Bayern darstellten. In diesem Augenblick erst hat also der Babenberger auf Bayern verzichtet, man hat demnach die vorausgegangene Belehnung Heinrichs des Löwen mit dem bayerischen Herzogtum einfach ignoriert. Jetzt erst wurde es ihm vom Kaiser durch die Überreichung der sieben Fahnenlanzen verliehen. Von diesen gab er sogleich zwei an den Kaiser zurück, die die Mark Österreich mit allem Recht und allen Lehen symbolisieren sollten, wie sie Markgraf Luitpold vom Herzogtum Bayern erhalten hatte.[128] Nach dem Spruch der Fürsten verwandelte Kaiser Friedrich

[124] Otto Fris., Gesta II 43, S. 151.

[125] UB Babenberger I, nr. 23, S. 31f.

[126] MAYER, Privilegium minus 33f. bzw. 223 vermutet, daß erst die Niederlage der in Süditalien eingefallenen Griechen durch den Normannenkönig Wilhelm am 28. Mai 1156 den Babenberger zum Einlenken bewogen hat; dagegen FICHTENAU, Mark 35; Heinr. BÜTTNER, Das polit. Handeln Friedrich Barbarossas im Jahre 1156 (BlldLG 106) 1970, 54–67; SCHMID, Reichsversammlungen (s. o. 250 Anm. 2) 96ff.

[127] Schilderung bei Otto Fris., Gesta II 55, S. 160f.; dazu Mich. TANGL, Der Bericht Otto's v. Freising über d. Erhebung Österreichs zum Herzogthum (NA 30) 1905, 477–484; Wilh. LEVISON, Otto v. Freising u. das Privileg Friedrichs I. f. d. Herzogtum Österreich (ebd. 34) 1909, 210–215; Heinr. APPELT, Privilegium minus. Das stauf. Kaisertum u. die Babenberger in Österreich, 1973.

[128] Zu der umstrittenen Deutung der zwei Fahnen hat man einmal auf die Zweizahl der Belehnten verwiesen (HEILIG, Ostrom [s. o. 340 Anm. 113] 229ff.), aber auch in den Fahnen Hinweise auf die Übergabe bestimmter Territorien sehen wollen: RAUCH, Übertragung (s. o. 334 Anm. 70) 448f.; PFEFFER 234ff. und ZAUNER, Oberösterreich (s. o. 305 Anm. 23) 230f.

sodann die Mark Österreich und die zu ihr gehörigen «tres comitatus»[129] in ein Herzogtum und belehnte damit durch Überreichung der beiden Fahnenlanzen Herzog Heinrich Jasomirgott und dessen Gemahlin Theodora.[130] Diese Vorgänge wurden urkundlich fixiert am 17. September 1156 im sogenannten *Privilegium minus,*[131] das dem neuen Herzog darüber hinaus noch besondere Vorrechte gewährte: der Herzog ist nur zum Besuch der in Bayern stattfindenden Reichstage verpflichtet und nur zur Teilnahme an Feldzügen, die in die Österreich benachbarten Länder gehen. Er hat in seinem Herzogtum die volle Gerichtsbarkeit,[132] die auch nicht durch irgendwelche neuen Exemtionen durchbrochen werden kann. Die Herzogswürde ist in der Familie Heinrichs, auch in weiblicher Linie, erblich, und im Falle ihres kinderlosen Ablebens haben Heinrich und Theodora das ius affectandi, das Recht, in freier testamentarischer Verfügung selbst den Erben ihres Herzogslehens zu bestimmen.[133] Die Echtheit dieses Privilegs, die früher[134] zumindest in einzelnen Bestimmungen in Frage gestellt war, ist heute allgemein anerkannt.[135] Es war ein Kompromiß, in dem gegen den Verzicht des Babenbergers auf ganz Bayern seine Rechte in dem ihm verbliebenen Teil wesentlich vermehrt wurden, ähnlich dem Vorgehen Kaiser Hein-

[129] Zu der umstrittenen Frage der «Dreigrafschaft» ist die österreichische Forschung zu keiner einheitlichen Stellungnahme gekommen: MAYER, Privilegium minus 37 Anm. 98 bzw. 226 Anm. 98; FICHTENAU, Mark 41 Anm. 3; Heinr. APPELT, Die Erhebung Österreichs zum Herzogtum (BlldLG 95) 1959, 25–66, bes. 38 Anm. 47; Math. UHLIRZ, Bemerkungen z. dem «Privilegium minus» f. Österreich (1156) u. z. d. Frage d. «tres comitatus» (Südost-Forsch. 20) 1961, 23–32; UHLIRZ I 311f.; Max WELTIN, Die «tres comitatus» Ottos v. Freising u. die Grafschaften d. Mark Österreich (MIÖG 84) 1976, 31–59 sieht darin die Grafschaft des Markgrafen, die sich mit der Mark decke, und die vor der Mitte des 11. Jahrhunderts errichtete «böhmische» und «ungarische» Mark; Bedenken gegen diese Deutung meldet LECHNER, Babenberger (s. o. 299 Anm. 143) 356 Anm. 13 an.

[130] Die lehensrechtlichen Wurzeln dieses Vorganges suchte Hans Constantin FAUSSNER, Herzog u. Reichsgut im bair.-österr. Rechtsgebiet im 12. Jh. (ZRG 85) 1968, 1–58, bes. 32ff. herauszuarbeiten.

[131] Privilegium minus: beste Edition bei Wilh. ERBEN, Das Privilegium Friedrich I. f. d. Herzogtum Österreich, 1902, 137ff.; ferner hg. v. Ludw. WEILAND, MGH Const. I, 1893, nr. 159, S. 220–223; Übersicht über die Literatur bei UHLIRZ I 246f.

[132] Zu den Gerichtsbestimmungen MAYER, Friedr. I. 429ff. bzw. 96ff.; Ders., Die Würzburger Herzogsurk. v. 1168 u. das österr. Privilegium minus (Festschr. Franz Steinbach) 1960, 247–277; Heinr. MITTEIS, Zur stauf. Verfassungsgesch. (ZRG 65) 1947, 316–337; Erich SCHRADER, Zur Gerichtsbestimmung des Privilegium minus (ebd. 69) 1952, 371–385.

[133] Man hat vermutet, daß sich dieses Recht ursprünglich nur auf die allodialen Güter und Rechte des Herzogspaares bezogen habe: Karl BOSL, Probleme d. Reichsgutforsch. in Mittel- u. Süddeutschland (Jb. f. fränk. Landesforsch. 20) 1960, 305–324; Heinr. APPELT, Die libertas affectandi des Privilegium minus (Mitt. d. österr. Staatsarch. 25) 1972, 135–140 gegen eine byzantinische Beeinflussung dieser Formel.

[134] ERBEN, Privilegium (s. o. Anm. 131); Harold STEINACKER, Zum Privileg Friedrichs I. f. d. Herzogtum Österreich (MIÖG Erg.-Bd. 11) 1929, 205–239; Ders., Der Streit um d. österr. Privilegium minus u. die method. Lage in d. Diplomatik (HZ 150) 1934, 268–289; Otto v. DUNGERN, Wie Baiern d. Österreich verlor. Gesch. einer staatsrechtl. Fälschung, 1930.

[135] Nach dem Vorgang von HEILIG, Ostrom (s. o. 340 Anm. 113) 229ff. insbesondere bei MAYER, Privilegium minus; FICHTENAU, Mark; APPELT, Erhebung (s. o. Anm. 129).

richs IV. gegenüber dem böhmischen Herzog im Jahre 1086, den er zum Verzicht auf die ihm 1081 verliehene Ostmark bewog und dem er dafür in seinem böhmischen Herzogtum königliche Ehrenrechte zubilligte.[136] Im Privilegium minus scheinen mit der Rangerhöhung des Fürstenpaares, mit der Garantierung weiblicher Erbfolge und mit der Gewährung des ius affectandi starker byzantinischer Einfluß und Rücksichtnahme auf die griechische Gattin des Herzogs sich geltend zu machen.[137]

Dieser bedeutungsvolle Vorgang brachte für Bayern den endgültigen Verlust seiner Ostmarken. Diese hatten zwar in den letzten Jahrzehnten bereits ein beträchtliches Eigenleben entwickelt, jedoch schien gerade die Belehnung des Babenberger Markgrafen mit dem bayerischen Herzogtum eine rückläufige Bewegung anzubahnen. Durch die Nachgiebigkeit Friedrich Barbarossas gegenüber Heinrich dem Löwen war jedoch diese aussichtsreiche Möglichkeit vertan; fortan bestanden zwei Herzogtümer nebeneinander, von denen das österreichische durch die im Privilegium minus verbrieften weitgehenden Vorrechte seines Herrschers einen wesentlichen Vorsprung in der Ausbildung der Landeshoheit gewann. Sehr umstritten ist die Frage, ob die Ostmark anläßlich ihrer Umwandlung in ein Herzogtum im Jahre 1156 eine territoriale Vergrößerung erfuhr. Die um 1180 niedergeschriebene Chronik von Melk[138] sowie der Abt Hermann von Niederalteich[139] berichten, daß der babenbergische Herzog im Jahre 1156 zu der bisher von ihm besessenen Ostmark noch den Attergau und die Gerichtshoheit von der Enns bis zum Salletwald vor Passau erhalten habe.[140]

Dagegen spricht freilich, daß Heinrich der Löwe noch 1176 in einer Gerichtssitzung über einen Landfriedensbruch in Enns richterlich tätig war[141] und daß er östlich der Enns in einem feierlichen Aufzug mit dem österreichischen Herzog zusammentraf.[142] Man hat den Widerspruch dadurch zu lösen versucht, daß man zwar die Ausdehnung der Jurisdiktion des Babenbergers bis zum Hausruck annahm, die Rech-

[136] H. SPANGENBERG, Die Königskrönung Wratislavs v. Böhmen u. die angebl. Mainzer Synode des Jahres 1086 (MIÖG 20) 1899, 382–396; Heinz ZATSCHEK, MÖIG 44, 1930, 484f. in einer Rezension der in S. 343 Anm. 134 genannten Arbeit von STEINACKER; Percy Ernst SCHRAMM, Böhmen u. das Regnum: Die Verleihungen d. Königswürde an d. Herzöge v. Böhmen (1085/86, 1158, 1198/1203) (Festschr. Gerd Tellenbach) 1968, 346–364, bes. 355 nimmt an, daß diese Würde nur ad personam verliehen war; dagegen Zdeněk FIALA, Die Urk. Kaiser Friedrichs I. f. den böhm. Fürsten Vladislav II. v. 18. 1. 1158 u. das «Privilegium minus» f. Österreich (MIÖG 78) 1970, 167–192, bes. 168f.

[137] Besonders herausgearbeitet von HEILIG, Ostrom (s. o. 340 Anm. 113) 229ff.; vor Überschätzung warnt APPELT, Entstehung (s. o. 320 Anm. 140).

[138] Chron. Mellicense (zu 1156) (s. o. 306 Anm. 29) 71.

[139] Herm. Altah. (zu 1156) 382.

[140] TYROLLER, Bayern (s. o. 256 Anm. 42); PFEFFER 29f.; ZAUNER, Oberösterreich (s. o. 305 Anm. 23) 234ff.

[141] Peter CLASSEN, Der Prozeß um Münsteuer (1154–76) u. die Regalienlehre Gerhochs v. Reichersberg (ZRG 77) 1960, 324–345, bes. 342f.; Othmar HAGENEDER, Mitt. d. oberösterr. Landesarch. 11, 1974, 346 Anm. 1; vgl. auch Ders., Die geistl. Gerichtsbarkeit in Ober- u. Niederösterreich. Von den Anfängen bis zum Beginn d. 15. Jhs. (FGO 10) 1967, 143f.

[142] PFEFFER 32ff. will die Bedeutung der richterlichen Tätigkeit des Herzogs abschwächen; dagegen ZAUNER, Oberösterreich (s. o. 305 Anm. 23) 234ff.

te und Besitzungen der traungauischen Otakare jedoch für davon ausgenommen hielt.[143] Die Otakare, die zugleich in der Steiermark als Markgrafen geboten, hatten die früher bestandene Abhängigkeit vom kärntnerischen Herzog völlig gelöst. Die Entwicklung wurde durch Barbarossa anscheinend noch bewußt gefördert;[144] doch unterstand der Markgraf von Steyer bis zum Jahre 1180 dem Herzog von Bayern.[145]

f) *Bayern unter Heinrich dem Löwen.* Die Nachgiebigkeit gegen seinen welfischen Vetter war für Friedrich Barbarossa der Preis, den er für dessen Unterstützung bei der Durchsetzung seiner auf Italien gerichteten Pläne, dem Kampf um «die Ehre des Reiches»[146] zahlen mußte. Heinrich der Löwe hatte mit nicht erlahmender Energie um sein Herzogtum Bayern gekämpft, obwohl es für ihn im Grunde neben seinem sächsischen Herzogtum immer ein Nebenland[147] gewesen war. Immerhin hat aber sein herrscherliches Wirken auch in Bayern Spuren hinterlassen, deren sichtbarste die *Gründung Münchens* ist (s. u. 507). Der im Besitz des Freisinger Bischofs Otto befindliche Isarübergang bei Föhring, der durch die Zolleinnahmen von der hier vorbeiführenden Salzstraße von Salzburg nach München sehr einträglich war und bei dem sich auch ein Markt und eine Münze entwickelt hatten, wurde von Heinrich 1158 zerstört und der Übergang über die Isar etwas flußaufwärts auf herzogliches Gebiet gelegt. Der Kaiser strafte mit Rücksicht auf seinen Vetter den offenkundigen Rechtsbruch nicht und ließ dem Bischof von Freising für seinen Verlust nur eine ungenügende Entschädigung zuteil werden.[148] Das vom Bayernherzog neugegründete München bewies eine so starke Lebenskraft, daß es auch der nach seinem Sturz im Jahre 1180 ausgesprochene Befehl zur Zerstörung nicht mehr vernichten konnte. Auch mit dem Regensburger Bischof Hartwig geriet Herzog Heinrich 1161 in Streit; die Besetzung einer bischöflichen Burg, vermutlich Donaustaufs, führte zu einer für die bischöfliche Kirche sehr verlustreichen Fehde.[149] Heinrich wurde bei seinem rücksichtslosen Vorgehen gegen die Bistümer gestützt durch den Kaiser; auch mochte ihn hierzu das Vorbild des österreichischen Herzogs ermuntern, der, vielleicht gestützt auf das Gerichtsprivileg im Privilegium minus, von den in seinem Hoheitsgebiet liegenden Gütern der Bistümer Freising und Passau ungewohnte Leistungen beanspruchte.[150]

[143] PIRCHEGGER, Österreich (s. o. 334 Anm. 66) 401.

[144] Heinr. APPELT, Friedrich Barbarossa u. die Landesherrschaft d. Traungauer (Festschr. Karl Eder) 1959, 305–320.

[145] Dagegen PIRCHEGGER, Beziehungen 201 ff., der für die Abhängigkeit der Mark vom Herzogtum Kärnten eintritt; ebenso Ders., Landesfürst (beide s. o. 320 Anm. 140) 23 f.; für Abhängigkeit von Bayern bis 1180: WERLE, Titelherzogtum (s. o. 304 Anm. 13) 279 ff. und ZAUNER, Oberösterreich (s. o. 305 Anm. 23) 238 ff.

[146] Peter RASSOW, Honor Imperii. Die neue Politik Friedrich Barbarossas 1152–1159, 1961².

[147] Gerh. LÄWEN, Die herzogl. Stellung Heinrichs d. Löwen in Sachsen, Diss. Königsberg 1937; Ruth HILDEBRAND, Der sächs. «Staat» Heinrichs d. Löwen (Hist. Stud. 302) 1937, Nachdruck 1965; Karl JORDAN, Heinrich d. Löwe, 1979.

[148] Eug. PITZER, Der Föhringer Streit im Lichte des Rechtes u. der Politik (Sammelbl. d. Hist. Ver. Freising 25) 1965, 17–66.

[149] Ann. Reicherspergenses (zu 1161) (hg. v. Wilh. WATTENBACH, MGH SS 17) 1861, 468.

[150] Rahewin, Gesta Friderici imperatoris III 14 (hg. v. Gg. WAITZ, MGH SS rer. Germ.) 1912³, 183; dazu JURITSCH 222.

Die italienischen Unternehmungen Barbarossas, die ursprünglich auf die Niederwerfung der unbotmäßigen lombardischen Städte und auf die Wiedergewinnung der von ihnen okkupierten Reichsrechte gerichtet waren, verknüpften sich bald mit dem Kampf gegen das Papsttum, der zu einem achtzehn Jahre lang währenden Schisma führte. Beiden Ereignissen zahlte Bayern unter Heinrich dem Löwen seinen Tribut, einmal durch die Teilnahme an den italienischen Feldzügen, zum anderen durch die Folgen des Schismas auf bayerischem Boden, die insbesondere in der Salzburger Diözese fühlbar wurden.

Schon am ersten Italienzug Barbarossas 1154/55, der zur Kaiserkrönung führte, waren bayerische Ritter und auch Heinrich der Löwe beteiligt; auf dem Rückweg zeichnete sich der Sohn des bayerischen Pfalzgrafen *Otto von Wittelsbach* beim Kampf um die Etschklausen bei Verona besonders aus.[151] Der gleiche Otto wurde von Friedrich gemeinsam mit Rainald von Dassel im Jahre 1158 nach Italien gesandt, um den zweiten Zug des Kaisers dorthin vorzubereiten; der Bericht, den die Gesandten selbst über ihr erfolgreiches Wirken gaben, hat sich erhalten.[152] An diesem zweiten von 1158 bis 1162 dauernden Italienunternehmen, das zur Eroberung von Mailand und Crema führte, hat sich dann wieder ein stattliches bayerisches Aufgebot beteiligt, in dem sich neben Heinrich dem Löwen auch Otto von Wittelsbach befand, und sogar Heinrich Jasomirgott, obwohl ihn das Privilegium minus an sich von der Teilnahme befreit hätte.[153]

Der bevorstehende Zwist mit der Kurie hatte sich bereits im September 1157 auf dem Reichstag in Besançon angekündigt, wo in der Interpretation eines päpstlichen Schreibens Kardinal Roland, Kanzler der römischen Kirche, vom Kaisertum als einem Lehen des Papstes sprach.[154] Nur das Dazwischentreten des Kaisers hatte den Kardinal damals vor dem Schwert Ottos von Wittelsbach gerettet.[155] Otto von Wittelsbach war im Sommer 1159 als Führer einer kaiserlichen Gesandtschaft nach Rom gekommen, er war anwesend, als nach dem Tod Papst Hadrians IV. am 1. September eine Doppelwahl erfolgte und dem von einer durch Otto unterstützten kaiserfreundlichen Minderheit gewählten Viktor IV. sein Gegner von Besançon, Kardinal Roland, als Papst Alexander III. entgegengesetzt wurde.[156] Ein vom Kaiser einberufenes und im Februar 1160 eröffnetes allgemeines Konzil in Pavia sollte in anscheinender Unparteilichkeit die Ansprüche der beiden Gewählten gegeneinander abwägen, kam

[151] Über die Örtlichkeit und die Umstände des Kampfes RIEZLER I 2, 285f.; ferner Lois KÖLL, Die Berner Klause I: Kaiser Rotbart, die Veroneser u. Otto v. Wittelsbach im Sept. 1155 (Der Schlern 27) 1953, 419ff.

[152] Rahewin, Gesta III 18–20 (s.o. 345 Anm. 150) 189–194; der Gesandtschaftsbericht: Mich. DOEBERL (Hg.), Monumenta Germaniae selecta IV, 1890, nr. 36, S. 116ff.

[153] Die Hinweise auf die Teilnahme bei JURITSCH 222f.

[154] Walt. HEINEMEYER, «beneficium – non feudum sed bonum factum». Der Streit auf dem Reichstag z. Besançon 1157 (Arch. f. Diplomatik 15) 1969, 155–236.

[155] RAHEWIN, Gesta III 10 (s.o. 345 Anm. 150) 177.

[156] Walth. HOLTZMANN, Quellen u. Forsch. z. Gesch. Friedrich Barbarossas (Engl. Analekten 1) (NA 48) 1930, 384–413 zeigt in dem hier veröffentlichten Brief die Beteiligung Ottos.

aber, wie nicht anders zu erwarten, unter dem Druck des mächtigen deutschen Episkopats zu einer Verurteilung Alexanders und zur Anerkennung Viktors IV. Papst Alexander III. hatte das Konzil von vorneherein nicht anerkannt, jetzt bannte er den Gegenpapst, den Kaiser und seine Ratgeber. Die Stellung Kaiser Friedrichs war durchaus nicht so mächtig, daß diese Konzilsentscheidung vom ganzen Abendland akzeptiert worden wäre, und nicht einmal die deutsche Reichskirche stand geschlossen hinter ihm: der Erzbischof Eberhard von Salzburg erkannte Alexander III. an.[157] Hat Barbarossa Eberhard, der sogar am Hof des gebannten Kaisers erschien, und dessen vermittelnde Haltung auch Papst Alexander III. geduldet hat, gewähren lassen, so änderte sich das, als nach Eberhards Tod im Jahre 1164 der Babenberger Konrad von Passau, ein Bruder des österreichischen Herzogs Heinrich, zum Erzbischof von Salzburg gewählt wurde. Es hatten sich inzwischen aber auch auf kaiserlicher Seite die Fronten versteift; die Gelegenheit, beim Tod des kaiserlichen Papstes Viktor im gleichen Jahre 1164 das Schisma zu beenden, hatte Rainald von Dassel durch die eilige Wahl eines neuen Gegenpapstes, Paschalis III., verhindert, und vollends alle Brücken hatte man im kaiserlichen Lager abgebrochen, als auf dem Würzburger Reichstag vom Mai 1165 von allen geistlichen und weltlichen Reichsfürsten der Schwur verlangt wurde, nur Paschalis und seine Nachfolger, niemals aber Alexander anzuerkennen.[158] Dieser Schwur, den als erster Heinrich der Löwe ablegte, wurde auch durchweg geleistet, nur Erzbischof Konrad von Salzburg weigerte sich. In einem lehenrechtlichen Verfahren wurden daraufhin dem Erzbischof und dem Klerus der Salzburger Diözese alle Lehen aberkannt[159] und sogleich anderweitig vergeben. Da den Neubelehnten sogleich die wenn notwendig gewaltsame Besitznahme ihres Gutes gestattet wurde, entbrannten jahrelange Kämpfe auf Salzburger Gebiet, über die besonders Gerhoh von Reichersberg sich klagend äußert.[160] Erzbischof Konrad zog sich nach Friesach zurück und starb 1168 in Admont. Ihm folgte Adalbert,[161] der Sohn des Böhmenkönigs Wladislaw, der schon von Natur aus nachgiebiger war als seine Vorgänger, und der auch von den kriegsmüden Ministerialen seines Bistums nicht mehr die erforderliche entschlossene Unterstützung erhielt. Er übergab daher sich und sein ganzes Bistum bedingungslos dem Kaiser, ohne damit allerdings die Wirren beenden zu können.

[157] Wilh. SCHMIDT, Die Stellung d. Erzbischöfe u. des Erzstiftes v. Salzburg z. Kirche u. Reich unter Kaiser Friedrich I. bis zum Frieden v. Venedig 1177 (AÖG 34) 1865, 1–144; Günther HÖDL, Das Erzstift Salzburg u. das Reich unter Kaiser Friedrich Barbarossa (Mitt. d. Ges. f. Salzb. Landesk. 114) 1974, 37–55; Leop. GRILL, Erzbischof Eberhard I. v. Salzburg, 1964; vgl. auch Johannes ENGEL, Das Schisma Barbarossas im Bistum u. Hochstift Freising (1159–77), 1930.

[158] Gerh. RILL, Zur Gesch. d. Würzburger Eide v. 1165 (Würzb. Diözesangeschichtsbll. 22) 1960, 7–19.

[159] Karl SCHAMBACH, Der Prozeß des Erzbischofs Konrad v. Salzburg (1165–1166) (HZ 122) 1920, 83–90; CLASSEN, Gerhoch 282f.; Susanne WACH, Erzbischof Konrad II. v. Salzburg. Ein Beitr. z. seiner Biographie, Diss. Masch. Wien 1965.

[160] CLASSEN, Gerhoch 290ff.

[161] Zu Adalbert DOPSCH, Gesch. Salzburgs (s.o. 250) 288ff. und CLASSEN, Wormser Konkordat (s.o. 335 Anm. 75) 439ff.

An dem italienischen Feldzug von 1167, der mit der Seuchenkatastrophe von Rom endete, sowie an dem 1174 begonnenen Unternehmen, das 1175 zum Frieden von Montebello führte, hat Heinrich der Löwe sich, jedenfalls mit Genehmigung des Kaisers, nicht beteiligt. Erst als Friedrich nach dem Bruch des Friedens in der Lombardei in eine bedrohliche Lage geriet, hat er sich an Heinrich mit der Bitte um Hilfe gewandt; Anfang 1176 fand, vermutlich in Chiavenna, sein vergeblicher Kniefall vor dem Vasallen statt. Friedrich blieb ohne Unterstützung von seiten Heinrichs, mußte daraufhin die schwere Niederlage von Legnano einstecken und war 1177 gezwungen, mit Papst Alexander III. unter ungünstigen Bedingungen Frieden zu machen.

Heinrich der Löwe hatte inzwischen eine Stellung erreicht, die ihn nahezu aus dem Verband des Reiches hinauswachsen ließ: Reichtum und eine auf zwei Herzogtümern basierende Macht, der Stolz auf die Erfolge im Kampf gegen die Slawen an der Ostgrenze seines sächsischen Herzogtums, die zur Verschwägerung mit dem englischen König geführt hatten und sich 1172 in seinem glänzenden Empfang am byzantinischen Kaiserhof dokumentierten, als er mit einem Gefolge von tausend Rittern ins Heilige Land zog, all das mochte sein Selbstgefühl steigern und ihn zu einem schrofferen Auftreten gegenüber seinem kaiserlichen Vetter veranlassen. Er fühlte sich auch wohl verletzt, weil sein Oheim Welf VI. nicht ihn, sondern seinen anderen Neffen, Kaiser Friedrich, zum Erben seiner reichen Besitzungen eingesetzt hatte.[162] Das alles war wohl auch für Friedrich ein Grund, seine Beziehungen zu seinem welfischen Vetter zu überprüfen. Es war zwar beruhigend für ihn, ihn als Stütze seiner Macht in Deutschland bei seiner Abwesenheit in Italien zu wissen, aber er konnte auch nicht übersehen, daß der Welfe hier rücksichtslos gerade gegen solche Fürsten vorging, die die kaiserliche Politik in Italien unterstützten und die oft genug gezwungen wurden, wegen der Gefährdung durch Heinrich in Deutschland zurückzubleiben. Dazu kam, daß er nach der Versöhnung mit Papst Alexander III. der Unterstützung des Welfen nicht mehr in demselben Maße bedurfte wie vorher und er es nicht mehr nötig hatte, Heinrich den Löwen bei allen Übergriffen um jeden Preis zu decken.

Der Sturz Heinrichs nahm von Sachsen seinen Ausgang, hier wurde der Herzog von mehreren Gegnern wegen seiner Rechtsbrüche und Übergriffe verklagt. Im Gegensatz zu seiner sonstigen Gepflogenheit ließ diesmal Barbarossa einem förmlichen Prozeßverfahren freien Lauf, das mit peinlicher Genauigkeit in einem landrechtlichen und einem lehnrechtlichen Verfahren abgewickelt wurde[163] und im Januar 1180 in Würzburg zur Aberkennung beider Herzogtümer und im Juni 1180 in Regensburg zur Erklärung der Aberacht, zum Verlust aller Lehen und Allodien und zur völligen Rechtlosigkeit führte. In Bayern rührte sich keine Hand zur Verteidigung Heinrichs, jetzt stellte sich heraus, daß trotz einer mehr als hundertjährigen Herrschaft das Geschlecht der Welfen hier nicht hatte Fuß fassen können. Heinrich konzentrierte

[162] KLEBEL, Hohenstaufenerbe (s. o. 313 Anm. 81); zur allgemeinen Situation PÖRNBACHER, Welf VI. (s. o. 339 Anm. 103) 29 ff.

[163] MITTEIS, Prozesse (s. o. 321 Anm. 45) 48 ff.; die seitherige Literatur bei JORDAN, Investiturstreit (GG I) 408 f.; Tilmann SCHMIDT, Die Grablege Heinrichs d. Löwen im Dom z. Braunschweig (Braunschweig. Jb. 55) 1974, 9–45.

seine militärische Verteidigung ganz auf Sachsen, ohne freilich auch hier dem Kaiser auf die Dauer trotzen zu können. Der Ausgang Heinrichs steht zur bayerischen Geschichte in keiner Beziehung. Er ist am 6. August 1195 zu Braunschweig gestorben, nachdem er ein Jahr zuvor mit Barbarossas Sohn und Nachfolger, Kaiser Heinrich VI., Frieden geschlossen hatte. Zu dieser Zeit stand die bayerische Geschichte schon im Zeichen der Wittelsbacher.

II

DIE INNERE ENTWICKLUNG:
STAAT, GESELLSCHAFT, KIRCHE, WIRTSCHAFT

Allgemein. Literatur: Th. SCHIEFFER (Hg.), Europa im Wandel von d. Antike zum MA (HB d. europ. Gesch. I) 1977; H. LÖWE, Deutschland im fränk. Reich (GG I §§ 24–47); K. BOSL, Staat, Gesellschaft, Wirtschaft im deutschen MA (GG I §§ 216–256); Ders., Frühformen d. Gesellschaft im mittelalterl. Europa, 1964; Ders., Die Grundlagen d. modernen Gesellschaft im MA, 1972. – E. ROSENSTOCK, Königshaus u. Stämme in Deutschland zw. 911 u. 1250, 1914; H. HIRSCH, Die hohe Gerichtsbarkeit im deutschen MA, 1922, 1958²; H. MITTEIS, Lehnrecht u. Staatsgewalt, 1933, 1958²; G. LÄWEN, Stammesherzog u. Stammesherzogtum. Beitrr. z. Frage ihrer rechtl. Bedeutung im 10. bis 12. Jh., 1935; H. CONRAD, Gesch. d. deutschen Wehrverfassung I, 1939; O. BRUNNER, Land u. Herrschaft. Grundfragen d. territorialen Verfassungsgesch. Österreichs im MA, 1939, 1959⁴; G. TELLENBACH, Königtum u. Stämme in d. Werdezeit d. deutschen Reiches, 1939; H. MITTEIS, Der Staat d. hohen MA, 1940, 1962⁷; Th. MAYER, Fürsten u. Staat, 1950; L. SANTIFALLER, Zur Gesch. des ottonisch-salischen Reichskirchensystems (SB Wien 229, I) 1954; K. VERHEIN, Studien zu den Quellen zum Reichsgut d. Karolingerzeit I u. II (DA 10 u. 11) 1953/55; Th. MAYER (Hg.), Das Königtum. Seine geistigen u. rechtl. Grundlagen (Vorträge u. Forsch. III) 1956; F. L. GANSHOF, Was ist das Lehnswesen? 1961. – A. SCHULTE, Der Adel u. die deutsche Kirche im MA, 1910; A. BORST (Hg.), Mönchtum, Episkopat u. Adel z. Gründungszeit d. Klosters Reichenau (Vorträge u. Forsch. 20) 1974; FICKER-PUNTSCHART, Vom Reichsfürstenstand (Forsch. z. Gesch. d. Reichsverfassung zunächst im 12. u. 13. Jh., Bd. II, 3 Teile), 1911/23; O. v. DUNGERN, Adelsherrschaft im MA, 1927; Th. MAYER (Hg.), Adel u. Bauern im deutschen Staat des MA, 1943; O. BRUNNER, Adeliges Landleben u. europ. Geist, 1949; K. BOSL, Die Reichsministerialität d. Salier u. Staufer. Ein Beitrag z. Gesch. d. hochmittelalterl. deutschen Volkes, Staates u. Reiches (Schriften d. MGH 10/1 u. 2) 1950/51. – U. STUTZ, Gesch. des kirchl. Benefizialwesens bis auf Alexander III., Bd. I, 1895; G. SCHREIBER, Kurie u. Kloster im 12. Jh., 2 Bde., 1910; U. STUTZ, Die Eigenkirche als Element des mittelalterl. german. Kirchenrechts (ZRG KA 32) 1912; H. HIRSCH, Die Klosterimmunität seit dem Investiturstreit, 1913; H. GRUNDMANN, Religiöse Bewegungen im MA, 1935, 1961²; G. TELLENBACH, Libertas, Kirche u. Weltordnung im Zeitalter des Investiturstreites, 1936; G. SCHREIBER, Gemeinschaften des MA, 1948; F. PRINZ, Frühes Mönchtum im Frankenreich, 1965; Ders. (Hg.), Mönchtum u. Gesellschaft im Frühmittelalter (Wege d. Forschung 312) 1976; K. HALLINGER, Gorze-Kluny. Studien zu den monastischen Lebensformen u. Gegensätzen im Hochmittelalter, 2 Bde., 1950/51; Th. SCHIEFFER, Winfrid-Bonifatius u. die christl. Grundlegung Europas, 1954; J. WOLLASCH, Mönchtum des Mittelalters zw. Kirche u. Welt, 1973; J. HEMMERLE, Die Benediktinerklöster in Bayern (Germania Benedictina 2) 1970. – K. LAMPRECHT, Deutsches Wirtschaftsleben im MA, 4 Bde., 1885/86; G. SEELIGER, Die soziale u. politische Bedeutung d. Grundherrschaft im frühen MA, 1903; A. DOPSCH, Die Wirtschaftsentwicklung d. Karolingerzeit, 2 Bde., 1913, 1921²; Ders., Wirtschaftl. u soziale Grundlagen d. europ. Kulturentwicklung v. Caesar bis auf Karl d. Gr., 2 Bde., 1923/24²; Ders., Herrschaft u. Bauer in der deutschen Kaiserzeit. Untersuchungen z. Agrar- u. Sozialgesch. d. hohen MA, 1939, 1964²; F. L. GANSHOF, Was waren die Kapitularien? 1961; W. ABEL, Gesch. d. deutschen Landwirtschaft vom frühen MA bis zum 19. Jh., 1962; K. S. BADER, Dorfgenossenschaft u. Dorfgemeinde, 1962; F. LÜTGE, Gesch. d. deutschen Agrarverfassung, 1963; H. AUBIN-W. ZORN (Hg.), HB d. deutschen Wirtschafts- u. Sozialgesch., 2 Bde., 1971/76. – H. PLANITZ, Frühgesch. d. deutschen Stadt (ZRG 63) 1943; E. ENNEN, Frühgesch. d. europ. Stadt, 1953; H. PLANITZ, Die deutsche Stadt im MA, 1954; C. HAASE, Die Stadt des Mittelalters, 3 Bde. (Wege d. Forschung 243, 244, 245) 1969/76/76; Th. MAYER (Hg.), Untersuchungen z. gesellschaftl. Struktur d. mittelalterl. Städte in Europa (Vorträge u. Forsch. 11) 1966; K. S. BADER, Das mittelalterl. Dorf als Friedens- u. Rechtsbereich, 1957. – Gesamtdarstellungen d. Kirchengesch., Rechts- u. Verfassungsgesch., Wirtschaftsgesch. s. o. Hilfsmittel.

Bayern. Quellen: Von den Monumenta Germaniae Historica besonders die Abteilungen Scriptores, Diplomata und Leges mit einschlägigen Teilen in fast allen ihrer Reihen. Lex Baiwariorum, hg. v. Ernst v. SCHWIND (MG Legum Sectio I 5, 2) 1926 (s. auch u. Hilfsm.). – Monumenta Boica (MB): 1 (die Klöster Gars, Au bei Gars, Attel, Rott) 1763; 2 (Rott, Seeon, Baumburg, Chiemsee) 1764; 3 (Baumburg, Raitenhaslach, Ranshofen, Reichersberg, Reichenhall) 1764; 4 (Vornbach, St. Nikolaus in Passau, Reichersberg, Suben) 1765; 5 (Fürstenzell, Asbach, St. Veit, Aldersbach, Beiharting, Mattighofen) 1765; 6 (Tegernsee, Raitenhaslach, Beuerberg, Steingaden) 1766; 11 (Niederalteich, Metten, Kühbach) 1771; 15 (Niederalteich, Thierhaupten, Prüll bei Regensburg, Mallersdorf, Seligenthal bei Landshut) 1787. – Traditionen (Urkunden u. Urbare) in QE: Freising (BITTERAUF), Passau (HEUWIESER), Regensb. u. St. Emmeram (WIDEMANN), Tegernsee (ACHT), Schäftlarn (WEISSTHANNER), Weltenburg (THIEL), St. Veit (HÖR-MORENZ), Raitenhaslach (KRAUSEN), Neustift b. Freising (BUSLEY), Münchsmünster (ENGELS-THIEL), Heiliggeist-Spital München (VOGEL). – PETZ-GRAUERT-MAYERHOFER, Drei Traditionsbücher, 1880; Passauer Urbare, hg. v. A. MAIDHOF, 2 Bde., 1933/39. – *Nekrologien* in MG Necr. 1, 1–2 (Augsburg, Konstanz, Chur, hg. v. L. BAUMANN) 1886; 2 (Salzburg, hg. v. S. HERZBERG-FRAENKEL) 1904; 3 (Brixen, Freising, Regensburg, hg. v. F. L. BAUMANN) 1905; 4 (Passau Teil I, 1 bayer. Teil; I, 2 Linzer Teil, hg. v. M. FASTLINGER u. J. STURM) 1920; 5 (Passau, niederösterr. Teil, hg. v. A. F. FUCHS) 1913. – *Schenkungsbücher* in QE 1 (St. Emmeram u. Obermünster, hg. v. Fr. M. WITTMANN; Propstei Berchtesgaden, hg. v. K. A. MUFFAT) 1856. – *Urkundenbücher:* UB Salzb., UB Regensb., UB Brix., UBLE, UB Bab., s. Abk.-Verz. – *Regesten:* Reg. Augsb., Bamb., Eichst., Salz., s. Abk.-Verz.; Regesten des Passauer Abteilandes, hg. v. J. HEIDER (Ver. d. Inst. für ostbair. Heimatforsch. in Passau 3) 1934; Die Regesten der Grafen v. Görz u. Tirol, bearb. v. H. WIESFLECKER, I 1949 (Reg. Görz). – REINDEL, Die bayer. Luitpoldinger 893–989. Sammlung u. Erläuterung d. Quellen (QE NF 11) 1953; Monumenta Egrana, Denkmäler des Egerlandes als Quellen f. dessen Geschichte, hg. v. H. GRADL I (805–1333) 1886; G. FRIEDRICH, Codex diplomaticus et epistolaris regni Bohemiae, 2 Bde., 1905/12; Monumenta hist. ducatus Carinthiae. Die Kärntner Geschichtsquellen bis 1269, hg. v. A. v. JAKSCH, 4 Bde. u. 1 Ergh. 1896/1915; K. BOSL (Hg.), Dokumente z. Gesch. v. Staat u. Gesellschaft in Bayern I: Altbayern bis 1180, bearb. v. K. L. AY, 1974. – *Erzählende Quellen:* Arbeo, Vitae Emm. et Corb.; Ann. Fuld.; Thietmar, Chron.; Otto Fris., Chron.; Ders., Gesta, s. Abk.-Verz.

Literatur: RIEZLER I 1 u. 2; DOEBERL I; I. ZIBERMAYR, Noricum, Baiern u. Österreich, 1944, 1956², 1972³; K. BOSL, Gesch. Bayerns I, 1952; Ders., Bayer. Geschichte, 1971; Ders., Bayern (HB d. hist. Stätten Deutschlands 7) 1961, 1965². – *Rechts-, Verfassungs- u. Sozialgeschichte:* KLEBEL, Probleme d. bayer. Verfassungsgesch. (Schriftenreihe 57) 1957; Zur Gesch. d. Bayern (Wege d. Forschung 60, hg. v. K. BOSL) 1965; E. ROSENTHAL, Gesch. d. Gerichtswesens u. d. Verwaltungsorganisation Baierns, 2 Bde., 1889/1906; H. G. GENGLER, Die altbayer. Rechtsquellen aus d. vorwittelsbachischen Zeit, 1889; Erich Frhr. v. GUTTENBERG, Territorienbildung am Obermain (Jahresber. d. hist. Ver. Bamberg 79) 1925/26; E. WOHLHAUPTER, Hoch- u. Niedergericht in d. mittelalterl. Gerichtsverfassung Bayerns, 1929; W. SCHNELBÖGL, Die innere Entwicklung d. bayer. Landfriedens des 13. Jhs., 1932; M. SPINDLER, Die Anfänge d. bayer. Landesfürstentums, 1937; H. WIESFLECKER, Die polit. Entwicklung d. Grafschaft Görz u. ihr Erbfall an Österreich (MIÖG 56) 1948. – P. KLUCKHOHN, Die Ministerialität in Südostdeutschland vom 10. bis z. Ende des 13. Jhs., 1910; J. STURM, Die Anfänge d. Hauses Preysing (Schriftenreihe 8) 1931; K. LECHNER, Die Babenberger in Österreich (Der Bindenschild 6) 1947; E. KLEBEL, Bauern u. Staat in Österreich u. Bayern während des MA (Adel u. Bauern im dt. Staat d. MA, hg. v. Th. MAYER) 1943; Ph. DOLLINGER, L'évolution des classes rurales en Bavière depuis la fin de l'époque carolingienne jusqu'au milieu du XIIIe siècle, 1949; F. ZIMMERMANN, Die Rechtsnatur d. altbayer. Dorfgemeinde u. ihrer Gemeindenutzungsrechte, 1950. – E. KLEBEL, Die Städte u. Märkte d. bair. Stammesgebietes in d. Siedlungsgesch. (ZBLG 12) 1939/40; F. SOLLEDER, München im MA, 1938; K. FEHN, Die zentralörtl. Funktionen früher Zentren in Altbayern, 1970; E. SCHREMMER, Die Wirtschaft Bayerns. Vom hohen Mittelalter bis zum Beginn der Industrialisierung, 1970; K. BOSL (Hg.), Beitrr. z. Gesch. v. Stadt u. Bürgertum in Bayern I, 1969; G. PFEIFFER (Hg.), Nürnberg – Geschichte einer europ. Stadt, 1971; W. ZORN, Augsburg. Geschichte einer deutschen Stadt, 1972^2; K. GEISSLER, Die Juden in Deutschland u. Bayern bis z. Mitte d. 14. Jhs., 1976; E. LIEWEHR-O. GRIMM, Marktplätze in Südostbayern (mit einer hist. Einführung v. F. PRINZ) 1976. – *Kirchengeschichte:* GP; BAUERREISS I–III. *Bistumsgeschichten:* Freising (MEICHELBECK, SCHLECHT), Augsburg (STEICHELE-SCHRÖDER, ZOEPFL), Eichstätt (SAX), Regensburg (JANNER, BUCHBERGER). *Klöster:* Oberbayern (HARTIG), Niederbayern (HARTIG), Niederösterreich (SCHAFFRAN), Benediktinerklöster u. Augustiner-Eremiten (HEMMERLE), Zisterzienserklöster (KRAUSEN), s. Abk.-Verz. – A. BRACKMANN, Die Kurie u. die Salzburger Kirchenprovinz, 1912; B. BISCHOFF, Die südostdeutschen Schreibschulen u. Bibliotheken d. Karolingerzeit, 1940, 1960^2. G. LEIDINGER, Fundationes monasteriorum Bavariae (NA 24) 1899; M. FASTLINGER, Die wirtschaftl. Bedeutung d. bayr. Klöster in der Zeit d. Agilulfinger, 1903; H. STARFLINGER, Die Entwicklung d. Domvogtei in den altbayer. Bistümern (Progr. d. Oberrealschule Ludwigshafen) 2 Teile, 1907/09; O. MEYER, Die Klostergründungen in Bayern u. ihre Quellen vornehmlich im Hochmittelalter (ZRG KA 20) 1931; G. SCHWAIGER (Hg.), Bavaria Sancta. Zeugen christl. Glaubens in Bayern, 3 Bde., 1970/73; Bavaria Christiana – Festschr. A. W. Ziegler, 1973; N. BACKMUND, Die Chorherrenorden und ihre Stifte in Bayern, 1966. – *Genealogien:* v. DUNGERN, TYROLLER, ISENBURG; *Karten:* Bayer. Geschichtsatlas.

Österreich, Quellenkunde (LHOTSKY), Handbuch (UHLIRZ), Gesamtdarstellungen (HUBER, HANTSCH, ZÖLLNER), Erläuterungen zum HA der österr. Alpenländer, Nieder- u. Oberösterreich (VANCSA), Salzburg (WIDMANN, MARTIN, KLEIN), Tirol (EGGER, STOLZ), Steiermark (PIRCHEGGER), Kärnten (JAKSCH). Böhmen (BHB, BACHMANN, BRETHOLZ), Mähren (VANĚČEK). Kirchengeschichte Österreichs (TOMEK, WODKA), Böhmens (NAEGLE). – Vollständige Titel s. Abk.-Verz.

§ 27. STAMMESGEBIET UND STAMMESHERZOGTUM

BOSL (GG I); METZ; A. J. NJEUSSYCHIN, Die Entstehung d. abhängigen Bauernschaft als Klasse d. frühfeudalen Gesellschaft in Westeuropa v. 6.–8. Jh. (Übers. a. d. Russ. v. B. Töpfer) 1961; Friedr. PRINZ, Herzog u. Adel; Ders., Zur geistigen Kultur d. Mönchtums im spätantiken Gallien und im Merowingerreich (ZBLG 26) 1963, 29–102; Ders., Frühes Mönchtum; Karl BOSL, Die german. Kontinuität im deutschen MA (Frühformen); H. WOLFRAM, Intitulatio I. Lat. Königs- u. Fürstentitel bis z. Ende d. 8. Jhs., 1967; Ders. (Hg.), Intitulatio II. Lat. Herrscher- u. Fürstentitel im 9. u. 10. Jh., 1973; W. SCHLESINGER, Zur polit. Gesch. d. fränk. Ostbewegung vor Karl d. Großen (Ders., Hg., Althessen im Frankenreich, Nationes I) 1975, 9ff.

RIEZLER I; FEHN, Siedlungsgesch. (s. o. 116); LÖWE, Reichsgründung; STOLZ, Land; DIEPOLDER, Agilolfinger; Dies., Karte 14 in: Bayer. Geschichtsatlas; H. WOLFRAM, Das Fürstentum Tassilos III., Herzogs der Bayern (Mitt. d. Ges. f. Salzb. Landeskunde 108) 1968, 157ff.; DACHS, Herzogsgut; MITTERAUER; FICHTENAU, Kremsmünster.

Bei der endgültigen Einverleibung des agilolfingischen Herzogtums ins Frankenreich tritt uns Bayern als politischer Begriff, aber auch kirchlich in bemerkenswerter Geschlossenheit entgegen. Im Volksrecht erscheint Bayern als «provincia» und als «ducatus»,[1] die Freisinger Traditionen nennen ebenfalls die «provincia Baiuvariorum», daneben die «partes» und «fines Baioarie».[2] Die Salzburger «breves Notitiae» sprechen vom Herzog Theodo (um 700) als dux Baioariorum, der sich «cum proceribus suis Baioariis» von Hrodbert taufen ließ und demselben in der «regio Baioariorum» kirchliche Rechte zugestand.[3] In Arbeos Viten Emmerams und Corbinians erscheint das Land als «fines Baiuvariorum» oder als «provincia».[4] In den Bonifatius-Briefen wird Bayern zum Jahr 739 «provincia» genannt, in der ältesten Vita Bonifatii sind die «terrae Baguariorum» eine Art Sammelbegriff für das von Bajuwaren besiedelte Land.[5] Die fränkischen Reichsannalen bezeichnen anläßlich des Grifo-Aufstandes 748 Bayern als «ducatus Baioariorum»[6] und Einhards Vita Caroli verwendet den bereits mehrfach erwähnten Ausdruck «provincia».[7] Nach einem Jahrhundert als karolingisches Teilreich erscheint Bayern in den Urkunden weiterhin als «regnum Bawaricum» und als «regnum Baiowariorum» in der Periode größter Selbständigkeit unter den Luitpoldingern.[8] Bischof Otto von Freising spricht meist von Bayern ohne irgendeine nähere Bezeichnung seiner Herrschaftsform, daneben findet sich bei ihm auch «provincia Baiovariae», dann «ducatus», manchmal die gelehrte Landesbezeichnung «ducatus Noricus».[9] Im deutschen Sprachbereich taucht «Peigira», Bayern, und «Peigirolant», Land der Bayern, im achten Jahrhundert in einer Wessobrunner Handschrift und in den Kasseler Glossen auf, «Bairelant» im Anno-Lied (elftes Jahrhundert) und «Baierlant» in der Regensburger Kaiserchronik des zwölften Jahrhunderts.[10] Welche historische Realität verbirgt sich hinter diesen Landes- und Volksbezeichnungen?

Als im Jahre 788 die Absetzung und Klosterhaft Herzog Tassilos III. eine Epoche relativer Selbständigkeit und des Eigenlebens Bayerns für immer zu beenden schien, blieben dennoch durch Karls des Großen Verwaltungsmaßnahmen die Eigenart und Geschlossenheit des bayerischen Stammes erhalten. Dies setzt «eine besonders starke Repräsentanz in einem ausgesprochen bewußten Stammesadel» voraus, der, wie die

[1] Lex Baiw. s. Register; vgl. dazu Riezler I 1, 10ff.; Stolz, Land 163ff.; G. Gastroph, Herrschaft u. Gesellschaft in d. Lex Baiuvariorum (MBM 53) 1974. Zu den früheren Bayern-Nennungen vgl. im Zusammenhang mit der Herkunftsfrage o. 103.

[2] Angaben b. Stolz, Land 165 Anm. 6.

[3] Brev. Not. I 1 u. 2, 18. – Die Vita Hrodberti, hg. v. Krusch-Levison (MG SS rer. Merov. 6) 1913, 140 spricht von «regio Baiuvariorum». Zum bayerischen Herzogstitel jetzt H. Wolfram (s. o. 139f. Anm. 34) 156ff.

[4] Arbeo, Vitae Corb. et. Emm. 34, 75, 203, 205, 214.

[5] Epist. Bonifatii zu 739 (s. o. 201 Anm. 125) 71; Vita Bonif. I c. 6, 35f.

[6] Ann. regni Franc. (zu 748) 6f.

[7] Vita Karoli c. 11, S. 14. – Vgl. das Auftreten des Terminus «provincia» in der Lex Baiw., in den Freisinger Traditionen und in den Bonifatiusbriefen. – Zu «provincia» vgl. Brunner 189.

[8] Reindel (Register: Baiowaricum regnum); Thietmar, Chron. II c. 6, 44ff. wird Regensburg «Bawarii caput regni» genannt. Wesentlich zurückhaltender wird Bayern z. B. in einer Urkunde Ottos I. von 940 als «regio Bavvariensis» (MG Dipl. Otto I. nr. 30) bezeichnet, ebenso erscheinen die Herzöge Heinrich von Bayern und Heinrich von Kärnten in einer Urkunde K. Ottos III. vom Jahre 985 als Herzöge «Bauuariae ac Carintane regionum» (MG Dipl. Otto III. nr. 21).

[9] Otto Fris., Chron. s. Register. Zu Noricus s. Klebel (s. o. 103 Anm. 7).

[10] Stolz, Land 164f.

weitere Entwicklung zeigen sollte, selbst einem gesetzten und stammesfremden dux die verlockende Möglichkeit bot, im Stammesherzogtum zu königlicher Stellung aufzusteigen.[11] Ein Blick auf die räumliche Gliederung des 788 dem Frankenreich einverleibten Herrschaftsbereichs (s. o. § 16 u. 169ff.) der Agilolfinger macht die politischen Ansprüche der letzteren verständlicher, kennzeichnet aber zugleich das Ausmaß an äußerer und innerer Bedrohung dieses Herzogtums.[12] Im Westen bildete der Lech die Grenze; ob Augsburg zum Bereich des Herzogtums gehörte, ist mehr als zweifelhaft; erst unter König Dagobert I. (623–639) sind Anfänge der Bistumsorganisation wahrscheinlich zu machen.[13] Nördlich der Donau hatte Herzog Odilo, der Vater Tassilos III., den Ost- und Südteil der späteren Diözese Eichstätt an die karolingischen Hausmeier abtreten müssen (s. o. 163ff.). Spätestens seit 836 gehörte aber das Hochstift Eichstätt zu Bayern.[14] Der Nordgau (s. hierzu o. 149ff.) zwischen Lauterhofen und Naab und der östlich anschließende Nordwald, dem Odilos Gründung Chammünster am Regen vorgelagert war, bildeten damals eine breite, noch weithin unbestimmte Grenzzone mit bayerischen Siedlungskammern, die sich erst im Laufe der folgenden Jahrhunderte durch Landesausbau zu einer schärferen Grenze gegen den slawischen Siedlungsbereich ausbilden sollte, die vom niederösterreichischen Kamp bis hinauf nach Eger verlief. Nach Osten zu stellte die Enns eine Grenze des Herrschaftsbereiches bayerischer Herzöge dar,[15] aber schon das wesentlich weiter westlich gelegene Tassilokloster Kremsmünster hatte, seinem Stiftungsbrief zufolge, slawische Siedlungen mit eigenen regionalen Organisationsformen (Dekanien) in seinem Bereich, wenn auch unter herzoglicher Oberherrschaft.[16] Östlich der Enns dürfte bis zum Wienerwald ein wenig besiedelter Raum gelegen sein,[17] der im wesentlichen erst durch die Awarenkriege Karls des Großen erschlossen wurde; doch könnten einzelne missionarische Vorstöße, wie die Gründung St. Pöltens von Tegernsee aus, noch in die Epoche Tassilos fallen.[18] Die Ostflanke des Herzogtums war jedenfalls sowohl für einen herrschaftlichen Ausgriff und für eventuelle Machterweiterung als auch für eine elementare Bedrohung durch die Awaren offen. Anders gestalteten sich die Verhältnisse im Südosten, wo das einer slawischen Herrschaftsbildung entstam-

[11] BOSL, Luitpoldinger; Ders., Stammesherzogtum (s. o. 235 Anm. 10) bes. 276; REINDEL, Arnulf 187–252; Ders., Die staatl. Entwicklung (s. o. 250).

[12] Bayer. Geschichtsatlas, Karte 14, bearb. v. Gertr. DIEPOLDER.

[13] SCHMID, Wikterp (s. o. 186 Anm. 69) positiv; zur Problematik vgl. KLEBEL, Probleme 184–256; H. BÜTTNER, Die Entstehung d. Konstanzer Diözesangrenzen (Zschr. f. Schweiz. KG 48) 1954, 225–274, bes. 236 u. 265ff.; SCHIEFFER, Winfried-Bonifatius 182ff., 233f., 247ff.; LÖWE, Bonifatius 96ff. Zu Augsburg: F. PRINZ, Augsburg im Frankenreich (J. WERNER, Hg., Die Ausgrabungen in St. Ulrich und Afra 1961–1968, 2 Bde.) 1977, 375–398.

[14] BIGELMAIR, Eichstätt (s. o. 232 Anm. 49); Ders., Mitteldeutsche Bistümer (ebd.) bes. 279ff.

[15] KOLLER, Enns u. Wien (s. o. 254 Anm. 27); M. MITTERAUER, Wirtschaft u. Verfassung in d. Zollordnung v. Raffelstetten. (Mitt. d. oberösterr. Landesarch. 8) 1964, 344–373.

[16] Zuletzt FICHTENAU, Kremsmünster 1–32. Zum slawischen Bevölkerungselement im Alpenraum vgl. A. DOPSCH, Die ältere Sozial- u. Wirtschaftsverfassung d. Alpenslaven, 1909; UHLIRZ I 166ff.

[17] KOLLER, Donauraum (s. o. 125).

[18] LÖWE, Reichsgründung 34.

mende Karantanien mit seinem Zentrum Karnburg in einer Art Lehensabhängigkeit zu Bayern stand; schon unter Tassilo wurden karantanische Fürstensöhne im Kloster Chiemsee erzogen.[19] Mit der Bestiftung des von Scharnitz-Schlehdorf aus gegründeten Klosters Innichen hatte Tassilo im Süden das teilweise slawisch besiedelte Pustertal dem bayerischen Herrschaftsbereich fester eingeordnet[20] und westlich davon den Vintschgau zurückerworben; bayerische Grafen geboten in Bozen, und durch Tassilos Heirat mit der langobardischen Prinzessin Liutbirga war diese Südgrenze, zumindest bis zum Fall des Langobardenreiches, durch freundschaftliche Verbindungen gesichert.

Hatte der Herrschaftsbereich des letzten Agilolfingers, von der Einbuße im Raum der Diözese Eichstätt abgesehen, durch Eroberung und Landesausbau im Osten somit eine beträchtliche Erweiterung und Festigung erfahren, so fehlte es doch andererseits nicht an inneren Gefahren, die das Zustandekommen eines relativ geschlossenen herzoglichen Machtbereiches ernstlich in Frage stellten. Vor allem westlich einer Art von «Binnengrenze», die sich etwa von Weltenburg an der Donau über Moosburg nach Süden an den Inn erstreckte, besaß der Herzog verhältnismäßig wenig Eigengut und geminderte Herrschaftsrechte, da er diese mit einem starken, in Tassilos Zeiten nachweislich fränkisch orientierten *Adel* teilen mußte, der zwischen Inn und Lech zahlreiche und bedeutende Klöster gründete, im Oberinntal («Poapintal», Imst) Landesausbau betrieb und offensichtlich auch das Bistum Freising beherrschte. Kern dieser westbayerischen Adelsgruppe innerhalb des Herzogtums waren die in der Lex Baiwariorum erwähnten genealogiae der Huosi und Fagana sowie die Gründerfamilien von Benediktbeuern, Tegernsee und Schäftlarn.[21] Ob sich auch die übrigen daselbst genannten genealogiae in Westbayern befanden, ist nicht schlüssig nachzuweisen, jedoch wahrscheinlich.[22] Die herrschaftsbildende Kraft des westbayerischen Adels läßt sich besonders an Zahl und Bedeutung seiner Familienklöster ermessen. Überdies besaß er auch durch seine weitreichenden Familienverbindungen feste Positionen im gesamten Herzogtum und offenbar auch alte, bis ins 7. Jahrhundert zurückzuverfolgende genealogische Beziehungen nach Alemannien und dem fränkischen Westen.[23] Von politischer Wirkung waren diese adeligen Hausklöster insofern, als

[19] S. o. 170 u. PRINZ, Frühes Mönchtum 432 ff.

[20] ZÖLLNER, Innichen (s. o. 172 Anm. 169); K. BOSL, Die Gründung Innichens u. d. Überlieferung (ZBLG 33) 1970, 451–469; F. HUTER, Stift Innichen. Siedlungsleistung u. Grundherrschaft (ZBLG 36) 1973, 450–469.

[21] PRINZ, Herzog u. Adel 283–311; Ders., Mönchtum 364 ff. Zweifel an der herrschaftsstrukturellen Zweigliederung Bayerns hat angemeldet A. KRAUS, Zweiteilung d. Herzogtums der Agilolfinger? (BlldLG 112) 1976, 16–29, vgl. dagegen F. PRINZ, Nochmals z. Zweiteilung d. Herzogtums der Agilolfinger (BlldLG 113) 1977, 19–32.

[22] Neue konkrete Details zur Frage des fränkischen Einflusses bringt A. KLINGSPORN, Beobachtungen z. Frage der bayer.-fränkischen Beziehungen im 8. Jh. Diss. Freiburg i. Br. 1965.

[23] S. u. 463 u. W. STÖRMER, Früher Adel. Studien z. polit. Führungsschicht im fränkisch-deutschen Reich vom 8. bis 11. Jh., 1973; Ders., Adelsgruppen im früh- u. hochmittelalterl. Bayern, 1972; G. MAYR, Studien zum Adel im frühmittelalterl. Bayern, 1974.

sich in ihnen das Bestreben adeliger Sippen manifestierte, anstelle der alten, heidnischen Begründung ihres charismatischen Herrschaftsanspruches nach dem Übertritt zum Christentum nun eine neue, christliche Sanktionierung ihrer führenden Stellung innerhalb der sich verfestigenden frühmittelalterlichen Gesellschaft zu erlangen. So stattete der westbayerische Adel die von ihm selbst gegründeten und geleiteten Klöster (Lantfrid in Benediktbeuern, Arbeo in Scharnitz-Schlehdorf etc.) mit wirkkräftigen Reliquien aus und machte sie zu Kultzentren des allgemeinen christlichen Heils, das vermöge seiner Wirkung und mit der Propagierung durch Translationsbericht und Heiligenvita wiederum unbewußt stärkend und bestätigend auf das politische Ansehen der Sippe der Klosterstifter und Klosterherren zurückstrahlte.[24] Dergestalt sanktionierte auch der westbayerische, frankophile Adel klostergründend seine eigene herrschaftlich-religiöse Stellung und damit zugleich seine relative Eigenständigkeit innerhalb des Herzogtums und gegenüber den Agilolfingern; die Klöster waren zugleich Stützpunkte politischer Macht. Letzteres geht unter anderem auch daraus hervor, daß fast alle diese westbayerischen Klöster mit Besitz an oder in der Nähe von alten Verkehrswegen, besonders Römerstraßen, bedacht waren und daß sie die westbayerischen Alpenübergänge nach Italien mit kontrollierten. Quer durch die Alpen reicht der Besitz von Benediktbeuern und Scharnitz-Schlehdorf; als weiteres Wirtschafts- und Verkehrszentrum (oppidum) läßt sich heute der Raum Schäftlarn-Mühlthal an der Isar erschließen.[25] Von diesen Adelsgruppen Westbayerns zu trennen (wenn auch vielfach genealogisch mit denselben verflochten) sind jene fränkischen «Reichsaristokraten», die seit 743 bzw. 748 mit der Vormundschaft Pippins über Tassilo III. nach Bayern kamen und dort, wie der dem Herzog eng verbundene «vir clarissimus» und comes Machelm, Fiskalgut erhielten.[26]

Ebenso festigte der bayerische *Herzog* durch Klostergründungen die religiös-kultische Begründung seiner Herrschaft; dies war besonders dort der Fall, wo er in hohem Maße politische Verfügungsgewalt besaß, nämlich in dem schon erwähnten spezifisch herzoglichen Raum zwischen der Linie Weltenburg-Moosburg-Inn und der Enns im Osten. Wenn auch der Adel im Ostteil Bayerns besitzmäßig durchaus vertreten ist und sein Gut oft in Gemengelage mit dem Herzogsgut liegt, so fällt doch

[24] Bosl, Kontinuität (s. o. 352) 81 ff.; K. Hauck, Geblütsheiligkeit (Liber Floridus = Festschr. P. Lehmann) 1950, 187–240; Prinz, Frühes Mönchtum 489 ff.; Ders., Arbeo v. Freising u. die Agilulfinger (ZBLG 29) 1966, 580–590.

[25] Prinz, Herzog u. Adel 283–311; Ders., Zur geistigen Kultur d. Mönchtums (s. o. 352) bes. 79f. Eine Bestätigung dieser Sonderstellung Westbayerns bietet die Tatsache, daß dieses Gebiet, vom Sonderfall des Klosters Staffelsee abgesehen, nach Ausweis der großen Zehnt- und Nonenschenkungen der Karolingerzeit nicht zum Kerngebiet der karolingisch-königlichen Grundherrschaft gehört, wohl aber der östlich anschließende Bereich einst agilolfingischer Herzogsmacht, in dem Karl der Besitznachfolger Tassilos wurde; vgl. Abb. 1 in Metz 135. Zur Verkehrslage der westbayerischen Adelsklöster an Römerstraßen vgl. W. Störmer, Fernstraße und Kloster. Zur Verkehrs- u. Herrschaftsstruktur d. westl. Altbayern im frühen MA (ZBLG 29) 1966, 299–343; Ders., Adelsgruppen (s. o. 355 Anm. 23) 109; Ders., Schäftlarn u. d. Waltriche d. 8. u. 9. Jhs. (ZBLG 28) 1965, 47–81.

[26] Prinz, Zweiteilung (s. o. 355 Anm. 21).

auf, daß wir in diesem Raum keine echten bedeutenden Adelsklöster haben. Hingegen finden sich im Kerngebiet herzoglicher Macht die reich dotierten Herzogsklöster Chiemsee, Mattsee, Mondsee, Niederalteich, Chammünster und Kremsmünster, denen vermutlich noch Weltenburg, Metten, Passau-Niedernburg, Altmünster am Traunsee und vielleicht auch St. Florian zuzurechnen sind.[27] Reich beschenkten die bayerischen Herzöge auch das Peterskloster in Salzburg.[28] Der genannte Raum läßt, im Vergleich zu Westbayern, eine relativ stark durchgebildete agilolfingische Gau(pagus)-Organisation erkennen, die sich an Mittelpunkte der herzoglichen Verwaltungsorganisation anschließt und damit ihrerseits die strukturelle Aufgliederung Bayerns in zwei verschiedenartige herrschaftliche Zonen verdeutlicht.[29] Die Grafschaft, der comitatus, die im westfränkischen Bereich aufgrund spätantiker Verwaltungstraditionen eine festere, auch in Amtsbereichen faßbare Struktur besaß, ist für Bayern nach Art und Bedeutung schwierig zu definieren. Sie war im neunten Jahrhundert wahrscheinlich die Organisationsform des karolingischen Reichsgutes und dürfte sich im wesentlichen auf die Kontrolle des Königsgutes beschränkt haben. Unklar bleibt dabei, ob der Graf (comes) allein mit der Verwaltung des königlichen Besitzes im engeren Sinne befaßt war oder ob er auch über das königliche Leihegut und über die damit verbundenen Leistungen und Dienste der «vassi dominici» verfügen konnte. Daß es in Bayern feste «Amtsbezirke» der Grafen gegeben hat, ist daher unwahrscheinlich, da es hierfür nur einen einzigen, obendrein noch höchst problematischen Beleg gibt.[30] Ähnlich wie beim fränkischen Reichsgut ist wohl auch beim agilolfingischen Herzogsgut mit Übernahme aus römischem Fiskalgut zu rechnen.[31] Bemerkenswert ist die Tatsache, daß sich in Bayern das Gebiet, in dem Barschalken vorkommen, ziemlich genau mit dem Bereich der herzoglichen pagus-Organisation deckt, im westbayerischen Bereich der «genealogiae» jedoch fehlt.[32] Aus dem fränkisch orientierten westbayerischen Adel, der sich um die Huosi und die Fagana gruppiert, stammen auch vorwiegend jene Bayern, die vor und unter Karl dem Großen bedeutende kirchliche und weltliche Ämter bekleideten, so Erzbischof Arn von Salzburg, Erzbischof Leidrat von Lyon, der vir nobilis Poapo aus dem Stifterkreis von Scharnitz-Schlehdorf, sehr wahrscheinlich auch der dux Autkar-Otachar, der Tegernsee gründete und 788 zusammen mit dem Grafen Graman die Awaren am Ybbsfeld schlug.[33] Man hat es also hier mit einem Kreise zu tun, der entweder schon

[27] Lit. s. o. § 20.

[28] Ind. Arn. u. Brev. Not. 4ff. u. 17ff.

[29] Diepolder, Agilolfinger. Dafür zeichnen sich im Westen «Adelspagi» ab. Vgl. Störmer, Früher Adel (s. o. 355 Anm. 23) 382ff.

[30] Hamm (s. o. 131 Anm. 42); Bosl, Art.: Grafschaft (Rössler-Franz); der einzige, allerdings auch anders interpretierbare Beleg für das angebliche Aneinandergrenzen gräflicher «Amtsbezirke» Dipl. L. d. Dt. 38, vgl. H. K. Schulze, Die Grafschaftsverfassung d. Karolingerzeit in d. Gebieten östl. d. Rheins, 1973, 149ff.; dazu F. Prinz in ZBLG 38, 1975, 357–359.

[31] Vgl. jedoch o. 131.

[32] Janda (s. o. 125); dazu Zeiss, Barschalken (s. o. ebd.); Dollinger, Classes rurales 316ff.; Mayer, Baar u. Barschalken (s. o. 128 Anm. 15); Diepolder, Agilolfinger 398.

[33] E. Zöllner, Zur Bedeutung d. älteren Otachare f. Salzburg, St. Pölten u. Wien (Adler, Neues Jb. d. herald. genealog. Ges. 1) 1945/46, 21ff.; Ders., Innichen (s. o. 172 Anm. 169) 377ff.; Löwe, Reichs-

vor 788 zur «fränkischen Reichsaristokratie» (s. u. 364) zu zählen ist oder zumindest nach diesem Zeitpunkt dieser staatstragenden Gruppe eingegliedert wurde, deren Kennzeichen in erster Linie nicht die Zugehörigkeit zum «Hochadel», sondern die gemeinsame Durchführung wichtiger politischer Aufgaben innerhalb der Reichsverwaltung war.[34] Innerhalb Bayerns hatte der fränkisch orientierte Adel eine Art kanzleimäßigen und kirchlichen Mittelpunkt im «Huosi-Bistum» Freising,[35] während zumindest für Tassilos Zeit eine eigene herzogliche Kanzlei mit eigenem Formular in Erscheinung tritt und in den echten Bestandteilen des Kremsmünsterer Stiftungsbriefes faßbar wird.[36] Ähnlich wie für die gesamtfränkische Grafschaftsverfassung gilt auch für Bayern im neunten Jahrhundert, daß wir es keinesfalls mit einem lückenlosen System von Grafschaften als «politischen Grundeinheiten» zu tun haben, sondern daß die Grafschaft in den Herzogs- und Königshöfen ihren Sitz hat und zumeist einen Wirkungsraum umfaßt, der sich eng an das Herzogs- und spätere Königsgut anschließt, jedoch über dasselbe zur Wahrung der Friedensordnung jeweils weit hinausgreifen kann.[37] Deshalb vermittelt auch die Verteilung und Dichte des Herzogs- bzw. Königsgutes innerhalb Bayerns am ehesten Einblick in dessen politisch-herrschaftliche Struktur.

Gerade der gewaltsame Übergang der Macht an Karl den Großen hat für Bayern um 790 Aufstellungen von Güterverzeichnissen gebracht, die aus der Notwendigkeit erwachsen waren, die vor 788 erfolgten Schenkungen der Herzöge und des Adels an Kirchen und Klöster dem neuen Herrscher gegenüber auszuweisen und bestätigen zu lassen. Erhalten sind uns davon die Salzburger Aufzeichnungen und der Niederalteicher Güterbeschrieb; Karls Bestätigungsurkunde für Kremsmünster gehört gleichfalls in diese Gruppe und ebenso das Güterverzeichnis des Klosters Staffelsee.[38] Diese Quellen vermitteln nicht nur Einblicke in die horizontale Herrschaftsstruktur, sondern ebenso in die vertikale, d. h. in das Sozialgefüge im engeren Sinne, welches für das agrarisch bestimmte Frühmittelalter im wesentlichen auf der Grundherrschaft

gründung 30ff.; zuletzt MITTERAUER 26ff. (Graman), 50ff. (Otachar); SEMMLER (s. u. 364 Anm. 62); zu Poapo vgl. PRINZ, Frühes Mönchtum 549ff. (Exkurs).

34 TELLENBACH, Königtum; Ders., Reichsadel 28ff.; Ders., Zur Bedeutung d. Personenforschung für die Erkenntnis des frühen MA (Freiburger Univ.reden NF 25) 1957; BOSL (GG I) 602ff.

35 HAUCK II 436, 455f.; STRZEWITZECK (s. o. 218 Anm. 171); ZÖLLNER, Innichen (s. o. 172 Anm. 169) 368.

36 FICHTENAU, Kremsmünster 1–32, bes. 15ff. Zum Freisinger Formular KANOLDT (s. o. 133 Anm. 52).

37 HAMM (s. o. 131 Anm. 42; BOSL (GG I) 605; Ders. (Rössler-Franz); MAYER, Mod. Staat; Ders., Analekten zum Problem d. Landeshoheit, vornehmlich in Süddeutschland (BlldLG 89) 1952, 87–111. Zum Stand der Forschung FRIED, Verfassungsgesch. 528–564. Ein lückenloses System von Grafschaften suchen für Bayern ohne Beweiskraft nachzuweisen: U. UFFELMANN, Das Regnum Baiern v. 788–911, Diss. Heidelberg 1965 u. SCHULZE, Grafschaftsverfassung (s. o. 357 Anm. 30).

38 Trad. Freis.; Trad. Schäftlarn; Ind. Arn. u. Brev. Not.; Trad. Reg.; Breviarius Urolfi v. Niederalteich, hg. v. P. ROTH (Beitr. z. dt. Sprachgesch. u. Ortsforsch. III) 1854; UBLE I (Mondseer Trad.), II (Kremsmünster) jetzt: FICHTENAU, Kremsmünster; Brevium exempla ad res ecclesiasticas et fiscales describendas (MG Capit. 1, hg. v. A. BORETIUS, 1883, 250–252, Staffelsee); MG Dipl. Karl d. Gr. 169 (Kremsmünster). Vgl. W. METZ, Die Königshöfe der Brevium Exempla (DA 22) 1966, 598–617.

beruhte.[39] Die *Grundherrschaft,* die zusammen mit der Vogtei und der Immunität auf die gemeinsame Wurzel der adeligen Hausherrschaft[40] zurückgeht, ist eine Lebensordnung, in der «staatliche» und wirtschaftliche Funktionen eng miteinander verflochten sind, dergestalt, daß der Schutz, den der wehrhafte adelige Grund- und Leibherr als Inhaber des «legitimen Rechtes der Gewaltanwendung» (Fehderecht) gewährt, auf der Huld und Treue seiner Grundholden beruht, die ihn mit Rat und Hilfe in Form von «Steuer, Robot und Reis» zu unterstützen verpflichtet sind und ihm damit gleichzeitig die wirtschaftliche Existenzgrundlagen gewährleisten.[41] Die Form adeliger wie kirchlicher Grundherrschaft war die Villikationsverfassung, in der eine herrschaftliche Eigenwirtschaft im Zentrum stand (Salhof, Fronhof) und bäuerliche Wirtschaften angegliedert waren, die zusammen den Fronhofsverband bildeten.[42] Seit dem Ende des sechsten und im Verlaufe des siebten Jahrhunderts bildete sich die Grundherrschaft als sozialökonomische Bauform mittelalterlichen Lebens voll aus; sie verdankte einem Prozeß von größter Bedeutung ihre Entstehung, der in der Verbäuerlichung und gewissermaßen in einer «Landnahme» großer Teile ehemals Unfreier gipfelte.[43] Eine Begleiterscheinung dieser Wirtschaftsorganisation war die Verhufung des Landes, die in den Quellen des achten Jahrhunderts immer stärker faßbar wird und im Frühmittelalter vornehmlich zur Zusammenfassung des reichlich vorhandenen Streubesitzes zu größeren Belastungs- und Berechnungseinheiten diente.[44] Siedlungsgeschichtlich bedeutsam ist dabei die neuere Erkenntnis, daß wenigstens teilweise das große Haufendorf mit kleinteiliger Gewannflur nicht das Abbild der bayerischen, vorgrundherrschaftlichen Ursiedlung gewesen sein kann, sondern daß nach Aussage der Archäologie ursprünglich Einzelhöfe oder lockere Hofgruppen mit Blockfluren bestanden, deren *«Verdorfung»* erst ein Ergebnis der Grundherrschaft war.[45] Ebenso wurde im Gefolge der Villikationsverfassung seit dem achten Jahrhundert die ungeregelte, mehr viehwirtschaftlich orientierte Wechselwirtschaft allmählich von der geregelten, auf Dauergetreidebau eingestellten Dreifelderwirtschaft abgelöst.[46]

[39] Ältere Lit. b. DOPSCH, Herrschaft und Bauer (s. o. 350); Ders., Grundherrschaft im MA (Festschr. A. Zycha) 1941; BOSL (Rössler-Franz); Adel u. Bauern (s. u. 372); LÜTGE; DOLLINGER, Classes rurales; NJEUSSYCHIN (s. o. 352) bes. Kap. 7, 470–551; METZ 91 ff. u. bes. W. ABEL, Landwirtschaft 500–900 (AUBIN-ZORN, HB d. dt. Wirtschafts- u. Sozialgesch. I) 1971, 97 ff.

[40] BRUNNER, Adeliges Landleben.

[41] Ders., Land und Herrschaft 273 ff.; BOSL, (GG I) 615 ff.

[42] KÖTZSCHKE, Salhof (s. u. 495); LÜTGE, Sozial- u. Wirtschaftsgesch. 71 f.

[43] LÜTGE, Agrarverfassung (s. o. 350) 34 u. ABEL, Landwirtschaft (s. o. Anm. 39) 97 ff.

[44] W. A. BOELCKE, Die frühmittelalterl. Wurzeln d. südwestdeutschen Gewannflur (Zschr. f. Agrargesch. u. Agrarsoziologie 12) 1964, 131–163, bes. 150 ff. Für Bayern bietet noch vor dem Auftreten der Hufe in der Mitte des 8. Jhs. die Lex Baiwar. 287 eine gesetzliche Definition des Normalakkers (andecena legitima), woraus die Normierung für die Steuer erhellt.

[45] GEBHARD, Frühe dörfl. Siedlungen (s. o. 124 Anm. 46); zu den siedlungsgeschichtlichen Problemen vgl. die instruktive Überschau von FEHN, Siedlungsgesch. (s. o. 116) u. Karten 8–12 m. Erläuterungen in: Bayer. Geschichtsatlas.

[46] A. KRENZLIN, Die Entwicklung d. Gewannflur als Spiegel kulturlandschaftl. Vorgänge (Ber. z. dt. Lkde. 27) 1961, 19–36.

Der *Landesausbau* des Frühmittelalters erfolgte zwar unter Antrieb und Leitung der Grundherrschaft, brachte aber noch keine Siedlungsplanformen wie die hochmittelalterliche Kolonisation hervor, da die Siedlungserweiterungen der Merowinger- und Karolingerzeit weniger den ungerodeten Urwald einbezogen als vielmehr das bisher schon extensiv, weidewirtschaftlich genutzte, offene Land in der Nähe von Altsiedlungen.[47] Eine Ausnahme machte hier der Landesausbau von Herzog und König in politischen Kernräumen um Pfalzen und Herzogs- bzw. Königshöfen, wo aufgrund des Forstregals frühe Waldrodung und eine Breitstreifenflur festzustellen ist, die man als Vorform der planmäßigen Waldhufen des Hochmittelalters bezeichnen darf.[48]

Die Ausbreitung grundherrschaftlicher Wirtschafts- und Verfassungsformen wurde durch die Schenkungen besiedelten Landes in Streulage an Klöster und Kirchen, wie die Traditionsbücher und Güterbeschriebe zeigen, ebenso gefördert wie durch die Tradierung von Urwald und Sumpf zu Rodungszwecken und durch die damit verbundene Verfügung des Herzogs oder Königs, des Adels oder der Kirchen über Unfreie, die zu Rodung und Aufsiedlung angesetzt werden konnten. Die Inbesitznahme herrenlosen Landes durch den Adel und dessen Siedlungsförderung kann man etwa im Umkreis der Stifterfamilien von Scharnitz-Schlehdorf verfolgen, wo ein Poapo-Popo als großzügiger Schenker auftaucht, dessen Name als Ortsbezeichnung «Poapintal» in einem Zentrum huosischen Besitzes im Oberinntal auftaucht, als Poapos Sohn Gaio 799 daselbst Besitzungen an Schlehdorf gab. Die weite Streulage adeligen Grundbesitzes erhellt aus der Erstdotation Reginperhts an Scharnitz-Schlehdorf vom Jahre 763, die u. a. Güter in Imst, Flaurling, Polling/Tirol, Scharnitz, Wallgau, Schlehdorf, Schöngeising bei Bruck, Pasing, Gräfelfing bei München, ferner Besitz in der Dachauer Gegend, im Rottachgau und bei Mühldorf umfaßte.[49] Die *Hufe* (hoba, lat. mansus) bezeichnet die bäuerliche Siedelstelle, seit der Karolingerzeit zugleich das durchschnittliche Größenmaß einer Vollbauernstelle; die Ordnung des Hufenwesens oblag der rodenden und organisierenden Grundherrschaft. Der Salzburger Güterbeschrieb von 790 läßt durch die Vielzahl seiner Hufenschenkungen an das Bistum eine ausgedehnte grundherrschaftliche Organisation des Herzogs- und späteren Königsgutes erkennen wie auch eine funktionierende Wirtschaftsverwaltung bei der so wichtigen Salzgewinnung; Schenkungen zwischen 30 und 80 Mansen sind keine Seltenheit, wobei besetzte wie unbesetzte Bauernstellen gleichermaßen tradiert werden.[50] Die Massierung herzoglichen Gutes hängt wohl mit der nach Eroberer-

[47] K. SCHWARZ, Neue Zeugnisse frühmittelalterl. Landesausbaus (BVbll. 23) 1958, 101–126; DANNHEIMER (s. o. 124 Anm. 44); RUBNER (s. o. 118 Anm. 7).

[48] K. BOSL, Pfalzen u. Forsten (Deutsche Königspfalzen = Veröff. d. Max-Planck-Inst. f. Gesch. 11, 1) 1963, 1–29; E. GAGEL, Die Form karoling. Königshöfe in Oberpfalz u. Franken (Opf. Heimat 8) 1963, 29–53; K. FEHN, Zum Problem d. mittelalterl. Plansiedlung in Süddeutschland (Mitt. d. Geogr. Ges. München 48) 1963, 193–197.

[49] Trad. Freis. (zu 765) nr. 23, (zu 799) nr. 177; vgl. PRINZ, Herzog u. Adel 292f., Anm. 27. – Neben Poapo-Popo erscheint in Trad. Freis. nrr. 24c u. 49 als Zeuge ein Situli, dessen Name im ON Situlinessteti auftaucht (Trad. Freis. zu 802 nr. 185); die Reginperhtschenkung (ebd. zu 763 nr. 19).

[50] Ind. Arn. 4ff.; vgl. R. KÖTZSCHKE, Hufe u. Hufenordnung in den mitteldeut-

recht vollzogenen Unterwerfung und Einverleibung größerer, *romanisch besiedelter Gebiete* zusammen; auffällig sind die zahlreichen und umfangreichen Schenkungen von «abgabenpflichtigen Romanen» («Romani tributarii») bzw. «Romanen mit ihren abgabenpflichtigen Hufen» («Romani et eorum mansos tributales»).[51] Wenn gleichzeitig mit den Hufen «Wehrmänner» («viros exercitales»), «Wehrmänner und Barschalken» («exercitales et barscalcos»), «Knechte und Freie» («servos et liberos») geschenkt werden, dann läßt dies auf eine im Bereich des Herzogsgutes (res dominica) bestehende Wehrorganisation schließen, an der abgabepflichtige Romanen, *Barschalken* und vielleicht auch Leibeigene gleicherweise beteiligt waren. Es ist aber keineswegs so, daß die Barschalken mit dem verbliebenen Alpenromanentum gleichzusetzen wären, wenn auch zweifellos zahlreiche Romanen in die herzogliche Organisation der Barschalken mit eingegangen sind. Die sogenannten «Freien» («liberi») des Stammesrechtes wie der Traditionen sind weder «Gemeinfreie» im Sinne der klassischen Rechtsgeschichte noch lassen sie sich, wie man vielfach angenommen hatte, auf die Gruppe der «Königsfreien» reduzieren. «Liberi» finden sich sowohl als Grundherren wie auch als kleine Allodbauern, daneben gibt es «liberi», die sich als Vasallen dem König oder Herzog, königlichen oder herzoglichen vassi, Äbten oder Bischöfen kommendiert hatten; sie konnten sehr verschiedenartige Funktionen ausüben. Daneben lassen die Quellen aber auch «liberi» erkennen, die auf Fiskalland siedelten, Präkarien besaßen oder in herzogliche bzw. königliche Grundherrschaften eingegliedert waren oder die als Präkaristen zu kirchlichen und adeligen Grundherrschaften gehörten. Der Begriff des «Freien» hat also im Frühmittelalter eine breitgefächerte Bedeutungsskala, bis hin zum Freigelassenen. Für die Rechtspraxis war es wichtig, den Sammelbegriff des «liber» gegen den «servus» abzusetzen, wobei sich hinter beiden Termini jeweils eine sehr differenzierte soziale Wirklichkeit mit fließenden Übergängen verbirgt.[52] Die im Salzburger Güterverzeichnis genannten «liberi Baioarii», die mit herzoglicher Genehmigung «ex causa dominica», d. h. ausgetanes Fiskalgut, an das Bistum schenken, gehören zweifellos einer gehobenen Schicht von Freien innerhalb einer sehr weiten Begriffsskala von «Freiheit» an. Sie unterschieden sich von den in derselben Quelle vielfach erwähnten «viri exercitales», tributarii und

schen Fluranlagen (Festschr. A. Dopsch) 1938; E. Klebel, Freies Eigen- u. Beutellehen (ZBLG 11) 1938, 45–85; H. Klein, Hof, Hufe, Viertelacker (Klein, Beitr. z. Siedlungs-, Verfassungs- u. Wirtschaftsgesch. v. Salzb. = Ges. Aufss.) 1965; über Salz s. u. 376 Anm. 15.

[51] Zur Romanenfrage (s. o. § 15); Helbok (s. o. 107 Anm. 45) 341 ff.; gegen Romanenreste in Bayern Klebel, Probleme 50, ohne Begründung; Bauerreiss I 36 ff.; F. Juraschek, Notizen zu Grabungen an vorroman. Kirchen in Österreich (Österr. Zschr. f. Kunst u. Denkmalspflege 12) 1958, 101 ff.; Klein, Juvavum-Salzb. (s. o. 127 Anm. 12); Koller, Donauraum (s. o. 125) bes. 20 ff.; Sturm, Roman. Personennamen (s. o. 127 Anm. 13) 61 ff.; Dachs, Herzogsgut 283 ff., bes. für das Gebiet zwischen Regensburg und Passau, wo (romanische) vinitores auftauchen, weitere Lit. b. Uhlirz I 153 f. Zur Frage der Kontinuität in Wien Oettinger.

[52] Vgl. die Kontroverse zwischen H. Klein, Juvavum–Salzb. (s. o. 127 Anm. 12) u. Salzburg an der Slawengrenze (Südostdeutsches Archiv XI) 1968, 1–14; F. Prinz, Salzburg zw. Antike u. MA (Frühmittelalterl. Stud. 5) 1971, 10–36; Ders., Fragen d. Kontinuität zw. Antike u. MA am Beispiel Bayerns (ZBLG 37) 1974, 699–727.

Barschalken, die unmittelbar auf Herzogsgut saßen und für bestimmte Dienstleistungen herrschaftlich organisiert waren.[53]

Die unterste, quellenmäßig faßbare Schicht bilden die Knechte (mancipia und servi), die mit den Hufen gemeinsam verschenkt werden.[54] Die *Romanen* Bayerns konzentrieren sich besonders im Salzburger Land zwischen Chiemsee und Pongau, ebenso im Wallgau, aber auch an der Donau. Dabei handelt es sich keineswegs nur um verbliebene romanische bzw. romanisierte Unterschichten, wie vielfach angenommen wurde. Wenn es den Salzburger Romanen auch nicht gelang, wie im viktoridischen Churrätien eine eigene, geschlossene Herrschaftsstruktur mit einer eigenen, geistlich-politischen Spitze und eigenem Recht (lex Romana Curiensis) zu bewahren oder zu entwickeln, blieben sie doch in sich differenziert genug, um noch eine Reihe von romanischen Grundherren (possessores Romani) in agilolfingische Zeit hinüberzuretten. Aus dem Salzburger Indiculus geht hervor, daß sich Teile der ehemaligen romanischen Herrenschicht bis ins achte Jahrhundert erhalten haben müssen, denn im Zusammenhang mit dem Streite zwischen Bischof Virgil von Salzburg und Herzog Odilo um die Maximilianszelle in Bischofshofen erfahren wir von der «genealogia ... de Albina», deren Angehörige Tonazanus und Urso mit Einwilligung des Herzogs ihren Besitz an das Salzburger Peterskloster übertrugen. Seit Hrodbert ist diese gentile romanische Grundbesitzerschicht der germanisch-bayerischen Oberschicht integriert worden, die Entwicklung des Salzburger Bistums im achten Jahrhundert hat diesen Verschmelzungsprozeß zweifellos stark beschleunigt.[55] Berührungen von Bajuwaren und *Slawen* sind im Falle von Innichen im Pustertal, in Bischofshofen im Pongau und im Kremsmünsterer Bereich bezeugt, wo uns die schon genannten Slawendekanien unter herzoglicher Oberhoheit begegnen.[56]

Die Mittelpunkte der herzoglichen wie der adeligen Villikation werden als villa, (Herrenhof), villula, locus, locellum bezeichnet, der herzogliche Gesamtbesitz, aus dem auch mit Einwilligung des Herzogs die «liberi Baioarii» an die Kirchen und Klöster schenken dürfen, als Herzogsgut (causa dominica).[57] Größere herzogliche,

[53] Zum Forschungsstand: H. Krause, Die liberi der Lex Baiuvariorum (Festschr. f. M. Spindler z. 75. Geb.) 1969, 41–73; E. Müller-Mertens, Karl der Große, Ludwig der Fromme u. die Freien. Wer waren die liberi homines d. karoling. Kapitularien (742/743 – 832)?, 1963; K. Bosl, Gesellschaftsentwicklung (Aubin-Zorn, HB d. dt. Wirtschafts- und Sozialgesch. I) 1971, 154ff.; J. Schmitt, Untersuchungen zu den Liberi Homines der Karolingerzeit, 1977.

[54] S. o. 359 Anm. 39–42. F. Gutmann, Die soziale Gliederung der Bayern z. Z. d. Volksrechtes, Straßburg 1906; Bosl, Frühformen 171ff.

[55] Ind. Arn. 15 f., Brev. Not. 20ff. u. 27ff.; dazu Prinz, Frühes Mönchtum 400ff.; H. Wolfram, Libellus Virgilii. Ein quellenkrit. Problem d. ältesten Salzburger Güterverzeichnisse (Vorträge u. Forsch. 20) 1974, 177ff.; Störmer, Früher Adel (s. o. 355 Anm. 23) 212f. Auch die romanischen Tradenten der Schäftlarner Traditionen sind hier zu erwähnen. Bei Annianus und Marinus von Irschenberg dürfte es sich ebenfalls nicht um Iren, sondern um Romanen handeln, Prinz, Mönchtum 347.

[56] S. o. 353 Anm. 6, 353 Anm. 10, ferner Brev. Not. VIII 27 für Bischofshofen, das von heidnischen Slawen zerstört worden war.

[57] Ind. Arn. VI 8–10. – Mit Recht hat W. Schlesinger, Herrschaft u. Gefolgschaft in der german. deutschen Verfassungsgesch. (HZ 176) 1953, 250 Anm. 5 festgestellt, daß die Ausdrücke «publicus, dominicus, dominicalis» in bayerischen

nach 788 königliche *Verwaltungsmittelpunkte* sind neben der Residenz und Herzogsstadt (civitas publica) Regensburg, der herzoglichen Burg (castrum publicum) Passau, dem «oppidum» und «castrum» Salzburg, das auch als Herzogshof (curtis publica) erscheint, dem castrum Freising und dem castrum Wels, vor allem die Herzogshöfe (villae publicae) Ober(Nieder-)ding bei Erding, Langenpreising, Dingolfing, Helfendorf, Altötting, Alkofen bei Eferding, Reichenhall sowie die «curtes» Ranshofen, Neuching, Oberföhring, Pöring, Ostermiething und der «locus publicus» Isen. Die Königshöfe Lauterhofen und Ingolstadt (s. o. 174) werden in dem Reichsteilungsplan von 806 als ehemalige «Lehen» Tassilos erwähnt, sind also karolingischen Ursprungs. Als königliche curtes erscheinen in karolingischer Zeit ferner: Hochburg am Inn, Mattighofen, Chieming, Ergolding, Münsing, Salzburghofen, wahrscheinlich auch Linz, Tulln, Traismauer, Mautern und Ybbs. Karolingische Pfalzen waren Ranshofen, Osterhofen, Altötting und Aibling; daß sie diese Funktion schon in agilolfingischer Zeit hatten, ist anzunehmen.[58] In *Regensburg*[59] gab es eine ältere Pfalz der Agilolfinger und Karolinger bei der Alten Kapelle und eine jüngere, die nach einem Bericht des Propstes Arnold (um 1035) Kaiser Arnulf bei St. Emmeram errichtet hatte und die jetzt als unmittelbar beim Kloster liegend lokalisiert werden konnte. Der Wechsel von 788 hat die Bedeutung dieser Verwaltungsmittelpunkte nicht beeinträchtigt, sondern eher noch gesteigert, vor allem Regensburg tritt im neunten Jahrhundert als Hauptstadt des ostfränkischen Reiches sowohl politisch wie als Stadttypus an die Spitze der Entwicklung in den rechtsrheinischen Gebieten und *Salzburg* gewinnt als Metropolitansitz und Missionszentrum für den Osten ein gesteigertes Ansehen.[60] Die Einheit des Herzogtums blieb somit trotz allen politischen Wandels

Urkunden des 8. Jh. «herzoglich» bedeuten, auch wenn diese Bezeichnungen ursprünglich nur für Königsgut verwendet wurden.

[58] Klebel, Probleme 184–256, bes. 227, wendet sich mit Recht gegen die Auffassung von Krawinkel (s. o. 167 Anm. 127), daß es in Bayern keinen karolingischen Fiskus gegeben habe. Hamm (s. o. 131 Anm. 42); Riezler I 450; K. Gutkas, Die Treisma-Orte (Unsere Heimat 22) 1951, 147ff.; Diepolder, Agilolfinger 402ff.; Prinz, Herzog u. Adel 289 Anm. 20; Metz 94 u. 137. Als «castrum» wird auch Wels bezeichnet in den Trad. Freis. I nr. 74, Aiterhofen als «villa», ebd. nr. 63; Bozen-Bauzana ist ebenso als bayerisch-agilolfingisches Herrschaftszentrum hinzuzurechnen sowie Osterhofen, wofür allerdings agilolfingische Quellenbelege fehlen. Altbayer. Pfalzen untersucht auch A. Gauert, Zur Struktur u. Topographie der Königspfalzen (Veröff. d. Max-Planck-Instituts f. Gesch. 11, 2) 1965, 1–60. Zu Lauterhofen vgl. H. Dannheimer, Lauterhofen im frühen MA (m. Beitr. v. M. Hopf u. H.-J. Hundt) 1968.

[59] Zur Regensburger Pfalz Kaiser Arnulfs: Die Pfalz Kaiser Arnulfs bei St. Emmeram in Regensburg, hg. v. M. Piendl (Thurn u. Taxis-Stud. 2) 1962; vgl. allgemein Deutsche Königspfalzen (Veröff. d. Max-Planck-Inst. f. Gesch. 11, 1) 1963, darin über die Zusammenhänge zwischen Pfalzen und Forsten: Bosl, Pfalzen (s. o. 360 Anm. 48) 1–29. Königsgut waren auch die «quatuor hobe ad cameram nostram pertinentes» in zwei Orten des Isengaues unter K. Ludwig d. K. (903), MG Dipl. Ludw. d. K. 25; Metz 130. R. ist die einzige rechtsrheinische Stadt, die vor 1000 eine Stadtummauerung besitzt. Ennen (s. o. 351) 157; H. Dachs, Regensburg, 1950; s. u. 496ff. über Regensburg; A. Kraus, Civitas Regia. Das Bild Regensburgs in d. deutschen Geschichtsschreibung d. MA (Regensburger histor. Forsch. 3) 1972.

[60] A. Hauck II 419ff; Uhlirz I 188ff.; H. Wolfram, Die Zeit d. Agilolfinger (Geschichte Salzburgs I) 1977.

erhalten,[61] wodurch die unter karolingischer Ägide fortgesetzte Landeserweiterung im Norden und Osten eine genuin bayerische Leistung wurde. Brachte das Jahr 788 auch einen verstärkten Einbruch fränkischer Kräfte nach Bayern, so darf doch andererseits nicht übersehen werden, daß aus Bayern heraus und vor allem aus dem westbayerischen Adelskreis zahlreiche wichtige Männer in die gesamtfränkische Kirchen- und Reichsverwaltung gingen: Wulfher nach Vienne, Leidrad aus dem Verwandtenkreis Erzbischof Arns von Salzburg nach Lyon, Ato nach Saintes; ebenso finden wir Bayern in wichtiger Stellung in Auxerre.[62]

§ 28. BAYERN ALS KAROLINGISCHE KÖNIGSPROVINZ UND ALS TEILREGNUM. ADEL UND GRAFSCHAFT

UHLIRZ I; TELLENBACH, Königtum; LÖWE, Reichsgründung; BOSL, Reichsaristokratie u. Uradel (ZBLG 21) 1958; Ders., Luitpoldinger; REINDEL, Arnulf; Ders., Bayern im Karolingerreich (H. BEUMANN, Hg., Karl d. Große I) 1965, 220–246; MITTERAUER; KLEBEL, Fränk. Adel (s. o. 168 Anm. 130); STÖRMER, Früher Adel; Ders., Adelsgruppen; MAYR, Studien zum Adel (alle s. o. 355 Anm. 23); W. EGGERT, Das ostfränkisch-deutsche Reich in d. Auffassung seiner Zeitgenossen, 1973, 95 ff.

Mit der Beseitigung des rex und dux Tassilo fiel Karl dem Großen die Aufgabe der Landesverteidigung gegen die Awaren zu. Die Übernahme des reichen Herzogsgutes und die militärischen und materiellen Leistungen der bayerischen Landeskirche stellten dabei einen wesentlichen Rückhalt für das weitere Vorgehen im Osten dar. Die strategische Bedeutung Bayerns an der Südostflanke des Karolingerreiches trug viel dazu bei, daß das ehemalige Herzogtum auch als fränkische Königsprovinz unter Statthaltern und als karolingisches Teilregnum seit Ludwig dem Deutschen ein einheitlicher «politischer Verband des das Land bebauenden und beherrschenden Provinzial-Stammesadels» blieb. Dieser Stammesadel konnte auch von den Statthaltern und Kommissaren (missi) der Reichszentrale nicht übergangen werden; er gab seine Zustimmung zu deren Verwaltungstätigkeit und sicherte damit erst die neue Herrschaftsordnung, sein Gewicht darf gegenüber den Einflüssen der fränkischen Verwaltung nicht unterschätzt werden.[1] Durch die fortschreitende Verschmelzung mit der fränkischen *«Reichsaristokratie»* (s. o. 358) – die ein politischer, kein ständerechtlicher Personenverband war, im neunten Jahrhundert die Einheit des fränkischen Reiches

[61] Nur in Ausnahmefällen scheint Karl die innere Geschlossenheit der neuen bayerischen Königsprovinz unterbrochen zu haben. So übertrug er das Kloster Chiemsee an seinen vertrauten Kaplan Erzbischof Angilram von Metz (MG Dipl. Karl d. Gr. 162) und Kloster Mondsee ging an Erzbischof Hiltibald von Köln (UBLE I nr. 11 f).

[62] J. SEMMLER, Zu den bayer.-westfränk. Beziehungen in karoling. Zeit (ZBLG 29) 1966, 344–424; für Auxerre: J. WOLLASCH, Das Patrimonium beati Germani in Auxerre (Studien u. Vorarbeiten z. Gesch. d. großfränk. u. frühdeutschen Adels, hg. v. G. Tellenbach) 1957, 185–224.

[1] BOSL, Stammesherzogtum (s. o. 235 Anm. 10) 276 f.; UFFELMANN (s. o. 358 Anm. 37) nimmt zu Unrecht eine straffe, zentralistisch durchorganisierte fränkische Verwaltung in Bayern an, in der sich sogar die Grafen gegenseitig ex officio kontrolliert haben sollen.

repräsentierte und meist aus dem Raum zwischen Maas und Rhein stammte – wuchs der Stammesadel immer mehr in deren staatliche Aufgaben hinein, brachte aber damit zugleich auch die Landesinteressen stärker zur Geltung, wodurch sich die Ausgliederung des jüngeren Stammesherzogtums mit anbahnte. Das Problem des Verhältnisses zwischen dem alten bayerischen Stammesadel und der großfränkischen Reichsaristokratie und ihres beiderseitigen Einflusses im bayerischen Raum und der Ostmark ist somit eine zentrale Frage der frühmittelalterlichen Geschichte Bayerns.[2] Dies gilt für die Epoche, in der das Land als Teilregnum an Königssöhne gegeben wurde und Ludwig der Deutsche, der sich auch «rex Baiwarie regionis» nannte, es zu seinem eigentlichen Königsland sowie Regensburg zur Metropole der Francia orientalis machte.[3]

Graf Gerold, der Bruder der Königin Hildegard, einer der mächtigsten und einflußreichsten Paladine Karls des Großen, eröffnete als Praefectus Baioariae die Reihe der karolingischen Amtsträger in Bayern.[4] Gerold entstammte väterlicherseits einem fränkischen Adelsgeschlecht, dessen Besitzungen zwischen Worms und Oppenheim sowie zwischen Heidelberg und Bruchsal lagen, das zu den Tradenten des Klosters Lorsch gehörte und dann in Alemannien Fuß faßte.[5] Mütterlicherseits gehörte er dem bayerisch-alemannischen Herzogshause und wahrscheinlich auch dem elsässischen der Etichonen an. Er war als Präfekt des Reichslandes Bayern zugleich Befehlshaber der Grenzgebiete an der Donau und in Karantanien, rückte somit in die gegebenen agilolfingischen Positionen ein.[6] Kurz vor seinem Tode im Awarenfeldzug erhielt Gerold von Bischof Waltrih von Passau die Martinskirche von Linz auf Lebenszeit.[7] Begraben wurde er im Kloster Reichenau, das ihm und seiner königlichen Schwester Immunität und das Recht der freien Abtswahl zu verdanken hatte.[8] Aus den Kreisen des gegen Tassilo opponierenden Adels stammten Graman,[9] ein Verwandter Erzbischof Arns von Salzburg, und Otachar,[10] die 788 die Awaren am Ybbsfeld schlugen. Graman ist 788/91 als Inhaber der Grenzgrafschaft im Traungau und Otachar in der Grafschaft zwischen Enns und Wiener Wald feststellbar. Wenn auch die organisatori-

[2] Bosl, Reichsaristokratie (s. o. 364) 140ff.; Mitterauer XIVff. (Einleitung). Eine fast völlige Ausschaltung des bayerischen Stammesadels nimmt zu Unrecht an Klebel, Fränk. Adel (s. o. 168 Anm. 130) 193ff. Vgl. u. 369 Anm. 27 die berechtigte Feststellung von G. Diepolder!

[3] S. o. 377ff.

[4] Spätestens 791 wurde er eingesetzt, vgl. Trad. Freis. I nrr. 142, 143; Vita Karoli 16; Tellenbach, Königtum 14; Bosl, Luitpoldinger 151; Ross (s. o. 251 Anm. 14); Mitterauer 8–25.

[5] Codex Laureshamensis, hg. v. K. Glöckner I 1929, nrr. 1880, 2310, 2503, 3637; vgl. Jänichen (s. o. 251 Anm. 15) 96ff.; Störmer, Adelsgruppen (s. o. 355 Anm. 23) 39f. betont Gerolds familiäre Beziehungen zu den Agilolfingern.

[6] S. o. 251.

[7] Trad. Passau; Trinks (s. o. 252 Anm. 21).

[8] Mitterauer 13.

[9] Zentren der Sippe waren das Gebiet der oberen Isen, der Amper und der Salzburggau; Mitterauer 26–50.

[10] Ebd. 50–61. Der königliche missus Audaccrus des Awarenkrieges von 788 ist wohl identisch mit dem Gründer von Tegernsee und ist mütterlicherseits den Huosi zuzurechnen. Der von Riezler I 1, 382 und Reindel, Arnulf 192, im Anschluß an Hundt als Huosier beanspruchte Graf Ratpot ist dagegen nicht dieser Genealogia zuzurechnen; vgl. Mitterauer 91ff.; vgl. Zöllner, Otakare (s. o. 357 Anm. 33) 21ff.; Löwe, Reichsgründung 567ff.

sche Gliederung des Ostens nur teilweise zu erhellen ist, so steht fest, daß die Verwaltung der neu eroberten Gebiete im Südosten zunächst von Königsboten (missi) besorgt wurde. Wesentlich ist dabei das Ergebnis der personengeschichtlichen Forschung, daß sich diese Ämter vorwiegend in den Händen jenes fränkisch orientierten und fränkisch versippten bayerischen Adels befanden, der schon bei der Absetzung Tassilos seine politische Zuverlässigkeit Karl gegenüber erwiesen hatte.[11] Noch deutlicher als in den östlichen Grenzmarken tritt der Dauerauftrag der Königsboten in Bayern selbst zutage, wo nach Graf Gerold (788–799) fast zwanzig Jahre lang Graf Audulf (799–ca. 818) als Regierungskommissar (missus) die Verwaltung leitete. Wenn in den ersten Jahren nach Karls Awarenkrieg Graman und Otachar sowie deren Nachfolger Goteram und Cadaloc als Befehlshaber zweier gleichgeordneter Grenzbezirke wirkten und neben dem militärischen Schutz der Grenze auch die Oberaufsicht über die slawischen und avarischen Tributärherrschaften[12] innehatten, so brachte das Jahr 803 eine Neuordnung der Verhältnisse. Nach dem Bericht der Conversio wurde Salzburg die zentrale Leitung der Slawenmission übertragen und gleichzeitig im östlichen Markengebiet ein eigener Grenzgraf (confinii comes) eingesetzt, wodurch erstmalig eine verwaltungsmäßige Trennung des Ostlandes von Bayern angebahnt und diese neuen Gebiete unter einer eigenen Präfektur zusammengefaßt wurden.[13] Als erster Präfekt dieses östlichen Markenbereiches ist der comes Werner anzunehmen (803–806), ihm folgte Goteram II. (um 808) und Gerold II. (811–832). Während der letztere in die Familie des ersten bayerischen Präfekten Gerold einzureihen und Goteram dem fränkisch-burgundischen Adelskreis der Otachare zuzuweisen ist,[14] taucht mit Werner ein missus von eindeutig fränkisch-mittelrheinischer Herkunft in Bayern auf; sein Name weist auf die um Hornbach und Mettlach gruppierte mächtige Stiftersippe der Widonen,[15] der die Bischöfe Liutwin, Milo und Weomad angehörten. Mindestens seit Karl Martell zählte diese Sippe zu den Parteigängern und Mitträgern der Karolingerherrschaft. Die «Reichsaristokratie» war somit keineswegs rein frän-

[11] KRAUSE (s. o. 251 Anm. 9) 193ff.; zur Personengeschichte MITTERAUER 49f.; REINDEL, Arnulf 192; STÖRMER, Früher Adel; Ders. Adelsgruppen (beide s. o. 355 Anm. 23).

[12] Nach Bericht der Conversio (wegen der leichteren Zugänglichkeit gegenüber der neueren Ausgabe von Kos wird im folgenden die Monumentaausgabe im MG SS 11 zitiert) wurden in den eroberten Gebieten zunächst die einheimischen Fürsten belassen. In Karantanien herrschten die slawischen Herzöge Priwizlauga, Cemicas, Ztoimar, Etgar (MG SS 11, 11). In Oberpannonien entstand zwischen Donau und Raab eine avarische Tributärherrschaft, die bis 805 der Kapkan Theodor und nach diesem ein Abraham beherrschte (Ann. regni Franc. 120, ferner Annales Juvavenses maiores, hg. v. G. PERTZ, MG SS 1, 1826, 87 und Annales sancti Emmerami Ratisponensis ebd. 93). Für Unterpannonien fehlen entsprechende Quellenbelege, die Slawenfürsten südlich der Drau unterstanden dem Präfekten der Mark Friaul.

[13] MG SS 11, 11. Die Namen der angeführten comites confinii sind dagegen zweifelhaft; vgl. KOS (s. o. 152 Anm. 2) 67 (Einleitung); RIEZLER I 1, 350f.; REINDEL, Arnulf 192 Anm. 18; MITTERAUER 4ff.

[14] MITTERAUER 61ff.

[15] Ebd. 64ff.; DIENEMANN-DIETRICH (s. o. 251 Anm. 15) 171; E. EWIG, «Milo et eiusmodi similes» (St. Bonifatius-Gedenkgabe) 1954, 412ff.; Th. RAACH, Kloster Mettlach/Saar u. sein Grundbesitz, 1974. – Zur Kritik an dem überzogenen Begriff der «Reichsaristokratie» vgl. M. GOCKEL, Karolingische Königshöfe am Mittelrhein, 1970.

kisch – der comes Werner ist hier die Ausnahme von der Regel –, sondern fast alle führenden Familien des fränkisch beherrschten Bayern hatten schon zuvor durch Konnubium mit dem jeweiligen Stammesadel in Alemannien (Gerolde) oder Bayern (Otachare, Gramane) Fuß gefaßt.[16] Karl hat bei der Besetzung der Ämter in Bayern also in der Weise auf Verwandtschaftsbeziehungen Rücksicht genommen, daß er Familien bevorzugte, die zwar fränkisch versippt oder fränkischen Ursprungs waren, aber bereits blutsmäßig enge Bindungen an Bayern besaßen und dem dortigen Stammesadel verbunden waren. Andererseits vergab er die Ämter im wesentlichen nach Verdienst und Leistung; eine direkte Erblichkeit vom Vater auf den Sohn und damit eine Dynastienbildung konnte sich daher in dieser ersten Phase noch nicht ausbilden, obwohl die Randlage Bayerns und die Notwendigkeit eines starken Grenzschutzes die Möglichkeiten hierzu geboten hätten. Erst mit der Reichsteilung und der Herrschaft Ludwigs des Deutschen (826) im bayerischen Teilregnum trat hier ein Wandel ein. Festzuhalten ist ferner, daß die Bezeichnungen für die Statthalter des Stammes- wie des Markengebietes nicht klar unterschieden sind. Der dux steht nicht einfach über oder neben den Grafen, sondern der Graf als Sachwalter des Königsguts und Vertreter des Königs erhält die militärische und mitunter auch die gerichtliche Oberleitung des Stammesgebietes. Diese Doppelstellung der Statthalter und ebenso die starke Betonung des Amtscharakters unter Karl d. Gr. bedingt eine schillernde Ausdrucksweise der Quellen, die Graf, Herzog, Präfekt, Markgraf (comes, dux, praefectus, marchio) wechselweise und oft für dieselbe Person verwenden. Ebenso sind Dukat und Missat keine ausschließenden Gegensätze, sondern gehen oft ineinander über.[17]

Eine neue Epoche begann, als Ludwig der Deutsche 826 in Regensburg eine eigene Hofhaltung einrichtete und die Verwaltung seines Teilreiches in den darauffolgenden Jahren selbst straff in die Hand nahm, was sich in zahlreichen Umbesetzungen auswirkte.[18] In dieser Zeit wird die Einsetzung eines eigenen bayerischen Pfalzgrafen erfolgt sein; 830 ist erstmals Timo in dieser Funktion nachweisbar, 843/47 ein mit ihm verwandter Fritilo.[19] Damit war Bayern ein Königsland im eigentlichen Sinne geworden. Die große Zahl der Reichsversammlungen und Hoftage, die seit Ludwig dem Deutschen in Bayern, vor allem in Regensburg, stattfinden, unterstreicht die zentrale Stellung des ehemaligen Herzogtums innerhalb des spätkarolingischen Reichsverbandes; besonders unter Arnulf von Kärnten häufen sich die Reichsver-

[16] MITTERAUER 82f.; STURM, Preysing; STÖRMER, Adelsgruppen; MAYR, Studien (beide s. o. 355 Anm. 23).

[17] KLEBEL, Herzogtümer u. Marken bis 900 (Die Entstehung d. deutschen Reiches = Wege d. Forsch. I) 1956, 83ff. u. 90. Abwegig sind die Konstruktionen über den Herrschaftsaufbau der Karolinger in Bayern von U. UFFELMANN (s. o. 358 Anm. 37).

[18] RIEZLER I 1, 365–396; ZATSCHEK, Erstes Reich (s. o. 249f.) 78–173; Ders., Ludwig der Deutsche (Der Vertrag v. Verdun, hg. v. Th. Mayer) 1943; MITTERAUER 85ff.

[19] Trad. Freis. nr. 603 (Timo). Ferner tauchen als bayerische Pfalzgrafen auf: Morhard (833), Fritilo (843–847), Meginhard (883); P. WITTMANN, Die Pfalzgrafen v. Baiern, 1877; RIEZLER I 1, 438. Fritilo und Timo waren mit dem mächtigen Grafen Engildeo versippt, der 895 der Empörung angeklagt und abgesetzt wurde; MITTERAUER 169ff.

sammlungen auf bayerischem Boden.[20] An erster Stelle unter den Herrschaftsträgern König Ludwigs steht Graf Ernst, der im Nordgau den böhmischen Grenzabschnitt leitete, eine Vorrangstellung am Hofe bis zu seinem Sturz 861 genoß und der Schwiegervater des Königssohnes Karlmann war.[21] Ernst sowie Ratpot, der Präfekt des Ostlandes wurde, dessen Untergraf Werner und der spätere karantanische Graf Witagowo stammten alle aus Main- und Rheinfranken.[22] Im Gegensatz zu Karls d. Gr. vorsichtigerer Auswahl der in Bayern tätigen Vertreter der Königsmacht hatten die von Ludwig auserkorenen Männer relativ wenig Beziehungen zum einheimischen Adel. Dieser starken fränkischen Einflußnahme gegenüber setzte sich aber dann in den Marken zunehmend das bayerische, vornehmlich das westbayerische Element durch, und zwar ist es hier besonders die nächste Generation der um Graf Graman (s. o. 365) gruppierten Sippe der Wilhelminer, die sich nicht nur im Traungau behauptete, sondern auch mit der Verwaltung Karantaniens betraut wurde und in Pannonien Fuß faßte.[23] Von den Nachfolgern der slawischen Fürsten Karantaniens, die in der Conversio erwähnt werden, ist Pabo Wilhelminer, Helmwin Bayer und Albgar Alemanne aus der Familie der Unruochinger. Bayerisch ist auch der gleichzeitig an der Save mit dem Grenzschutz betraute comes Salacho.[24] Eine gewisse Kontinuität in der Verwaltung der Ämter des bayerischen Teilreiches, die erste Ansätze einer «Dynastienbildung» (z. B. der Wilhelminer) erkennen läßt, stellte bereits eine Gefahr für das Königtum dar. Institutionell wurde diese Gefahr vor allem durch die politische Umgestaltung des Südostbereiches im Jahre 828 verstärkt, als Ludwig den Schwerpunkt der Macht in diesen Gebieten in die Hände des Grenzgrafen an der Donau legte und dieser als Ostmark-Präfekt sich einen eigenen Herrschaftsbereich herausbilden konnte.[25]

[20] RIEZLER I 1, 365 f. betont zwar, daß der Königstitel nur an der Person und nicht am Land haftete, doch mußte in Bayern selbst die Überzeugung, Königsland zu sein, aufkommen, wenn man immer von einem König beherrscht wurde, wie REINDEL, Arnulf 194 Anm. 36 mit Recht hervorhebt. Überdies verliert die Riezlersche Unterscheidung ihr Gewicht, wenn man den mittelalterlichen Staat im Sinne Th. MAYERS als «Personenverbandsstaat» im Gegensatz zum späteren territorialen Flächenstaat auffaßt. H. WEBER, Die Reichsversammlungen im ostfränk. Reich 840 bis 918, Diss. Würzburg 1962.

[21] Ann. Fuld. (zu 849) 38 bezeichnen ihn im Zusammenhang mit einem Böhmenfeldzug als «dux partium illarum». MITTERAUER 132 ff.

[22] Ebd. 153 ff. An der fränkischen Herkunft Ernsts zweifelte SCHLESINGER, Königswahl (s. o. 273 Anm. 188) 383 f.

[23] O. v. MITIS, Zur Herkunft d. Ostmarkgrafen Wilhelm (MIÖG 58) 1950, 596 ff.; vgl. auch MG SS 11, 12; F. TYROLLER, Der Chiemgau u. seine Grafschaften (Beil. z. Jahresber. d. Wittelsbach-Gymnasiums München) 1953/54 (über die Graman gehörenden Engelberte); KLEBEL, Fränk. Adel (s. o. 168 Anm. 130) 204 hat die Wilhelminer von den Herzögen von Aquitanien hergeleitet, die aus dem Bereich des Klosters Prüm stammten. Den Zusammenhang mit Graman klärt MITTERAUER 104 ff.

[24] MG SS 11, 12; STURM, Preysing 194, 203, 207; vgl. auch G. TELLENBACH, Der großfränk. Adel u. die Regierung Italiens in der Blütezeit d. Karolingerreiches (Forsch. z. oberrhein. Landesgesch. 4) 1957, 58 ff. (Albgar); MITTERAUER 138 ff.

[25] S. o. 260 ff.; Ludwig d. D. suchte dieser Entwicklung durch Prozesse gegen die Ostmarkpräfekten Ratpot (854) und Ernst (861) zu begegnen. Dabei ist mit BOSL, Luitpoldinger 152, festzuhalten, daß Ernst eine feldherrliche und markgräfliche Stellung besessen hatte, aber kein Herzog im

Die Auseinandersetzungen zwischen König Ludwig dem Deutschen und seinem Sohn Karlmann, der als Präfekt im Markengebiet sich ebenfalls einen eigenen Herrschaftsbereich aufzubauen suchte,[26] blieben auch für die Gruppierung der Adelsfamilien nicht ohne Folgen. Während Karlmann, auf fränkische Adelige gestützt, in den Marken die Macht der dort groß gewordenen bayerischen Adelsfamilien zu brechen suchte, war Ludwig umgekehrt bestrebt, jetzt die fränkischen Stützen seines Sohnes zu beseitigen. In diesen Zusammenhang gehört der schon erwähnte Sturz des Grafen Ernst 861 und die Entschädigung der Wilhelminer, die Karlmann in Pannonien und Karantanien abgesetzt hatte. Mit der Katastrophe des bayerischen Heeres in Mähren (870), bei der die Grenzgrafen Wilhelm und Engelschalk fielen, kam der Aufstieg der Wilhelminer zum Stillstand und Graf Arbo (Aribo), der an ihrer Stelle im östlichen Grenzbereich eingesetzt wurde, wurde der schärfste Konkurrent ihres Einflusses im bayerischen Markengebiet. Mit Markgraf Arbo tritt eine alte, aus dem engeren Kreis der Fagana und dem weiteren Kreis der Huosi stammende Familie des Freisinger Raums politisch wieder in den Vordergrund, die mit den Otacharen eng versippt ist und der auch die bayerischen pfalzgräflichen Aribonen des elften Jahrhunderts angehören.[27] Das Nachlassen der karolingischen Königsmacht und die zunehmenden Interventionen der slawischen Nachbarfürstentümer, besonders des Großmährischen Reiches,[28] ließen die Auseinandersetzungen zwischen den konkurrierenden Adelsgruppen zu einer ernsten Bedrohung Bayerns und seiner Marken werden. Die Wilhelminer verbündeten sich mit Karlmanns Sohn Arnulf, Arbo hingegen mit Karl dem Dicken. Durch Arnulfs Sieg über Karl gewannen die Wilhelminer das Übergewicht, sie erhielten Karantanien und die östliche Grafschaft Arbos, wurden aber 893 mit dem Sturz Graf Engelschalks II. in Regensburg ausgeschaltet, ohne daß die Aribonen in ihre Stellungen einrückten. Vom Sturz der Wilhelminer profitierte vielmehr Graf Luitpold, der auch zwei Jahre später, als der mächtige Graf des böhmischen Grenzbereiches (Nordgau, Donaugau), Engildeo, 895 abgesetzt wurde, dessen Würden und Ämter übernahm. Die Fuldaer Annalen hatten Engildeo als «marchensis Baioariorum» (Grenzgraf in Bayern) bezeichnet, er war somit kein Amtsherzog für ganz Bayern. Stamm und Herzogtum blieben in der Karolingerzeit zwar erhalten, wurden aber getrennt, die Herzöge waren nur militärische Befehlshaber in den Grenzgebieten.[29] Die Macht der Aribonen in den Marken wurde mit der Niederlage

eigentlichen Rechtssinne war. Er war Beamter, wie seine Absetzung beweist; das starke Regiment Ludwigs d. D. und der Aufstieg Regensburgs zur Hauptstadt der Francia orientalis ließ keine wirkliche Herzogsstellung des Grafen Ernst aufkommen.

[26] S. o. 266ff.

[27] Diepolder, Aribonen 116. Mit Recht stellt G. Diepolder aufgrund der engen Verbindung der Aribonen zu den reichsfränkischen Otacharen fest: «Am Ende erweist sich die Alternativfrage, ob eine hochmittelalterliche Adelssippe aus dem bayerischen Stammesadel oder aus der großfränkischen Reichsaristokratie herkomme, als falsch gestellt, gibt es hier kein Entweder-Oder, sondern immer mehr ein Sowohl-als-auch, ist der Adel des frühen Mittelalters so selbstverständlich intergentil versippt wie der Adel des späten Mittelalters interterritorial und der Adel der Neuzeit international.»

[28] Lit. 274ff.; Vaněček; Uhlirz I 201ff.

[29] Bosl, Luitpoldinger 155. Engildeos Sippe stammte aus dem Freisinger Raum und gewann mit dem Vogtamte der Bischöfe von Regensburg Bedeutung. Mitterauer 169ff.

von Arbos Sohn Isanrich ebenfalls zugunsten Luitpolds beseitigt,[30] dem damit der Weg zu einer herzoglichen Stellung in Bayern geebnet war.

Charakteristisch für den Adel in dieser spätkarolingischen Epoche Bayerns ist die weitgehende Verschmelzung zwischen bayerischen und einst reichsfränkischen Familien. Dies gilt für Wilhelminer, Aribonen und auch für die Sighardinger, die späteren Ebersberger,[31] es gilt aber auch für die Luitpoldinger selbst,[32] deren starke Stellung im Grenzschutz zugleich eine Art von kontrollierender Schutzherrschaft über Westböhmen («dux Boemanorum») mit einschloß.[33] Genealogie und Besitzgeschichte weisen die Ahnen Luitpolds sowohl den westbayerischen genealogiae der Huosi und Fagana wie auch den Welfen zu, während Luitpolds Gattin mit den alemannischen Alaholfingern verwandt war. Das «fränkische Element» in der Adelsschicht ist in dieser spätkarolingischen Epoche nur noch schwer zu fassen, die einst weitreichenden Verwandtschaftsbeziehungen waren durch die Verselbständigung der Teilreiche ohnehin zurückgegangen, so daß durch den Prozeß einer «Provinzialisierung» des Adels aus dessen einst heterogenen Bestandteilen ein *neuer Stammesadel* entstand, für den, wie vor allem am Beispiel der Luitpoldinger zu ersehen ist, die bayerischen Markengebiete das Sprungbrett für eine Vormachtstellung in ganz Bayern wurden. Genealogische Kontinuität von der Agilolfingerzeit und der Zeit Karls d. Gr. bis zur Entstehung des jüngeren Stammesherzogtums ist vielfach nachzuweisen, ebenso aber familiäre Zusammenhänge mit der nachfolgenden Epoche. Hier sind die Sighardinger-Ebersberger, die Wilhelminer, die Aribonen und die jüngeren Otachare, wahrscheinlich auch die Rapotonen ebenso zu nennen wie das aufsteigende und dynastiebildende Geschlecht der Luitpoldinger, die zwar alle aus dem Altland und teilweise von fränkischen Familien kamen, aber durch Amt und Herrschaft in den bayerischen Marken der Karolinger groß wurden. In den neugegründeten ottonischen Marken übernahmen diese Familien nach dem Ungarnsturm bald wieder jene Rolle, die sie hier in der Karolingerzeit gespielt hatten. Der Name Luitpold war dann auch der Leitname jenes Geschlechtes, das durch 270 Jahre die Markgrafen der ottonischen Mark und die

[30] Ebd. 188ff.

[31] LECHNER, Herrschaftsgesch. 33ff.; Ders., Mark an d. Donau (s. o. 225 Anm. 255) 199ff. K. TROTTER, Beitrr. z. mittelalterl. Gesch. Innerösterreichs, I: Die Grafen v. Ebersberg u. die Ahnen d. Grafen v. Görz (Zschr. d. hist. Ver. f. Steiermark 25) 1929, 5ff. nimmt fränkisch-rheinische Abstammung an. Abwegig KIMPEN (s. o. 277) 60ff.; zuletzt MITTERAUER 212ff. u. STÖRMER, Adelsgruppen (s. o. 355 Anm. 23) 165ff.; H. PATZE, Adel u. Stifterchronik (BlldLG 100) 1964, 8–81 u. (ebd. 101) 1965, 67–128, hier I, 66f.

[32] REINDEL, Arnulf 201ff.

[33] S. o. 279; WEGENER 55f. sucht den Titel dux Boemanorum daraus zu erklären, daß mit der wachsenden Bedrohung durch die Madjaren und der dadurch sinkenden Macht und Schutzfunktion des Großmährischen Reichs die böhmischen Teilfürsten nach 901 Schutz bei dem aufsteigenden bayerischen Stammesherzogtum suchten. LÄWEN, Stammesherzog 11, will dem Titel nur die Bedeutung «Befehlshaber gegen die Böhmen» geben, wohl kaum zu Recht, doch betont er richtig, daß diese Königsurkunde von 903 die Hilflosigkeit widerspiegle, «mit der die königliche Kanzlei dem zu neuem Leben erwachten Herzogtum gegenüberstand». – Zu den bayerisch-böhmischen Beziehungen vgl. E. HERRMANN, Slawisch-german. Beziehungen im südostdeutschen Raum v. d. Spätantike bis zum Ungarnsturm, 1965; K. RICHTER, Die böhm. Länder im Früh- und Hochmittelalter (BHB I) 1967, 202ff.

Herzöge von Österreich stellte. Am genealogischen Zusammenhang von Luitpoldingern und Babenbergern ist nicht zu zweifeln,[34] eine zumindest genealogisch feststellbare Kontinuität zwischen karolingischer und ottonischer Mark bis zum Herzogtum der Babenberger ebenfalls anzunehmen.

Mit dem Beginn der Ostbewegung im Markenbereich, vor allem mit der Angliederung und späteren Einverleibung Karantaniens, dessen *slawische* Adelsschicht erhalten blieb,[35] ergab sich von selbst die Möglichkeit und Notwendigkeit, diese fremdsprachigen Herrschaftsträger in die ostfränkisch-bajuwarische Adelsgesellschaft einzuordnen. Im Gegensatz zur Christianisierung im Merowingerreich, die von Anfang an bei der Herrenschicht ansetzte, scheint in Karantanien – nach dem Bericht der Conversio Bagoariorum et Carantanorum um 800 – zumindest gleichzeitig die Mission in die Unterschichten getragen worden zu sein, denn es ist von «servi» die Rede, die das Christentum rasch annahmen, während die Adeligen teilweise noch heidnisch blieben,[36] wenn dieser Zustand sicherlich auch rasch überwunden wurde. Fest steht, daß sich in Karantanien unter bayerischer und fränkischer Herrschaft ein Nebeneinander der älteren slawischen und der neueren bayerisch-fränkischen Oberschicht entwickelte, ebenso ist anzunehmen, daß in den Grenzgrafschaften an der Donau die Slawen ihre soziale Gliederung beibehielten, wenn es auch dort nicht zur Ausbildung eines eigenen slawischen Fürstentums gekommen ist.[37] Die Verschmelzung der autochthonen slawischen Herrenschicht mit der hinzukommenden fränkisch-bayerischen erhellt aus der Genealogie des Geschlechtes des Grafen Witagowo, das, aus dem reichsfränkischen Adel des Maas-Mosel-Gebietes kommend, im ostbayerischen Markengebiet und in Karantanien zu Macht und Ansehen gelangt und sich mit slawischen Adelsfamilien verbindet; ähnliche soziale Stellung ist somit für Heirat untereinander und Teilhabe an der Herrschaft ausschlaggebender als gleiche ethnische Herkunft.[38] Arnulf hatte, bevor er ostfränkischer König wurde, das Zentrum seiner Herrschaft in Karantanien, Karnburg war spätkarolingische Königspfalz. Wenn Arnulf 887 bei seinem Vormarsch gegen Karl III. auch Slawen in seinem Heere hatte, so waren dies

[34] MITIS, Babenberger (s. o. 278 Anm. 5); O. v. DUNGERN, Allerneuestes vom Ursprung d. Babenberger (Adler, Zschr. f. Geneal. u. Herald. 2, 15) 1955, 221; E. KLEBEL, Zur Abstammung d. Hohenstaufen (ZGORh. 102) 1954, 137ff.; LECHNER, Österreich. Markgrafen (s. o. 297 Anm. 131) 246; Biograph. Wörterbuch z. dt. Gesch., 3 Bde., 1973/75, I 1973, 179f.

[35] Die ältere, quasi «nationaldemokratische» Hypothese, daß die Slawen, zum Unterschied von den Germanen, keinen Adel gekannt hätten, ist inzwischen aufgegeben worden. Vgl. F. GRAUS, Deutsche u. slawische Verfassungsgesch.? (HZ 197) 1963, 265–317, bes. 288ff.

[36] Conversio, MG SS 11, 9.

[37] Schon die Kremsmünsterer Stiftungsurkunde kennt eine Slawendekanie, die unter einem «jopan» (Supan) Physso steht, der seinerseits den slawischen Gutsverwaltern (actores) Taliup und Sparuna untersteht. Freie slawische Grundbesitzer werden 827 bei Buchenau (Bezirkshauptmannschaft Linz) Trad. Freis. I nr. 548 und i. J. 828 im Grunzwitigau UBLE II nr. 7, 11, genannt; mit Sicherheit ist der slawischen Oberschicht jener «venerabilis Joseph» zuzurechnen, der 902/03 seinen Besitz zu Stiefern (Bezirkshauptmannschaft Krems) an Freising gibt = Trad. Freis. nr. 1037; dazu MITTERAUER, Adel (s. o. 252) bes. 720f.

[38] Ebd.

sicher nicht mindergestellte Hilfstruppen, sondern vollberechtigte Einheiten unter teilweise autochthonem Adel. Ebenso waren am Landesausbau, der ja vornehmlich unter adeliger Leitung und Initiative vor sich ging, neben den Bayern auch Slawen beteiligt, in Pannonien im Herrschaftsbereich Priwinas sogar unter dessen Leitung, wobei nach byzantinischem Vorbild militärische Limitansiedlungsgürtel anzunehmen sind.[39]

Der Aufstieg einzelner Adelssippen im Markenbereich, eingeleitet durch erhöhte Machtbefugnisse aufgrund des militärischen Bereitschaftszustandes und erleichtert durch ein besitzmäßiges «Festwachsen» dieses Adels in den bedrohten Grenzbezirken, förderte maßgeblich einen allgemeinen Verfassungswandel, der besonders an der *Grafschaft* (s. o. 238) abzulesen ist. Die weitere Entwicklung ist durch Allodialisierung und später durch Territorialisierung gekennzeichnet; die Grafschaft alten Stils verschwindet im elften und zwölften Jahrhundert und macht einer erbrechtlich und später lehnrechtlich fixierten Adelsgrafschaft und der adeligen Vogtei über Kirchengut Platz, beide werden Bausteine für den Aufbau der neuen Landesherrschaften seit staufischer Zeit.

§ 29. WIRTSCHAFT, HANDEL UND SOZIALENTWICKLUNG IN KAROLINGISCHER ZEIT (788–907)

BOSL (GG I) 598ff.; GROTE, Bayer. Münzgesch., 1877; INAMA-STERNEGG; SEELIGER (s. o. 350); A. DOPSCH, Karolingerzeit; Ders., Europ. Kulturentwicklung; R. KÖTZSCHKE, Allgem. Wirtschaftsgesch. d. MA, 1924; L. KULISCHER, Allgem. Wirtschaftsgesch. d. MA u. d. Neuzeit, 2 Bde., 1928/29; Adel u. Bauern im deutschen Staat des MA, hg. v. Th. MAYER, 1943; DOLLINGER, Classes rurales; H. BECHTEL, Wirtschaftsgesch. Deutschlands v. d. Vorzeit bis z. Ende des MA, 1951²; LÜTGE, Sozial- u. Wirtschaftsgesch.; AUBIN-ZORN, HB d. dt. Wirtschafts- u. Sozialgesch., 2 Bde., 1971/76; K. FEHN, Die zentralörtl. Funktionen früher Zentren in Altbayern, 1970; K. BOSL, Die Sozialstruktur d. mittelalterl. Residenz- u. Fernhandelsstadt Regensburg (Abh. München NF 63) 1966; Ders., Stadt u. Bürgertum (s. o. 352); METZ.

Die *Grundherrschaft,* deren rechtlich-gesellschaftliche Funktion bereits (s. o. 358f.) umrissen wurde, bietet sich uns in den Quellen vor allem als wirtschaftlicher Komplex dar. An Hand der Schenkungen an Klöster und Bistümer bekommt man eine Vorstellung von den Ausmaßen grundherrschaftlichen Besitzes in der Karolingerzeit. Ende des achten Jahrhunderts besaß das Hochstift Salzburg 1613 Bauernstellen und 17

[39] KLEBEL, Siedlungsgesch. 31ff.; Th. MAYER, Königtum u. Gemeinfreiheit im frühen MA (DA 6) 1943, 340ff.; H. DANNENBAUER, Freigrafschaften u. Freigerichte (Vortrr. u. Forsch. II) 1955, 61ff.; P. PUNTSCHART, Einige Ergänzungen z. krit. Literatur über die bäuerl. Herzogseinsetzung in Kärnten (ZRG 65) 1947; POPELKA (s. o. 171 Anm. 162); weitere Lit. b. UHLIRZ I 183ff. Zum Zusammenhang der echten ing-Namen Kärntens mit militärisch wichtigen Punkten E. KRANZMAYER (Arch. d. vaterländ. Gesch. u. Topographie Kärntens) 1936, 8–33, 24f. u. 28; Ders., Ortsnamenbuch v. Kärnten, 2 Teile (Arch. f. vaterländ. Gesch. u. Topographie 50 u. 51) 1956/58.

Fronhöfe, darunter 855 Hufen und 10 Fronhöfe unmittelbar vom agilolfingischen Fiskus, und weitere 162 Hufen als Stiftungen von nobiles, die der herzoglichen Zustimmung bedurften, ursprünglich also ausgetanes Herzogsgut waren.[1] Das Bistum Augsburg besaß um 810 nach Ausweis der Brevium exempla 1507 Hufen.[2] Dieselbe Quelle vermittelt einen detaillierten Einblick in den Besitz, die Ausstattung und Betriebsorganisation des Klosters Staffelsee.[3] Das Staffelseer Güterverzeichnis und die ihm angeschlossenen, fragmentarischen Güterverzeichnisse des Bistums Augsburg, Auszüge aus einem Weißenburger Traditions- und Prekarieverzeichnis und die Beschreibung einer Reihe von Königshöfen (fisci) entstanden im Rahmen einer durch kaiserliche Missi vorgenommenen Bestandsaufnahme des Reichsgutes und waren Vorbild für andere Inventarisierungen, wie die Ähnlichkeiten zwischen dem Staffelseer Güterbeschrieb und dem im Codex Eberhardi überlieferten Fuldaer Güterverzeichnis von 820/839 nahelegen.[4]

Mit dem neunten Jahrhundert kommt ein Prozeß zum Abschluß, der die Umwandlung des archaischen Herreneigentums am Menschen mit seinen persönlichen Abhängigkeitsverhältnissen (Munt) in ein Grundherrschaftsverhältnis, d. h. ein Herreneigentum an Grund und Boden (Gewere), bewirkt und gleichzeitig für die wirtschaftliche Entwicklung der grundherrschaftlichen Organisation von größter Bedeutung wurde. Die räumliche Ausweitung grundherrschaftlicher Verhältnisse wurde ihrerseits durch die größeren organisatorischen Möglichkeiten des Adels gefördert, herrenloses Land (eremus) in Besitz und Bearbeitung zu nehmen.[5] Die Kirchen, besonders die Klöster, mit ihren meist höher entwickelten Wirtschaftsformen waren am ehesten in der Lage, Königsgut rationell zu nutzen, in ihre größere grundherrschaftliche Organisation einzuordnen und damit ihren Verpflichtungen zum Königsdienst besser nachzukommen, wie sie etwa im Leistungskatalog des Aachener Klosterverzeichnisses von 819 aufgezeichnet sind. Die in der Ordinatio imperii vom Jahre 817 genannten Königshöfe (villae dominicales) Ingolstadt und Lauterhofen gehörten

[1] BRUNNER, Landschenkungen 1182f.; RIEZLER I 1, 277; PRINZ, Herzog u. Adel. Unzutreffend ist die Meinung von KLEBEL, Bauern u. Staat (s. o. 351) 222f., daß sich der Schenkungskonsens des Herzogs bzw. Königs auf den Besitz der Gemeinfreien (Arimannen, ehemalige Limitanwehrbauern) bezog. Dies kann schon deshalb nicht zutreffen, da der herzogliche Konsens auch bei den weit gestreuten Schenkungen reicher und mächtiger Grundherren (z. B. Trad. Freis. I nr. 19) begegnet und umgekehrt kleine Schenkungen freier, offenbar nicht wohlhabender Eigentümer ohne Konsens erfolgen können. Vgl. PRINZ, Herzog u. Adel 298ff.

[2] MG Capit. 1, nr. 128, 252; RIEZLER I 1, 281; W. METZ, Die Königshöfe der Brevium Exempla (DA 22) 1966, 598–617.

[3] MG Capit. 1, 250–252; VERHEIN (s. o. 350); METZ 26ff., 46ff. (m. Lit.). Zur Methode der Reichsgutforschung vgl. BOSL, Probleme d. Reichsgutforschung in Mittel- u. Süddeutschland (Jb. f. fränk. Landesforsch. 20) 1960, 305ff.

[4] T. WERNER-HASSELBACH, Die älteren Güterverzeichnisse d. Reichsabtei Fulda, 1942, 40ff.

[5] Die frühere Annahme, daß die Grundherrschaft durch einen massenweisen Übertritt ehemals «Gemeinfreier» in ein grundherrschaftliches Abhängigkeitsverhältnis entstand, die auf diese Weise dem drückenden Wehrdienst entgehen wollten, ist heute aufgegeben. Vgl. LÜTGE, Sozial- u. Wirtschaftsgesch. 61f.; BOSL (GG I) 618; die ältere Auffassung bei RIEZLER I 1, 445f. Vgl. jedoch neuerdings S. EPPERLEIN, Herrschaft u. Volk im karoling. Imperium, 1969.

zum Servitium Ludwigs des Deutschen. Ingolstadt wurde schon bald danach an Abt Gozbald von Niederalteich verlehnt und ging 841 als Schenkung Ludwigs des Deutschen an dieses Kloster über. Bei dieser Gelegenheit erfahren wir Genaueres über das Ausmaß der Vorräte und der Dienstleistungen der freien Hufen und der Leibeigenenhufen (mansi ingenuiles, serviles) dieses Königshofes (curtis dominicata) und seines Siedlungs- und Fronhofsverbandes samt den zwei Königskirchen.[6]

König, Adel und Kirche besaßen für Rodungszwecke genügend Unfreie und Minderfreie, die zur Besiedelung und gleichzeitig zu grundherrschaftlicher Organisation geeignet waren. Waldschenkungen des Königs, wie etwa an das Kloster Metten, förderten deshalb sowohl die Entstehung ausgedehnter Grundherrschaften wie allgemein die Vergrößerung des besiedelten Landes. Ähnliches dürfte für die Schenkungen an St. Emmeram und Ranshofen gelten.[7] Daß daneben auch kleinere Grundbesitzer existierten, geht aus den Traditionen hervor. So werden beispielsweise nach den Breves Notitiae in Tacherting bei Trostberg von 17 Schenkern Ländereien an Salzburg übertragen. Ähnliche Verhältnisse finden sich in Holzhausen, Pietling und Törring bei Tittmoning.[8] Um parzellierte Wehrsiedlungen mit meistens drei Hufen und einer Kirche scheint es sich bei dem langen Gebietsstreifen entlang des Inns zwischen Rosenheim und Brixlegg zu handeln, den der Herzog ebenfalls an das Hochstift verschenkte.[9]

Charakteristisch für das neunte Jahrhundert ist die allmähliche *Herausbildung eines Bauernstandes* im Gefolge der grundherrschaftlichen Organisation des Landes. Die Königsfreien, die «Gemeinfreien» der älteren Forschung, die zu Grundholden des Adels geworden waren, indem sie adeliges und kirchliches grundherrliches Land gegen Abgaben oder Dienste zu Leihe nahmen und gleichzeitig dadurch den Waffenschutz des Adels wie des adeligen Kirchenvogtes genossen, und ebenso andere, in den Quellen als «liberi» bezeichnete Gruppen verschiedenartigen Ursprungs, alle diese

[6] MG Capit. 1, nr. 171, 350 (Aachener Klosterverzeichnis), bessere Edition in: CCM I, 1963 nr. 22, 493–99; MG Capit. 1, nr. 136, 271, c. 2 (Ordinatio Imperii); MG Dipl. Ludw. d. D. 30 (Schenkung Ingolstadts an Niederalteich); METZ 130.

[7] Es handelt sich um die große Waldschenkung Karls d. Gr. südlich Regen, ferner um die Übertragung der königlichen villa Weißenburg und des großen Waldlandes auf dem Nordufer der Altmühl bei Eichstätt durch Ludwig d. D., durch den Metten mit einer Fälschung vom Ende des 9. Jhs. auch Besitz in Trasdorf im Gau Traismafeld, also im östlichen bayerischen Marken- und Siedlungsgebiet sichern lassen wollte, s. das Spurium MG Dipl. Ludw. d. D. 181; ebd. 122; MG Dipl. Arnolf 167, 172; MG Dipl. Karl III 59; FINK, Metten (s. o. 217 Anm. 154) bes. 2. T. 31f., 39f.; D. LUKAS, Der Anteil d. Klöster Niederalteich u. Metten an d. Kulturlandschaft d. Bayer. Waldes (Mitt. Geogr. Ges. München 38) 1955, 9–120; G. STADTMÜLLER-B. PFISTER, Gesch. d. Abtei Niederaltaich, 1971; PRINZ, Metten (s. o. 217 Anm. 154) bes. 21, 25. St. Emmeram: MG Dipl. Karl d. Gr. 176. Zum Landesausbau (Ostbewegung) s. u. § 33.

[8] UB Salzb. I 45, 47; KLEBEL, Bauern und Staat (s. o. 351) 216.

[9] Ind. Arn. VI 11ff.; PRINZ, Herzog u. Adel 298 u. 309. Vermutlich handelte es sich bei dieser Massierung um eine starke agilolfingische «Grenz»- und Schutzposition gegen das westliche Gebiet mit seinen adeligen Sippenklöstern Benediktbeuern, Tegernsee, Schliersee; es war dieser ehemals herzogliche Gürtel, der organisatorisch im «pagus inter valles» zusammengefaßt wurde.

sozialen Gruppen verschmolzen nun mit ehemals Leibeigenen, deren Rechtsstatus sich mit der zunehmenden Verdinglichung der Lasten und Leistungen besserte. Die Folge war die Entstehung einer relativ einheitlichen bäuerlichen Schicht mit festen Besitzverhältnissen. Rechtliches Zeichen für den sozialen Aufstieg der ehemals Leibeigenen (servi, mancipia) ist ihre Teilhabe an der Rechtsform der Prekarie, in der sich die *bäuerliche Landleihe* aus grundherrlichem Besitz vollzog.[10]

Die Landleihe zur Rodung (precaria ad excolendum) als besonders günstige Leiheform wurde in Verbindung mit der besseren Arbeitsorganisation und Wirtschaftstechnik der Grundherrschaft und deren Schutzfunktion ein wesentlicher Motor des Landesausbaus und der Ostbewegung. Je mehr die Abgaben und Dienste der einst persönlich unfreien, grundherrlichen Bauern zu reinen Reallasten wurden und sich damit die persönliche Unfreiheit verlor, um so mehr verwischte sich auch der Unterschied zwischen Unfreien und Königsfreien, umgekehrt wurde das Maß und die Art der Belastung bedeutungsvoll. Beide Gruppen hatten jetzt Abgaben zu leisten, die Bezeichnung «frei» als personenrechtlicher Status verlor an Gewicht; frei meinte jetzt mehr und mehr die Freiheit von bestimmten Abgaben und Lasten, schloß aber nicht gerichtsherrliche und öffentliche Lasten (Burgwerk, Gastung, Wegbaupflicht) aus.[11] Mit der Entfaltung der Grundherrschaft hängt auch die Einführung der *Dreifelderwirtschaft* zusammen, die als höher entwickelte agrarische Nutzungsform die ältere Feldgraswirtschaft ablöste, welche sich nur im Alpenvorland und in der Almwirtschaft hielt, wo sie nach den natürlichen Bedingungen die gemäßeste Wirtschaftsform blieb.[12] Waren für Bayern wie für das übrige Frankenreich Agrarwirtschaft und Grundherrschaft die weithin bestimmenden Wirtschaftselemente, so fehlte es doch nicht an *anderen Wirtschaftszweigen*. Von der Römerzeit her übernommen war der Weinbau, der nicht nur in günstigen Lagen Tirols (Bozen, Meran, Terlan) beheimatet war, sondern sich auch im Salzburgischen, am Attersee, ja sogar an der Donau bei Regensburg findet.[13] Almwirtschaft ist in den Salzburger Güterbeschrieben (790) bezeugt, wobei die romanischen Almnamen auf eine Übernahme dieser Wirtschaftsform von zurückgebliebenen romanisierten Landesbewohnern schließen lassen.[14] Ein wichtiger Wirtschaftszweig und zugleich eine bedeutende Einnahmequelle für Agilolfinger und Karolinger waren Salzgewinnung und Salzhandel. Vor allem die Salzpfannen zu Hall

[10] LÜTGE, Sozial- u. Wirtschaftsgesch. 66ff. Bei der precaria data erhielt der Bauer Land zur Leihe aus grundherrlichem Besitz, bei der precaria oblata übertrug der freie Bauer sein Land dem Grundherrn, um es sofort wieder als Leiheland unter dem militärischen und Rechtsschutz des Grundherrn zurückzuerhalten. H. LEHMANN, Untersuchungen z. Sozialstruktur im Gebiet d. bayer. Landkreises Ebersberg während d. 8. u. 9. Jhs., Diss. Berlin 1965.

[11] A. WAAS, Die alte deutsche Freiheit, 1939; H. FEHR, Zur Lehre v. mittelalterl. Freiheitsbegriff, insbes. im Bereich d. Marken (MÖIG 47) 1933; K. BOSL, Die alte deutsche Freiheit (Frühformen); Ders. (GG I) 619.

[12] S. o. § 27.

[13] Belege in Ind. Arn. und Brev. Not., in Trad. Freis., Register unter vinea u. I, S. LXXXV; Breviarius Urolfi (Niederalteich) (s. o. 211 Anm. 86); vgl. RIEZLER I 1, 282f.; Trad. Reg. nr. 174 (um 900 tradierter Weingarten in Rosdorf). Aus dem Osten und aus Bozen importierter Wein erscheint in d. Trad. Freis. I nr. 1045 (zu 908).

[14] UB Salzb. I, XIV, 36ff.; H. WOPFNER, Beitrr. z. Gesch. d. alpinen Schwaighöfe (VSWG 24) 1931.

(= Reichenhall), vielleicht auch im Salzkammergut und Inntal (Hall) machten dieses Regal besonders ergiebig. Romanische Ortsnamen, die auf Salzgewinnung hinweisen (sal = Hall), zeigen auch hier eine Kontinuität der Gewinnung über die Völkerwanderungszeit hinaus. Ein wichtiger Salzumschlagsplatz war Laufen, von dort ging die Ware über Regensburg und Passau bis nach Böhmen.[15] Die zentrale Bedeutung von Reichenhall für den karolingischen Fiskus erhellt aus der Tatsache, daß dort allein Domänenverwalter (actores) in Bayern bezeugt sind, deren Funktion weitgehend denen des Richters (judex) in der karolingischen Fronhofordnung (capitulare de villis, c. 62) entsprochen haben dürfte; auf jeden Fall bezeugt diese fiskalische Organisation die Wichtigkeit der Salzgewinnung für den König.[16] Für den Pongau (Bischofshofen) ist uns auch Goldwäscherei bezeugt, die von zwei Eigenleuten des Herzogs mit romanischen Namen (Tonazanus, Ursus) neben der Jagd betrieben wurde.[17] Grundherrschaftlich organisierte Handwerker- und Gewerbesiedlungen sind in Bayern mit den auf -arn gebildeten Ortsnamen zu ermitteln, so deutet Zeitlarn (Zeilarn) auf gewerbsmäßige Honiggewinnung, Pöchlarn auf Pechherstellung für den Schiffsbau an der Donau, Goldern (Goldararun) auf Goldgewinnung.[18] Für Bayern sind seit dem neunten Jahrhundert bereits Hopfenproduktion sowie Bierzinse bezeugt.[19] Die karolingischen Kapitularien sowie die Waffenausfuhrverbote Karls d. Gr. lassen einen

[15] UB Salzb. I nr. 13, 79f. (931) bezeugt im steierischen Ennstal b. Admont Salzgewinnung. Für Salzabbau im Traungau: MG Capit. 2, nr. 253, 251, c. 5. Hall in Tirol: Zollprivileg Ludwigs d. D. für Kempten v. J. 837, MG Dipl. Ludw. d. D. 24; vgl. K. Th. v. Inama-Sternegg, Zur Verfassungsgesch. d. deutschen Salinen im MA (SB d. Akad. Wien 111) 1886, 570ff.; Dopsch, Karolingerzeit 179, 183; H. v. Srbik, Studien z. Gesch. d. österr. Salzwesens, Innsbruck 1917; H. Klein, Zur älteren Gesch. d. Salinen Hallein u. Reichenhall (H. Klein, Beiträge) 385–409.

[16] Diese actores Ludwigs d. D., die keinerlei Abgabe (muta, portaticum, pontaticum, rotaticum, pulveraticum, salutaticum) von den 6 Karren Salz des Klosters Kempten in Reichenhall erheben sollten, saßen «in Reichenhall und in den übrigen Königshöfen» (tam in Hallo quam etiam in ceteris villis nostris), MG Dipl. Ludw. d. D. 24; Metz 131. Für die anhaltende Bedeutung Reichenhalls für König und Herzog s. u. 399 Anm. 57 u. 58; Karte b. Metz 135 (Kerngebiete der königlichen Grundherrschaft nach den großen Zehnt- und Nonenschenkungen) zeigt überdies sehr klar, daß der Karolingerkönig nur im agilolfingischen Kernraum östlich Regensburg und östlich der Inn-Salzach-Linie das Herzogsgut übernahm, im fränkisch orientierten Westbayern blieben jedoch die Besitzverhältnisse so gut wie unverändert.

[17] Ind. Arn. VIII 1–8, 15f., Brev. Not. III 1–16, 20ff.; Dopsch, Karolingerzeit 173f. Nach den Breves Notitiae 19 kauft Hrodpert vom Herzog Theodo ein Dorf und zahlt dafür 1000 Solidi «in auro et argento».

[18] K. Puchner, Frühmittelalterl. Goldwäscherei in bayer. Ortsnamen (ZBLG 33) 1970, 17–21, vgl. auch Lederdorn (= Ledararun), Schäftlarn, Eslarn. Ein Landstrich im Isengau, wo sich heute noch acht Lindach-Orte (Lindengehölze!) finden, hieß nach der dort besonders intensiv betriebenen Imkerei «Zeidlergau». Riezler I 1, 284; vgl. auch Ind. Arn. VI 12: eccl. ad Zidlar = Zeilarn, Lkr. Pfarrkirchen, Zidalpach = Oberzeitlbach, Lkr. Aichach, Trad. Freis. nr. 48, 304. Schäftlarn als Produktions- und Verkehrsmittelpunkt (Isarübergang) wird sogar um 800 schon oppidum genannt, zu Schäftlarn jetzt Störmer, Fernstraße (s. o. 356 Anm. 25) bes. 326ff. Zum Honig- und Wachshandel vgl. Fastlinger 44f. u. die «cera» der Raffelstetter Zollordnung.

[19] Vgl. Trad. Freis. nrr. 833, 872, 874, 884, 891, 922, 990. Bierzinse: ebd. nrr. 343, 351, 469, 613, 614, 662 etc.; Dopsch, Karolingerzeit 200.

beträchtlichen Entwicklungsstand der Eisenverarbeitung vor allem für militärische Zwecke (Kriegswagen) erkennen,[20] während über landwirtschaftliche Geräte aus Eisen die Inventare von Staffelsee und Bergkirchen bei Freising Aufschluß geben.[21]

Schon der mißglückte Versuch Karls d. Gr., einen Main-Donau-Kanal zu schaffen, zeigt neben dem militärischen auch ein wirtschaftliches Interesse an einer Wasserstraße, die von den südöstlichen Grenzmarken des Reiches bis ins Herz des Karolingerreiches am Mittelrhein führen sollte. Wenn Bischof Anno von Freising 856 die Dörfer Teugn und Lengfeld bei Kelheim mit einem Hafen an der Donau erwarb, so lagen diesem Kauf sicherlich wirtschaftliche Interessen zugrunde.[22] *Handelsbeziehungen* nach dem Osten sind bereits früh feststellbar. Schon das Diedenhofener Capitulare vom Jahre 805 hatte für den Osthandel des Reiches den Kaufleuten die Ausfuhrstellen und Kontrollübergänge angewiesen, die sich von Bardowik im Norden bis zur Donau verteilten. Vom Königshof Forchheim über Premberg bei Burglengenfeld an der Naab im bayerischen Nordgau bis Regensburg sollte der bayerische Präfekt Audulf den böhmischen Grenzsaum, comes Werner in Lorch dagegen die Ostmarkgrenze kontrollieren, damit sie nicht von Slawen und Awaren ohne besondere Genehmigung überschritten werden könne, während umgekehrt die Bewohner des Frankenreiches nur bis zu diesen Punkten ihre Waren bringen durften. Waffenausfuhr war grundsätzlich verboten.[23] Wesentlich genaueren Einblick in die Handelsbeziehungen nach dem Osten vermittelt hundert Jahre später die Zollordnung von *Raffelstetten* 903/06, die ihrem Wesen nach ein Weistum darstellt.[24] Auf Beschwerde bayerischer Großer, die sich auf dem Wege in die östlichen Gebiete (orientales partes) durch ungerechtfertigte Zollerhebungen bedrückt fühlten, ließ König Ludwig d. K. (900–911) durch den Markgrafen Arbo und die iudices orientalium die Zollrechte und ihre Einhebung durch königliche nuntii und durch den comes Arbo von 41 Männern erfragen, «die in diesen drei Grafschaften Adelige (nobiles) waren»,[25] und das Ergebnis schriftlich in

[20] MG Capit. 1, nr. 77, 171 c. 10 (zu 801–813); ebd. 2, nr. 185, 5 (zu 828); Capitulare de villis, MG Capit. 1, nr. 32, c. 42 u. 68. Ausfuhrverbot für Waffen: MG Capit. 1, nr. 44, 123 (Diedenhofener Capit. v. 805). – H. Frei, Der frühe Eisenerzbergbau u. seine Geländespuren im nördl. Alpenvorland (ZBLG 30) 1967, 1060–1062.

[21] MG Capit. 1, nr. 128, 252 c. 7 (Staffelsee); Trad. Freis. I nr. 652 (zu 842) (Bergkirchen); Dopsch, Karolingerzeit 142.

[22] Urkunden des Bistums Freising aus der Zeit der Karolinger, hg. von W. Hundt, 1875, nr. 35, 16; vgl. daselbst 39. – Zu Karls Kanalprojekt H. H. Hofmann, Kaiser Karls Kanalbau, 1969.

[23] MG Capit. 1, nr. 44, 123. Nach Dopsch, Karolingerzeit 239, wurde mit diesem Erlaß von 805 lediglich ein Stapelzwang für die angegebenen Grenzstationen bezweckt, nicht jedoch ein Verbot des Handels über diese Plätze hinaus. Vgl. Riezler I 1, 451. – Zur frühen Handels- und Wirtschaftsorganisation der bayerischen Ostmark M. Mitterauer, Zollfreiheit u. Marktbereich, 1969. Zur Handels- und Verkehrssituation im Alpenraum vgl. H. Hassinger, Zollwesen u. Verkehr in den österr. Alpenländern bis um 1300 (MIÖG 73) 1965, 292–361.

[24] MG Capit. 2, nr. 253, 249ff.; die Lit. b. H. Güttenberger, Zollstätten u. Handelswege nach d. Zollordnung v. Raffelstetten (Mitt. d. geogr. Ges. Wien 69) 1926, 52ff.; Lhotsky 161; vgl. auch G. v. Below, Zur Raffelstetter Zollordnung (VSWG 17) 1924, 346ff.; Mitterauer (s. o. 354 Anm. 15); zuletzt F. L. Ganshof, Note sur l'Inquisitio de theloneis Raffelstettensis (Le Moyen Age 72) 1966; Hassinger (MIÖG 73) 1965, 292ff.; Ders., Fs. Aubin, 1965, 151ff.

[25] Zur Frage der hier erwähnten tres co-

der Zollordnung niederlegen. Das Weistum zählt die Orte auf, die donauabwärts Zollstätten sind. Nach dem Austritt des Stromes aus dem Passauer Wald wird als erste Rosdorf erwähnt, ein abgegangener Ort im Aschacher Becken.[26] Es folgen Linz, das als regulärer Markt (mercatum legittimum) erscheint, dann ein nicht namentlich angeführter Ort am Übergang des regulären Handelsweges (strata legittima) über die Enns, ferner Handelsplätze im Gebiet der Rotalarii und Reodarii im Mühlviertel,[27] auf denen von teilbaren Gütern Warenzölle, von unteilbaren, wie Sklaven und Pferden, Geldabgaben erhoben werden. Des weiteren ist Eperaesburch genannt, das wahrscheinlich mit Ybbs zu identifizieren ist,[28] und Mautern. Auch beim Überschreiten der Grenze zum Mährerreich ist pro Schiff ein solidus zu zahlen. In Linz, Eperaesburch und Mautern haben die Salzhändler für jedes Schiff drei Scheffel Salz zu entrichten, beim Übergang über die Enns jedoch einen Scheffel. An dieser Stelle mußten wohl die Kaufleute, um den Greiner Strudel zu umgehen, ihre Waren von den Schiffen auf Wagen verladen, die über die Enns zu transportieren waren, so daß erhöhter Schutz und Dienstleistungen notwendig und gerechtfertigt erschienen. In Linz, Eperaesburch und Mautern handelt es sich um Marktzölle, in Rosdorf, beim Eintritt in das Markengebiet («comitatus Arbonis»), um Geleitabgaben (conductus).[29] Als Importwaren erscheinen Wachs, Pferde und Sklaven; Salz scheint dagegen ein Hauptausfuhrprodukt Bayerns gewesen zu sein, desgleichen hochqualifizierte Luxusgüter, wie sie etwa in den Grabbeigaben im Großmährischen Reich als westlicher Import auftauchen. Die in der Zollordnung genannten Rugi sind als Russen anzusehen, so daß sich der Grenz- und Fernhandel Bayerns bis ins russische Reich von Kiew erstreckt haben dürfte.[30] Als Hauptgruppe der Händler (mercatores) werden in der Zollordnung Juden genannt. Der enge Zusammenhang zwischen Herrschafts- und Wirtschaftsorganisation ergibt sich daraus, daß die Marktorte Linz, Eperaesburch (Ybbs) und Mautern mit den ihnen zugeordneten Handelssphären gleichzeitig die Mittelpunkte der in der Zollordnung genannten drei Komitate im Herrschaftsbereich des Markgrafen Arbo sind.[31] Ebenso sind die drei unter den Zeugen gesondert angeführten vicarii Walto, Durinc und Eigil als die den drei Grafschaften zugeordneten Amtsträger für die Kontrolle und Besteuerung des Handelsverkehrs anzusehen, die dem Markpräfekten Arbo unterstellt waren.[32]

mitatus s. UHLIRZ I 310ff. u. o. 343 Anm. 129.

[26] Zur Lage zuletzt F. PFEFFER, Raffelstetten u. Tabersheim (Jb. d. Stadt Linz 6) 1954, 55ff.; ZIBERMAYR 307.

[27] ZÖLLNER, Rugier oder Russen (s. o. 113 Anm. 95) 108ff.

[28] So A. KLAAR, Die Burg v. Ybbs (Unsere Heimat 32) 1961, 91ff.

[29] MITTERAUER (s. o. 354 Anm. 15) 346ff.

[30] POULÍK, The latest archeological discoveries from the period of the Great Moravian Empire (Historica I) Prag 1959, 7–70, bes. 36ff. (z.B. Mikulčice, Beziehungen zu den Glaswerkstätten des Rheinlandes). Zu den Rugi vgl. ZÖLLNER, Rugier oder Russen (s. o. 113 Anm. 95) 108ff.

[31] Dies entspricht der Feststellung von W. SCHLESINGER, Burg u. Stadt (Aus Verfassungs- u. Landesgesch. = Festschr. Th. Mayer) 1954, 108, daß die Handelsplätze der Karolingerzeit keine Dorfmärkte, sondern Burgmärkte waren, also in engem Zusammenhang mit der herrschaftlichen Organisation des Landes entstanden.

[32] Zu diesem Ergebnis kommt MITTERAUER (s. o. 354 Anm. 15) 357ff.

Die bedeutende Stellung Regensburgs im Osthandel ist auch an der verhältnismäßig häufigen und frühen Erwähnung von vicarii als Helfer des Grafen in der königlichen Handels- und Wirtschaftsorganisation der Stadt abzulesen, ebenso daß *Regensburg* schon am Ende des neunten Jahrhunderts das Amt eines subvicarius kennt, der zusammen mit einem exactor thelonei (Zolleinnehmer) bezeugt ist.[33] Regensburg tritt ja bereits in dem erwähnten Diedenhofener Capitulare von 805 als einer der Kontrollpunkte für den Handel mit den Slawen hervor; schon die um 772 entstandene Vita Haimhrammi entwirft ein stattliches Bild der von prächtigen Steinmauern und Türmen umwehrten Herzogsstadt.[34] Für die in der Raffelstetter Zollordnung erwähnten Juden und anderen Kaufleute (Judei et ceteri mercatores) ist spätestens um 900 eine Niederlassung in Regensburg anzunehmen.[35]

Für das *Geldwesen* Bayerns in karolingischer Zeit ist von der grundlegenden Tatsache auszugehen, daß es bis zum achten Jahrhundert nach Ausweis der Grabfunde zur «Feinwaagenlandschaft» östlich des Rheins und nördlich der Seine gehört, in der Münzen verschiedenster Herkunft und Prägungszeit umliefen, ihr Goldgehalt jedoch der einzige Wertmesser war und daher Waage und Probierstein unentbehrliche Geräte in den Händen jener Kreise wurden, die mit Münzgold zu tun hatten. Eine echte, zirkulationsfähige Geldwirtschaft existierte in diesem Feinwaagenbereich nicht, ganz im Gegensatz zur «Monetärlandschaft» südlich der Seine, wo sich ein geordneter Münzumlauf feststellen läßt.[36] Die in der Lex Baiwariorum auftauchenden Solidi sind lediglich abstrakte Wertangaben, bezogen auf den ehemaligen Goldsolidus byzantinischer Prägung zu 30 Denaren. Die Textstellen selbst zeigen, daß es sich nicht um konkrete, umlaufende Goldmünzen handelt, denn diese Solidi erscheinen mit dem Zusatz «in Gold bewertet»; es handelt sich also um einen reinen Wertbegriff, der bei der Zahlung in Gold ausbedungen wird, aber ebensogut in anderen Werten erlegt werden konnte, wie in der Lex I 9 ausdrücklich erläutert wird.[37] Bayern selbst hatte keine eigene Münzprägung. Mit der karolingischen Münzreform seit König Pippin, die den Silberdenar als Zahlungsmittel brachte,[38] drang das fränkische Münzwesen

[33] MG Dipl. Konr. I, 29 (zu 916); dazu MITTERAUER (ebd.) 364.

[34] K. BOSL, Die Sozialstruktur der mittelalterl. Residenz- u. Fernhandelsstadt Regensburg (Abh. München NF 63) 1966, bes. 17ff. Arbeo, Vita Emm. c. 6, 35f.

[35] Vgl. E. KLEBEL, Der Handel u. seine Organisationsformen in Regensburg (Jber. d. Industrie- u. Handelskammer Regensburg) 1952, 47–61; J. SYDOW, Der Regensburger Markt im Früh- u. Hochmittelalter (HJb. 80) 1961, 60–92; s. u. 496ff.

[36] J. WERNER, Waage u. Geld in der Merowingerzeit (SB München, H. 1) 1954.

[37] H. GEBHART, Geld u. Wirtschaft im frühmittelalterl. Bayern (ZBLG 18 = Festschr. M. Spindler) 1955, 40–60; immer noch unentbehrlich GROTE; A. LUSCHIN v. EBENGREUTH, Allgem. Münzkunde u. Geldgesch. d. MA u. d. neueren Zeit, 1926; Lex Baiw. I 4: cum XV sol. conponat auro adpreciatis «er soll mit 15 Schillingen in Gold gerechnet büßen»; ebd. I 6: donet XL sold. auro adpretiatos «er soll 40 Schillinge in Gold gerechnet bezahlen»; ebd. IV 32: C sold. auro adpreciatos cogatur exsolvere «er muß 100 Schillinge in Gold gerechnet bezahlen» u. a. Vgl. Lex Baiwar. I 9: (Zahlungsmittel anstelle von Gold) (GEBHARDT 51); DOPSCH, Kulturentwicklung II 451ff., 502 u. RIEZLER I 1, 286 hatten aus den Geldangaben der Lex Baiwar. auf ein zirkulationsfähiges Geldwesen in Bayern geschlossen.

[38] A. SUHLE, Deutsche Münz- u. Geldgesch. v. den Anfängen bis z. 15. Jh., 1955, 22f.; GEBHART (s. o. Anm. 37) 52.

im achten Jahrhundert auch nach Bayern ein, ab 780 erscheinen in den Traditionen des Bistums Freising diese Silberdenare und fränkische Solidi zu 12 Denaren.[39] In der Zeit Ludwigs des Frommen (814–840), als sich Bayern unter Ludwig dem Deutschen immer stärker als Teilregnum konstituierte, erhält dessen Hauptstadt Regensburg die erste selbständige Münze für Silberdenare, die sich rechts des Rheins feststellen läßt, worin sich erneut die Bedeutung dieser Stadt als Herrschafts- und Wirtschaftszentrum manifestiert. Die Einführung des Silberdenars als «erster, staatlich garantierter Währung seit dem Zusammenbruch der römischen Herrschaft» wirkte sich aber auch in Bayern, wie anderswo im Frankenreich, nur für den Fernhandel mit hochwertigen und ausgesprochenen Luxusgütern (Schmuck, Waffen, Pferde, Sklaven, Salz) aus; der Nahmarkt jedoch vollzog sich weitgehend auf naturalwirtschaftlicher Basis, wie das Fehlen von geringwertigen Kleinmünzen beweist.[40]

§ 30. DAS HERZOGTUM DER LUITPOLDINGER

Bosl (GG I); Tellenbach, Königtum; Reindel; Mitterauer; Bosl, Luitpoldinger; Ders., Markengründungen; Reindel, Arnulf; Diepolder, Aribonen; H. Stingl, Die Entstehung d. deutschen Stammesherzogtümer am Anfang d. 10. Jhs., 1974; H.-W. Götz, «Dux» und «Ducatus». Begriffs- u. verfassungsgeschichtl. Untersuchungen z. Entstehung d. sog. «jüngeren» Stammesherzogtums an d. Wende vom 9. zum 10. Jh., 1977.

Als »fränkischer Reichsaristokrat« im Sinne Tellenbachs (s. o. 364) und als nepos, consanguineus Arnulfs von Kärnten hatte sich *Luitpold* schon am Ende der Karolingerzeit eine starke Machtposition aufgebaut.[1] Im Jahre 893 war er sehr wahrscheinlich dem nach Mähren geflohenen Grafen Ruodbert von Karantanien, einem Wilhelminer, in dessen Wirkungskreis nachgefolgt, da er 895 als Graf von Karantanien erscheint.[2] Nach der Ermordung des Ostmarkgrafen Engelschalk in Regensburg 893 wird Luitpold, wie aus seinen Kämpfen mit den Mährern zu schließen ist, auch hier in die Stellung des marchensis in oriente eingerückt sein,[3] und mit der Absetzung Engildeos im Jahre 895, mit dem er sich bis dahin in eine Art Statthalterschaft in Bayern geteilt hatte, errang er auch dessen Position als marchensis Baioariorum samt Grafschaftsrechten in Regensburg,[4] so daß er, ähnlich wie einst Gerold nach Tassilos

[39] Trad. Freis. I nr. 100 (779–783), 179 (799), 295 (814), 338 (815). Der fränkische Denar steht aber weiterhin neben dem alten, von der oströmischen Münze bestimmten Wertbegriff des Solidus zu 30 Denaren, so daß in einer Freisinger Urkunde, Trad. Freis. I nr. 364 (816), (erstmals) die Wertbeziehung 1 Solidus = 30 Denare nachweisbar ist. Gebhart (s. o. 379 Anm. 37) 52 f.

[40] Werner, Fernhandel (s. o. 111 Anm. 82), bes. 593 f. Erst der Wandel der Wirtschaftsstruktur seit dem 10./11. Jh. schuf Bedarf nach Münzgeld.

[1] Reindel, Arnulf 201 ff.

[2] MG Dipl. Arnolf 138: «in comitatu Livpoldi in orientalibus partibus Charanta nominatis ...», vgl. Reindel 3, demzufolge L. in ganz K. Graf gewesen sein soll.

[3] Ann. Fuld. (zu 893) 122 u. a., (zu 898) 131 f.; Reindel nr. 7; Ders., Arnulf 207.

[4] Ders. nr. 2, daselbst die wichtige Zusammenstellung der Ämter und Besitzungen Engildeos.

Sturz, eine Art Amtsherzogtum innehatte.[5] Das bisherige Nebeneinander verschiedener Amts- und Herrschaftsträger, das zugleich ein Nebeneinander konkurrierender Adelssippen (Aribonen, Wilhelminer etc.) war, ging jetzt in eine deutliche Unterordnung zugunsten Luitpolds über, dem bald nach 895 Ratold von Ebersberg in einer karantanischen Grenzgrafschaft und der slawische Herzog Prazlavo in Unterpannonien als untergeordnete Gewalten zugeteilt wurden. Karantanien selbst blieb mit Oberpannonien unter Luitpolds unmittelbarer Leitung.[6] Außer als Graf in Kärnten erscheint er als Markgraf, dem Vasallen unterstehen,[7] als Graf im Donaugau,[8] im Sulzgau,[9] der ein Teil des Nordgaus war, in dem er die Nachfolge Engildeos angetreten hatte;[10] ferner finden wir Luitpold im Westermanngau westlich Regensburg; auch dort war er Amtsfolger Engildeos.[11] Vasallen Luitpolds waren in Karantanien, bei Kremsmünster, im Nordgau bei Weiden und in Hörgertshausen bei Freising begütert. In Herrnwahlthann, Irnsing (Lkr. Kelheim) und in Laimerstadt (Lkr. Riedenburg) hatte Luitpold selbst Besitzungen.[12] Unter Herzog Arnulf taucht als luitpoldingischer Besitz Weilnbach südlich Gottfrieding und Essenbach nördlich Landshut auf,[13] ferner Aiterhofen bei Straubing, das schon 773 als herzoglich-agilolfingische villa genannt ist und 972/74 von der Arnulf-Tochter Judith und ihrem Sohn Heinrich an St. Emmeram geschenkt wurde.[14] Ausgetanes Herzogsgut findet sich in Langfelden südlich Vilshofen, in Teising westlich Altötting und an der Salzach in Puch bei Hallein;[15] als Zentrum herzoglicher Macht und wirtschaftlicher Bedeutung (Salz) wird Reichenhall genannt, wo Herzog Arnulf vor seinem Tode seinem Sohne Eberhard als Nachfolger huldigen ließ.[16] Als Besitz der Luitpoldinger erscheint 976 Wischlburg bei Deggendorf und 985/89 Aufhofen und St. Georgen nördlich Bruneck.[17] Wenn auch die geringe Zahl bezeugter luitpoldingischer Besitzungen keine weitreichenden Schlüsse erlaubt, so fällt doch auf, daß sie fast alle im westbayerischen

[5] Zum Charakter des Herzogtums vgl. die gegensätzlichen Positionen von STINGL und H.-W. GÖTZ.

[6] REINDEL nrr. 5–9.

[7] Ebd. nrr. 7–9, in der letzten Quelle, einer Urkunde Kaiser Arnulfs vom 4. Sept. 898 (MG Dipl. Arnolf 193), erscheint Luitpold als «unser teurer Verwandter und hochedler Markgraf» («carissimus propinquus ac illuster noster marchio»).

[8] REINDEL nr. 12.

[9] Ebd. nr. 20.

[10] Ebd. nr. 28.

[11] Ebd. nr. 25. Nach DACHS, Oberpfalz, bes. 169, stammt der Gauname daher, daß hier eine agilolfingische Gegenorganisation gegen den steigenden fränkischen Einfluß im westlichen Nordgau geschaffen worden sei. Anders REINDEL, der im Westermanngau, ähnlich wie im Sulzgau, Gebiete sieht, «die politisch dem als Grafschaft organisierten Nordgau angehörten».

[12] Zusammenstellung b. REINDEL, Arnulf 206 Anm. 102; Ders. nrr. 8, 9, 14, 33, 39 u. 18 (= Eigengut Luitpolds). – Falls Luitpold mit dem Königshaus über Kaiser Arnulfs Mutter Luitswinde verwandt gewesen sein sollte, dann wäre eventuell auch Luitswindes Besitz in Erding an der Sempt und die Abtei Moosburg zum luitpoldingischen Familiengut zu rechnen (wenn sie diese Güter nicht von Karlmann erhalten hatte). Anders MITTERAUER.

[13] REINDEL nr. 74.

[14] Ebd. nr. 113; vgl. Trad. Freis. I nr. 63.

[15] REINDEL nrr. 79, 81.

[16] Ebd. nr. 87. Teising und Reichenhall sind ebenfalls als agilolfingisches Herzogsgut bezeugt; vgl. Brev. Not. V u. II, 25. u. 5.

[17] REINDEL nrr. 119, 133; vgl. insgesamt die Karte daselbst. – Die Orte Sonderhofen und Baldersheim im ostfränkischen Taubergau schenkte erst Kaiser Otto d. Gr. der Herzogin Judith, ebd. nr. 109; MG Dipl. Otto I. 220.

Altsiedelland und im Donaugau bzw. um Regensburg liegen.[18] Dies weist einerseits auf die schon oben erwähnte westbayerische Herkunft der Luitpoldinger hin, wie es andererseits die Tatsache zu erklären vermag, daß die Luitpoldinger erst spät (895) im östlichen Markengebiet auftauchen, und zwar als Amtsträger und Amtsnachfolger gestürzter oder beseitigter Grenz- und Markgrafen (Engildeo, Engelschalk), d. h. Luitpold selbst setzte sich erst durch diese Amtsnachfolgen im östlichen Bereich fest, ohne dort schon zuvor besitzmäßig stärker Fuß gefaßt zu haben. Am wahrscheinlichsten ist daher die Annahme, daß die Luitpoldinger als eine mit den Wilhelminern versippte Familie deren vom Kaiser eingezogene Ämter übernahmen, wobei Luitpolds familiäre Verbindung mit dem Herrscherhaus diese Amtsübertragung als besonders gerechtfertigt erscheinen lassen mußte.[19] Die Verwandtschaft mit den Karolingern dürfte ferner erklären, warum in Teising, Aiterhofen und Reichenhall luitpoldingischer Besitz mit früherem agilolfingischem Herzogsgut identisch ist.

Die mächtige Stellung Luitpolds in der spätkarolingischen Reichsaristokratie geht auch aus einem Tauschvertrag zwischen den Klöstern Echternach und Fulda vom 19. März 907 hervor, den König Ludwig das Kind bestätigt und in dem als Intervenient u. a. der comes Luitpold auftritt, diesmal außerhalb seines bayerischen Amtsbereiches und in Reichsangelegenheiten.[20] Dennoch ist der Aufbau der luitpoldingischen *Herzogsgewalt* undenkbar ohne die maßgebliche Rolle des bayerischen Adels, aus dem Luitpold ja selbst hervorgegangen war. Wenn auch nach Luitpolds Tod vor Preßburg im Jahre 907 eine Wahl seines Sohnes Arnulf nicht ausdrücklich bezeugt ist, muß man sie doch annehmen.[21] Es fällt auf, daß der bayerische Adel nach 907 fast völlig aus der Umgebung des Königs verschwand, und auch Arnulf selbst taucht nur noch einmal in einer Urkunde Ludwigs des Kindes auf.[22] Das Wahlrecht des bayerischen Adels dürfte wohl kaum eine Reminiszenz an das agilolfingische Herzogtum sein,[23] sondern viel eher der gegebenen bedrohlichen Lage sowie der Schwäche des

[18] Nur Buch und Althofen auf dem Krappfeld bei St. Veit an der Glan (Gerichtsbezirk Eberstein) sind im östlichen Gebiet als luitpoldingisches Gut anzusehen, vgl. REINDEL nrr. 77, 105.

[19] MITTERAUER 167ff., 184f., bes. 236ff. MITTERAUER 239ff. macht aufgrund einer Eintragung im St. Gallener Verbrüderungsbuch (Liber fraternitatum Sangallensis, MG Libri confraternitatum, hg. v. P. PIPER, 1884, 306) wahrscheinlich, daß Luitpold mütterlicherseits von den Karolingern und Welfen abstammte, weshalb auch Kaiser Arnulf und König Ludwig das Kind ihn als nepos oder propinquus bezeichnen konnten. Der plötzliche Aufstieg wird mit Recht vermerkt b. REINDEL, Arnulf 206ff.

[20] Ders. nr. 43, hier ist auch seine Beteiligung beim Kampf der Konradiner gegen die älteren Babenberger zu erwähnen (ebd. nr. 42).

[21] Gegen eine Wahl Arnulfs sprachen sich aus WAITZ V 1893², 47 Anm. 5, und B. SCHLOTTEROSE, Die Besetzung d. deutschen Herzogtümer, Diss. Halle 1912, 15. Für die Wahl: RIEZLER I 1, 502; LÄWEN, Stammesherzog 64; TELLENBACH, Königtum 85f.; REINDEL, Arnulf 214f.

[22] Ebd. 2, 4; MG Dipl. Ludw. d. K. 58.

[23] Das in der Literatur auf Grund der Lex Baiwar. tit. II cap. I, S. 291, behauptete «Wahlrecht des bayerischen Volkes» (REINDEL, Arnulf 215) bei der Herzogseinsetzung in agilolfingischer Zeit läßt sich mit dieser Stelle wohl nicht begründen. Zudem steht dieser Interpretation Lex Baiwar. III 1, 313 gegenüber, wonach der Herzog immer aus dem Geschlechte der Agilolfinger sein sollte, «weil ihnen dies unsere königlichen Vorfahren übertragen haben» («quia sic reges antecessores nostri concesserunt eis»); vgl. auch noch ebd. II 8a u. 9, S. 302f.

Königtums entsprungen sein, hatte doch der Adel in den letzten Jahrzehnten ein solches Maß an Unabhängigkeitsstreben und Opposition gegen die erlahmende Zentralgewalt gezeigt, daß das Herzogtum Arnulfs ohne die Zustimmung dieser führenden Schicht schwer vorstellbar wäre.[24] Die Bindung herzoglicher Entscheidungen an die Zustimmung des Adels erhellt noch aus jener Szene bei der Belagerung von Regensburg durch König Heinrich I. (921), als Arnulf Heinrichs Friedensvorschläge erst mit seinem Adel besprechen mußte.[25] Dieses Aufeinander-Angewiesensein von Herzog und Adel, das im Sinne O. Brunners herrschaftsbegründend ist, hinderte jedoch den Luitpoldinger Arnulf keineswegs, in einer berühmten, der Königsurkunde nachgebildeten Intitulatio sich selbst sakrale Würde (divina ordinante providentia dux) zuzuschreiben, wobei sehr klar der Dualismus zwischen dem Herzog im bayerischen regnum und den herrschaftstragenden Großen des Landes (principes regni) zutage tritt.[26] Das neue Herzogtum der Luitpoldinger hatte, als Ganzes betrachtet, nichts mehr mit dem agilolfingischen Dukat zu tun, vielmehr knüpft Arnulf an die karolingische Reichsverfassung an, deren Verwaltungsspitze sein Vater ja selbst entstammte; er erhebt Anspruch auf die Stellung eines «karolingischen Unterkönigs», wie die Intitulatio der angeführten Urkunde zeigt.[27]

Der Übergang der Luitpoldinger aus einer markgräflichen Stellung mit Amtscharakter zu einer königsgleichen Position im regnum Bayern ergibt sich auch aus ihrem *Verhältnis zur bayerischen Reichskirche*. Luitpold ist zum Zeitpunkt der unglücklichen Schlacht bei Preßburg 907 sicher noch als karolingischer Beamter zu betrachten, doch deutet der gemeinsame Kampf mit den bayerischen Bischöfen gegen die Ungarn schon auf die spätere Einheit des regnum als Herzogtum. Die Einfügung der Bischöfe in den sich konstituierenden Herrschaftsverband des luitpoldingischen Herzogtums war jedoch keine leichte und selbstverständliche Sache, die Stellungnahme der bayerischen Bischöfe für König Konrad I. auf der Synode von Hohenaltheim (916) zeigt vielmehr deutlich, daß sich die bayerische Kirche noch als Teil der Reichskirche fühlte.[28] Doch scheinen die bayerischen Kirchenfürsten im Streit zwischen Konrad und Arnulf eher eine vermittelnde Haltung eingenommen zu haben.[29] Eindeutig gegen den Herzog konnten sie schon deshalb nicht sein, weil er sie bei seinen Säkularisationen von Klostergut an der Beute beteiligt hatte,[30] der alte Gegensatz zwischen Bistümern und Eigenklöstern wurde dabei im Zuge der Ungarnnot zugunsten der ersteren entschieden. Bei Tegernsee verteilten sich die konfiszierten Güter auf 200 Orte in Oberbayern und in Niederbayern zu beiden Seiten der Donau.[31] Auch

[24] Mit Recht betonen die Bedeutung der gegebenen Situation REINDEL, Arnulf 215 u. BOSL, Luitpoldinger 164.

[25] Luitpr., Antap. II 23, 49; dazu REINDEL nr. 61.

[26] Ebd. nr. 48. Vgl. auch ebd. nr. 65: «Arnulfus divina favente clementia dux». Dazu O. REDLICH, Die Privaturkunde d. MA, 1911, 94.

[27] Die karolingischen Ursprünge des luitpoldingischen Herzogtums heben mit Recht hervor REINDEL, Arnulf 224ff.; Ders., Ostland (s. o. 156 Anm. 29) 147f. u. PFEFFER.

[28] REINDEL nrr. 56 u. 57.

[29] BRESSLAU, Salzb. Annalistik 56 Anm. 4.

[30] REINDEL, Arnulf 217 u. 228; Ders. nr. 49. Für Drakolf von Freising ist eine solche Beteiligung bezeugt, vgl. MITTERER 83, 85, 97 (Isen, Schäftlarn).

[31] Tegernseer Besitz findet sich später in

mit dem Salzburger Metropoliten wußte sich Arnulf zu einigen, wiewohl in Salzburg die reichskirchlichen Traditionen naturgemäß am stärksten sein mußten. Offen bleibt, ob Erzbischof Odalbert zunächst ohne Genehmigung Arnulfs Metropolit geworden ist und sich dessen nachträgliche Zustimmung erst mit einer reichlichen Güterabtrennung erkaufen mußte[32] oder ob nicht vielmehr Verwandte der Luitpoldinger den Salzburger Erzstuhl mindestens seit Odalbert (923–935) innehatten.[33] Jedenfalls muß Herzog Arnulf ein hohes Maß von kirchenrechtlicher Bindung der Bistümer an sein regnum gelungen sein, denn nur während seiner Zeit nahmen auch Eichstätter Bischöfe an bayerischen Synoden teil. Diese bayerischen Synoden vom Jahre 932,[34] die während der Herrschaft Herzog Arnulfs in Bayern (regnante in Bawaria Arnulfo duce) in Regensburg und Dingolfing, also in zwei alten Mittelpunkten herzoglicher Macht seit der Agilolfingerzeit, gehalten wurden, müssen «machtvolle Kundgebungen des geistlichen und weltlichen Adels Bayerns» gewesen sein; bei der letzteren waren 117 Bischöfe und Grafen anwesend. Es waren Provinzialsynoden und Landtage zugleich. Erst mit der Schritt für Schritt errungenen *Herrschaft über die Kirche* war Arnulfs Stellung königsgleich; deshalb blieb dieser Rechtsanspruch auch für Arnulf eine conditio sine qua non des 921 getroffenen Übereinkommens mit König Heinrich I., und der Verlust derselben nach Arnulfs Tod war der entscheidende Schritt zur Aushöhlung der Herzogsmacht.[35] Schon 938 wurde Erzbischof Herold von Salzburg von Otto dem Großen eingesetzt,[36] d. h. Herzog Berthold war in die Stellung eines Amtsherzogs zurückversetzt. Eine der wesentlichsten Voraussetzungen des ottonischen Reichskirchenregiments konnte nur auf Kosten der herzoglich-luitpoldingischen «Landeskirche» geschaffen werden. Schenkungen an die bayerische Kirche oder an bayerische Vasallen Herzog Bertholds erfolgen jetzt nicht mehr aus eigener Machtvollkommenheit des letzteren, sondern lediglich auf Ansuchen (per interventum) Bertholds durch Otto den Großen,[37] ja, Otto legalisiert jetzt frühere

den Händen der Bischöfe von Passau, vielleicht gehört auch die Übergabe von St. Pölten an das Passauer Hochstift (910) in diesen Zusammenhang; W. BECK, Tegernseer Güter aus dem 10. Jh. (AZ NF 20) 1914, 83–105; KLEBEL, Probleme, bes. 268; MITTERER; BAUERREISS I 178 f.

[32] Codex Odalberti (UB Salzb. I) nr. 44a, 105 ff.; REINDEL, Arnulf 249.

[33] So bereits MITIS, Babenberger (s. o. 278 Anm. 5), bes. 259 u. REINDEL nrr. 65, 79; neuerdings mit weiteren genealogischen Argumenten MITTERAUER 238 ff.; wohingegen DIEPOLDER, Aribonen 77 f., 93 in den Salzburger Erzbischöfen des 1. Drittels des 10. Jhs. eher Aribonen sehen möchte.

[34] Die Regesten d. Bischöfe v. Eichstätt, hg. v. F. HEIDINGSFELDER, 1915, nrr. 114, 4, 115, 3; KLEBEL, Probleme 341 ff.; LÄWEN, Stammesherzog 78 f.; REINDEL nr. 84.

[35] REINDEL nr. 61. – Zur Wertung Arnulfs vgl. A. SCHMID, Das Bild d. Bayernherzogs Arnulf (907–937) in d. deutschen Geschichtsschreibung v. seinen Zeitgenossen bis z. W. v. Giesebrecht, 1976.

[36] Annales ex annalibus Juvavensibus excerpti, hg. v. H. BRESSLAU (MG SS 30, 2) 1934, S. 743, Z. 13 f. Dazu BRESSLAU, Salzb. Annalistik 62; REINDEL nr. 93, 188 f.

[37] Ebd. nrr. 95–98, 100, 110, 111. Hierher gehört auch nr. 121, wonach auf Bitten des Luitpoldingers, Herzog Heinrichs von Kärnten, des Sohnes Herzog Bertholds, Kaiser Otto II. den Kleriker Reginbato, einen Hörigen des Herzogs, freiläßt. Freilassungen hat bereits König Heinrich I. auf Intervention Arnulfs vorgenommen (ebd. nrr. 67, 71). Die Gunstbeweise Heinrichs I. für das Kloster Kempten und die Kirche von Remüs, die ebenfalls auf Intervention Arnulfs erfolgten, gehören in einen ande-

Amtshandlungen des Herzogs[38] und vermag nach dem Aufstand von 953 luitpoldingisches Erbgut, das Arnulfs Sohn Heinrich besessen hatte, strafweise an die Salzburger Kirche zu schenken,[39] womit das etappenweise Eindringen der ottonischen Königsmacht in Bayern zur Genüge gekennzeichnet ist.

Im Zenit luitpoldingischer Herzogsmacht, unter Arnulf, erscheint der Bayernherzog dagegen als Verbündeter des Königs (amicus regis) – so Widukind v. Korvey –, ein Machtverhältnis, das sich von der Unterordnung der «reguli» unter Kaiser Arnulf kaum wesentlich unterschied und jedenfalls die wahren Machtverhältnisse besser umschrieben haben dürfte als die Mitteilung Luitprands von Cremona, Herzog Arnulf sei «miles regis» (Lehensträger) geworden.[40] Weitere Charakteristika der relativen *Selbständigkeit Arnulfs* sind erstens die Tatsache, daß der Herzog 935 seinem ältesten Sohn Eberhard die Nachfolge im «regnum Baiowariorum» übertragen und ihm in Reichenhall huldigen lassen konnte, wobei Designation und Huldigung, wie bei der Königswahl, die konstitutiven Elemente der Herzogseinsetzung sind,[41] und zweitens Arnulfs Versuch, für diesen Sohn 933/34 auch die langobardische Königskrone zu erwerben.[42] Als Zeichen selbständiger Außenpolitik sind auch die Böhmenfeldzüge Arnulfs 922 und 929 zu werten.[43] Wenn man das Verhältnis zwischen Heinrich I. und Arnulf als einen mühsam errungenen und von beiden Seiten vorsichtig bewahrten Gleichgewichtszustand bezeichnen kann, so darf dies nicht darüber hinwegtäuschen, daß Heinrich den Gedanken einer grundsätzlichen Unterordnung des Bayernherzogs beibehielt; jedenfalls legt die Bezeichnung Arnulfs als comes durch die königliche Kanzlei diese Deutung nahe.[44] Der Unterschied in der Titulatur zwischen Königs- und Herzogskanzlei ist zu offensichtlich, als daß darin nicht eine gewisse «reservatio mentalis» der sich allmählich kräftigenden Zentralgewalt gegenüber der königsgleichen Stellung Arnulfs zum Ausdruck kommen sollte.

Mit dem Rückfall Bayerns von einem relativ selbständigen spätkarolingischen Teilregnum unter Herzog Arnulf zu einem ottonischen «Amtsherzogtum» seit 938

ren Zusammenhang, da diese Orte außerhalb des luitpoldingischen Herzogtums lagen (nr. 67 = die eine der Freilassungen Heinrichs I. bezog sich auf Kempten; nrr. 73, 75, 78).

[38] Reindel nr. 101.

[39] Ebd. nr. 105; vgl. auch nr. 108, eine weitere Schenkung Ottos an die Salzburger Kirche, es handelt sich um umfangreichen Besitz im Chiemgau, und nr. 110, wo Otto 961 per interventum Herzog Heinrichs von Bayern und seiner Mutter Judith sowie des Bischofs Abraham v. Freising einem Kleriker ein Gut im Kroatengau schenkt.

[40] Tellenbach, Königtum 86, 92, wo die selbständige Außenpolitik der süddeutschen duces hervorgehoben wird. Vgl. Mitteis, Lehnrecht 415ff.; Schlesinger, Königswahl (s. o. 273 Anm. 188) 340; Reindel, Arnulf 237ff.; Bosl, Luitpoldinger 171.

[41] Reindel nr. 87.

[42] Ebd. nr. 86.

[43] Ebd. nrr. 62, 76; Bosl, Böhmen (s. o. 225 Anm. 262) 43ff.; Wegener 55f.

[44] Reindel nrr. 75, 78. Auch wenn man mit Reindel (152) dux und comes für auswechselbare Begriffe hält, bleibt der Wechsel zugunsten der niedrigeren Amtsbezeichnung bemerkenswert. Derselbe Gegensatz in der Titulatur begegnet nr. 82a, b, wo König Heinrich I. dem Bistum Freising Besitz im Vintschgau «in comitatu» des Luitpoldingers Berthold zurückgibt (nr. 82a), und Berthold «divina favente clementia dux» seine Getreuen Ruodbert und Merolt mit der Durchführung dieser Restitution beauftragt, ohne daß dabei die Initiative des Königs erwähnt wird (nr. 82b).

und zu einem, der Königsfamilie eng verbundenen, «liudolfingischen Herzogtum» seit 947 ging auch eine *Verkleinerung des Einflußbereiches* parallel.[45] Vintschgau und Unterengadin, 926 an Bayern gekommen, wurden entweder 938 oder 955, nach dem liudolfingisch-luitpoldingischen Aufstand, wieder abgetrennt und mit Rätien vereinigt.[46] Mit Niederlage und Tod des luitpoldingischen Pfalzgrafen Arnulf während desselben Aufstandes ging eine weitere der noch verbliebenen Machtpositionen des Herzogshauses verloren. Mit der 976 erfolgenden Ausscheidung Karantaniens mitsamt der Marken in Nordostitalien wurde Bayern als territoriale Einheit erheblich reduziert und damit in seiner Bedeutung empfindlich geschwächt.[47] Das Pfalzgrafenamt war in karolingischer Zeit mit der Vertretung des Königs im Hofgericht für Streitsachen befaßt und wahrscheinlich in Bayern durch Otto I. auch mit Verwaltungsbefugnissen für das jetzt vom herzoglichen Kammergut getrennte Reichsgut ausgestattet, sowie als eine königliche Kontrollinstanz der Herzöge gedacht. Solange es in luitpoldingischer Hand verblieb, mußte es eine wesentliche Stärkung der Macht des Herzogsgeschlechtes bewirken.[48] Mit der Erneuerung des Pfalzgrafenamtes in ottonischer Zeit wird die Ausscheidung des ehemals karolingischen Königsgutes aus dem herzoglichen Kammergut zusammenhängen.[49] Die Belehnung der Grafen erfolgte ebenfalls durch den König, was um so verständlicher erscheint, wenn man nach der neueren Auffassung[50] das Grafenamt vornehmlich als Verwaltung von Königsgut mit schiedsrichterlicher Tätigkeit im weiteren Umkreis desselben deutet. Die Privilegierung und Stärkung der Bistümer im Rahmen der ottonischen Reichskirchenpolitik löste schließlich weitere Kompetenzen des ehemaligen Stammesherzogtums aus dem Bereich herzoglicher Befugnisse und ordnete sie in enge, königliche Zusammenhänge ein, die erst der Investiturstreit erschüttern sollte.[51] Damals, in ottonischer Zeit, erreichte Bayern seine größte räumliche Ausdehnung (s. o. 292). Dagegen war die zentrale Bündelung der Herrschaftsrechte in der Hand des Herzogs seit Kaiser Otto dem Großen weitgehend gelockert worden. Für den unmündigen Herzog Heinrich II. führte die Arnulftochter und Herzoginwitwe Judith mit Bischof Abraham von Freising die vormundschaftliche Regierung. Die Burggrafschaft von Regensburg und die Markgrafschaft im Osten besaß Burchard, der Schwager Judiths. Der schwäbische Herzog Burchard († 973) war der Gemahl der Judith-Tochter Hadewig; Augsburger Bischof war der Sohn des Markgrafen Burchard, Heinrich. Kaiser Otto II. löste diese familiäre Verklammerung der süddeutschen Herzogtümer durch die Einsetzung seines Neffen Otto zum Schwabenherzog, ferner durch die Übergabe der Regensburger Burggrafschaft an den Grafen Papo, und der Ostmark an Luitpold

[45] S. o. 296ff..

[46] Reindel nr. 82b.

[47] Ebd. nr. 104.

[48] Wittmann (s. o. 293 Anm. 105); Gengler 147; Riezler I 1, 529, I 2, 398. Wesentlich geringer veranschlagt die Bedeutung des Pfalzgrafenamtes Lintzel (s. o. 293 Anm. 105); Mitteis 116; Bosl (GG I) 626f.

[49] MG Dipl. Otto II. 164 (zu 977). Otto II. schenkt Kloster Michaelbeuern seinen Besitz daselbst «in comitatu Haertwici palatini comitis».

[50] Bosl (GG I) 605 (m. Lit.); vgl. zuletzt Fried, Verfassungsgeschichte.

[51] S. u. 458f.

aus dem Haus der jüngeren Babenberger von Schweinfurt (um 973). Dessen Bruder Berthold hatte schon 939 bei der Absetzung Eberhards zu den fränkischen Grafschaften im Volkfeld und Radenzgau noch den durch Landesausbau sich immer stärker ausweitenden Nordgau erhalten, der aber im Verband des Stammesherzogtums verblieb. Mit der Erweiterung der babenbergischen Herrschaft durch Grafschaftsrechte in der südöstlichen Hälfte des Donaugaus, beiderseits des Stromes bei Regensburg bis zur Isar und im Rottach- und Schweinachgau, wurde dieses ostfränkische Geschlecht in Bayern noch einflußreicher. Wenn das Herzogtum Kärnten auch an die Luitpoldinger ging, so konnte doch kein Zweifel darüber herrschen, daß es den Ottonen gelungen war, den festen Zusammenhang zwischen Stamm und Herzogtum entscheidend zu lockern.[52] Als dann mit dem Tode des Kärntner Herzogs Heinrich III. die Herrschaft des luitpoldingischen Hauses im Mannesstamm 989 endete, blieb Bayern als politisch organisierter Körper und Herrschaftsverband zwar erhalten, doch hatte es diesen Umstand nicht mehr der luitpoldingischen Herzogsfamilie zu verdanken, sondern der festen Etablierung der Königsfamilie in Bayern. Mit Kaiser Heinrich II., vormals als Heinrich IV. bayerischer Herzog, wurde Bayern in einem spezifischen Sinne ein zentrales Königsland des Deutschen Reiches.

§ 31. BAYERN ALS HERZOGTUM UND KRONLAND BIS 1180

BOSL (GG I); FICKER-PUNTSCHART II; TELLENBACH, Reichsadel; BOSL, Reichsministerialität; Ders., Herrscher u. Beherrschte; MAYER, Friedrich I.; Ders., Mod. Staat; BRUNNER; MITTEIS, Lehnrecht.

HEIGEL-RIEZLER; WOHLHAUPTER; SCHNELBÖGL, Landfrieden; GERNHUBER; SPINDLER, Landesfürstentum; DIEPOLDER, Adelsherrschaften.

Wenn auch Bayern zweifellos das ausgeprägteste unter den Stammesherzogtümern war, so vollzog sich seine Entwicklung doch innerhalb des Rahmens der mittelalterlichen Reichsverfassung; es nahm daher an dem Mit- und Gegeneinander teil, das die Beziehungen zwischen Königtum und Herzogsgewalt bestimmte. Einerseits waren die Herzöge Träger eines vom König erhaltenen Amtes, andererseits war das Eigengewicht der Stämme, und hier besonders des bayerischen, so groß, daß auch die Söhne, Brüder und Verwandten des Königs vielfach davon beeinflußt wurden und sich gegen die königliche Zentralgewalt erhoben. Zwar hatte Otto der Große die Macht der Herzogtümer zurückgedrängt, dennoch war das Königtum allein nicht imstande, die Stammesherzogtümer als Bausteine und Institutionen der Reichsverfassung durch andere territoriale Organisationsformen zu ersetzen. Bayern blieb dabei

[52] RIEZLER I 1, 549ff.; BOSL-SCHREIBMÜLLER 58f. Ein weiterer Schritt zur Lockerung der herzoglichen Stellung war der Aufstieg der Aribonen als bayerische Pfalzgrafen, die sich in dieser Stellung zuerst 977 nachweisen lassen. Die große Ausdehnung Bayerns in ottonischer Zeit ging somit auf Kosten der Konzentration der herzoglichen Befugnisse, die unter Herzog Arnulf ihren Gipfelpunkt erreicht hatte. EGGER 385–525. DIEPOLDER, Aribonen, beweist die Herkunft der Aribonen aus der westbayerischen Adelssippe, der im 8. Jh. Arbeo von Freising entstammte. – Zur Ausdehnung und Verkleinerung des Herzogtums vgl. Bayer. Geschichtsatlas, Karte 15.

trotz aller Veränderungen das geschlossenste Herzogtum.[1] Bis zum Beginn der wittelsbachischen Herrschaft hatte der bayerische Dukat durch Abspaltungen viel Siedlungsgebiet verloren, aber zu einer völligen Aufspaltung, wie sie Alemannien traf, kam es in Bayern nicht; ebenso gab es hier nach der Luitpoldingerzeit kein Gegenherzogtum. Als Kaiser Otto II. 974 und 976 die Aufstände seines Vetters, des bayerischen Herzogs Heinrich II. (des Zänkers), niedergeworfen hatte, wurde Karantanien mit den östlichen und südlichen Marken als eigenes Herzogtum dem bayerischen Luitpoldinger Heinrich d.J. übertragen.[2] Inwiefern hier ältere slawische Grundlagen in dieser politischen Neubildung weiterwirkten oder ob es als eine Institution des fränkischen und deutschen Reiches entstand, ist umstritten.[3] Innerhalb des hier zu behandelnden Zeitraumes läßt sich des weiteren beobachten, daß sich vor allem im zwölften Jahrhundert die Stammesherzogtümer aufzulösen begannen, und zwar nicht nur durch Abtrennungen und Verkleinerungen, sondern ebensosehr durch die Herrschaftsbildungen der Dynasten, die als Ergebnis von Rodung und Landesausbau entstanden und vom Kaiser mittels königlicher Bannleihe gegen die Mittelinstanz des Herzogtums ausgespielt wurden.[4] Vielfach gingen diese Dynastenhäuser auf Grafengeschlechter zurück, die seit spätkarolingischer Zeit ihre Rechte als eigenwüchsig und nicht vom Herzog abgeleitet betrachteten. Wenn auch die Führung des Stammes weiterhin dem Herzog zukam und sich etwa in den Landtagen manifestierte, bei denen auch der Hochadel erschien,[5] so bedeutete dies nicht die Ausübung einer gleichmäßig wirksamen Herrschaft des Herzogs im Stammesgebiet durch den Herzog. Vor allem das Königsgut, das für sich organisiert war, fiel aus der Zuständigkeit des Herzogs heraus, ebenso das Kirchengut, ferner die Markengebiete, die Kaiser Heinrich III. aufbaute. Die Aufsplitterung der Herzogsgewalt zeigt sich schon relativ früh und in einem genuin herzoglichen Befugnisbereich, wenn 955 das Heeresaufgebot noch nach Herzogtümern, aber bereits 981 nach Lehnsträgern erfolgte.[6] Wurde dergestalt die herzogliche Stammesführung sowohl institutionell wie territorial zusehends abgeschwächt und die Oberherrschaft gegenüber den Dynasten eingeengt, so suchte der Herzog seinerseits dieser Entwicklung durch eine Territorialisierung seiner Herrschaftsrechte zu begegnen, indem er zu seinem Grundbesitz und Kammergut möglichst viele Grafschaften und Vogteien hinzuerwarb und damit selbst zur Umwandlung des alten stammesherzoglichen Personenverbandes in ein neues Territorialherzogtum der Stauferzeit beitrug. Dabei wurde es von größter Bedeutung, daß

[1] SPINDLER, Landesfürstentum 4ff.; KLEBEL, Siedlungsgeschichte 124f.; MAYER, Friedrich I., 56ff.; BOSL, Herrscher und Beherrschte 144ff.

[2] S. o. 299, 301, 304.

[3] B. GRAFENAUER, Ustoliče koroških voyvod in država karantanskih Slovence (Die Kärntner Herzogseinsetzung u. d. Staat d. Karantanerslawen) Ljublijana 1952, arbeitet die altslawisch-magische Komponente im Kärtner Herzogtum und seine Einsetzungsriten stark heraus. Vgl. BRUNNER 209ff.; MAYER, Friedr. I., 66. Zum Begriff des Personenverbandes: Th. MAYER, Geschichtl. Grundlagen d. deutschen Verfassung, 1933; Ders., Mod. Staat 457–487, bes. 462ff.

[4] DUNGERN, Landeshoheit 182.

[5] FICKER-PUNTSCHART II 3, 470ff.; RIEZLER I 2, 376; SPINDLER, Landesfürstentum 109ff.

[6] KLEBEL, Probleme 422f.; DUNGERN, Landeshoheit 177; MAYER, Friedrich I. 68ff.

der Herzog nunmehr das königliche Heimfallrecht beanspruchte und oft auch durchzusetzen verstand.[7] Dennoch war der herzogliche Besitz in welfischer Hand noch nicht übermäßig groß, obwohl die Welfen von 1070 bis 1180, wenn auch mit Unterbrechungen, als Herzöge in Bayern herrschten.[8] Heinrich der Löwe hatte als bayerischer Herzog Rechte und Besitzungen im Raum um München, zwischen Lech und Ammersee, im Augstgau, die Vogteien über Polling und Wessobrunn, die Grafschaft im Unterinntal, die Heinrich der Stolze als Lehen des Hochstiftes Regensburg genommen hatte, dann im niederbayerischen Bereich die Burg und Grafschaft Burghausen mit der Vogtei über die alten, schon agilolfingischen Herzogspfalzen und späteren Reichsgutbezirke Ötting und Ranshofen nebst dem Forst Weilhart sowie die Hallgrafschaft (Reichenhall), deren wirtschaftlich-finanzielle Bedeutung durch die Salzgewinnung ungemein groß war und die zugleich einen Stützpunkt innerhalb des hochstiftisch-salzburgischen Herrschaftsbereichs abgab.[9] Wie sehr sich die Herzogsmacht nach einem Aufschwung in salischer Zeit bis zum Ende des zwölften Jahrhunderts territorial und institutionell vermindert hat, zeigt ein Vergleich zwischen der Machtfülle des luitpoldingischen Herzogtums, die in königsgleicher Weise Gericht, Heerbannbefehl, Friedenswahrung und Kirchenherrschaft als die vier «Grundäußerungen» der Macht des Stammesherzogs in sich schloß, mit dem welfischen Dukat, der sich auf bayerischem Boden neben staufischer Reichsherrschaft und reichskirchlichen sowie dynastischen Frühterritorien konkurrierend behaupten mußte und seit dem Investiturstreit auf die neue Bahn des «institutionellen Flächenstaates» gewiesen wurde, wobei er neue Formen der Herrschaftsausübung entwickelte.[10] Vor allem die Ausbildung der Ministerialität als Mittel staatlicher Organisation auf Reichs- wie auf Territorialebene war ein Kennzeichen der neuen Staatlichkeit, bei der die Verwaltung der Hoheitsrechte Männern des Vertrauens ohne Rücksicht auf Stand und Herkommen übertragen wurde.[11] Wie verfehlt es wäre, die entsprechenden Territorialherr-

[7] TELLENBACH, Vom karol. Reichsadel 59; DUNGERN, Landeshoheit 187f.; MAYER, Friedrich I. 76.

[8] BOSL 412ff.; KLEBEL, Probleme 430ff.; s. u. 407.

[9] HEIGEL-RIEZLER 249ff.; DIEPOLDER, Adelsherrschaften 33–70; grundlegend jetzt FLECKENSTEIN, Welfen 71–136, bes. 79f.; zuletzt R. GOES, Die Hausmacht d. Welfen in Süddeutschland, Diss. Masch. Tübingen 1960.

[10] BOSL, Herrscher und Beherrschte 135–155, bes. 144ff.; vgl. auch KLEBEL, Bauern u. Staat (s. o. 351) 231 Anm. 56. Auch in Sachsen, wo Heinrich der Löwe eine ganz andere Machtfülle (einschließlich der Kirchenherrschaft) besaß, ist sein Versuch einer Staatsgründung am hochadeligen Widerstand letztlich gescheitert. Vgl. R. HILDEBRAND, Der sächs. «Staat» Heinrichs d. Löwen, 1937; G. LÄWEN, Die herzogl. Stellung Heinrichs des Löwen in Sachsen, 1937; L. HÜTTEBRÄUKER, Das Erbe Heinrichs des Löwen (Stud. u. Vorarbeiten z. hist. Atlas v. Niedersachsen, H. 9) 1927; K. JORDAN, Bistumsgründungen Heinrichs des Löwen, 1939. – Günstiger, vor allem im Hinblick auf die herzoglichen Besitzrechte und die Verfügungsgewalt über das Reichsgut in Bayern beurteilt neuerdings die Stellung der bayerischen Herzöge H. C. FAUSSNER, Herzog u. Reichsgut im bairisch-österreich. Rechtsgebiet im 12. Jh. (ZRG GA 85) 1968, 1–58.

[11] HIRSCH, Gerichtsbarkeit 210; DUNGERN, Staatsrechtl. Fälschung (s. o. 343 Anm. 134) 83, 86; MAYER, Mod. Staat 479f.; K. BOSL, Die Reichsministerialität als Element der mittelalterl. deutschen Staatsverfassung im Zeitalter d. Salier u. Staufer (Adel u. Bauern, hg. von Th. MAYER) 1943, 326–356; Ders., Reichsministe-

schaften rein negativ als das Reich sprengende Elemente zu betrachten, geht auch daraus hervor, daß umfangreiche Rodungstätigkeit vielfach die Grundlage geschlossener, neuer erblicher und quasi «allodialer» Grafschaften und späterer Territorien war und daß die den Bauern gewährte Rodungsfreiheit der erste Ansatzpunkt zur modernen, nur vom Staat abgeleiteten Staatsuntertänigkeit bildete, die dann von den Landesherren schrittweise ausgedehnt und zum staatlichen Untertanenverband verfestigt wurde.[12] Bayern und die Ostmarken hatten an all diesen Entwicklungstendenzen entscheidenden Anteil.

Wenn Lampert von Hersfeld im elften Jahrhundert das bayerische Herzogtum die erlauchteste, in der Meinung der Menschen am höchsten stehende Würde des Reiches nannte, dann hatte er zweifellos weniger eine stammesmäßige Einheit des Herzogtums vor Augen, wie sie einst unter Herzog Arnulf bestanden haben mochte, sondern er sah Bayerns Rolle als Kronland, die es bis zum Investiturstreit spielte. Bayern wurde bis zur Einsetzung der Welfen 1070 jahrzehntelang vom König selbst bzw. von eingesetzten, beamteten, fremden Herzögen als «Königsprovinz» verwaltet. Der starke Einfluß des Königtums währte jedoch bis in die Epoche Heinrichs des Löwen. Seit dem Übereinkommen Herzog Arnulfs mit König Heinrich I. sind von den 19 Herzögen dieser Periode bis zu Heinrich dem Löwen (zählt man die Könige, ihre Gemahlinnen und Söhne nicht mit) «acht durch das Königtum abgesetzt worden» (S. Riezler). Wenn Kaiser Heinrich II. seinen Schwager Heinrich von Lützelburg (1004–1009 und 1018–1026) wieder absetzte und nach dem Tode des Lützelburgers (1027) Konrad II. seinen schon zum Nachfolger designierten Sohn Heinrich (III.) mit Bayern belehnen konnte, wenn schließlich Heinrich III. selbst nach seiner Königserhebung (1039) das bayerische Herzogtum nicht mehr ganz aus der Hand gab,[13] so war es dem Königtum in der Tat gelungen, die Entstehung einer echten dynastischen Verbindung zwischen dem Stamm und der Mittelinstanz des Herzogtums zu verhindern und weiterhin Bayern fest in das System königlicher Machtpolitik einzuordnen. Kaiser Heinrich II., der als Herzog von Bayern zur Königswürde aufgestiegen war, entleerte die reale Machtgrundlage des bayerischen Dukats durch seine umfangreichen Schenkungen von Herzogsgut an das neue Reichsbistum Bamberg selbst am empfindlichsten.[14]

Gerade wegen seiner Eigenschaft als spätottonisches und salisches Kronland erhielt

rialität. Über die welfische, später an die Staufer übergehende Ministerialität im Lech-, Amper- und Oberinngebiet, vgl. daselbst 453 ff., über Ranshofen 60 ff. u. 468 ff.

[12] Mayer, Mod. Staat 472 ff.; vgl. jedoch Faussner (s. o. 389 Anm. 10) 22.

[13] Riezler I 2, 371; K. Heinrich II. setzte Heinrich V. v. Lützelburg «cum omnium laude presentium» (Thietmar, Chron. VI, c. 3, S. 276) ein, während der Kaiser selbst einst «electione et auxilio Bavariorum» Herzog in Bayern geworden war (a. a. O. IV, 20, S. 155). Die Einsetzung (des späteren Kaisers) Heinrich III. als Herzog von Bayern durch seinen Vater Konrad erfolgte jedoch «principum delectu», Vita Godehardi 208, Z. 31 f.; Läwen, Stammesherzog 62 f.; K. Heinrich III. ließ nur für kurze Zeit zwei stammesfremde Herzöge in Bayern amtieren: Heinrich VII. von Lützelburg 1042–47 und den lothringischen Pfalzgrafen Konrad von Zütphen 1049–53, nach dem Tode des Kaisers hatte die Kaiserwitwe Agnes Bayern inne. Vgl. auch Gengler 115 ff.

[14] Bosl, Frühformen 146.

sich in Bayern viel an herzoglichen Institutionen aus luitpoldingischer Zeit, das Herzogtum als «Personenverband» wurde weiterhin vom bayerischen Adel, als dem Teilhaber der Königs- wie der Herzogsmacht mit seinen autogenen Herrschaftsrechten, repräsentiert.[15] Der Herzog blieb Vertreter des Königs wie Führer des Stammesverbandes. Er war somit nicht der einzige Träger von Herrschaftsrechten im Bereich des Herzogtums, denn neben ihm übten die Grafen in ihren erblich gewordenen Grafschaften Hoheitsrechte aus, und der Adel besaß auf seinen Eigengütern autonome Herrschafts- und Gerichtsrechte, nahm also an der Herrschaft im Lande teil. Deshalb war das Bestreben des Adels vielfach darauf gerichtet, unmittelbar dem König unterstellt zu werden, doch war das Herzogtum als Personenverband immerhin stark genug, den Hochadel, einschließlich der kirchlichen Würdenträger, auf den herzoglichen Landtagen zu vereinigen.

Wenn im nachfolgenden versucht wird, *die herzoglichen Rechte* im einzelnen zu umschreiben, so darf dabei nicht vergessen werden, daß deren Realisierung im konkreten Fall nicht nur in hohem Maße von der politischen Lage im Reich und von den persönlichen Fähigkeiten der Herzöge abhing, sondern daß die Grundlage der Herzogsmacht im fraglichen Zeitraum sehr verschiedenartig sein konnte. War es bei den Luitpoldingern, wie oben gesagt, die militärische Bedeutung ihrer markgräflichen Stellung und die enge Verbindung mit dem bayerischen Stammlande, so beruhte das herzogliche Ansehen der Liudolfinger, Lothringer und der Babenberger vornehmlich auf ihrer nahen Verwandtschaft mit dem Königshause und das der Welfen auf der sich damals durchsetzenden Erblichkeit des Herzogtums. Es liegt auf der Hand, daß die Verschiedenartigkeit der Grundlagen herzoglicher Macht auch von Fall zu Fall Veränderungen in den herzoglichen Prärogativen bedingte.[16] Dem Herzog, dem mit der Fahne als dem ursprünglichen Symbol der Heer- und Kommandogewalt[17] große militärische Aufgaben erteilt wurden, hatten auch die Bischöfe im Aufgebot zu folgen.[18] Als die Bistümer jedoch zu Trägern des «ottonischen Reichskirchensystems» wurden (s. u. § 34), beanspruchte der Kaiser auch ihre militärischen Kontingente unmittelbar;[19] die Kirche wird an diesem Beispiel als die große Einbruchstelle der Zentralgewalt in den geschlossenen Personenverbandsstaat des jüngeren Stammesherzogtums sichtbar. Hinsichtlich der herzoglichen Gerichtsgewalt sind alle Fälle

[15] Dies spiegelt sich im Zustimmungsrecht der bayerischen principes, primores, optimates bei der Einsetzung des designierten Herzogs wider. LÄWEN, Stammesherzog 64; MITTEIS 110; DUNGERN, Adelsherrschaft 12, 62f.; E. MAYER, Besprechung zu: O. STOWASSER, Das Land u. d. Herzog in Bayern u. Österreich (ZRG 46) 1926, 457ff.; MAYER, Friedrich I., 71f.; BOSL, Herrscher und Beherrschte 144f.; Ders. (GG I) 613.

[16] RIEZLER I 2, 376f.; TELLENBACH, Reichsadel 41ff.

[17] MITTEIS, Lehnrecht 436 u. 512f.

[18] RIEZLER I 2, 372f.; FICKER-PUNTSCHART II 1, 297ff., II 2, 10; WAITZ VIII, 173f., 177 Anm. 1.

[19] Kaiser Otto II. berief z. B. 981 zur Heerfahrt nach Rom aus den bayerischen Bistümern folgende Kontingente an Panzerreitern (loricati): Salzburg 70, Regensburg 70, Augsburg 100, Eichstätt 40, Freising 40, Säben 20 (MG Const. I, nr. 436, S. 632f.); MITTEIS 117f.; dazu L. AUER, Der Kriegsdienst d. Klerus unter den sächsischen Kaisern (MIÖG 79) 1971, 316–407 u. (ebd. 80) 1972 48–70.

auszuscheiden, in denen der Herzog als Inhaber von Grafschaften und somit neben den anderen Grafschaften des Dukats Recht sprach; hier handelt es sich um keine genuin herzogliche Gerichtsgewalt. Anders als in den übrigen deutschen Herzogtümern ist für Bayern eine solche oberste, richterliche Funktion des Herzogs aufgrund der königlichen Bannleihe jedoch grundsätzlich anzunehmen und in den vor 995 erlassenen *Ranshofener Gesetzen* Herzog Heinrichs II. († 995) indirekt bezeugt.[20] Der Herzog erließ sie ohne königliche Mitwirkung auf einem Landtag in der Herzogspfalz Ranshofen; an der Ausarbeitung waren die anwesenden Großen, Bischöfe wie Grafen, mitbeteiligt; etwas wie eine frühe Rechtseinheit der das Land Bewohnenden und Beherrschenden (im Sinne O. Brunners)[21] wird hier sichtbar. Am auffälligsten ist dabei die verstärkte Gewalt, die der Herzog über die Grafen und deren Unterbeamte ausübt; er konnte bei fahrlässiger Amtsführung Grafen wie Schöffen inhaftieren oder verbannen, beziehungsweise ihnen bei Versäumnis ihrer richterlichen Pflichten die Grafschaft entziehen. Man hat geradezu von einer «Mediatisierung» der Grafen in Bayern gesprochen. Die Ranshofener Gesetze sind somit das erste territoriale Gesetz Deutschlands, sie erwähnen das Reich überhaupt nicht und kennen eine Strafgewalt des Herzogs über Grafen. Allerdings wird sich diese weitreichende herzogliche Gewalt über Grafen kaum auf die Mehrzahl der aus der Karolingerzeit stammenden und inzwischen erblich gewordenen Grafschaften beziehen, sondern eher auf die dem Herzog unmittelbar unterstellten Unter- und Vize-Grafen.[22] Bayern war auch das einzige der Herzogtümer im regnum, für das sich eine herzogliche Amtsausstattung nachweisen läßt. Jedoch beruhte die starke Stellung des Herzogs am Ende des zehnten Jahrhunderts weniger auf einer ungewöhnlichen autonomen Herzogsgewalt, sondern mehr auf der Tatsache, daß Bayern damals in besonders engen Bindungen zur Krone stand und im Übergang zum Kronland begriffen war; es handelt sich um delegierte königliche Gewalt. Im Gericht über Eigen hatte der bayerische Herzog Befugnisse, die mit denen der Grafen konkurrierten.[23] In seinen eigenen Grafschaften war seine Zuständigkeit naturgemäß unbestritten, hier konnte er unmittelbare Gewalt ausüben wie auf seinem Allodialbesitz und ebenso im Bereich geistlicher Anstalten (Hochstifte, Klöster), soweit er hier Vogteirechte innehatte. Erst später, als sich das Stammes-

[20] MG LL 3, hg. v. G. Pertz, 1863, 484f.; vgl. Gengler 157f.; Riezler I 1, 572, I 2, 373; Wohlhaupter 167f. Als Gerichtsbeamte erscheinen neben dem Grafen der Zentenar (centurio) und der Vogt (advocatus), der erwähnte praepositus ist dagegen der vermutlich unfreie Beamte eines Grundherrn (Art. 4).

[21] Brunner bes. 234f.

[22] Riezler I 2, 407 hat aus der großen herzoglichen Gewalt über die Grafen den Schluß gezogen, daß alle Grafschaften vom Herzog lehenrührig waren, fügt aber mit Recht hinzu, daß dieses faktisch nur bei wenigen der Fall gewesen sein dürfte. Er hält die Übernahme herzoglicher Lehnsgüter durch die Grafen für die Ursache der zutage tretenden Abhängigkeit. – Läwen, Stammesherzog 39, 57, 70. Über Gerichtstätigkeit des Herzogs in nichteigenen Grafschaften vgl. Heigel-Riezler 153 u. Riezler 373.

[23] Ficker-Puntschart II 3, 16ff.; MB 22, 61; Arnoldus de S. Emmerammo, hg. v. G. Waitz (MG SS 4) 1841, 571; auffällig bei dem angeführten Beispiel ist, daß die Urteilsbestätigung des Grafen als des eigentlichen Zuständigen nachgeholt wird. Läwen, Stammesherzog 40.

herzogtum zum Territorialherzogtum umgestaltete, galten die allodiorum placita als festes Attribut herzoglicher Gewalt.[24]

Da der Stammesherzog kein Herrschaftsmonopol in seinem Machtbereich (im «ducatus» oder in der «provincia Bavariae») hatte, der in den Quellen auch als Bavarica dominatio bzw. Bavarica herscepte[25] erscheint, stellt sich die Frage nach seinen Gerichtsrechten über die Großen seines Landes, die principes terrae, principes oder proceres Bavariae.[26] Umstritten ist, ob der bayerische Herzog die principes des ducatus vor sein Gericht ziehen konnte.[27] Nur die ihm unmittelbar unterstellten Grafen standen unter herzoglicher Gerichtsbarkeit – daher das Bestreben des Herzogs, möglichst viele Grafschaften und Vogteien an sich zu bringen; er dehnte damit das von ihm unmittelbar beherrschte und verwaltete Gebiet aus. Mochte diese Konzentration von Gütern und Befugnissen auch nicht die rechtliche Voraussetzung des Herzogsamtes sein, die faktische war sie bestimmt, wenn der dux sich als primus inter pares unter den principes des Dukats behaupten wollte. In wie hohem Maße die richterliche Tätigkeit des Herzogs eine schiedsrichterliche war, geht aus dem sogenannten bayerischen Herzogsrecht hervor, das zwar erst aus wittelsbachischer Zeit überliefert, aber wahrscheinlich älteren Datums ist. Doch gab der Kampf zwischen Welfen und Babenbergern um Bayern dem jeweiligen Herzog Gelegenheit, bei günstiger militärischer Lage die Herzogsrechte zu intensivieren.[28] Zu unterscheiden von den herzoglichen Grafschaften sind die seit K. Lothar III. nachweisbaren Landgrafschaften als eine Verwaltungsorganisation, bei der gräfliche und herzogliche Rechte zusammenflossen.[29] In Bayern sind die Leuchtenberger seit 1196 als Landgrafen bezeugt.

Der wichtigste Bereich herzoglicher Macht war, neben seiner militärischen Funk-

[24] K. F. STUMPF, Kaiserurkunden des 10., 11. u. 12. Jhs. (= Reichskanzler II) Nachdr. 1960, nr. 3888; FICKER-PUNTSCHART II 3, 13.

[25] HEIGEL-RIEZLER 183 ff.

[26] MB 3, 240; MB 15, 370; MB 13, 170; UBLE I 348.

[27] LÄWEN, Stammesherzog 41, verweist für seine Meinung, daß es ausnahmsweise in Bayern dem Herzog gelang, die «Fürsten auch in Strafsachen vor sein Gericht zu ziehen» auf Hist. Welf. (s. u. 399 Anm. 62) c. 22, FICKER-PUNTSCHART II I, 21 ff. u. 26 ff.; doch sind diese Belege entweder nicht beweiskräftig, weil sie sich auf kriegerische Ausnahmesituationen beziehen, oder sie entstammen den bayerischen Landfriedensgesetzen des 13. Jhs., welche keineswegs Rückschlüsse auf frühere Zeiten und insbesondere auf die Strafgewalt des bayerischen Herzogs über die principes – seien sie geistliche oder weltliche Fürsten – zulassen. KLEBEL, Niederösterreich 40, hat die Meinung geäußert, daß der Herzog in den Grafschaften Vertreter einsetzen dürfe. Vgl. aber MAYER, Friedrich I., 74.

[28] SCHRÖDER-KÜNSSBERG 641; DUNGERN, Landeshoheit 183 ff. Das sogenannte bayerische Herzogsrecht: MB 36a, 529; dazu FICKER-PUNTSCHART II 3, 15; SPINDLER, Landesfürstentum 106. Im Latran, dem Herzogshof zu Regensburg, entschied der Herzog oder sein Stellvertreter die Klagen der bayerischen Bischöfe mit derselben Machtbefugnis wie der König die Streitsachen der Reichsbischöfe. Stellvertreter des Herzogs war der Landgraf (somit, nach MAYER, ein Exponent des Königtums, vgl. Anm. 29) und, wenn gegen den Herzog geklagt wurde, der Pfalzgraf.

[29] Th. MAYER, Über Entstehung u. Bedeutung d. älteren deutschen Landgrafschaften (ZRG 58) 1938, 138 ff. Wo sich Landgrafschaften bildeten, finden sich im allgemeinen auch königsfreie Bauern. Damit hätte die Landgrafschaft im 12. Jh. eine ähnliche Funktion erfüllt wie die Grafschaft in karolingischer Zeit, nämlich die Organisation und Verwaltung des Königsgutes.

tion, schiedsrichterliche Tätigkeit und Wahrung des Landfriedens, Rechte, die er als «princeps et judex provinciae» ausübte.[30] Letztere Aufgabe, die *Friedenswahrung*, erhielt am Beginn des elften Jahrhunderts stärkste Impulse aus der allgemeinen Landfriedensbewegung der Epoche, die unter dem Eindruck der burgundischen Gottesfriedensbewegung (treuga Dei) entstanden war und sich in Deutschland aus einem Bündnis von Klerus und Aristokratie zur Aufrechterhaltung der Ordnung im Lande allmählich zu einer königsrechtlichen Bewegung umwandelte. Besonders Kaiser Heinrich IV. stellte sich an ihre Spitze, und wenn er 1085 den Gottesfrieden im gesamten Reich erklären ließ, dann ging es ihm gleichzeitig darum, die politisch-militärischen Eigenrechte des Dynastenadels zugunsten einer königlichen und gesamtstaatlichen Friedenswahrung zurückzudrängen. Nicht mehr der Selbstschutz im Sinne des alten adeligen Fehderechts, sondern ein «staatlicher» Friedensschutz und «staatliche» Verbrechensverfolgung und -bestrafung sollten gelten, womit gleichzeitig die Grundlagen des aristokratischen Personenverbandsstaates mit seinen autogenen Herrschaftsrechten durchbrochen wurden. Königliche Landfriedenspolitik war somit ein Instrument der Zentralgewalt gegen das genuine Fehde- und Widerstandsrecht der Hocharistokratie.[31] Da es jedoch dem Königtum an Verwaltungseinrichtungen zur Durchführung des Landfriedens gebrach, ging die Friedenswahrung in verstärktem Maße an die kleinräumiger, aber intensiver organisierten mittleren Gewalten, d. h. an die Herzöge und Territorialherren über. Da sich die Herzogsgewalt in Deutschland seit dem zehnten Jahrhundert vielfach konkurrierend zur Königsmacht entfaltete, war sie gleichermaßen wie das Königtum als Trägerin der Landfriedensbewegung geeignet. Schon seit dem zehnten Jahrhundert liegen uns zahlreiche Zeugnisse für das Wirken der Herzöge bei der allgemeinen Friedensbewegung vor, wobei ihnen zweifellos ihre militärische Stellung zugute kam, denn der Kampf gegen das Fehdewesen hatte ja vielfach den Charakter eines «inneren Kriegszuges».[32] So wird Herzog Heinrich II. von Bayern wegen seiner Strenge und Sorge für die Friedenswahrung «pacificus» genannt.[33] Neben die Reichslandfriedensgesetzgebung, die im

[30] MB 3, 462 (zu 1176); MG Dipl. Heinr. d. L. nr. 106; ROSENTHAL 109f.; U. EGGERT, Studien z. Gesch. d. Landfrieden, 1875; L. HUBERTI, Studien z. Rechtsgesch. d. Gottesfrieden und Landfrieden, 1892; S. HERZBERG-FRÄNKEL, Die ältesten Gottes- u. Landfrieden in Deutschland (FdG 23) 1883, 117ff.; R. HIS, Gesch. d. deutschen Strafrechts bis z. Karolina, 1928; K. W. NITZSCH, Heinrich IV. u. d. Gottes- u. Landfriede (FdG 21) 1881, 271 ff.; E. ROSENSTOCK, Herzogsgewalt u. Friedensschutz, 1910, 104; SCHNELBÖGL, Landfrieden; BRUNNER 363ff.; GERNHUBER; P. FRIED, Zur «staatsbildenden» Funktion d. Landfrieden im frühen bayer. Territorialstaat (Festschr. f. M. Spindler z. 75. Geb.) 1969, 283–306.

[31] Zu der gesamteuropäischen Erscheinung der Gottesfrieden vgl. H. HOFFMANN, Gottesfriede und Treuga Dei (Schriften der MGH 20) Stuttgart 1964; F. KERN, Gottesgnadentum u. Widerstandsrecht im frühen MA, 1941; TELLENBACH, Libertas 14ff.; MAYER, Mod. Staat 473; BOSL (GG I) 637: «Indem Heinrich IV. das adelige Recht legitimer Gewaltanwendung angriff, setzte er zur Einordnung dieser Eliteschicht (= Hochadel) in den königlichen Gesamtstaat an.»

[32] MITTEIS, Lehnrecht 513; LÄWEN, Stammesherzog 43f.

[33] Annales Quedlinburgenses, hg. v. G. PERTZ (MG SS 3) 1839, 73.

Mainzer Reichslandfrieden von 1235 gipfelte, treten daher im elften Jahrhundert die provinziellen Landfrieden und Schwurverbände, denen die Wirren des Investiturstreites einen mächtigen Auftrieb gaben. In Oberdeutschland wurde denn auch 1093, acht Jahre nach dem noch stärker kirchlichen Mainzer Gottesfrieden, der erste nachweisliche Landfrieden auf einer Fürstenversammlung der päpstlichen Partei in Ulm zwischen dem päpstlichen Legaten, Bischof Gebhard III. von Konstanz, dessen Bruder Herzog Berthold von Zähringen und Herzog Welf von Bayern auf zwei Jahre geschlossen. Ein Jahr später hat Herzog Welf diese firmissima pax auf Bayern bis an die Grenze Ungarns ausgedehnt.[34] Dieser ältesten Pax Bawarica von 1094, von der vermutlich der istrische Landfriede des Grafen Engelbert von Görz abhängt,[35] folgte ein Jahr nach Verkündung eines Reichslandfriedens durch Lothar von Supplinburg (1125) ein weiterer bayerischer Landfriede, den Herzog Heinrich der Stolze 1126 in Regensburg erließ.[36] Im Jahre 1135 verkündete Kaiser Lothar III. einen zweiten Reichslandfrieden. Die für das gesamte Reich geltende «Constitutio de pace tenenda» Kaiser Friedrichs I. von 1152 wurde wahrscheinlich in Bayern erlassen, die wichtige «Constitutio contra incendarios», welche bereits den Charakter eines Reichsgesetzes hatte, erließ Barbarossa 1186 in Nürnberg.[37] Es entsprach der kaiserlichen Politik, die ein mit staufischen Reichsländern durchsetztes Reich aus den Bausteinen der neuen Territorialherzogtümer fester zusammenfügen wollte,[38] daß der Kaiser auch an vier Provinziallandfrieden mitwirkte, darunter 1156 an einem für Bayern. Vorausgegangen war ein vergeblicher Versuch im Jahre 1153, als die bayerischen Großen zwar dem königlichen Gebot, in Regensburg zu erscheinen, Folge leisteten, aber wegen des Streites um das Herzogtum ihr Konsens nicht zu erlangen war.[39] Dagegen glückte ihm dieses 1156 im Zuge der Neuordnung der bayerischen Verhältnisse, womit sich herzogliche und königliche Friedenswahrung für die Zukunft harmonisch zusammenzufügen schienen.[40] Im Übergang vom zwölften zum dreizehnten Jahrhundert wurde die Landfriedensbewegung in verstärktem Maße eine Sache der Reichsfürsten und Territorialherren, und damit trat auch in Bayern der Landesfürst an die Spitze der

[34] Bernold, Chronicon (MGH SS 5) 1844, 458; SCHNELBÖGL, Landfrieden 39. Die Bestimmungen von Welfs Landfrieden sind erhalten: MG Const. I, nr. 427, 610. – Für das Reichsbistum Bamberg wurde 1085 ein Landfriede erlassen, der neben den Frauen, Kindern und Geistlichen auch die Bauern bei der Feldarbeit in das Friedensgebot mit einschloß. Dieser Landfriede fußt wiederum auf dem Mainzer oder Kölner Landfrieden, MG Const. I, nr. 425, 605ff., bes. c. 16; vgl. SCHNELBÖGL, Landfrieden 35.

[35] MG Const. 1, nr. 428, 610f. Pax Marchiae Istriae.

[36] Hist. Welf. (MG SS 21) 463c. 16; RIEZLER I 2, 414f.; SCHNELBÖGL, Landfrieden 46.

[37] MG Const. 1, nr. 140, S. 194ff. u. nr. 318 S. 449. Die Reichslandfrieden waren echte Gesetze; daß sie beschworen wurden, machte sie nicht zu Verträgen. MITTEIS 270; E. ROSENSTOCK, Königshaus u. Stämme in Deutschland zw. 911 u. 1250, 1914, 212, hält die Const. contra incendarios für das erste deutsche Reichsgesetz, MITTEIS die Const. de pace tenenda. – GERNHUBER 92ff.

[38] BOSL (GG I) 660ff. (m. Lit.).

[39] Otto Fris., Gesta I 111.

[40] Ebd. c. 32, 161; F. KÜCH, Die Landfriedensbestrebungen Kaiser Friedrichs I., Diss. Marburg 1887, bes. 30ff.; GERNHUBER 71 u. 99.

Landfriedensbestrebungen. Dies erleichterte dem Landesherrn als Schirmherrn und Friedenswahrer den Aufstieg zur Landeshoheit.[41] Parallel dazu ging die bürgerliche Friedensbewegung, die den Gedanken des wehrhaften Friedens entwickelte und das Monopol des Waffentragens, bisher dem Adel und der zum Adel aufsteigenden Ministerialität vorbehalten, beseitigte, eine Entwicklung, die jedoch für Bayern erst im dreizehnten Jahrhundert bedeutsam wurde.[42]

Von großer Bedeutung für die Entwicklung des Herzogtums in Bayern wurde das schon mehrfach gestreifte *Verhältnis zwischen Herzog und Grafen.* Es wurde oben (§ 30) bereits vermerkt, wie wichtig für den Aufstieg der Luitpoldinger die Akkumulation von Grafschaften und markgräflichen Rechten war, die ihnen die wesentliche Schutzfunktion gegen die Ungarn und damit die spätere herzogliche Stellung ermöglichten. In die Zeit Kaiser Ottos des Großen fallen bereits die ersten Versuche, diese herrschaftlich-rechtliche Grundlage des Stammesherzogtums dadurch zu unterbrechen, daß Herzöge eingesetzt wurden, die keinerlei Beziehungen zu ihrem Stammesgebiet hatten, so in Bayern Herzog Otto von Schwaben. Kaiser Heinrich II. brachte Heinrich von Lützelburg (1004) nach Bayern; 1049 wurde der Ezzone Konrad von Zütphen, 1061 Otto von Northeim bayerischer Herzog. Ihre Herrschaft erwuchs somit nicht auf der gesicherten Grundlage von Allodien und Grafschaften im Herzogtum, sondern vornehmlich auf der Delegation durch den König.[43] In die gleiche Richtung weisen die Erteilungen gräflicher Rechte an die Bistümer im Rahmen des «ottonischen Reichskirchensystems» und die damit verbundene Annäherung von gräflichen und Vogteirechten.[44] Dies mußte eine weitere Schwächung der Herzogsgewalt zur Folge haben. Von diesem Kräfteschwund des Herzogtums wurde aber Bayern im wesentlichen verschont. Es ist nur scheinbar ein Paradoxon, daß das Herzogtum gerade in seiner Qualität als Königsland seit Kaiser Heinrich II. am

[41] SCHNELBÖGL, Landfrieden 58ff. Zu Unrecht bestreitet LÄWEN, Stammesherzog 50, die Feststellung von HERZBERG-FRÄNKEL (s.o. 394 Anm. 30), daß die Entwicklung der Landfrieden einen Fortschritt der landesherrlichen Gewalt bedeute.

[42] H. FEHR, Das Waffenrecht d. Bauern im MA (ZRG 35 u. 38) 1914 u. 1917; F. BEYERLE, Zur Wehrverfassung d. Hochma. (Festschr. E. Mayer) 1932; CONRAD I (s.o. 350).

[43] LÄWEN, Stammesherzog 53ff. u. bes. TELLENBACH, Reichsadel 22–73, bes. 44ff. – Wenn daher die meisten stammesfremden Herzöge in ihren Herzogtümern keinen nennenswerten Eigenbesitz, keine Grafschaften, Vogteien und Großgrundherrschaften besaßen, dann lag dies in der Absicht der königlichen Politik, den Amtscharakter des Herzogtums zu erhalten. «Diejenigen Herzogtümer, die den vollsten Inhalt besaßen, die größte Machtfülle und das schwerste Gewicht in der Reichspolitik, wurden von den Königen am meisten als Reichsämter behandelt» (TELLENBACH ebd. 48). Dagegen vermochten eingesetzte landfremde Herzöge durch Einheirat Fuß zu fassen. Vgl. dazu LERCHE (s.o. 277) 36f.

[44] L. SANTIFALLER, Zur Gesch. d. ottonisch-salischen Reichskirchensystems (SB Österr. Ak. d. Wiss., phil.-hist. Kl. Bd. 229) Wien 1964; FICKER-PUNTSCHART II 1, S. XII; II 3, 77; HAUCK III 52ff.; K. BRANDI, Deutschland und Italien (Jb. d. Kaiser Wilhelm-Ges.) 1941, 106f.; E. OTTO, Die Entwicklung d. deutschen Kirchenvogtei, 1933, 95ff., 110ff.; MITTEIS 117f.; s.u. § 34. Abgesehen von den Bistümern Augsburg, Brixen und Bamberg, die an der Peripherie des Herzogtums lagen, war es jedoch den bayerischen Bischöfen bis 1180 nicht gelungen, wie ihre rheinischen Standesgenossen ganze Grafschaften zu erwerben.

stärksten herzogliche Rechte ausbilden konnte, denn in dieser Epoche flossen Königs- und Herzogsmacht in Bayern fast ununterscheidbar ineinander; der starke königliche Einfluß mußte daher innerhalb des ducatus als Herzogsgewalt erscheinen. Schon die Ranshofener Gesetze, die dem Herzog das Recht der Absetzung von Grafen gaben, leiten zu der Annahme, daß ihm auch das Recht der Einsetzung derselben zustand.[45] Dazu paßt die Beobachtung, daß sich königliche Vergabungen von Grafschaften in Bayern nicht nachweisen lassen.[46] Das Recht des Heimfalls von Grafschaften an den Herzog haben dann die Wittelsbacher wirksam durchzusetzen vermocht.[47]

Ein wesentliches Moment für die wirkliche Machtstellung des Herzogs war sein *Verhältnis zu den Repräsentanten des Stammes*. So nahm der nachmalige Kaiser Heinrich II. nach dem Tode seines Vaters, des Zänkers, 995 «durch Wahl und mit Unterstützung der Bayern vor dem König des Vaters Güter in Besitz».[48] Ebenso klar wie der Anteil des Königs bei der Nachfolge des Herzogssohns in Bayern wird aus dieser Thietmar-Stelle das Gewicht der bayerischen Großen, durch deren Wahl und Hilfe Heinrich in die Besitzungen seines Vaters eintreten kann. Es handelt sich dabei weder um eine autonome Herzogswahl der bayerischen Großen noch um ein unbeschränktes Einsetzungsrecht des Königs, sondern um ein Zusammenwirken beider Faktoren; Designations- und Einsetzungsrecht fließen aus der gleichen Quelle der «autogenen Herrschaftsrechte» (H. Aubin) des Adels. Bei der Einsetzung Heinrichs V. von Lützelburg erscheint das Wahlrecht der bayerischen principes und optimates in abgeschwächter Form, denn Kaiser Heinrich II. setzte ihn «cum omnium laude presentium» ein.[49] Wenn schon bei der Nachfolge Herzog Heinrichs IV., des späteren Kaisers Heinrich II., die Erbfolge als das entscheidende Moment für die Erlangung des bayerischen Herzogtums angesehen werden muß, so war es dann vollends der Wille des Königs, der 1027 seinen zehnjährigen Sohn Heinrich, den nachmaligen Kaiser Heinrich III., zum bayerischen Herzog machte. Das Wahlrecht der Stammesgroßen blieb dabei insofern berücksichtigt, als nach der Vita Godehardi der König das

[45] Riezler I 2, 373; Klebel, Besprechung zu R. Hildebrand, Studien über die Monarchie (MIÖG 46) 1932, 240. Läwen, Stammesherzog 57f.; Mitteis 157.

[46] Ficker-Puntschart II 3, 85ff. Es wäre jedoch falsch, daraus eine schwache Stellung des Königs in Bayern zu folgern, vielmehr war es die intensive herzogliche Teilhabe an der Königsherrschaft, die besonders königliche Eingriffe in innerbayerische Grafschaften erübrigte. Vgl. Bosl, Herrscher und Beherrschte 146.

[47] Spindler, Landesfürstentum u. Bd. II des Handbuchs.

[48] Thietmar, Chron. IV, c. 20, 155. Die ebenfalls bei Thietmar, Chron. V c. 14, 236 berichtete Äußerung K. Heinrichs II. gegenüber Heinrich von Schweinfurt: «Wißt ihr nicht, daß es (= Belehnung mit Bayern) auf diesem Zuge unmöglich ist, weil die Bayern schon immer das Recht freier Herzogswahl besitzen?», ist schwerlich ein sicherer Beleg für ein unbeschränktes Herzogswahlrecht der Bayern, da es dem Kaiser bei dieser Bemerkung vor allem darum ging, Ansprüchen des Schweinfurters auf Bayern vorläufig geschickt auszuweichen. Vgl. Gengler 116, 122; Läwen, Stammesherzog 62f. Umgekehrt entspricht es antiwelfischer Parteilichkeit, wenn Otto Fris., Chron. VII, 26, 352, Herzog Welfs VI. Erbanspruch auf Bayern (1143) als lügnerisch bezeichnet. Stärker noch als 150 Jahre zuvor (beim Sohne Heinrichs des Zänkers) hatte sich neben Wahlrecht der principes und Einsetzungsrecht des Königs als dritter Faktor das Erbrecht geltend gemacht, das sich mit zunehmender Territorialisierung immer stärker durchsetzte.

[49] Thietmar, Chron. 276.

Herzogtum principum delectu übertrug, wobei allerdings aus dem Zusammenhang nicht eindeutig zu erschließen ist, ob es sich bei den erwähnten principes um die Großen des Reiches oder nur Bayerns handelt. Ebenso erinnert 1070 Lampert von Hersfeld an die principes Baioariae, auf die Kaiser Heinrich IV. bei der Einsetzung Welfs I. zum Herzog in Bayern wohl oder übel Rücksicht nehmen mußte.[50] Als 1096 das bayerische Herzogtum im welfischen Hause erblich geworden war, trat das Wahlrecht noch stärker in den Hintergrund; eine Erinnerung daran dürfte sein, daß die Einsetzung im allgemeinen in Regensburg erfolgte.[51] Insgesamt wird man sagen dürfen, daß nach den Luitpoldingern die Herzogswahl nur während des elften Jahrhunderts in Bayern einen für die Übertragung dieser Würde unerläßlichen Akt darstellte, aber auch da nur in der Form eines Zustimmungsrechtes.[52]

Von den ursprünglichen *Regalien* waren seit der Karolingerzeit viele in die Hand des Herzogs übergegangen, wobei sich letzterer in Konkurrenz mit den Bischöfen befand, die ebenfalls Regalien erhielten, so das einträgliche Markt-, Zoll- und Münzrecht. Schon Herzog Arnulf ließ Münzen mit seinem eigenen Namen in Salzburg prägen.[53] Später mußten die Herzöge die Münzstätten in Regensburg, Salzburg, Freising und Eichstätt mit den Bischöfen teilen, denn der Freisinger besaß das Markt-, Zoll- und Münzrecht schon seit 996, der Passauer seit 999, der von Brixen erst seit 1179, während das Bistum Eichstätt im fränkisch-bayerischen Grenzraum schon seit 908 diese Rechte hatte.[54] Die Auseinandersetzung zwischen Heinrich dem Löwen und dem Bischof von Freising um den Oberföhringer Brückenzoll zeigt die daraus erwachsenden Differenzen zur Genüge an.[55] Neben den Herzögen und Bischöfen besaßen schon im zwölften Jahrhundert die Burggrafen von Regensburg, die Grafen von Andechs und die Grafen von Vornbach das Münzrecht, der herrschaftlich-territorialen Differenzierung Bayerns ging die monetäre parallel.[56] Das Bergrecht, eines der wichtigsten Regalien, scheint relativ lange in der Hand des Königs verblieben zu sein; jedenfalls deuten die Bergrechtsverleihungen Kaiser Barbarossas für das Bistum Brixen, für Benediktbeuern, Berchtesgaden, Tegernsee und St. Zeno

[50] Vita Godehardi 208, Z. 31f.; Ann. Lamp. 119; GENGLER, Rechtsquellen 116 u. 122f.; LÄWEN, Stammesherzog 63f. – TELLENBACH, Reichsadel 47, weist mit Recht auf die Beobachtung hin, daß es in der früheren Kaiserzeit ein den König fest bindendes Erbrecht an Herzogtümern nicht gegeben habe.

[51] Doch gab es auch hier Ausnahmen; so die Einsetzung Herzog Heinrichs VII. (1042–1047), des Bruders Friedrichs von Niederlothringen in Basel (Ann. Altah. 31); vgl. RENN (s. o. 309 Anm. 54) 116.

[52] LÄWEN, Stammesherzog 64.

[53] HEIGEL-RIEZLER 162ff.; ROSENTHAL I 366f.; RIEZLER I 2, 374f.; SPINDLER, Landesfürstentum 114; vgl. o. 286 Anm. 57.

[54] MG Dipl. Ludwig d. K. 58, wonach der Bischof von Eichstätt schon seit 908 das Markt-, Zoll- und Münzrecht besaß. Passau erhielt: MG Dipl. Otto III. 306 «mercatum, monetam, bannum, teloneum et totius rei publicae districtum...»; WOHLHAUPTER 244. Die Tätigkeit der dem Bischof von Eichstätt gewährten Münzstätte ist nach Regesten Eichstätt, nr. 101, zuerst aus einem Denar Herzog Heinrichs II. von Bayern (985–995) zu erweisen, d. h. damals war die Münze gemeinsamer Besitz des Herzogs und des Bischofs. Zur Teilung der Rechte vgl. allgemein: LUSCHIN v. EBENGREUTH (s. o. 379 Anm. 37) 241ff.

[55] S. o. 345

[56] J. V. KULL (Mitt. d. bayer. numismat. Ges. 31) 1913; F. BASTIAN, Mittelalterl. Münzstätten u. deren Absatzgebiete in Bayern, Diss. München 1910.

in Reichenhall darauf hin. Daß aber auch der Herzog Bergrecht verleihen konnte, zeigt St. Zeno, das zwei Jahre nach der kaiserlichen Verleihung eine ähnliche von Heinrich dem Löwen erhielt.[57] Ob der Bayernherzog hier ursprüngliche Rechte bewahrt hatte, wie sie 935 Herzog Arnulf über die Reichenhaller Saline und deren salinarii besessen hatte, oder ob die nachluitpoldingischen Herzöge sie in ottonischer Zeit erneut übertragen bekamen, muß dahingestellt bleiben, am ehesten ist ein Nebeneinander von königlichen und herzoglichen Bergrechten anzunehmen.[58]

Des weiteren besaß der Herzog das Geleitrecht, das aus der Schutzpflicht und Friedenswahrung erfloß, die der König ebenso wie der Herzog ausübten,[59] sowie den Wildbann, der für die Herzöge von großer Bedeutung für den Aufbau der Landesherrschaft wurde.[60] Für das Befestigungsrecht und den Judenschutz als herzogliche Prärogativen finden sich in vorwittelsbachischer Zeit noch keine Belege, doch hatten die Herzöge diese Rechte wohl meist durch Einzelprivileg oder stillschweigende Duldung erlangt.[61] Weitere wesentliche Erträgnisse flossen für den König aus dem Kammergut (s. o. 392), das wohl in der Hauptsache auf die Säkularisationen Herzog Arnulfs zurückging und dann in ottonischer Zeit vom König zur Ausstattung des Herzogs verwendet wurde.

Über diesen engeren Bereich herzoglicher Macht hinaus, der sich im Besitz des Kammergutes und in der Ausübung ihm übertragener oder stillschweigend usurpierter Regalien manifestierte, hatte der Herzog die Möglichkeit, bei den von ihm einzuberufenden *Landtagen* auf die mit ihm Bayern beherrschenden principes, optimates und primores einzuwirken; es eröffnete sich ihm hier ein gleichsam indirekter Herrschaftsbereich, der nur mit Zustimmung dieser Großen des Landes zu beeinflussen war. Die Landtage in Bayern, die unter Vorsitz des Herzogs und meistens in der Hauptstadt Regensburg stattfanden, die Otto von Freising 1139 als Hauptstadt und Sitz des Herzogstums (metropolis ac sedes ducatus) bezeichnete, sind in erster Linie Hoftage des Herzogs,[62] auf denen sowohl politische Entscheidungen gefällt, wie die Ranshofener Gesetze von 995 zeigen, wie auch Rechtshandlungen vorgenommen

[57] HEIGEL-RIEZLER 164f.; SPINDLER, Landesfürstentum 114. Des weiteren hatte auch das Bistum Bamberg (wohl aufgrund geschenkten Reichsgutes) Anteil an der Reichenhaller Salzgewinnung (1153), ebenso die Andechser, die ihrem Hauskloster Dießen (1158) und Schäftlarn Reichenhaller Salzanteile zu schenken vermochten.

[58] REINDEL nr. 87. Kaiser Otto I. schenkte 973 der Herzogin Judith, der Witwe seines Bruders, die Saline Reichenhall «(salinam quod vulgo Hál vocant»), MG Dipl. Otto I. 431; REINDEL nr. 114.

[59] HEIGEL-RIEZLER 166; SCHRÖDER-KÜNSSBERG 563. Das Statutum in favorem principum übertrug es 1231 endgültig den geistlichen und weltlichen Fürsten; es kodifizierte auch in diesem Punkte, wie in vielen anderen, nur bereits lange bestehende Rechtsverhältnisse. MITTEIS 348f.

[60] BOSL, Forsthoheit (s. o. 149 Anm. 96); Ders., Pfalzen (s. o. 360 Anm. 48) 1–29, bes. 3.

[61] DW 1815 u. 2725; E. SCHRADER, Das Befestigungsrecht in Deutschland v. d. Anfängen bis z. Beginn des 14. Jh., 1909; MITTEIS 345f.

[62] Zu 951: UBLE II nr. 42, 58; zu 995: Vita Godehardi 175, Z. 12–14 (Generale colloquium); zu 1126: Hist. Welf. (MG SS 21) c. 16, S. 463: «generale conventum». Andere Versammlungsorte für Landtage waren Ranshofen, Karpfham, Moosburg, Ering, wahrscheinlich auch Hersbruck und Lorenzen bei Stadtamhof/Regensburg, vgl. RIEZLER I 2, 374.

wurden, bei denen der Herzog als «judex provinciae» fungierte. Auch die Herzogswahl bzw. die Zustimmung zur Einsetzung eines Herzogs gehörte als politisch-rechtliche Handlung auf eine allgemeine Versammlung (generale conventum) der bayerischen principes und primores.[63] Diese Führungsschicht wirkte auf den Landtagen aktiv an der Herrschaft mit, gab ihre Zustimmung zu den Regierungshandlungen des Herzogs, beschloß Kriege, saß über Friedensbrecher zu Gericht oder half dem Herzog die großen Händel schlichten, worin das genossenschaftliche Prinzip aller Adelsherrschaft zutage tritt, denn «jede Herrschaft löst sich durch Genossenschaft in Teilhabe auf».[64]

Im Gegensatz zu anderen Herzogtümern waren in Bayern auch die Bischöfe zur Teilnahme an den Landtagen verpflichtet, womit sich die Frage nach dem Verhältnis zwischen *Herzog und Kirche* stellte.[65] Nachdem mit dem Tode des Luitpoldingers Arnulf die Epoche völliger Unterordnung der Bischöfe unter den Herzog beendet war und das «ottonische Reichskirchensystem» den Bistümern eine besondere Rolle zugewiesen hatte, wurde aus der Unterordnung der Bischöfe in steigendem Maße eine politische Nebenordnung, der die Welfen durch eine betont kirchenfreundliche Politik zu begegnen suchten. Schon im elften Jahrhundert hatte Herzog Welf I. Lehen vom Freisinger Bistum, später Heinrich der Löwe vom Erzbistum Salzburg.[66] Neben den Kirchenlehen waren die Kirchenvogteien des bayerischen Herzogs – wie der anderen Fürsten und aller nach Territorialität strebenden Adeligen – ein wesentliches Mittel ihres staatlich-jurisdiktionellen Aufbaus. Wenn es dem bayerischen Herzog auch nicht gelang, die Bistümer des Stammgebietes herrschaftlich zu durchdringen, so erlangte er doch schrittweise über die Klostervogtei die politische Herrschaft über die sich arrondierenden Klostergebiete. Grundeigentum und Hoheitsrechte traten

[63] Wenn LÄWEN, Stammesherzog 70ff., meint, auf den Landtagen seien keine politischen Entscheidungen gefällt, sondern nur Rechtsakte vorgenommen worden, dann entspricht dies nicht den Quellen, die eine solche Unterscheidung vermissen lassen. Eine solche formale Trennung widerspräche auch der Struktur des jüngeren Stammesherzogtums, dessen Macht auf dem Willen der potentes im Stammesgebiet (terra, provincia) beruhte, die zur Beschlußfassung der Stammesangelegenheiten auf dem Stammeslandtag zusammenkamen. BOSL, Herrscher und Beherrschte 145f.

[64] Ebd. 155.

[65] Noch die Sächsische Weltchronik von 1230/31 weiß, daß der bayerische Herzog den Bischöfen Hof gebot (MG Deutsche Chron. II, hg. v. L. WEILAND, 1877, 65–158, bes. 158); WAITZ VII 135; HEIGEL-RIEZLER 185ff.; FICKER-PUNTSCHART II 3, 46ff., 167f.; GENGLER 129; LÄWEN, Stammesherzog 70f., 77ff.; SPINDLER, Landesfürstentum 57ff., 110f.; TELLENBACH, Reichsadel 45. Die Landtagspflicht der bayerischen Bischöfe dürfte wohl in der Übereinstimmung von Metropolitanverband und Stammesherzogtum begründet sein, je mehr sich im Laufe des 12. Jhs. der Stammescharakter des Herzogtums verflüchtigte, um so loser wurden auch die Bindungen der Bischöfe an den Herzog.

[66] HEIGEL-RIEZLER 186; RIEZLER I 2, 378ff. Auf das postive Verhältnis zwischen den Welfen und den Bischöfen dürfte es auch in erster Linie zurückzuführen sein, wenn der bayerische Episkopat 1125 erklärte, ohne seinen Herzog könne er nicht an der Herzogswahl teilnehmen (Narratio de electione Lotharii, hg. von W. WATTENBACH, MG SS 12, 1856, 511, Z. 17–20). LÄWEN, Stammesherzog 79, bezweifelt den grundsätzlichen Charakter dieser Erklärung, mißt ihr aber insofern Wert bei, als sich in ihr immerhin eine grundsätzliche Anerkennung der Führerstellung des Herzogs ausdrücke.

hier auseinander und letztere waren von größter Bedeutung für die Ausbildung der Landesherrschaft, wie noch in anderem Zusammenhang (im Bd. II) zu zeigen sein wird.[67] In den Bistümern steuerte die Entwicklung dagegen immer mehr auf eine noch näher zu behandelnde Sonderstellung zu, die um so stärker werden mußte, je mehr sich das Herzogtum als Institution vom Stammesbegriff löste und durch Barbarossa endgültig zum Territorialherzogtum umgestaltet wurde. Neue Herzogtümer, die sich schon auf rein territorialer Grundlage entwickelten, entstanden jetzt, wie das der Zähringer;[68] die Herzogtümer Österreich (1156), Würzburg (1168)[69] und Köln (1180) bauten bereits auf einer Verleihung der Grafschaften an den Herzog auf.

Eine Sonderentwicklung stellte die Ausgliederung *Tirols* aus dem Verband des Herzogtums dar, da hier kirchliche[70] und regionale Kräfte gleicherweise zusammenwirkten. Im achten Jahrhundert nach Ausweis der Freisinger Traditionen wie nach der Vita Corbiniani ein fester Bestandteil des agilolfingischen Bayern,[71] gehört es auch im neunten Jahrhundert zum karolingischen Teilregnum Bayern.[72] Die Verleihung von Immunitätsrechten an das Bistum Brixen, die 846 mit Ludwig dem Deutschen beginnen und von Kaiser Otto II. 978 erweitert wurden, sowie die Übertragung der Grafschaften im Nori-, d.h. im Eisack- und Pustertal, an Brixen durch Kaiser Konrad II. (1027) sind eher als Reichssache denn als Zeugnisse für Zugehörigkeit zu Bayern aufzufassen. Dafür stammen aus dem zwölften Jahrhundert einige Belege, daß die Welfen als in Tirol reich begüterte bayerische Herzöge für die Wahrung des Friedens sorgten.[73] Heinrich der Löwe schenkte dem Kloster Wilten bei Innsbruck tirolischen Besitz. Durch Landesausbau vom Norden her und durch ihre Ministerialität haben die Welfen Bayern und Tirol wieder verklammert, ohne daß damit eine völlige Wiedereinverleibung in das Herzogtum erfolgt wäre; vielmehr taucht seit dem zwölften und dreizehnten Jahrhundert für die seit 1027 mit Brixen und Trient verbundenen Grafschaften im Oberinntal, Nori- oder Eisacktal, Pustertal, Bozen und im Vintschgau die Bezeichnung «provincia» und «terra» auf. Im dreizehnten Jahrhundert war dann dieser Verselbständigungsprozeß faktisch abgeschlossen.[74]

[67] Allgemein grundlegend: HIRSCH, Klosterimmunität; Ders., Gerichtsbarkeit; für Bayern: WOHLHAUPTER 237–239; B. FLEISCHER, Das Verhältnis d. geistl. Stifte Oberbayerns z. entstehenden Landeshoheit, 1934; STARFLINGER; SPINDLER, Landesfürstentum 73–91; F. MARTIN, Die kirchl. Vogtei im Erzstift Salzburg (Mitt. d. Ges. f. Salzb. Lkde. 46) 1906; DUNGERN, Landeshoheit.

[68] E. HEYCK, Gesch. d. Herzöge v. Zähringen, 1891; Th. MAYER, Der Staat d. Herzoge v. Zähringen (Freiburger Univ. Reden 20) 1935, Abdr. in Ders., Mittelalterl. Studien 1959; H. BÜTTNER, St. Georgen u. die Zähringer (ZGORh. 53) 1940; zum Problem insgesamt TELLENBACH, Reichsadel 57ff.

[69] G. SCHMIDT, Das würzburg. Herzogtum u. die Grafen u. Herren v. Ostfranken, 1913; K. BOSL, Würzburg als Reichsbistum (Festschr. Th. Mayer) 1954, 161ff.; Th. MAYER, Die Würzb. Herzogsurkunde von 1168 u. das österreich. Privilegium minus (Aus Gesch. u. Landeskunde, Festschr. Fr. Steinbach) 1960, 247–277.

[70] S. u. 422, 449 u. Bd. II.

[71] Trad. Freis. I nr. 19 (bayerischer Besitz in Polling/Tirol, Flaurling, Imst); vgl. zur genealogisch-besitzgeschichtlichen Seite PRINZ, Frühes Mönchtum 549ff. (Exkurs); Arbeo, Vita Corb. c. 23, 214.

[72] Nachweise b. STOLZ, Deutschtum in Südtirol, hier I 43f., III 1, 8–11, IV 95.

[73] RIEZLER I 2, 241, 311; E. v. OEFELE, Gesch. d. Grafen v. Andechs, 1897, 91.

[74] STOLZ, Land 178ff. S. Bd. II des Handbuchs.

§ 32. DER BAYERISCHE ADEL BIS 1180

RIEZLER I 2, 551–589; BOSL, Reichsministerialität; Ders., Uradel 138–145; KLEBEL, Probleme; SPINDLER, Landesfürstentum; MITTERAUER; Ders., Formen adeliger Herrschaftsbildung im hochmittelalterl. Österreich (MIÖG 80) 1972, 265–338; G. TELLENBACH, Studien und Vorarbeiten z. Gesch. d. großfränk. u. frühdeutschen Adels, 1957; K. SCHMID, Zur Problematik v. Familie, Sippe u. Geschlecht, Haus u. Dynastie beim mittelalterl. Adel (ZGORh. 105) 1957, 1–62; DIEPOLDER, Adelsherrschaften 33–70; DUNGERN; TYROLLER, Genealogie; STÖRMER, Früher Adel; Bayer. Geschichtsatlas Karte 18/19; F. PRINZ, Bayerns Adel im Hochmittelalter (ZBLG 30) 1967, 53–117.

Wichtigstes Element der mittelalterlichen Verfassung und Sozialstruktur war neben König und Herzog der Adel, und zwar sowohl wegen der autogenen Herrschaftsrechte, die er als Schutz und Schirm gewährende Gesellschaftsschicht bieten konnte,[1] wie auch vermöge seiner Bedeutung für die hohen Ämter, seiner Lehnsfähigkeit und seiner starken Stellung in den Bistümern und Klöstern. Vom achten bis zum zwölften Jahrhundert erfuhr jedoch die hier mit dem Gesamtbegriff «Adel» umschriebene Führungsschicht wesentliche *Wandlungen*. Sie differenzierte sich, die mächtigsten Adelsfamilien traten neben Königtum und Herzog in den Prozeß der Bildung relativ geschlossener Gebietsherrschaften ein, während auf der anderen Seite König und Herzog durch den planmäßigen Aufbau ihrer Ministerialitäten adelig-dynastischen Herrschaftsbildungen aktiv entgegenzutreten suchten und dabei dem kleinen und niederen Adel durch Eintritt in die Ministerialität neue Aufstiegsmöglichkeiten boten. Der durch Kriegs-, Verwaltungs- und Hofdienst emporgekommene Stand der Ministerialität, vornehmlich die Reichsministerialität, fand seit dem zwölften Jahrhundert auch in die Gesellschaft des Hochadels Eingang und bildete als Ritterstand eine vertiefte Standesethik und Literatur sowie ein neues Kulturideal aus. Der Ritter wurde zum Träger der neuen christlichen Laienkultur Europas im Mittelalter, er trat mit seinem spiritualisierten Adelsbegriff neben den alten Adel des neunten bis zwölften Jahrhunderts.

Seit König Pippin und Karl dem Großen bildete sich im fränkischen Reich eine Schicht grafenbarer und ursprünglich wohl reichsfränkischer Adelssippen aus, die schon bald neben dem Lehensbesitz aus der Hand des Königs auch ihr Grafenamt und dessen Hoheits- und Gerichtsrechte als Lehen und allmählich auch als vererbliches

[1] Gegen die ältere Auffassung grundlegend H. DANNENBAUER, Adel, Burg u. Herrschaft (Grundlage d. mittelalterl. Welt, hg. v. H. Dannenbauer) 1958; über die spätantik-frühmittelalterlichen Burganlagen, die Dannenbauer für seine These der germanischen Kontinuität von Adel, Burg und Herrschaft verwertet hat, vgl. jetzt J. WERNER, Zu den alemannischen Burgen des 4. und 5. Jhs. (Speculum Historiale, J. Spörl z. 60. Geburtstag) 1965, 439ff., wodurch Dannenbauers Ausführungen in diesem Punkt wesentlich korrigiert werden; DUNGERN, Adelsherrschaft; BRUNNER 263ff.; H. MITTEIS, Formen der Adelsherrschaft im MA (Festschr. F. Schulz) 1951; L. GÉNICOT, La noblesse au Moyen Age dans l'ancienne France. Continuité, rupture ou évolution (Comparative Studies in Society and History 5) 1962, 52ff.; BOSL, Adel 220–227.

Lehen innerhalb einer Familie betrachteten. Das *Lehnswesen,* aus der Verbindung von gallorömischer Vasallität und germanischer Gefolgschaftstreue in karolingischer Zeit entstanden, hatte als materielle Grundlage das vasallitische Benefizium, die Landleihe des Lehnsherrn an den Vasallen. Aus diesem Rechts- und Besitzverhältnis entwickelte sich das Lehensrecht als «die große rechtsgeschichtliche Leistung des fränkischen Abendlandes» (H. Mitteis). Im mittelalterlichen Lehnsstatut beruhte die Staatsverwaltung weitgehend auf den zu Lehen an Vasallen ausgegebenen Ämtern (ministeria); erst seit dem Hochmittelalter gelang es dem Königtum, den Herzögen und Dynasten durch eine eigene Ministerialität teilweise unfreien Ursprungs intensivere und mehr beamtenrechtliche Formen der Staatsverwaltung aufzubauen, die das Lehnswesen ersetzen sollten. Durch Vasallität und Lehnswesen gliederten die Karolinger, wie später die deutschen Könige, die Ostgebiete dem Reiche an und stiegen zum obersten Lehnsherrn empor. Da die Vasallität ein Vertragsverhältnis auf Gegenseitigkeit war und zugleich einen kirchlich geförderten Treuebegriff beinhaltete, schloß sie auch den Gedanken des Widerstandsrechtes gegen den Gefolgsherren ein, dessen negative politische Folgen für das Königtum vor allem im Investiturstreit zutage traten.[2] Sollte das Lehnswesen ursprünglich dem Zwecke dienen, den Adel für dauernden Königsdienst zu gewinnen, so führte es auf die Dauer und mit dem Schwächerwerden der königlichen Macht zum Ausbau und zur institutionellen Sicherung der schon bei den Germanen feststellbaren *Adelsherrschaft,* «die in den historisch gewachsenen Formen der Haus-, Leib-, Grund-, Vogtei- (Schutz), Gerichts-, Kirchen- und vor allem der Gefolgsherrschaft festbegründet neben der von der Kraft ihres Trägers und den zu Gebot stehenden Machtmitteln (Königsgut) abhängigen Königsherrschaft stand». Der Staat des Mittelalters wurde so zur «Aristokratie mit monarchischer Spitze» (H. Mitteis). Wesentlich bei diesem Prozeß ist die Allodialisierung und «Familiarisierung» ursprünglich karolingischer Amtsbefugnisse und Amtsbereiche; aus dem Grafenamt und dem Dukat wurde im Hochmittelalter ein die Familie des Adeligen miteinbeziehender Rang. Doch ist festzuhalten, daß bis zu Beginn des elften Jahrhunderts in Bayern die Erbfolge im Lehen noch keine Selbstverständlichkeit war.[3]

Es fällt auf, daß die bayerischen potentes, nobiles, viri illustri, proceres der Agilolfinger- und Karolingerzeit sich durch sehr weitgestreuten Güterbesitz auszeichneten.[4]

[2] DW 5581 ff.; zur Problematik der «germanischen Gefolgschaftstreue» vgl. jetzt F. Graus, Über die germanische Treue (Historica I) Prag 1960, aber auch W. Schlesinger, Randbemerkungen zu drei Aufsätzen über Sippe, Gefolgschaft u. Treue (Alteuropa u. die moderne Gesellschaft. Festschrift O. Brunner) 1963, 11–59. A. Dopsch, Beneficialwesen u. Feudalität (MIÖG 46) 1932; Mitteis, Lehnrecht; Krawinkel (s. o. 167 Anm. 127); O. Hintze, Wesen u. Verbreitung d. Feudalismus (Staat u. Verfassung) 1941; M. Bloch, La société féodale, 1934/39; Ganshof (m. Lit.) (s. o. 350).

[3] Bosl, Adel 222 f.; Ders., Reichsministerialität; Tellenbach, Personenforschung (s. o. 358 Anm. 34) 20; Ders., Zur Erforschung d. mittelalterl. Adels 9. bis 12. Jh. (XIIe Congrès International des Sciences historiques, Rapports I) Wien 1965, 318–337, bes. 325; zum Lehnswesen vgl. zusammenfassend: Ganshof (s. o. 350). Zur Frage der Erblichkeit der Lehen s. u. 407 Anm. 17.

[4] Z. B. Trad. Freis. I nr. 19 (Reginperhtschenkungen an Scharnitz-Schlehdorf).

Am Ende des zwölften Jahrhunderts dagegen gliedern sich bereits relativ klar begrenzte Räume aus, in denen sich der Besitz, die Burgen und Klöster einer einzigen Dynastenfamilie konzentrieren. Schon seit dem Ende des neunten und besonders im zehnten Jahrhundert läßt sich eine Regionalisierung der Herrschaftsformen feststellen, ausgelöst von der äußeren Gefährdung des Karolingerreiches durch Normannen, Ungarn und Sarazenen, die sich, angefangen von der Herrschaftsbildung der Luitpoldinger aus dem bedrohten Markenbereich heraus, in einer steigenden Tendenz zur Bildung kleinteiligerer Herrschafts- und Schutzkreise des Adels äußert und zum Burgenbau, zur Ummauerung von Städten und Herrensitzen führt. Dem, der mächtig genug ist, in einer Landschaft Schutz zu gewähren, fällt auch die allgemeine Friedenswahrung, die Gerichtsbarkeit und die Garantie der Besitzverhältnisse, d.h. eine öffentliche Autorität im weitesten Sinne, zu. Mit der regionalen Zentrierung der Adelsherrschaft ist somit gleichzeitig eine Intensivierung der Herrschaftsrechte in kleinteiligeren Räumen verbunden, so entstehen die Bausteine künftiger Territorien.[5] Dieser Konzentrationsprozeß ist am deutlichsten im Osten des bayerischen Herzogtums spürbar, wo Rodung und Landesausbau die Bildung geschlossener Adelsherrschaften (Bogener, Diepoldinger) naturgemäß begünstigte; ähnliches gilt für die Herrschaft der Andechser im Alpenvorland. Das Erblichwerden der Grafschaften förderte wohl ebenfalls die Besitzkonzentration, wie ja auch für die Wittelsbacher die Pfalzgrafenwürde ein wesentliches Mittel ihres Herrschaftsausbaus geworden ist, als sie 1116/1120 anstelle der Aribonen dieses Amt erhielten.[6]

Mit dem erwähnten Wandel im inneren Gefüge der politischen Führungsschicht hängt es auch zusammen, daß es so schwierig ist, *genealogische Verbindungen* zwischen dem bayerischen Adel des achten und neunten Jahrhunderts und dem des Hochmittelalters herzustellen,[7] es ist unmöglich, vor der Benennung des Adels nach zentralen Herrschaftssitzen einigermaßen exakte Genealogien aufzustellen. Dieser äußere Mangel, der zwangsläufig aller Adelsforschung im Zeitalter der Einnamigkeit anhaftet, hat jedoch tiefere Ursachen.[8] Durch das gesamte Mittelalter hindurch beruht die Adelsfamilie materiell auf ihrem Erbgut (hereditas, allodium, facultas, proprietas), das die Grundlage ihrer Macht bildet und ihr das Weiterleben sichert, auch wenn sie vorübergehend die Gunst des Königs oder Herzogs verliert, wie dies abwechselnd

[5] Vgl. Karte 18/19, bearb. v. Gertr. DIEPOLDER im Bayer. Geschichtsatlas; G. FALCO, La crisi dell' autorità e lo sforzo della riconstruzione in Italia (Problemi comuni dell' Europa postcarolingia = Settimane 117) Spoleto 1955, 43, hat für diesen Konzentrationsprozeß den Ausdruck «potenziamento locale» geprägt. Zum Problem: TELLENBACH, Mittelalterl. Adel (s.o. 403 Anm. 3).

[6] RIEZLER I 2, 202f.; vgl. aber zur Entstehung und Kontinuität des Pfalzgrafenamtes in Bayern seit der Karolingerzeit, jetzt W. STÖRMER, Früher Adel (s.o. 355 Anm. 23) 414–424.

[7] Dies ist bis jetzt einigermaßen zuverlässig nur bei der Rückführung der Aribonen auf den Huosier Arbeo v. Freising und dessen Sippe gelungen: DIEPOLDER, Aribonen. Ähnliche Versuche b. J. STURM, Preysing, zuletzt b. H. O. v. ROHR, Qui transtulit – eine Stammreihe der von Rohr, 1963. Über die Herleitung der Wittelsbacher s.u. 422 u. Bd. II. Zur Herkunft der Babenberger von den Luitpoldingern vgl. MITTERAUER 246 m. Anm. 123 (Lit.).

[8] SCHMID, Familie, Sippe (s.o. 402).

immer wieder Luitpoldingern, Welfen, Babenbergern und Aribonen geschehen ist. Die hereditas ist zugleich Voraussetzung für die vom König und Herzog verliehenen honores, zu denen bis zum Erblichwerden auch die Grafenwürde gehört. Für das Frühmittelalter und bis ins elfte Jahrhundert hinein ist es nun charakteristisch, daß der innere, bewußte Zusammenhang der einzelnen Adelskreise weniger vertikal durch die Generationsabfolge, d. h. agnatischer Natur ist, sondern daß wir es vornehmlich mit kognatischen Verbänden zu tun haben, die sich rasch wandeln, in denen Verwandtschaft und Verschwägerung der gleichzeitig Lebenden eine große Rolle spielen; dem historisch-genealogischen Abstammungsbewußtsein tritt also ein gleichsam «horizontales», zeitgenössisches Verwandtschaftsbewußtsein zur Seite, wie es sich in den gleichzeitigen Namenseintragungen ganzer kognatischer Verbände in den Totenbüchern der Klöster niedergeschlagen hat.[9] Das Wort «familia» selbst wird im Frühmittelalter nach antikem Vorbild für die unter der Gewalt des Hausherrn stehende Hausgemeinschaft, speziell für das Gesinde gebraucht; im modernen Sinn taucht familia erst seit dem elften und zwölften Jahrhundert auf, in Bayern bei Otto von Freising.[10] Erst im Hochmittelalter beginnen sich um die Kristallisationskerne von Familienklöstern und -grablegen und um Stammburgen aus den kognatischen Verwandtschaftsverbänden agnatische Familien mit eigenem historischen Bewußtsein auszugliedern, und es ist sicher kein Zufall, daß erst im zwölften Jahrhundert eine Historia Welforum entsteht.[11] Aus dem nämlichen Grunde aber ist es auch so schwierig, für die späteren, genau umschreibbaren Dynastenfamilien über das elfte Jahrhundert zurückreichende genealogische Deszendenzen zu finden; diese frühen «Familien» sind in viel höherem Grade wissenschaftliche Konstruktionen oder gar Hypothesen[12] als die schärfer im Lichte der Geschichte stehenden Königs- und Herzogsfamilien, für die ihre jeweiligen Herrschaftsfunktionen sowohl Kernpunkte des familiären Sonderbewußtseins sind, wie sie auch der Genealogie festere Anhaltspunkte zu geben vermögen.[13] Bayern insgesamt nimmt in dieser allgemeinen Entwicklung des Adels von kognatischen Verwandtschaftsverbänden zu agnatischen, um Stammburgen zentrier-

[9] Ebd. 48. Die Quellen sprechen von origo, progenies, prosapia, stirps, genealogia, genus, parentela, patruelitas, consanguinitas, propinquitas, posteritas, d. h. neben der Herkunft steht die Vorfahren-, Verwandten- und Nachkommengemeinschaft.

[10] Otto Fris., Gesta 103, zit. n. SCHMID, Familie, Sippe 49; vgl. auch SCHULTE (s. o. 350) 124ff.

[11] FLECKENSTEIN, Welfen, bes. 107ff.; K. SCHMID, Welfisches Selbstverständnis (Adel u. Kirche, Festschr. G. Tellenbach) 1968, 99–139; O. G. OEXLE, Die «sächsische Welfenquelle» als Zeugnis d. welfischen Hausüberlieferung (DA 24) 1968, 435–497.

[12] Es ist der Hauptmangel der genealogischen Tafeln TYROLLERS, daß er sich des hypothetischen Charakters seiner frühen Deszendenzen nur unvollkommen bewußt ist. DIEPOLDER, Aribonen 74f., hat dagegen mit Recht auf den hypothetischen Charakter der Sammelbezeichnung «Aribonen» für die vorwittelsbachischen bayerischen Pfalzgrafen hingewiesen. Auf Beispiele einer Kontinuität von Adelsgeschlechtern des 11./12. Jhs. mit dem Adel des 8./9. Jhs. verweist TELLENBACH, Mittelalterl. Adel (s. o. 403 Anm. 3) 333 Anm. 18.

[13] H. W. KLEWITZ, Namengebung u. Sippenbewußtsein in den deutschen Königsfamilien d. 10. bis 12. Jhs. (AUF 18) 1944, 23ff.; HAUCK (s. o. 356 Anm. 24) 187ff.; SCHRAMM (s. o. 314 Anm. 90) bes. III 1067; Das Königtum. Seine geistigen u. rechtl. Grundlagen, hg. v. Th. MAYER (Vortr. u. Forsch. III) 1956.

ten Adelsfamilien insofern eine Sonderstellung ein, als am Beginn seiner schriftlichen Überlieferung, in der Lex Baiuvariorum, neben der Herzogsfamilie fünf weitere vornehme Geschlechter *(genealogiae)* namentlich genannt sind, denen eine Sonderstellung im Herzogtum eingeräumt war.[14] Im Laufe des karolingischen neunten Jahrhunderts jedoch verschwinden diese fünf Sippenbezeichnungen, die auf ein frühes genealogisches Sonderbewußtsein ihrer Träger hindeuten, ohne daß diese Geschlechterverbände biologisch untergegangen sein müssen; nur ihr abgrenzendes Sonderbewußtsein hatte sich innerhalb der karolingischen Herrschaftsstruktur verflüchtigt.[15] Die weitere Entwicklung zeigen die schon genannten Gedenk- und Verbrüderungsbücher an. Die älteren von ihnen aus der Blütezeit des Karolingerreiches, für Bayern vornehmlich das Salzburger Verbrüderungsbuch, lassen eine auf das Königtum bezogene Anordnung erkennen. An der Spitze steht der König und seine Familie; ihm folgen nicht die Adelshäuser, sondern die Bischöfe, Äbte und ihre Konvente, dann die Grafen als Vertreter des Königs, die Reichsaristokratie des vom jeweiligen Totenbuch umfaßten Einzugsgebietes. Die einzelnen Adelssippen haben sich also noch nicht in fest umgrenzbaren Dynastenhäusern abgesondert, sondern die Königsnähe und das Kirchenamt spiegeln noch ihr Ansehen wider. Bereits in der zweiten Hälfte des neunten Jahrhunderts jedoch lockert sich diese, auf das Königtum bezogene Ordnung der Totengedenkbücher, und die adeligen Familien beginnen zu dominieren, dergestalt, daß sie sich zusammen mit Verwandten und Verschwägerten einschreiben lassen. Wenn uns auch um 900 noch keineswegs festumrissene Adelsgeschlechter entgegentreten, sondern eher noch «variierende Verwandtschaftsgruppen», so ist damit doch ein Prozeß eingeleitet, der, von Frankreich ausgehend, zur Formierung festgefügter Dynastenhäuser führte.[16]

Wenn im nachfolgenden, vom Westen Altbayerns ausgehend, versucht werden soll, etwas wie «Adelslandschaften» im Hochmittelalter auszugliedern, dann wird es aus den angeführten Gründen nur in wenigen Fällen gelingen, die bayerischen Grafen- und Dynastengeschlechter herkunftsmäßig über das elfte oder gar zehnte Jahrhundert bis an die Schwelle der Karolingerzeit zurückzuverfolgen. Dafür gewinnen die Geschlechterbezeichnungen mit der fortschreitenden Individualisierung der Familien vermöge ihrer Hausklöster und Stammburgen an historischer «Echtheit», und ein wirkliches dynastisches Bewußtsein beginnt sich in den literarischen Zeugnissen der Zeit niederzuschlagen. Das Lehnswesen – als ein sich immer mehr differenzierendes Beziehungssystem deutlich umschriebener, sanktionierter und vererbbarer Anrechte und Unterordnungsverhältnisse – wird seinerseits nicht wenig dazu beigetragen haben, aus dem amorphen kognatischen Verwandtschaftsverband vieler Gleichgestellter die klar abgrenzbare, lehnspflichtige oder lehnsherrliche, agnatisch konstituierte und agnatisch-genealogisch denkende Adelsfamilie mit festem Stammsitz zu

[14] Über den «territorialen» Charakter dieser Sonderstellung der Huosi, Draozza, Fagana, Hahilinga und Anniona s. o. 355; s. auch 241 f..

[15] SCHMID (s. o. 402) 53 f.

[16] Ebd. 54 f.

formen.[17] Die Herausbildung der Heerschildordnung (clipeus militaris) unter Friedrich Barbarossa schuf zumindest theoretisch die Grundlage für eine Lehnshierarchie, die vom König über den Adel bis zur Ministerialität reichte; die Heerschildordnung – wie sie uns aus den Rechtsquellen des dreizehnten Jahrhunderts entgegentritt – hat die Existenz festumrissener Dynasten- und Grafenhäuser bereits zur Voraussetzung.[18] Am mittleren und oberen Lech umschloß welfisches Gut unter ministerialer Verwaltung den Besitz des Hochstifts Augsburg und griff mit den Burgen Burgheim, Gunzenlee, Mering, Landsberg und Raisting aufs rechte Lechufer hinüber,[19] wo die *Welfen* auch in den Klöstern und Stiften Altomünster, Wessobrunn, Polling, Rottenbuch und Steingaden – die beiden letzteren gründeten sie – sowie in St. Mang mit der Klostervogtei Fuß gefaßt hatten.[20] Dieser welfische Besitz ging unter Welf VI. durch Kaufvertrag mitsamt der welfischen Ministerialität zum großen Teil an die Staufer über, die damit ihre starke Position zwischen Donauwörth und Nördlingen weit nach Süden vorschieben konnten.[21] Die Streitfrage, ob die Welfen ursprünglich ein bayerisches oder ein schwäbisches Adelsgeschlecht waren, ist nach neueren Forschungen dahingehend beantwortet worden, daß die Welfen vielmehr der karolingisch-reichsfränkischen Aristokratie des Maas-Moselraumes entstammen und sehr wahrscheinlich auf den fränkischen Regierungskommissar Ruthard zurückzuführen sind, der nach dem Blutbad von Cannstatt (746) im Auftrage der Karolinger die Neuordnung Alemanniens durchführte.[22] Wesentlich für diese Herkunftsbestimmung ist die welfi-

[17] Das fortschreitende Erblichwerden der Lehen und ihre teilweise Patrimonialisierung förderte die Entstehung der bewußt agnatisch konstituierten Adelsfamilien moderneren Typs, und so dürfte es kein Zufall sein, daß die Verfestigung agnatischer Adelssippen zu Dynastenhäusern und die Vererblichkeit und Patrimonialisierung von Lehen parallel vom früher entwickelten Frankreich aus nach Deutschland übergreifen. Vgl. H. SCHULZE, Das Erb- u. Familienrecht d. deutschen Dynasten d. MA, 1871; GANSHOF (s. o. 350) 144f. Nach einer Stelle der Tegernseer Briefsammlung war die Erbfolge im Lehen (beneficium) zu Beginn des 11. Jhs. in Bayern noch keine Selbstverständlichkeit (Die Tegernseer Briefsammlung [Froumund], MGH Epp. sel. 3, hg. v. K. STRECKER, 1925, 125).

[18] J. FICKER, Vom Heerschilde, 1862; CONRAD (s. o. 350) I 98ff.; MITTEIS 158ff.; GANSHOF (s. o. 350) 189; BOSL (GG I) 647ff.

[19] FLECKENSTEIN 75ff. m. Karte auf 76 (älterer Welfenbesitz); vgl. dazu die Besitzkarte von BOSL, Karte 18/19 mit Erläuterungen (HA v. Bayerisch-Schwaben, hg. v. W. Zorn) 1955, 24f.

[20] Die Eigentumsansprüche der Welfen auf Altomünster: Vita Altonis, hg. v. G. WAITZ (MG SS 15) 1888, c. 10, S. 844, Z. 26ff.; HUBER (s. o. 213 Anm. 103) bes. 223, 230. Die von HUBER und LÖWE, Reichsgründung 23ff., angenommene Herkunft der Welfen von der genealogia der Huosi hält FLECKENSTEIN, Welfen 84, in der Form für möglich, daß die in Altomünster einigermaßen greifbare Verbindung zwischen Huosiern und späteren Welfen über eine weibliche Nebenlinie der ersteren zustande kam. Heinrich der Löwe erwarb 1160 die Erbvogtei über Polling: MG Urk. Heinrichs d. L. 43; KLEBEL, Probleme 285. Zu Rottenbuch und Steingaden – neben dem schwäbischen Hauskloster Weingarten die wichtigsten Welfengründungen – s. u. § 35. – Zu St. Mang P. MARTIN, Das vormalige Benediktinerstift St. Mang zu Füssen im ersten Jahrtausend seines Bestehens, 1965.

[21] BOSL, 454ff.; KLEBEL, Probleme 430ff.

[22] FLECKENSTEIN 108ff., 133ff. durch besitzgeschichtlich-genealogische Entkräftung des Zeugnisses von Thegan, Vita Hludowici, hg. v. G. PERTZ (MG SS 2) 1829, c. 26, S. 596, Z. 37, der den Grafen

sche Besitzgeschichte, die für Süddeutschland drei große Güterkomplexe kennt: erstens den Schussen- und nördlichen Argengau mit Ravensburg, Altdorf und der Familiengrablege im Hauskloster Weingarten, das Heinrich mit dem goldenen Wagen um 935 gestiftet hatte;[23] zweitens die umfangreichen welfischen Besitzungen zwischen dem bayerischen und alemannischen Stammesherzogtum im Augst-Ammergau (Steingaden, Rottenbuch);[24] drittens ein vorwiegend bayerischer Herrschaftsbereich alpinen Fernbesitzes im Gau Norital (Oberinntal-Poapintal) sowie im Vintschgau.[25] Der Schussengau wurde die Ausgangsposition dieses ursprünglich reichsfränkischen Geschlechtes, doch verwurzelten die Welfen mit dem schwäbischen Raum spätestens im zehnten Jahrhundert. Im zehnten und elften Jahrhundert bauten die Welfen ihre Position, vor allem auch durch Rodung, im Voralpenraum, besonders im Ammergau, stark aus. Welfs II. (†1030) Gemahlin Imiza, eine Tochter des Grafen Friedrich von Lützelburg und Schwester Herzog Heinrichs von Bayern, war zugleich eine Nichte der Kaiserin Kunigunde. Durch jene Imiza erst sind die Welfen in den Besitz des alten Reichsgutkomplexes (Heubisch) Mering im Augstgau gekommen, der demnach kein welfischer «Urbesitz» gewesen sein kann.[26] Welf II. erlangte auch die Grafschaft Norital und Oberinntal, die ihm Konrad II. vorübergehend entzog; ebenso haben damals die Welfen im Vintschgau Besitzungen erworben.[27] Die Herzogsstellung der Welfen hat sich im Bereich der bayerischen Metropole Regensburg kaum besitzmäßig niedergeschlagen, obwohl dort der Welfenhof eine große kulturelle Bedeutung erlangte. Dagegen bestanden starke welfische Positionen in der Burg und Grafschaft Burghausen mit der Vogtei über die alten agilolfingisch-karolingischen Herzogs- und Königspfalzen und späteren Reichsgutsbezirke von Ötting und Ranshofen am Inn mit dem Forst Weilhart. Ebenso hatte Heinrich der Löwe die Hallgrafschaft (Reichenhall) unmittelbar in herzogliche Gewalt gebracht, wenn er auch gerade dort in ständiger Auseinandersetzung mit den Besitz- und Herrschaftsrechten des Erzbistums Salzburg blieb; auch die Wittelsbacher wurden nach 1180

Welf, den Vater der Kaiserin Judith, «de nobilissima progenie Bawariorum» sein läßt; OEXLE (s. o. 405 Anm. 11).

[23] Für Schwaben STÄLIN I 556ff., II 265ff.; A. DREHER, Zur Gütergesch. d. Klosters Weingarten (Weingarten 1056–1956 = Festschr. z. 900 Jahrfeier d. Kl.) 1956, 138ff.; C. BUHL, Weingarten-Altdorf, Die Anfänge (ebd.) 12ff.

[24] HEIGEL-RIEZLER 236ff., ergänzt durch STEICHELE-SCHRÖDER II–VIII; A. STUHLFAUTH, Peiting u. Schongau-Altenstadt unter d. Welfen (Altbayr. Monatsschr. 15) 1920, 54ff.; E. KÖNIG, Die süddeutschen Welfen als Klostergründer, 1934.

[25] STOLZ, Deutschtum in Südtirol III 121 u. IV 13; Ders., Gerichte Deutschtirols (s. o. 145 Anm. 63) 96ff.; HEUBERGER (s. o. 125). Den Welfen verwandtschaftlich eng verbunden waren die Grafen von Eppan-Ulten; F. HUTER, Zur älteren Gesch. d. Eppaner Grafen (Schlernschr. 16) 1935, 304ff.

[26] Die ältere Auffassung bei STEICHELE-SCHRÖDER II 417, 487ff. Die Hist. Welf. (MG SS 21) c. 8, S. 460 bezeichnet das durch Imiza an die Welfen gekommene Mering ausdrücklich als villa regalis. Auch der Gunzenlee ist erst seit 1127 als welfisches Besitztum bezeugt; vgl. FLECKENSTEIN, Welfen 85ff.

[27] Im Vintschgau wie im Ammergau zeigt auch die West-Ost-Richtung des Landesausbaus an, daß die Welfen von Schwaben aus nach Bayern übergegriffen haben, FLECKENSTEIN, Welfen 136. Poapo und das Poapintal als welfischen Ursprungs wollte RIEZLER I 2, 116, erweisen.

Erben dieser Auseinandersetzung inmitten einer sich abzeichnenden salzburgischen Territorienbildung.[28]

Östlich an die welfischen, später staufisch-kaiserlichen Landstriche anschließend, bauten sich die Herrschaftsbereiche der *Wittelsbacher* und der Andechs-Meranier auf. Die 1079 erstmals hervortretenden, angesehenen Grafen von Scheyern, deren Stammburg südwestlich von Pfaffenhofen an der Ilm lag, nannten sich seit 1115 nach ihrer bei Aichach neu erbauten Burg Wittelsbach; ihren bisherigen Familienbesitz wandelten sie in ein Hauskloster um. Im Verlaufe des elften und zwölften Jahrhunderts bauten sie sich zwischen Lech und Isar eine starke und bald schon relativ geschlossene Position im Westergau an Paar und Ilm auf, die ihren herrschaftlich-militärischen Rückhalt in den Burgen Wittelsbach, Dachau und Haimhausen fand, während ihnen Vogteien im Bistum Freising (Hochstift bis 1180, Weihenstephan, Neustift) und ihre Klostergründungen Scheyern, Indersdorf, Bernried und Ensdorf im kirchlichen Bereich Einfluß und Ansehen sicherten.[29] Einen starken Machtzuwachs bedeutete es, als im Jahre 1045 mit dem Grafen Adalbert das Geschlecht der Grafen von Ebersberg ausstarb und die Scheyerner als Grafen und Freisinger Hochstiftsvögte ihre Nachfolger wurden.[30] Das Vorkommen von Königsgut und Königsleuten im Bereich der späteren Grafschaft Ebersberg legt nahe, daß dieselbe aus einer allmählich allodifizierten älteren Grafschaft, d. h. aus Reichsgut, hervorgegangen ist, wenn auch die vermutlich reichsfränkischen Ebersberger selbst erst in der ersten Hälfte des elften Jahrhunderts genauer faßbar sind. Auch die frühe kaiserliche Privilegierung der Ebersberger Familienklöster Ebersberg, Kühbach und Geisenfeld machen ein Hervorgehen der Ebersberger aus der ursprünglichen Reichsgutverwaltung wahrscheinlich. Persenbeug in Österreich mit seiner Grafschaft hatten die Ebersberger wohl als Reichslehen inne, wie die Schenkung an Kloster Ebersberg im Beisein Kaiser Heinrichs III. (ca. 1044) zeigt; am Landesausbau im österreichischen Waldviertel waren sie maßgeblich beteiligt.[31] Die großen wittelsbachischen Besitzungen im Semptgebiet, die an der Wende zum zwölften Jahrhundert feststellbar sind, gehen wohl auf die Ebersberger zurück; dasselbe gilt für den Raum um Kühbach, in dessen Bereich die Burg Wittelsbach entstand, und für das Gebiet um Scheyern-Pfaffenhofen.[32] Die Klostervogtei über Geisenfeld ging von den Ebersbergern an die Grafen

[28] Bosl 468ff.; s. Bd. II des Handbuchs.

[29] S.u. 494; GP I 343ff.; zur frühen Besitzkonzentration: Fried, Dachau u. Kranzberg; Diepolder (HAB 2) 1950; zur Herkunft s. Bd. II des Handbuchs.

[30] Riezler I 2, 554f.; Sturm, Preysing 360f.; v. Volckamer (HAB 14) 8ff.; zur Genealogie der Ebersberger vgl. Pirchegger, Steiermark I, 1920, 114; Trotter (s. o. 370 Anm. 31) 5–17; Tyroller, Genealogie 64ff. läßt mit Trotter 6f. die Ebersberger mit dem fränkischen Grafen Sieghart I. zur Zeit Kaiser Karlmanns beginnen. Außer von den Wittelsbachern wurden die Ebersberger von den versippten Sighardinger-Tenglingern, von den Vornbachern, den Regensburger Burggrafen, den Grafen von Plain-Hardeck und von den Machländern beerbt; die beiden letzteren erhielten vornehmlich das Ebersberger Erbe in Österreich.

[31] S.u. § 35; zu Persenbeug: Lechner, Waldviertel 103f.

[32] Tyroller, Wittelsbacher (s. o. 289) 11; Volckamer (HAB 14) 11ff.; G. Flohrschütz, Der Adel d. Wartenberger Raums im 12. Jh. (ZBLG 34) 1971, 85–164, 462–511, 909–911.

von Ratzenhofen und Abensberg und erst 1130 unter Pfalzgraf Otto I. an die Wittelsbacher. Die Vogtei über Kloster Heiligenkreuz in Donauwörth fiel 1156, nach dem Aussterben der Herren von Wörth, die es gestiftet hatten, an die Wittelsbacher, doch schon 1167 durch Kauf an Barbarossa.[33] Im niederbayerischen Raum bildeten dann jenseits der Barriere der Grafen von Abensberg Zentren altwittelsbachischen Hausguts die Burg Kelheim mit Besitz im alten Kels- und Donaugau, ferner die Burgen Schaumburg und Wolfstein an der Isar. Im Münchner Raum waren die Wittelsbacher neben den Welfen nur schwach vertreten; Garching und Aubing waren schon vor 1200 wittelsbachisch. Nach der Absetzung der Welfen behielt dort offenbar Barbarossa die Besitzungen und Rechte Heinrichs des Löwen selbst in der Hand, wie ja auch das bedeutende welfische Hausgut beiderseits des Lechs, das über Welf VI. an die Staufer kam, der wittelsbachischen Herrschaftsbildung bis ins dreizehnte Jahrhundert unzugänglich blieb.[34]

Stärkste Konkurrenten der Wittelsbacher waren in Westbayern die Grafen von *Andechs,* seit 1173 Markgrafen von Istrien, später Herzöge von Meranien, deren Ausgangspunkt ein ziemlich dichter Herrschaftsbereich zwischen oberem Lech und oberer Isar war, die aber dann auch in Franken, Tirol, Kärnten, Krain und in Istrien Herrschaftsrechte erhielten und 1208 Pfalzgrafen von Burgund wurden. Seit 1132 nannten sie sich nach ihrer Burg Andechs; der zweite große Stützpunkt ihrer bayerischen Macht war Burg und Grafschaft Wolfratshausen. Burg Merching südöstlich Augsburg bildete die nordwestliche Bastion der Andechser gegen den welfisch-staufischen wie gegen den wittelsbachischen Hausbesitz, während sich das Zentrum andechsischen Besitzes um Ammer- und Würmsee befand. Dießen am Ammersee war das gräfliche Hauskloster; hinzu kam die Vogtei über Benediktbeuern und Tegernsee sowie über Brixen-Neustift. Ein weiteres Zentrum der Andechser bildete sich in Oberfranken um Kloster Langheim, die Plassenburg und um Giech und festigte sich durch Grafschafts- und Vogteirechte in der Diözese Bamberg.[35] Im Süden erhielten die Andechser gegen Ende des elften Jahrhunderts den Grafenbann im Unterinntal und im Pustertal, ebenso erlangten sie die Brixener Hochstiftsvogtei und durch Heiratspolitik reichen Grundbesitz in Krain und in der karantanischen Mark. Berthold IV. († 1204) hatte sieben Grafschaften inne; der Aufbau einer eigenen andechsischen Ministerialität läßt die Bedeutung dieses neben den Wittelsbachern mächtigsten bayerischen Geschlechtes erkennen. Einen besonders fühlbaren Machtzuwachs erhielten

[33] Ebd. 56; H. JAEGER, Die Traditionsnotizen d. Benediktinerklosters Geisenfeld, Diss. München 1948, nr. 79.

[34] DIEPOLDER, Adelsherrschaften 36; s. o. 407 Anm. 21; s. Bd. II.

[35] RIEZLER I 2, 559ff.; OEFELE (s. o. 401 Anm. 73); F. KUNSTMANN, Zur Lebensgesch. d. Grafen Rasso (Obb. Arch. 26) 1866, 372ff.; A. KEMPFLER, Abstammung u. älteste Gesch. d. Grafen v. Andechs u. späteren Herzöge v. Meran (OA 52) 1906, 215ff.; TROTTER (Dungern) 6–28; SPINDLER, Landesfürstentum 36ff. u. 46ff.; TYROLLER, Andechser (s. o. 290 Anm. 82); Ders., Genealogie 148ff., der die Andechser von den Luitpoldingern ableitet. KLEBEL, Probleme 262f. u. 274f.; B. KRAFT, Andechser Studien, 2 Bde., 1937/40; zuletzt J. GOTTSCHALK, St. Hedwig, Herzogin von Schlesien, 1964 m. Lit.; K. BOSL, Europäischer Adel im 12./13. Jh. Die internationalen Verflechtungen des bayer. Hochadelsgeschlechts d. Andechs-Meranier (ZBLG 30) 1967, 20–52.

die Andechser, als mit dem Tod des Vornbacher Grafen Ekbert III. vor Mailand (1158) das Erbe dieses Geschlechtes über Ekberts Schwester Kunigunde an deren Stiefsohn, Berthold III. von Andechs, fiel.[36] Zentren der Vornbacher waren Neuburg am Inn, Schärding, Rottenburg (Niederbayern), Windberg an der Donau (b. Vilshofen) und Pitten sowie die Familienklöster Vornbach und Suben.[37]

Teile des Vornbacher Erbes fielen auch an die Grafen von *Ortenburg*, die nach den Andechsern und Wittelsbachern das einflußreichste Grafengeschlecht Bayerns wurden. Aus dem rheinfränkischen Hause der Spanheimer hervorgegangen, die von 1090 mit kurzen Unterbrechungen bis 1170 die Markgrafschaft Istrien und von 1122 bis 1276 das Herzogtum Kärnten innehatten, kamen die Ortenburger zur Zeit der Kaiser Heinrich IV. und V. nach Bayern, erwarben Besitz und Grafschaftsrechte im Rottachgau sowie Lehen vom Hochstift Salzburg im Chiemgau. Hauptsitze des Geschlechtes waren, neben der Stammburg Ortenburg westlich Passau, die Kraiburg am Inn (südlich Mühldorf) und Marquartstein; außerdem erhielten die Ortenburger Lehen von Passau und Bamberg und die Vogteien über Frauenchiemsee, Baumburg und auch über Aldersbach. Im Oberinntal setzten sie sich in Schindelburg, Itter, ferner in Sperten nördlich Kitzbühel fest. Damit legten sich die Besitzungen der Ortenburger wie ein Sperrgürtel von Tirol über den Chiemgau und das Rottal bis zur Donau, wo sie mit Hilgartsberg, Pleinting und Vilshofen eine feste Stellung besaßen; sie hemmten auf diese Weise das weitere Vordringen der Wittelsbacher und Andechser in östlicher Richtung.[38]

Zwischen den Herrschaftsbereichen der Wittelsbacher und Andechser einerseits (und teilweise in Gemengelage mit denselben) und den Besitzungen der Ortenburger andererseits schiebt sich eine Zone mittlerer Grafengeschlechter: im Süden die Falkensteiner mit den Grafen von Weyarn, nördlich anschließend die Wasserburger, dann die Grafen von Mödling, die Dornberger, die Frontenhausener und die Grafen von Altendorf und Leonberg. Die Grafen von *Falkenstein*-Herrnstein, seit dem Ende des elften Jahrhunderts als Adelsgeschlecht faßbar, hatten sich einen relativ geschlossenen Herrschaftsbereich zwischen Chiemsee und Hochgebirge im Unterinntal und im Sunder- und Chiemgau mit den Hauptzentren Falkenstein bei Brannenburg, Neuburg am Mangfalltal, Hartmannsberg westlich des Chiemsees aufgebaut; hinzu kamen die Vogteien über das Hauskloster Petersberg (St. Peter am Madron) bei Falkenstein und über Stift Herrenchiemsee.[39] Als Vögte kontrollierten die Falkensteiner

[36] Tyroller, Genealogie 147; E. Hautum, Ekbert von Meran, Bischof v. Bamberg, Diss. Erlangen 1924; G. Herlitz, Gesch. d. Herzöge v. Meran aus d. Hause Andechs, Diss. Halle 1909.

[37] Riezler I 2, 567ff.; GP I 187f.; J. Moritz, Die Grafen v. Vormbach, Lambach u. Pütten (Abh. München I, 3) 1804; Trotter (Dungern) 37–51; Plank, Pitten (s. o. 260 Anm. 82).

[38] Riezler I 2, 567f.; F. Tyroller, Ortenburgs Größe u. Niedergang (Ostbaier. Grenzmarken 13) 1924; Ders., Chiemgau (s. o. 368 Anm. 23); Spindler, Landesfürstentum 29ff.; E. v. Ortenburg-Tambach, Gesch. d. reichsständ. u. gräfl. Gesamthauses Ortenburg, 2 Bde., 1931/32; Klebel, Probleme 274f.; K. Wild (Hg.), Festschr. z. Zwölfhundertjahrfeier v. Vilshofen 776–1976, 1976.

[39] Riezler I 2, 564; Trotter (Dungern) 74–80; Spindler, Landesfürstentum 34ff.; F. Tyroller, Die Mangfallgrafschaft (Inn-Oberland 29) 1958. Die Vogtei über Te-

ausgedehnten Salzburger Besitz, vor allem im Pinzgau, wo sie auch reiches Eigengut besaßen, ebenso in der Ostmark. Als Verwalter der Grafen amtierten Pröpste in Neuburg, Falkenstein und Oberaudorf sowie in Herrnstein in Niederösterreich, dem vierten Herrschaftszentrum der Familie. Genealogisch eng mit den Falkensteinern verbunden sind nach dem berühmten Codex Falkensteinensis, dem einzigen uns vollständig erhaltenen Urbar einer weltlichen Grundherrschaft des zwölften Jahrhunderts,[40] die Herren von Haunsberg und Bruckberg sowie die Grafen von Weyarn, die uns zuerst 1008/17 als Vögte von Tegernsee entgegentreten. 1133 gründete Graf Sigiboto II. das Augustinerchorherrnstift in seiner Stammburg Weyarn.[41] Der Codex Falkensteinensis ist für die Rechtsgeschichte des Adels von Bedeutung, da in ihm unter anderem das Institut des Hantgemals (cyrographum, quod teutonica lingua hantgemalehe vocatur) erwähnt wird. Das Hantgemal ist ein durch Anbringung des adeligen Familienmerkmals gekennzeichnetes Sondergrundstück, an dem für alle Familienmitglieder das Recht der Edelfreiheit haftet und das daher unteilbar, unveräußerlich und nur im Mannesstamme vererbbar war.

An das Gebiet der Falkensteiner und der ihnen zugeordneten Weyarner nach Norden zu anschließend erstreckte sich die Herrschaft der Grafen von *Wasserburg*.[42] Sie trugen wie die Falkensteiner zahlreiche Lehen der Salzburger Kirche im Chiemgau, gründeten Stift Attel[43] und Altenhohenau, bevogteten Rott am Inn – die Gründung des Pfalzgrafen Kuno von Rott (1081) –, besaßen vor den Welfen die Hallgrafschaft (Reichenhall), ferner den größeren Teil des späteren wittelsbachischen Gerichtes Markt Schwaben sowie die Grafschaft Kling östlich Wasserburg, die wohl durch Erbgang an die Wasserburger gekommen war. Sie setzten sich ferner mit ihrer Burg Viechtenstein und einer Reihe von Besitzungen südlich davon in dem Dreieck fest, das vom Unterlauf des Inns und der Donau östlich Passau gebildet wird, ebenso in Kreuzenstein bei Korneuburg (NÖ). Eine enge familiäre Verbindung der Wasserburger zu den pfalzgräflichen Aribonen ist anzunehmen. Nördlich anschließend am linken Innufer und gegenüber dem ortenburgischen Herrschaftszentrum Kraiburg rechts des Flusses konzentrieren sich die Besitzungen der Grafen von *Mödling* (Mögling), Nachfolger der Grafen von Hohenburg, mit den Vogteien über die beiden Augustinerchorherrnstifte Gars und Au am Inn und über die Salzburger Güter im

gernsee hatten die Falkensteiner bis ca. 1130 inne, dann folgten ihnen dort die Grafen von Wolfratshausen. KLEBEL, Probleme 181.

[40] Codex Falkensteinensis, hg. v. H. PETZ (Drei Traditionsbücher s. o. 351) 1880. Letzte Edition: E. NOICHL, Codex Falkensteinensis. Die Rechtsaufzeichnungen der Grafen von Falkenstein (QE NF 29), 1978; P. BERGMAIER, Codex Diplomaticus Falkensteinensis (= deutsche Übersetzung, in: Der Mangfallgau 11) 1966, 5–60. Laut PETZ Beginn der Eintragungen 1165/74, Ende 1193; gegen neuere Meinungen erhärtet durch MORHART (ZBLG 9) 1936, 416–420. GENGLER 175ff.; KLEBEL, Probleme 406ff.

[41] GP I 359f.

[42] RIEZLER I 2, 572f.; A. MITTERWIESER, Aus den alten Pfleggerichten Wasserburg und Kling, 1923/24; E. KLEBEL, Studien zum hist. Atlas v. Bayern (ZBLG 3) 1930, 7–68; Ders., Probleme 263f.; SPINDLER, Landesfürstentum 32f.; T. BURCKARD, HAB Wasserburg-Kling, 1966, 74–96.

[43] MB I 255ff.

Isengau; auch bei diesem Geschlecht wird aribonische Abkunft angenommen.[44] Nördlich von den Mödlingern und ebenfalls am linken Innufer angesiedelt sind die Grafen von *Dornberg-Schaumburg* mit ihrer namengebenden Burg bei Mühldorf. Ihre Besitzungen und Salzburger Lehen erstreckten sich bis weit ins fruchtbare Rottal hinein; 1171 erscheinen sie als Grafen. Ihr Hauskloster war Elsenbach-St. Veit an der Rott, das nach seiner Gründung 1121 erst mit der Erneuerung durch Graf Wolfram von Dornberg 1171 ein lebensfähiges Salzburger Benediktinerkloster wurde.[45] Die Grafen von *Plain* und *Hardeck* (an d. Thaya), *Peilstein, Tengling* und *Lebenau* waren im Bereich und als Lehensträger des Erzbistums Salzburg und der Babenberger groß geworden; da die Plainer im zwölften Jahrhundert überall dort Grafschaftsrechte ausüben, wo im zehnten und elften Jahrhundert die sog. Grafen von Raschenberg-Reichenhall zu finden sind und in beiden Familien der Leitname Luitpold auftaucht, ist Verwandtschaft anzunehmen. Zentren ihrer Herrschaft waren Plain bei Reichenhall nordwestlich des Untersberges und Mittersill im Pinzgau; ihre bayerischen Besitzungen erstreckten sich vornehmlich westlich und nördlich von Salzburg, wo die Grafen von Lebenau bis zu ihrem Aussterben 1229 Grafenrechte in Laufen und Tittmoning ausübten.[46] Die Peilsteiner erwarben 1168 im Erbgang den größten Teil der im Isen-, Chiem- und Salzburggau mächtigen, mit den sächsischen Supplinburgern verwandten Grafen von *Burghausen* und *Schala* in Niederösterreich. Beide Geschlechter (und ebenso die Ebersberger) sind sowohl den Aribonen wie den jüngeren Sighardingern zuzurechnen, die man auf die älteren, reichsfränkischen Sighardinger des neunten Jahrhunderts zurückführt, die in den Quellen als «consanguini» Kaiser Arnulfs erscheinen.[47] Als Vögte auf Salzburger, später Chiemseer Besitz bauten die Herren von *Hohenaschau-Wildenwarth* ihre Adelsherrschaft auf, während die Herren von *Wald* an der Alz als erzstiftische Ministerialen auf Rodungsland emporkamen;[48]

[44] Riezler I 2, 574; Klebel, Probleme 263, 273; GP I 79ff.; Drei Traditionsbücher (s. o. 351) 45–85 u. 87–158.

[45] Riezler I 2, 578f.; GP I 87f.; s. u. § 35; Spindler, Landesfürstentum 146. Von den Dornbergern fielen später die Vogteien über die Regensburger hochstiftischen Propsteien Pfaffenberg und Hofkirchen sowie Eberspoint-Velden und über die Obermünsterer Propstei Sallach an die Wittelsbacher. B. Spirkner, Eine Teilgesch. d. Hochstifts Regensburg (Nb. Heimatbl. 2/3) 1930/31; Diepolder, Adelsherrschaften 49.

[46] Riezler I 2, 579f.; H. Witte, Genealog. Untersuchungen z. Reichsgesch. unter den salischen Kaisern (MIÖG Erg.-Bd. 5) 1896/1903, 371ff.; J. Strnadt, Innviertel u. Mondseeland (AÖG 99) 1912, 532ff., 552; über die Abstammung der Lebenauer von den Spanheimern: E. Richter, Untersuchungen z. hist. Geographie d. ehem. Hochstifts Salzburg u. seiner Nachbargebiete (MIÖG Erg.-Bd. 1) 1885, 653ff.; Richter-Mell, Erläuterungen z. HA d. österr. Alpenländer I 1, 1917, 33ff.; Handel-Mazzetti u. Graf Ledóchowski, Die Grafen v. Plain (Mitt. d. Ges. f. Salzb. Lkde. 67) 1927, 1–17; F. Thaller, Die Grafen v. Plain u. Hardeck (Dungern) 68–72; Spindler, Landesfürstentum 23ff., 27ff.; Tyroller, Genealogie 115ff.

[47] Riezler I 2, 570f.; Vancsa I 251; Trotter (s. o. 370 Anm. 31) 5ff. (m. Stammtafel); Tyroller, Chiemgau (s. o. 368 Anm. 23); Ders., Genealogie 89ff.; Ders., Burghausen in d. Grafenzeit (Burghauser Gesch.bll. 28) 1960, 1–53; Mitterauer 221f.

[48] A. Sandberger, Die Entstehung d. Herrschaft Aschau-Wildenwarth (ZBLG 11) 1938, 362–393. Die Herrschaft der Herren von Wald, die sich später (1250) Grafen in cometia Zeitlarn nennen, beruht auf Ro-

beide entstammten nicht dem alten Dynastenadel. Ebenfalls auf hochstiftischem Besitz, nämlich auf dem des Bistums Passau, groß geworden sind die späteren Grafen von *Hals,* die 1112 erstmals urkundlich erwähnt sind. Ihre Bedeutung beruht weniger auf ihrer Grafschaft aus Reichslehen (das 1207 an die Passauer Bischöfe überging), sondern vornehmlich auf Vogteien der Bistümer Passau und Bamberg (Ering), im sogenannten Abteiland, über das Bamberger Eigenkloster Asbach, über Stift Osterhofen und in der Grafschaft Windberg, wo die Burgen Bernstein, Diessenstein und Ranfels die Halser Lehns- und Vogteiherrschaft sicherten.[49]

Der schütteren Zone kleinerer Adelsherrschaften zwischen den großen Herrschaftsbereichen der Wittelsbacher und Ortenburger gehören schließlich die Moosburger, die Leonberger und die Frontenhausener an; alle drei Herrschaften gruppieren sich nacheinander an der Isar unterhalb Freising und stoßen in deren Mündungsbereich auf den großflächigen Besitzkomplex der Grafen von Bogen. Der Besitz der Grafen von *Moosburg* gruppierte sich um ihre Stammburg Moosburg mit dem Stift St. Castulus, das Bischof Egilbert von Freising (1006–39), ein Moosburger, in ein Kollegiatsstift umwandelte, sowie um Rottenburg (Nb.); sie hatten ferner die Vogtei über Kloster Isen inne.[50] Dem Hause der Moosburger entstammt auch der Salzburger kaiserliche Gegenerzbischof des Investiturstreites, Berthold. Seit 1179 ist um Moosburg eine Grafschaft bezeugt; damals beerbten die Moosburger zusammen mit den Wittelsbachern die um die obere Große und Kleine Laaber begüterten Grafen von *Roning,* deren Hauskloster Paring war, ein Augustinerchorherrnstift (1143).[51] Für ein früh ausgeprägtes dynastisches Bewußtsein der Familie spricht die Tatsache, daß die Moosburger sich wie Könige und Herzöge Hofämter zulegten.[52] An der mittleren Vils saßen die Grafen von *Frontenhausen,* die 1226 mit Bischof Konrad von Regensburg ausstarben.[53] Nördlich davon zwischen Isar und Donau und in unmittelbarer Nachbarschaft zu den Bogenern lag die Herrschaft der Grafen von *Leonberg,* die besonders zwischen Straubing und Landau an der Isar begütert waren und ihre Herrschaft Leonberg am Inn aus dem Erbe der Herren von Tann und der Herren von Stammham aufgebaut hatten. Auch in der Oberpfalz hatten sie in Altendorf und

dung des Salzburger Erzstiftes. Trad. Raitenhaslach nrr. 244 u. 247 u. 343; DIEPOLDER, Adelsherrschaften 59f.

[49] P. L. BRUNNER, Die Grafen von Hals (Gymnasialprogr. St. Stephan Augsburg) 1857; A. ERHARD, Gesch. u. Topographie d. Umgebung v. Passau (VHN 35–41) 1891–1905, bes. H. 36; KLEBEL, Probleme 304, 412f.; über das Halser Urbar von 1395: DIEPOLDER, Adelsherrschaften 44 u. 52f. u. 56; K. WILD, Das Schicksal d. Grafschaft Windberg (Ostbaier. Grenzmarken 2) 1958, 209.

[50] RIEZLER I 2, 563; K. TROTTER, Die Grafen von Moosburg (VHN 53) 1917, 133ff.; HIERETH (HAB 1); TYROLLER, Genealogie 171ff., der die Moosburger von Burkhard, dem Markgrafen der Ostmark nach 955, ableiten möchte.

[51] RIEZLER I 2, 563; G. HEINRICH, Gesch. d. Grafen v. Roning-Rottenburg (VHN 17) 1872, 63–124; F. TYROLLER, Warum Rottenburg, nicht Ronning? (VHN 74) 1941, 5–53; TROTTER (s. o. Anm. 50) 150.

[52] WIDMANN I 224; TROTTER (s. o. Anm. 50) 30.

[53] RIEZLER I 2, 574; SPINDLER, Landesfürstentum 20. Nach TYROLLER, Genealogie 205 stammte Bischof Konrad IV. jedoch aus dem Hause der Grafen von Lechsgemünd.

Schwarzenburg bei Rötz Fuß gefaßt.[54] Zu erwähnen ist ferner die Herrschaft und die Vogteien der Grafen von *Kirchberg* an der Kleinen Laaber.[55]

Zwischen der Lechmündung und Regensburg schieben sich ebenfalls einige Adelsherrschaften zwischen den welfischen und wittelsbachischen Bereich südlich der Donau einerseits und die Pappenheimer, das Bistum Eichstätt, die Hirschberger, Diepoldinger und Bogener andererseits. Es sind dies die Grafen von Graisbach-Lechsgemünd, die Abensberger, Altmannsteiner, die Heidecker, die Velburger und Hohenburger, die Steflinger, Riedenburger und Burggrafen von Regensburg. Die Grafen von *Graisbach-Lechsgemünd,* Gründer des Zisterzienserklosters Kaisheim (1133) bei Donauwörth, stammen nach F. Tyroller von den Luitpoldingern ab.[56] Neuburg an der Donau mit den Donaumooslehen kam 1197 durch Belehnung Kaiser Heinrichs VI. an den Marschall Heinrich von Kalendin-*Pappenheim,* doch dürften die Pappenheimer schon um 1150, wahrscheinlich als Burggrafen und Verwalter von Reichsgut, in und um Neuburg wichtige Herrschaftsrechte ausgeübt haben.[57] Die Grafen von *Abensberg-Altmannstein-Rottenegg* mit ihren weiteren Burgen Ratzenhofen, Hittenburg und Siegenburg an der Abens besaßen die Vogteien über die Regensburger Eigenklöster und Chorherrnstifte Rohr (seit 1138), Schamhaupten (1137) und Paring; ein Seitenzweig der Abensberger, die Herren von Stein, übten die Vogtei über Kloster Biburg aus.[58] Für die Herrschaftsbildung der Abensberger war neben diesen Klostervogteien die Vogtei über St. Emmeramer Besitz ausschlaggebend. Auf diese Weise dürfte schon im zwölften Jahrhundert die Herrschaft Rottenegg aus der St. Emmeramer Propstei Niederlauterbach durch Übergriffe der Abensberger Vögte herausgebrochen worden sein.[59] In Gemengelage mit Eichstätter und Hirschberger Besitz finden sich die Güter der Herren von *Arnsberg-Altenheideck,* die aus dem Anlautertal stammen und ihre Herrschaft durch Rodung ausbauten.[60]

Im Bereich der oberen Altmühl bauten seit dem elften Jahrhundert die Grafen von *Grögling-Hirschberg* einen mächtigen Herrschaftskomplex mit den Zentren Thalmäs-

[54] RIEZLER I 2, 588; F. TYROLLER, Die Herren u. Grafen v. Altendorf u. Leonberg (ZBLG 14) 1943/44, 63–127 weist der Familie einen wesentlich größeren Herrschaftsbereich zu. Die Leonberger beerbten in den 20er Jahren des 13. Jhs. zusammen mit dem Hochstift Regensburg und den Wittelsbachern die Frontenhausener. M. HEUWIESER, Der Markt Tann (Ostbaier. Grenzmarken 18) 1929.

[55] DIEPOLDER, Adelsherrschaften 38.

[56] F. TYROLLER, Die Grafen v. Lechsgemünd u. ihre Verwandten (Neuburger Kollekt.-Bl. 107) 1953, 40ff.; Ders., Genealogie 205ff. nimmt außerdem Herkunft von den älteren Welfen an. KRAFT-GUTTENBERG, Gau Sualafeld u. Grafschaft Graisbach (Jb. f. fränk. Landesforsch. 8/9) 1943, 110ff.; D. DEEG, Die Herrschaft d. Herren v. Heideck, 1968.

[57] W. KRAFT, Das Urbar d. Reichsmarschälle von Pappenheim, 1929; BOSL 485ff.; KLEBEL, Probleme 206f; auch W. METZ, Staufische Güterverzeichnisse. Untersuchungen z. Verfassungs- u. Wirtschaftsgesch. des 12. u. 13. Jhs., 1964, bes. 77–93.

[58] RIEZLER I 2, 562; P. MAI, Traditionen, Urkunden u. das älteste Urbar d. Stiftes Rohr (QE 21) 1966; v. ROHR, Qui transtulit (s. o. 404 Anm. 7); DIEPOLDER, Adelsherrschaften 47ff.; KLEBEL, Probleme 287f.; F. TYROLLER, Die Schirmvögte d. Klosters Biburg (VHN 53) 1917, 97ff.; HB d. Hist. Stätten (s. o. 351) 94.

[59] v. VOLCKAMER (HAB 14) 70ff.

[60] H. SCHREIBMÜLLER, Heideck (Schwabacher Heimatbuch III) 1933; P. SCHÖFFEL, Die Herren v. Heideck (Frankenkalender) 1940.

sing, Greding, Hirschberg, Beilngries, Altenburg, Hemau und Grögling und dem Hauskloster Plankstetten (1138) auf, zu dem dann nördlich davon nach dem Aussterben der Sulzbacher (1188) deren reiches Erbe hinzukam. Der erste näher bestimmbare Stammvater des Geschlechtes war Graf Ernst von Ottenburg-Grögling (1053/78), vermutlich Sohn des Grafen und Freisinger Vogtes Altmann und Schwiegersohn des Eichstätter Hochstiftsvogtes Hartwig, durch den er in den Besitz der Hochstiftsvogtei kam, die für den Ausbau seiner Herrschaft im Altmühlbereich wesentlich wurde.[61] Im Verlaufe des zwölften Jahrhunderts erfolgte in diesem Raum eine Besitzkonzentration der Grögling-Hirschberger, die von einem schrittweisen Zurückweichen aus dem Bereich von Freising begleitet war, das seinerseits durch den intensiven Herrschaftsaufbau der Grafen von Scheyern-Wittelsbach daselbst ausgelöst wurde.[62] Nordöstlich von den Hirschbergern saßen seit Beginn des zwölften Jahrhunderts die Herren von *Velburg* und *Helfenberg,* die 1156 als Grafen erscheinen.[63] Den Diepoldingern-Vohburgern zuzurechnen sind die *Hohenburger,* deren Herrschaft relativ geschlossen sich zwischen Parsberg und Ensdorf aufbaute.[64] Im Raum Regensburg und besonders nördlich davon finden wir die *Paponen,* Burggrafen von Regensburg, Landgrafen von Stefling, Grafen von Sinzing, Regenstauf, Rohrbach und Riedenburg; bei ihrem Aussterben 1196 erbten die Wittelsbacher Burg und Herrschaft Regenstauf und Stefling.[65] Die Paponen hatten als Nachfolger der Luitpoldinger mit der Grafschaft im westlichen Donaugau zugleich die Burggrafschaft in Regensburg inne. Um 1143, nach dem Tode des Burggrafen Otto I., der die Zisterze Walderbach gegründet hatte, teilten die beiden Söhne die Herrschaft. Der ältere, Heinrich (III., † 1174), erhielt das Burggrafenamt, die Vogtei über St. Emmeram und Prüfening[66] sowie die Grafenrechte im Donauknie und an der unteren Altmühl; er war mit Bertha, der Tochter des Babenbergers Leopold III. vermählt. Sein Bruder Otto II. († ca. 1175), Graf im Gebiet des unteren Regen unter dem Titel eines Landgrafen von Stefling und außerdem Vogt über Prüll,[67] hatte Adelheid, die Tochter des wittelsba-

[61] J. MORITZ, Stammreihe u. Gesch. d. Grafen v. Sulzbach (Abh. München I, 1 u. 2) 1833, Tabelle 8; BOSL, Kastl, bes. 52ff.; KLEBEL, Alem. Hochadel (s.o. 326 Anm. 5) 223f.; F. TYROLLER, Die Herkunft d. Kastler Klostergründer (VHOR 99) 1958, 77–163; Ders., Genealogie 192f.; H. FREILINGER, Die Landgerichte Vohburg, Mainburg u. Neustadt a.d. Donau, Diss. München 1956 ersch. im HAB, T. Altbayern; G. HIRSCHMANN, Eichstätt, Beilngries, Eichstätt-Greding (HAB, T. Franken H. 6) 1959, 24f.; zuletzt zusammenfassend mit kritischer Sichtung der Forschungslage P. FRIED, Zur Herkunft d. Grafen v. Hirschberg (ZBLG 28 = Festschr. M. Spindler) 1965, 82–98, bes. 88ff. Möglicherweise sind die Hirschberger auf die Ernst-Sippe des Sualafeldgaues und auf karolingische Markgrafen zurückzuführen, vgl. BOSL, Kastl 52–56.

[62] FRIED, Dachau-Kranzberg (Einl.); Ders. (s.o. Anm. 61) 96ff.; zu Kloster Plankstetten s. u. § 35.

[63] MB 24, 33; RIEZLER I 2, 588. Hermann von Velburg, der Bruder des 1156 genannten Grafen Gebhard, heiratete die Erbtochter des Machländers Walkuon. Trad. Obermünster.

[64] M. DOEBERL, Berthold v. Vohburg-Hohenburg (DZG 12) 1894, 201–278; TYROLLER, Genealogie 180ff.

[65] RIEZLER I 2, 581ff.; GP I 303; M. MAYER, Gesch. d. Burggrafen v. Regensburg, 1883; SPINDLER, Landesfürstentum 15ff.; TYROLLER, Genealogie 165ff.

[66] MB 13, 59.

[67] MB 3, 50.

chischen Pfalzgrafen Otto IV. zur Gattin; sie begründete die 1196 verwirklichten Erbansprüche des Wittelsbachers. Die Kinder aus dieser Ehe besaßen als Landgrafen von Stefling noch als bischöflich-regensburgische Lehen die Grafschaft um Kufstein und Kitzbühel.[68]

Donauabwärts und an beiden Ufern des Stromes bauten von der Mündung der Großen Laaber bis nach Niederalteich hinab und nach Norden bis zum Regen, nach Böhmen hinein bis zur cella Rinchnach und bis nach Schüttenhofen die Grafen von Windberg-*Bogen* und Domvögte von Regensburg ihr dichtes, für andere Herrschaftsträger so gut wie undurchdringliches Territorium auf, das 1242 mitsamt ihrer Ministerialität in wittelsbachischen Besitz überging, wodurch übrigens auch das bogensche Rautenwappen wittelsbachisch-bayerisches Hoheitszeichen wurde.[69] Durch umfangreiche Rodungen dehnten die Bogener ihren Machtbereich weit in den Bayerischen Wald hinein aus, bauten ihre Stellung als Vögte auf reichem Bamberger und Passauer Kirchengut aus, stifteten die Klöster Oberalteich und Windberg und bevogteten außerdem die Alte Kapelle zu Regensburg, Mallersdorf, Niederalteich und Prüfening.[70] Zahlreiche Ministerialen unterstanden ihnen, sie hatten eigene Verwaltungsbeamte und besetzten beim bayerischen Herzog das Marschall-, Truchseß- und Schenkenamt.[71] Der erste näher faßbare Angehörige der Grafenfamilie ist ein Aschwinus comes de Bogen und advocatus Altahensis ecclesie, den Abt Hermann von Niederalteich (1240/71) als Sieger über eingefallene Böhmen rühmt und der wohl um 1082 anzusetzen ist.[72] Schon 1094 knüpften die Bogener Heiratsverbindungen zu den Přzemysliden und verstärkten dieselben im zwölften und dreizehnten Jahrhundert.[73] Wahrscheinlich haben die Bogener schon früh innerhalb des großen Königsgutsbezirkes um die Reichsburg Cham Erwerbungen machen können.[74] Spätestens beim Aussterben der Vornbacher erwarben die Bogener den Comitat im Künziggau. Die Regensburger Nebenlinie besaß die Domvogtei, deren Träger sich advocatus Ratisponensis nannte. Sie starb schon 1148 aus.[75] Während die Bogener im Verlaufe des zwölften und noch im dreizehnten Jahrhundert einen starken Machtanstieg erleb-

[68] MW 1, nr. 2.

[69] RIEZLER I 2, 580f.; B. BRAUNMÜLLER, Der Natternberg (VHN 17) 1872; Ders., Die lobsamen Grafen v. Bogen (VHN 18) 1874; Ders., Die bescholtenen Grafen v. Bogen (VHN 19) 1875; K. TROTTER, Die Domvögte v. Regensburg u. die Grafen v. Bogen (VHN 64) 1931, 103ff.; SPINDLER, Landesfürstentum 20ff.; TYROLLER, Genealogie 234ff. (mit äußerst problematischen Thesen); heranzuziehen ist die umfassende Arbeit von PIENDL I, II, III; Ders., Böhmen u. die Grafen v. Bogen (Bohemia-Jb. d. Coll. Carolinum 3) 1962, 137–149; vgl. ferner W. FINK, Kärntnerische Vorfahren d. Grafen v. Bogen (Jb. d. Hist. Ver. f. Straubing 62) 1960, 26ff. Zum Wappen s. Bd. II (Reg.).

[70] GP 1, 321ff.; KLEBEL, Probleme 285f.; PIENDL III 35ff.

[71] Ebd. II 18ff.

[72] TROTTER, Domvögte 103. Er war vermutlich als Graf des östlichen Donaugaues Führer des Heerbanns. In diesem Amt folgten die Bogener den Babenbergern, die seit Kaiser Otto II. dort Grafschaftsrechte ausübten und 1051 zum letztenmal in dieser Eigenschaft genannt werden.

[73] Cosmas, Chron. 163; PIENDL, Böhmen u. Bogen (s. o. Anm. 69) 139f.

[74] 1086 gibt Kaiser Heinrich IV. dem Regensburger Domvogt Friedrich Besitzungen «in marchia, que vocatur Camba» (MG Dipl. Heinr. IV. 389), BOSL, Markengründungen 177–247, bes. 198.

[75] Otto Fris., Gesta I 89; Piendl I 40f.

ten, begann für die *Diepoldinger,* Markgrafen von Cham-Vohburg-Nabburg, nach ihrem Leitnamen auch Rapotonen genannt, in der Stauferzeit schon der politische Abstieg.[76] In der Mark Cham, einer Schöpfung Kaiser Heinrichs III., begegnet 1050 als Graf «in pago Champriche» ein Sizo, wohl der Sohn des im Chiemgau reich begüterten Grafen Sigehard; Sizos Schwester Adala war die Gemahlin des Augstgaugrafen Diepold.[77] Diepolds Sohn Rapoto trägt denselben Namen wie sein vermutlicher Großvater, der 1006 als Traungaugraf bezeugt ist und dessen Vater wiederum 977 in Ischl im Salzkammergut auftaucht.[78] Die Mark Cham ging zweifellos durch Vererbung an die Rapotonen-Diepoldinger über, die damit für den Verlust der Grafschaft im Augstgau (1060) entschädigt und nun als Markgrafen von Cham und Nabburg die treuesten Anhänger der Salier wurden. Mit Diepold III. († 1146) erreichte das Markgrafenhaus den Gipfel seiner Macht; er ererbte von seinem Vetter, Ulrich comes de Pactavia (Passau), der 1099 starb, die Herrschaft Vohburg an der Donau. Seit dem engen Bündnis Kaiser Heinrichs IV. mit den Přzemysliden verloren die Marken Nabburg und Cham stark an militärischer Bedeutung und wurden Reichslehen der Diepoldinger-Rapotonen. Als König Konrad III. beim Tode Diepolds III. 1146 das an Nabburg angeschlossene Egerland einzog, bedeutete dies eine Begrenzung des diepoldingischen Herrschaftsausbaus durch Rodung und leitete den Aufbau eines staufischen Reichslandes mit Hilfe der Reichsministerialität in der regio Egire ein.[79] Die Machtbasis der Diepoldinger Markgrafen erstreckte sich schon in der ersten Hälfte des zwölften Jahrhunderts nur wenig über Nabburg hinaus; ihre Ministerialen sind darüber hinaus nur noch in Schwarzenfeld, vielleicht in Kemnath, ferner in Neunburg und Högling feststellbar,[80] um so mehr hatten sie sich auf den Ausbau des Egerlandes konzentriert, bis ihnen 1146 auch dieser Weg weitgehend verriegelt wurde. Damit ballte sich ihr Machtbereich vornehmlich um das Chamer Becken. Dort saßen ihre Ministerialen u. a. in Peilstein, Wetterfeld, Runding, Kötzting, Miltach, Haidstein, Eschlkam. Hinzu kamen das Hauptzentrum Nabburg und die Burgen der mit den Diepoldingern familiär verbundenen Altendorf-Schwarzenburger (mit Neuhaus an der Waldnaab), während im Egerland selbst nur noch die staufisch-diepoldingische Doppelministerialität in Waldstein, Falkenberg und Liebenstein an der Waldnaab festgestellt wurde.[81] Hauskloster der Diepoldinger wurde das 1118 von Die-

[76] RIEZLER I 2, 584ff.; DOEBERL, Dipoldinger Markgrafen (s. o. 329 Anm. 24); Ders., Nordgau; vgl. jedoch dazu BOSL, Markengründungen 189ff., der nachweist, daß es keine allgemeine Mark auf dem Nordgau gegeben hat. EGGER 52–58; K. TROTTER, Die Grafen v. Vohburg (DUNGERN) 54–58; L. THRONER, Die Diepoldinger u. ihre Ministerialen, Diss. Masch. München 1957, TYROLLER, Genealogie 180ff.

[77] MG Dipl. Heinr. III. 248; Chronici Herimanni continuatio, hg. v. G. WAITZ (MG SS 13) 1881, 731; MITSCHA-MÄRHEIM, Eine genealog.-besitzgeschichtl. Untersuchung z. Frühgesch. Wiens (Monatsbll. d. Ver. f. Gesch. d. Stadt Wien 54, nr. 10/12) 1937, 135–140; BOSL, Markengründungen 206ff.

[78] MG Dipl. Heinr. I. 122; MG Dipl. Otto I. 165.

[79] BOSL 135ff., 482ff. Daß dieser Übergang nicht abrupt erfolgte, zeigt das Vorkommen von staufisch-diepoldingischer Doppelministerialität, z. B. bei Gottfried von Wetterfeld (1145/50); Ders., Markengründungen 213ff.

[80] THRONER, Diepoldinger 76ff. (s. o. Anm. 76).

[81] BOSL 542, 135ff.

pold III. gegründete und von Kastl besiedelte Reformkloster Reichenbach.[82] Scharfe Konkurrenten der Diepoldinger in der Oberpfalz und im Egerland waren die Grafen von *Sulzbach* (Rosenberg)-*Habsberg-Kastl,* die mit ihren Burgen Parkstein (1112), Hahnbach an der Vils (1125), Thurndorf (1121) und Murach (1110) die Nabburg im Norden und Osten einklammerten.[83] Als Lehen vom Hochstift Bamberg trugen die Sulzbacher die Vogtei Nittenau in der Oberpfalz, die 1185 an die Staufer kam, dann die Vogteien Winzer und die Burg Hilgartsberg an der Donau, ferner die Vogtei über den Salzburger Lungau, über Aibling und über Ebbs in Tirol, sowie in Niederösterreich Hainburg, Pottendorf und Kalksburg-Liesing.[84] Graf Berengar von Sulzbach, der zusammen mit Graf Friedrich von Kastl-Habsberg und dessen Sohn Otto um 1103 das Stammkloster Kastl gründete,[85] besaß im Egerland die Burg Tirschenreuth. Die Stammburg Sulzbach wurde wohl noch vor der Mitte des elften Jahrhunderts von Graf Gebhard errichtet. Nach der Zerschlagung des ausgedehnten Machtbereiches der Schweinfurter im Nordgau durch Kaiser Heinrich II. (1002) erhielt der vermutliche Stammvater der Sulzbacher aus dem Komplex der Schweinfurter Besitzungen und Lehen eine bedeutende Grafschaft, in der 1071 erstmals der genannte Gebhard als Graf von Sulzbach bezeugt ist.[86] Dessen Bruder Hermann begründete die Kastler Linie des Geschlechtes, die nach 1108 mit Graf Otto ausstarb. Das Erbe dieses Zweiges der Familie fiel testamentarisch teils an Kaiser Heinrich V., der einige Besitzungen daraus an Otto (V.) von Wittelsbach weitergab, teils kam es durch Erbschaft an die Babenberger, die es 1159 an das Hauskloster Kastl schenkten; dabei nennt der Babenberger Herzog Heinrich Jasomirgott die Klostergründer seine Ahnen.[87] Die Sulzbacher Hauptlinie erreichte ihren Höhepunkt in spätsalischer und frühstaufischer Zeit unter Berengar I. – einem einflußreichen Parteigänger und Rat Kaiser Heinrichs V., der die Klöster Berchtesgaden und Baumburg stiftete[88] – und unter dessen Sohn Gebhard II., der die Schwester des Welfenherzogs Heinrich des Stolzen heiratete. Da dieselbe die Witwe Diepolds III. († 1146) und Gebhard der Schwager des Staufers Konrad III. war, lag es nahe, daß die Sulzbacher in staufischen Dienst und teilweise an Stelle der Diepoldinger in deren Positionen im Nordgau und in der regio Egire eintraten.[89] Gebhard III. war zugleich Regensburger Domvogt und Vogt von

[82] GP 1, 300ff.; s. u. § 35.

[83] Riezler I 2, 586f.; Moritz (s. o. 416 Anm. 61); Bosl, Kastl 3–186; Klebel, Probleme 306–324; Tyroller, Kastler Klostergründer (s. o. 416 Anm. 61) 77–163.

[84] Klebel, Probleme 306ff. Klebel stellt abschließend fest, daß die Grafen von Sulzbach vielleicht keine Grafschaft in der Oberpfalz hatten, daß sie den Titel ihrem Urahn Berengar und ihre Stellung nur der Vogtei über Bamberg oder der damit verbundenen Grafschaft im Lungau verdanken (322).

[85] S. u. § 35.

[86] Als Ahnherr der Sulzbacher ist ein Graf Berengar anzunehmen, der 1003 den Südwestteil des Nordgaues erhielt (das spätere Landgericht Hirschberg), dazu noch Königsgut zwischen Regnitz, Pegnitz und Schwabach. Riezler I 2, 15; F. Stein, Das Ende d. markgräfl. Hauses v. Schweinfurt (FdG 14) 1870, 384–387. Auszuscheiden aus der Genealogie der Sulzbacher ist der Hirschberger Graf Ernst, den die Kastler Reimchronik zum Sulzbacher Ahnherrn macht. Bosl, Kastl 52ff.

[87] MB 24, 317; Riezler I 2, 587.

[88] S. u. § 35.

[89] Bosl 158ff.

Niedermünster sowie von Passau-Niedernburg. Mit ihm erlosch die Familie 1188, deren Bedeutung auch daraus erhellt, daß zwei Sulzbacherinnen Kronen trugen: die Gattin Konrads III. und ihre Schwester, die Gemahlin Kaiser Manuels I. Komnenos von Byzanz.[90] Als Rivalen der Diepoldinger Markgrafen finden sich in der Oberpfalz neben den Sulzbachern noch die Herren von *Hopfenohe und Waldeck,* deren Erben die späteren Landgrafen von Leuchtenberg werden, ferner die Edlen von *Pfreimd und Parkstein,* Nachkommen der Abensberger.[91] Von der Rezat stammen die Grafen von Stirn und Ettenstatt, aus denen die *Altendorf-Leonberger* hervorgehen,[92] während die Hohenburger als ein Seitenzweig der Diepoldinger-Vohburger im Naabtal und um Schwandorf begütert waren.[93] Zu den Altendorfern gehören die Haderiche mit ihrer Stammburg *Schwarzenburg,* bei denen ebenfalls Verwandtschaft mit den Diepoldingern anzunehmen ist. Sie faßten in der niederösterreichischen Marchia Boemia um Retz Fuß; zwei Angehörige des Geschlechtes, Heinrich und Rapoto, stifteten das Kloster Mariazell im Wienerwald.[94]

Die Landgrafen von *Leuchtenberg* (Liukenberg, Leukenberg) sind erstmalig zu Beginn des zwölften Jahrhunderts als Urkundenzeugen bei der Gründung des Klosters Reichenbach (1118) erwähnt, ebenso 1143 bei einer Güterschenkung an die Zisterze Waldsassen. Sie tauchen häufig im Gefolge der staufischen Kaiser auf, erhalten 1158 den Grafentitel, 1196 werden sie Landgrafen. Ihre Hauptbesitzungen, die teilweise von den Waldeckern stammen, sind – außer Leuchtenberg – Kemnath, Waldeck, die Burg auf dem Rauhen Kulm, Pleystein, Schirmitz südlich Weiden, Stein bei Pfreimd, Schmidgaden westlich Nabburg, Schwarzenfeld und das spätere Pflegamt Wernberg.[95] Nördlich des leuchtenbergischen Herrschaftsbereiches begann das geschlosse-

[90] Aus dem Sulzbacher Erbe kamen Floß und Parkstein an die Staufer, ebenso die erwähnten Bamberger Lehen; das Gebiet von Sulzbach sowie Kloster Kastl an die verwandten Gröglinger-Hirschberger und Trisching, Murach, Wartberg, Neunburg sowie Tirschenreuth an die Ortenburger; Bosl, Markengründungen 220 Anm. 149; s. Bd. II d. Handbuchs. An der Verschwörung des Nordgauadels (1105/06), der Heinrich V. zum Aufstand gegen Kaiser Heinrich IV. anstiftete, war führend Otto von Habsberg-Kastl, der Mitbegründer des Klosters Kastl, beteiligt, der zur weiteren Verwandtschaft des Kaisersohnes gehörte. Dessen Vaterbruder, Markgraf Hermann d. J. von Kastl, war mit Bertha, einer Schweinfurter Erbin, verheiratet, die viel Babenberger Besitz, vermutlich aus Reichslehen, einbrachte. Die Grafen von Sulzbach stammten wie die Kastl-Habsberger u.a. von dem Babenberger Herzog Ernst I. von Schwaben (†1015) und dessen Gemahlin, der Salierin Gisela, ab, wodurch sie auch in Verwandtschaftsbeziehungen zu den Diepoldingern standen, die durch Heirat mit dem schwäbischen Herzogspaar verbunden waren. Geistiges Zentrum dieses Adelskreises war das Hirsauer Reformkloster Kastl. Bosl, Gesch. Bayerns I (s. o. 351) 86f.

[91] Riezler I 2, 589; Bosl, Markengründungen 220f.

[92] S. o. 415 Anm. 54.

[93] v. Guttenberg, Territorienbildung 267ff.; s. o. 418 Anm. 76.

[94] GP I 257; Codex diplomaticus et epistolaris regni Bohemiae, 2 Bde., hg. v. G. Friedrich, Prag 1905/12, II, nr. 97; K. Lechner, Die Gründung d. Klosters Mariazell im Wienerwald u. die Besitzgesch. seiner Stifterfamilie (JbLKNÖ NF 26) 1936, 92–118, bes. 113ff.

[95] P. Wittmann, Gesch. d. Landgrafen v. Leuchtenberg (Abh. München VI, 1) 1877; M. Doeberl, Die Landgrafschaft d. Leuchtenberger, 1893; Riezler I 2, 589; J. Wagner, Gesch. d. Landgrafen v. Leuchtenberg, 6 Bde., 1940/56.

ne staufische Reichsland, dessen zahlreiche Ministerialenburgen sich in tiefer Staffelung um die Reichsburg Eger gruppierten.[96]

Eine Reihe von Adelsfamilien, die vor allem im Zuge der Rodung und des Landesausbaus groß geworden sind – wie die Babenberger, Eppensteiner, Otakare, Machländer, Witigonen, Kuenringer –, sollen noch im nächsten Kapitel behandelt werden. Hier mag zum Abschluß noch ein adeliger Familienkreis betrachtet werden, an dem besonders deutlich wird, wie oft die Einteilung des mittelalterlichen Adels in Familien mehr ein Werk wissenschaftlich-genealogischer Konstruktionen und notwendiger Abgrenzung ist und weniger ein inneres, historisch beglaubigtes Zusammengehörigkeitsbewußtsein der betreffenden Familien.[97] Es sind dies die sogenannten *Aribonen,* d.h. ein Familienkreis, der sich um das bayerische Pfalzgrafenamt von Hartwig I. (seit ca. 970) bis Aribo II. (bis ca. 1110) gruppiert und in der sich der Name eines angenommenen Spitzenahnen, nämlich Aribo, fortgepflanzt hat, ohne daß man exakte Filiationsreihen im einzelnen Fall festzulegen vermag.[98] Insgesamt handelt es sich um eine verwandtschaftlich eng verbundene, mächtige Adelsgruppe im östlichen Bayern und in Österreich, die der Klosterreform starken Auftrieb gab. Aribonen gründeten die Klöster Seeon, Göß, Millstatt, Seckau, Michaelbeuern; und Mitglieder dieses adeligen Verbandes besetzten zeitweise die Hochstifte Mainz (Aribo), Köln (Pilgrim), Aquileja, Säben und Freising, besonders lange jedoch das Erzbistum Salzburg. Die Aribonen sind im altbayerischen Raum vorerst die einzige Adelssippe, die sich aufgrund der in den Freisinger Traditionen feststellbaren Besitzkontinuität auf die Familie Bischof Arbeos von Freising, d.h. auf die genealogiae der Huosi und Fagana des achten Jahrhunderts zurückführen läßt.[99] Die um Freising auftretenden Aribonen sind zwar nicht identisch mit den pfalzgräflichen Aribonen, aber gemeinsamer Abkunft, da in beiden Zweigen die Leitnamen Pilgrim und Egilolf vorkommen und nördlich von Freising pfalzgräflich-aribonischer Lehensbesitz liegt, andererseits aber die Freisinger Aribonen auch im Bistum Salzburg, d.h. im Bereich der pfalzgräflichen Aribonen, zu finden sind.[100] Die Pfalzgrafschaft war von 954 bis 1055 im

[96] S. u. 427 und STURM, Eger.

[97] Zum Problem: TELLENBACH, Hochmittelalterl. Adel 325f. unter Hinweis auf SCHMID (s. o. 402).

[98] Letzteres versuchen in problematischer Weise auf der trügerischen Basis bloßer Namensgleichheit TYROLLER, Genealogie 53ff. (m. Tafel 1) und noch unkritischer GEWIN, Geschlechter im MA 54; dazu mit Recht kritisch: DIEPOLDER, Aribonen 74f.; außer G. DIEPOLDERS Arbeit ist noch heranzuziehen: WITTMANN (s. o. 367 Anm. 19) 11–25; RICHTER (s. o. 413 Anm. 46) 590ff.; EGGER 385–525; H. PIRCHEGGER, Über steirische Diplome (Festschr. z. Feier d. 200jähr. Bestehens d. Haus-, Hof- u. Staatsarchivs I) 1949, 247–262.

[99] DIEPOLDER, Aribonen 100ff.

[100] Im Nekrolog des aribonischen Hausklosters Seeon sind folgende Aribonen bezeugt (MG Necr. 2, 217ff., s. o. 351): Der Pfalzgraf Aribo I. (seit 954), sein Sohn Hartwig (II.), Erzbischof Pilgrim von Köln (1021/36), Erzbischof Aribo von Mainz (1021–31) (Herigeri et Anselmi Gesta Episcoporum, hg. v. R. KOEPKE, MG SS 7, 1846, 216), der comes Chadelhoh, der mit reichem Besitz im Oberinntal nachzuweisen ist, sowie Pfalzgraf Aribo II. und ein Egilolf Presbyter, woraus man wohl mit Recht den Schluß gezogen hat, daß auch Erzbischof Egilolf von Salzburg (935/39) Aribone war. Als weitere Angehörige sind zu erschließen Erzbischof Pilgrim (907/23) und Erzbischof Odalbert von Salzburg (923/35). DIEPOLDER, Aribonen 76ff., 93, 111ff.

Aribonenhause, als Aribo II. abgesetzt wurde und Kuno von Rott sie übernahm. 1082 ging sie an Rapoto von Vohburg und 1099 wieder an den Aribonen Engelbert, bis sie zwischen 1116/1120 an die Wittelsbacher fiel.[101] Herzuleiten sind die pfalzgräflichen Aribonen von dem Ostmarkgrafen Arbo, der 871 dieses Amt von den Wilhelminern übernahm und mit Erzbischof Pilgrim von Salzburg verwandt war.[102] Zusammen mit den karantanischen Otakaren, denen die Aribonen familiär eng verbunden waren,[103] bauten sich die Markgrafen und späteren Pfalzgrafen sowie Grafen im Salzburg- und Isengau eine starke Position auf, die nur teilweise durch bayerischen Besitz dem Herzogtum untergeordnet war und durch das Pfalzgrafenamt der Aribonen eine weitere Stütze ihrer Eigenstellung erhielt. Auch für die Aribonen (wie für die stammesgleichen Otachare und für die Luitpoldinger) ist somit eine Doppelposition im bayerischen Altland und im Osten charakteristisch, die den Aufstieg der Familie aus einem alten Freisinger Vogtgeschlecht bewirkte. Im geistlich-kultischen Bereich drückt sich dieser Tatbestand in der räumlichen Entfernung zwischen den aribonischen Hausklöstern Seeon, Michaelbeuern und Göß aus.[104] Wenn man sich vor Augen hält, daß ein hohes, vererbbares Amt, vor allem dessen Allodialisierung, ein wesentliches Moment für die Bildung dynastischen Bewußtseins im engeren Sinne darstellt,[105] dann wird es auch verständlich, daß sich durch den Verlust der Pfalzgrafenwürde kein «aribonisches Familienbewußtsein» – dem der Wittelsbacher oder Babenberger vergleichbar – bilden konnte. Aus diesem Grunde splitterte sich das genealogische Gesamtbewußtsein der Aribonen in eine Reihe von Grafenfamilien auf, die von der Forschung mit mehr oder weniger zutreffenden Stammtafeln von den Aribonen hergeleitet werden. Zu nennen sind hier vor allem die Ebersberger, die Pfalzgrafen von Rott, die Wasserburger, die Peilsteiner und die Grafen von Burghausen-Schala, die Hochfreien von Traisen-Feistritz, ferner – über die Freisinger Aribonen – die Hirschberger und vielleicht sogar die Wittelsbacher.[106]

Ebenfalls nach Freising wie die Aribonen weist die Herkunft der 1253 mit Adalbert III. ausgestorbenen Grafen von *Tirol* – neben den Welfen, den Grafen von Eppan und den Andechsern die mächtigsten Herren in dem Lande, das nach ihnen genannt wurde.[107] Sie waren ein Brixener Ministerialengeschlecht (Albertiner), wahrschein-

[101] RIEZLER I 2, 398.

[102] König Ludwig das Kind verlieh den beiden 909 die Abtei Traunsee auf Lebenszeit: MG Dipl. Ludwig d. K. 67; G. DIEPOLDER, Aribonen 78; MITTERAUER 188ff., 194f.

[103] J. WINKLER, Die Otachare, ihre Heimat, ihre genealog. Abfolge u. ihre Karantaner Markgrafschaft (Jahresber. d. fürstbisch. Gymnasiums Graz) 1918/19; KRONES (s. o. 322 Anm. 152); H. PIRCHEGGER, Steiermark I 424ff.; Ders., Die Otakare (DUNGERN) 59–65; MITTERAUER 195ff. Die Herkunft der Otakare aus dem fränkisch beeinflußten westbayerischen Adel erweist ZÖLLNER, Otakare (s. o. 357 Anm. 33) 1–32.

[104] S. u. § 35.

[105] SCHMID (s. o. 402) 51f.

[106] DIEPOLDER, Aribonen 115.

[107] RIEZLER I 2, 566f.; O. STOLZ, Begriff, Titel u. Namen d. tirol. Landesfürstentums in ihrer geschichtl. Entstehung (Schlernschr. 9) 1925, 418–490; Ders., Deutschtum in Südtirol; Ders., Tirol, bes. 430ff.; Reg. Görz; TROGER-ZWANOWTZ, Neue Beiträge z. geschichtl. Landeskunde Tirols (Festschr. F. Huter) 1969; H. BACHMANN, Die Tiroler landesfürstl. Urbare, 1970; ELLER-HOHENEGGER, Landeskunde

lich mit den Aribonen verwandt und Nachkommen der Grafen im Vintschgau, besaßen außerdem die Grafschaft im Etschtal (Bozen) und um 1140 die Vogtei über Trient und über den Churer Besitz im Vintschgau. Der älteste urkundlich faßbare Vorfahre der Tiroler Grafen war der Freisinger Vogt Graf Adelbert (1039–47),[108] dessen gleichnamiger Sohn erstmalig als Graf im Vintschgau, aber auch als Besitzer von Gütern im Freisingischen, in Friaul und Istrien festzustellen ist.[109]

Neben diesen großen, durch Amt, Besitz oder Rodungstätigkeit bedeutenden Adelsfamilien gab es *zahlreiche kleinere Geschlechter,* Edelfreie,[110] Nebenlinien der großen Häuser oder auch Burgherren, die sich in die Vasallität oder gar Ministerialität des Königs, des Herzogs oder eines mächtigen Grafen begaben. So finden sich in Niederbayern die Herren von Haarbach-Geisenhausen (Haidenburg) und Frauenhofen, die Herren von Bruckberg, die Grafen von Rottenegg (Ratzenhofen), die Herren von Ering,[111] die Grafen von Haag, ferner die Herrschaften Velden-Eberspoint und Warth-Reisbach; in Oberbayern die Herren von Seefeld auf Seefeld und Peißenberg, die Baierbrunner auf Fußberg und Baierbrunn südlich München. Nach ihren Lehnsbindungen an größere Dynasten läßt sich eine den Andechsern zugeordnete Gruppe von Edelfreien feststellen, zu der die Herrschaften Antdorf, Iffeldorf-Eschenlohe, Weilheim und Seefeld gehören, ebenso eine den Ortenburgern zugehörige Gruppe mit den edelfreien Herrschaften Baumgarten, Haidenburg, Rotenberg, Griesbach, Warth-Reisbach, Rainding und Rottau, wobei jedoch die Mehrzahl dieser Herren zugleich eng mit dem Hochstift Passau verbunden war.[112] Auf Passauer Lehen der Grafen von Bogen saßen die später an die Wittelsbacher übergegangenen Herren von Degenberg mit Weißenstein-Zwiesel, ebenso hatten die Edelfreien von Stammham und die von Hagenau sowie die Herren von Julbach Passauer Hochstiftsgut.[113] Auf Besitz des Bistums Bamberg entstanden die Herrschaften Osterhofen, Winzer, Ering-Erneck und Gangkofen.[114] Im Freisinger Raum, besonders im Bereich der späteren Landgerichte Dachau und Kranzberg, finden sich zu Beginn des zwölften

Tirols, 1970; A. LECHTHALER, Gesch. Tirols, 1970; EGG-PIZZININI, Beitrr. z. Gesch. Tirols. Festgabe d. Landes Tirol z. 11. Österr. Historikertag in Innsbruck, 1971.

[108] K. TROTTER, Zur Herkunft d. älteren Grafen v. Tirol (Forsch. u. Mitt. z. Gesch. Tirols u. Vorarlbergs 12) 1915, 75f., 147ff.; A. KLAAR, Zur Genealogie d. Grafen v. Tirol (ebd. 10) 1913, 105ff.

[109] STOLZ, Gerichte Deutschtirols (s. o. 145 Anm. 63) 111f. Von Adelberts Bruder Otto stammen die Kärntner Grafen von Ortenburg. TROTTER (s. o. Anm. 108) 81f.

[110] Über den gleichen Geburtsstand von Dynasten und Edelfreien vgl. DUNGERN, Adelsherrschaft; Ders., Comes, liber, nobilis (AUF 12) 1932, 181–205.

[111] Als Erben und Käufer dieser Herrschaft erscheinen die Grafen von Hals, DIEPOLDER, Adelsherrschaften 44, 49ff., 58f.

[112] Ebd. 46; ferner: M. ECKMÜLLER, Die Pfarrei Ering nebst Schloß Frauenstein (VHN 41) 1905, 255ff.; M. HOPF, Gesch. d. Hofmark Ratzenhofen (VHN 60) 1927; D. ALBRECHT, Die Gerichts- u. Grundherrschaftsverhältnisse im Raume d. ehem. Grafschaft Andechs v. 13. bis 19. Jh., Diss. Masch. München 1951; G. HERTEL, Neufraunhofen. Gesch. d. Hofmark, d. Gutsherrschaft u. d. Gemeinde (Nb. Heimatbll. 3) 1931.

[113] Passauer Urbare (s. o. 351) I 283, 285; DIEPOLDER, Adelsherrschaften 53f.; STRNADT (s. o. 413 Anm. 46) 593ff.

[114] DIEPOLDER, Adelsherrschaften 54ff.; G. OSWALD, Gesch. d. Burg u. Herrschaft Winzer (VHN 56) 1922.

Jahrhunderts noch etwa 30 Orte, nach denen sich Edelfreie nennen; nach 1200 überleben nur noch die Adelsherrschaften der Maisacher und der mit ihnen verwandten Weilheimer,[115] während sich am Gebirgsrand die kleine Dynastenherrschaft der Herren von Tölz hält, die wohl vornehmlich auf Tegernseer und Freisinger Besitz entstand,[116] sowie die später reichsunmittelbare Adelsherrschaft Hohenwaldeck, die sich aus der Freisinger Ministerialität der Waldecker entwickelte.[117]

Überblickt man zusammenfassend den Gesamtbereich altbayerischer Adelsherrschaften des Hochmittelalters, dann fallen einige bedeutsame *regionale Unterschiede* in der Herrschaftsstruktur ins Auge. Erstens die Erscheinung, daß sich in den zentralen Räumen intensiver Herrschaftsbildung – im welfischen Lechrain, im östlich anschließenden Kerngebiet der Wittelsbacher und der Andechser, aber auch im Bereich der Grafen von Bogen sowie der Diepoldinger – entweder gar keine oder relativ wenige edelfreie Herrschaften bilden konnten.[118] Diese Beobachtung korrespondiert mit einer weiteren, daß nämlich in Niederbayern im zwölften Jahrhundert mehr kleine Adelsherrschaften entstehen oder sich zu halten vermögen. Ursache dieser Erscheinung ist die Anlehnung zahlreicher Edelfreier an die Bistümer Regensburg und Passau sowie an den reichen Bamberger Besitz in Niederbayern in der Form der Übernahme von Reichskirchenlehen und Hochstiftsvogteien.[119] Auch hier erweist sich die große Rolle, die der Vogtei bei der Herrschaftsbildung zukommt.[120] Dies gilt auch für die größeren Dynasten. So sind die Grafen von Sulzbach als Bamberger Vögte groß geworden, die Ortenburger entwickeln sich in Verbindung mit dem Hochstift Passau, die Bogener als Regensburger Domvögte und als Klostervögte. Damit fördern die Bistümer in Niederbayern auf der einen Seite die Konsolidierung kleiner und mittlerer Adelsherrschaften in ihrem Bereich, verhindern aber gleichzeitig die Bildung großer Flächenherrschaften, die sich dann weiter zu landesherrlichen Territorien entwickeln könnten.[121]

Ein weiteres Charakteristikum des altbayerischen wie des östlich anschließenden österreichischen Raumes ist es, daß dieser Bereich im zwölften Jahrhundert vom Westen her durch die welfische, später staufische Ministerialität, vom Norden her (Oberpfalz) durch die salisch-staufische Reichsministerialität eingeschlossen wird, im Inneren jedoch nur *wenige Stützpunkte von Reichsministerialen*burgen und -zentren aufweist; Bayern ist niemals eine terra imperii im Sinne salisch-staufischer Reichslandpolitik gewesen, der Rahmen des Herzogtums blieb erhalten, so reichsnah auch die Verhältnisse sich in ottonischer und salischer Zeit entwickelt hatten, dergestalt,

[115] FRIED, Dachau-Kranzberg 8, 112ff. Aus dem Erbe mehrerer altfreier Familien, vor allem der Hagenauer, entstand im 13. Jh. die Herrschaft Massenhausen (ebd. 197ff.).

[116] DIEPOLDER, Adelsherrschaften 62.

[117] H. VOGEL, Schliersee, seine Grundherrschaft u. seine Vogtei im MA, 1939.

[118] Vgl. Gertr. DIEPOLDER, Karte 18/19 (Bayer. Geschichtsatlas).

[119] DIEPOLDER, Adelsherrschaften 65.

[120] K. BOSL, Art.: Vogtei (Rößler-Franz).

[121] Dies stellt eine kleinräumigere Parallele zu den großen Erzstiften am Rhein dar, die ebenfalls die Großterritorienbildung hemmten und damit zur Entstehung einer territorialen Trümmerzone zwischen Deutschland und Frankreich wesentlich beitrugen.

daß Bayern im elften Jahrhundert 53 Jahre lang in direkter Verwaltung der salischen Könige stand, ohne daß überhaupt ein Herzog amtiert hätte. Höhepunkt dieser Reichspolitik von Bayern aus war die Zeit Kaiser Heinrichs III., der auf dem Nordgau die Marken Cham und Nabburg einrichtete, im Waldviertel eine böhmische Mark schuf und zwischen Fischa und Leitha eine ungarische.[122] Da innerhalb Altbayerns die welfische Ministerialität erst nach 1180 bzw. nach dem Tode Herzog Welfs VI. (1191) in den Dienst des Reiches übernommen wurde,[123] und im Inneren des Herzogtums in der Hauptsache nur Ranshofen mit seiner herzoglich-königlichen Doppelministerialität in Frage kommt,[124] soll die Reichsministerialität im Zusammenhang mit ihrer Funktion für Grenzsicherung und Landesausbau näher behandelt werden. Schließlich sei noch eine letzte, wesentliche Unterscheidung innerhalb der bayerischen Adelsgesellschaft erwähnt. Insgesamt vermag man den Adel Bayerns in die Gruppe des Großadels aufzuteilen, dem der Sprung in den herrschaftsbildenden Landesausbau der Marken gelang (Aribonen, Otakare, Andechser, Bogener, Babenberger), wohingegen eine zweite Gruppe abzuheben ist, die den mittleren und kleineren Adel umfaßt, der seine Herrschaften vornehmlich im Altsiedelland aufbaute. Die charakteristische Ausnahme in dieser zweiten Gruppe sind die Wittelsbacher, deren großräumige Herrschaft sich schon im zwölften Jahrhundert fast ausschließlich im Altsiedelland bildete.

§ 33. MINISTERIALITÄT, GRENZSICHERUNG, LANDESAUSBAU UND DYNASTEN VOM NORDGAU BIS ZUR LEITHA

UHLIRZ I; Abh. z. HA d. österr. Alpenländer, 1906ff.; WIDMANN I; KLUCKHOHN (s.o. 351); VANCSA; JAKSCH; NADLER-SRBIK, Österreich. Erbe u. Sendung im deutschen Raum, 1936; A. KLAAR, Die Grundzüge d. Siedellandschaft im österr. Donauraum (Südostdt. Forsch. 2) 1937; KLEBEL, Siedlungsgesch.; E. PATZELT, Österreich bis z. Ausgang d. Babenbergerzeit, Wien 1946; K. LECHNER, Ausgew. Schriften, Wien 1947; MAYER, Fürsten; BOSL; PIRCHEGGER, Landesfürst (s.o. 320 Anm. 140); BRUNNER; H. STURM, Eger. Gesch. einer Reichsstadt, 1960²; ZÖLLNER.

Als den Saliern im Investiturstreit ein Hauptinstrument ihres bisherigen Reichsregiments, nämlich die Reichskirche, aus der Hand geschlagen wurde und die Reichsgewalt insgesamt dadurch ins Wanken geriet, mußte sich das Königtum nach neuen Stützen seiner Macht umtun; es fand sie in der Schicht der zahlreichen, unfreien servientes, ministri, ministeriales, der *Königs- und Reichsdienstmannen,* die zuerst unter Kaiser Heinrich III. in Urkunden über Königsgut in Erscheinung treten.[1] Kaiser

[122] BOSL, Markengründungen.
[123] BOSL 420f., 463ff.
[124] Ebd. 468ff.
[1] Das Institut der hochmittelalterlichen Ministerialität hat zuerst die Kirche in ottonischer Zeit entwickelt, als sie die reichen Schenkungen des Königs an die Kirche wirtschaftlich-organisatorisch erschließen und mit Hilfe von Ministerialen für den Königsdienst nutzbar machen mußte. Zur Entwicklungsgeschichte dieser Dienstmannenschicht: K. BOSL, Vorstufen d. deut-

Heinrich IV., der festen Säule des Reichskirchenregiments beraubt, sah sich vor die Notwendigkeit einer umfassenden Staatsreform gestellt, wollte er dem Königtum gegenüber den herandrängenden Kräften des gregorianisch gesinnten Dynastenadels neue Grundlagen und Kräfte sichern. In diese Richtung zielte sein Staatsreformversuch, die hohe Gerichtsbarkeit gegen den Adel unter Rückgriff auf das alte, volksrechtliche Verfahren bei handhafter Tat zu reformieren und dieselbe insgesamt als Institution von der königlichen Bannleihe abhängig zu machen.[2] In dieselbe Zeit fällt wohl auch die erstmalige Heranziehung unfreier Dienstmannen für den Aufbau eines geplanten königlichen Hochgerichtes. Erste Ansätze einer Königslandpolitik Heinrichs IV. mit Hilfe der Dienstmannschaft lassen sich in Sachsen um die Pfalz Goslar und die unentbehrlichen Silbergruben des Harzes feststellen; ein dicht gestaffeltes Netz von Burgen mit dienstmännischen Burgbesatzungen fungierte als Rückgrat einer neuen Krongutverwaltung. Der Adel beklagte den wachsenden Einfluß der unfreien servientes in Königsnähe und ihr sich mehrendes Dienstgut.[3] Eng mit der salischen Königslandpolitik verknüpft war der Landesausbau durch königliche Initiative; hier suchte der Herrscher mit der Durchsetzung eines Bodenregals für Rodungsland an den Grenzräumen des Reiches ein starkes königliches Hoheitsrecht zu entwikkeln. Aus Königsterritorium, Ministerialenverwaltung, Landesausbau und freiem Rodungsbauerntum wollte das Königtum seit Heinrich IV. die Bausteine einer neuen Zentralgewalt schaffen. Die Staufer setzten hierin das Erbe der Salier in verstärktem Maße fort, indem sie die städtefreundliche Politik der Salier zum Nutzen der Reichsfinanzen noch ausbauten.[4]

All diese Elemente salisch-staufischen Staatsumbaus finden sich beispielhaft an der Nordostflanke des bayerischen Stammesgebietes, im *Nordgau* und in der terra imperii um Eger, ausgeprägt. Schon Kaiser Heinrich III. hatte sich beim Ausbau seiner Marken Cham und Nabburg königlicher servientes bedient, denen er dort Dienstgut verlieh; in der ebenfalls gegen Böhmen gerichteten österreichischen Neumark gab er seinem Dienstmann Riziman fünf Königshufen an der Leitha.[5] In der Mark Cham, wie auch bei den Königsministerialen von Raitenhaslach, Ranshofen und Braunau am Inn und an der Königspfalz in Regensburg, die Heinrich dem Löwen für seine Hoftage zur Verfügung stand, findet sich die schon erwähnte Eigentümlichkeit der Doppelministerialität für den König und den bayerischen Herzog, eine Erscheinung, die mit der immer noch starken Stellung des bayerischen Herzogs im Reich und seinem Anteil am bayerischen Königsgut zusammenhängen dürfte.[6] Im Westen Bayerns

schen Königsdienstmannschaft (Frühformen) 228–276, bes. 225f.; Ders., Das ius ministerialium (ebd.) 277–326.

[2] Hirsch, Gerichtsbarkeit; vgl. dagegegen Mayer, Fürsten 169ff. u. Ders., Nachwort zu Hirsch, Gerichtsbarkeit.

[3] Bosl (GG I) 641ff. Die Niederalteicher Annalen beklagen 1072, daß der König die Vornehmen verachte und die Niedrigen (inferiores) durch Reichtümer und Dienstlehen (facultates) emporhebe (Ann. Altah. maiores 84). Für seine Königspolitik in Sachsen zog er besonders schwäbische Dienstmannen heran; vgl. Ann. Lamp. (zu 1073) 147f. und ebd. 151 u. 270f.

[4] H. W. Klewitz, Das salische Erbe (Geist. Arbeit) 1940; K. Stenzel, Waiblingen in d. deutschen Gesch. Ein Beitr. z. Gesch. d. deutschen Kaiser- u. Reichsgedanken im MA, 1936².

[5] Bosl, Markengründungen 206f.

[6] S. u. 436 Anm. 57; Bosl 476f.

hatten die Staufer schon vor 1180 inmitten des welfischen Territoriums Fuß gefaßt, als sie 1168 nach dem Aussterben der Herren von Schwabegg die Augsburger Hochstiftsvogtei mit einem ihrer Untervögte besetzten.[7] Die Bedeutung der Reichsministerialität auf dem bayerischen Nordgau wird nur klar, wenn man sie im Zusammenhang mit der Reichsministerialenpolitik im fränkischen Bereich sieht, wo sich um die salisch-staufische Reichsburg *Nürnberg* und auf Kosten des Bistums Bamberg ein Reichsterritorium zu beiden Seiten der Pegnitz bildete und Kaiser Barbarossa den Zusammenhang zwischen Nürnberg und der terra imperii um Eger durch den Erwerb der umfangreichen Bamberger Kirchenlehen auf dem Nordgau samt Burgen und Dienstmannen (Königsteiner, Neidsteiner, Ruprechtsteiner, Breitensteiner) herstellte.[8]

Der *Ausbau des Egerlandes* zu einem zentralen Reichsland um die Pfalz und Reichsburg Eger[9] fällt erst in die letzten zwei Jahrzehnte des zwölften Jahrhunderts, während der Landesausbau schon viel früher einsetzte. Ausgangspunkt der Entwicklung Egers war jener nördlichste Teil des alten bayerischen Nordgaus, der als Grenzwald und Nordwald (silva nortica) lange unerschlossen blieb und erstmals 1135 als «regio Egere» bezeichnet wird.[10] Die Zugehörigkeit des Egerlandes zum alten bayerischen Nordgau geht aus der Tatsache hervor, daß es sowohl 973 bei der Gründung des Bistums Prag wie 1007 bei der Errichtung des Reichsbistums Bamberg kirchlich bei Regensburg verblieb; im elften und zwölften Jahrhundert bildete es das Vorfeld der Mark Nabburg.[11] Rodungstätigkeit in diesem Bereich ist in der Urkunde Kaiser Heinrichs IV. von 1061 für seinen Reichsministerialen Otnand von Eschenau bezeugt, worin ihm ein Gebietsstreifen im Nordwestteil der späteren regio Egere zwischen Höllbach, Krummennaab und Trebnitzbach übertragen und Eger selbst erstmals genannt wurde.[12] Das alte Egerland erscheint 1125 in den Händen diepoldingischer Ministerialen, ebenso die Burg Eger als Mittelpunkt dieser neuen Gebietseinheit.[13] Unter den Diepoldingern und mehr noch seit 1167, als die Provincia Egrensis als erledigtes Reichslehen an Barbarossa zurückfiel und der Aufbau eines Reichsterri-

[7] Bosl 457.
[8] Bosl 482ff.
[9] Sturm (s.o. 425); Ders., Die Reichspfandschaft Eger (BHB I).
[10] H. Gradl, Zur ältesten Gesch. d. Regio Egere (Mitt. d. Ver. f. Gesch. d. Dt. in Böhmen 24) 1886; K. Wild, Baiern u. Böhmen. Beitr. z. Gesch. ihrer Beziehungen im MA (VHOR 88) 1938, 5–166, bes. 40ff.; zur Sprach- und Siedlungsgeschichte: Turek (s.o. 256 Anm. 44); E. Šimek, Chebsko, dnešní neizápadnější slovanske územé, v staré době (Egerland – das heute westlichste Slavengebiet, in alter Zeit) 1955; Schwarz, Sprache u. Siedlung; J. Hemmerle, Erörterungen z. Frühgesch. d. Egerlandes u. seiner Besiedlung (Bohemia-Jb. d. Coll. Carolinum 3) 1962, 112–136.
[11] Naegle I 2, 385ff.; J. B. Lehner, Beitr. z. Kirchengesch. d. Egerlandes (Jahresber. d. Ver. z. Erforsch. d. Regensburger Diözesangesch. 13) 1939, 84; Bosl, Markengründungen 224; Hemmerle (s.o. Anm. 10) 133f.
[12] MG Dipl. Heinrich IV. 69; H. Schreibmüller, Otnand, der erste große Reichsministeriale in Franken (Franken in Gesch. u. Namenwelt) 1954, 12ff.; Bosl 52f.
[13] Monumenta Egrana (s.o. 351) nr. 40; zur diepoldingischen Burg: O. Schürer, Die Kaiserpfalz Eger, 1934, 51ff., deren Existenz zu Unrecht von Šimek (s.o. Anm. 10) 177 bestritten wird.

toriums begann, überzog sich das Land nördlich Nabburg mit einem Netz von Reichsburgen unter ministerialischer Verwaltung, das sich in einem weit nach Osten geschwungenen Bogen von Brambach bis zur ursprünglich diepoldingischen Burg Liebenstein an der Waldnaab (vor 1143) erstreckte.[14] An der Besiedlung dieses Raumes, die von diepoldingischen Ministerialen aus den Marken Cham und Nabburg und seit 1146 von Reichsministerialen vorangetrieben wurde, beteiligten sich auch die beiden diepoldingischen Hausklöster Reichenbach am Regen (1118) und vor allem die Zisterze Waldsassen (1130/33).[15] Anders als die erste Diepoldingergründung Reichenbach hatte *Waldsassen* von Anfang an Vogtfreiheit und kaiserlichen Schutz, den Konrad III. vor seinem Kreuzzug 1147 im Zuge seiner nordgauischen Reichslandpolitik verlieh.[16] Über seine ursprüngliche Siedlungskammer hinaus gelangte Waldsassen 1154, als Herzog Friedrich von Schwaben im nordöstlichen Teil des Egerer Beckens einen Rodungsbezirk mit dem Gut Watzgenreuth schenkte und 1160 der Přzemyslide König Wladislav II. das spätere Schönbacher Ländchen dem Kloster übertrug.[17] Diese Verbindung mit Böhmen machte sich bald in der Richtung des waldsassischen Landesausbaus bemerkbar; das Stift erwarb sehr früh Gutsbezirke um Chodau sowie zwischen Kaaden und Saaz, und noch im zwölften Jahrhundert entstanden die Filialklöster Sedletz und Ossegg.[18] Die Benediktinerabtei *Reichenbach,* die schon vor 1135 ostwärts von Tirschenreuth in der «regio Egere» gelegene Güter um Frauenreuth erworben hatte, wurde durch Waldsassen in ihrer nordöstlichen Expansion gehemmt; die Förderung des letzteren durch die Staufer wirkte sich hier zweifellos aus.[19] Über den Stand der kirchlichen Organisation gibt eine Regensburger Bischofsurkunde von etwa 1140 Auskunft, in der die Pfarrer von Eger, Wondreb, Beidl, Tirschenreuth und Redwitz als Zeugen angeführt sind. Tirschenreuth mit dem Regensburger Dompatrozinium St. Peter war die Urpfarrei des gesamten Gebietes, während das Johannes-Baptista-Patrozinium der Tochterpfarrei Eger auf die Taufkapelle beim Regensburger Dom hinweist.[20] Umstritten ist in der Forschung immer noch, ob es in Nordostbayern vor der hochmittelalterlichen Rodungsperiode eine ausgedehnte slawische Bevölkerung gegeben hat und deshalb hier der Landesausbau

[14] STURM (s. o. 425) I 35 (Karte); BOSL, Die Reichsministerialität als Träger staufischer Reichspolitik in Ostfranken u. auf d. bayer. Nordgau (Jb. d. Hist. Ver. Mfr. 69) 1941, 67ff.

[15] S. u. § 35 u. H. BATZL, Kloster Reichenbach am Regen, Diss. Masch. Würzburg 1958.

[16] M. DOEBERL, Reichsunmittelbarkeit und Schutzverhältnisse d. ehem. Cisterzienserabtei Waldsassen, 1887, 13ff.; das päpstliche Schutzprivileg von 1185 b. R. LANGHAMMER, Waldsassen. Kloster u. Stadt, 1936, 283ff. Es enthält zugleich die Besitzbestätigung für die bis dahin erworbenen Güter. Vgl. u. 488 Anm. 159.

[17] Mon. Egrana (s. o. 351) nr. 74, 80.

[18] H. MUGGENTHALER, Kolonisatorische u. wirtschaftl. Tätigkeit eines deutschen Zisterzienserklosters im 12. u. 13. Jh. (Waldsassen) 1924, 47ff. u. 53ff.; vgl. aber dazu Besprechung von PFITZNER (MIÖG 42) 1927, 126ff.; LANGHAMMER 37ff. (s. o. Anm. 16).

[19] Mon. Egrana (s. o. 351) nr. 53. Immerhin besaß Reichenbach schon im 12. Jh. Güter südlich der Kösseine im Fichtelgebirge bei Wunsiedel und im Nordteil des Egerer Beckens (vgl. ebd. nrr. 53, 90, 93, 115, 249, 254, 396, zit. n. STURM, Reichspfandschaft Eger, s. o. 427 Anm. 9).

[20] Mon. Egrana nr. 63; STURM (s. o. 425) II 44; I 27 (Filiationskarte).

bereits als ein Teil der deutschen Ostbewegung zu betrachten ist. Für größere Teile Nordostbayerns wird man jedoch sicher eine frühe Durchsetzung mit slawischen Volksteilen annehmen müssen.[21] Neben dem Landesausbau der geistlichen Zentren Reichenbach und Waldsassen stehen Rodung und Landessicherung der *nordgauischen Ministerialen* seit der Zeit Markgraf Diepolds III., so der Rundinger, Haidsteiner, Wetterfelder und derer von Nothaft, später kamen die Paulsdorfer und Leuchtenberger hinzu.[22] Unter den Staufern gingen die meisten von ihnen als Reichsministeriale in den Dienst und Schutz des Königs über. Der zügige Landesausbau führte im Verlauf des zwölften Jahrhunderts zu einer Siedlungskonzentration im Egerer Becken um die ursprünglich diepoldingische, später staufische Reichsburg *Eger,* die vor einer der Eingangspforten nach Böhmen und Prag lag, wo sich ein älterer Verkehrsweg von Regensburg her mit einer Weststraße von Nürnberg her kreuzte und daher schon bald eine Kaufmannssiedlung entstand. Sie entwickelte sich im Anschluß an die Burg bei der Egerfurt, und noch in der ersten Hälfte des zwölften Jahrhunderts wurde diese Marktsiedlung mit der ältesten Pfarrkirche Johannes Baptista in die Verteidigungsanlagen des Burgbezirkes mit einbezogen und wahrscheinlich auch ummauert. Eger, Sitz eines Landrichters (judex provincialis) in der staufischen terra imperii und 1183 als Kaiserpfalz (castrum imperatoris) bezeugt, ist schon 1149 als oppidum überliefert; die tiefgestaffelte Reichsburgenzone um Eger erweist dessen Bedeutung als Verwaltungsmittelpunkt kaiserlicher Territorialpolitik.[23] Von Eger her wurde dann das Egerer Becken konzentrisch bis zu dessen waldigen Gebirgsrändern schon im zwölften Jahrhundert durchsiedelt. Um einen Kern alter slawischer Block- und Streifenflur lagern sich typische Ausbauformen mit Gewann- und Gelängefluren, die ihrerseits in Waldhufen und Einödrodungen übergehen.[24] Mit der Errichtung der Kaiserburg, in der sich Friedrich Barbarossa 1179, 1183 und 1188 aufhielt, mit dem Ausbau der strategisch und wirtschaftlich gleich wichtigen Straße nach Nürnberg

[21] SCHWARZ, Sprache u. Siedlung; H. JAKOB, Siedlungsarchäologie u. Slawenfrage im Main-Pegnitz-Gebiet (Ber. d. Hist. Ver. Bamberg 96) 1957/58, 217–248; BOSL zu SCHWARZ (BlldLG 97) 1961, 394–409; s. o. 149f.

[22] BOSL (s. o. 428 Anm. 14) 71ff.; BOSL 133ff.; J. HEMMERLE, Kolonisation u. Lehenbesitz d. Herren v. Nothaft im westl. Böhmen (Stifter-Jb. 4) 1955, 57ff.; Ders., Siedlung u. Aufbaukräfte im Egerland (Ostdt. Wiss. 3/4) 1958, 109ff. An staufischen Ministerialburgen auf heute Oberpfälzer Gebiet seien u. a. genannt: Weiden, Parkstein, Flossenbürg, Falkenberg, Liebenstein, Wondreb.

[23] STURM (s. o. 425) I 36ff.; W. EMMERICH, Das Hauptwegenetz des 11. Jhs. in den oberen Mainlanden u. seine Grundlagen in karoling. Zeit (Jb. f. fränk. Landesforsch. 15) 1955; BOSL 489ff.; W. SCHLESINGER, Egerland, Vogtland, Pleißenland (Schlesinger, Mitteldt. Beitrr. z. dt. Verfassungsgesch. d. MA) 1961, 188–211.

[24] R. FISCHER, Zur Namenkunde d. Egerlandes, 1940; E. ETTEL, Beitr. z. Siedlungsgesch. d. Egerer Kreises unter bes. Berücksichtigung d. Orts- u. Flurformen, Diss. Masch. Prag 1940, 87ff.; E. SCHWARZ, Die Ortsnamen d. Sudetenländer als Geschichtsquelle, 1961², 291: «Es haben auf dem Boden der späteren Stadt Eger schon Wenden gewohnt, als die deutsche Burg und Stadt angelegt wurde, die schließlich diese slawischen Vorgründungen in ihr Stadtgebiet einbezogen hat»; ŠIMEK (s. o. 427 Anm. 10) 177 nimmt an, daß die Staufenburg unmittelbar auf der slawischen Burgstätte errichtet worden sei und daß Eger im 11. Jh. noch nicht zum deutsch besiedelten Nordgau gehört habe. Vgl. HEMMERLE (s. o. 427 Anm. 10) 125ff.

und der Einbeziehung von Marktsiedlung und Judenviertel war dann Eger als Reichsstadt im Vollsinne konstituiert.[25]

Während in der Oberpfalz salisch-staufisches Reichsterritorium unmittelbar an Böhmen grenzte, wurde der weitere Grenzverlauf im Südosten, im Anschluß an den Markengürtel Heinrichs III., vornehmlich durch die politische Stellung und den *Landesausbau* mächtiger Dynasten bestimmt. Im niederbayerischen Bereich sind es die Grafen von *Bogen,* deren Landesausbau und Ministerialität den deutschen Siedlungsbereich erweiterte und damit die Entstehung eines festen Grenzraumes förderte.[26] Wahrscheinlich hatten die Bogener schon im elften Jahrhundert innerhalb des großen Königsgutsbezirkes um die Reichsburg Cham Besitz erworben und waren ebenso wie die benachbarten Diepoldinger auf den Landesausbau angewiesen. So zeugen die zahlreichen Zell-Orte im Bayerischen Wald nördlich Pfaffmünster bis Viechtach für Rodungstätigkeit des domvögtisch-bogenschen Hauses, und ein weiterer bedeutender Besitzkomplex gräflicher Allodien jenseits des Hohenbogen an der böhmischen Grenze gab wohl den Anlaß für die engen Beziehungen der Bogener zu den Přzemysliden.[27] Diese grenznahen Rodungsgüter um Eschlkam und Neukirchen bei Hl. Blut tragen zahlreiche -ried-Namen, ebenso wie das böhmische Albrechtsried bei Schüttenhofen, das auf einen Grafen von Bogen dieses Namens zurückgehen dürfte und 1174 im Besitz des Bogener Familienklosters Windberg war.[28] Auf die mächtigen Grafen Wilhelm und Hermann von Sulzbach dürfte das 1120/21 gegründete Kloster Wilimov (Kr. Časlav) zurückgehen.[29] Anders als die Bogener, die im Verband des bayerischen Herzogtums verblieben, wuchsen die *Witigonen* durch ihren intensiven Landesausbau in Südböhmen im Verlaufe des zwölften Jahrhunderts völlig in den Herrschaftsbereich der Přzemysliden hinein, in deren Umgebung sie seit Herzog Wladislav II. immer stärker und in wichtigen Stellungen auftauchen.[30] Die Witigonen, deren Hauptsitze später Krumau, Rosenberg, Neuhaus und Langstein in Böh-

[25] E. Šimek.

[26] S. o. 417; Bosl, Markengründungen 197f.; Piendl, Böhmen u. Bogen (s. o. 417 Anm. 69) 141f. unter Hinweis auf MG Dipl. Heinrich III. 321.

[27] Ders. II 23ff., 54ff.; H. Hirsch, Zur Entwicklung d. böhm.-österr.-deutschen Grenzen (Jb. d. Ver. f. Gesch. d. Dt. in Böhmen 1) 1926, 19ff. verweist mit Recht auf die Parallelität der Beziehungen der Bogener und der Kuenringer zum böhmischen Herrscherhaus, dessen Prinzessinnen bei Heiraten nach Bayern als Brautausstattung Besitz an der Westgrenze Böhmens erhielten. Zu den Heiratsverbindungen Zatschek, Bayern u. Böhmen (s. o. 252) 18f.; Wild, Baiern u. Böhmen (s. o. 427 Anm. 10) 40ff.

[28] Schwarz, Ortsnamen d. Sudetenländer 131, 280. Vielleicht handelt es sich um jenen Grafen Albrecht, der 1121 bei Biela-Weißensulz (Kreis Pilsen) die Tötung burgenbauender Deutscher durch Herzog Wladislav I. verhinderte. Cosmas von Prag, Chronica Boemorum, hg. v. B. Bretholz (MG SS rer. Germ. n. s. 2) 1923, 220; Piendl, Böhmen u. Bogen (s. o. 417 Anm. 69) 142ff. Zu den bogenschen Burgen im Grenzbereich gehörten außer Hohenbogen unter Albrecht III. vermutlich Bayereck, Welhartitz, Schilchenstein, Winterberg und Kunzwarte am Osser, vielleicht auch Burg Weißenstein bei Regen.

[29] Wild, Baiern u. Böhmen (s. o. 427 Anm. 10) 38f.; Schwarz (s. o. 429 Anm. 24) 116.

[30] H. Zatschek, Die Witigonen u. die Besiedlung Südböhmens (DALVF 1) 1937, 110–130; die tschech. Lit. b. V. Novotný, České dějiny I 4, S. 427 Anm. 2.

men waren, sind aus dem bayerischen Adelsgeschlecht der Schönhering-Blankenberger hervorgegangen, deren passauische Kirchenlehen sie dann 1194 übernahmen.[31] Von großer Bedeutung für die bayerische Besiedlung des Waldviertels war die Familie der *Kuenringe,* die in der Wachau in der Gegend von Krems begütert war und mit ihren Burgen Aggstein und Dürnstein das Donautal kontrollierte. Ursprünglich königliche, dann aber auch babenbergische Ministerialen und wahrscheinlich aus Sachsen stammend, kamen die Kuenringer durch Verwandtschaft mit bayerischen Familien und vor allem als Lehnsträger König Heinrichs IV. 1057 zu Macht und Ansehen. Sie setzten sich nördlich der Donau am Manhartsberge fest, wo Hadamar I., der auch das Hauskloster Zwettl (1139) stiftete, die Burg Kuenring erbaute.[32] Der Landesausbau der Kuenringer und der Witigonen, der 1176 zu Grenzstreitigkeiten zwischen Böhmen und Österreich über die Rodungsgebiete im Grenzwald führte, und die allgemeine politische Lage, die 1176 den Einfall Sobieslavs II. bis zur Donau auslöste,[33] machte eine zumindest vorläufige Grenzregelung notwendig, die Kaiser Barbarossa 1179 auf einem Reichstag in Eger durchsetzte. Die Grenze sollte danach südlich von Weitra zur Luschitz und zu den Quellen der Thaya bzw. des Gestitzbaches verlaufen, so daß das Gebiet um Neu-Bistritz, der spätere Herrschaftsbereich der Witigonen, an Österreich kam.[34] Daß «Rodung Herrschaft erzeugt», geht auch aus der Entwicklungsgeschichte der Grafen von *Raabs* und Burggrafen von Nürnberg hervor, die in dem Zwischengebiet zwischen Bayern, Österreich und Böhmen (Waldviertel) eine bedeutende Rolle spielten. Die namengebende Stammburg der Familie lag an einer sehr alten Verkehrsstraße zwischen der bayerischen Ostmark und Böhmen, weshalb dieses «castrum Rakouz» dann von den Tschechen zur Landesbezeichnung für Österreich (= Rakousko) verwendet wurde.[35] Ebenfalls im Waldviertel entstand die Rodungsherrschaft der *Plainer* Grafen: Hardegg sowie die Herrschaft des Prämonstratenserinnenstiftes Pernegg, eine Gründung Ulrichs von *Pernegg,* der

[31] H. Sperl, Die Grenzen zw. Böhmen u. dem Mühllande im MA u. die Heimat d. Witigonen (Mitt. d. Ver. f. Gesch. d. Dt. in Böhmen 38) 1900, 394ff.; J. Strnadt, Das Land im Norden d. Donau (AÖG 94) 1906, 150ff., 161ff.

[32] MG Dipl. Heinrich IV. 3 (zu 1056); durch diese Urkunde erhielt wahrscheinlich der salische Ministeriale Azzo als Ahnherr der Kuenringer das Gebiet seiner späteren Stammburg. G. E. Friess, Die Herren von Kuenring, Wien 1874; O. Stowasser, Das Tal Wachau u. seine Herren v. Kuenring, Wien 1926; Lechner, Waldviertel 10–211; Ders., Herrschaftsgesch. 3–276; zu Zwettl: s. u. 487. Die ständische Herkunft der Kuenringer ist umstritten, Lechner nimmt Edelfreiheit an, Bosl 477 hält die Frage für offen, betont aber mit Recht die Bedeutung der Ministerialität für ihren Aufstieg.

[33] Über die Grenzstreitigkeiten von 1176 vgl. die Aufzeichnungen in der Chronik Gerlachs von Mühlhausen, Font. rer. Bohem. II, 470 u. hg. v. W. Wattenbach (MG SS 17) 1861, 688.

[34] Codex diplomaticus Bohemiae I (s. o. 351) nr. 291; dazu Hirsch, Grenzen (s. o. 430 Anm. 27) 14; Lechner, Herrschaftsgesch. 85; Zatschek, Witigonen (s. o. 430 Anm. 30) 114. 1185 wurde dann bereits Hadamar von Kuenring mit Weitra und dem Land zwischen Strobnitz und Laimitz von dem Babenberger Herzog Friedrich I. belehnt, d. h. der deutsche Landesausbau ging damals schon über die Grenzziehung von 1179 hinaus (Cod. diplomaticus I, Nr. 309).

[35] Lechner, Raabs (s. o. 317 Anm. 111); O. v. Mitis, Râtkôz, der große Unbekannte (ebd. 27) 1938, 319–328; vgl. insgesamt Brunner (s. o. 317 Anm. 112).

wahrscheinlich den Grafen von Raabs zuzurechnen ist.[36] Im oberösterreichischen Machland an und nördlich der Donau finden wir die Herren von *Perg und Machland* in einem relativ geschlossenen Ausbaubereich, in dem auch ihre Klostergründungen Baumgartenberg, Säbnich-Waldhausen und Erla (südlich der Donau) liegen.[37] Sie erlangten als Vögte zahlreicher österreichischer Klöster (St. Florian, St. Pölten, Melk und Klosterneuburg) sowie des Bistums Passau große Bedeutung und waren mit den Vornbachern eng verwandt,[38] ferner mit den Babenbergern kognatisch verbunden. Als die Machländer 1148/49 und die von Perg 1191 in männlicher Linie ausstarben, gelangte ihr Besitz an die Grafen von Velburg-Klamm und dann an die Babenberger. Die Grafen von *Poigen-Rebgau* hatten sowohl in Oberösterreich wie auch im Waldviertel und südlich der Donau zwischen Sierning und Traisen große Besitzungen. Graf Adalbert, 1122/25 erstmals erwähnt, begründete die Rebgauer Linie, die sich nach dem gleichnamigen Ort südlich Vöcklabruck im Attergau nannte und 1156 die Poigener Hauptlinie beerbte, welche sich im Waldviertel ein geschlossenes Herrschaftsgebiet durch Rodung mit bayerischen, fränkischen und lothringischen Siedlern im Horner Becken (Poigrîche) aufgebaut hatte. Zumindest für die Horner Rodungsherrschaft unterstanden die Poigen-Rebgauer den Babenbergern, die 1188 ihre Erben wurden.[39] Auch die *Lengenbacher* aus dem Gebiet westlich des Wienerwaldes, Angehörige der Traisma-Adelssippe und später Domvögte von Regensburg, waren im unteren Mühlviertel begütert; als ihre Nachbarn erscheinen die Herren von *Aist* und die *Haunsberger,* die aus dem Salzburger Land kamen und Herren des ursprünglich königlichen Linz wurden. Die Herren von *Wilhering-Waxenberg,* Stifter der Zisterze Wilhering, kamen von südlich der Donau in das Mühlviertel; sie starben um 1150 aus. Aus Niederbayern kamen in die Rodungsgebiete des Mühlviertels um Lasberg ferner die Herren von *Griesbach* (Rottal) und beerbten dann die Wilhering-Waxenberger, ferner die Herren von *Kirchberg* aus dem Donaugau östlich Regensburg, die sich seit 1180 auch Falkensteiner nannten; aus Schönerting an der Vils stammten die *Schönhering*-Blankenberger, die 1108 Kleinzell an St. Florian schenkten und wahrscheinlich die Vorfahren der Witigonen waren.[40]

[36] B. HOFFER, Zur Gesch. v. Geras u. Pernegg, Wien 1880; A. ZÁK, Gründungsgesch. v. Geras u. Pernegg (BllLKNÖ NF 25) 1891; Ders., Das Frauenkloster Pernegg (ebd. 31) 1897; LECHNER, Raabs (s. o. 317 Anm. 111); H. MITSCHA-MÄRHEIM, Graf Werigang v. Plain (Monatsbll. «Adler» 12) 1937, 237ff.

[37] TELLENBACH, Eigenklöster 41ff.; K. LECHNER, Die Anfänge d. Benediktinerinnenkl. Erla in Niederösterreich (JbLKNÖ NF 31) 1954, 22ff.

[38] STRNADT (s. o. 431 Anm. 31) 139ff.; Ders., Die freien Leute d. alten Riedmark (AÖG 104) 1915, 253ff.; LECHNER, Waldviertel 109ff., 116ff.; Ders., Zur Gesch. v. Pergkirchen im Machland (Mitt. d. oberösterr. Landesarch. 8) 1964, 173–187.

[39] J. WENDRINSKY, Die Grafen v. Rebgau-Piugen, 1882; DUNGERN, Landeshoheit 36f.; J. STRNADT, Hausruck u. Attergau (AÖG 99) 1908, 16; LECHNER, Waldviertel 123f.; ZAUNER (s. o. 305 Anm. 23) 231f.

[40] Neben LECHNER, Herrschaftsgesch. vgl. F. WILFLINGSEDER, Die alten Herrengeschlechter zw. Ilz u. Haselgraben (Mitt. d. oberösterr. Volksbildungswerkes H. 7, Nr. 21/22); F. TYROLLER, Die Freien v. Griesbach (Ostbair. Grenzmarken) 1922; V. v. HANDEL-MAZETTI, Die Schönhering-Blankenberger u. Witigo de Blankenberg-Rosenberg (Jb. d. Mus. Ferdinand. C. 70) 1912, 95ff.; ZAUNER (s. o. 305 Anm. 23) 224f.

Die Geschichte der *Besiedlung des deutschen Südostens* ist hier im Zusammenhang des Landesausbaus nur kurz zu behandeln. Die Niederwerfung des Langobardenreiches 774, die Einverleibung Bayerns 788 und die zwei Awarenfeldzüge Karls d. Gr. 791 und 795/96 gaben dem bayerischen Herrschafts- und Landesausbau neuen Antrieb. In Maria Saal wurde jetzt ein Chorbischof von Salzburg aus eingesetzt und gegen Aquileja 811 die Draugrenze festgelegt, wobei sich das karolingische Gebiet wiederum in die Pannonische Mark und in das alpenländische Karantanien unterteilte. In spätkarolingischer Zeit entstanden in Kärnten als dem Machtzentrum des späteren Kaisers Arnulf die Königspfalzen Moosburg und Karnburg. Der Landesausbau wurde neben bayerischen Siedlern auch stark von den Slawen getragen, teilweise – wie in Fürst Pribinas Herrschaftsbereich um den Plattensee – unter slawischer Leitung.[41] Die Zeit der Ungarneinfälle seit der bayerischen Niederlage bei Preßburg (907) bedeutete zwar einen empfindlichen Einschnitt in der Entwicklung der östlichen Markengebiete; danach knüpfte man aber doch im wesentlichen an die Verhältnisse an, wie sie in der Karolingerzeit geschaffen worden sind. Dies ergibt sich auch aus der Tatsache, daß die *Neukolonisation der Ottonenzeit* fast durchwegs aufgrund der alten Besitztitel der Karolingerzeit erfolgte. Auch die bayerische Siedlung und das Christentum wurden in jener Epoche nicht vernichtet, sondern erhielten sich zwischen Enns und Wienerwald, aber auch bis ins Burgenland hinein.[42] Nach der Lechfeldschlacht von 955 hatte der Burggraf Burkhard von Regensburg das Markengebiet wieder bis zur Traisengrenze gesichert, aber schon 976 finden wir als Inhaber der Ostmark und als Grafen im Donaugau Luitpold I., den ersten *Babenberger*. Er, wie sein älterer Bruder Bertold, Graf auf dem bayerischen Nordgau und im Volkfeld- und Radenzgau, waren Vertrauensmänner Ottos des Großen; ihre Abstammung von den älteren Babenbergern, den Popponen (Schweinfurtern), hielt schon Bischof Otto von Freising für wahrscheinlich, strikt erwiesen ist sie jedoch nicht.[43] Unter Luitpold I. wurde 985/87 die Burg Melk wiedergewonnen und zum Ausgangspunkt der Babenbergerherrschaft in der vorerst noch kleinen Mark; 991 wurde das Gebiet bis zur Höhe des Wienerwaldes erneut eingegliedert. Gleichzeitig gewannen Salzburg, Passau, Regensburg, Eichstätt sowie die großen Kolonisationsklöster Niederalteich, Tegernsee und Herrieden ihre Besitzungen im Osten zurück. Herzog Heinrich der Zänker und Luitpold I. hielten damals ein Placitum mit den Bischöfen, comites und sonstigen Großen des Landes ab, um die jeweiligen Ansprüche auf den vorläufig von der Krone zurückerworbenen Besitz zu prüfen. Salzburg und vor allem Passau (mit Bischof Pilgrims Lorchfälschungen) benutzten die Gelegenheit, ihre Besitztitel wesentlich zu vergrößern.[44] In

[41] Alle ausführlicheren Literaturangaben b. UHLIRZ I 223 ff.

[42] K. LECHNER, Die territoriale Entwicklung v. Mark u. Herzogtum Österreich (Unsere Heimat 24) 1953, 33–55; Ders., Geschichtl. Landschaft (s. o. 305 Anm. 21); KLAAR (s. o. 425) 152–174; KLEBEL, Siedlungsgesch.; PATZELT (s. o. 425) 84 f.

[43] Otto Fris., Chron. VI, c. 15, 275; dazu TYROLLER, Genealogie 71 ff., der die älteren Luitpoldinger zu Ahnherrn sowohl der Wittelsbacher wie der Babenberger macht, F. GELDNER, Zum Babenbergerproblem (HJb. 81) 1962, 1–24; Ders., Zur Genealogie d. «alten Babenberger» (ebd. 84) 1964, 257–270. Lit. b. UHLIRZ I 218.

[44] Vgl. darüber zuletzt FICHTENAU, Pilgrim v. Passau (s. o. 224 Anm. 254); ZIBER-

Kärnten wird 970 Markwart aus dem Hause der Grafen von Eppenstein erstmals genannt, dem die späteren Herzöge des Landes entstammten.[45] Von Kärnten aus, das 976 von Bayern als selbständiges Herzogtum abgetrennt wurde, entstanden *Marken* in Krain (973), in der späteren Steiermark, ferner die karantanische Mark an der Mur (970), die Marken an der Sann (mit Cilli) und in Pettau (980). Im elften Jahrhundert waren auch die Marken Friaul, Istrien und Verona Kärnten unterstellt.[46] Das nämliche gilt für *Steiermark,* das sich aus der karantanischen Mark an der Mur mit dem Herrschaftszentrum Hengistburg bei Wildon entwickelte und um 1000 mit den vier Grafschaften im Ennstal um Judenburg, Leoben und im Mürztal in der Hand Adalberos von Eppenstein war, der 1012/35 gleichzeitig das Kärntner Herzogtum innehatte. Ihm folgten in der Steiermark die Grafen von Wels und Lambach, nach deren Aussterben (um 1050) die Otakare, ein in der Chiemseegegend begütertes Geschlecht, die Herrschaft in der Steiermark übernahmen. Ebenso wie die Babenberger in Österreich haben die *Otakare* die Einheit des Landes Steiermark begründet und ihm nach ihrer Hauptburg Steyr an der Enns den Namen gegeben. Die günstige Lage an zwei Flüssen und die Bedeutung des Eisenerzabbaus daselbst boten die besten Voraussetzungen für eine frühe Vormachtstellung der Otakare im Lande.[47] Die Ausgangsbasis der Otakare beruhte auf zwei großen, zusammenhängenden Gebieten. Im Salzkammergut besaßen sie großen Grundbesitz und Einfluß, der durch ihre Stellung als Vögte des Nonnenklosters Traunkirchen noch verstärkt wurde. Der zweite Machtbereich erstreckte sich zwischen Steyr und Enns, wo sich so gut wie ausschließlich Besitz der Otakare und ihrer Lehensträger und Ministerialen, ferner ihr Hauskloster Garsten findet.[48] Darüber hinaus waren sie in Niederösterreich begütert[49] und erwarben Enns und Dietach vom Bistum Passau.[50] Als Vögte sind die Otakare in Kremsmünster und Lambach nachgewiesen, wohingegen Gleink eine Gründung ihrer Mini-

MAYR, Traditionsbuch Passau (s.o. 220 Anm. 189) 383ff.; UHLIRZ I 218; ferner unten §§ 34, 35.

[45] K. TANGL, Die Grafen, Markgrafen u. Herzoge aus dem Hause Eppenstein (AÖG 4 u. 6) 1850/51, 157–230, 319–340; KLEBEL, Hohenstaufen (s.o. 371 Anm. 34) 137–187; TYROLLER, Genealogie 108ff.; K. E. KLAAR, Die Herrschaft d. Eppensteiner in Kärnten, Klagenfurt 1966; jetzt auch G. MORO, Zur Zeitstellg. u. Bedeutg. des Kärntner Herzogstuhles (Festschr. Kranzmayer) 1967, 95ff.

[46] S.o. 298f.

[47] PIRCHEGGER, Landesfürst (s.o. 320 Anm. 140); POSCH (s.o. ebd.); APPELT, Entstehung (s.o. ebd.). Ein Teil des Erbes der Wels-Lambacher, die Grafschaft Pitten, fiel an die mit ihnen verwandten Vornbacher und erst nach deren Aussterben 1158 an die Otakare. PLANK, Pitten (s.o. 260 Anm. 82); zur Genealogie der Otakare: PIRCHEGGER, Otakare (s.o. 422 Anm. 103); TYROLLER, Genealogie 83ff.

[48] WINKLER (s.o. 422 Anm. 103); G. E. FRIESS, Gesch. d. ehem. Nonnenkl. Traunkirchen (AÖG 82) 1895, 203ff. Ob die Otakare mit den Lambachern (= Adalberonen) verwandt waren, ist fraglich, der Besitz beider Familien deckt sich jedenfalls nirgends. Vgl. K. HOLTER, Der Ulsburggau u. die Alpenrandgrenze (Mitt. d. oberösterr. Landesarch. 7) 1960, 150–206, bes. 196ff. Offen läßt die Frage ZAUNER, (s.o. 305 Anm. 23) 207–251, bes. 222.

[49] Die landesfürstl. Urbare Nieder- u. Oberösterreichs aus d. 13. u. 14. Jh., hg. v. DOPSCH u. LEVEC, 1904, I 1, 223ff.; HOLTER (s.o. Anm. 48) 198.

[50] ZAUNER (s.o. 305 Anm. 23) 241f.; O. v. MITIS, Studien z. älteren österr. Urkundenwesen, 3 Bde., Wien 1906/12, I 151.

sterialen (Volkersdorfer) war; im Alpenvorland nahmen sie von den Hochstiften Bamberg, Passau und Würzburg Lehen und vergaben dieselben dann an ihre eigenen Ministerialen. Das nämliche gilt für das Gebiet von Bad Hall (Herzogenhall), wo die Otakare in Nachbarschaft von bayerisch-welfischem Gut anzutreffen sind.[51] Bei den Otakaren und in noch stärkerem Maße bei den Babenbergern gründet sich der Aufbau der Landesherrschaft in hohem Grade auf eine planmäßige Akkumulation von Vogteirechten und Kirchenlehen, die um so früher dem neuen Herrschaftsverband eingegliedert werden konnten, je weiter nach Osten sie lagen. Die Grafen von *Lambach-Wels* (Adalberonen), deren Verbindungen zu den Otakaren ungeklärt sind, bauten ihr Herrschaftsgebiet um die Burgvogtei Wels und Lambach auf; im Westen reichte es an der Ager bis gegen Vöcklabruck (Rebgau) und an den Attergau heran; im Norden trugen sie Lehen von Passau am Hausruck und am Kesslawald bis zur Donau. Ihr Besitz stieß im Osten an die geschlossene Kremsmünsterer Grundherrschaft, umgriff an der unteren Alm ebenfalls zwei Besitzkomplexe dieser Abtei und erweiterte sich im Alpengebiet um den Almsee und in der späteren Herrschaft Klaus durch intensiven Landesausbau.[52] Die Lambacher lassen sich als Grafen im Traungau bis an den Beginn des zehnten Jahrhunderts zurückverfolgen; ihre Burgvogtei Wels war ursprünglich karolingisches Königsgut. Von einem alten Königsgutsbezirk aus entwickelte sich somit die markgräfliche Stellung und Herrschaft dieses Geschlechtes, das mit Adalbero, Bischof von Würzburg, Sohn des Markgrafen Arnold II., 1090 ausstarb und von den Vornbachern beerbt wurde.[53] Aus dem Chiemgau kamen – wie die Otakare – auch die Meinhardinger *Grafen von Görz,* die von dem aribonischen Pfalzgrafen Hartwig II. abstammten und durch geschickte Heiratspolitik im Pustertal, im Lurngau und im Raum von Lienz Fuß fassen konnten. Durch ihre Verwandtschaft mit dem Aribonen Sigehard von Aquileja (1068/78) erhielten die Meinhardinger Güter und Lehen in Friaul und am Isonzo und erwarben die Grafschaft Görz und die Vogtei über das Patriarchat von Aquileja; im dreizehnten Jahrhundert gelang ihnen durch Einheirat die Begründung der Tiroler Landesherrschaft.[54] Beachtliche Besitzungen im Osten hatten auch die Grafen von *Bogen:* die domvögtische Linie in

[51] E. TRINKS, Beitrr. z. Gesch. d. Benediktinerklosters Lambach (Jb. d. oberösterr. Musealver. 81) 1926, 127ff.; v. GUTTENBERG, Bamberg 131; HOLTER (s. o. 434 Anm. 48) 198f.

[52] J. STRNADT, Österreich ob der Enns (Erl. z. HA d. österr. Alpenländer I², 1) 1917; PFEFFER; vgl. dazu Mitt. d. oberösterr. Landesarch. 7, 1960 (m. Beitr. v. REINDEL, HOLTER, ZAUNER, HAGENEDER); H. JANDAUREK, Das Alpenvorland zw. Alm u. Krems, Linz 1958; HOLTER 195 (Karte).

[53] TROTTER, Lambach u. Formbach (DUNGERN) 37–51; TYROLLER, Genealogie 136–147, führt die Lambacher bis ins 9. Jh. zurück, ZAUNER (s. o. 305 Anm. 23) 220ff.; zum Königsgutsbezirk Wels R. ZINNHOBLER, Die Stadtpfarre Wels im MA (Jb. d. oberösterr. Musealver. 5) 1958/59, 84ff.; ZAUNER 210.

[54] E. KLEBEL, Niederösterreich u. der Stammbaum d. Grafen v. Görz u. Schwarzenberg (Unsere Heimat NF 23) 1952, 111–123; Ders., Die Grafen von Görz als Landesherren in Oberkärnten (Carinthia I, 125) 1935, 1. H.: 59–82, 2. H.: 218–246; WIESFLECKER, Polit. Entwicklung (s. o. 323 Anm. 170); STOLZ, Tirol 448ff.; BRUNNER 227ff.; H. STEINACKER, Staatswerdung u. polit. Willensbildung im Alpenraum u. Tirols Mittelstellung zw. westl. u. östl. Alpenländern (Schlernschr. 52) 1947, 271ff.; weitere Lit. b. UHLIRZ I 270ff.

Brunn im Felde (am Kamp), die Bogener selbst in Kärnten und Krain als Besitznachfolger im Erbe der Grafen von Weimar-Orlamünde beim Tode des Markgrafen Poppo II. (1101); ihre Stützpunkte waren Gurnitz, wo sie eine Ministerialenburg besaßen, ferner Gurkfeld und die Ministerialenburgen Reifnitz und Khünburg.[55]

Charakteristisch für die Entwicklung der Babenberger sowohl wie der Eppensteiner und Otakare ist das relativ rasche Herausgleiten aus der ursprünglichen Stellung von Exekutivorganen der Reichsgewalt in den mehr und mehr sich verselbständigenden eigenen *Herrschaftsaufbau*. Den entscheidenden Wandel brachte auch hier der Investiturstreit, den die *Babenberger* mit Markgraf Ernst (1055–1075), der 1074 eine umfangreiche kaiserliche Schenkung um Raabs erhalten hatte, und mit Markgraf Luitpold II. (1075–1095) als kaiserliche Anhänger mit durchfochten, bis der letztere 1078 im Einvernehmen mit den «primores regiminis sui» – hier zeichnet sich schon die Etablierung seiner Landesherrschaft ab – sich der gregorianischen Partei anschloß, jedoch im weiteren Verlaufe, je nach den Erfordernissen seiner Landespolitik, zwischen den Fronten schwankte.[56] Dieser Ausgliederungsprozeß, den auch die Einsetzung der Přzemysliden in der Ostmark durch den Salierkaiser nicht mehr rückgängig zu machen vermochte, setzte sich in frühstaufischer Zeit insofern fort, als es dem Königtum in der Ostmark nicht mehr gelang, mit Reichsministerialen eine eigene, moderne Reichslandpolitik wie auf dem Nordgau zu betreiben.[57] Die Babenberger, mit ihrer größeren Entfernung von den Zentren der Königsmacht, bauten ihre eigene, wohlentwickelte Ministerialität in dem Maße auf, als sich in den kirchlichen und dynastischen Kämpfen der Salier und Staufer im elften und zwölften Jahrhundert die Reichsministerialität nicht, wie geplant, zum durchgehenden Prinzip des Staatsaufbaus entfalten konnte, sondern die Ministerialen umgekehrt mehr und mehr von den aufsteigenden Dynasten absorbiert und integriert wurden.[58] Im einzelnen vollzog sich

[55] PIENDL II 57ff. mit weiteren Ortsangaben. Markgraf Poppo hinterließ zwei Erbtöchter, durch deren Heiraten das Erbe an die Bogener und an die Andechser kam.

[56] Zum Anstieg der Macht der Dynasten im Investiturstreit: MAYER, Fürsten 236ff.

[57] BOSL 60ff., 165f. über «Doppelministerialität» von König und Herzog, wobei er hervorhebt, daß das stärkere Hervortreten des einen oder des anderen der beiden gleichberechtigten Besitzer jeweils von ihrem mehr oder minder starken augenblicklichen Interesse und ihrem Machteinsatz abhing. A. ZAUNER, Königsherzogsgut in Oberösterreich (Mitt. d. oberösterr. Landesarch. 8) 1964, 101–145 sucht ebenfalls nachzuweisen, daß noch in der ersten Hälfte des 13. Jhs. zwischen Krems und Steyr (Bad Hall) ein bedeutender Besitzkomplex unter ministerialischer Verwaltung existierte, über den der König und der bayerische Herzog gemeinsame Besitz- und Herrschaftsrechte ausübten. Starke Zweifel an der sog. Doppelministerialität äußert H. C. FAUSSNER, Die Verfügungsgewalt d. deutschen Königs über weltl. Reichsgut im Hochmittelalter (DA 29) 1973, 345–449, bes. 360ff.; Ders., Herzog u. Reichsgut (s. o. 389 Anm. 10) 1–58, bes. 32f.

[58] K. S. BADER, Volk, Stamm, Territorium (Wege d. Forsch. II) 1956, 275. Zur Geschichte der Babenberger vgl. im einzelnen UHLIRZ I 225, 250f., bes. Regesten z. Gesch. d. Markgrafen u. Herzöge aus d. Hause Babenberg, hg. v. A. v. MEILLER, Wien 1850; UB z. Gesch. d. Babenberger in Österreich, hg. v. FICHTENAU, ZÖLLNER, MITIS, 3 Bde., Wien 1950/54/55; G. JURITSCH, Gesch. d. Babenberger, Innsbruck 1894; PATZELT (s. o. 425); O. FRASS, Die Zeit d. Babenberger, Graz-Wien 1946; E. DANIEK, Österreich unter den Babenbergern, Wien 1947; LECHNER, Babenber-

der Herrschaftsaufbau und Landesausbau der Babenberger, von reichem Königsgut ausgehend, in folgenden Etappen. Im östlichen Grenzraum Bayerns finden sich Mittelpunkte karolingischer Fiskalbezirke in Linz, das aber schon 799 an das Bistum Passau ging, in Wels, in Lorch-Ennsburg, in Mattighofen, Ranshofen, Ostermiething, Atterhofen und Krems. Mattighofen und Atterhofen kamen 1007 bei der Bistumsgründung an Bamberg, Ostermiething 1041 an Freising; in den meisten Fällen war hier agilolfingisches Herzogsgut vorausgegangen. Königsgut ist ferner in Kronsdorf (834), in Rohrbach bei St. Florian (892), an der Ipf (1002), zwischen Ilz und Rodl (1010), zu Mettmach westlich Ried (1039) und im Waldgebiet zwischen den Flüssen Aist und Jauernitz (1142). Im Kremstal war als königlicher Verwaltungsmittelpunkt Neuhofen entstanden und 888 wurde Besitz in Wels an Kremsmünster vergeben; Ludwig das Kind schenkte 903 Besitz in Kirchdorf und Fischereirechte in der Krems an Zwentibold.[59] Nach der Ungarnzeit ging 1006 Schlierbach an Salzburg; da Kaiser Heinrich II. fast das gesamte Herzogs- und Königsgut in Bayern 1007 an Bamberg übergab, dürfte auch der ausgedehnte Besitz dieses Bistums am Pyhrn fiskalischer Herkunft sein.[60] Aufschlußreich und keineswegs geradlinig war die königliche Besitzpolitik im engeren, östlichen Markenbereich. In die Zeit des zweiten Babenbergers Heinrich I. (994–1018) fallen schon die ersten Belege für den Namen Österreich (Ostarrîchi) als Bezeichnung des babenbergischen, noch ganz vom Königtum abhängigen Herrschaftsgebietes.[61] Waren unter Kaiser Otto II. und Otto III. die Besitzveränderungen in der Ostmark, abgesehen von zwei größeren Schenkungen an Freising,[62] relativ selten, was mit der Wiederaufrichtung einer starken Königsherrschaft zusammenhing, so gingen schon 1002 unter Kaiser Heinrich II. an den erwähnten Babenberger Heinrich I. zwei wichtige Schenkungen: ein Gut zwischen den Flüssen Liesing und Triesting im Osten des Wienerwaldes, ein Gebiet von etwa 18 Quadratmeilen, in dem das babenbergische Hauskloster Heiligenkreuz, die Stadt Baden und der Markt Mödling entstanden, ferner nördlich der Donau zwischen Kamp und March 20 Königshufen.[63] Es waren dies jene Räume, in denen die Babenberger dann

ger (s. o. 305 Anm. 23); Ders., Schriften (s. o. 425); Fichtenau, Mark; Zauner (s. o. 305 Anm. 23) 210ff.; K. Lechner, Die Babenberger. Markgrafen u. Herzöge von Österreich 976–1246, 1976; M. Weltin, Babenberger-Studien, 1976; F. Geldner, Zur Genealogie der «Alten Babenberger» (HJb. 84) 1964, 257–270.

[59] MG Dipl. Ludwig d. K. 27; MG Dipl. Arnolf 22, dazu nr. 8 (Königsgut in Nöstlbach); Reindel nr. 33; H. Ferihumer, Erläuterungen z. HA d. österr. Alpenländer, Wien 1956; Lechner, Schriften (s. o. 425); zu Krems: O. Brunner, Die geschichtl. Stellung der Städte Krems und Stein (Festschr. Krems u. Stein. 950jähr. Stadtjubiläum) Krems 1948, 10–79.

[60] Zibermayr 298ff.; Zauner (s. o. 305 Anm. 23) 212ff.

[61] A. Lhotsky, Ostarrîchi, Wien 1947; Santifaller, Ostarrîchi-Urkunde (s. o. 305 Anm. 19); Brunner 197ff.; Hirsch, Österreichs Werden (s. o. 332 Anm. 53) 640ff.; Steinacker (s. o. 435 Anm. 54); zu der ahd. Bezeichnung «riche» (Carantarîche, Ostarîche, Poigrîche, Camprîche) für die im Südosten des Reiches eroberten Gebiete, die dem König zugefallen waren und deshalb als Königsgut- und Königsherrschaftsbezirke (= regna) bezeichnet wurden: Bosl, Luitpoldinger 158 Anm. 54.

[62] MG Dipl. Otto II. 66 (vgl auch 80, Fälschung) und Otto III. 170 u. 232.

[63] Zöllner, Markgraf (s. o. 307 Anm. 39).

im königsfernen Osten ihre eigentliche, von Bayern unabhängige Macht aufbauten und von wo aus sie schrittweise durch «Mediatisierung» und Erwerbung von Adelsherrschaften und durch die Akkumulation von Vogteirechten sich nach Westen ausdehnten. Rückschläge kamen für die Babenberger nicht nur durch die militärische Niederlage Kaiser Konrads II. gegen die Ungarn (1030) und durch die Bedrohung durch Herzog Boleslav Chrobry von Mähren aus,[64] sondern auch durch die Politik der Frühsalier, im Osten die kleineren Lehnsträger auf Kosten der größeren zu unterstützen. Dies zeigte sich besonders bei den *Markengründungen Kaiser Heinrichs III.*, der im Osten eine Art Militärgrenze schuf. So entstand nach dem erfolgreichen Feldzug von 1039 die neue «Böhmische Mark» vom Pulkautal und Mailberger Wald bis zur Thaya und, als noch bedeutenderer Sicherungsgürtel, die sogenannte «Neumark» längs der Leitha und der March an der ungarischen Grenze; beide Markengürtel wurden jedoch nicht unmittelbar dem Babenberger Herrschaftsbereich angeschlossen.[65] Zwar bekam der Babenberger Markgraf Adalbert (1018–1055) neue Schenkungen zwischen Triesting und Piesting (1035), an der Pielach (1043), an der Thaya und um Horn (1048), aber gleichzeitig erhielt – nach dem frühen Tod von Adalberts Sohn Luitpold II., der die Neumark als Lehen besessen hatte – 1045 ein Markgraf Siegfried in der Neumark gewaltigen Besitz von 380 Königshufen und 35 Hofstätten, wobei eigene Königsboten mit der Vermessung dieses Gebietes und mit der Organisation der Neusiedler daselbst befaßt waren. Siegfried war kein Babenberger, möglicherweise stammte er aus der Chiemgauer Sippe der Sighardinger; neben ihm erhielten noch Bistümer, Klöster und andere weltliche Herren große Schenkungen in der Neumark.[66] Anstelle der karolingischen und ottonischen Hufe (als Wehr- und Zinseinheit für das Reiterheer), die im Grenzbereich als Sonderleistung das Marchfutter zu entrichten hatte, entstanden jetzt unter Kaiser Heinrich III. Angersiedlungen der wehrhaften Grenzbevölkerung, deren militärische Anführer in Burganlagen wohnten und das Aufgebot leiteten.[67] Die zentrale Burganlage der «Neumark» war Hainburg, wohin der Zehnt zu entrichten war und von wo aus der Donauweg am leichtesten kontrolliert werden konnte.[68] Auch in der nördlichen «Böhmischen Mark», wo Luitpold im Kampfe Kaiser Heinrichs III. gegen den Přzemysliden Břetislav I. (1034–1055) Eroberungen, wohl um den Leiserberg, gemacht hatte, findet sich bereits 1055 statt des Babenbergers ein Graf Adalbero.[69] Dafür faßten die Markgrafen 1051 in Gars nordöstlich und in Eggenburg nördlich der Donau und des Manhartsberges Fuß, ja zeitweise residierten sie dort und gewannen durch Rodung im Waldviertel an Boden; Luitpold II. († 1095) ist in Gars bestattet. Seit dem Aussterben der Grafen von Ebersberg (1045) haben die Babenberger als deren Miterben ihre Stellung im Waldviertel

[64] Reindel 236ff.

[65] S. o. 315ff. Vgl. M. Mitterauer, Zur räuml. Ordnung Österreichs in d. frühen Babenbergerzeit (MIÖG 78) 1970, 94–120.

[66] MG Dipl. Heinrich III. 133 u. 141; Witte, Geneal. Untersuchungen (s. o. 413 Anm. 46) 372ff.; Bednar, Neumarkgebiet (s. o. 316 Anm. 108); Mitscha-Märheim, Siegfried (s. o. 317 Anm. 110); Tyroller, Genealogie 92.

[67] Bosl, Markengründungen 210ff. (über Marchfutter).

[68] S. o. 316f..

[69] MG Dipl. Heinrich III. 331.

dann an der Wende des elften zum zwölften Jahrhundert entscheidend gefestigt und gleichzeitig die Machländer und Kuenringer sowie die kleineren Dynasten unter ihrer Oberhoheit gehalten. Ebenso ging sehr wahrscheinlich ebersbergisches Besitztum an die Nachkommen der Sigharde, die Grafen von Schala-Peilstein-Burghausen über, ebenso wie die Grafschaft Pitten von den Lambachern in die Hände der Vornbacher kam.[70] Da Sigharde wie Vornbacher beiderseits der Donau, besonders um Wien, reich begütert waren, bedeutete also das Aussterben der Ebersberger und Lambacher auch eine besitzmäßige Stärkung konkurrierender Dynasten im babenbergischen Kernraum. Westlich des Wienerwaldes waren schließlich die Herren von Traisen beheimatet, die auch in Kärnten saßen, ebenso die Herren von Lengenbach (NÖ) und Rechberg; letztere waren nach dem Aussterben der Bogener Nebenlinie zeitweise Domvögte von Regensburg.[71] Schließlich finden sich die Babenberger 1051 das letzte Mal als Grafen im Donaugau, wo ihnen die Bogener im Komitat gefolgt und wo später die Grafschaften Bogen und Deggendorf festzustellen sind. Auch die Grafschaft Windberg im Rottgau muß den Babenbergern ebenfalls entglitten sein, da sie später als Reichslehen in der Hand der Andechser erscheint.[72] Nach den mannigfachen Rückschlägen in der Mitte des elften Jahrhunderts bedeutete es für die Babenberger wieder einen großen Sprung nach vorn, als Markgraf Ernst (1055–1075), der treue Gefolgsmann Kaiser Heinrichs IV., 1074 die babenbergischen Besitztümer durch eine große Schenkung im Gebiet von Raabs vermehren konnte und wieder die militärische Leitung der Neumark übernahm.[73] Es ist bezeichnend für den Wandel der Situation, daß 1076 sein Sohn Luitpold II. – damals noch auf kaiserlicher Seite – erneut in der Gegend von Raabs eine größere Schenkung von Heinrich IV. erhielt und daß diese die letzte Dotation war, die einem Babenberger vom deutschen König zuteil wurde.[74] Damit war die Politik Kaiser Heinrichs III., im Osten durch seine Markengründungen und durch die planmäßige Begünstigung konkurrierender kleinerer Dynasten auf Kosten der großen die Vormachtstellung des Königtums zu sichern, endgültig gescheitert. Der nächste Schritt der Salier und Staufer, von der Markengründung im Osten zur Reichslandpolitik weiterzuschreiten, der ihnen im

[70] Tyroller, Chiemgau (s. o. 368 Anm. 23).

[71] Ders., Genealogie 214f.; Zibermayr.

[72] Bosl, VHOR 106, 53f.; Strnadt (s. o. 413 Anm. 46) 679ff. nahm an, daß die aus dem Donaugau entstandenen Teilgrafsch. Bogen u. Deggendorf v. d. Babenbergern bis ins 13. Jh. zu Lehen gegangen seien. Dagegen mit Recht Spindler, Landesfürstentum 21 Anm. 8 u. Piendl III 66f. Für die Stellung des Dynasten zwischen Bayern und der Babenberger Mark ist es charakteristisch, daß bei den von den Babenbergern abgehaltenen Versammlungen auch die Grafen anwesend waren, die im heutigen Niederösterreich außerhalb der Mark Besitz und Grafenrechte hatten; andererseits gehörten die überregionalen bayerischen Dynasten, vor allem die in Oberösterreich begüterten, bis zur Mitte des 12. Jhs. landrechtlich zum Herzogtum Bayern; einige von ihnen, wie die Otakare, entwuchsen durch ihren Herrschaftsaufbau in der Steiermark sowohl dem bayerischen Herzog wie den Babenbergern. Appelt, Erhebung Österreichs (s. o. 343 Anm. 129) 56; Dungern, Landeshoheit 182; – für den Attergau ist erst nach 1192 die babenbergische Landesherrschaft nachweisbar. Pfeffer 299.

[73] MG Dipl. Heinrich IV. 271 (1074); Lechner, Raabs (s. o. 317 Anm. 111) 77–111.

[74] MG Dipl. Heinrich IV. 285; Zöllner 67.

bayerischen Nordgau geglückt war, blieb für Österreich undurchführbar. Der Investiturstreit, der das Königtum weitgehend von der Parteinahme der großen Adelsfamilien abhängig machte, bot den Babenbergern anfangs Gelegenheit, durch königliche Machtkonzessionen und Schenkungen ihre herrschaftliche Präponderanz gegenüber den landsässigen Dynasten zwischen Enns, March und Leitha wiederherzustellen. Sie gefährdeten dieselbe durch ihren Frontwechsel für die päpstliche Partei zwar für eine bestimmte Zeit und hatten sich gegen die Přzemysliden zu wehren, gewannen aber dadurch auch innenpolitische Vorteile. Durch eine kirchenfreundliche Vogteipolitik, die ebenfalls auf Kosten der kleineren Dynasten im babenbergischen Bereich ging und sich scheinbar das Streben der gregorianischen Partei nach Entvogtung von Kirchen und Klöstern zu eigen machte, bekamen sie auf lange Sicht die landesherrlichen Rechte über die großen Besitzungen Freisings, Bambergs, Passaus, Würzburgs und Regensburgs im Osten und bahnten damit eine bedeutungsvolle Entwicklung an, die besonders seit dem dreizehnten Jahrhundert zur Abspaltung der eigentlichen Hoheitsrechte von der Grundherrschaft führte. Diese wurden in der Hand des Landesherrn vereinigt, während die Kirchen und Klöster auf ihren Besitzungen blieben: Besitz und Herrschaft traten auseinander.[75] Durch die Heirat Markgraf Luitpolds III. (1095–1136) mit Agnes, der Schwester Kaiser Heinrichs V., und durch die entschiedene Parteinahme für den letzteren sicherten und erweiterten dann die Babenberger nicht nur ihre Herrschaft im Innern, sondern standen nun auch plötzlich in nächster Umgebung des Königshauses. Das Königtum der verwandten Staufer anerkannte 1156 mit dem Privilegium minus die bereits vollzogene Etablierung der babenbergischen Landesherrschaft, indem es die Bindung an den bayerischen Herzog löste; mit Hilfe des Lehnrechts sollte das babenbergische Herzogtum in die staufische Reichsherrschaft eingeordnet werden.

§ 34. DIE BISTÜMER

GP I; LThK; Dict. d'archéol. et de liturgie chretienne, hg. v. CABROL-LECLERCQ, Paris 1907ff.; Dict. d'hist. et de geogr. eccl., hg. v. A. BAUDRILLART, Paris 1912ff.; RGG; Stud. u. Mitt. aus d. Benediktiner- u. Cisterzienserorden (StMBO); RIEZLER I 1, 141ff., I 2, 369ff. u. 433ff.; C. WOLFSGRUBER, Kirchengesch. Österreich-Ungarns, 1909; HAUCK III, IV; TOMEK; BAUERREISS I–III; v. GUTTENBERG, Bamberg; Studi Gregoriani; FEINE I; MITTEIS; WODKA; BAVARIA CHRISTIANA (s. o. 352); E. DÜNNINGER, Die christliche Frühzeit Bayerns, 1966; SCHWAIGER (Hg.), Bavaria Sancta (s. o. 352); H. JEDIN (Hg.), Handbuch d. Kirchengesch. III, 1966; Salzburg im 8. Jahrhundert (Mitt. d. Ges. f. Salzb. Lkde. 115) 1975.

Am Ende der Agilolfingerzeit war die vom hl. Bonifatius geschaffene Kirchenorganisation Bayerns so gefestigt und ausgebaut, daß sie ohne Erschütterungen personeller oder institutioneller Art in karolingische Hand überging.[1] Karl der Große hat die

[75] S. u. 493.

[1] NOTTARP; LÖWE, Reichsgründung; Ders., Bonifatius 85–127; KLEBEL, Probleme 100ff.; der Forschungsstand b. REINDEL, Bistumsorganisation 277ff.

innere Einheit der bayerischen Sprengel 798 noch durch die *Schaffung eines bayerischen Metropolitanverbandes* unter Führung Salzburgs verstärkt und mit *Erzbischof Arn* einen schon seit langem als fränkischen Parteigänger bewährten Mann aus westbayerischem Adel an dessen Spitze gestellt.[2] Arn hielt 800 zu Reisbach bei Dingolfing eine bayerische Provinzialsynode, bald darauf zwei weitere in Freising und Salzburg, deren Bestimmungen eine Parallele zu den entsprechenden, von Karl inspirierten Beschlüssen auf reichsfränkischen Synoden darstellten, denn neben innerkirchlich-disziplinären Bestimmungen findet sich u. a. auch die Verordnung, daß kein Bischof oder Abt das Eigentum von Tributpflichtigen des Königs an sich ziehen und auch deren (königliche) Eigenkirchen nicht weihen dürfe, ehe der König dies erlaubt habe.[3] Der Ertrag all dieser Synoden – wie die gesamte Tätigkeit des mit Alkuin und dem Kaiserhofe eng verbundenen Arn – lief auf eine Verschmelzung der bayerischen Landeskirche mit der fränkischen Reichskirche hinaus. Dies bezog sich nicht nur auf die Rechtsformen, sondern auch auf die personellen Verbindungen, für die der in St. Amand-Elnone ausgebildete Salzburger Metropolit selbst ein Beispiel bot. War unter Bischof Virgil das Salzburger Verbrüderungsbuch von St. Peter in seinen Eintragungen fast ausschließlich im bayerischen Bereich verblieben, so wurde es unter Arn gesamtfränkisch in seinem Gesichtskreis.[4] Dem entsprach, daß nicht nur fränkische Adelsfamilien stärker als vor 788 in Bayern Machtpositionen erhielten (s. o. § 28) und bayerische Klöster wie Chiemsee und Staffelsee Eigentum fränkischer Bistümer wurden, sondern umgekehrt Bayern hohe Ämter in Reich und Kirche erlangten, wie Leidrad als Erzbischof von Lyon, Erzbischof Wulfher von Vienne, die bayerischen Bischöfe des neunten Jahrhunderts in Auxerre und wohl auch Ato von Saintes. Bayern wurde damit nicht nur eine Art «Verwaltungsobjekt» einer quasi «internationalen» fränkischen Reichsaristokratie, sondern seine Führungsschicht reihte sich selbst in diese maßgebliche politische Gruppe ein; die kirchliche Seite dieses Vorganges ist nur die quellenmäßig am besten zu fassende, doch handelt es sich insgesamt um eine «antistämmische» Verknüpfung der Reichsteile, die ihren stärksten Ausdruck in der geplanten divisio regnorum von 806 fand.[5] Schon 792 hatte Karl der Große in Regensburg eine Reichssynode abgehalten, deren Hauptzweck die Abwehr der adoptianischen Häresie war. Umgekehrt beteiligt sich der bayerische hohe Klerus

[2] Riezler I 1, 455 ff.; Hauck II 419–425; Sturm, Preysing; G. Demmelbauer (s. o. 233 Anm. 56); Bauerreiss I 95 f.; Levison-Löwe (WL 2) 198, 202 f. Mit der Einsetzung Arns schuf Karl kein grundlegend neues Recht, denn schon die Lex Baiw. I 10, behält dem König das Recht der Bischofseinsetzung vor; vgl. Hauck II 437 f.

[3] Concilia aevi karolini I 1, hg. v. A. Werminghoff (MG LL III 2) 1906, nr. 24, S. 205 ff. Synodalbeschlüsse sind ferner erhalten von Regensburg-St. Emmeram und Tegernsee (804), (wahrscheinlich) Freising (805), Salzburg (807), Eching b. Freising (829); Hauck II, 461 ff.

[4] Herzberg-Fränkel, St. Peter (s. o. 161 Anm. 71) 55–107, bes. 101.

[5] Wollasch (s. o. 163 Anm. 88); J. Semmler, Zu den bayrisch-westfränkischen Beziehungen in karolingischer Zeit (ZBLG 29) 1966, 344–424; für die relativ späten und spärlichen Belege für bayerische Adelige in Oberitalien vgl. E. Hlawitschka, Franken, Alemannen, Bayern und Burgunder in Oberitalien (774–962) (Forsch. z. oberrh. Landesgesch. 8) 1960; vgl. Löwe (GG I) 140; zur Problematik der Divisio regnorum zuletzt W. Schlesinger, Kaisertum (s. o. 258 Anm. 62).

an den Reichssynoden zu Mainz (852), Worms (868) und Tribur (875). Noch unter Erzbischof Arn entstand 790 der Indiculus (Notitia) Arnonis, ein Verzeichnis der Schenkungen, die das Bistum Salzburg bis 788 vom agilolfingischen Herzogshause erhalten hatte, während die Breves Notitiae, eine vom Indiculus unabhängige Quelle, auf Urkunden beruhende Nachrichten von der Gründung und Bestiftung des Salzburger Bistums und seiner Klöster durch Herzog und Adel enthält und in letzter Umarbeitung wohl Mitte des neunten Jahrhunderts entstand. Vor allem der Indiculus sollte den unangefochtenen Weiterbesitz der von den Agilolfingern an Salzburg geschenkten Güter garantieren; eine Bestätigungsurkunde Karls des Großen für Salzburgs gesamten Besitz legt nahe, daß ihm dieses Verzeichnis vorgelegt worden ist.[6] Das kirchliche Ausgreifen Salzburgs und seines Metropolitanverbandes nach Osten im Rahmen der bayerischen Ostbewegung, die nach den Ansätzen in herzoglicher Zeit besonders seit der Niederwerfung der Awaren 790/92 die Ostalpenländer ergriff, fand einen quellenmäßigen Niederschlag in der Schrift «De conversione Bagoariorum et Carantanorum libellus», die um 870 entstand, als Papst Hadrian II. den Slawenbischof Methodius für Pannonien als Erzbischof einsetzte und der Salzburger Metropolit gezwungen war, die durch Mission und kirchenorganisatorischen Aufbau entstandenen Rechtsansprüche der bayerischen Kirche auf diese Gebiete (Karantanien) zu verteidigen.[7] Westlich-salzburgische Mission und byzantinische sowie – zwischen beiden – eine von Rom aus organisierte slawische Mission begegneten sich auch im Großmährischen Reich.[8] Die Missionierung der Karantanenslawen, schon unter Herzog Boruth zur Zeit des Bayernherzogs Odilo in die Wege geleitet, blieb auch nach 788 die Hauptaufgabe der Salzburger Kirche, als 798 mit der Niederwerfung der Awaren sich das kirchliche Tätigkeitsfeld des neuen Metropolitansitzes wesentlich erweiterte und man daher einen Chorbischof für Pannonien entsenden mußte. Es kam dort zu Kompetenzstreitigkeiten mit der Passauer Mission und mit Aquileja, so daß Karl der Große 811 bestimmte, für Salzburg und Aquileja solle in Karantanien, wie schon seit 796 für Unterpannonien, die Drau als Grenze gelten, während Passau sein schmales Diözesan- und Missionsgebiet beiderseits der Donau bis nach Mähren

[6] UB Salzb. I 3–16, 50–52 u. 17–49 u. II (1916) Anhang 1–23; MG Dipl. Karl d. Gr. 168; Hauck II 430ff.; Widmann I 371ff.; Dopsch, Kulturentwicklung 177ff.; Lit. b. Lhotsky 151ff.; Finsterwalder (s. o. 126f. Anm. 9); Uhlirz I 62f.; Prinz, Herzog u. Adel 283ff; H. Bachmann, Studien z. Entstehung der in der Notitia Arnonis genannten Kirchen Tirols (MIÖG 81) 1973, 241–303, (ebd. 82) 1974, 30–82.

[7] Conversio (MG SS 11) 1–15; s. o. 366 Anm. 12; Zibermayr 151ff.; Heuwieser, Passau I 152ff.; Bauerreiss I 127ff.; zur frühen bayerischen Slawenmission vgl. insgesamt Zagiba, Bayer. Slawenmission (s. o. 269f. Anm. 168); Ders., Kyrill u. Method (s. o. ebd.); Grivec (s. o. 267 Anm. 148); L. Waldmüller, Salzburg als Zentrum d. bair. Slawenmission des achten Jhs. (Festschr. A. W. Ziegler) 1973, 111–128.

[8] Poulík (s. o. 378 Anm. 30) bes. 24ff.; Graus, l'empire (s. o. 261 Anm. 98) 62ff.; weitere Lit. b. Uhlirz I 201ff.; Bosl, Kyrill u. Method (s. o. 267 Anm. 148); H. Koller, Zur Salzburger Missionsmethode in d. Karolingerzeit (Österreich in Geschichte u. Lit. 14) 1970, 273–288; Ders., Die Christianisierung d. Ostalpenraumes (Religion u. Kirche in Österreich) 1972, 13–27; Großmähren. Slawenreich zw. Byzantinern u. Franken (Ausstellungskat. Röm. Germ. Zentralmuseum Mainz) 1966; K. Richter, Die böhm. Länder im Früh- u. Hochmittelalter (BHB I) 170ff.

um die nördliche Grafschaft Oberpannonien mit Tulln und Wien erweitern durfte.[9] Unter Erzbischof Liupram (836–859) war die Salzburger Mission besonders erfolgreich im Fürstentum Pribinas und Kozels am Plattensee tätig. Wie Ausgrabungen in Moosburg-Zalavár erkennen lassen, konnte Liupram schon vor Pribina durch seine Salzburger Baumeister eine dem hl. Hadrian geweihte Kirche erbauen.[10]

In den Rahmen dieser Entwicklung sind die *Salzburger Besitzverhältnisse und Eigentumsrechte* zu stellen. Der älteste Kern des Bistumsbesitzes um die Stadt Salzburg, im Pongau, um Mühldorf sowie das Kapitelgut um Obing im Chiemgau ging noch auf die Agilolfinger zurück; die Karolinger fügten Schenkungen in Flossing bei Mühldorf (879), das gesamte Zillertal (889) und zahlreiche Güter in Niederösterreich, Westungarn, Burgenland, Steiermark und Kärnten hinzu, die 860 endgültig an das Erzstift kamen. Diese Erwerbungen hingen mit den Missionsplänen Ludwigs des Deutschen zusammen; so gingen damals an Salzburg Sabaria-Steinamanger, Pinkafeld und zahlreiche, bisher als Lehen ausgegebene Güter in einem großen Gebiet, das von Melk über Traismauer (an der Mündung der Traisen in die Donau), Loiben, Hollenburg bis an die Raab reichte.[11] Dazu kamen noch kleinere Schenkungen in Kärnten in den Jahren 831, 864 und 888.[12] Hinzu traten 928 Erwerbungen im Ennstal. Den Salzburger Besitzstand hat zwischen 923–935 der Codex des Erzbischofs Odalbert festgehalten.[13] Aus (ehemals luitpoldingischem) ottonischem Reichsgut gingen 953 Althofen auf dem Krappfeld in Kärnten und 1002 Besitzungen im Lungau, sowie 959 der Forst von Grabenstätt im Chiemgau an Salzburg. Nach der Ungarnzeit zog Salzburg seinen alten Besitz an der Donau wieder an sich, dazu Thernberg im Pittener Gebiet sowie Arnsdorf und Grunzwita (Gründs); seinen Güterbestand ließ es aufgrund einer angeblichen Urkunde König Arnulfs von 890 durch Kaiser Otto II. 977 bestätigen.[14] Drei königliche Forstschenkungen südlich Mühldorf (1027) und östlich Traunstein (1048) folgten.[15] Das Reichskloster Chiemsee fiel 891 wieder an das Salzburger Erz-

[9] ZIBERMAYR 348ff.; HEUWIESER, Passau 205ff.; KLEBEL, Siedlungsgesch. 44ff.; H. KOLLER, Pannonien im 9. Jh. (Millenium Dioeceseos Pragensis 973–1973) 1974, 7–19.

[10] BOGYAY (s. o. 261 Anm. 89).

[11] H. KOLLER, Der östl. Salzburger Besitz im Jahre 860 (Burgenländ. Heimatbll. 22) 1960, 84–106; Besprechung dazu F. POSCH (Mitt. d. Ges. f. Salzb. Lkde. 101) 1961, 243–260. Die Urkunde Ludwigs d. D. (MG Dipl. Ludwig d. D. 102) wurde durch die Fälschung auf Arnulf (MG Dipl. Arnolf 184) wesentlich erweitert, die in der Kanzlei K. Ottos II. für echt gehalten und daher als Vorurkunde für die MG Dipl. Otto II. 165 u. MG Dipl. Otto III. 1 genommen wurde. Vgl. H. WAGNER, Urkundenfälschungen (Burgenländ. Forsch. 23) 1953, 12ff.

[12] MG Dipl. Ludw. d. D. 4, 102 u. 112; MG Dipl. Ludw. d. J. 13; MG Dipl. Arnolf 16, 61 (verunechtet); vgl. KLEBEL, Probleme 265f.

[13] UB Salzb. I nr. 57, 118f. Die etwa 100 Notizen Odalberts, ebd. 67ff.

[14] UB Salzb. II nrr. 46, 64, 48 = MG Dipl. Otto I. 171, MG Dipl. Heinr. II. 33, MG Dipl. Otto I. 202; H. BRAUMÜLLER, Wann wurde Kärnten Herzogtum? (Carinthia I, 134/135) 1947, 64f.; REINDEL nr. 105. Auf Intervention Herzog Bertholds hatte Otto. I. schon 945 der vom Salzburger Chorbischof Gotabert geleiteten Kirche von Budistdorf (nicht lokalisiert) eine Herrenhufe mit Zubehör geschenkt (ebd. nr. 100). Die Bestätigungsurkunde K. Ottos II., MG Dipl. Otto II. 165; M. VANCSA 213.

[15] UB Salzb. II nrr. 75–78 u. 84 = MG Dipl. Konr. II. 104, 105, 149 u. MG Dipl. Heinr. III. 213.

stift; die bischöflichen Eigenklöster Bischofshofen, Au und Gars wurden unter Erzbischof Konrad I. (1106–1147) wiederhergestellt.[16] Im Jahre 1043 gründete die Gräfin Hemma von Gurk ein Frauenstift, das 1072 in ein Bistum umgewandelt wurde; große Teile der Ausstattung des Stiftes fielen an das Salzburger Bistum, so etwa Rann und Lichtenwald an der Save; vermutlich stammt auch der Krainer Besitz Salzburgs aus Hemmas Gut.[17] Ebenso übergab der Trienter Bischof Altmann sein 1136 gegründetes Chorherrnstift Suben an Salzburg, 1142 dazu noch seinen Stammsitz Hohenburg im Lurnfeld. Aus diesen Schenkungen Altmanns dürften die erzstiftischen Herrschaften Gmünd und Stoll in Oberkärnten stammen.[18] Insgesamt läßt sich feststellen, daß der Anteil von Herzogs- und Reichsgut am Salzburger Besitz jenen der Eigenklöster beträchtlich überwog, während für Freising eher das umgekehrte Verhältnis gilt. Die Verknüpfung zwischen dem Bistum und dem Domkloster S. Peter, der Urzelle des Bistums, dauerte bis 987, aber erst 1110 erbaute Erzbischof Konrad I. (aus dem Hause der Grafen von Abensberg) eine eigene, von St. Peter getrennte Residenz. Ähnlich wie die Passauer waren auch die Salzburger Bischöfe fast stets romtreu, besonders im Investiturstreit Gebhard (1060/88), Thiemo (1090/1101) und Konrad I. Mit den *Eigenbistümern* schuf sich Salzburg eine aus den kirchenpolitischen Gegebenheiten des Investiturstreites geborene Organisationsform, die dem Erzbischof, anders als in den Suffragan-Bistümern seines Metropolitanbereiches, das Ernennungsrecht sicherte. So entstand als erstes das Eigenbistum *Gurk* (1070), eine Schöpfung des reformfreudigen Erzbischofs Gebhard (1060/88) aus dem Hause der schwäbischen Grafen von Helfenstein. Gebhard war auch an der Gründung der Reformabtei Admont (1074) beteiligt; er hob in den östlichen Teilen seines Sprengels den Slawenzehnten auf und organisierte das Pfarrsystem. Die anderen Eigenbistümer entstanden viel später: *Seckau* (1218), *Chiemsee* (1218) und *Lavant* (1225). Die *kirchliche Leitung* des gesamten Salzburger Sprengels lag in den Händen eines Archidiakons, nach 1139 in denen des Dompropstes.[19] Neben dem Grundstock der Benediktinerklöster traten – vornehmlich durch die Initiative Erzbischof Konrads I. und Gerhochs von Reichersberg – die regulierten Augustinerchorherrnstifte, so am Domstift (1122), in St. Zeno-Reichenhall (1136), Gurk, Höglwörth, Herrenwörth im Chiemsee, Weyarn, Au, Gars, Baumburg, Berchtesgaden, Maria Saal und Suben. Der Energie des Erzbischofs gelang es sogar,

[16] MG Dipl. Arnolf 90; HAUCK II 432 Anm. 1. Kloster Nonnberg war wohl immer ein erzbischöfliches Eigenkloster, MG Dipl. Ludw. d. K. 85 (Spurium).

[17] UB Salzb. II Nrr. 81 u. 82 u. 102; MG Dipl. Heinr. IV. 253; H. PIRCHEGGER, (Zschr. d. hist. Ver. f. Steiermark 32) 1938, 1–5; über Gurk: GP I 123 ff.

[18] UB Salzb. II nrr. 208 u. 305 u. 207a, b.

[19] GP I; K. HÜBNER, Die Archidiakonatseinteilung in der ehem. Diözese Salzburg (Mitt. d. Ges. f. Salzb. Landesk. 45) 1905, 41–78; A. WRETSCHKO, Die Besetzung d. erzbischöfl. Stuhls in Salzburg im MA (ebd. 47) 1907, 191–312; F. MARTIN, Die Regesten d. Erzbischöfe u. d. Domkapitels v. Salzburg, 3 Bde., 1926/34; WIDMANN; BRACKMANN, Kurie (s.o. 352); SCHREIBER, Kurie u. Kloster (s.o. 350); W. SEIDENSCHNUR, Die Salzburger Eigenbistümer in ihrer reichs- und kirchenrechtl. Stellung (ZRG KA 9) 1919, 177–287; F. J. SCHMALE, Kanonie, Seelsorge, Eigenkirche (HJb. 78) 1959, 38 ff.; zu Eb. Gebhard: TOMEK I 138 f., 143–149. Zu seiner Vita s.u. 578. Zu Gurk: H. DOPSCH, Die Stifterfamilie d. Klosters Gurk u. ihre Verwandtschaft (Carinthia I 161) 1971, 95–123.

Zisterzienserklöster in seinem Sprengel an das Salzburger Hochstift zu bringen: so Rein, Viktring und Raitenhaslach. Ebenso ließ er sich die von Laien gestifteten Kanonien Höglwörth, Gars und Seckau tradieren, während die älteren Gründungen Baumburg und Berchtesgaden päpstliche Eigenklöster blieben.[20] Die Straffung und Zentralisierung der Salzburger Kirchenverwaltung unter Konrad führte zur Einteilung des westlichen Teils der Diözese in vier Archidiakonate, die den Pröpsten von Salzburg, Baumburg, Gars und Chiemsee unterstanden.[21]

Das *Bistum Regensburg* war zwar dem Metropolitansitz Salzburg kirchlich untergeordnet, aber durch Regensburgs Stellung als Residenz eines karolingischen Teilreiches und vor allem durch das bedeutendste bayerische Heiligtum *St. Emmeram* stand es zumindest an Ansehen Salzburg nicht nach. Allerdings brachte es die Nähe zum Königtum mit sich, daß der Regensburger Bischof in seiner Diözese eine schwache Stellung besaß; das Kollegiatstift zur Alten Kapelle dürfte wenigstens zeitweise im seelsorgerischen Bereich den Fiskalbesitz um die Stadt organisatorisch erfaßt haben. Nach der Abtrennung von St. Emmeram 972 war das Bistum besonders geschwächt; nur der von König Konrad I. geschenkte Sulzbacher Forst, die spätere Herrschaft Donaustauf,[22] blieb im Besitz des Bistums sowie Besitzungen im Osten, um Steinakirchen und Wieselburg, wie auch in Pöchlarn und Mondsee,[23] ferner das Gebiet zwischen Aist und Naarn (853),[24] Velden und 1043 Besitz im Eck zwischen March und Donau.[25] Regensburgs starke missionarische Ausstrahlung richtete sich u. a. über den Missionsstützpunkt Chammünster vor allem nach Böhmen. Hierher kamen 845 vierzehn böhmische duces mit ihren Gefolgsleuten zu König Ludwig dem Deutschen, um sich taufen zu lassen. Das Emmeramspatrozinium findet sich neben anderen kulturellen Einflüssen in Prag, aber vermutlich auch im Bistum Neutra im Großmährischen Reich.[26] Die überragende Stellung St. Emmerams erhellt auch daraus,

[20] Hauck III 889ff., IV 145f.; Tomek I 151ff.; Mois; Classen, Gerhoch 58ff.

[21] Die 4 Salzburger Archidiakonate gehen zweifellos auf Erzb. Konrad I. (1106–1147) zurück, wenn sie auch erst später bezeugt sind. Hübner (s. o. 444 Anm. 19) 41–78; F. Martin, Das Urkundenwesen d. Erzbischöfe v. Salzburg (MIÖG Erg. Bd. 9) 1915, 692ff.; Feine I 181ff., 195ff.; Bauerreis II 151ff.; J. Hauser, Vom Archidiakonat Gars (Inn-Isengau 4) 1928, 53ff.; Klebel, Probleme 188f.; Classen, Gerhoch 61.

[22] MG Dipl. Konr. I. 22; MG Dipl. Otto II. 204; dazu UBLE II nr. 105, S. 127; vgl. ferner allgemein Janner; Heuwieser, Regensburg; Regensburger Traditionen; Piendl, Emmeram; Klebel, Probleme 226f., 268f.; J. Staber, Kirchengesch. d. Bistums Regensburg, 1966.

[23] MG Dipl. Otto II. 204 u. MG Dipl. Ludw. d. D. 8 u. 174 (Spurium zu 833, doch wohl echten Inhalts); J. Sydow, Von d. regensburg. Hochstiftsherrschaft Pöchlarn (Zwiebelturm 16) 1961, 182f. und H. Dachs, Regensburgs Anteil an d. südostdeutschen Kolonisation (Bayerland 46) 1935.

[24] MG Dipl. Ludw. d. D. 64.

[25] MG Dipl. Ludw. d. K. 26; Klebel, Probleme 269.

[26] Ann. Fuld. 35; Naegle I 49ff.; Bosl, Böhmen (s. o. 225 Anm. 262) 51f., 57ff.; Wegener 18ff.; vgl. Dold-Eizenhöfer, Das Prager Sakramentar, 1949; Lit. b. Uhlirz I 210ff.; Dachs, Oberpfalz 159ff.; E. Hermann, Zur frühmittelalterl. Regensburger Mission in Böhmen (VHVOR 101) 1961, 175–187; Bosl, Herzog, König u. Bischof (s. u. 477 Anm. 79) 269–294; Machilek, Reformorden u. Ordensreformen (s. u. 473 Anm. 57) 63–80. Gegen die Annahme, daß die Emmeramskirche in Neutra schon im 9. Jh. entstand, sprach

daß selbst Ludwig der Deutsche Lehen dieses Klosters trug.[27] Es war das «St. Denis Bayerns» (K. Bosl). Hier ruht der große Schutzheilige Emmeram. Hemma, die Gemahlin Ludwigs des Deutschen, ist hingegen in Obermünster beigesetzt, während Herzog Heinrich I., der Gemahl der Herzogin Judith und Bruder Ottos des Großen, im reichbeschenkten Niedermünster bestattet wurde, in das sich Judith 974 selbst zurückzog.[28] Aus St. Emmeram ist für 1031 ein Urbar erhalten, das Einblick in den Umfang des Klosterbesitzes gibt. Die etwa 1000 Mansen verteilen sich auf ungefähr 100 Ortschaften in Nieder- und Oberbayern, in der Oberpfalz und in Österreich. Der umfangreichste Güterblock war Vogtareuth bei Rosenheim, der 130½ Hufen umfaßte, die aus einem Waldgebiet entstanden waren, das im zehnten Jahrhundert an St. Emmeram gekommen und dann gerodet worden war. Nicht ganz so groß war der von Herzogin Judith geschenkte Güterkomplex von Aiterhofen südlich Regensburg mit 60½ Mansen; es folgen Grundherrschaften im weiteren Raum von Regensburg, Straubing, Weinberge in Aschach bei Linz, Güter bei Reichenhall, Landshut, Kelheim, Deggendorf, Erding, Pfaffenhofen, Weißenburg am Sand, Neumarkt, Burglengenfeld und Amberg in der Oberpfalz u. a. m.[29] Für die kulturelle Bedeutung St. Emmerams braucht neben seiner hochentwickelten Schreibschule (B. Baturich) nur auf den Mönch Otloh und seine überragende Stellung im elften Jahrhundert und auf die Regensburger welfische Kaiserchronik (vor 1150) hingewiesen zu werden.[30] Mit der Schaffung des Bistums Prag und dessen Anschluß an den Mainzer Metropolitanverband im Jahre 973 wurden die kirchlichen Beziehungen Bayerns zu Böhmen zwar empfindlich abgeschwächt, aber nicht völlig unterbrochen, sie lebten im Grenzraum durch den Landesausbau weiter. Als Missionar und politischer Vermittler wirkte dann unter Kaiser Heinrich II. und unter den ersten Saliern der Niederalteicher Mönch und ehemals thüringische Graf Gunther von Schwarzburg an der bayerisch-böhmischen Grenze. Er gründete die Zellen Rinchnach und Gutwasser; 1045 wurde

sich neuerdings VAVŘÍNEK (s. o. 221 Anm. 205) 5–56, bes. 24 Anm. 73, mit dem Hinweis aus, daß diese Emmeramskirche erst im 11. Jh. erbaut wurde. Jedoch besagt das Alter eines Kirchenbaus noch nichts über das Alter der Kirche an sich. Vgl. auch CHROPOVSKY (s. o. 260 Anm. 87) bes. 28 f.

[27] MG Dipl. Ludw. d. D. 37.

[28] Zur Stellung von St. Emmeram vgl. BUDDE (s. o. 205 Anm. 14) 159 f.; K. BOSL, Die große bayer. Stadt (Frühformen) 444. Niedermünster erhielt auf Judiths Verlangen durch Otto d. Gr. und durch die Herzöge im 10. Jh. reichen Besitz in Beutelhausen, Schierling, Rocking, Lindhart, Baierbach (MG Dipl. Otto I. 432, 433; REINDEL nrr. 107, 115, 116, 118, 131). An St. Emmeram schenkte Judith 972/74 Besitz zu Aiterhofen, das ursprünglich agilolfingisches, später karolingisches Gut war und unter Arnulf luitpoldingisches Herzogsgut geworden sein muß (ebd. nr. 113). Der Annahme, daß Herzog Arnulf und Heinrich der Zänker in St. Emmeram bestattet wurden, stehen neuerdings schwerwiegende Bedenken entgegen, hier könnte wohl nur eine dringend nötige Großgrabung Klarheit schaffen. Vgl. A. SCHMID, Die Herrschergräber in St. Emmeram (DA 32) 1976, 333–369.

[29] O. BECK, Studien über die Grundherrschaft St. Emmeram-Regensburg, Diss. Masch. München 1921; KLEBEL, Aus d. Verfassungs-, Wirtschafts- u. Siedlungsgesch. d. Hofmark Vogtareuth bei Rosenheim (ZBLG 6) 1933, 27–59, 177–216; DOLLINGER, Classes rurales 91 u. Appendix II 504 ff.

[30] BISCHOFF; s. u. 542 f., 592 ff., 630 f.

er in Prag im Kloster Břevnov bestattet.[31] Von den Klöstern des Regensburger Sprengels entstanden in agilolfingischer und karolingischer Zeit Chammünster, Pfaffmünster, Wörth, Metten, Weltenburg, Münchsmünster, ferner Münster bei Rottenburg, Engelbrechtsmünster und Berg im Donaugau. In der Klostergründungswelle der Reformepoche wurden während der ersten Hälfte des zwölften Jahrhunderts folgende Klöster gestiftet: Prüfening (vor Regensburg), Ensdorf, Waldsassen, Walderbach, Reichenbach, Biburg, Windberg und Speinshart.[32]

Das *Bistum Freising,* dessen literarische Blütezeit in das neunte Jahrhundert fällt, war zwar ebenfalls, wie Glossenfunde und Besitzgeschichte zeigen, in der Ostmission tätig, erwarb in Bayern, Österreich, Tirol, Krain und Kärnten Besitz, wirkte aber auch über Innichen nach Süden. Nach der Ungarnzeit zog es wieder seinen Wachauer Besitz bei Krems an sich, vertauschte ihn jedoch schon 995 teilweise gegen sechs Königshufen an der Ybbs im Ulmerfeld, wo es 980 Mauer bei Öhling erworben hatte und bald danach vom Kaiser Otto III. 996 Neuhofen mit 30 Königshufen erhielt. Des weiteren erwarb Freising Besitz nördlich Ardagger an der Donau, den es sich 1034 bzw. 1049 vom Kaiser bestätigen ließ, sowie um 1030 ausgedehnte Güter im Marchfeld zwischen Lobau an der Donau, Orth und dem Hartwalde. Wie schon in agilolfingischer Zeit war es auch im neunten Jahrhundert der geistliche Hauptstützpunkt des fränkisch versippten bayerischen Adels.[33] Neben dem Domkloster entstand im neunten Jahrhundert das Domkapitel, dessen Kanoniker 842 erstmalig genannt sind und allmählich den entscheidenden Einfluß auf das Bistum gewannen.[34] Für die Güterschenkungen an das Domstift, die besonders im letzten Drittel des achten und im ersten Drittel des folgenden Jahrhunderts überaus zahlreich waren, schrieb Kozroh, der Notar Bischof Hittos (811–835), und einer seiner Nachfolger das älteste Traditionsbuch Deutschlands.[35] Unter Bischof Waldo (883–906) schenkte der König den Ort Oberföhring mit dem Salzzoll an der dortigen Isarbrücke an das Bistum für den Wiederaufbau des durch Brand zerstörten Doms. Bischof Lantbert (937–957) hat als eifriger Parteigänger Kaiser Ottos I. viel für einen neuen Aufschwung des Bistums

[31] R. MATTAUSCH, Missionsarbeit u. Reichspolitik d. hl. Gunther, 1962; LThK.

[32] MITTERER; 1200 Jahre Bistum Regensburg (s. u. Hilfsmittel C IV 3); PRINZ, Frühes Mönchtum (s. Register); vgl. auch die einschlägigen Artikel in LThK, s. auch u. § 35.

[33] MG Dipl. Otto I. 423; MG Dipl. Otto III. 170, 232; Fontes rer. Austr. 2, XXXI, 47, 42, 50, 75, 78, 69 sowie 73 (= MG Dipl. Konr. II. 195, K. Konrad II. schenkt 1033 den Hof Alarun); F. X. ZAHNBRECHER, Die Kolonisationstätigkeit d. Hochstifts Freising in d. Ostalpenländern (Beitrr. z. Gesch. u. Topogr. Freisings NF. 4, hg. v. F. A. SPECHT) 1907, 56ff.; VANCSA 215f.; SCHARNAGL (s. o. 209 Anm. 52); A. W. ZIEGLER, Ein wichtiger slaw. Fund in München (ZBLG 17) 1953/54, 319–22; STRZEWITZEK (s. o. 218 Anm. 171); G. MORO, Der Kärntner Besitz d. Hochstifts Freising (Carinthia I, 123) 1933; K. TORGGLER, Zur Gesch. d. Kärntner Besitzes d. Hochstiftes Freising (Carinthia I, 129) 1939.

[34] BUSLEY (s. o. 222 Anm. 220).

[35] Von Th. BITTERAUF in QE (s. Trad. Freis.) ediert. Zur Abnahme der Adelsschenkungen an Feising: HAUCK III 57 Anm. 1, Höhepunkt unter Bischof Hitto (811–835) mit 258 Traditionen. Von einer Auseinanderentwicklung von Adel und Kirche spricht im Zusammenhang mit der Abnahme der Schenkungen aus Adelsbesitz STÖRMER, Früher Adel (s. o. 355 Anm. 23) 374ff.

getan. Bischof Abraham von Freising (957–993) führte zusammen mit der Herzoginwitwe Judith für deren unmündigen Sohn Heinrich II. die Regentschaft in Bayern. Er sammelte Handschriften, vielleicht auch slawische Sprachdenkmäler.[36] Die enge organisatorische Verbindung zwischen Domkloster und Bistum wurde um 1020 gelöst. Während des Investiturstreites standen die Freisinger Bischöfe, im Gegensatz zu den Salzburgern und Passauern, meist auf der Seite des Kaisers. Der bedeutendste Bischof auf dem Freisinger Stuhl war der in Morimond erzogene und gestorbene, universal gebildete Bischof Otto I. (1138–1158), der in seinem Sprengel eifrig für kirchliche Reform und Bildung sorgte und als Verwandter des Kaiserhauses in Politik und Geschichtsschreibung eine große Rolle spielte.[37] Wie den anderen bayerischen Hochstiften gelang es auch Freising im Verlaufe des zwölften Jahrhunderts, Herrschaftsrechte zu erwerben, auf deren Grundlage das Hochstift zu Anfang des 13. Jhdts. die Reichsunmittelbarkeit für das Kerngebiet des Bistums um Freising mit Ismaning und Isen und für Werdenfels gewann.[38] Scharnitz-Schlehdorf, Benediktbeuern, Tegernsee, Schäftlarn, Moosburg und die welfische Stiftung Rottenbuch (1074) waren die bedeutendsten Klöster der Diözese.

Nicht ganz so weitreichend wie die Ostmission Salzburgs war die des *Bistums Passau*. Die Versuche Bischof Pilgrims, im zehnten Jahrhundert seine Stellung gegenüber dem Salzburger Metropolitansitz durch umfangreiche Fälschungen aufzuwerten, führten zu keinem nachhaltigen Erfolg.[39] Aus der vita communis, die bis etwa 900 an der Passauer Domkirche bestand, entwickelte sich das Domkapitel, das seit dem neunten Jahrhundert schon Eigenbesitz und vermögensrechtliche Selbständigkeit erwarb.[40] Die Bistumsgrenze im Osten reichte schon in karolingischer Zeit bis an die Raab und schob sich nach dem Rückschlag der Ungarneinfälle bis zur Mitte des elften Jahrhunderts zu March und Leitha vor. Die Mission im Großmährischen Reich wurde 867 mit der Errichtung einer mährischen Kirchenprovinz durch Rom empfindlich getroffen; Bischof Wiching mußte seine kirchliche Arbeit im Bistum Neutra aufgeben und erlangte gegen Widerstand des bayerischen Episkopats 899 mit Hilfe Kaiser Arnulfs den Passauer Bischofsstuhl.[41] Erfolglos blieb auch die Reise Bischof Ermenrichs (866–874), der im Auftrage Ludwigs des Deutschen in Bulgarien eine westlich-fränkisch-bayerische Kirchenorganisation aufbauen wollte, aber am Widerstand Roms scheiterte.[42] Ebenso führte der mit den Lorcher Fälschungen zusammen-

[36] Zur Entwicklung seit der Mitte des 9. Jhs. J. MASS, Das Bistum Freising in d. späten Karolingerzeit (Studien z. altbayer. KG 2) 1969. Lantbert v. Freising 937–957. Der Bischof u. Heilige, hg. v. J. FISCHER in Verbindung mit J. FUCHS und A. ZIEGLER (DB 21) 1959, bes. 17ff.; s. 303, 537 u. A. W. ZIEGLER, Die Freisinger slaw. Denkmäler u. andere literar. Denkwürdigkeiten (Episcopus-Festschr. Kard. Faulhaber) 1949, 128–135; s. u. 590.

[37] Lit. zu Otto s. Otto Fris., Gesta (SCHMALE) LXIIIff. u. 469ff.

[38] MEICHELBECK; SCHLECHT; KLEBEL, Probleme 187ff., 197ff.

[39] E. DÜMMLER, Pilgrim v. Passau u. das Erzbistum Lorch, 1854; HAUCK III 163ff.; ZIBERMAYR; HEUWIESER, Passau; zuletzt FICHTENAU, Pilgrim v. Passau (s. o. 224 Anm. 254) 81–100.

[40] OSWALD, Passauer Domkapitel (s. o. 177); Ders., Der organisator. Aufbau d. Bistums Passau im MA u. in d. Reformationszeit (ZRG KA 61) 1941, 131ff.

[41] HERRMANN 209ff.

[42] Ebd. 129f.

hängende Versuch Bischof Pilgrims nicht zum Erfolg, Passau zur Metropole einer donauländischen Kirchenprovinz zu machen, der auch die langsam neu entstehende mährische und die ungarische Kirche angeschlossen sein sollten. Pilgrims Nachfolger Christian erlangte 999 von Kaiser Otto III. die Gerichts- und Verwaltungshoheit über Passau, jedoch ohne Einschluß des Immunitäts- und Grundherrschaftsbereiches der Abtei Niedernburg, die von Kaiser Heinrich II. 1010 zur Reichsabtei erhoben wurde. Die Klosterreform von Gorze fand in Bischof Berengar (1012/45) – einem Zögling Abt Godehards von Niederalteich – einen eifrigen Verfechter, mehr noch in dem aus westfälischem Adel stammenden Bischof Altmann (1065/91), einem der Hauptvertreter der päpstlichen Partei während des Investiturstreites, zugleich Erneuerer und Gründer wichtiger Reformklöster.[43] Nachdem die Babenberger großen Einfluß auf das Bistum erlangt hatten, erlebte es unter Bischof Konrad I. (1148/64), einem Onkel Kaiser Barbarossas, einen Höhepunkt seiner Entwicklung. Konrad erlangte durch den Kaiser, daß dem Domstift die Abtei Niedernburg samt allem Besitz übertragen wurde, eine gewaltige Schenkung, die nicht ohne erhebliche Schwierigkeiten vonstatten ging und schließlich erst unter Bischof Wolfger 1193 abgeschlossen wurde. Damit gewann das Bistum auch den reichen Besitz zwischen Ilz, Rodl, Böhmerwald und Donau, den Kaiser Heinrich II. Niedernburg 1010 geschenkt hatte.[44] Bis zum zwölften Jahrhundert hatte Passau entlang der Donau beträchtliche Besitzungen erworben, so Enns, St. Pölten, Herzogenburg, Krems und Tulln, dann im Viertel unter dem Manhartsberge.[45] Als Eigenklöster besaß das Bistum um 1180 Kremsmünster, Mattsee, St. Florian, St. Pölten, Niedernburg, St. Nikola-Passau, Göttweig, St. Georgen, St. Andrä, Seitenstetten, das Erlakloster, Waldhausen, Altenburg, Geras und Pernegg.[46]

Das *Bistum Säben-Brixen* – nach der Errichtung des bayerischen Metropolitanverbandes Salzburg unterstellt – hat sich trotz des siedlungsmäßigen Zusammenhanges mit Bayern in nachkarolingischer Zeit von der Verbindung mit dem herzoglichen Dukat weitgehend gelöst. Jedenfalls fehlt es an Zeugnissen für die Teilnahme des Bischofs an den herzoglichen Hoftagen, und in den Brixener Quellen des zehnten bis zwölften Jahrhunderts ist bereits von einem eigenen, von Bayern unterschiedenen Lande die Rede. Sowohl das Bistum Brixen wie auch Trient rechneten schon in einer Zeit nicht mehr zum bayerischen Stammland, als selbst noch die Marken dem Stammesherzogtum untergeordnet waren. Schon 1113 nennt sich der Bischof von Trient, der bis 976 unter Bayern und bis 1027 unter Kärnten gestanden hatte, «dux, marchio et comes».[47] Konrad II. übereignete dem Bischof 1027 die Grafschaft im Eisack- und

[43] Hallinger 358, 368, 445f.

[44] Regesten d. Passauer Abteilandes, hg. v. J. Heider (Veröff. d. Inst. z. Erforsch. d. dt. Volkstums) 1934; F. v. Müller, Das Land d. Abtei im alten Fürstentum Passau, 1924.

[45] Vancsa 213f. Trad. Passau; Passauer Urbare (s.o. 351); H. Ferihumer, Die kirchl. Einteilung d. Landes ob der Enns, Linz 1952; Pfeffer; Zauner (s.o. 305 Anm. 23) 207ff.

[46] Tellenbach, Eigenklöster 5.

[47] K. Fajkmayer, Studien z. Verwaltungsgesch. d. Hochstiftes Brixen im MA, 1909; Stolz (s.o. 422 Anm. 107) 464; Ders., Tirol 146ff., 341ff. u. 345; A. Sparber, Das Bistum Sabiona, 1942; Klebel, Probleme 244f., hält für wahrscheinlich,

Oberinntal, Heinrich IV. 1091 die im Pustertal; unter Kaiser Barbarossa erhielt Brixen 1179 die Reichsfürstenwürde (Regalien), deren wesentlicher Inhalt jedoch seit dem dreizehnten Jahrhundert an die Grafen von Tirol und Görz übergingen. Bischof Poppo (der spätere Papst Damasus II.), Bischof Altwin († 1097) und Bischof Hugo, der 1125 abgesetzt wurde, gehörten zur antipäpstlichen Partei. Unter den Nachfolgern Reginbert († 1140), der die Abtei Georgenberg-Fiecht erneuerte, und vor allem unter Bischof Hartmann († 1164) wurde die kirchliche Reformpartei in Brixen wirksam. Hartmann, bei Passau geboren, in Altmanns Gründung St. Nikola-Passau ausgebildet und von Erzbischof Konrad I. von Salzburg zum Domdekan berufen, widmete sich in dieser Stellung der monastischen Reform, organisierte beim Domkapitel das klösterliche Leben, erneuerte das Salzburger Eigenkloster Herrenchiemsee als Augustinerchorherrnstift und wurde, nachdem er Gründerpropst des Chorherrnstiftes Klosterneuburg gewesen (1133/40), von Erzbischof Konrad zum Bischof von Brixen erhoben. In dieser Eigenschaft rief er 1142 das Augustinerchorherrnstift Neustift bei Brixen ins Leben.[48]

Die Diözese *Eichstätt,* halb fränkischem, halb bayerischem Stammesgebiet zugeordnet, gehörte zwar dem Mainzer Metropolitanverband an, war aber 916 und 932 auf den bayerischen Synoden Herzog Arnulfs vertreten; der Eichstätter Hof in Regensburg zeigt, daß das Bistum bis ins dreizehnte Jahrhundert an den bayerischen Landtagen teilnahm. Eichstätt und sein Eigenkloster Herrieden besaßen Güter zu Pielach, Melk, Grunawitta; Kaiser Konrad II. schenkte 1033 zwanzig Königshufen zwischen dem Wienerwald und der Liesing, 1055 kam noch die Pottenburg hinzu.[49] Nur zu einem geringen Teil gehörte die *Augsburger Diözese* zu Bayern, auf den Landtagen des Herzogtums ist das Bistum nicht vertreten gewesen. Das *Bistum Neuburg* an der Donau, 741 von Herzog Odilo geschaffen, war nur kurzlebig und verschwand bald wieder aus der Geschichte.[50]

Eine Sonderstellung nimmt das *Bistum Bamberg*[51] ein; im Gegensatz zu den bayeri-

daß das Brixener Bistum im 8. Jh. bis in den Sundergau und das Oberinntal reichte. Ders., Der Brixener Besitz in Kärnten (Carinthia I, 123) 1933; zu Trient: ROSENSTOCK, Königshaus (s. o. 395 Anm. 37) 359.

[48] Die Urkunden d. Brixener Hochstiftsarchive I: 845–1295, hg. v. L. SANTIFALLER (Schlernschr. 15) 1929, II: 1295–1336, hg. v. SANTIFALLER-APPELT, 1941/43; SANTIFALLER, Brixener Domkapitel (s. o. 177); O. STOLZ, Polit.-hist. Landesbeschr. v. Südtirol, 1939; A. SPARBER, Leben u. Wirken d. seligen Hartmann, Klosterneuburg 1957.

[49] SAX; Reg. Eichst.; KLEBEL, Probleme 341 ff. Die Zugehörigkeit zu Bayern ist nach Klebel (ebd. 332) bereits für 836 belegt. Klebel macht klar, daß Eichstätts Besitz in Niederösterreich (Melk) nur innerhalb des Verbandes des bayerischen Herzogtums möglich war. Dort auch die Identifizierung des Eichstätter Besitzes; über die Schenkung Konrads II. (ebd. 336f.). 1161 findet sich der Eichstätter Bischof auf dem Landtag Heinrichs des Löwen in Regensburg, MB 7, 109.

[50] Die Regesten d. Bischöfe u. d. Domkapitels v. Augsburg, Lieferung 1 u. 2, hg. v. ZOEPFL-VOLKERT, 1955 u. 1964; ZOEPFL; KLEBEL, Probleme 228 ff. Zu Neuburg-Staffelsee (s. o. 218f.); vgl. auch SCHMID, Wikterp (s. o. 186 Anm. 69) 99–139, u. REINDEL, Bistumsorganisation 309f. Über Augsburger Besitz im Alpenbereich A. SANDBERGER, Das Hochstift Augsburg an der Brennerstraße (ZBLG 36) 1973, 586–599.

[51] Über Bamberg ausführlich s. Bd. III dieses Handbuches.

schen Diözesen, die spätestens in bonifatianischer Zeit entstanden oder bezeugt sind, wurde Bamberg als Reichsbistum im vollen Licht der Geschichte von Kaiser Heinrich II. 1007 gegründet. Den äußeren Anstoß dazu gab die Erhebung des Babenbergers Heinrich von Schweinfurt[52] gegen den Kaiser, die mit dem Verlust aller seiner Lehen und Ämter endete. Kaiser Heinrich II. hatte dem Schweinfurter zuvor das erstrebte Herzogtum Bayern versagt, um eine übermäßige, Bayern, Österreich und Ostfranken umfassende Machtstellung des Babenbergers zu verhindern. Bamberg schob sich jetzt wie ein Keil zwischen die verbliebenen Schweinfurter Allodialgüter am Mittel- und Obermain. Das Bistum entstand im Grenzraum des Reiches am Rande der «terra slavorum» sowohl als Missionsbistum wie auch aus der politischen Notwendigkeit, mit der Neuordnung der Herrschaftsverhältnisse im bayerischen Nordosten zugleich – im Sinne des ottonisch-salischen Reichskirchensystems – an strategisch wichtiger Stelle ein dem Reich besonders verbundenes Bistum zu schaffen, eine Art königliches Eigenbistum, das sowohl in die bayerischen Verhältnisse hineinwirken konnte, wie es auch nach Osten eine Missions- und Siedlungsaufgabe in einem Landstrich hatte, der noch 1059 einen beträchtlichen slawischen Bevölkerungsanteil besaß.[53] Der neue Bistumssprengel der «ecclesia imperialis» entstand gegen den Widerstand der benachbarten Altbistümer Würzburg und Eichstätt; ersteres verlor dadurch seine Ausdehnungsmöglichkeit nach dem Osten und mußte mit Besitz in Meiningen entschädigt werden; letzteres büßte das Gebiet zwischen Pegnitz und Erlangen-Schwabach ein. Erst nach langwierigen Verhandlungen konnte 1008 bzw. 1010 der Besitzstand der Neugründung gesichert werden, die ein völlig ausgebautes Pfarrei- und Zehntsystem von 30 älteren Mutterkirchen übernahm. Bezeichnenderweise vergab der König jedoch nicht die großen Grenzforste im Norden und Osten, wo sich bereits weltlich-adelige Besitz- und Herrschaftsrechte ausgebildet hatten, die dann unter Kaiser Heinrich III. in sein Markensystem auf dem Nordgau eingefügt wurden.[54] Dafür erhielt das Bistum große Königsgüter im Volkfeld mit Burg und Markt Bamberg, im Radenzgau die Königsgrundherrschaften Hallstadt und Forchheim, ferner Fürth, später noch die Königsgüter im Regnitzgebiet bis Hersbruck und Velden, aus eingezogenem Babenbergergut große Besitzkomplexe im Nordgau und in Oberfranken, Herzogs- und Königsgut in Bayern zwischen mittlerer Isar und Inn, Güter in Ober- und Niederösterreich (Hainburg), Steiermark, Kärnten und Tirol mit wichtigen Gebirgsstraßen von Villach durch das Geiltal und Kanaltal nach Italien, schließlich Streubesitz in Schwaben, Thüringen und am Rhein. Zahlreiche Klöster gingen in Bamberger Besitz über: Stein am Rhein, Haselbach, Schuttern, Gengenbach, Kitzingen, Bergen im Donaugau, das neugegründete Neuburg an der Donau, Deggingen im Ries und schließlich das alte, reiche Kanonikatsstift der «alten Kapelle» in Regensburg, kirchlicher Mittelpunkt des Königsguts im Regensburger Raum.[55]

[52] S. o. 308f..

[53] SCHWARZ, Sprache und Siedlung, bes. 356ff.

[54] BOSL, Markengründungen 177–247.

[55] v. GUTTENBERG, Territorienbildung; Ders., Bamberg 29ff.; Reg. Bamb. I; H. GÜNTER, Kaiser Heinrich II. u. Bamberg (HJb. 59) 1939 u. H. MIKOLETZKY, Kaiser Heinrich II. u. die Kirche, 1946, betonen gegenüber v. GUTTENBERG den geistlichen Charakter der Gründung, doch bildet dies bei der «politischen Religiosität»

Die Sonderstellung Bambergs als Reichsbistum, dessen Erträgnisse zeitweilig der königlichen Hofhaltung dienten, erhellt auch aus der Tatsache, daß es infolge seiner engen Verknüpfung mit dem Königtum kein Immunitätsprivileg erhielt.[56] Durch königliche Bannleihe an den Dynastenadel im Nordgau wurden vor allem die fränkischen Abensberger und die Grafen von Sulzbach als Vögte des neuen Reichsbistums groß. Neben dem Schutz und der Rechtsvertretung der Bamberger Kirche vertraten die Vögte auch die Interessen des Reiches und förderten zugleich den Aufbau ihrer eigenen, vielfach auf Rodung aufbauenden Herrschaften im Radenz- und Nordgau.[57] Im Investiturstreit und ebenso in den Kämpfen zwischen den Staufern und dem Papsttum blieb Bamberg, anders als Salzburg und Passau, eine zuverlässige Stütze der Reichsgewalt. Die Bamberger Domschule entwickelte sich im elften Jahrhundert zu einer Pflanzstätte für den Reichsklerus der Hofkanzlei, aber auch zu einem Zentrum der Gelehrsamkeit. Kaiserliche Reichs- und Hoftage fanden in salischer Zeit 1035, 1080, 1122 und 1135 in Bamberg statt. Bischof Eberhard von Bamberg (1007–1040), der als Bischof Kanzler für den deutschen Reichsteil geblieben war, wurde 1013 Erzkanzler für Italien; von seiner Zeit ab datiert die große Rolle des Reichsbistums bei der Besetzung der Bischofsstühle in Reichsitalien. Unter Kaiser Heinrich III. wurde der Bamberger Bischof Suitger als Clemens II. zum Papst erhoben. Wie in Paderborn, Magdeburg und Straßburg war der Gründer, Kaiser Heinrich II., zugleich Kanoniker im Bamberger Domkapitel, hatte an dessen Gebetsgemeinschaft teil und zog aus den großen Schenkungen an das Hochstift durch die Herbergspflicht für die königliche Hofhaltung den größten Nutzen.[58] Eine weitere schwere Belastung der

des Mittelalters (F. Heer) keinen wirklichen Gegensatz zur herrschaftlich-politischen Seite des Vorganges. Vgl. auch Hauck III 391 ff., 540 f. u. Th. Schieffer, Des Winfrid-Bonifatius geschichtl. Sendung (AMK 6) 1954, 9–23; F. Geldner, Das Hochstift Bamberg in d. Reichspolitik von Kaiser Heinrich II. bis Kaiser Friedrich Barbarossa (HJb. 83) 1964, 28–42; zur Haltung Würzburgs vgl. H. Neukam, Das Hochstift Würzburg u. die Errichtung d. Bistums Bamberg (Würzburger Diöz. Geschbll. 14/15) 1952/53, 147–172; G. Kallen, Kaiser Heinrich II. u. Würzburg (Herbipolis Jubilans) 1952; zum bayerisch-österreichischen Besitz: Klebel, Probleme 292–305, 325–331; Hamm (s. o. 131 Anm. 42); Bauerreis II 129–139; A. Jaksch, Die Entstehung d. bamberg. Besitzes in Kärnten (Carinthia I, 97) 1907; M. Wuttke, Die Lage d. bamberg. Herrschaften in Kärnten (ebd.); G. Moro, Zur Gesch. d. Bamberger Besitzes in Kärnten (Festschr. K. Eder) 1959, 289 ff.; H. Koller, Bamberg u. Villach (Festschr. K. Pivec) 1966, 223–233.

[56] Th. Mayer, Die Anfänge d. Bistums Bamberg (Festschr. E. Stengel) 1952.

[57] Klebel, Probleme 306–324.

[58] S. Görlitz, Beitr. z. Gesch. d. königl. Hofkapelle d. Ottonen u. Salier (Hist.-dipl. Forsch. I) 1936; H. W. Klewitz, Cancellaria (DA 1) 1937; Ders., Königtum, Hofkapelle u. Domkapitel im 11. u. 12. Jh. (AUF 16) 1939; H. Fichtenau, Bamberg, Würzburg u. die Stauferkanzlei (MIÖG 53) 1939; J. Fleckenstein, Die Hofkapelle d. deutschen Könige. II. Teil: Die Hofkapelle im Rahmen der ottonisch-salischen Reichskirche (Schriften der MGH) 1966; G. Schwartz, Die Besetzung d. Bistümer Reichsitaliens unter d. sächs. u. sal. Kaisern m. den Listen d. Bischöfe 951–1122, 1913; A. Schulte, Deutsche Könige, Kaiser u. Päpste als Kanoniker an deutschen u. röm. Kirchen (HJb. 54) 1934; B. Heusinger, Das Servitium regis in d. deutschen Kaiserzeit (AUF 8) 1923; H. Riekenberg, Königstraße u. Königsgut in liudolfing. u. frühsal. Zeit (AUF 17) 1941; G. Zimmermann, Bamberg als königl. Pfalzort (Jb. f. fränk. Landesforsch. 19) 1959.

reich dotierten Bistümer, so auch Bambergs, war die Heerfahrtspflicht.[59] Seit spätsalischer Zeit war dann das Königtum darauf bedacht, durch den Aufbau einer starken Ministerialität im Markengebiet auf dem Nordgau den Ausdehnungsbestrebungen des Bistums zugunsten einer wohlorganisierten Reichsgutsverwaltung feste Grenzen zu setzen. Den Saliern und dann besonders den Staufern gelang es damit, um die drei großen Reichsburgen Nürnberg, Eger und Altenburg eine terra imperii aufzubauen und die übrigen Gewalten im Nordgau, einschließlich Bambergs, zurückzuhalten. Bamberg wirkte nicht nur durch seinen reichen Königsbesitz in den altbayerischen Bereich hinein, sondern ebenso stark durch die machtvolle Persönlichkeit des Pommernmissionars und Bischofs Otto I. (1102/39) nach Osten. Er stammte aus schwäbischem Adel, stand im Investiturstreit nach anfänglicher Neutralität auf kaiserlicher Seite und benutzte die reichen Königsschenkungen, die er als Reichsbischof erhielt, zur Erneuerung und Begründung zahlreicher Klöster und Stifte, die er mit Hirsauer Mönchen, mit Zisterziensern, Augustinerchorherrn und Prämonstratensern besetzte, so u. a. im fränkischen Besitz Banz, Heilsbronn, Herrenaurach, Michelsberg, St. Getreu und St. Jakob in Bamberg, ferner Michelfeld und Tückelhausen, im bayerisch-österreichischen Raum Asbach, Aldersbach, Biburg, Münchsmünster, Mallersdorf, Prüfening, Osterhofen, Gleink, Windberg und Ensdorf.[60] Für das weitere Schicksal des Reichsbistums war es bedeutungsvoll, daß von 1177 bis 1248 die Andechser den Bischofsstuhl innehatten und gleichzeitig ihre territoriale Stellung am Obermain ausbauen konnten.[61]

Die *Herrschaft des Adels über die mittelalterliche Kirche* prägte auch in Bayern die Verhältnisse. Freising war von 811–883 unter Hitto, Erchanbert, Anno und Arnold, wahrscheinlich aber schon seit Arbeo in der Hand einer westbayerischen Adelssippe. In Regensburg war Bischof Erchanfried ein Verwandter seines Vorgängers Baturich; Bischof Waldo von Freising enstammte einer Thurgauer Adelsfamilie, die in diesem Zeitraum Konstanz drei und Freising und Chur je einen Bischof gab.[62] Die bayerischen Bischöfe stellten nicht nur für die Heerfahrten von König und Herzog ihre Kontingente, sondern nahmen als Mitglieder des Schwertadels auch an den Feldzügen teil, wie beispielsweise die Niederlage Markgraf Luitpolds gegen die Ungarn bei Preßburg (907) zeigt.[63] Bei der Verleihung des Bischofwahlrechts für Freising wird 906 als Voraussetzung der Wählbarkeit ausdrücklich das adelige Geblüt (generositas

[59] Ficker-Puntschart II 1, 356f.

[60] Bauerreis III 90ff.; v. Guttenberg, Bamberg 115ff.; Brackmann, Salzb. Kirchenprovinz I 41ff.

[61] Schreibmüller (s. o. 427 Anm. 12); Bosl, Markengründungen 193ff.; Ders., Reichsministerialität 52ff., 482ff.; v. Guttenberg, Territorienbildung, cap. 4; E. Franz, Nürnberg, Kaiser u. Reich, 1930; H. H. Hoffmann, Nürnberg, Gründung u. Frühgesch. (Jb. f. fränk. Landesforsch. 10) 1950.

[62] Immer noch grundlegend Schulte (s. o. 350); Bosl, Kontinuität (s. o. 352) 88ff.; Prinz, Zur geistigen Kultur d. Mönchtums (s. o. 352) 76ff.; Mass, Bistum Freising (s. o. 448 Anm. 36).

[63] Reindel nr. 45; Prinz, Klerus u. Krieg (s. u. 455 Anm. 72) 142f.; K.-E. Geith, Albert v. Augsburg. Das Leben d. Heiligen Ulrich, 1971. – Vor 1014 erwarb Bischof Megingaud v. Eichstätt vom Hochstift Regensburg das Jagdgebiet Stederach an der ungarischen Grenze (Regesten, hg. v. Heidingsfelder, nr. 149).

naturae) erwähnt und der Anonymus Haserensis vermerkt als außergewöhnlich, daß Kaiser Heinrich II. nach dem Tode seines Verwandten Megingaud zweimal einen Unfreien auf den Eichstätter Bischofsstuhl setzte, den bis dahin nur Adelige innegehabt hätten.[64] Geistige und gesellschaftliche Grundlage dieser Kirchenherrschaft des Adels war seine noch aus heidnischer Zeit stammende charismatische Legitimation, die sich u. a. im adeligen *Eigenkirchenrecht* auswirkte,[65] in dem unter christlich-kirchlichen Formen das adelige-germanische Hauspriestertum in der Kirchenherrschaft und im Kircheneigentum weltlicher und geistlicher Großer weiterlebte. Diese Kirchenherrschaft beruhte auf dem Eigentum am Altargrund, der Heiligengrab und Reliquien trägt, für heidnisch-germanische Begriffe aber das Grab des mit göttlichem Heil begnadeten adeligen Ahnherrn birgt. Von merowingischer Zeit bis ins Hochmittelalter ergab sich daraus die Sitte, adelige Stammburgen in Hausklöster mit einer Familiengrablege umzuwandeln.[66] Das adelige Ahnengrab war oft mit einer Kirche verbunden, in der Heilige und Reliquien ruhten, und lag im Herrschaftsbereich des Geschlechtsältesten; es wurde mit dessen Stammgut oder Hantgemal, an dessen Besitz auch die libertas (Adelsqualität) geknüpft war, vererbt. Daraus entstand die christliche Eigenkirche, das Hauskloster als Schenkungszentrum adeliger Sippen. Kirche und Kloster sind zugleich Sondervermögen und Unternehmen des Grundherrn, deren wirtschaftlicher Nutzertrag aus Patronatsrechten, Rodung und Fronhofwirtschaft ihm zufließt. Dieses In- und Miteinander weltlicher und kirchlicher Adelsherrschaft wurde erstmalig im Investiturstreit auf allen seinen Stufen in Frage gestellt, besonders aber die Kirchenherrschaft des deutschen Königs, die in mancher Beziehung ein Eigenkirchentum über Bischofskirchen und Reichsabteien war, wie am Beispiel Bambergs abzulesen ist. Doch trat beim Königtum mit seiner durch das germanische Sakralrecht überhöhten Stellung noch eine echte staatliche Kirchenhoheit hinzu, die von kirchlicher Seite mit dem Amtsgedanken und Gottesgnadentum verbunden und legitimiert wurde und damit die eigenkirchliche Sphäre überragte.[67]

[64] RIEZLER I 1, 461 f.; Thegan widmet in seiner Vita Hludovici ein ganzes Kapitel (c. 20) zornigen Betrachtungen der «verderblichen Gewohnheit, daß aus den niedrigsten Knechten die höchsten Bischöfe wurden» (s. o. 407 Anm. 22) 595, Z. 15 f.

[65] STUTZ (s. o. 350); H. E. FEINE, Ursprung, Wesen u. Bedeutung d. Eigenkirchentums (MIÖG 58) 1950; Ders., I 147 ff.; TELLENBACH, Eigenklöster; SCHREIBER, Gemeinschaften (s. o. 350). Daß das adelige Erbcharisma keine germanische Besonderheit war, sondern sich etwa auch im slawischen Bereich findet, betont mit Recht GRAUS (s. o. 371 Anm. 35) 287 f. Daß die Bischöfe auch in Friedenszeiten ihre adelige Herkunft nicht verleugneten, zeigt der Fall des B. Lantfried v. Säben, der 864 den Unwillen Papst Nikolaus' I. erregte, weil er gleich vielen Klerikern des Frankenreiches der Jagd frönte (Epist. Karoline aevi, hg. v. E. PERELS, MG Epist. 6, 2, S. 632). Lantfried blieb jedoch Bischof, RIEZLER I 1, 460.

[66] S. u. 492 f.; H. MEYER, Das Handgemal, 1934, 72 ff.; J. WERNER, Das alamannische Fürstengrab v. Wittislingen, 1950; MEYER, Klostergründungen (s. o. 352); BOSL, Kastl 3 ff.; Ders., Kontinuität (s. o. 352) 89 ff.; K. HAUCK, Haus- u. sippengebundene Lit. mittelalterl. Adelsgeschlechter (Wege d. Forsch. 21) 1961, 165 ff.

[67] TELLENBACH, Libertas; Studi Gregoriani; H. BEUMANN, Die sakrale Legitimierung d. Herrschers im Denken d. otton. Zeit (ZRG 66) 1948; Ders., Zur Entwicklung transpersonaler Staatsvorstellungen (Das Königtum = Vorträge u. Forsch. III, hg. v. Th. Mayer) 1956, 185–224; E. EWIG, Zum christl. Königsgedanken im Frühmit-

Mit der sakral begründeten, im Investiturstreit angetasteten Kirchenherrschaft des Königtums hing auch sein Einsetzungsrecht für Bistümer zusammen, das mit der kanonisch geforderten Bischofswahl durch Kathedralklerus und populus in Widerspruch stand.[68] Das *Einsetzungsrecht des Königs* zeigt sich deutlich bei Bischof Wiching von Passau[69] und auch bei Bischof Anno von Freising (855), zu dessen Wahl durch die «plebs» Ludwig der Deutsche ausdrücklich seine Zustimmung gab.[70] Wenn sich Freising 906 unter Bischof Waldo die freie Bischofswahl zusichern ließ, so war dies eine Ausnahme. Der Luitpoldinger Arnulf bewahrte sich dieses ursprünglich königliche Recht als Herzog bis zu seinem Tode, danach ging es wieder an das ottonische Königtum zurück.[71] Mit der Etablierung des ottonisch-salischen Reichskirchensystems erlangten die bayerischen Bistümer dann eine politische Sonderaufgabe und Sonderstellung, die sie im zwölften Jahrhundert mehr und mehr aus dem Verband des Stammesherzogtums herausführen sollten. Der König erhob jetzt vielfach Stammesfremde zu Bischöfen und verlieh dem von ihm nach staatspolitischen Gesichtspunkten erwählten Bischof die geistliche und die weltliche Gewalt in seinem Bistum. Alle Bischöfe waren seit 938 reichsunmittelbare Amtsträger, deren Investitur, anders als bei den französischen Mediatbischöfen, allein dem König zustand.[72] Das Reichskirchenrecht der ottonisch-salischen Zeit beruht im wesentlichen auf dem Königsschutz (mundeburdium, defensio, tuitio) und der Immunität, die sich aber schon seit Ludwig dem Frommen in den Immunitätsprivilegien miteinander verbanden, die Eigenherrschaft des Königs verstärkt hatten und damit den Unterschied zwischen Krongut und Kirchengut einzuebnen begannen, da an beiden der König die «Gewere» (Nutzbesitz) hatte. Krongut wie Kirchengut benötigte den Veräußerungskonsens

telalter (ebd.) 7ff.; H. BÜTTNER, Aus den Anfängen d. abendländ. Staatsgedankens (ebd.) 155–168; Th. MAYER, Staatsauffassung in d. Karolingerzeit (ebd.) 169–184; H. AUBIN, Stufen u. Formen d. christl.-kirchl. Durchdringung d. Staates im Frühmittelalter (Festschr. G. Ritter) 1950, 79ff.

[68] Dabei ist zu beachten, daß populus in mittelalterlichen Quellen nicht die Gesamtheit des Volkes, sondern die adeligen Gefolgs- und Lehnsherren des Herrschers bedeutet. BOSL, Freiheit (s. o. 375 Anm. 11) 205f.; F. L. GANSHOF, Was waren die Kapitularien, 1961, 61. Dieser herrschaftlich-adelige populus-Begriff kündigt sich schon in Isidors v. Sevilla Etymologiae IX, 4, 5 (hg. v. LINDSAY) an: «... Populus autem eo distat a plebibus quod populus universi cives (= Vollbürger, Oberschicht) sunt, connumeratis senioribus civitatis (= Aristokratie).»

[69] RIEZLER I 1, 416f.; BOSL, Böhmen (s. o. 225 Anm. 262) 49f.

[70] MG Dipl. Ludw. d. D. 72.

[71] RIEZLER I 1, 520; s. o. 383ff.

[72] J. FICKER, Über das Eigentum d. Reiches am Reichskirchengut (SB Wien) 1872; HAUCK III 52ff.; S. SCHUR, Königtum u. Kirche im ostfränk. Reich vom Tode Ludwigs des Deutschen bis Konrad I., 1931; K. VOIGT, Staat u. Kirche v. Konstantin d. Großen bis z. Ende d. Karolingerzeit, 1936; BECK-BÜTTNER, Die Bistümer Würzburg u. Bamberg in ihrer wirtschaftl. u. polit. Bedeutung f. die Gesch. d. deutschen Ostens (Stud. u. Vorarbeiten z. Germ. pontif., hg. v. A. Brackmann III) 1937, 94ff.; MITTEIS 114ff.; MAYER, Fürsten; SANTIFALLER, Reichskirchensystem (s. o. 324 Anm. 171); H. CONRAD, Deutsche Rechtsgesch. I 1954, 377ff.; FLECKENSTEIN, Hofkapelle II (s. o. 452 Anm. 58); O. KÖHLER, Die Ottonische Reichskirche. Ein Forschungsbericht (Adel u. Kirche = Festschr. G. Tellenbach) 1968, 141–204. – Zum Reichs- und Kriegsdienst der Prälaten vgl. F. PRINZ, Klerus u. Krieg im früheren MA. Untersuchungen z. Rolle d. Kirche beim Aufbau d. Königsherrschaft, 1971.

und blieb unter der Verwaltungsaufsicht des Königs. Neben den Servitialleistungen wie Herbergspflicht für den Königshof, Reichskanzleidienste, Abgaben, Kriegsdienst (hostilicium) und neben den Verfügungsrechten des Königs über das Kirchengut zugunsten seiner Vasallen besaß der Herrscher das Regalien- und Spolienrecht, d. h. das Recht, bis zur Neubesetzung eines Bistums dessen Einkünfte und Rechte zu beanspruchen und über den Nachlaß des verstorbenen Bischofs zu verfügen; die eigenkirchlichen Züge dieses Reichskirchensystems werden an diesen Rechten besonders deutlich. So entwickelten sich seit dem neunten Jahrhundert die Bistümer zu königlichen Benefizien, deren Besetzung mit oder ohne vorherige Wahl in den eigenkirchlichen Formen des nichtvasallischen Benefizialrechtes vorgenommen wurde; die Leihe der Domkirche nebst Pertinenzen (Güter und Rechte) erfolgte durch Übergabe des Bischofsstabes, seit dem elften Jahrhundert auch des Ringes; beide Handlungen zusammen bildeten die königliche Investitur. Die sakrale Auffassung der Königswürde erleichterte diese geistlich-rechtliche Bindung der Bischöfe an den König.[73] Alle Verknüpfungen zwischen Kirche und Staat erfuhren im *ottonischen Immunitätsprivileg* für die Bistümer eine wesentliche Steigerung, wobei die Immunitätsverleihung oft mit den wichtigen Markt-, Münz- und Zollrechten verbunden wurde. Durch die Verleihung der Immunität war es den königlichen Beauftragten und allen fremden Herrschaftsorganen verwehrt, das immune Gebiet zur Vornahme von Amtsgeschäften zu betreten (introitus), darin irgendwelche Zwangshandlungen vorzunehmen (districtio) und Steuern zu erheben wie auch Dienstleistungen zu fordern (exactio); soweit solche Abgaben und Dienste gefordert werden konnten, hatte der Immunitätsherr das Nötige zu veranlassen. Diese negativen Bestimmungen der Immunität wurden seit ottonischer Zeit immer stärker mit dem positiven Gehalt eigener, wenn auch abgeleiteter Herrschaftsausübung des Immunitätsinhabers angereichert und somit Ausgangspunkt einer Entwicklung, die aus diesen gefreiten geistlichen Bezirken Bereiche eigenen Rechts werden ließen, die vermittels der Vogtei an den mittelalterlichen Staat gebunden wurden.[74] Ludwig der Fromme verlieh als erster der bayerischen Metropolitankirche Salzburg 816 ein Immunitätsprivileg,[75] 848 erlangte Säben Immunität, 886 folgte Passau; für die anderen Bistümer Bayerns sind keine karolingischen Immunitätsprivilegien erhalten.[76] Bei der Bestätigung des älteren Salzburger Privilegs durch Otto den Großen wurde ein Satz eingefügt, der die Erweiterung der

[73] Bosl (GG I) 625ff. Umgekehrt fördert der starke Rückhalt des Königs an der Kirche die Entfremdung der Dynasten vom Reich.

[74] Vgl. Ders. (Rössler-Franz), wo auch das positive Element der Immunitätsverleihung, die Gewalt zu gebieten und zu verbieten (districtio) hervorgehoben wird. Die «Immunität» des Adels war keine gegen das Königtum durchgesetzte, usurpierte und rechtlich genau fixierte Sonderstellung, sondern autogenes Recht im Sinne alteuropäischer Adelsherrschaft, daher gibt es kaum weltliche Immunitätsverleihungen; Immunität, Vogtei und Niedergericht gehören zum Herreneigen. Brunner 333ff.; Mitteis 157ff.; Bosl (GG I) 624f.

[75] RI I² 606; UB Salzb. II 5.

[76] MG Dipl. Ludw. d. D. 50 (wohl Wiederholung eines verlorenen D. Ludwigs des Frommen); MG Dipl. Karl III. 134, 135. Es handelt sich in allen diesen Fällen um das, was E. Stengel, Die Immunität in Deutschland bis z. Ende des 11. Jhs., 1910, 599f., 631ff., als sog. «ludowicianisches Formular» der Immunitätsurkunden bezeichnet und rekonstruiert hat. Vgl. Wohlhaupter 237ff. Immunitätsbestäti-

Immunitätsrechte, wie sie seit ottonischer Zeit üblich wurden, bezüglich der Gerichtsgewalt formuliert; die gräfliche Gerichtsbarkeit wurde völlig ausgeschlossen und alle Gerichtsgewalt auf den Bischof bzw. seine Vögte übertragen.[77] Damit erhielt die Kirche die volle Gerichtsbarkeit auch über Kriminalfälle, und die Kirchenvogtei wurde in ihren Rechten der Grafschaft angeglichen.[78]

Die herrschaftliche Auffüllung der Immunitäten im «ottonischen Reichskirchensystem» beschränkte sich aber nicht nur auf die Gerichtsrechte, sondern wurde noch durch die königlichen Verleihungen von *Markt-, Münz- und Zollprivilegien* und nicht zuletzt von *Grafschaften* begleitet. Schon Konrad I. hatte gemäß seiner auf die Reichskirche gestützten Politik 918 dem Bistum Eichstätt das Markt-, Münz- und Befestigungsrecht und den Wildbann bestätigt,[79] während aus der Zeit Heinrichs I. keine Verleihungen bekannt sind. Unter Otto dem Großen erfolgten dann mehr Verleihungen von Markt, Münze und Zoll als von sämtlichen Herrschern vor ihm, wobei er sich in Bayern jedoch auf Güterschenkungen – St. Emmeram wurde besonders begünstigt[80] – sowie auf Bestätigung und Erweiterung älterer Immunitätsprivilegien beschränkte. Kaiser Otto II. scheint über die allgemeine materielle und rechtliche Förderung der bayerischen Bistümer erstmalig hinausgegangen zu sein, als er der Freisinger Kirche unter Bischof Abraham u. a. die Grafschaft Cadore (Kadobertal) übertrug.[81] Säben-Brixen erhielt, wohl mit Rücksicht auf die ständigen Heeresdurchzüge, 1027 von Konrad II. die Grafschaft im Norital und von Heinrich IV. 1091 die Grafschaft im Pustertal. Regensburg ist nachweislich erstmals 1133 im Besitze einer Grafschaft im Inntal, die sich wahrscheinlich von der Mündung des Zillers bis über Nußdorf abwärts am rechten Innufer erstreckte; damals nahm sie Herzog Heinrich

gungen König Konrads I. für Eichstätt und Säben sind erhalten (MG Dipl. Konr. I. 4 u. 30).

[77] MG Dipl. Otto I. 68 (undatiert, ca. 945); vgl. WOHLHAUPTER 242.

[78] Für Freising schloß Konrad I. 912 anläßlich einer Güterschenkung die gräfliche Gerichtsbarkeit in diesem Gebiete aus (MG Dipl. Konr. I. 9). In Passau verlieh Otto III. 999 die Blutgerichtsbarkeit (MG Dipl. Otto III. 306; s. o. 398 Anm. 54). Für Augsburg gibt erst das Barbarossaprivileg von 1156 Nachricht über Blutgerichtsbarkeit von Vögten, doch wurde sie wohl schon nach Ausweis des Vogteiweistums Heinrichs IV. von 1104 praktiziert. Vgl. insgesamt WOHLHAUPTER 241 ff.; OTTO (s. o. 396 Anm. 44) 95 ff. möchte in den Vögten der ottonischen Reichskirche staatliche Hochrichter, d. h. Grafen sehen, doch gelang die «Verstaatung» der Vogtei nicht so vollständig, daß Vogt und Graf identisch waren. Vgl. zu OTTO die Rez. v. K. GANAHL (MÖIG 50) 1936, u. W. SCHLESINGER, Die Entstehung d. Landesherrschaft, 1964^2, 205. Außer der oben angeführten Lit. zur Kirchenvogtei vgl. bes. A. WAAS, Vogtei u. Bede in d. deutschen Kaiserzeit, 2 Bde., 1919/23; MAYER, Fürsten 3 ff. u. f. Bayern: STARFLINGER; WOHLHAUPTER 237 ff.; KLEBEL, Probleme 257–291, bes. 264.

[79] MG Dipl. Konr. I. 36; s. o. 398 Anm. 54.

[80] HAUCK III 62 Anm. 2. Ottos Schenkungen an bayerische Kirchen: MG Dipl. Otto I. 30, 171, 380, 389, 432, 433, an St. Emmeram: MG Dipl. Otto I. 29, 126 (Helfendorf, Neuching), 203 (Vogtareuth), 219 (Premberg).

[81] MG Dipl. Otto II. 80 (zu 974), (das Diplom ist aber verfälscht). – Konrad II. verlieh Brixen Grafschaftsrechte, MG Dipl. Konr. II. 103. Im Westen des Reiches war dieser Prozeß schon viel eher und schneller eingetreten, vgl. HAUCK III 63 f. Auch hier war Konrad I. vorangegangen, der 912 B. Dracholf v. Freising Güter schenkte und die gräfliche Gerichtsbarkeit in deren Bereich ausschloß (MG Dipl. Konr. I. 9); vgl. WOHLHAUPTER 243.

der Stolze zu Lehen. Salzburg besaß wahrscheinlich die um die Stadt gelegene Grafschaft Kuchl. Trient hatte 1027 die Grafschaft im Etschtal um Bozen.[82]

Für Süddeutschland und besonders für Bayern hatte das «ottonische Reichskirchensystem», das tatsächlich erst seit Otto III. und Heinrich II. zur vollen Entfaltung kam, insofern tiefgreifende Auswirkungen, als die ungewöhnliche Stärkung der weltlichen Gewalt der Bischöfe den *Gegensatz zu den Stammesherzögen* verschärfen mußte. Als sich Herzog Heinrich 976 gegen Kaiser Otto II. erhob, sprach der Episkopat als der Parteigänger des Kaisers den Bann gegen den Herzog aus, der die Regensburger Kirche geschädigt hatte.[83] Nach der Niederwerfung des Aufstandes erhielten die Bistümer Salzburg, Passau, Regensburg und Brixen die schon erwähnten umfangreichen Güter und Rechte, wodurch die arnulfischen «Säkularisationen» im weitgehenden Umfang wieder rückgängig gemacht wurden: ein Symptom für die in der Zwischenzeit vorgenommene Verlagerung in der Herrschaftsstruktur des Reiches.[84] Unter Otto III. wurde ein Streit zwischen dem bayerischen Herzog und Bischof Christian von Passau um bischöfliche Leistungen zugunsten Christians entschieden.[85] Die Verbindung von kirchlicher Immunität und Königsschutz führte seit ottonischer Zeit damit auch in Bayern zu einer verstärkten *Kirchenherrschaft des Königs,* die zu einem Obereigentum des Königs über Bistümer wie auch über Klöster führte. Die Entwicklung der ottonisch-salischen Hofkapelle ist ebenfalls im Rahmen dieser Intensivierung der Kirchenherrschaft des Königs zu sehen, doch war hier Bayern, sieht man von der Bistumsgründung ab, weniger betroffen als andere Reichsteile.[86] Ferner suchte das Königtum seit Otto II. und in verstärktem Maße unter Heinrich IV. den Kirchenvogt durch die königliche Bannleihe fest an die Reichsgewalt zu binden.[87] Bischöfe und Äbte waren allerdings schon in karolingischer Zeit, vor der ottonisch-salischen Intensivierung der Reichskirchenherrschaft, politische Organe des Königs

[82] MG Dipl. Konr. II. 101 u. 102; MG Dipl. Heinr. IV. 424; RIEZLER I 2, 380.

[83] MG LL III, hg. v. G. PERTZ, 1863, 485; HAUCK III 65f.

[84] MG Dipl. Otto II. 134, 165, Bestätigung des D. Arnolf 184, Spurium (Salzburg); MG Dipl. Otto II. 135–138, 167 (Passau); ebd. 204, 230, 247, 293 (Regensburg-St. Emmeram); ebd. 178, 205 (Brixen).

[85] MG Dipl. Otto III. 115. Auffällig und wohl ein erstes Vorzeichen der territorialen Entwicklung sind die zahlreichen Tauschverträge seit dem 9. Jh., womit die Bistümer ihr Gebiet zu konzentrieren trachteten. Salzburg und Passau erhielten 851 bzw. 852 vom König das Recht zum Tausch von Kirchengut ohne königlichen Konsens (MG Dipl. Ludw. d. D. 60, 62). Regensburg und Freising besaßen dieses Recht nicht, doch kommen auch dort Tauschverträge vor, vgl. HAUCK III 58. Für Salzburg und Freising: REINDEL nrr. 48, 65, 68–70, 77, 80, 81, 83.

[86] Vgl. MAYER, Fürsten 25ff.; J. SEMMLER, Tradition u. Königsschutz. Stud. z. Gesch. d. königl. Monasteria (ZRG KA 76) 1959, 1ff.; E. STENGEL, Immunität (RGG III) 1929. Zur Auswirkung der Immunität auf die Entwicklung der geistlichen Grundherrschaft vgl. SEELIGER (s. o. 350). Zur Hofkapelle FLECKENSTEIN, Hofkapelle II (s. o. 452 Anm. 58). Die starke Frequenz Regensburgs im Itinerar Heinrichs III. (278f.) hängt jedoch weniger mit der königlichen Kirchenherrschaft als mit Bayerns Rolle als intensiv beherrschtes Reichsland in salischer Zeit zusammen.

[87] Vgl. HIRSCH, Gerichtsbarkeit 231ff.; dazu aber das Nachwort von MAYER gegen die Bedeutung der Bannleihe an die Klostervögte; vgl. auch SCHLESINGER (s. o. 457 Anm. 78) 204.

und Teilhaber und Interessenvertreter seiner Macht. Die Problematik dieser engen rechtlichen Verbindung von Königtum und Kirche wurde in ihrer ganzen Schärfe dann im Investiturstreit offenbar.

Zwar bot sich mit der Verleihung von Gerichts- und Herrschaftsrechten in den ottonischen Privilegien, die die Grundlage der «jüngeren Immunität« bildeten, auch den Bistümern vor allem seit dem zwölften Jahrhundert die Chance für den Aufbau einer eigenen Territorialherrschaft, doch konnte diese Möglichkeit nur in harter Auseinandersetzung mit den weltlichen Dynastenvögten realisiert werden.[88] Dieser Konkurrenzkampf entwickelte sich zwangsläufig aus dem eigenartigen Widerspruch, «daß Bischöfe und Äbte als Reichsklerus maßgeblich an den politischen Entscheidungen beteiligt waren und die wesentlichsten Staatsaufgaben durchführten, Bistümer und Klöster aber für unfähig galten, ihre weltlichen Angelegenheiten selbständig wahrzunehmen». Die Wahrnehmung dieser Geschäfte durch den Vogt brachte diesen in eine «Mittlerstellung zwischen Staat und Kirche».[89] Die *Vogtei,* deren Aufgabe Schutz und Schirm war, entwickelte in den geistlichen Immunitäten alle Formen politischer Hoheit, d. h. sie übte die Gerichtsbarkeit bis zum Blutgericht aus, sie leitete und organisierte das Heeresaufgebot, das der Immunitätsherr (Bischof) zu stellen hatte, und sie erfüllte schließlich alle Aufgaben, die mit Zwangsgewalt verbunden waren, insbesondere die Eintreibung der Abgaben und Dienstleistungen. Als sich seit der Mitte des elften Jahrhunderts die ursprüngliche karolingische Beamtenvogtei nun – mit der Belehnung Adeliger und dem Erblichwerden dieser Vogteibelehnung in den Adelsfamilien – zur hochmittelalterlichen Edelvogtei gewandelt hatte, wurde sie in der Hand des Dynastenadels ein Instrument dynastischer Territorialbildung. Umgekehrt suchten sich die Bistümer (wie die großen Abteien) seit dem Investiturstreit aus der Umklammerung des weltlichen Vogtes, der ihre weltlichen Rechte an sich riß, dadurch zu lösen, daß sie die Rechte des Vogtes aushöhlten, ihn schließlich verdrängten und die Vogtei dann durch eigene Beamte verwalten ließen: dies führte zur Ausbildung der geistlichen Territorien, in denen der Bischof die politisch-herrschaftliche Gewalt weitgehend an sich zog und sich gegen die territorialen Konkurrenten durch die Reichsunmittelbarkeit abschirmte. Die Hochstiftsvogtei ist in Bayern erstmalig 802 für Freising und für Passau bezeugt,[90] in Regensburg begegnet sie seit 810,[91] in Salzburg taucht sie erstmalig im Codex Odalberti, d. h. ab 923, auf.[92] In Regensburg finden sich im neunten Jahrhundert 30 Vögte, in Salzburg zwishen 923–935 deren 19, in Freising etwa im selben Zeitraum (926–937) 8 Vögte;

[88] Eine ergiebige Quellengattung für die Auseinandersetzungen zwischen dem Vogt und dem geistlichen Immunitätsherrn bilden die zahlreichen Vogteiurkundenfälschungen des 12. Jhs.; vgl. neben den zahlreichen Arbeiten von Hirsch (davon einige zusammengestellt in der Vorrede zu den MG Dipl. Loth. III., S. XI, u. vgl. außerdem Hirsch, Aufsätze z. mittelalterl. Urkundenforschung, hg. v. Th. Mayer, 1965), auch Mayer, Fürsten, z. B. 134ff.

[89] Bosl (GG I) 622ff.

[90] Trad. Freis. I. nr. 183 und weitere (siehe Register kaganhart advocatus episcopi); Trad. Passau nr. 54.

[91] Trad. Reg. nrr. 11 (Erchanlohus), 14, 19, 20 (Immo), 26, 27 etc.

[92] UB Salzb. I nr. 57, 118ff. Für das Ganze vgl. Klebel, Probleme 257ff.

für Passau sind die Quellen zu spärlich. Die Vereinigung aller Hochstiftsvogteien eines Bistums in der Hand eines einzigen Hochstiftsvogtes knüpft sich in Freising und Salzburg an die Etablierung des «ottonischen Reichskirchensystems» nach dem großen Herzogsaufstand von 953/55.[93] Eine Erblichkeit des Freisinger Vogtamtes ist bis zur Mitte des elften Jahrhunderts nicht festzustellen; es wechseln Ebersberger, Grafen von Rott, Hirschberg-Kranzberger, Moosburger und Aribonen ab.[94] Ähnlich verhält es sich in Salzburg, wenn dort auch längere Zeit ein Verwandter Erzbischof Odalberts die Vogtei innehatte.[95] In Regensburg sind u. a. die Grafen von Vornbach und die Grafen von Bogen feststellbar.[96] Dieser Wechsel läßt darauf schließen, daß bis zu dieser Zeit die Einsetzung der Vögte in der Regel eine Sache des Königs war. Die Erblichkeit der Hochstiftsvogteien beginnt dann in Salzburg um 1035, in Regensburg um 1040/50, in Freising 1046, in Brixen um 1050, d. h. entweder noch während der Regierung Kaiser Heinrichs III. oder während der darauffolgenden Regentschaften.[97] Seit dem elften Jahrhundert ist es dann gerade für die bayerischen Verhältnisse von großer Bedeutung geworden, daß es hier mächtigen Adelsgeschlechtern gelang, für die Bistumsvogtei Erblichkeit in ihrer Familie zu erlangen. Im westlichen Grenzbistum Augsburg waren im zwölften Jahrhundert die Erbvögte die Herren von Schwabegg, nach deren Aussterben 1168 die Staufer.[98] Seit dem elften Jahrhundert fungierten die Grafen von Scheyern-Wittelsbach als Freisinger Erzvögte.[99] In Regensburg hatte die jüngere Linie der Grafen von Bogen, bis zu ihrem Aussterben 1148, die Domvogtei inne, danach folgten Vögte aus verschiedenen Häusern. 1179 ist Graf Gebhardt von Sulzbach in diesem Amt bezeugt.[100] In Salzburg besaßen seit dem

[93] Trad. Freis. II nrr. 1049–1153. Der dort in über 100 Notizen erwähnte Vogt Ratolt, der wohl den Ebersbergern zuzurechnen ist, wird 957 «archiadvocatus» (ebd. nr. 1153) genannt.

[94] Klebel, Probleme 259; Diepolder, Aribonen 86ff.; Fried (s. o. 416 Anm. 61) 84ff.

[95] Nach Klebel, Probleme 260, wechseln sich dort im 10./11. Jh. Grafen von Kärnten, Spanheimer und Ebersberger ab.

[96] Ebd. 260. Zur Stammtafel der Domvögte: Trotter (s. o. 417 Anm. 69) 103ff.; Piendl, III 25ff.

[97] Klebel, Probleme 261, 264. Wenn aber die Vogtei über Hochstifte (und Reichsklöster) bis zur Mitte des 11. Jhs. ein «Amt vom Reich, vielleicht sogar Reichslehen war», dann gibt es auch keine ursächliche Beziehung zwischen Eigenkirchen- bzw. Eigenklosterrecht und Vogtei, wie dies Waas (s. o. 457 Anm. 78) I 67ff. behauptet hat.

[98] Starflinger I 18f.; Wohlhaupter 239; Bosl 457. Seit 1168 amtierte in Augsburg ein Untervogt, dem der bischöfliche Kämmerer seine richterlichen und wohl auch militärischen Befugnisse übertragen mußte.

[99] Starflinger I 18f.; M. Fastlinger, Die Ahnherrn d. Wittelsbacher als Vögte d. Freisinger Hochstifts (DB NF 4) 1907, 140ff., suchte die Grafen von Scheyern als Domvögte bis ins 9. Jh. zurückzuverfolgen. Sturm, Preysing 348, läßt die Erbvogtei der Scheyern-Wittelsbacher mindestens mit 1020/25 beginnen, hält aber auch Fastlingers Ansatz für möglich. Die Übernahme der Vogtei des Freisinger Bistums durch Otto von Scheyern erfolgte jedoch erst um 1047, nach dem Tod des Grafen Sighard vom Chiemgau, der sie bis dahin innegehabt hatte. Tyroller, Wittelsbacher (s. o. 289) 10ff.; vgl. zuletzt: Volckamer, (HAB 14).

[100] Starflinger I 21ff. Die Bogener Nebenlinie, in der der Leitname Friedrich auftritt, starb schon 1148 aus, bei ihnen taucht der ständige Titel «advocatus Ratisponensis» auf, ein Prädikat, das innerhalb des Hochadels der Zeit auffällt. Trotter (s. o. 417 Anm. 69); Piendl III 25ff.

elften Jahrhundert die Grafen von Tengling, seit dem zwölften Jahrhundert die Herren von Lebenau aus der Familie der Grafen von Peilstein die Hochstiftsvogtei.[101] In Passau liegen die Verhältnisse teilweise ähnlich wie in Regensburg, insofern nach einer längeren Vogtei der Grafen von Vornbach verschiedene Adelsgeschlechter an der Hochstiftsvogtei beteiligt gewesen sind, u. a. die Bogener, die Babenberger, die Herzöge von Bayern und die Grafen von Ortenburg; jedoch handelt es sich dabei vielfach um ein Nebeneinander von Teilvogteien.[102] In Bamberg halten die mächtigen Grafen von Sulzbach die Hochstiftsvogtei in ihrer Hand, deren Amtsnachfolge sich die Staufer 1174 sicherten, aber schon 1191 und 1200 durch den Tod der mit der Vogtei belehnten Staufersöhne Friedrich und Otto wieder an Bamberg verloren.[103]

Je fester mächtige Dynasten oder gar Mitglieder des Königshauses seit dem elften Jahrhundert die Hochstiftsvogtei in die Hand bekamen, um so mehr mußte den Bischöfen bei ihrem wachsenden territorialen Ehrgeiz daran liegen, die Zuständigkeiten der Vögte schrittweise einzuschränken. Dies konnte auf verschiedene Weise geschehen, etwa dadurch, daß mit den Domkirchen verbundene Klöster sich eigene Vögte bestellten, wodurch das Herrschaftsmonopol des Domvogtes durchbrochen werden konnte. Dies geschah 1021 in Regensburg für St. Emmeram, das seit 975 organisatorisch von der Domkirche getrennt war.[104] In Salzburg hatte sich schon 987 die Vogtei des St. Petersklosters von der des Hochstiftes getrennt, während es in Freising den Grafen von Scheyern offenbar gelang, die Vogtei über Weihenstephan neben der Domvogtei zu behalten.[105] Ebenso brachte die Trennung des Domkapitelguts vom Bischofsgut, die sich bis zum elften Jahrhundert vollzogen hatte, eine Trennung der Vogteien über die Güter des Hochstiftes und des Domkapitels. Gleichzeitig suchte der Bischof den Vogt auf das Hochgericht einzuschränken, während die Vertretung von Rechtsgeschäften vor Gericht sowie die niedere Gerichtsbarkeit bischöflichen Beamten (judices) übertragen wurde; ebenso schränkte der Bischof die Anzahl der Gerichtstage des Vogtes ein.[106] Des weiteren wurde die Zuständigkeit der Vögte durch die Institution der «engeren Immunität» (Domfreiheit) eingeengt, die den unmittelbar an die Stifts- bzw. Klosterkirche sich anlehnenden Bereich noch einmal eximierte und unter Ausschluß des Vogtes einer im spezifischen Sinne geistlichen Gerichtsbarkeit unterstellte.[107]

[101] Martin (s. o. 401 Anm. 67) 344 ff.; Starflinger I 29 f.; zu den Peilsteinern: Witte, Geneal. Untersuchungen (s. o. 413 Anm. 46) 371 ff. u. Strnadt (s. o. 413 Anm. 46) 532 ff.

[102] Starflinger I 27 f.

[103] Klebel, Probleme 306–324; Spindler, Landesfürstentum 16, 63.

[104] So jedenfalls Wohlhaupter 246, der sich dabei wohl zu Unrecht auf MG Dipl. Heinr. II. 441 beruft. Es ist der Hinweis Klebels, Probleme 262, zu beachten, wonach noch der Bogener Domvogt Friedrich v. Regensburg um 1050, auch die Vogtei für St. Emmeram ausgeübt zu haben scheint.

[105] Martin (s. o. 401 Anm. 67); Starflinger II 14; Wohlhaupter 246.

[106] Starflinger II 14 ff.; Wohlhaupter 247 ff.; eine Einschränkung der Gerichtstage im Regensburger Reichsweistum K. Heinrichs IV. (MG Dipl. Heinr. IV. 484) (zu 1104); Riezler I 2, 392.

[107] K. Hofmann, Die engere Immunität in deutschen Bischofsstädten im MA, 1914; Seeliger (s. o. 350) 126 ff. hatte die «Domfreiheit» aus dem Bannbezirkscharakter der Grundherrschaft zu erklären versucht und

Insgesamt ergibt sich somit das Bild, daß die bayerischen Bistümer, die aufgrund karolingischer Immunitätsprivilegien die Niedergerichtsbarkeit erlangt hatten, bis zum dreizehnten Jahrhundert alle zur Hochgerichtsbarkeit vordrangen. Die Gefahren, die in der Ballung von Hoheits- und Gerichtsrechten in der Hand eines erblichen Edelvogtes lagen, konnten zumindest teilweise durch die Entleerung der Rechte des Hochstiftsvogtes und deren Übertragung an bischöfliche Beamte ausgeschaltet werden, so in Regensburg, Passau, Salzburg und Freising; ebenso konnte dies durch organisatorische Ausgliederung aus dem Rechtsverband des Domstiftes und durch eine vogtfreie «engere Immunität» (Muntat) geschehen. Im dreizehnten Jahrhundert verschwinden die bayerischen Domvögte, ein äußeres Zeichen dafür, daß die Entwicklung der Bistümer zur Landesherrschaft in vollem Gange war. Die Vogtei, die für die weltlichen Dynasten ein wichtiger Ausgangspunkt für die Entwicklung der Landesherrschaft und dementsprechend für die erstrebte Landesherrschaft der Bischöfe eine Gefahr war,[108] konnte auf diese Weise von den Bistümern unschädlich gemacht und in ihren gerichtlichen Funktionen absorbiert werden.

§ 35. KLÖSTER UND STIFTE

Lit. wie vor § 34; dazu: L. H. COTTINEAU, Répertoire topo-bibliographique des abbayes et des prieurés, 2 Bde., Maçon 1935/39; MOIS; LEIDINGER, Fundationes (s. o. 352) 673 ff.; FASTLINGER; LINDNER, Monasticon; FINK, Mönchtum (s. o. 177); SCHAFFRAN; TELLENBACH, Eigenklöster; MITTERER; St. HILPISCH, Gesch. d. benedikt. Mönchtums, 1930; HARTIG, Obb. Stifte; Ders., Nb. Stifte; LÖWE, Reichsgründung; Ph. SCHMITZ, Gesch. d. Benediktinerordens, übers. u. hg. v. L. Räber, 3 Bde., 1947; BACKMUND I; J. HEMMERLE, Die Benediktinerklöster in Bayern (Germania Benedictina II) 1970; KRAUSEN, Zisterzienserorden; MEYER, Klostergründungen (s. o. 204 Anm. 4); PRINZ, Frühes Mönchtum; H. SCHNELL, Bayer. Frömmigkeit, Kult u. Kunst in 14 Jahrhunderten, 1965; N. BACKMUND, Die Kollegiat- u. Kanonissenstifte in Bayern, 1973; P. MAI, Die Chorherrenorden u. ihre Stifte in Bayern, 1966; A. KUNZELMANN, Gesch. d. deutschen Augustinereremiten, 2.–5. Teil, 1970/74.

Als Karl der Große 788 endgültig die Karolingerherrschaft in Bayern aufrichtete, fand er dort ein blühendes und wohlorganisiertes monastisches Leben vor, zu dessen weiterem Gedeihen er kaum Wesentliches hinzufügte.[1] Er gab die Klöster Chiemsee

S. RIETSCHEL (MIÖG 27) 1906, 414 ff., sie als ein Ergebnis eines höheren Kirchenfriedens aus dem kanonischen Recht hergeleitet, wohingegen HIRSCH, Klosterimmunität 153 ff., die Muntat als einen Sonderfrieden, ähnlich dem Stadt- und Burgfrieden, aus weltlicher Wurzel betrachtet. Zusammenfassend hat HOFMANN, Immunität 4–31, die kirchlichen Faktoren (Sakralfriede, Asylrecht, Gerichts- u. Steuerimmunität der Geistlichen) als wesentlicher herausgestellt, als die hinzutretenden weltlichen Elemente (Immunität, Burgfriede, Grundherrschaft); vgl. auch BADER, Dorf I, bes. 216 ff.

[108] Die Vögte konnten nicht selten auf kirchlichem Besitz sich ein Territorium schaffen. Vgl. o. § 33 (Babenberger, Otakare); ferner: Th. MAYER-EDENHAUSER, Zur Territorialbildung d. Bischöfe v. Basel (ZGORh. NF 52) 1928; für Brixen: HEUBERGER, Osträtien (s. o. 135); MAYER, Mod. Staat 468.

[1] Vgl. F. PRINZ, Schenkungen u. Privilegien Karls d. Gr. = Karte (Karl d. Gr. I) 1965.

und Staffelsee an die Bistümer Metz und Köln; St. Emmeram in Regensburg, Niederalteich und Metten erhielten von ihm je eine Schenkung, und der Abt Wolkanhard trug dem Herrscher seine Klostergründung Berg im Donaugau auf.[2] Ansonsten jedoch beschränkte sich Karls kirchliche Tätigkeit in Bayern auf die Organisation des Metropolitanverbandes und auf Bestätigungen bereits erworbenen Kirchenbesitzes.[3]

Bayerns Klöster um 788 lassen sich regional in *zwei politisch-monastische Zonen* gliedern. Erstens in den westbayerischen Bereich der Klostergründungen eines fränkisch versippten und karolingisch orientierten Adels, der politisch jene schon charakterisierte Mittlerstellung zwischen der fränkischen Reichsgewalt und den Agilolfingern einnahm. Dieser Adelskreis Westbayerns, dem Arbeo von Freising, Arn von Salzburg, Sturmi von Fulda, Leidrat von Lyon angehörten und den man nicht auf die vielzitierten Huosi einengen darf, läßt sich kultisch durch das Merkmal des Imports stadtrömischer und reichsfränkischer Reliquien erfassen, wobei die römischen Märtyrerreliquien im Zusammenhang mit dem Bündnis zwischen Rom und den Karolingern seit 750 in das Frankenreich und nach Westbayern einströmten. In der westbayerischen «monastischen Provinz» entstanden so Scharnitz-Schlehdorf, Benediktbeuern, Kochel, Sandau, Polling, Schäftlarn, Tegernsee (dem seine östliche Filiation St. Pölten zuzuordnen ist), Schliersee, Moosburg und Ilmmünster, während die Anfänge von Wessobrunn und Thierhaupten ungewiß bleiben.[4] Die starke karolingische Position westlich des Lechs verdeutlicht noch, daß es sich bei den Gründungen der westbayerischen Adelssippen um eine graduelle Abstufung des fränkischen Einflusses innerhalb Bayerns gehandelt haben muß.[5]

Um so kräftiger entfaltete sich die agilolfingische Klostergründungstätigkeit im Salzburger Land und vornehmlich im Osten des Herzogtums, wo sich eine offenbar wohlorganisierte herzogliche Verwaltung (pagus-Organisation) entwickelt hatte, wo der Landesausbau nach Osten hin die Möglichkeit bot, fern von der Einmischung der Karolinger die bis 772 neu eroberten und besiedlungsfähigen Räume unmittelbar der agilolfingischen Herrschaft einzufügen. In diesem engeren, herzoglich-agilolfingischen Bayern östlich der Linie Weltenburg – mittlerer Inn gründeten die Herzöge Niederalteich, Chammünster, Chiemsee, Mattsee, Mondsee, Kremsmünster, wahrscheinlich auch Weltenburg, Passau-Niedernburg, St. Florian bei Linz und vielleicht Altmünster am Traunsee. Desgleichen bestifteten sie St. Emmeram in Regensburg, Isen, Gars, Au, Salzburg-St. Peter und Nonnberg, Innichen, Bischofshofen und El-

[2] MG Dipl. Karl d. Gr. 176 (zu 794) (St. Emmeram); ebd. 212 (zu 811) (Niederalteich); FINK, Metten (s. o. 217 Anm. 154) II 24 ff.; PRINZ, Metten (s. o. ebd.) 20–32; Ders., Mönchtum; MITTERER 130 f. (Berg); STÖRMER, Adelsgruppen (s. o. 355 Anm. 23) 148 ff.

[3] MG Dipl. Karl d. Gr. 168 (Salzburg), 169 (Kremsmünster), 170 (Passau); dazu die verunechteten Bestätigungen ebd. 247 (Kremsmünster), 258 (St. Emmeram).

[4] H. DANNHEIMER, Karol. Funde aus Sandau (Beitrr. z. altb. KG 31) 1977, 175–178.

[5] Zur unterschiedl. Beurteilung d. Rolle d. fränk. orientierten Adels: PRINZ, Herzog u. Adel; A. KRAUS, Zweiteilung d. Herzogtums d. Agilolfinger? (BlldLG 112) 1976, 16–29 u. ebd. 113, 1977, 33–43; F. PRINZ, Nochmals z. Zweiteilung d. Hgt. d. Agilolfinger (ebd. 113) 19–32 u. Ders., Bayerns agilolfing. Kloster- u. Adelsgesch. (Die Anfänge d. Kl. Kremsmünster) 1978, 25–50.

senwang, wahrscheinlich auch Metten. Im westbayerischen Bereich förderten sie mit einzelnen Schenkungen Benediktbeuern, Schäftlarn, vielleicht auch Staffelsee, Polling und Wessobrunn. Im Bereich der Odilo- und Tassiloklöster fehlen die typisch römischen Katakombenreliquien des westbayerischen und karolingischen Adels; die Translation der Agapitusreliquien nach der Agilolfingerstiftung Kremsmünster erfolgte erst nach Tassilos Sturz (788), als Bayern insgesamt karolingische Königsprovinz geworden war. Die Patrozinien in den agilolfingischen Klöstern des herzoglichen Kernraumes lassen sich nicht auf einen einheitlichen Nenner bringen. Kremsmünster und Chiemsee tragen das Salvatorpatrozinium, Mondsee, Mattsee, Metten und Staffelsee dagegen sind St. Michael geweiht; dies könnte, muß aber nicht nach Italien weisen, steht auf jeden Fall in keinem Zusammenhang mit den römischen Katakombenreliquien des fränkisch-westbayerischen Bereichs. Die Translation des römischen Candidus nach Innichen unterstreicht von der Patrozinienkunde her die von H. Löwe und E. Zöllner getroffene Feststellung, daß Innichen weniger als Tassikloster denn als Filiation des westbayerischen Adelsklosters Scharnitz-Schlehdorf aufzufassen sei. Das Mauritiuspatrozinium in Niederalteich weist auf die Reichenau und damit auf die politische Zusammenarbeit zwischen Herzog Odilo und dem Alemannenherzog. Das fränkische Martinspatrozinium fehlt in den Klöstern Odilos und Tassilos III., in Weltenburg hängt es mit Luxeuil zusammen. Die großzügige Klosterpolitik der Agilolfinger im Osten Bayerns stellt sich somit als ein konsequentes Gegenstück zu der adeligen Klosterpolitik Westbayerns dar. Im östlichen Kernraum herzoglicher Macht gibt es kaum adelige Klostergründungen, jedenfalls keine vom Range Tegernsees oder Benediktbeuerns. Daß sich beide Klosterkreise in Patrozinienwahl, Heiligenkult und Schenkungen sehr charakteristisch unterscheiden, weist auf den politischen Gegensatz hin, der hinter diesen beiden herrschaftlichen Gruppen von Klostergründern steht. Man wird sagen dürfen, daß sich der Reichtum monastischer Entfaltung Bayerns im achten Jahrhundert nicht zuletzt aus dem konkurrierenden Wirken dieser zwei Kräftegruppen innerhalb des Herzogtums ergab.[6] Die geistige Kultur im achten und neunten Jahrhundert zog aus dieser wetteifernden Gründertätigkeit in ihrer Gesamtheit den reichsten Gewinn,[7] ein Beispiel dafür, daß Kulturgeschichte ohne engste Verbindung mit der politischen Geschichte und ohne den Blick auf die Schichten und Kreise, die Kultur ermöglichen und tragen, nicht voll zu verstehen ist.

Aufs Ganze gesehen ist im karolingischen neunten Jahrhundert eine absteigende Linie in der monastischen Entwicklung feststellbar, ohne daß dafür die Dynastie allein verantwortlich zu machen wäre, die ja mit Kaiser Ludwig dem Frommen einen besonders eifrigen Förderer des Mönchtums stellte.[8] Vielmehr sind institutionelle

[6] PRINZ, Frühes Mönchtum 351 ff. u. 413 ff.; W. STÖRMER, Schäftlarn, Murrhardt u. die Waltriche des 8. u. 9. Jhs. (ZBLG 28) 1965, 47–81; W. HOTZELT, Translationen v. Märtyrerreliquien aus Rom nach Bayern im 8. Jh. (StMBO 52) 1935, 286–343. Die von STÖRMER, Adelsgruppen (s. o. 355 Anm. 23) 148 ff. angeführten adeligen Klöster Berg im Donaugau, Wörth und Metten erlangten keine Bedeutung.

[7] S. u. §§ 37, 38 zur literarischen Kultur.

[8] J. SEMMLER, Die Beschlüsse des Aachener Konzils im Jahre 816 (Zschr. f. KG 74) 1963, 15–82; Ders., Reichsidee u. kirchl.

und politische Gründe für dieses Absinken eher ausschlaggebend gewesen. Während das Reichsklosterverzeichnis Kaiser Ludwigs des Frommen für Bayern noch fünfzehn Klöster nennt, die Kriegsdienst, Abgaben oder Gebete für Kaiser und Reich zu leisten haben,[9] besaßen an der Wende vom neunten zum zehnten Jahrhundert nur noch etwa sechs Klöster die Eigenschaft von Reichsabteien; im Laufe des zehnten und elften Jahrhunderts kamen noch einige hinzu. Hochmittelalterliche Reichsklöster sind längere Zeit gewesen: das 975 vom Hochstift abgesonderte St. Emmeram in Regensburg, das 978 erneuerte Tegernsee, das Ende des zehnten Jahrhunderts wiederhergestellte Niederalteich, das von Heinrich II. (1010) zur Reichsabtei erhobene Niedernburg in Passau, Frauenchiemsee, das 1033 erneuerte Benediktbeuern, ferner die Aribonengründung Seeon, die im Jahre 999 von Kaiser Otto III. Immunität erhielt,[10] Ober- und Niedermünster in Regensburg sowie das Regensburger Schottenkloster St. Jakob,[11] das von Kaiser Heinrich IV. 1089 [12] zur reichsunmittelbaren Abtei erhoben wurde und sich zum Hauptzentrum der neuen iroschottischen Welle des zwölften Jahrhunderts in Bayern und Deutschland entwickelte. Ebersberg, Kühbach und Göß erlangten ebenfalls kaiserliche Immunitätsprivilegien, doch dürfte der Charakter des adeligen Familienklosters zumindest bei den ersten zwei erhalten geblieben sein.[13] Unsicher ist die Rechtsstellung von Geisenfeld, das 1037 von Graf Eberhard von Ebersberg als Benediktinerinnenkloster gegründet wurde und angeblich 1040 ein kaiserliches Privileg erhalten haben soll,[14] sowie von Weltenburg, das im neunten Jahrhundert als Reichskloster bezeugt ist, aber seit 1123 als Eigenkloster von Regensburg erscheint. Schon Bischof Wolfgang von Regensburg (972/94) hatte das Kloster mit St. Emmeramer Mönchen reformiert.[15] Als Reichsklöster sind ferner das von

Gesetzgebung bei Ludwig d. Frommen (ebd. 71) 1960, 37–65. Hinzu kommt, daß monastische Gesamtentwicklung und kulturelle Blüte nicht immer phasengleich verlaufen müssen, wie aus B. BISCHOFF, Schreibschulen erhellt. Jedoch läßt sich auch in den Skriptorien nach der Jahrhundertwende unverkennbar eine fallende Tendenz der Produktivität feststellen.

[9] MG Capit. 1, 350f. CCM I nr. 22, 493–499; dazu PRINZ, Klerus u. Krieg (s. o. 455 Anm. 72).

[10] MG Dipl. Otto III. 318, 319; HAUCK III 1035.

[11] MG Dipl. Heinr. II. 29; KLEBEL, Probleme 261 f.; GP I 290–293; H. MEIER, Das ehem. Schottenkloster St. Jakob u. seine Grundherrschaft (VHOR 62) 1912, 69–162. Die Alte Kapelle in Regensburg von König Ludwig d. D. vor 875 gegründet, von Karl III. u. Ludwig dem Kind dotiert, war der kirchliche Mittelpunkt des karolingischen Königsgutsbezirkes in Regensburg. Nach der Erneuerung durch Kaiser Heinrich II., der die Kapelle 1002 in ein Kanonikerstift umwandelte, schenkte er sie Bamberg. GP I 278f.

[12] MG Dipl. Heinr. IV. 403; vgl. o. 445 Anm. 22.

[13] MG Dipl. Heinr. III. 15 (Immunität für Ebersberg) (1039/1040); vgl. MG Dipl. Heinr. II. 230 (zu 1011); Kühbach, um 1011 von den Grafen von Sempt-Ebersberg gegründet, seit 1127 unter der Schirmvogtei der Wittelsbacher (Immunität: MG Dipl. Heinr. II. 230); STEICHELE-SCHRÖDER II 210f.; Göß, um 1000 für Benediktinerinnen durch den Diakon und späteren Mainzer Metropolit Aribo und Adula von Leoben gestiftet, nach 1020 durch Kanonissen, im 12. Jh. durch Benediktinerinnen von Salzburg-Nonnberg besiedelt. HAUCK III 532.

[14] KLEBEL, Probleme 261; JAEGER (s. o. 410 Anm. 33); vgl. zuletzt VOLCKAMER (HAB 14) 8ff., 56ff.

[15] GP I 309f.; MG Capit. 1, 350, Z. 27 (zu 817) (Identifizierung nicht gesichert?); Trad. Weltenburg; B. PARINGER, Die Äbtereihe d. Benediktinerabtei Weltenburg

Kaiser Heinrich II. wiederbegründete Polling[16] und das auf Reichsgut 898 von Kaiser Arnulf gestiftete Säkularkanonikerstift Ranshofen zu nennen,[17] das aber im elften Jahrhundert stillschweigend an die Welfen überging. Unter Königsschutz standen schließlich die Zisterzen Waldsassen und Zwettl (gegr. 1133 u. 1139);[18] Waldsassen wurde nach dem Aussterben der Diepoldinger-Vohburger 1146 Reichskloster. Für die Herrschaftsstruktur des östlichen Markenbereiches ist es aufschlußreich, daß in diesem Raum nur eine einzige Reichsabtei entstand und daß sich auch diese in ihrer reichsunmittelbaren Stellung nicht zu behaupten vermochte, nämlich die Aribonenstiftung Göß.[19] Dieses älteste Kloster der Steiermark, 999/1020 von Adula und ihrem Sohn Aribo, dem späteren Mainzer Metropolit, gegründet, bildet damit einen Ausnahmefall in diesem Bereich, der schon seit dem zehnten Jahrhundert vornehmlich von bischöflichen und adeligen Klostergründungen des Reformmönchtums durchdrungen wird, und in dem die Stiftungen und Vogteien der Babenberger schon früh beiderseits der Donau den Herrschaftsbereich dieser Territorialherren abstecken, der dann 1156 zum Herzogtum der Babenberger wird und sich somit von Bayern separiert.

Nur einige der dem Reich verbundenen, genannten Abteien stiegen im elften und zwölften Jahrhundert zu voller Entfaltung empor. *Benediktbeuern,* als Rodungskloster des Loisachtales entstanden, von Arnulfs Säkularisation betroffen und 955 durch die Ungarn zerstört, durch den Propst Wolfhold von Bischof Ulrich von Augsburg als bischöfliches Kanonikerstift erneuert, wurde 1032 als Benediktinerabtei vom Tegernseer Abt Ellinger wiederhergestellt und erreichte unter Abt Engelschalk (1122/36) die Reichsunmittelbarkeit. Die Schirmvogtei über das Kloster hatten die Grafen von Andechs.[20] *Niederalteich,* ursprünglich von den Agilolfingern reich bestiftet, dann

(StMBO 57) 1939, 140ff.; KLEBEL, Probleme 261f.; HEMMERLE, Benediktinerklöster 137ff.; BAUERREISS II 29 u. öfter; KLEBEL, Probleme 262, hält auch Wessobrunn für ein Reichskloster; es war 885 an die Alte Kapelle in Regensburg gelangt, 1065 von St. Emmeram aus wiederhergestellt und 1155 mit einem kaiserlichen Vogteiprivileg begabt worden, vgl. HEMMERLE, Benediktinerklöster 139ff.

[16] RIEZLER I 2, 383f.; MG Dipl. Heinr. II. 212 (Erneuerungen von Polling 1010); 1002 wird Polling noch als augsburgische curtis erwähnt: Thietmar, Chron. IV. c. 50, S. 188. Aber schon 1065 ging Polling an das Hochstift Brixen über. Urkunden d. Brixener Hochstiftsarchive, hg. v. L. SANTIFALLER, nr. 28.

[17] GP I 202ff.; MG Dipl. Arnolf 167, 172; MB 3, 229–390; LINDNER, Monasticon 244ff.; KLEBEL, Probleme 280. 1125 wurde es durch Herzog Heinrich den Schwarzen und Erzb. Konrad I. als welfisches Regularkanonikerstift erneuert; der berühmteste Propst war der allseitig gebildete Manegold (1143/57).

[18] Ebd. 280; KRAUSEN, Zisterzienserorden 100ff.; H. KOLLER, Die Besiedlung d. Raumes um Zwettl (Niederösterreich) (BlldLG 110) 1974, 43–82.

[19] Göß wurde 1020 Kaiser Heinrich II. «libertandi gratia» übertragen (MG Dipl. Heinr. II. 428) und von Papst Benedikt VIII. auf Bitten des Kaisers und Aribos römisch gefreit. GP I 94ff.; J. WICHNER, Gesch. d. Nonnenkl. Göß OSB bei Leoben in der Steiermark (StMBO 13 u. 14) 1892/93; B. PELICAN, Gesch. d. Benediktinerstifts Göß, Graz 1924. Nach K. BRACHER (Zschr. d. hist. Vers. f. Steiermark, Sonderbd. 1) Graz 1954, wurde Göß als Kanonikerstift gegründet und erst später in ein Benediktinerinnenkloster umgewandelt.

[20] KLEBEL, Probleme 263; BISCHOFF 22–47; PLECHL (s. u. 545 Anm. 115) DA 11, 422–461; zur Säkularisation Arnulfs: REINDEL nr. 49, S. 88 u. 91.

karolingisches Reichskloster mit bedeutender Rodungstätigkeit im Bayerischen Wald und in der Ostmark, erhielt 847 die freie Abtwahl und 857 die Reichsunmittelbarkeit; der Abt Gozbald war Kanzler Ludwigs des Deutschen.[21] Im zehnten Jahrhundert sank es zu einem kleinen Kanonikerstift herab, wobei auch hier die Güterentziehungen Herzog Arnulfs und die Ungarneinfälle eine Rolle spielten. Nach 954 war es eine Zeitlang im Besitz des Salzburger Erzbischofs Friedrich. Es nahm erst durch Herzog Heinrich den Zänker neuen Aufschwung, als auf Betreiben Bischof Pilgrims von Passau und Bischof Wolfgangs von Regensburg die Gorze-Trierer Reformbewegung in Niederalteich ihren Einzug hielt; das Kloster wurde 990 unter Abt Erkanbert wieder Benediktinerabtei; unter seinem Nachfolger Godehard (996–1022), dem späteren Bischof von Hildesheim, kam eine Glanzzeit, in der es selbst ein Ausstrahlungszentrum der Reform wurde.[22] Nach der Ungarnzeit nahm es um 970 wieder seine alten Güter in der Wachau in Besitz und dehnte um 1011 seine Grundherrschaften in das Viertel zwischen dem Manhartsberg und der Donau bis Grafenwörth längs des Wagrein aus. Gleichzeitig wirkte der Niederalteicher Mönch Gunther im Bayerischen Wald, er gründete Rinchnach und in Ungarn Bakonybel nordwestlich des Plattensees, der Mönch Wilhelm Kirchdorf im Wald. Richer wurde 1038 als Abt von Montecassino bedeutsam, Konrad II. hatte ihn dort eingesetzt, nachdem er zuvor als Niederalteicher Reformabt in San Leno bei Brescia gewirkt hatte.[23] Kaiser Barbarossa übertrug die Abtei 1152 dem Bistum Bamberg. Unter der Vogtei der Grafen von Bogen, die vornehmlich für ihre Hausklöster Windberg und Oberalteich sorgten, geriet Niederalteich in wirtschaftliche Bedrängnis und mußte u. a. seinen Reichenhaller Besitz an Salzburg verkaufen. Erst als im dreizehnten Jahrhundert die Wittelsbacher Vögte wurden, begann eine neue Blüte des Klosters.[24]

Das sicher seit 788 karolingische Reichskloster *Tegernsee* entwickelte sich zur bedeutendsten Abtei Süddeutschlands. In der Reichsklosterliste von 819 erscheint es neben Mondsee in der ersten Zensusklasse, d. h. es hatte auch Kriegsdienste zu leisten. Sein Rodungsgebiet erstreckte sich bis Tirol und Niederösterreich; schon am Ende des achten Jahrhunderts besaß Tegernsee 15 Pfarrkirchen, weshalb es zu Auseinandersetzungen mit dem Bistum Freising kam.[25] Die Ungarneinfälle und vor

[21] J. Fleckenstein, Die Hofkapelle d. dt. Könige, Teil I (Schr. d. MG 16, 1) 1959, 117, 167f., 173 u. 179f.

[22] Hallinger 161–177; Bauerreiss II 35ff.; s.u. 536; Stadtmüller-Pfister, Gesch. d. Abtei Niederaltaich, Augsburg 1971.

[23] Hallinger 174; W. Wühr, Die Wiedergeburt Montecassinos unter seinem ersten Reformabt Richer v. Niederaltaich (Studi Gregoriani 3) 1948, 369ff.

[24] GP I 178–182; Vancsa I 217f.; S. Herzberg-Fränkel, Wirtschaftsgesch. d. Stifts Niederaltaich (MIÖG Erg.-Bd. 10) 1928; G. Wachinger, Beitr. z. Wirtschaftsgesch. d. Klosters Niederaltaich (StMBO 44) 1926, 1–56; Lang (s.o. 316 Anm. 104); Piendl III 39ff.; D. Lucas, Der Anteil d. Klöster Niederaltaich u. Metten an d. Kulturlandschaft d. bayer. Waldes (Mitt. d. Geogr. Ges. München 40) 1955, 9–120; zur Frühgeschichte Prinz, Frühes Mönchtum 417ff. Die Schenkung Kaiser Heinrichs II.: MG Dipl. Heinr. II. 229.

[25] GP I 360–370; Stutz (s.o. 350) 221ff.; G. Ratzinger, Forsch. z. bayer. Gesch., 1898, 493ff.; Bischoff 153ff.; L. Tabor, Die Kultur d. Klosters Tegernsee im Frühmittelalter, 1935. M. Polock, Zur Tegernseer Äbteliste (DA 24) 1968, 228.

allem die Säkularisationen Herzog Arnulfs, von denen das Kloster ganz besonders stark betroffen wurde, bildeten auch hier die erste Zäsur. Als Grundherr finden wir Tegernsee dann im elften Jahrhundert in der Wachau zwischen Dürnstein und Stein (1002), im Südosten des Wienerwaldes zwischen Piesting und Triesting (1020) und an der Enns (Kroisbach), wo das Kloster wohl schon in karolingischer Zeit begütert gewesen ist.[26] Die zweite Epoche monastischer Kultur leitete Kaiser Otto II. ein, der aus St. Maximin in Trier, dem Zentrum der Gorzer Reichsklosterreform, 978 Abt Hartwig mit zwölf Mönchen nach Tegernsee kommen ließ.[27] Nachdem das Kloster 979 Reichsabtei geworden war und seine Klosterschule unter Abt Ellinger (1018/41) und Froumund ein Mittelpunkt literarischer Bildung wurde,[28] konnte Tegernsee selbst wiederum Ausgangsort der Klosterreform werden und Feuchtwangen, St. Ulrich und Afra in Augsburg und Benediktbeuern als Klöster erneuern, seinen Besitz vermehren und 1102 das Filialkloster Dietramszell gründen. Ein neuer Höhepunkt der Entwicklung war die Abtschaft Ruperts (1155–1183), unter dem Tegernsee von Papst Alexander III. die Pontifikalinsignien erhielt. Kaiser Heinrich VI. erhob das Kloster 1193 wahrscheinlich zur unmittelbaren Reichsabtei.[29] Als Klostervögte walteten vielfach Vorfahren der Grafen von Falkenstein; erst ab 1135 sind die Grafen von Wolfratshausen Tegernseer Erbvögte, nach ihnen die Andechser.[30] Über *St. Emmeram* als Reichskloster wird im Zusammenhang mit der Gorze-Trierer Reform noch zu sprechen sein; die Vogtei wechselte oft zwischen den Grafen von Bogen (Regensburger Domvögte), den Rapotonen, den Burggrafen von Regensburg und den Babenbergern, ehe sie nach 1180 Erbvogtei wurde.[31]

Das karolingische neunte Jahrhundert ist vor allem durch den Übergang zahlreicher klösterlicher Gemeinschaften in den Besitz der Bistümer gekennzeichnet, während nur wenige neue Klöster (z. B. Altötting) entstanden. Darin drückt sich einerseits der starke Ausbau der Bistumsorganisation in karolingischer Zeit aus, der wiederum eine Folge der politisch-herrschaftlichen Rolle der Reichskirche im Gesamtgefüge des Karolingerreiches war; andererseits büßten zahlreiche Klöster bei diesem Vorgang nicht nur ihr Eigenleben als autarke benediktinische Gemeinschaften ein, sondern mit dem Verlust der eigenen Äbte ging vielfach ein allgemeiner Niedergang Hand in Hand, der zur Auflösung der Klöster führte. Schon um 800 gab es in den bischöflichen Eigenklöstern kaum mehr einen Abt.[32] Umgekehrt differenzierte sich das Bistum in seiner inneren Struktur, so daß im Laufe des zehnten Jahrhunderts Domkloster und Bistum organisatorisch auseinandertraten.[33] Dieser Zug zum *bischöf-*

[26] BECK (s. o. 383 f. Anm. 31) 83 ff.; VANCSA 217; Trad. Tegernsee; StMBO 65, 1953/54, 303–312; REINDEL nr. 49, S. 83 ff.

[27] HALLINGER 629 ff. u. ö.; BAUERREISS II 30 ff.

[28] MG Dipl. Otto II. 192. – Zur lit. Kultur s. u. 545 ff., 591.

[29] SCHMEIDLER, Tegernsee (s. o. 145 Anm. 61); Ders., Abt Ellinger (s. u. 468 Anm. 29); PLECHL (s. u. 545 Anm. 115). Das Diplom von 1193 ist eine Verfälschung d. 13. Jhs. (P. ACHT, AZ 47) 1951, bes. 142 ff. u. 171 ff.

[30] KLEBEL, Probleme 262.

[31] BUDDE (s. o. 205 Anm. 14) 153–238; KLEBEL, Probleme 262; F. ARENS, Das Kloster b. St. Emmeram (Thurn- u. Taxisstud. 1) 1961, 185–273; PIENDL, Emmeram 1–183.

[32] TELLENBACH, Eigenklöster; MITTERER.

[33] S. o. 445.

lichen Eigenklosterwesen vollzog sich, vom frühen Beginn in Salzburg und Freising abgesehen, vornehmlich während des neunten und zehnten Jahrhunderts; er wurde durch die «Säkularisation» Herzog Arnulfs zwar verschärft, jedoch keineswegs ausgelöst. In der Salzburger Diözese waren schon in agilolfingischer Zeit entweder als Eigenklöster entstanden oder zu Eigenklöstern des Bistums geworden: Bischofshofen, Nonnberg, Elsenwang, Bisonzio und Kufstein, Gars und Au am Inn, Ötting und Chiemsee, das aber von Tassilo dem Bistum entfremdet und nach 788 an Metz gegeben wurde.[34] Altmünster am Traunsee, vermutlich ebenfalls eine Agilolfingerstiftung, ging 909 an Erzbischof Pilgrim von Salzburg. Möglicherweise bestand schon im achten und neunten Jahrhundert in Raitenhaslach eine benediktinische Zelle als Salzburger Eigenkloster, ehe es 1143 als Zisterzienserkloster neu erstand.[35] Die Entwicklung zum bischöflichen Eigenklosterwesen war somit in Salzburg schon in agilolfingischer Zeit so gut wie abgeschlossen. In der Diözese Freising gingen im selben Zeitraum folgende Klöster an das Bistum: Isen, Schäftlarn, Scharnitz-Schlehdorf, Innichen, Schliersee, während St. Castulus in Moosburg erst 895 unter Kaiser Arnulf Freisinger Eigenkloster wurde.[36] 1049 wurde das von Kaiser Heinrich III. gegründete Kollegiatstift Ardagger freisingisch.[37] Im Regensburger Bistum ging das Salvatorkloster Berg im Donaugau, das der Gründerabt Wolkanhard Karl dem Großen übertragen hatte, durch Ludwig den Deutschen 875 als Eigenkloster an die königliche Alte Kapelle in Regensburg. Bistumsbesitz im engeren Sinne scheint es jedoch nicht gewesen zu sein; als Kaiser Heinrich II. 1019 Berg an Bamberg schenkte, war es vermutlich als Kloster bereits erloschen.[38] Chammünster war schon in agilolfingischer Zeit Regensburger Eigenkloster, die Regelung durch Bischof Baturich 819 sicherte und erneuerte diesen Tatbestand.[39] An das Bistum gingen 821 Engelbrechtsmünster und 833 Mondsee, das im Austausch gegen Kloster Obermünster in Regensburg bischöfliches Eigenkloster wurde.[40] Auch Niedermünster dürfte seit dem neunten Jahrhundert eng mit der Domkirche verbunden gewesen sein; in luitpoldingischer

[34] Mitterer 49–76; Prinz, Frühes Mönchtum 431 ff. u. Reg.

[35] Krausen, Raitenhaslach (s. o. 351). – Das Diplom K. Ludwig d. K., das dem Erzb. Thietmar v. Salzburg u. a. die cella, que vocatur Reitenhaslach, übertrug, ist eine Fälschung (MG Dipl. Ludw. d. K. 85).

[36] MG Dipl. Arnolf 136; Mitterer 76–128; Klebel, Probleme 270. Moosburg war an der Mission beteiligt und hatte Besitz im Südosten Bayerns. Von Innichen aus wurde vor 870 Maria Wörth in Kärnten als Freisinger Eigenkloster gegründet, s. Klebel, Zur Geschichte der Pfarreien und Kirchen Kärntens (Carinthia I 115, 1925, 30 und ebenda 117, 1927, 99 u. 113). 1155 wurde Maria Wörth unter B. Otto v. Freising Kollegiatstift.

[37] MG Dipl. Heinr. III. 230.

[38] Mitterer 130 ff.; Reg. Bamb. 151; vgl. MG Dipl. Ludw. d. D. 161 (zu 875) u. MG Dipl. Karl III. 127.

[39] Trad. Reg. nr. 16; Mitterer 133.

[40] Ebd. 133 ff.; MG Dipl. Ludw. d. D. 174 (verunechtet); Klebel, Probleme 269. Der Tauschvertrag wurde 833 zwischen Ludwig dem Deutschen und Bischof Baturich (817–847) geschlossen, der in seiner Amtszeit mit großer Energie den Bistumsbesitz reorganisierte und vermehrte, wie u. a. aus der bekannten Reise des Bischofs in die Mark Cham hervorgeht (Reg. Trad. nr. 16). Ludwig hatte erst 829 dem Kloster Mondsee den Abersee nebst Waldbesitz geschenkt. Vgl. Trad. Reg. nr. 24. Mondsee blieb bis ins 12. Jahrhundert Regensburger Eigenkloster. Wann Obermünster hochstiftisches Eigenkloster wurde, ist ungewiß; es taucht urkundlich erst beim Tausch von 833 auf, danach war es Reichskloster.

Zeit gewann es als herzogliche Grablege und Witwensitz Judiths große Bedeutung, war somit im zehnten Jahrhundert ein Herzogskloster.[41] Das Bistum Passau besaß bzw. erwarb folgende Eigenklöster: Niedernburg, dessen Ursprung ungeklärt, aber vielleicht als Agilolfingergründung anzusprechen ist, wurde 976 von Kaiser Otto II. der Domkirche übertragen, jedoch bereits 1010 von Kaiser Heinrich II. zur Reichsabtei erhoben und mit dem Ilzgau bestiftet.[42] St. Florian gelangte wahrscheinlich schon durch Karl den Großen an Passau,[43] die Agilolfingergründung Mattsee ging an die von König Karlmann 877 gegründete Abtei Altötting und mit dieser an das Bistum Passau.[44] Ein Diplom Arnulfs von Kärnten von 898, in dem Altötting als Passauer Eigenkloster auftaucht, ist gefälscht, denn 899 und 901 ist die Abtei als unabhängig nachzuweisen und erst im Privileg Kaiser Ottos III. für Passau ist sie eindeutig in passauischem Besitz.[45] Altötting scheint mit dem Agilolfingerkloster und der späteren Reichsabtei Kremsmünster vereinigt worden zu sein, denn der 901 genannte Abt Purchard von Altötting, der alle drei Klöster (Altötting, Mattsee, Kremsmünster) vereinigte, wurde 903 Passauer Bischof; Otto II., Heinrich III. und Heinrich IV. bestätigten dem Bistum den Besitz der Abtei.[46] St. Pölten, eine Filiation von Tegernsee aus dem achten Jahrhundert, erscheint das erste Mal urkundlich im Jahre 976, als Kaiser Otto II. dem Passauer Bischof den Besitz dieses Klosters bestätigte. Die Ungarnstürme dürfte es, wenn auch in stark reduzierter Form, überstanden haben; einen größeren Aufschwung nahm es jedoch erst nach der Erneuerung als Stift durch die Bischöfe Berengar (1013/45) und Engelbert (1045/65) von Passau.[47] In der Diözese Brixen blieb Innichen fest als Eigenkloster an Freising gebunden. Erst im zwölften Jahrhundert gründeten Brixener Bischöfe Klöster und Stifte, die im Zusammenhang mit der Klosterreform zu behandeln sein werden.

Das zehnte Jahrhundert war bis zum Beginn der Gorzer Reform klösterlichen Be-

[41] HEUWIESER, Regensburg 190ff.; s. o. 446 Anm. 28. Zu den für die Frühgeschichte Niedermünsters wichtigen Grabungen vgl. vorläufig K. SCHWARZ, Das Grab d. fränkischen Wanderbischofs Erhard in Niedermünster zu Regensburg, Bayernland (Sonderh. Ausgrabungen in Bayern) 1967, 43–48.

[42] MG Dipl. Otto II. 136; MG Dipl. Heinr. II. 214–217; TELLENBACH, Eigenklöster 19ff.; MITTERER 144ff. über das Nonnenkloster Kirchbach und das Kloster Rindpach, die noch in agilolfingischer Zeit Passauer Eigenklöster wurden, jedoch nicht lokalisierbar sind. Mitte des 9. Jhs. tauschte Bischof Hartwig v. Passau sein Eigenkloster St. Quirin (nicht lokalisiert) gegen andere Güter ein (ebd. 147f.); KLEBEL, Probleme 267; STRNADT (s. o. 431 Anm. 31) 276ff. z. MG Dipl. Heinr. II. 217.

[43] TELLENBACH, Eigenklöster 14ff.; MITTERER 148f.

[44] TELLENBACH, Eigenklöster 11f.; MITTERER 149f. Mattsee war in der Ostmission tätig, bes. in Ungarn um Steinamanger (9. Jh.), es wurde von Ludwig dem Deutschen gefördert. PRINZ, Frühes Mönchtum 426f.; W. STEINBÖCK, Die Klostergründungen v. Mondsee u. Mattsee durch die Agilolfingerherzöge Odilo u. Tassilo (StMBO 85) 1974, 496–530.

[45] MG Dipl. Otto III. 112.

[46] MG Dipl. Otto II. 111a, b; MG Dipl. Heinr. III. 300; MG Dipl. Heinr. IV. 114; TELLENBACH, Eigenklöster 7ff.; KLEBEL, Probleme 267f.

[47] HEUWIESER, Passau 297ff.; LÖWE, Reichsgründung 34f.; PRINZ, Frühes Mönchtum 42f., 377f.; TELLENBACH, Eigenklöster 316ff.; HEUWIESER nimmt die Übergabe an Passau für die Mitte des 9. Jhs. an. LÖWE für 910.

strebungen wenig günstig, die Ungarneinfälle brachten eine scharfe Zäsur und die Säkularisation Arnulfs schwächte die Kraft der vorhandenen Klöster. Als bedeutendste Gründung dieser Epoche stifteten die Sempt-Ebersberger Grafen Eberhard und Adalbero 934 auf der Stammburg ihres Geschlechtes das Chorherrenstift Ebersberg, das 1013 durch Abt Reginbald von St. Ulrich und Afra in Augsburg in ein Benediktinerkloster umgewandelt wurde.[48] Michaelbeuern bei Salzburg, vielleicht schon im achten Jahrhundert entstanden und 907 in der Ungarnnot zerstört, wurde nach 955 durch den Aribonen Pfalzgraf Hartwich I. neu gegründet, von Kaiser Otto II. 977 mit Königsgut ausgestattet und unter Papst Innozenz II. (1130/43) der römischen Kirche übertragen.[49] Bald nach 976 gründete Biletrud, die Witwe des Luitpoldingers Berthold, das Kloster Bergen bei Neuburg an der Donau für Benediktinerinnen, das schon 995 unter päpstlichen Schutz gestellt wurde, 1007 durch Kaiser Heinrich II. an Bamberg ging und im Zuge der Hirsauer Reform über St. Georgen vom Reformzentrum Admont erneuert wurde.[50] Maria Saal in Kärnten, 860 in einem Diplom Ludwigs des Deutschen als Kirche erwähnt, ist 927 Sitz des Chorbischofs Gotabert und möglicherweise durch denselben als Stift begründet, seit Beginn des zwölften Jahrhunderts jedoch Salzburger Propstei.[51] St. Paul (Mittelmünster) und Prüll in Regensburg sowie die Aribonenstiftung Seeon gehören schon der ersten Welle klösterlicher Reform an, die im zwölften Jahrhundert ihren Höhepunkt erreichte.

Zusammenfassend läßt sich sagen, daß bis zum zehnten Jahrhundert von den alten Klöstern ein beträchtlicher Teil auf den Herzog oder den König zurückgeht; Freising mit seinen typischen Adelsklöstern macht hier eine Ausnahme, deren Ursachen oben dargelegt wurden. Königs-, Herzogs- und Adelsklöster gerieten jedoch innerhalb dieses Zeitraumes meist in bischöflichen Besitz, wurden Eigenklöster der Bistümer, soweit der Ungarnsturm sie nicht auslöschte. Seit dem elften und zwölften Jahrhundert jedoch treten König und Herzog als Klostergründer stark zurück, die Klosterstifter gehören jetzt vornehmlich, soweit sie Laien sind, dem Adel an oder die Bischöfe selbst gründen, erneuern oder reorganisieren Klöster; die Klosterreform wurde der Ausgangspunkt der allgemeinen Kirchenreform.[52] Unter diesen gewandelten Umständen war das bischöfliche Eigenklosterwesen des elften und zwölften Jahrhunderts keine Verfallserscheinung mehr, sondern konnte ein wesentliches Mittel der reformerischen Kräfte sein, wie etwa die zahlreichen Klostergründungen Bischof Ottos I. von Bamberg am Beginn des zwölften Jahrhunderts zeigen.

Der Begriff *Klosterreform* (s. u. 535ff.) ist in sich nicht einheitlich. Die Ursprünge

[48] LINDNER, Monasticon 167ff.; GP I 351ff.; BAUERREISS II 32 u. ö.

[49] MG Dipl. Otto II. 164; GP I 55ff.; MARTIN (s. o. 401 Anm. 67) 377ff.; LINDNER, Monasticon 54ff.

[50] MG Dipl. Otto II. 141; MG Dipl. Heinr. II. 131; MG Dipl. Konr. II. 126; Reg. Bamb. 57; GP II 1, S. 22; BAUERREISS II 131, 161; III 18; Reg. Eichst. nr. 136; Ph. JAFFÉ-LÖWENFELD, Regesta pontificum Romanorum, 1885² (Neudruck Graz 1956) 3856; REINDEL nr. 120; J. HEIDER (Hg.), Das Benediktinerinnenkloster Bergen u. seine Urkunden (Neuburger Kollektaneenblatt 117) 1964.

[51] GP I 112f.; HAUCK III 1035.

[52] TELLENBACH, Libertas; HIRSCH, Klosterimmunität; SCHREIBER, Kurie u. Kloster (s. o. 350); BRACKMANN, Salzb. Kirchenprovinz.

und die Zielsetzungen sowie die von ihr betroffenen Ordensgemeinschaften sind jeweils verschieden, Benediktiner, Augustinerchorherren, Prämonstratenser und Zisterzienser lösen einander ab; eine besondere Note kommt noch durch die neue iroschottische Welle des elften und zwölften Jahrhunderts hinzu, die Reformkreise überschneiden sich, konkurrieren, geraten in die scharfen Gegensätze des Investiturstreites, ohne daß dabei die Klosterreform eindeutig eine päpstlich-gregorianische und gegen das Reich gerichtete Angelegenheit sein mußte. Vielmehr beginnt sie in Bayern, wie auch im Reich, noch in ottonischer Zeit als ausgesprochene Reichsklosterreform, die von Gorze aus über das kaiserlich geförderte Reformzentrum St. Maximin in Trier hereinwirkte und in Regensburg-St. Emmeram einen wichtigen Ausgangspunkt gewann, von dem aus andere Reformzentren sproßten.[53] Gorze, schon 748 von Erzbischof Chrodegang als Metzer Eigenkloster gegründet, entfaltete sich nach seiner Wiedererrichtung durch Bischof Adalbero von Metz (933) vor, neben und teilweise gegen Cluny zum großen Zentrum der reichsverbundenen lothringischen Klosterreform. Besonders unter den Äbten Ainold († 967) und Johannes I. († 974) zog die Gorzer Erneuerungsbewegung, gefördert vom ottonischen Kaisertum, vom Reichsepiskopat und vom lothringischen Adel, weite Kreise und konnte bis zum zwölften Jahrhundert etwa 160 Klöster reformieren. Außerhalb Bayerns waren es neben St. Maximin besonders Fulda, Stablo-Malmedy, St. Gallen und die Reichenau, die wiederum Zentren der Klosterreform bildeten. Diese Stätten der gorzisch-lothringischen Erneuerung des benediktinischen Mönchtums, die unter anderem nach Beseitigung der Laienäbte und des Kommendewesens strebten, waren gleichzeitig kulturoffen und dem Königtum wie seiner Reichskirchenpolitik im wesentlichen aufgeschlossen; auf ihnen beruhte vornehmlich die Reichskultur des zehnten und elften Jahrhunderts. Ebenso entstanden in den Reformklöstern die Hochleistungen der Buchmalerei, der Literatur und der bildenden Kunst (Echternach, Hildesheim, Reichenau, Regensburg, Seeon, Tegernsee, Benediktbeuern). Die Klosterreform richtete sich des weiteren gegen die Gefahren der Verweltlichung und der Dienstbarkeit gegenüber dem adeligen Laientum, das besonders durch das Eigenkirchenwesen tief in kirchlich-geistliche Befugnisse eingedrungen war, und besonders in ihrer nachfolgenden cluniazensischen Phase gegen die übermäßigen Herrschafts- und Nutzungsansprüche des Königtums. Das monastische Leben selbst veränderte sich durch die Reformbewegung insofern, als es aus dem alten, relativ geschlossenen Kosmos des benediktinischen Klosters heraustrat und in einen weiteren, mehr oder weniger

[53] Grundlegend HALLINGER, dazu die älteren Arbeiten von E. SACKUR, Die Cluniazenser, 2 Bde., 1892/94, u. E. TOMEK, Studien z. Reform d. deutschen Klöster im 11. Jh., Wien 1910, 58ff., bei denen noch Hallingers wesentliche Unterscheidung zwischen der Gorzer Reichsklosterreform und Cluny weitgehend fehlt; ferner A. BRACKMANN, Ges. Aufsätze, 1941; BAUERREISS II 15–103; FEINE I 227ff.; H. BÜTTNER, Verfassungsgesch. u. lothring. Kirchenreform (Festschr. G. Kallen) 1957, 17–28; K. HALLINGER, Neue Frage d. reformgeschichtl. Forschung (AMK 9) 1957, 9–32. In Ergänzung HALLINGERS hat auf die Bedeutung der Adelskreise als Reformträger hingewiesen die Sammelarbeit: Neue Forsch. über Cluny u. die Cluniacenser, hg. v. G. TELLENBACH, 1959.

zentralisierten Klosterverband unter Leitung eines Mutterklosters eintrat, von dem die Reform in Gang gesetzt und gesteuert wurde (Gorze, Cluny, Fruttuaria bei Turin, St. Viktor in Marseille, St. Maximin-Trier, Schwarzach am Main, St. Emmeram, Niederalteich, St. Blasien, Hirsau, Admont etc.). Gorze und Cluny treten dabei vielfach als konkurrierende Reformkräfte auf, die einander in zahlreichen Klöstern ablösten: so konnten im Reich und besonders auch in Bayern eine Reihe gorzisch geprägter Abteien seit dem Ende des elften Jahrhunderts durch Cluny über die Hirsauer-Admonter Observanz umorientiert werden. Dabei ist jedoch nicht aus den Augen zu verlieren, daß, bei allem Kampf der Reformbischöfe gegen das Laienwesen, die Reform selbst nicht eine rein innerkirchliche Sache blieb, sondern daß sowohl das Königtum wie vor allem auch eng verbundene Adelskreise Träger der Klosterreform wurden; auch hier zeigte sich Macht und Bedeutung der Adelsherrschaft in und über die Kirche. Am Anfang der bayerischen Klosterreform steht daher der gorzische Kreis von Trier-Regensburg und die Initiative der Ottonenkaiser und der ihnen verwandtschaftlich eng verbundenen bayerischen Herzöge. Gleichzeitig erfaßte der Trierer Reformkreis, dem Ramwold von St. Emmeram entstammt, auch die Diözese Freising, als Kaiser Otto II. 978 aus St. Maximin den Mönch Hartwig nach Tegernsee berief,[54] nach dessen Tod (982) der St. Emmeramer Mönch Gozbert Abt wurde. Von Tegernsee griff die Regensburger Reformbewegung gorzischen Ursprungs nach Feuchtwangen, nach Benediktbeuern (1031) und von dort aus mit Abt Reginbald nach St. Ulrich und Afra (Augsburg), wo das dortige Kanonikerstift in ein Benediktinerkloster umgewandelt wurde, und bis nach S. Maria in Organo bei Verona. Von St. Ulrich und Afra aus reformierte Reginbald 1013 das weltliche Chorherrnstift Ebersberg. Auch Thierhaupten wurde, nach seinem Nekrolog zu schließen, vor 1028 von St. Ulrich und Afra aus erneuert.[55]

Wenn Tegernsee zwei Reformäbte aus *St. Emmeram* hatte, so erweist sich letzteres Kloster insgesamt als *der bedeutendste Träger der Reform* in Bayern, die vom Regensburger Bischof, dem hl. Wolfgang, mit der Berufung Ramwolds aus Trier-St. Maximin in die Wege geleitet wurde. Die reformerische Kraft St. Emmerams beschränkte sich nicht auf Bayern, sondern griff auch nach Feuchtwangen, Lorsch, Bleidenstadt, Fulda, Korvey und Schwarzach am Main über.[56] In Regensburg selbst war Wolfgangs Gründung Mittelmünster (St. Paul) ein Werk der Reform, die dann auch Ober- und Niedermünster erfaßte und weiter nach Böhmen hineinwirkte. Von Bischof Wolfgang angeregt, erneuerte Erzbischof Friedrich in Salzburg das zum Kanonikerstift gewordene St. Peter, dessen erster Abt der St. Emmeramer Mönch Tito (987/1025) wurde.[57] Wolfgangs Nachfolger Bischof Gebhard I. (994–1023) gründete das

[54] Brackmann, Salzb. Kirchenprovinz I 75ff., 88; Tomek (s.o. 472 Anm. 53) 65, 103f., 109ff.; Bauerreiss II 30ff.

[55] Chron. Eberspergense, hg. v. W. Arndt (MG SS 20) 1868, 11. In Thierhaupten: Tomek (s.o. 472 Anm. 53) 118 u. MG Necrol. 1, 38–41 (s.o. 351); Hallinger 157.

[56] Ebd. 129ff., ebenso für das Folgende.

[57] GP I 52f.; Tomek, Reform 119ff.; J. Staber (Hg.), Regensburg u. Böhmen (Beitrr. z. Gesch. d. Bistums Regensburg 6) 1972; K. Holter (Hg.), Der hl. Wolfgang u. Oberösterreich, Linz 1972; F. Machilek, Reformorden u. Ordensreformen

Vituskloster Prüll vor den Toren Regensburgs, dessen erster Abt Bonifatius dem Ramwoldkreis entstammte. Prüll wurde dann 1140 wiederum durch den cluniazensischen Reformkreis von Hirsau-Admont erneuert.[58] Ebenso kam der erste Abt Adalbert des aribonischen Hausklosters St. Lambert in Seeon vor 999 aus St. Emmeram. Papst Silvester II. (999–1003) verlieh aufgrund der Übergabe des Stiftes und auf Intervention Kaiser Ottos III. dem Kloster Papstschutz und freie Abtwahl.[59] Seeon, das für Kaiser Heinrichs II. Stiftung Bamberg prachtvolle Handschriften schuf, reformierte 1021 das Freisinger bischöfliche Kanonikerstift und Eigenkloster Weihenstephan; beide Konvente wurden im zwölften Jahrhundert vom hirsauischen Admont neuerlich überformt.[60] Weltenburg, das trotz aller Schwierigkeiten das neunte und zehnte Jahrhundert überstanden hatte, ist gleichfalls zuerst von dem Ramwoldschüler Adalbert, dem ersten Abt von Seeon, reformiert worden; ihm folgten bis zur Mitte des elften Jahrhunderts drei Äbte aus St. Emmeram, dann gewinnt das Reformzentrum Niederalteich in Weltenburg Einfluß.[61] Als Ausläufer der vom hl. Wolfgang angeregten Regensburger Reform sind schließlich St. Salvator und St. Maria in Passau, Neuburg an der Donau[62] sowie Mondsee anzusehen.[63] Von St. Rupert in Salzburg aus ergriff die lothringische monastische Bewegung weiter St. Georgen am Längsee und Gurk; auch Admont wurde 1074 von Salzburg aus besetzt, jedoch 1115 von Hirsau aus cluniazensisch umreformiert.[64]

Die *Niederalteicher Reformgruppe* um den Abt Godehard bildete einen Nebenzweig des Regensburger Reformzentrums. Der schon erwähnte neue Aufschwung Niederalteichs ist ein Werk dieser gorzischen monastischen Erneuerungsbewegung, der folgende Klöster entweder ihre Gründung oder ihre Reorganisation verdanken: Tegernsee (1001), Hersfeld (1005), Göllingen (1005), Ostrov in Mähren (vor 1010), Rinchnach im Böhmerwald (1011), Memleben (1015), Kremsmünster (nach 1013), Johannisberg bei Hersfeld (1024/26), Bakonybel in Ungarn (um 1026), Ossiach in Kärnten (1028), San Leno bei Brescia (vor 1038), Montecassino (1035/55), Kirchdorf im Bayerischen Wald (1041), Břevnov bei Prag (1043) und Oberalteich (1102).[65] Ossiach entstand 1028 als Gründung der Eltern des Patriarchen Poppo von Aquileja, des Grafen Ozi und der Glismond, einer Schwester des Bischofs Meinwerk von Paderborn. Der Mönch Wolfram aus Niederalteich, der Abt in Ossiach war, wurde 1065 Bischof von Treviso.[66] Oberalteich, eine Stiftung des Regensburger Domvogtes Friedrich aus dem Hause der Bogener, wurde von Niederalteich aus besiedelt; beide Klöster hatten unter der Vogtei der Bogener viel zu leiden.[67]

in den böhm. Ländern vom 10. bis 18. Jh. (F. Seibt, Hg., Bohemia Sacra) 1974, 63 ff.

[58] GP I 299 f.; Jakobs, Hirsauer 70; Bauerreiss II 29.

[59] Hallinger 142 f.; zur Seeoner Buchkunst s. u. 652; Hallinger 156, 346.

[60] Bauerreiss II 29; Jakobs, Hirsauer 71.

[61] GP I 309 f.; Paringer (s. o. 465 Anm. 15) 140 ff.; Hallinger 144 f.

[62] Tomek, Reform 126.

[63] Hallinger 154 ff.

[64] Ebd. 151, 160, 344 ff.; zu Admont als Reformzentrum s. u. 551.

[65] Hallinger 161 ff.; Bauerreiss II 35 ff.

[66] Auctarium Ekkehardi Altahen. 1065 (MG SS 17) 364; GP I 108 f.; J. Wessely-Kulterer, Das ehem. Benediktinerstift Ossiach, 1934; Klebel, Probleme 271, 280.

[67] Hallinger 176 f.

Eine neue Phase Gorzer Reformeinflüsse in Bayern begann mit der sogenannten *Junggorzer Bewegung*, die sich nach der engeren Berührung zwischen dem lothringischen Gorze und dem burgundischen Cluny (vor 1016) ausbreitete.[68] Rechts des Rheins war die Abtei Schwarzach am Main (Münsterschwarzach) das wichtigste Junggorzer Ausstrahlungszentrum, das sowohl nach Norddeutschland wie auch nach Bayern hineinwirkte, hier vor allem in den Raum zwischen dem unteren Inn und der Donau. Das ursprünglich adelige Eigenkloster Lambach, das Bischof Adalbero von Würzburg (1045/90), der letzte männliche Sproß der Grafen von Wels-Lambach, auf seinem Stammschloß stiftete, war der erste Ansatzpunkt des Schwarzacher Reformmönchtums.[69] Nach dem Tode des Abtes Sigibold (1105/16) kam es in Lambach zu einer Doppelwahl, die durch den Zusammenprall Junggorzer und Cluniazenser Reformkräfte im Kloster entstand; letztere waren besonders in der Observanz des Klosters wirksam, die ihr anhängenden Mönche wanderten in das von Bischof Altmann von Passau gegründete Göttweig aus. Kremsmünster, das als Passauer Eigenkloster unter Bischof Berengar (1013/47) sich mit seinem Abt und Godehard-Schüler Sigimar der (Alt-)Gorzer Reform angeschlossen hatte, erhielt mit Abt Theoderich und seinen Mönchen zwischen 1065/83 eine völlig neue, junggorzische Besetzung, die der Gregorianer Bischof Altmann von Passau unmittelbar aus Gorze in das Kloster gebracht hatte.[70] Das aribonische Michaelbeuern wurde 1068/78 vom Patriarchen Sigehard von Aquileja und gleichzeitig vom junggorzischen Lambach aus erneuert.[71] Von Lambach aus erfolgte auch die gorzische Reformierung des Kanonikerstiftes Melk an der Donau, dessen Ursprünge dunkel sind. Um 1000 nachweisbar, gewann diese Babenbergerstiftung seit der Übertragung der St. Colomanreliquien in das Kloster (1014) und seit der Stiftung einer Kreuzpartikel durch Markgraf Adalbert (1040) überregionale Bedeutung. Die Verehrung Colomans entwickelte sich zu einer Art österreichisch-babenbergischem Landeskult; 1089 berief Leopold II. Benediktiner aus dem junggorzisch-Schwarzacher Reformzentrum Lambach nach Melk, das nach 1116 sich unter dem Einfluß von Admont der hirsauisch-cluniazensischen Richtung anschloß. Leopolds III. reiche Schenkungen (1113) und die von ihm erwirkte päpstliche Exemtion (1110) begründeten zusammen mit der inneren Kraft des reformierten Mönchtums Melks kulturelle Blüte, seine Annalistik und Literatur im zwölften Jahrhundert, besonders unter Abt Erchanfried († 1163).[72] Auch Lambrecht in der Steiermark, von Herzog Heinrich von Kärnten und seinem Vater Markwart von Eppenstein vor 1096 gegründet,[73] und Admont (1074), eine Stiftung der hl. Hemma und des Erzbischofs Gebhard von Salzburg (1060/88), durchliefen zuerst eine Phase junggorzischer Klosterreform, ehe sie zu Zentren des Hirsauer Cluniazensertums wurden, in

[68] Ebd. 317ff.

[69] GP I 208f.; TRINKS (s. o. 435 Anm. 51) 127ff.; Ders., Die Gründungsurkunden u. Anfänge d. Benediktinerkl. Lambach, Linz 1930; W. LUGER, Die Benediktiner-Abtei Lambach, Linz 1952; S. LEIDINGER, 900 Jahre Lambach, Linz 1956; FERIHUMER (s. o. 437 Anm. 59) II 7, 256, 258ff., 337ff.; HALLINGER 329ff.

[70] Ebd. 357ff.

[71] Ebd. 362ff.

[72] GP I 227ff.; LECHNER, Melk (s. o. 312 Anm. 74); HALLINGER 365ff.

[73] GP I 101ff.; LINDNER, Monasticon 49–54 u. 511; HAUCK III 1035.

dessen Zeichen besonders Admont eine überregionale Bedeutung erlangte.[74] Vornbach (Formbach) bei Passau – eine Gründung der Grafen von Vornbach (1094), die 1125 von einer ursprünglichen kleinen Wallfahrtskirche auf die Stammburg der Grafen verlegt wurde – bezog seinen ersten Abt Berengar aus Schwarzach am Main, während der zweite Abt Wirnto von Göttweig kam; es war somit eine Filiation dieses Junggorzer Zentrums und wurde seinerseits Ausgangspunkt für die Klostergründungen Asbach und Gloggnitz.[75]

Die inneren Spannungen und *Gegensätze zwischen Gorze und Cluny* kommen in umfassender Weise auf deutschem Boden zum Austrag; es sind Gegensätze grundsätzlicher Natur, die sich an folgenden Fragen entzünden. Das gorzische Reichsmönchtum lehnte die starre Verfassung und Exklusivität des Klerus ab, ebenso das neue cluniazensische Konverseninstitut mit seiner auf breitere Wirkung zielenden antifeudalen Tendenz, das Doppelklosterwesen; ebenso wendet sich Gorze gegen eine Überbetonung der Klosterordnungen (Consuetudines).[76] Gorze steht grundsätzlich positiv zum Reich und zum König als dem Gesalbten, ja Bauftragten Gottes, es räumt dem Diözesanbischof im Sinne der Regula S. Benedicti ein größeres Gewicht vor allem bei Neugründungen ein als das nach Autarkie strebende und stärker zentralisierende Cluny. Gorze stellte sich positiv zu den Fragen der Kultur, jedoch war dies kein grundsätzlicher Unterschied zu Cluny, höchstens ein gradueller. Der «nationale» Gegensatz zwischen Gorze, das den «mos teutonicus» betont, und dem konkurrierenden burgundischen Reformzentrum ist zwar vorhanden, jedoch sekundärer Natur.[77] Umgekehrt wandte sich Cluny-Hirsau in konsequenter Verfolgung reiner Unabhängigkeitstendenzen gegen eine Klosterministerialität, gegen das übermächtige Vogteiwesen alter Prägung und ebenso gegen die Vergabe von Klostergütern an Laien; es förderte u. a. aus diesem Grunde die Einrichtung der Laienbrüder (Konversen). Schon in karolingischer Zeit entstanden (um 830), beginnt die eigentliche Geschichte *Hirsaus* erst mit der Wiederbegründung des Klosters durch den Grafen Adalbert II. von Calw, der hierbei der Anregung seines Onkels, des Papstes Leo IX., folgte. Nachdem die neue Abtei ursprünglich von Einsiedeln aus durch Abt Friedrich 1065 besiedelt worden war, begann die Blüte erst mit dem *Abt Wilhelm* (1069/91) aus dem gorzischen Reformzentrum St. Emmeram. Ein Schutzbrief Papst Gregors VII.

[74] HALLINGER 371 ff., 384 ff.

[75] GP I 185 ff.; M. HEUWIESER, Alte Klöster in Passau u. Umgebung, hg. v. J. Oswald, 1954², 291 ff.; HALLINGER 374 ff.

[76] Vgl. insgesamt: HALLINGER 417 ff., hier 455 Anm. 30; zum Konverseninstitut ebd. 524 ff.; vgl. den wichtigen Sammelband: A Cluny, Congrès scientifique, Cluny-Paris 1950. Daß im übrigen die personellen Verbindungen zwischen Gorze und Cluny viel enger und häufiger waren, als nach den grundsätzlichen Kontroversen zu erwarten wäre – das genealogisch-adelige Moment in der Reichskirche spielte hier die Vermittlerrolle – zeigt der Sammelband: Neue Forsch. über Cluny (s. o. 472 Anm. 53); H. JAKOBS, Der Adel in d. Klosterreform von St. Blasien, 1968.

[77] HALLINGER 457, 486 f., 608 ff., 629 ff.; überholt ist HAUCKS (III 508 ff., 868 ff.) geäußerte Vorstellung, daß es sich bei dem Gegensatz um einen Widerstand des deutschen Individualismus gegen den Westen gehandelt habe. – Zur Spiritualität Clunys (gegen K. Hallinger) vgl. J. LECLERCQ, Cluny fut – il ennemi de la culture? (Revue Mabillon 47) 1957.

brachte 1075 die Befreiung von aller Abhängigkeit, Kaiser Heinrich IV. bestätigte den Besitz und die Immunität. Hirsau folgte zuerst den St. Emmeramer Consuetudines, bis Wilhelm sich 1079 dem Vorbilde Clunys anschloß und mit Hilfe Ulrichs von Zell die cluniazensischen Consuetudines Hirsaugienses verfaßte.[78] Wilhelm von Hirsau ging aber über Cluny insofern hinaus, als er unter dem Einfluß Gregors VII. und gegen die cluniazensische Selbstinvestitur des Abtes in der klösterlichen Freiheit (libertas) vor allem die «libertas Romana» betonte, die eine Unterstellung unter Rom (traditio Romana) war. Hirsau und seine Filiationen bildeten gleichsam im Dienste Gregors VII. einen Wall römischer Klöster nördlich der Alpen, die, trotz des weitgehend durchgesetzten Eigentumverzichtes des weltlichen Klostergründers oder Klosterherrn, vornehmlich dem Dynastenadel ihre Entstehung verdankten und vermöge ihrer streng gregorianischen Orientierung gleichermaßen Folge wie auch eine Mitursache des Investiturstreites waren.

In Bayern und der Ostmark, Gebieten, die vom Westen besonders durch Bamberg, St. Blasien, St. Georgen und Schaffhausen und vom Osten durch Admont beeinflußt wurden, bildeten sich durch Neugründung oder Reformierung älterer Klöster folgende *Zentren hirsauischer Prägung:*[79] *Scheyern,* um 1077 (oder um 1050?) in Bayrischzell (Margarethenzell) von den Einsiedlern Otto und Adalbert gegründet, die wahrscheinlich aus dem Geschlecht der Grafen von Scheyern stammten, wurde auf Betreiben der Gemahlin des Pfalzgrafen Otto II. von Scheyern, Haziga, Hirsauer Mönchen übertragen. Abt Wilhelm von Hirsau verpflanzte vor 1087 die Zelle nach Fischbachau, von wo sie nach Petersberg bei Dachau und schließlich 1119, unter Abt Bruno, der ein Neffe Kaiser Heinrichs V. war, in die alte Stammburg der Grafen von Scheyern-Wittelsbach verlegt wurde, die auch Vögte des Klosters waren. Scheyern blieb bis 1253 Hauskloster und Familienbegräbnis dieses bayerischen Herzogsgeschlechtes.[80] Nach 1090 traten die Klöster St. Paul im Lavanttal, das aquilejische Peterskloster in Rosazzo (Friaul) und Millstatt in Beziehungen zu Hirsau. St. Paul entwickelte sich im Investiturstreit zu einem Mittelpunkt der päpstlich-gregorianischen Partei; es ist eine Gründung des Grafen Engelbert I. von Spanheim von 1091.[81] Millstatt war als Stiftung des Pfalzgrafen Aribo 1088 (oder 1070?) entstanden; endgültig zog die Hirs-

[78] A. BRACKMANN, Die Anfänge v. Hirsau, Papsttum u. Kaisertum, 1926, 215–232; Ders., Gregor VII. u. die kirchl. Reformbewegung in Deutschland (Studi Gregoriani 2) 1947, 7–30; vgl. auch KLEBEL, Alem. Hochadel (s. o. 326 Anm. 5) 209–242. Zur Frühgeschichte des Klosters: K. SCHMID, Kl. Hirsau u. seine Stifter (Forsch. z. oberrhein. Landesgesch. 9) 1959; zusammenfassend: W. IRTENKAUF, Hirsaus Gesch. u. Kultur, 1959, u. bes. JAKOBS, Hirsauer.

[79] Ebd. 35ff.; nach JAKOBS sind die Klöster Kremsmünster, Ensdorf und Oberalteich nicht mehr der früheren Hirsauer Reform zuzurechnen. BAUERREISS III 1–22. Vgl. K. BOSL, Adel, Bistum, Kloster Bayerns im Investiturstreit (Festschr. H. Heimpel II) 1972, 1121–1146; JAKOBS, St. Blasien (s. o. 476 Anm. 76).

[80] GP I 343ff.; MB 10, 437ff.; TYROLLER, Wittelsbacher (s. o. 289) 13; L. HANSER, Rechtsgesch. Forschungen über das Kl. Scheyern (DB NF 7) 1921, 1–165; JAKOBS, Hirsauer 37, 49.

[81] Ebd. 45; GP I 117ff. (St. Paul), 105ff. (Millstatt). Eine weitere Gründung der Spanheimer war 1142 die Zisterze Viktring. Zu St. Paul: UB in Fontes rerum Austriacarum 39, hg. v. B. SCHROLL, 1876, 1–594; Mon. hist. Ducatus Carinthiae (s. o. 351) bes. III/IV, 1–2.

auer Observanz nach 1115 mit dem Abt Otto aus Admont ein.[82] Eines der bedeutendsten Hirsauer Zentren in Bayern war *Prüfening* vor den Toren Regensburgs, das Bischof Otto I. von Bamberg 1109 auf Eigengut seiner Kirche gründete und mit den Gütern der Alten Kapelle in Regensburg (Königsgut) ausstattete. Otto berief den Hirsauer Erminold 1114 zum Abt des Klosters, sein Nachfolger Erbo stammte aus dem hirsauischen Schwarzwaldkloster St. Georgen.[83] Von Bischof Otto von Bamberg wurde etwa 1125 das spätere Kloster Asbach bei Griesbach in Niederbayern als Zelle gegründet und zeitweise (bis 1143) Prüfening unterstellt; ebenso erhielten Münchsmünster und das nahe Biburg, das 1133 aus einer Schenkung der Grafen von Biburg an Bischof Otto entstand, 1133 bei ihrem Übergang an die Bamberger Kirche je einen Abt aus Prüfening, während Göttweig 1156 über Admont von der Hirsauer Observanz erreicht wurde.[84] Prüfening besetzte auch das 1114 Bamberg übertragene fränkische adelige Eigenkloster Banz.[85] Hirsauisch und unmittelbar im Gefolge der Wirren des Investiturstreites entstanden war auch das Nordgaukloster Kastl, eine Filiation der aus Petershausen 1103 vertriebenen gregorianischen Mönche, die in einer ursprünglich kleinen Familienstiftung der Grafen von Sulzbach-Kastl-Habsberg unter ihrem Abt Theoderich Zuflucht fanden. Mitstifterin war Luitgard, eine Zähringerin und Witwe des Nordgaugrafen Diepold I., deren Bruder der aus Konstanz vertriebene gregorianische Bischof Gebhard war.[86] Kastl beeinflußte wiederum das Kloster Reichenbach in der Oberpfalz, das auf Bitten Luitgards von ihrem Sohn, dem Vohburger Diepold III., 1118 gegründet und von Kastl beschickt wurde. Ebenso gingen Kastler Mönche 1138 in das Kloster Plankstetten bei Beilngries, das von Graf Ernst von Hirschberg und dessen Bruder, dem Bischof Gebhard von Eichstätt, gestiftet worden war.[87] Vom hirsauisch reformierten Kloster Michelsberg in Bamberg kam 1136 Abt Drutwin nach Ensdorf in der Oberpfalz. Das Kloster war schon 1121 auf einer villa errichtet worden, die Kaiser Heinrich V. dem Pfalzgrafen Otto von Wittelsbach geschenkt hatte. Otto verwirklichte mit dieser Gründung ein Vorhaben seines verstorbenen Schwiegervaters, des Grafen Friedrich von Lengenfeld; als Mitstifter ist Bischof Otto I. von Bamberg genannt. Die erste Besiedlung erfolgte durch das fruttuarische St. Blasien im Schwarzwald.[88] Zahlreich sind die *hirsauisch überform-*

[82] MG SS 11, 42, Z. 10ff.; GP I 105ff.; B. SCHROLL, Gesch. d. Benediktinerstifts Millstatt, Klagenfurt 1894; E. WEINZIRL-FISCHER, Gesch. d. Benediktinerkl. Millstatt in Kärnten, Klagenfurt 1951.

[83] GP I 295ff.; HEMMERLE, Benediktinerklöster 100ff.; H. HIRSCH, Die Urkundenfälschungen d. Kl. Prüfening (MIÖG 29) 1908, 1–63; HALLINGER 630ff.; JAKOBS, Hirsauer 67f. u.ö.

[84] GP I 314ff.; JAKOBS, Hirsauer 67f.

[85] GP III 231ff.; H. HIRSCH, Die echten u. unechten Stiftungsurkunden d. Abtei Banz (SB Wien 189) 1919, 1–31. Banz war ursprünglich eine Stiftung der Markgräfin Alberada von Schweinfurt (1071).

[86] GP II 1, S. 17ff.; Reg. Eichst. nr. 272, S. 92f.; DOEBERL, Nordgau 32ff.; BOSL, Kastl 3–186; JAKOBS, Hirsauer 63f.

[87] GP I 300ff.; HEMMERLE, Benediktinerklöster 110ff.; P. v. WOLLENWEBER, Die Abtei Plankstetten im Wandel d. Zeit, 1925; R. RÖSERMÜLLER, Die Abtei Plankstetten, 1929; H. BATZL, Kloster Reichenbach am Regen, Diss. Masch. Würzburg 1958.

[88] GP I 303ff.; H. ZITZELSBERGER, Die Gesch. d. Kl. Ensdorf v. d. Gründung bis z. Auflösung in d. Reformation 1121–1525 (VHOR 95) 1954, 5–171, bes. 19ff., 48ff., 66ff.; JAKOBS, Hirsauer 69; Ders., St. Blasien (s. o. 476 Anm. 76).

ten älteren Klöster. So wurde Benediktbeuern 1106 von Schaffhausen, Augsburg-St. Ulrich und Afra (1113) und Mallersdorf südlich Regensburg von St. Georgen im Schwarzwald hirsauisch reorganisiert.[89] Mallersdorf, eine Stiftung der Ministerialen Heinrich und Ernst von Regensburg-Niedermünster auf deren Sitz (castrum Madelhardi), an der auch Bischof Otto I. von Bamberg mitwirkte, wurde 1109 von dem damals noch nicht hirsauisch reformierten Bamberger Kloster Michelsberg beschickt. Erst der zweite Abt Eppo kam aus St. Georgen; er betrieb die traditio des Klosters an Bamberg und verlegte um 1140 den Frauenkonvent des Doppelklosters nach Eitting bei Mallersdorf.[90]

Neben Bischof Otto I. von Bamberg wurde für den bayerischen Siedlungsraum aber vor allem *Admont* bedeutend, das große Filiationszentrum hirsauisch-cluniazensischer Prägung, dessen Wirkung noch andauerte, als Hirsau schon in den Hintergrund getreten war. Admont, das im zwölften Jahrhundert eine berühmte Schreib- und Miniaturschule besaß und von wo aus dreizehn Mönche als Reformäbte in andere Klöster gingen, u. a. bis nach Bamberg-Michelsberg, stand meist unter Salzburger Vogtei; 1146 war Graf Gebhard von Burghausen Vogt, 1169 die Babenberger. Unter Abt Wolfhold wurde 1120 auch das Frauenkloster Admont gegründet. Von Admont aus wurde kurz nach 1115, d. h. bald nach dem Sieg der Hirsauer in Admont selbst, Millstatt und St. Lambert in Seeon reformiert; 1116 folgte Melk, im selben Jahr St. Peter in Salzburg, 1122 ersetzte der Abt Wolfhold von Admont die Stiftsdamen in St. Georgen am Längsee durch Benediktinerinnen.[91] Vor 1137, dem Todesjahr Wolfholds, wurde ihm Attel zur Reform übertragen. Letzteres war Mitte des elften Jahrhunderts von Graf Arnold von Andechs auf seiner Burg Limburg gegründet worden; seit 1145 war es dann eine selbständige Abtei.[92] Garsten in Oberösterreich, um 1107 anstelle eines älteren Kollegiatstiftes vom Markgrafen Otakar II. von Steyr gegründet und mit Benediktinern aus Göttweig besetzt, wurde unter Abt Berthold († 1142) ein Zentrum monastischer Reform; nach der Jahrhundertmitte von einem Admonter Abt geleitet, bewirkte es die Hirsau-Admonter Erneuerung von Kremsmünster durch den aus Garsten stammenden Abt Adelram II. (um 1160/73) und besiedelte selbst um 1122 das benachbarte Benediktinerkloster Gleink.[93] Prüll bei Regensburg erhielt 1140, St. Emmeram, das Ursprungskloster Wilhelms von Hirsau, erst 1143 den neuen Admonter Ordo, Freising-Weihenstephan folgte 1147, St. Lambrecht/Steiermark 1154 und das Nonnenkloster Bergen bei Neuburg an der Donau 1156. Hirsauisch

[89] Ebd. 58ff.

[90] GP I 320; GUTTENBERG, Bamberg 134, nr. 22; H. BÜTTNER, Bamberg (Stud. u. Vorarbeiten z. Germ. Pontif., hg. v. A. Brackmann, III 2) 302ff.

[91] GP I 88ff.; HALLINGER 384ff., 617; BAUERREISS III 15ff.; JAKOBS, Hirsauer 69ff.; J. WICHNER, Das Benediktiner-Stift Admont in seinen Beziehungen z. Erzstifte u. Lande Salzburg (Mitt. d. Ges. d. Salzb. Landesk. 36 u. 37) 1896/97.

[92] MB 1, 253–334; MG Necr. 3, 1 (s. o. 351) S. 224–232; GP I 353ff.; A. MITTERWIESER, Gesch. d. Benediktinerabtei Attel am Inn (Inn-Isengau 7) 1929, 1–3; HARTIG, Ob. Stifte I 46ff.

[93] GP I 219ff.; G. FRIESS, Gesch. d. Benediktinerstiftes Garsten (StMBO 1–3) 1880–83; V. MELZER, Zur älteren Gesch. d. Benediktinerabtei Garsten (Arch. f. Gesch. d. Diöz. Linz 4) 1907, 8–46; J. LENZENWEGER, Berthold, Abt v. Garsten, 1958; TELLENBACH, Eigenklöster 157ff.; HALLINGER 362.

erneuert wurden schließlich um die Mitte des zwölften Jahrhunderts auch das alte Gorzer Zentrum Niederalteich[94] und das Benediktinerkloster St. Georgenberg-Fiecht bei Schwaz in Tirol; letzteres eine Gründung Ratholds von Aibling vom Beginn des zehnten Jahrhunderts, die von Bischöfen und weltlichen Großen dotiert wurde, 1097 von Kaiser Heinrich IV. eine Schenkung erhielt und nach einer Erneuerung durch Bischof Reginbert von Brixen 1138 ein Schutzprivileg Papst Innozenz' II. empfing.[95] Fast überall war das Eindringen der hirsauisch-cluniazensischen Richtung von starken Spannungen gegenüber dem gorzischen, aber auch gegenüber dem fruttuarischen Reformmönchtum der betreffenden Konvente begleitet.[96] Bischof Otto I. von Bamberg, dessen Vita rühmt, daß er nicht weniger als 21 Klöster erneuert oder begründet habe, war bei dieser Tätigkeit, die ihm durch reiche Königsschenkungen ermöglicht wurde, immer darauf bedacht, alle diese Konvente, auch die außerhalb seiner Diözese liegenden bayerischen, seinem Hochstift anzugliedern.[97] Zu diesen gehören die bereits genannten hirsauischen Konvente in Prüfening, Asbach, Biburg, Münchsmünster, Mallersdorf und Ensdorf, ferner die späteren Prämonstratenserklöster Osterhofen[98] und Windberg – letzteres ein Hauskloster der Grafen von Bogen, auf ihrer Stammburg errichtet[99] – und das um 1120 entstandene Augustinerchorherrnstift Aldersbach.[100]

Das Mönchtum, so wesentlich und stimulierend es auch innerhalb der Kirche sein mochte, war nicht die gesamte Kirche, nicht einmal die gesamte Geistlichkeit, doch gab es – ähnlich wie die benediktinische Frühblüte des achten Jahrhunderts den Anstoß zu Chrodegangs Kanonikerregel gegeben hatte – auch im elften und zwölften Jahrhundert einen mächtigen Impuls zur Erneuerung und Regulierung des Weltklerus in den Domkapiteln, Kollegiatstiften und Pfarreien. Reformbegeisterte Bischöfe begannen seit etwa 1070 ihre Domkapitel zur vita communis zurückzuführen und den Kollegiatstiften strengere Normen aufzuerlegen, wie dies Hildebrand, der spätere Papst Gregor VII., schon auf der Lateransynode von 1059 gefordert hatte.[101] Die

[94] JAKOBS, Hirsauer 75f.

[95] GP I 152f.; H. BACHMANN, St. Georgenberg im MA (Tiroler Heimat 16) Innsbruck 1952, 33–101; B. GRITSCH, Georgenberg in d. roman. Epoche (Schlernschr. 85) Innsbruck 1952, 94–103.

[96] Vor allem HALLINGER 417ff., bes. 618ff.; dazu JAKOBS, Hirsauer u. BAUERREISS III.

[97] BRACKMANN, Salzb. Kirchenprovinz 51ff.; GUTTENBERG, Bamberg 129ff.

[98] Osterhofen war vermutlich agilolfingischer, sicher aber karolingischer Pfalzort; Herzog Heinrich V. und seine Gemahlin Luitgard gründeten, nach späteren Quellen, um 1004 ein Benediktinerkloster, das Kaiser Heinrich II. 1009 nach der Umwandlung in ein Chorherrnstift an Bamberg gab. Bischof Otto I. führte Praemonstratenser ein. GP I 182f.; BACKMUND I 43ff.; Reg. Bamb. 82.

[99] Graf Albert I. v. Bogen ließ über seinem Grabe eine Kapelle erbauen, die 1125 geweiht wurde und an der sich ein Kanonikerstift entwickelte, in das unter Mithilfe Bischof Ottos v. Bamberg in den dreißiger Jahren Praemonstratenser einzogen. GP I 324ff.; BACKMUND I 55ff.; PIENDL III 46ff.

[100] GP I 183ff.; MB 13 144 u. MB 5 353, nr. 1. 1146 wurde das Kloster Zisterziensern übergeben. KRAUSEN, Zisterzienserorden 26ff.

[101] G. MORIN, Règlements inédits du pape saint Grégoire VII pour les chanoines réguliers (Rev. Bénéd. 18) 1901, 177–183; G. BARDY, Saint Grégoire VII et la réforme canoniale (Studi Gregoriani 2) 1947, 47–64; Ch. DEREINE, Note sur l'influence de la

Ideale der im elften Jahrhundert aufbrechenden pauperes-Christi-Bewegung und der vita apostolica gingen am weltlichen Klerus nicht spurlos vorüber, und eine damals konzipierte Regel, in der man die Regel des hl. Augustinus zu haben vermeinte, bot den organisatorischen Rahmen dieser Bestrebungen,[102] die unter der Initiative Ivos von Chartres, Bischof Reinhards von Halberstadt, Bischof Altmanns von Passau und Erzbischof Konrads I. von Salzburg mächtigen Auftrieb erhielten. So entstand aus dem lange schon vorhandenen Institut der Kanoniker der Orden der *Augustinerchorherrn,* der sich dem Mönchtum in vielen Punkten stark anglich, während umgekehrt die Mönche durch ihre wachsende Beteiligung an der allgemeinen Seelsorge sich dem «weltlichen» Klerus angenähert hatten. Passau war unter der Leitung Bischof Altmanns (1065–1091) ein erster Herd des Kanonikertums strenger Prägung geworden; von dort aus erfaßte die Augustinerchorherrnregel den gesamten Metropolitanbereich Salzburgs, so daß Bayern und Österreich die eigentliche Heimat dieser neuen Form der vita communis geworden sind. Die erste Gründung Altmanns war das Augustinerchorherrnstift *St. Nicola* in Passau. Es ist 1073 erstmals bezeugt, die materiellen Grundlagen sicherte die Kaiserin Agnes als Mitstifterin, Privilegien gaben die Päpste Alexander II. und Gregor VII. sowie Kaiser Heinrich IV. Der Bruch Altmanns mit dem Kaiser brachte der Neugründung schweren Schaden; erst unter Bischof Ulrich (1091–1121) begann eine gedeihliche Entwicklung des Stifts, das offenbar ursprünglich als Reichsstift geplant war, aber dann Passauer Eigenkloster wurde.[103] Auch Göttweig wurde 1083 von Altmann als Augustinerchorherrnstift gegründet und mit reichem passauischen Hochstiftsgut ausgestattet, doch erfolgte schon bald nach dem Tode des Bischofs die Umwandlung des Stifts in ein Benediktinerkloster hirsauisch-sanblasianischer Observanz;[104] es nahm an der Gründung der Klöster St. Lambrecht, Garsten und Seitenstetten teil. Altmann reformierte ferner St. Pölten und St. Florian als Augustinerchorherrnstifte.[105] Die folgenreichste Stiftung jedoch, die Altmann zusammen mit Herzog Welf I. vollzog, war zweifellos das Augustinerchorherrnstift *Rottenbuch* (1073), das dem Papst übereignet und im Investiturstreit die Zuflucht vieler Gregorianer wurde.[106] Dorthin kamen auch Bischof Ulrich von Passau, Manegold von Lautenbach und vor allem Gerhoch, der bekannte spätere Propst von Reichersberg, der zu der Verbreitung der Augustinerchorherrn im Salzburger

règle de Gregoire VII pour chanoines réguliers (Rev. d'hist. eccl. 43) 1948, 512ff.

[102] P. SCHRÖDER, Die Augustinerchorherrnregel (AUF 9) 1926, 271–306; Ch. DEREINE, Vie commune, règle de Saint Augustin et chanoines réguliers au XIe siècle (Rev. d'hist. eccl. 41) 1946, 365–406; Ders., L'élaboration du statut canonique des chanoines réguliers, spécialement sous Urban II (Rev. d'hist. eccl. 46) 1951, 534–565; Ders., Art.: chanoines (Dict. d'hist. et de géogr. eccl. 12) 1951, 353–405; LThk.

[103] GP I 176ff.; TELLENBACH, Eigenklöster 28ff.; BRACKMANN, Salzb. Kirchenprovinz 24ff.; KLEBEL, Probleme 280; über Altmann BAUERREISS II 98ff., zu dessen bedeutender Rolle im Investiturstreit s. 330, 549.

[104] A. FUCHS, Der älteste Besitz d. Stiftes Göttweig (JbLKNÖ NF 9) 1910, 27ff.; GP I 234ff.; TELLENBACH, Eigenklöster 30f.; L. KOLLER, Abtei Göttweig, 1952.

[105] GP I 243f. (St. Pölten), GP I 215 (St. Florian); vgl. Vita Altmanni (MG 12) 231, Z. 36ff.

[106] GP I 374ff.; MOIS.

Bereich durch seine enge Verbindung mit Erzbischof Konrad I. wesentlich beitragen sollte.[107] Als Pflanzstätte der Augustinerchorherrnreform stand es in vielfältigen Beziehungen mit Hirsau und St. Blasien, was die enge Verbindung zwischen Chorherrn und Reformmönchtum unterstreicht, und ebenso pflegte es eine «internationale» Gebetsgemeinschaft mit den großen Chorherrnzentren St. Rufus in Avignon, St. Fridian in Lucca und S. Giovanni im Lateran.[108] Um 1140 wurde es Sitz eines Freisinger Archidiakonats. Die Rottenbucher Reform wirkte ihrerseits über Bayern hinaus ins Rheinland, nach Klosterrath und Limburg. Im bayerischen Raum wurde 1102/05 Berchtesgaden von den Grafen von Sulzbach als Rottenbucher Filiation gestiftet und ebenso 1111 Baumburg,[109] wohin die Berchtesgadener Kongregation zeitweise übersiedelte. Nach dem Aussterben der Grafen von Sulzbach erhielt Berchtesgaden 1194 von Kaiser Heinrich VI. Vogtfreiheit und Immunität, auf deren Grundlage sich ein geistliches Reichsfürstentum bilden konnte.[110] Das 1102 gegründete Tegernseer Zweigkloster Dietramszell schloß sich sogleich Rottenbuch an, blieb aber weiterhin vom Mutterkloster abhängig.[111] Um 1122/32 besiedelte Rottenbuch Dießen unter Leitung des Propstes Hartwig, wohin eine ältere Zelle, die von der Gräfin Kunissa von Dießen um 1120 gegründet worden war, von Graf Berthold von Andechs verlegt wurde.[112] Bernried am Starnberger See, in dem Paul von Bernried, der Biograph Papst Gregors VII., eine Bleibe fand, wurde als Rottenbucher Filiation und Doppelkloster 1121 von dem Wittelsbacher Grafen Otto von Valley gegründet und im folgenden Jahr dem Papst übertragen.[113] Wahrscheinlich wurde auch das von Kaiser Heinrich II. wiederbegründete Polling von Rottenbuch aus reformiert. Im selben Jahr entstand Beuerberg als Stiftung des Grafen Otto von Eurasburg, der es ebenfalls dem päpstlichen Stuhl unterstellte.[114] Dagegen besiedelte das südwestdeutsche Augustinerchorherrnzentrum Marbach die wittelsbachische Gründung Indersdorf, die Pfalzgraf Otto nach 1120 ins Leben rief und zum römisch gefreiten Stift machte.[115] Als Bischof Altmanns Nachfolger in Passau, Ulrich, Herzogenburg-St. Georgen an der Traisen (1112) und Seitenstetten, die Stiftung seiner eigenen Sippe (1109), als passauische Eigenklöster gründete, führte er auch in diesen Konventen die Augustinerchor-

[107] Zu Gerhoch s. u. 571ff., 602 mit Lit.

[108] MOIS 68ff., 152ff., über die Filiationen Rottenbuchs 161–173, 198–217.

[109] GP I 57ff.; BRACKMANN, Salzb. Kirchenprovinz 122–133; F. MARTIN, Berchtesgaden. Die Fürstpropstei d. regulierten Chorherrn 1100–1803, 1923; KLEBEL, Probleme 279; zu Baumburg: von Berengar von Sulzbach als Doppelkloster gegründet; der Stiftspropst war Archidiakon im Chiem- und Zeitlergau. A. FASSNAUER, Baumburg, 1957; R. van DÜLMEN, Zur Frühgesch. Baumburgs (ZBLG 31) 1968, 3–48.

[110] MARTIN, Berchtesgaden (s. o. Anm. 109); Th. MAYER (BlldLG 89) 1952, 100ff.; BRUNNER 226.

[111] E. FUGGER, Dietramszell, 1880; GP I 370ff.; MOIS 211ff.

[112] Ebd. 198ff.; LINDNER, Monasticon 12–15; W. SCHLÖGL, Die Traditionen u. Urkunden d. Stiftes Dießen 1114–1362 (QE NF 22, 1. Teil) 1967.

[113] M. GRAF, Bausteine z. Gesch. d. regulierten Chorherrnstifts Bernried, 1892; HARTIG, Ob. Stifte 183–188; MOIS 205–210.

[114] Ders. 210f.; GP I 380ff.; Beuerberg wie Bernried standen in engen Beziehungen zum Kreis der Herluca von Epfach.

[115] GP I 347ff.; LINDNER, Monasticon 153–156; MOIS 213f.

herrnregel ein.[116] Passauer Eigenklöster waren auch das Erlakloster in Niederösterreich, als Benediktinerinnenabtei wohl bereits 1050 von den Grafen von Machland gegründet,[117] und das von derselben Familie vor 1147 ins Leben gerufene Augustinerchorherrnstift in Saebnich, das um 1160 nach Waldhausen verlegt wurde.[118] Die Machländer stifteten um 1141 in ihrem Herrschaftsbereich ein Zisterzienserkloster in Baumgartenberg (s. u.).

Auffällig bleibt, daß im bayerisch-österreichischen Bereich aus den Chorherrnstiften keine geschlossene Kongregation mit klaren Abhängigkeitsverhältnissen wie bei St. Rufus in Avignon oder wie bei Springiersbach oder bei den verwandten Prämonstratensern entstand.[119] Ein weiteres bedeutendes, eng mit Rottenbuch verbundenes Zentrum der Augustinerchorherrn wurde *Salzburg* unter Erzbischof Konrad I., der unter Mithilfe Hartmanns, des späteren Bischofs von Brixen, das Salzburger Domkapitel zu einem Augustinerchorherrnstift und zum Mittelpunkt aller weiteren Reformen machte.[120] Das von Salzburg abhängige Gurker Domkapitel schloß sich 1123 an und erhielt überdies 1131 von Bischof Konrad ein eigenes Territorium.[121] Die älteren salzburgischen Eigenklöster Au, Herrenchiemsee, Reichenhall und Maria Saal reformierte Konrad im Geiste der Augustinerchorherrnregel. Seckau (1143), eine Stiftung des Grafen Adelram von Waldeck aus der aribonischen Familie von Traisen-Feistritz, wurde unter Eb. Konrad von Salzburg-St. Peter aus besiedelt und Eigenkloster des Hochstifts. Ebenso übergab Bischof Altmann von Trient 1142 das Kollegiatstift Suben am Inn, eine Gründung seiner Eltern, zur Reform an Salzburg.[122] Schon 1122 hatte der Erzbischof das Stift Reichersberg erneuert, das der Edle Wernher von Reichersberg innerhalb der niedergelegten Mauern seiner Burg um 1080 errichtet und dem Erzbischof Gebhard, dem Bruder seiner Gattin, übertragen hatte. Seine Blüte begann, als 1132 Propst Gerhoch an die Spitze der Kongregation trat, der sowohl als fruchtbarer Kirchenschriftsteller wie auch praktisch als Mitstreiter des Erzbischofs für

[116] GP I 225ff. u. 238ff.; LINDNER, Monasticon 320ff., 326ff.; BRACKMANN, Salzb. Kirchenprovinz 49f.; MITIS (s. o. 434 Anm. 50) III 91ff.; SCHAFFRAN 161–179; ORTMAYR-DECKER, Das Benediktinerstift Seitenstetten, Wels 1955; schon 1116 wurden die Chorherrn durch Benediktiner ersetzt; MAIER (StMBO 74) 1964, 313ff.; H. KOLLER, Die Gründungsurkunden f. Seitenstetten (Archiv f. Diplomatik 16) 1970, 51–141, hält die Gründung durch B. Ulrich und seinen Verwandten Udalschalk für eine Fälschung.

[117] M. HEYRET, Zur Gesch. d. Erlakl. (Ber. u. Mitt. d. Altertumsver. Wien 20) 1881, 103ff.; TELLENBACH, Eigenklöster 42f.

[118] Waldhausen inkorporiert war die Zelle St. Nicola an der Donau, GP I 223ff.; F. X. PRITZ, Gesch. d. aufgelassenen Stiftes d. regulierten Chorherrn d. hl. Augustin zu Waldhausen (Arch. f. Kunde österr. Gesch.-Quellen 9) 1853, 305–350; TELLENBACH, Eigenklöster 43ff. Zur Beziehung Waldhausens zu Gerhoh v. Reichersberg vgl. CLASSEN, Gerhoch 64, 76, 341f.

[119] Ebd. 22.

[120] Reg. Salzb. 8 nr. 40ff.; GP I 46ff.; MOIS 145ff.; s. u. 553.

[121] GP I 123f.; E. KLEBEL, Kirchen Kärntens (s. o. 257 Anm. 58); A. MAIER, Kirchengesch. Kärntens, 3 Bde., Klagenfurt 1951/56; H. KOLLER, Zur Vorgesch. d. Gurker Bistumsgründung (Carinthia I, 161) 1971, 51–75.

[122] P. SCHMALZL, Au am Inn. Gesch. d. ehem. Augustiner Chorherrnstifts Au am Inn, 1962; MOIS 147; E. TOMEK, Gesch. d. Diözese Seckau I, Graz 1917; B. ROTH, Seckau. Gesch. u. Kultur, Wien 1964; das 1140 gegründete Feistritz wurde 1143 nach Seckau verlegt. Zu Suben GP I 187f.

die Augustinerchorherrn und deren Verbreitung wirkte.[123] Um 1125 wurde die Welfengründung Ranshofen durch Konrad von Augustinerchorherrn besetzt und ebenso Höglwörth.[124] Herrenchiemsee entstand 1130 von Salzburg aus unter der Leitung des Domdekans Hartmann,[125] der jedoch schon 1133 die Führung dieses Chorherrnstiftes mit der Organisation der Babenbergergründung Klosterneuburg vertauschte. Markgraf Leopold III. (der Heilige) hatte daselbst ein älteres, wohl um 1100 entstandenes weltliches Kollegiatstift übernommen, reich dotiert und zugleich mit seiner Residenz ausgebaut.[126] Um 1133 übergab Graf Siboto von Falkenstein seine Burg Weyarn dem Erzbischof Konrad, der in ihr ein dem Hochstift unterstelltes Augustinerchorherrnstift errichtete.[127] Ähnlich entstanden 1122 Gars und Au unter Konrads Leitung als Gründungen der Grafen von Mödling auf altem erzbischöflichem Besitz.[128] Was vor der Reorganisation als Augustinerchorherrnstifte an monastischem Leben etwa noch vorhanden gewesen, ist ungewiß.[129] In Reichenhall, wo das Hochstift Salzburg schon seit der Agilolfingerzeit Besitz hatte, rief Konrad an einer wohl sehr viel älteren Zenokirche 1136 ein reguliertes Chorherrnstift ins Leben, dessen Vogtei für Salzburg die Grafen von Peilstein auch dann weiter ausübten, als die Hallgrafschaft 1169 an die bayerischen Herzöge übergegangen war.[130] Zum Bereich der Salzburger Reform sind schließlich Neustift bei Brixen, die Gründung Bischof Hartmanns, sowie das von Bischof Altmann von Trient reformierte Domkapitel daselbst zu rechnen, ferner St. Michael an der Etsch.[131] An vielen Orten gliederten sich den Augustinerchorherrnstiften Frauenkonvente an.[132] Charakteristisch für den Salzburger Zweig der Augustinerchorherrnreform ist ihre zentralisierende Tendenz, die sich im Präsentationsrecht des Domkapitels für die Pröpste von Suben, Höglwörth und Weyarn zeigt. Wie bei Bischof Otto I. von Bamberg läßt sich auch bei Erzbischof Konrad I. darlegen, daß der Zug zum bischöflichen Eigenkloster, den S. Mitterer für das neunte und zehnte Jahrhundert als Ursache des monastischen Verfalls aufzuzeigen versucht

[123] H. FICHTENAU, Studien zu Gerhoh v. Reichersberg (MIÖG 52) 1938, 1–56; MOIS 135, 192f.; CLASSEN, Gerhoch, bes. 65ff.; Ders., Aus d. Werkstatt Gerhohs v. Reichersberg (DA 23) 1967, 31–92.

[124] GP I 202–205; s.o. 466 (Ranshofen); GP I 68 (Höglwörth); MOIS 147.

[125] GP I 68–71; CLASSEN, Gerhoch 63; zu Hartmann s.o. 450.

[126] GP I 245ff.; Festschr. St. Leopold, hg. v. S. WINTERMAYER, 1936; G. WACHER, Leopold d. Heilige u. Klosterneuburg v. 12.–20. Jh., Diss. Masch. Wien 1949; G. RILL, Die Pröpste d. Stiftes Klosterneuburg, Diss. Masch. Wien 1950. Als Hartmann Bischof v. Brixen wurde, folgte ihm als Propst in Klosterneuburg Gerhochs von Reichersberg Bruder Marquard nach.

[127] GP I 359f.; H. NUSSER, Das Kl. Weyarn u. sein Besitz (OA 79) 1954.

[128] GP I 79–84. Wahrscheinlich gehört auch das 1120/30 gegründete Stift Beyharting (ebd. 358f.) zur Reform Erzb. Konrads I.; es wurde durch dessen Mitarbeiter und Schüler B. Roman von Gurk 1132 geweiht. MOIS 147.

[129] Für 1107 ist an das Kloster Gars die Schenkung einer Richarda bezeugt: Drei Traditionsbücher (s.o. 351) 51 Anm. 22.

[130] GP I 65ff.; KLEBEL, Probleme 181, 274.

[131] S.o. 450 (Brixen) Anm. 48; G.J. KUGLER, Die Urkunden d. Augustiner-Chorherrnstiftes Neustift bei Brixen v. 1143–1299, 1965; CLASSEN, Gerhoch 61. Als Gründung Eb. Konrads und eines Edlen Dietmar vom Lungau erscheint 1121 Neumarkt-St. Veit an der Rott, vorher in Elsenbach, GP I 87f.; Urkunden d. Kl. St. Veit QE (s.o. Hilfsmittel D 2b).

[132] MOIS 217ff.

hat, im elften und zwölften Jahrhundert bei richtiger Handhabung eine wertvolle Hilfe bei der monastischen wie der gesamtkirchlichen Reform sein konnte, wobei im Salzburger Bereich die Augustinerchorherrn besonders Vorkämpfer einer allgemeinen Seelsorgereform wurden.[133]

Als ein Augustinerchorherrnstift gründete Bischof Otto I. von Bamberg 1123 Aldersbach bei Passau, doch erfolgte schon 1146 die Reorganisation und Besiedlung mit Zisterziensern aus Ebrach im Steigerwald.[134] Ebenso hat Bischof Otto von Freising wahrscheinlich Regularkanoniker im Freisinger Eigenkloster Innichen (1141) sowie in Schlehdorf und Schliersee eingeführt.[135]

Die Diözese *Regensburg* blieb zwar im Vergleich mit Salzburg und Passau etwas mehr seitab der Ausbreitungswelle regulierter Kanoniker, doch finden sich auch hier einige Chorherrnstifte. Wahrscheinlich schon unter Bischof Kuno I. (1126/32), sicher aber unter dessen Nachfolger Bischof Heinrich (1132/55), entstand in Regensburg selbst das Chorherrnstift St. Johann, das der Bischof dem Domkapitel, welches der vita communis unzugänglich blieb, zur Seite stellte.[136] Der Kanoniker Gebhard, ein Freund Pauls von Bernried, gründete 1138 in Stadtamhof gegenüber Regensburg das Regularkanonikerstift St. Mang (St. Magnus und St. Andreas) und ließ sich von Papst Innozenz II. 1139 ein Schutzprivileg ausstellen. St. Mang folgte der Norm des ravennatischen Chorherrnstifts Santa Maria in Porto.[137] Ebenso gründete Gebhard auf Eigenbesitz, zusammen mit seinen Brüdern Konrad und Heinrich, um 1143 als Filiation von St. Mang das Stift Paring.[138] Augustinerchorherrn besiedelten auch 1133 Rohr bei Kelheim, eine Stiftung des Grafen Adalbert von Rohr, die 1136 durch Innozenz II. päpstlichen Schutz erhielt.[139] Schließlich sind als Augustinerchorherrnstifte noch Schamhaupten bei Beilngries (1137) und das Passauer Eigenkloster St. Andrä an der Traisen (vor 1150) zu erwähnen.[140]

Wie der Zisterzienserorden aus einer strengen Reform des Benediktinerordens entstand, so bildete sich der *Praemonstratenserorden* aus einer Erneuerung der regulierten Augustinerchorherrn. Von Norbert von Xanten 1120 in Prémontré (Dép. Aisne) gestiftet, bestätigte Rom 1126 die Praemonstratenser als Chorherrn des hl. Augustin nach den Gebräuchen der Kirche von Prémontré. Erst allmählich entwickelte sich das

[133] BRACKMANN, Salzb. Kirchenprovinz 119f.; MARTIN (s.o. 401 Anm. 67) 559–765, bes. 695f.; CLASSEN, Gerhoch 62.

[134] GP I 183ff.; KRAUSEN, Zisterzienserorden 26ff.; BAUERREISS III 28, s.u. 551.

[135] GP I 148ff. (Innichen), 373 (Schlehdorf); HAUCK IV 366 Anm. 18. Daß Otto Schlehdorf und Schliersee mit Regularkanonikern besetzt habe, ist nur bei MEICHELBECK, Hist. Fris. I 1, 323f., überliefert. MOIS 214f.

[136] GP I 277f.; CLASSEN, Gerhoch 35.

[137] GP I 293ff. Die Beziehungen zu St. Maria in Porto gehen auf Paul von Bernried zurück. Vgl. MOIS 209f.

[138] GP I 319f.

[139] GP I 317ff.; LINDNER, Monasticon 387–391; P. MAI, Die Traditionen, die Urkunden u. d. älteste Urbarfragment d. Stiftes Rohr 1133–1332 (QE NF 21) 1966.

[140] HAUCK IV 367, 1020 (Schamhaupten). Der Adelige Walter von Traisen hatte vor 1150 einer Andreaskapelle sein Erbe übertragen und diese Eigenkirche Passau übergeben. W. BIELSKY, Die ältesten Urkunden d. Kanonikatsstiftes St. Georgen in Unterösterreich (AÖG 9) 1852, 258, nr. 6; TELLENBACH, Eigenklöster 31ff. (St. Andrä).

Bewußtsein, ein eigener Orden zu sein, der in seiner Blütezeit über 600 Klöster ins Leben rief oder erneuerte. Der Schwerpunkt des Ordens lag in Nordfrankreich, nach Deutschland griff er schon 1122 nach Kappenberg und 1129 durch Norbert selbst nach Magdeburg über. In Westdeutschland waren seine Hauptzentren Steinfeld, Wadgassen, Knechtsteden und Arnstein, in Süddeutschland Roggenburg, Ursberg, Schussenried und Rot bei Leutkirch, das unmittelbar von Prémontré besiedelt und seinerseits Mutterkloster für Wilten, Weißenau, Steingaden, Kaiserslautern und Obermarchtal wurde. Der enge Zusammenhang zwischen Praemonstratensern und Zisterziensern äußert sich u. a. in einem hohen Maß von Zentralisation in der Regionaleinteilung, den sogenannten Zirkarien, an deren Spitze anfangs ein «circator», später ein Generalvikar stand.[141] Hauptzentrum der Praemonstratenser in Bayern war *Freising,* das Bistum des großen babenbergischen Zisterzienserbischofs Otto (1138/58). Nahe der Bischofsstadt gründete Otto 1142 das Praemonstratenserkloster Neustift, stattete es mit Gütern aus und verschaffte ihm ein Schutzprivileg Papst Innozenz' II.[142] Ebenso erneuerte der Bischof 1140 Schäftlarn, das zur Zeit Bischof Abrahams (957/93) in ein Kanonikerstift umgewandelt worden war und jetzt dem päpstlichen Schutz unterstand und einen Schwesternkonvent erhielt.[143] Im Westen Bayerns stiftete 1147 Herzog Welf VI. Steingaden als Hauskloster und besiedelte es mit Praemonstratensern aus Rot. Diese Gründung wurde 1156 Papst Hadrian IV. übertragen, nach dem Tode Welfs VI. wurde es jedoch reichsunmittelbar.[144] Speinshart in der Oberpfalz, von Adelvolk von Reifenberg um 1145 gegründet, 1163 mit einem Schutzprivileg vom Kaiser versehen und bevogtet, wurde von Wilten bei Innsbruck besiedelt und erhielt 1181 den Status einer römisch gefreiten abbatia libera.[145] Im Regensburger Sprengel gründeten die Grafen von Bogen 1125 unter Mitwirkung Bischof Ottos I. von Bamberg auf ihrer alten Stammburg das Praemonstratenserkloster Windberg, das im Bayerischen Wald eine starke Rodungstätigkeit entwickelte und auch Beziehungen zu Böhmen besaß.[146] Otto von Bamberg erneuerte auch spätestens 1138 das alte Chorherrnstift Osterhofen bei Passau durch Praemonstratenser.[147] Ähnlich reformierte 1138 Bischof Reginbert von Brixen das weltliche Kanonikerstift Wilten durch Praemonstratenser aus Rot bei Leutkirch und erwirkte

[141] SCHREIBER, Kurie u. Kloster (s. o. 350); F. PETIT, L'ordre de Prémontré, 1913; HAUCK IV 369ff.; Ch. DEREINE, Les origines de Prémontré (Rev. d'hist. eccl. 42) 1947, 352–376; BAUERREISS III 39ff.; BACKMUND I; Ders. (LThK VIII) 688–694; B. F. GRASSL, Der Praemonstratenserorden (Anal. Praemonstr. Beih. 10) Tongerloo 1934.

[142] M. SCHLAMP, Die Praemonstratenser in Neustift, 1934; H. J. BUSLEY, Zur Frühgesch. d. v. Otto I. gegründeten Prämonstratenserkl. Neustift b. Freising (Otto v. Freising-Gedenkgabe) 1958, 49–64; Trad. Neustift.

[143] Aus Schäftlarn stammt das älteste erhaltene Exemplar (ca. 1140) der Ordensstatuten, die eine Verschärfung der Augustinerregel beinhalten und sich stark an die «Charta Caritatis» der Zisterzienser anlehnt, GP I 378ff.; Trad. Schäftlarn.

[144] BACKMUND 51; S. HOFMANN, Stift Steingaden 1147–1803, 1947.

[145] GP I 305f.; J. SCHERL, Die Grundherrschaft d. Kl. Speinshart (VHVOR 90) 1940, 176ff.; M. HARTIG, Kl. Speinshart, 1951.

[146] GP I 324ff.; BACKMUND 55ff.; PIENDL II, 28f. u. III. 46ff.; Ders., Böhmen (s. o. 417 Anm. 69) 137ff.

[147] GP I 182f.; LINDNER, Monasticon 366–370; BACKMUND 43ff.

ein Schutzprivileg Papst Innozenz' II.[148] Vom böhmischen Praemonstratenserkloster Selau (Želiv) aus wurde um 1150 schließlich Geras in Niederösterreich, eine Stiftung der Grafen von Pernegg, besiedelt. Die Chorfrauen des als Doppelkloster begründeten Konvents gingen 1159 nach Pernegg.[149]

Etwa gleichzeitig mit den Praemonstratensern begannen im deutschen Raum die grauen Mönche, die *Zisterzienser,* ihre Wirksamkeit. Aus dem 1098 von Robert von Molesmes gegründeten Reformkloster Cîteaux unter der Leitung des hl. Bernhard von Clairvaux (seit 1112) hervorgegangen, entwickelte sich ein straff zentralisiertes Ordensleben, dessen Hauptzentren die vier Primarabteien La Ferté (1113), Pontigny (1114), Clairvaux und Morimond (1115) waren, deren Leiter unter dem Abte des Stammklosters Cîteaux die hierarchische Spitze bildeten. Die Bedeutung des Ordens entfaltete sich vor allem in seinem Anteil am Landesausbau und der unmittelbaren Arbeit der Mönche in der Landwirtschaft, vor allem in der Frühphase der Entwicklung. Trotz der Zentralisation des Ordens, die die Diözesangrenzen sprengte, waren die Bischöfe in hohem Maße Wegbereiter dieser neuen monastischen Lebensform.[150] Für Bayern wurde besonders die Primarabtei Morimond wichtig, als 1132 Otto von Freising mit dreizehn Studiengenossen daselbst eintrat, 1138 schon zum Abt und im selben Jahr zum Bischof von Freising erhoben wurde. Als Filiation von Morimond gründete Ottos Vater, der Babenberger Leopold III., auf dessen Bitten Heiligenkreuz im Wienerwald als Familienkloster und Begräbnisstätte.[151] Es entwickelte sich zum Mutterkloster für die Kuenringerstiftung Zwettl in Niederösterreich (1138)[152] und für Baumgartenberg, das Otto von Machland 1141 gründete.[153] Seltsamerweise rief Otto von Freising in seiner eigenen Diözese keine Zisterze ins Leben. Ebenfalls von Morimond aus entstand 1127 Ebrach im Steigerwald, das im Fränkischen die Filiationen Wechterswinkel, Bildhausen, Langheim (1132) und Heilsbronn (1132) hervorbrachte und im Bayerischen das Chorherrnstift Aldersbach 1146 reformierte.[154] Auch die

[148] GP I 150f.

[149] Selau-Želiv war wiederum eine Filiation von Steinfeld in der Eifel. A. ZÁK, Stift Geras, 1929; BACKMUND 289ff., 305ff.

[150] L. JANAUSCHEK, Originum Cisterciensium I, Wien 1877; S. BRUNNER, Ein Cisterzienserbuch, 1881; J. B. MAHN, L'ordre Cistercien et son gouvernement des origines au milieu du XIIIe siècle, Paris 1951; KRAUSEN, Zisterzienserorden; BAUERREISS III 23ff.; L. LEKAI, The White Monks, Spring Bank 1953.

[151] GP I 253ff.; D. FREY, Das Stift Heiligenkreuz, Wien 1926; zur Geschichte von Morimond: L. GRILL, Der hl. Bernhard v. Clairvaux u. Morimund, die Mutterabtei der österr. Cistercienserkl. (Festschr. z. 800-Jahrgedächtnis d. Todes Bernhards v. Clairvaux) 1953, 31ff.; J. SALMON, Morimond. Son ancienne abbaye, Breuvannes 1957; H. P. EYDOUX, L'église abbatiale de Morimond (Analecta S. O. Cist. 14) Rom 1958; E. KRAUSEN, Morimond, die Mutterabtei d. bayer. Zisterzen (ebd. 14); zu Leopold III. vgl. Festschr. St. Leopold, Klosterneuburg 1936; zu Otto s. u. 565ff. mit Lit.

[152] GP I 231ff.; HAUCK IV 1019; LINDNER, Monasticon 358–362. Es erhielt einen Schutzbrief P. Innozenz' II.; M. TANGL, Studien über d. Stiftungsbuch v. Zwettl (AÖG 76) 1890, 261–348.

[153] GP I 216ff.; LINDNER, Monasticon 334ff.; FERIHUMER (s. o. 437 Anm. 59) 327ff. Jenseits des hier zu behandelnden Zeitraumes (1180, für Österreich 1156) entstanden als Filiationen von Heiligenkreuz noch Marienberg, Cikador, Goldenkron, Lilienfeld.

[154] KRAUSEN, Zisterzienserorden 27ff. Einblick in die rationale Wirtschaftsführung des Klosters vermittelt F. BASTIAN,

Abtei Rein in der Steiermark, vom Markgrafen Leopold dem Starken († 1129) und seiner Gattin Sophia gegründet, entstand als Tochterkloster von Ebrach; Papst Eugen III. nahm es 1147 in päpstlichen Schutz.[155] Rein selbst rief vor 1146 Wilhering in Oberösterreich ins Leben, das damals an Bamberg kam, und wahrscheinlich auch Sittich (um 1136) im Patriarchat von Aquileja.[156] Wilhering war als Gründung der Herren von W.-Waxenberg neben ihrer Burg entstanden und ursprünglich als Zisterze gestiftet. Unmittelbar von der lothringischen Zisterze Weiler-Bettnach besiedelt wurde 1142 die Stiftung der Herzöge von Kärnten aus dem Hause Spanheim: Viktring. Das Kloster wurde 1143 an das Salzburger Erzstift tradiert und erhielt 1146 ein päpstliches Schutzprivileg.[157] Vom Bodenseekloster Salem aus erfolgte 1143 die Gründung von Raitenhaslach, der ältesten Zisterze im Altbayerischen. Ursprünglich von den Grafen von Tegernbach in Schützing an der Alz erbaut, wurde der Konvent schon nach drei Jahren durch Erzbischof Konrad von Salzburg auf salzburgischen Boden nach Raitenhaslach verlegt und damit Eigenkloster des Hochstiftes; 1147 erhielt das Kloster ein Schutzprivileg Papst Eugens III.[158] Auf dem bayerischen Nordgau entstand um 1133 als Stiftung des Markgrafen Diepold III. von Vohburg das bedeutende Rodungskloster Waldsassen, dessen Zisterziensermönche aus dem thüringischen Valkenrode kamen.[159] Nach dem Tode des letzten Diepoldingers, Markgraf Diepold III., kam dessen Besitz in der «regio Egire» nebst den nordgauischen Marken Nabburg und Cham an das Reich, damit auch Waldsassen. Schon 1147 nahm König Konrad III. das Kloster in Königsschutz, der es von fremder Gerichtsbarkeit befreite; er gab ihm freie Vogtwahl und begründete so seine Reichsunmittelbarkeit. Waldsassen entsandte bereits 1143 Mönche in das oberpfälzische Walderbach bei Roding, wahrscheinlich eine Gründung des Burggrafen Otto I. von Regensburg (aus dem Hause der Landgrafen von Stefling), die anfangs mit Augustinerchorherrn besetzt war.[160] Waldsassen war auch das Mutterkloster für die böhmischen Zisterzen Sedlitz (bei Kuttenberg) und Ossegg.

Das älteste Aldersbacher Rechnungsbuch (Festschr. K. A. v. Müller) 1933, 19–43; Oswald, Alte Klöster (s. o. 219f. Anm. 187) 235–258.

[155] GP I 97ff.; Lindner, Monasticon 113 bis 116; Martin (s. o. 401 Anm. 67) 415 ff.

[156] Hauck IV 342. Wilhering war ursprünglich für Chorherrn gegründet, nach den Zisterziensern von Rein (1147) kamen 1185 Ordensbrüder aus Ebrach.

[157] Der Herzogssohn Heinrich war Abt des lothringischen Mutterklosters, später Bischof von Troyes; die Verschwägerung mit der französischen Königsfamilie machte sich auch kulturell in Viktring bemerkbar, GP I 109ff.; UB Salzb. (zu 1143) nr. 211, S. 310f.; Classen, Gerhoch 60. Aus Lützel im Elsaß kamen 1133 Zisterzienser nach Kaisheim bei Donauwörth, eine Stiftung der Grafen von Graisbach-Lechsgemünd. L. Reindl, Gesch. des Kl. Kaisheim, 1926.

[158] GP I 84ff.; E. Krausen, Die Wirtschaftsgesch. d. ehem. Cisterzienser-Abtei Raitenhaslach bis z. Ausgang des MA, 1937; E. Krausen, Die Gründung d. Abtei Raitenhaslach (StMBO 62) 1950, 34–47; Ders., Zisterzienserorden 81ff.

[159] GP I 306ff.; Lindner, Monasticon 457–460; vgl. o. 428 Anm. 16, 18; Throner (s. o. 329 Anm. 24); Sturm (s. o. 425) 23ff.; Mahn (s. o. 487 Anm. 150) 98ff.; Krausen, Zisterzienserorden 100ff.

[160] Das Kloster wurde 1177/81 von Papst Alexander III. dem Bistum Bamberg übertragen. GP I 303; Lindner, Monasticon 454–456; A. Doeberl, Zisterzienser u. Praemonstratenser im Bistum Regensburg (Festschr. 1200 Jahre Bistum Regensb.) 1939, 161f.

Im elften und vor allem im zwölften Jahrhundert erfaßte dann als besondere Spielart der monastischen Erneuerung die zweite große Welle *iroschottischen Mönchtums* Deutschland und Bayern. Der irische Jerusalempilger Coloman wird 1012 bei Wien ermordet und dann nach Melk überführt. Im Reformzentrum Regensburg begegnet um die Mitte des elften Jahrhunderts bei Obermünster der Inkluse Muredach, weitere Inklusen bei Mittelmünster und St. Emmeram folgten.[161] Muredach siedelte sich 1075 zusammen mit seinen zwei Gefährten Johannes und Candidus und mit der Hilfe der Äbtissin Willa von Obermünster bei Weih-St. Peter an. Zuzug aus Irland vergrößerte die Zelle rasch und schon 1089 verlieh ihr Kaiser Heinrich IV. die Reichsunmittelbarkeit. Burggraf Otto von Regensburg stiftete um 1090 vor dem Westtor der Stadt für die Iren das neue St. Jakobskloster, das 1112 ein Schutzprivileg Kaiser Heinrichs V. erhielt und durch Calixtus II. römisch gefreite Abtei wurde.[162] Von Regensburg-St. Jakob aus entstanden Schottenklöster in Würzburg (1134), Nürnberg (1140), ferner in Memmingen, wo Herzog Welf VI. 1167 eine Nikolauskapelle den Iren übergab, in Eichstätt (1150) ein Heiligkreuzkloster und ein dem hl. Petrus geweihtes Kloster in Wien, das Herzog Heinrich Jasomirgott 1158/61 gegenüber seiner neuen Residenz stiftete. Auch das Erfurter Schottenkloster St. Jakob dürfte eine Filiation von Regensburg sein.[163] Das nationale Moment förderte den Zusammenhalt der einzelnen irischen Konvente, der sich zu einer Kongregation verfestigte, die 1215 päpstlich privilegiert wurde.

Das gesamte reiche Spektrum von Reformorden und neuen Kongregationen, das sich im elften und zwölften Jahrhundert vornehmlich von Frankreich aus entfaltete und in Bayern so tiefgreifende Wirkungen zeitigte, wäre jedoch unverständlich, wenn man es nicht vor dem Hintergrund der breiten *religiösen Volksbewegungen* sähe, die sich seit und mit dem Investiturstreit in zunehmendem Maße gegen die adelig-hierarchisch verwaltete und herrschende Kirche wandten. Vom Papsttum als Waffe im Kampf gegen die Reichskirche und ihr universal ausgebautes Eigenkirchenrecht verwendet – so etwa die Pataria in Mailand –, entwickelten die religiösen Volksbewegungen, die damals zugleich eine Christianisierung Europas in die Tiefe anzeigten, eine politische Sprengkraft auch innerhalb der Kirche, die Gegenkräfte auf den Plan rief. Vor allem die Reformorden mit ihrer starken Hinwendung zur Seelsorge, zur Predigt, zur engeren Heranziehung nichtadeliger Schichten an Kirche und Kloster im Konversentum der Cluniazenser und besonders der Zisterzienser fingen viele dieser religiös-revolutionären Kräfte auf und lenkten sie in die Bahnen innerkirchlichen Lebens. Mit der scharfen Wendung der Zisterzienser gegen die selbst bei den Cluniazensern verbreitete Rentengrundherrschaft und das Eigenkirchenwesen, die vom Aufbau eines rational organisierten Eigenwirtschaftssystems mit Hilfe eines «Minderordens» (Konversen) begleitet war, kündigte sich eine neue Phase des Ordensle-

[161] Lit. b. J. Kenney, The sources for the early history of Ireland I, New York 1929; Bauerreiss II 168 ff.

[162] GP I 290/93; Bauerreiss III 52 ff.

[163] GP I 251 ff.; A. Hübel, Die Wiener Schotten u. das Mutterkl. St. Jakob in Regensburg, Wien 1914; weitere Lit. b. Hemmerle, Benediktinerklöster 41, 68 f., 107 ff., 144 ff.

bens an, die dann im dreizehnten Jahrhundert vornehmlich im städtischen Bereich einen stürmischen Höhepunkt erlebte: den alten, adelig-agrarisch-grundherrschaftlichen Orden traten damals die *Bettelorden* gegenüber, denen zwar keineswegs das adelige Element, besonders unter ihren Bahnbrechern, fehlte, die sich aber in ihrer Wirkung hauptsächlich an die Bewohnerschaft des aufblühenden Städtewesens wendeten. Die pauperes-Christi-Bewegung spaltete sich dabei in einen innerkirchlichen, die Bettelorden und ihre Konversen umfassenden Zweig, und in eine weiterlaufende Ketzerbewegung, bei der sich soziale und religiöse Motive eng verbanden. Ausgangspunkt dieser Entwicklung waren die volkreichen, stadtwirtschaftlich orientierten und sozial schon sehr differenzierten Kulturlandschaften Italiens und Frankreichs, doch erreichten sie auch die relativ geschlossene archaische Gesellschaft Deutschlands und Bayerns in ihren städtischen Zentren, vor allem, wenn sie wirtschaftlich mit dem Süden und Westen verbunden waren.[164]

Betrachtet man die monastische Bewegung Bayerns in ihren verschiedenen Gliederungen vom neunten bis zum zwölften Jahrhundert, dann ergeben sich eine Reihe von Aspekten, die einige wesentliche kirchliche und Herrschaftsstrukturen erkennen lassen, die sowohl für die gesamteuropäischen Zusammenhänge wie auch für die eigentliche Stellung der bayerischen Kulturlandschaft innerhalb Deutschlands von Belang sind. Stellt man die Kloster- und Stiftsgründungen der großen Dynasten und des Adels zusammen, dann wird deutlich, wie sehr die *aristokratische Führungsschicht* – ungeachtet des Kampfes des Reformmönchtums um Vogtfreiheit, römischen Schutz und gegen das Eigenklosterwesen alten Stils – dennoch *das tragende Element aller* monastischen Kräfte, einschließlich der Zisterzienser, geblieben ist. So entstanden als Gründungen der Aribonen Seeon, Göß, Millstatt und Seckau; die aribonischen Grafen von Peilstein stifteten Michaelbeuern. Von den Andechsern stammen Dießen und Attel, während dem weiteren Bereich der Familie der Andechser das 1074 gestiftete Benediktinerinnenkloster Hohenwart bei Schrobenhausen zuzuordnen ist.[165] Die Ebersberger gründeten Ebersberg, Kühbach und Geisenfeld, die Welfen Rottenbuch, Steingaden, Ranshofen, Altomünster, die Babenberger Melk, Klosterneuburg, das Wiener Schottenkloster, Heiligenkreuz, Kleinmariazell und in gewissem Sinne auch Metten, das sie 1157 benediktinisch reorganisierten.[166] Auf die Wittelsbacher geht in

[164] Vgl. GRUNDMANN, Relig. Bewegungen (s. o. 350), daselbst Forschungsbericht über die neueren Arbeiten; A. BORST, Die Katharer (Schr. d. MGH 12) 1953; F. HEER, Aufgang Europas. Eine Studie zu d. Zusammenhängen zw. polit. Religiosität, Frömmigkeitsstil u. dem Werden Europas im 12. Jh., Wien 1949; dazu GRUNDMANN, Religiöse Bewegung 503, u. Ders., Bespr. zu F. Heer, Aufgang Europas (DA 11) 1954/55, 273 f.; Th. MAYER, Das Hochmittelalter in neuer Schau, Bespr. zu F. Heer, Aufgang Europas (HZ 171) 1951, 449 ff.; E. WERNER, Die gesellschaftl. Grundlagen d. Klosterreform im 11. Jh., 1953; Ders., Pauperes Christi. Studien zu sozial-religiösen Bewegungen im Zeitalter d. Reformpapsttums, 1956; BOSL, 12. Jh. (ZBLG 25) 1962, 202–214; Ders., Potens u. Pauper (Frühformen) 106–134.

[165] STEICHELE-SCHRÖDER IV 855 ff.; HARTIG, Ob. Stifte I 93; BAUERREISS II 77, 159; Dasselbe dürfte für das schlecht bezeugte Habach gelten.

[166] Zu Metten: KLEBEL, Niederösterreich 11–120, bes. 41 u. 104; zu Kleinmariazell, dessen Mitbegründer, neben Heinrich und Rapoto von Schwarzenburg-

dem hier behandelten Zeitraum zurück: Scheyern, Indersdorf, Bernried und Ensdorf (1121); auf die Grafen von Sulzbach Berchtesgaden und Baumburg, während Kastl in der Oberpfalz zusammen mit den ihnen zugeordneten Grafen von Kastl-Habsberg errichtet wurde. Als Gründungen der Vohburger-Diepoldinger sind Waldsassen und Reichenbach in der Oberpfalz ausgewiesen. Die Grafen von Bogen stifteten Oberalteich und Windberg, die Spanheimer Herzöge von Kärnten St. Paul im Lavanttal und Viktring, die Grafen von Machland das Erlakloster, Baumgartenberg und Waldhausen, die Pernegger Geras und Pernegg, die Eppensteiner St. Lambrecht in der Steiermark, die Vornbacher Grafen Vornbach und Suben sowie die vermutlich teilweise auf Vornbacher Gründungsgut liegenden Filiationen Asbach und Gloggnitz, die Otakare (Traungauer), Markgrafen von Steyr, Garsten (1107) und Rein (1128), die Grafen von Lambach-Wels das Kloster Lambach, die Kuenringer die Zisterze Zwettl, die Grafen von Tegernbach das Zisterzienserkloster Raitenhaslach, die Eurasburger Beuerberg und die Grafen von Hohenwarth ihr Hauskloster Hohenwart und das Augsburger Eigenkloster Habach. Gleichnamigen Adelsfamilien verdanken Rohr, Rott am Inn und Weyarn ihre Entstehung. Das etappenweise Vordringen der Adelsherrschaften nach Osten, vor allem in Verbindung mit dem Landesausbau, erhellt beispielsweise aus der Abfolge der Aribonengründungen Seeon (955), Göß (1020), Millstatt (1070), Seckau (1140). Stellt man *Ober- und Niederbayern als monastische Landschaften* einander gegenüber, dann finden sich im oberbayerischen Bereich etwa achtzehn Klöster des großen Dynastenadels, in Niederbayern dagegen nur deren vier (Vornbach, Oberalteich, Windberg, Elsenbach-St. Veit). Jedoch ist für Niederbayern die Zusammenarbeit des kleineren Adels mit der Reichskirche wichtig geworden, die sich in den zahlreichen bischöflichen Eigenklöstern des neunten bis zwölften Jahrhunderts manifestierte; neben Passau und Regensburg gründete dort vor allem Bamberg zahlreiche bischöfliche Eigenklöster. Als kleine Adelsgründungen im niederbayerischen Bereich entstanden so Rohr, Biburg, Mallersdorf und Aldersbach; deren adelige Gründer bzw. Mitbegründer hatten zu wenig Eigengut, zu wenig Ministerialen und Kirchenlehen, um große Klöster zu stiften, dazu waren nur die Bogener und Vornbacher in der Lage.[167] Welchen Machtzuwachs der Landesausbau den Dynasten brachte, läßt sich mittelbar auch an der Bedeutung und Zahl der Klöster ablesen, die dem Herrschaftsausbau im ehemaligen Markenbereich entstammen, etwa an den Klostergründungen der Diepoldinger, der Machländer, der Aribonen, der Spanheimer, der Otakare und vor allem der Babenberger; Rodung schafft Herrschaft und Klöster.

Eine besondere Erscheinungsform des monastischen Reformzeitalters und des Investiturstreites als seiner mittelbaren politisch-kirchlichen Konsequenz sind die geistlichen Anstalten, die dem Papst unmittelbar unterstellt und damit den Diözesen ganz oder teilweise entzogen waren *(abbatiae liberae)*. Davon streng zu unterscheiden sind

Nöstach, Leopold der Heilige war, s. u. 493 Anm. 170. Alle Babenbergergründungen waren dem päpstlichen Stuhl übereignet. TELLENBACH, Eigenklöster 147ff.

[167] GP I; DIEPOLDER, Adelsherrschaften 69f.

die überaus zahlreichen Klöster und Kirchen, denen ohne weitere rechtliche Konsequenzen der päpstliche Schutz zugesichert wurde. Die Übereignungen bestimmter Stifte und Klöster an die römische Kirche sind weit weniger zahlreich; als Anerkennungszins für diese Rechtsstellung war jährlich in der Regel, wenn auch nicht immer, ein Goldbyzantiner zu zahlen, Einkünfte, die neben anderen um 1190 im Liber Censuum der römischen Kurie verzeichnet worden sind. Wie die Unterstellung der Klöster Seeon und Göß unter den Päpsten Silvester II. und Benedikt VIII. zeigt, sind die Übereignungen an die römische Kirche auch in der Salzburger Kirchenprovinz keinesfalls nur aus Anlaß des Investiturstreits erfolgt. Erst seit der Zeit Urbans II. schließt der Status als päpstliches Schutzzinskloster den Rechtsstand als Reichskloster und adeliges Eigenkloster aus. Wurde damit der Eigenklostercharakter auch aufgehoben, so blieben die Vogteirechte des ehemaligen Eigenklosterherrn – wenigstens bis einschließlich der Privilegien Paschalis' II. – weiterhin oft ausdrücklich gewahrt. In Privilegien Papst Urbans II. (1088/99) erhielten St. Paul im Lavanttal und Rottenbuch diesen Rechtsstatus der «libertas romana» zugesichert, unter Paschalis II. (1099/1118) folgten St. Lambrecht in der Steiermark, Scheyern, Melk, Berchtesgaden, Baumburg, Kastl und St. Emmeram, das wahrscheinlich schon seit längerer Zeit päpstliches Schutzzinskloster gewesen ist. Von Calixtus II. (1118/24) sind derartige Privilegien für Millstatt, Reichenbach in der Oberpfalz, Beuerberg, Bernried, Indersdorf erhalten und für das Schottenkloster St. Jakob in Regensburg zu erschließen. Michaelbeuern, Rott am Inn, Vornbach bei Passau, Klosterneuburg, Dießen und wahrscheinlich Kleinmariazell wurden nach den Privilegien Innozenz' II. (1130/43) unmittelbar der Kurie unterstellt. Steingaden erhielt 1156 von Hadrian IV., Oberalteich möglicherweise Ende 1159 von Viktor IV., das Wiener Schottenkloster von Alexander III. die «libertas romana»; Speinshart und das vormals passauische Eigenkloster St. Andrä an der Traisen wurden wahrscheinlich ebenfalls unter Alexander III. der Kurie gegen einen jährlichen Schutzzins übertragen. Mit Recht ist darauf verwiesen worden, daß die Übertragung von Klöstern an den Papst keineswegs ausschließlich in gregorianischen Kreisen üblich war. Gregorianisch waren die Babenberger, die Welfen und die Spanheimer, kaiserlich hingegen waren die Eppensteiner und die Eurasburger, während eine ganze Reihe der wichtigsten Hochadelsgeschlechter im Laufe der Auseinandersetzungen politisch schwankte: so die Andechser, die Sulzbacher und die Aribonen. Daß zahlreiche dieser Adelsgründungen erst lange nach ihrer Entstehung Rom übertragen wurden, zeigt deutlich, daß auch im Reformzeitalter das adelige Eigenkloster als konstitutiver Typ erhalten blieb.[168] Der Eigenklostercharak-

[168] GP I; Wohlhaupter 208, 218ff.; Meyer, Klostergründungen (s. o. 204 Anm. 4) 140ff.; Klebel, Probleme 278f. Das Streben nach der «libertas romana» ist vor allem ein Kennzeichen der cluniazensisch-hirsauischen Reformrichtung, weniger jedoch der gorzischen Mönche. Vgl. Hallinger 538ff. Daraus erklärt sich auch die richtige Beobachtung Klebels, daß die stärkste Häufung von Papstprivilegien für päpstliche Eigenklöster erst in der ersten Hälfte des 12. Jhs. liegt, denn damals löste Hirsau in zahlreichen deutschen Klöstern Gorze ab. Ebenso weist Tellenbach, Cluny (s. o. 472 Anm. 53) 8, mit Recht darauf hin, daß im Investiturstreit oft die Stellungnahme des Eigenklosterherrn für diejenige des Klosters maßgebend gewesen

ter erhellt auch aus der auffälligen Erscheinung, daß gerade in dieser Epoche eine Reihe von alten adeligen Stammburgen in Haus-, Familien- und Begräbnisklöster des Adels umgewandelt oder Klöster zusammen mit den Stammburgen, wie im Falle von Kloster Neuburg, Wilhering oder Vornbach, ausgebaut werden. Solche Klöster und Stifte, auf einem adeligen praedium libertatis (Hantgemal) entstanden, waren etwa Melk, Scheyern, Reichersberg, Ebersberg, Mallersdorf, Kastl, Windberg, Attel, Weyarn, Beuerberg und Biburg,[169] ferner Kleinmariazell in Niederösterreich.[170]

Ein wesentliches Element der Adelsherrschaft in der Kirche wie auch ein Mittel zum Ausbau der Landeshoheit war die *Klostervogtei,* insbesondere die der Reformklöster. In karolingischer und noch in ottonisch-frühsalischer Zeit besaß der Eigenkirchenherr alle Eigentums- und Hoheitsrechte gegenüber seinen Klöstern. Die Reformklöster jedoch, vor allem die unter cluniazensisch-hirsauischem Einfluß, errangen mit der Einschränkung der weltlichen Vogtei eine gewisse Selbständigkeit als Rechtssubjekte und Grundeigentümer. Da aber der frühere Eigenkirchenherr und Klosterstifter, dem sich auch die Cluniazenser nicht völlig entziehen konnten und wollten,[171] als Erbvogt die Hoheits- und Gerichtsrechte weiterhin in der Hand behielt, lösten sich die Hoheitsrechte von der Bindung an die Grundherrschaft alten Typs. Seitdem gehen beide ihre eigenen Wege, wir können von einer jüngeren Grundherrschaft sprechen, der die Hoheitsrechte ganz oder teilweise fehlten, und von einer politischen Herrschaft, der das Grundeigentum fehlte.[172] Wenn bei den Reformklöstern gorzischer und hirsauischer Prägung die Regelungen im einzelnen stark differieren, so läßt sich bei den Zisterziensern bereits als allgemeiner Grundsatz feststellen, daß sie keine Grundherrschaften im alten Sinne und damit auch keinen adeligen Herrenvogt mehr hatten, sondern sie unterstanden einfach der staatlichen Gewalt, die die Hoheitsrechte und den Schutz ausübte, die also Rechte und Funktionen, die früher dem Grund- und Eigenkirchenherrn zugekommen waren, als staatlich nun für sich übernahm. Deshalb war die Erlangung von Klostervogteien, die nun die territoriale politische Herrschaft mitbeinhalteten, einer der wichtigsten Wege zur Bildung modernerer, flächenmäßig ausgebildeter Territorien. Die Bedeutung der Vogtei über geistliche Anstalten erhellt auch aus dem Streben des Adels nach der Erbvogtei, die jedoch keinesfalls mit dem Eigenklosterrecht identisch ist und zuerst bei bischöflichen Klöstern, wesentlich später erst bei Hochstiften auftritt. Im zwölften Jahrhundert haben schon die meisten

ist, ganz gleich, welcher monastischen Richtung der jeweilige Konvent angehörte.

[169] Zum Problem des «Festhaltens des Adelsstolzes an seiner ursprünglich sakralen Hausüberlieferung auch über die Schwelle der Christianisierung hinweg», die sich im adeligen Hauskloster manifestierte, vgl. HAUCK, Adelsgeschlechter (s. o. 454 Anm. 66) 165–199, bes. 183 ff.; BOSL, Kontinuität (s. o. 352) 89 f.

[170] GP I 257; Auctarium Mariaecellense (MG SS 9 zu 1136) 647. – Zu einem ungewissen Zeitpunkt erhielt das Kloster ein Papstprivileg; TELLENBACH, Eigenklöster 149 f.

[171] HALLINGER 579 ff., betont sehr stark eine antifeudale, gegen den Laieneinfluß gerichtete Haltung Clunys, besonders hinsichtlich der Einschränkung der adeligen Vogtei, anders H. G. MAGER, Studien z. Verhältnis d. Cluniacenser zum Eigenkirchenwesen (Neue Forsch. über Cluny, hg. v. G. Tellenbach) 214 f. Auf keinen Fall wird man das Bestreben der Reformklöster bestreiten können, ihre eigene Position auf Kosten der Vögte zu stärken.

[172] MAYER, Mod. Staat 295 ff.

aller bischöflichen Eigenklöster und begreiflicherweise fast alle adeligen Eigenklöster Erbvögte,[173] und zwar Höglwörth die Grafen von Plain, Weyarn und Petersberg die Falkensteiner, Attel die Wasserburger, Habach die Grafen von Hohenwarth, Seckau, Ossiach,[174] Lambach[175] und Vorau die steirischen Markgrafen, Seitenstetten die Grafen von Seburg, Altenburg die Grafen von Rebgau, Waldhausen und das Erlakloster die Machländer,[176] Geras und Pernegg die Grafen von Pernegg, Millstatt die Grafen von Görz, Biburg die Biburger, Rohr und Paring die Abensberger, St. Paul im Lavanttal und Viktring die Spanheimer, Walderbach die Steflinger, Oberalteich, Windberg, Prüfening und die Alte Kapelle die Grafen von Bogen. Die Andechser besaßen neben der Erbvogtei über ihre Stiftungen Dießen auch die über Tegernsee (nach dem Aussterben der Wolfratshausener Grafen) und über Vornbach (nach 1158), um 1170 erlangten sie mit der Vogtei über Brixen wohl auch die defensio von Wilten und Georgenberg in Tirol.[177] Da die meisten dieser Erbvogteien den Gründerfamilien gehörten, wuchsen Eigenklosterrecht und Vogtei auf dem Wege über die Erbvogtei zusammen.[178] Wie das Beispiel der Bogener und der Andechser zeigt, häufen sich bis zum Ende des zwölften Jahrhunderts die Vogteien in den Händen weniger, zur Landesherrschaft aufsteigender Familien; besonders augenfällig ist dies bei den Scheyern-Wittelsbachern, die neben ihrer Hochstiftsvogtei über Freising um 1080 die Vogtei über Weihenstephan, 1102 die über ihr Hauskloster Scheyern, 1117 über Ebersberg, 1120 über Bernried, 1131 über Indersdorf, 1141 über Regensburg-Obermünster, 1160 die Vogtei über Schäftlarn sowie über Neustift bei Freising und Ensdorf in der Oberpfalz innehaben.[179] Alle kirchlichen Versuche, die Erbvogtei einzuschränken oder gar zu beseitigen, blieben letztlich erfolglos; im Zusammenhang mit der sich durchsetzenden Erblichkeit aller Lehen wurden auch die Vogteien bis zum Ende des zwölften Jahrhunderts erblich. Die Vogtei erstreckt sich dabei auch über die zerstreut liegenden Klostergüter; dies hängt mit der «weltlichen Immunität» aller Hochfreien zusammen. Macht man sich die neuere Auffassung über das Wesen der Grafschaft zu eigen, dann wird man auch zumindest für Bayern die Ansicht ablehnen müssen, daß Vogtei und Grafschaft insofern identisch seien, als der Graf zugleich alle Klöster

[173] Speziell zur Zisterziensérvogtei ist MAYER, Fürsten 211ff. zu vergleichen mit der dort angegebenen Literatur; KLEBEL, Probleme 276ff. u. insgesamt GP I, II, sowie BRACKMANN, Salzb. Kirchenprovinz 7ff. Zur Rechtslage der bevogteten Klöster WOHLHAUPTER 253ff.

[174] JAKSCH I 308.

[175] UBLE II 124ff. als Verwandte der Gründer.

[176] TELLENBACH, Eigenklöster 109f.

[177] KLEBEL, Probleme 284f.

[178] KLEBEL ebd. 284 hat auf einen bemerkenswerten Wechsel der päpstlichen Haltung zur Erbvogtei hingewiesen, derzufolge die Privilegien Urbans II. und Paschalis' II. die Erbvogtei für gregorianisch gesinnte Familien ausdrücklich festsetzen, so in Rottenbuch (Welfen), St. Paul im Lavanttal (Spanheimer), Scheyern (Wittelsbacher), Melk (Babenberger), während unter P. Calixtus II. Berchtesgaden (1121), Beuerberg, Millstatt (1122) und Reichenbach (Opf.) freie Vogtwahl erhalten, wobei ausdrücklich das Absetzungsrecht des Abtes gegenüber dem Vogt und der Ausschluß der Stifterfamilie von der Vogtei, falls sie dem Abt oder Propst nicht genehm sein sollten, festgelegt wird.

[179] HEIGEL-RIEZLER 253ff.; SPINDLER, Landesfürstentum 10f.; KLEBEL, Probleme 285.

seiner Grafschaft bevogtet habe.[180] Eine Verbindung der Vogtei mit der Grafengewalt wird erst nach 1100 häufiger, jedoch niemals zur Regel; der Zusammenfall von Grafschaft und Vogtei konnte nur dort eintreten, wo durch die Bildung von Allodialgrafschaften eine Intensivierung aller Herrschaftsrechte, zu denen notwendig auch die Vogteiherrschaft gehörte, eingeleitet wurde. Die Herausbildung relativ weniger, großer Dynastenfamilien ließ die Vogtei zu einem wesentlichen Element der Landesherrschaft werden und gab ihr damit einen quasi staatlichen Charakter.[181] Trotz des unaufhaltsamen Vorrückens regionaler weltlicher Gewalten in dem Bereich hochstiftischen und klösterlichen Besitzes vermittels der Vogtei blieb die Stellung der Kirche bis ins Hochmittelalter sehr bedeutend. Sie wurde selbst von diesem Prozeß der räumlichen Konzentration und der qualitativen Intensivierung aller Herrschaftsrechte ergriffen, d. h. sie strebte wie der Landesherr und die großen Dynasten nach der Ausbildung eigener Territorien, zog sich eine eigene Ministerialität heran und suchte das Vogteiamt, wo immer es ging, rechtlich zu entleeren. Auch die nüchternen Zahlen sprechen für eine starke Stellung der Kirche besonders im klösterlichen Bereich. Von etwa 140 bis gegen Ende des zwölften Jahrhunderts gegründeten Klöstern und Stiften des bajuwarischen Stammes- und Rechtsbereiches waren 23 dem Papst aufgetragen, 15 dem Reich, aber 85 den Bischöfen.[182]

§ 36. STÄDTEWESEN, GEWERBE, HANDEL UND HOCHMITTELALTERLICHE GRUNDHERRSCHAFT

E. Keyser, Bibliographie z. Städtegesch. Deutschlands, 1969; Keyser-Stoob (Hg.), Bayer. Städtebuch I, 1971; M. Mitterauer, Herrenburg u. Burgstadt (ZBLG 36) 1973, 470–522; Bosl (GG I) 694ff; Ders., Die Grundlagen d. modernen Gesellschaft im MA, 1972; Aubin-Zorn I (s. o. 350); O. Brunner, Neue Wege der Sozialgeschichte, 1956; Inama-Sternegg; F. Röhrig, Die europ. Stadt im Mittelalter, 1955³; Dopsch, Herrschaft u. Bauer (s. o. 350); Mitteis 223ff.; F. Steinbach, Stadtgemeinde u. Landgemeinde (Rhein. Vjbll. 13) 1948, 11–50; Lütge, Sozial- u. Wirtschaftsgesch.; H. Pirenne, Sozial- u. Wirtschaftsgesch. Europas im MA (o. J.); Ennen (s. o. 351); R. Kötzschke, Wirtschaftsgesch. (s. o. 372); Ders., Salhof u. Siedelhof im älteren deutschen Agrarwesen (Verh. d. Sächs. Akad. d. Wiss. Phil.-hist. Kl. 100, H. 5) 1953; Planitz (s. o. 351); E. Otremba, Die deutsche Agrarlandschaft, 1956; Bader, Dorfgenossenschaft u. Dorfgemeinde (s. o. 350); Die Anfänge der Landgemeinde und ihr Wesen I u. II = Vorträge u. Forschungen VII u. VIII, hg. v. Th. Mayer, 1964; Studien zu d. Anfängen d. europ. Städtewesens = Vorträge u. Forschungen IV, hg. v. Th. Mayer, 1958; Untersuchungen zur gesellschaftl. Struktur d. mittelalterl. Städte in Europa = Vorträge u. Forschungen XI, hg. v. Th. Mayer, 1966; Gg. v. Below, Gesch. d. deutschen Landwirtschaft des MA in ihren Grundzügen, aus dem hinterlass. Manuskr. hg. v. Friedr. Lütge, 1937, 1966²;

[180] In diesem Sinne Otto (s. o. 396 Anm. 44); dagegen mit Recht Klebel, Probleme 261, 264; siehe insgesamt zum Problem der Vogtei auch die Ausführungen über die Kirchenvogtei 337, 370ff.

[181] K. Bosl, Art.: Vogtei (Rössler-Franz).

[182] Ebd. Des weiteren hingen 6 Klöster von anderen Klöstern oder von Orden ab, 6 weitere waren an Laien gegebene ehemalige Reichsklöster, 3 waren ausgesprochene Familienklöster und 3 weitere in ihrer Rechtsstellung unklar, vgl. Klebel, Probleme 290.

W. ABEL, Gesch. d. deutschen Landwirtschaft v. frühen MA bis z. 19. Jh., 1962; G. DUBY, L'économie rurale et la vie des campagnes dans l'occident médiéval, 2 Bde., Paris 1962; BOSL, Frühformen; Die Kunstdenkmäler Bayerns, 1895ff.; HB d. hist. Stätten Deutschlands VII (s. o. 351); Die Städte Mitteleuropas im 12. u. 13. Jh., hg. v. W. RAUSCH, Linz 1963; UHLIRZ I 351ff. (Lit.); KLEBEL, Bauern u. Staat (s. o. 351); Ders., Städte u. Märkte; Ders., Probleme; DOLLINGER, Classes rurales; H. JÄGER, Zur Gesch. d. deutschen Kulturlandschaften (Geographische Zschr. 51) 1963, 90–143; H. BLEIBRUNNER, Der Einfluß d. Kirche auf die niederbayer. Kulturlandschaft (Mitt. d. geogr. Ges. München 36) 1951, 7–196; KLEIN, Beiträge; BOSL, Sozialstruktur Regensburg (s. o. 379 Anm. 34); Ders., Stadt u. Bürgertum (s. o. 352); FEHN, Zentren (s. ebd.); LIEWEHR-GRIMM (s. ebd.); KRAUS, Civitas Regia (s. o. 363 Anm. 59).

Wenn auch das Hochmittelalter in Bayern wie in Europa insgesamt ein grundherrschaftlich-agrarisches Zeitalter war, so beginnt doch schon an verschiedenen Punkten des Herzogtums in früher Zeit städtisches Leben sich zu regen, teilweise infolge der allgemeinen Wirtschaftsentwicklung, teils aber auch auf Grund der Tatsache, daß das Land südlich der Donau noch Reste urbaner, mittelmeerisch beeinflußter Kulturtradition besessen haben dürfte, die sich vor allem im Bereich des kirchlichen Lebens in den Bischofsstädten erhalten und seit dem siebten und achten Jahrhundert kräftigen konnten.[1] Die bayerischen Bischofssitze mit ihren Heiligengräbern (Rupert, Emmeram, Korbinian) waren des weiteren seit der Agilolfingerzeit zumeist auch Herzogs- und Königsresidenzen; als zentrale Orte von Hierarchie und Landesherrschaft entwickelten sie aus sich heraus gesteigerte wirtschaftliche Bedürfnisse, die nur durch spezialisiertes Handwerk und Fernhandel mit Luxusgütern zu befriedigen waren.

Am reichhaltigsten und frühesten sind alle jene Elemente, die ein mittelalterliches Stadtwesen charakterisieren, in *Regensburg* ausgebildet, jener agilolfingischen und karolingischen Hauptresidenz, die als einzige deutsche Stadt östlich des Rheins schon vor dem Jahre 1000 eine neue Stadtummauerung aufweisen konnte.[2] Karl der Große übernahm 788 das reiche Herzogsgut in der Stadt und hielt hier mehrfach Reichsversammlungen ab; unter Ludwig dem Deutschen wurde sie Königsresidenz. Ludwig baute auch die alte agilolfingische Pfalz nebst der Pfalzkapelle (heute Alte Kapelle genannt) weiter aus und erwarb für seine Gemahlin Hemma vom Bistum das Stift Obermünster.[3] Im Jahre 891 wurde die Königsresidenz (civitas regia) durch einen Brand samt ihren Kirchen eingeäschert, wobei nur St. Emmeram und die Kassianskirche inmitten der Stadt (media urbe) erhalten blieben.[4] Kaiser Arnulf baute dann in

[1] Zur Frage der Kontinuität im Donauraum s. o. § 15; ferner KOLLER, Donauraum (s. o. 125) 1–53; PRINZ, Frühes Mönchtum 318ff. Die Fortexistenz einer antiken civitas im Mittelalter hängt nicht von ihrer ehemaligen Größe ab. Die römische Kaiserstadt Trier entwickelte sich trotz starker antiker Kultur- und Bevölkerungssubstanz bei weitem nicht so wie die zweit- oder drittrangigen civitates Regensburg und Köln; ausschlaggebend ist die neue Funktion dieser Städte unter gewandelten Verhältnissen; bei Regensburg war es die Rolle als ostfränkische Hauptstadt.

[2] S. o. 363; BOSL, Sozialstruktur Regensburgs (s. o. 379 Anm. 34) 20ff.; ENNEN (s. o. 351) 98f., 156f.

[3] HEUWIESER, Regensburg 103ff.; KLEBEL, Regensburg (s. o. 130 Anm. 27) 87–104; BRÜHL (130 Anm. 29) 242ff.; H. DACHS, Regensburg, 1950; zur Frage der Kontinuität zwischen Antike und Mittelalter in Regensburg vgl. ULBERT, Regensburg; PRINZ, Frühes Mönchtum 380ff.

[4] Ann. Fuld. (zu 891) 119.

der Nähe von St. Emmeram, das er reich beschenkte, eine neue Pfalz, die wohl beim heutigen Ägidienplatz lag und deren Reste in der Vorhalle von St. Emmeram erhalten sind.[5] In luitpoldingischer Zeit wurde unter Herzog Arnulf die bis dahin ungeschützte Stadterweiterung mit St. Emmeram und seiner neuen Pfalz in die Stadtummauerung einbezogen, ebenso das Gebiet der alten römischen canabae-Siedlung westlich des Castrums um den Haidplatz und um die Bachgasse, d. h. das Händlerviertel, der pagus mercatorum. Propst Arnold von St. Emmeram berichtet über diesen Mauerbau Arnulfs, er sei als Gemeinschaftsleistung der Vornehmen der Stadt (inter optimates opere diviso) erstellt worden, wobei diese optimates[6] Herzog Arnulfs am ehesten als adelige Lehensleute und possessores in und um die Stadt Regensburg ansässig gewesen sein dürften, da sie offenbar auch die Kosten für die jeweils ihnen zugewiesenen Mauerabschnitte zu tragen hatten. Durch diese neue Umwallung wuchs die Stadt innerhalb des Berings von etwa 25 auf 70 Hektar. Neben dem Herzog und dem Königtum, das seit ottonischer Zeit wieder fest in Regensburg Fuß faßte, stehen die drei Reichsstifte Niedermünster, Ober- und Mittelmünster (St. Paul), das Bistum und St. Emmeram als herrschende Mächte in der Stadt. Mit Kaiser Heinrich II. bestieg 1002 der letzte Bayernherzog aus liudolfingischem Stamm den Thron, wodurch Regensburg bis zur Welfenzeit ein starkes Machtzentrum des Königtums in Deutschland wurde. Die Alte Kapelle als geistlicher Mittelpunkt des Königsgutes ging 1009 an das neue Bistum Bamberg, die Bischöfe von Salzburg, Augsburg, Bamberg, Eichstätt, Brixen und Freising erhielten vom König eigene Höfe in der Stadt, ebenso die Klöster Metten, Niederalteich, Tegernsee und Seeon (im zwölften Jahrhundert waren auch Rohr, Weihenstephan, Berchtesgaden, Admont und Scheyern im Stadtbereich begütert, ebenso weltliche Große wie die Ebersberger, die Grafen von Burghausen, Pfalzgraf Kuno von Rott, die Bogener u. a.).

Die Stadtbeschreibung eines St. Emmeramer Mönchs, die in die Translatio S. Dionysii Areopagitae II eingefügt ist, kann nur mit Vorsicht für die Regensburger Stadtgeschichte verwendet werden, da sich die dort enthaltene Einteilung Regensburgs in «pagi» wörtlich an eine Schilderung Athens (wo der Heilige ja gewirkt haben soll) anlehnt. Dennoch ist es nicht ausgeschlossen, daß ungeachtet der übernommenen Terminologie eine konkrete Vorstellung über die politische Organisation Regensburgs zugrunde liegt.[7] Danach wäre die Stadt in drei Bezirke eingeteilt, nämlich in den pagus regius, den pagus clericorum und in den pagus mercatorum, die Stadt der

[5] Piendl, Pfalz (s. o. 130 Anm. 29) 95–126; Ders., Zur Früh- u. Baugesch. v. St. Emmeram in Regensburg (ZBLG 28) 1965, 32–46; C. Brühl, Fodrum etc. (Köln. Hist. Abh. 14 I u. II) 1968, bes. 33 ff. A. Schmid, Die Herrschergräber in St. Emmeram zu Regensburg (DA 32) 1976, 333–369.

[6] Bosl, Sozialstruktur Regensburgs (s. o. 379 Anm. 34); Ennen (s. o. 351) 157, sieht in den optimates Fernhändler.

[7] Daß Otloh von St. Emmeram nicht der Autor dieser um 1080 entstandenen Translatio II ist, weisen nach B. Bischoff, Literar. u. künstlerisches Leben in St. Emmeram (Regensburg) während d. frühen u. hohen MA (B. Bischoff, Studien II) 102 ff. u. A. Kraus, Die Translatio S. Dionysii Areopagitae von St. Emmeram in Regensburg (Jb. d. Bayer. Akad. d. Wiss., Phil.-hist. Kl.) 1972, H. 4.

Kaufleute und Bürger, die Otloh auch urbs nova nennt und die im Westen des alten herrschaftlichen Stadtkerns lag. Einen Anteil am Marktzoll erhielt St. Emmeram 916 durch Konrad I. Wenn auch – wie bei den meisten alten Märkten – ein eigenes Marktprivileg nicht vorhanden war, so gab doch die Regensburger Marktordnung verschiedentlich das Muster für andere Marktrechte ab, so etwa für Donauwörth (1030) und Fürth (1062). Erstmalig ist der Regensburger Markt (mercatum) 934 urkundlich erwähnt und an der Nordwestecke der römischen Kastellmauer zu lokalisieren.[8] Dort wohnten die italienischen Kaufleute in der Walchenstraße (inter latinos), und der älteste, schon 934 genannte Marktplatz war am heutigen Kohlenmarkt durch Niederlegung der nordwestlichen Ecke der römischen Lagermauer entstanden. Die Handelsbeziehungen nach Italien bildeten sich wohl am frühesten aus, dann folgte der Osthandel über Prag, Krakau und Lemberg bis nach Kiew; schon in der ersten Hälfte des zwölften Jahrhunderts sind Regensburger Rußlandfahrer bezeugt, doch dürften schon die Rugi der Raffelstetter Zollordnung auf Handel mit dem Osten hindeuten.[9] Um 970 ist in Regensburg eine Judenkolonie (am Neupfarrkirchplatz) zwischen dem Bereich von Obermünster, Domstift und dem pagus mercatorum, also auf altstädtischem Grund, belegt und wegen dieser Lage sicher schon für die Zeit um 900 anzunehmen. Die Synagoge der Stadt mit ihrer Schule besaß unter bedeutenden Lehrern wie Rabbi Efraim Ben Isaak und Rabbi Jehuda Ben Samuel aus Worms einen guten Ruf; aus dem Regensburger Judenviertel stammte der berühmte Weltreisende Petachja, der 1175–1190 über Prag durch Rußland und Persien bis Palästina kam.[10] Handelsware sind in dieser Zeit Sklaven, Pelze, Honig, Wachs, Metallwaren (Waffen) und Salz, im allgemeinen also noch keine Massengüter wie im Spätmittelalter. Und die gehobenen Lebensbedürfnisse von König, Herzog, Klerus und Adel in der volkreichen «urbs regia» regten sowohl den Handel und die Niederlassung von Händlern an, wie sie auch einem bodenständigen Gewerbe Existenzmöglichkeiten gaben. Seit dem zwölften Jahrhundert wandelten sich auch in Regensburg die Formen des Handels. War er bis dahin vornehmlich ein vom König oder von großen Grundherren organisierter Karawanenhandel, wie dies die Raffelstetter Zollordnung annehmen läßt, so wurde er jetzt vorwiegend die Domäne eines frühbürgerlichen, gildemäßig organi-

[8] Der Marktzollanteil f. St. Emmeram v. J. 916: MG Dipl. Konr. I. 29. Regensburger Marktrecht wird als Vorbild genannt in: MG Dipl. Konr. II. 144 (Donauwörth) u. MG Dipl. Heinr. IV. 89. Dazu J. SYDOW, Anfänge d. Städtewesens in Bayern u. Österreich (Die Städte Mitteleuropas im 12. u. 13. Jh., hg. v. W. Rausch) Linz 1963, 55–76, bes. 61 f.

[9] KLEBEL (s. o. 379 Anm. 35); SYDOW, Regensburger Markt (s. o. 379 Anm. 35); C. T. GEMEINER, Darstellung d. alten Regensburg. u. Passau. Salzhandels, 1880; W. G. WASILIEWSKI, Kiews Handel m. Regensburg in alter Zeit (VHOR 57) 1905, 183–223; H. DACHS, Zur Gesch. d. Weinhandels auf d. Donau v. Ulm bis Regensb. (VHOR 83) 1933, 36–96. Wie in anderen alten Städten finden sich in Regensburg auch Kaufleute in der alten civitas, nicht nur im pagus mercatorum. H. PLANITZ, Frühgesch. d. deutschen Stadt (ZRG 63) 1943, 1–91, bes. 29; ENNEN (s. o. 351) 137.

[10] R. STRAUS, Die Judengemeinde in Regensb. im ausgehenden MA, 1932; Urkunden u. Aktenstücke z. Gesch. d. Juden in Regensburg 1453 bis 1738, bearb. v. Raph. STRAUS (QE NF 18) 1960; K. GEISSLER, Die Juden in Deutschland u. Bayern bis z. Mitte d. 14. Jhs., 1976.

sierten Fernhändlertyps, der sich überall in den alten Städten an Maas, Rhein und Donau bewußt von der grundherrschaftlich-geistlichen Herrenschicht alten Stils separierte, mit dem Handwerker, dessen Waren er vertrieb, verbündete und mit oder gegen die alten Stadtherrn seit der städtefreundlichen Politik Kaiser Heinrichs IV. allmählich ein eigenes Stadtrecht errang.[11] Vielfach stiegen diese Händler aus persönlicher Unfreiheit durch ihren erworbenen Reichtum zu persönlicher Freiheit auf. Eine entscheidende Rolle spielte dabei die Freistellung Abhängiger vom opus servile in der Zerozensualität, wie gerade an der familia von St. Emmeram nachzuweisen ist. Mit der Verfügung über die eigene Arbeitskraft eröffneten sich dem Censualen gerade im Handel ungeahnte wirtschaftliche und soziale Aufstiegsmöglichkeiten. Unter den seit 983 in Regensburg bezeugten mercatores und negociatores befinden sich später liberi und ingenui, 1020/28 erscheinen dann bereits «Radasponensis urbis cives», von denen ein namentlich Bekannter drei Hofstätten (curtilia) in der Nähe des Judenviertels besaß.[12] Seit 1037/43 treten in Regensburg auch urbani als vermögende Schenker an die Kirchen auf, und wenn auch urbani und cives vorläufig noch relativ vereinzelt in den Traditionen neben den adeligen Schenkern und der Ministerialität des Burggrafen stehen, so kündigt sich damit schon ein neues soziales Element an, das sich grundsätzlich von der aristokratisch-agrarischen Gesellschaft des Frühmittelalters abhob.[13] Seit der Mitte des zwölften Jahrhunderts mehren sich die Urkunden, die wachsendes bürgerliches Vermögen an Grund- und Hausbesitz bezeugen, gleichzeitig taucht neben der Bezeichnung civis das Wort burgensis auf, in dem sich das neue, vom Adel unterschiedene Selbstbewußtsein des Stadtbürgers manifestierte; allerdings ist dieser Ausdruck noch keine ausschließliche Bezeichnung für eine in sich geschlossene soziale Schicht.[14] Daß Herzog, König und Bischof in Regensburg Stadtherren blieben und die Welfen weiterhin ihre Landtage in der Stadt abhielten, bewirkte, daß die Bürgerschaft trotz ihres Reichtums aus Handel und Gewerbe bis 1180 noch keine volle Reichsfreiheit besaß wie die Städte am Rhein (Worms, Speyer, Köln); auch gab es weder ein Bürgergericht noch einen städtischen Rat; ein Schultheiß erscheint in den Quellen erstmals 1193/96 als Vertreter des Burggrafen und damit des Königs.[15] Dennoch ist seit 1083/84 ein urbanum ius und eine urbana lex für Regensburg nachzuweisen, die aus dem Censualenrecht von St. Emmeram hervorgegangen sein dürfte und sich zum Bürgerrecht erweiterte. Die Vielfalt der Herrschaftsverhältnisse in der Stadt

[11] Ennen (s. o. 351).

[12] Trad. Reg. nrr. 323 u. 324. Dazu Bosl, Sozialstruktur Regensburgs (s. o. 379 Anm. 34) 28ff.

[13] Häufig wurde durch einen Vermittler, einen Salmann, geschenkt, was voraussetzt, daß die Schenker, denen es meist um ein Erbbegräbnis bei St. Emmeram ging, zwar vermögend, aber nur beschränkt rechtsfähig waren. Trad. Reg. nr. 327.

[14] Daß bürgerlicher Reichtum immer noch mit persönlicher Bindung an die alte Leibherrschaft vereint sein konnte, zeigt 1179 die Urkunde des Emmeramer familiaris Hartwic, der als Fernhändler in Kiew lebte und an sein Kloster 18 Talente «in pauperum et peregrinorum consolationem» schenkte. Vgl. Bosl, Sozialstruktur Regensburgs (s. o. 379 Anm. 34). Vgl. zu burgensis Handwörterbuch z. dtschen Rechtsgeschichte 572f. (m. Lit.).

[15] Bosl, Sozialstruktur Regensburgs (s. o. 379 Anm. 34) 40; F. Morré, Ratsverfassung u. Patriziat in Regensb. bis 1400 (VHOR 85) 1935, 1–147.

wirkte sich auch auf die Rechtsentwicklung aus. Neben dem eigentlichen städtischen Schultheißengericht findet sich ein Propstgericht bei St. Emmeram, ein Hansgrafengericht und -amt für die mercatores, dann das Fried-, Zoll-, Münz- und Judengericht, ein Wachding, ferner ein Korn- und Bauding für die Ackerbürger der Stadt. Nicht alle Stadtbewohner unterstanden im elften und zwölften Jahrhundert der herrschaftlichen Verwaltungsspitze der Stadt, die sich im Burggrafen (praefectus, praeses, praetor urbis) und seinem Unterbeamten, dem Schultheiß (tribunus, centurio), repräsentierte. Diesen Beamten oblag der militärische Oberbefehl und die Aufsicht über Markt, Verkehr und Handel; sie waren bis zur Erringung der reichsstädtischen Freiheit im dreizehnten Jahrhundert von der Einigung der Bürger unabhängig.[16] Unterhalb der Händlerschicht, wenn auch ökonomisch eng mit ihr verbunden, finden sich auch in Regensburg die Handwerker, deren Werkstätten (officinae) meist im Bereich der Kaufleutesiedlung lagen, während sie selbst vielfach als Censualen vom Domstifte oder von St. Emmeram abhängig waren. Als Censualen zahlten sie zwischen 5 und 30 Denare jährlich; von der Pflicht der untersten sozialen Klasse, dem opus servile, waren sie befreit. Ihr sozialer Aufstieg, der sich innerhalb der Censualität vollzog, läßt sich etwa in einer Urkunde von 1135 erkennen, wo unter 40 namentlich genannten «concives huius urbis» Goldschmiede und Tuchscherer auftauchen; von dieser Zeit ab finden sich immer häufiger Handwerker in den Urkunden der Stadt, so etwa Kürschner, Schildmacher, Schwertfeger, Sattler, Schneider.

Regensburg entwickelte sich zur bedeutendsten hochmittelalterlichen Gewerbestadt Süddeutschlands. Neben dem Fernhandel garantierte seine zentrale politische Bedeutung einen internen Absatzmarkt.[17] Äußeres Zeichen der wirtschaftlichen Macht Regensburgs, der volkreichsten hochmittelalterlichen Stadt Süddeutschlands, ist die 1135 begonnene und schon 1146 vollendete Steinerne Brücke über die Donau von 330 m Länge, über die vor allem der Handel nach Böhmen ging. Eng mit dem pagus mercatorum verbunden war die Schottenkirche St. Jakob, eine Gründung irischer Mönche um 1075.[18] Nach einer Epoche starken königlichen Einflusses in Regensburg, die etwa von 1002 bis 1070 reichte, schließt sich während der Welfenzeit bis 1180 eine Ära an, in der vornehmlich der bayerische Herzog neben Bistum und Bürgerschaft das Gesicht der Stadt bestimmte. Das herzogliche Hochgericht, die Burggrafschaft von Regensburg, übten im zwölften Jahrhundert die Landgrafen von Stefling aus.[19] Am glanzvollen Welfenhof erwuchs eine der großen Heimstätten

[16] H. GFRÖRER, Verfassungsgesch. v. Regensb. bis 1256, 1882; ROSENTHAL I 185f.; E. KLEBEL, Landeshoheit in u. um Regensb. (VHOR 90) 1940, 5–61, bes. 27ff.

[17] H. HEIMPEL, Das Gewerbe d. Stadt Regensburg im MA, 1926; s.u. 515 Anm. 94.

[18] S.o. 489.

[19] Das Gewicht des Herzogs in Regensburg unterschätzt KLEBEL (s.o. Anm. 16) 5–61; WOHLHAUPTER 315f.; H. G. GENGLER, Die Quellen d. Stadtrechts v. Regensburg (Beitrr. z. Rechtsgesch. Bayerns III) 1889/92, 71, nimmt an, daß das in Art. 3 des Stadtrechtes von 1230 erwähnte Stadtfriedensgericht ebenfalls vom Burggrafen, aber vermöge seiner eigenen Amtsgewalt, versehen worden sei. Das iudicium in solemni curia ducis, das im Anschluß an einen herzoglichen Hoftag abgehaltene Hofgericht, unterstreicht ebenfalls die starke Stellung des Herzogs in der Stadt.

bayerischer und deutscher Kultur im zwölften Jahrhundert; in seinem Umkreis entstanden das Rolandslied des Pfaffen Konrad und die gereimte mittelhochdeutsche «Kaiserchronik».[20] Bayern hatte in Regensburg bis 1180 als einziges der entstehenden weltlichen territorialen Herzogtümer eine echte, durch die Geschichte beglaubigte Hauptstadt; insofern ist es mit Paris und der Přzemyslidenhauptstadt Prag vergleichbar. Es bedeutete für die Wittelsbacher nach 1180 einen schweren Nachteil, daß es ihnen nicht mehr gelang, diesen alten Mittelpunkt in die Hand zu bekommen.[21]

Passau,[22] wie Regensburg aus römischer Wurzel (Batavis) hervorgegangen und wohl auch bis ins achte Jahrhundert spätantike Traditionsreste bewahrend,[23] zeichnet sich durch seine außerordentlich geschützte Lage zwischen Donau und Inn aus. Es besitzt aber schon in der frühesten Zeit mit der Innstadt am Südufer dieses Flusses eine alte Vorstadt, deren Severinskirche baulich bis ins neunte Jahrhundert zurückzuverfolgen ist, vielleicht aber unmittelbar an das spätantike Boiotro[24] der Vita Severini anschließt. Neben dem Bistum, das nach der Ungarnzeit unter Bischof Pilgrim (971–991) einen großen Aufschwung nahm, finden wir in Passau besonders den König als Rechtsnachfolger des agilolfingischen Herzogs. Sicher war das Kloster Niedernburg an der Ortsspitze östlich der Domfreiheit das alte Zentrum der Königsherrschaft in Passau, möglicherweise sogar Königspfalz. Niedernburg besaß als Klosterbezirk einen Lokalmarkt und eigene Immunität. Die eigentliche Kaufleutesiedlung jedoch ist zwischen dem Klosterbereich und der Domfreiheit zu suchen; dort sind die vom Bischof abhängigen negociatores anzunehmen, die 886 von Kaiser Karl III. Zollfreiheit erhielten.[25] An diese Kaufleute ist wohl auch zu denken, wenn 976 den «possessores civitatis» von Kaiser Otto II. wiederum Zollfreiheit auf allen Flüssen des Reiches und Zinsfreiheit für ihre städtischen Liegenschaften (areae) zugesichert wurde.[26] Für die Bischofsstadt und die ihr zugeordneten negociatores gilt auch die andernorts schon erwähnte Immunitäts- und Marktrechtsverleihung Kaiser Ottos III. von 999,[27] nicht jedoch für die Siedlungseinheit um die Abtei Niedernburg, die mit ihren Zolleinnahmen dem König verblieb und erst 1010 von Kaiser Heinrich II. – neben der großen Königsgutschenkung zwischen Ilz und Rodl – den restlichen, königlichen Zollanteil in Passau samt dem Zoll aus dem Handel mit Böhmen erhielt.[28] Erst unter Bischof Konrad sind 1161 diese beiden rechtlich getrennten Stadtkomplexe

[20] S. u. 630f.

[21] S. Bd. II des Handbuchs.

[22] HEUWIESER, Stadtrechtl. Entwicklung (s. o. 300 Anm. 150); Ders., Passau I; J. OSWALD, Die Bischöfe v. Passau (Ostbair. Grenzmarken 5) 1961, 7ff.; K. BOSL, Passau, Tor zu drei Ländern an drei Flüssen, (ZBLG 34) 1971, 165–184; über die kirchliche Entwicklung s. o. § 34.

[23] P. REINECKE, Grabungen auf d. Altstadthügel in Passau (Germania 3) 1919, 57–61; KOLLER, Donauraum (s. o. 125) 30ff.

[24] S. o. 186 Anm. 72.

[25] MG Dipl. Karl III. 134; HEUWIESER, Stadtrechtl. Entwicklung (s. o. 300 Anm. 150) 34ff.; PLANITZ, Frühgesch. 30; ENNEN (s. o. 351) 137. Außerdem entstand vor der Westmauer der Domburg ein merkantiles suburbium.

[26] MG Dipl. Otto II. 138; vgl. SYDOW 63, der jedoch in Niedernburg die Marktsiedlung sucht.

[27] MG Dipl. Otto III. 306.

[28] MG Dipl. Heinr. II. 214. Zum Passauer Böhmenhandel zuletzt PRAXL, Das Alter des Goldenen Steiges (Ostbair. Grenzmarken 3) 1959, 112–116.

– Domburg und Niedernburg – vereinigt; dadurch ist eine volle bischöfliche Stadtherrschaft möglich geworden.[29] Mit dem erwähnten Privileg von 999 ist es dem mit Hochgerichtsbarkeit ausgestatteten Bischof gelungen, die Gerichtsgewalt festzuhalten. Der seit Anfang des zwölften Jahrhunderts nachweisbare Stadtrichter war des Bischofs erster städtischer Beamter mit umfassender richterlicher, polizeilicher und verwaltungsmäßiger Kompetenz, wodurch die politische Bewegungsfreiheit der cives erheblich eingeschränkt werden mußte.[30] Dem bürgerlichen Element Passaus ist es nach dem frühen Ausscheiden des Königs nicht gelungen, sich gegen den Aufbau einer bischöflichen Territorialherrschaft durch den energischen Bischof Wolfger (1191–1204) zur reichsstädtischen Freiheit durchzukämpfen; Symbol dieses Scheiterns ist die bischöfliche Zwingfeste Oberhaus (1219).

Als drittes altbayerisches Stadtwesen auf spätantikem Untergrund ist die erzbischöfliche Metropole *Salzburg* zu nennen, deren romanisiertes Umland im Süden am ehesten an einen gleitenden Kulturübergang in frühbajuwarischer Zeit denken läßt.[31] So bedeutsam die Entwicklung Salzburgs zur bischöflichen Stadt war und so gut man sie in den Quellen fassen kann,[32] so spärlich fließen die Nachrichten für die im engeren Sinne städtische Entwicklung. Unterhalb des Nonnberges (castrum superius) hat man die «römische Reststadt» und zugleich die älteste frühmittelalterliche Siedlung angenommen, ohne daß man dies stringent nachweisen könnte.[33] Hinzu kam der Dombezirk mit dem Kloster St. Peter, das bis etwa 1100 mit dem Bischofssitz eng verbunden blieb. Vermutlich war dieser kirchlich-klösterliche Bereich ummauert und mit Straßentoren versehen.[34] Über die sicher zahlreichen Gotteshausleute übte wohl der Domvogt die Gerichtsbarkeit aus, sie standen unter Hofrecht.[35] Mit der Verleihung des Münzrechts und eines mercatum diurnum durch Kaiser Otto III. ist spätestens die Existenz einer Kaufleutesiedlung gesichert.[36] Sie lag um die Michaelskirche zwischen Burg und Fluß; dieses merkantile Viertel wird in den Quellen als «Porta» bezeichnet, befand sich also vor dem Haupttor der Domburg.[37] Dort ist auch die seit dem zwölften Jahrhundert bezeugte Brücke über die Salzach anzunehmen. Die Kaufmannssiedlung Salzburgs blieb, im Gegensatz zu Regensburg und Passau, sehr lang unbefestigt, wahrscheinlich bis ins dreizehnte Jahrhundert hinein.[38] Vermutlich hängt diese späte Entfaltung und Sicherung des bürgerlichen Gemeinwesens mit der Tatsache zusammen, daß Salzburg auch später mit dem Salzhandel auf dem

[29] S. o. 449.

[30] A. MAIDHOF, Das Passauer Stadtrecht, 1927, 24f.

[31] S. o. 361 Anm. 51; F. V. ZILLNER, Gesch. d. Stadt Salzb. I, Salzb. 1885; WIDMANN I; J. K. STADLER, Beitrr. z. Rechtsgesch. d. Stadt Salzb., 1934; KLEIN, Juvavum – Salzb. (s. o. 127 Anm. 12) 1–10; Salzburg im 8. Jh. (Mitt. d. Ges. f. Salzb. Lkde. 115) 1975, 3–418.

[32] S. o. 443f..

[33] OETTINGER 71, 74; A. KLAAR, Einleitung zum Blatt 66 des Salzburg-Atlasses, hg. v. E. Lendl, 1955, 129; zur Frage der Kontinuität bei St. Peter vgl. PRINZ, Bayern, Salzburg u. d. Frage d. Kontinuität zw. Antike u. MA (Salzburg im 8. Jh., s. Anm. 31) 19–50.

[34] KLEIN, Juvavum – Salzb. (s. o. 127 Anm. 12).

[35] WIDMANN I 191; MARTIN (s. o. 401 Anm. 67) 339ff.

[36] MG Dipl. Otto III. 208; UB Salzb. II nr. 63.

[37] Erstmals 987 erwähnt: UB Salzb. I nr. 1, 252f.

[38] KLEIN, Juvavum – Salzb. (s. o. 127 Anm. 12) 9.

Wasserwege kaum etwas zu tun hatte. Dieser besaß seinen Mittelpunkt vielmehr in Laufen. Über die Organisation der Bürgerschaft Salzburgs sind wir bis zum dreizehnten Jahrhundert wenig unterrichtet; immerhin muß eine typisch bürgerliche, genossenschaftliche Organisation in der Kaufleutesiedlung bestanden und auch Rechtsfähigkeit besessen haben, denn schon im zwölften Jahrhundert ist eine «zecha» oder «fraternitas civium» bezeugt, die sich später in der Altebürgerbruderschaft fortsetzte und dem herrschaftlich-geistlichen Element in der Domstadt gegenüberzustellen ist.[39] Die Vorrangstellung des Erzbistums bei der Stadtentwicklung blieb jedoch gesichert, da es spätestens seit dem zehnten Jahrhundert im städtischen Bereich ohne die einschränkende Konkurrenz von König und Herzog walten konnte, wie dies für Regensburg so bezeichnend war.

Laufen, bereits im achten Jahrhundert als herzogliche «villa» an Salzburg geliehen, erscheint wegen seiner Funktion als großer Umschlagplatz für das Halleiner und Reichenhaller Salz schon um die Mitte des elften Jahrhunderts mit der Bezeichnung «urbs», spätestens 1144 ist es Gerichtssitz unter den Grafen von Lebenau als Salzburger Vögten.[40] Eine Besonderheit des Ortes war die später fest organisierte Laufener Salzschifferzunft der «Erbausfergen» und «Erbnaufergen».

Freising, als Bischofssitz im Früh- und Hochmittelalter von Gewicht, hat in diesem Zeitraum kein starkes städtisches Gemeinwesen neben oder unter der bischöflichen Herrschaft entwickeln können.[41] Auch das große Privileg Kaiser Ottos III. von 996, worin er Bischof Gottschalk einen täglichen Markt, Regensburger Münzrecht, sicheres Geleit (pacificus aditus et reditus) sowie den bisher königlichen Zoll verlieh, zeigt zwar die Möglichkeiten auf, die damit dem Bistumssitz geboten wurden, ohne daß jedoch die wirtschaftliche Entwicklung diesen Rahmen auszufüllen vermochte.[42] Neben der karolingischen urbs auf dem Domberg entstand im elften Jahrhundert das suburbium, die Untere Stadt, in der um 1100 suburbani bezeugt sind. König Konrad III. bewilligte Freising 1140 einen Jahrmarkt; wenn sich dieses Privileg nicht mehr im Sinne eines entscheidenden Aufschwunges des Freisinger Wirtschaftslebens auswirkte, so geht dies vornehmlich auf den schweren Verlust zurück, den der Freisinger Bischof durch die Verlegung[43] des ihm gehörenden Oberföhringer Brückenzolls nach München (1158) erlitt. So behielt in Freising die geistliche Stadt mit ihren zahlreichen Kirchen, Kapellen und Kanonikerhäusern das Übergewicht, das sich mit der Neubegründung von Weihenstephan (1020), des Andreasstiftes (1062) und des Neustiftes (1140) noch verstärkte.

Ähnlich, aber für die Bürgerschaft günstiger, lagen die Verhältnisse in der Bi-

[39] STADLER (s. o. 502 Anm. 31) 31 ff. Man erinnere sich an die berühmte «rycherzeche» der Kölner Großkaufleute.

[40] UB Salzb. I nr. 14, S. 238. Um 1140 wird eines verstorbenen erzbischöflichen Richters und Wechslers (trapezista) in Laufen gedacht, der Reichenhaller Salinenanteile besaß (ebd. I nr. 243, 379 f.). Um 1147/67 erscheint schon ein «oppidanus», ebd. I nr. 315, 423; KLEIN, Salinen (s. o. 376 Anm. 15) 385 ff., bes. 398 f.

[41] M. SCHLAMP, Studien z. Gesch. d. Stadt Freising (Sammelbll. d. HV Freising 20) 1935/37; BUSLEY (s. o. 222 Anm. 220).

[42] MG Dipl. Otto III. 197; SYDOW (s. o. 498 Anm. 8) 64.

[43] R. SCHAFFER, An der Wiege Münchens, 1950, 72 ff.

schofsstadt *Eichstätt,* die 908 von König Ludwig dem Kind ein Privileg für Markt, Münze und Zoll erhielt und sich inmitten von Königsgutsbezirken aus einer agrarisch-grundherrschaftlichen Siedlung um die Marienkirche und das Bischofskloster entwickelte.[44] Die Lage Eichstätts an der Altmühl und an der alten Straße zwischen den Königshöfen Weißenburg und Ingolstadt förderte wohl die Entstehung einer Siedlung am linken Altmühlufer, die im elften Jahrhundert vetus urbs und 1210 «vicus Eistetensium» genannt wird. Schon 860/70 werden in Eichstätt cives genannt; die 908 erteilte Erlaubnis, «urbem construere», führte zum Bau einer Stadtmauer, die den Dombezirk, die Marienkirche mit der Münz- und Zollstätte, den Pfalzhof, die Martinskirche und die Pfarrkirche St. Johann sowie die Nikolauskirche der Fischersiedlung einschloß, jedoch nicht den vicus am anderen Flußufer. Das eigentliche, wirtschaftliche suburbium entstand im zwölften Jahrhundert nördlich der Marienkirche, die nun als Pfarrkirche des burgus und seiner burgenses eine neue Funktion erhielt. Im dreizehnten Jahrhundert gelang den Eichstätter Bürgern mit Hilfe der Staufer und der Grafen von Hirschberg die scharfe rechtliche Trennung von domstiftischer urbs und städtischem burgus.[45]

An einer großen Fernhandelsstraße vom Westen nach Prag entstand am Übergang der Vils der Bamberger Markt *Amberg* in der Oberpfalz, der sich schon im Verlauf des zwölften Jahrhunderts kräftig entwickelte.[46] Grundlage dieses Aufschwunges war die Marktrechtsverleihung Kaiser Konrads II. von 1043 für den Bischof von Bamberg in Amberg; schon 1144/46 wird Amberg im ältesten Ensdorfer Traditionsbuch forum und oppidum forense genannt, und Kaiser Barbarossa verlieh den Bamberger und Amberger Kaufleuten 1163 dieselben Freiheiten wie denen von Nürnberg; offenbar waren sie nützliche Helfer seiner Reichslandpolitik auf dem Nordgau.[47] Topographisch bemerkenswert ist die Lage der nach 1034 entstandenen Pfarrkirche St. Georg, die außerhalb der Kaufmannsniederlassung lag und wohl das alte fiskalische Herrschaftszentrum war; es gab also zwei Siedlungskerne, durch deren Verschmelzung erst die Stadt im Rechtssinne entstand.[48]

[44] MG Dipl. Ludw. d. K. 58. Zur Münze vgl. E. B. Cahn, Die Münzen d. Hochstifts Eichstätt (Bayer. Münzkataloge 3) 1962. Die gleichzeitig ausgesprochene Genehmigung, «urbem construere», bezog sich nach der Bestätigungsurkunde Konrads I. von 918 auf Befestigungsrecht im Sinne der Burgenbauordnung König Heinrichs I. = MG Dipl. Konr. I. 36; vgl. H. Büttner, Zur Burgenbauordnung Heinrichs I. (BlldLG 92) 1956/57; Sydow 64.

[45] Sax, Gesch. d. Hochstiftes u. d. Stadt Eichstätt, hg. v. J. Bleicher, 1927²; G. Hirschmann, Eichstätt (HAB, Teil Franken 6); Reg. Eichst.

[46] F. Mader, Stadt Amberg, 1919; H. Schnell, Amberg, 1959; H. Sturm, Zur ältesten Geschichte Ambergs (Opf. Heimat 4) 1959, 30–42.

[47] MG Dipl. Konr. II. 207; Sturm (s. o. Anm. 46) 40. Bischof Rudbert von Passau gab 1166 den Amberger cives die gleiche Handelsfreiheit, wie sie die Regensburger in seiner Stadt genossen. – Wenn Kaiser Barbarossa 1174 den Bischof von Bamberg gegen 1000 Mark Silber dazu bestimmt, beim erwarteten Aussterben der Sulzbacher u. a. die Lehen dieser Grafen «von Amberg bis Bamberg» an die Kaisersöhne zu übertragen, dann muß der Raum Amberg eine wesentliche Rolle in den staufischen Reichslandplänen gespielt haben. Vgl. Bosl 161.

[48] Bamberger Marktort war auch Villach, das an einem wichtigen Drau-Über-

Beilngries, 1007 als Königsgut an Bamberg geschenkt und neun Jahre später als Entschädigung an das Bistum Eichstätt übertragen, entwickelte sich zu einem Eichstätter Marktort. Kaiser Heinrich III. verlieh 1053 dem Bischof Gebhard für Beilngries Marktrecht, Zoll und Bann. Im Orte selbst saßen bischöfliche Ministerialen, außerhalb desselben residierten auf der Hohenburg die Grafen von Hirschberg.[49] Auf dem Nordgau entstanden des weiteren zwei Stadtsiedlungen, die sich an zentrale Burganlagen anlehnten: *Cham* und *Nabburg,* beide im elften Jahrhundert als «civitates» bezeugt und als Münzstätten von Bedeutung. Die Reichsburg Cham auf dem Galgenberg schützte eine wichtige Altstraße nach Böhmen. Als älteste Markt- und Bürgersiedlung ist das südlich der heutigen Stadt Cham gelegene Altenmarkt anzunehmen, das Markgraf Diepold III. 1135 an Kloster Reichenbach schenkte.[50] Auf ähnliche Weise ging in Nabburg die städtische Entwicklung aus der zentralen militärischen und herrschaftlichen Lage des Ortes hervor.[51]

Aus dem Obigen läßt sich deutlich das Gewicht der königlichen Marktzollverleihungen für den Beginn einer städtischen Eigenentwicklung ablesen, wobei die Bischofsstädte zeitlich an der Spitze stehen (Freising 996, Salzburg 996, Passau 999), während die herzogliche und königliche Residenz Regensburg infolge ihrer frühen und exzeptionellen wirtschaftlichen Entwicklung dieser Privilegierung gar nicht bedurfte. Es folgten im elften Jahrhundert Marktrechtsverleihungen des Königs an Niederalteich (1009), für Friesach (1016), für Amberg (1034), Metten (1051), für Villach (1060) und für Wels (1061), sehr wahrscheinlich 1058 auch für St. Pölten.[52] Von den *Marktsiedlungen* ohne königliches Marktprivileg wird das niederösterreichische Tulln, bis etwa 1116 Babenbergerresidenz, 1014 als «civitas» bezeichnet, und 1090 erscheint Völkermarkt in Kärnten als «forum Judeorum», d.h. als eindeutig nichtagrarische Kaufleutesiedlung.[53] Um die gleiche Zeit wird das 1103 zuerst be-

gang nach Italien entstand. Königshof, castellum und Martinskirche kennzeichnen die fiskalische Herkunft Villachs, 1060 gab es Kaiser Heinrich IV. an Bamberg und verlieh ihm gleichzeitig das Marktrecht. MG Dipl. Heinr. IV. 62; Festschrift 900 Jahre Villach, Villach 1960; K. Dinklage, Kärntner Städtegründungen unter Herzog Bernhard 1202–1256 (MIÖG 69) 1961, 88–91; vgl. in der Zeitschrift Carinthia I, 148, 1958, 227–294. Erwähnt sei ferner Friesach in Kärnten, für das Kaiser Heinrich II. 1016 dem Grafen Wilhelm II. von Friesach (dem Sohn Hemmas, der Gründerin von Gurk) das Recht auf Markt und Zoll für diesen Königshof verlieh; im 12. Jh. war in Friesach eine bedeutende Münzstätte. MG Dipl. Heinr. II. 347 u. MG Dipl. Konr. II. 134; H. Braumüller, Gesch. d. Stadt Friesach, Friesach 1926; Th. Zedrosser, Die Stadt Friesach in Kärnten, 1953.

[49] M. Schattenhofer, Beilngries, 1953; Hirschmann (s. o. 504 Anm. 45).

[50] Zur reichsgeschichtlichen Bedeutung von Cham vgl. Bosl, Markengründungen; über die Stadtentwicklung: Dinklage, Cham (s. o. 207 Anm. 34) 162 ff.; Piendl (HAB 8); H. Dachs, Reichshof Chammünster? (VHOR 96) 1955, 405–421; E. Klebel, Städte, Burgen u. Siedlungen in d. Oberpfalz (Opf. Heimat 2) 1957, 24 ff.

[51] A. Scherl, Verfassung u. Verwaltung d. Stadt Nabburg bis z. Ausgang des 16. Jhs. (VHOR 96) 1955, 93 ff.; K. Haller, Nabburg, 1953; Klebel (s. o. Anm. 50) 24 f.

[52] Ders., Städte und Märkte des baierischen Stammesgebietes, 37–93, bes. 50 f.; zu Metten: MG Dipl. Heinr. III. 275.

[53] Zu Tulln: A. Kerschbaumer, Geschichte der Stadt Tulln, Wien-Krems 1874; MG Dipl. Heinr. II. 317; Klebel,

zeugte Judenburg in Steiermark als Marktort entstanden sein.[54] Neben Tulln sind die ältesten Städte im östlichen Markenbereich Krems, Hainburg und Wien; alle vier sind wahrscheinlich aus Reichsgut hervorgegangen, aber bald in der Hand der Babenberger und mit ihnen aufsteigend, während Lauriacum-Lorch zwar die Völkerwanderungszeit als Siedlungskontinuum überlebte, aber anfangs des zehnten Jahrhunderts aufgegeben wurde.[55] Krems, 995 erstmals genannt, entwickelte sich seit der Mitte des elften Jahrhunderts zur Marktsiedlung und Münzstätte, erscheint 1111 als «villa», 1133 als «vicus» und 1136 als «oppidum», dessen «cives» Boden nach Burgrecht zu Lehen tragen.[56] Hainburg entstand wohl als planmäßige Marktsiedlung nach 1050 am Fuße der Reichsfestung gleichen Namens,[57] die den Donauweg sperrte. Wien, dessen spätantik-mittelalterliche Kontinuität umstritten ist, wird 881 erstmalig in den Quellen erwähnt und dürfte als Marktsiedlung um das Jahr 1000 bei der Kirche St. Peter (Tuchlauben) begonnen haben; seine Blüte setzte 1156 mit der Verlegung der Babenbergerresidenz von Klosterneuburg nach der Donaustadt ein.[58] Der alte Zusammenhang mit dem Bistum Passau erhellt nochmals 1137, als das Passauer Dompatrozinium auf die neue Wiener Stephanskirche übertragen wurde.

Überblickt man die gesamte Ostwärtswanderung städtischen Lebens im bayerischen Siedlungsraum, so fällt auf, daß, von Regensburg ausgehend, die Entwicklung der Städte an der Donau am raschesten fortschritt. Des weiteren ist bemerkenswert, daß nach den Ergebnissen moderner Stadtplanforschung und Archäologie die Donaustädte Regensburg, Straubing, Passau, Eferding, Linz, Enns, Pöchlarn, Mautern (903/06 wie Linz in der Raffelstetter Zollordnung genannt), Tulln, Klosterneuburg, Hainburg und ebenso Wien an römische civitates, castra, Kastelle und Siedlungen

Städte u. Märkte 51; zu Völkermarkt: Mon. ducatus Carinthiae (s.o. 351), Erg.-H. nr. 520a; K. DINKLAGE, Völkermarkt zw. Abt u. Herzog. Ein Beitr. z. Gründungsgesch. mittelalterl. Städte (MIÖG 67) 1959, 282f., bringt das häufige Auftreten der Juden im östlichen Markenbereich mit den Judenverfolgungen im Inneren des Reiches (auch in Regensburg!) gegen Ende des 11.Jhs. in Verbindung. Vgl. jetzt W. NEUMANN, Zur frühen Gesch. d. Juden in Kärnten (Carinthia I 152, Beigabe Festschr. G. Moro) 1962, 92–104; M. MITTERAUER, Zollfreiheit u. Marktbereich, 1969; A. OGRIS, Zwei Urkundenfunde zu den Anfängen d. Kollegiatskapitels Völkermarkt in Kärnten (MIÖG 80) 1972, 339–355.

[54] UB d. Herzogtums Steiermark I, hg. v. J. v. ZAHN, Graz 1875, nr. 95, S. 111 (mercatum Judenpurch). POPELKA (s.o. 171 Anm. 162); SYDOW (s.o. 498 Anm. 8) 67f.

[55] KLEBEL, Städte u. Märkte 55; ZIBERMAYR 272ff., 290ff.; JENNY-VETTERS, Lauriacum-Lorch (Südost-Forsch. 16) 1957, 18ff. An seine Stelle trat Enns, das bei der 900/901 angelegten oder wiederhergestellten Ennsburg (Anesapurch) entstand. Die wirtschaftliche Nachfolge trat das in der Raffelstetter Zollordnung hervortretende Linz an. W. RAUSCH, Die räuml. Entwicklung d. Stadt Linz bis z. ausgehenden MA (Der Aufbau 10) 1959, 377f.

[56] A. KERSCHBAUMER, Gesch. d. Stadt Krems, 1885; O. BRUNNER, Die geschichtl. Stellung d. Städte Krems u. Stein, Krems 1948; zur Gesamtentwicklung der österreichischen Städte: K. GUTKAS, Die Entwicklung d. österr. Städtewesens im 12. u. 13.Jh. (Städte Mitteleuropas) Linz 1963, 77–91, bes. 78f.

[57] S. o. 317.

[58] OETTINGER; weitere Lit. b. UHLIRZ I 146, 351ff. Erste Nennung in den Salzburger Ann. (MG SS 30) 742: «881 Primum bellum cum Ungaris ad Weniam»; H. KOLLER, Enns u. Wien in d. Karolingerzeit (JbLKNÖ 36) 1964, 74–86.

anknüpfen, womit sich von selbst für die Forschung die Frage erhebt, inwiefern dieser topographischen Kontinuität ein zumindest teilweises Weiterleben dieser Orte nach der Römerzeit zugrunde liegt.[59] Nach dem Stand der Forschung ist es aber kaum möglich, in einer, wie auch immer gearteten, Siedlungskontinuität die Ursache für die raschere Entfaltung dieser Donauorte zu suchen, vielmehr dürfte die Bedeutung des Stromes für den Handel doch das ausschlaggebende Moment gewesen sein.[60] Hinzu trat im Bereich der *Babenberger* eine bewußt städtefreundliche Politik, die ihre Parallele in der Haltung der Salier und Staufer innerhalb ihres engeren ministerialischen Machtbereiches hat, was im bayerischen Siedlungsbereich für die Oberpfalz von Belang wurde. Wenn auch die *Welfen* eine großzügige *Städtepolitik* vornehmlich in Sachsen betrieben, so lassen sich doch auch in Bayern Ansätze hierzu nicht verkennen. Neben der Stellung des Herzogtums in Regensburg, wo die Welfen ja die berühmte Steinerne Brücke erbauen ließen, gehört hierher besonders der Kampf mit Freising um den Oberföhringer Brückenzoll, der 1158 zur Gründung *Münchens* führte. Heinrich der Löwe zerstörte damals die bischöfliche Zollbrücke und der Kaiser entschied auf dem Reichstag zu Augsburg, daß Markt, Münze und Brückenzoll in Oberföhring aufgehoben bleiben sollten, aber dem Bischof ein Drittel der Einnahmen zuständen. Nach dem Sturz des Herzogs 1180 wurde diese Regelung nur teilweise rückgängig gemacht, insofern jetzt München selbst an Freising fiel; erst 1240 ging es nach langen Auseinandersetzungen an die Wittelsbacher über und konnte sich jetzt erst als Stadt entfalten.[61] Gericht und Verwaltung ließ der Herzog durch einen iudex ausüben, der 1177 erstmals bezeugt ist. Um 1210 erscheint es dann als «civitas»,

[59] Für Altbayern: Dachs, Herzogsgut 293 ff.; Keim, Heimatkundl. Gesch. v. Straubing, 1958; W. Störmer, Straubing als präurbane Siedlung u. zentraler Ort (ZBLG 32) 1969, 24–37; für Österreich: A. Klaar, Die Siedlungsformen d. österr. Donaustädte (Städte Mitteleuropas) Linz 1963, 93–115 (m. Lit.); Miltner (s. o. 125); Vetters, Kontinuität (s. o. ebd.). Von den Donaumärkten Enns, Wels und Tulln war im 11. Jh. noch keiner ummauert. Planitz (s. o. 498 Anm. 9) 32 m. Anm. 188; Mitterauer, Jahrmärkte (MIÖG 75) 1967, 237 ff.

[60] Klebel, Städte u. Märkte 51 u. 57 ff. hat darauf hingewiesen, daß – von den alten Bistumssitzen abgesehen – die Mehrzahl der frühen, privilegierten Marktsiedlungen u. der früh bezeugten Städte nicht im altbayerischen Siedelland liegen, sondern im späteren Österreich. Er findet die Erklärung hierfür in der Burgfunktion dieser präurbanen Donauorte im oft bedrohten östlichen Markengebiet, die im 11./12. Jh. zu Städten im Vollsinne aufzusteigen vermögen. Die Schutz bietende Burg war auch für die entstehenden Marktsiedlungen das Wesentliche; dies gilt auch besonders für die alten Römermauern der bayerischen Bischofsstädte, die den Bistumssitzen Burgcharakter verliehen und ihren Wiederaufbau begünstigten.

[61] Vgl. zur welfischen Städtepolitik allgemein J. Bärmann, Die Städtegründungen Heinrichs d. Löwen u. die Stadtverfassung des 12. Jhs., 1961, u. B. Diestelkamp, Welfische Städtegründungen u. Stadtrechte des 12. Jhs. (ZRG 81) 1964, 164–224; Riezler I 2, 302 ff.; Solleder (s. o. 352); R. Schaffer, An der Wiege Münchens, 1950; Der Mönch im Wappen, hg. v. H. Schnell, 1960; E. Pitzer, Der Föhringer Streit im Lichte des Rechtes u. der Politik (25. Sammelbl. d. Hist. Vereins Freising) 1965, 17 ff.; allg. R. Hildebrand, Studien über d. Monarchie Heinrichs d. Löwen, Diss. Berlin 1931. Daß München ursprünglich nicht als fürstlicher Herrensitz, sondern als Markt und Kaufmannssiedlung gegründet wurde, betont Dirr I 37.

jedoch reicht es als Siedlung, möglicherweise als villa der Abtei Tegernsee, viel weiter zurück.[62] Auch am welfischen Lechrain versuchte Heinrich der Löwe durch den Burgenbau in Landsberg einen Hauptstapelplatz des Salzhandels fester in die Hand zu bekommen, aber erst im dreizehnten Jahrhundert entwickelte sich eine Stadt.[63] Erwähnt seien noch einige Märkte in dynastischen Händen: so Burghausen, das wegen seines Salzzolles an der Salzachbrücke schon um 1130 als «urbs» bezeichnet wird. Ursprünglich Herzogs- und Königsgut, befand sich Burghausen 1025 im Besitz Kunigundes, der Witwe Kaiser Heinrichs II., später in den Händen der Grafen von Burghausen und seit 1165 in welfischer Hand.[64] Graf Ekbert von Vornbach erhielt 1141 von Konrad III. Markt und Münze in Neunkirchen (NÖ); die Andechser besaßen den Markt Innsbruck, den sie 1180 auf Grund und Boden des Klosters Wilten verlegten. Bogen ist spätestens 1194 als Markt anzusprechen, und Kloster Lambach bekam von seinen adeligen Gründern 1056 den Markt Wels übertragen.[65]

Überblickt man die gesamte städtische Entwicklung des bayerischen Siedlungsraumes bis zum Ende des zwölften Jahrhunderts, dann lassen sich sowohl gesamteuropäische wie genuin deutsche und bayerische Züge feststellen.[66] Für Bayern gilt einerseits wie für alle germanischen und slawischen Gebiete außerhalb des Bereiches mittelmeerischer Stadtkultur, daß bis ins Hochmittelalter hinein die politische Herrschaft im allgemeinen nicht von den Städten ausgeht; das Land ist nirgends nur untergeordnetes suburbium oder Territorium einer civitas, sondern die adelige Grundherrschaft, der Dynastensitz auf dem Lande bleiben politisch maßgebend. «Land und Herrschaft» gehören weiterhin zusammen, Städte und Märkte sind Sonderbildungen innerhalb einer fast durchwegs agrarisch bestimmten Umwelt der landsässigen Herrenschicht. Andererseits bedingt Bayerns Zugehörigkeit zur «Germania Romana« innerhalb der Limes-Grenze, daß nicht nur alte Römerstädte als Bischofsresidenzen mit Burgcharakter (Regensburg, Passau, Salzburg) wenigstens für die Kirchenverwaltung zentrale Orte schon seit dem Frühmittelalter sind, sondern Bayern besitzt in Regensburg den Ausnahmefall einer festen Herzogs- und Königsresidenz mindestens seit dem achten Jahrhundert.[67] Damit steht es der Entwicklung südlich der Alpen und westlich des Rheins wesentlich näher als der spezifisch deutschen Gesellschaftsstruktur des Früh- und Hochmittelalters, die zwar ebenfalls alte Bischofsstädte in civitates kennt, jedoch keine so frühen, historisch beglaubigten Landesmittelpunkte. Der Ge-

[62] BAUERREISS, «München-Altheim» (s. o. 220 Anm. 196).

[63] F. L. BAUMANN, Zur Gesch. d. Lechrains u. d. Stadt München (AZ NF 10) 1902, 16f.

[64] HEIGEL-RIEZLER 172f.; J. G. B. HUBER, Gesch. d. Stadt Burghausen, 1862; G. LEIDL, Rechtsgesch. d. Stadt Burghausen a. d. Salzach bis z. Ausgang des MA, 1960.

[65] RIEZLER I 2, 448; DIEPOLDER, Adelsherrschaften 67f., mit Bezug auf die kleineren Märkte von Dynasten in Altbayern.

[66] Zur europ. Stadtentwicklung des MA insgesamt vgl. ENNEN (s. o. 351); Zu den Anfängen des Städtewesens, hg. v. Th. MAYER (s. o. 495); W. SCHLESINGER, Über mitteleurop. Städtelandschaften d. Frühzeit (BlldLG 93) 1957, 15–42; C. HAASE, Die Entstehung d. westfäl. Städte, 1965².

[67] A. SCHULTE, Pavia u. Regensb. (HJb. 52) 1932, 465–476; H. HEIMPEL, Deutsches MA, 1941, 152; ENNEN 98f.

samtverlauf der mittelalterlichen deutschen Geschichte, der weder einen völligen Sieg des Königtums noch der regionalen Gewalten brachte, sondern zur engen Verzahnung von Reichsrechten, Reichsterritorien, Landes-, Dynasten- und Kirchenherrschaften führte, bedeutete gerade für Regensburg eine entscheidende Wende, da es zwar Herzogsresidenz blieb, aber keine «moderne» Hauptstadt im Sinne des Spätmittelalters werden konnte: der welfische Herzog vermochte nicht, in der Stadt gegenüber König und Bischof alle Herrschaftsrechte an sich zu ziehen; Regensburg wurde kein rein herzoglich-welfischer Regierungssitz, wie es Braunschweig war und vielleicht München bei Fortdauer der Welfenherrschaft in Bayern hätte werden sollen. Insofern lag das Absinken Regensburgs vom Status einer karolingischen Dauerresidenz und einer «metropolis ac sedes ducatus» zu einer herrschaftlich zersplitterten Reichs- und Bischofsstadt schon in welfischer Zeit begründet. Die Wirtschaftsblüte des Spätmittelalters vermag über die politische Statusminderung nicht hinwegzutäuschen: Regensburgs Hauptstadtcharakter ist gleichsam der zwiespältigen Reichsentwicklung zum Opfer gefallen. Münchens Entfaltung als wirkliche Residenz und Landeshauptstadt liegt jenseits der hier zu behandelnden Epoche. Dafür sei auf den «modernen» Zug babenbergischer Landesherrschaft hingewiesen, die sich früh von städtischen oder stadtähnlichen Zentren aus entwickelte und gleichzeitig mit dem Landesausbau nach den Ungarneinfällen nach Osten rückte. Etappen dieses Weges zur endgültigen Landesresidenz *Wien* (1156) waren Melk, Tulln und Klosterneuburg. Die von den großen Fernhändlern bestimmte Stadt ist für Bayern nicht konstitutiv; am ausgeprägtesten scheint das fernhändlerische Element, außer in Regensburg und Passau, noch in Amberg und im Osten in Völkermarkt und Judenburg gewesen zu sein. Dafür tritt besonders im östlichen Markenbereich der Anteil von Burg und Burgherr bei der Stadtwerdung sehr in den Vordergrund, ein Charakteristikum, das sich auch im mittel- und ostdeutschen Raum findet.[68] Dort findet sich auch jener Städtetyp stärker ausgeprägt, der zufolge seiner beschränkten Nahmarktfunktion als «Minderstadt» bezeichnet worden ist und relativ wenig für die spezifisch «bürgerliche» Sozialentwicklung beigetragen hat.[69]

Im altbayerischen Siedlungsraum ohne seine östlichen Landesausbauzonen ist jedenfalls die *Stadt als eigene Sozialstruktur* – sieht man von Regensburg und den Bischofsstädten ab – *nicht typisch* geworden; anders als in Franken und Schwaben, hat sie die agrarisch-grundherrliche Dominante nicht grundsätzlich beeinträchtigt, und ebensowenig ist das Stadtbürgertum zur politischen Selbständigkeit und eigenen Territorienbildung vorgedrungen. Die Territorien der Bistümer sind Schöpfungen der bischöflichen Landesherrschaft und meist gegen das Stadtbürgertum – so etwa in Passau – durchgesetzt worden.

[68] Vgl. SCHLESINGER (s. o. 378 Anm. 31) I 87–150; Ders., Städt. Frühformen zw. Rhein u. Elbe (Vorträge u. Forsch. IV, hg. v. Th. Mayer) 1958, 297–325.

[69] H. STOOB, Die Ausbreitung d. abendländ. Stadt im östl. Mitteleuropa (Zschr. f. Ostforsch. 10) 1961, 25–84; Ders., Minderstädte. Formen d. Stadtentstehung im Spätmittelalter (VSWG 46) 1959, 1–28; M. MITTERAUER, Zollfreiheit u. Marktbereich, 1969.

Um so wichtiger ist es daher, zum Abschluß die Weiterentwicklung der *Grundherrschaft* und der *sozialen Verhältnisse auf dem flachen Lande* innerhalb des bayerischen Siedlungsgebietes darzustellen. Die allgemeine Zunahme der Bevölkerung im Hochmittelalter bewirkte mit dem steigenden Bedarf an Lebensmitteln einen sozialen Aufstieg der bäuerlichen Schichten insgesamt, der noch durch die soziale und rechtliche Besserstellung der Rodungsbauern im östlichen und alpinen Landesausbau bedeutend verstärkt wurde, denn Rodung schafft nicht nur für den Herrn Herrschaft, sondern «Rodung macht frei» (K. S. Bader). Wesentliche Elemente der karolingischen Agrarverfassung blieben auch für das Hochmittelalter konstitutiv. Die im Hofding rechtlich vereinigten Grundholden eines Fronhofverbandes (villicatio) blieben weiterhin im relativ geschlossenen Rechtskreis des Hofrechtes (iudicium curiae) unter dem Grundherrn. Aus dieser hofrechtlichen Sphäre sind auch die meisten Ministerialen als ursprünglich unfreie Schicht hervorgegangen.[70] Die unter grundherrlichem Hofrecht Vereinigten wurden die Träger des Genossenschaftsgedankens auf dem Lande, der gleichzeitig in der Stadt mit der bürgerlichen Einung als neues politisch-gesellschaftliches Moment in Erscheinung trat; beide Formen genossenschaftlichen Zusammenschlusses brachen dem modernen Selbstverwaltungsprinzip wesentlich Bahn.[71] Aus dem Rechtskreis des Hofrechts bildete sich auch in Bayern der Nachbarschaftsverband der Dorfgemeinde (s. Bd. II), dessen Rechtsleben die Weistümer hervorbrachte, deren verfassungsgeschichtliche Voraussetzung wiederum die ursprüngliche Immunität des Grundherrn war.[72] Für die Entwicklung der Grundherrschaft war es von größter Bedeutung, daß seit ottonisch-salischer Zeit die bäuerlichen Schichten vom mittelalterlichen Staat als Königs- und Herzogsherrschaft nicht mehr erfaßt wurden. Durch die Feudalisierung der Heeresverfassung (Umstellung vom Fußheer auf das adelige Panzerreiterheer) wurde die Grundherrschaft noch mehr als bisher zu einer autogenen, nach oben (zum König, Herzog) und zur Nachbargrundherrschaft oder Vogtei abgeschlossenen, umgreifenden Lebensform.[73]

In Bayern ist an den zahlreichen Sonderrechten vieler Maierhöfe noch in später Zeit die zentrale Rolle des Fronhofes für die Grundherrschaft abzulesen. Besonders in den auf altes Herzogs- und Königsgut zurückgehenden geistlichen Hofmarken der niederbayerischen Reichsstifter, die unmittelbar aus grundherrschaftlichen Immunitäten des zehnten bis elften Jahrhunderts hervorgingen und deren Rodungsarbeit auf die Ausprägung der niederbayerischen Kulturlandschaft von großem Einfluß war,

[70] Bosl (GG I) 620; Bosl 602ff.

[71] Steinbach (s. o. 495) 11–50; K. Bosl, Eine Gesch. d. deutschen Landgemeinde (Zschr. f. Agrargesch. u. Agrarsoziologie 9) 1961, 129–142.

[72] K. S. Bader, Entstehung u. Bedeutung d. oberdeutschen Dorfgemeinde (ZWLG I) 1937, 265–295; Ders., Dorfgenossenschaft u. Dorfgemeinde (s. o. 350); Zimmermann (s. o. 352); A. Schmid, Gemeinschafts- u. Gemeinderechte im altbayer.-schwäb. Gebiet (ZBLG 4) 1931; vgl. zuletzt das Sammelwerk über die Entstehung der Landgemeinde, hg. von Th. Mayer (Vorträge u. Forsch. VII/VIII) 1964, darin P. Fried, Zur Gesch. d. bayer. Landgemeinde 79–106; A. Haverkamp, Das Bambergische Hofrecht f. den niederbayer. Hochstiftsbesitz (ZBLG 30) 1967, 423–506.

[73] Bosl (GG I) 615ff.; Fried, Landgemeinde 94.

schimmert die alte *Villikationsverfassung* noch deutlich durch.[74] Der Landesausbau des Frühmittelalters erfolgte zwar im Rahmen und nach gewissen Richtlinien der Grundherrschaft, war aber nicht geplant wie die hochmittelalterliche Kolonisation, vielmehr schloß er sich meist an das extensiv genutzte Land im Umkreis der Altsiedlung an. Erst der hochmittelalterliche Landesausbau beruhte vornehmlich auf Rodung im engeren Sinne, wofür die Villikation eine angemessene, planvolle Arbeitsorganisation entwickelte. Die Villikation veränderte sich dann insofern, als im zwölften Jahrhundert keine völlige Aufteilung des zur Grundherrschaft gehörigen Sallandes an die Bauern erfolgte,[75] sondern höchstens eine teilweise, und zwar meist in der Form, daß durch Abspaltung von Salland Herrenland (terra salica, Sel) wie auch durch Rodung seit dem neunten Jahrhundert fortlaufend neue Villikationen begründet wurden. Eine grundlegende Änderung der alten Ordnung (vgl. auch Bd. II) trat seit dem zwölften Jahrhundert dadurch ein, daß anstelle der Villikation alten Stils eine grundherrliche *Ämterverfassung* trat, wobei der Amtmann oder Scherge Funktionen übernahm, die ehedem der Maier (villicus) als Sachwalter des Grundherrn innegehabt hatte. Auch durch den Übergang zahlreicher, zum Scharwerksdienst verpflichteter Hüfner in die geistliche Censualenfreiheit fielen wichtige Aufsichtsfunktionen des Maiers fort; dieser war nun mit Erfolg bestrebt, seine Stellung als grundherrlicher Verwalter des Maierhofes in ein erbliches Grundholdenverhältnis umzuwandeln. Die Grundherrschaft minderte nun meist die Vorrangstellung des Maiers im Dorfe und übertrug deren Rechte auf den Amtmann und Schergen.[76] Diese grundherrliche Ämterverfassung nutzte später die wittelsbachische Landesherrschaft als wesentliche Voraussetzung für die «Verstaatung» der bäuerlichen Bevölkerung.

Ausgangspunkt für die hochmittelalterliche Entwicklung der sozialen und politischen Rechte der *bäuerlichen Bevölkerung* Bayerns war die ursprüngliche, vollentwickelte Fronhofsverfassung des neunten Jahrhunderts mit Fronhof und mansi ingenuiles

[74] Gegen die These von der Auflösung der Villikationsverfassung DOPSCH, Herrschaft u. Bauer (s. o. 350) 38ff.; A. SANDBERGER, Studien an Chiemgauer Maierhöfen (Das bayer. Inn-Oberland 31) 1961, 87ff. Abwegig ist KLEBELS Hypothese, daß es im hochmittelalterlichen Bayern keine Villikation, sondern nur eine «Hufenverfassung» gegeben habe. KLEBEL, Bespr. v. Ph. DOLLINGER, Classes rurales (ZBLG 16) 1951/52, 367ff. In seiner eigenen Untersuchung über die St. Emmeramer Hofmark Vogtareuth (s. o. 446 Anm. 29) 185ff., stellt KLEBEL 199 mit Recht fest, daß der Maierhof von Vogtareuth der Mittelpunkt des Grund- und Immunitätsbesitzes seit dem 10. Jh. gewesen sei. Vgl. dazu FRIED, Landgemeinde (s. o. 510 Anm. 72) 94ff.; BLEIBRUNNER (s. o. 496).

[75] In diesem weitgehenden Sinne DOLLINGER, Classes rurales, der aus einer Besetzung des Sallandes mit Bauern im 12. Jh. weiter folgert, daß dadurch die Stellung des Maiers entwertet worden sei, da er keine Aufsicht mehr über den Frondienst der zur Villikation gehörigen Untertanen führen mußte. Die neue «Rentengrundherrschaft» sei daher organisatorisch durch die grundherrschaftliche Ämterverfassung ergänzt worden.

[76] Ebd. 434ff.; FRIED, Landgemeinde (s. o. 510 Anm. 72) 95f. Nur in den geistlichen Hofmarken Niederbayerns haben sich alte Funktionen des Maiers als dinglich an den Maierhof gebundene Rechte bewahrt, weshalb die Inhaber dieser Höfe «Ammänner» genannt wurden. A. HOCHHOLZER, Die Ammerhöfe Niederbayerns (ZBLG 31) 1968, 49–83.

von etwa 15 Hektar, deren Besitzer (coloni) einige Wochen des Jahres Fronhofsdienste zu leisten hatten, ferner mit einer Anzahl mansi serviles von etwa 12 Hektar Umfang und drei Tagen Frondienst in der Woche. Das «ius colonum» war eine Zeitleihe auf Widerruf. Die allgemeine soziale Aufwärtsbewegung des Hochmittelalters bewirkte im zwölften Jahrhundert eine starke Landflucht der Colonen in die Städte.[77] Durch die günstigste Form der Landleihe (precaria remuneratoria) wurden auch liberi in den Fronhofsverband einbezogen. Am besten gestellt unter den Besitzern von mansi ingenuiles ist eine Gruppe von Berittenen, die Botendienste und sicher auch Kriegsdienste leisteten. Sie sind wahrscheinlich gleichzusetzen mit den Wehrmännern (viri exercitales) der Breves Notitiae und werden in Freising 903 «sindmanni» genannt. Ihnen ähnlich sind die «Hiltischalken» (equites) in bayerischen Quellen des zehnten und elften Jahrhunderts; in einer St. Emmeramer Urkunde von 1030/31 wird die Tätigkeit dieser hiltiscalchi näher charakterisiert: sie betreiben und schützen den grundherrschaftlich organisierten Karawanenhandel mit Reichenhaller Salz und Bozener Wein.[78] Ähnliche Dienste leisten die Barschalken, deren beschränkte Freiheiten aus dem Herzogs- und Königsdienst stammen. Sie besitzen nach Aussage der Quellen einen eigenen Rechtsstatus (ius parscalcorum), sind Inhaber einer Hube (parschalkhuba), leisten Botendienste, begleiten Warentransporte und haben Pferde für öffentliche Dienste zu stellen (parafredi).[79] Mit dem Rückgang der königlichen Macht und der Entwicklung der Immunitäten wurde auch die Sonderstellung dieser aus dem Königsdienst stammenden Gruppen eingeebnet.

Bei dem umfangreichen kirchlichen Grundbesitz spielten auch die Freigelassenen der Kirche, die «liberti» oder «manumissi in ecclesia» eine Rolle. Sie sind die karolingischen Vorläufer der Censualen und genießen gegen eine jährliche Zahlung von 1 bis 4 Denaren eine beschränkte Freiheit und Freizügigkeit. Doch bleiben sie unter kirchlicher Jurisdiktion und können ohne Erlaubnis nicht über ihre Habe verfügen.[80] Gegenüber diesen mannigfach abgestuften Formen einer relativen Abhängigkeit vom weltlichen oder geistlichen Grundherrn steht eine breite Unfreiengruppe der im Herrenhaus Lebenden (in domo manentes, mancipia infra domum), der «stipendarii, prebendarii, proprii», der «servi in perpetuo servitio» und «ad opus servientes», die nicht wie die servi casati auf Hufen angesetzt waren, sondern zu unbegrenzter Dienstleistung als Knechte und Mägde, als Hofhandwerker oder Tagelöhner verblieben, die unterste Schicht (familia) der Grundherrschaft bildeten und der ausschließlichen Ge-

[77] Dollinger, Classes rurales 107, 118ff., 311ff. Jedoch konnten die Dienste der mansi serviles auch viel geringer sein, so z. B. in Tegernsee, wo sich die Fronarbeit auf 6 Tage im Mai und 3 Tage im Herbst beschränkte, Dopsch, Herrschaft u. Bauer (s. o. 350) 49ff.

[78] Trad. Reg. nr. 393 (1030–1031); Dollinger, Classes rurales 290f.

[79] Ebd. 311–331. Die Stellungspflicht von parafredi zeigt die Herkunft der Barschalken aus dem Herzogs- und Königsdienst deutlich an. Vgl. H. Dannenbauer, Paraveredus (Dannenbauer, Grundlagen d. mittelalterl. Welt) 1958, 257–270; Bosl, Königsdienstmannschaft (s. o. 425 Anm. 1) 265. Der Zusammenhang der Barschalken mit dem Königtum findet sich auch noch im 10. Jh.: Trad. Weltenburg nr. 1 (930–942).

[80] Dollinger, Classes rurales 238.

richtsbarkeit und Befehlsgewalt des Herren unterstanden.[81] Die vielfältigen rechtlichen und wirtschaftlichen Beziehungen der verschiedenartigen Mitglieder der «familia» zu ihrem Herrn und untereinander sollten im *Hofrecht* geregelt werden. Für Niederbayern ist das sogenannte «Osterhofener Hofrecht» von Bedeutung.[82] Im Salzburgischen wird die familia als Rechtseinheit schon Ende des zehnten Jahrhunderts den milites und clerici gegenübergestellt,[83] in Brixen werden Zeugen der «familia» seit dem letzten Drittel des elften Jahrhunderts angeführt, unter ihnen Gewerbetreibende: Bäcker, Köche und Kürschner.[84] Seit dem zehnten und elften Jahrhundert stiegen aus der Masse der Unfreien Ministerialen und Censualen auf, so daß die alte hofrechtliche familia zur dreifach gestaffelten familia militaris, censualis und servilis ausdifferenzierte. Die im Herrenhause lebende, nicht auf Hufen angesetzte, unfreie Bevölkerungsgruppe, vielfach nur als proprii bezeichnet und aus den mancipia der Karolingerzeit hervorgegangen, bot im Hochmittelalter offenbar wesentliche Ansatzpunkte für die *gesellschaftliche Aufwärtsentwicklung* der unfreien Schichten. Dieser zahlreichen Gruppe gehörten die Bewohner der Herrenhöfe (villae) und Wike an, aus denen wesentlich das städtische Bürgertum hervorging; ebenso war sie das Reservoir für die Sonderklasse der Ministerialität. Als nicht an den Boden gebundene Leute waren die proprii beweglich genug, um über weite Strecken eingesetzt zu werden, auch vor allem im grundherrlich organisierten Fernhandel, der sie zu Reichtum und Ansehen kommen ließ, während die freien und minderfreien Hufenbesitzer vielfach sozial absanken.[85]

Seit dem elften Jahrhundert tritt uns als wichtiges Zwischenglied der Entwicklung von der alten karolingischen servitus zur neuen, rechtlich fixierten Leibeigenschaft

[81] DOPSCH, Herrschaft u. Bauer (s. o. 350) 22ff.; DOLLINGER, Classes rurales 208ff., 243f. Das Kloster Staffelsee hatte 72 prebendarii auf seinem Fronhof, in den Freisinger Traditionen sind «eiusdem altaris servi prebendarii» genannt, in den Salzburger Quellen des 11./12. Jhs. stipendarii servi und proprii et stipendarii. – Daß auch der Terminus mancipium eine breite Skala von Abhängigkeitsformen umfaßt, hat mit Recht DOPSCH, Herrschaft u. Bauer 25f., 54, im Anschluß an HAUPTMANN (s. o. 237 Anm. 23) 175, betont. Leibeigene (mancipia) konnten Besitz an verschiedenen Orten haben und sogar selbst mancipia besitzen. Im St. Gallener Klosterplan besitzen wir das anschaulichste Dokument eines geistlichen grundherrschaftlichen Zentrums. W. ABEL, Landwirtschaft (AUBIN-ZORN, s. o. 350) I 97ff.

[82] SEELIGER (s. o. 350) 173ff.; DOPSCH, Herrschaft u. Bauer (s. o. 350) 99ff.; DOLLINGER, Classes rurales 244f. Das älteste Hofrecht ist dasjenige des Bischofs Burchard v. Worms (ca. 1024). Für den bambergischen Besitz um Osterhofen läßt sich keine zeitliche Abfolge von älterer Villikationsverfassung und jüngerer Ämterverfassung feststellen. S. u. 517 Anm. 106.

[83] UB Salzb. I nr. 15, 180. Zu den sozialen Unterschichten in der Erzdiözese Salzburg vgl. K. SCHWARZENBERG, Die Hörigkeit in d. Erzdiözese Salzb. bis auf die Zeit Eberhards II. nach den Quellen d. Salzb. UB (Mitt. d. Ges. f. Salzb. Landesk. 99) 1959, 1–79.

[84] Acta Tirolensia I, Innsbruck 1886, nrr. 265 u. 273, 275b etc. u. 532 (ca. 1189/96); DOPSCH, Herrschaft u. Bauer (s. o. 350) 102f. Auch in Passau und in den Klöstern Oberösterreichs wird die familia in den Zeugenreihen der Traditionsurkunden angeführt (Mondsee, Reichersberg, Seckau i. d. Steiermark).

[85] Ebd. 43, 99ff. (familia und Dorfgemeinde); K. BOSL, Freiheit u. Unfreiheit. Zur Entwicklung d. Unterschichten in Deutschland u. Frankreich während des MA (Frühformen) 199ff.

des dreizehnten Jahrhunderts die gehobene Schicht der *Censualen* innerhalb der kirchlichen Grundherrschaft entgegen. Einerseits wird die Stellung der Censualen in den Quellen verschiedentlich als servitus bezeichnet, und Censualen können auch wie servi getauscht werden,[86] andererseits war diese bedeutende soziale Schicht der Censualen durch die Entrichtung einer Kopfsteuer (Altarzins) von meist fünf Denaren von körperlicher Dienstleistung (opus servile) befreit und gegenüber dem Vogt stärker gesichert. Neben dem «census de capite» hatten sie teilweise noch Abgaben bei Todfall und Heirat zu entrichten. Seit dem zwölften Jahrhundert gestatten die Grundherren ihren Censualen, sich gegen eine Abgabe (Mannsteuer, Leibhuhn etc.) auf fremdem Urbar und in den Städten niederzulassen.[87] Übergaben in die Censualität einer Kirche sind ab 930–942 in Weltenburg, ab 937–957 in Freising bezeugt; daselbst findet sich zwischen 955/77 erstmals «censuales» als Kollektivbezeichnung.[88] Der Schutz einer großen kirchlichen Grundherrschaft vor Bedrückung war auch für zahlreiche liberi das Motiv, sich im elften und zwölften Jahrhundert in die Censualität zu begeben. Weitere Gründe waren: kirchliche Unterstützung bei Alter und Krankheit und oft auch die bittere Armut, die den status der Freiheit wertlos machte.[89] Bis zur zweiten Hälfte des zwölften Jahrhunderts steigen die Eintritte in die Censualität gleichmäßig an, um danach wieder abzusinken; eigene Censualenbücher sind uns erhalten, so in Freising und im Kloster Geisenfeld.[90] Nach den Leibeigenen dürften die Censualen wohl die zahlreichste abhängige Bevölkerungsgruppe gebildet haben; ihr sozialer Aufstieg zu abgestuften Formen der Freiheit hängt nach A. Dopsch eng mit ihrer großen Bedeutung für den Landesausbau (Rodung) zusammen. Die positive Wertung der Censualität drückt sich auch in der verschiedentlich auftauchenden Benennung als libertas aus; ebenso wird oft das Moment der persönlichen Freizügigkeit betont, dessen Wert für den sozialen Aufstieg der nichtagrarischen Unfreienschichten schon erwähnt wurde.[91] Wegen dieser Freizügigkeit heißen die Censualen im Salz-

[86] So z. B. zwischen den Klöstern Vornbach und Reichersberg (UBLE I nr. 257, S. 412).

[87] V. Hasenöhrl, Beitr. z. Gesch. d. deutschen Privatrechtes in den österr. Alpenländern (AÖG 97) 1909, 1–160, bes. 141 ff.; Dopsch, Herrschaft u. Bauer (s. o. 350) 26 ff.; Dollinger, Classes rurales 332–382; Bosl, Freiheit und Unfreiheit (Frühformen) 200 ff.

[88] Trad. Weltenburg nr. 1; Trad. Freis. II nr. 1154, u. nr. 1315c: «Hec sunt nomina censualium virorum et mulierum.» Im Rheinland findet sich die kirchliche Censualität schon seit der ersten Hälfte des 9. Jhs.

[89] Drei Traditionsbücher (s. o. 351) nr. 51, S. 61 (1160/77); UBLE I nr. 446, S. 750; Trad. Freis. II nr. 1315c; Dopsch, Herrschaft u. Bauer (s. o. 350) 32; Dollinger, Classes rurales 340 ff., 359. Zur Bedeutung der Censualität für die Entstehung eines frühen Bürgertums in Regensburg vgl. Bosl, Sozialstruktur Regensburgs (s. o. 379 Anm. 34) 28 ff.

[90] Dollinger, Classes rurales 6 u. 342 f. An das Bistum Passau ergaben sich bis 1240 551 Freie und 938 Unfreie in die Censualität, an das Bistum Freising bis 1230 511 Freie und 633 Unfreie, an St. Peter in Salzburg bis 1199 142 Freie und 635 Unfreie, an St. Emmeram 92 Freie und 682 Unfreie. Zahlreiche Censualen finden wir ferner in Reichersberg, Vornbach, Brixen etc. Über ihre Rolle im Landesausbau Dopsch, Herrschaft u. Bauer (s. o. 350) 42.

[91] Vgl. z. B. Trad. Passau nr. 108 (1013/45). Ähnlich ebd. nrr. 100 u. 119; Dopsch, Herrschaft u. Bauer 28.

burgischen später «freysatzzones»-Freisassen.[92] Daß Censualen sehr wohlhabend sein konnten, beweisen Traditionen, in denen sie etwa Liegenschaften an mehreren Orten an Kirchen schenken.[93] Ein Teil der Censualen blieb als coloni auf dem Lande, andere stiegen im ministerialischen Dienst auf, viele aber zogen in die Städte und betrieben dort Handel und Gewerbe, besonders in Regensburg sind uns viele solcher Gewerbetreibende durch die St. Emmeramer Traditionen bezeugt.[94]

Auch die Lebensbedingungen der zu unbeschränkter Dienstleistung verpflichteten servi cottidiani verbesserten sich im Hochmittelalter; viele von ihnen wurden im Zuge des Landesausbaus zur Rodung angesetzt und damit zu Hufenbesitzern, in welcher Eigenschaft sie sich dann teilweise von verbliebenen Frondiensten loskaufen konnten. Am stärksten konnten die Förster und Weinbauern ihre Positionen verbessern. Im St. Emmeramer Urbar von 1031 werden die forestarii stets an der Spitze der servi salici genannt; sie besaßen bisweilen eine halbe Hufe, erhielten später «Forstlehen» und hatten von denselben Abgaben zu entrichten, ihr Beruf nahm schon seit dem zwölften Jahrhundert Amtscharakter an.[95] Im Zentrum des österreichischen Weinbaus um Krems besaßen die Weinbauern ihre Weinberge zu Burgrecht, d. h. vererbbar, und bildeten eine privilegierte Gruppe, während es im altbayerischen Raum nicht zu einem Sonderstatus der Weinbauern kam.[96] Eine Sonderstellung nahmen auch die Müller ein, die in der Blütezeit der Villikationsverfassung als delegierte Arbeitskräfte des Fronhofverbandes ihr Handwerk ausübten, während sie seit dem zwölften Jahrhundert mit dem schrittweisen Strukturwandel der Villikation Mühlenbesitzer mit Abgabeverpflichtungen auf Lebenszeit oder mit jährlicher Abstiftungsmöglichkeit wurden.[97]

Eines der wesentlichsten Momente der Sozialentwicklung seit dem elften Jahrhundert, die Herausbildung einer Ministerialität im Dienste des Königs, der Bistümer, des Herzogs und der großen Dynasten, gehört zu dem charakteristischen Zuge der *«sozialen Mobilität»*, die das Hochmittelalter auszeichnet.[98] Aus dem Vorausgegange-

[92] H. KLEIN, Die bäuerl. Eigenleute d. Erzstifts Salzburg im späten MA (Klein, Beiträge) 137–252; Ders., Die Salzb. Freisassen (ebd.) 253–262, dort 260 auch die ansprechende Vermutung, daß die alten bayerischen Barschalken in den Censualen aufgegangen sein könnten. Vgl. jedoch DOPSCH, Herrschaft u. Bauer 31f.

[93] Trad. Freis. II nr. 1566a; DOPSCH, Herrschaft u. Bauer (s. o. 350) 35 m. Anm. 3.

[94] Ebd. 28, 35f. Auf die von BOSL herausgearbeitete Bedeutung der St. Emmeramer Censualität für die Entstehung der Regensburger Bürgergemeinde ist schon verwiesen worden. – Die St. Emmeramer Traditionen nennen: Goldschmiede (aurifices), Waffenhandwerker (scutarii, clipeatores, limatores ensium), Schmiede (fabri), Zimmerleute (fabri lignorum), Maurer (cementarii), Steinmetze (latomi), Graveure (cupparii), Bader (flebotomarii), Maler (pictores), Friseure (tonsores), Schuster (calceatores), Sattler (selleatores), Müller und Bäcker. Vgl. BECK (s. o. 446 Anm. 29) 149.

[95] H. KLEIN, Die ältesten urbarialen Aufzeichnungen d. Erzstiftes Salzb. (Mitt. d. Ges. f. Salzb. Lkde. 75) 1935, 133–200, bes. 167; DOLLINGER, Classes rurales 425ff., 504ff. (St. Emmeramer Urbar von 1031).

[96] INAMA-STERNEGG II 238; III I, 340; DOLLINGER, Classes rurales 444ff.

[97] Ebd. 428ff. Im St. Emmeramer Urbar von 1031 werden 46 Mühlen mit der jeweiligen Räderzahl genannt, aber nur einmal ein Müller, der 15 Joch Land besitzt.

[98] BOSL, Soziale Mobilität (s. o. 362 Anm. 53) 156–179. Für das Bistum Freising vgl. G. FLOHRSCHÜTZ, Die Freisinger

nen wird deutlich, daß die nur scheinbar statische horizontale Schichtengliederung der mittelalterlichen Gesellschaft besonders seit dem zehnten und elften Jahrhundert durch starke Auftriebselemente in teilweise stürmische vertikale Bewegung gerät. Der Landesausbau mit seinem Menschenbedarf schafft größere Freiheiten der Unterschichten; die Censualität, die vielfach unmittelbar zu städtisch-bürgerlichen und genossenschaftlichen Lebensformen überleitet, bildet einen neuen sozialen Aufstiegskanal. Das nämliche gilt für die Ministerialität, die Durchbrüche bis in die höchsten Gesellschaftsschichten ermöglichte. Vergleicht man die Gesamtentwicklung Deutschlands mit derjenigen westlich des Rheins, so fällt auf, daß dort vom neunten bis dreizehnten Jahrhundert sich eine fortschreitende Vereinheitlichung der zahlreichen sozial abhängigen Gruppen (liberi, manumissi, lidi, coloni, servi manentes, prebendarii etc.) infolge der frühzeitigeren Durchsetzung moderner Staatlichkeit feststellen läßt, während sich östlich des Rheins die ursprünglich ähnliche Vielfalt der karolingischen Epoche trotz wesentlicher Umwandlungen erhalten hat: Deutschlands Sozialstruktur blieb «archaischer» (Ch. E. Perrin) als die des Westens.[99]

Innerhalb der deutschen Entwicklung zeichnen sich nun auch für Bayern *Besonderheiten* ab. Mit der linksrheinischen Sozialentwicklung teilt es die Integration und Assimilation romanischer Bevölkerungsteile, denen das Land die Bewahrung gewisser alter gewerblicher Traditionen (Weinbau, Salzgewinnung) verdankt. Der große Anteil des bayerischen Siedlungsgebietes am Alpenraum bedingte ferner einen wesentlichen Anteil der Weidewirtschaft am Agrarwesen. Deren Organisationsform waren die sogenannten Schwaighöfe (swaiga), bei denen der Grundherr gegen eine jährliche Lieferung von in der Regel dreihundert Käsen dem Bewirtschafter zumeist sechs Kühe, oft auch Salz und Getreide zur Verfügung stellte. Wenn die Almwirtschaft zweifellos schon im Frühmittelalter betrieben wurde,[100] so erscheint sie doch erst seit dem zwölften Jahrhundert als rechtlich festumrissene Wirtschaftsform, was vermutlich mit der Zunahme der Bevölkerung im Alpenraum, ihrem gesteigerten Nahrungsmittelbedarf und ihrem rodenden Eindringen in die Alpenregionen zusammenhängt.[101]

Die Schwaighöfe sind Maiergut gewesen und unterstanden daher meist dem Fronhof im Tal; sie waren gewöhnlich zu Baumannsrecht (Freistift), der verbreitetsten Form der Bodenleihe an Unfreie, ausgetan.[102] Da, von der Wachau abgesehen, der

Dienstmannen im 10. und 11. Jh. (Jb. f. altbayer. KG 25) 1967, 9–79.

[99] Dollinger, Classes rurales 487ff.; K. Bosl, Das Hochmittelalter in d. deutschen u. europ. Gesch. (HZ 194) 1962, 529–567, bes. 546.

[100] Schon im Ind. Arn. I 6, 5 (um 790) erscheinen zwei Almen (alpes), «qui vocantur Gauzo et Ladusa (Gotzenalm u. Ladosenalm oberhalb des Königssees), in quo sunt tantomodo pascua ovium».

[101] Wopfner (s. o. 375 Anm. 14); O. Stolz, Die Schwaighöfe in Tirol. Ein Beitr. z. Siedlungs- u. Wirtschaftsgesch. d. Hochalpentäler, Innsbruck 1930; Ders., Beitr. z. Gesch. d. alpinen Schwaighöfe (VSWG 25) 1932, 141–157; Dollinger, Classes rurales 437ff.; H. Klein, Über Schwaigen im Salzburgischen (Klein, Beiträge) 277–297, daselbst 290f.; über das relativ späte Eindringen (11./12. Jh.) der Schwaigen ins Gebirge. Ferner: M. Edelmann, Die Almen im Tegernseer Tal. Zur Rechts- u. Wirtschaftsgesch. d. ehem. Klostergerichtes Tegernsee, 1966.

[102] Dopsch, Herrschaft u. Bauer (s. o.

Weinbau im bayerischen Siedlungsgebiet keine beherrschende Rolle spielte, kam dem Transport Tiroler, Friauler und österreichischer Weine große Bedeutung zu, wobei vielfach Reichenhaller Salz beim Rücktransport mitgenommen wurde. Die Weinzinse (Weingülten) am nördlichen Alpenrand waren eine willkommene Einnahmequelle für den bayerischen Herzog wie für den Salzburger Erzbischof, für das Bistum Freising, für Dynasten (Falkensteiner) und Klöster. Die größte bayerische Klostergrundherrschaft mit Weingültenbesitz war Frauenchiemsee; aber auch Benediktbeuern, Tegernsee, Dießen, Scheyern, Beuerberg, Seeon, Baumburg, Altomünster, Raitenhaslach und Rott am Inn besaßen beachtliche Zinserträge vom Weintransport.[103]

Für Bayern wie für Deutschland insgesamt ist eine Rationalisierung des Wirtschaftsbetriebes im Hochmittelalter festzustellen, wobei die geistlichen Grundherrschaften, und hier wiederum die Wirtschaftsorganisation der Zisterzen (Grangien), vorangingen.[104] Das Hochmittelalter ist im allgemeinen für die abhängigen Volksschichten eine Zeit des sozialen Aufstieges und der rechtlichen Besserstellung. Dies gilt auch für die unmittelbare Hofgenossenschaft des Grundherrn, die durch die «leges familiae» rechtlich als Genossenschaft der socii oder compares in Erscheinung tritt. Die leges familiae bezeichneten es geradezu als ihre Aufgabe, die familia gegen übermäßige Forderungen künftiger Herren und gegen Neuerungen der Vögte und Amtleute zu schützen. Dieser rechtlich fixierte Schutz der Hausgenossenschaft war wohl auch der Grund, weshalb die Mitglieder der familia an ihrer Zugehörigkeit zum Herrenhause festhielten.[105] Das sogenannte Osterhofener Hofrecht, ein bambergisches Hofrecht für den niederbayerischen Besitz des fränkischen Hochstiftes, zeigt das Bestreben der geistlichen Herrschaft, die Vogteirechte genauer zu definieren und damit einzuschränken, darüber hinaus ist an ihm ein wesentliches Moment des Kopfzinses der Zensualen als einer Schutzsteuer deutlich zu erkennen; schließlich werden auch Einwirkungen der entwickelteren Geldwirtschaft des zwölften Jahrhunderts auf die internen grundherrschaftlichen Verhältnisse sichtbar.[106] Insgesamt wird man die Zeit vom zehnten bis zum dreizehnten Jahrhundert als eine *Blüteperiode des Bauernstan-*

350) 72f. Wenn auch teilweise Schwaigen zu Lehen gegeben wurden, so erfolgte der Wirtschaftsbetrieb doch durch coloni, durch Bauleute der Klöster nach Baumannsrecht (ius agricole, ius coloni), d.h. in Form einer befristeten, unfreien Leihe (= Freistift). Näheres Bd. II (Landwirtschaft).

[103] H. KLEIN, Der Saumhandel über die Tauern (Klein, Beiträge) 427ff.; Ders., Die Weinsaumdienste in Nordtirol u. Bayern (ebd.) 505ff.; Ders., Noch einmal: Die Weinsaumdienste in Nordtirol u. Bayern (ebd.) 537ff.; O. STOLZ, Weingülten u. Weinbau in Nordosttirol (Schlernschr. 30) 1935. In Polemik gegen STOLZ und KLEIN hat M. MAYER, Der mittelalterl. Weinbau im Nordtiroler Unterlande (Schlernschr. 95) 1952, versucht, die Weingülten des Alpenvorlandes nicht als Transportabgaben, sondern als Abgaben vom dortigen Weinbau zu deuten, wohl kaum zu Recht.

[104] DOPSCH, Herrschaft u. Bauer (s. o. 350) 203ff. Ausdruck dieser Rationalisierung sind die Besitzstands- und Zinsbücher (Urbare), die Besitzkonzentration durch Tausch, die Ameliorationen und das Durchdringen der Dreifelderwirtschaft, die sich aus naheliegenden Gründen nicht im Almbereich (Schwaigenbetrieb) durchzusetzen vermochte.

[105] Ebd. 228f.

[106] A. HAVERKAMP, Das bambergische Hofrecht f. den niederbayer. Hochstiftsbesitz (ZBLG 30) 1967, 423–506.

des in Deutschland wie in Bayern bezeichnen dürfen, die jedoch nicht auf Kosten und durch radikalen Abbau der Grundherrschaft und des Fronhofverbandes entstanden war, sondern durch eine nützliche «Koexistenz» von Bauer und Grundherr, wobei der letztere allein in der Lage war, für Rodung und Amelioration die nötigen Starthilfen (Vieh, Saatgut, Wirtschaftsgeräte etc.) zu geben, wie er ja auch durch seine größere Wirtschaftskraft oft allein in der Lage war, über Mißernten, Kriegs- und Naturkatastrophen hinwegzuhelfen. Das Herauswachsen der Dorfgemeinde aus der hofrechtlichen Genossenschaft (familia) spricht allein schon für die positive Rolle der Grundherrschaft bei der Herausbildung des Bauernstandes. Schließlich gab der wirtschaftliche und rechtliche Aufschwung des Bauerntums die unerläßlichen Voraussetzungen für die höfische Kultur des Hochmittelalters, die ja gerade im bayerischen Siedlungsraum eine großartige Blütezeit erlebte.

III

DAS GEISTIGE LEBEN

§ 37. WISSENSCHAFT UND BILDUNG

WATTENBACH, Deutschlands Geschichtsquellen im Mittelalter (WL, WH, WS); LHOTSKY, Quellenkunde; Ders., Österreichische Historiographie, 1962; Ders., Umriß einer Gesch. d. Wissenschaftspflege im alten Niederösterreich, 1964; HAUCK I–IV; TOMEK I; WODKA; H. TÜCHLE, Kirchengesch. Schwabens I–II, 1950/54; HALLINGER, Gorze-Cluny; JAKOBS, Hirsauer; J. SEMMLER, Die Klosterreform v. Siegburg. Ihre Ausbreitung u. ihr Reformprogramm im 11. u. 12. Jh., 1959; BACKMUND I; VL I, 1978²; MANITIUS (s. u. 582); F. BRUNHÖLZL, Gesch. d. lat. Lit. d. MA I, 1975; C. SPJCQ, Esquisse d'une histoire de l'exegèse latine au moyen âge, 1944; Artes liberales. Von der antiken Bildung z. Wissenschaft des MA (Studien u. Texte z. Geistesgesch. d. MA, hg. v. J. KOCH 5) 1959; G. GLAUCHE, Schullektüre im MA. Entstehung u. Wandlung d. Lektürekanons bis 1200 nach d. Quellen dargestellt, Diss. München 1970; G. MISCH, Gesch. d. Autobiographie II 1–2, 1955, III 1, 1959, III 2, 1962; H. GRUNDMANN, Geschichtsschreibung im MA. Gattungen, Epochen, Eigenart, 1965; Geschichtsdenken u. Geschichtsbild im MA, hg. v. W. LAMMERS, 1961; J. SPÖRL, Grundformen hochmittelalterl. Geschichtsanschauung, 1935; H. PATZE, Adel u. Stifterchronik. Frühformen territorialer Geschichtsschreibung im hochmittelalterl. Reich (BlldLG 100/101) 1964/65, 8 ff.; Ders., Klostergründung und Klosterchronik (ebd. 113) 1977, 89 ff.; J. KASTNER, Historiae fundationum monasterium. Frühformen monast. Institutionsgeschichtschreibung im MA (Münch. Beitrr. z. Mediävistik u. Renaissance-Forsch. 18) 1974; R. BUCHNER, Die frühsalische Geschichtsschreibung in Deutschland (La Storiografia altomedievale) 1970, 895 ff.; E. BUZAS, Deutsche Bibliotheksgesch. d. MA 1975; DANIEL-KORNRUMPF-SCHOTT, Die lat. mittelalterl. Handschriften d. UB München, 1974 ff.; B. BISCHOFF, Panorama d. Handschriftenüberlieferung aus d. Zeit Karls d. Gr. (Karl d. Gr., Lebenswerk u. Nachleben, hg. v. W. BRAUNFELS II: Das geistige Leben, hg. v. Bischoff) 1965, 233 ff.; Ders., Mittelalterl. Studien I, 1966; J. DE GHELLINCK, L'essor de la litterature latine au XIIe siècle, 1952²; Ders., Le mouvement théologique du XIIe siècle, 1948²; M. GRABMANN, Gesch. d. scholastischen Methode, 2. Bde, 1909/11; St. OTTO, Die Funktion d. Bildbegriffes in d. Theologie d. 12. Jhs. (Beitr. z. Gesch. d. Philos. und Theol. d. Mittelalters 40, H. 1) 1963; P. LEHMANN, Die Vielgestalt d. 12. Jhs. (Erforschung d. MA III) 1960, 225 ff.; Ders., Über Perioden d. latein. Schrifttums im Mittelalter (ebd. V) 1962, 246 ff.

RIEZLER I 1, 324 ff., 477 ff., 573 ff., I 2, 92 ff., 457 ff.; DOEBERL I 207 ff.; J. SPÖRL, Bem. zum Geistesleben im mittelalterl. Bayern. Eine Forschungsaufgabe (ZBLG 18) 1955, 197 ff.; BAUERREISS I–III; J. HEMMERLE, Die Benediktinerklöster in Bayern (Germania Benedictina II) 1970; KRAUSEN, Zisterzienserorden; N. BACKMUND, Die Chorherrenorden u. ihre Stifte in Bayern, 1966; Bibl. kat.; HUBENSTEINER-PÖRNBACHER, Bayer. Bibliothek I: Mittelalter, 1978; B. BISCHOFF, Die süddeutschen Schreibschulen u. Bibliotheken d. Karolingerzeit, 1974³; Ders., Die mittelalterl. Bibliotheken Regensburgs (VHVO 113) 1973, 49 ff.; Ders., Emmeram; M. PIENDL, Die Bibliotheken zu Sankt Emmeram in Regensburg (Thurn u. Taxis Stud. 7) 1971; R. BAUERREISS, Regensburg als religiös-theolog. Mittelpunkt Süddeutschlands im XII. Jh. (Festschr. Schmaus, 2) 1967, 1141 ff.; A. KRAUS, Civitas Regia. Das Bild Regensburgs in d. mittelalterl. Geschichtsschreibung, 1972; P. CLASSEN, Zur Gesch. d. Frühscholastik in Österreich und Bayern (MIÖG 67) 1959, 249 ff; Ders. Gerhoch, dazu Besprechung von K. BOSL (ZBLG 25) 1962, 202–214; H. FICHTENAU, Wolfger v. Prüfening (MIÖG 51) 1937, 313 ff.; Ders., Magister Petrus v. Wien (ebd. 63) 1955, 283 ff.; H.-G. SCHMITZ, Kloster Prüfening im 12. Jh. (MBM 49) 1975.

Dem Versuch, das geistige Leben in Bayern vom achten bis zum zwölften Jahrhundert im Überblick zu beschreiben, müssen einige grundsätzliche Festlegungen und einschränkende Bemerkungen vorausgeschickt werden.

Die Kulturentwicklung in Bayern während des Früh- und Hochmittelalters vollzog sich nicht in einem hermetisch abgeschlossenen Raum. Vielmehr war ihre Verflechtung mit dem abendländischen Bildungswesen zu allen Zeiten ebenso stark wie ihre Verwurzelung in den bodenständigen Überlieferungen. Sondertraditionen, wo sie thematisch oder gattungsgeschichtlich faßbar werden, am ehesten im hagiographischen Bereich, besitzen eher lokalgeschichtlichen als landesgeschichtlichen Charakter. Die Mustergültigkeit des spätantiken Erbes, die prägende Verbindlichkeit der lateinischen Sprache, die Institutionalisierung des Schulwesens bei den Kirchen und Klöstern und damit seine Ausrichtung auf theologische Inhalte und geistliche Zwecke – im ganzen Abendland ist das Geistesleben aus denselben Bedingungen erwachsen.[1]

Die kulturellen Bestrebungen und Leistungen sind abhängig von der historischen Gesamtentwicklung; der kulturelle Sektor entfaltet sich nicht aus sich selbst. Die politische Gestalt Bayerns, die Initiative der Herzöge, ihre auswärtigen Unternehmungen und ihre Einstellung zum Reich, das Sozialgefüge und vor allem die Tendenzen der kirchlichen Entwicklung wirken in alle geistigen und kulturellen Bemühungen hinein. Die Zäsuren werden am ehesten von der Kirchengeschichte, zum Beispiel von der Geschichte der Missionierung oder der Klosterreform, geliefert. Aber auch staatliche Anordnungen und Vorstellungen, etwa während der karolingischen Epoche, bestimmen die literarische und künstlerische Produktion.

Für eine Betrachtung, die den allgemeinen Gang des geistigen Lebens verfolgen soll, spielt die in der geläufigen Literaturgeschichte vorgenommene grundsätzliche Scheidung von lateinischer und volkssprachlicher, wissenschaftlicher und poetischer Literatur keine primäre Rolle: Die sprachgeschichtlichen und literaturgeschichtlichen Aspekte der lateinischen wie der volkssprachlichen Denkmäler sind besonderen Darstellungen anvertraut.[2] Im vorliegenden Zusammenhang handelt es sich um die allgemeinere, wohl nur in Annäherungen, das heißt nicht mit schlüssiger Präzision zu beantwortende Frage, welche Richtung die geistige Beschäftigung in Bayern im Lauf der Jahrhunderte genommen hat.[3] In diesem Zusammenhang sind die anonymen Arbeiten der Schulen und Skriptorien, soweit sie sich rekonstruieren lassen, ebenso wichtig wie die differenzierteren Aussagen der in der Regel selbst aktiv am Bildungsbetrieb teilnehmenden, geistlichen Schriftsteller.

Allerdings sollen die gelehrten und künstlerischen Werke nicht nur als Ausdruck ihrer sozial- oder kirchengeschichtlichen Herkunft, sondern auch als individuelle Leistungen gewertet werden. Das ist möglich, sobald in der mittelalterlichen Kultur Bayerns komplizierter organisierte Autorenpersönlichkeiten erkennbar sind, also

[1] Vgl. d. Plädoyer, das Ernst Rob. Curtius, Europ. Literatur u. lat. MA, 1954², für den europäischen Aspekt der Literaturbetrachtung vom philologischen Standpunkt aus gegeben hat.

[2] Vgl. §§ 38, 39, 40.

[3] J. Spörl, Bem. z. Geistesleben (s. o. 519) hat als erster einen Aufriß der sich in diesem Zusammenhang ergebenden Fragen entwickelt.

schon im achten Jahrhundert. Insgesamt aber zeichnet sich eine Linie aufsteigender Individualisierung ab, denn während es sich in der spätagilolfingischen Epoche um einzelne, durch ihre fremde (irische, angelsächsische, langobardische) Herkunft oder Ausbildung auffallende Persönlichkeiten handelt und während noch im elften Jahrhundert der Schul- und Reformzusammenhang die selbständigen Autoren miteinander verbindet, blüht im zwölften Jahrhundert eine Fülle von eigenwilligen, zu konträren Auffassungen sich bekennenden, zuweilen einander geradezu befehdenden Begabungen auf.

In den Zusammenhang der Kulturentwicklung gehört an sich auch die Geschichte der bildenden Künste, einmal, weil die formalen Leistungen nicht weniger Zeugnis geben vom kulturellen Stand eines Stammes oder Volkes, zum anderen, weil sie zugleich kraft der ihnen innewohnenden Thematik, Symbolik, Ikonologie auch intellektuelle, ja literarische Leistungen sind. In einem knappen Aufriß der Geistesentwicklung kann allerdings nicht das einzelne Werk gewürdigt, sondern lediglich der Entstehungszusammenhang angesprochen werden.

Zu einer Skizze des allgemeinen Ganges der bayerischen Kulturentwicklung gehört auch ein Wort über deren «Stil». Bayern ist nicht das Zentrum gewesen, von dem aus die neuen Ideen sich wellenförmig ausgebreitet haben, aber es hat an allen Bewegungen und Umwälzungen intensiv teilgenommen, an dem karolingischen Bildungsstreben wie an den monastischen Reformen, am Streit um die Investitur wie am Kampf um die Dialektik, und es hat in allen gelehrten und literarischen Gattungen bedeutende Denkmäler hervorgebracht, von der Grammatik bis zum geistlichen Schauspiel, von der Weltchronik bis zum Minnesang. Wie lebhaft die Wechselwirkung war, zeigen die an den berühmtesten abendländischen Bildungsstätten unterrichteten und die in allen Teilen des christlichen Europa als Kirchenführer, Lehrer und Schriftsteller wirkenden bayerischen Kleriker und Mönche. Weder von St. Emmeram noch von einem anderen bayerischen Kloster sind Ideen ausgegangen, die einen Vergleich mit Gorze oder Cluny erlauben, aber doch sind es Bayern gewesen, die in Montecassino oder Hirsau den neuen Geist dynamisch verwirklichten. Andererseits stehen dem Eifer für den Fortschritt allzeit auch starke retardierende Momente gegenüber; die Bewahrung des bewährten Herkommens konnte in den bayerischen Klöstern als eine Verpflichtung verstanden werden, in der auch der Widerstand gegen den vorwärtsdrängenden Diözesanbischof erlaubt schien.[4] Eigentümlichkeiten in der Wahl der Gegenstände und der Kunstmittel sind schwer festzustellen. Immerhin scheint sich auf zwei Gebieten das geistige Interesse am lebendigsten entfaltet zu haben: in der Geschichtsschreibung und in der Poesie. Abstraktion und Distinktion wurden anderswo weiter vorangetrieben; Anschaulichkeit, Phantasie und Tradition bestimmen hier die Richtung der geistigen Arbeit.

[4] Vgl. den Widerstand der Abtei Tegernsee gegen die Reformwünsche Ottos von Freising: Plechl (s. u. 545f. Anm. 115) (DA 13) 1957, 52ff. und 62ff.; Hallinger I 629ff.

a) *Die Anfänge unter den Agilolfingern.* Die Anfänge des kulturellen Lebens in Bayern sind keine Folge der sogenannten karolingischen Renaissance gewesen. Die römischen Überlieferungen waren in dem Land zwischen Donau und Alpen nie völlig abgestorben und die Nähe Oberitaliens hatte sich zu allen Zeiten befruchtend ausgewirkt. Verschiedene Bewegungen wirkten zusammen, um das Aufblühen des Schriftwesens und der Formkultur im achten Jahrhundert hervorzurufen: Missionierung, Kirchenorganisation und Ausgestaltung des Kults, insulare und langobardische Einflüsse, herzogliche Politik und adlige Initiative drängten zur Begegnung mit den lateinischen Überlieferungen. Aber es ist nicht zu leugnen, daß die weit zurückreichende Bindung an das Frankenreich, im sozialen und territorialen, staatlichen und kirchlichen Bereich wirksam, auch die kulturelle Entwicklung in Bayern wesentlich mitbestimmt hat.[5]

Die Zentren haben sich schon in agilolfingischer Zeit gebildet, die Domklöster an den Bischofssitzen der von Bonifatius eingerichteten bayerischen Diözesen, in Regensburg, Freising, Eichstätt und Passau, und die Monasterien von Benediktbeuern, Wessobrunn, Niederalteich, Tegernsee und Herrenchiemsee, Niedernburg, Mondsee und Kremsmünster. Im Westen erhoben sich Augsburg auf römischen und Eichstätt auf angelsächsischen Fundamenten; im Süden wurde das alte Säben in die bayerischen Grenzen einbezogen.[6] An allen diesen Orten ging es, bei lokalen Verschiedenheiten, um die gleichen Dinge, um die Erneuerung des spätantiken Schriftverständnisses und seiner bildungsmäßigen Voraussetzungen, um das große abendländische Rezeptionswerk, geleistet durch Schule, Skriptorium und Bibliothek. Voran standen nicht eigengesetzliche geistige Bemühungen, Spekulation und Poesie, sondern liturgische, exegetische, katechetische Zwecke. Handbücher mit Meß- und Gebetstexten hatten die Missionare häufig schon aus ihrer Heimat mitgebracht.[7] Aber für die gottes-

[5] Die politischen Beziehungen zusammenfassend bei Reindel, Bayern im Karolingerreich (s. o. 175 Anm. 186) 220–246, für die monastischen s. Prinz, Frühes Mönchtum 317ff.

[6] Vgl. F. Prinz, Bayer. Klosterkultur d. 8. Jhs. (Schlern 45) 1971, 437ff.

[7] Vgl. z. B. das Regensburger Sacramentarium Gelasianum, Bischoff 173, 183. Anders verhält es sich mit dem sog. Evangeliar des hl. Korbinian und mit dem sog. Homiliar des hl. Korbinian, vgl. ebd. 59, 135, 141f. Vgl. G. Leidinger, Das sog. Evangeliar d. hl. Korbinian (J. Schlecht [Hrsg.], Wiss. Festgabe z. 1200jähr. Jubiläum d. hl. Korbinian) 1924, 79ff. Neue differenzierte Einsichten, besonders zu Regensburg und Freising, sind den Arbeiten von K. Gamber zu verdanken: Das Tassilo-Sakramentar, das älteste vollständig erhaltene Regensburger Meßbuch (MThZ 10) 1959, 295ff.; Codices liturgici latini antiquiores (Spicilegii Friburgensis Subsidia 1) 1963, 39; Sacramentarium Gregorianum I. Das Stationsmeßbuch d. Papstes Gregor. Versuch einer Rekonstruktion nach hauptsächlich bayer. Handschriften (Textus patristici et liturgici quos edidit Institutum liturgicum Ratisbonense 4) 1966; Älteste liturg. Bücher d. Freisinger Doms (Der Freisinger Dom. Festschr. z. 1200jähr. Jubiläum d. Translation d. hl. Korbinian) 1967, 45ff.; Fragmenta Liturgica III (Sacris erudiri 18) 1967/68, 306–332; Ein Regensburger Kalenderfragment aus d. Zeit Herzog Tassilos III. (StMBO 80) 1969, 222ff.; Bayer. Evangeliare aus d. Zeit Karls d. Gr. (MThZ 21) 1970, 138–141; Liturgiebücher d. Regensburger Kirche aus d. Zeit d. Agilolfinger u. Karolinger (Beitrr. z. Gesch. d. Bistums Regensburg, hg. v. G. Schwaiger, 8) 1974, 23–43; Die Regensburger Mission in Böhmen im Lichte d. Liturgiebücher (VHOR 114) 1974, 255ff.; Das Re-

dienstlichen Bedürfnisse an den Bischofs- und Abteikirchen reichten sie nicht aus. Vor allem für die Heranbildung des einheimischen Priesternachwuchses, die mit der Institutionalisierung des kirchlichen Lebens notwendig wurde, mußten die gelehrten Grundlagen geschaffen werden. Man brauchte die Hauptwerke der theologischen Literatur, die Bücher der heiligen Schrift, die Kommentare der Väter, des Hieronymus, Gregor d. Gr. und Isidor von Sevilla, Ambrosius und Augustinus und andere patristische Schriften, Texte für monastische Bedürfnisse wie die Vitae Patrum und die Dialoge Gregors des Großen, die Quellenschriften der überkommenen Geschichtsanschauungen und eine Sammlung der für die Erkenntnis der eigenen Rechtsverhältnisse notwendigen Kanones. Das alles konnte in der Regel nicht erworben, es mußte entliehen und im Skriptorium abgeschrieben werden, bevor es im Refektorium gelesen oder in der Schule studiert werden konnte. Trotz dieser durch die Situation bedingten Gemeinsamkeiten wird schon zu Beginn der Entwicklung das lokale Profil einzelner Zentren sichtbar: in den Zeugnissen für die Verehrung des Ortsheiligen, in hagiographischen Unternehmungen, annalistischen Fixierungen und ersten poetischen Versuchen. Gerade in diesem Themenbereich wachsen aus der Rezeption des spätlateinischen Bildungsgutes die ersten produktiven Bemühungen hervor, sich in der Gedankenwelt und Sprachebene der Vorbilder zu bewegen.

Voran ging St. Peter in Salzburg unter dem irischen Abt-Bischof *Virgil* (um 700 bis 784), der an fünfter Stelle in der Salzburger Bischofsliste steht.[8] Er hatte schon in seiner Heimat einen bedeutenden Ruf als Geometer gehabt, als ihn Pipin, damals noch Majordomus, an seinen Hof zog und, um die Mitte des achten Jahrhunderts, nach Bayern weiterempfahl. In seiner Auseinandersetzung mit Bonifatius und in den Lobsprüchen, die Arbeo von Freising, Arn von Salzburg und Alkuin auf ihn gesungen haben,[9] leuchtet auch Virgils geistiger Standort auf. Arbeo widmet ihm einen Panegyrikus von orientalischem Bilderreichtum. Alkuin rühmt ihn als Erbauer der Rupertskirche, Arn feiert ihn als seinen großen Vorgänger, Bonifatius klagte ihn wegen seiner Amtsführung und seiner Antipodenlehre in Rom an, konnte aber, zumindest was den geistlichen Bereich betrifft, nichts gegen ihn ausrichten.[10] In seinem Umkreis scheinen irische Gelehrte tätig gewesen zu sein; der verbreitete Liber de numeris mit seinen zahlenmystischen Spekulationen ist nach Salzburg lokalisiert worden.[11] Auf Virgil geht auch das Salzburger Verbrüderungsbuch zurück, das im

gensburger Fragment eines Bonifatiussakramentars (Revue Benedictine 85) 1975; Das Prager Sakramentar als Quelle f. d. Regensburger Stadtgesch. in d. Zeit d. Agilolfinger (VHOR 115) 1975; Das Bonifatiussakramentar u. weitere frühe Liturgiebücher aus Regensburg, 1975; Der Zenokult in Regensburg (Beitrr. z. Gesch. d. Bistums Regensburg, hg. v. G. SCHWAIGER, 11) 1977; dazu auch H. VOGEL, Über die Anfänge d. Zenokultes in Bayern (Beitrr. ABK 27) 1973, 177ff. – Für das Folgende Bibl. Kat. passim.

[8] P. GROSJEAN, Irish Monks in the Golden Age, ed. J. RYAN, 1963, 73ff.; Ders., Virgile de Salzbourg en Irlande (Analecta Bollandiana 78) 1960, 93ff.; ZIBERMAYR 185ff.; LEVISON (WL 1) 143; BRUNHÖLZL (s. o. 519) 235f.

[9] Arbeo in der Vorrede der Vita Corbiniani (s. u. 524 Anm. 15) 188f.; Arn: (MG Poet. Lat., rec. E. DUEMMLER 2) 1884, 639; Bonifatius: (MG Ep. sel. 1) 141, 178f.

[10] Über Aethicus Ister s. u. 584.

[11] E. Mc NALLY, Der irische Liber de numeris, Diss. München 1957; Ders.,

Original erhaltene, ursprünglich als Diptychon angelegte Verzeichnis der mit St. Peter in Gebetsverbrüderung stehenden Lebenden und Toten.[12] Es beginnt mit einem Ordo episcoporum vel abbatum defunctorum, der vielleicht von Virgils eigener Hand aufgestellt wurde und sicher seine historischen Interessen bezeugt. Vor allem aber beleuchtet es höchst eindrucksvoll die Wende 788. Während in den ersten Jahren, für die noch Virgil selbst als Repräsentant steht, vor allem die Bischöfe, Äbte und Klöster der bayerischen Kirche eingetragen wurden «recht als Ausdruck der Selbständigkeit, deren sich der bayerische Staat vor dem Untergang seiner Herrlichkeit erfreute» (Lhotsky), ändert sich der Charakter der Aufzeichnung nach der Katastrophe von Ingelheim vollständig: ost- und westfränkische, italienische und angelsächsische Verbindungen treten an die Stelle der bayerischen (s. o. 406). Daß es zu Virgils Zeit in Salzburg schon allgemeine historiographische Unternehmungen gab, haben Klebels und Breßlaus Untersuchungen der ältesten Salzburger Annalistik[13] wahrscheinlich gemacht. Auch die älteste Lebensbeschreibung des hl. Rupert[14] scheint auf Virgil zurückzugehen, aber auch bei diesem Werk setzt die Überlieferung erst mit einer späteren Fassung ein. Virgils Verhältnis zur Historiographie kann also über das Hypothetische hinaus bis jetzt nicht exakt aufgehellt werden. Überhaupt lassen sich aus dem Wirkungsfeld der Kirchenfürsten des frühen Mittelalters einzelne Bereiche nur schwer für die gelehrte Betrachtung abspalten. Die literarische Arbeit wird nicht neben der kirchlichen und politischen Wirksamkeit geleistet, sie ist ein Teil davon und bezieht aus der Gesamtsituation Motive, Sinn und Ziel.

Das gilt auch für *Arbeo* von Freising (um 723–783).[15] Er ist der erste einheimische Bischof, bei dem sich ohne Mühe der Schritt in die Bildungswelt der Spätantike aus den überlieferten Fakten und Beständen rekonstruieren läßt. Er hat mit bayerischen, schwäbischen und angelsächsischen (Peregrinus) Schreibern den Ruhm des Freisinger Skriptoriums begründet.[16] Exegetische und homiletische Werke hatten den Vorrang, Historisches, Hagiographisches, Juristisches und Geographisches stehen vereinzelt daneben. Durch Arbeos Schüler gewann das geistliche Zentrum auf dem Freisinger

Christus in the pseudo-isidorian Liber de ortu et obitu patriarcharum (Traditio 21) 1965, 167ff.

[12] MG Necr. 2 (Salzburg, hg. v. HERZBERG-FRÄNKEL) 1844, 6ff.; Das Verbrüderungsbuch v. St. Peter in Salzburg. Vollst. Faksimile-Ausgabe, hg. v. K. FORSTER, 1974; dazu LHOTSKY 149f. (Lit.).

[13] KLEBEL, Geschichtsquelle (s. o. 208 Anm. 40); BRESSLAU, Salzb. Annalistik. Vgl. die kritischen Bemerkungen von LHOTSKY 145f.

[14] Gesta Rup. 157ff.; dazu LHOTSKY 153f.

[15] Arbeonis ep. Fris. vitae sanctorum Haimhrammi et Corbiniani, ed. Bruno KRUSCH (MG SS rer. Germ.) 1920; Arbeo, Vita et Passio s. Haimhrammi martyris, lat.-dt. ed. B. BISCHOFF, 1953. – Lit. über Arbeo: K. BECHER (NDB I) 333f. (Lit.); Wilh. LEVISON (WL 1) 144f.; J. STURM, Bischof Arbeos von Freising bayer. Verwandte (ZBLG 19) 1956, 568–572; J. A. FISCHER, Bisch. A. als Begründer d. geistigen Freising (Frigisinga 39) 1956, nrr. 10 u. 11; H. GLASER, A. v. F. (Bayer. Kirchenfürsten, hg. v. L. SCHROTT) 1964, 15ff.; E. DÜNNINGER, A. v. F. (Bayer. Literaturgesch. I) 1965, 64ff.; K. BOSL, Der «Adelsheilige» (Speculum Historiale, Festschr. Spörl) 1965, 167–187; F. PRINZ, Arbeo v. Freising u. d. Agilulfinger (ZBLG 29) 1966, 580ff.; s. u. 585; BRUNHÖLZL (s. o. 519) 236ff., 544; VL I[2] 413ff.

[16] BISCHOFF 60ff.; Bibl. Kat. 617.

Domberg weitreichende Beziehungen: zur Karolingischen Hofkanzlei, nach Flandern, Burgund und Oberitalien.[17]

Arbeo als erste namentlich und biographisch faßbare bayerische Schriftstellerpersönlichkeit ist häufig Gegenstand wissenschaftlichen Interesses gewesen. Seine Produktion war ausschließlich hagiographischer Natur und erwuchs aus konkreten kultgeschichtlichen Zusammenhängen. Bernhard Bischoff hat die Vita Haimhrammi, die auf legendären Überlieferungen fußt, als das ältere Werk nachgewiesen. Arbeo mußte sich mit der überlieferten Topik begnügen, aber es gelang ihm, ihr Expressivität und Kolorit abzuzwingen. Die auf Anregung Virgils von Salzburg entstandene Vita Corbiniani, für die er mündliche Berichte von Zeitgenossen auswerten konnte, stellte ihn vor eine präzisere historische Aufgabe: das Persönlichkeitsbild realistisch und anekdotisch zu runden. Die Darstellung mündet in den memoirenhaft ausgestalteten Bericht der von Arbeo selbst bewerkstelligten Übertragung der Gebeine des Heiligen von Mais (Südtirol) nach Freising.[18] Die literarische Bemühtheit von Arbeos Sprache ist frühzeitig aufgefallen, aber dieser Aspekt reicht für die Würdigung seiner Werke nicht aus. Die Kraßheit der Martyriumsszene in der Vita Haimhrammi, die liebevollen, das Formular der überlieferten Topoi beziehungsreich variierenden Landschaftsschilderungen und das naturalistische Detail, das die Vita Corbiniani belebt – die Interpretation solcher Merkmale erlaubt, Arbeo von seinen Vorbildern abzuheben und Prototypisches für die frühe bayerische Literatur in ihm zu erkennen.[19] Für Arbeo selbst stand auch bei seiner schriftstellerischen Tätigkeit die pastorale Seite im Vordergrund. Er ging von den konkreten religiösen und politischen Aufgaben, von den gegebenen kultischen Möglichkeiten aus. Es ist vermutet worden, daß Arbeo bei der Wahl seiner Helden auch das zeitgeschichtliche Bezugssystem sichtbar werden läßt, in dem er steht. Die agilolfingischen Herzöge sind in ihrem Konflikt mit den Heiligen geschildert, während das Frankenreich den positiven Hintergrund abgibt.[20] Nichtsdestoweniger ist er mit bedeutendem literarischem Anspruch, als seine rhetorischen Mittel bewußt wählender, sein Werk mit seinem Namen verbindender Autor aufgetreten. Er steht auch am Anfang der Pflege des ahd. Sprachgutes, durch die Freising berühmt geworden ist (Abrogans s. u. 612 f.).

Keiner der anderen Mittelpunkte der bayerischen Kirche hat sich in agilolfingischer Zeit ähnlich profilieren können wie Freising. In *Regensburg* läßt sich der Stand der geistigen Bemühungen wenigstens aus den Leistungen der Schreibschulen und an den Bibliotheksbeständen ablesen;[21] aber in *Passau* ist man auf die Vermutung angewiesen, daß der Ire Sidonius (nach 752/54),[22] der zusammen mit Virgil von Pipin nach

[17] Über Leidrat und Arn vgl. u. 530 Anm. 39 u. 40.

[18] Vgl. FISCHER, Translatio (Deut. Beitrr. 27) 1973, 53 ff.

[19] Vgl. KRAUS, Civitas regia (s. o. 519) 7, 12.

[20] Lit. zu Emmeram und Korbinian s. o. 196 f., 202 f.; vgl. K. BABL, Emmeram v. Regensburg. Legende u. Kult (Thurn u. Taxis Stud. 8) 1973.

[21] BISCHOFF 172 ff.; Ders., Bibliotheken Regensburgs (s. o. 519). Vgl. aber auch die Arbeiten GAMBERS (s. o. 522 f. Anm. 7); dazu Ders., Regensburger Dombibliotheken im MA (Altbayer. Heimat 5) 1975 und zuletzt Bibl. Kat. 90 ff.

[22] HEUWIESER, Passau I 119; Bibl. Kat. 17 ff.

Bayern dirigiert worden war, ähnlich ausgebreitete Interessen pflegte wie sein Salzburger Mitbruder. Während *Augsburg,* der traditionsreichste unter den südostdeutschen Bischofssitzen, durch die Ungunst der Überlieferung stumm bleibt, sprechen für *Eichstätt* die Werke der Nonne *Hugeburc,* die Vita Willibaldi und die Vita Wynnebaldi.[23] Zwar stammte die Verfasserin nicht aus Bayern, sondern aus England wie die ihr blutsverwandten Eichstätter Missionare, und ihre Schriften zeugen eher für den Bildungsstand insularer Frauenklöster als für den der jungen Eichstätter Kirche, und auch der Ort, an dem sie ihre Werke niederschrieb, das von Wynnebald gegründete Kloster Heidenheim, liegt nicht mehr auf bayerischem, sondern schon auf fränkischem Boden. Aber sie bezeichnet das Land, in dem ihre Helden wirkten, als Bayern, als vasta Baguariorum provincia (Vita Willibaldi, vgl. auch Wynnebalds Wohnungsnahme in «Nordfilusa» unter Herzog Odilo),[24] und auch überlieferungsgeschichtlich gehört ihr hagiographisches Werk in den Zusammenhang der bayerischen Kulturentwicklung: die älteste Handschrift der Viten fand sich in Freising, in einem Kodex, den vielleicht Arbeo schon für seine Bibliothek erworben hatte. Die Entstehungsgeschichte der Vita Willibaldi erzählt Hugeburc selbst. Am 23. Juni 778 schrieb sie nach Willibalds Diktat das erste Konzept. Außerdem hat sie keine Quellen benützt. «Nicht von anderen in Erfahrung Gebrachtes, nur von ihm selbst Gehörtes und von seinem Mund Diktiertes haben wir ... niedergeschrieben.» Authentizität und Glaubwürdigkeit der Darstellung werden von der Verfasserin am Anfang und am Ende der Vita unterstrichen, im Rahmen freigebig verwendeter Exordialtopik. Der Ausdruck der Bescheidenheit wird dahin abgewandelt, daß Hugeburc als Frau – «gerade ich bei meiner geringen Kraft als schwache und gebrechliche Frau, von keinem Vorrecht an Weisheit unterstützt ...»[25] – ihrer Aufgabe noch weniger gerecht werden könne. Die Vita Willibaldi ist im Kernstück das Itinerar des Heiligen – von den britischen Inseln über Rom nach Palästina und dann die Rückreise nach Süditalien, wo er auf dem Monte Cassino ein Jahrzehnt verbrachte, schließlich wieder nach Rom und weiter nach Eichstätt. – Demgegenüber tritt in der Vita Wynnebaldi, obwohl auch sie mit einem Reisebericht beginnt, das geographische Interesse gegenüber dem eigentlich hagiographischen zurück. Sie wurde nach dem Tod ihres Helden abgefaßt, während die Vita Willibaldi einen Lebenden beschreibt; sie konzentriert sich stärker auf das geistliche Wirken des Biographierten, im bayerischen Nordgau, in Mainz, in Heidenheim und im «Sualafeld», und mündet in Wunderberichte aus. Vor allem in den resümierenden und würdigenden Passagen am Anfang und am Ende entfaltet Hugeburc einen reichen Vorrat an Kunstmitteln, komplizierte Perioden, exzessive Bildersprache, reiche Verwendung des Cursus und der Alliteration, Mittel, welche nicht

[23] Quellen z. Gesch. d. Diözese Eichstätt I, Biographien d. Gründungszeit, ed. A. Bauch, 1962, 22ff. u. 134ff. Vgl. Brunhölzl (s. o. 519) 240; A. Bauch, Der heilige Willibald, Bischof v. Eichstätt (Bavaria sancta 1) 1970, 148ff.; Ders., Der hl. Wynnebald (ebd.) 136ff.; Ders., Willibald, der erste Bischof v. Eichstätt (Fränk. Lebensbilder = Veröffentl. d. Ges. f. Fränk. Gesch. VII A 1) 1967, 10ff.

[24] Bauch, Quellen (s. o. Anm. 23) 86, 148.

[25] Bauch, Quellen (s. o. Anm. 23) 24; vgl. auch ebd. 26. Erste, dem bayerischen Raum entstammende Selbstzeugnisse zur Frauenfrage.

immer ihre Sprachmeisterschaft, aber sicher ihr Stilwollen deutlich machen. Zwar fehlen ihr der novellistische Zug und die Anschaulichkeit im Detail, durch welche Arbeo die heutigen Leser anzieht, aber ihre Sorgfalt und Wahrhaftigkeit erweisen, daß sie von den historiographischen Pflichten eine strenge Auffassung hatte.

Die Sorge des Herzogs und der großen Familien für die Kirche, in den ungeschiedenen Verhältnissen der Frühzeit immer auch geistige und kulturelle Initiative, erhellt aus dem Panorama der agilolfingischen Klostergründungen. Es reicht von Wessobrunn bis Kremsmünster, von Chammünster bis Innichen (s. o. § 20). Die unmittelbaren bildungsgeschichtlichen Zeugnisse sind spärlicher überliefert. Immerhin sind z. B. die Skriptorien von Benediktbeuern, Tegernsee und Mondsee gut bezeugt; auch von der Bildungsarbeit in Niederalteich haben sich in der Überlieferung Spuren erhalten.[26] In Kremsmünster, das schon im achten Jahrhundert durch die Schenkung berühmter Kunstwerke ausgezeichnet wurde (s. u. 646), nahm man wohl bereits unter dem ersten Abt Fater, der Tassilos Kaplan war, aufmerksamen Anteil am Gang der Zeitgeschichte (s. u. 585).

b) *Karolingische Periode.* Das Jahr 788 besitzt für die kulturelle Entwicklung Bayerns nicht dieselbe epochale Bedeutung wie für die politische Geschichte. Was unter den Herzögen Odilo und besonders Tassilo III. in Gang gekommen war, wurde durch die kontinuierliche Arbeit der Bischöfe und Mönche fortgesetzt und ausgebaut. Nach wie vor bilden die Stiftungen der Agilolfinger und des Hochadels die Mittelpunkte geistiger Aktivität. In *Freising* hatten die Bischöfe Atto, Hitto, Erchanbert, Anno und Waldo das Skriptorium und die Bibliothek kräftig gefördert; in der ersten Jahrhunderthälfte haben neben Cozroh (der den Freisinger Traditionskodex anlegte) eine ganze Reihe von Schreibern ihre Namen in ihren Werken überliefert; unter Bischof Anno (854–875) scheint der Presbyter Waltheri Leiter der Domschule gewesen zu sein. Allein aus der Zeit Bischof Hittos (811/12–836) haben sich über vierzig Kodizes des Freisinger Skriptoriums erhalten: in der Schrift wie im Buchschmuck bezeugen sie das Bemühen um einen klaren und verbindlichen, karolingisch regelmäßigen, die Schule eigentümlich kennzeichnenden Stil.[27] – In *Regensburg* lassen sich aus den unter Bischof Adalwin (792–816/17) angefertigten Handschriften Beziehungen zur Hofschule Karls des Großen vermuten. Besonders anregend hat der kalligraphisch geschulte Bischof Baturich (817–847), der mit Hrabanus Maurus befreundet war und wohl auch Emmeramer Mönche zur Ausbildung nach Fulda schickte, auf das durch

[26] Über Benediktbeuern u. Tegernsee vgl. Bischoff 22ff. und 153ff. und Bibl. Kat. 734ff. – Für die im Osten des Herzogtums gelegenen Skriptorien muß man sich bis zum Erscheinen des 2. Bandes von Bischoff mit vereinzelten Hinweisen behelfen. Über Salzburg und Mondsee vgl. Bischoff, Panorama (s. o. 519) 246ff.; K. Holter, Der Buchschmuck in Süddeutschland u. Oberitalien (Karl d. Gr. II) 1965, 110ff.; ferner Neumüller-Holter, Der Codex Millenarius, 1959; D. Wright, The Codex Millenarius and its model (Münchner Jb. d. Bild. Kunst 3. F., 15) 1964, 37ff.; C. Pfaff, Scriptorium u. Bibliothek d. Klosters Mondsee im hohen MA, 1967.

[27] Bischoff 58ff., bes. 65ff. u. 94ff.; Gamber (s. o. 522f. Anm. 7) u. W. Dürig, Das Benedictionale Frisingense Vetus (Archiv f. Liturgiewiss. 4, 2) 1956, 223ff.; Bibl. Kat. 617f.

die Schreiber Ellenhart, Dignus und Engyldeo bestimmte Skriptorium eingewirkt.[28] Seit 826 ergaben sich enge Beziehungen zwischen der Emmeramer Schule und der königlichen Kanzlei Ludwigs des Deutschen. Noch um 870 hat Ludwig von Bischof Ambricho den Mönch Guntpert wegen dessen Schreibkunst auserbeten.[29] Entschiedener als Regensburg (wo neben St. Emmeram, vielleicht bei der Alten Kapelle, noch ein zweites Skriptorium bestand) und Freising ist St. Peter in *Salzburg* durch fränkische, erst von Saint-Denis, dann von Saint-Amand ausgehende Einflüsse geprägt worden. Insulare und antikisch-italienische Traditionen, die der englische Mönch Cuthpert in seinem berühmten Evangeliar (um 790) (s. u. 646) mit dem «gesamten nordalpinen Formenschatz verbunden» (Holter) hatte und die auch die Züge der mit ihm tätigen Schreiber bestimmten, traten allmählich zurück gegenüber dem karolingischen Stil, den Arn und die ihn begleitenden Mönche aus ihrem flandrischen Kloster mitbrachten.[30] Bezeichnenderweise setzten sich im zweiten Viertel des neunten Jahrhunderts, nachdem Arn gestorben war und auch die Impulse der Hofschule ausblieben, die gewachsenen lokalen Traditionen wieder durch. – Die *Augsburger* Schreibschule ist durch ein für Bischof Hanto (809–815) angefertigtes Purpurevangeliar bezeugt.[31] Clm 22053, eine aus über 70 Bruchstücken und Auszügen kombinierte Sammelhandschrift, die das Wessobrunner Gebet und eine illustrierte Kreuzauffindungslegende enthält, steht vermutlich für eine Staffelseer Schreibschule.[32] Reicher ist Benediktbeuern bezeugt, das bayerische und alemannische Einflüsse aufnahm und eine strenge kalligraphische Disziplin entwickelte. Eine Gruppe karolingischer Handschriften legt es nahe, eine kultivierte Schreibschule in Kochel, dem Schwesternkloster Benediktbeuerns, zu vermuten.[33] – In *Eichstätt,* Heidenheim und Solnhofen, angelsächsischen Gründungen, ist das insulare Schriftwesen bald durch die karolingische Minuskel verdrängt worden, wie die einst der Freisinger Dombibliothek gehörige Handschrift mit den Viten der Hugeburc erweist.[34] Die Tegernseer Schule gleicht sich dem Stil des blühenden Freisinger Skriptoriums an; ob der gerühmte Schreiber Hrotrohc in ihr gewirkt hat, bleibt im Dunkel.[35] Während sich die Skriptorien der

[28] W. Dürig (s. o. Anm. 27) 172 ff., bes. 177 ff. Vgl. K. Gamber, Das Tassilo-Sakramentar, das älteste vollständig erhaltene Regensburger Meßbuch (MThZ 12) 1961, 205 ff.; Ders., Eine ältere Schwesterhandschrift d. Tassilo-Sakramentars in Prag (clm 29163, Augustiner-Chorherrenstift Indersdorf, Lkr. Dachau) (Revue Benedictine 80) 1970, 156 ff.; Ders., Bayer. Evangeliare aus d. Zeit Karls d. Gr. Gab es um 800 in Regensburg ein königl. Scriptorium? (MThZ 21) 1970, 138 ff.; Ders., Fragmentblätter eines Regensburger Evangeliars aus d. Zeit d. Herzogs Tassilo (VHOR 116) 1976, 171 ff. und die o. 522 f. Anm. 7 aufgeführten Arbeiten von K. Gamber; F. Unterkircher, Das Kollektar-Pontifikale d. Bischofs Baturich v. Regensburg. Mit einer liturgiegeschichtl. Unters. v. K. Gamber (Spicilegium Friburgense 8) 1962; Bibl. Kat. 99–103.

[29] K. Gamber (s. o. Anm. 28) 182; Bibl. Kat. 103 f., 142 f.

[30] Holter, Buchschmuck (s. o. 527 Anm. 26) 110 f.; vgl. die ebd. zit. Lit. über den Codex Millenarius.

[31] Bischoff 8 f.; Holter, Buchschmuck (s. o. 527 Anm. 26) 101.

[32] Bauerreiss I 152 plädiert für Staffelsee; Bischoff 18 ff., lokalisiert «in Augsburg selbst oder in einer nahe benachbarten Stätte». Vgl. Gamber, Älteste Liturg. Bücher (s. o. 522 Anm. 7) 49 f.

[33] Bischoff 22 ff.; für Kysila vgl. u. 588.

[34] Clm. 1086, Bauch (s. o. 526 Anm. 23) 20; Bischoff 148; über Passau s. u. 588 f.

[35] Bischoff 153 ff., bes. 155; vgl. Bibl. Kat. 734 f.

Donauklöster Weltenburg und Niederalteich nur in vagen Spuren verfolgen lassen, bezeugt sich die in Mondsee (wo Hildebold von Köln 803–815 Abt war) und dann auch in Kremsmünster blühende Kunst der Kalligraphie und Miniaturenmalerei am vollkommensten im Kodex Millenarius,[36] einem besonders reich geschmückten Evangeliar, das, wie der Salzburger Cuthpert-Kodex, insulare Schrifttradition mit italienischen Vorbildern kraftvoll vereint.

In Stil und Leistung der Skriptorien allein wird heute noch das Werk der karolingischen Schulen faßbar; in den Schulen aber zentrierte sich im neunten Jahrhundert das ganze intellektuelle Leben. Auch die produktiven Leistungen sind aus ihnen hervorgegangen oder auf sie bezogen. Der Schulcharakter des gesamten Geisteslebens erklärt die auffällige Gleichgerichtetheit des gelehrten und literarischen Bemühens; nicht profilierte Autorenpersönlichkeiten, sondern der Bienenfleiß gemeinschaftlicher schulischer Unternehmungen kennzeichnet die Epoche. Die alten Zentren des bayerischen Geisteslebens waren, von der ihnen in agilolfingischer Zeit gesetzten Bildungsaufgabe her, befähigt, diese intensivierten Studien zu tragen.[37] Ihr geistiger Standort und schulischer Stil sind, wie sich am Beispiel der Schrift besonders deutlich verfolgen läßt, allmählich durch das Einströmen karolingischer Ideen und Formen modifiziert worden. Die neuen vertieften Beziehungen zu den kulturellen Mittelpunkten des Frankenreichs, die vom König und seinem Hof ausgehenden religions- und bildungspolitischen Impulse, die liturgischen Reformen und dogmatischen Diskussionen aktualisierten das Streben nach der Verfügbarkeit und dem Besitz der sicheren Quellen des Glaubens und der Lehre; die komplizierter werdenden Rechtsverhältnisse machten die Beherrschung des alles verbindenden, alles fixierenden Schriftwesens notwendig. Ein anderes Merkmal der kulturellen Eingliederung Bayerns in das Reich Karls des Großen wird biographisch faßbar: in den Lebensläufen bayerischer Kirchenmänner, die in die Stätten des fränkischen Bildungswesen führen. Vorausgegangen war der junge Sturmi, der sich in den dreißiger Jahren des achten Jahrhunderts an Bonifatius angeschlossen hatte, auf dessen Veranlassung in Fritzlar ausgebildet worden war und der Gründungsabt von Fulda wurde; auch am Hof Karls spielte er, besonders während des Sachsenfeldzugs von 779, eine bedeutende Rolle. Ihm folgte später sein Verwandter Eigil, der die damals schon berühmte Fuldaer Schule durchlief und später als Abt Sturmis dritter Nachfolger und Hrabans Vorgänger wurde. Sturmis Verwaltungstätigkeit und Eigils hagiographisches Werk haben die rechtlichen und monastischen Traditionen des Fuldaer Konvents wesentlich mitgeformt.[38] Aus Freising sind die begabtesten Mitglieder der Schule Arbeos an den Hof des fränkischen Königs gegangen, Arn (785–821) hat – auf dem Weg über Saint-Amand in seine Heimat zurückgekehrt – die Briefe Alkuins gesammelt, mit fränkischen Klöstern Kleriker getauscht und sie in das Verbrüderungsbuch von St. Peter

[36] Vgl. 527 Anm. 26; s. u. 646.

[37] Vgl. K. Gamber, Aus d. Bibliothek v. Oberaltaich. Fragmente dreier Sakramentare d. 9. u. 10. Jhs. (StMBO 81) 1970, 471–479; zu den Bibliotheksbeständen neuerdings Bibl. Kat.

[38] Zu Sturmi: Böhne (LThK IX) 1127 (Lit.); zu Eigil: Böing (LThK III) 742 (Lit.).

aufnehmen lassen.[39] Leidrat (798–817) hat als missus dominicus Verwaltungsaufgaben übernommen und schließlich die Bildungsvorstellungen des Hofes in sein Erzbistum Lyon übertragen.[40] Die Hofkapelle der ostfränkischen Karolinger bildete schließlich als Wirkungsfeld und Seminar die dichteste Kontaktstelle zwischen karolingischer Politik und bayerischem Episkopat. Nach Abt Gozbald von Niederalteich sind Baturich von Regensburg, Theotmar von Salzburg, Witgar von Augsburg und Pilgrim von Salzburg als Erzkapläne, Erchanfried von Regensburg, Liupram von Salzburg, Ermenrich von Passau, Reginpert, der Neffe Erchanberts von Freising, Waldo von Freising und der Passauer Chorbischof Madalwin als Kapläne in ihr tätig gewesen.[41] Noch König Konrad I. hat dem für Ludwig das Kind tätigen Notar Odalfrid das Bistum Eichstätt, dem Kleriker Gumpold, der wohl auch zu Ludwigs Kapelle gehörte, das Bistum Passau gegeben.[42]

Wenn man den *kulturellen Ertrag des karolingischen Jahrhunderts* der bayerischen Geschichte von seinen Inhalten her betrachtet, kann man fünf vorwaltende Tendenzen unterscheiden.

1. Wie die pastoralen, homiletischen und liturgischen Zwecke voranstanden, läßt sich aus der im neunten Jahrhundert in Freising, Regensburg, Tegernsee entstandenen Gebrauchsliteratur ablesen, aus der ahd. Beichte, dem ahd. Paternoster und Credo, den ahd. Gebeten und Hymnen, dem Priestereid, der Exhortatio ad plebem christianam.[43] Unmittelbar gegeben und durch die karolingischen Reformbestrebungen aktualisiert war das Bedürfnis nach den originalen Grundgesetzen des monastischen und klerikalen Lebens, der Regula monachorum Benedikts und der Regula pastoralis Gregors des Großen.[44] Über diese konkreten Zwecksetzungen hinaus nimmt die Rezeption des patristischen Lehrguts in den Schulen und durch die Skriptorien die größten Ausmaße an. Zu den Schriftkommentaren, die unvermindert kopiert und studiert werden, tritt nun vor allem das theologische und geschichtsphilosophische Werk Augustins. Daneben stehen Eusebius, Boethius, Cassiodor, Beda, Aldhelm und neue, im Aufbau des karolingischen Bildungswesens wichtige Kirchenschriftsteller wie Paulus Diaconus, Smaragdus und besonders häufig Alkuin und Hrabanus Maurus.[45] In den großen Zentren war man über die Anfangssituation hinausgelangt; das geistige Streben war, das Schriftverständnis und die Geschichtsanschauung der christlichen Antike ganz wiederzugewinnen, wie es zur «Renaissance der Studien»[46] gehört.

[39] Löwe (NDB 1) 355f. (Lit.); H. Fichtenau, Biographisches zu d. Beziehungen zw. Österreich u. Frankreich im MA (MIÖG 70) 1962, 1ff., bes. 5f.

[40] So Bischoff 64 u. die neuere Arbeo-Literatur (vgl. 524 Anm. 15). Hingegen wird von Walcher (LThK 6) 928 unter Hinweis auf Trad. Freis. nrr. 95 und 106 die Identität des Erbischofs L. v. Lyon mit dem gleichnamigen Freisinger Diakon bestritten.

[41] J. Fleckenstein, Die Hofkapelle der deutschen Könige I, 1959, 166ff. Vgl. auch H. Löwe, Gozbald v. Niederaltaich u. Papst Gregor IV. (Festschr. B. Bischoff) 1971, 164ff.

[42] J. Fleckenstein (s. o. Anm. 41) 215.

[43] Vgl. Bauerreiss I 153f. und u. 614ff.

[44] Bischoff 36, 41 (Benediktbeuern), 90, 91, 122 (Freising), 157f. (Tegernsee).

[45] Ebd. passim.

[46] P. Lehmann, Das Problem d. karol. Renaissance (Erforsch. d. MA II) 1959, 109ff., bes. 114.

2. Charakteristisch für die karolingische Phase des bayerischen Bildungslebens ist die Konzentration auf die Septem artes liberales. Aus Freising und Tegernsee ist die Institutio grammatica des Priscian, aus Regensburg Martianus Capellas allegorisches Lehrbuch De nuptiis Mercurii et Philologiae überliefert.[47] Von dem Freisinger Grammatiker Erchanbert, der nicht mit Bischof Erchanbert identisch war, stammt eine Erklärung der Ars major und der Ars Minor des Donat.[48] In Regensburg und Freising kannte man Alkuins Rhetorik und Dialektik, in Freising kopierte man die logischen Schriften des Boethius, in Regensburg die Consolatio Philosophiae.[49] Die Freisinger Ars-geometrica-Handschrift, die Abschriften der Astronomie des Hyginus und von Boethius' De musica (in die auch Schemata einer Orgel und anderer Instrumente eingezeichnet sind) stehen für das Quadrivium. Für die frühmittelalterliche Musikpflege in Bayern gibt es aus den Bischofssitzen wichtige Zeugnisse, aus Freising, Augsburg und Eichstätt.[50] Hierher gehört auch die Beschaffung komputistischer Handbücher zur Kalenderberechnung, etwa des Hrabanischen Liber de computo, und von Glossaren und Nachschlagewerken. Isidors Etymologien sind in allen größeren Bibliotheken vorhanden gewesen. In Regensburg wurde, wohl von einem Freisinger Schreiber, das einst dem Hrabanus zugeschriebene Glossar «Samanunga» angefertigt.[51] In den hier als Beispiel aufgeführten Werken bezeichnet sich die Richtung des Bildungsstrebens; es geht über die Elementarbildung weit hinaus, konzentriert sich auf das Trivium und ist auf formale und rhetorische Gesichtspunkte ausgerichtet. Entsprechend dem Schulcharakter des ganzen Geisteslebens spielen die spätantiken Schulautoren eine viel größere Rolle als die klassischen römischen Dichter und Prosaisten, von denen zuerst Vergil stärker beachtet wird.

3. Mit der Institutionalisierung der Kirchen wurde die Kenntnis des geltenden Rechtsgefüges unumgänglich, der königlichen Rechtssetzungen, des Kirchenrechts, des Volksrechts. Deshalb wurden Abschriften, z. B. der Konstitutionen Karls des Großen, Synodalakten und kirchenrechtliche Sammlungen wie die (774 von Papst Hadrian I. Karl dem Großen gewidmete) Dionysio-Hadriana, und die Lex Baiuvariorum in die Bibliotheken aufgenommen.[52] Mindestens ebenso wichtig war es, über diese allgemeinen Satzungen hinaus die besonderen Rechts- und Besitzverhältnisse der einzelnen Kirchen in Traditionskodizes zu fixieren. So hat der Freisinger Bischof Hitto seinen Notar Cozroh beauftragt, «um verschiedenen Schwierigkeiten aus dem Weg zu gehen und den Fälschern das Maul zu stopfen, in einem Band geschickt zu vereinen, was an einzelnen Urkunden und zuverlässigen Belegen vorhanden ist, damit alles übersichtlich und in schöner Ordnung vor dem Leser steht».[53] Dasselbe unternahm Bischof Baturich für Regensburg, etwas später Bischof Hartwig für Pas-

[47] Bischoff 117, 160, 223.
[48] Tractatus super Donatum; vgl. Brunhölzl (s. o. 519) 368.
[49] Bischoff 90, 122, 149, 218, 220.
[50] Ebd. 118f., 127; vgl. § 42.
[51] Vgl. u. 613.
[52] Z. B. aus den bes. wohlerhaltenen Beständen der Freisinger Dombibliothek: Collectio Canonum Frisingensis, die Synodalbeschlüsse des clm. 28135, die Dionysio-Hadriana, die Lex Baiuvariorum: Bischoff 86, 93, 100f., 103, 109.
[53] Trad. Freis. 2 (aus Cozrohs Vorrede).

sau und eine Reihe von Klöstern wie Niederalteich, Schäftlarn, Weltenburg. Ähnlich hat in Salzburg Bischof Arn mit Zustimmung Karls des Großen die unter den Namen Indiculus Arnonis (790) und Breves Notitiae (etwa 789) bekannten Verzeichnisse herstellen lassen (s. o. 442), von denen die letzteren auch eine Erzählung der salzburgischen Frühgeschichte enthalten. In denselben geschichtlichen Zusammenhang gehört das vielleicht noch unter Arn selbst angelegte, «vorwiegend stilästhetischen Bedürfnissen der erzbischöflichen Kanzlei dienende» (Lhotsky) Formularbuch Liber breviarius uniuscuiusque rei. Es besteht aus einzelnen der Formulae Marculfi und aus an Arn gerichteten Briefen, u. a. Alkuins.[54] Auch an den Bischofsitzen dehnt die Verwaltung sich aus; sie bleibt nicht mehr bei der Erledigung der Tagesaufgaben stehen, sondern schafft sich in systematischer und kodifizierender Arbeit gesicherte Grundlagen und ein verbindliches Formular.

4. Schon die juristischen Sammlungen lassen erkennen, wie neben dem uniformen Bildungsstreben der karolingischen Renaissance die lokalen Traditionen und Bedürfnisse fortbestanden. Das wird unterstrichen durch die hagiographische Literatur. Ihr Gegenstand ist an jedem Ort vorzugsweise der heilige Patron, in Benediktbeuern der Ordensvater,[55] in Tegernsee der hl. Quirinus,[56] in Freising Korbinian.[57] Auf mittelfränkischem Boden, in Herrieden, schrieb der Mönch und Presbyter Wolfhard[58] im Auftrag von Bischof Erchenbald von Eichstätt sein Martyrologium. Später verfaßte er die Miracula S. Walburgis, in deren ersten vier Kapiteln die Lebensgeschichte der Schwester der Eichstätter Bistumspatrone, sodann die vor allem nach der Übertragung der Reliquien in das Kloster Monheim gewirkten Wunder berichtet werden.[59] Am Rand der bayerischen Literaturgeschichte steht auch Ermenrich von Passau (866–874), dessen hagiographische Schriftstellerei in der Zeit liegt, wo er noch Mönch in Ellwangen war.[60] Bezeichnend für ihn und über ihn hinaus für die Bildungssituation ist wohl die Kombination von genußvoll vorgeführter Kenntnis der antiken Autoren und emphatisch bekanntem Abscheu vor der heidnischen Literatur. Weiträumigere Erfassung und präzisere Betrachtung des geschichtlichen Lebens, über die hagiographische Sehweise hinaus, hat es damals nur in *Salzburg* gegeben.[61] Die Anfänge liegen auch hier schon in agilolfingischer Zeit; jedoch haben sie sich nicht erhalten, sondern sie sind aus dem Bestand des neunten Jahrhunderts erschlossen worden. «Daß dabei mit einer teils an die philologische, teils an die kunstgeschichtliche Praxis erinnernden Selbstverständlichkeit verlorene historiographische

[54] Formulae Salisburgenses, ed. K. ZEUMER (MG Leg. Sectio V 1) 1886, 439ff.; LHOTSKY 158f.

[55] Translatio des clm. 6333, vgl. BISCHOFF 33f.; BAUERREISS I 147f.

[56] Sog. Passio I, ed. B. KRUSCH (MG SS rer. Mer. 3) 1896, 799.

[57] Z. B. De Timone Comite: s. u. 587.

[58] Über Wolfhard v. Herrieden zuletzt BAUCH (s. o. 526 Anm. 23) 251ff.

[59] H. HOLZBAUER, Mittelalterl. Heiligenverehrung. Heilige Walpurgis, 1972.

[60] W. SCHWARZ, Die Schriften Ermenrichs v. Ellwangen (ZWLG 12) 1953, 182ff.; 15, 1956, 279ff.; V. BURR, E. v. Ellwangen (Ellwanger Jb. 16) 1956, 19ff.; B. BISCHOFF, Eine verschollene Einteilung d. Wissenschaften (Archives d'histoire doctrinale et litteraire du moyen âge 33) 1959; s. u. 588; BRUNHÖLZL (s. o. 519) 364f., 559f.

[61] Vgl. o. 524 u. ebd. Anm. 13 u. 14.

Zwischenglieder mit großer Kühnheit hypostasiert und sogar definiert, auch mit Namen bedacht wurden (die im Grunde freilich nicht viel besagen), wird keinen Kenner dieser Dinge überraschen» (Lhotsky).[62] Ausgangspunkt ist der cod. Herbipol. (univers.) theol. fol. 46, der nach Breßlau[63] aus St. Amand stammt (wo Arn Abt war und von wo er Mönche mit nach Salzburg brachte) und nach 797 nach Salzburg kam. Er enthält hinter Bedas De ratione temporum Ostertafeln für die Jahre 523–1063, deren Ränder zu annalistischen Notizen benutzt wurden. In Salzburg ergänzte man diese Eintragungen aus älteren lokalen Quellen (das Ergebnis ist das von Pertz *Annales Juvavenses* majores genannte Werk). Etwa 816 trug ein gewissenhafter Schreiber auf einer leeren Seite Angaben über die Jahre 742 bis 805 zusammen (von Pertz Annales Juvavenses minores genannt). Jedenfalls vermag die Deutung dieses Befundes durch Breßlau zu erklären, wie die eindeutige Orientierung beider Annalenwerke auf den fränkischen König zustande kam: durch das Vorhandensein einer fränkischen Quelle (der in Saint-Amand gemachten Eintragungen) und durch die Herstellung der Kompilation zur Zeit Arns. Was Klebel 1921 gefunden hat (cod. Admont. n. 718) und Breßlau als Annales ex annalibus Juvavensibus excerpti herausgab,[64] die sog. Annales Juvavenses maximi, wurde als im zwölften Jahrhundert von Schülerhand zu Übungszwecken angefertigte, von einem Lehrer korrigierte Abschrift aus den mittlerweile bis 956 fortgesetzten Salzburger Annalen erkannt. Ihr Wert besteht in den komprimierten primären, nun vor allem Südostdeutschland, d. h. das ‹regnum Bavariae› betreffenden Nachrichten aus den letzten Jahrzehnten des neunten und der ersten Hälfte des zehnten Jahrhunderts. – Auch die *Gesta Hrodperti*,[65] die älteste hagiographische Arbeit aus Salzburg, sind vor dem kirchenpolitischen Hintergrund des ersten Salzburger Erzbischofs zu sehen. Ausgehend von der Annahme einer älteren, verschollenen, treueren Vita Hrodperti ist Zibermayr[66] bei seiner Untersuchung der Motivation der Rupertslegende zu dem Ergebnis gekommen, daß die Stilisierung der Legende um 800 den Zweck verfolgte, die Wirksamkeit Ruperts möglichst weit hinauszudatieren, um das Alter der Salzburger Kirche und damit ihren historischen Anspruch auf die neu verliehene Metropolitanwürde gegenüber den anderen bayerischen Bischofsitzen darzutun. – 851 wurden die Reliquien des hl. Hermes nach Salzburg übergeführt; diesem Ereignis verdankt die Translatio S. Hermetis ihre Entstehung.[67] – 871 lud Erzbischof Adalwin von Salzburg den in Pannonien wirkenden Methodius ein, sich vor einer in Salzburg tagenden Synode wegen seiner Amtshandlungen im Salzburger Missionsgebiet[68] zu rechtfertigen. Die Denk-

[62] Lhotsky 145.

[63] Bresslau, Salzb. Annalistik.

[64] MG SS 30, 727ff.

[65] Hg. v. W. Levison (MG SS rer. Mer. 6) 140ff.; vgl. J. Wodka (LThK 9) 106f. (Lit.). Zu Rupert vgl. Ders., Der hl. Bischof Rupert († um 720) (Bavaria sancta 1) 1970, 107ff.; H. Wolfram, Der hl. Rupert u. d. antikaroling. Adelsopposition (MIÖG 80) 1972, 4ff.

[66] I. Zibermayr, Die Rupertlegende (MIÖG 62) 1954, 67ff.; vgl. Ders., Noricum 121ff.

[67] Ed. G. Waitz (MG SS 15) 1887, 410. Vgl. aber Lhotsky 154f.

[68] Vgl. L. Waldmüller, Salzburg als Zentrum d. bair. Slavenmission d. 8. Jhs. (Beitrr. z. ABK 27) 1973, 111ff.

schrift, die aus diesem Anlaß für den König, den Papst oder die Synodalen hergestellt wurde und die das durch Missionsarbeit erworbene Recht der Salzburger Kirche im Osten herausstellen sollte, bildet das «Haupt- und Glanzstück der ruhmvollen Salzburger Historiographie» (Lhotsky).[69] Sie gibt zuerst einen Abriß der Lebensgeschichte des hl. Rupert, nennt die Salzburger Äbte und Bischöfe bis Virgil, berichtet über die Bekehrung der Karantanen und widmet sich dann ausführlich deren Beziehungen zu Salzburg und Bayern *(Conversio Bagoariorum et Carantanorum)*. Der vom Thema her gestellten Aufgabe, aus geschichtlichen Zusammenhängen heraus zu argumentieren, zeigt sich der unbekannte Verfasser voll gewachsen. Die alten Salzburger Annalen und die Chronik des sog. Fredegar liefern ihm das historische Gerüst. Von einigen Bissigkeiten gegenüber Methodius abgesehen, befleißigt er sich einer informativen Sachlichkeit. Der Quellenwert seiner Darstellung ist, wie die verschiedenen Abschriften und Auszüge beweisen, schon im Mittelalter hoch geschätzt worden (s. o. 442).

5. Die sublimsten Hervorbringungen des Kulturlebens, die poetischen, besitzen die stärkste Eigengesetzlichkeit. Das gilt für die lateinischen Zeugnisse wie für die wertvolleren volkssprachlichen. Freilich haben sie auch ihren präzisen Ort in der allgemeinen Kulturpflege, aber ihr besonderer Wert liegt nicht in diesen geschichtlichen Zugehörigkeiten, sondern in ihrer voraussetzungslosen Aussagekraft. Manche Verse reichen in ihrer poetischen Qualität nicht über den Rang von Schulübungen hinaus, etwa die Salzburger Folge De ordine conprovincialium pontificum oder die Freisinger Zeilen auf Bischof Hitto;[70] sie zeigen neben einem bestimmten historischen Inhalt das Bemühen um Handhabung höherer Ausdrucksformen. Aber selbst bei dem berühmten Wessobrunner Hymnus fehlt dieser Schulbezug nicht, wie die mit artes-Texten durchsetzte Sammelhandschrift erweist, in die das «Gebet» unter dem Titel «De poeta» eingetragen ist. Das Petruslied ist in Freising an den Schluß einer Hrabanus-Handschrift geschrieben worden, der Muspilli auf den Umschlag eines Salzburger Kodex, der im Besitz Ludwigs des Deutschen war.[71] Dadurch, daß diese Texte in Bayern gedichtet oder übertragen, gesammelt und aufgeschrieben wurden, gehören sie der bayerischen Kulturentwicklung an, gleichgültig ob ihr Sprachstand in rheinfränkische, ihre Thematik in angelsächsische Zusammenhänge weist. Überlieferungsgeschichtlich zeugt auch Otfrid von Weißenburgs Evangelienharmonie für die Arbeit der bayerischen Schulen. Sie hat sich in einem unter Bischof Waldo (883–906) von dem Presbyter Sigihard geschriebenen Freisinger Kodex erhalten.[72] Der pastorale Zweck und die formale Kultur gehören in der Arbeit dieser Schulen zusammen.

c) *Vom Ende der Ungarneinfälle bis zum Ausbruch des Investiturstreits.* Die erste Hälfte des zehnten Jahrhunderts bildet in der bayerischen Kulturentwicklung eine tiefe Zäsur,

[69] LHOTSKY 155ff. (Lit.); hg. v. W. WATTENBACH (MG SS 11) 1854, 4ff. Besser: Conv. Bag.

[70] LHOTSKY 150f.; B. BISCHOFF, Anecdota Carolina, 1931, 1. Vgl. u. 587.

[71] BISCHOFF 120f.; E. KARG-GASTERSTÄDT (VL V) 699f.

[72] BISCHOFF 70, 129f.

nicht weil nachher völlig neue geistige Bestrebungen einsetzen, sondern weil die bis dahin kontinuierliche Arbeit der Schulen unterbrochen wird und die produktiven Kräfte verkümmern. Eine Hauptursache des Ruins sind ohne Zweifel die um 900 beginnenden *Ungarneinfälle* gewesen. In Wessobrunn, Benediktbeuern, Ebersberg, Weihenstephan sind die Verheerungen früh bezeugt,[73] und ganz allgemein läßt sich sagen, daß in diesen Jahrzehnten für die gelehrte Arbeit weder die Muße noch das Geld vorhanden waren. Auch die Säkularisationspolitik Herzog Arnulfs war nicht geeignet, in den Klöstern eine neue Blüte der Studien hervorzurufen. Andererseits beweisen einzelne politisch-historische Aufzeichnungen, mit welchem Eifer man in den Konventen an der bayerischen Politik teilnahm: neben den Annales Juvavenses maximi, deren Zentralfigur nach 907 Herzog Arnulf ist,[74] vor allem das Fragmentum de Arnulfo duce aus St. Emmeram,[75] das in seiner ehrerbietigen Charakteristik des Herzogs und in der unverhohlenen Abneigung gegen den Franken Konrad I. und den Sachsen Heinrich I. das politische Selbstgefühl des bayerischen Stammes auf das lebhafteste artikuliert und als ein Stück Hofhistoriographie des luitpoldingischen Hauses verstanden werden kann. Der Nachruhm des Herzogs ist nicht durch diese kurze Lobrede erhellt, sondern durch die legendenhaft illustrierten Verwünschungen der Klostergeschichten verdunkelt worden. Auch die zeitgenössischen Bischöfe wurden in die Anklagen einbezogen.[76] Dennoch befriedigt es nicht ganz, für den Rückgang des geistigen Lebens allein die kriegerischen Zeitläufe und die obrigkeitlichen Eingriffe verantwortlich zu machen. In den Monasterien selbst hatte vermutlich, als der Zustrom der Begabungen aussetzte und die beispielgebende, aufgabensetzende Führung erlahmte, der Eifer der Kulturarbeit nachgelassen.

Daß in den bayerischen Klöstern das kulturelle Leben noch im zehnten Jahrhundert sich wieder zu regen begann, hängt mit der *lothringischen Reformbewegung* (s. o. 471 ff.) eng zusammen.[77] 974 holte Bischof Wolfgang von Regensburg (972–994), nachdem er Bistum und Kloster organisatorisch und besitzgemäß getrennt hatte, den siebzigjährigen, schweigsamen, regelstrengen Mönch Ramwold von St. Maximin in Trier nach St. Emmeram (974–1001). 978 berief Kaiser Otto II. den Mönch Hartwig aus demselben, unmittelbar von Gorze geprägten Reformzentrum nach Tegernsee. Als Hartwig vier Jahre später starb, schickte Ramwold seinen Schüler Gozbert (982 bis 1001), einen um Abensberg begüterten bayerischen Adeligen, als Nachfolger. 987 erneuerte Erzbischof Friedrich von Salzburg sein zum Kanonikat gewordenes Bischofskloster St. Peter. Erster Abt wurde der Emmeramer Tito (987–1025). Der Regensburger Reformkreis strahlte bis Admont, Lorsch, Fulda und Corvey aus. Für

[73] Reindel 93; Hartig, Ob. Stifte 13, 26.

[74] S. o. 533 Anm. 64; vgl. Reindel, Arnulf 187–252; zum historiographischen Aspekt auch E. Müller-Mertens, Regnum Teutonicum, 1970; H. Beumann, Regnum Teutonicum (AKG 55) 1973, 215 ff. Die Wandlungen bereits d. hochmalterl. Arnulf-Bildes sind herausgearbeitet bei A. Schmid, Das Bild d. Bayernherzogs Arnulf (907–937) in d. dt. Geschichtsschreibung v. seinen Zeitgenossen bis zu W. v. Giesebrecht, 1976, bes. 7–66.

[75] Ed. Phil. Jaffé (MG SS 17) 1861, 570; vgl. Otto Meyer (WH 2) 264; Reindel, Arnulf 251 f.

[76] J. A. Fischer, Bischof Drachulf v. Freising (907–926) (ZBKG 30) 1961, 1 ff.

[77] Grundlegend Hallinger; daneben Bauerreiss II 15 ff.

die bayerische Bildungsgeschichte besonders wichtig wurde die Einbeziehung von Seeon, Weltenburg, Weihenstephan und Benediktbeuern. Auch Niederalteich war im zehnten Jahrhundert zum Kanonikat entartet.[78] Herzogliche Initiative stellte um 988/990 die benediktinische Lebensform wieder her. Heinrich der Zänker berief den Mönch Erkanbert, der dem schwäbischen Reformzentrum Einsiedeln nahestand oder angehörte, als Abt (988/90–996). Als nach dem Tod des Zänkers die Kanoniker dessen Entsetzung erwirkten, bestimmte Herzog Heinrich IV., der spätere Kaiser, den jungen Godehard, der als einziger Kanoniker unter Erkanbert in Niederalteich geblieben war, zum Nachfolger (996–1022). Godehard scheint in seiner Haltung durch seinen Vorgänger, also durch die Einsiedler Reformgewohnheiten geprägt worden zu sein. Aber unmittelbar nach seiner Designation reiste er nach Regensburg, um sich mit der Seele des dortigen Reformkreises, mit Abt Ramwold secreter colloquiandi zu beraten.[79] Die Promotoren der weitausstrahlenden (s. o. 474) Niederalteicher Reform waren Gunther der Eremit, der im Nord- und Südosten missionierte, Richer, der als Abt von Montecassino starb, und Godehard selbst, den Heinrich II. 1022 auf den Hildesheimer Bischofsstuhl berief.[80] Auf diesen Reformbeziehungen basiert die Niederalteicher Annalistik des elften Jahrhunderts. Für die bayerische Kulturentwicklung besonders wichtig wurde, daß Tegernsee, wohin Heinrich II. Godehard selbst als Reformabt rief, Kremsmünster und Oberalteich in den Niederalteicher Einflußbereich gerieten. Das Ergebnis der Entwicklung war, daß im elften Jahrhundert nicht mehr wie im neunten die Bischofssitze, sondern die Mittelpunkte der Gorzer Reform, St. Emmeram, Tegernsee und Niederalteich die Vororte der kulturellen Entwicklung in Bayern geworden sind.[80a]

Nichtsdestoweniger sind die weitschauenden, unternehmenden Bischöfe, die in der zweiten Hälfte des zehnten Jahrhunderts in Bayern regierten, die ursprünglichen Initiatoren der Klosterreform und des kulturellen Aufschwungs gewesen. *Wolfgang von Regensburg* (972–994), der in St. Emmeram den Anfang machte und mit dessen Hilfe Heinrich der Zänker auch die Regensburger Frauenklöster erneuerte, war selbst in St. Maximin und in Einsiedeln mit der Gedankenwelt der Reformer vertraut gemacht worden. Zuvor schon hatte er die beste Ausbildung genossen, die damals im Abendland möglich war, hatte auf der Reichenau die Schule besucht, war dann in Würzburg zu Füßen des Grammatikers Stephan von Novara gesessen und schließlich in Trier Vorsteher der Domschule geworden. Er ist von seinen Biographen als Kenner der klassischen Literatur, als kundig vom Leichten zum Schwierigen voranschrei-

[78] HALLINGER 161 ff.

[79] HALLINGER (166) führte den Nachweis, daß in Niederalteich, wie in Regensburg, seit dem Ausgang des 10. Jhs. die Gorzer Consuetudines in Geltung waren.

[80] G. LANG, Gunther der Eremit in Gesch., Sage u. Kult (StMBO 59) 1941/42, 1 ff.; E. HEUFELDER, 1000 Jahre St. Günther, 1955; W. WÜHR, Die Wiedergeburt Montecassinos unter seinem Reformabt Richer v. Niederaltaich (Studi Gregoriani III) 1948, 321 ff.; W. BERGES, Godehard (NDB 6) 495 ff. (Lit.); A. WAGNER, Missions- u. Kulturtätigkeit d. Benediktiner v. Niederaltaich-Ostrow in Südböhmen (Gesch. d. Ost- u. Westkirche in ihren wechselseitigen Beziehungen. Acta Congressus historiae Slavicae Salisburgensis ... anno 1963 celebrati = Annales Instituti Slavici I, 3) 1967, 51 ff.

[80a] Vgl. aber auch Bibl. Kat. 71 ff. über Oberalteich, 645 ff. über Weihenstephan.

tender Pädagoge und schulmäßig gebildeter Theologe gerühmt worden; vor Otto II. siegte er in einer Disputation durch scharfsinnige Anwendung logischer Begriffe über einen Gegner der Inkarnationslehre; er selbst, peritissimus poematum compositor, hat sich in der Verskunst versucht; noch als Bischof hat er zuweilen die Schreibtäfelchen der Knaben in der Domschule korrigierend durchgesehen.[81] Bischof *Pilgrim von Passau* (971–991), der in Niederalteich Kanoniker war und dort vermutlich zu den Schülern des St. Gallener Mönchs Chunibert und des Presbyters Udalgis gehörte, sorgte in Passau für die Blüte seiner Domschule, deren Ruhm unter dem Magister Liutfrid durch die Vita Godehardi bezeugt ist. Er wirkte mit seinem Amtsbruder Wolfgang bei der Reform von Niederalteich zusammen. Schließlich bestätigen auch die sog. Passauer Fälschungen, von dem wechselnden Verständnis der Forschung für ihre Motive einmal abgesehen, das außerordentliche Geschichtsbewußtsein des ehrgeizigen Mannes.[82] Erzbischof *Friedrich von Salzburg* (958–991), Aribone wie Pilgrim, der nach dem Regensburger Vorbild sein Domkloster St. Peter und das Bistum voneinander trennte und vielleicht auch Michaelbeuern mit Emmeramern reformierte, hat wohl in gleicher Weise das Schulwesen in seiner Metropole gefördert. Unter ihm waren an der Domschule die Lehrer Liutfred, Benzo und Friedrich und ihre Genossen tätig; ihnen hat nach 987 Walther von Speyer seine Vita et passio s. Christophori übersandt.[83] Auf dem *Freisinger* Domberg (s. 447, 590) betrieb wohl schon Bischof Lantbert (938–957) mit seinem seit 948 nachweisbaren Magister Adallioz die Erneuerung des geistigen Lebens. *Bischof Abraham* (957–993) schickte seinen Kaplan Godescalc in den Westen des Reiches, nach Metz und Toul, um in Freising fehlende Texte der Kirchenväter abschreiben zu lassen. Von dem Schulmeister Rihkarius ist eine an Abraham gerichtete Rechtfertigungsschrift gegen den Vorwurf der Ketzerei erhalten. Als Abrahams Kaplan Godescalc (993–1006) die Nachfolge im Bistum antrat, war Antricus Domscholaster; unter ihm knüpfte die Freisinger Schule besonders an die schon im neunten Jahrhundert gepflegten klassischen Bildungstraditionen an. Egilbert (1006–1039), der vor Antritt des Bistums unter Willigis von Mainz Vizekanzler und später der Erzieher Heinrichs III. war, gab Weihenstephan seine Selbständigkeit vom Bistum und schloß es der Regensburger Reform an. Benediktbeuern ließ er, mit

[81] O. Meyer (WH 2) 265ff.; Janner 350ff.; H. Keller (LThK X) 1214f. (Lit.). Vgl. K. Bugmann, Der Mönch Wolfgang (StMBO 78) 1967, 9ff.; J. Klose, St. Wolfgang als Mönch u. d. Einführung d. Gorzer Reform in Bayern (Regensburg u. Böhmen. Festschr. z. Tausendjahrfeier d. Regierungsantritts Bischof Wolfgangs v. Regensburg u. d. Errichtung d. Bistums Prag, hg. v. Schwaiger-Staber) 1972, 61ff.; R. Zinnhobler, Die Beziehungen d. Hl. Wolfgang zu Oberösterreich (Jb. Oberösterr. Musealver. 117) 1972, 14ff.; G. Schwaiger, Der hl. Wolfgang, Bischof v. Regensburg (um 924–994) (Bavaria sancta 1) 1970, 212ff.; Ders., Die Kanonisation d. Bischofs Wolfgang v. Regensburg (Beitrr. z. ABK 27) 1973, 225ff.; R. Zinnhobler, Der Hl. Wolfgang, Leben, Legende, Kult, Linz 1975. Zu den geistesgeschichtlichen Perspektiven neuerdings J. D. Kyle, St. Emmeram/Regensburg as a center of culture in the later 10th century, Diss. Pittsburgh 1976.

[82] J. Oswald, Die Bischöfe v. Passau (Ostbair. Grenzmarken 5) 1961, 12ff.; O. Meyer (WH 2) 285ff.; Fichtenau, Pilgrim v. Passau (s. o. 224 Anm. 254).

[83] Tomek I 115ff. Zeugnisse aus der Vita Godehardi 172 und Ep. Ualtheri ... ad collegas urbis Salinarum (vgl. Manitius [s. u. 582] II 503); O. Meyer (WH 2) 213, 283ff.

Konrad II. zusammenwirkend, von Tegernsee aus erneuern. Für seine Sorge um die gelehrte Überlieferung zeugt, daß er die zum Teil nun schon über 300 Jahre alten Bestände der Bibliothek seines Hochstifts mit neuen Einbänden versehen ließ, mit Lederüberzügen, in die Halbfiguren von Heiligen, Vögel und Blattornamente eingeprägt wurden.[84] *Eichstätt,* wo der Anonymus Haserensis auch die Bildungsbemühungen der Bischöfe schildert, und *Augsburg,* für dessen Bücherschätze Froumund und für dessen literarische Kultur Gerhards Vita Udalrici Zeugnis ablegen, standen mit den bayerischen Zentren in Wechselbeziehung.

Mittelbar, doch entschieden wirkten sich auf die Entwicklung des kulturellen Lebens auch die Initiative und die Förderung aus, welche die bayerischen Herzöge Heinrich der Zänker (955–976, 985–995) und sein Sohn Heinrich IV. (995–1004) der Klosterreform zuwandten. Heinrich IV. hat dann als Kaiser bayerische Reformmönche auch in die monastischen Zentren Frankens und Sachsens berufen, nach Fulda, Hersfeld, Corvey.[85] Schließlich standen die einzelnen Bildungsstätten nicht für sich allein. Schulische Beziehungen und Reformbeziehungen überlagern sich und rufen sich gegenseitig hervor. Bayern lag im späten zehnten und elften Jahrhundert inmitten einer Bildungslandschaft von blühenden Dom- und Klosterschulen. Abt Burchard von St. Emmeram (1030–1037) z. B. war Reichenauer Professe; er erneuerte den liturgischen Gesang und machte seine Abtei mit den Hymnen und Sequenzen Notkers des Stammlers vertraut.[86] So eröffneten sich Beziehungen zu den berühmten schwäbischen Schulen, nach St. Gallen, wo damals Notker III. seine Kenntnis des Aristoteles und der lateinischen Schulautoren sogar in deutschen Übersetzungen fruchtbar machte, und nach der Reichenau, wo Hermann der Lahme, der ein bedeutender Historiker gewesen ist, sich als Lehrer besonders des Quadriviums hervortat. Trier und Würzburg strahlten durch Wolfgang und Ramwold, Fulda und Hersfeld durch Otloh nach Regensburg aus.[87] Bei Hartwig von St. Emmeram werden sogar französische Einflüsse greifbar. Er saß zu Füßen Fulberts von Chartres und brachte zwei Kodizes mit, gefüllt vorwiegend mit Schriften zum Quadrivium, das in den französischen Schulen jener Zeit «seine unterrichtsgemäße Ausgestaltung in der für die nächsten Jahrhunderte maßgeblichen Form empfing» (Bischoff).[88] Sein Studienweg wirkt wie eine Illustration zu der Kritik, die Williram von Ebersberg[89] an dem Bildungsstreben seiner Zeitgenossen übte.

Das bildungsgeschichtliche Profil des *gorzischen Reformmönchtums* in seiner bayerischen Ausprägung von dem der vorausgehenden karolingischen Epoche wie dem der nachfolgenden kluniazensischen, junggorzischen oder jungkluniazensischen Bewegung zu differenzieren, ist nur in vorsichtigen Annäherungen möglich. Es läßt sich

[84] J. A. FISCHER, Lantbert v. Freising, 937–957 (Beitrr. ABK 21) 1959, 7ff.; O. MEYER (WH 2) 276f. (vgl. u. 590f.); B. BISCHOFF, Die Freisinger Dombibliothek (Bayerland 57) 1955, 287ff.; N. DANIEL, Handschriften d. 10. Jhs. aus d. Freisinger Dombibliothek, Diss. München 1973; Bibl. Kat. 619.

[85] HALLINGER 157ff., 169.

[86] BISCHOFF, Emmeram bes. 112f.

[87] Ebd. 105f. (Ramwold); Ders., Otloh (VL III) 658ff.; Helga SCHAUWECKER, Otloh v. St. Emmeram (StMBO 70) 1963 (erschienen 1964), 3ff., bes. 7ff.

[88] BISCHOFF, Emmeram 106.

[89] Siehe u. 548, 595, 621f.

nicht aus einer nach Disziplinen oder literarischen Gattungen geordneten Übersicht über die Leistungen gewinnen. Der Wille zu neuer Orientierung oder der methodische Ansatz zu neuer Durchdringung des Bildungsgefüges war gar nicht vorhanden. Vielmehr strebten die geistigen Führer des Mönchtums lediglich danach, die Entartung der vorausgehenden Jahrzehnte zu überwinden und die geistige Basis des monastischen Lebens wiederherzustellen. Am ehesten enthüllt sich die intellektuelle Ausrichtung der bayerischen Klöster, wenn man sich die Bildungsarbeit und literarische Produktion der einzelnen Reformmittelpunkte vor Augen führt. Lediglich *ein* Aspekt soll vorweg angesprochen werden, die Frage nach der negativen Haltung des Reformmönchtums gegenüber den antiken Bildungstraditionen. Jahrzehntelang ist im Rahmen einer literatur- und geistesgeschichtlichen Betrachtungsweise, die die gesamte Reformbewegung pauschal als «kluniazensisch» bezeichnete,[90] dieser Vorwurf das Hauptcharakteristikum der monastischen Schriftsteller des elften Jahrhunderts gewesen. Die Konfliktsituation mußte nicht erst in den Reformklöstern geschaffen werden, sie war in der Struktur des damaligen Bildungswesens begründet, in dem Verhältnis von antikisierend-rhetorischen Schultraditionen und biblisch-patristischen, exegetisch-moraltheologischen Lehrgehalten. Sie ist beispielhaft von Hieronymus und Augustinus ausgetragen und formuliert worden und auch in der karolingischen Epoche, wie im bayerischen Bereich etwa Ermenrich von Passau zeigt, keineswegs harmonisiert gewesen. Immerhin liegen aus dem Regensburger Reformkreis eindrucksvolle Zeugnisse darüber vor, wie intensiv die von den Gorzer Reformideen erfaßten Konventualen die Spannung zwischen weltlicher Formenfreude und geistlichem Lebensziel an sich erfuhren. Arnold von St. Emmeram war durch den Tod eines befreundeten Klosterbruders so erschüttert, daß er die heidnischen Bücher, denen er bis dahin ob gloriolam saeculi angehangen, mit den göttlichen vertauschte;[91] sein Mitbruder Otloh legte, von Visionen gepeinigt, die libros gentiles beiseite, um nur mehr jene nachzuahmen, die der lectio divina obliegen.[92] Die Bekenntnisse der beiden sind zunächst einmal ein Zeugnis für die Wiederbelebung der septem artes liberales im elften Jahrhundert. Dazu stimmt die Klage Willirams von Ebersberg, daß die frühere Zeit der Bibelstudien gewichen sei; jeder, der heute noch studiere, glaube, «es sei mit Grammatik und Dialektik genug».[93] Allein nicht einmal hier, obwohl es sich um eine programmatische Äußerung handelt, ist der Wert weltlicher Bildung für die geistlichen Studien ganz geleugnet. Da die Klosterschriftsteller des zehnten und elften Jahrhunderts das monastische Leben als religiöse und damit zugleich als geistige Aufgabe verstanden, mußten sie über den Ort der weltlichen Studien innerhalb der geistlichen Existenz meditieren. Weder diese Frage noch die Antwort darauf unter-

[90] Z. B. EHRISMANN II 1, 1 ff.; H. de BOOR, Von d. karoling. z. cluniazensischen Epoche (Annalen d. deutschen Lit., hg. v. H. O. BURGER) 1952, 31 ff. S. o. 471 ff.

[91] Dialogus de miraculis S. Emmerammi (MG SS 4) 546. Dazu SCHAUWECKER (s. o. 538 Anm. 87) 184.

[92] Liber visionum, MIGNE PL 146, 348 ff.; MISCH (s. o. 519) III 1, 60 ff., 82 ff.; SCHAUWECKER 60 ff. – De doctrina spirituali c. 14, MIGNE PL 146, 279. – Ausführliche Darstellungen des Problems v. BISCHOFF, Emmeram 120 ff.; SCHAUWECKER 165 ff.

[93] Williram in seiner Vorrede zur Expositio in Cantica Canticorum, s. u. 548.

scheidet die Reformmönche grundsätzlich von den Trägern anderer Epochen des hochmittelalterlichen Geisteslebens. Eher schon ist es ihnen eigentümlich, wie die Beispiele Arnolds und Otlohs, aber auch das Interesse für Rather von Verona zeigen,[94] die Auseinandersetzung zwischen den Bildungsmächten nicht allein rational, sondern auch auf der Ebene des Seelenlebens auszutragen und davon öffentliches Zeugnis zu geben. Zu dem geschärften Unterscheidungsvermögen gesellen sich eine reizbare Empfindungsgabe, eine emotional bewegte, auf Bildungseindrücke sensibel reagierende Phantasie und ein etwas literatenhaft anmutender Bekenntnisdrang. Deshalb bildet die monastische Bewegung des zehnten und elften Jahrhunderts nicht nur einen Abschnitt in der Entwicklung des mittelalterlichen Denkens, sondern gehört auch der abendländischen Seelengeschichte an.

Am Anfang der Bildungsbemühungen des *Regensburger Reformkreises* steht das Wort Ramwolds von St. Emmeram, daß er im Kloster und außerhalb alles Notwendige wiederherzustellen strebe, namentlich in der Pflege der Bücher; die Bücher seien die Grundlage allen Wissens, auf denen die Wahrheit beruhe.[95] Dieser Satz wird bestätigt durch die heute noch rekonstruierbaren Maßnahmen Ramwolds, durch die Liste der achtzig Bücher, mit denen er die Klosterbibliothek bereicherte, durch die Hauptwerke des Emmeramer Skriptoriums, das Sakramentar Heinrichs II. und das Evangeliar der Uta, durch die Reparatur des Codex Aureus, welche die Mönche Aribo und Adalbert auf seine Weisung hin vornahmen.[96] Für den Reichtum der von dem Mönch Reginbald betreuten Emmeramer Bestände sprechen auch die Korrespondenzen der Bibliothekare in der Tegernseer Briefsammlung.[97] In dieser Bücherwelt hat ein Menschenalter später Otloh seine geistige Heimat gefunden, hat auch Wilhelm von Hirsau (1069–1091) seine Auseinandersetzung mit der weltlichen Bildung begonnen, noch ganz in der vermittelnden Haltung der gorzisch geprägten Reichsklöster, wo es erlaubt war, die weltliche Philosophie zu studieren, «um das Gold aus dem Schmutz, die wohlduftenden Früchte aus dem Dornengestrüpp herauszuholen».[98] In Ramwolds Bucherwerbungen stehen die Autoren des Triviums und des Quadriviums neben den Kirchenvätern und den karolingischen Schriftstellern (unter denen Hraban hervorragt). Wilhelm von Hirsau selbst hat über die Astronomie und Musik gehandelt. Unter den von Otloh kopierten Werken (die Handschriften stammen alle aus einer späteren Zeit) stehen Augustinus und Hieronymus voran. Dabei ist es Otlohs Ziel, deren Gesamtwerk verfügbar zu machen.[99] Zugleich wirken lokale Besonderheiten sich aus. In Regensburg ist es das Bemühen, der Schriften des Dionysius Areopagita habhaft zu werden; Otloh schrieb die Areopagitica Hilduins

[94] BISCHOFF, Emmeram.

[95] In der Vorrede zur Regensburger Bearbeitung der Homiliensammlung des Paulus Diaconus, seiner einzigen literarischen Hinterlassenschaft (NA 10) 1884, 389; O. MEYER (WH 2) 266.

[96] G. Swarzenski, Die Regensburger Buchmalerei d. X. u. XI. Jhs., 1969². Vgl. Bibl. Kat. 143–149.

[97] Die Tegernseer Briefsammlung (Froumund), ed. K. STRECKER (MG Epistolae sel. 3) 1925, z. B. nrr. 20, 45, 102. Dazu BAUERREISS II 55f.

[98] Aus der Einleitung zu De Astronomia, MIGNE PL 150, 1641; O. MEYER (WH 3) 550f. Vgl. Bibl. Kat. 149ff.

[99] BISCHOFF, Emmeram 124; SCHAUWEKKER (s. o. 538 Anm. 87) 28.

und, vielleicht in Montecassino, die Hierarchien des Pseudodionysius und die Kommentare des Johannes Scotus ab.[100] Diese Arbeiten der Regensburger Schule zeigen, daß sich gegenüber den Bildungsbemühungen der Karolingerzeit höchstens der Akzent verschoben hatte; die Patristik blieb das systematisch ausgebaute Zentrum der Studien; die septem artes behielten ihre grundlegende, dienende Funktion, und selbst die heidnischen Klassiker wurden noch gelesen, wenn auch schlechten Gewissens.

Schon die Schriftstellerei des Propstes *Arnold von St. Emmeram* (um 1000 bis vor 1050)[101] läßt erkennen, mit welcher Intensität die Reformklöster die Traditionen der lokalen Kulte fortsetzten. Arnold hielt die Emmeramsvita Arbeos für verdorben, aber seine Mitbrüder wehrten sich gegen eine Neufassung des verehrungswürdigen Textes. Arnold mußte nach Sachsen ins Exil; dort erbat er von dem Magdeburger Domscholaster Meginfried eine Bearbeitung der Vita Haimhrammi; als er sie, mittlerweile nach St. Emmeram zurückgekehrt, sechs Jahre später erhielt, schrieb er eine Fortsetzung dazu, den Liber I de miraculis beati Emmerami, worin er die von Arbeo berichteten Wundergeschichten wiederholt und durch Berichte aus der Zeit Kaiser Arnulfs und aus dem zehnten Jahrhundert ergänzt. Später verfaßte er eine neue Fortsetzung, den Liber II de memoria beati Emmerami et eius cultorum; sie beschäftigt sich in den ersten sechs Kapiteln mit Wolfgang von Regensburg, verläßt schließlich die besondere Regensburger Perspektive, um sich ganz allgemein bei wunderbaren und erbaulichen Geschichten aufzuhalten. Daneben haben sich eine Homilie, Antiphonen mit Responsorien und ein Gedicht aus 22 Leonischen Hexametern zu Meginfrieds Vita erhalten. Ein zweiter kennzeichnender Aspekt der Schriften Arnolds ist die starke Einbeziehung der eigenen Person. Allerdings kommt Arnold dabei über die vorgegebenen Formeln nicht wesentlich hinaus; er verfügt nicht über die subtile Gabe der Selbstbeobachtung wie sein jüngerer Mitbruder Otloh. Zu Arnolds literarischer Eigenart gehört schließlich ein das hagiographische Thema durchdringender anekdotischer Zug. Er macht Arnold ungeeignet zu historiographischer Zusammenfassung, aber er hebt sein Werk doch über die bloße Schulübung hinaus. Die plötzliche und ausgiebige Beschäftigung mit dem Klosterpatron bei Arnold und bei seinem Mitbruder Hartwic (über ihn s. u. 592) hängt unmittelbar mit der Reformbewegung zusammen, mit dem angestrengten, in Übereinstimmung mit den Gorzer Reformzielen unternommenen Versuch, die von Wolfgang geschenkte Freiheit des Klosters auch gegenüber Wolfgangs Nachfolgern zu wahren. Dazu sollte in bedrängter Stunde, als St. Emmeram doch nicht stark genug schien, sogar die Adaption eines neuen, älteren, darum erhabeneren und mächtigeren Patrons dienen, des Dionysius Areopagita, dessen Reliquien, so wollte man um 1049 in St. Emmeram wissen, Kaiser Arnulf von Paris heimlich aus Saint-Denis wegbringen und nach Regensburg habe übertragen lassen. Die sog. Translatio I, die diesen Bericht gibt, ist mit dem Namen des Otloh

[100] Bischoff ebd. 112; Ders. (VL III) 660; O. Meyer (WH 2) 274f.

[101] Migne PL 141, 985ff.; Ex Arnoldi libris de S. Emmeramo, ed. G. Waitz (MG SS 4) 1841, 543–574; K. Langosch (VL I²) 464ff.; J. Sydow (NDB 1) 380f. (Lit.) und J. Staber (LThK I) 895 (Lit.).

von St. Emmeram verknüpft (s. u. 592ff.). Ein Jahrzehnt später, noch vor 1060, wurde von anderer Hand in der sog. Translatio II eine rhetorisch herausgeputzte, fabelhaft erweiterte Bearbeitung vorgenommen.[102]

In diesem Zusammenhang erscheint der Mönch *Otloh* (um 1010 bis nach 1070) im Rahmen der Emmeramer Traditionen tätig. Er hat sich als Dekan so hartnäckig für die Unabhängigkeit seines Klosters eingesetzt, daß er nicht nur mit dem Bischof, sondern auch mit kompromißbereiten Brüdern aneinandergeriet und ins Exil nach Fulda ging.[103] Auch in der Vita Wolfgangki, teilweise auf Arnolds Berichten fußend, stellt er seine schriftstellerische Tätigkeit in den Dienst seiner Abtei. Aber seine Persönlichkeit und sein literarisches Werk lassen sich doch nur zum Teil aus der Prägung durch das Reformmönchtum erklären. In seinem einzig der literarischen Arbeit gewidmeten Leben, in seinem Denkstil, seiner Selbstbeobachtung und seinem Bekenntnisdrang dokumentiert sich vor allem eine zugleich sensible und selbstbewußte Individualität. Bildungsweg und literarisches Werk sind bei Otloh genauer bekannt als bei jedem anderen bayerischen Schriftsteller vor dem zwölften Jahrhundert: überliefert ausschließlich durch ihn selbst in Bekenntnissen, Werkverzeichnissen, Autographen. Allerdings stammen alle diese Zeugnisse aus den letzten Jahrzehnten seines Lebens. Über den Wandel seiner Anschauungen und seiner Haltung gibt es nur nachträgliche, rückschauende Berichte. Aber auch in den abwertenden Urteilen der Spätzeit über die früheren Verirrungen wird eine Entwicklung deutlich: von dem unruhigen, spottlustigen, von Versuchungen geplagten jungen Kleriker zu dem verbitterten, von Abt und Bischof, Mitbrüdern und Schülern enttäuschten, doktrinär erstarrten Mönch, der sich ganz auf das geistliche Streben zurückgezogen hat. Otloh, in Tegernsee ausgebildet, nahm seinen Weg über Hersfeld, Würzburg und Freising, bevor er in St. Emmeram eintrat und zum Leiter der Schule berufen wurde. Die Lehrtätigkeit füllte die zweite Hälfte seines Lebens aus, unterbrochen allerdings durch den Fuldaer Aufenthalt und, vor der Rückkehr, ein Jahr in Amorbach, sowie durch eine nicht genau datierbare Italienreise, die bis nach Montecassino führte.

Als sein zentrales Werk wertete er selbst das Triptychon aus De doctrina spirituali, Liber visionum und De III quaestionibus[104] (s. u. 593f.), worin er die Folgen unrechten Verhaltens von verschiedenen moraltheologischen Aspekten her bespricht. Auch in einer Reihe anderer Werke steht der pädagogische Zweck voran. In verschiedenen kleinen Schriften beschäftigte er sich mit zahlenmystischen Spekulationen. Daneben war die Hagiographie sein Hauptarbeitsgebiet. Daß ihm dabei die Quellenfrage ein Problem bildete, zeigt er schon im Prolog der Vita Wolfgangki, wo er die einheimischen Zeugnisse für glaubwürdiger erklärt als die auswärtigen, weil der Biographierte

[102] MG SS 11, 343ff.; O. Meyer (WH 3) 549; A. Kraus, Die Translatio S. Dionysii Areopagitae aus St. Emmeram in Regensburg (SB München) 1972; Ders., Civitas Regia (s. o. 519) 37ff.

[103] Biographie b. B. Bischoff (VL III) 658ff.; Charakteristik s. Hauck III 968ff.; H. Philipp-Schauwecker (VHOR 106) 1966, 103–120.

[104] Werke Migne PL 146, bes.: De doctrina spirituali, ebd. 263ff.; Liber visionum, ebd. 341ff.; Neuausgabe von W. Blum 1977; De III quaestionibus, ebd. 59ff. Vgl. B. Bischoff (VL III) 660.

hier und nicht anderswo sein Leben zugebracht hat.[105] In der Vita Nicolai mußte er sich, allerdings ohne einen andern Gesichtspunkt als den der Wahrscheinlichkeit zu haben, zwischen verschiedenen Gewährsmännern entscheiden, während er in der Vita Magni nur eine ältere Biographie bearbeitete und in der Vita Altonis lediglich auf legendären Überlieferungen fußen konnte. Eine schwierige Aufgabe stellte sich ihm wieder, als die Fuldaer Mönche von ihm eine neue Lebensbeschreibung des Bonifatius erbaten. Auch hierbei ist die Quellenfrage für ihn methodisch entscheidend; er wirft den älteren Biographen vor, daß sie die wichtigsten autoritativen, d. h. primären Zeugnisse außer acht gelassen hätten, die von Bonifatius geschriebenen und die an ihn gerichteten Briefe. Er unternimmt es nun, diese Briefe in seine neue Vita einzubauen und ihr also eine dokumentarische Grundlage zu sichern.[106] Allerdings geht er dabei so gründlich vor, daß das literarische Gefüge der Biographie zerfällt. Während also Otloh sich hier als gesuchter, das literarische Schema beherrschender, über seine Aufgabe selbständig räsonierender Historiker erweist und während er sich auch im philosophischen und theologischen Bereich eine eigene, vielleicht noch nicht präzis genug umrissene Stellung erarbeitet hat, die durch die pointierte Absage an die modernen Dialektikter doch wohl nur negativ gekennzeichnet wird,[107] stehen Selbstbetrachtung und Autobiographie im Zentrum seines geistigen Strebens. Er hat viele seiner Arbeiten mit memoirenhaften Details durchsetzt, den Liber visionum mit eigenen Erlebnissen angefüllt, eine schriftliche, heute verlorene Beichte abgelegt und in De temptationibus cuiusdam monachi die Schilderung seiner seelischen Leiden auch gesondert herausgegeben.[108] Seine autobiographische Schriftstellerei differenziert sich in bekenntnishafte Berichte über Versuchungen und Anfechtungen, fiktive Dialoge mit Dämonen und mit Gott über Glaubenszweifel und Auserwählung, und szenisch aufgebaute, zuweilen zu dramatischen Auseinandersetzungen hochgetriebene Schilderungen von Visionen. Dabei ist durchgehend der Gedanke der conversio morum, der Bekehrung zum rechten Leben das zentrale Motiv, und der Bekehrungsvorgang selbst wird als bildungsgeschichtliche Entwicklung verstanden. Hierin spiegelt sich der persönliche Charakter Otlohs; aber auch die Einblicke, die darüber hinaus in die geistige Welt und das Gemütsleben der Reformmönche und dessen Projektionen gegeben werden, sind hochbedeutend. Gegenüber seinen literarischen Vorbildern Hieronymus und Augustin, hinter denen er an seelischer Feingliedrigkeit

[105] Vita Wolfgangki, ed. Gg. Waitz (MG SS 4) 1841, 525ff.; Vita Nicolai (NA 10) 1884, 408f. (Teildruck); Vita s. Magni, ed. Gg. Waitz (MG SS 4) 1841, 425 (Teildruck); M. Coens, La vie de S. Magne de Füssen par Otloh de Saint-Emmeram (Analecta Bollandiana 81) 1963, 159ff. (vgl. ebd. 322ff.); Vita Bonif.; Schauwekker (s.o. 538 Anm. 87) 41ff.; O. Meyer (WH 2) 278; A. Kocher, Othlos Vita Sancti Bonifatii. Abschr. d. Rugerus (Veröffentl. d. Solothurner Stadtarchivs 3/4) 1967, 12ff. Zu den in Regensburg initiierten hagiographischen Bemühungen gehört auch die Vita Erhardi des Paulus Judaeus, ed. W. Levison (MG SS rer. Mer. VI) 1913, 1–21; vgl. G. Koschwitz, Der hl. Bischof Erhard v. Regensburg (StMBO 86) 1975, 481ff.

[106] W. Hug, Elemente d. Biographie, Diss. Masch. München 1957.

[107] Vgl. die Würdigungen von Bischoff, Emmeram 126, und von Schauwecker (s.o. 538 Anm. 87) 165ff.

[108] Misch (s.o. 519) III 2, 57ff.; Schauwecker 52ff.

und stilistischem Vermögen weit zurücksteht, behauptet Otloh seine eigene Erlebnissphäre und Ausdruckswelt. Neben den Konfessionen stehen Rechenschaftsberichte über seine literarische Tätigkeit, in denen der Autorenstolz des gebildeten Mönchs sich lebhaft zu Wort meldet. Aber beide Ebenen gehören zusammen, insofern gerade aus den literarischen Neigungen die religiöse Entwicklung erwächst und die Lösung der geistlichen Spannungen erst neuem schriftstellerischem Schaffen Raum und Thema gibt.

St. Emmeram, dem hier verhältnismäßig breiter Raum gegeben wurde, bietet ein durch Quellenlage und Reichtum an Talenten begünstigtes Beispiel für das schulische und intellektuelle Milieu der Reformklöster nicht bloß Bayerns. In *Niederalteich*, dem anderen Mittelpunkt, war der Rahmen abgesteckt durch die von Godehard, Gunther und Richer aufgetanen monastischen Beziehungen.[109] Das Bildungsleben scheint schon vor der Reform eine beachtliche Höhe gehalten zu haben, wie der Unterricht erkennen läßt, den der junge Godehard bei den Magistern Udalgis und Rumbold genoß. Es konnte sich in dem von weltlichen und geistlichen Gewalten weniger gestörten Donaukloster im elften Jahrhundert stetig fortentwickeln. Die langsam reifende Frucht dieses Geisteslebens sind die nach 1073 abschließend redigierten *Annales Altahenses*[110] gewesen, die wichtigste historiographische Leistung Bayerns vor dem Investiturstreit. Das Werk gehört der Reformbewegung an, insofern der Verfasser in gelegentlichen Bemerkungen über das Schicksal seines Hauses und anderer Konvente, in der Verurteilung der Übertragung seines Klosters an den bayerischen Herzog und in der Schilderung der simonistischen Umtriebe im Reich unter dem jungen Heinrich IV. die monastische Haltung aufscheinen läßt. Aber was die Alteicher Annalen besonders auszeichnet, ist ihre maßvolle, sachliche, von allen Exzentrizitäten freie, den eigenen Standpunkt nicht verbergende, aber auch niemals forcierende Darstellungsweise. Die Annales Altahenses galten lange als verschollen; 1841 versuchte Giesebrecht eine Rekonstruktion; 1867 wurde Aventins Abschrift entdeckt, auf ihr basieren die Ausgaben von 1868 und 1891.[111] Das Werk ist bis 1032 eine Kompilation aus den Hildesheimer, Hersfelder und einigen schwäbisch-bayerischen Annalen sowie den Viten des Bonifatius und Bernward. Der eigentliche Hauptteil des Werkes, der Bericht über die Jahre 1033 bis 1073, wurde vermutlich von anderer Hand verfaßt. Er entfaltet sich, unter Beibehaltung des annalistischen Schemas, zu einer konzisen und übersichtlichen, in der Ordnung der Details wie in der thematischen Durchgliederung klug disponierten historiographischen Darstellung. Die einzelnen Geschehnisse werden auf Gottes Ratschluß, aber zugleich auf den Charakter der Handelnden zurückgeführt, Wertungen vorsichtig in den Zusammenhang eingefügt. Seine Konzeption zeigt der Verfasser auch darin, wie er, bei völliger Wahrung seiner Distanz, die Epoche Heinrichs IV. von der Heinrichs III. abhebt: Die Unruhe,

[109] Siehe o. 536.
[110] O. MEYER (WH 3) 545ff.; WH 3 160*.
[111] Annales Altahenses, ed. W. GIESEBRECHT u. Edm. v. OEFELE (MG SS 20) 772, bearbeitet v. OEFELE in MG SS rer. Germ. Der berühmte Rekonstruktionsversuch: W. v. GIESEBRECHT, Annales Altahenses, eine Quellenschrift d. 11. Jhs., 1841.

die nach 1056 in die Reichsgeschichte kam, hat er stark empfunden und scharf beobachtet. Daß sein Streben darauf gerichtet ist, nicht nur Fakten aneinanderzureihen, sondern Entwicklungen aufzuzeichnen, zeigt er auch an anderer Stelle, z. B. bei den einleitenden Bemerkungen zur Geschichte Gunthers von Bamberg oder bei der Schilderung der im Reich grassierenden simonistischen Ketzerei. Der Altaicher Annalist ist bestrebt, die ganze Reichsgeschichte in seinen Blick zu nehmen, die Italienpolitik ebenso wie die Auseinandersetzungen mit den Königen der «Karolinger», den Liutizenkrieg wie die sächsischen Wirren. Aber sein Hauptaugenmerk ist auf den Südosten gerichtet, auf die bayerischen Verhältnisse und besonders die Ungarnkriege. Dabei ist sein Standpunkt durchaus der des Königs; unter Heinrich III., der überhaupt sein «Held» ist,[112] hält er die Politik des Reiches und die Interessen Bayerns für identisch. Von Heinrich IV. distanziert er sich, aber nicht grundsätzlich, sondern anläßlich einzelner Vorkommnisse; an Otto von Nordheim übt er immer wieder bittere Kritik; unter den Zwistigkeiten leiden Bayern und das Reich gleichermaßen. – Historische Aufzeichnungen sind im elften Jahrhundert auch in anderen bayerischen Reformklöstern gemacht worden, in Benediktbeuern in der Form des Rotulus historicus, in Weihenstephan, Salzburg und Ebersberg als Annalen, aber sie beschränken sich auf ein knappes allgemeines Gerüst und gelegentlich sehr wertvolle und originelle lokale Nachrichten. Lediglich der Regensburger Annalist, von dessen Werk sich nur ein Blatt über die Jahre 1084–86 erhalten hat, scheint um eine weiträumigere Erfassung seiner Zeit bemüht gewesen zu sein.[113]

Eine ganz andere geistige Welt spiegelt sich in den *Tegernseer* Überlieferungen. Hier spricht nicht die Bezogenheit auf die kaiserliche Politik und die Weite der abendländischen Christenheit sich aus, auch nicht die feinnervige Skrupulanz regeleifriger Mönche, sondern das Kloster selbst steht im Mittelpunkt, sein materieller und geistiger Bedarf, seine vom bayerischen Herzog und den Bischöfen von Freising und Augsburg in Ordnung gehaltene Umwelt. Von dem geistigen Leben in dem Quirinuskloster zeugen heute nicht historiographische oder theologische Leistungen, sondern die Kodizes der *Tegernseer Briefsammlung*[114] mit ihren Bitten um Almosen, Privilegien und Bücherleihe, mit hochstilisierten Gedichten und realistischen Schilderungen von Notständen, mit konkreten Belegen für die weitum berühmte schulische und künstlerische Arbeit. Epistolographie bleibt die Hauptquelle für das Tegernseer Geistesleben bis weit ins zwölfte Jahrhundert; deshalb ist auszuschließen, daß es sich um einen überlieferungsgeschichtlichen Zufall handelt. Die den Geist der Schule bestimmende Gestalt ist *Froumund* (von 960 bis 1008)[115] gewesen (s. u. 591). Er war

[112] Ann. Altah. 20–53.

[113] ed. Gg. Waitz (MG SS 13) 1881, 48ff.; O. Meyer (WH 3) 552, ebd. 540ff. über die bayerischen Annalenwerke.

[114] Ausgabe s. o. 540 Anm. 97. O. Meyer (WH 2 u. 3) 279f. u. 422ff.; C. Erdmann, Stud. z. Brieflit. Deutschlands im 11. Jh., 1938, 7ff.; B. Schmeidler, Über die Tegernseer Briefsammlung (Froumund) (NA 46) 1926, 395ff.; O. Meyer, Feuchtwangen, Augsburger Eigen-, Tegernseer Filialkloster (ZRG Kan. Abt. 27) 1938, 630ff.; B. Schmeidler, Die Briefsammlung Froumunds v. Tegernsee (HJb 62/69) 1949, 220ff.

[115] Vgl. die vorige Anm. Weitere Lit. über Tegernsee: V. Redlich (LThK IX) 1338f.; ferner die Studien über den clm.

als junger Mönch in Tegernsee eingetreten, vermutlich kurz nachdem der Ramwoldschüler Gozbert Abt geworden war, wurde dann bald nach Köln geschickt, wo er in St. Pantaleon De consolatione philosophiae kopierte und andere den Boethius betreffende Texte hinzufügte. Auch Buch 1–4 der Priscian-Glossen hat er damals geschrieben und vermutlich einen weiteren Boethius-Text.[116] Eine zweite Mission führte ihn unter dem Dekan Wigo nach Feuchtwangen. Trotz der unzulänglichen, ärmlichen Verhältnisse gab er dort seine gelehrten Bemühungen nicht auf, schickte nach Augsburg seine Kopien des Boethius, Persius und Juvenal, erbat aus der bischöflichen Bibliothek andere Boethius-Schriften und die Invektiven des Cicero gegen Sallust und setzte die Priscian-Glossen fort. Zugleich führte er die Korrespondenz der jungen Gründung und machte damit den Anfang seiner epistolographischen Sammlung. 996 kehrte er, da Feuchtwangen sich nicht als lebensfähig erwies, nach Tegernsee zurück, wirkte dort als Lehrer und Dichter, führte für die Äbte Gozbert, Godehard und Peringer die Korrespondenz, entschloß sich um 1005 nach langem Zögern, sich die Priesterweihe geben zu lassen, und starb etwa 3 Jahre später. So uneinig sich die Forschung über die Entstehungsweise des clm. 19412 ist, unbestritten blieb, daß es sich dabei um «die älteste im Original erhaltene, von einem Diktator um das Jahr 1000 zum Teil eigenhändig geschriebene, zum Zweck persönlichen Nachlebens veranstaltete Sammlung der prosaischen und poetischen Erzeugnisse eines einzigen Mannes» handelt (Schmeidler).[117] Froumund gedachte allerdings wohl weniger mit einem Album zu Erinnerungszwecken als mit einem Formularius von dauernder Brauchbarkeit der Zukunft zu dienen. 40 Gedichte nahm er darin auf, 40 von ihm selbst abgesendete Briefe und 77 Stücke der Tegernseer und Feuchtwangener Korrespondenz, die er zum größten Teil selbst redigierte. Ihre Thematik macht die Briefe zu einer kulturgeschichtlichen Quelle ersten Ranges. Die Äbte Gozbert und Peringer bitten um Getreide und Fische für ihre Mönche, um Metall für den Glockenguß, Entschädigung für abgeweidete Wiesen und Lösegeld für inhaftierte Verwandte; Dekan Wigo schildert den Notstand seiner Kirche; es schneit zum Dach herein, die Vögel schwirren durch die leeren Fensterhöhlen, der Wind löscht die Kerzen am Hochaltar. Froumunds persönliche Sorgen hängen mit der Schule zusammen, er braucht Pergament, klagt über die Beschädigung entliehener Bände; reinigt sich von dem Vorwurf des Bücherdiebstahls und fordert immer wieder neue Handschriften zum Kopieren an, vorzüglich antike Schulautoren von Cicero bis Cassiodor. Seine künstlerische Individualität wird deutlich, wenn man weniger auf die Laster achtet, die er mit seinen Zeitgenossen gemeinsam hat, und mehr auf die Qualitäten, die ihm persönlich eigen sind, die lebendige Beobachtung, den frischen Ausdruck, das kräftige Detail. In ihnen bezeugt sich eine Natur, für die das monastische Leben keine

19411 v. H. Plechl, Studien z. Tegernseer Briefsammlung d. 12. Jhs. (DA 11) 1955, 422 ff., (12) 1956, 73–113, (13) 1957, 35 ff. u. 394 ff.; Ders., Die Tegernseer Handschrift clm. 19411 (DA 18) 1962, 418 ff.

[116] Langosch (VL I) 775 ff.; Manitius (s. u. 582) II 517 ff. Vgl. Bibl. Kat. 734 f.

[117] Schmeidler (HJb. 62/69) 1949, 238.

seelische Belastung bedeutete, sondern die beglückende Möglichkeit, in Harmonie mit sich selbst und der Umwelt ihren Neigungen nachzugehen, den gelehrten Studien und der literarischen Arbeit.

Von der vielleicht noch zu Lebzeiten Froumunds mit Codex II und III fortgesetzten Sammlung enthält nur der letztere wieder einheimische Zeugnisse. In seinem Mittelpunkt steht *Abt Ellinger* (1018–1026, 1031–1041);[118] Magister und Kopist, Diktator und Vorsteher in einem, war er die beherrschende Gestalt der Tegernseer Geschichte in der ersten Hälfte des elften Jahrhunderts. Die monastische Kraft, der schulische Ruhm und die wirtschaftlichen Schwierigkeiten des Reformklosters sammeln sich um seine Person. Er ging bei Froumund in die Schule, hielt sich zur Ausbildung in Augsburg und Würzburg auf, wurde 1017 von Heinrich II. in Tegernsee als Abt eingesetzt, mußte 1026 aus undurchsichtigen Gründen, vielleicht weil der Adel und ein Teil der Konventualen gegen ihn vorgingen, seinen Stuhl räumen, erlangte ihn 1031 wieder und wurde 1041, diesesmal auf Betreiben des Freisinger Bischofs Nitker, erneut abgesetzt. Nachher lebte er noch fünfzehn Jahre in seinem Kloster. Während seiner zweiten äbtlichen Regierung hatte er Benediktbeuern reformiert; Tegernsee selbst war durch einen schweren Brand geschädigt worden. Vor allem blühte unter ihm die schulische und künstlerische Arbeit: Er leitete vermutlich die Herstellung der Prachthandschriften des Ellinger-Evangeliars und des Ellinger-Psalters; selbst kopierte er Isidors Etymologien, Heimos Apokalypsenkommentar, Hraban und Remigius v. Auxerre, antike Grammatiker und kanonistische Exzerpte. In seinen Briefen, die vornehmlich an den bayerischen Episkopat gerichtet sind, fällt einiges Licht auf die schwierige Situation, in die er in seinem Konvent geraten war. Auch die eingestreuten Gedichte hängen mit seiner Lebensgeschichte zusammen, so vermutlich der berühmte, gegen den Hochmut der Wormser Kleriker gerichtete Preis auf die Würzburger Schule.[119] An literarischer Kunstfertigkeit und spielerischer Ausdrucksfreude hat Ellinger seinen Lehrer Froumund nicht erreicht; er mußte sein Wirken zwischen Administration und Schule teilen. Aber seine Leistung ist es gewesen, daß die Bildungsarbeit und das geistige Milieu Tegernsees weiter gediehen bis in die Zeit des Investiturstreits hinein. In die Jahre nach Ellingers zweiter Absetzung gehört vermutlich die Entstehung des wertvollsten poetischen Denkmals, das die Epoche überhaupt hervorgebracht hat, des Ruodlieb (s. u. 596f.). Die literarische Blüte Tegernsees in der Reformzeit des elften Jahrhunderts wird begleitet von einer außerordentlich regen und breiten bildnerischen Tätigkeit. Sie reicht von der Architektur bis zur Buchkunst, vom Erzguß bis zur Glasmalerei. Aber außerhalb der Kodizes haben sich keine

[118] In d. Ausgabe von STRECKER (s. o. 540 Anm. 97) 112ff.; E. ASSMANN, Unters. z. Codex III d. Tegernseer Briefsammlung (Hist. Vjschr. 30) 1936, 625ff.; B. SCHMEIDLER, Abt Ellinger von Tegernsee (Schriftenreihe 32) 1938. O. MEYER (WH 3 u. 2) 423 u. 280ff.; J. HEMMERLE (NDB 4) 457 (Lit.); R. BAUERREISS, Zwei Handschriften d. Abtes Ellinger v. Tegernsee in Italien. (Bayer. Handschriften d. Jahrtausendwende in Italien II) (StMBO 78) 1967, 303ff. Vgl. Bibl. Kat. 735f.

[119] Apologia pro schola Herbipolensi (MG Epistolae sel. 3) 125ff., dazu SCHMEIDLER, Ellinger 120ff., 209ff.; O. MEYER (WH 2) 216.

zuverlässig bestimmbaren Monumente erhalten; die einzigen Hinweise finden sich in den Tegernseer Korrespondenzen.[120]

Zwei andere bayerische Reformklöster sind durch enge Beziehungen zu der berühmten Schule von Bamberg ausgezeichnet. Das eine ist die Aribonenstiftung *Seeon,* wo der Regensburger Adalpert die Gorzischen Gebräuche eingeführt hatte; sein Nachfolger Gerhard (um 1001 bis nach 1020) hat in einen für Bamberg angefertigten Kodex mit patristischen Schriften einen aus 54 Hexametern gefügten Preis auf die Gründung Heinrichs II. eingeschrieben: weder Homer noch Vergil wären imstande, das neue Athen würdig zu rühmen.[121] Das andere ist *Ebersberg,* dessen großem Abt *Williram*[122] (s. u. 595, 621 f.) durch seine Herkunft und Bildung eine bedeutende Laufbahn gesichert schien. Warum diese Hoffnung schließlich scheiterte und Williram fast vierzig Jahre in dem entlegenen Ebersberg verbringen mußte (1048–85), bleibt dunkel; jedenfalls haben ihn sein ausgeprägtes Selbstbewußtsein, wie es sich in den autobiographischen Stellen seiner Versus ad Regem, seines Prologs zum Canticum-Kommentar und seines Epitaphs bekundet, und seine beständige, alle Bereiche des monastischen Lebens durchdringende Aktivität vor der Resignation bewahrt. Er hat die Vergangenheit seines Klosters aufgehellt und dessen Besitzrechte gesichert, indem er eine bis ins neunte Jahrhundert zurückgreifende, auch familiengeschichtlich wichtige Chronik verfassen und in der gleichen Handschrift einen Liber Traditionum herstellen ließ. Die Anlage solcher Kodizes ist symptomatisch für die in allen Reformklöstern durchgeführte Festigung der ökonomischen Grundlagen.[123] Während Willirams Leistung als Architekt und sein Einfluß auf das Ebersberger Skriptorium nur vermutet werden können, hat er sich als Persönlichkeit, Theologe und Stilist in seiner Expositio in Canticum Canticorum eindeutig ausgeprägt. «Von mir selbst habe ich nichts hinzugetan, sondern das ganze Werk aus verschiedenen Erklärungen der hl. Väter zusammengestellt, und ich bin sowohl bei dem Gedicht wie bei der deutschen Bearbeitung mehr dem Sinn als den Worten gefolgt ... Vielleicht trügt mich ein liebenswürdiger Irrtum, oder es hat die Gnade, die auf Salomo herabregnete, auch mir einen Tropfen geschenkt: wenn ich mein Werk lese, so gefällt es mir dermaßen, als ob es von einem bewährten Verfasser stamme.»[124] Willirams Quellen sind noch nicht exakt genug erforscht, aber das ganze Buch bestätigt, daß er sich nicht durch neue und gesuchte Interpretationen hervortun wollte, sondern seine ganze Kraft auf die Zusammenfassung von Sinneinheiten und die ebenmäßige Komposition der 149 Abschnitte gewendet hat. Auch aus Williram spricht der maßvolle und

[120] Vgl. z. B. nrr. 23, 24, 46, 75, 80, 81 der Briefsammlung (s. o. 540 Anm. 97).

[121] MG Poetae lat. 5, Ottonenzeit, hg. v. K. STRECKER 1937/39, 397; MANITIUS (s. u. 582) II 531; O. MEYER (WH 2) 216 f., 284; BAUERREISS II 85 f.; Ders., Seeon (StMBO 50) 1932, 529 ff.; J. HEMMERLE (LThK IX) 588 (Lit.).

[122] H. EGGERS (VL IV) 985 ff.; M. L. DITTRICH, Willirams Bearbeitung d. Cantica Canticorum (ZDA 82) 1948, 47 ff.; weitere Lit.: J. HEMMERLE (LThK X) 1167 f.; WH 3 161*.

[123] S. o. 531 f.

[124] MANITIUS (s. u. 582) II 592 ff. Neuausgabe: Williram abbas Eberspergensis in Bavaria. The «expositio in cantica canticorum» of Williram abbot of Ebersberg, 1048–1085. A critical edition by Erminnie Hollis BARTELMEZ (Memoirs of the American Philos. Society 69) 1967.

humane, unspekulative und formalistische Geist der Schule. In dem nüchternen Textverständnis und der sachlichen Allegorese steht er der karolingischen Auslegung näher als dem hl. Bernhard.

d) *Vom Ausbruch des Investiturstreits bis zum Ende des zwölften Jahrhunderts.* Der Investiturstreit senkt sich als tiefe Zäsur auch in die bayerische Kulturentwicklung. Er hat den weltanschaulichen Rahmen des geistigen Lebens verändert, einen neuen Denkstil und im Gefolge davon auch neue Schulformen ausgeprägt, neue religiöse und politische Zielsetzungen, neue Gruppen als deren Träger und neue Mittelpunkte zu deren Verwirklichung hervorgebracht. Allerdings hat man sich auch im literarischen Bereich eher fließende Entwicklungen als abrupte Einbrüche vorzustellen. Die durch den Investiturstreit aktualisierten Probleme sind schon von Persönlichkeiten der vorausgehenden Jahrzehnte erlebt oder gesehen worden, wie von Otloh, von Wilhelm von Hirsau und Ulrich von Zell, von Gerhard von Regensburg, der als Bischof von Ostia der Kurie nahestand und Gregor VII. in den siebziger Jahren als Legat diente, von dem Niederalteicher Annalisten, der schon seit dem Tod Heinrichs III. die Vorzeichen kommender Spannungen erkannte.[125] Gerade deshalb bleibt die Tatsache merkwürdig, daß Bayern in der geistigen Auseinandersetzung selbst, in der politischen Literatur des Zeitalters, keine Stimme hat, trotz profilierter und engagierter Persönlichkeiten im Episkopat und trotz der selbständigen Politik der Herzöge. Dies mochte vom Konservativismus in den Geschichts- und Weltanschauungen der bayerischen Mönche gorzischer Prägung herrühren,[126] der sie gehindert hat, das überlieferte synthetische Weltbild durch schroffe Entscheidung und Parteinahme zu sprengen. Die Anhänger neuer monastischer oder klerikaler Ideale, Jungkluniazenser und Regularkanoniker, sahen sich demgegenüber von vornherein in die politische Frontenbildung eingespannt. Traditionale Haltung hieß für die bayerischen Bischöfe wie für die alten Klöster von jeher am König orientierte Haltung. Die Wendung zum Papst verlangte Lösung von der Tradition. Dazu waren nur Persönlichkeiten fähig wie Altmann von Passau (1065–1091) oder Gebhard von Salzburg (1060–1088) oder Konrad I. von Salzburg (1106–1147), alle keine Bayern von Geburt.[127] Aus ihren Reihen stammt die einzige wesentliche gregorianische Stellungnahme aus Bayern innerhalb der zeitgenössischen Publizistik, Gebhards zwei Briefe an Hermann von Metz.[128] Außerdem ist Gebhard der Adressat des krassesten antiköniglichen Pamphlets, das der Investiturstreit überhaupt hervorgebracht hat, des Liber ad Gebehard-

[125] Über Otloh und den Niederalteicher Annalisten s. o. 539, 542–545. Für Wilhelm v. Hirsau und Ulrich v. Zell: JAKOBS, Hirsauer 8ff., 27ff.; O. MEYER (WH 3) 390ff., 550ff.

[126] Nicht von der «schlichten, naiven Art der Bayern» (ebd. 541), die «der philosophisch-spekulativen wie der historischen Feder in gleicher Weise abhold» gewesen seien (ebd. 540). Daß auch kleine Stifte an den großen Ereignissen Anteil nahmen, belegt z. B. der dem Quadrivium gewidmete Cod. Vat. lat. 3101 aus Ilmmünster: H. TÜCHLE, Eine Handschrift aus Ilmmünster u. eine Hohenemser Tradition (Beitrr. ABK 27) 1973, 161ff.

[127] O. MEYER (WH 3).

[128] Hg. v. K. FRANCKE (MG Libelli de lite 1) 1891, 261ff.; O. MEYER (WH 3) 398ff.

um von Manegold von Lautenbach.[129] Während sich so Gebhard als die Zentralfigur zumindest der süddeutschen Gregorianer erweist, verblassen alle übrigen zeitgenössischen Äußerungen zum Investiturstreit aus Bayern, das Schreiben Meginwards von Freising an Bertold von Salzburg und die verschiedenen knappen annalistischen Aufzeichnungen aus Augsburg, Weihenstephan, Regensburg usw., soweit sie sich erhalten haben.[130]

Die wesentliche Bedeutung des Investiturstreits für das Geistesleben in Bayern liegt aber nicht in diesen vereinzelten Zeugnissen, sondern in seinen intensiven Auswirkungen. Die öffentlichen Verhältnisse und ihre Problematik, die geistigen Wurzeln der politischen Ereignisse, die Unterschiede zwischen den Ideen und den Erscheinungen, das alles haben die Menschen dieser Epoche nachdrücklicher erfahren und genauer zu erkennen gelernt. Die aufwühlende Spaltung des überlieferten Weltbildes hat sie hellhöriger gemacht, mit neuer Aufgeschlossenheit begabt, zu differenzierterem Denken befähigt. Persönliche Fragestellungen, Reflexionen und Entscheidungen gewinnen einen weiteren Raum als vor dieser Zeit; hier liegen die Wurzeln für das vielfältige, reiche Geistesleben des zwölften Jahrhunderts, in Bayern wie am Rhein oder in Frankreich.

Wie in der vorausgehenden Epoche ist es unmöglich, Gelehrsamkeit und Literatur aus dem Zusammenhang der religiösen Bewegungen herauszulösen. Wieder kommen die belebenden Impulse aus dem Westen. Nur ist es nun nicht mehr ein einziges, alle Bestrebungen harmonisch umfassendes Vorbild, das den lehrenden und schreibenden Mönchen voranleuchtet, sondern es sind mehrere kontrastierende, sich voneinander höchst bewußt scheidende, präzis Stellung beziehende Auffassungen von der rechten Form und Ordnung der Welt, die sich wellenförmig über das Land ausbreiten, und ihr Ergebnis ist nicht eine verhältnismäßig ruhige Blüte der Studien wie etwa in der ersten Hälfte des elften Jahrhunderts, sondern ein heftiger, den Denkprozeß vorantreibender und die Geister befeuernder Kampf der Lehrmeinungen und Lebenshaltungen. Bei der Erneuerung von *Hirsau* kreuzten sich bayerische und burgundische Einflüsse. Das Emmeramer Vorbild wurde in cluniazensischem Sinn fortentwickelt. Schon bald wirkte das junge Reformzentrum nach Bayern zurück. Nachdem schon um 1091 ein Ast der monastischen Beziehungen sich bis nach Kärnten erstreckte (St. Paul im Lavanttal, St. Salvator in Millstatt), werden am Anfang des zwölften Jahrhunderts Fischbachau (Petersberg), Scheyern und Prüfening die wichtigsten Stützpunkte der jung-kluniazensischen Bewegung im bayerischen Raum.[131] Auf den politisch-sozialen Hintergrund deutet, daß nicht König oder Herzog, sondern Dynastenadel und Episkopat für die Ausbreitung der Reform sorgten.[132] Im Südosten des Reiches hat vor allem Otto von Bamberg das Beispiel bischöflicher Initiative gegeben.[133] Während Prüfening das Gedankengut der schwäbischen Re-

[129] Hg. v. FRANCKE, ebd. 300ff.; O. MEYER (WH 3) 403.
[130] Ebd. 556, Anm. 33.
[131] JAKOBS, Hirsauer 37, 49, 54, 67ff.; H. G. SCHMITZ (s. o. 519); insgesamt BAUERREISS III 3ff.; über die historiographische Arbeit vgl. auch PATZE (s. o. 519) bes. 21ff.
[132] JAKOBS, Hirsauer 152ff.
[133] Ebd. 140ff.; F.-J. SCHMALE, Otto v. Bamberg (LThK VII) 1302f. (Lit.).

form nach Banz, Asbach, Münchsmünster und Biburg verpflanzte, entfaltete weiter im Osten vor allem das mit Unterstützung Konrads I. von Salzburg von St. Georgen aus erneuerte Admont eine weit ausstrahlende Aktivität und versorgte die altehrwürdigen Abteien von St. Peter, St. Emmeram, Weihenstephan, aber auch Melk, Prüll, Attel, Seeon und St. Lambrecht mit Vorstehern und dem Ordo Admuntensis.[134] Wie scharf dabei nicht nur die monastische Haltung, sondern auch das Weltbild Hirsaus ausgeprägt wurden, zeigt mit aller Deutlichkeit die Gestalt des Gründerabtes von Prüfening, des kompromißlosen Erminold, der 1105 vor Heinrich IV. die Tore verschloß, obwohl der Stifter des Klosters, Otto von Bamberg, den Kaiser begleitete.[135] Von den übrigen Mittelpunkten der «kluniazensischen Spätform» hat vor allem Siegburg einen den speziellen monastischen Bereich übersteigenden Einfluß auf Bayern gewonnen, dadurch daß Abt Cuno I., unter dem Siegburg den Höhepunkt seiner Geltung erreichte, auf den bischöflichen Stuhl seiner Vaterstadt Regensburg berufen wurde. In Mondsee und St. Emmeram, Waldsassen und Weltenburg wurde damals der Ordo Sigebergensis eingeführt.[136]

Während noch gorzisch geprägte, traditionsbewußte und den Bischöfen fernstehende Abteien wie Tegernsee und Niederalteich den hirsauischen Ideen Widerstand leisteten, drangen schon die rigoroseren, pointiert gegen die Kluniazenser gerichteten Forderungen der *Zisterzienser* ins Land. Allerdings blieb in Bayern wohl das persönliche Echo Bernhards von Clairvaux zunächst größer als die Wirksamkeit seines Ordens; nicht in dem als terra benedictina monastisch fest gegründeten Altbayern, sondern im Norden und in der Ostmark fanden die Zisterzienser, durchwegs der Morimunder Filiation zugehörig, günstigen Boden und entsprechende Aufgaben, gefördert durch den Adel, vor allem durch die Markgrafen Diepold und Leopold III., und bald auch durch den Episkopat.[137] Erst in den vierziger Jahren des zwölften Jahrhunderts faßten sie auch zwischen dem nördlichen, von Ebrach und seinen Tochtergründungen und Waldsassen gebildeten Schwerpunkt und den östlichen, von Rein bis Heiligenkreuz und Zwettl sich erstreckenden Niederlassungen Fuß, in Raitenhaslach, wo Konrad I. von Salzburg Pate stand, in Aldersbach, wo Bischof Egilbert von Passau die Kanoniker durch graue Mönche ersetzte, und in dem von Waldsassen aus besiedelten Walderbach im Regental.[138] Während sich so der reformeifrige einheimische Episkopat der zisterziensischen Bewegung zur Hebung der Klosterzucht und zur Durchsetzung kirchenpolitischer Ziele bediente, unterließ es der einzige bayerische Bischof, der dem Orden selbst angehörte, Otto von Freising, seine Mitbrüder in

[134] JAKOBS, Hirsauer 60f., 68ff.; BAUERREISS III 15ff.; U. FAUST, Gottfried v. Admont, ein monastischer Autor d. 12. Jhs. (StMBO 75) 1964, 272ff.; K. ARNOLD, Admont u. d. monast. Reform d. 12. Jhs. (ZRG KA 89) 1972, 350ff. Vgl. auch W. DÜRIG, Die Heimat d. Codex Latinus Monacensis 100 (Beitrr. ABK 27) 1973, 151ff.

[135] Vita Erminoldi, hg. v. Ph. JAFFÉ (MG SS 12) 1856, 486; JAKOBS, Hirsauer 221f.; F. KNÖPP, Erminold, Abt v. Prüfening (Die Reichsabtei Lorsch, Festschr. 1) 1973, 357ff.

[136] SEMMLER (s. o. 519) 46ff. und passim, 96ff., 89ff., 91ff.

[137] E. KRAUSEN, Morimund (s. o. 487 Anm. 151) 334ff.; TOMEK I 166f.

[138] KRAUSEN, Zisterzienserorden; BAUERREISS III 23ff.

seine Diözese zu berufen, und zog, wohl der voranstehenden seelsorgerischen Aufgaben wegen, Regularkanoniker vor.[139]

Überhaupt ist Bayern wie kein anderes deutsches Land von der regularkanonischen Bewegung erfaßt und mit Stiften der *Augustinerchorherrn* übersät gewesen. Die Impulse sind von Rom ausgegangen, von der Lateransynode von 1059 und von den Päpsten Alexander II., Gregor VII. und Urban II., und haben unmittelbar (d.h. nicht auf dem Umweg über die berühmten französischen und italienischen Reformzentren St. Rufus in Avignon, St. Fridian in Lucca) auf Bayern gewirkt.[140] Altmann von Passau ist es gewesen, der sich die Idee eines gemeinsam lebenden Klerus zu eigen gemacht und ihre Verwirklichung in Neugründungen wie St. Nikola in Passau, Göttweig und Rottenbuch und durch Reformmaßnahmen wie in St. Pölten und St. Florian versucht hat.[141] Durch ihn, der neben Gebhard von Salzburg die Hauptstütze der Reform in der bayerischen Kirchenprovinz und einer der kompromißlosesten Gregorianer in Deutschland gewesen ist, bekamen die religiösen Reformbestrebungen von vorneherein eine kirchenpolitische Note. In den Zellen, in denen ein an monastischen Vorstellungen orientierter, persönlich besitzloser Klerus die alte Seelsorgeaufgabe auf eine neue, geistlichere Art verwirklichte, sollten zugleich ein reinerer Kirchenbegriff und ein schärfer differenzierendes Weltbild gepflegt und verkündet werden. – Allerdings hat unter den Gründungen Altmanns allein *Rottenbuch*[142] die Funktionen zu erfüllen vermocht, die ihm zugedacht waren. Die Niederlassung am Hochufer der Amper war durch die Protektion der Welfen, die sie von Anfang an genoß, gegen Attacken des königlich gesonnenen Säkularklerus wie auch gegen Störungen von seiten monastischer Gegner besser geschützt. Sie konnte zur Zufluchtstätte vertriebener Bischöfe werden und den regularkanonischen Reformgedanken ihren Tochtergründungen im bayerischen Raum wie Berchtesgaden, Baumburg, Dießen, Polling(?), Bernried, Beuerberg, Dietramszell und Indersdorf, aber auch an Klosterrath in der alten Grafschaft Limburg und an die sächsischen Stifte Hamersleben und Neuwerk weitergeben. Sie stand nicht isoliert in der damaligen Kirche; durch Verbrüderungen, Gebetsgemeinschaften und personale Bindungen war sie mit den Chorherrnzentren in Avignon, Lucca und Rom, aber auch mit Marbach im Elsaß und mit den Reformmönchen von Hirsau und St. Blasien verknüpft.[143] Im Kreis der Rottenbucher ist schließlich der Standpunkt der nach der Augustinerregel lebenden Chorherrn in theoretisch-literarischer Hinsicht, in den Werken Manegolds von Lautenbach und Gerhochs von Reichersberg wie in der kirchenpolitischen Praxis, durch die nur an ihren Wirkungen ablesbare Tätigkeit des Propstes Udalrich I. wäh-

[139] KRAUSEN, Otto v. Freising (s.u. 566 Anm. 191).

[140] MOIS; CLASSEN, Gerhoch 20ff.; BACKMUND (s.o. 519) 29ff.; S. WEINFURTER, Neuere Forschungen zu den Regularkanonikern im Deutschen Reich d. 11. u. 12. Jhs. (HZ 224) 1977, 379ff.

[141] J. OSWALD, Beitr. z. Gesch. Bisch. Altmanns v. Passau (1070–1091) u. d. Chorherrnstifts St. Nikola (Ostbair. Grenzmarken 4) 1960, 212ff. Vgl. MOIS 28ff.

[142] Grundlegend: MOIS; Lit.: Ders. (LThK IX) 69f.

[143] MOIS 152ff.; Beziehungen zu Marbach ebd. 266, zu Hirsau und St. Blasien ebd. 73ff.

rend des Investiturstreits wie durch die exakt zu rekonstruierende Vermittlerrolle des Propstes Otto I. während des Schismas Barbarossas am prägnantesten formuliert und zur Geltung gebracht worden.[144] – Am Anfang des zwölften Jahrhunderts kristallisierte sich ein zweiter Mittelpunkt der reformkanonischen Bewegung in Bayern heraus: *Salzburg*. Aber erst am Ende des Investiturstreits trugen die Bemühungen Erzbischof Konrads I. ihre Früchte: 1122/23 stellte er sein Domkapitel unter die Augustinerregel und schon in dem folgenden Jahrzehnt überzog er seinen riesigen Sprengel mit Chorherrnstiften: Reichersberg, Ranshofen, Höglwörth, Herrenchiemsee, Klosterneuburg, Weyarn, St. Zeno in Reichenhall, Beyharting. Auch die Suffragane Roman von Gurk und Hartmann von Brixen nahmen an der Salzburger Reformbewegung teil.[145] Personelle und Nekrologbeziehungen und vor allem das Wirken Gerhochs in Reichersberg bezeugen die Verklammerung mit der Rottenbucher Reform. Allerdings gibt es einen charakteristischen Unterschied: Während die Niederlassungen der Altmann-Reform die unmittelbare Unterstellung unter den Hl. Stuhl erstrebten und zum Teil auch erreichten, betrachtete Konrad I. seine Chorherrnstifte als die Schwerpunkte einer bischöflichen Reformbewegung. Es waren zwei kirchenrechtlich verschiedene Wege, auf denen Rottenbuch und Salzburg das eine pastorale Ziel zu erreichen versuchten.[146] In der Passauer Diözese sorgte sich Bischof Udalrich, in der Freisinger Bischof Otto I. um die Ansiedlung von Regularkanonikern (St. Georgen, Seitenstetten bzw. Isen, Schlehdorf und Schliersee). In Regensburg wurde unter Bischof Kuno der Kreis um Paul von Bernried und den Domherrn Gebhard tätig. Für das Stift St. Mang jenseits der Donau in Stadtamhof besorgte man sich durch Vermittlung Walthers von Ravenna die – um 1116 von Petrus de Honestis verfaßte – Regel von Porto. Weitere Propsteien wurden in Rohr, Paring und Schamhaupten gegründet.[147]

Gegenüber dieser aus eigenständigen Wurzeln erwachsenen, vom Episkopat intensiv geförderten Bewegung hatte es der andere Zweig des reformierten Reformklerus, der *Prämonstratenserorden,*[148] schwerer, in Bayern Fuß zu fassen. Die Predigten Norberts von Xanten hatten vor allem im Westen und Norden ihre Wirkung getan, aber persönliche Bekanntschaft mit Kuno von Regensburg, dem früheren Abt von Siegburg und Förderer der fruttuarischen Klosterreform, hatte ihm immerhin eine Beziehung in den südostdeutschen Raum eröffnet.[149] Schließlich unternahmen es zwei Bischöfe, deren geistiger Horizont groß genug war, um alle Möglichkeiten und Varianten des zeitgenössischen Reformstrebens zu überschauen, dem ordo candidus

[144] Ebd. 99ff., 114ff., 40f. u.ö., 295ff.; zu Gerhoch s.u. 571 Anm. 215.

[145] Mois 144ff.; Classen, Gerhoch 58ff.; S. Weinfurter, Salzburger Bistumsreform u. Bischofspolitik im 12. Jh. Der Erzbischof Konrad I. v. Salzburg (1106–1147) u. d. Regularkanoniker, 1975.

[146] Zuerst gesehen von Brackmann, Salzb. Kirchenprovinz 54ff.; Mois 148ff.; Classen, Gerhoch 59ff. Vgl. S. Weinfurtner, Vila canonica und Eschalologie. Eine neue Quelle z. Selbstverständnis d. Reformkanoniker d. 12. Jh. aus d. Salzburger Reformkreis (Festschr. N. Backmund) 1978, 139ff.

[147] Ebd. Classen, Gerhoch 64f.

[148] Backmund passim; Bauerreiss III 39ff.; Backmund (LThK VIII) 688ff. (Lit.). S. o. 485f.

[149] Bauerreiss III 40; Semmler (s. o. 519) 47f., 372f.

in Bayern Eingang zu verschaffen. Otto von Bamberg siedelte, unter Mitwirkung Kunos, Prämonstratenser in Windberg an und rief sie drei Jahre später auch in das Bamberger Eigenkloster Osterhofen. Otto von Freising bemühte sich, durch die Übergabe des seit dem zehnten Jahrhundert ruinösen Schäftlarn und durch die Gründung von Neustift bei Freising die aszetische und pastorale Strenge des neuen Ordens in seiner Diözese nutzbar zu machen.[150] In ihren kulturellen Bestrebungen scheinen sich die bayerischen Prämonstratenser dem ihnen geistesverwandten hirsauischen Stil angenähert zu haben;[151] im Bereich der produktiven geistigen Betätigungen konnten sie sich nicht in dem Maß profilieren wie ihre Brüder in Sachsen oder wie die bayerischen Reformbenediktiner und Augustinerchorherrn.

Im übrigen hat die Blüte der vita communis im monastischen und regularkanonischen Sinn, die das elfte und zwölfte Jahrhundert durchzog, auch die ihr eigentlich entgegengesetzte religiöse Haltung wieder belebt, das *Eremitentum*. Diese Erscheinung hat zunächst ordens- und kultgeschichtliche Aspekte (Gregor der Armenier, Engilmar, Wilhelm von Windberg, Heinrich von Beuerberg, Heinrich von Baumburg u. a.),[152] aber sie berühren doch auch die allgemeine Kulturentwicklung, insofern manche Inklusen und Einsiedler sich nicht allein der Kontemplation, sondern auch den gelehrten Studien widmeten und selbst literarisch hervortraten. Honorius Augustodunensis bezeichnete sich selbst als solitarius. In Wessobrunn entfaltete die Inkluse Diemut eine umfangreiche kalligraphische Produktivität, als deren Frucht sich 15 Werke erhalten haben. Auf dem Lorenzibühl bei Epfach bildete die Visionärin Herluca – von Wilhelm von Hirsau und Theoger von St. Georgen geprägt – den Mittelpunkt eines weitverzweigten Reformkreises, zu dem auch Paul von Bernried, Gebhard von Regensburg und Walther, der spätere Erzbischof von Ravenna, sich zählten.[153] Um 1500 taucht die Nachricht von einem vermutlich mystischen Themen gewidmeten Briefwechsel zwischen Diemut und Herluca auf; sie hat sich bis jetzt nicht bestätigen lassen.[154] Auch ob in Admont die Nonne Gertrud, Biographin einer dortigen magistra novitiarum, und ihre Mitschwestern, die in strengster Abgeschiedenheit den Wissenschaften oblagen, einer am Eremitentum orientierten Lebensform huldigten, ist nicht erweislich.[155]

[150] A. Brackmann, Bischof Otto I. v. Bamberg als Eigenklosterherr (Krit. Beitrr. z. Gesch. d. MA, Festschr. R. Holtzmann) 1933, 153ff.; R. Rommens, Gebhard, Propst und erster Abt v. Windberg (Festschrift N. Backmund) 1978, 196ff. A. Weissthanner, Regesten d. Freisinger Bischofs Otto I. (Anal. S. O. Cist. 14) 1958, nrr. 11, 39, 40; H.-J. Busley, Zur Frühgesch. des v. Bisch. Otto I. gegr. Prämonstratenserklosters Neustift b. Freising (Otto v. Freising Gedenkgabe) 1958, 49ff.; S. Mitterer (Hg.), 1200 Jahre Schäftlarn, 1962. Für die Bibliotheksverhältnisse in Schäftlarn und Windberg vgl. Bibl. Kat. 721ff. u. 571ff.

[151] Vgl. d. Verwandtschaft d. roman. Basilika v. Windberg mit Prüfening u. Biburg. Bauerreiss III 193.

[152] Zusammenstellung ebd. III 42ff.

[153] M. Maier, Ein schwäb.-bayer. Freundeskreis Gregors VII. nach d. Vita Herlucae des Paul v. Bernried (StMBO 74) 1963 (ersch. 1964), 313. Vgl. 576 Anm. 239.

[154] Bauerreiss III 45; Mois 218f.; Maier, Freundeskreis 324; H. Fuhrmann, Zur handschriftl. Verbreitung d. Vita B. Herlucae d. Paul v. Bernried (Analecta Bollandiana 74) 1956, 362ff., bes. 367f.

[155] W. Wattenbach, Deutschlands Geschichtsquellen im MA bis z. Mitte d. 13. Jhs., II, 1894^6, 306.

Die monastischen und kanonikalen Reformbewegungen sind es vor allem gewesen, die im zwölften Jahrhundert das bayerische Geistesleben vorantrieben. Anregungen aus Italien und Franzien, aus Burgund und der Provence wurden begierig aufgegriffen und verwirklicht; die intellektuellen und religiösen Impulse trafen auf eine verwandte Geisteshaltung und auf eine ähnliche soziale und pastorale Situation. Hirsauer und Zisterzienser, Augustinerchorherrn und Prämonstratenser waren nicht lediglich die Träger neuer theologischer Anschauungen oder die Verfechter präzis unterschiedener geistlicher Ideale, sondern in ihrer Haltung und ihren Überzeugungen verkörpern sich neue Begriffe und Methoden, Bilder und Ordnungsvorstellungen, d. h. alle geistigen Neuansätze, welche die fruchtbaren Jahrzehnte des Investiturstreits hervorgebracht hatten. Die Übernahme der neuen forma vivendi schafft die Voraussetzungen für das Einströmen eines *neuen Denkstils*. So ist der Boden bereitet für die Rezeption der Gedankengänge des Rupert von Deutz und anderer Vertreter der symbolistischen Theologie, für die Aufnahme der in den Schulen von Bec, Laon, Paris und Chartres entwickelten dialektischen und frühscholastischen Lehrgebäude, für die Übernahme des in Italien wie in Frankreich reorganisierten Kirchenrechts. Allerdings bleiben die jeweiligen Einflüsse keineswegs auf die eigene Observanz beschränkt, z. B. die Wirkungen Ruperts nicht auf die von Siegburg aus reformierten Klöster, sondern sie sind besonders stark bei Gerhoch von Reichersberg, obwohl dieser in der Auseinandersetzung zwischen Mönchen und Kanonikern auf der anderen Seite stand.[156] Die logischen Schriften des Aristoteles sind durch einen Angehörigen des den Rationalismus der französischen Schulen ablehnenden Zisterzienserordens nach Bayern und Deutschland gekommen.[157] Die im Südosten überhaupt sehr verbreitete Überlieferung der Werke Bernhards von Clairvaux fließt am reichsten in den hirsauischen Klöstern, den Zentren der von Bernhards zisterziensischen Schülern am innigsten befehdeten jungkluniazensischen Bewegung.[158] Das sind Symptome für das Bewußtsein des gemeinsamen Anliegens, das in den einander bekämpfenden Richtungen über allen Kontroversen lebendig war, aber auch für die Verselbständigung des geistigen Lebens gegenüber dem Nährboden der Klosterkultur: Es wurzelt nicht mehr in den beständigen Lokaltraditionen und Reformzusammenhängen, sondern fluktuiert entsprechend den zugleich internationalen und individuellen Bildungsbeziehungen. – Hierher gehört auch, daß Ruf und Bedeutung der alten Zentren zurückgehen und neue Mittelpunkte der Kulturtätigkeit entstehen, gerade dort, wo die Reformanliegen besonders gepflegt werden, in Prüfening, das die Rolle zu übernehmen scheint, die St. Emmeram im elften Jahrhundert gespielt hatte, in Rottenbuch und Reichersberg, in Melk und Wien. Dabei scheint der kollektive Grundzug,

[156] CLASSEN, Gerhoch 36ff., vgl. 476 (Register); Ders., Clm. 14355 u. d. Revision d. Eucharistielehre Ruperts v. Deutz (Studi medievali ser. 3, 1) 1960, 99ff., 169. Vgl. Rhaban HAACKE, Die weite Verbreitung d. Schriften eines Siegburger Mönchs: Rupert v. Deutz (Siegburger Studien I) 1960, 105ff.

[157] Otto Fris., Gesta lib 4, 14 (SCHMALE) 538; dazu HOFMEISTER 679ff. und GRILL 281ff., bes. 299ff. (s. u. 565 Anm. 188).

[158] J. LECLERCQ, Die Verbreitung d. Bernhardinischen Schriften im deutschen Sprachraum (Bernhard v. Cl., Mönch u. Mystiker, hg. v. J. LORTZ) 1955, 176ff.

der das Geistesleben vor dem Investiturstreit weithin kennzeichnete, ersetzt durch einen individuellen: Die Studien blühen auf, wo sie durch einen bedeutenden Lehrer und Schriftsteller vorangetrieben werden, und gehen zurück, sobald diese Kraft erlahmt. Schwieriger ist das Bild der alten Bischofssitze und Reichsklöster zu zeichnen. Die schulische und literarische Arbeit hört dort nicht auf, sie wendet sich auch weiterhin den herkömmlichen, z. B. hagiographischen Anliegen zu, aber nicht mehr von ihr, sondern von den Gipfelwerken des neuen, abstrakteren und systematischeren Denkens wird die Epoche geprägt. – Die Signaturen sind, soweit abgekürzte Formulierungen das Wesen zu treffen vermögen, eine neue Geistigkeit und ein neuer Wirklichkeitssinn. Den großen Autoren geht es nicht mehr nur um mahnende und belehrende Ausdeutung des traditionellen Lehrguts, verehrter Vorbilder oder eigener Lebensschicksale und Eindrücke, um besseres Verständnis der seelsorglichen Pflichten, um Bewahrung der Gegenwart und Ausschmückung der Vergangenheit. Sie denken nicht mehr von der Situation, sondern von der Problematik her und streben nach einer eigengesetzlichen Behandlung der von ihnen erkannten philosophischen und theologischen oder auch historischen und politischen Fragen. Streitschrift und Lehrgedicht mit ihren speziellen Zwecken und einseitigen Ansätzen treten zurück; im Vordergrund stehen zusammenfassende, die ganzen Weltverhältnisse bildhaft und polemisch umgreifende Gedankengebäude. Annalistik und Hagiographie bleiben die Grundformen der Geschichtsschreibung, aber Weltchronik und Biographie gelangen zu einer vielseitigeren und zugleich präziseren Anschauung von Vergangenheit und Individualität. Überhaupt scheint das Geistesleben dem Schulbetrieb zu entwachsen, sich gegenüber den naheliegenden Unterrichts- und Seelsorgaufgaben zu verselbständigen und seine Gegenstände nicht mehr der lokalen Bildungstradition, sondern der abendländischen Gelehrtendiskussion zu entnehmen. Die neue Kraft philosophischer und theologischer Spekulation verbindet sich dabei mit strengeren, aus dem Weltbild scharfsinnig deduzierten politischen Ordnungsvorstellungen. – Diese Konzeptionen sind vorgeformt worden bei Anselm von Canterbury, Ivo von Chartres, Rupert von Deutz, Hugo von St. Viktor, Gilbertus Porretanus, Petrus Lombardus u. a. und wurzeln schließlich in der Aufbruchsituation des Investiturstreits; als sie im zwölften Jahrhundert in Bayern mit großartiger Intensität verwirklicht und abgewandelt wurden, bekundete sich darin ein neuer Einsatz zu produktiver Teilnahme an der abendländischen Kulturentwicklung. – Thematische und begriffliche Gemeinsamkeiten sind weniger festzustellen als formale. Die Protagonisten des geistigen Lebens im zwölften Jahrhundert besaßen gleichermaßen den Überblick über die gelehrten Bemühungen ihrer Zeit, aber sie fühlten sich verschiedenen Denkformen (und sogar Schultraditionen) verpflichtet. Man braucht sich nur das Dreigestirn Otto von Freising, Gerhoch von Reichersberg und Petrus von Wien in seinen Wechselbeziehungen zu vergegenwärtigen, um einzusehen, daß es leichter zu Kontroversen als zu Verständigung und Identifikationen kommen konnte. In ihrem diagnostischen Gespür für die Problematik der sich ausformenden und zuspitzenden weltlichen und kirchlichen Verhältnisse waren sie sich ähnlicher als in ihren behutsam-entschiedenen Urteilen über Vorläufer und Zeitgenossen. Allenfalls, daß sie insgesamt der Welt- und Heilsgeschichte ihre Aufmerksamkeit zuwandten, könnte als Ausfluß der bodenständigen Geisteshaltung verstanden werden, aber sie haben es mit vielen anderen europäischen Denkern, vor allem der symbolistischen Richtung, gemein.

Immerhin geriet das ganze Geistesleben, nicht bloß die Spekulation der führenden Köpfe, in den Sog der politischen Geschehnisse. Kaum war der Investiturstreit zu Ende, boten das große Schisma, die Kämpfe zwischen Welfen, Staufern und Babenbergern, die weltpolitische Auseinandersetzung zwischen Friedrich Barbarossa und Alexander III., der zweite und dritte Kreuzzug Anlaß zu Besinnung und Stellungnahme, zu emotionaler Entscheidung und kritischer Reflexion. Selbst geräuschlose Entwicklungen wie die Staatsbildung in Österreich[159] hinterließen ihre Konturen im kulturellen Bereich. Historiker, Polemiker und Dichter bekamen unmittelbaren Kontakt mit den politischen Mächten, nicht nur Otto von Freising, durch dessen fürstliche Herkunft dies von vornherein gegeben war, sondern auch Gerhoch, der unmittelbar von den Päpsten angesprochen wurde, oder die Dichter, die in Regensburg oder Wien sich an den herzoglichen Höfen versammelten. Alle diese Impulse aber, wie auch zum Teil die monastischen und intellektuellen, wirkten dahin, daß dem Geschichtsdenken die dominierende Stellung erhalten blieb, die es in Bayern schon in den vorausgehenden Zeitabschnitten gehabt hatte.

Für die über alle Bereiche sich erstreckende Kulturtätigkeit in den jungkluniazensischen Klöstern steht das besonders eindrucksvolle Beispiel von *Prüfening* unter Abt Erbo I. und seinen unmittelbaren Nachfolgern.[160] Aus ihrer Zeit hat sich der harmonisch strenge, keineswegs bloß asketische, sondern bildhaft-wirkungsvolle Kirchenbau erhalten, ferner die monumentale Ausmalung des Chores und der Apsiden, dazu eine Folge von bedeutenden Zeugnissen für den Stand der Buchkunst (s. u. 659f.). Das kostbare Gerät des Klosters ging ausnahmslos verloren, aber anhand des in clm. 13002 eingetragenen Verzeichnisses von 1165 ist es wenigstens im Überblick rekonstruierbar.[161] Der im Konvent herrschende Bildungsstand kann immerhin an den Teilen der alten Klosterbibliothek abgelesen werden, die über Regensburg nach München gekommen sind. Eine Ergänzung bieten das Bücherverzeichnis des clm. 13002 und seine von Wolfger zusammengestellte Vorlage und die in Prüfeninger Texten nachweisbaren Zitate aus spätantiken, karolingischen und zeitgenössischen Autoren.[162] Für die im Kloster selbst verfaßten oder redigierten literarischen Werke liegen, nicht nur soweit sie Boto und Wolfger betreffen, sondern auch für Heinrich, Idung, Arnold und Liebhard mittlerweile sichere Zuschreibungen vor. – Dieser verhältnismäßig günstige Stand der Überlieferung und der Forschung erweist, wie vorsichtig jeder Versuch der geistigen Einordnung kultureller Zeugnisse des hohen Mit-

[159] S. o. 436, s. u. 580f.

[160] HEMMERLE, Benediktinerkloster 100 (Lit.); BAUERREISS III 9ff., 21f.; JAKOBS, Hirsauer 265 (Register); WS 1 232ff.

[161] W. B. HOFFMANN, Hirsau u. d. «Hirsauer Bauschule», 1950; KARLINGER, Hochroman. Wandmalerei, u. BOECKLER, Buchmalerei (s. u. 659); BAUERREISS III 194f.

[162] H. FICHTENAU, Wolfger v. Prüfening (MIÖG 51) 1937, 313ff. Das Bücherverzeichnis b. BECKER, Catalogi Bibliothecarum antiqui, 1885, 209ff. Vergleich der zwei Fassungen des Verzeichnisses und Beschreibung der Codices bei SCHMITZ (s. o. 519) 63–220; Bibl. Kat. 404–408, 416–427.

telalters zu Werke gehen muß. Er erlaubt es nicht, das vorhandene künstlerische und literarische Gut einfachhin als «hirsauisch» zu reklamieren. Zwar zeigt die aus dem Kirchenbau wie dem Schatzverzeichnis und in zeitgenössischen Texten und Bemerkungen zu erkennende Pflege der Liturgie ohne Zweifel typisch «kluniazensische» Züge. Aber andererseits fließen im Kirchenbau wie in der Miniaturenmalerei schwäbische mit rheinischen und bambergische mit bodenständig-bayerischen Einflüssen zusammen; und die Autoren sind offen für diese geistigen Anregungen, auch wenn sie nicht mit dem eigenen Reformzweig zusammenhängen, und zeigen in ihren Urteilen durchaus individuelle, von einer etwa normierten Reformhaltung abweichende Nuancen.

Unter Leitung des Bibliothekars Wolfger haben im Skriptorium von Prüfening die Schreiber Swicher, Boto, Witelo, Sigeboto, Merboto, Heinrich und andere sich der patristischen Literatur und den neuen, nicht zuletzt den französischen Kirchen- und Schulschriftstellern gewidmet.[163] *Boto von Prüfening* ist selbst[164] auf den Gebieten der Ekklesiologie und Homiletik als Autor hervorgetreten. Er wurde um 1105 geboren, entstammte einer adligen Familie und entschloß sich gegen deren Willen, Mönch zu werden. Den Studien oblag er mit solchem Eifer, daß er erkrankte. Der Pflege seines Mitbruders Heinrich, der selbst literarisch tätig war, verdankte er seine in Visionen verheißene Genesung. Sein erstes erhaltenes Hauptwerk, De statu domus dei, steht dem symbolistischen Denken nahe, unterstreicht die Stellung des Papstes, wehrt sich gegen die Einflußnahme laikaler Gewalten und geht den Kirchenbegriff wie den Ordensberuf auf eine sehr spiritualistische Weise an. Den Mittelpunkt des Werkes bilden die kirchenkritischen und reformatorischen Bemerkungen des dritten Buches. Als Ideal schwebt Boto eine am apostolischen Vorbild orientierte kontemplative Lebensform vor.[165] Diesem Leitbild steht die zunehmende Veräußerlichung der Kirche entgegen, das Streben nach den «Annehmlichkeiten des vergänglichen Glückes», wie es sich «in Gold und Silber, in Waffenrüstung, in zahlreicher Ritterschaft, in Freuden an Gastmählern, in vielen Bediensteten, in reichlichen Tafeln und kostbaren Pokalen, im Schmuck der Reiterei, in vergoldeten Sätteln und Zäumen, in Jagden, in Hunden und Falken» offenbare. Um seines Zieles willen distanziert sich Boto von manchen Forderungen und Gewohnheiten der Reformmönche, von der allzu üppigen Pflege des Chorgesangs, von der Verpflichtung zu körperlicher Arbeit und von dem Anspruch auf das Seelsorgerecht. Zum Schluß des Werkes schildert er die himmlische Hierarchie im Anschluß an den Pseudoareopagiten und gibt damit um 1150 neben Honorius Augustodunensis und Gerhochs Brüdern Arno und Rüdiger einen weiteren Beleg für das Einströmen neuplatonischen Gedankenguts. Unter seinen Quellen ist Rupert von Deutz, vor allem aber Hugo von St. Viktor zu nennen. Ob Botos Platonismus durch Hugos Kommentar der pseudodionysianischen Schriften beeinflußt wurde oder ob er sich aus der Kenntnis der in St. Emmeram liegenden

[163] FICHTENAU, Wolfger (s. o. 519) 316f.
[164] J. A. ENDRES, Boto v. Prüfening u. s. wissenschaftl. Tätigkeit (NA 30) 1905, 603ff.; WS I 241f.; F. J. WORSTBROCK (VL I²) 971ff. Neuerdings SCHMITZ (s. o. 519) 204–307.
[165] ENDRES 630, 629.

Handschrift herleitet, ist nicht nachgewiesen. Botos zweites Hauptwerk, vermutlich Ende der fünfziger Jahre verfaßt und Abt Johannes von Weltenburg vorgelegt, sind die durch die Lücke in der Überlieferung des gleichnamigen Werks Gregors d. Gr. angeregten Homilien zu Ezechiel, eher ein systematischer Kommentar als eine homiletische Paraphrase.[166] Von besonderem Interesse ist die fünfte Homilie, die auf das Schisma unter Alexander III. eingeht und neben der Klage über die Heimsuchungen der Kirche eine tiefe Unsicherheit in der Stellungnahme erkennen läßt (wie sie sich gleichzeitig auch bei Gerhoch von Reichersberg findet).

Boto ist wohl um 1170 gestorben. Während in ihm die kontemplative Seite des Prüfeninger Mönchtums ausgeprägt ist, verkörpert *Wolfger*[167] die aktive, durch Verwaltungsgeschäfte und Bildungsbetrieb bestimmte, in der Historiographie sich erfüllende Lebensform. Er scheint Michelsberger Professe gewesen und Ende der zwanziger Jahre des zwölften Jahrhunderts nach Prüfening gekommen zu sein. Neben den genannten Inventaren war die Anlage des Traditionskodex sein Werk; er hat ihn bis 1170 weitergeführt. Er pflegte Beziehungen zur königlichen Kanzlei und fertigte vermutlich 1140–42 zwei Diplome Konrads III. aus;[168] vor allem scheint er in der Folgezeit eine Reihe von Urkunden für die Bamberger Bischöfe geschrieben zu haben. Zwischen 1140 und 1146 scheint er die Biographien Ottos von Bamberg und Theogers von Metz verfaßt zu haben, beide wohl im Auftrag seines Abtes Erbo I. Die *Vita Ottonis*[169] stellt die Missionsreisen des Bamberger Bischofs nach Pommern in den Mittelpunkt; Quelle scheinen die Berichte Adalberts, des Begleiters und Vertreters Ottos und späteren ersten Bischofs der Pommern gewesen zu sein. Daneben fällt einiges Licht auf die Tätigkeit Ottos in der Kanzlei Heinrichs IV., wobei der König durchaus vorteilhaft gezeichnet wird, auf die Beziehungen des Bischofs zu Prüfening und auf die Erneuerung der Kirchen und der Bildung im Bamberger Sprengel. Wolfger, der hier auf persönliche Erinnerungen zurückgreifen konnte und dem auch die Relatio de piis operibus Ottonis und Frutolfs Chronik vorlagen, handhabte den Stoff nicht sehr frei, suchte sich an Sulpizius Severus, Venantius Fortunatus, Johannes Diakonus und Einhard anzulehnen, stilistisch – neben den üblichen Entlehnungen aus

[166] Ausführliche Analyse der Homilien bei SCHMITZ (s. o. 519) 260ff.; über Nebenwerke Botos s. Ders. 240f. u. ö.

[167] Vgl. FICHTENAU, Wolfger (s. o. 519) 313ff.; WS I 235ff.

[168] FICHTENAU, Wolfger 324ff., 332ff.

[169] Ausgaben: Vita s. Ottonis, hg. v. A. HOFMEISTER (Denkmäler der Pommer'schen Gesch. 1) 1924; Ottonis ep. Babenb. vita Priefiingensis, hg. v. I. WIKARJAK u. C. LIMAN (Mon. Pol. hist. n. s. 7 fasc. 1 u. 2) 1966, 1969 FICHTENAUS Zuschreibung (ebd. 345ff.) ist noch für LIMAN bestimmend. Hingegen nimmt D. ANDERNACHT, Die Biographen Bischof Ottos v. Bamberg, Diss. Frankfurt a. M. 1950 die Abhängigkeit der Prüfeninger Vita von Ebo von Michelsberg an. J. PETERSOHN, Bemerkungen zu einer neuen Ausgabe der Viten Ottos v. Bamberg 1 (DA 27) 1971, 175ff. hält an der Priorität der Prüfeninger Vita fest. LHOTSKY bringt als Verfasser den Prüfeninger Mönch Heinricus elemosinarius ins Spiel. Mit ANDERNACHT setzt sich E. DEMM, Reformmönchtum u. Slawenmission im 12. Jh., 1970 auseinander, mit DEMM J. PETERSOHN, Probleme d. Otto-Viten u. ihrer Interpretation (DA 27) 1971, 314ff., bes. 330ff.; vgl. WS I 237f. Zu Herbord v. Michelsberg u. seinem Dialogus de vita S. Ottonis vgl. Spindler III, 1 138; zur Neuausgabe des Dialogus v. J. WIKARJAK und C. LIMAN (Mon. Pol. hist. n. s. 7, fasc. 3) vgl. J. PETERSOHN, Bemerkungen zu einer neuen Ausgabe der Viten Ottos von Bamberg 2 (DA 33) 1977, 546ff.

Bibel und Liturgie – auch an Cicero. Seine zweite biographische Arbeit, die *Vita Theogeri,*[170] ist deutlicher durch den Auftraggeber bestimmt. Theoger war vor seiner Berufung auf den Metzer Bischofsstuhl Abt von St. Georgen und damit Erbos Vorsteher und Lehrmeister gewesen. In Prüfening die Erinnerung an ihn wachzuhalten bedeutete, der Vorbildlichkeit der ursprünglichen hirsauischen forma vivendi ein Denkmal zu setzen. Theoger, der aus Bayern stammte, von Manegold unterrichtet wurde und in Worms Kanoniker war, trat, von Wilhelm persönlich beraten, in Hirsau ein. Buch I der unvollständig erhaltenen Vita wendet sich vor allem dem Klosterleben in St. Georgen zu und führt die beispielhafte Administration des Abtes und seinen Einfluß auf die etwa 700 ihm unterstellten Mönche und Nonnen aus. Buch II stellt diesem Gemälde des monastischen Frühlings eine Schilderung der kirchenpolitischen Kämpfe unter Heinrich V. gegenüber; Theoger wurde in die Auseinandersetzungen hineingezogen, als er, zum Bischof von Metz erwählt, sich gegen den simonistischen Adalbero IV. nicht durchsetzen konnte. Wolfger zeigt sich über viele Details (Wahlhandlung, Reisen mit dem päpstlichen Legaten, mißglückter Einzug in der Bischofsstadt) vorzüglich unterrichtet; auch sein literarisches Bemühen, dem sallustische Frische nachgerühmt wird, die Anleihen bei Vergil und Cicero und wiederum bei Sulpizius Severus, gehen nicht auf Kosten der Sache. Wolfgers schriftstellerisches Werk schließt mit den lange unter dem Namen des Anonymus Mellicensis (s. u. 601 f.) gehenden 118 Kapiteln De scriptoribus ecclesiasticis, dem bedeutendsten literarhistorischen Abriß, der seit Sigebert von Gembloux – und unabhängig von diesem – im zwölften Jahrhundert vorgelegt wurde. – Neben Boto und Wolfger läßt sich Idung von Prüfening neuerdings genauer fassen, der etwa 1144 eingetreten ist und bald darauf in dem Argumentum super IV questionibus vier wichtige Reformfragen erörtert hat;[171] als er aber an den bei den Jungklunianzensern herrschenden Gewohnheiten kein Genüge fand und eine observantia strictior suchte, trat er ein Jahrzehnt später zu den Zisterziensern über – noch ist nicht bekannt, in welches Kloster – und leistete dort den entschiedensten Beitrag zu der monastischen Kontroverse der Zeit, indem er in dem Dialogus duorum monachorum Cisterciensis et Cluniacensis die Positionen und gegenseitigen Vorwürfe scharf kontrastierend und rhetorisch zugespitzt gegeneinanderstellte.[172] Auch der schon genannte Heinricus elemosinarius (Libri relationum seniorum), später Liebhard mit seinem Horreum formicae, Auszügen aus Petrus Cantor, gehören in diesen Zusammenhang.[173] Arnold

[170] Hg. v. Ph. JAFFÉ (MG SS 12) 1856, 449ff.; H.-J. WOLLASCH, Die Anfänge d. Klosters St. Georgen im Schwarzwald (Forsch. z. oberrhein. Landesgesch.) 1964; FICHTENAU, Wolfger (s. o. 519) 347ff.; WS I 239f.

[171] Ediert v. DEMM (s. o. 559 Anm. 169) 113ff.; dazu R. B. C. HUYGENS, Zu Idung v. Prüfening u. seinen Schriften «Argumentum super quatuor questionibus» u. «Dialogus duorum monachorum (DA 27) 1971, 544ff.

[172] Die Zuschreibung von DEMM (s. o. 559 Anm. 169) 99ff. wird bestätigt durch R.B.C. HUYGENS, Le moine Idung et ses deux ouvrages: «Argumentum super quatuor questionibus» et «Dialogus duorum monachorum» (Studi medievali, serie terza, 13) 1972, 291ff.

[173] ENDRES, Boto (s. o. 558 Anm. 164) 613 u. Anm. 3; BAUERREISS III 140; SCHMITZ (s. o. 519) 327ff.

von Prüfening, von seinem Mitbruder Eberhard vor 1163 beauftragt, hat den «Liber de miraculis sanctae Dei Genitricis Mariae», der lange Zeit als ein Werk Botos galt, unter dem Titel «Vox de propitiatorio» in Dialogform gebracht und in theologische Erörterungen zwischen Maria und Martha hineingestellt. Die biblischen Schwestern stehen – ganz entsprechend der exegetischen Tradition – für die vita activa und vita contemplativa; zusammen erst verkörpern sie die Gottesmutter, die Christus gebar und aufzog, aber auch verehrte und anbetete.[174]

Wolfger und seine gelehrten Mitbrüder von Prüfening scheinen Kontakt gehabt zu haben mit der anderen Zentralfigur des Regensburger Geisteslebens im zwölften Jahrhundert, mit *Honorius Augustodunensis*[175] (s. u. 599ff.). Das Inkognito dieses Mannes zu lüften und sein sorgfältig verschleiertes Lebensschicksal zu enthüllen ist noch immer nicht völlig gelungen, aber einige wesentliche Fixpunkte können als gesichert gelten: die Erziehung in Canterbury und der entscheidende Einfluß Anselms, der Weg über Siegburg nach Regensburg, die schriftstellerische Tätigkeit als Inkluse, die enge Beziehung zum Schottenkloster St. Jakob und seinem Abt Christian. Unsicher bleiben die Herkunft, die Lebensdauer (etwa von 1080–1156), die Echtheit des Namens Honorius und die Bedeutung des Beinamens Augustodunensis.[176] Honorius' geistesgeschichtliche Stellung kann nur aus seinen Werken erschlossen werden. Hemmend wirkt sich dabei aus, daß deren handschriftliche Überlieferung überaus reich ist – an schriftstellerischem Erfolg übertrifft er die bedeutendsten Theologen seiner Zeit – und noch immer nicht ausreichend untersucht wurde. Seine weit auseinanderliegenden Themen erklären sich zum Teil aus den Wünschen seiner Auftraggeber und aus den Bedürfnissen der Klöster in Canterbury, Würzburg und Regensburg, aber sie entsprechen auch der universalen Richtung seiner Bildungsbemühungen. Gegenständen aus den Artes, geographischen wie historischen Fragen hat er sich ebenso zugewendet wie der platonischen Philosophie und der symbolistischen Theologie in den Bereichen der Exegese, Dogmatik, Liturgik und Homiletik.[177] Das breite Werk wird zusammengehalten durch die enzyklopädische Tendenz des Verfassers, durch seine Anlehnung an bestimmte Autoritäten und seine einheitlichen Methoden und Überzeugungen. Honorius besaß eine sehr umfangreiche Kenntnis der patristischen Literatur und hat sich durch sie weithin bestimmen lassen, in seiner Wertung der klassischen Autoren, die über die von Hieronymus und Augustinus gefundenen Bilder nicht hinausgeht, in der Verwendung logischer und rhetorischer Figuren, worin er dem Cassiodor verpflichtet ist. In der Literaturgeschichte (De luminaribus ecclesiae)

[174] SCHMITZ (s. o. 519) 309–320.

[175] S. u. 599 Anm. 65. Danach MANITIUS (s. u. 582) III 364ff.; E. M. SANDFORD, Honorius, presbyter et scholasticus (Speculum 23) 1948, 397ff.; H. SCHWIPPERGES, Honorius u. d. Naturkunde d. 12. Jhs. (Sudhoffs Archiv f. Gesch. d. Medizin u. d. Naturwiss. 42) 1958, 71ff.

[176] Das letzte Kapitel aus De luminaribus ecclesiae, bislang als kurze Schriftstellerautobiographie angesehen, wird nun (von FICHTENAU, Wolfger von Prüfening, MIÖG 51, 1937) Wolfger zugeschrieben, der auch die Summa totius bearbeitet und ins reine geschrieben zu haben scheint. Der Nachlaß des Honorius ist vielleicht von einem Prüfeninger Mönch in Empfang genommen worden (H. MENHARDT, Der Nachlaß des H. A., ZDA 89, 1958, 23ff.).

[177] Charakteristik der Werke b. ENDRES (s. u. 599 Anm. 65) 22ff. und WS I 30ff.

knüpft er an Hieronymus und Beda an, in der Homiletik (Evangelia, quae Gregorius non exposuit) an Gregor den Großen, in seiner Weltansicht (Imago mundi) an Isidor und Rhabanus Maurus. In den Strömungen des zwölften Jahrhunderts steht er neben Rupert von Deutz (mit dem er, zumindest über Bischof Kuno von Regensburg, wohl auch biographisch zusammenhängt): durch die mariologische Interpretation des Hohen Liedes (Expositio in Cantica), in Reformfragen wie der Gültigkeit der von unwürdigen Priestern gespendeten Sakramente (Offendiculum) oder dem Predigtrecht der Mönche (Quod monachis liceat predicare), in der symbolistischen Interpretation der Liturgie und des Kirchengebäudes (Gemma animae). Eigentümlicher noch wird sein geistiges Profil geprägt durch das Schülerverhältnis zu Anselm von Canterbury. Er hat das Monologium zur Grundlage seiner Cognitio vitae gemacht, ist aber dem Meister in der Argumentation der Gottesbeweise nicht sklavisch gefolgt, sondern hat den ontologischen beiseite gelassen und dem kosmologischen eine andere Wendung gegeben. Auch die Willensfreiheit und die Eucharistie behandelt er im Anschluß an Anselm; gleicherweise hat er die Methode des dialektischen und syllogistischen Vorgehens von dort übernommen. Doch sind die klaren Abstraktionen Anselms nicht sein eigentliches Feld. Aus seinen von Allegorien und Symbolen überquellenden Hauptwerken spricht eine sinnenhaftere, nicht in Begriffen, sondern in Bildern sich erfüllende Weltvorstellung. Sie kommt aus der Begegnung mit Johannes Eriugena. Daß er die Philosophie des Iren gekannt hat, geht schon aus seiner Lehre von den Visionen, aber auch aus dem Satz von der absoluten Prädestination der Menschwerdung Christi und aus der spiritualistischen Deutung des Abstiegs Christi zur Hölle, der Himmelfahrt und des Lebens der Seligen hervor. Schließlich entschloß er sich, die Grundgedanken Johannes' insgesamt zu veröffentlichen (s. u. 600). Allein schon dadurch ist Honorius in der Zeit, in der auch von Saint-Denis und Chartres aus eine Renaissance des Platonismus einsetzte, zu einem der wichtigsten Popularisatoren des mystischen Gedankenguts und damit zu einem bedeutenden Anreger vor allem im Bereich der spätromanischen und frühgotischen Kunst geworden.[178] Honorius nimmt also zwischen den sich abzeichnenden Fronten des zwölften Jahrhunderts eine unentschiedene, fast widersprüchliche Stellung ein. Das Bemühen um einen systematischen Aufbau der Glaubenslehre zeigt ihn zwischen Wilhelm von Champeaux und Hugo von St. Viktor; der Wille zur universalen Erfassung der Welt und der sinnliche Reiz der neuplatonischen Philosophie ließen ihn auf Johannes Eriugena zurückgreifen; zugleich hat ihn die gedankliche Schärfe der Schule von Chartres beeinflußt, freilich ohne daß sie ihn gegen die pantheistische Umdeutung anselmianischer Lehren gefeit hätte. In die lokalen Traditionen stellte sich Honorius durch seine Teilnahme an den Streitgesprächen des Investiturstreits und durch seine Parteinahme in den Fragen der Kirchenreform. Dazu gehört, daß die Darstellung der Welt für ihn eine historische Komponente besaß. Er führte sie aus in der Summa totius, die mit einem Abriß des Alten Testaments beginnt und sich zur Weltchronik entwickelt, und in der Imago mundi (s. u. 600). Geschichtliches Denken spricht auch aus der Literaturgeschichte

[178] ENDRES 127ff.

De luminaribus ecclesiae, vor allem dort, wo Honorius in der Behandlung von Johannes Eriugena, Theodul von Orleans, Lanfranc und Anselm von Canterbury und Rupert seine eigenen Interessen aufscheinen läßt.

Die synthetischen Entwürfe Botos von Prüfening und des Honorius Augustodunensis sind noch aus symbolistischem und platonistischem Geist gespeist, aber in ihnen bereits zeigen sich Spuren einer Entwicklung, die fast das ganze Studienwesen umstürzte, nicht nur die Ansichten, sondern vor allem die Methoden revolutionierte und in ihren Konsequenzen schließlich auch die Stellung Bayerns im abendländischen Bildungswesen entscheidend veränderte. Es handelt sich um das Einströmen der Werke der Pariser Schule, der unter dem Schlagwort *Frühscholastik* zusammengefaßten Gedankengebäude.[179] Die Stichjahre sind 1138, als der Babenberger Otto auf den Freisinger Bischofsstuhl berufen wurde, und 1141, als die Polemik Gerhochs von Reichersberg gegen die Abälardschule und gegen Gilbertus Porretanus einsetzte. Während sich bis dahin die französischen Einflüsse nur in gelegentlichen Komplimenten für ihre Gedankentiefe (Williram über Bec) oder in Abwehrreaktionen gegen ihre dialektischen Mittel (Otloh) geäußert hatten, begann nun in den bayerischen Klöstern ein breites und systematisches Studium der neuen Autoren, angefangen bei Wilhelm von Champeaux und Anselm von Laon über Peter Abälard, Gilbert de la Porrée, Hugo von St. Viktor bis zum Sentenzenmeister Petrus Lombardus. Nicht nur Freising und Regensburg nahmen daran teil, sondern auch Chorherrnstifte wie St. Nikola in Passau, St. Florian, Seckau und Vorau und vor allem Klosterneuburg, wo man auch den von Gilbert hochverehrten Kirchenvater Hilarius systematisch sammelte, Zisterzen wie Heiligenkreuz, Zwettl, Rein, Baumgartenberg, benediktinische Reformklöster wie Prüfening, St. Peter in Salzburg, Admont und St. Lambrecht, prämonstratensische Niederlassungen wie Windberg. Von den alten Abteien standen einige wie Tegernsee, Wessobrunn und Benediktbeuern den neuen Anregungen offener gegenüber, während andere wie Kremsmünster und St. Emmeram sich verschlossen.[180] Klöster, die den Reformbestrebungen des zwölften Jahrhunderts Widerstand leisteten, scheinen auch die Auseinandersetzung mit der neuen Theologie vermieden zu haben, «während es gerade die neuen Orden waren, voran Zisterzienser, Augustinerchorherrn und auch die Reform-Benediktiner, die nicht nur die Gegner der Scholastik stellten, sondern auch zu ihrer Rezeption neigten, die mit einem Wort größere geistige Regsamkeit bewiesen» (Classen).[181] Noch ist das Ausmaß der Bewegung, die von den Pariser Schulen nach Deutschland hineingetragen wurde und vor allem den bayerischen Raum erfüllte, nicht abgesteckt, die Erforschung weiter Bereiche wie der Kanonistik, der aristotelischen Studien, aber auch der einheimischen Theologie steckt noch in den Anfängen, aber mit mehr Recht als vor dreißig Jahren kann heute von einer «Filiale der von Haskins nachgewiesenen Renaissance of the 12th

[179] Grundlegend f. d. Folgende: P. CLASSEN, Frühscholastik (s. o. 519); vgl. WEISWEILER, Die Schule Anselms v. Laôn u. Wilhelms v. Champeaux in dt. Bibliotheken (Beitr. z. Gesch. d. Phil. d. MA 33, 1–2) 1936.

[180] CLASSEN, Frühscholastik (s. o. 519) passim, bes. 270.

[181] Ebd. 270f.

century» (Heilig)[182] in Bayern und Österreich gesprochen werden. Allerdings haben die Distinktionen und Spekulationen der in Bayern und in der Ostmark tätigen gelehrten Theologen und Historiker keine Nachfolge gefunden, und trotz der außerordentlichen Breite der handschriftlichen Überlieferung ist es nicht zur Ausbildung eines großen Studienzentrums in Bayern gekommen. Die rezeptive wie die produktive Kraft lassen am Ende des Jahrhunderts nach, während in Frankreich erst die nächsten Menschenalter die Erfüllung der im Zeitalter der Frühscholastik angelegten Tendenzen bringen. Die Ursachen für diese auffallende Tatsache können nicht allein in personengeschichtlichen Zusammenhängen gesucht werden. Soziale und politische, reichs- wie territorialgeschichtliche, aber auch innerkirchliche Gründe gaben den Ausschlag,[183] daß in Bayern die Auseinandersetzung mit der abendländischen Geistesbewegung nachließ und einer Konzentration auf näherliegende Interessen Platz machte.

Das Interesse an den neuen Methoden und ihrer Anwendung in der Theologie wurde ohne Zweifel durch das selbstgewisse Auftreten des Magisters *Petrus von Wien* in den christologischen Streitigkeiten um Gerhoch von Reichersberg aktualisiert. Petrus scheint noch in den vierziger Jahren des zwölften Jahrhunderts, kurz vor dem Reimser Konzil, nach Bayern gekommen zu sein (Otto von Freising könnte dabei seine Hand im Spiel gehabt haben). Er gehörte dem engsten Kreis der Schüler Gilberts an und hat sich auf das entschiedenste für die begrifflichen Abstraktionen und theologischen Unterscheidungen des Meisters eingesetzt. Seine Spuren werden zum erstenmal durch seine Kontroverse mit Gerhoch zwischen 1153 und 1160 deutlich. In scharfzüngigen Briefen an Gerhoch und in einem logisch-analytischen Traktat für Otto von Freising wandte er sich gegen Gerhochs Vergöttlichung des Leibes Christi, verspottete sie als Idolatrie und unterwarf sie der Gilbertinischen Unterscheidung von Natur und Person, wobei er ex scolastice regula traditionis et ex universali Gallicanae ecclesiae usu argumentierte.[184] Er verwahrte sich gegen den Vorwurf des Rationalismus, berief sich auf die Offenbarung und teilte maliziöse, für seine Denkweise höchst bezeichnende Seitenhiebe aus wie den, daß ein reines Leben zwar ein großer Wert sei, aber ohne Studien und Lehre keine Erkenntnis bringe. Es ist denkbar, daß Petrus auch unter den beiden Anklägern war, die 1161 in Friesach gegen Gerhoch auftraten; jedenfalls besaß er Kontakt mit Folmar von Triefenstein, dem Hauptgegner Gerhochs in seinem letzten dogmatischen Streit 1163/64.[185] Eine weitere Lebensspur Petrus' hat sich aus den Jahren 1170/80 erhalten. Sie zeigt ihn in engem Kontakt mit dem kaiserlichen Palastdiakon Hugo von Honau, der gleichfalls der Gilbertschule angehörte.

[182] K. J. HEILIG, Mittelalterl. Bibliotheksgesch. als Geistesgesch. (Zschr. f. dt. Geistesgesch.) 1937, 17; danach CLASSEN, Frühscholastik 271.

[183] Knappe Andeutungen dieses Sachverhalts b. CLASSEN, ebd. 272f.

[184] H. WEISWEILER, Das wiedergefundene Gutachten d. Magister Petrus über die Verherrlichung d. Gottessohnes gegen Gerhoh v. Reichersberg (Scholastik 13) 1938, 225ff.; H. FICHTENAU, Ein frz. Frühscholastiker in Wien (JbLKNÖ NF 29) 1944/48, 118ff.; Ders., Magister Petrus v. Wien († 1183) (MIÖG 63) 1955, 283ff.; CLASSEN, Gerhoch 162ff., 284ff.

[185] Ebd. 250ff., 387ff.; D. v. d. EYNDE (s. u. 571 Anm. 215) 141ff., 257ff.

Hugo von Honau unternahm im Auftrag Barbarossas zwei Byzanzreisen; Petrus empfahl ihn an einen befreundeten, aus Pisa gebürtigen Berater Kaiser Manuels, Hugo Eleutherius, und verlangte von diesem eine Zusammenstellung von Zitaten griechischer Väter über den Unterschied von Natur und Person als Beitrag zur Lösung bestimmter christologischer Fragen. Hugo Eleutherius war bereits mit einem Traktat De filii hominis minoritate ad patrem deum hervorgetreten, der eine Gilbert verwandte Position bezogen hatte; er konzipierte als Antwort auf die Bitte des Wieners die Schrift De differentia naturae et personae und widmete sie den deutschen Freunden Hugo und Petrus, ein eindrucksvoller Beweis für die weiten Verbindungen und klaren Gedankengänge der Gilbertiner.[186] Petrus' Stellung in Wien wird erklärt durch die Gunst des Herzogs Heinrich Jasomirgott. Mit ihm teilte der Magister die Haltung gegenüber dem Schisma; er wurde von den Klosterneuburger Alexandrinern befehdet; aber noch bevor die politischen Fronten sich lockerten, knüpfte man neue Beziehungen. Wieweit es Petrus gelang, eine Schule um sich zu sammeln und für das Fortleben seiner Lehre über seinen Tod 1183 hinaus zu sorgen, ist nicht bekannt. Jedenfalls ist ihm als dem entschiedensten Verfechter der modernen Position die Rolle des Erregers und Bewegers in dem damaligen bayerischen Geistesleben zugefallen.

Obwohl *Otto von Freising* in die polemische Auseinandersetzung zwischen Petrus und seinen Gegnern hineingezogen wurde und auch die gleichzeitigen monastischen Kontroversen überblickte, spricht aus seiner Lebenshaltung und aus seinen Werken eine ganz andere geistige Haltung. Nicht kämpferische Einseitigkeit und strikte Schulzugehörigkeit kennzeichnen seinen Standort, sondern ein synthetisches Bemühen, das die Denkansätze der französischen Schulen aufnahm und anwendete und trotzdem aus der historiographischen und geschichtstheologischen Tradition nicht ausbrach. Eine große selbständige Individualität entfaltete sich im Schnittpunkt der geistigen Entwicklungslinien des zwölften Jahrhunderts. Biographie und Bildungsgeschichte[187] wiesen Otto auf die Darstellung und Deutung des geschichtlichen Lebens hin. Die Herkunft aus dem markgräflichen Geschlecht der Babenberger und die Verwandtschaft mit den deutschen Königen des salischen und staufischen Hauses (Enkel Heinrichs IV., Halbbruder Konrads III., Onkel Friedrichs I.) gaben ihm die ungewöhnliche Nähe zum Reich, die überlegene Weite des Horizonts, das Traditionsbewußtsein. Die Pariser Studienzeit,[188] etwa vom 16. bis zum 21. Lebensjahr

[186] H. DONDAINE, Hugues Éthérien et Léon Toscan (Archives d'histoire doctrinale et littéraire du Moyen Âge 27) 1952, 67ff.; Ders., Hugues Éthérien et la concile de Constantinople de 1166 (HJb. 77) 1958, 473ff.; CLASSEN, Gerhoch 270f.; M. N. HARING, The ‹Liber de differentia naturae et personae› by Hugh Etherian and the letters addressed to him by Peter of Vienna and Hugh of Honau (Medieval Studies 24) 1962, 1ff.; Ders., Hugh of Honau and the ‹Liber de ignorantia› (ebd. 25) 1963, 209ff.

[187] Über Otto s. auch u. 603. Bibliograph. Zusammenstellung b. J. SPÖRL (LThK VII) 1307ff.; Otto Fris., Chron. (LAMMERS) LXIIIff.; Otto Fris., Gesta (SCHMALE) 77ff.; zuletzt WS 1 48f.; ferner: H. W. SEIFFERT, Otto v. Freising u. Gottfried v. Viterbo (Philologus 115) 1971, 292ff.; M. WELTIN, Die «tres comitatus» Ottos v. Freising u. d. Grafschaften d. Mark Österreich (MIÖG 84) 1976, 31ff. – Für die Wirkungsgeschichte vgl. A. LHOTSKY, Das Nachleben Ottos v. Freising (Aufsätze u. Vorträge I) 1970, 29–48.

[188] Grundlegend immer noch A. HOFMEISTER, Studien über Otto v. Freising (NA 37) 1912, 99ff., bes. 122ff., 633ff.;

reichend, brachte die intime Kenntnis der geistigen Situation hinzu, das logische Rüstzeug, die Präzision der philosophischen und theologischen Begriffe, den Tiefsinn der symbolistischen Geschichtsanschauung. Unter den Meistern der französischen Schulen scheint Hugo von St. Viktor[189] am unmittelbarsten auf ihn gewirkt zu haben; die universalhistorische Motivation der Chronik und die Sinngebung der geschichtlichen Abläufe sind dort vorgebildet. Andererseits lassen die Gesta Friderici ein persönliches Verhältnis zu Gilbert de la Porrée vermuten: dafür sprechen die Zitate aus dem Boethiuskommentar, die Analyse der Theologie des Porretaners und der teilnehmende Bericht über sein Schicksal.[190] In Paris kann die Bekanntschaft nicht geknüpft worden sein, aber es liegt nahe, Beziehungen des jungen Babenbergers zur Schule von Chartres anzunehmen, wo Gilbert 1127–1136 Kanzler war und wo Otto die Kenntnis der logischen Schriften des Aristoteles erworben haben kann. In der damaligen Situation der Pariser Schulen war es gegeben, daß Otto sich außerdem mit Peter Abälard auseinandersetzen mußte. Schließlich trat Bernhard von Clairvaux in seinen Gesichtskreis, spätestens 1133, als Otto und seine Begleiter die Heimreise in die Ostmark abbrachen und in die zisterziensische Primarabtei Morimond eintraten.[191] Der reformatorisch strengen Lebensform seines Ordens unterstellte er sich bis zu seinem Tod; sie hinderte ihn nicht, gegenüber Bernhard kritische Distanz zu halten, auch nicht, nach fünf Jahren Klosterzeit 1138 den Ruf auf ein geistliches Fürstentum des Reiches anzunehmen und damit, 26jährig, wieder in die durch seine Herkunft gesetzten Bahnen einzumünden. In der umfassenden kirchen- und reichspolitischen Tätigkeit Ottos auf dem Freisinger Bischofsstuhl verbinden sich Zeitströmungen und Reformanliegen: in der führenden Teilnahme am zweiten Kreuzzug wie an den Reichstagen Friedrichs I., in der Berufung von Augustinerchorherrn und Prämonstratensern in die Diözese und in dem gescheiterten Versuch, das Tegernseer Klosterleben umzugestalten, in dem Bemühen um kaiserliche und päpstliche Privilegien und in der Auseinandersetzung mit den wittelsbachischen Vögten und mit Heinrich dem Löwen.[192] Auch die Bildungsarbeit[193] gehört in diesen Zusammenhang. Die univer-

H. GLASER, Versuch über die Lebensgesch. (Otto v. Freising, Gedenkgabe z. 800. Todesjahr, hg. v. J. A. FISCHER) 1958, 19ff.; L. GRILL, Bildung u. Wissenschaft im Leben Bischof Ottos v. Freising (Anal. S. O. Cist. 14) 1958, 281ff., bes. 285ff.; R. FOLZ, Otton de Freising témoin de quelques controverses intellectuelles de son temps (Mémoria Otton de Freising à l'occasion du huitième centenaire de sa mort) 1962, 22ff.; KRAUS, Civitas Regia (s.o. 519) 56, 68ff.; WS I 50ff.

[189] Vgl. J. EHLERS, Hugo v. St. Viktor. Stud. zum Geschichtsdenken u. zur Geschichtsschreibung d. 12. Jhs. 1973; R. GOY, Die Überlieferung d. Werke Hugos v. St. Viktor, 1976.

[190] Otto Fris., Gesta I, 49, 53–62, (SCHMALE) 222ff., 336ff.; vgl. HOFMEISTER (s.o. Anm. 188) 640ff.; GRILL, (s.o. Anm. 188) 291ff. – Ottos Anlehnung an Gilberts Expositio in Boethii libros de trinitate bes. stark in Otto Fris., Gesta I, 5, (SCHMALE) 128ff.

[191] E. KRAUSEN, Bisch. Otto I. v. Freising, der Zisterzienser auf d. Stuhl d. hl. Korbinian (Otto v. Freising, Gedenkgabe) 1958, 39ff.; Ders., Morimund (s.o. 487 Anm. 151).

[192] WEISSTHANNER (s.o. 554 Anm. 150) 151ff.

[193] Ebd. nr. 172; Otto Fris., Gesta IV, 14 (SCHMALE) 544; H.-J. BUSLEY, Bischof Otto u. s. Domkapitel (Otto v. Freising, Gedenkgabe) 1958, 65ff.; zur Interpretation v. Rahewins Nachruf, in welchem die geist-

sale historiographische Sicht Ottos ist auf der Basis dieser Lebenserfahrungen und Bildungseindrücke erst möglich geworden; so gesehen stellt die Biographie nicht die Inkonsequenzen eines Zickzackweges dar,[194] sondern die Ausformung der in Herkunft, Begabung und Charakter ruhenden Eigenart durch die intensive Teilnahme am geistigen und politischen Leben der Zeit.

1143 bis 1146 schreibt Otto die *Historia de duabus civitatibus* (Chronicon).[195] Er gibt eine Universalgeschichte von der Erschaffung des Adam bis zur Gegenwart und bis zum Jüngsten Gericht. Gattungsgeschichtlich gehört das Werk in den Zusammenhang der hochmittelalterlichen Weltchronistik, und doch ragt es weit darüber hinaus. Das Referat der Fakten bildet lediglich den Rohstoff der Darstellung. Otto kommt es auf Ordnung und Deutung, auf Periodisierung und Figurierung an.[196] Viel Material ist dem Frutolf entnommen, außerdem den historiographischen Hauptwerken von Josephus und Eusebius über die Historia tripartita bis zu Paulus Diaconus und Regino von Prüm, ferner den verfügbaren Viten, Legenden, Herrscherlisten, ab 1106 schließlich eigenen Notizen und Beobachtungen; die Interpretation scheint von Augustin und Orosius, Hieronymus und Hugo von St. Viktor beeinflußt. Jedoch wird man dem Gedankenreichtum und der Eigenständigkeit des Werkes nicht gerecht, wenn man es von einem bestimmten Vorbild her entschlüsselt.[197] Die Konzeption ist nicht nur aus der Übertragung des augustinischen Dualismus von civitas dei und civitas terrena auf die konkreten historischen Abläufe, aus dem Gegensatz von heilsgeschichtlichem Fortschritt und «welt»-geschichtlicher Kreisbewegung gewonnen; sondern die römische Reichsidee mit der Vorstellung von den translationes imperii, die Wanderung der irdischen Macht, der menschlichen Weisheit und der monastischen Frömmigkeit von Osten nach Westen, die durchgängige typologische Komposition der Universalgeschichte sind als besondere Stränge in das Geflecht der Sinnbe-

schärfende Förderung vieler Schüler und der logicus tumultus gerühmt wird, vgl. J. Spörl, Vom Weltbild Ottos v. Freising (ebd.) 1 ff.

[194] Hauck IV 477; vgl. J. Schmidlin, Albert Haucks Urteil über Otto v. Freising (HJb. 27) 1906, 316 ff.; Glaser, Lebensgeschichte (s. o. 566 Anm. 188) 28.

[195] Unentbehrlich die krit. Ausgabe v. A. Hofmeister (MG SS rer. Germ.) 1912; danach: die Ausgabe von W. Lammers (Ausgew. Quellen z. dt. Gesch. d. MA 16) 1960; WS 1 51 ff.

[196] Die neuere Interpretation der Chronik setzt ein mit J. Spörl, Grundformen (s. o. 519) 32 ff.; vgl. Ders., Die ‹Civitas Dei› im Geschichtsdenken Ottos v. Freising, (W. Lammers, Geschichtsdenken, s. o. 519) 298 ff.; J. Staber, Eschatologie u. Gesch. b. Otto v. Freising (Otto v. Freising, Gedenkgabe, s. o. 566 Anm. 188) 1958, 106 ff.; R. Folz, Sur les traces de S. Augustin, Otton de Freising (CollOCR 20) 1958, 327 ff.; W. Mohr, Zum Geschichtsbild Ottos v. Freising (Perennitas, Festschr. Th. Michels) 1963, 274 ff.; A. Funkenstein, Heilsplan u. natürliche Entwicklung, 1965, 93 ff.; N. Grabe, Die Zweistaatenlehre bei Otto v. Freising u. Augustin. Ein Vergleich (Cistercienser Chronik 117/122) 1973, 34 ff.; W. Lammers, Weltgesch. als Heilsgesch. bei Otto v. Freising, 1977. Zum Grundsätzlichen vgl. auch G. Melville, System u. Diachronie. Untersuchungen z. theoret. Grundlegung geschichtsschreiberischer Praxis im MA (HJb 95) 1975, 33 ff. u. 308 ff.

[197] So in der neueren Lit. E. F. Otto, Otto v. Freising u. Friedrich Barbarossa (Lammers, Geschichtsdenken s. o. 519) 247 ff., bes. 260; Mohr, Geschichtsbild, passim. Dagegen die treffende Abgrenzung b. Spörl, ‹Civitas Dei› (s. Anm. 196) 307 ff.

züge eingewoben.[198] Aber auch in einer derartigen differenzierteren Fragestellung liegt noch nicht der Ausgangspunkt einer adäquaten Betrachtungsweise von Ottos geschichtlichem Denken, denn schließlich hat Otto nicht um der Anwendung philosophischer oder theologischer Kategorien willen Geschichte geschrieben, sondern um die Vergangenheit zu erkennen und die Gegenwart zu verstehen, also aus einem spezifisch historischen Ansatz (wie er ja auch die Eigenständigkeit der Historiographie, die in ihrer Wahrheitssuche ruht, in seinem Brief an Rainald von Dassel wissenschaftstheoretisch begründet hat).[199] Nicht das Studium der Väter, sondern sein eigenes epochales Bewußtsein hat ihn zur Beschäftigung mit der Geschichte getrieben und also eigentlich erst zum Historiker gemacht. Aus dieser Verbindung von pragmatischem und kritischem Erkenntniswillen, profunder Gelehrsamkeit und spekulativer Kraft ist ihm eine Gesamtansicht der geschichtlichen Welt von genialer Einheitlichkeit und Eindringlichkeit gelungen.[200] Sie bewährt sich in der Gliederung des ungeheuren Stoffes, auf die Otto, wie aus seinen Schreiben an Friedrich I. und Rainald hervorgeht, besonderen Nachdruck legte,[201] in der synoptischen Betrachtungsweise der reichsgeschichtlichen, kirchengeschichtlichen und geistesgeschichtlichen Ereignisse, in der Wertung historischer Größe, etwa bei Alexander, Cäsar und Attila, aber auch bei Konstantin, Karl dem Großen und Otto dem Großen, in der Deutung des Niedergangs des babylonischen und des römischen Weltreichs, des Abstiegs der karolingischen Macht und des Investiturstreits. Wenn die Weltgeschichte dabei als series calamitatum definiert wird und die Form der Tragödie annimmt,[202] so ist das nicht die Projektion eines pessimistischen Lebensgefühls, sondern Einsicht in den natürlichen Entwicklungsgang irdischer Machtgebilde und in ihre darin aufscheinende teleologische Bestimmung.[203] Von daher kommt Otto zu einer Erkenntnis der eigenen Zeit, die erst, wie er glaubt, dem Spätgeborenen möglich ist. Die Krise des Reiches und das Wachstum der Kirche, die existenzbedrohenden Schläge, die das Papsttum dem Kaisertum versetzte, die heiligende, die Frist des irdischen Lebens verlängernde Blüte des Mönchtums, die Symptome der Gegenwart erscheinen nicht als Ausfluß zufälliger Konstellationen, sondern als strukturbedingte und zugleich heilsnotwendige, in der Vergangenheit vorgebildete und doch einmalige, auf das nahe Ende aller Geschichte hindeutende Situation.[204] Sowohl der Kirchenbegriff, der diesen Deutungen zugrunde liegt, wie die Ansicht vom Königtum, sowohl das in Prologen und Exkursen ausgeführte theologische, philosophische und historische Raisonnement und seine Plazierung am entsprechenden Ort wie die kritische Einstellung gegenüber den gewordenen Zuständen (Konstantinische Schenkung) und gege-

[198] Übersichtlich zusammengestellt v. W. LAMMERS im Vorwort seiner Edition (s. o. 567 Anm. 195) XXXVIII.

[199] Otto Fris., Chron., Ep. ad. Rainaldum (LAMMERS) 6f. – FUNKENSTEIN (s. o. 567 Anm. 196) 93 ff.

[200] Anders OTTO (s. o. 567 Anm. 197) 249 ff.; MOHR (s. o. 567 Anm. 196) passim.

[201] Otto Fris., Chron. (LAMMERS) 8.

[202] Ebd. 4; vgl. Prol. 1, 10 u. ö.

[203] FUNKENSTEIN (s. o. 567 Anm. 196) 107; zur Wertung des sog. «Pessimismus» Ottos vgl. SPÖRL, ‹Civitas Dei› (s. o. 567 Anm. 196) 319, zum psycholog. Aspekt schon HAUCK IV 479.

[204] FUNKENSTEIN 109f. Vgl. die Betonung der spezifisch historischen Sicht Ottos b. SPÖRL, ‹Civitas Dei› 305.

benen Überlieferungen, sowohl die Aufstellung des universalgeschichtlichen Problems wie seine eschatologische Lösung demonstrieren, mit welcher Sensibilität und Konsequenz Otto die traditionellen Vorstellungen aufgegriffen, übertragen und konkretisiert, zu Ende gedacht und zur überlegenen Schau gerundet hat.

Als 34jähriger vollendet Otto seine Weltgeschichte; zehn Jahre später ging er an die Niederschrift seines zweiten historiographischen Werkes, der Geschichte Friedrichs I. *(Gesta Friderici).*[205] Dazwischen liegen der zweite Kreuzzug mit seinem ergreifenden Aufbruch und seinem katastrophalen Ausgang und die Konsolidierung des Reiches unter der staufischen Herrschaft, zwei Ereignisse, die Ottos Geschichtsbild in Frage stellen und den Autor zu neuen Reflexionen anregen mußten, wie er selbst gesteht.[206] Dennoch hat Otto in der Geschichte Friedrichs I. nicht mit seinen bisherigen Anschauungen gebrochen. «Nur in der Grundstimmung, nicht in der Art, geschichtliches Geschehen zu verstehen und zu beschreiben» (Schmale),[207] unterscheiden sich Frühwerk und Spätwerk. Indem Otto mit der Bannung Heinrichs IV., mit der Vertreibung Gregors VII. aus der Ewigen Stadt, mit der Staatsgründung der Normannen in Unteritalien und mit dem Sachsenkrieg einsetzt und also das Reich in völliger Verwirrung zeigt, gewinnt er den Anschluß an seine in der Weltchronik gegebene Interpretation des gegenwärtigen Zeitalters. Er kann ganz in seiner Vorstellung bleiben und doch die Aussage modifizieren, indem er die geschichtliche Bewegung um ein «gegenläufiges» Element bereichert. Mitten in dem Auflösungsprozeß des Reiches, der wiederum für die Hinfälligkeit aller irdischen Dinge zeugt, fängt der Aufstieg des staufischen Hauses an und geht unaufhaltsam fort bis zu den Höhepunkten der Befriedung Deutschlands und Italiens, bis zum Ausgleich mit den Welfen und Babenbergern und zur Kaiserkrönung. Diese Denkfigur, die auch die Komposition des Werkes und vor allem die weitläufige Anlage des ersten Buches erklärt, wird durch eine – von dem hippokratischen Aphorismus Melius est ad summum quam in summo ausgehende – geschichtsphilosophische Theorie untermauert und zu allgemeiner Bedeutsamkeit gehoben. Während in der Gedankenführung der begriffliche und kompositorische Scharfsinn Ottos aufleuchtet, spiegelt die Auswahl der Fakten auch den kaiserlichen Auftrag und den dynastischen Charakter des Werkes. Philosophische Reflexionen umschließen eine von einem speziellen Standpunkt aus geschriebene, eine bestimmte Sicht ausformende Darstellung.[208] Überlegene Weisheit und höfische Ergebenheit schließen einander nicht aus, im zwölften Jahrhundert ebensowenig wie in der neueren Historiographie. Daß Otto sich trotzdem nicht auf die Taten des Kaisers beschränkt, sondern das geistige Leben einbezieht und mit

[205] Otto Fris., Gesta (SCHMALE); dazu F.-J. SCHMALE, Die Gesta Friderici I. imp. Ottos v. Freising und Rahewins (DA 19) 1963, 168ff. und WS 1 56ff.

[206] Otto Fris., Gesta (SCHMALE) 114, Prolog. Er habe die Notwendigkeit gefühlt «stilum vertere». Vgl. auch O. ENGELS, Beitr. z. Gesch. d. Staufer im 12. Jh. (DA 27) 1971, 373ff., bes. 432ff.

[207] SCHMALE in d. Einl. seiner Ausgabe, 5. Vgl. auch die Strukturanalyse ebd. 5ff., bes. 8.

[208] Interpretation v. Gesta Friderici I., 5 durch J. KOCH, Die Grundlagen d. Geschichtsphilosophie Ottos v. Freising (LAMMERS, Geschichtsdenken, s.o. 519) 321ff.

eigenen Deduktionen befruchtet, hält er für verträglich mit dem «Vorrang des Römischen Reiches»: «Dadurch werden nicht nur die, denen es Freude macht, den Gang der geschichtlichen Ereignisse zu hören, sondern auch jene, denen die Erhabenheit scharfsinniger Gedankengänge höheres Entzücken bereitet, angelockt, derlei zu lesen und kennenzulernen.»[209] – Otto hatte die Geschichte Friedrichs I. bis 1156 geführt. Im letzten Lebensjahr dürften den von der neuen Konflagration zwischen Kaiser und Papst zutiefst betroffenen[210] Bischof die politischen Sorgen stärker beschäftigt haben. Er ließ sich vom Italienzug beurlauben und brach zum Generalkapitel seines Ordens nach Cîteaux auf. In Morimond starb er, bis zuletzt sein Urteil über Gilbert und Bernhard erwägend.[211]

Ottos Kaplan *Rahewin* führte die Gesta Friderici weiter.[212] Er ist zwischen 1144 und 1170, zuerst als cartularius, zuletzt als Propst von St. Veit, in Freising bezeugt. 1157 weilte er am Würzburger Hoflager Barbarossas, um die Abschrift von Ottos Chronicon zu überbringen, 1158 war er auf dem ronkalischen Reichstag zugegen, um Auftrag und Quellen für die Fortsetzung der Gesta zu holen. Rahewin teilt Ottos Grunderfahrung von der Unbeständigkeit der menschlichen Verhältnisse und seine Verehrung für den staufischen Kaiser. Aber Buch III und IV der Kaiserbiographie, die er selbständig stilisiert hat (jenes vielleicht noch nach Ottos Dispositionen, dieses völlig frei, da es ja von Geschehnissen berichtet, die Otto nicht mehr erlebte), bieten doch das Beispiel einer ganz anderen Art historiographischer Literatur. Rahewin hat die urkundliche Grundlage des Werkes verstärkt, das Auswahlprinzip zugunsten einer umfassenderen Berichterstattung gelockert und, wie es seinen dichterischen Neigungen entsprach, seine Historiographie weniger für eine philosophische als für eine literarische Aufgabe gehalten.[213] An Ottos Barbarossabild hat Rahewin trotz des Schismas unerschütterlich festgehalten. Er zog sich auf die Dokumente zurück, wie sie ihm aus Beständen des Hofes, der Freisinger und (durch Vermittlung Erzbischof Eberhards)[214] der Salzburger Kirche zugänglich waren, und diese sprachen für die kaiserliche Sache. So ist der offiziöse Charakter des Werkes auch im Bericht über die Jahre 1157 bis 1160 erhalten geblieben.

Otto von Freising ist in das bayerische Geistesleben des zwölften Jahrhunderts nur schwer einzuordnen. Die Anregungen, die er aufnahm, die Ziele, die er verfolgte, die Meditationen, denen er nachging – das alles kommt anderswoher, nicht aus dem lokalen Kulturbetrieb. Sein Wesen ist durch eine ruhige Zurückhaltung gekennzeichnet; er hält auf Abstand von Verwandten und Lehrern, von der Geschichte und von der Politik. In alledem ist *Gerhoch von Reichersberg* Ottos lebendiges Gegenbild. Verwurzelt in der kirchlichen und schulischen Situation Südostdeutschlands, engagiert in

[209] Otto Fris., Gesta (SCHMALE) 120 Prolog. Zum höfischen Charakter SCHMALE i. d. Einl. 13.

[210] Vgl. Otto Fris., Gesta III, 25 (SCHMALE) 448.

[211] Otto Fris., Gesta IV 14 (SCHMALE) 542.

[212] Ebd. III u. IV (SCHMALE) 392ff., dazu SCHMALE i. d. Einl. 26ff. Lit. ebd. 79ff. und WS 1 60ff.

[213] SCHMALE 34.

[214] Ebd. 48f.; vgl. Otto Fris., Gesta IV 81 (SCHMALE) 697ff.

der Verteidigung dogmatischer Positionen und reformatorischer Anliegen, nie systematisch und stets polemisch, nie in bloßer Betrachtung verharrend und immer um konkrete Einflußnahme ringend, hat er, soviel er vermochte, die Christenheit und ihre Häupter mit seinen Gedanken beschäftigt. Die Konfrontation der beiden ausgeprägten und in Lebenslauf und Werken deutlich faßbaren Charaktere gehört zu den fesselnden Themen der Geistesgeschichte Bayerns im zwölften Jahrhundert. Beide suchten den historischen Ort und eschatologischen Sinn der Gegenwart zu bestimmen und legten doch ganz verschiedene Lösungen vor. Beide besaßen eine universale Kenntnis des zeitgenössischen Lehrguts und seiner kontroversen Denkformen und Methoden und bezogen doch deutlich voneinander abweichende Stellungen. Beide verfügten über umfangreiche persönliche Beziehungen zu den politischen und geistigen Führern ihrer Epoche und mühten sich als Lehrer um die Weitergabe ihrer Ideen, und trotzdem fanden beide keine Nachfolge, und ihre Schriften, so eifrig sie in Bayern und Österreich studiert wurden, taten in der Weite der abendländischen Studienwelt keine unmittelbare Wirkung. – Gerhoch wurde um 1093 in der Gegend um Polling geboren.[215] Sechs Brüder entstammten der vermutlich nicht edelfreien Familie; alle traten im Lauf der Zeit bei den Regularkanonikern ein. Die Grundausbildung fand er im Pollinger Kollegiatstift, dann studierte er in Freising und Moosburg, schließlich in Hildesheim, wo vielleicht Bernhard, der spätere Bischof, sein Lehrer war und wo auch französische Einflüsse nachzuweisen sind. Er habe die Sentenzen der Meister gelernt und die Hydra der Wißbegierde in die Wildbäche der Philosophie getaucht, sagte er später von sich selbst.[216] Jedenfalls waren die erworbenen Kenntnisse umfassend genug, um den noch nicht 25jährigen zum Augsburger Domscholaster zu qualifizieren. Aus Verstrickungen in das weltliche Leben der Kapitulare und aus der Gefahr, durch liturgischen Umgang mit dem gebannten Bischof selbst schuldig zu werden, löste er sich durch die Flucht nach Rottenbuch. Hier traten die

[215] Durch die Biographie v. CLASSEN, Gerhoch ist die ältere Lit. überholt. Vgl. die Übersicht ebd. 2ff.; wesentliche neuere Beitrr. z. Gerhoch-Forschung: H. FICHTENAU, Studien z. Gerhoch v. Reichersberg (MIÖG 52) 1938, 1ff.; I. OTT, Gerhoh v. Reichersberg als Geschichts- u. Staatsdenker, Diss. Marburg 1942; D. v. d. EYNDE, L'oeuvre littéraire de Gerhoh de Reichersberg, 1957; E. MEUTHEN, Kirchen- u. Heilsgesch. bei Gerhoh v. Reichersberg, 1959; F. W. KLEBEL, Norbert v. Magdeburg u. Gerhoch v. Reichersberg (Analecta Praemonstratensia 38) 1952, 323ff. Ferner die Aufsätze v. CLASSEN u. v. d. EYNDE, zit. CLASSEN, Gerhoch 452f. (dort Bibliographie); Ders., Aus der Werkstatt Gerhochs v. Reichersberg. Stud. z. Entstehung u. Überlieferung v. Briefen, Briefsammlungen u. Widmungen (Archiv f. d. Erforsch. d. MA 23) 1967, 31ff. – Eine auf dem neuen Stand befindliche Gesamtausgabe gibt es nicht. Wichtige Editionen einzelner Werke: E. SACKUR (MG Libelli de lite 3) 1897, 131ff.; D. u. O. v. d. EYNDE-A. RIJMERSDAEL, Gerhohi praep. Reichersbergensis Opera Inedita I, II, 1–2, 1955ff.; M. A. FISCHER, Vita apostolica bei Gerhoch v. Reichersberg. Eine Untersuchung über d. theolog. Hintergründe d. vita-apost.-Bewegung, Diss. Innsbruck 1971; A. LAZZARINO del GROSSO, Gerhoch di Reigersberg. Stato delle ricerca (Pensiero politico 4) Firence 1971, 3ff.; Dies., Armut u. Reichtum im Denken Gerhochs v. Reichersberg, 1973; sonst immer noch MIGNE PL 193/194. In jedem Fall ist das von CLASSEN, Gerhoch 407ff. angefertigte Werkverzeichnis zu benützen. Darauf wird in den ff. Anmerkungen verwiesen.

[216] Brief Gerhochs an Kard. Heinrich, MIGNE PL 193, 571. CLASSEN, Gerhoch 16.

Reformideen der pauperes Christi, die vita communis in der Nachfolge der Apostel und nach dem Leitbild Augustins, zum ersten Mal vor seine Augen. Der Versuch, nach dem Wormser Konkordat in die Bischofsstadt zurückzukehren, erwies die Unvereinbarkeit der Reformideale mit der in den Domkapiteln herrschenden Praxis. Gerhoch zog die Konsequenzen, legte in Rottenbuch die Profeß ab und blieb zeitlebens überzeugt, daß nur ein das apostolische Beispiel in Keuschheit, Besitzlosigkeit und Gemeinsamkeit befolgender Klerus die Reinheit der Kirche wiederherstellen könne. Er gewann die Aufmerksamkeit Erzbischof Konrads I., reiste mit einer salzburgischen Gesandtschaft nach Rom,[217] um sich den Ordo monasterii[218] zu beschaffen, und wurde Zeuge einer christologischen Diskussion mit dem französischen Magister Liudolf. Bischof Kuno rief Gerhoch nach Regensburg, weihte ihn zum Priester und vertraute ihm die Pfarrei Cham zur Verwirklichung seiner Ideale an, machte ihn wohl auch mit den Siegburger Gebräuchen, d. h. mit der bischöflichen Klosterbewegung Annos von Köln und mit der Theologie des Rupert von Deutz vertraut.[219] Die praktische Seelsorgetätigkeit scheiterte an den staufisch-welfischen Wirren; der Versuch, das reformatorische Gedankengut literarisch zu propagieren (De aedificio Dei), brachte ihm wegen der These von der auf die Weltgeistlichkeit bezogenen Ungültigkeit der Häretikersakramente eine Anklage auf Ketzerei ein.[220] Erst die Berufung zum Propst des Salzburger Eigenstifts Reichersberg gab Gerhoch die schmale, aber dauerhafte Basis[221] des kirchenpolitischen und publizistischen Wirkens. Als Propst von Reichersberg hat Gerhoch die Päpste Innozenz II. und Eugen III., Hadrian IV. und schließlich Alexander III. und ihre Kardinäle angesprochen, den Kaiser aufgesucht, gegen Abälard, Gilbert und ihre deutschen Schüler gefochten und um Bernhards Gunst geworben, sein apostolisches Ideal verkündet und die feudalisierte Kirche der grundsätzlichsten und umfassendsten Kritik unterzogen.

Gerhoch von Reichersberg war im Deutschland Friedrich Barbarossas der letzte große Theologe und Reformschriftsteller, dessen geistige Anschauungen, Erfahrungen und Programme im Investiturstreit wurzeln.[222] Vierzig Jahre lang, von seiner «Bekehrung» bis zu seinem Tod, hat er um die Reinerhaltung des religiösen Vorsatzes gekämpft, unter dem die Kirche in der zweiten Hälfte des elften Jahrhunderts gegen die Verweltlichung, gegen die Abhängigkeit von außen und die Auflösung im Inneren angetreten war. Von daher kommen die großen Gegenstände, mit denen sich Gerhoch in immer neuen Anläufen beschäftigt, der Preis des kanonischen Lebens, die Verurteilung des Säkularklerus, und in Verbindung damit die Lehre von der Ungül-

[217] Die 1. Romreise hatte Gerhoch schon 1123 zur Lateransynode als Begleiter d. Augsburger Bischofs zurückgelegt. Die 2. Romreise fällt in d. Jahr 1126. CLASSEN, Gerhoch 26ff., 30ff. Über die weiteren Romreisen Gerhochs vgl. d. entsprechende Stichwort v. CLASSEN, Gerhoch 484.

[218] MOIS 246ff.; CLASSEN, Gerhoch 31f.

[219] CLASSEN, Gerhoch 34ff.; vgl. SEMMLER (s. o. 519) 46ff. u. passim; BAUERREISS (TLhK VI) 471 (Lit.).

[220] CLASSEN, Gerhoch 47ff.

[221] Ebd. 67ff. F. HAUSMANN, Die Urkunden d. Staufer f. Stift Reichersberg (MIÖG 68) 1960, 98ff.

[222] CLASSEN, Gerhoch 18ff.; MOIS 121f. Über die historische Periodisierung in Gerhochs Spätwerken CLASSEN, Gerhoch 226 u. 294.

tigkeit der extra ecclesiam gespendeten Sakramente, schließlich die Scheidung von regalia und ecclesiastica und der Kampf gegen die im Wormser Konkordat statuierte Lehensbindung der Bischöfe an den König. In kompromißloser Schärfe hat er diese Themen in De aedificio Dei (1128/29) angeschlagen, im Dialogus inter clericum saecularem et regularem (1131) dem Papst, im Libellus de eo quod princeps huius mundi iam judicatus sit (1135) dem Clarevallenser vorgetragen, später in den enzyklopädischen Psalmenkommentar eingebaut, 1147 in der Streitschrift Contra duas haereses und 1156 für Hadrian IV. im Liber de novitatibus huius mundi noch einmal zusammenfassend formuliert.[223] Dabei ging es ihm aber nicht um starres Festhalten an dem Konzept Gregors VII. und seiner Gefolgsleute in der Salzburger Kirchenprovinz. Was Gerhochs Reformgedanken und seiner Kirchenkritik den besonderen Rang gibt, ist vielmehr das tiefe Zeitbewußtsein, das aus ihnen spricht. Nicht mehr im übermächtigen König, sondern im Wormser Kompromiß wird die neue Bedrohung erkannt. Die Verpflichtung aus dem Feudalbesitz ist dem geistlichen Leben hinderlicher als die Kampfsituation von ehedem.[224] – Für die Bewahrung der ursprünglichen, von der Kirchenreform, wie er sie sah, erneuerten Glaubenshaltung zog Gerhoch auch in den christologischen Kämpfen der Jahre 1141–1165 zu Feld. Das Geheimnis der Göttlichkeit und Menschlichkeit Christi (totus deus, totus homo)[225] sollte nicht dem Seziermesser der Syllogismen unterworfen, nicht scholastice[226] untersucht, sondern ecclesiastice verehrt werden. Unmittelbar nach dem Konzil von Sens griff Gerhoch Abälards Schüler in Deutschland an, gleichzeitig suchte er Otto von Freising gegen Gilberts Paulus-Glossen einzunehmen. 1153–1165 behauptete er gegen Petrus von Wien und Eberhard von Bamberg seine These von der übernatürlichen Vereinigung beider Naturen. 1163 trat er in den großen Dogmenstreit mit Folmar von Triefenstein ein und formulierte in den Traktaten De gloria et honore filii hominis und Utrum Christus homo sit filius dei et deus natura an gratia seine Verherrlichungslehre aus. Eberhard von Bamberg widersprach mit schwerwiegenden Gegenargumenten; die Auseinandersetzung griff auf die Bischöfe von Salzburg und Brixen, auf die Äbte von Ebrach, Windberg und Prüfening, auf Papst und Kardinalskollegium über; schließlich mußte sich Gerhoch dem Schweigegebot Alexanders III. fügen.[227] – Den Distinktionen der Dialektiker setzte er sein spekulatives Lehrgebäude entgegen, angelehnt an Rupert, bereichert durch Hugo von St. Viktor, Honorius Augustodunensis und Pseudodionysius und sogar durch den Porretaner, aktualisiert durch die ihm eigene kämpferische Haltung, aufgebaut auf vielgliedrige symbolistische Bezugssysteme und bestückt aus dem Arsenal ausgebreiteter Kenntnis der lateinischen und sogar der griechischen Patristik. Die Welt, so chaotisch sie erscheint, wird durchwirkt von einem geheimnisvollen, dem bloßen Verstand uneinsichtigen Plan. Er ist geoffenbart in den Bildern und Gleichnissen der heiligen Schriften; mit

[223] Op. 1, 3, 4, 8 in CLASSEN, Gerhoch 407ff.

[224] Ebd. 47, 55.

[225] Ebd. 91.

[226] Dial. inter cler. saec. et reg., ed. E. SACKUR, (MG Libelli de lite 3) 1897, 227. Dazu CLASSEN, Gerhoch 51.

[227] Ebd. 89ff., 162ff., 248ff. Op. 6, 9, 12, 15, 16, 17 in CLASSENS Werkverzeichnis ebd. 407ff.

aufmerksamem, frommem Sinn kann er entschlüsselt werden, nicht durch logisches Differenzieren der Begriffe, sondern durch sorgsames Aufspüren der Sinnbezüge und Bindeglieder. (In der Tat ist der Grundsatz des quellenmäßigen Zusammenhangs, auf den Gerhoch sich immer wieder beruft, den Scholastikern bei ihrer Sentenzensuche nur zu oft fremd geblieben.) Die sieben Gaben des heiligen Geistes (De ordine donorum Sancti Spiritus, 1142), die Bilder des 64. Psalms über Zion und Babel (Tractatus in psalmum LXIV, 1. Fassung 1151, überarbeitet 1154 und 1158), die symbolische Dreiheit von Löwe, Hahn und Widder in Prov. 30, 30f. (Liber de laude fidei, 1158/59), die Dreifaltigkeit selbst und die dreifache Wesenheit Christi als via, veritas et vita (De investigatione Antichristi, endgültig 1160–62), schließlich die vier Nachtwachen (De quarta vigilia noctis, 1167)[228] bilden die Basis einer Zusammenordnung irdischer und überirdischer Erscheinungen und Mächte, der Heilsentwicklung und ihres Gegenbildes in Dreier-, Vierer- und Siebenergruppen, in Gedankenfiguren, deren Gesetz nicht der Syllogismus, sondern die Typologie, Allegorik und Symbolik ist, und mit deren Hilfe es möglich wird, Gottes Heilsplan in sinngemäßer Weise abzubilden. Wie sehr Gerhoch sich dabei an die älteren Symbolisten anschließt, er übertrifft sie durch seinen Eifer, den Ort der Gegenwart in der universalen Entwicklung herauszufinden. Immer deutlicher erkennt er die epochale Gliederung und heilsgeschichtliche Eigenart des gegenwärtigen Zeitalters;[229] indem er sie aufzeigt, findet er für seine dogmatische und ekklesiologische Polemik innerhalb der Spekulation den richtigen Platz. Freilich ist, was er schrieb, nicht zuletzt wegen seiner störrischen Eigenwilligkeit und seines schweifenden Denkstils den Verfechtern des neuen Geistes nur als wirres Wort aus vorwissenschaftlicher Zeit erschienen, aber es war doch auch eine Verteidigungsrede, als Antwort aus dem Wesen des demütigen Glaubens gegen den Geist rationaler Zergliederung gedacht. Ein so geschichtliches und zugleich gegenwartsbezogenes Denken konnte nicht gleich bleiben im Lauf des halben Jahrhunderts zwischen der letzten Phase des Investiturstreits und dem Höhepunkt des Kampfes zwischen Barbarossa und Alexander III. Gerhoch bewies seine Elastizität im Methodischen dadurch, daß er den Weg jeweils nach der Thematik variierte und nach den bitteren Erfahrungen mit seiner Erstlingsschrift eine dialektische und sprachlogische Begründung seiner Thesen versuchte, und im Sachlichen, indem er dem Säkularklerus Brücken baute, wo er früher mit Arnoldinischer Radikalität die Exkommunikation verlangt hatte, oder indem er in Anerkennung der Realitäten der Kirche die aktive Lehensfähigkeit zugestand.[230] Ein bezeichnender Wandel vollzog sich auch in der kirchenpolitischen Einstellung. Noch während des Pontifikats Eugens III. hatte Gerhoch alles vom Papsttum erwartet; nun gab er die Gregorianische Eindeutigkeit preis, näherte sich, vom Aufstieg der staufischen Macht und ihrem Ordnungsgedanken beeindruckt, dem Kaiser,[231] äußerte seine Enttäuschung gegenüber der kurialen Praxis Hadrians IV. und wich im Schisma von 1159 jahrelang der Entscheidung aus.

[228] Op. 7, 11, 13, 14, 19 in CLASSEN, Gerhoch.

[229] CLASSEN, Gerhoch, passim.

[230] Ebd. 171, 144, 177.

[231] Ebd. 156ff., 209 u. ö.

In diesen Zweifeln hat Gerhoch das Hauptwerk seines Alters geschrieben, die drei Bücher vom Aufspüren des Antichrist. So sehr er sich von der populären Apokalyptik frei hält und zuverlässige Erkenntniswege sucht, indem er den Begriff des Antichrist spiritualisiert und als methaphysische, der ganzen Heilsentwicklung entgegenwirkende Kraft versteht,[232] so spricht doch aus der Deutung der jüngeren Vergangenheit das höchst erregte eschatologische Bewußtsein. Das Thema wird noch einmal aufgegriffen in Gerhochs letztem Werk De quarta vigilia noctis, begonnen im Exil 1167 von dem 74jährigen, nachdem Reichersberg mit der Salzburger Kirche von der Reichsacht betroffen und von einem eifersüchtigen Grundherrn geplündert worden war. Die Gewalt des Antichrist hat in der letzten Geschichtsperiode ihre höchste Steigerung erfahren; sein tiefstes Laster, die avaricia,[233] hat die Glieder der Kirche selbst befallen. Erst das Leuchten der Ankunft des Herrn «wird diesen letzten Antichrist dieser letzten Nachtwache vernichten: nach seiner Vernichtung wird der Tag des Gerichts ganz nahe sein».[234] Der Kaiser gebannt und geschlagen und nun doch dem Bild des Antichrist ähnlich, der Papst von der widergöttlichen Sünde der Habsucht nicht frei, die Salzburger Kirchenprovinz durch das Schisma gespalten und das Stift Reichersberg in der Hand seiner Feinde – in dieser Welt verbrachte Gerhoch seine letzten Lebensjahre. Wie um seiner Endzeiterwartung zu widersprechen, erneuerte er seine Vorschläge für die Kirchenreform – echolos. Seit eineinhalb Jahrzehnten hatte er die Erfolge seiner Gegner an der Kurie und bei Hofe beobachtet, die Bestätigung seines Glaubens durch Papst und Kardinäle vergeblich erwartet. Die Entwicklung schien über seine konservative Theologie hinweggegangen und seinen revolutionären Reformgedanken nicht gefolgt zu sein. 1169 starb Gerhoch, in sein Stift zurückgekehrt, inmitten der Chorherrn. – Seine Wirkung spiegeln eigentlich nur die Werke der leiblichen Brüder. Arno,[235] den er zum Dekan von Reichersberg gemacht hatte, zeichnete im Scutum canonicorum das Vorbild der regulierten Chorherrn, verteidigte im Apologeticus die Christologie des Bruders, sammelte dessen Sermones und gab im Hexameron eine Genesis-Exegese aus der Weltvorstellung des Johannes Eriugena. So gehört er neben Boto von Prüfening und Honorius Augustodunensis in den Zusammenhang des wiedererwachenden Neuplatonismus. Neben ihm steht Rüdiger,[236] der Propst von Klosterneuburg, mit seiner Summa brevis in hierarchias S. Dionysii.

Im Eifer der philosophischen Studien und in den weithin hallenden dogmatischen Diskussionen erschöpfte sich das bayerische Geistesleben im zwölften Jahrhundert

[232] Ebd. 222f.; zum Ganzen ebd. 215ff. u. 234ff. Op. 14 (ebd. 422ff.).

[233] Ebd. 294ff. Op. 19 (ebd. 426f.).

[234] De quarta vigilia noctis, ed. E. SACKUR (MG Libelli de lite 3) 1897, 514; CLASSEN, Gerhoch 294.

[235] E. M. BUYTAERT, The Apologeticus of Arno of Reichersberg (Franc. Studies 11) 1951, nr. 3/4, 49ff.; CLASSEN, Gerhoch, passim, bes. 445ff. Werke: MIGNE PL 194, 1489ff.; C. WEICHERT, Arnonis Reicherspergensis Apologeticus contra Folmarum, 1888; I. PERI, Das Hexaemeron Arnos v. Reichersberg (Jb. d. Stiftes Klosterneuburg NF 10) 1976, 9–115; Ders. (VL I²) 458ff.

[236] H. WEISWEILER, Rüdiger v. Klosterneuburg an d. Seite seiner Brüder Gerhoh u. Arno im christolog. Streit um die Verherrlichung d. Gottessohnes (Scholastik 14) 1939, 22ff.; CLASSEN, Gerhoch 448.

nicht. In ihren herkömmlichen Gattungen *Hagiographie* und Annalistik erfuhr die Geschichtsschreibung eine besondere intensive Pflege. Sehr verschiedenartige Motive trafen dabei zusammen und wirkten in derselben Richtung: die weltbewegenden, die entlegensten Gebiete ergreifenden Schicksale der Kirche und des Reiches, die territoriale Konzentration, fürstlicher Auftrag und dynastisches Empfinden, Orientierungsbedürfnis und Ausbildungszweck. Aber auch das Denken der religiösen Erneuerungsbewegung, vor allem der Reformbenediktiner und Regularkanoniker, hat sich im historiographischen Bereich charakteristisch ausgeprägt. Daß die Verehrung für die heiligen Gründergestalten, Missionare, am Ort ruhenden Märtyrer usw. nicht nachließ, wird durch viele Zeugnisse aus Salzburg (Rupert), Tegernsee (Quirin), Freising (Korbinian), Passau (Maximilian von Lorch)[237] belegt. Aber in diesen Passionen, Legenden, Gedichten liegt doch nicht eigentlich die Leistung des zwölften Jahrhunderts auf dem Gebiet der Hagiographie. Vielmehr haben die Anhänger der Kirchenreform in den Klöstern und Stiften sich den Vorkämpfern und Förderern der eigenen Haltung zugewendet und den Preis von deren vorbildlicher Lebensführung und Tugendkraft zu ihrer biographischen Aufgabe gemacht, ähnlich wie im elften Jahrhundert in Lothringen die gorzische Vitenliteratur entstanden war.[238] Wenn die Autoren auch konkrete hagiographische Absichten mit ihrer literarischen Arbeit verbanden, zum Beispiel Unterlagen für Kanonisationsprozesse vorlegen wollten, so war doch in der Themenwahl ein stärkerer historischer Ansatz von vornherein gegeben. Es handelte sich bei den Dargestellten um Gestalten der jüngsten Vergangenheit; sie völlig aus ihrer Zeit zu lösen, konnte gar nicht die Absicht der Biographen sein; allenfalls sollten die Intentionen und Werke im Stil einer bestimmten Denkform anschaulich gemacht werden. Geschichtlich war diese Denkform gewiß nicht im modernen Sinn, aber durchaus im Verständnis des hohen Mittelalters. Sehr merkwürdig ist in diesem Zusammenhang die Lebensbeschreibung Gregors VII.,[239] die *Paul von Bernried* geschrieben hat. Paul war am Anfang des zwölften Jahrhunderts Mitglied des Regensburger Domklerus gewesen, hatte 1121/22 in Italien den Habit der Augustinerchorherrn genommen, später sich in Epfach und Bernried der Seherin

[237] Rupert: Computationes saec. XII de tempore s. Ruperti, hg. von W. WATTENBACH (MG SS 11) 1854, 15f.; Collectio de tempore et de translatione b. Ruperti, ebd. 17; dazu LHOTSKY 218f.; WS 1 165. – Quirinus: Über die sog. jüngere Passio LHOTSKY 212, über den Metellus s. u. 603.; WS 1 258ff. – Korbinian: Otto Fris., Chron. V 24 (LAMMERS) 412f. – Conradus Sacrista, Gesta ep. Fris., hg. v. Gg. WAITZ (MG SS 24) 1879, 314f. – Maximilian: Zur Vita Maximiliani Laureacensis archiep. et mart. zusammenfassend LHOTSKY 213.

[238] Z. B. reklamiert Irene SCHMALE-OTT die Vita Brunonis als gorzische Vita (DA 15) 1959, 294; vgl. P. LAMMA, Momenti di storiografia Cluniacense (Istit. stor. Ital. per il medio evo, Studi storici, fasc. 42–44) 1961. Die Zuordnung der Historiographie zu den kirchl. Reformbewegungen steckt noch in den Anfängen.

[239] Über Paul: WS 1 244ff. (Lit.) Für das Folgende vgl. bes.: J. MAY, Das Leben Pauls v. Bernried (NA 12) 1897, 333ff.; M. HERMANN, Paul u. Gebhard v. Bernried u. ihre Briefe an Mailänder Geistliche (NA 14) 1899, 556ff.; M. MAIER, Freundeskreis (s. o. 554 Anm. 153) passim; CLASSEN, Gerhoch 24. Vgl. die Interpretation v. HUG (s. o. 543 Anm. 106) 199ff.; K. SCHMID, Bischof Wikterp in Epfach (Studien zu Abodiacum/Epfach 1, hg. v. J. WERNER) 1964, 99ff.

Herluca angeschlossen und schließlich bei der Gründung des Stifts St. Mang in Stadtamhof mitgewirkt. Ihm war aufgefallen, daß es keine entsprechende Darstellung des großen Reformpapstes gebe, und er hatte sich allerhand authentisches Material verschafft, die Vita Anselms von Lucca, des Förderers der Kanoniker von St. Fridian, Donizos Gedicht auf Mathilde von Tuszien und Bernolds Chronik, vor allem aber Register und Urkunden Gregors selbst. Daraus baute er die Vita des Papstes, d.h. eigentlich deren historische Exkurse über Gregors Kampf gegen die Ketzerei und den deutschen König, die Lateransynode von 1076, die Bannung Heinrichs IV. und die Wahl Rudolfs von Rheinfelden. Das Wesen des Papstes tiefer zu erfassen, griff er auf hagiographische Traditionen zurück. – Später setzte Paul seiner Mentorin Herluca ein literarisches Denkmal.[240] Er beschrieb das aszetische Leben der Mystikerin in der Einsiedelei am Lech, ihre Vertreibung nach 37jährigem Wirken, ihre Flucht nach Bernried und ihren Tod, und erwähnte auch ihren in reformgeschichtlichem Zusammenhang interessanten Freundeskreis, in dem sich Mönche und Kanoniker begegneten und der von den Schwarzwaldklöstern bis nach Regensburg, Passau und Ravenna reichte.

Bischof Altmann,[241] der Initiator der regularkanonischen Bewegung in Bayern, fand in seinem, von Ulrich von Passau zum Benediktinerkloster umgewandelten Stift *Göttweig,* wo er begraben liegt, seinen Biographen,[242] einen anonymen, gebildeten, stilistisch geschulten Autor, der für seine Aufgabe die Kenntnis namhafter geschichtlicher Werke (Jordanis, Widukind) mitbrachte und sich vielleicht die Vita Severini zum Vorbild nahm. Er schrieb unter Abt Chadalhoh (1125–1141), kannte also seinen Gegenstand nur mehr aus mündlichen und schriftlichen Überlieferungen. Sein Interesse galt der Frühgeschichte, den Lokaltraditionen und dem in eindrucksvollen Bildern dargestellten reformatorischen Wirken Altmanns in seiner Diözese. Ein Göttweiger Bearbeiter vom Ende des zwölften Jahrhunderts, dessen Arbeit vielleicht durch einen angestrebten Heiligungsprozeß veranlaßt war, lieferte nach, was der ersten Fassung etwa an erbaulichen Momenten fehlte.[243] – Eine Parallele dazu bietet die Vita, die ein halbes Jahrhundert später in *Lambach* dem Gründer des Stifts, Bischof Adalbero von Würzburg, gewidmet wurde;[244] allerdings hat darin die Kultgeschichte die eigentlich biographische Substanz weithin überwuchert. – Mittelpunkt der Kirchenreform, Hort päpstlicher Gesinnung und Seele des Widerstands gegen die Eingriffe des Königs ist in Bayern vom Ausbruch des Investiturstreits bis weit in die

[240] AA SS Apr. II, 552ff.; A. M. ZIMMERMANN (LThK V) 248 (Lit.). Vgl. R. SCHNITZER, Die Vita B. Herlucae Pauls v. Bernried. Eine Quelle z. Gregorianischen Reform in Süddeutschland, Diss. München 1967. Vgl. o. 554f.

[241] WH 3 162*f.

[242] Vita Altmanni ep. Patav., hg. v. Wilh. WATTENBACH (MG SS 12) 1856, 228ff.; LHOTSKY 205f. (Lit.); WS 1 194f.; vgl. B. SMALLEY, A Pseudo-Sibyline Prophecy of the Early Twelfth Century in the «Life» of Altmann of Passau (Mélanges offerts à René Crozet à l'occasion de son soixante-dixième anniversaire, Bd. 1, hg. v. P. GALLAIS u. Y.-J. RION) 1966, 655ff.

[243] Dazu LHOTSKY 206f.

[244] Vita s. Adalberonis, ed. Irene SCHMALE-OTT (Quell. u. Forsch. z. Gesch. d. Bistums u. Hochstifts Würzburg 8) 1954; LHOTSKY 210f. Vgl. A. WENDEHORST, Bischof Adalbero v. Würzburg zwischen Papst u. Kaiser (Studi Gregoriani 6) 1959, 147ff.; WS 1 192ff.

Stauferzeit hinein das Erzstift *Salzburg* geblieben. In der Reihe seiner großen, eifrigen und besonnenen, bei konsequent kirchlicher Gesinnung selbständigen Erzbischöfe hat es «seine modernen Märtyrer gefunden, die, so scheint es, zeitweise den Glanz der alten Heiligen verdunkelten» (Lhotsky).[245] Gebhard[246] von Salzburg, Schwabe von Geburt, neben seinem Freund Altmann die Zentralfigur der süddeutschen Gregorianer – neun Jahre war er von seinem Metropolitansitz vertrieben –, wurde in dem von ihm errichteten Admont einer verehrungsvollen, schön stilisierten Vita gewürdigt.[247] Sein Nachfolger Thiemo geriet Mitte der 90er Jahre mit den Kaiserlichen hart aneinander. Sein Martyrium auf dem Kreuzzug Welfs I. 1101 wurde zunächst von dem Abt Heinrich von Breitenau aufgrund eines Augenzeugenberichts geschildert; diese problematische, schon von Otto von Freising wegen ihrer Fabelhaftigkeit hart kritisierte Quelle wurde Mitte des zwölften Jahrhunderts in Salzburg zur Passio Thiemonis archyepiscopi Salisburgensis[248] erweitert; sie bekennt sich selbst zu dem Zweck, die Verleihung höherer kirchlicher Ehren an Thiemo voranzutreiben. Durchaus auf der Höhe der kirchlichen Wirksamkeit ihres Helden, wenn sie auch deren reichsgeschichtliche Seite nur streift, ist die Biographie Erzbischof Konrads I.,[249] des zielbewußten und einflußreichen Kopfes der Salzburger Reformbewegung in der ersten Hälfte des zwölften Jahrhunderts. Sie stammt aus den 70er Jahren, vielleicht aus Salzburg selbst, von einem Mann, der den Beschriebenen noch persönlich gekannt hat. Konrads Nachfolger Eberhard I., der vor allem im Schisma von 1159 seine unabhängige Stellung wahrte und dessen Persönlichkeit deutlich aus dem erhaltenen Konzeptbuch seiner Briefe und auch aus dem Legationsbericht des kaiserlichen Notars Burchard spricht, wurde schon bald nach seinem Tod als Heiliger verehrt; davon berichten die Vita et miracula beati Eberhardi.[250] Konrad II. schließlich, der Bruder Ottos von Freising, der während seiner kurzen Amtszeit (1164–1168) unter den schwieriger werdenden Verhältnissen Eberhards politische Linie fortsetzte, hat keinen Biographen gefunden; immerhin wurden seine kirchenpolitischen Kämpfe in der Historia calamitatum ecclesiae Salisburgensis[251] dargestellt, die kurz nach dem Tode des Erzbischofs der Salzburger Domherr Heinrich verfaßte. Ein Stilvergleich hat es wahrscheinlich gemacht, daß diesem Autor auch die Vita Konrads I. zuzuschreiben ist. – Als im Jahr 1181 der Sarg Bischof Virgils gefunden wurde, benützte ein Salzburger Kleriker den Anlaß zu einem hagiographisch-historischen Rückblick auf die großen heiligen Bischöfe der Salzburger Kirche: Vitae et miracula sanctorum Juva-

[245] A. WENDEHORST 214.

[246] WH 3 162*.

[247] Vita Gebehardi archiep. Salisb., hg. v. Wilh. WATTENBACH (MG SS 11) 1854, 25ff.; LHOTSKY 214f.; WS 1 168. Vgl. auch W. STEINBÖCK, Die Gründung d. benediktin. Reformklosters Admont (StMBO 84) 1973, 52ff. u. J. W. BRAUN, Irimbert v. Admont (Frühmal. Stud. 7) 1973, 266ff.

[248] Passio s. Thiemonis Juv. eccl. archiep., hg. v. W. WATTENBACH (MG SS 15) 1888, 1237ff.; Salzburger Passio s. Thiemonis (wie oben Anm. 247) 52ff.; LHOTSKY 215ff. Die Stelle bei Otto Fris., Chron. VII 7 (LAMMERS) 511.

[249] Vita Chuonradi archiep. Salisb. (wie oben Anm. 247) 63ff.; LHOTSKY 217.

[250] Hg. v. W. WATTENBACH (MG SS 11) 1854, 77ff.; LHOTSKY 218. Vgl. L. GRILL, Erzbischof Eberhard I. v. Salzburg, 1964.

[251] MIGNE PL 198, 1539; LHOTSKY 217.

vensium Virgilii, Hartwici, Eberhardi.[252] – Versucht man diese umfangreiche Beschäftigung mit den neueren Salzburger Metropoliten zusammenfassend zu sehen, so liegt der Akzent eindeutig auf deren religiöser Wirksamkeit. Aber es scheint doch ein Interesse vorzuliegen, das über den hagiographischen Bereich hinausgeht und das als landeskirchengeschichtlich bezeichnet werden muß. Ein territorial bezogenes Denken, wie es im späteren Mittelalter vorherrscht, kündigt sich an. – Einer der eifrigsten Gefolgsleute der Salzburger Erzbischöfe ist Bischof Hartmann gewesen, der in St. Nicola mit der kanonischen Bewegung vertraut geworden war, als Propst den Stiften Chiemsee und Klosterneuburg vorgestanden hatte und schließlich 1140–1164 die Diözese *Brixen* regierte. Um 1200 ist in dem von ihm gegründeten Neustift sein Leben beschrieben worden[253] – von einem selbständigen und gebildeten, auch mit politischem Sinn begabten Autor. Hartmann wird dabei nicht in frommer Absicht isoliert, sondern erscheint in tätiger Verbindung mit den Großen seiner Zeit, mit dem munter porträtierten Friedrich Barbarossa und den Erzbischöfen Konrad I. und Eberhard I. – Der Altmann-Reform, aber auch den St. Blasianern stand der 1111 als erster Abt von Garsten eingesetzte *Göttweiger* Mönch Berthold nahe. Ein Menschenalter nach seinem Tod schrieb ihm ein Konventuale seines Klosters eine Vita,[254] eine lokalgeschichtlich ergiebige Schilderung seines Wirkens, die aber bald in umfangreiche Mirakelberichte ausmündet, um für die kirchliche Bestätigung des Kults zu sorgen.

Ein allgemeineres historisches Interesse spricht sich in den *Annalen* aus, die in vielen Klöstern und Bischofssitzen im zwölften Jahrhundert angelegt und zuweilen bis ins fünfzehnte und sechzehnte Jahrhundert fortgeführt worden sind. Es ließe sich in seinem ganzen Umfang allerdings erst dann würdigen, wenn man auch die meist gleichzeitig hergestellten Auszüge aus älteren und neueren Geschichtserzählungen, von der Vita Severini über Liutprand von Cremona bis zu Otto von Freising,[255] überblickte. Freilich, differenzierte Aussagen wie in den Altahenses sind nirgends mehr versucht worden; auch die reichsgeschichtliche Weite dieses Gipfelwerks schrumpfte zusammen. – Eine Einordnung der im zwölften Jahrhundert begonnenen Annalenwerke nach den benutzten Quellen, der gegenseitigen Abhängigkeit und der Chronologie kann hier nicht gegeben werden. Festzustellen bleibt, mit welcher Lebhaftigkeit sich die Reformklöster an der neu einsetzenden Annalistik beteiligten: Prüfening und die Regensburger Schottenmönche, Windberg, Osterhofen und Schäftlarn von den Prämonstratensern, die Chorherrn in Chiemsee und Reichersberg u. a. m.[256] Aber das eigentliche Zentrum annalistischen Fleißes liegt weiter im Osten,

[252] Hg. v. WATTENBACH, ebd., 86ff., 95ff., 97ff.; LHOTSKY 219; WS I 165f.

[253] A. SPARBER, Leben u. Wirken d. sel. Hartmann, Bisch. v. Brixen, 1957, 37ff.; LHOTSKY 207f.; WS I 265.

[254] J. LENZENWEGER, Berthold, Abt v. Garsten † 1142, 1958, 225ff.; LHOTSKY 209f.

[255] Vgl. über Liutprand d. Bemerkungen v. LHOTSKY 228f.

[256] Die Annalen von Prüfening, Windberg, Osterhofen, Schäftlarn u. Reichersberg sind ediert von Ph. JAFFÉ u. Wilh. WATTENBACH in MG SS 17, 1861; Schottenkloster: AA SS Feb. II, 365ff.; WATTENBACH (s. o. 554 Anm. 155) II 382, 372, 376, 314; WS I 233f., 250f., 255 u. ö.

zwischen Salzburg und Wien. Diese sogenannten *österreichischen Annalen*[257] beginnen um 1100 in Göttweig oder Melk, werden in Kremsmünster, Lambach, Heiligenkreuz, Zwettl, Klosterneuburg, in Wien von den Schottenmönchen selbständig weitergeführt; im Salzburger Bereich beteiligen sich (erst nach dem Frieden von Venedig) Admont, Garsten, Raitenhaslach, St. Peter; hinzu kommen eine große Reihe weiterer (Chronicon Gurcense), zum Teil erst im dreizehnten und vierzehnten Jahrhundert angefertigter Kompilationen. «Ihre Abkunft von Schwaben-Bayern ist ebenso evident wie ihre Förderung durch die Reformbewegung des elften und zwölften Jahrhunderts ... Gleich in das erste Jahrhundert ihrer Entwicklung fiel eine sehr wesentliche Änderung ihrer Grundhaltung: die Abkehr vom ökumenisch-christlich-imperialen Universalbericht zugunsten der Landesgeschichte, was mit dem werdenden Landesbewußtsein zusammenhing» (Lhotsky).[258] Ernst Klebel hat dazu beobachtet, daß das *landesgeschichtliche Interesse* ebendort einsetzt, wo geschlossene landesfürstliche Territorien zu entstehen beginnen, «leise zuerst in der Steiermark (Admonter Annalen 1163, 1175), deutlicher in Österreich unter Leopold V., vorherrschend erst am Ende der Regierung Leopolds VI.».[259] Hierzu stimmt, daß sich in den Klöstern, die vom Landesfürsten gestiftet oder bevogtet waren, die fruchtbarste Berichterstattung ergab, wogegen die bischöflichen oder adligen Eigenklöster nur ganz selten als Annalenstätten in Betracht kommen. «Es ergibt sich also die interessante Tatsache, daß trotz dem Streben der Klöster des zwölften Jahrhunderts, sich von der Vogtei zu befreien, doch gerade die Beziehung zu den Vögten und Bischöfen sehr wesentlich den Gesichtskreis des Stiftes und damit das Feld der historischen Interessen bestimmt. Die Klöster, die den Bistümern angegliedert sind oder unter der Vogtei kleinerer Edler, deren Ahnen sie gegründet hatten, stehen, haben nur Hausnachrichten, Gründungsgeschichten, Genealogien der Gründer hinterlassen ... Als die Vornbacher nach Lothars III. Tode und dem Sturz Heinrichs des Stolzen 1139 wieder zu einem unbedeutenden bayerischen Grafengeschlechte herabsanken, hörte man auch in Göttweig mit der Geschichtsschreibung auf (um 1146).»[260] Man darf sich jedoch diesen Prozeß politischer Bewußtseinsbildung nicht zu abrupt vorstellen. So-

[257] Zusammenfassend behandelt v. LHOTSKY 173ff., vorwiegend nach E. KLEBEL, Die Fassungen u. Handschriften d. österr. Annalistik (JbLKNÖ NF 21) 1928, 43ff.; Ausgabe: MG SS 9, 1861, hg. v. W. WATTENBACH.

[258] LHOTSKY 117. Zuletzt, z.T. gegen KLEBELS Thesen WS 1 211ff. Möglicherweise ist aus diesem Zusammenhang heraus auch das verstärkte Interesse an der Stammessage zu erkennen, das sich nicht nur in den politischen, sondern auch in den hagiographischen und annalistischen Quellen erklären läßt. Über die bayerische Stammessage im Annolied, in der vita Altmann, in der Regensburger Kaiserchronik, in der Passio Quirini sowie in der Salzburg-Admonter Annalengruppe vgl. M. MÜLLER, Die «bayerische Stammessage» in d. Geschichtsschreibung d. MA. Eine Untersuchung z. mittelalterl. Frühgeschichtsforsch. in Bayern (ZBLG 40) 1977, 341ff.; dazu auch G. R. SPOHN, Armenien u. Herzog Naimes. Zur bayer. Stammessage im MA u. bei P. HARER (ZBLG 34) 1971, 185ff., bes. 190ff.

[259] KLEBEL, Fassungen (s.o. Anm. 257) 168.

[260] Ebd. 170. Hierher gehört auch der dynastisch-territorialgeschichtl. Bezug der Gründungsgeschichten (s. PATZE, Adel u. Stifterchronik o. 519) u. KASTNER, Historiae (s.o. 519).

weit die Annalistik die geistesgeschichtlichen Abläufe spiegelt, vollzieht sich in der zweiten Hälfte des zwölften Jahrhunderts die Ausrichtung auf die neuen, kleineren und festeren weltlichen, aber auch geistlichen Territorien und die allmähliche Ausgliederung aus dem lockeren, weiträumigeren, stärker am Reich orientierten Gesamtzusammenhang der bayerischen Kulturentwicklung. – Einen selbständigen Ausbau der zwischen 1157 und 1167 in Reichersberg unabhängig von der Göttweig-Melker Annalengruppe geführten Jahrbücher stellt die *Chronik des Magnus von Reichersberg*[261] dar. Sie setzt mit einer Erörterung des Geburtsjahres Christi ein und verfügt für die Darstellung der folgenden Jahrhunderte über eine ganz ungewöhnlich breite Literaturkenntnis, die von Hieronymus, Cassiodor, Isidor und Eugipp bis zu den zeitgenössischen Salzburger Geschichtsdarstellungen und zu Otto von Freising reicht. Besonders wertvoll ist naturgemäß die Behandlung der eigenen Zeit des Autors (bis 1195); sie umfaßt aufgrund der Historia de expeditione Friderici imperatoris und mit Zusätzen aus dem sogenannten Tagebuch des Tageno[262] auch eine Darstellung des dritten Kreuzzugs bis zum Tod Friedrich Barbarossas. Die Historia de expeditione selbst,[263] die unter dem Namen eines Ansbert überliefert ist und wohl aus drei heterogenen Teilen besteht, bestätigt zusammen mit Magnus immerhin, daß auch in der Periode landesgeschichtlicher Konzentration die großen Ereignisse der abendländischen Christenheit der Anteilnahme und schriftlichen Bewahrung für wert erachtet wurden.

Für die *poetischen Denkmäler,* die nicht minder in den Gesamtzusammenhang der Kulturentwicklung gehören als die hagiographischen, müssen hier einige Hinweise genügen. Auffallend[264] ist zunächst einmal, daß die führende Stellung im zwölften Jahrhundert den Orten erhalten bleibt, die sich schon immer durch dichterische Hervorbringungen ausgezeichnet haben, wie Tegernsee, Benediktbeuern, Mondsee, und daß Reformzusammenhänge dabei keine erkennbare Rolle spielen. Sodann ist der geschichtliche Charakter der meisten poetischen Erzeugnisse zu betonen. Er reicht von der hagiographischen Thematik des Metellus bis zu der hochpolitischen, eschatologisch vertieften Problematik des Ludus de Antichristo. Hinzu kommt, daß etwa die zum Beispiel in Regensburg blühende volkssprachliche Dichtung, aus der die Kaiserchronik, das Alexanderlied und das Rolandslied hervorragen (s. u. 630ff.), ja zunächst einmal, trotz der poetischen Form, als historiographische Leistung verstanden wurde. Schließlich erwächst diese Dichtung auf dem Boden einer sich allmählich erst konturierenden sozialen Schicht und unter fürsorglicher Förderung der Höfe. Eine verbindende Betrachtung etwa der welfischen Historiographie, die ja von Weingarten bis Ranshofen zu verfolgen ist, und des welfischen Mäzenatentums[265] könnte

[261] MG SS 17, 443 (Annalen), 476ff. (Chronik), hg. v. W. Wattenbach, 1861, 523 (Continuatio); Lhotsky 228f.; WS 1 203ff.; ebd. 202f. über die Annalen Gerhochs, auf denen Magnus aufbaut.

[262] Lhotsky 226f.

[263] Quellen z. Gesch. d. Kreuzzugs Kaiser Friedrichs I., hg. v. A. Chroust (MG SS rer. Germ., n. s. 5) 1928, 1ff. Über die strittigen Fragen der Autorschaft u. d. Komposition Lhotsky 227 u. d. dort genannte Lit.

[264] Vgl. §§ 38, 40.

[265] Vgl. H. Menhardt, Regensburg, ein Mittelpunkt dt. Epik im 12. Jh. (VHOR 101) 1961.

erweisen, daß die kulturelle Initiative nun, wie es dann im späten Mittelalter gang und gäbe wurde, nicht mehr notwendig den Weg über die kirchlichen Institutionen gehen muß, und daß das entstehende Landesfürstentum, indem es den Aufbau des Territorialstaates als seine eigene Aufgabe ergreift, auch auf dem kulturellen Sektor ein unmittelbares Betätigungsfeld erblickt.

§ 38. DIE LATEINISCHE LITERATUR

M. MANITIUS, Gesch. d. lat. Literatur d. MA, I–III, 1911/31 (wichtiges Handbuch der allgemeinen lateinischen Literatur); zur Einordnung in die allg. mittellat. Literatur F. BRUNHÖLZL, Gesch. d. lat. Literatur d. MA I, 1975; WATTENBACH–LEVISON (WL) und WATTENBACH–HOLTZMANN (WH), mit Hinweisen auch auf nichthistorische Literatur. BAUERREISS I–V. – Eine spezielle Darstellung fehlt.

Die Eingliederung Bayerns in die lateinische Welt vollzog sich ohne erkennbaren Zusammenhang mit der ehemals römischen Besetzung des Landes südlich der Donau im Gefolge der von verschiedenen Richtungen her vorgetragenen christlichen Mission. Fränkische Glaubensboten[1] und Wanderbischöfe wie Emmeram in Regensburg, Rupert in Salzburg oder Kelten wie Korbinian in Freising, auch Iren, dann im zweiten Viertel des achten Jahrhunderts die angelsächsische Mission und die Organisation der bayerischen Diözesen durch Bonifatius schufen mit geistlichen Niederlassungen und Einrichtungen die Grundlagen einer lateinischen Bildung. Daneben spielt die durch das Herzogshaus gepflegte und durch die Zugehörigkeit der bayerischen Kirche zum Patriarchat Aquileja geförderte Verbindung mit Italien eine wichtige Rolle.

Um die Mitte des achten Jahrhunderts besteht an den Bischofssitzen und in den ältesten Klöstern ein geordnetes Bildungswesen. Man beobachtet nunmehr den planmäßigen Aufbau von Bibliotheken, die ihren Bestand zum großen Teil bereits durch eigene Skriptorien[2] vermehren. Den Charakter der Büchersammlungen und damit die Richtung des geistigen Lebens bestimmen neben biblischen und liturgischen Texten gemäß der allgemeinen Situation der Zeit vornehmlich Werke der Kirchenväter, allmählich wird auch das eine und andere an frühmittelalterlicher Literatur bekannt. Dabei werden die schon früher angebahnten Beziehungen wirksam: so die zu Italien, wenn beispielsweise das Homiliar des Alanus von Farfa sein Hauptverbreitungsgebiet in Bayern findet[3] oder der Mönch (und spätere Abt) Ambrosius Autpertus von

[1] Vielleicht haben die Unzialhandschriften des 5./6. bzw. 6. Jhs. mit Teilen des Alten und Neuen Testaments in altlateinischen (vorhieronymianischen) Übersetzungen, deren Fragmente in der Freisinger Dombibliothek (jetzt in München, Bayer. Staatsbibliothek) erhalten geblieben sind, oder eine Handschrift des Carmen paschale des Sedulius im sog. Luxeuiltyp der ersten Hälfte des 7. Jhs. aus Weltenburg (clm 29 033[a]) zu den von Missionaren aus Burgund nach Bayern mitgebrachten Büchern gehört.

[2] Hierzu vor allem BISCHOFF.

[3] E. HOSP, Il sermonario di Alano di Farfa (Ephemeris Liturgica 50) 1936, 375–383; (51) 1937, 210–241; R. ÉTAIX (Scriptorium 18) 1964, 3–10; R. GRÉGOIRE, Les homéliaires du moyen âge, 1966, 27–70.

S. Vincenzo am Volturno seinen moralisch-aszetischen ‹Liber de conflictu virtutum et vitiorum›, ein nachmals sehr verbreitetes Werk, bald nach der Mitte des achten Jahrhunderts dem ersten Abt von Benediktbeuern, Lantfrid, widmet.[4] Einflüsse des fränkischen Westens wie Oberitaliens werden faßbar auch in den liturgischen Texten.[5] Das angelsächsische Element prägt das frühe Schriftwesen in Regensburg,[6] tritt jedoch sonst in Bayern nur in Gestalt vereinzelter Kalligraphen oder in gelegentlicher Kenntnis angelsächsischer Literatur in Erscheinung. Stärker macht sich irischer Einfluß geltend; von ihm wird sogleich die Rede sein.

Die Geschichte des lateinischen Schrifttums selbst beginnt mit einer ungelösten Frage: dem vielerörterten Problem der *Lex Baiuvariorum.*[7] So wie das Gesetzeswerk in zahlreichen Handschriften vorliegt, ist es so gut wie sicher erst im achten Jahrhundert, vermutlich nicht lange vor dessen Mitte, gestaltet worden; es enthält neben altem Stammesrecht Bestandteile fremden Ursprungs und weist Parallelen zu anderen germanischen Volksrechten auf. Darüber hinaus gehen die Ansichten auseinander. Bevorzugt wird derzeit gewöhnlich eine «Stufentheorie»: im siebten, vielleicht schon im sechsten Jahrhundert sei auf Veranlassung des fränkischen Königtums eine Urfassung geschaffen worden, die in der Folgezeit mehrfach Erweiterungen und Veränderungen erfahren habe; der erhaltene Text spiegle lediglich das Ergebnis einer letzten Gesamtredaktion. Nach anderer Auffassung ist die Lex tatsächlich erst im achten Jahrhundert abgefaßt worden, und zwar in Bayern selbst und unter maßgeblichem Einfluß der bayerischen Kirche; sie sei ein gelehrt kompilatorisches, aber von vornherein als Einheit konzipiertes Werk; für den kirchlichen Grundcharakter spreche unter anderem die Tendenz, einzelne Rechtssätze biblisch-christlich, unter besonderer Betonung des Alten Testamentes, zu begründen.[8] Wo immer die Wahrheit liegen mag, Beachtung verdient der wohlüberlegte Aufbau und die offenbar angestrebte literarische Gestaltung der Lex. Ob eine gewisse Verwandtschaft des Tenors mit den Dicta Pirminii zu Recht als Hinweis darauf gedeutet wird, daß die Abfassung bzw. die für unseren Text maßgebliche Redaktion in Niederalteich, im Kreis der ersten von der Reichenau gekommenen Mönche erfolgte, steht dahin; daß zu der fraglichen Zeit im einheimischen Klerus bereits der Bildungsstand erreicht gewesen sei, den die Abfassung bzw. die Redaktion voraussetzt, ist in der Tat wenig wahrscheinlich.

Literarische Tätigkeit in engerem Sinne scheint zuerst in einem Kreis für gelehrte

[4] Erste krit. Edition: R. Weber (Corpus Christianorum. Contin. mediaevalis 27 B) 1979. C. LEONARDI, Spiritualità di Ambrosio Autperto (Studi medievali 3ª ser., 9) 1968, 1–31.

[5] Besonders verdienstvoll die Arbeiten von Alban DOLD OSB (Beuron). Eine nützliche (in der Zuweisung zu weit gehende) Übersicht gibt K. GAMBER, Sakramentartypen (Texte u. Arbeiten, hg. durch die Erzabtei Beuron 49/50) 1958; dazu Ders., Codices liturgici latini antiquieres, 1967.[2]

[6] Vgl. BISCHOFF 172.

[7] Ausgaben u. Lit. s. o. 99.

[8] So zuerst K. BEYERLE, Lex Baiuvariorum, 1926. Die Auffassung bietet den Vorteil, daß sie mit der Interpretation des Überlieferten auskommt, wogegen die «Stufentheorie» durchaus auf Kombinationen angewiesen bleibt und trotz der großen Zahl der Handschriften keine einzige anführen kann, in welcher eine der postulierten älteren Schichten vorläge.

Dinge interessierter *Iren* gepflegt worden zu sein, den man sich in Salzburg oder nicht weit davon vorzustellen hat, in der Zeit des irischen Bischofs *Virgil* (745–784, s. o. 523 f.) und wohl auch in Verbindung mit ihm. Zu diesen Iren dürfte der um 760 wirkende unbekannte Verfasser eines nachmals Isidor von Sevilla († 636) zugeschriebenen ‹Liber de numeris›[9] gehört haben, einer Schrift, die aus der Tradition der irischen Bibelexegese herausgewachsen ist und mit enzyklopädischer Gelehrsamkeit die mystische Bedeutung der Zahlen zu erklären sucht.[10] Das formal anspruchslose kleine Werk fand früh eine zwar wenig dichte, aber weite Verbreitung in der lateinischen Welt.

Es liegt nahe, mit den Iren des Salzburger Raumes noch weitere Zeugnisse gelehrter und vielleicht auch literarischer Bemühungen zu verbinden, obgleich es an eigentlichen Beweisen fehlt. In Handschriften des späteren achten Jahrhunderts bis in die ausgehende Karolingerzeit aus Regensburg und Freising, aus Tegernsee und Salzburg findet sich eine Anzahl bibelexegetischer Schriften, deren Eigenart irischen Ursprung erkennen läßt.[11] Da sich die Überlieferung eines Teiles der anonymen Schriften auf Bayern beschränkt, ist zumindest mit der Möglichkeit zu rechnen, daß die eine und andere von ihnen hier auch verfaßt wurde.

Virgil selbst, unter dessen Namen keine Zeile überliefert ist, wird nach einer neueren These vielfach als Verfasser eines der merkwürdigsten Werke des frühen Mittelalters angesehen, der ‹Cosmografia› des Aethicus; mit der schwindelhaften Geschichte von den angeblichen Weltreisen jenes mysteriösen Aethicus habe sich der gelehrte Ire, den Bonifatius wegen seiner Annahme der Existenz von Antipoden der Häresie verdächtigt hatte, literarische Genugtuung verschaffen wollen.[12] Tatsächlich enthält das Werk nebst einer eigenartigen Darstellung der Schöpfung und des Kosmos eine zum Teil auf nachweisbaren Quellen beruhende, zum Teil phantastische Erdbeschreibung. Indes scheint das wenige, das wir von Virgil sicher wissen, eher gegen seine Verfasserschaft zu sprechen, und es gibt gute Gründe, welche die Entstehung der Kosmographie in der fraglichen Zeit und in Bayern überhaupt unwahrscheinlich machen, und so wird man sich mit der Feststellung begnügen müssen: von schriftstellerischer Tätigkeit Virgils von Salzburg ist nichts Sicheres bekannt.[13] –

Das älteste lateinische Schrifttum Bayerns hat gelehrten Charakter; es ist von Männern geschaffen worden, die von ferne her ins Land gekommen waren. Inwieweit ihr Werk, von der Erhaltung einzelner Schriften abgesehen, über ihre Zeit hinaus das

[9] Text (unvollständig) bei MIGNE PL 83, 1293–1302; E. v. DOBSCHÜTZ, Das Decretum Gelasianum (Texte u. Untersuchungen z. Gesch. d. altchristl. Lit. 8,4) Leipzig 1912, 62–75.

[10] R. E. MCNALLY, Der irische Liber de numeris, Diss. München 1957; Ders., Isidoriana (Theological Studies 20) 1959, 436.

[11] Hierüber B. BISCHOFF, Wendepunkte in d. Gesch. d. lat. Exegese im Frühmittelalter (Sacris Erudiri 6) 1955, 189–282 und Mittelalterl. Stud. I, 1966, 205–273.

[12] LÖWE, Widersacher; Ders. (DA 31) 1975, 1–16; (32) 1976, 1–22.

[13] F. BRUNHÖLZL, Zur Kosmographie des Aethicus (Festschr. Spindler) 1969, 75–89 u. Ders., Geschichte d. lat. Literatur d. MA I, 1975, 63 f. aus inneren und überlieferungsgeschichtlichen Gründen für Entstehung der Kosmographie im 7. Jh. in d. Gegend von Aquileia; gegen Virgil als Verf., aber für Abfassung nach 768 in Istrien K. HILLKOWITZ, Zur Kosmographie d. Aethicus II, 1973.

geistige Leben beeinflußt hat, ist schwer zu erkennen. Zur Entwicklung einer literarischen Kultur jedenfalls scheinen sie wenig oder nichts beigetragen zu haben; diese entstand auf andere Weise und entsprang aus anderer Wurzel.

Noch in den Tagen Virgils, zu einer Zeit, da in den übrigen Gebieten östlich des Rheins noch kaum Ansätze literarischer Tätigkeit sichtbar werden, erscheint in Bayern der erste einheimische Schriftsteller: *Arbeo,* Bischof von Freising (764–782/3, s. o. 524f. u. 612). Er schreibt in den sechziger Jahren zwei Heiligenleben, die ‹Vita Haimhrammi› und die ‹Vita Corbiniani›. Trotz starker Unterschiede hinsichtlich der Quellenlage wie in der Auffassung offenbaren beide Werke das ursprüngliche Erzählertalent des Verfassers; seine ausgeprägte literarische Begabung äußert sich am deutlichsten in der geschickten Benützung älterer hagiographischer Vorbilder: vor allem der novellistischen Vita Malchi des Hieronymus im zweiten Teil der Haimhramsvita und – wahrscheinlich – der Vita Columbani des Jonas von Bobbio als Anregung für einzelne Züge des Korbinianslebens. Arbeos Sprache wirkt kraftvoll und ungebändigt; es mischen sich in ihr Elemente der Latinität seiner halbromanischen Heimat mit vornehmlich morphologischen und syntaktischen Erscheinungen, die den Bildungsstand seiner noch nicht allzu lange aus dem Lateinischen gewonnenen Umwelt widerspiegeln. Das Streben nach gepflegter Form ist gleichwohl unverkennbar.

Daß Arbeo dem Geistigen aufgeschlossen war, beweist der Ausbau seiner Dombibliothek; daß gleichsam unter seinen Augen das älteste lateinisch-deutsche Glossar hergestellt wurde, der sog. Abrogans (s. u. 612), ist eine plausible, wiewohl unbewiesene Annahme. Daß er auch mit seinem literarischen Werk gewirkt habe, ist zunächst nicht zu erkennen; die Viten der Hugeburc im fränkischen Heidenheim jedenfalls (um 778) stehen eindeutig in anderer (angelsächsischer) Tradition. Doch ist zu bedenken, daß der Verlust der meisten alten Klosterbibliotheken, von denen nur zum Teil kümmerliche Reste die Zeit der Ungarnstürme überdauert haben, vermutlich das Bild verfälscht. Die beiläufige Erwähnung eines (sonst unbekannten) ‹libellus qui exnarrat de somniis sex› in einem zeitgenössischen Brief[14] mag ein Hinweis darauf sein, daß doch da und dort schriftstellerische Versuche unternommen wurden, von denen keine Zeile auf uns gekommen ist. Etwa in den Jahren, da der Bayer Eigil mit der Vita seines Landsmannes Sturmi das Kloster Fulda in die lateinische Literatur einführte (um 795), wird das Geschichtswerk eines Creontius oder Craentius («Crantz») angesetzt,[15] das die Regierungszeit Tassilos behandelte und nur durch Auszüge bei Aventinus bekannt ist. Abgesehen vom reinen Quellenwert käme dem Werk als der einzigen zeitgenössischen Darstellung nichtfränkischer Herkunft besondere Bedeutung zu, auch wenn der – vielleicht erst humanistische – Titel ‹Vita Thessaloni III.› nur bedingt zutreffen sollte. Zur Vorsicht mahnt allerdings die Art der

[14] B. Bischoff, Salzburger Formelbücher und Briefe aus Tassilonischer u. karolingischer Zeit (SB München) 1973, 18.

[15] Riezler, Verlorenes Geschichtswerk (s. o. 174 Anm. 180); R. Bauerreiss, Ein Quellenverzeichnis d. Schriften Aventins (StMBO 50) 1932, 318–330; Ders. I 148f. identifiziert ihn mit Fater, dem ersten Abt von Kremsmünster. Vgl. Löwe (WL 2) 191, Anm. 77. Zweifel hat H. Steinacker geäußert (MIÖG 41, 1926, 165). Eine neue Untersuchung fehlt.

Bezeugung, die ungeachtet der persönlichen Zuverlässigkeit des Gewährsmannes doch die Möglichkeit einer auch sehr viel späteren Entstehung nicht ausschließt.[16]

Recht dürftig, aber mit ausreichender Sicherheit sind wir über die Anfänge lateinischer Verskunst in Bayern unterrichtet. Die ältesten Belege führen noch in die ausgehende Agilolfingerzeit; sie scheinen ein natürliches Hineinwachsen in die höheren Formen literarischer Kultur anzudeuten. Unter den Briefen eines nicht näher bekannten Anhängers Tassilos namens Liutprand, die in die älteste Salzburger Formelsammlung eingegangen sind,[17] enthält einer einen kurzen Gruß, wahrscheinlich an Virgil von Salzburg, in rhythmischen Versen. Das älteste Zeugnis der Aneignung metrischer Verskunst sind einige (handschriftlich überlieferte) Kircheninschriften aus Tegernsee,[18] die wohl nicht allzulange nach dem Tod des Gründerabtes Adalpert verfaßt wurden; die noch ziemlich unbeholfenen Hexameter verdienen nächst dem lokalhistorischen Interesse auch insofern Beachtung, als sie Kenntnis verwandter Dichtungen des Angelsachsen Aldhelm († 709) verraten: wohl die einzige Spur angelsächsischen Einflusses, der über die Tätigkeit von Schreibern hinausgeht.

Literarhistorisch gesehen, gehören die bisher erwähnten Denkmäler der vorkarolingischen Epoche an. Die Aufnahme des karolingischen Bildungsgutes im politisch dem Frankenreich eingegliederten Bayern ist um die Wende des achten Jahrhunderts bereits im Gang; in den ersten Jahrzehnten des neunten wird sie durch geistig interessierte Bischöfe kraftvoll gefördert. Sie erscheint jedoch von Anfang an weniger als tiefgreifende Wende denn als ein organisches Wachsen und Vertiefen dessen, was bereits vorhanden war. Nach Arns Erhebung zum Bischof von Salzburg 785 wurde dort durch Schreiber aus seiner früheren Abtei Saint-Amand die karolingische Minuskel eingeführt. Als im gleichen Salzburg vielleicht einige Jahre später eine Sammlung von Musterbriefen angelegt wurde, stellte man unbedenklich durchweg ältere, von keiner Reform berührte Stücke zusammen. Bald nach 800 sind, wahrscheinlich über Verona, Lehrschriften Alkuins in Bayern – zuerst in Freising – bekanntgeworden. Sie bezeichnen augenfällig den Eintritt der karolingischen Erneuerung; aber was sie enthalten, fügt sich nahtlos ein in die bereits im Gang befindliche Entwicklung. Charakteristisch für das geistige Leben im karolingischen Bayern ist daher nicht ein helles Aufleuchten und vielleicht ebenso rasches Verglühen glanzvoller literarischer Erscheinungen, sondern das stille, aber um so intensivere Bemühen um die Vertiefung und Verbreitung der lateinischen Kultur, ein Bemühen, von dem zumal die ungewöhnlich zahlreichen Reste der alten Bibliotheken an den Bischofssitzen in Regensburg (St. Emmeram) und Freising Zeugnis geben, die von den Ungarnstürmen verschont geblieben sind.

Während aus Regensburg kaum nennenswerte literarische Produktion zu verzeich-

[16] Daß die ‹Translatio corporis s. Benedicti in Frantiam›, zuletzt hg. von R. WEBER (Revue Bénédictine 62) 1952, 140–142, in Bayern, wo der seltene Text bereits im 8. Jh. erscheint, entstanden sei – vgl. BAUERREISS (StMBO 62) 1950, 8–12 – ist wenig wahrscheinlich.

[17] BISCHOFF, Salzburger Formelbücher (wie o. 585 Anm. 14) 53.

[18] Hg. von K. STRECKER (MGH Poetae latini medii aevi 4, 2. u. 3. Teil) 1914/23, 1044–46. Krit. Nachträge von BISCHOFF (StMBO 46) 1936.

nen ist[19] – der sog. Geographus Baiuvarus[20] scheint nicht hierher zu gehören –, kann in dem mit Büchern nicht minder gut versehenen *Freising* die allmähliche Durchführung der karolingischen Erneuerung auch an literarischen Denkmälern beobachtet werden. Noch zu Bischof Hittos (811/12–836) Zeiten rühmte ein Unbekannter die Verdienste seines Oberhirten in einem Gedicht,[21] dem man das Ringen um die Form noch ansieht. Aber schon in den dreißiger Jahren schilderte ein vermutlich Freisinger Kleriker in seinem ‹Carmen de Timone comite et de miraculo fontis s. Corbiniani›[22] das Wirken des Königsboten Timo und erzählte von dem Versiegen der entweihten Korbiniansquelle in Weihenstephan und ihrem wunderbaren Wiederaufbrechen in einer Weise, die trotz mancher Ungeschicklichkeit im Aufbau die tüchtige Schulbildung des Verfassers und eine beachtliche Beherrschung des Formalen verrät. Auffällig ist die ablehnende Haltung des Autors gegenüber der Praxis der Gottesurteile im Gerichtsverfahren. Ähnliche Äußerungen aus der Zeit kennt man nur von dem ebenso gelehrten wie streitbaren Erzbischof Agobard von Lyon (816–840), der Schüler und Nachfolger des vom Freisinger Diakon zum Erzbischof von Lyon erhobenen Leidrat war. Man hat daher in dem Gedicht einen Niederschlag der durch Leidrat hergestellten Verbindung Freisings mit Lyon, vielleicht die Kenntnis von Schriften Agobards bei dem unbekannten Dichter des ‹Carmen› vermutet. Hittos Nachfolger Erchanbert (836–854) hat bis in die jüngste Zeit als Verfasser eines ‹Tractatus super Donatum›[23] gegolten, einer lateinischen Grammatik, die bereits das Werk des Clemens Scottus aus den zwanziger Jahren, die wohl bedeutendste Grammatik irischen Ursprungs, verwertete und die Autorität Priscians gegen andere Grammatiker verteidigt. In Wahrheit ist der Verfasser ein Erchanbertus magister, von dem man nur weiß, daß er im zweiten Viertel des neunten Jahrhunderts geschrieben hat; daß er nach Bayern gehört, ist möglich, aber nicht bewiesen. – Wahrscheinlich im frühen zehnten Jahrhundert (nach dem Brand der Kathedrale 903) wurde, wohl doch in Freising selber, Arbeos Vita Corbiniani durchgehend überarbeitet – ein an sich in der hagiographischen Literatur sehr häufiger Vorgang; bei dieser Gelegenheit ist mancher legendäre Zug, etwa die Geschichte von dem gepäcktragenden Bären, in die Vita eingedrungen.[24]

Literarisch stumm bleiben für uns die Klöster der Freisinger Diözese; nur Tegernsee hat noch im Jahre 921, als schon die Ungarn das Land bedrohten, seine älteste Passio s. Quirini[25] hervorgebracht, die Grundlage aller späteren Quirinuslegenden.

[19] So das Widmungsgedicht eines Louganperht zum Traditionskodex, vgl. Bischoff (StMBO 51) 1933, 104.

[20] Zeuss (s. o. 101) 1837, 600f.

[21] Hg. von B. Bischoff, Anecdota Carolina (Studien z. Lat. Dichtung d. MA. Ehrengabe f. Karl Strecker) 1931, 1.

[22] Hg. von E. Dümmler (MGH Poetae latini 2) 1884, 120ff.; J. Brummer (Hist. Vjschr. 18) 1916, 102ff. Über Gottesurteil und Zusammenhang mit Agobard J. Grimm, Deutsche Rechtsaltertümer II, 1899, 564.

[23] Erchanberti Frisingensis tractatus super Donatum, hg. von W. V. Clausen, Chicago 1948; vgl. F. Brunhölzl (NDB 6).

[24] P. v. Winterfeld (NA 26) 1901, 751–754. Authentisch vielleicht der knappe Bericht AA SS Sept. V 472.

[25] P. Ruf, Mittelalterl. Bibliothekskataloge Deutschlands u. der Schweiz III, 1932, 146ff.

Dabei fehlt es nicht an Zeugnissen für ein reges geistiges Leben auch in den monastischen Gemeinschaften. So zeigen die Leistungen des Skriptoriums von Benediktbeuern (zum Bistum Augsburg gehörig) nicht nur eine hochentwickelte Schreibkunst, sondern auch eine Vielseitigkeit der Texte, die das Kloster den Bischofssitzen von Regensburg, Freising, Salzburg an die Seite stellt. Auf die Beziehungen des Frauenklosters Kochel zum fränkischen Hof, die durch die bis vor kurzem noch ins Reich der Fabel verwiesene Bücherschenkung einer fränkischen Prinzessin Kisyla[26] eingeleitet scheinen, fällt durch neue Untersuchungen[27] helleres Licht. Gewichtige Gründe sprechen dafür, daß auch das kurzlebige Bistum Neuburg,[28] das 814 im Augsburger Sprengel aufging, eine eigene Schreibschule besaß. Aber die Ungarnstürme haben von den alten Klosterbibliotheken durchweg nur kümmerliche Reste übriggelassen.

Passau, dessen Überlieferung unter der Ungarnnot des zehnten Jahrhunderts schwer gelitten hat, besaß in *Ermenrich* von Ellwangen einen gelehrten und als Schriftsteller bewährten Bischof (866–887). Als junger Mönch des damals zum Bistum Augsburg gehörenden Ellwangen hatte Ermenrich zeitweise am Hof Ludwigs des Deutschen in Regensburg gelebt, in Fulda bei Hrabanus Maurus und Rudolf studiert, später auf der Reichenau unter Walahfrid Strabo und dann in St. Gallen seine Bildung vervollkommnet. In seinem ‹Sermo de vita Sualonis› stellte er das Leben des angelsächsischen Mönches Sualo (Solus) dar, der sich an dem Orte des späteren Solnhofen niedergelassen hatte, und behandelte in der ‹Vita Hariolfi› die Gründung von Ellwangen durch den Edlen Hariulf, der nachmals Bischof von Langres wurde. Von hohem bildungsgeschichtlichem Interesse aber ist Ermenrichs umfangreicher, mit einer krausen enzyklopädischen Gelehrsamkeit und allen möglichen Spekulationen vollgestopfter, in einer burlesken Szene vom Vater Homer und dem aufgespießten Läuslein endigender Brief an den Abt Grimald von St. Gallen, in dem der schrullige Gelehrte seinen Dank abstattete. Aber das lag vorher, und als Ermenrich nach Passau kam, da wandelte sich der eigenwillige Literat zum eigensinnigen Kirchenpolitiker, dem der Kampf um die Rechte seines bischöflichen Stuhles und der Streit mit dem Slawenapostel Methodios die Muße zu literarischen Studien raubte. Ganz unsicher ist es, ob die metrische Vita s. Erasmi[29] in der Passauer Gegend entstanden ist; man müßte denn den ‹Engilmarus venerandus doctor et grammaticae rhetor›, dem das anonyme Gedicht gewidmet ist, mit dem nachmaligen Bischof (874–899) identifizieren. Als Zeugnis guter Schulbildung und als Denkmal der literarischen Gattung der versifizierten Heiligenleben, die auf des Venantius Fortunatus Martinsleben zurückgeht und in der Karolingerzeit recht beliebt war, in Deutschland freilich relativ selten ist, wäre das Gedicht immerhin bemerkenswert. Daß in Passau die karolingi-

[26] Ders., Kisyla von Kochel u. ihre angeblichen Schenkungen (StMBO) 1929, 461–76.

[27] B. Bischoff, Die Kölner Nonnenhandschriften u. das Scriptorium von Chelles (Karol. u. otton. Kunst. Werden, Wesen, Wirkung) 1957, 395–411.

[28] Zur Frage der Lokalisierung des Bistums in Neuburg a. d. Donau oder im Staffelsee s. o. 218.

[29] Novem vitae sanctorum metricae, ed. Harster, 1887, 21 ff.; K. Strecker (MGH Poetae latini 5) 1937, 81–94.

sche Erneuerung gute Früchte getragen hat, erfahren wir aus der Bücherschenkung des Chorbischofs *Madalwin* an Bischof Burchard vom Jahre 904; unter den 56 Bänden finden sich neben liturgischen Büchern, patristischen und frühmittelalterlichen Werken auch etliche antike Autoren, darunter die äußerst seltene spätantike Grammatik des Mallius Theodorus und ein vollständiger Martianus Capella, ferner die Rätseldichtungen des Symphosius und Aldhelms sowie die sonst um diese Zeit wohl nur in Frankreich vereinzelt vorhandene Lesekomödie ‹Querolus›.[30]

Salzburg zeigt ein Bild, das vermutlich weitgehend als charakteristisch für die Situation und Entwicklung der Literatur und des literarischen Lebens im Bayern der Karolingerzeit angesehen werden darf. Nach dem Übergang ins karolingische Bildungswesen, der als einigermaßen bestimmbarer Schritt eigentlich nur in der Schrift sichtbar wird, im übrigen sich wie ein natürliches Hineinwachsen vollzogen zu haben scheint, nach der Erstellung etlicher Sammlungen von Musterbriefen, die – durchaus nicht in jedem Falle etwa einer erneuerten Latinität angepaßt – gleichsam im Vorhof der Literatur zur Stärkung des Formbewußtseins beitragen, wird in der ersten Hälfte des neunten Jahrhunderts die für uns älteste Lebensbeschreibung des ersten Bischofs Rupert aufgezeichnet, die Gesta Hrodberti. Auch hier hat es den Anschein, als sei schon vorher eine Vita vorhanden gewesen; schwerlich hätte Virgil den Bischof der Nachbardiözese, Arbeo, zur Abfassung einer Vita des Diözesanpatrons ermuntert, hätte nicht Salzburg selbst ein Werk der Art schon besessen.

Wichtiger ist eine Anzahl von Gedichten, deren Salzburger Ursprung die gemeinsame Überlieferung nahelegt, für einen Teil der Inhalt beweist.[31] Eine Beschreibung der Salzburger Kirchenprovinz in der Form versifizierter Bischofslisten der einzelnen Diözesen, wohl in den späteren fünfziger Jahren entstanden, könnte von Dichtungen angeregt sein, wie man sie in der Nähe des karolingischen Hofes (etwa über Metz) antrifft. Bemerkenswert sind zwei irgendwie zusammenhängende Monatsgedichte: poetische Beschreibungen der personifizierten Monate nach ihren Eigenschaften und Tätigkeiten. Gedichte solcher Art gibt es schon in der Spätantike, man trifft sie als Bildbeischriften und dergleichen an; im vorliegenden Falle scheint es sich um einen rein literarischen Versuch zu handeln, obwohl es Illustrationen in Handschriften gibt, welche mit den hier gegebenen Beschreibungen übereinstimmen. Zu der Gruppe der genannten Gedichte gehören ferner Epitaphien auf Salzburger Bischöfe (Virgil, Arn, Liuphram), Gedenk- und Preisgedichte auf Bischöfe sowie etliche Kirchen- und Weiheinschriften. Sie zeigen insgesamt eine beachtliche formale Gewandtheit.

Das stille Wachstum eines gesunden, von einem dichten Netz blühender Bildungsstätten getragenen geistigen Lebens wurde jäh zerstört, als mit dem Jahr 907 die Katastrophe hereinbrach. Was die Jahrzehnte der *Ungarnstürme* hinterließen, war ein Trümmerfeld der Kultur, über dessen traurige Öde sich fast nur noch die alten Bischofssitze in Regensburg und Freising unversehrt erhoben. So kam der alsbald nach 955 einsetzende Wiederaufbau vielfach einem Neubeginne gleich, und die Fol-

[30] Ch. E. Ineichen-Eder, Mittelalterl. Bibliothekskataloge Dtlds. u. d. Schweiz IV 1, 1976, 24ff.

[31] Hg. v. E. Dümmler, Carmina Salisburgensia (MGH Poetae II) 637ff.

gen der tiefen Zäsur waren mancherorts erst im elften Jahrhundert überwunden. Am schwersten getroffen waren naturgemäß die Bistümer an der Ostgrenze, Passau und Salzburg. Wir hören wohl von Bemühungen um Schule und Bildung in der alten bayerischen Metropole an der Salzach, kennen auch die Namen von Lehrern im zehnten Jahrhundert (einer kam aus St. Gallen), doch kam es, von annalistischen Aufzeichnungen abgesehen, in der Salzburger Gegend noch lange Zeit zu keiner literarischen Leistung. Von den Klöstern der Diözese scheint das kurz vor der Jahrtausendwende gegründete Seeon als Stätte einer Malschule einige Bedeutung erlangt zu haben; daß es nicht ganz an literarischen Bemühungen fehlte, zeigt ein Preisgedicht auf Bamberg, mit dem Abt Gerhard Kaiser Heinrich II. eine Handschrift widmete.[32] Auch Passau hat in dem Jahrhundert nach der Ungarnnot kein literarisches Werk hervorgebracht. Denn daß sein größter Bischof, der hochgebildete, um die Ungarnmission verdiente, in seinem Streben nach den Metropolitanrechten über Ungarn trotz der von ihm inspirierten «Lorcher Fälschungen» tragisch gescheiterte *Pilgrim,* die Nibelungensage in einer lateinischen ‹Nibelungias› gestaltet habe, ist wohl nur ein gelehrter Wunschtraum. Selbst das zumal im elften Jahrhundert weithin wirkende monastische Zentrum des Sprengels, Niederalteich, tritt nur mit einem, als geschichtliche Quelle freilich bedeutenden Annalenwerk, nicht jedoch mit literarischen Schöpfungen hervor.

Regensburg und Freising waren von den Ungarn verschont geblieben, hier konnte ohne besondere Schwierigkeiten die alte Traditon wieder aufgenommen werden. Seit dem frühen elften Jahrhundert tritt Bamberg als neuer kultureller Schwerpunkt hinzu.[33] Auch in den alten Klöstern beginnt der Wiederaufbau, der zu bedeutenden Leistungen im elften Jahrhundert führte. Die geistige Erneuerung vollzog sich in *Freising* unter Bischof *Abraham* (957–993/94), einem Mann der Tradition; er wirkte erfolgreich für die Slawenmission in Kärnten; in einem Handbuch der Seelsorgepraxis, das zu seiner Zeit den Glaubensboten gedient hat, sind die ältesten zusammenhängenden Texte in slowenischer Sprache, die zugleich das älteste Denkmal einer slawischen Sprache in lateinischer Schrift darstellen, erhalten geblieben.[34] Aus langjähriger Verbannung, die ihm seine politische Betätigung eingebracht hatte, zurückgekehrt, erlebte der Bischof das Vorwärtsdrängen junger Kräfte: zumal sein Archipresbyter Gottschalk, der ihm später als Bischof nachfolgte (994–1005), richtete den Blick nach dem geistig führenden Westen, ließ Handschriften kopieren, gab der Domschule durch die Beschaffung der logischen Schriften des Boethius, der ‹libri rhetorici› und der ‹Topica› Ciceros, der ‹Rhetorica ad Herennium›, des Kommentars des Marius Victorinus zu den ‹libri rhetorici› Ciceros und anderer Schulliteratur neue Impulse, sorgte für die Vertiefung der dialektischen Studien, die eben damals auch in Frankreich stärker gepflegt wurden, und leitete eine antikisierende Richtung ein, die

[32] K. Strecker, (MGH Poet. lat. 5) 1937/79, 397f. – Die zuweilen Gerhard v. Seeon zugeschriebenen Grabgedichte auf Irmingard v. Chiemsee ebd. 327 (m. Nachtr. 680) u. Poet. 4, 1034.

[33] Siehe Bd. III dieses Handbuchs.

[34] Hierüber zuletzt A. W. Ziegler, Die Freisinger slaw. Denkmäler u. a. literar. Denkwürdigkeiten (Episcopus, Festschr. Kard. Faulhaber) 1949, 128–135. S. auch u. 615.

Freising auf den Höhepunkt seiner Entwicklung führte. Unter den zahlreichen antiken Autoren, die in jenen Jahrzehnten nach Freising kamen, befinden sich neben verbreiteten Texten Seltenheiten wie die Komödien des Plautus, deren mittelalterliche Überlieferung sodann von Bayern ausging; die einzige in oder bei Capua geschriebene Handschrift, die uns das mythologische Handbuch des Hyginus bewahrt hat; später, im zweiten Viertel des elften Jahrhunderts, die Spruchsammlung des Publilius Syrus, deren vollständigste Überlieferung bayerischen Bibliotheken verdankt wird, und ein berühmtes Florilegium aus einer Anzahl von antiken Dichtern, das letzten Endes wohl auf eine verlorene nordostfranzösische Sammlung der Karolingerzeit zurückgeht und unter anderem Tibullexzerpte enthält, deren Text zuverlässiger und um Jahrhunderte älter ist als die vollständige Überlieferung des Dichters. Im Süden der Diözese wird 978 Tegernsee neu gegründet; mit dem aus St. Maximin in Trier gekommenen ersten Abt Hartwic zieht die monastische Reform ein, und unter Hartwics Nachfolgern Gozbert (982–1001) und Godehard (1001–1022, dann Bischof von Hildesheim) erlebt das Kloster seine erste geistige Blüte. Charakteristisch für die Situation nach dem Neubeginn ist das literarische Schaffen *Froumunds* († 1008), der neben der Tätigkeit an der Schule sich um die Beschaffung von Büchern bemühte, wovon u. a. seine von ihm selbst als Formelbuch redigierte Briefsammlung[35] beredtes Zeugnis ablegt. Der Lehrer an der Klosterschule war auch der Hausdichter; eingestreut in die Briefsammlung finden sich vierzig meist kürzere Gedichte Froumunds in Hexametern und Distichen: Grabinschriften, Briefgedichte, Gedichte über biblische Gegenstände, Begrüßungsgedichte für hohe Besucher des Klosters, vereinzelt auch Persönliches. Im allgemeinen ist der kulturhistorische Wert größer als der künstlerische, die gepflegte Form und die Sprachbeherrschung der Karolingerzeit ist noch nicht wieder erreicht, und Froumund, der, dem Geschmack der Zeit huldigend, das Gesuchte, oft Gezierte liebt und gern griechische Brocken unter seine lateinischen Verse mischt, erreicht nie die zeitlose Vollendung des poetischen Kunstwerks. Dennoch zieht er den Leser an, tritt ihm entgegen in einer für die Zeit durchaus nicht gewöhnlichen Unmittelbarkeit: frisch und natürlich, zu derbem Scherz geneigt, dabei ein Mann von klarem Blick für die geschichtliche Situation und getragen von tiefer Verantwortung. So bilden vielleicht das schönste Zeugnis seiner kraftvoll edlen Persönlichkeit jene Verse (X 31 ff.), in denen Froumund, ein berühmtes Wort Bedas des Ehrwürdigen aufgreifend, die Ablehnung der Priesterweihe rechtfertigt mit dem Hinweis auf seine Pflicht als Mensch und als Mönch, durch Studium und Lehre, die seine ganzen Kräfte fordern, den Mitbrüdern zu dienen.

In Regensburg ist es der Schwabe *Wolfgang,* der als Bischof (972–994) die innere Erneuerung einleitet. An literarischen Arbeiten Wolfgangs ist zwar nur eine Paraphrase des 50. Psalmes[36] und eine (ungedruckte) Beichte erhalten, vielleicht ist auch die metrische Grabschrift auf seinen Vorgänger Bischof Michael[37] ihm zuzuschreiben;

[35] Strecker, Die Tegernseer Briefsammlung (Froumund) (s. o. 540 Anm. 97).

[36] B. Pez, Thesaurus anecdotorum novissimus II (1721) 13.

[37] K. Strecker (MGH Poetae latini 5) 1937/79, 325.

das Aufblühen der Schule von St. Emmeram ist jedoch vor allem ihm zu danken. Unter Abt *Ramwold* († 1000), den Wolfgang als ersten selbständigen Abt für St. Emmeram aus St. Maximin in Trier holte, erlebte das Kloster seine erste Blüte auf monastischem, künstlerischem und wissenschaftlichem Gebiete; ein umfangreicher Bibliothekskatalog[38] aus seiner Zeit bestätigt die (weite und großzügige Ausstattung der Bibliothek mit patristischer und mittelalterlicher, auch antiker Literatur, deren Werke vielfach in mehreren Exemplaren vorhanden waren, und spiegelt die hohe Bedeutung wider, die Bibliothek und Schule von St. Emmeram für mehrere Generationen erlangen sollten. Unter den seltenen Werken erscheinen hier auch schon die Werke der Hrotsvit von Gandersheim, die vollständig allein aus Regensburg überliefert sind. Auch in Regensburg läßt sich, ähnlich wie in Freising, das Bemühen beobachten, durch Verbindung mit dem Westen den Anschluß an die wissenschaftliche Entwicklung der Zeit zu gewinnen, deren Schwergewicht in Frankreich lag. Sichtbar wird die Übertragung französischer Wissenschaft nach Bayern in einem wertvollen Sammelband mit Texten zum Quadrivium und zur Dialektik, den der Emmeramer Mönch *Hartwic* von seinem Studienaufenthalt in Chartres bei Fulbert (Bischof 1006–1029) in sein Heimatkloster mitbrachte.[39] Auch Hartwics einziges literarisches Werk ist formal von französischen Vorbildern angeregt: die (leider unvollendet gebliebene) ‹Vita s. Emmerami›.[40] Inhaltlich eine ziemlich getreue Wiedergabe der Vita Haimhrammi Arbeos, bildet sie das älteste aus Deutschland stammende (trotz gelegentlicher Unsicherheit im sprachlichen Ausdruck, die man auch sonst bei zeitgenössischen Schriftstellern antrifft) wohlgelungene Beispiel einer frisch und lebendig erzählten Verslegende im volkstümlich munteren Versmaß des gereimten rhythmischen Achtsilblers mit steigendem Versschluß.

Etwas dilettantisch wirkt dagegen das Schrifttum seines Mitbruders *Arnold*, der etwa um dieselbe Zeit ein Buch ‹De miraculis s. Emmerami›[41] und später einen ‹Dialogus de miraculis› verfaßte. Was bei Arnold dominiert, ist die Freude an Reichtum und Vielfalt des Stoffes, also ein erzählerisches Element, dem wir viele wertvolle Nachrichten aus der Geschichte von St. Emmeram sowie der näheren und weiteren Umgebung verdanken. Zu einer klaren Form indessen gelangt Arnold nicht, obwohl er in dem späteren Werk offenbar die ‹Dialogi› Gregors d. Gr. nachzuahmen versucht. Die Bindung durch den Dialog hält kaum die Oberfläche zusammen, und das Streben nach rhetorisch gehobenem Stil, der gerade in Mode war, vermag die mangelnde Gestaltungskraft des Autors nicht zu überdecken.

In der Literatur des zehnten und elften Jahrhunderts bis in dessen zweite Hälfte tritt im Verhältnis zur Karolingerzeit das Theologische allgemein stark zurück. Man könnte den ums Jahr 1010 in der Freisinger Diözese geborenen, seit 1032 mit mehrjährigen Unterbrechungen als Mönch in St. Emmeram lebenden *Otloh* als eine Aus-

[38] Hg. von Ph. JAFFÉ (MGH SS 17) 1861, 567; INEICHEN-EDER (s. o. 589 Anm. 30) 143 ff., dazu 146 ff.

[39] BISCHOFF, Emmeram 105–110; Ders. (VL V) 1955, 335 ff. Hartwic scheint übrigens auch die an gelehrten Anspielungen reichen Miniaturen des Uta-Evangeliars von Niedermünster inspiriert zu haben.

[40] STRECKER (s. 591 Anm. 37) 517–521.

[41] O. MEYER (WH 2) 268.

nahme betrachten. Als geistlicher Schriftsteller ist er in Deutschland wohl die bedeutendste Erscheinung, seitdem es hier eine Literatur gibt, und er gehört unstreitig zu den hervorragenden literarischen Gestalten seiner Zeit überhaupt. Indessen erscheint Otloh (der in frühester Jugend das Schreiben als Autodidakt erlernt hatte und sich dann zu einem vielbegehrten Kalligraphen entwickelte) doch weniger als Theologe denn als ein Mensch von tiefer, aufs stärkste erlebter Religiosität, die sein ganzes umfangreiches Schrifttum prägt, ihm vielfach autobiographische Züge verleiht und u. a. auch dazu geführt hat, daß er immer wieder an seinen eigenen Werken arbeitete, so daß uns manches in verschiedener Fassung von seiner eigenen Hand vorliegt. Aus religiösem Streben heraus wird ihm in späteren Jahren die Beschäftigung mit der profanantiken Literatur ebenso verwerflich wie das zu seiner Zeit blühende Studium der Dialektik. So gilt Otloh mit Petrus Damiani und Manegold von Lautenbach als einer der namhaftesten Vertreter der antidialektischen Richtung des elften Jahrhunderts, wiewohl nur sehr wenig von seinen Schriften eine breitere Wirkung erlangt hat. Sein Erstlingswerk ‹De doctrina spirituali› (ca. 2900 Hexameter) bildet im wesentlichen einen Abriß der christlichen Glaubens- und Sittenlehre; um der Erhabenheit des Gegenstandes willen wählte Otloh – und das ist bezeichnend für die Einstellung seiner Zeit zur Dichtkunst – die poetische Form, weil er sich in ihr, wie er sagt, besser auszudrücken vermochte. Es geht ihm nicht um die wissenschaftliche Erörterung theologischer Fragen, er will vielmehr andere belehren und sein eigenes religiöses Leben vertiefen. So fügt er nachträglich eine Ermahnung an Kleriker und Laien ein, in der er auch die Geschichte seiner eigenen conversio erzählt. In ähnlicher Absicht wendet sich auch die späte Schrift ‹De cursu spirituali› an alle Stände mit der Aufforderung, einen «Wettlauf» durch die Bibel, insbesondere die Psalmen und Evangelien, anzutreten, für den als Siegespreis Erlösung und Ruhe in Gott dem Kämpfenden winken. Die Zeichen der Verwirrung, die dem Ende vorangehen, und ihre Mißachtung hatten Otloh zu der Schrift veranlaßt; als Beispiel gleichsam für die heilsame Wirkung des Studiums der Schrift fügte er einen Rückblick auf sein eigenes Leben an. Das hier geäußerte moralpädagogische Anliegen Otlohs erscheint besonders deutlich in seinen ‹Proverbia›,[42] einer Spruchsammlung aus der ersten Emmeramer Zeit, die biblische, antike und von Otloh selbst verfaßte Weisheitssprüche teils in Versen, teils in Prosa in alphabetischer Folge vereinigt. Als Glied einer Entwicklung, die seit dem elften Jahrhundert zu einer vermehrten Pflege der weit ins Altertum hinaufreichenden Tradition der Spruchsammlungen geführt hat, fanden die ‹Proverbia› weite Verbreitung. Am bedeutendsten aber sind Otlohs autobiographische Schriften: der ‹Liber visionum› und der ‹Liber temptationum›. Im Buch der Visionen erzählt der Autor, angeregt von Gregors d. Gr. ‹Dialogi›, in schlichter Sprache, was er über Visionen gelesen und was er in seiner Jugend, in der Zeit seines Aufenthaltes in Hersfeld und in St. Emmeram selber geschaut hat. Am Erlebnischarakter der Visionen Otlohs ist nicht zu zweifeln; als Darstellung eines aufs höchste gesteigerten

[42] Unbefriedigend hg. v. G. C. Korfmacher, Othlohi Libellus proverbiorum, 1936.

Innenlebens erinnert das Buch in manchem an die Literatur der Mystik des späten Mittelalters. Verwandt mit dem ‹Liber visionum› hinsichtlich der Verbindung von literarischer Tradition und persönlichem Bekenntnis ist der ‹Liber temptationum› oder, wie Otloh selbst das Werk genannt hat, das Buch ‹De temptationibus cuiusdam monachi›. Eine Autobiographie, die erzählt vom Herumziehen eines Mönches, von seinem kalligraphischen Fleiß, von seinen Studien und seiner Liebe zu den alten heidnischen Autoren, die er dann verwirft, aber auch von seinen Seelenkämpfen, die er als Anfechtungen des Teufels erlebt, und von der Überwindung der eigenen Schwäche im Reden mit Gott und im Versenken in das Buch der Bücher. Aber dieser Mönch ist kein innerlich zerrissener, mit sich und der Welt hadernder Mensch, wie er uns in den Schriften Rathers hundert Jahre früher entgegentritt. Der Leser fühlt sich vielmehr an das große Vorbild der christlichen Autobiographie erinnert, an Augustins Confessiones; sie haben zweifellos Otloh angeregt, ohne indessen dem Werk etwas von seiner Selbständigkeit zu nehmen. – Mit der ‹Translatio s. Dionysii›[43] beteiligte sich Otloh an einer literarischen Fälschung, die dazu dienen sollte, die Stellung des Klosters St. Emmeram dem Bischof von Regensburg gegenüber zu stärken. Wenig später verfaßte man auch ein Officium auf den Heiligen, dessen Reliquien man zu besitzen vorgab; von den drei Hymnen[44] des Officiums fand einer seit dem zwölften Jahrhundert große Verbreitung im deutschen Sprachgebiet. Die knappe Translatio (I) des Otloh wurde noch vor 1060 von einem anderen Emmeramer erweitert und mit allen literarischen Kunstmitteln ausgestaltet; diese Fassung (Translatio II)[45] hat die ältere verdrängt und war lange Zeit allein bekannt.

Otloh schreibt im allgemeinen einen klaren, gepflegten Stil; gern bedient er sich der Reimprosa, legt des öfteren einzelne Verse oder Versteile in die Prosa ein (was schon andere vor ihm getan haben) und beschließt auch nicht selten seine Werke mit Versen. In dem trotz der Bescheidenheit des Autors selbstverständlich wirkenden Hervortreten des Persönlichen, in der trotz innerer Bindung an die literarische wie die kirchliche Tradition starken schriftstellerischen Originalität gehört Otloh, der als Theologe kein tiefer Denker war, zu den Persönlichkeiten, die in die anbrechende Zeit der großen geistigen und literarischen Bewegung hinüberweisen. Die Wirkung freilich gerade seiner besten Schriften blieb gering, selbst in St. Emmeram gerieten sie wie sein Name bald in Vergessenheit.

Ein eigenartiges Denkmal aus dem letzten Jahrzehnt des elften Jahrhunderts sind die sogenannten Regensburger rhetorischen Briefe.[46] Die 31 Stücke der Sammlung haben fast alle theoretischen Inhalt: sie handeln vom Wert der Philosophie, über Tugenden und Laster, berühren wohl auch direkt philosophische Gegenstände und

[43] Hg. von A. HOFMEISTER (MGH SS 30, 2) 1926–1934, 823ff.; dazu BISCHOFF, Emmeram 128ff.; Ders. (VL III) 661f.; O. MEYER (WH 2) 274f.

[44] Hg. von G. M. DREVES (Analecta hymnica 4) 1888, 125f.; Cl. BLUME (ebd. 51) 1908, 178f.; Ders. (ebd. 53) 1911, 234ff.

[45] Hg. v. R. KOEPKE (MGH SS 11) 1854, 351–371, Ergänzungen W. WATTENBACH (FdG 13) 1873, 393–397; A. KRAUS, Die Transl. s. Dion. Areop. von St. Emm. (SB München) 1972.

[46] Hg. von N. FICKERMANN, Briefsammlungen d. Zeit Heinrichs IV. (MGH, Die Briefe d. dt. Kaiserzeit 5) 1950, 259ff.

vereinzelt Fragen, die mit dem Investiturstreit zusammenhängen; der Grundcharakter der Sammlung ist rhetorisch. Ein merkwürdiger Glücksfall hat uns aus beinahe derselben Zeit ein ebenfalls aus Regensburg stammendes Denkmal besonderer Art bewahrt, die sogenannten Carmina Ratisponensia. Es handelt sich um die ältesten lateinischen Liebesbriefe aus dem deutschen Sprachgebiet, die wir noch besitzen, 68 Stücke im Umfang von einem Distichon oder auch nur einem einzigen Hexameter bis zu etwa 40 Versen. Sie sind etwa im Jahre 1106 entstanden und bilden den unmittelbaren Niederschlag einer poetischen Korrespondenz zwischen Schülerinnen einer (Regensburger) Klosterschule und ihren Lehrern.[46a] – Seit dem letzten Viertel des elften Jahrhunderts ermüden die geistigen Kräfte in Regensburg, und für St. Emmeram, das für ein Saeculum blühender Mittelpunkt der lateinischen Kultur in Bayern gewesen war, beginnt die Epoche, da es, wie andere Klöster, z. B. Fulda, mehr von einer stolzen Tradition als aus frischen Leistungen lebte. Nur ein paar Epitaphien zeugen von ihrem Fortleben, bis sich das Kloster im vierzehnten Jahrhundert unter gänzlich veränderten Umständen zu neuem Aufschwung der geistigen Kräfte erhob.

Um die Mitte des elften Jahrhunderts tritt zum erstenmal das in der Zeit der Ungarnnot gegründete Kloster Ebersberg mit Abt *Williram* (1048–1085) in die Literaturgeschichte ein (s. o. 548, s. u. 621 f.). Der Sohn eines edlen fränkischen Geschlechts hatte sich als Mönch in Fulda und (seit etwa 1040) als Lehrer an der Domschule zu Bamberg vorzügliche Kenntnisse zumal auch in der antiken Literatur angeeignet. In seinem politischen Ehrgeiz enttäuscht, widmete sich der ebenso tatkräftige wie gelehrte Williram der wirtschaftlichen und kulturellen Hebung seines Klosters sowie der literarischen Tätigkeit. Sein Hauptwerk ist die doppelte Paraphrase des Hohenliedes[47] in lateinischen Versen und deutsch-lateinisch gemischter Prosa, die er zwischen 1059 und 1063 Kaiser Heinrich IV. widmete. Williram war keine spekulative Natur, und seine Auslegung des Hohenliedes beruht durchaus auf der karolingischen Exegese, und demgemäß hat er die Deutung der ‹sponsa› auf die Kirche beschränkt. Das Neue an Willirams Werk liegt nicht im Sachlichen, sondern in der Form. Wohl hat man seit der Väterzeit immer wieder biblische Stoffe in Versen behandelt, speziell das Hohelied war von Hinkmar von Reims in seinem (größtenteils verlorenen) ‹Ferculum Salomonis› in Versform ausgelegt worden, und auch die Behandlung ein und desselben Stoffes in Versen und Prosa hat eine lange Tradition. Aber bei Williram bildet die doppelte Paraphrase, die er äußerlich so anlegte, daß in der Mitte der Text des Hohenliedes, links daneben die lateinischen Verse und rechts die deutsch-lateinische Prosa stand, eine Einheit einander ergänzender Darstellungen, und der Verfasser geht darauf aus, durch Einbeziehung der Volkssprache auch den Kreisen der weniger Gebildeten das Wort der Schrift verständlich zu machen. Bewußt stellt er seine «hu-

[46a] Carmina Ratisponensia. Hg. v. A. Paravicini (Editiones Heidelbergenses 20) 1979.

[47] J. G. Scherz (J. Schilter, Thesaurus antiquitatum Teutonicarum I, 3) 1726, 1–69, krit. Ed. jetzt von E. H. Bartelmez, The ,,Expositio in Cantica Canticorum“ of Williram abbot of Ebersberg 1048–1085 (Memoirs of the American Philosophical Society, Philadelphia 69) 1967.

manistische» Bildung in den Dienst der geistlichen Unterweisung, und er beruft sich dabei auf den berühmten Dialektiker Lanfrank im normannischen Kloster Bec, der seine Kenntnis der heidnischen Literatur der Bibelexegese dienstbar gemacht habe. Seiner geistigen Herkunft nach der humanistischen Richtung der Zeit näher stehend als der monastischen Reform,[48] gehört er doch zu jenen Männern, die sich um eine Verinnerlichung des geistigen Lebens im Anschluß an die Tradition der Karolingerzeit bemühten. Wie sehr er dem Bedürfnis der Zeit entgegenkam, beweist die starke Verbreitung seines Werkes seit dem elften und zwölften Jahrhundert.

Scheinbar unberührt von der zeitgenössischen Literatur und ihren Strömungen schafft im Süden der Freisinger Diözese, wahrscheinlich in Tegernsee, bald nach 1050 ein Unbekannter, der wohl längere Zeit in der Welt gelebt und ritterliche Kreise kennengelernt hatte, ehe er ins Kloster eintrat, eines der berühmtesten Werke der mittelalterlichen lateinischen Literatur, den *Ruodlieb*.[49] Nur Bruchstücke des Autographs und ein paar Blätter einer wenig jüngeren Abschrift haben sich erhalten, rund 2300 Hexameter oder Teile von solchen, etwa zwei Drittel des Werkes. Lebendig und mit einer Anschaulichkeit, die in der Zeit nicht ihresgleichen hat, erzählt der Dichter die Erlebnisse eines fahrenden Ritters im Dienste eines fremden Königs, auf der Heimfahrt und nach der Rückkehr; die Welt des Rittertums wird lebendig, Motive orientalischer Novellistik wie die zwölf Weisheitslehren und Motive der germanischen Heldensage spielen eine wichtige Rolle; unterhaltsame Geschichten wechseln mit Schilderungen aus dem ritterlichen Leben, reizvolle, mit Humor gewürzte Episoden – etwa die muntere Erzählung von Ruodliebs Brautwerbung, in der sich der bekannte Liebesgruß findet – mit Partien von lehrhafter Tendenz. Die Anspielungen auf bestimmte historische Ereignisse, die man zu sehen meint, sind recht unsicher, aber kein anderer hat die Dinge und Verhältnisse, das Leben seiner Zeit so unmittelbar mit seinen Augen gesehen und geschildert wie der Ruodliebdichter, und die frische Natürlichkeit und das kraftvoll Bildhafte der Darstellung wirken ungemein anziehend. Freilich, über all dem Lob, das dem Ruodlieb zumal in Deutschland gezollt wird, dürfen die Schwächen des Werkes nicht übersehen werden, Schwächen, die in der mangelhaften Schulbildung des Autors und seiner geringen Belesenheit begründet sind. Es fehlt ihm nicht nur, wie manchen anderen, die Kraft, aus der bunten Fülle der Episoden ein geschlossenes Ganzes zu gestalten; er vermag auch kaum die einzelne Szene folgerichtig aufzubauen. Der Macht seiner Phantasie erliegend, mißachtet er unbedenklich Raum und Zeit, schiebt er die Bilder, die sich vor sein geistiges Auge drängen, ineinander. Sein ungelenkes, oft schülerhaft wirkendes

[48] Vgl. F. Ohly, Hoheliedstudien, 1958, 100f.; R. Herde, Das Hohelied in d. lat. Literatur d. MAs bis z. 12. Jh. (Münchner Beiträge z. Mediävistik u. Renaissance-Forschung 3) 1968, 1067f.

[49] Grundlegende Ausgabe von Fr. Seiler, Ruodlieb, 1870, mit vorzüglichem Kommentar, doch ist die Zählung der Fragmente zu ändern; K. Langosch, Waltharius, Ruodlieb, Märchenepen (m. dt. Übers.) 1956, 85–213; E. E. Zeydel (Univ. of North Carolina, Studies in the Germanic Languages and Literatures 23) 1959 (m. engl. Übers.). Vollfaksimile-Ausgabe von W. Haug, Ruodlieb I, 1974 (II: Krit. Text u. Kommentar von K. Vollmann in Vorbereitung).

Latein, dem er mit wenig Glück durch Entlehnungen aus Vergil mehr Glanz zu verleihen sucht, wird dem hohen Anspruch der epischen Dichtung, den er selbst sich stellte, kaum gerecht, und so lag es wohl an dem Medium einer vom Dichter nicht in dem erforderlichen Maß angeeigneter Bildungswelt, das ihn hinderte, das wahrhaft große Werk zu schaffen, zu dem ihn vielleicht die Muttersprache befähigt hätte.[50]

In *Augsburg*, dessen ältere Überlieferung nahezu völlig ausfällt, hatte als erster nach den Ungarnstürmen zwischen 983 und 993 der Propst Gerhard dem Leben des großen Bischofs Ulrich eine als Zeugnis eines Miterlebenden überaus wertvolle, formal ungezwungene und gerade wegen ihrer Natürlichkeit ansprechende Darstellung gewidmet, die Ulrichs zweiter Nachfolger Gebhard gegen Ende des zehnten Jahrhunderts in ein dem Zeitgeschmack entsprechend wohlstilisiertes, doch inhaltsarmes Heiligenleben umarbeitete. Um die Mitte des elften Jahrhunderts schuf der Canonicus Heinrich, der wahrscheinlich Lehrer an der Domschule war und als Gregorianer nach Füssen vertrieben wurde († 1083), den ‹Planctus Evae›,[51] ein schulmäßiges Bibelepos (2300 Hexameter), in dem die Schöpfungsgeschichte bis zur Vertreibung aus dem Paradies erzählt und allegorisch ausgelegt wird. Literarhistorisch in der mit Iuvencus, Sedulius usw. beginnenden Tradition der Bibeldichtungen stehend, ist das Werk insofern von Interesse für die Dogmengeschichte, als es Vorstellungen über die Erlösung ausspricht, die in der theologischen Literatur erst im zwölften Jahrhundert erscheinen.

Ein wesentlicher Zug am Bilde der lateinischen Kultur in Bayern im elften Jahrhundert ist die Entwicklung des *geistlichen Schauspiels*. Es erwächst aus der Liturgie im Anschluß an den um 900 in St. Gallen ausgebildeten Tropus und wird, zunächst noch ganz in die Liturgie eingebettet, zum Vorläufer des neuen Dramas. Bayern hat wesentlichen Anteil an dieser Entwicklung genommen. Schon um die Jahrtausendwende, also früher als anderwärts, setzen die Denkmäler ein. Aus der Zeit bis zum Ende des elften Jahrhunderts haben sich drei Spiele erhalten, die alle dem Weihnachtskreis angehören: ein Officium stellae aus Freising,[52] die Dramatisierung des Evangeliums von Epiphanie mit dem Prozessionszug der drei Könige zu Herodes, dem Gang der Hirten zur Krippe und der Verehrung des Christkindes durch die Magier; eingeschobene metrische Partien mit Anklängen an Vergil und einem Zitat aus Sallust bekunden den Einfluß der Schule. Von einem zweiten Officium stellae aus St. Emmeram, um die Mitte des elften Jahrhunderts aufgezeichnet,[53] hat sich nur die Szene der Ankunft der Magier bei Herodes erhalten; sie zeigt eine gewisse Selbständigkeit, ist aber knapper gehalten als die Freisinger Fassung. Während wir das Magierspiel in einer Mehrzahl von Fassungen kennen, sind selbständige Dramatisierungen des Bethlehemitischen Kindermords relativ selten. Von den drei bekannten Stücken stammen

[50] F. Brunhölzl, Zum Ruodlieb (DVjschr. LG 39, 4) 1965, 506–522; dagegen Haug (s. o. 596 Anm. 49).

[51] M. L. Colker, Heinrici Augustensis Planctus Evae (Traditio 12) 1956, 149–230.

[52] Im clm 6264[a]; hg. zuletzt von K. Young, The Drama of the Medieval Church II, 1933, 93–97.

[53] Clm 14477; B. Bischoff, Regensburger Beitrr. z. mittelalterl. Dramatik u. Ikonographie (Hist. Vjschr. 27) 1932, 509ff.

zwei aus Frankreich, das dritte, mit Abstand älteste, aus Freising, noch aus dem elften Jahrhundert. Der Freisinger ‹Ordo Rachelis›[54] stellt den Besuch der Hirten an der Krippe dar, die Flucht nach Ägypten, den Kindermord und die Klage der Rachel als Vertreterin der Mütter von Bethlehem. Gewissen Schwächen in der Motivierung der Szenen steht eine beachtliche formale Durchgestaltung im einzelnen gegenüber; gereimte rhythmische Partien wechseln mit Abschnitten in leoninischen Hexametern; die Rachelklage selbst ist geschickt aus einer berühmten Sequenz der Notkerschule entwickelt. Die entwicklungsgeschichtliche Ordnung der geistlichen Spiele ist schwierig und noch vielfach unsicher; doch wird man wenigstens für den Ordo Rachelis mit bayerischem Ursprung rechnen müssen. Hat das Freisinger Spiel in dem ihm am nächsten stehenden, doch in wesentlichen Zügen abweichenden Ordo Rachelis von Fleury (13. Jh.) nachgewirkt,[55] so bildet es eines der wenigen Beispiele eines dem allgemeinen Kulturgefälle von Frankreich nach Deutschland entgegengerichteten Einflusses; die Beziehung zur Loiregegend hat vielleicht eine Parallele in der Plautusüberlieferung.[56]

Vorausgesetzt werden darf für das Aufkommen des geistlichen Spieles die Bekanntschaft mit Tropen und Sequenzen. Spätestens gegen Ende des zehnten Jahrhunderts hat die alemannische Sequenz Eingang in die Liturgie in Bayern gefunden, für Regensburg läßt sich das in Handschriften und sogar in eigenen Schöpfungen nachweisen.[57] Am interessantesten von diesen ist die kurze Weihnachtssequenz ‹Grates nunc omnes›,[58] die sich im elften Jahrhundert über Bayern und Österreich verbreitete, dann auch im Alemannischen bekannt wurde und die sinngemäße Übertragung einer Kontakionstrophe des großen Hymnoden Romanos (sechstes Jahrhundert) mit Beibehaltung der Silbenzahl des Ganzen bei selbständigem Strophenbau darstellt: das einzige nachgewiesene[59] Beispiel byzantinischen Einflusses auf die frühe Sequenz. Die Öffnung Regensburg nach dem Osten und Südosten mag dabei eine Rolle gespielt haben.

In der zweiten Hälfte des elften Jahrhunderts geht das literarische Schaffen in Bayern stark zurück. Nur aus Freising, das in der Zeit seiner geistigen Blüte keinen Schriftsteller, keinen Dichter fand, hören wir noch von gelehrter schriftstellerischer Tätigkeit. Die Verengung des geistigen Lebens aber ist unverkennbar. Wohl pflegt man die Buchkunst, die unter dem Episkopat des kunstsinnigen Ellenhard (1052–1078) einige schöne Leistungen hervorbringt, doch haben sich diejenigen Kreise, die von der antiken Literatur ebenso wenig wissen wollten wie von den Studien der Dialektik, durchgesetzt, man wendet sich wieder mehr den Vätern und den Karolingern zu; Werke der ottonischen Zeit, wie die Schriften Liudprands oder Rat-

[54] Text bei YOUNG (s. o. 597 Anm. 52) 117–120.

[55] W. MEYER, Fragmenta Burana (Festschr. z. Feier d. 150jähr. Bestehens d. kgl. Ges. d. Wiss. zu Göttingen) 1901, 44 ff. Neue Aspekte bei JACOBSEN (Mittellat. Jb. 12) 1977, 44 ff.

[56] Siehe o. 591.

[57] Anal. hymn. 53 (s. o. 594 Anm. 44) 234 ff.; B. BISCHOFF (StMBO 51) 1933, 133; W. v. d. STEINEN, Notker der Dichter, 1948, 473, 603.

[58] Anal. hymn. 53, 15 nr. 10; W. v. d. STEINEN (s. Anm. 57) 562.

[59] H. SPANKE (ZDA 71) 1934, 23, 30 f.

hers, waren nicht besser geeignet, den Rückgang aufzuhalten, als eines der wenigen theologischen Werke des frühen elften Jahrhunderts, die weitschweifige ‹Deliberatio supra hymnum trium puerorum›[60] des Märtyrerbischofs Gerhard von Csanád († 1039), deren einzige bekannte Handschrift nach Freising gelangt war. Gepflegt wird noch die Musik und ihre Theorie: nachdem im Laufe des elften Jahrhunderts die für die theoretische Begründung der mittelalterlichen Mehrstimmigkeit grundlegende Musica enchiriadis nebst den Scolica in verschiedenen Stätten Bayerns Eingang gefunden hatte, gab ein sonst nicht bekannter Eberhard in Freising in seinem Traktat ‹De mensura fistularum›[61] orgeltechnische Anweisungen, und der Scholasticus Aribo behandelt in seiner Schrift ‹De musica›[62] die physikalischen Voraussetzungen der Musik und ihre Bedeutung für die Betrachtung des Lebens Christi. Im Jahre 1084 verfaßte ein Unbekannter aus Anlaß der Rückkehr Heinrichs IV. aus Italien ein Begrüßungsgedicht,[63] das als später Nachläufer der alten susceptacula regum[64] anzusehen ist.

Dieselbe Zeit bringt den tiefsten und entscheidenden *Umbruch* der mittelalterlichen Welt. Die Zentren der neuen Entwicklung liegen in Frankreich. Hier vor allem entfaltet sich die lateinische Literatur zu ihrer vollen Blüte, erreicht das geistige Leben in einer Vielfalt großer Erscheinungen der «Renaissance des zwölften Jahrhunderts» einen neuen Höhepunkt, und zugleich erwächst aus dem, was bisher Gelehrsamkeit und überliefertes Wissen gewesen war, durch die Ausbildung der scholastischen Methode die abendländische Wissenschaft. In weit schwächerem Maße als Frankreich nehmen die übrigen Länder Europas an den neuen Bewegungen teil.

Zu denen, die sie verbreiten, gehört der noch immer rätselhafte *Honorius Augustodunensis* (s. o. 561 ff.).[65] Von seinen zahlreichen Werken, die hier nur zum Teil genannt werden können, behandeln die meisten theologische und philosophische Gegenstände. Als Vorbereiter des Neuen erscheint der Autor in denjenigen Schriften, in denen er die dialektische Methode anwendet, wie in der kleinen Abhandlung ‹De animae exilio et patria›, in der die Unwissenheit als die Verbannung der Seele, als ihre wahre Heimat aber die Weisheit in Gott dargestellt wird. Das in Dialogform die Dogmatik der Zeit faßlich darlegende ‹Elucidarium› weist insofern in die Folgezeit, als man in ihm einen frühen Versuch theologischer Systematisierung zu sehen hat in einer Zeit, da das Zusammenfassen, das Summieren zu einem Merkmal der wissen-

60 Gerardi Moresenae aeclesiae sive Csanadiensis episcopi Deliberatio supra hymnum trium puerorum ed. G. Silagi (Corpus Christianorum, Continuatio mediaevalis 49) 1977; Ders., Untersuchungen zur ‹Deliberatio supra hymnum trium puerorum› des Gerhard von Csanád (Münchener Beitrr. z. Mediävistik u. Renaissance-Forschung I) 1967.

61 M. Gerbert, Script. eccl. de musica sacra potissimum II, 1784, 279–282; vgl. O. Ursprung (Wiss. Festgabe z. 1200jähr. Jubiläum des hl. Korbinian) 1924, 252.

62 J. Smits van Waesberghe, Aribo de musica (Corpus scriptorum de musica 2) 1951.

63 W. Meyer (SB München) 1882, 253–258.

64 W. Bulst, Susceptacula regum (Corona quernea. Festschr. K. Strecker) 1941, 97–135.

65 Migne PL 172 (Teilausgabe); J. A. Endres, Honorius Augustodunensis, 1906. Weitere Lit. LThK V.

schaftlichen Literatur zu werden beginnt. Ganz ungewöhnlich war die Wirkung des ‹Elucidarium›: das Buch verbreitete sich über die meisten Länder Europas bis nach Skandinavien, wurde in verschiedene Volkssprachen (ins Mittelenglische schon wenige Jahre nach der Abfassung) übersetzt und vielfach bearbeitet; Heinrich der Löwe ließ auf der Grundlage des Elucidarium mit Auszügen aus anderen Werken eine deutsche Enzyklopädie, den ‹Lucidarius›, herstellen, der als beliebtes Volksbuch bis in die Neuzeit fortlebte.[66] Honorius schreibt über Prädestination (Inevitabile; de libero arbitrio), Eucharistielehre (Eucharisticon: seine selbständigste Schrift), Liturgie und kirchliche Personen (Gemma anime, vornehmlich nach karolingischen Quellen, doch nicht ohne Selbständigkeit), er erklärt die Psalmen und legt das Hohelied im ‹Sigillum beatae Mariae› wie Rupert von Deutz in mariologischem Sinne und unter starker Anwendung der Zahlenmystik, später noch einmal in mehr traditioneller Weise aus. Im ‹Speculum ecclesiae› gibt er Anweisungen zur Predigt in der Volkssprache, bietet Dispositionen, behandelt Gesten und Tonfall und dgl. und hat mit dem Werk, das bis ins späte Mittelalter als beliebtes Handbuch für Prediger diente, die Entwicklung der Volkspredigt wesentlich gefördert. Eine Theorie der Erkenntnis, offenbar stark beeinflußt von den Anschauungen des großen Philosophen des neunten Jahrhunderts, Johannes Scotus, bietet in mystisch-allegorischer Darstellung die ‹Scala caeli›, während die ‹Cognitio vitae› das Anliegen Anselms von Canterbury im ‹Monologion›, nämlich die Gotteserkenntnis, mit Hilfe bildhafter Vergleiche dem schlichteren Geiste verständlich zu machen sucht. Johannes Scotus hat offenbar auch sonst auf Honorius stark gewirkt: In der ‹Clavis physice›[67] schreibt er das naturphilosophische Hauptwerk des Iren, ‹De divisione naturae›, weithin aus, korrigiert aber da und dort oder mildert die extremen Formulierungen. Mit der Welt der Geschichte befaßt sich Honorius in der ‹Summa totius de omnimoda historia› und der ‹Imago mundi›. Aber während die ‹Summa totius›, ausgehend von Betrachtungen über das Paradies, den Sündenfall und die Erlösung, eine Zusammenfassung der historischen Bücher des Alten Testamentes bietet, um in eine Weltchronik einzumünden, nimmt Honorius in der ‹Imago mundi› die seit Hrabanus Maurus unterbrochene enzyklopädische Schriftstellerei wieder auf, Mit einem für die Zeit ganz ungewöhnlichen sachlichen Interesse bietet er in drei Büchern eine Darstellung des ‹globus totius mundi›, eine Erdbeschreibung, eine Meteorologie und Astronomie, handelt von der Zeit und ihren Teilen und schließlich vom Inhalt dieser Zeit, der Geschichte. In fünf Fassungen erhalten, ist das Werk, oft gelesen und kopiert, schon im zwölften Jahrhundert ins Deutsche und Französische übersetzt worden. Die alte, in der Karolingerzeit zum Stillstand gekommene Tradition der christlichen Schriftstellerkataloge nahm Honorius, wie kurz vor ihm Sigebert von Gembloux († 1115), auf mit dem Werk ‹De luminaribus ecclesiae›; während er in den ersten Büchern auf Hieronymus, Gennadius und Isidor fußt, gibt er schon im dritten Buch Zusätze aus eigener Literaturkenntnis

[66] Y. Lefèvre, L'Elucidarium et les Lucidaires, 1954; P. Rousset, A propos de l'Elucidarius d'Honorius Augustodunensis quelques problèmes d'histoire ecclesiastique (Zeitschr. f. schweiz. KG 52) 1958, 223ff.

[67] Neu hg. v. P. Lucentini (temi e testi 27) 1974.

und wird im vierten ganz selbständig; im letzten Kapitel unterrichtet er über seine eigenen zahlreichen Schriften. – Man kann das literarische Werk des Honorius heute noch schwer überblicken. So viel aber steht fest: seine Originalität geht nicht allzu weit, und er steht dem Alten näher als dem Neuen. Aber er besaß die Gabe, das Wissen seiner Zeit klar und verständlich darzustellen, ohne Schwulst, überlegen und doch etwas populär in der sprachlichen Form, und so hat er die mittelalterliche Welt weit über seine Zeit hinaus stark beeinflußt.

Honorius war noch am Leben oder doch nicht sehr lange verstorben, als im Regensburger Schottenkloster St. Jakob ein irischer Mönch namens Marcus erschien, der wahrscheinlich über Clairvaux nach Bayern gekommen war. Bald nach seiner Ankunft 1148/49, verfaßte er auf Veranlassung der Äbtissin Gisela vom benachbarten St. Paul (Mittelmünster) einen der stärksten und großartigsten Visionsberichte, die das Mittelalter hervorgebracht hat: die Visio Tnugdali. Marcus hat die Erzählung des jungen irischen Ritters Tnugdal (Tungdal, Tnungdal u. ä.), der wenige Jahre zuvor in einem Zustand dreitägiger Entrücktheit eine Wanderung durch das Jenseits erlebt, die Traurigkeit und Qual der Hölle erfahren und die Wonnen des Paradieses geschaut hatte, wohl mit einfachen Mitteln literarisch gestaltet, aber, wie er versichert, in allem Einzelnen der Wahrheit getreu wiedergegeben, und er tut das mit so unmittelbar wirkender Eindringlichkeit, daß man sich beinahe zu der Vermutung gedrängt fühlt, jener in allen ritterlichen Künsten gebildete, doch ganz im Diesseitigen aufgehende Tnugdal, der dann unter dem Eindruck des Visionserlebnisses die Welt verließ, sei kein anderer als er, Marcus, selber gewesen. Das Werk hat dem Mittelalter viel gegeben; die große Zahl noch erhaltener Handschriften, Auszüge selbst in so weitverbreiteten und vielbenützten Werken wie der Enzyklopädie des Vinzenz von Beauvais (um 1250) oder der Summa historialis des Antoninus von Florenz (gest. 1459) und Übersetzungen in die meisten europäischen Volkssprachen (schon im 13. Jahrhundert eine deutsche Versbearbeitung) bezeugen die ungewöhnliche Wirkung der Visio Tnugdali.[68]

Ein kulturelles Zentrum von hohem Rang erwächst in dem 1109 gegründeten Benediktinerkloster *Prüfening* bei Regensburg. In seiner reichen Bibliothek, die bereits um die Mitte des Jahrhunderts neben einer stattlichen Reihe patristischer und frühmittelalterlicher, aber auch profanantiker Literatur eine bemerkenswerte Zahl von Werken Anselms von Canterbury, Hugos von St. Victor, des Petrus Lombardus, des Ivo von Chartres und anderer moderner Autoren besaß,[69] spiegelt sich die glückliche Verbindung traditionellen Bildungsgutes mit dem geistigen Leben der Zeit. Man glaubt in dem Bibliothekar Wolfger (s. o. 559f.) den ersten Schriftsteller des Klosters sehen zu dürfen, dessen Wirkungszeit unter die Regierung des Abtes Erbo (1136–1146) fällt. Vielleicht ist Wolfger auch der Verfasser eines vielbeachteten

[68] Ausg. d. lat. Textes u. d. dt. Versbearbeitung des Albert von A. Wagner, Visio Tnugdali, Erlangen 1882; Herrad Spilling, Die Visio Tnugdali (Münchener Beitrr. z. Mediävistik u. Renaissance-Forsch. 21) 1975.

[69] Ineichen-Eder (s. o. 589 Anm. 30) 421–427.

Schriftstellerkatalogs, der als ‹Anonymus Mellicensis›[70] unter den literaturkundlichen und literarhistorischen Arbeiten des Mittelalters wegen seines reichen Inhalts und der Zuverlässigkeit des Verfassers, der über die Benützung älterer Schriften ‹De viris illustribus› hinaus wertvolle Nachrichten aus eigener Kenntnis beigesteuert hat, eine bedeutende Stellung einnimmt.

Das literarische Gesicht des zwölften Jahrhunderts unterscheidet sich von dem der vorausgehenden Zeit nicht nur durch die größere Mannigfaltigkeit der behandelten Gegenstände, sondern auch dadurch, daß nunmehr die einzelnen Schriftsteller vielfach weniger eng an die geistige Tradition einer bestimmten Stätte gebunden erscheinen und ihre Individualität stärker hervortritt. Die Aufrüttelung der Geister durch den Investiturstreit und die anderen geistigen Bewegungen des späteren elften Jahrhunderts, das Heraustreten der Literatur aus der Enge der Studierstube haben zu dieser Entwicklung wesentlich beigetragen. Dazu kommt, daß neben den Benediktinern als den bisher vornehmlichsten Trägern der lateinischen Kultur auch andere Orden und der Weltklerus sich stärker am literarischen Schaffen beteiligen. Ein typischer und hervorragender Vertreter dieser Entwicklung ist der Augustinerchorherr *Gerhoh von Reichersberg* (1093/94–1169, s. o. 570ff.). Der tüchtige Theologe und gewandte Schriftsteller, der leidenschaftlich Anteil nahm an den erregenden Fragen der Zeit und die kirchlichen Strömungen in Bayern mit kritischer Selbständigkeit zu lenken suchte, begann sein reiches literarisches Schaffen[71] mit dem Werk ‹De edificio Dei›, in dem er die Entwicklung der Kirche unter der Herrschaft der Kaiser darstellte und ein ausführliches Reformprogramm entwarf. Die Kirche, wie sie sein soll, erscheint unter dem Bilde des Gotteshauses, das auf der Grundlage der Bibel entworfen und mit Hilfe patristischer Werke, hagiographischer Schriften und kirchenrechtlicher Quellen ausgestaltet wird, wobei Gerhoh immer wieder auf die Verhältnisse des elften und zwölften Jahrhunderts Bezug nimmt. Das Anliegen der Reform vertrat er auch in einer Reihe von Einzelschriften über Säkular- und Regularkanoniker, gegen Simonie, Schisma und Häresie, und mehrfach äußerte er seine eigenwilligen, extremen Anschauungen in Fragen der Christologie. Wie viele seiner Zeitgenossen hielt er die Endzeit für gekommen; so suchte er in seinem 1161/62 begonnenen, kulturhistorisch aufschlußreichen Hauptwerk ‹De investigatione Antichristi› zu erweisen, daß die Tage des Antichrist schon angebrochen seien; zu den Greueln, wie sie Apokalypse und Daniel schildern, rechnet er auch das geistliche Schauspiel. Sein großer Psalmenkommentar, der besonders durch die eingehende Auslegung von Psalm 64 auffällt und Theologisches mit heilsgeschichtlichen und zeitkritischen Gedanken verquickt, gehört in die Nähe der «politischen» Exegese, wie sie von manchen Schriftstellern der Zeit des Investiturstreites, Anhängern der gregorianischen Seite, gepflegt worden war, und noch in seinem letzten Werk ‹De quarta vigilia noctis› bewegt den alten Streiter die Lage der Kirche und des Reiches.

[70] E. Ettlinger, Der sog. Anonymus Mellicensis ‹de scriptoribus ecclesiasticis›, Diss. Straßburg 1896; P. Lehmann, Erforschung d. MA I, 1943, 84; H. v. Fichtenau, Wolfger von Prüfening (MIÖG 51) 1937, 343ff.

[71] Quellen u. Literatur s. o. 571 Anm. 215.

Wie bei Gerhoh von Reichersberg, wenngleich in anderer Weise, verbinden sich Geschichtsbetrachtung und theologisches Verstehen im Werk seines Zeitgenossen *Otto von Freising*[72] (s. o. 565 ff.), mit dem die mittelalterliche Geschichtsphilosophie wohl ihren absoluten Höhepunkt erreicht. Mit Bedacht wählt er in der Chronik aus seinen zahlreichen Quellen, was sich dem Grundgedanken einfügt; in klarer und gepflegter Rede formuliert er seine Gedanken; gern benutzt er antike Autoren, aber er putzt sich nicht mit fremden Federn; er hascht nicht nach Originalität und bleibt doch immer selbständig. Die ‹Gesta Friderici› bestechen durch ihre ruhige und sachlich wirkende Darstellung, durch klare Form und geschliffene Sprache; meisterhaft versteht es der Verfasser, durch scheinbar beiläufige Andeutungen dem Leser ein Charakterbild der behandelten Personen zu vermitteln.

Für ein paar Jahre, bis 1160, wurden die ‹Gesta› weitergeführt von Ottos klugem und gebildetem Notar *Rahewin*. Ein gewissenhafter Biograph, meidet Rahewin doch das Kleine und Anedekdotische; seiner Beschränkung auf den Versuch großzügigen Charakterisierens ist das Muster Einhards anzusehen. Er schildert anschaulich und schreibt sehr gewandt, erreicht jedoch nicht die Tiefe seines Meisters. Außer der historischen und – wenn ein ‹Dialogus de pontificatu sanctae Romanae ecclesiae›[73] von ihm stammt – publizistischen Prosa behandelte Rahewin in poetischer Form theologisch-biblische Gegenstände, in einem stark mythologisch gehaltenen Gedicht die Theogonie und in einem weiteren die Lasten des Hofdienstes (‹Apologeticum›);[74] in die ‹Gesta Friderici› legte er ein hexametrisches Epitaphium und einen besonders Ottos Verdienste um die Bildung feiernden Nachruf in Vagantenzeilen ein. Seine bedeutendste poetische Leistung aber sind die ‹Versus de vita Theophili›,[75] eine der zahlreichen Bearbeitungen des im neunten Jahrhundert dem Abendland bekanntgewordenen Legendenstoffes, aus dem schließlich die mittelalterliche Faustsage erwachsen ist. Rahewin schließt sich eng an die Übersetzung des Paulus von Neapel an; die hochentwickelte poetische Technik des Autors, der sich mit Gewandtheit zahlreicher Arten gereimter Hexameter bedient, zeigt den Einfluß der französischen Schule.

Eine wiederholt erörterte Frage der Literaturgeschichte wäre gelöst, wenn sich bestätigte, daß Abt Rupert I. von Tegernsee († 1186) jener ‹Metellus› ist, der bald nach 1160 eine umfangreiche hagiographische Dichtung zu Ehren des Tegernseer Klosterpatrons, die *‹Quirinalia›*, verfaßte.[76] In einem sechsteiligen Zyklus von 106 Gedichten erzählt der Autor das Leben und das Martyrium des hl. Quirinus, die Übertragung der Reliquien nach Tegernsee sowie eine Reihe von Wundern und geht

[72] Otto, der während seiner Studienzeit in Frankreich die Blüte der Frühscholastik erlebt hatte, hat bei der Übernahme des Bistums Freising nicht, wie meist angenommen wird, den «neuen Aristoteles» nach Deutschland verpflanzt oder die scholastische Wissenschaft an seiner Domschule eingeführt; seine Bemühungen um das geistige Leben galten vielmehr der Wiederaufnahme der traditionellen Studien.

[73] Ed. H. Boehmer (MGH Lib. de Lite 3) 1897, 528–546.

[74] Unvollst. hg. von W. Wattenbach (SB München) 1873, 687–691.

[75] W. Meyer, Rahewin's Gedicht über Theophilus u. die Arten der gereimten Hexameter (SB München) 1873 = Ges. Abh. z. mittellat. Rhythmik I, 1905, 59–135.

[76] Ältere Teilausgabe überholt durch P. C. Jacobsen, Die Quirinalia d. Metellus v. Tegernsee, 1965.

schließlich auf die Verhältnisse des Klosters in seiner Zeit ein. Das Merkwürdige an dem Werk liegt nicht in der Tendenz, die gelegentlich mit dem Hagiographischen verbunden wird, was auch sonst vorkommt, sondern in der Form des Zyklus, den man geradezu eine geistliche Parodie auf antike Dichtungen nennen könnte. Bemerkenswert ist dabei vor allem, daß die Mehrzahl der 70 ‹Odae Quirinalium› (Teil I–IV) den im Mittelalter außerordentlich seltenen Oden des Horaz nachgebildet ist; die ‹Bucolica Quirinalium› des fünften Teiles haben die Eclogen Vergils zum Vorbild, während der letzte Teil unter Verwendung verschiedener, z. T. sehr künstlicher Hexameterformen freier gestaltet ist. Nicht ohne Geschick versucht der Autor hier die Erzählung zu dramatisieren; aufs Ganze gesehen freilich überwiegt doch die formale Kunst den poetischen Gehalt. Formale Gründe vor allem sprechen dafür, daß dem ‹Metellus› auch eine (noch ungedruckte) ‹Historia Hierosolimitana› in gereimten Hexametern gehört, die eine Versifizierung der zwischen 1112 und 1118 entstandenen, weit verbreiteten Kreuzzugsgeschichte des Robert von St. Remi darstellt.[77]

Ein Werk wie das des Metellus setzt eine vorzügliche Schulbildung und eine tüchtige Kenntnis der Dichtung, zumal auch der antiken, voraus. Wie es mit solchen Studien damals in Tegernsee bestellt war, lehren neben Schulhandschriften auch zwei der umfangreichsten Sammlungen sogenannter ‹Accessus ad auctores›: literarhistorische Einleitungen zu Schulschriftstellern und ihren Werken, die z. T. nach antiken Quellen, Scholien und dergleichen über das Leben des Schriftstellers, den Inhalt und Charakter der Werke unterrichten, auf alte Tradition zurückgehen und als Vorläufer unserer Literaturgeschichten anzusehen sind. Gerade die Tegernseer ‹Accessus› haben Anlaß gegeben, sich mit dieser Art mittelalterliche Literaturbetrachtung und -behandlung zu beschäftigen.[78]

Ein Jahrhundert nach Williram von Ebersberg nahm *Wilhelm von Weyarn* (Guilelmus de Vivaria), wahrscheinlich der erste Propst des im Jahre 1133 gegründeten Augustinerchorherrnstiftes, die Hoheliederklärung in poetischer Form wieder auf. Sein ‹Carmen ad gratiam dilectae dilecti›[79] (2200 leoninische Distichen in sieben Büchern) schließt sich eng an die Auslegung des Hohenliedes durch Rupert von Deutz an. Es gehört wohl zu der vom Autor beabsichtigten Form des Werkes, daß die von ihm poetisch bearbeiteten Stellen aus Ruperts Kommentar neben den betreffenden Versen stehen; sie sind in den beiden nahe an die Zeit des Verfassers heranreichenden Münchener Handschriften in überaus zierlichen Schriftfiguren angeordnet. Williram mag im Formalen anregend gewirkt haben; die Verbreitung und Beliebtheit seines Vorgängers hat Wilhelm bei weitem nicht erreicht.

Den wertvollsten Beitrag zur lateinischen Kultur des zwölften Jahrhunderts hat Bayern im *geistlichen Schauspiel*[80] geliefert. Von den größeren selbständigen Lei-

[77] Zuletzt P. C. JACOBSEN (Festschr. f. K. Langosch z. 70. Geb.) 1973, 142–172.

[78] R. B. C. HUYGENS, Accessus ad auctores, Bernhard d'Utrecht, Conrad d'Hirsau, 1970; E. A. QUAIN, The medieval Accessus ad auctores (Traditio 3) 1945, 215–264; G. GLAUCHE, Schullektüre im Mittelalter (Münchener Beitrr. z. Mediävistik und Renaissance-Forsch. 5) 1970.

[79] B. PEZ, Thesaurus anecdotorum VI 2, 1729, 59f. (nur Prolog und Epiloge zum Text). BISCHOFF (VL IV) 1953, 984f.; F. OHLY, Hoheliedstudien, 1958, 233 u. ö.

[80] YOUNG (s. o. 597 Anm. 52) I/II, 1933.

stungen, die das Mittelalter auf dem Gebiet des geistlichen Dramas hervorgebracht hat, sind wohl die meisten in Bayern entstanden. Aus den älteren Spielen des Weihnachtskreises, dem Ordo pastorum, dem Officium stellae und dem Ordo Rachelis, hat im zwölften Jahrhundert ein unbekannter Dichter ein großes Weihnachtsspiel geschaffen, das sich in Benediktbeuern, in der Handschrift der Carmina Burana, erhalten hat. Zur Belebung der Handlung und zur Andeutung seelischer Zustände führt der Dichter die Gestalt des Teufels ein; er verrät dramatisches Geschick, zeigt Gewandtheit in der sprachlichen Formulierung und eine vorzügliche Schulbildung. Ebenfalls zum Weihnachtskreis gehört der ‹Ludus de rege Egipti›, den dieselbe Handschrift überliefert. Er bietet die Dramatisierung einer Legende, die sich im apokryphen Kindheitsevangelium, dem ‹Liber de infantia salvatoris› des Pseudo-Matthaeus findet und den Sturz der heidnischen Götterbilder bei der Ankunft des Jesuskindes berichtet. Die Heiden werden hier dadurch charakterisiert, daß sie Lieder mit mythologischem Beiwerk singen. Während von den beiden Benediktbeurer Osterspielen das kleinere fast nur aus aneinandergereihten Evangelienstellen besteht, sind in dem großen ‹Ludus immo exemplum dominice resurrectionis› ähnlich wie im Weihnachtsspiel die verschiedenen älteren Stücke zu einem Drama von neun Szenen vereinigt. Die Bezeichnung des Spieles als ‹exemplum› deutet es als eine lehrhafte Erzählung, wie man solche in Predigten zur Verdeutlichung, aber auch zur unterhaltsamen Auflockerung einzufügen pflegte. Weniger selbständig ist das ‹Exemplum apparicionis domini discipulis suis iuxta castellum Emaus›, ein Emausspiel, das vornehmlich aus Antiphonen und Responsorien gebildet wird und die Erscheinung Christi nach Lucas 24, 13–40 und Johannes 20, 19–21, 14 schildert. Zweifellos das eindrucksvollste all dieser Spiele ist die große Benediktbeurer Passion. Hier wird der liturgische Raum eindeutig verlassen. Da erscheint Maria Magdalena, deren Rolle besonders lebendig gestaltet ist, beim Salbenkauf in der berühmten Krämerszene, wir hören sie ihr Lied in deutscher Sprache singen, mit dem sie die jungen Männer zur Liebe lockt; ihre Reue wird dargestellt, die Auferweckung des Lazarus, der Verrat des Judas und die weiteren Geschehnisse bis zur Grablegung des Herrn.

Zeugnisse für eine eigenartige Entwicklung des geistlichen Schauspiels besitzen wir aus Regensburg vom Ende des zwölften Jahrhunderts. Im Notizbuch des Kanonikers Hugo von Lerchenfeld[81] sind Bruchstücke von drei geistlichen Spielen enthalten: eines Weihnachtsspieles, eines vom Richter Gedeon, eines von der Liebe des geistlichen Salomon zur Ecclesia. Weist schon das Weihnachtsspiel, soweit die Bruchstücke ein Urteil erlauben, über das Unvermeidliche hinaus keine Berührung mit anderen derartigen Spielen auf, so haben wir für ein Gedeonspiel sonst nur eine Erwähnung eines Mysteriums aus Avignon vom Jahre 1477, das Hohelied aber scheint sonst überhaupt nicht dramatisch gestaltet worden zu sein.

Käme Bayern schon durch diesen Reichtum an dramatischen Denkmälern eine führende Stellung in der Geschichte des Schauspiels zu, so ist es auch die Heimat des

[81] Bischoff, Regensburger Beitrr. (s. o. 597 Anm. 53) 509–522 u. Mittelalterl. Studien II, 1967, 156ff.

großartigsten lateinischen Dramas aus dem Mittelalter überhaupt. Eine Tegernseer Handschrift hat den *‹Ludus de Antichristo›*[82] überliefert, und vielleicht ist auch der Dichter in Tegernsee zu suchen. Vom Endkaiser handelt das Spiel, der die universale Monarchie erkämpft, um dann in Demut seine Krone Christus zu weihen; vom Antichrist, der gegen den Kaiser kämpft, sich Volk um Volk unterwirft, dann aber, wie alle Welt ihm huldigend zu Füßen liegt, in einem Donnerschlag herabstürzt. Klar und gemessenen Schrittes, in monumentaler Wucht vollzieht sich das Geschehen. Der Dichter hat alles Wesentliche aus der Überlieferung übernommen, wie sie zuletzt im zehnten Jahrhundert der Mönch Adso von Montier-en-Der niedergeschrieben hatte. Was sachlich darüber hinausgeht, sind Anspielungen auf Zeitverhältnisse: nationale Eigenschaften, politische Zustände, wie die Spannung zwischen dem Kaiser und Frankreich, der Kreuzzugsgedanke. Aber das Politische – etwa die unverkennbar «deutsche» Gesinnung des Dichters und die Beziehung des Kaisers auf Friedrich Barbarossa – tritt doch so zuchtvoll in Erscheinung, daß der apokalyptische Charakter des Spieles unangetastet bleibt. In gepflegter, doch einfacher Sprache, in kunstvollen, doch durchsichtigen rhythmischen Formen hat der Dichter im Verlaufe von Jahrhunderten gewachsene eschatologische Vorstellungen zu einem von Anfang bis Ende klar und mit zwingender Folgerichtigkeit ablaufenden Drama von geradezu liturgischer Feierlichkeit gestaltet und damit ein Werk von überzeitlichem Rang geschaffen, das zu den großen Werken der dramatischen Weltliteratur gerechnet werden muß.

Von den vorhin genannten geistlichen Spielen ist ein Teil allein überliefert in der berühmten Handschrift der *Carmina Burana,* die im Jahre 1803 bei der Säkularisation der bayerischen Klosterbibliotheken vom Freiherrn Christoph von Aretin in Benediktbeuern gefunden wurde und seither zu den kostbarsten Schätzen der Bayerischen Staatsbibliothek in München gehört (clm 4660).[83] Als Buchtyp vergleichbar den großen mittelhochdeutschen Sammelhandschriften, wie der Heidelberger Liederhandschrift, der Manesseschen Handschrift und dergleichen, enthält der Codex unter anderem die reichhaltigste Sammlung vorwiegend lateinischer weltlicher Dichtung des Mittelalters. Geschrieben ist er im ersten Drittel des dreizehnten Jahrhunderts im Bayerischen, vielleicht in Kärnten – der Ort der Entstehung ist unbekannt – nicht als «Textbuch eines Vaganten», sondern im Auftrag eines Liebhabers der Dichtung, als Anthologie. In der überwiegenden Mehrzahl gehören die Gedichte ins (elfte und) zwölfte Jahrhundert, die Sammlung spiegelt die ganze Buntheit der mittelalterlichen lateinischen Dichtung und ihrer Formen in der Blütezeit wider: frisch und keck, voll zarter Empfindung, dann wieder derb sinnlich, satirisch und parodistisch, naturver-

[82] W. MEYER, Der Ludus de Antichristo u. über die lat. Rhythmen (SB München) 1882 = Ges. Abh. I, 1905, 136–339; mit dt. Übersetzung bei K. LANGOSCH, Geistliche Spiele, Darmstadt o.J., 181–239; Neuausgabe von B. BISCHOFF in Vorbereitung.

[83] J. A. SCHMELLER, Carmina Burana (Bibl. d. lit. Vereins in Stuttg. XVI) 1847. Ergänzend W. MEYER, Fragmenta Burana, 1901. Krit. Ausgabe m. Kommentar: A. HILKA-O. SCHUMANN – B. BISCHOFF, Carmina Burana, 1931 ff., Kommentar bisher nur zu I, 1. In Auswahl übersetzt von Ludw. LAISTNER hg. von E. BROST, Heidelberg 1961; s. u. 663.

bunden, aber oft schulmäßig, auf dem Boden des Christentums stehend oder in antiker Mythologie sich ergehend, so zeigen sich die Dichter. Im großen und ganzen ist eine sachliche Ordnung befolgt: moralisch-satirische Gedichte, Liebes- und Trinklieder, geistliche Spiele; eingesprengt finden sich auch Spruchgedichte und einiges Antike, auch ein paar deutsche Gedichte sind darunter. Wie in solchen Sammlungen üblich, bleiben die Dichter ungenannt, die Mehrzahl gehört nach Frankreich. Unter den bekannten Dichtern erscheinen Walther von Chatillon, Philipp der Kanzler, Petrus von Blois, der Archipoeta; im übrigen lassen sich einstweilen nur einzelne Gruppen von Gedichten als Werke eines Dichters zusammenfassen.

Als die Handschrift der Carmina Burana geschrieben wurde, war die Zeit der weltlichen lateinischen Lyrik bereits vorüber. Aber auch sonst hatte sich im lateinischen Schrifttum seit dem Ausgang des zwölften Jahrhunderts ein tiefgreifender Wandel vollzogen. Auf weiten Gebieten der Literatur, zumal der Dichtung, hatte das Latein den Volkssprachen den Vorrang eingeräumt, nur im Bereich der geistlichen Poesie und des wissenschaftlichen Schrifttums blieb seine Herrschaft unbestritten. Dieses aber wird nunmehr vorwiegend von den Universitäten bestimmt.

Wer in der lateinischen Literatur, die Bayern im Mittelalter hervorgebracht hat, «Bayerisches» sucht, wird solches nicht in den großen Schöpfungen finden, an denen es nicht fehlt: die lateinische Literatur des Mittelalters ist keine Stammes- und keine Nationalliteratur gewesen. Vielleicht ist nicht einmal der Anteil Bayerns an der Entwicklung des geistlichen Spiels so bezeichnend, wenn er auch durch die eingeborene Schauspielfreudigkeit bedeutend gefördert sein mag. Das Charakteristische scheint vielmehr in der Art des geistig-literarischen Lebens als solchen zu liegen: in der von Anfang zutage tretenden Offenheit gegenüber kulturellen Anregungen aus den verschiedensten Richtungen, die unter anderem dazu geführt hat, daß der Stamm an der Grenze der abendländischen Welt als erster im Gebiet des heutigen Deutschland die Aneignung der lateinischen Bildung durch eigene literarische Produktion erwies; in der zähen Energie, mit der selbst nach der furchtbaren Zäsur der Ungarnstürme das geistige Leben sich alsbald erneuerte – mit Hilfe, aber ohne Anstoß von außen; in der Dichte und Stetigkeit der geistig-literarischen Studien, die sich neben der kontinuierlichen schriftstellerischen Tätigkeit in dem ungewöhnlichen Reichtum an Büchern zahlreicher Bildungsstätten aus allen Jahrhunderten des Mittelalters noch heute greifen läßt: Zeugnissen der Kultur eines Stammes, die sich nicht an der Brillanz des Einzelnen, Einmaligen bemißt, sondern ihren wesentlichen Ausdruck findet in der stillen Selbstverständlichkeit des Geistigen.

§ 39. DIE ALTHOCHDEUTSCHE LITERATUR

VL; RL (vgl. etwa die Artikel Ahd. Lit., Beichtformeln, Glossen, Heldendichtung u. a.); Ehrismann I; Baesecke; J. K. Bostock, A Handbook on Old High German Literature, Oxford 1955; W. Schröder, Grenzen u. Möglichkeiten einer ahd. Literaturgesch. (Ber. d. Sächs. Akad. d. Wiss., phil.-hist. Kl. 105, 2) 1959; de Boor I; E. Erb, Gesch. d. deutschen Lit. v. d. Anfängen bis z. Gegenwart. I: bis 1160, 1963 f.; Sonderegger-Burger, Ahd.

Lit. (Kz. Grundriß d. germ. Phil. bis 1500, 2) 1971, 326–383; D. J. PONERT, Deutsch u. Latein in d. dt. Lit. u. Gesch.schreibg d. MA (Stud. z. Poetik u. Gesch. d. Lit. 43) 1975. – A. HEUSLER, Deutsche Versgesch., 3 Bde., 1925/29; W. Hoffmann, Altdeutsche Metrik (Slg. Metzler 64) 1967; BISCHOFF; Ders., Paläograph. Fragen dt. Denkmäler d. Karolingerzeit (Frühmittelalterl. Stud. 5) 1971, 101–134; MAURER-RUPP, Deutsche Wortgesch., 2 Bde., 1974[3] (in I die einschlägigen Beiträge von WEISWEILER u. BETZ); H. EGGERS, Deutsche Sprachgesch. I: Das Althochdeutsche (rowohlts deutsche enzyklopädie 185/186) 1963; S. SONDEREGGER, Grundzüge deutscher Sprachgesch. I, 1979. – *Texte:* Gl.; MSD (reiche Anmerkungen, textlich überholt); Lb (enthält fast alle wichtigen Texte, wenigstens in Proben); dazu Schrifttafeln zum ahd. Lb., hg. v. H. FISCHER, 1966; StD (grundlegende Textausgabe). – *Anthologien* mit Übersetzungen: WOLFSKEHL-V. d. LEYEN, Älteste deutsche Dichtungen, 1909; W. BURKHARD, Schriftwerke deutscher Sprache, 1961[5]; H. D. SCHLOSSER, Ahd. Lit. (Fischer Bücherei 6036) 1970.

Die Anmerkungen beschränken sich im allgemeinen darauf, den jeweiligen Textabdruck sowie jüngste Literatur nachzuweisen. Bibliographien und Forschungsberichte: H. KRATZ, Frühes MA. Vor- u. Frühgesch. d. dt. Schrifttums (HB. d. dt. Lit.gesch., 2. Abt. Bibliographien 1) 1970; H. RUPP, Forsch. z. ahd. Lit. 1945–1962 (DVjschr. LG 38, Sonderheft) 1964, 1*–67*; GROSECLOSE–MURDOCH, Die ahd. poet. Denkmäler (Slg. Metzler 140) 1976.

Wenn wir von althochdeutscher (ahd.) Literatur sprechen, sind drei grundsätzliche Einschränkungen angebracht.[1]

Neben den in deutscher Sprache überlieferten Denkmälern hat es eine germanisch-ahd. Dichtung in mündlicher Überlieferung gegeben.[2] Der überwiegende Teil dieser Dichtung ist verlorengegangen. Manches läßt sich erschließen; aber solche erschlossene Dichtungen helfen nicht darüber hinweg, daß dieser Teil ahd. Dichtung, von wenigen Trümmern abgesehen, für uns stumm bleibt. Wir beschränken uns hier auf die schriftlich überlieferten Denkmäler, sind uns aber bewußt, daß, durch die besondere Art der Überlieferung bedingt, unser Bild einseitig wird: das einer rein kirchlichen, an die Klosterschreibstube gebundenen Literatur. Aber das Heraufkommen aller volkssprachlichen Literaturen des Mittelalters war eben aufs engste mit der Bekehrung zum Christentum verbunden. Schreiben war Privileg der Klöster, ihre Schulen sicherten die Kontinuität literarischer Bildung von der Antike zum Mittelalter; soweit Literatur an Schreiben gebunden ist, war sie überhaupt nur hier möglich. Und so sehr hier auch das Lateinische vorherrschte, so erfolgte langsam und in vielen tastenden Anfängen doch in eben diesen Klöstern der Schritt zur Muttersprache.

Eine durchgehende literarische Kontinuität des deutschen Schrifttums hat es in ahd. Zeit noch nicht gegeben. Noch war alles Anfang, noch hatte jeder das Gefühl, mit seinen Versuchen allein zu stehen, noch bedienten sich die begabten und gebildeten Deutschen überwiegend des Lateins. Wohl sehen wir da und dort Ansätze zu einer gewissen Schul- und Traditionsbildung (im Kloster Fulda vor allem, auch wenn

[1] Zum folgenden W. SCHRÖDER, Grenzen u. Möglichkeiten einer ahd. Literaturgesch., 1959, vor allem eine kritische Prüfung von BAESECKES Grundkonzeptionen. Anders K. K. KLEIN, Die Anfänge d. dt. Lit. (Veröff. d. Südostdt. Kulturwerks 3) 1954.

[2] K. HAUCK, Mittellat. Lit. (W. Stammler, Deutsche Philologie im Aufriß II) 1960[2], 2555–2624, bes. 2562ff., 2604; zu Bischof Gunther von Bamberg VL V 317f.; Hugo KUHN, Zur Typologie mündl. Sprachdenkmäler (H. K., Text u. Theorie) 1969, 10–27.

Baeseckes Bild in Einzelheiten nicht haltbar ist;[3] in Bayern ist es Freising), wohl kann man hinter dem Heliand wie hinter der Evangelienharmonie des Weißenburger Mönches Otfrid ein «national-(ost)fränkisches» kulturpolitisches Konzept König Ludwigs des Deutschen vermuten.[4] Zu echter literarischer Kontinuität wachsen diese Ansätze aber dennoch nirgends heran.

Da der Umfang des ahd. Sprachmaterials relativ bescheiden ist, ist der Sprachgeschichte jedes Wort teuer. Auch in der ahd. Literaturgeschichte ist es üblich, jedes erhaltene Stück Text zu berücksichtigen. Wir haben es dann aber nicht nur mit Dichtung, sondern auch mit Denkmälern zu tun, die nicht «Literatur» im üblichen Sinn sind: mit Glossaren, Interlinearübersetzungen, Gebrauchsformeln für den kirchlichen Alltag u. ä. Diese oft noch unbeholfenen Versuche, deutsch zu schreiben, verlieren nichts von ihrem kulturgeschichtlichen Wert, wenn man ihnen literarischen Rang abspricht; den haben sie nie angestrebt. Diese Zeugnisse geben uns Einblick in die Geschichte der deutschen Bildung, sie lassen uns erkennen, wie die Dialekte germanischer Stämme zu einer europäischen Kultursprache herangebildet wurden, der sich Gebiete öffneten, die bis dahin ausschließlich dem offiziellen Latein der Kirche vorbehalten waren; sie zeigen, welche Rolle in diesem Prozeß die literarische Kultur der Spätantike spielte. Aber für die Literaturgeschichte im eigentlichen Sinn geben sie nichts her. Eine Geschichte der ahd. Sprachdenkmäler ist also zu einem guten Teil Bildungsgeschichte, nicht Literaturgeschichte. Bewußt hat sich E. v. Steinmeyer bei seiner Glossenarbeit auf dieses Ziel beschränkt.[5]

a) *Die agilolfingische und karolingische Zeit*

Seit Wilhelm Scherer ist es üblich, hinter dem Einsetzen des Deutschschreibens Ende des achten Jahrhunderts Einfluß und Auftrag Karls des Großen zu sehen, die Entstehung bestimmter Texte mit bestimmten Kapitularien zu verbinden (z. B. mit der Admonitio generalis von 789).[6] Gegen eine so enge Abhängigkeit ahd. Denkmäler von Karls kirchenpolitischen Gesetzen spricht aber einmal, daß die ahd. Literatur, auch die kirchliche Gebrauchsliteratur, nach der Synode von Inden (817), auf der Ludwig der Fromme die Bemühungen um eine deutsche Kirchensprache ausdrücklich verworfen hatte, keineswegs aufhörte; im Gegenteil, der größte Teil der karolingischen Literaturdenkmäler (darunter alle großen Texte wie Tatian, Heliand, Otfrid) ist nach 817 entstanden. Zum anderen wird die These, die ahd. Literatur sei durch

[3] I. Schröbler, Fulda u. die ahd. Lit. (Literaturwiss. Jb. NF 1) 1960, 1–26.

[4] W. Haubrichs, Eine prosopograph. Skizze zu Otfrid v. Weißenburg (W. Kleiber, Otfrid v. W., Wege d. Forsch. 419) 1978, 397–413 (mit weiterer Lit.).

[5] Gl 4, IX.

[6] Ausführliche Nachweise zu den einzelnen Texten in MSD. Auswahl einschlägiger Kapitularien Ehrismann I 291 ff., RL I 31 f., Naumann-Betz, Ahd. Elementarbuch, 1962³, 46 f. Am entschiedensten vertreten von Baesecke, weitgehend übernommen von De Boor; P. v. Polenz, Karlische Renaissance, Karlische Bildungsreformen u. die Anfänge d. deutschen Lit. (Mitt. d. Marburger Universitätsbundes) 1959, Heft 1/2, 27–39; dagegen Schröder (s. o. 608 Anm. 1), K. Hannemann (ZDPh 81) 1962, 96 ff. u. a.

Karl den Großen geschaffen worden, einfach durch die Tatsache widerlegt, daß vor allem im bayerischen Südosten Ansätze zu einer volkssprachlichen Schreib- und Literaturtradition schon vorher vorhanden sind. Neben dem unbestritten «vorkarlischen» Abrogans zeugt mit hoher Wahrscheinlichkeit auch die altbayerische Beichte für heimische Ansätze, die über Karls kulturpolitische Maßnahmen zurückreichen. Die Eigenständigkeit der bayerischen Ansätze ist unter der erheblich jüngeren karolingischen Überlieferung noch zu erkennen.

Weltliche Dichtung in germanischer Tradition. Von der verschollenen, weil mündlichen heroischen Dichtung der Germanen hat sich auf deutschem Boden ein einziges kostbares Denkmal erhalten: das *Hildebrandslied.*[7] Auf seinem Wanderweg von Oberitalien nach dem Norden (bis Norwegen und Island) ist die früheste deutlich greifbare Fassung eine bayerische. Die Entstehung des Liedes wird man einem langobardischen Dichter des 8. Jh. zuschreiben dürfen (wichtigstes Argument: die -brant-Namen).[8] Über die Langobarden gelangte gotisches Erbe nach Bayern. Die einzige erhaltene Fassung des Hildebrandsliedes entstand in der ersten Hälfte des neunten Jahrhunderts in Fulda, dem Missionszentrum der Angelsachsen.[9] Ihre sprachliche Form ist ein Unicum; hochdeutsch-bayerische Formen wechseln mit (orthographisch z. T. ungeschickt oder falsch wiedergegebenen) niederdeutschen. Will man sich mit der herkömmlichen Erklärung (auf halbem Wege steckengebliebene Umsetzung einer bayerischen Vorlage ins Altsächsische durch zwei hochdeutsche Schreiber) nicht zufrieden geben, so hat die Annahme gute Gründe für sich, wir hätten in der Fuldaer Aufzeichnung den (einzigen erhaltenen) Niederschlag einer archaisierenden «vorahd.» (dann freilich nicht bayerischen) Dichtersprache germanischer Tradition.[10] Das Hildebrandslied ist die älteste bekannte Gestaltung des u. a. durch persische, irische und russische Dichtungen bezeugten Motivs vom tragischen Vater-Sohn-Kampf, gleichzeitig freilich die am stärksten umgestaltende:[11] nicht der in der Ferne gezeugte Sohn sucht seinen Vater, sondern der Vater kehrt nach langem Exil heim, trifft auf den zu Hause gebliebenen Sohn und verliert ihn durch eigene Hand – eine um ihren Sinn gebrachte Heimkehr. Diese Fabel hat die gotische Dietrichsage als Hintergrund (und gibt gleichzeitig ältestes Zeugnis von ihr): Dietrichs Flucht aus Oberitalien (die gotische Sageninterpretation stellt die historischen Beziehungen zwischen Theoderich und Odoakar auf den Kopf!), sein Exil am Hunnenhof und schließlich die Heimkehr, die durch den Tod der Jungen um ihren Sinn gebracht wird (Rabenschlacht). Träger

[7] StD 1; Lb 28 (bis 1958[13] mit ausführlicher Bibliographie); H. v. d. KOLK, Das Hildebrandslied, 1967; U. SCHWAB, *arbeo laosa,* Philolog. Stud. z. HL (Basler Stud. z. dt. Spr. u. Lit. 45) 1972; F. NORMAN, Three Essays on the HL, ed. by A. T. Hatto, 1973; S. GUTENBRUNNER, Von Hildebrand u. Hadubrand, 1976.

[8] Der Versuch von W. KROGMANN, Das Hildebrandslied, 1959, die langobardische Urfassung zu rekonstruieren, ist freilich abzulehnen; vgl. auch G. BAESECKE, Das Hildebrandslied, 1945, 61.

[9] BISCHOFF, Pal. Fragen (s. o. 608) 112.

[10] D. R. MCLINTOCK, The Language of the HL (Oxford German Studies 1) 1966, 1–9.

[11] W. HOFFMANN, Das HL u. d. idg. Vater-Sohn-Kampf-Dichtungen (PBB Tüb. 92) 1970, 26–42; A. T. HATTO, On the excellence of the HL: a comparative study in dynamics (Mod. Lang. Rev. 68) 1973, 820–838.

der tragischen Vaterrolle ist Dietrichs Waffenmeister Hildebrand, in dessen Schicksal sich unerhört verdichtet die vergebliche Heimkehr Dietrichs abbildet, nicht als Kasus verletzter Kriegerehre, sondern als Generationen- und Rechtsproblem, vor dessen tragischer Unauflösbarkeit Hildebrand (wie der «arme Dietrich» des Nibelungenliedes) den «waltant got» zum Zeugen ruft.[12] Das Hildebrandslied ist eine Dichtung von hohem Rang. Der Handlungsablauf ist fast ganz auf Rede und Gegenrede verteilt, um so schärfer tritt die vom Sohn heftig zurückgewiesene Gebärde der Huldgabe des Vaters hervor (V. 33ff.). Da das Hildebrandslied das einzige kontinentalgermanische Heldenlied ist, bleibt der stilistische Vergleich mit anderen Texten der Gattung (z. B. mit den eddischen Liedern) problematisch. Immerhin läßt sich sagen, daß die Dichtung nach Form (Stabreimvers) und poetischem Stil eher jung ist, ein «Spätzeitwerk».[13] Neues wird erkennbar, der typisch heroische, starre Formel- und Wortschatz erscheint zurückgedrängt; man darf dahinter einen nicht nur bloß äußerlichen (Gottesanrufe!) christlichen Einfluß vermuten.[14]

Auf die reiche, aber vorwiegend jüngere Überlieferung der *Zaubersprüche*[15] kann hier nur kurz hingewiesen werden. Der Typus reicht weit zurück und lebt in letzten Resten mit nicht wesentlich veränderter Funktion bis in unsere Tage, außerhalb, unterhalb der literarischen Entwicklung stehend. Die erhaltenen Texte lassen zum größeren Teil Sinn für die Magie der Form bereits vermissen, viele Formeln sind in Prosa aufgelöst. Fast alle sind sie mehr oder weniger stark verchristlicht – doch ist gerade diese «Literaturgattung» dadurch innerlich weniger verändert worden als irgendeine andere: eine schwarze Kunst steht gegen die andere, nach Funktion und literarischem wie religiösem Rang grundsätzlich auf gleicher Stufe.

Von den bayerischen Stücken ist der Wurmsegen *Pro Nessia*[16] am bemerkenswertesten (nach G. Eis' überzeugender Deutung gegen den «Wurm» im Pferdebein; Tegernsee oder Salzburg, 10. Jh.,[17] auch in einer niederdeutschen Fassung überliefert). Klare Abfolge der imperativischen Formel (Geh aus, Wurm, vom Mark in die Ader, ins Fleisch, in die Haut, in den Strahl [im Pferdehuf]) und einfacher einstöckiger Bau erweisen das kleine Denkmal als hochaltertümlich. Alles andere ist der Form nach jünger. Der zweistöckige Bau herrscht vor (der epische Vorbericht nennt einen legendären Vorfall, nach dessen Muster – zweiter Teil – auch jetzt die Heilung sich vollzie-

[12] H. KUHN, Stoffgesch., Tragik u. formaler Aufbau im HL; Hildebrand, Dietrich v. Bern u. die Nibelungen (s. o. 608 Anm. 2) 1969, 113–140.

[13] Vgl. W. P. LEHMANN, Das Hildebrandslied: ein Spätzeitwerk (ZDPh 81) 1962, 24–29.

[14] I. REIFFENSTEIN, Zu Stil u. Aufbau d. Hildebrandsliedes (Sprachkunst als Weltgestaltung, Festschr. H. Seidler) 1966, 229 bis 254. Vgl. auch J. HENNIG, «Ik gihorta dat seggen», das Problem der Geschichtlichkeit im Lichte d. Hildebrandsliedes (DVjschr. LG 39) 1965, 489–505.

[15] StD 62–78; Lb 31; A. HEUSLER, Die altgerman. Dichtung, 1942², 56ff.; HUGO KUHN, (s. o. 608 Anm. 2) 17; G. EIS, Altdt. Zauberspr., 1964; I. HAMPP, Beschwörung, Segen, Gebet 1961; Dies., Vom Wesen d. Zaubers im Zauberspruch (Deutschunterricht 13) 1961, H. 1, 58–76.

[16] StD 67; Lb 31, 4; G. EIS, Der älteste deutsche Zauberspruch (Forsch. u. Fortschritte 30) 1956, 105–111, jetzt in EIS, Altdt. Zaubersp., 1964, 7–30.

[17] BISCHOFF, Pal. Fr. (s. o. 608) 126f.

hen möge), an die Stelle des Befehls ist die beschwörende Bitte getreten. Genannt seien der *Wiener Hundesegen* (10. Jh.), der ostfränkische *Bamberger Blutsegen* (12. Jh.), Beispiel einer verbreiteten Segensformel (die Beschwörung «steh Blut» beruft sich auf die Sage vom Stillstand des Jordans bei Christi Taufe),[18] und der älteste erhaltene *Hagelsegen* (Graz 12. Jh.).[19] Eine lange Reihe von jüngeren und jüngsten *Wurmsegen* hat mit dem alten Pro Nessia-Spruch formal wie inhaltlich nichts gemein.[20]

Glossen. Weder das Heldenlied noch der Zauberspruch sind spezifisch bayerisch. Daß das Hildebrandslied nach Bayern gelangte, zeugt von dem starken Eindruck der gotisch-langobardischen Dichtung auf die Bayern und von den Beziehungen zwischen beiden Völkern. Als bayerische Eigenleistung kann deshalb aber das Gedicht nicht gelten. Das erste wirklich bayerische Denkmal ist ein Ableger des spätantiken Glossenwesens, das in den oberitalienischen und südfranzösischen Schulen blühte. Wieder sind die Langobarden Mittler nach dem Norden. Das Glossieren in der Muttersprache war allerdings zuerst im Norden bei Iren und Angelsachsen aufgekommen. Beide Einflüsse kreuzen sich in Bayern. Der ahd. *Abrogans,*[21] das älteste ahd. Sprachdenkmal überhaupt, ist die interlineare Übersetzung eines Synonymenwörterbuchs des «geblümten» Stils. Die Übersetzung erfolgte wohl um 770 in Freising, wahrscheinlich von Bischof Arbeo angeregt und beaufsichtigt. Es ist gut denkbar, daß Arbeo, der aus Mais bei Meran stammte, in langobardischen Schulen ausgebildet wurde, und daß er von dort seine Neigung für den spätantiken Manierismus und auch den lateinischen Text des Abrogans mitbrachte (zahlreiche Romanismen erweisen italienische Herkunft der Vorlage).[22] Neben den langobardischen Beziehungen verdienen jedoch auch die insularen Einflüsse stärkere Beachtung; sie beschränken sich nicht auf paläographische Einzelheiten, die in Übereinstimmung mit der Freisinger Schreibtradition stünden. Als Vermittler mag man an den gelehrten Iren Bischof Virgil von Salzburg denken, dem Arbeo seine Vita Corbiniani gewidmet hatte und der mit Glossen gewiß vertraut war. Im Dienst des Deutschen steht das «erste deutsche Buch» allerdings noch nicht. Als lateinisch-deutsches Wörterbuch war es nach Wortschatz und Anlage kaum geeignet. Die Übersetzung sollte vielmehr lateinischen literarischen Ambitionen dienen, jene Sammlung seltener und preziöser Wörter leichter zugänglich machen. Der Abrogans ist also nach Herkunft wie Zweck vorkarlisch

[18] Nachweise MSD II³ 275f. Der Millstätter Blutsegen (MSD 47, 1) ist schwäbisch, vgl. H. MENHARDT, Der sog. Millstätter Blutsegen aus St. Blasien (ZDA 85) 1954/55, 197–202.

[19] F. WILHELM, Denkmäler deutscher Prosa d. 11. u. 12. Jhs., 1960², nr. 20.

[20] Vgl. noch E. GRABNER, Der «Wurm» als Krankheitsvorstellung (ZDPh 81) 1962, 224–240.

[21] Gl 1, 1–270. Früher nach dem vermeintlichen Verfasser, dem St. Galler Mönch Kero (Gero), fälschlich Keronisches Glossar genannt; der neue Name (seit Baesecke) folgt dem Brauch, Glossare nach ihrem ersten Stichwort zu bezeichnen. BAESECKE 101 ff.; W. WISSMANN, Zum Abrogans (Fragen u. Forsch. im Bereich u. Umkreis d. germ. Philologie, Festgabe Th. Frings) 1956, 80–113; Ders., Die Bildungen auf -lih von Partizipien u. d. Abrogans (Festgabe U. Pretzel) 1963, 308–315 (Hinweis auf engl. Spuren); J. SPLETT, Abrogans-Studien, 1976; Ders., VL² 12ff. Zu Arbeo: s. o. 523, 585; VL², 414–422.

[22] G. BAESECKE, Der deutsche Abrogans, 1930, 101f.

und zeigt, wie am Rande der fränkischen Herrschaft die Entwicklung auch ohne Karls Auftrag zum Deutschen führen konnte. Darin liegt der kulturgeschichtliche Aussagewert des Buches. Seine Überlieferung (Bodenseeklöster) zeugt von dem hohen Stellenwert des Glossars im Zusammenhang karolingischer Interessen. Vielleicht ist die beste (nicht die älteste) Handschrift Pa sogar in Regensburg (erste Hälfte des 9. Jh., im Umkreis Ludwigs des Deutschen?)[23] entstanden, wo man jedenfalls bereits um 790 eine straffende Umarbeitung zum lateinisch-deutschen Wörterbuch *(Samanunga worto)* hergestellt hatte.[24]

Auch das zweite vorkarlische ahd. Glossar ist ein weltliches Schulbuch: der Vocabularius Sancti Galli (deutsche Hermeneumata). Uns geht dieses Denkmal der angelsächsischen Kulturprovinz auf dem Festland an sich hier nichts an. Ein Überlieferungszweig, die *Kasseler Glossen* aus Fulda (Sachwörterbuch und Gesprächsbüchlein),[25] zeigt jedoch einen Bayern am Werk. Wie lebendig dem die Beziehungen zum Süden vor Augen standen, zeigt sich, wenn er «stultus» und «sapiens» durch einen Spottspruch auf die Nachbarn erläutert: «tole sint Walha, spahe sint Peigira» «dumm sind die Welschen, gescheit sind die Bayern».[26] Anders, aber die gleiche nachbarschaftliche Vertrautheit mit dem Süden bezeugend, hatte der Abrogans-Übersetzer «Italia» aus eigener Kenntnis erläutert: «lantscaf untar alpeom anti sewiu» «Landschaft zwischen Alpen und Meer» und «Lancparta daz sint Rumare» «Langobarden das sind Römer» (Gl 1, 172, 22).

Im übrigen dient das Glossieren überwiegend bestimmten kirchlichen Texten: Schriften Gregors, den Canones, biblischen Büchern usw. Bayern spielt auch weiterhin hierin eine wichtige Rolle, Freising zuvorderst. Führend jedoch ist im neunten Jahrhundert der alemannische Südwesten. Erst in spätahd. Zeit wird in den großen Sammelhandschriften des zehnten bis zwölften Jahrhunderts ein großer Teil des Glossenwesens (auch des alemannischen) in bayerischen Klöstern kompiliert (Monseer Bibelglossar, Tegernseer Clm 18140, Glossae Salomonis u. a.).[27]

Eine den Glossen verwandte «Kunst» hatte ihr Zentrum im Kloster Reichenau: die Interlinearversion. Von wirklichem Übersetzen läßt sich auch hier noch nicht sprechen, immerhin aber wird nun vollständig Wort für Wort interlinear übertragen. Die einzige Interlinearversion aus Bayern, die Übertragung des Reimgebetes *Carmen ad Deum* (Sancte sator suffragator), ist von Hause aus ebenfalls eine Reichenauer Arbeit und vielleicht über eine Freisinger Zwischenstufe Anfang des neunten Jahrhunderts nach Bayern gekommen (Tegernseer Handschrift, Mitte des 9. Jhs.).[28]

[23] Bischoff, Pal. Fr. (s. o. 608) 120ff.

[24] Gl 1, 1–270. Früher (Pseudo-) hrabanisches Glossar genannt nach dem lat. Titel («incipiunt glosas Hrab. Mauri»); die heute übliche Bezeichnung nach dem deutschen Titel (pikinnant samanunga uuorto fona deru niuuiun anti deru altun euu «es beginnen Wörtersammlungen aus dem Neuen und Alten Testament»). Sachlich sind beide Angaben unzutreffend: weder mit Hraban noch mit der Bibel hat der Abrogans etwas zu tun.

[25] Gl 3, 9–13; Lb 1, 3; 5, 1. Baesecke 149f.

[26] Gl 3, 12, 67ff. Vgl. noch Wolframs Parzival 121, 17.

[27] Gl 1, 303ff.; 4, 27ff. Zum Monseer Bibelglossar vgl. Gl 5, 408–472.

[28] StD 37; Lb 15; Baesecke, Das lat.-ahd. Reimgebet (Carmen ad Deum) u. das Rätsel vom Vogel federlos, 1948.

In Glossen und Interlinearversion fassen wir das älteste geschriebene Deutsch. Sprachlich sind natürlich auch deutsche Namen und Wörter in Urkunden, Verbrüderungsbüchern, Volksrechten u. ä. wertvoll,[29] aber hier überall geht es doch noch nicht um Deutschschreiben im engeren Sinn. Dies setzt mit den Glossen ein.

Kirchliche Gebrauchsliteratur. Sämtliche ahd. kirchlichen Texte sind naturgemäß Übersetzungen aus dem Lateinischen. Von den wichtigen Formeln haben sich mehrfache Übersetzungen erhalten, so vom Paternoster, vom Credo, besonders von den Beichten. Gegen Baeseckes Meinung, fast alle diese Formeln müßten sich auf jeweils eine offizielle, meist fränkische Übersetzung zurückführen lassen und stünden mit bestimmten Erlässen Karls des Großen in ursächlicher Verbindung, spricht zweierlei: einmal bestand in der Mission ein ganz natürlicher Bedarf, die wichtigsten Texte in muttersprachlichen Übersetzungen zu haben, auch ohne Erlässe. Zum anderen bestehen zwischen den verschiedenen Übersetzungen oft nicht unbeträchtliche Unterschiede. Daß die Gemeinsamkeiten überwiegen, ist – bei gleicher Vorlage! – nur selbstverständlich; auch muß man z. B. für das Vaterunser mit einer älteren mündlichen Übersetzungstradition rechnen. Aber nicht einmal bei den Beichten, wo Gruppierungen offenkundig sind, läßt sich eine zweifelsfreie Ordnung erreichen. Eher ist mit mehreren voneinander unabhängigen Übersetzungen zu rechnen als von Anfang an mit einer authentischen, «offiziellen» Formel. Das gilt gewiß für die Vaterunser-Übersetzungen. Das *altbayerische Paternoster*[30] (Freisinger Herkunft des verlorenen Originals ist nicht erweisbar) mag zwar durch wiederholte Ermahnungen der Jahre 794–802[31] angeregt sein, aber die Übersetzung und der Text der Auslegung stehen von der im etwa gleichzeitig entstandenen Weißenburger Katechismus so weit ab, daß eine gemeinsame Vorlage undenkbar ist. – Daß wir keine bayerische Übersetzung des Glaubensbekenntnisses haben, ist wohl nur Zufall; es hat sie sicherlich gegeben. Die enge Zusammengehörigkeit von fides und oratio dominica wird jedenfalls ausdrücklich gefordert in der bayerischen (Freisinger?) *Exhortatio ad plebem christianam.*[32] Das predigtartige Stück ermahnt die Gemeinde und die Taufpaten, beide

[29] Zu den ostfränkischen Markbeschreibungen (Lb 2, 3, 4) s. Bd. III, 145; ferner D. v. Kralik, Die deutschen Bestandteile der Lex Baiuvariorum (NA 38) 1913, 13–55, 401–449, 581–624; J. Schatz, Die Sprache d. Namen d. ältesten Salzburger Verbrüderungsbuches (ZDA 43) 1899, 1–45 usw. – Wenigstens anmerkungsweise sei hier auf die Alphabetstudien hingewiesen, die sich in einem Salzburger Alcuin-Codex erhalten haben: neben einem angelsächsischen Runenalphabet ein gotisches (mit nur hier überlieferten gotischen Runennamen) und ein paar got. Wortbrokken. Vgl. I. Reiffenstein, Das Ahd. u. die irische Mission im oberdeutschen Raum, 1958, 45ff.; J. W. Marchand, Les Gots ont-ils vraiment connu l'écriture runique? (Mélanges de Linguistique et de Philologie, F. Mossé in memoriam) Paris 1959, 282f.

[30] StD 8; Lb 12; Baesecke, Unerledigte Vorfragen d. ahd. Textkritik u. Literaturgesch. (PBB 69) 1947, 361–365; Bischoff 145f., 248f.; Ders., Pal. Fr. (s. o. 608) 114f. A. Masser, Die ahd. Übersetzungen d. Vaterunsers (PBB Tübingen 85) 1963, 35–45.

[31] Vgl. MG Capitularia I, hg. v. A. Boretius, 1883, 73ff., 102ff., 109ff., und Ehrismann I 292f.

[32] StD 9; Lb 10. Textzeuge A in derselben ursprünglich fuldischen Handschrift wie die Kasseler Glossen; Bischoff 137, 263; Ders., Pal. Fr. (s. o. 608) 123, 124; Baesecke 194 u. Anm. dazu S. 25*.

Formeln zu beherrschen und sie das Patenkind zu lehren. Das Stück hatte wohl seinen festen Platz im Rahmen der Taufhandlung, so erklären sich die wörtlichen Anklänge an die Präfation der Taufliturgie.[33] Da es sich ausdrücklich auf «unsares herrin capot» «den Auftrag unseres Herrn» beruft, darf man seine Entstehung mit Karls Kirchengesetzgebung der Jahre 801–803 verbinden. Deshalb aber eine fränkische Vorlage zu erwägen ist unbegründet.[34] Zum alten Bestand gehört auch das Beichtformular. Inwiefern die ahd. Formeln auf eine gemeinsame Urformel zurückgehen, braucht uns hier nicht zu beschäftigen. Wichtig ist jedoch, daß die *altbayerische Beichte*[35] dem gemeinsamen fränkischen Typus nicht angehört. Text und Wortschatz weisen auf eine selbständige bayerische Fassung (mögliche lexikalische Anklänge ans Gotische erlauben nicht, hier ein Formular gotisch-arianischer Mission zu vermuten; aus inneren Gründen ist dies m. E. unmöglich; die Anklänge lassen sich anders erklären). Sie muß dann älter sein als die «offizielle» Formel, muß vorkarlisch sein; die Entstehung einer so stark abweichenden Beichte nach der Festlegung einer «offiziösen» Formel ist unwahrscheinlich. Die Bedeutung der bayerischen Beichte schlägt sich nicht nur in der guten Überlieferung (3 Handschriften des 9.–11. Jhs.) nieder, sondern vor allem in ihrem Fortwirken in Bayern (*jüngere bayerische Beichte,* 10./11. Jh., stark erweitert und den fränkischen Formeln angenähert, aber doch deutlich abhängig vom alten bayerischen Text) sowie in der Tatsache, daß sie in der bayerischen Slawenmission verwendet wurde: die bayerische Beichte diente der altslawischen und der altkarantanischen Beichte (Freisinger Denkmäler) als Vorlage.[36] Bayerns kulturelle Aufgabe im Südosten dokumentiert sich hier eindrucksvoll. – Von allen anderen Beichten weicht die *Würzburger Beichte* ab (etwa 1. Hälfte des 9. Jhs.).[37] Ihre lateinische Vorlage kennen wir in einer St. Galler Fassung. – Angefügt seien ein paar kurze Gebetsformeln. Auf eine gemeinsame fränkische Vorlage mag das *Wessobrunner Prosagebet* wie das *Fränkische Gebet* (in Regensburg aufgezeichnet, aber nur oberflächlich «eingebayert») zurückgehen. Auch das breitere *St. Emmeramer Gebet,* das in zwei Handschriften an die altbayerische Beichte angefügt ist (ebenso in der altslawischen Version), zeigt verwandte Formeln. Alle drei Gebete entstammen dem ersten Drittel des neunten Jahrhunderts.[38] – Kirchenrechtlich bemerkenswert ist der kurze *Priestereid* (Freising

[33] EHRISMANN I 303.

[34] Wie es DE BOOR I 30 tut.

[35] StD 41; Lb 22, 1. H. EGGERS, Gotisches in der altbair. Beichte (Zschr. f. Mundartforsch. 22) 1954, 129–144; dagegen REIFFENSTEIN (s. o. 614 Anm. 29, 34 ff.). Ferner H. EGGERS, Die ahd. Beichten (PBB Halle 77, 80) 1955, 89–123, 1958, 392–403; Ders., Beichtformel (RL I) 141–144; A. MASSER, VL², 273 f.

[36] StD 313 f.; E. FABIAN, Die altkirchenslav. Version d. St. Emmeramer Beichtgebetes (ZDPh 64) 1939, 155–160; zusammenfassend, mit starker Hervorhebung des irischen Anteils: A. V. ISACENKO, K voprosu ob irlandskoi missii u pannonskich i moravskich slavjan (Zur Frage der irischen Mission bei den pannonischen und mährischen Slaven) (Akademija Nauk SSSR, Institut Slawjanowedenija, Moskau) 1963, 43 bis 72. S. o. 510.

[37] StD 44; J. HOFMANN, Zur Würzburger Beichte (PBB 76) 1955, 534–552.

[38] StD 2. 11. 42; Lb 29. 14. 22, 1. G. E. FRIESSE, The form of the Wessobrunn Prayer II (Modern Language Review 50) 1955, 317–319; L. SEIFERT, The metrical form and composition of the Wessobrunner Gebet (Medium Aevum 31) 1962, 1–13.

1. Hälfte des 9. Jhs.).[39] Er ist der älteste Zeuge für den noch heute üblichen Obödienzeid, den ein Geistlicher nach seiner Weihe dem Bischof leistet. In seinen Formulierungen zeigt sich deutlich das Herauswachsen jenes geistlichen Gehorsamsversprechens aus dem karolingischen Vasalleneid, während in der ältesten lateinischen Fassung (ca. 950) jene Beziehungen zur weltlichen Rechtssprache bereits stärker verdeckt sind.

All diese Gebrauchsprosa ist sprachlich guter Durchschnitt, noch kein biegsames, ausdrucksfähiges Deutsch, aber doch auch nicht so sklavisch am Latein klebend wie etwa die fuldische Tatianübersetzung. Ein einziger Text erreicht in seiner sorgfältig geregelten Orthographie und in der Sicherheit seiner Übersetzungssprache «hochsprachliches» Niveau: die ahd. Isidorübersetzung. Sie gehört in den engsten Umkreis von Karls Hofakademie (sprachlich: Lothringen); an diesen Text und seinen Autor mag Einhard gedacht haben, wenn er berichtet, Karl habe unternommen, die «Vätersprache» grammatisch regeln zu lassen.[40] Texte der Isidorgruppe gelangten, zweifellos durch den Erzkaplan, Erzbischof von Köln und Abt des Klosters Mondsee Hildebold vermittelt, um 800 in das bayerische Kloster und wurden dort, ins Bayerische umgesetzt, abgeschrieben. Arg beschädigte Bruchstücke jenes Traktats Isidors von Sevilla, des Matthäusevangeliums und einiger Predigten sind uns davon erhalten. Diese *Monseer Fragmente*[41] sind ein bedeutender Zeuge fränkisch-karlischer Kulturpolitik in Bayern.

Christliche Dichtung. Eine hochentwickelte christliche *Stabreimdichtung,* wie sie England seit dem frühen achten Jahrhundert besaß und wie sie in wenigen, aber bedeutenden Dichtungen auch das Altsächsische kennt (Heliand, Genesis), hat es in Süddeutschland gewiß nicht gegeben. Schon das Hildebrandslied zeigt da und dort Nachlassen der Formbeherrschung. Noch stärker gilt dies für die beiden christlichen Gedichte aus hochdeutschem Sprachgebiet. Bemerkenswert ist aber, daß alle drei Denkmäler aus Bayern stammen. Wenn irgendwo, so scheint hier die Möglichkeit für hochdeutsche Stabreimdichtung bestanden zu haben. Englische Vorbilder scheinen dabei kaum eine entscheidende Rolle gespielt zu haben. Alliterierende Buchepik fehlt völlig, hat es wohl auch nie gegeben.

Der *Wessobrunner Hymnus*[42] ist ein Schöpfungsgedicht. In einem einzigen gedrängten Satz (V. 2–5) ersteht das Chaos als ein Nicht-Kosmos: nicht war die Erde mit Baum und Berg, nicht der Himmel mit Sonne und Mond und nicht einmal das (vermeintlich uranfängliche) Weltmeer. Vor all dem («do dar niwiht ni was»!) war

[39] StD 13; Lb 21, 2; J. A. JUNGMANN, Das Gehorsamsversprechen nach d. Priesterweihe u. d. ahd. Priestereid (Festschr. Alb. Stohr) 1960, 430–435.

[40] Grundlegend K. MATZEL, Untersuchungen zu Verfasserschaft, Sprache u. Herkunft d. ahd. Übersetzungen der Isidor-Sippe (Rhein. Arch. 75) 1970; Einhard, Vita Karoli c. 29.

[41] G. A. HENCH, The Monsee Fragments, 1891; MATZEL (s. o. Anm. 40); BISCHOFF, Pal. Fr. (s. o. 608) 103; H. EGGERS, Ein neues Blatt der Monseer Frgm. (Mediaevalia litteraria, Festschr. de Boor) 1971, 33–38.

[42] StD 2; Lb 29. Zur Herkunft des berühmten Wessobrunner Codex vgl. BISCHOFF 18 ff.: vielleicht Augsburg, jedenfalls Diözese Augsburg (Benediktbeuern?); sicher nicht Regensburg (so BAESECKE mit weitreichenden Folgerungen); BISCHOFF, Pal. Fr. (s. o. 608) 116; U. SCHWAB, Die Sternrune im Wess. Gebet (Amsterdamer Publ. z. Spr. u. Lit. 1) 1973.

doch schon der eine allmächtige Gott (V. 6–9). Mitten im nächsten Satz bricht das Fragment ab, Zitat des Lied-Initiums wie der verwandte Hymnus Caedmons in Bedas Englischer Kirchengeschichte; ohne Absatz folgt das Prosagebet (s. o. 615), das zu der unzutreffenden Bezeichnung des Ganzen als «Wessobrunner Gebet» Anlaß gegeben hat. Sprache und Überlieferung des Gedichtes führen nach Bayern. Ob sprachliche und orthographische Einzelheiten, die nach dem Norden weisen, den Ansatz einer englischen Vorlage und eines fuldischen Originals rechtfertigen, ist umstritten.[43] Die Darstellung des Chaos durch eine Reihung von Negationen hat östliche Parallelen (Rigveda), die durch Vermittlung der Iren in Bayern wie im germanischen Norden (in der Schilderung des der Schöpfung vorhergehenden Chaos-Zustandes berührt sich unser Gedicht auffallend eng mit der altnordischen Völuspa) wirksam geworden sein könnten.[44] Aufgezeichnet wurde das Gedicht im frühen neunten Jahrhundert, das Original ist sicher älter (spätes 8. Jh.?).

Handelt der Wessobrunner Hymnus vom Beginn der Heilsgeschichte, so das zweite ahd. Denkmal christlicher Stabreimdichtung, das *Muspilli,*[45] von ihrem Ende, von Tod und Weltgericht. Nach Ton und Haltung ist es der Predigt engst benachbart. Der Dichter behandelt die Zukunft der Seele nach dem Tode: die Qualen der Hölle und die Wonnen des Himmels sowie Macht und Herrlichkeit des Endgerichtes; er leitet daraus die Mahnung zu rechtem Tun und zur Gerechtigkeit «hiar in werolti» («hier in der Welt», V. 30) ab, da jedem «after sinen tatin arteilit werde» («nach seinen Handlungen Recht gesprochen werde», V. 84). Recht unvermittelt, stilistisch abgehoben, ist eine Erörterung über den Endkampf zwischen Elias und dem Antichrist und den darauffolgenden Weltbrand eingeschoben (V. 37–62): Die «weroltrehtwison» («die im weltlichen Recht Kundigen»)[46] sehen darin einen gerichtlichen Zweikampf, in dem Elias, der für die rechte Sache, das ewige Leben, streitet, über den Antichrist, der bei dem «altfiante» («dem Satan») steht, siegen wird. Die (viele?) «gotmanno» («Theologen») wissen es aber besser, in Übereinstimmung mit der herkömmlichen Auslegung von Off. Joh. II, 7: Elias werde in diesem Kampf verwundet (verdorben); an seinem Blut (oder nur: danach?) entzündet sich dann der Weltbrand, in der Lohe verschwelt der Himmel, der Mond fällt, «prinnit mittilagart»

[43] D. R. McLintock, The Negatives of the Wessobrunn Prayer (Modern Language Review 52) 1957, 397f.

[44] R. A. Fowkes, Eastern Echoes in the Wessobrunner Gebet? (Germanic Review 37) 1962, 83–90. De Boor I 53 möchte diesen Typ der Chaos-Schilderung den Angelsachsen zuschreiben (vgl. auch de Boor in Germ. Altertumskunde, hg. v. H. Schneider, 1951², 340f.); dies lehnt Fowkes ab.

[45] StD 14; Lb 30. Das Gedicht ist von sehr ungelenker Hand in der zweiten Hälfte (Ende?) des neunten Jahrhunderts in Regensburg in ein Buch eingetragen worden, das Erzbischof Adalram von Salzburg dem jungen Ludwig dem Deutschen bald nach 821 geschenkt hatte; Anfang und Ende fehlen. Zur paläographischen Beurteilung vgl. Bischoff bei Baesecke, Muspilli II (ZDA 82) 1948/50, 201; Ders., Pal. Fr. (s. o. 608) 122f.; C. Minis, Handschrift, Form u. Sprache des Muspilli (Philolog. Stud. u. Quellen 35) 1966 (problematisch); Mohr-Haug, Zweimal «Muspilli», 1977; H. Finger, Untersuchungen zum Muspilli (Göpp. Arb. z. Germ. 244) 1977, dort weitere Lit.

[46] H. Kolb, dia weroltrehtwîson (Zschr. f. dt. Wortforsch. 18) 1962, 88–95. Von W. Haug (s. o. Anm. 45) und H. Finger (s. o. Anm. 45) bestritten.

(«es brennt der Erdkreis»); und an die Zuhörer gerichtet: «Magschaftshilfe» (Rechtsbeistand durch Verwandte) gibt es vor dem «muspille» (Jüngstes Gericht?) nicht; allein muß sich die Seele verantworten. Die Mahnungen wenden sich auffällig direkt an ein ganz bestimmtes Publikum: an den Adel mit richterlicher Macht und Verantwortlichkeit. Es werden Mißstände verurteilt, die eng mit dem Wesen germanisch-deutscher Rechtspraxis verbunden waren, der es mehr um Sühne (Geldablösung!) als um Recht ging. Der Mann soll bei Gericht objektiv richten, nicht mit Bestechungen das Recht beugen oder selbst Bestechungen annehmen. Beim Jüngsten Gericht (das in enger Anlehnung an das Königsgericht – mahalsteti, ding, mahal gipannan, rahha, pan furisizzan u. a. – geschildert ist)[47] muß alles offengelegt werden, keiner kann sich da herauslügen, und wäre er noch so «listic», beschlagen in den Winkelzügen formaler Prozeßführung. Auch der Eliasteil hat, in diesem Zusammenhang gesehen, eine sinnvolle Funktion: Verwandtenhilfe (Eidleistung) und gerichtlicher Zweikampf gehörten zu den wesentlichen Elementen besonders der bayerischen Rechtsfindung, mit denen sich auch die Kirche abfinden mußte. Gleichsam im Exempel wird dennoch die Untauglichkeit solcher Beweismittel dargetan.[48] Beispielerzählung und Gegenüberstellung unterschiedlicher Meinungen entsprechen wieder bewährtem Predigtstil. – Die Suche nach einer Quelle ist erfolglos geblieben. Auch die Datierung bleibt unsicher. Altes steht neben Jungem: in der Sprache, in Formel- und Wortschatz, in der metrischen Gestaltung; neben Partien, in denen noch das Pathos der alten heroischen Dichtung zu spüren ist (besonders im Eliasteil), hat an vielen anderen Stellen der alte metrische Kanon weiter an Verbindlichkeit verloren, stehen schließlich schon otfridische Endreimzeilen (37, 61/62), die schwerlich vor 860 entstanden sein können. Gerade in der formalen wie stilistischen Zwiespältigkeit aber, im Wechsel von breiter, oft prosanaher, predigthafter Redseligkeit und dramatischer Knappheit weist das Muspilli in der thematischen Durchführung wie in den formalen Mitteln überraschenderweise voraus in die frühmhd. geistliche Dichtung des 11./12. Jh.[49] Ob die Überlieferung am Hof und in einem Codex Ludwigs des Deutschen mehr ist als Zufall, ob das nach Aufzeichnung wie poetischer Gestaltung so wenig repräsentative Gedicht eine Rolle in Ludwigs Kulturprogramm übernehmen konnte, muß offenbleiben.

Die Zukunft freilich gehörte der neuen Form, dem *Endreim,* der die volkssprachliche Dichtung nicht nur der inneren Haltung nach, sondern auch formal mit christlich-lateinischer Dichtung in Einklang brachte. Auch geographisch bestätigt sich, daß neue Kräfte die Führung übernommen haben: das Schwergewicht hat sich auch kulturell endgültig nach Franken oder in fränkisch bestimmte Landschaften verlagert. – Otfrid von Weißenburg hat den Endreimvers nicht erfunden. Aber doch hat keiner

[47] FINGER (s. o. 617 Anm. 45) 89 ff.

[48] H. KOLB, Vora demo muspille (ZDPh 83) 1964, 2–33; Ders., Himmlisches u. irdisches Gericht in karoling. Theologie u. ahd. Dichtung (Frühmittelalterl. Stud. 5) 1971, 284–303; I. REIFFENSTEIN, Rechtsfragen in d. dt. Dichtung d. MA (Salzburger Univ. reden 12) 1966, 7–17; abgelehnt von H. FINGER (s. o. 617 Anm. 45).

[49] MOHR–HAUG (s. o. 617 Anm. 45) 23; zur Montage-Technik 55 ff.

vor ihm den im Deutschen neuen Rhythmus und den vorher nur vereinzelt gebrauchten Reimschmuck am Ende der Verszeile auf ein ganzes Gedicht, geschweige denn auf ein so großes Werk wie seine Evangelienharmonie angewandt. Auch das Freisinger *Petruslied* (Ende 9. Jh.)[50] halten wir nicht für älter als Otfrids Buch. Was hier gemeinsam ist (Petr. V. 9 und Otfr. I 7, 28), kann unabhängig auf verbreitete Gebetsformeln zurückgehen. Rhythmus und Reimbeherrschung sind in dem kleinen Prozessionslied zu glatt und gekonnt, als daß man hier einen Anfang sehen könnte. – Interessanter und gewichtiger ist die bayerische Paraphrasierung des *Psalms 138*[51] (wahrscheinlich in Freising, nach Baesecke in Regensburg Anfang des 10. Jhs. entstanden). Das Gedicht ist eine freie Übersetzung, Umformung der Vorlage. Das Gebet des biblischen Psalms wird zur predigthaften Erzählung von dem Vorbildhelden David; und wo der biblische Psalm die Majestät Gottes preist, zeigt der ahd. Dichter das Wirken der allgegenwärtigen Allmacht Gottes, bezieht es unmittelbar auf den Menschen. Bemerkenswert ist auch die Form: Rhythmus und Reim sind gut otfridisch (wiewohl nicht so flüssig wie im Petruslied), daneben stehen aber auffallend viele Alliterationen. Ähnliches findet sich auch sonst da und dort in der Endreimdichtung, z. T. mögen solche Stabungen auch zufällig sein. Aber hier treten sie so häufig auf, daß wir in der Form unseres Gedichtes einen Mischtypus sehen dürfen, der umgekehrt, auf älterer Stufe, auch Abschnitte des Muspilli charakterisiert: dort dringt in den Stabreim in verschiedener Weise das Endreimprinzip ein. – Das Interesse, das man in Freising der neuen Endreimdichtung entgegenbrachte, und gleichzeitig der Weg, auf dem sie nach Bayern gelangte, werden deutlich faßbar in der *Freisinger* Abschrift von *Otfrids* Evangelienharmonie, im Auftrag Bischof Waldos zwischen 902 und 906 verfertigt (mit Umsetzung der südrheinfränkischen Sprachformen ins Bayerische). Was es in Bayern an früher Endreimdichtung gibt, ist somit eindeutig der Förderung Waldos und seines Hofes zu verdanken. Von Waldo aber führen die Fäden hinüber zu seinem Bruder Salomo III., Abt von St. Gallen und Bischof von Konstanz, und zu dem älteren Salomo I. aus der gleichen vornehmen Familie, Freund Otfrids und Adressat einer Widmung des Evangelienbuches. Der bayerische Ableger der Endreimdichtung steht also in direkter Verbindung zu den südwestdeutschen Pflegestätten. – Am Ende der Freisinger Otfrid-Handschrift stehen zwei zweizeilige gereimte *Gebete*, die ganz aus otfridischen Formeln gebildet sind; sie stammen nicht, wie bisher angenommen, von der Hand des Schreibers Sigihard.[52]

[50] StD 21; Lb 33; BISCHOFF, Pal. Fr. (s. o. 608) 114; wegen der Neumen für die Musikgeschichte wichtig, vgl. u. 663 f.

[51] StD 22; Lb 38; G. BAESECKE, St. Emmeramer Studien I (PBB 46) 1922, 431–441; H. MENHARDT, Die Überlieferung des ahd. 138. Psalms (ZDA 77) 1940, 76–84; für Freising auch BISCHOFF, Pal. Fr. (s. o. 608) 126; O. LUDWIG, Der ahd. u. der biblische Psalm 138 (Euphorion 56) 1962, 402–409.

[52] StD 20; Lb 37. Dem Schreiber Sigihard abgesprochen von BISCHOFF 129. – Das sog. Augsburger Gebet (StD 18) ist rheinfränkisch.

b) *Das zehnte und elfte Jahrhundert*

Im zehnten Jahrhundert tritt deutsche Literatur noch einmal ganz in den Hintergrund. Das Deutschschreiben versiegt zwar nicht völlig, aber es bleibt auf periphäre Gebrauchsbereiche beschränkt: auf Beichten, Glossen, Zaubersprüche u. ä. Die neue Dichtung, die mit Otfrid und mit einer Anzahl guter Gedichte des neunten Jahrhunderts so vielversprechend eingesetzt hatte, wird zunächst so wenig weitergeführt wie das Übersetzen umfangreicher Werke. Dieser Einschnitt ist beträchtlich, und Notker hat nicht ganz unrecht, wenn er meint, er unternehme mit seiner Übersetzungsarbeit etwas Neues und Unerhörtes.[53] Daß er aber im Sprachlichen auf einer eingespielten Tradition aufbauen konnte, beweist nicht zuletzt das von ihm erreichte Niveau.

Weitergeführt werden im zehnten bis zwölften Jahrhundert vor allem die deutschen *Beichten,* meist vermehrt um Credo und Abrenuntio.[54] Einige Texte sind zu richtigen kleinen Katechismen ausgebaut, mit ein- und überleitenden Ermahnungen und Gebeten (aus Bayern: *Münchener Glaube und Beichte,* 12. Jh.). Die meisten bayerischen Stücke stammen aus dem Südwesten, aus Benediktbeuern und Wessobrunn. Alle sind textlich mit westdeutschen (fränkischen und alemannischen) Beichten verwandt. Das einzige landschaftlich abliegende Stück, *Bamberger Glaube und Beichte,*[55] geht nicht nur zeitlich, sondern auch geistig über den Rahmen des Althochdeutschen hinaus: in seiner religiösen Haltung wie in der rhythmischen Sprache gehört es dem Bereich der neuen frühmittelhochdeutschen Dichtung an; in endloser Häufung wird Begriff auf Begriff getürmt, um im Credo die Herrlichkeit Gottes, im Lasterkatalog der Beichte die Sündhaftigkeit des Menschen darzustellen. Nicht nur die Überlieferung und ein paar wörtliche Übereinstimmungen, sondern Sprache und Stil insgesamt stellen unser Stück neben das Gedicht von Himmel und Hölle (vgl. Bd. III 145); wir dürfen beide einem Verfasser zuschreiben.

Die letzte, bedeutendste Leistung ahd. Gelehrsamkeit erfolgte außerhalb von Bayern, in der Klosterschule von St. Gallen. Im Werk Notkers des Deutschen erreicht ahd. Übersetzungsprosa ihre vollkommenste Ausprägung. Notker steht zwar am Ende der ahd. Periode, aber er verkörpert rein Geist und Ethos «althochdeutsch»-benediktinischer Bildung: eine Welt der Schule, des in sich ruhenden Klosters, unvoreingenommen und aufgeschlossen auch der weltlich-antiken Überlieferung gegenüber. Den Einbruch der neuen, religiös aufgeregten, reformeifrigen Zeit, die der Weiterführung seines Wirkens die geistigen Grundlagen entzog, brauchte Notker nicht mitzuerleben; er vollzog sich in St. Gallen wenige Jahre nach seinem Tod (1022). Der Geist der Reformzeit hat jedoch einer Bearbeitung seiner kommentierenden Psalmenübersetzung den Stempel aufgedrückt, die wahrscheinlich im Reformkloster St. Blasien im Schwarzwald entstand und die wir in einer bayerischen Fassung

[53] Notkers Brief an den Bischof Hugo von Sitten in der Ausgabe von PIPER (s. u. 621 Anm. 56) I 859ff.; EHRISMANN I 421f.

[54] StD 52ff., 43.

[55] Ebd. 28.

aus Wessobrunn besitzen (sog. *Wiener Notker*;[56] die Handschrift gelangte über Amras nach Wien). In enger Nachbarschaft dazu sind Bruchstücke von drei *Predigtsammlungen* aus Wessobrunn (Anfang 11. Jh.) überliefert.[57] Auch sie machen deutlich, daß die Sprachschulung von zwei Jahrhunderten nicht vergeblich war, trotz der Zäsur des zehnten Jahrhunderts. Hier haben wir den Anfang einer Predigtliteratur, noch in ahd. Zusammenhängen, die dann in mhd. Zeit zu voller Blüte gelangt. Auch die sog. *Geistlichen Ratschläge* gehören in diese Überlieferungsgruppe.

In Notkers Zeit gehört das politische Preislied *De Heinrico*.[58] Die Form erinnert äußerlich an Notkers deutsch-lateinische Mischprosa: die erste Halbzeile lateinisch, die zweite deutsch, beide durch Endreim recht ungelenk und locker gebunden. Aber hinter Notkers Mischprosa stehen pädagogische Ziele, die Mischpoesie hingegen ist eine gelehrte Modespielerei (so wie die deutschen Reimwörter des lateinischen Liebesgrußes aus dem Ruodlieb). Das Heinrichsgedicht steht in der Cambridger Sammlung und gehört zusammen mit lateinischen Modi in die Gattung der Hofdichtung. Am wahrscheinlichsten ist, daß es sich auf Heinrich den Zänker und Kaiser Otto III. bezieht und im Auftrag von Heinrichs Sohn (dem späteren Heinrich II.) zwischen 996 und 1002 verfaßt wurde. Es ist bei dieser Deutung verlockend, an eine bayerische Dichtung zu denken, obwohl die Sprachformen der Überlieferung an den Mittelrhein verweisen.

Am Ende der ahd. Periode stehen zwei gelehrte Bayern, der St. Emmeramer Mönch Otloh und der gebürtige Rheinfranke Williram, der als Abt von Ebersberg nach Bayern gehört, wenn auch nicht nach Bildung (Fulda, Bamberg) und Sprache. Beide stehen in der alten Schultradition der Artes. Wenn sie sich an ihrem Lebensabend von weltlicher Bildung abwandten, wenigstens äußerlich, so waren dafür persönliche Erfahrungen maßgeblicher als der Geist der Reformbewegung. *Otloh* war ein produktiver lateinischer Schriftsteller. Sein «*Gebet*», in mehreren lateinischen Fassungen erhalten, hat er in einer kürzenden Bearbeitung selbst ins Deutsche übersetzt.[59] Es gehört wohl in seine letzten Lebensjahre, bereits in die Zeit seiner Weltabkehr (wahrscheinlich nach 1067). Aber von religiösem Schwung ist wenig zu spüren, und auch sprachlich nimmt das Gebet keinen hohen Rang ein. – Viel bedeutender ist *Willirams* deutsche Paraphrasierung des *«Hohen Liedes»* (um 1060).[60] In seiner Ausle-

[56] P. Piper, Die Schriften Notkers u. seiner Schule III, 1883; Heinzel-Scherer, Notkers Psalmen nach d. Wiener Handschrift, 1876.

[57] StD 30–33.

[58] Ebd. 23; Lb 39. Zur historischen Deutung M.-L. Dittrich, De Heinrico (ZDA 84) 1952/53, 274–308 (291 f. eine natürlich unbeweisbare Rekonstruktion der vermuteten bayerischen Fassung); M. Uhlirz, Der Modus ‹De Heinrico› u. sein geschichtl. Inhalt (DVjschr. LG 26) 1952, 153–161.

[59] StD 35; Lb 26; W. Schröder, Der Geist von Cluny u. die Anfänge d. frühmhd. Schrifttums (PBB 72) 1950, 371–382; s. auch o. 542 ff.; 592 ff.

[60] Ausgabe von J. Seemüller 1878; E. H. Bartelmez, The «Expositio in Cantica Canticorum» of Williram of Ebersberg. Critical Edition, 1967; Schröder (s. o. Anm. 59) 343–371; M.-L. Dittrich, Willirams v. Ebersberg Bearbeitung d. Cantica Canticorum (ZDA 82) 1948/50, 47–93; Dies., Die literar. Form v. Willirams Expositio in Cantica Canticorum (ZDA 84) 1952/53, 179–197; F. Ohly, Geist u. Formen d. Hoheliedauslegung im

gung der Cantica geht Williram zwar nirgends von den traditionellen Bahnen ab (s. o. 595f.); mystische Spekulation liegt ihm fern (was nicht verhindert hat, daß seine deutsche Bearbeitung dem St. Trudperter Hohenlied, dem ersten großen Denkmal deutscher Mystik, als Textgrundlage diente). Bedeutend ist sein Werk jedoch der Form nach: der in der Mitte stehende Bibeltext wird links in lateinischen Hexametern dichterisch paraphrasiert, rechts steht die «wissenschaftliche» Exegese in deutsch-lateinischer Mischprosa.[61] Williram ist der einzige, der sich neben Notker einer solchen Mischprosa bedient hat. Die eigene Muttersprache und das Latein der geistlichen Literatur zu vermischen, war offenbar eine der Schule und dem gelehrten Gespräch nicht ungeläufige Möglichkeit. Dem Typus der von ihnen je literarisch entwickelten Mischsprache nach unterscheiden sich Notker und Williram freilich wesentlich. Notker hat sein Deutsch für die Schule geschaffen, die lateinischen Elemente (vorwiegend Nominalbegriffe) dienen der begrifflichen Klarheit. Williram hingegen verbindet mit seinem Werk ausdrücklich literarischen Ehrgeiz (s. o. 548); er wendet sich an die doctores, an einen (engen) Kreis urteilsfähiger Theologen und erhebt bewußt ästhetische Ansprüche. Zwar ist die syntaktische Struktur auch seiner Sprache deutsch, aber die «semantische Füllung» dieses deutschen Satzrahmens ist weitgehend lateinisch, von einfachen Präpositionalausdrücken über gemischte Verbkonstruktionen bis zu ganzen Relativsätzen. Das «Deutsch» dieser Paraphrase konnte nur verstehen, wer Latein verstand! Rein deutsch sind lediglich die Übersetzungen der Bibelverse. Man darf in Willirams Mischsprache einen artifiziell gebrochenen stilisierten Niederschlag eines so vielleicht wirklich gesprochenen (oder doch mündlich verwendbaren) theologischen Gelehrtenjargons vermuten. Offenbar in diesem Kreis des höheren Klerus muß Willirams Expositio auch eine interessierte Aufnahme gefunden haben, wie die ungewöhnlich breite Überlieferung im 11. und 12. Jh. und darüber hinaus bezeugt. – Wenn man Willirams deutsch-lateinische Mischprosa noch der ahd. Periode zuordnet, und das scheint mir jedenfalls besser begründbar als ihre Einordnung in die frühmhd. geistliche Dichtung, so steht am Ende dieser Periode der Diskontinuität noch einmal ein bedeutsamer Ansatz, der keine Weiterführung gefunden hat.

Wenn rückblickend versucht werden soll, das ahd.-bayerische Schriftwesen der ersten Jahrhunderte zu charakterisieren, so wäre etwa folgendes zu sagen: Ansätze reichen in Bayern (und offenbar nur hier) in die Zeit vor Karl zurück. Beziehungen zu den Langobarden südlich der Alpen sind auch auf literarischem Gebiet wahrscheinlich. Ob und inwiefern diese Ansätze ohne fränkisch-karolingische Impulse zu einer eigenständigen volkssprachlichen Literatur in Bayern hätten führen können, läßt sich nicht sagen. Überliefert ist alles, auch das, was wir für vorkarlisch halten, erst aus karolingischer Zeit. Auffällig ist, daß die Reste ahd. Stabreimdichtung (mit Ausnahme der Merseburger Zaubersprüche, die ohnedies auf ein anderes Blatt gehören),

12. Jh. (ZDA 85) 1954/55, 181–197, bes. 183f.; Ders., Hohelied-Studien 1958, 98ff.; s. auch o. 548 u. 595f.

[61] Dittrich (ZDA 84) 183ff.; B. Grabmeyer, Die Mischprosa in Willirams Paraphrase d. Hohen Liedes (Göpp. Arb. z. Germ. 179) 1976; Eggers, VL IV, 985ff.

bayerisch sind oder doch deutlich dorthin weisen. Ob wir damit eine bayerische Sonderleistung fassen oder nur Zufälle der Überlieferung, läßt sich nicht beantworten. – Die kirchliche Gebrauchsliteratur in ahd. Sprache und die lat.-ahd. Glossographie erfreuen sich in den bayerischen Klöstern einer regen Pflege. Eine Sonderstellung nimmt Bayern damit nicht ein. Allerdings hat der Süden, aber den alemannischen Raum eingeschlossen, eine deutliche Vorrangstellung vor Mittel- und gar Norddeutschland. – Seit dem späten neunten Jahrhundert verschiebt sich das Schwergewicht der literarischen Entwicklung in der ahd. Periode endgültig nach dem Westen. Die neue Endreimdichtung wird in Bayern rezipiert (Kreis um Bischof Waldo in Freising), die Impulse aber gehen vom fränkisch-alemannischen Raum aus. – Mit den beiden gelehrten Benediktinern Williram und Otloh meldet sich Bayern am Ausgang der ahd. Zeit noch einmal vernehmbar zu Wort. Etwa gleichzeitig mit dem Wirken dieser beiden, das noch aus der gelehrten Tradition des karolingischen Klosters verstanden werden muß, vollzieht sich eine entscheidende Wende, die recht eigentlich den Beginn deutscher Dichtung im vollen Sinn markiert. Junge, bisher stumme Kulturlandschaften kommen zu Wort. Bayern ist mit dem Altland wie mit dem später österreichischen Neuland deutscher Kultur an der Donau und im Osten und Südosten der Alpen bedeutend vertreten.

§ 40. DIE MITTELHOCHDEUTSCHE LITERATUR

Literaturgeschichtliche Lexika und Gesamtdarstellungen: VL (Einzelartikel zu Verfassern u. [anonymen] Werken; vgl. soweit bereits erschienen die 2. Aufl. 1978ff.); RL; EHRISMANN II 1; II 2, 1; II 2, 2 (vielfach veraltet, aber wegen des reichen Materials, besonders auch in den bibliographischen Angaben, immer noch unentbehrlich); DE BOOR (augenblicklich die beste handbuchartige Darstellung, mit reichhaltiger Auswahlbibliographie; die beiden ersten Bände stehen auf dem Forschungsstand von etwa 1950, aber bibliographische Nachträge im Anhang); Gesch. d. deutschen Lit. v. d. Anfängen bis 1160, hg. v. E. ERB, 2 Teilbde., 1963/64 (Parallelunternehmen der DDR zu DE BOOR); F. NEUMANN, Gesch. d. altdeutschen Lit. (800–1600), 1966; BERTAU (anregender Versuch einer sozialhistorisch orientierten Literaturgeschichte); Annalen d. deutschen Lit. I, hg. v. H. O. BURGER, 1961² (synchrone Schnitte als Darstellungsprinzip); SCHNEIDER-MOHR, Mhd. Dichtung (RL II) 314–335; zu einzelnen Gattungsbereichen: Deutsche Philologie im Aufriß, hg. v. W. STAMMLER, 3 Bde., 1957/62² u. Reg.Bd., 1969; Kurzer Grundriß d. german. Philologie, hg. v. L. E. SCHMITT, II: Lit.gesch., 1971; bibliographischer Leitfaden: M. BATTS, Hohes MA, 1969 (nicht immer zuverlässige Auswahl aus der Forschungsliteratur bis Ende 1965). – Literaturgeschichtliche Gesamt- u. Einzeldarstellungen unter topographischem Gesichtspunkt: NADLER I (nicht akzeptabel); M. LINTZEL, Die Mäzene d. deutschen Lit. im 12. u. 13. Jh. (Ausgew. Schr. II) 1961, 507–532 (nicht überall mehr auf der Höhe der Forschung, aber vorbildlich für die Betrachtungsweise); W. C. McDONALD, German Mediaeval Literary Patronage from Charlemagne to Maximilian I., Amsterdam 1973; H. HOLLAND, Gesch. d. altdeutschen Dichtkunst in Bayern, 1862 (von König Max II. angeregt und für seine Zeit verdienstvoll, heute jedoch gänzlich veraltet); RIEZLER I 2, 493–520, II 229–240, III 855–937 (stark veraltet; auch als Materialsammlung nur noch bedingt brauchbar); DÜNNINGER-KIESSELBACH, Bayer. Lit.gesch. in ausgew. Beispielen, 2 Bde., 1965/67; Fränk. Klassiker, hg. v. W. BUHL, 1971 (zu einzelnen Autoren); K. WINKLER, Lit.gesch. d. oberpfälzisch-egerländ. Stammes, Kallmünz o.J. (1938); E. HARTL, D. Anteil Österreichs an d. gesamtdeutschen Schrifttum d. MA, 1941; J. NADLER, Lit.gesch. Österreichs, 1951²; H. RUPPRICH, Geistl. u. ritterlich-höfische Dichtung in

Österreich 1060–1250 (Ausstellungskat. Roman. Kunst in Österreich) Krems 1964, 10–29; M. ENZINGER, D. deutsche Tiroler Lit. bis 1900, 1929; E. THURNHER, Wort u. Wesen in Südtirol, 1947; E. NUSSBAUMER, Geistiges Kärnten, 1956.

Während die Lokalisierung der althochdeutschen Literatur in wenigen großen geistlichen Kulturzentren immer wieder zu einer Darstellung unter topographischem Gesichtspunkt verlockte, ist die literaturtopographische Betrachtung des mittelhochdeutschen Schrifttums ein wenig geachtetes Nebengleis der Literaturgeschichte geblieben. Die Zurückhaltung der gelehrten Forschung, so sehr man sie bedauern mag, ist im ganzen nicht unverständlich. Nirgends sind die Voraussetzungen für den topographischen Aspekt so ungünstig wie bei der mittelhochdeutschen Literatur. Nur selten haben wir zuverlässige Nachrichten über Heimat und Leben eines Autors, und viele Denkmäler sind überhaupt anonym auf uns gekommen. Die dialektgeographische Methode aber – für die Karolingerzeit vielfach mit Nutzen angewandt – versagt allzu leicht in einer Zeit, wo die literarischen Raumgrenzen aufzubrechen beginnen und Tendenzen zu einer überlandschaftlichen Dichtersprache lebendig werden. Außerdem führt eine Dialektanalyse allemal nur auf die biologische Heimat eines Dichters und läßt uns über die viel wichtigere geistige und funktionelle Heimat im unklaren. Um hier Abhilfe zu schaffen, wird die Forschung verstärkt die Physiognomie literarischer Zentren (Höfe und Städte, Mäzene, Adressatenkreise, Publikum) und die Funktion der literarischen Produktion und Rezeption in diesen Kommunikationsbereichen herausarbeiten müssen. Wir erwähnen diese Schwierigkeiten nicht nur, um den Mangel an brauchbaren Vorarbeiten zu erklären, sondern zugleich auch, um die hinter der hier versuchten Skizze stehende Problematik zu verdeutlichen. – Rahmen und Zweck des Handbuchs bedingten einen Verzicht auf die Darlegung der Literaturgeschichte Österreichs und der Alpenländer in den Abschnitten ‹Die späthöfische Dichtung› und ‹Die Dichtung des ausgehenden Mittelalters› (s. Bd. II). Außerdem erwies sich eine Beschränkung auf den engeren Bezirk der Dichtung als unumgänglich, weil der zur Verfügung stehende Raum eine verantwortbare Behandlung des Gesamtbereichs des deutschsprachigen Schrifttums nicht erlaubte. Zugleich mußte eine rigorose Auswahl aus der teilweise außerordentlich umfangreichen Forschungsliteratur getroffen werden. Dabei erhielten – nach Nennung der Standardeditionen – zunächst solche Titel den Vorzug, über die sich die weitere Literatur über die betreffenden Denkmäler besonders leicht erschließen läßt, und zum andern erfolgte – wiederum im Blick auf den Zweck des Handbuchs – eine Konzentration auf solche Titel, die sich um die Erhellung des sozialgeschichtlichen Kontexts bemühen, in den die literarische Überlieferung eingebettet ist. Dieser Intention kam die Akzentuierung literatursoziologischer Fragestellungen entgegen, die sich – wenn auch mit wechselnden Erfolgen – seit den 60er Jahren innerhalb der germanistischen Mediaevistik abzeichnet;[1] sie kann einer fächerübergreifenden Zusammenarbeit, auf die auch dieses Handbuch zielt, nur förderlich sein.

[1] Sie reicht von begriffsgeschichtlichen Studien bis zum ersten Entwurf einer sozialhistorisch orientierten Literaturgeschichte (BERTAU); s. J. BUMKE, Stud. z.

a) *Die geistliche Dichtung des elften und zwölften Jahrhunderts.* Die in der Karolingerzeit bereits so bedeutsam entwickelte deutsche Dichtung war mit dem Ende dieser Periode noch einmal fast ganz von der schriftliterarischen Bildfläche verschwunden. Was in ottonischer und frühsalischer Zeit auf dem Pergament fortlebte, war ein literarisch wenig erhebliches klerikales Gebrauchsschrifttum, aus dem nur das vielseitige Opus des St. Galler Schulmeisters Notker Teutonicus und als später Nachklang die kommentierende Übersetzung des Hohen Lieds durch den Ebersberger Abt Williram[2] herausragen. Erst im Zeitalter Heinrichs IV. wird wieder Dichtung[3] sichtbar, und zwar annähernd zu gleicher Zeit in Ostfranken, in Schwaben, am Mittelrhein und in Bayern. Die Forschung hat sich immer wieder gefragt, wieso es gerade damals zu einem literarischen Neubeginn kam und welche geschichtlichen Kräfte ihn veranlaßt haben könnten. Bis vor wenigen Jahren war man sich in der Ansicht einig, daß die neue deutsche Dichtung, die ja auf längere Zeit hinaus fast ausschließlich geistlichen Inhalts ist, ihre entscheidenden Impulse von der cluniazensischen Reformbewegung empfangen habe, wenn nicht gar von ihr ins Leben gerufen worden sei. Dagegen ist aber kritisch eingewandt worden, daß diese Dichtung ja nur zum geringen Teil aus Klöstern hervorging und daß sie, genauer interpretiert, nur zum geringen Teil Elemente jenes Weltfluchtdenkens enthält, das man für eine Auswirkung des Geists von Cluny hielt. Schließlich läßt es die neuere historische Forschung auch immer fraglicher erscheinen, ob der contemptus mundi wirklich als ein Spezifikum der cluniazensischen Geisteshaltung gewertet werden darf.[4] So problematisch die Kausalverbindung des dichtungsgeschichtlichen Phänomens mit bestimmten geistigen Strömungen im einzelnen ist, so kann es aufs Ganze gesehen doch kein Zufall sein, daß die neue geistliche Dichtung gerade in jenen Jahren beginnt, als Investiturstreit und Kreuzzug Europa in eine politische und religiöse Erregung versetzen, die vorher und nachher wenig Vergleichbares hat.[5]

Der Anteil Bayerns an dieser frühmittelhochdeutschen geistlichen Dichtung ist, wie die sprachliche Analyse der in Frage stehenden Denkmäler erwiesen hat, sehr bedeutend. An diesem Bild mag freilich ein wenig auch der Überlieferungszufall mitgezeichnet haben, insofern die wichtigsten und ergiebigsten Sammelhandschriften aus bayerischem Sprachgebiet stammen (was natürlich auch wieder als Zeichen einer besonders intensiven Sammeltätigkeit und eines besonders regen literarischen Interes-

Ritterbegriff im 12. u. 13. Jh., 1977²; H. G. Reuter, Die Lehre v. Ritterstand, 1975. Bedeutende Anregungen erfolgten durch den Romanisten E. Köhler, Ideal u. Wirklichkeit in d. höfischen Epik, 1970².

[2] S. o. 622.

[3] C. Soeteman, Deutsche geistl. Dichtung d. 11. u. 12. Jhs., 1971² (wichtig wegen der bibliograph. Angaben).

[4] Hallinger; W. Schröder, Mönchische Reformbewegungen u. frühdeutsche Lit.gesch. (Wiss. Zschr. d. M. Luther-Univ. Halle-Wittenberg, 4. Jg., ges.- u. spr.wiss. Reihe) 1954/55, 237–248; Ders., Kontinuität oder Diskontinuität in d. Frühgesch. d. deutschen Lit.? (ZDA 100) 1971, 195–213 als Kritik an G. Meissburger, Grundlagen z. Verständnis d. deutschen Mönchsdichtung im 11. u. 12. Jh., 1970; H. Rupp, Deutsche relig. Dichtungen d. 11. u. 12. Jhs., 1971²; R. Schützeichel, Z. Bezeichnung ‹cluniazensisch› u. z. Methode d. Interpretation ma. relig. Dichtung (Stud. z. frühmhd. Lit.) 1974, 28–36.

[5] S. auch H. J. Gernentz, Soziale Anschauungen u. Forderungen einiger frühmhd. geistl. Dichter (Weimarer Beitrr. 3) 1957, 402–428.

ses gewertet werden kann).[6] Während nun aber die seit der Mitte des zwölften Jahrhunderts einsetzende weltliche Dichtung («vorhöfische Epik») sich unschwer mit einem bestimmten geistigen Zentrum (Regensburg) in Verbindung bringen läßt, ist das bei den geistlichen Dichtungen nur ganz selten möglich. Wenn sich im Laufe der Zeit in der Germanistik das Axiom von einer südostbayerischen (donauländischen und kärntnerisch-steiermärkischen) Herkunft herausgebildet hat, so beruht dies vor allem auf der Geographie der Fundorte, an denen diese Dichtungen im neunzehnten Jahrhundert wieder zutage traten. Im Bewußtsein ihrer schwachen Beglaubigung hat Hermann Menhardt in zahlreichen Arbeiten die südostbayerische These angefochten und ihr gegenüber die Behauptung aufgestellt, nicht nur die Haupthandschriften der frühmittelhochdeutschen geistlichen Dichtungen, sondern auch diese selbst seien zum größeren Teil in Regensburg (oder doch im niederbayerischen Umkreis) entstanden.[7] Die Germanistik hat diese neue Anschauung, die verschiedentlich auch eine Umdatierung der Denkmäler fordert, mit Zurückhaltung oder Ablehnung aufgenommen: Im Gegenzug zu H. Menhardts These versuchte Pius Fank für die Vorauer Handschrift Propst Bernhard I. von Vorau (1185–1202) als Schreiber der deutschen Texte und als Illuminator des Kodex zu sichern,[8] und mit gewichtigen kunstgeschichtlichen Argumenten trat Hella Voss erneut für die Kärntner Heimat der Millstätter Handschrift ein.[9] Angesichts dieses Diskussionsstandes scheint es geraten, an dieser Stelle weiterhin der konventionellen Auffassung das Wort zu geben.

Am Anfang der bayerischen Geistlichendichtung steht (geschrieben um das Jahr 1060?) das umfangreiche Genesisepos (über 6000 Verse) eines Kärntner Klerikers, das wir nach der Überlieferung in einer Wiener Handschrift *Wiener Genesis*[10] nennen. Mit farbkräftiger Anschaulichkeit und in behaglicher Breite werden die Ereignisse der Weltschöpfung und der frühen Patriarchengeschichte geschildert. Wir spüren: hier ist ein echter Erzähler am Werk. Doch dieser Erzähler ist sich auch einer theologischen Aufgabe bewußt, und so hat er seinen Bericht der Geschehnisse immer wieder unterbrochen durch exegetische Partien, die die geläufigen Genesiskommentare nützen. Und schließlich ist das Ganze unter einen größeren theologischen Horizont gestellt, unter den Horizont der Heilsgeschichte. In der Auslegung des Jakobssegens am Schluß des Gedichts spannt sich ein heilsgeschichtlicher Bogen bis zu Christi Erlösungswerk und den letzten Dingen, und damit mündet die Genesisdichtung in das große Generalthema des Zeitalters.

[6] RL I 494–507 (H. KUHN); ergänzter Wiederabdr. in H. KUHN, Text u. Theorie, 1969, 141–157 u. 362f.

[7] Zusammenfassend: H. MENHARDT, Regensburg, ein Mittelpunkt d. deutschen Epik d. 12. Jhs. (ZDA 89) 1958/59, 271–274. In erweiterter Form in: (VHOR 101) 1961, 193–202.

[8] P. FANK, D. Vorauer Hs., 1967; s. auch K. K. POLHEIM (s. u. 627 Anm. 14).

[9] Für Kärnten plädiert auch A. KRACHER (s. u. 627 Anm. 13).

[10] Hg. v. K. SMITS, 1972; VL I² 279–284; DE BOOR I 143f.; BERTAU I 168–178; H. KUHN, Gestalten u. Lebenskräfte d. frühmhd. Dichtung, in: H. KUHN, Dichtung u. Welt im MA, 1969², 112–132 u. 258–264 (Erstdruck: DVschr. LG 27, 1953, 1–30); M. T. SÜNGER, Stud. z. Struktur d. Wiener u. Millstätter Genesis, 1964 (darin auch Auseinandersetzung mit einem Versuch, das Werk für mittelfränk. Ursprungs zu erklären); D. HENSING, Z. Gestaltung d. Wiener Genesis, 1972.

Die bayerische Literaturlandschaft debütiert mit Bibeldichtung,[11] und diese Gattung bleibt auf lange Zeit ein bayerisches Privileg. Um das Jahr 1120 wird die Wiener Genesis durch eine Exodusdichtung veränderter Stilhaltung *(Wiener Exodus)*[12] ergänzt, und noch etwas später erfolgt eine Umarbeitung beider Teile, die vor allem die inzwischen archaisch wirkende Genesis stärker verändert *(Millstätter Genesis und Exodus).*[13] Nochmals erweitert und dabei ganz neu gestaltet wird die Patriarchengeschichte zwischen 1130 und 1140 in den *Vorauer Büchern Mosis,*[14] die jedoch merkwürdigerweise die Josephgeschichte unverändert aus der Wiener Fassung übernehmen. Es handelt sich wohl um eine Kompilation von Dichtungen verschiedener Verfasser, deren vorrangiges Interesse sich weniger in artifiziell-erzählerischen als vielmehr in theologisch-belehrenden Zielen traf; daher ist auch der Gedanke an eine einheitliche Konzeption der Sammlung trotz ihres kompilatorischen Charakters nicht ganz abzuweisen. Ein Judithepos aus der Zeit der Jahrhundertmitte *(Jüngere Judith)*[15] beendet die Reihe alttestamentlicher Dichtungen.

Das Neue Testament als poetischer Gegenstand tritt uns zuerst im *Leben Jesu* der *Frau Ava*[16] entgegen (das eingeleitet ist durch ein Johannes-Baptista-Gedicht und fortgeführt wird durch weitere kleine Dichtungen). Diese erste Dichterin in deutscher Sprache – sie verfaßte ihr Werk nach eigener Aussage mit Hilfe ihrer beiden (wohl geistlichen) Söhne – identifiziert man herkömmlich mit einer Rekluse, deren Tod die Melker Klosterannalen zum Jahre 1127 verzeichnen. Auch hier läßt sich, obwohl im Kern einfach die Ereignisse des Christuslebens nach dem evangelischen Bericht in schlicht-eindringlicher Sprache forterzählt werden, ein heilsgeschichtliches Interesse beobachten, insofern die heilsgeschichtlich wichtigen Lebensstationen mit mehr Anteilnahme und in größerer Ausführlichkeit behandelt sind. Dem Avaschen *Johannes* – wohl als eine Art Vorgeschichte zum Jesusleben konzipiert – folgen noch zwei weitere bayerische Johannes-Dichtungen, die den allmählichen Übergang in das Legendenschrifttum zeigen *(Priester Adelbrechts Johannes Baptista*[17] und *Baumgartenberger Johannes Baptista).*[18]

Die poetische Hagiographie[19] als ausgeprägter Typus gehört erst der Schlußphase

[11] Zur Problematik des Begriffs U. HENNING, Z. Gattungsbestimmung frühmhd. Dichtungen (Stud. z. frühmhd. Lit.) 1974, 136–150.

[12] Hg. v. E. PAPP, D. altdt. Exodus, 1968; VL I² 276–279.; DE BOOR I 151 f.

[13] Hg. v. J. DIEMER, 1862; E. PAPP (s. o. Anm. 12); Faksimile hg. v. A. KRACHER, 1967; VL I² 279–284; DE BOOR I 152 f., H. VOSS, Stud. z. illustrierten Millstätter Genesis, 1962; D. H. GREEN, The Millstätter Exodus. A Crusading Epic, Cambridge 1966.

[14] Hg. v. J. DIEMER, Deutsche Gedichte d. 11. u. 12. Jhs., 1849, 1–85; Faksimile, hg. v. K. K. POLHEIM, 1958; VL I 329–332; DE BOOR I 152 f.; D. A. WELLS, The Vorau *Moses* and *Balaam*, Cambridge 1970.

[15] Hg. v. F. MAURER, Die relig. Dichtungen d. 11. u. 12. Jhs., 3 Bde., 1964/70, nr. 31; VL II 720 f.; B. NAUMANN, Dichter u. Publikum in deutscher u. lat. Bibelepik d. frühen 12. Jhs., 1968.

[16] Hg. ebd. nr. 40–43; Ders., Die Dichtungen d. Frau Ava, 1966, VL I² 560–565; DE BOOR I 153–155; NDB I 464; E. GREINEMANN, Die Gedichte d. Frau Ava, Diss. Freiburg 1968; A. MASSER, Bibel, Apokryphen u. Legenden, 1969.

[17] Hg. v. MAURER (s. o. Anm. 15) nr. 37; VL I² 62 f.; DE BOOR I 155; NDB I 57.

[18] Hg. ebd. nr. 27; VL I² 646 f.; DE BOOR I 155.

[19] H. ROSENFELD, Legende, 1972³; Ders., RL II 13–31.

der frühmittelhochdeutschen Literatur im dritten und vierten Viertel des Jahrhunderts an. Bayerisch ist daraus außer der neuerdings für den Schäftlarner Propst *Arnolt* (1158–1163) beanspruchten *Heiligen Juliana*[20] nur *ein* bedeutenderes Denkmal, die *Tundaluslegende* des Windberger Prämonstratensers *Alber*.[21] Wir nennen im Anschluß an diese Visionslegende, in deren Zentrum eine breite Jenseitsschilderung steht,[22] noch zwei andere Jenseitsdichtungen aus Bayern, die ihre Hauptanregung aus der Johannesapokalypse empfingen. Das ältere Werk (österreichisch, um 1140), benannt *Das himmlische Jerusalem*,[23] ist eine breit angelegte Gebäudeallegorie, in deren Auslegung der Edelsteine auch das Wissen mittelalterlicher Lapidarien verarbeitet wird.[24] Bedeutender ist das jüngere Gedicht *Vom Himmelreich*[25] (um 1180), das die ergriffene Sprachkraft seiner Jenseitsschau unter die echt dichterischen Leistungen der Epoche einreiht. Auch dieses Denkmal wird ins niederbayerische Windberg gehören, was besonders durch Ähnlichkeiten der Schreibweise mit jener der *Windberger Psalmenübersetzung*[26] erwiesen wird.

Neben solcher ganz oder vorwiegend epischer Dichtung steht eine zweite große Gruppe frühmittelhochdeutscher geistlicher Literaturdenkmäler, die mehr auf dogmatische Unterweisung zielt.[27] Bayern hat daran Anteil mit einer *Auslegung des Vaterunsers*[28] (um 1140) und zwei Siebenzahlgedichten, das bedeutendere von einem steiermärkischen (?) *Priester Arnold*[29] um 1130. Um 1160/70 gesellt sich dazu noch das *Anegenge*[30] (das bedeutet: origo, principium) als eine heilsgeschichtliche Dogmatik von universellem Anspruch und schon fast scholastischer Gelehrsamkeit, aber ohne merkliche vis poetica.

[20] Hg. v. MAURER (s. o. 627 Anm. 15) nr. 47; K.-E. GEITH, Priester Arnolts Legende v. d. hl. Juliana, Diss. Freiburg 1965; Ders., Ein dt. Gedicht aus d. Kloster Schäftlarn (Analecta Praemonstratensia 45) 1969, 56–64 (Windberger Legendar clm. 22240 als Quelle); VL I² 489–491; NDB I 379.

[21] Hg. v. C. v. KRAUS, Deutsche Gedichte d. 12. Jhs., 1894, 46–62; VL I² 108–111; DE BOOR I 186f.; NDB I 122f.

[22] Zur lateinischen Tradition H. SPILLING, Die Visio Tnugdali, 1975.

[23] Hg. v. MAURER (s. o. 627 Anm. 15) nr. 28; VL II 580–582; DE BOOR I 182f.; D. A. WELLS, D. Vorauer ‹Moses› u. d. Auslegung d. Himmlischen Jerusalem (ZDA 98) 1969, 29–39 (erwägt Entstehung vor dem Vorauer Moses).

[24] H.-F. RESKE, Jerusalem caelestis, 1973; Ch. MEIER, Z. Quellenfrage d. Himmlischen Jerusalem (ZDA 104) 1975, 204–243.

[25] Hg. v. MAURER (s. o. 627 Anm. 15) nr. 14; VL II 457f.; DE BOOR I 183–185; F. MAURER, Zum «Himelrîche» (Festschr. L. Wolff) 1962, 195–202.

[26] Hg. v. E. G. GRAFF, 1839; VL IV 996–1001; DE BOOR I 114.

[27] B. SOWINSKI, Lehrhafte Dichtung d. MA, 1971.

[28] Hg. v. MAURER (s. o. 627 Anm. 15) nr. 10; VL I² 554–556; DE BOOR I 168f.; V. SCHUPP, D. Auslegung d. Vaterunser u. ihre Bauform (Deutschunterricht 11) 1959, H. 2, 25–34; Ders., Septenar u. Bauform, 1964, 14–58 (dort auch zum anonymen der unten genannten Siebenzahlgedichte, 59–100).

[29] Hg. v. MAURER (s. o. 627 Anm. 15) nrr. 11 u. 48 (Priester Arnold); VL I² 491–493; DE BOOR I 169f.; W. MOHR, Vorstud. z. Aufbau v. Priester Arnolds «Loblied auf d. Hl. Geist» (Siebenzahl) (Festschr. F. Maurer) 1963, 320–351; nach GEITH (s. o. Anm. 20) ist der Verfasser wahrscheinlich identisch mit dem oben genannten Propst von Schäftlarn.

[30] Hg. v. D. NEUSCHÄFER, 1966; VL I² 352–356; DE BOOR I 165f.; RUPP (s. o. 625 Anm. 4) 217–260.

In eine dritte Gruppe kann man neben Sündenklagen *(Vorauer Sündenklage)*[31] und Verwandtem (etwa *Heinrichs Litanei*)[32] jene Dichtungen stellen, die thematisch um das Problem des rechten Weltlebens kreisen. Von einem ländlichen Seelsorger verfaßt ist die stark aufs Praktische blickende christliche Lebenslehre des Gedichts *Vom Rechte,*[33] und derselbe Mann scheint in der *Hochzeit,*[34] benannt nach der im Mittelpunkt stehenden Hochzeitsallegorie vom Typ der Hohen Lied-Auslegung, ein älteres, mehr dogmatisch gerichtetes Denkmal überarbeitet zu haben, wobei er deutlich Elemente der weltlichen Unterhaltungsliteratur einfließen ließ.[35] Für beide Dichtungen wird allerdings immer wieder auch alemannische Herkunft erwogen. An die Stimmung, die aus der Literatur alemannischer Reformklöster spricht, erinnert die unbarmherzige Drastik, mit der in den sittenkritischen Gedichten *Erinnerung an den Tod* und *Priesterleben* die Laster der Zeit (Ende 12. Jh.) gegeißelt werden.[36] Der leidenschaftliche Ton der Anklage der beiden in einer geistlichen Sammelhandschrift überlieferten Gedichte, ließ die Forschung schon früh an einen gemeinsamen Autor denken, den sie *Heinrich von Melk*[37] nannte. Man glaubte nämlich, den am Schluß der *Erinnerung* von einem *Heinrich* genannten Abt *Erchanfried* mit dem gleichnamigen Vorsteher des Klosters Melk (1121–1163)[38] identifizieren und den Autor (Schreiber?) Heinrich als Laienbruder ritterlicher Abkunft in dieser Mönchsgemeinschaft ansiedeln zu dürfen. Dieser Lokalisierung wie der Rückführung beider Gedichte auf einen Autor ist nunmehr entschieden widersprochen worden;[39] die Einbettung dieser prononcierten Zeitkritiken in einen konkreten gesellschaftlichen Kontext ist damit vorerst wieder offen.[40]

Außerhalb dieser drei Gruppen geistlicher Dichtung steht ein inhaltlich wie als Typus gleich bemerkenswertes Bruchstück einer poetischen Erdbeschreibung *(Merigarto),*[41] das einzige Beispiel weltlicher Artes-Literatur in dieser Zeit (um 1070/80) und nach neuester Forschung[42] nun doch sicher nach Bayern (Regensburg) gehörig. Ein anderes Stück Naturkunde steckt in den deutschen Abkömmlingen der christlich allegorischen Zoologie des Pseudo-Chrysostomus; zwei Denkmäler sind in Bayern beheimatet: der sog. *Jüngere (Prosa-)Physiologus*[43] (um 1220/30) und eine Fassung in schlechten Versen *(Millstätter Physiologus).*[44]

[31] Hg. v. MAURER (s. o. 627 Anm. 15) nr. 50; VL IV 341 f.; EHRISMANN II 1, 178 bis 180; DE BOOR I 188.

[32] Hg. v. MAURER (s. o. 627 Anm. 15) nr. 51; VL II 244–247; EHRISMANN II 1, 172–175; DE BOOR I 188.

[33] Hg. v. MAURER (s. o. 627 Anm. 15) nr. 29; VL V 936 f.; DE BOOR I 177 f.

[34] Hg. v. MAURER (s. o. 627 Anm. 15) nr. 30; VL II 469–472; DE BOOR I 178 f.

[35] P. F. GANZ, D. Hochzeit: *fabula* u. *significatio* (Stud. z. frühmhd. Lit.) 1974, 58–73.

[36] Hg. v. MAURER (s. o. 627 Anm. 15) nrr. 52 u. 53.

[37] VL II 299–304; V 348; DE BOOR I 173–176; BERTAU I 364 f.; NDB VIII 415.

[38] S. o. 475.

[39] P.-E. NEUSER, Zum sog. ‹Heinrich v. Melk›, 1973.

[40] W. STÖRMER, Früher Adel II, 1973, 482–486.

[41] Hg. Lb 140–144 u. v. MAURER (s. o. 627 Anm. 15) nr. 1; VL III 352–355; DE BOOR I 146 f.

[42] N. Th. J. VOORWINDEN, Merigarto, Leiden 1973; Ders., Das Regensburger ‹Merigarto› (Amsterdamer Beitrr. z. älteren Germanistik 4) 1975, 21–31.

[43] Hg. v. MAURER (s. o. 627 Anm. 15) nr. 4; Ders., D. altdt. Physiologus, 1967; VL III 895–897; V 901–908; EHRISMANN II 1, 224–231.

[44] Hg. v. MAURER (s. o. 627 Anm. 15); Faksimile s. o. 627 Anm. 13; DE BOOR I 125.

Zwei künstlerisch noch recht unscheinbare und stark lateinischen Vorbildern verpflichtete Beispiele von Marienlyrik, das *Melker Marienlied*[45] (um 1140/50) und die *Mariensequenz aus St. Lambrecht,*[46] nehmen sich als verfrühte Vorläufer eines kommenden Zeitalters aus, in dem formal die Lyrik und inhaltlich das Marienthema eine bedeutende Rolle spielen wird.

b) *Die Anfänge der weltlichen Dichtung im zwölften Jahrhundert.* Die Vorrangstellung, die die Bibelepik in Bayern innehatte, scheint ihre Ursache in einem besonders lebhaften Publikumsinteresse an der erzählenden Gattung zu haben, und ebenso mag sich die Tatsache erklären, daß man gerade in Bayern die ersten Schritte auf eine weltliche Epik hin tat. Wir sagen «die ersten Schritte», denn von einem entschlossenen und konsequenten Aufbruch in säkularisierte Stoffbereiche kann nur bedingt die Rede sein. Die *vorhöfische Epik* (wie wir die Gruppe nach ihrer literarhistorischen Stellung benennen) läßt nämlich trotz zunehmend weltlicher Blickrichtung, trotz weltlichen Publikums und trotz vielfach adliger Personagen ihre geistliche Abstammung noch deutlich genug erkennen. Die Verfasser sind eben immer noch Kleriker, die in ihrer Erzählhaltung und Stoffwahl ein kirchliches Weltbild und nicht selten auch die Nähe zur Legende spüren lassen. Entsprechend geschieht die Weltergreifung der vorhöfischen Epik noch zaghaft und schrittweise, und doch vollzieht sich dabei ein Prozeß von bedeutsamer literarhistorischer Tragweite: er sichert der weltlichen Literatur Zug um Zug ihr Eigenrecht neben der bislang im schriftlichen Bereich weitgehend alleinherrschenden geistlichen Literatur. Daß hinter einem so bedeutenden geistigen Vorgang ein einflußreiches Kulturzentrum stehen muß, liegt nahe, und ein solches Zentrum kann im damaligen Bayern kein anderes gewesen sein als Regensburg.[47] Allerdings bleibt die vorhöfische Epik nicht auf dieses Kulturzentrum beschränkt, und es scheint auch, als ob gerade die Werke nicht direkt in Regensburg zu lokalisieren sind, in denen das Weltliche unübersehbar in den Vordergrund tritt.

Der Erstling dieser neuen Regensburger Epik dürfte, wenn auch nicht unbestritten, die *Kaiserchronik*[48] eines (?) unbekannten Regensburger Klerikers sein. Da das welfenfreundliche Werk mit der Kreuzzugspredigt Bernhards von Clairvaux 1146 abbricht, setzte man früher[49] die Beendigung der Arbeit kurz nach diesem Ereignis an. Neuere Forschungen bringen diese erste deutschsprachige Chronik jedoch in Zusammenhang mit dem politischen Umschwung nach der Wahl Friedrichs I. im Jahre 1152 und

[45] Hg. v. MAURER (s. o. 627 Anm. 15) nr. 13; VL III 251–253; DE BOOR I 201 f.; H. KOLB, D. Melker Marienlied (Interpretationen mhd. Lyrik) 1969, 47–82.

[46] Hg. v. MAURER (s. o. 627 Anm. 15) nr. 21; VL V 666–668 (vgl. VL I² 569); DE BOOR I 202.

[47] S. o. 626 Anm. 7; R. BAUERREISS, Regensburg als relig.-theolog. Mittelpunkt Süddeutschlands im 12. Jh. (Wahrheit u. Verkündigung. Festschr. M. Schmaus Bd. 2) 1967, 1141–1152; s. o. 626 Anm. 7 u. 496 ff.

[48] Hg. v. F. MASSMANN, 1849–54; Kaiserchronik (Neudruck 1964); VL II 732–746; DE BOOR I 211–220; BERTAU I 337–344; E. F. OHLY, Sage u. Legende in d. Kaiserchronik, 1940 (Neudr. 1968).

[49] Zuletzt F. NEUMANN, Wann entstanden Kaiserchronik u. Rolandslied? (ZDA 91) 1961/62, 263–329 (Entstehung zwischen 1140–1150).

sehen Pfalzgraf Otto V. von Wittelsbach († 1155)[50] oder dessen Sohn Otto VI.[51] als Auftraggeber. Die Kaiserchronik präsentiert, aufgereiht an einer Kette von Herrscherbiographien (von Caesar bis Konrad III.),[52] eine Geschichte des weströmischen Weltreichs. Dieses universalgeschichtliche Gerüst ist aber ausgefüllt durch eine große Anzahl von anekdotischen, novellistischen und vor allem legendarischen Erzählungen, wodurch der historiographische Grundcharakter der Chronik immer wieder überlagert wird. Wegen dieses Gemenges werden neben der historischen Idee des von den Römern über die Franken auf die Deutschen gekommenen Reiches, dem als imperium christianum eine untrennbare Lebensgemeinschaft mit der Kirche aufgegeben ist,[53] neuerdings wieder stärker die episodenhaften Strukturelemente des Werks hervorgehoben.[54]

Formal nicht weniger altertümlich, aber stofflich moderner ist das (wohl gleichzeitige) zweite Werk der vorhöfischen Epik, das wir nur mit Vorbehalt nach Regensburg versetzen dürfen, denn sein Verfasser, der *Pfaffe Lamprecht,*[55] ist Moselfranke aus Trier. Falls er seinen *Alexander*[56] nicht in Regensburg selbst gedichtet haben sollte, so ist dieser jedenfalls sehr schnell nach Regensburg gebracht und dort zusammen mit den genuin Regensburger Epen gelesen worden. Lamprecht übersetzt – und zwar, wie uns ein Vergleich mit den Resten der Vorlage erkennen läßt, recht mühselig – den französischen Alexanderroman eines Alberich von Bisinzo (Besançon?). In dieser Wahl einer französischen Vorlage gegenüber den sonst allein benutzten lateinischen liegt das eigentlich Neue und Zukunftweisende seines Tuns. Für die geistliche Bewertung des Alexanderlebens als eines Vanitas-Exempels trägt bereits sein Vorgänger die Verantwortung. Lamprechts Werk ist Torso geblieben. Erst eine (nur sekundär erschließbare) Neubearbeitung hat das Gedicht zu Ende gebracht.[57]

In der Wahl eines französischen Vorbilds (Chanson de Roland, um 1100) dem Alexander verwandt und auch durch direkte Benutzung mit diesem verbunden ist das *Rolandslied* des *Pfaffen Konrad.*[58] Nirgends ist um eine Datierung so viel gekämpft worden wie bei diesem Werk, dessen Regensburger Provenienz zwar gesichert ist, dessen Datierung aber – je nachdem auf welchen Herrscher man den im Epilog

[50] F. URBANEK, Z. Datierung d. Kaiserchronik (Euphorion 53) 1959, 113–152 (Entstehung zwischen 1152–1155).

[51] E. E. STENGEL, D. Entstehung d. Kaiserchronik u. d. Aufgang d. staufischen Zeit (DA 14) 1958, 395–416; Ders., Nochmals d. Datierung d. Kaiserchronik (DA 16) 1960, 226–228 (Entstehung zwischen 1160–1165).

[52] F. URBANEK, Herrscherzahl u. Regierungszeiten in d. Kaiserchronik (Euphorion 66) 1972, 219–237.

[53] Vgl. E. NELLMANN, Die Reichsidee in deutschen Dichtungen d. Salier- u. frühen Stauferzeit, 1963, 82–163.

[54] Ch. GELLINEK, Die Deutsche Kaiserchronik, 1971 (vermutet Regensburger Patriziat als Adressatenkreis).

[55] VL III 4–17.

[56] Hg. v. K. KINZEL, 1884, und neuerdings von MAURER (s. o. 627 Anm. 15) nr. 45; DE BOOR I 209f., 220–228; W. FISCHER, Die Alexanderliedkonzeption des Pfaffen Lamprecht, 1964.

[57] F. URBANEK, Umfang u. Intention v. Lamprechts Alexanderlied (ZDA 99) 1970, 96–120; H. BUNTZ, Die dt. Alexanderdichtung d. MA, 1973, 16–23 (Lit.); BERTAU I 329–337.

[58] Hg. v. C. WESLE, 1967²; Faksimile hg. v. WERNER-ZIRNBAUER, 1970; VL II 870–887; V 537–544; DE BOOR I 209f., 228–235.

genannten Herzog Heinrich bezog – zwischen den Zeitmarken um 1130 (Heinrich der Stolze), um 1150 (Heinrich Jasomirgott) oder um 1170 (Heinrich der Löwe) schwankte. Diese für den historischen Kontext des Werks entscheidende Frage dürfte nunmehr zugunsten der Spätdatierung entschieden sein.[59] Die Altertümlichkeit des Epos in Sprache und Stil, die bislang als Hauptargument gegen die Spätdatierung diente, scheint auf einem bewußten Archaisieren zu beruhen, das von Karl Bertau[60] als Ausdruck fürstlicher Repräsentationskunst Heinrichs des Löwen gedeutet wird. Der Kleriker Konrad nahm sich also mehr vor, als einfach eine fremdsprachige Vorlage ins Deutsche zu übertragen: Er macht aus Roland, dem Streiter für die nationale Idee der douce France, einen miles christianus, der mit Karl dem Großen zur Heidenbekehrung nach Spanien auszieht und mit seinem Schlachtentod die Gloriole eines Märtyrers erringt. Mit diesem umstilisierten Roland wird Heinrich der Löwe typologisch[61] in Beziehung gesetzt, und der Vergleich mit König David im Epilog hebt ihn auf eine Ebene mit Kaiser Karl. Heinrich der Löwe wird damit in einen Traditionsanspruch gestellt, in dem die im Rolandslied aufleuchtende Reichsidee[62] eine deutlich landesfürstliche Facette erhält.

Spiegelungen des Kreuzzugszeitalters, die den Blick in dieser Zeit auf die Chanson de Roland gelenkt haben dürften, finden sich in noch viel gegenständlicherer Art beim *König Rother*[63] (um 1160), dem ältesten Werk jener heterogenen und in ihrer ganzen Konstruktion nicht unproblematischen Gruppe, die man *Spielmannsepik*[64] nennt. Und wie das Rolandslied greift auch der König Rother die in dieser Zeit kräftig aktivierte Karls-Tradition auf: Der süditalienische König Rother, der nach abenteuerlicher Werbung eine byzantinische Kaisertochter heimführen kann, wird zum Großvater Karls des Großen. Friedrich Panzer[65] sah in dieser Geschichte die

[59] D. KARTSCHOKE, Die Datierung d. deutschen Rolandsliedes, 1965 (mit umfassender Darlegung der vorausgegangenen Forschungsdiskussion). S. auch F. URBANEK, The Rolandslied by Pfaffe Konrad – Some Chronological Aspects as to its Historical and Literary Background (Euphorion 65) 1971, 219–244; für Spätdatierung, aber für Heinrich Jasomirgott: Ch. GELLINEK, The Epilogue of Konrad's Rolandslied (Modern Language Notes 83) 1968, 390–405. Von einer Frühdatierung geht R. BAUERREISS aus, wenn er im Autor den späteren Regensburger Bischof Konrad II. (1167–1185) zu erkennen glaubt: Die Siegburger Klosterreform in Regensburg, d. «Kaiserchronik», d. «Rolandslied» u. d. «Pfaffe Konrad» (StMBO 82) 1971, 334–343.

[60] Das dt. Rolandslied u. d. Repräsentationskunst Heinrichs d. Löwen (Deutschunterricht 20) 1968, H. 2, 4–30.

[61] Zum typologischen Erzählstil s. H. BACKES, Bibel u. ars praedicandi im Rolandslied d. Pfaffen Konrad, 1966. S. auch H. RICHTER, Kommentar z. Rolandslied d. Pfaffen Konrad I, 1972.

[62] NELLMANN (s. o. 631 Anm. 53) 164–192; H. RICHTER, Das Hoflager Kaiser Karls (ZDA 102) 1973, 81–101.

[63] Hg. v. FRINGS-KUHNT, 1968³; VL II 847–861; V 533 f.; DE BOOR I 238–243; BERTAU I 470–478.

[64] DE BOOR I 236–238; W. J. SCHRÖDER, Spielmannsepik, 1967²; M. CURSCHMANN, «Spielmannsepik». Wege u. Ergebnisse d. Forschung v. 1907–1965. Mit Ergänzungen u. Nachtr. bis 1967, 1968.

[65] Italische Normannen in deutscher Heldensage, 1925; an die Heirat des staufferfreundlichen Babenbergers Heinrich Jasomirgott mit Theodora Comnena (s. o. 340) und an Regensburg (um 1150) als Entstehungsort denkt hingegen Ch. GELLINEK, König Rother, 1968.

Aktualisierung der altepischen Brautwerbungsformel auf ein zeitgenössisches Ereignis hin und dachte dabei an die Werbung des normannischen Sizilienherrschers Roger II. um eine byzantinische Prinzessin und an seine Kriegszüge gegen Konstantinopel 1143–1149; an einer literarischen Eingliederung des Reichsfeindes Roger in die Karlsgenealogie ist jedoch ebenso Zweifel angemeldet worden wie an der geläufigen Etikettierung des Werks als welfischer Dichtung. Es scheint – wie beim Rolandslied auch – ratsam, über dem imperialen (beim König Rother wohl eher staufischen) nicht den feudalen Aspekt des Epos zu übersehen, zumal in ihm erstmals ein gräfliches Mäzenatentum in den Blick kommt. Zwar stammt der unbekannte Autor vom Rhein, der uns greifbare Hörerkreis führt aber in die Nähe der Grafen von Tengling, deren Geschlecht mehrfach lobend hervorgehoben wird. Auffallend ist auch, daß im alten Tenglinger Herrschaftsbereich der Name Rother zwischen 1180 und 1300 gehäuft auftritt;[66] entsprechend wird hier (und vielleicht am Hof der Babenberger) der Wirkungsbereich dieser Dichtung zu sehen sein.

Auch im Epos vom *Herzog Ernst,*[67] dessen älteste Gestalt (um 1170/80) nur in Bruchstücken bekannt ist, glaubte man welfische Blickrichtung zu erkennen. Eine Aufrührergeschichte, in der zwei verschiedene historische Geschehnisse sagenhaft ineinander gemengt sind, ist verbunden mit der Schilderung einer phantastischen Orientfahrt, die in siegreichen Heidenkämpfen gipfelt. Der exilierte Held ist Herzog von Bayern, und was ihn aus seinem angestammten Herzogtum vertreibt, ist ein Zwist mit dem Kaiser. Es ist verlockend, darin eine Spiegelung der Situation nach 1180 und in der Versöhnung zwischen Kaiser und Herzog am Schluß den politischen Wunschtraum eines Anhängers des verbannten Heinrichs des Löwen zu sehen, doch bleiben die historischen Anspielungen zu allgemein, um daraus sichere Schlüsse ziehen zu können. Fraglich geworden ist auch der Versuch, das Werk mit dem Hause Andechs in Verbindung zu bringen, nachdem H.-F. Rosenfeld begründete Zweifel gegen die Annahme vorbrachte, die Bitte in einem Tegernseer Brief um Übersendung des libellum teutonicum de herzogen Ernesten sei von Markgraf Berthold III. von Andechs an den Tegernseer Abt Rupert († 1186) gerichtet.[68]

Der vorhöfischen Epik folgt nach der Klassifikation der Literaturgeschichte eine frühhöfische Epik. Sie gehört an den Rhein und nach Thüringen und ist ohne Kontakt zu Bayern. Dafür wird Bayern, genauer das bayerische Donauland um 1160/70, zur Heimat der *frühhöfischen Lyrik,* einer ritterlichen Liebeslyrik, die noch nicht «Minnesang»[69] ist, weil sie der Einfluß der galloromanischen Lieddichtung, und mit ihr die

[66] F. Urbanek, Kaiser, Grafen u. Mäzene im ‹König Rother›, 1976, 28–34, der im Tenglinger Nachfahren Graf Konrad I. von Peilstein, Lehensmann der Babenberger, den Hauptauftraggeber sieht.

[67] Hg. v. K. Bartsch, 1869 (Nachdr. 1969); VL V 386–406; de Boor I 243–248; Bertau I 462–470; M. Wehrli, Herzog Ernst (M. Wehrli, Formen ma. Erzählung) 1969, 141–153 (Deutschunterricht 20, 1968, H. 2, 31–42); Ch. Gerhardt, Verwandlungen eines Zeitliedes (Verführung z. Gesch.) 1973, 71–89.

[68] Das Herzog-Ernst-Lied und das Haus Andechs (ZDA 94) 1965, 108–121; damit ist neben der Lokalisierung auch die an diesen Brief geknüpfte Datierung des Werks wieder offen.

[69] RL II 303–314 (F. Neumann); Bertau I 363–370; H. Schottmann, Mhd. Lit.: Ly-

Idee des Minnedienstes,[70] noch nicht (oder nur schwach) berührt hat. Für den ältesten Dichter der Gruppe halten wir den *Kürenberger,*[71] der, historisch selbst nicht nachweisbar, wohl einem oberösterreichischen Geschlecht angehörte. Die Merkmale seiner Dichtung, von der die späte Überlieferung sicher nur Teile erhalten hat, sind: Verwendung von Langzeilenstrophen (der Haupttyp ist die Nibelungenstrophe), Episierung des lyrischen Vorgangs und Objektivierung der persönlichen Aussage (Rollengedichte), die zu einer Isolierung der lyrischen Sprecher führen (Monologszenen). Generalthema dieser Lieder wie überhaupt der frühhöfischen Lyrik ist der Konflikt zwischen gesellschaftlicher Moral und individueller Sexualität, zwischen Liebeserfüllung und Verzicht auf sie; damit kommt außerhalb kirchlich gebundener Literatur ein pädagogisches Programm in den Blick, das auf literarischen Wegen subjektives Wünschen mit gesellschaftlichen Normvorstellungen vermitteln sollte. Ähnliche Züge tragen die Lieder des historisch ebenfalls nicht identifizierbaren *Dietmar von Aist*[72] (im Gebiet der Ennsmündung), doch ist seine Dichtung formal reicher entwickelt und wirkt, nicht zuletzt durch Einbeziehung von Naturmotiven zur Darstellung lyrischer Stimmungen (Natureingang), als ganzes gefühlshafter und weicher. Dagegen bleiben die beiden *Burggrafen,* der *von Regensburg*[73] und der *von Rietenburg,*[74] blaß. Man identifizierte sie versuchsweise mit den Stiefbrüdern Heinrich und Otto aus dem Geschlecht der Rietenburger, das bis gegen 1185 das Amt des Regensburger Burggrafen als Reichslehen innehatte. Von beiden besitzen wir nur eine Handvoll Strophen. Sie zeigen den älteren Heinrich noch ganz im Gefolge der alten donauländischen Lyrik, während der jüngere Otto bereits stärker westliche Anregungen verarbeitet und damit die zukünftige Entwicklung andeutet.

c) *Die epische Dichtung der «mittelhochdeutschen Blütezeit».* Unter dem seit den siebziger Jahren des zwölften Jahrhunderts sich verstärkenden westlichen Einfluß mußte die vorhöfische Epik bald veraltet wirken. Trotzdem hielt man in Bayern noch längere Zeit daran fest und nahm keinen Anteil an der Entfaltung der fortschrittlicheren frühhöfischen Epik, wie sie in diesen Jahren entstand. Auch in der ersten Phase der *hochhöfischen Epik,*[75] die für uns durch die Gestalt des Schwaben Hartmann von Aue bezeichnet wird, ist Bayern noch stumm. Erst im Zenit der Epoche meldet es sich zu

rik (Kurzer Grundriß d. german. Philologie II) 1971, 464–527; H. TERVOOREN, Bibliographie z. Minnesang, 1969; P. DRONKE, Die Lyrik d. MA, 1973.

[70] H. WENZEL, Frauendienst u. Gottesdienst, 1974; R. GRIMMINGER, Poetik d. frühen Minnesangs, 1969.

[71] Hg. in: Des Minnesangs Frühling, hg. v. LACHMANN-MOSER-TERVOOREN, 1977^{36}, 24–27; G. SCHWEIKLE, Die mhd. Minnelyrik I, 1977, 118–123; VL II 991–998; V 582; DE BOOR II 228–230; NDB III 675; MGG XV 1787f.; GRIMMINGER (s. o. Anm. 70) 91–118.

[72] Ausg. wie Anm. 71, 56–69; SCHWEIKLE (s. o. Anm. 71) 136–159; VL II^{2} 95–98; DE BOOR II, 230–233.

[73] Ausg. wie Anm. 71, 32f.; SCHWEIKLE (s. o. Anm. 71) 124f.; VL III 1019–1021; V 940; DE BOOR II 233f.

[74] Ausg. wie Anm. 71, 34–37; SCHWEIKLE (s. o. Anm. 71) 160–165; VL III 1078–1080; V 980.

[75] K. RUH, Höfische Epik d. deutschen MA, 1967; SCHNEIDER-MOHR, Höfisches Epos (RL I) 669–683.

Wort, dann allerdings mit vollem Einsatz. Um das Jahr 1200 (vielleicht noch vor 1204 vollendet) schreibt ein unbekannter Bayer auf der Grundlage älterer Sage und Dichtung das *Nibelungenlied*.[76] Es ist das erste deutsche Heldenepos[77] und bleibt im ganzen Mittelalter das bedeutendste Werk dieser fast ausschließlich im bayerischen Stammesgebiet (vor allem an der Donau und in Tirol) gepflegten Gattung. Über den Entstehungsraum kann kaum ein Zweifel bestehen. Es ist das Donauland zwischen Passau und Wien.[78] Der Entstehungsort wie auch die Person des Dichters sind nach wie vor umstritten, doch hat wohl jene Annahme die größte Wahrscheinlichkeit, die das Nibelungenlied für das Werk eines Passauer Literaturkreises um Bischof Wolfger (1191–1204) – als Patriarch von Aquileja veranlaßt er noch 1215 als erste umfassende deutsche Lehrdichtung den ‹Welschen Gast› des Italieners Thomasin von Zerklaere[79] – und seinen Dichter für einen bischöflichen Ministerialen oder Kleriker hält.[80] Er hat mit dem Nibelungenlied die Tradition der heroischen Dichtung[81] aufgegriffen und diese im Bereich der höfischen Literatur etabliert. Die Resonanz dieses literarhistorischen Vorgangs läßt sich an den unterschiedlichen Redaktionen ablesen, in denen uns das strophische Gedicht bereits in den ältesten Überlieferungen entgegentritt[82] und die eine je eigene Charakterisierung erforderten. Gemeinsam ist ihnen die historisch unklare Verankerung des heroischen Stoffs von Siegfriedleben und Burgundenuntergang und andererseits – wenn auch mit unterschiedlicher Intensität – das Ausgreifen auf höfische Darstellungsformen. Trotz dieser Eingliederung in die literarische Mode der Zeit blieb aber die heroische Grundkonzeption des Werks fast ungeschmälert erhalten; es wurde nicht in einen glanzvoll-optimistischen Aventiurenroman umgegossen, sondern bewahrte die Physiognomie tragischer Heldendichtung. Die Spannungen, die sich aus der Konfrontation des Nibelungenlieds und seiner Weltsicht mit dem zeitgenössischen höfischen Roman und seinen Idealen ergaben und die sich in den unterschiedlichen Werkfassungen dokumentieren, rücken heute (gegenüber einer früheren Zentrierung auf die Vorgeschichte des Epos) in den Mittelpunkt des Forschunginteresses.[83] – Dem Nibelungenlied wurde noch im ersten Viertel des 13. Jahr-

[76] Hg. v. DE BOOR (nach d. Ausg. v. K. BARTSCH) 1972[20]; VL III 513–560; V 705–720; DE BOOR II 149–160; BERTAU I 730–748; WEBER-HOFFMANN, Nibelungenlied, 1974[4]; H. FROMM, Der oder die Dichter d. Nibelungenliedes? (Colloquio italo-germanico sul tema: I Nibelunghi) Roma 1974, 63–74.

[77] RL I, 631–646 (SCHNEIDER-MOHR); W. HOFFMANN, Mhd. Heldendichtung, 1974; G. T. GILLESPIE, Spuren d. Heldendichtung u. Ansätze z. Heldenepik in literar. Texten d. 11. u. 12. Jhs. (Stud. z. frühmhd. Lit.) 1974, 235–263.

[78] Zum Lokalisierungsproblem: WEBER-HOFFMANN (s. o. Anm. 76) 70–73.

[79] Hg. v. H. RÜCKERT, 1852 (Nachdr. 1965 m. Einleitung v. F. NEUMANN); VL IV 466–472; V 1089; DE BOOR II 381–386; zu Wolfger s. u. 640 Anm. 114 u. 641 Anm. 126.

[80] Dies könnte auch die unübersehbare Animosität gegen die (herzoglichen) Bayern verständlich machen (vgl. dazu D. KRALIK, Passau im Nibelungenlied, Anz. d. phil.-hist. Kl. d. Österr. Akad. d. W. 87, 1950, 451–470).

[81] H. UECKER, German. Heldensage, 1972.

[82] Synopse der drei Haupthss. bei M. S. BATTS (Hg.), Das Nibelungenlied, 1971.

[83] S. die Hinweise bei WEBER-HOFFMANN (s. o. Anm. 76) 20–23 u. 84–88 (Lit.); W. HAUG, Höfische Idealität u. heroische Tradition im Nibelungenlied (Colloquio,

hunderts eine Fortsetzung in Reimpaarversen angefügt, die sich selbst *Die Klage*[84] nennt. Das Werk schildert die Bestattung der Toten und den Jammer, den die Nachricht vom Burgundenuntergang in Pöchlarn, Passau (!) und Worms auslöst; vor allem aber gibt die Klage – und darin ist trotz der unverkennbar mediokren ästhetischen Qualität ihre literarische Bedeutung zu sehen – einen ersten interpretierenden Kommentar zum Nibelungenliedgeschehen.[85]

Der zweite bayerische Epiker weltliterarischen Formats ist *Wolfram von Eschenbach.*[86] Die Schwierigkeit, daß Wolfram sich einen Bayern nennt (Parzival 121, 7: ein prîs den wir Beier tragen ...), während sein Herkunftsort Eschenbach (östlich Ansbach) doch auf fränkischem Boden liegt und seine Sprache ganz entsprechend ostfränkisches Gepräge zeigt, löst sich wohl am einfachsten mit Hilfe der Annahme, daß das Geschlecht des Dichters der bayerischen Ministerialität der Grafen von Hirschberg angehörte, jedoch mit dem Besitz um Pleinfeld und Eschenbach an die Grafen von Wertheim überging.[87] Der große Mäzen Wolframs saß freilich weder in Franken noch in Bayern. Es war Hermann von Thüringen, und der Eisenacher Landgrafenhof darf so wohl am ehesten als die geistige Heimat des Vielgewanderten gelten. Wolframs Hauptwerk ist der zwischen 1200 und 1210 entstandene *Parzival.*[88] Wie die beiden Ritterepen Hartmanns von Aue beruht er auf einem französischen Versroman.[89] Die Wahl des besonderen Vorbilds, des Perceval Chrestiens von Troyes, zeigt aber ebenso wie die weitere stoffliche Ausfütterung und ganz besonders die dichterische Durchgestaltung, daß es Wolfram um mehr ging, als nur einen weiteren Artusroman[90] Hartmannscher Prägung zu schaffen. Gewiß, auch der Parzival ist Artusroman, aber er ist darüber hinaus Gralsroman, und dies im wörtlichen Verstande: *über* der Artuswelt wölbt sich gleichsam als höhere Planetensphäre die religiöse Welt des Grals. Und so ist auch der wechselvolle Weg des weltfremden Knappen Parzival zum Gralskönigtum zu verstehen als ein durch Schuld und Irrung immer wieder gefährdeter, aber schließlich durch das Wirken der göttlichen Gnade ans Ziel geführter Auf-

s. o. 635 Anm. 76) 35–50; J.-D. MÜLLER, Sivrit: *künec – man – eigenholt* (Amsterdamer Beitrr. z. älteren Germanistik 7) 1974, 85–124; nicht unproblematisch: W. STÖRMER, Früher Adel II, 1973, 491–496.

[84] Hg. v. K. BARTSCH, 1875 (Nachdr. 1964); Lit. s. o. 635 Anm. 76.

[85] G. T. GILLESPIE, ‹D. Klage› as a Commentary on ‹D. Nibelungenlied› (Probleme mhd. Erzählformen) 1972, 153–177; M. WEHRLI, Die «Klage» u. d. Untergang d. Nibelungen (Festschr. F. Tschirch) 1972, 96–112.

[86] Gesamtausg. v. LACHMANN-HARTL, 1926[6] (Nachdr. 1965); v. A. LEITZMANN, 5 Bde., 1961/65[5–7]; VL IV 1058–1091; V 1135–1138; DE BOOR II 86–121; BERTAU (s. Reg.); J. BUMKE, Wolfram v. E., 1976[4]; Ders., Die Wolfram v. E.forschung seit 1945, 1970; PRETZEL-BACHOFER, Bibliographie zu Wolfram v. E., 1968[2]; Faksimile d. Münchener Hs. (G), hg. v. H. ENGELS, 1970.

[87] Siehe E. Frhr. v. GUTTENBERG (Jb. f. fränk. Landesforsch. 8, 9) 1943, 10, Anm. 47; F. NEUMANN, Wolfram auf d. Burg zu Wertheim (Mediaevalia Litteraria. Festschr. H. de Boor) 1971, 365–378; Ders., Wolfram v. E. auf d. Wildenberg (ZDA 100) 1971, 94–110.

[88] H. KRATZ, Wolfram v. E.s *Parzival,* 1973.

[89] M. HUBY, L'adaption des Romans courtois en Allemagne au XIIe et au XIIIe siècle, Paris 1968.

[90] K. O. BROGSITTER, Artusepik, 1971[2]; RL I 106–117 (H. SPARNAAY).

stieg zur höchsten Bestimmung des ritterlichen Menschen: der Vereinigung von Rittertum und Gottesdienst. Das Problem des Ritterlebens zwischen Welt und Gott ist im Parzival gelöst im Sinne einer dichterischen Utopie. Die Antwort des zweiten großen Epos Wolframs, des *Willehalm*[91] (entstanden zwischen 1210 und 1220), ist zeit- und wirklichkeitsnäher: es ist die Antwort des Kreuzzugszeitalters. Der Willehalm erzählt nach französischen Chanson-de-geste-Quellen die Geschichte des Markgrafen Wilhelm von Orange und seiner Gattin Gyburg im großen Abwehrkampf des christlichen Frankreich gegen die heidnischen Sarazenen, der in Wolframs Dichtung als Kampf der Heiden und Christen um die ehemals heidnische Gyburg dargestellt wird. Man erkennt die thematische Nähe zum Rolandslied und die Verbindungslinien, die einerseits zum Geschichtsepos, andererseits zur Märtyrerlegende führen. Aber darin zeigt sich die neue höfische Position, daß das Heidenkampf-Martyrium, wie es Wilhelms Neffe Vivianz erleidet, nur als *eine* Möglichkeit ritterlich-christlicher Vollendung gesehen wird. Wilhelm selbst überlebt die beiden mörderischen Schlachten von Alischanz und verhilft durch die Schonung der besiegten Heiden einem höfischen Humanitätsdenken zum Siege, wie es Gyburg in ihrer großen «Toleranzrede» gefordert hatte, einem christlich inspirierten Humanitätsdenken, das Christen und Heiden nicht nur durch ihr gemeinsames Rittertum, sondern auch durch ihre gemeinsame kreatürliche Gotteskindschaft verbunden sieht.[92]

Neben dem Willehalm, der unvollendet blieb oder nur mit einem raschen Notschluß zu Ende geführt wurde, hat Wolfram noch zwei kleine Bruchstücke des ersten höfischen Romans in Strophenform gedichtet, die unter der unpassenden Bezeichnung *Titurel*[93] in die Literaturgeschichte eingegangen sind. Die Fragmente skizzieren eine Vorgeschichte zum Sigunezyklus im Parzival, ihr Thema ist die Minne. Die künstlerische Bedeutung des fragmentarischen Werks wird sehr unterschiedlich beurteilt, seine literarhistorische besteht zum großen Teil darin, daß es den Anstoß gab zum Jüngeren Titurel, einem der repräsentativen Großepen der späthöfischen Zeit.[94]

Im Anschluß an Wolfram mag *Wirnt von Grafenberg*,[95] ein gleichzeitiger Ependichter minderen Ranges, Erwähnung finden, der sich nach dem am Südrand der Fränkischen Schweiz liegenden, einst dem bayerischen Nordgau zugehörigen Städtchen Gräfenberg nennt. Wirnts Sprache zeigt bayerischen Habitus; auch stand er im Dienste eines Grafen von Andechs (wohl Herzog Otto I. von Meranien). Von Wirnt besitzen wir einen um 1210/15 entstandenen Artusroman *Wigalois*,[96] der von einer

[91] J. Bumke, Wolframs Willehalm, 1959; M. W. Hellmann, Fürst, Herrscher u. Fürstengemeinschaft, Diss. Bonn 1969, 139–247; Faksimile d. Wiener Hs. (V), hg. v. H. Heger, 1974.

[92] W. J. Schröder, Der Toleranzgedanke u. d. Begriff d. ‹Gotteskindschaft› in Wolframs ‹Willehalm› (Festschr. K. Bischoff) 1975, 400–415.

[93] Faksimile, hg. v. J. Heinzle, 1973; Ders., Stellenkommentar z. Wolframs Titurel, 1972; M. Wehrli, Wolframs ‹Titurel› (Rhein.-Westfäl. Akad. d. Wiss. Vorträge G 194) 1974.

[94] Vgl. Bd. II § 135; H. Ragotzky, Stud. z. Wolfram-Rezeption, 1971, 93–149.

[95] VL IV 1027–1032; V 1134; de Boor II 83–86; F. Neumann, Wann verfaßte Wirnt den ‹Wigalois›? (ZDA 93) 1964, 31–62.

[96] Hg. v. J. M. N. Kapteyn, 1926; M. Wehrli, Wigalois (M. Wehrli, Formen ma. Erzählung) 1969, 223–241 (Deutschunterricht 17, 1965, H. 2, 18–35).

umfänglichen, auf den Faden einer Vatersuche gezogenen Aneinanderreihung ritterlicher Abenteuer lebt. Im Vergleich mit den klassischen Epen dieser Zeit nimmt sich die märchenhafte Artuswelt des Wigalois merkwürdig problemlos aus; daher sah man in seiner bunten Stofflichkeit das früheste Beispiel der ,,niederen" höfischen Epik, des höfischen Unterhaltungsromans, das uns anschaulich vor Augen führt, wie ein Durchschnittspublikum seinen Lesehunger zu befriedigen suchte. Dieser Aspekt hat bei dem vielgelesenen und lange nachwirkenden Roman[97] sicher seine Berechtigung, aber er verstellt den Blick auf die literarhistorische Bedeutung des Wigalois: In ihm verliert nämlich der Artushof seine handlungsstrukturierende und thematische Zentralstellung[98] zugunsten eines Kompositionsprinzips, das die Verwandlung eines realitätsfernen Artushelden zu einer wirklichkeitsnahen Herrschergestalt vorstellt. Setzt man diesen Vorgang in Verbindung mit dem Auftraggeber, dann läßt sich der Wigalois als literarischer Reflex des zeitgenössischen Territorialisierungsprozesses deuten.[99]

In die gleiche Richtung könnte auch der *Daniel*[100] (ein um 1220/30 entstandener Artusroman, in dem die List als handlungsleitendes Prinzip zur höfischen Tugend avanciert) des *Strickers*[101] zielen, eines fahrenden Berufsdichters, der in Österreich seßhaft wurde. Allerdings steht nicht genügend fest, ob dieser Roman, wie auch sein *Karl*[102] (eine um 1215/20 wohl im Blick auf die staufische Karls-Tradition erfolgte Neubearbeitung des Rolandslieds), der *Pfaffe Amis*[103] (der erste deutsche Schwankroman, in dem gleichfalls die Leistungsfähigkeit der List demonstriert wird) und seine Kleindichtung[104] (zu deren Hoffähigkeit er entscheidend beigetragen hat) etwas mit Bayern zu tun haben.[105]

Mit Sicherheit nach Bayern gehören aber drei geistliche Epen,[106] die, wiewohl nun

[97] H. A. Hilgers, Materialien z. Überlieferung v. Wirnts Wigalois (PBB 93) Tübingen 1971, 228–288.

[98] J. Heinzle, Über d. Aufbau d. Wigalois (Euphorion 67) 1973, 261–271.

[99] G. Kaiser, D. Wigalois d. Wirnt v. Gravenberc (Euphorion 69) 1975, 410–443.

[100] Hg. v. G. Rosenhagen, 1894; de Boor II 183–185; H. Brall, Strickers ‹Daniel v. d. Blühenden Tal› (Euphorion 70) 1976, 222–257.

[101] VL IV 292–299; V 1069–1072; de Boor II 394f.; III 1, 237–247; H. Fischer, Stud. z. deutschen Märendichtung, 1967, 145–148.

[102] Hg. v. K. Bartsch, 1857 (Nachdr. 1965 m. Nachwort v. D. Kartschoke); de Boor II 182f.; R. Schnell, Strickers ‹Karl d. Gr.› (ZDPh. 93. Sonderheft) 1974, 50–80.

[103] Hg. v. K. Lambel, Erzählungen u. Schwänke, 1883^2, 1–102; K. Kamihara, D. Strickers *Pfaffe Amis*, 1978; de Boor III 1, 237f.; H. Fischer, Z. Gattungsform d. ‹Pfaffen Amis› (ZDA 88) 1957/58, 291–299; Th. Cramer, Normenkonflikte im ‹Pfaffen Amis› u. im ‹Willehalm v. Wenden› (ZDPh. 93. Sonderheft) 1974, 124–140; E. Strassner, Schwank, 1968; RL III 689–708 (G. Bebermeyer).

[104] Hg. v. W. W. Moelleken, 1973–78; H. Fischer (s. o. Anm. 101) 359–364 (Lit.); RL II 701–705 (H. Fischer).

[105] H. Menhardt glaubt ‹Karl› u. ‹Daniel› im Dienste Herzog Ludwigs I. entstanden (PBB 84) 1962, 267; die Grafen von Rieneck-Loon als Mäzene des Strickerschen Karl vermutet U. v. d. Burg, Strikkers Karl d. Gr. als Bearbeitung d. Rolandsliedes, 1974, 178–198; H. Brall (s. o. Anm. 100) 225 denkt an den Babenberger Leopold VI. und beim Daniel an den alten Adel und die Ministerialität Österreichs als Rezipienten.

[106] Eine vierte geistliche Erzählung wäre der ‹Eraclius› Ottes (VL III 672–675; de

teilweise klassisch-höfisch gewandet, eine frühmittelhochdeutsche Thematik fortpflanzen. Das älteste ist der sogenannte *Oberdeutsche Servatius,*[107] eine nicht ungeschickt erzählte Heiligenlegende, die aber kaum besondere Erwähnung verdiente, wenn sie nicht Kenntnis der poetischen Lebensbeschreibung dieses niederrheinischen Bischofs durch den jungen Heinrich von Veldeke verriete. Die Forschung[108] hat für die merkwürdige Wanderung dieses Werks wie auch für die dahinter stehende Wanderung des Servatius-Kults eine interessante Erklärung gegeben: beide seien durch Agnes, der Gemahlin Ottos von Wittelsbach und Tochter von Veldekes Gönnerin, von Maastricht nach Bayern gebracht worden und als Entstehungsort des oberdeutschen Gedichts sei das wittelsbachische Hausstift Indersdorf anzusehen. Es wäre dies das erste Beispiel für eine direkte Vermittlung rheinischer Einflüsse nach Bayern. – Bereits in die Nähe des (frühen) Hartmann von Aue rückt die *Kindheit Jesu* (um 1200) des in der Gegend von Krems beheimateten *Konrad von Fussesbrunnen,*[109] der mit seiner geistlichen Dichtung literarhistorisch zwischen vorhöfischer Tradition und höfischer Rezeption einzuordnen ist. Sein Werk ist eine dichterische Bearbeitung des sogenannten Evangelium Pseudo-Matthaei und damit (nach dem Marienleben des Augsburger Priesters Wernher) ein weiteres Zeugnis für das Vordringen der biblischen Apokryphen[110] in der geistlichen Epik. Die dritte Dichtung, eine ungewöhnlich breit ausgeführte deutsche Fassung der Anachoretenlegende von Barlaam und Josaphat *(Laubacher Barlaam),*[111] verdient vor allem wegen der Person des Autors Beachtung: es ist dies Bischof *Otto II. von Freising* (1184–1220).

d) *Die Lieddichtung der «mittelhochdeutschen Blütezeit».* Die neue lyrische Kunst des «Minnesangs», die charakterisiert ist durch ihren engen Anschluß an provenzalische Vorbilder und eine dort erlernte Stilisierung der Mann-Frau-Beziehung als «Dienstverhältnis»[112] in einem gesellschaftlichen Rahmen, nimmt um 1170 ihren Anfang am Rhein und dringt von da langsam über Schwaben nach Bayern vor. Ihr erster Dichter von Rang wird hier *Albrecht von Johansdorf*[113] (Jahrsdorf/Nb.), den wir zwischen 1180 und 1209 als Passauer Ministerialen urkundlich bezeugt finden. Sein Dienstherr ist

Boor II 53 f.) aus der Zeit um 1210, den E. Schröder (D. Dichter d. deutschen Eraclius, ein Beitr. z. altbayer. Lit.gesch., SB München 1924, H. 3) am Hofe Ludwigs I. entstanden sein läßt.

[107] Hg. v. F. Wilhelm, S. Servatius oder Wie das erste Reis in deutscher Zunge geimpft wurde, 1910; VL IV 161–163; de Boor II 360.

[108] Wilhelm (Anm. 107).

[109] Hg. v. Fromm-Grubmüller, 1973; VL V 547–550; de Boor II 357 f.

[110] Vgl. Masser (s. o. 627 Anm. 16).

[111] Hg. v. A. Perdisch, 1913; VL I 170 f.; de Boor III 1, 535 f.

[112] Zum Problem des neuerdings stark hervorgehobenen Zusammenhangs mit der sozialen Realität: U. Peters, Niederes Rittertum oder hoher Adel? (Euphorion 67) 1973, 244–260; R. Wisniewski, *Werdekeit* u. Hierarchie (Strukturen u. Interpretationen. Festschr. B. Horacek) 1974, 340–379.

[113] Hg. in: Minnesangs Frühling (s. o. 634 Anm. 71) 178–195; Schweikle (s. o. Anm. 71) 326–351; VL I^2 191–195; de Boor II 259–262; NDB I 178; R. Bergmann, Untersuchungen zu d. Liedern Albrechts v. J., Diss. Freiburg 1963; Ders., Albrecht v. J. u. seine Stellung im deutschen Minnesang (Deutschunterricht 19) 1967, H. 2, 32–50; U. Fülleborn, D. Motive Kreuzzug u. Minne u. d. Gestaltungsprinzip in d. Liedern Albrechts v. J. (Euphorion 58) 1964, 337–374.

seit 1191 Bischof Wolfger,[114] und in ihm wird man den eigentlichen Förderer seiner Dichtkunst sehen müssen. Albrechts eigenwillige Originalität zeigt sich in der erstmals von ihm versuchten Synthese altheimisch-donauländischer und westlich-provenzalischer Elemente in Formkunst und Liebesauffassung. Die Kreuzfahrt des Jahres 1189 hat ihn zudem zu einem der großen deutschen Kreuzzugslyriker[115] gemacht.

Nach altem Brauch ließ die Literaturgeschichte etwa Mitte der achtziger Jahre Wien in die Reihe der bayerischen Literaturorte einrücken, denn seit dieser Zeit sah sie *Reinmar,*[116] den in Augen seiner Zeitgenossen bedeutendsten hochhöfischen Lyriker, am Hofe Leopolds V. dichten. Neuere Forschung[117] konnte jedoch zeigen, daß zwar eine auf Leopold gedichtete Totenklage einen Aufenthalt Reinmars um 1195 in Wien nahelegt, daß sich aber keine handfesten Indizien für ein langjähriges Wirken am Wiener Hof namhaft machen lassen; die Überlieferungsgeschichte weist sogar eher ins westliche Oberdeutschland (obschon auch die alte Lokalisierung im elsässischen Hagenau auf einem problematischen Schluß gründet). Nach Lage der Forschung wird man daher einen längeren Aufenthalt Reinmars in Wien zwar für möglich, aber nicht mehr für gesichert halten können. Ähnliche Vorbehalte gelten auch gegenüber der bislang gängigen Charakterisierung des Reinmarschen Oeuvres, in dem man nahezu ausschließlich eine Stilisierung des Minneleids, elegische Trauer, introvertierte Reflexion und Resignation zu erkennen glaubte. Dieser teilweise überlieferungs-, hauptsächlich aber forschungsgeschichtlich vorgeprägte Befund konnte gleichfalls durch neuere Forschungen zugunsten einer umfassenderen Palette lyrischer Möglichkeiten in Reinmars Werk revidiert werden.[118]

Erneut in Fluß gekommen ist auch die Frage nach der Heimat *Walthers von der Vogelweide,*[119] des in unseren Augen größten Lyrikers des deutschen Mittelalters. Sieht man von den immer wieder ins Kraut schießenden dilettantischen Lokalisierungen ab, dann zeichnet sich nurmehr Österreich[120] oder Franken[121] als einzig diskutable Alternative ab, wobei die Frankenthese über Walthers Herkunft hinaus auch seine für das dichterische Wirken wesentlich interessantere Standeszugehörigkeit

[114] S. o. 635 Anm. 79 u. 641 Anm. 126.

[115] F. W. Wentzlaff-Eggebert, Kreuzzugsdichtung des MA, 1960, 186–195; RL I 885–895; M. Böhmer, Untersuchungen z. mhd. Kreuzzugslyrik, Rom 1968, 39–52. – Zur terminologischen Problematik: P. Hölzle, Kreuzzug u. Kreuzzugsdichtung (Festschr. K. H. Halbach) 1972, 55–72.

[116] Hg. wie o. 634 Anm. 71, 285–403; VL III 1055–1066; de Boor II 267–277; Bertau I 702–704; MGG XI 203 f.

[117] G. Schweikle, War Reinmar ‹v. Hagenau› Hofsänger zu Wien? (Gestaltungsgesch. u. Gesellschaftsgesch. Festschr. F. Martini) 1969, 1–31.

[118] F. Maurer, D. «Pseudoreimare» (Abh. Heidelberg 1966 H. 1) 1966; K. Bertau, Überlieferung u. Authentizität bei d. Liedern Reinmars d. Alten (ZDPh. 88) 1969, 389–400.

[119] Hg. v. K. Lachmann, bearb. v. C. v. Kraus-H. Kuhn, 1965^{13}; hg. v. H. Paul, durchgesehen v. H. Kuhn, 1965^{10}; hg. v. F. Maurer, I 1974^{4}, II 1969^{3}; VL IV 807–822; de Boor II 277–306; K. H. Halbach, Walther v. d. V., 1973^{3}; M. G. Scholz, Bibliographie zu Walther v. d. V., 1969; Bertau (s. Reg.); MGG XIV 216–219.

[120] A. Kracher, Walthers Heimat: Franken oder Österreich? (Mediaevalia Litteraria. Festschr. H. de Boor) 1971, 255–278.

[121] R. Bayerlein, Von Kreuzgang zu Kreuzgang (ZBLG 38) 1975, 425–485 (Vogelweide bei Feuchtwangen als Geburtsort, Würzburg als Alterssitz und Grablege).

(staufischer Reichsministeriale) zu beantworten sucht.[122] Unbestritten ist jedoch, daß Walthers geistige und künstlerische Heimat der Babenberger Hof zu Wien war, wo er nach eigener Aussage seine poetischen Lehrjahre verbrachte. Allerdings ist dabei die Vorstellung eines Lehrer-Schüler-Verhältnisses zwischen Reinmar und Walther fernzuhalten: Die Dichterfehde zwischen den beiden Lyrikern,[123] auf die sich diese Vermutung stützte und in der man den Anlaß für Walthers Entfernung aus Wien sah, muß sich nämlich nicht – wie bislang angenommen – am Babenberger Hof abgespielt haben (zumal ein Daueraufenthalt Reinmars in Wien ungesichert ist). Walthers Trennung vom Babenberger Hof nach dem Tode seines Gönners Friedrich I. (1198) und der Bruch mit dessen Nachfolger Leopold VI. ist wohl eher im Zusammenhang mit dem vergeblichen Versuch des Autors zu sehen, in die neu zu konstituierende familia ducis aufgenommen zu werden.[124] Jedenfalls sollte der Abschied vom Wiener (Klosterneuburger) Hof, an den er sich bis ins Alter zurücksehnte, für die künftige Entwicklung seines Lebens und seines Dichtens von entscheidender Bedeutung werden. Das Jahr 1198 hat Walther zu einem vagierenden Berufspoeten gemacht, durch den in der deutschen Literatur eine neue Liedgattung, der politische Sangspruch, hoffähig wurde. Mit vielfältigen publizistisch-propagandistischen Aufgaben betraut – daran war in den Jahren des Thronstreits kein Mangel – und immer wieder die Stimme auch in eigener Sache erhebend, bringt Walther die nächsten Jahre in Königs- und Fürstendiensten hin.[125] 1203 sehen wir ihn im Gefolge Bischof Wolfgers von Passau, dessen Reiserechnungen die einzige urkundliche Spur des Dichters hinterlassen.[126] In diese Zeit dürfte auch eine vorübergehende Rückkehr nach Wien fallen, bei der er sich erneut um Aufnahme in die familia ducis bemühte. Seinem Werben war wiederum kein Erfolg beschieden: Walther bricht mit der Konvention des alten Minnesangs Reinmarscher Prägung und fordert statt des ungelohnten Minnedienstes nunmehr die Gegenseitigkeit einer natürlichen Liebesbeziehung. Jetzt entstehen seine bekanntesten Lieder, die wir unter dem Stichwort «Mädchenlieder» zusammenfassen. Auf einer weiteren Stufe wird dann die «ebene Minne» zur Kernidee eines neuen Minnesangs, in dem die Dame zwar «friundin», Geliebte, aber doch zugleich auch «frouwe», Herrin, sein soll. Bei dieser Verlaufskurve des Waltherschen Minnesangs ist nicht zu übersehen, daß im Medium der erotischen Poesie ein gesellschaftliches Thema gestaltet wird: der Frauendienst des Minnesangs erweist sich als eine Werbung um den Hof.[127] Aus diesem Blickwinkel betrachtet, erscheinen Walthers Minnelyrik und seine politische Sangspruchdichtung nicht mehr als völlig beziehungslose Betäti-

[122] K. Bosl, Feuchtwangen u. Walther v. d. V. (ZBLG 32) 1969, 832–849.

[123] H. Birkhan, Reinmar, Walther u. d. Minne (PBB 93) Tübingen 1971, 168–212; Bertau I 749–753; II 846–850.

[124] G. Kaiser, Z. Funktion d. Hofes in d. Lyrik Walthers v. d. V. (Ruperto Carola 54) 1974, 59–66.

[125] W. Schröder, Die Lebenszeugnisse Walthers v. d. V. (Stud. z. deutschen Lit. u. Spr. d. MA. Festschr. H. Moser) 1974, 88–100.

[126] H. Heger, Das Lebenszeugnis Walthers v. d. V., 1970; M. Curschmann, Waltherus cantor (Oxford German Studies 6) 1971/72, 5–17; s. o. 635 Anm. 79 u. 640 Anm. 114.

[127] W. Mohr, Die «frouwe» Walthers v. d. V. (ZDPh. 86) 1967, 1–10; G. Kaiser (s. o. Anm. 124); A. Kircher, Dichter u. Konvention, 1973.

gungsfelder des Autors, dessen politische Lyrik auch über der Entwicklung einer neuen Minnekonzeption keineswegs verstummt. Nach der Ermordung Philipps von Schwaben leiht Walther seine Stimme – durchaus mit öffentlicher Resonanz[128] – zunächst Otto IV., später dem jungen Friedrich II.[129] Von ihm erhält der Dichter um 1220 ein kleines Lehen, vermutlich in Würzburg, das ihn endlich der dringendsten Existenzsorgen enthebt. Friedrichs Kreuzzug ist das letzte geschichtliche Ereignis, das in Walthers Liedern Widerhall findet. Das vierte Jahrzehnt des Jahrhunderts wird er nicht mehr erlebt haben.

Walther hat ein überaus reiches Lebenswerk hinterlassen. Nicht alles, was er schrieb, ist von gleicher Vollkommenheit, aber vieles erreicht doch eine Kunsthöhe, die im Mittelalter nicht mehr übertroffen wurde. Was seine überragende literarische Bedeutung ausmacht, ist zweierlei: einmal die Neuorientierung des Minnesangs, den er aus einer sinnentleerten literarischen Konvention, in der er zu ersticken drohte, befreite, indem er ihm neue Leitthemen und damit neue Lebensmöglichkeiten eröffnete, und zum andern die Erhebung des Sangspruchs zu einer hoffähigen aktuell-politischen Lyrik, die seit Walther zum gleichwertigen zweiten Zweig der deutschen Lieddichtung avancierte.[130]

Nicht nur Walther erkannte damals die Notwendigkeit einer Auflockerung, ja Auflösung der erstarrten Minnesangskonvention und suchte nach neuen Wegen lyrischer Aussprache. Dies tat auch *Wolfram von Eschenbach*[131] in seinen hochkünstlerischen «Tageliedern».[132] Auf eigenwilligste und bis zur Brüskierung alles Vorangegangenen aparte Weise aber tat es *Neidhart von Reuental*.[133] Sein Stammsitz Reuental hat sich nicht mit Sicherheit identifizieren lassen, doch sind wir heute überzeugt, daß es sich nicht nur um einen Übernamen mit Anspielung auf existentielle Bedrängnis («Sorgental») handeln kann.[134] Soweit die Lieder das noch erkennen lassen (urkundliche Zeugnisse besitzen wir nicht), war Neidhart vielleicht in der Reichenhaller Gegend beheimatet und nahm 1217–1219 am Kreuzfahrtunternehmen Leopolds VI. teil;[135] er scheint im Dienste Ludwigs I. gestanden zu haben, nach dessen Ermordung

[128] V. SCHUPP, Er hât tûsent man betoeret (Poetica 6) 1974, 38–59.

[129] E. THURNHER, Die deutsche Hofpoesie um Friedrich II. v. Hohenstaufen (DA 31) 1975, 215–229.

[130] U. MÜLLER, Untersuchungen z. polit. Lyrik d. deutschen MA, 1974; Ders. (Hrsg.), Polit. Lyrik d. deutschen MA I, II, 1972/74; SCHNEIDER-MOHR, Polit. Dichtung (RL III) 157–220.

[131] Siehe o. 636f.

[132] Hg. v. P. WAPNEWSKI, Die Lyrik Wolframs v. E., 1972 (m. Interpretation); DE BOOR II 310–313; BERTAU I 755–761; H. KRATZ, A View of Wolfram's Lyrics (Semasia 2) 1975, 167–186; weitere Lit. bei BUMKE u. PRETZEL-BACHOFER (s.o. 636 Anm. 86); MGG XIV 824–827.

[133] Hg. v. E. WIESSNER, 1968³; hg. v. S. BEYSCHLAG, 1975; E. WIESSNER, Kommentar z. Neidharts Liedern, 1954; VL III 501–512; V 704; DE BOOR II 339–350; BERTAU II 1026–1044 u. 1051–1055; MGG IX 1363–1365; K. RUH, Neidharts Lieder (Stud. z. deutschen Lit. u. Spr. d. MA. Festschr. H. Moser) 1974, 151–168; E. SIMON, Neidhart v. R., Boston 1975.

[134] Th. SCHUMACHER, Riuwental (Beitr. z. Namenforsch. 11) 1960, 91–95; E. SCHWARZ, Heimatfrage bei Neidhart v. R. (Formen ma. Lit. Festschr. S. Beyschlag) 1970, 91–97.

[135] K. BERTAU, Neidharts «Bayr. Lieder» u. Wolframs ‹Willehalm› (ZDA 100) 1971, 296–324.

(1231) er dann nach Österreich überwechselte, wo er am Hofe Friedrichs des Streitbaren sein Auskommen fand. Neidhart ist der Schöpfer der «dörperlichen Lyrik», einer stark mit epischen Mitteln arbeitenden Liebeslyrik, die ihr besonderes Gepräge durch die Verwendung ländlicher Rollenträger und eines ländlichen Hintergrunds erhält. Den charakteristischen Dissonanzeffekt, der zum Teil gewiß parodistisch, in seiner satirischen Zuspitzung[136] aber bitter ernst gemeint ist, schafft jedoch erst die inadaequate Transplantation des hochstilisierten Minneapparats mit seiner subtilen Terminologie in die derb-rustikale Atmosphäre eines bäuerlichen Milieus. Es ist klar, daß ein solcher Effekt nur bei einer literarisch hochgebildeten, ja übersättigten und zum Preziösen neigenden Gesellschaft auf Verständnis und Beifall rechnen konnte. Daß am Babenberger Hof, wo seit Reinmar die Pflege der Lyrik Tradition war, die Voraussetzungen dafür gegeben waren, erscheint selbstverständlich.[137] Aber am Hof der Wittelsbacher? Wir wissen von keinem einzigen Lyriker – die Huldigung Walthers an Herzog Ludwig[138] ist ganz singulär –, der vor Neidhart dort gedichtet hätte. Und doch muß dort deutsche Lieddichtung seit langem gepflegt und geschätzt worden sein, sonst könnte der spätzeitliche Sang des Reuentalers nicht solchen Widerhall gefunden haben. Neidharts Lieder haben eine langdauernde Nachwirkung gehabt. Nicht nur in Bayern, sondern auch in den meisten übrigen deutschen Landschaften sind sie bis an die Schwelle der Neuzeit immer wieder abgeschrieben, bearbeitet und nachgeahmt worden.[139]

§ 41. VORROMANISCHE UND ROMANISCHE KUNST (bis ca. 1200)

Dehio-Bezold, Die kirchl. Baukunst d. Abendlandes, 7 Bde., 1887/1901; A. Boeckler, Abendländ. Miniaturen bis z. Ausgang d. roman. Zeit, 1930; G. Dehio, Gesch. d. deutschen Kunst I, 1923; H. Fillitz, Das MA I (Propyläen Kunstgesch. V) 1969; Kubach-Elbern, Das frühmittelalterl. Imperium (Kunst d. Welt) 1968; Kubach-Bloch, Früh- u. Hochromanik (ebd.) 1964; H. G. Franz, Spätromanik u. Frühgotik (ebd.) 1969; Vorroman. Kirchenbauten (Kat. d. Denkmäler bis z. Ausgang d. Ottonen, hg. v. Zentralinst. f. Kunstgesch., bearb. v. Oswald-Schaefer-Sennhauser) 1966/71; O. Demus, Roman. Wandmalerei, 1968; Hubert-Porcher-Volbach, Die Kunst d. Karolinger (Universum d. Kunst) 1969; Grodecki-Mütherich-Taralon-Wormald, Die Zeit d. Ottonen u. Salier (ebd.) 1973; G. Zarnecki, Romanik (Belser Stilgesch. VI) 1970.

Baldass-Buchowiecki-Mrazek, Roman. Kunst in Österreich, Wien 1962; Österr. Kunsttopographie, hg. Dvorák-Frey-Ginhart-Frodl, 43 Bde., Wien 1907/1977; Dehio-HB, Die Kunstdenkmäler Österreichs, Wien 1953/79; J. Weingartner, Die Kunstdenkmäler Südtirols, 3 Bde., Innsbruck-Wien-München, 1951/1956[2]; Die bildende Kunst in Österreich. Vorrom. u. roman. Zeit (v. etwa 600 bis um 1250), hg. v. K. Ginhart, Wien 1936; Kat. d. Ausstellung Roman. Kunst in Österreich, Krems a. d. Donau 1964[4].

[136] U. Gaier, Satire, 1967, 7–96.

[137] J. Schneider, Stud. z. Thematik u. Struktur d. Lieder Neidharts, 2 Bde., 1976.

[138] Lachmann (s. o. 640 Anm. 119) 18, 15 ff. – Eine Totenklage auf den Bayernherzog verfaßte Walthers jüngerer Zeitgenosse, der Spruchdichter Bruder Wernher; hg. v. A. E. Schönbach, D. Sprüche d. Bruder Wernher (SB Wien 148, H. 7; 150, H. 1) 1904/05; VL IV 899–901; V 1122; de Boor II 395–402; MGG XIV 496; U. Gerdes, Bruder Wernher, 1973; Ders., Zeitgesch. in d. Spruchdichtung (Euphorion 67) 1973, 117–156.

[139] D. Boueke, Materialien z. Neidhart-Überlieferung, 1967.

H. SEPP, Bibliographie der bayerischen Kunstgeschichte bis Ende 1905, 1906; Dass., Nachtrag für 1906–1910, 1912; Bibliographie der Kunst in Bayern, 4 Bde., 1961/73, bearb. v. H. WICHMANN; J. SIGHART, Geschichte der Bildenden Künste im Königreich Bayern, 1863 (von König Max II. angeregt, heute veraltet); H. KARLINGER, Bayer. Kunstgesch., Altbayern u. Bayer. Schwaben, hg. v. H. THOMA, 1928, 1967[3]; H. SCHINDLER, Große Bayer. Kunstgesch. I, 1963; DOEBERL; BAUERREISS I–III; H. SCHNELL, Bayerische Frömmigkeit, 1965; Bayer. Geschichtsatlas, hg. M. SPINDLER, 1969; Die Kunstdenkmäler v. Bayern, hg. v. Bayer. Landesamt f. Denkmalpflege, Kreis Oberbayern, Oberpfalz, Niederbayern, Mittelfranken I, II, V, 55 Bde., 1895/1936; Bayer. Kunstdenkmale, Kurzinventare, hg. v. KREISEL-HORN, 1958ff.; G. DEHIO, HB d. Deutschen Kunstdenkmäler III: Süddeutschland, 1908, 1940[8]; DEHIO, bearb. v. E. GALL, HB d. Deutschen Kunstdenkmäler, 3. Oberbayern, 1952, 1964[4]; REITZENSTEIN-BRUNNER, Reclams Kunstführer I: Bayern, 1974[8]; Kunst- u. Kirchenführer (SCHNELL u. STEINER u. a.).

a) *Zeit der Agilolfinger und Karolinger*

E. LEHMANN, Der frühe deutsche Kirchenbau, 1938; W. OTTO, Die karoling. Bilderwelt, 1957; A. GOLDSCHMIDT, Die deutsche Buchmalerei I: Die karoling. Buchmalerei, 1928; W. BRAUNFELS, Die Welt d. Karolinger u. ihre Kunst, 1968; W. MESSERER, Karoling. Kunst, 1973; BISCHOFF.

Die Kunst dieser Epoche bietet in Bayern, wie anderswo in Europa, ein vielfältiges Bild. Verschiedene Typen in der Architektur und Bildkunst, ja geradezu verschiedene Stile stehen bei diesem Anfang des christlichen *Sakralbaus* wie der darstellenden Kunst nebeneinander; dabei prägt sich Karolingisches in der freien Lebendigkeit wie in der Tendenz zur Zusammenfassung und Verdichtung immer wieder aus.

Ein spätagilolfingischer Zentralbau ist die Tauf-, heutige Gnadenkapelle zu Altötting.[1] die einen spätantiken Typus weiterführt. Als längliche Saalbauten entstanden wohl im 8. Jh. der Dom des hl. Willibald zu Eichstätt,[2] Niedermünster (I) zu Regensburg, noch gestreckter und unterteilt, mit Rechteckschor, manchen gleichzeitigen Kirchen nördlich der Alpen ähnlich.[3] Man könnte sie, in Analogie zur vorkarolingischen bildenden Kunst, «eindimensional» nennen. Von besonderem Typus war die einschiffige Kirche St. Severin zu Passau, mit quergelagertem Westbau, der eine vielleicht hufeisenförmige Empore enthielt. Der Bau, z. T. im heutigen erhalten, ist

[1] BAUERREISS I 158.

[2] W. SAGE, Die Ausgrabungen im Willibaldsdom zu Eichstätt 1970–1972 (Archäol. Korrespondenzbl. 3) 1973, 107–114. Die frühere Annahme, der Dom sei auf dem Grundriß des griechischen Kreuzes erbaut, ist damit offenbar widerlegt.

[3] K. SCHWARZ, Archäolog. Geschichtsforsch. in frühen Regensburger Kirchen (Der Regensburger Dom, hg. v. G. Schwaiger) 1976; wohl karolingisch ist die Galluskirche in Pappenheim. Vermutet und untersucht wird agilolfingische bzw. karolingische Entstehung in Regensburg: St. Kassian (Mauerwerk in der umgebauten Kirche). Zu Kassian u. Niedermünster: K. GAMBER, Das Kassian- u. Zeno-Patrozinium in Regensb. (Deutsche Gaue 49) 1957, 17–28. Was in der agilolfingischen Gründung Frauenchiemsee z. Z. ausgegraben und freigelegt wird, scheint z. T. ebenfalls in so frühe Zeit zu weisen. V. MILOJČIĆ (mit Beiträgen von H. ATSMA, B. BISCHOFF, P. v. BOMHARD, B. HÄNSEL, H. SEDLMAYR u. J. TAUBERT), Bericht über die Ausgrabungen u. Bauuntersuchungen in d. Abtei Frauenwörth auf d. Fraueninsel im Chiemsee 1961–1964 (Abh. München NF 65 A–C) 1966.

durch Ausgrabungen erschlossen und, freilich nicht völlig sicher, in die zweite Hälfte des achten Jahrhunderts datiert.[4] Im östlichen Teil des Stammesgebietes erstand vor 799 St. Martin in Linz. (Aufdeckung des alten Bestandes um 1947/48.) In dem einschiffigen Bau mit drei Raumzellen gliedern dichte Nischengruppen die Wände, welche die Bogen eines vielleicht schon im frühen achten Jahrhunderts errichteten, nach den Seiten weit offenen Baus auf niedrigen Pfeilern (Thinghalle, Missionskapelle?) füllen.[5]

Wenn aber der Bedeutungsschwerpunkt des künstlerischen Schaffens innerhalb der Epoche für Bayern in deren Frühzeit liegt, hier also in *spätagilolfingischer Zeit,* dann vor allem durch die *großen Basilikabauten.* Bischof Virgil errichtete zu Salzburg 767–777 den Dom, dessen Grundmauern Grabungen von 1956/58 aufgedeckt haben:[6] dreischiffig, von 66 m Gesamtlänge und 33 m Gesamtbreite, mit einer Ostapsis von innen dreifach gebogenem Grundriß. Er ist das bayerische Gegenstück zu den Großbasiliken der fränkischen Königsklöster Saint-Denis (ca. 754–775) und Lorsch (768–774) und erhebt offenbar bewußt den gleichen Anspruch. Auch der Freisinger Dom (Translatio St. Korbinians durch Arbeo 765) war wohl dreischiffig. Der Regensburger Dom muß als einfache dreischiffige Basilika schon in karolingischer Zeit gestanden haben.[7] Viele Probleme stellt noch immer St. Emmeram zu Regensburg.[8] Auf einen spätrömischen Vorgängerbau schon von der heutigen Breite weisen manche, doch nicht sichere Anzeichen. Daß die Georgskirche, in der im späten siebten Jahrhundert St. Emmeram bestattet wurde, bei dessen Translatio unter Bischof Gaubald um 740 wesentlich verändert wurde, ist unwahrscheinlich. Was der Abt und Bischof Sindpert um 783 gebaut hat, muß nach mehreren Quellen besonders umfangreich gewesen sein, wenn nicht ein eigentlicher Neubau. Seither stand der Bau, in der heutigen Breite und wohl bis zum heutigen Westbau, wahrscheinlich mit Atrium, als Pfeilerbasilika. Nach den Umbauten unter Heinrich II., nach 1066, nach 1166 und in

[4] H. HÖRMANN, St. Severin zu Passau, 1935.

[5] JURASCHEK-JENNY, Die Martinskirche in Linz, Linz 1949. Mit abweichenden Ergebnissen: K. GINHART, Die frühmittelalterl. Martinskirche auf d. Römerberg in Linz (Linzer Arch. Forsch. 4) 1968.

[6] F. FUHRMANN, Der roman. Dom in Salzburg u. seine Stellung im Kirchenbau d. Abendlandes (Bericht über d. 6. Österr. Historikertag in Salzb.; Veröffentl. d. Verb. Österr. Geschichtsver. 14) 1961, 10–19; H. VETTERS, Die mittelalterl. Dome in archäolog. Sicht (1200 Jahre Dom zu Salzburg) 1974 (Lit.); F. PAGITZ, Quellenkundliches zu den mittelalterl. Domen u. zum Domkloster in Salzburg (Mitt. d. Ges. f. Salzb. Landesk. 108) 1968; Ders., Virgil als Bauherr d. Salzburger Dome (ebd. 109) 1969; H. VETTERS, Vierter u. fünfter Bericht über d. Grabungen im Salzb. Dom (ebd. 108) 1968; Ders., Die Maßverhältnisse d. hochroman. Domes in Salzburg (Konrad-III.-Bau) (ebd. 109) 1969; Ders., Der Dombau d. hl. Virgil in Salzburg (Slavist. Forsch. 6) 1964; H. SEDLMAYR, Salzburg u. d. Kunst d. bayer. Kirchenprovinz im Früh- u. Hochmittelalter (Südostdt. Archiv 11) 1968; H. KOLLER, Salzburg im 8. Jh. (Festschr. 1200 Jahre Dom zu Salzburg) 1974; F. PAGITZ, Die mittelalterl. Dome in hist. Sicht (ebd.); Ders., Versuch einer Rekonstruktion d. Konrad-III.-Domes (ebd.); H. SEDLMAYR, Die polit. Bedeutung d. Virgildomes (Mitt. d. Ges. f. Salzb. Landesk. 115) 1975.

[7] H. J. SAUERMOST, Regensburgs spätkaroling. Dom (Zschr. f. Kunstgesch. 32) 1969, 44–47.

[8] Zur Erforschung hat bes. F. SCHWÄBL beigetragen. Die Lit. jetzt bei: PIENDL, Emmeram 5–8.

der barocken Verkleidung ist er nur noch in der Weite des heutigen Baues zu spüren. Die bestehende Ringkrypta mit Konfessio um die (zerstörte) schmale und hohe Ostapsis, ein ursprünglich stadtrömischer, in Regensburg noch moderner Typus, ist frühestens unter Gaubald, sicher vor 791 entstanden; sie steht, bedingt durch eine Intensivierung des Reliquienkults, am Anfang der Geschichte der mittelalterlichen Krypta. In Lorch bei Enns erhielt in karolingischer Zeit die frühchristliche Basilika eine Umgangsapsis.[9]

Mit solchen Kirchenbauten höchsten Anspruchs ist Bayern wesentlich an der Aufnahme des frühchristlichen Typs der Basilika im achten und neunten Jahrhundert beteiligt, die für die Baukunst des Abendlandes so folgenreich gewesen ist.[10] Auch in der kostbaren Kunst kleinen Formats, in der das frühe Mittelalter Größtes gesagt hat, hat Bayern unter Tassilo III. eine besondere Blüte erlebt, gleichzeitig mit dem Beginn darstellender Kunst im Westen. Der *Tassilokelch* zu Kremsmünster[11] wurde vom Herzogspaar wohl 777, zur Gründung dieses Klosters, gestiftet; er ist der künstlerisch reichste Kelch des Frühmittelalters überhaupt. Seine steile Form ist mit Medaillons und dazwischen überall mit Ornament, meist nordenglischer Herkunft, in verschiedenen Techniken bedeckt. Wie als Geschichtsdenkmal und als Zeugnis einer auf dem Kontinent verbreiteten «insularen Kunstprovinz», ist das wohl in Salzburg entstandene Werk bedeutsam für die beginnende Überwindung des ornamentalen Wesens der Völkerwanderungskunst, für eine erste Vermenschlichung der Figur. Inmitten der ornamentalen Eigenbewegung der Zeichnung scheinen die Medaillonfiguren erst zu Gestalten mit Blick und eigenem Wesen zu gerinnen. Auf wesentlich gleicher Stufe in der Gestaltwerdung der abendländischen Kunst stehen die *Miniaturen* der Salzburger und Mondseer Scriptorien,[12] darunter der Psalter von Montpellier, vor 789, der Codex millenarius maior von Kremsmünster, das Cutbercht-Evangeliar (Wien cod. 1224), Werk eines Angelsachsen in Salzburg. Sie verarbeiten insulare und italische Vorbilder selbständig und im Charakter ruhiger Größe. Im Zeitstil vergleichbar, doch ohne engeren Zusammenhang mit dieser Gruppe, sind die ornamental kräftigen, menschlich direkten Wandmalereien zu Naturns im Vintschgau,[13] wohl die frühesten im deutschen Sprachgebiet. Die Engel an der Ostwand haben noch einige Ähnlichkeit mit der merowingischen Fredegar-Hs., Paris.

[9] L. ECKHARDT, Die archäolog. Vergangenheit d. Kaplaneikirche zu Lorch-Enns in Oberösterreich (Christl. Kunstbll. 3) 1967.

[10] R. KRAUTHEIMER, The Carolingian Revival of Early Christian Architecture (The Art Bulletin 24) 1942, 1–380.

[11] G. HASELOFF, Der Tassilokelch, 1951. Zur Annahme der etwa gleichzeitigen Entstehung auch der Tassiloleuchter (wobei jedoch die vermutete Umarbeitung aus einem agilolfingischen Szepter fraglich bleibt), s. P. STOLLENMAYER, Tassilo-Leuchter, Tassilo-Zepter, Wels 1959. – Das Bischofshofener Kreuz, mit subtiler Treibarbeit und gemmenartigen Schmelzen, ist eine vielleicht in Salzburg entstandene südenglische Arbeit.

[12] BISCHOFF; NEUMÜLLER-HOLTER, Der Codex Millenarius (FGO 6) Linz 1959, auch zum Folgenden; K. HOLTER, Das Problem d. Salzb. bildenden Kunst im Zeitalter Virgils am Beispiel der Buchmalerei dargestellt (Mitt. d. Ges. f. Salzb. Landesk. 115) 1975.

[13] Mit Angaben zur Lit.: F. v. JURASCHEK, An d. Wende zu neuer Form im 8. Jh. (Christl. Kunstbll. 97) Linz 1959, 109–112.

So geschlossener Leistung im achten Jahrhundert gegenüber, die als solche erst durch neuere Forschungen sichtbar geworden ist, bleibt das, was im *neunten Jahrhundert* in Bayern entstand, etwas mehr sporadisch und in den meisten Fällen wohl Randerscheinung der im fränkischen Kerngebiet zentrierten europäischen Kunst. Die Kreuzauffindung wird vor 814 im Münchener Clm 22053 in einfacher Weise geschildert; die Stern- und Monatsbilder der in Salzburg im zweiten Jahrzehnt entstandenen Handschriften cod. 387 in Wien und Clm 210 in München zeigen das Antikenstudium ihrer Zeit; eine Gruppe Salzburger Handschriften des zweiten Jahrhundertviertels (Evangeliare Schloß Harburg, I, 2 und Paris, cod. lat. 8849) folgt, mit eigener nordfranzösisch vorbedingter Note, der Ada-Schule; andere Miniaturen (Cod. millenarius minor, Kremsmünster; Clm 17011, Auftrag Annos von Freising; cod. 1234 Wien, aus Weltenburg, wohl ein Regensburger Werk) äußern sich in der erregten Formensprache nordwestlicher, vor allem Reimser Kunst. Das «Wilde» einiger romanisch-bayerischer Malereien (s. u. 651, 660f.) scheint hier vorgeahnt. Ihr gehören an der Codex Aureus aus St. Emmeram (Clm 14000, 870 für Karl den Kahlen) und das Arnulfziborium der Münchener Residenzschatzkammer, spätkarolingische Prachtwerke, die um 893 durch Kaiser Arnulf nach Regensburg kamen und bestimmend auf die dortige ottonische Kunst eingewirkt haben.

Die Kunstförderung der z. T. in Bayern residierenden *Karolinger* ist sonst vor allem in der Architektur zu fassen. Neben der schon zur Zeit Karls des Großen bestehenden Pfalz errichtet Ludwig der Deutsche in *Regensburg* die Alte Kapelle, als Basilika mit durchgehendem östlichem Querschiff, vielleicht mit Westwerk. Arnulf erbaut anscheinend bei St. Emmeram eine zweite Pfalz, von deren Nachfolgebau nach 1166 sehr wahrscheinlich die jetzige Vorhalle ein Rest ist; das 1052 in jetziger Form erstandene Doppelnischenportal war dann Bestandteil der alten Königshalle.[14] Von der Pfalz Arnulfs in Karnburg, Kärnten, ist die Kirche teilweise erhalten; wahrscheinlich ursprünglich mit Chorturm, gehört sie als bedeutenderes Werk einer bei einfacheren Aufgaben noch lange nachwirkenden Traditionskette an. – Als Dreiapsidensaal und mit ihren Wandmalereien gehört die Kirche von *Mals* einem Graubündner Kunstkreise (Müstair) zu.

Vom Erscheinungsbild frühmittelalterlicher Kirchen geben noch einen gewissen Eindruck die vier Arkaden, welche als Rest der sog. Sola-Basilika zu *Solnhofen* im Altmühltal (einst zum Kloster Fulda gehörig) stehengeblieben sind. Zwischen dem frühen neunten Jahrhundert und einer Kirchenweihe am Ort 1065/71 wurde der Bau unsicher, meist spät, datiert; neuere Forschungen haben die Zusammenhänge mit karolingischer Kunst gezeigt.[15] Die Bögen setzen an den Kämpferplatten schräg an,

[14] M. Piendl, Die Pfalz Kaiser Arnulfs bei St. Emmeram in Regensb. (Thurn u. Taxis-Studien 2) 1962, 95–126.

[15] Ch. Beutler, Das Grab d. hl. Sola (Wallraf-Richartz Jb. 20) 1958, 55–68; Ders., Bildwerke zw. Antike u. Mittelalter, 1964, 143–153; V. Milojčić, Untersuchungen in d. Fuldaer Propstei Solnhofen an d. Altmühl (Wagner, Frühzeit) 1962, 329–350. Die karolingischen Vergleichsbeispiele lassen sich aus Elfenbein- und Buchkunst weiter vermehren, doch bliebe der Stil gegen die Renaissance des Karolingischen in frühottonischer Zeit noch abzusetzen.

so daß sie eigentlich nicht aufruhen, sondern von den Kapitellen an in einer mehrfach abgewandelten Kurve aus der Gesamtarkade herauswachsen. Die Kapitelle sind, ganz untektonisch, von frei bewegtem, verschlungenem oder breit ausschwingendem Rankenwerk überzogen. In allem regt sich ursprüngliche, noch nicht festgelegte Lebendigkeit. Zu solcher Architektur muß man sich Malereien (zu Solnhofen in Resten erhalten), farbige Vorhänge, reiches Kirchengerät denken, um eine Vorstellung von frühmittelalterlichen Kirchen zu gewinnen, die sich dem Eindruck gleichzeitiger Buchmalerei mit ihrer Lebensfülle nähert. Energischer sogar als diese Architekturstücke, in hieratischer Haltung, doch in derselben kerbschnittartigen Technik und weich substanzieller Bildung, zeigt sich das Brustbildmedaillon, doch wohl des hl. Sola, am gleichen Ort. Es gehört damit, neben den auch aus Bayern erhaltenen ornamentalen Steinplatten, zu den frühesten Skulpturen aus Stein und im Zusammenhang mit dem Bauwerk.

b) *Ottonische Kunst in Bayern*

H. JANTZEN, Ottonische Kunst, 1947, 1959²; L. GRODECKI, L'architecture ottonienne, Paris 1958; A. GOLDSCHMIDT, Die deutsche Buchmalerei II: Die ottonische Buchmalerei, 1928.

R. STROBEL, Romanische Architektur in Regensburg, 1965; K. BAHMANN, Die roman. Kirchenbaukunst in Regnitzfranken, 1941; H. KARLINGER, Die roman. Steinplastik in Altbayern u. Salzburg, 1924; G. SWARZENSKI, Die Regensburger Buchmalerei d. 10. u. 11. Jhs., 1901; Ders., Die Salzburger Malerei ..., 2 Bde., 1931; E. F. BANGE, Eine bayer. Malerschule d. 11. u. 12. Jhs., 1923; BISCHOFF, Emmeram.

Innere Größe und gestraffte Geistigkeit der, im damaligen Europa führenden, ottonischen Kunst Deutschlands zeigen auch die Werke der bayerischen Zentren. Ihr Schwergewicht nach Zahl und Bedeutung liegt erst nach der Jahrtausendwende, doch bilden sich Sonderformen und Sondercharaktere aus, die in die Zukunft weisen. Die Führung innerhalb Bayerns hat offenbar *Regensburg*, Stadt eigenständiger Herzogs- und Kaisergewalt und des geistig regsamen Klosters St. Emmeram. Die einst fünfschiffige, vielleicht schon unter St. Wolfgang begonnene Ramwoldkrypta östlich vor St. Emmeram, in der eine Frühform des ottonischen Würfelkapitells gefunden wurde,[16] leitet dort zu Ende des «dunklen» Jahrhunderts die Folge neuer Bauten ein. Von neuer Straffung der Form und Größe der Baugesinnung zeugen die Einfügung eines östlichen Vorchors in der Alten Kapelle (nach 1002) – die man wohl mit der gleichen Änderung zur Kreuzform am Dom zu Salzburg und dem langen Chor des Neubaus zu Tegernsee, vielleicht auch mit dem großen Neubau des Eichstätter Doms (zweichörig mit Krypta)[17] zusammensehen darf – und besonders die *Großbauten* mit westlichem, kaum über die Seitenschiffe vorspringendem Querbau: Dom[18] (neu das West-

[16] HAAS-PIENDL-RAMISCH, Beitrr. z. Baugesch. v. St. Emmeram in Regensburg (Thurn und Taxis-Studien 2) 1962, 127–156.

[17] SAGE (s. o. 644 Anm. 2). Zuvor (10. Jh.?) war dem Dom im Westen ein selbständiger mehrteiliger Rundbau, «Baptisterium», vorgesetzt worden (s. ebd.).

[18] K. ZAHN, Die Ausgrabungen d. roman. Domes in Regensb., 1931; SAUER-

querschiff mit Vorhalle und Türmen), Obermünster (Weihen 1010–24), Westbau von St. Emmeram (Weihe 1052). Nur dieser ist erhalten und gibt in seiner Verbindung von Steilheit und Weite, körperloser Zartheit der Bauglieder und monumentaler Größe der Wandflächen und Öffnungen, in der Verschränkung von Querhaus und plan schließendem Westchor durch die Wolfgangskrypta den in Bayern besten Eindruck von der Kraft und Würde der Baukunst des elften Jahrhunderts. Hier, wie in der Wahl des Pfeilers als Stütze bei den anderen Bauten, ist die vom Zeitstil gesuchte Flächeneinheit der Raumgrenze noch stärker als anderswo verwirklicht.[19] – Eine ottonische Regensburger Sonderform sind die *kleineren Bauten,* z.T. Hallen, mit Gewölben und meist Nischenreihen als Raumgrenze: die Erhardskapelle, eine kleine Pfeilerhalle, die Ramwoldkrypta an St. Emmeram (Weihe 980), eine breite Zweisäulenhalle mit Annexen, St. Stephan am Domkreuzgang, mit Steilnischen, Kreuzgewölben und Westempore, die Wolfgangskrypta im Emmeramer Westbau, eine zarte Ausführung der zeitgemäßen monumentalen Hallenkrypta, die Magdalenenkapelle ebendort, mit phantasievoll komponierten segelartigen Gewölben,[20] zuletzt die Burgkapelle Donaustauf, um 1060 (diese beiden halbzerstört). Als vielpaßähnliche, komplexe Gebilde aus Kleinformen lassen sich die späteren unter ihnen mit geometrischen Figurationen der ottonisch-Regensburger Buch- und Stickkunst vergleichen. Zu Wieselburg a.d. Erlauf, Niederösterreich, entstand im Wirkbereich des hl. Wolfgang (seit 976) nach Zeugnis der Architektur und vor allem der Malerei-Anordnung (s.u.) am Anfang des 11.Jhs. ein vom Viereck ins Achteck mit Klostergewölbe übergehender Zentralbau, der, «lockerer» und weiter gefügt als diese, die Regensburger Allerheiligenkapelle praefiguriert.[21] – Im Salzburger Bereich veränderte Erzbischof Hartwik (991–1023) den Virgilsdom «von Grund auf» mit langem Chor und Krypta, Westbau mit Mittelturm, wohl von Regensburg angeregt. Das gestreckte Schiff muß diesen Bau besonders geprägt haben. Eine einschiffige Kirche mit östlichen Längsannexen (wie auch u.a. in Bauten der Westalpen und, angenommen, in St. Peter zu Salzburg)[22] wurde in Zell am See erschlossen.[23]

Alles vor dem Jahre 1000 an Malerei in Bayern geschaffene überragen an Rang die

MOST s.o. 645 Anm. 7. Mit Niedermünster, St. Stephan, St. Johann war in ottonischer Zeit, ähnlich anderen Städten, das «Kirchenkreuz» um den Dom schon angelegt, vielleicht (falls die Pfarrkirche St. Ulrich aus dem 13.Jh. einen Vorgängerbau hatte) auch ausgeführt.

[19] Vgl. auch BAHMANN (s.o. 648) 157: «Besonders Altbayern hebt weniger die Doppelzentralisierung, als vielmehr den Charakter der Doppelchörigkeit als Abschluß und nicht als Hauptakzent der Baugruppe hervor.»

[20] F. SCHWÄBL, Die Magdalenenkapelle zu St. Emmeram in Regensb. (Die christl. Kunst) 1916/17, 319–327 u. STROBEL (s.o. 648) 39–42.

[21] H. LADENBAUER-OREL, Wieselburg a.d. Erlauf, das östlichste Imperium des hl. Wolfgang (Jb. d. Oberösterr. Musealvereins 117) 1972; Dies., Ausgrabung in der otton. Kirche in Wieselburg a.d. Erlauf (Archäol. Korrespondenzbl. 2) 1972.

[22] PÜHRINGER (s.u. 652) 49–51.

[23] F. FUHRMANN, Zur Baugesch. d. Stadtpfarrkirche Zell am See (Die Kirche zum hl. Hippolyth Zell am See) Zell am See 1975; FRODL-FUHRMANN-MOOSLEITNER, Die Stadtpfarrkirche Zell am See (Österr. Zschr. f. Kunst u. Denkmalpflege 31) 1977, 1–29; F. PAGITZ, Die Kirchen v. Zell am See in hist. Sicht (ebd.).

in roter Pinselzeichnung auf die weiße Wand aufgetragenen Engelsgestalten der Torhalle von Frauenchiemsee, die 1961 freigelegt wurden. Sie zeigen formale Zusammenhänge mit karolingischer Kunst um 860. Mit differenzierter und weicher, jedoch nicht organischer Körperlichkeit, antiker Würde und großer figuraler Einheitlichkeit, karolingischen Gewandmotiven verbindet sich ein zügiges, zart-straffes Ineinandergreifen der Formen in den Figuren des Hauptmeisters. Solche Gestalten des frühen Mittelalters sind noch nicht «architektonisch» von außen her bestimmt, sondern leben als freie, hoheitsvoll beschwingte Wesen aus der «Virtus», die sie verkörpern. Als einer der häufigen ottonischen Rückgriffe auf Karolingisches scheint diese milde und straffe Malerei nur in die Zeit des Trierer Gregormeisters um 980 zu passen.

In keinem anderen Kunstzentrum der Zeit sind die darstellenden Künste so vollzählig nachzuweisen wie in Regensburg; das meiste davon ist durch gemeinsame Eigenart verbunden. Fragmenten der einst sicher bedeutenden Wandmalerei[24] steht reiche Entfaltung der *Buchmalerei* gegenüber. Zunächst ist das Vorbild des Codex Aureus (s. o. 647) wirksam; im Vorsatzblatt zu diesem, dem Regelbuch von Niedermünster (Bamberg, Lit. 142), Codices in Verona und Pommersfelden, alle aus dem späten zehnten Jahrhundert, erscheint dessen Fülle regularisiert und gestrafft. Im Sakramentar Heinrichs II. (Clm 4456, 1002–14)[25] kommen byzantinische Typen und Motive dazu; treuer als im sonstigen ottonischen Byzantinismus bewahrt, gleich Spolien in schmuckreiches Rahmenwerk aufgenommen, bewirken sie in den Bildern eine neue Spannung von buntem ungegenständlichem Reichtum und Konzentration in großformigen strengen Figuren. – Diese Tradition wird im fortschreitenden elften Jahrhundert in Salzburg weitergeführt; in Regensburg beginnt noch vor 1020 eine neue. Die Wandmalerei in Wieselburg a. d. Erlauf, Darstellung einer Hierarchie um den Pantokrator, durchwegs in weiträumig angeordneten Medaillons (s. o.), scheint sie anzukündigen. In den Buchmalereien erscheint in verschränktem Rahmenwerk, durch Beischriften erläutert, ein komplexes Gedankengebäude; in diesen festen, zarten, hellfarbigen und goldenen Gefügen agieren bewegliche Gestalten von pointierter Zeichnung. Szenisches ist in knapper Kontraktion gegeben. Hauptwerke sind das Evangelistar der Äbtissin Uota von Niedermünster (Clm 13601)[26] und das Vatikanische Evangeliar Ottob. Lat. 74, Schenkung Heinrichs II. an Montecassino 1022/23.[27]

[24] Im Verbindungsgang zur Ramwoldkrypta, noch stark karolingischen Vorbildern verpflichtet: s. o. Anm. 16, hier 150–151; in der Magdalenenkapelle: SCHINDLER (s. o. 644) 107; die Malereien im Dionysiuschor setzt nur A. GRABAR in: GRABAR-NORDENFALK, Die großen Jahrhunderte d. Malerei, Die roman. Malerei ..., Genf 1958, 118, entgegen der übrigen Literatur, die sie nach dem Brande von 1166 datiert, um 1052. Für einige Stücke der stark ruinösen Ausmalung (nicht des Triumphbogens, aber der Wände) scheint das möglich.

[25] BAUERREISS, Seeon (s. u. 652 Anm. 33) 543–545, stellt im Martyrolog Salzburger und Freisinger Einschlag fest und vermutet Seeon als Entstehungsort. Künstlerisch überwiegen die Zusammenhänge mit Regensburg; die Lokalisierung ist noch nicht endgültig entscheidbar.

[26] Siehe dazu auch: A. BOECKLER, Das Erhardbild im Uta-Codex (Studies in Art and Literature for Belle da Costa Greene) Princeton 1954, 219–230.

[27] H. BLOCH, Monte Cassino, Byzantium and the West in the earlier middle ages (Dumbarton Oaks Papers 3) 1946, 163–224, hier 177–217.

Anregungen wird das Bildungsgut gegeben haben, das der Emmeramer Mönch Hartwic vom Studium bei Fulbert von Chartres mitgebracht hat;[28] auch den Stil könnte Nordfranzösisches mitbestimmt haben.[29] Diese Kunst wirkt weiter nach Hildesheim, Montecassino, später nach Böhmen. In ihr ist das Geklärte und festlich Hoheitsvolle, das alles Ottonische zeigt, gleichsam zerlegt in Gedanke, geometrische Form und Schmuckwirkung; das weist aufs hohe Mittelalter voraus. Die Schule macht den Weg zur Verfestigung des elften Jahrhunderts mit, bis zum Evangeliar Heinrichs IV. in Krakau. – Manche der ottonisch-Regensburger Miniaturen gleichen Stickereien; an Goldstickerei auf liturgischen oder königlichen *Ornaten* stammt das Bedeutendste vom Erhaltenen der Zeit aus der Regensburger Kunstsphäre: der sog. Kunigundenmantel in Bamberg, ein Pluviale aus dem ersten Jahrhundertviertel mit symbolischen Darstellungen der Weihnachtsbotschaft; der (vielleicht in Ungarn gearbeitete) ungarische Krönungsmantel von 1031; das Bamberger Rationale wohl um die Jahrhundertmitte.[30] In Regensburg erhebt sich gerade diese schmückende Kunst zum inhaltlich Bedeutsamen. Auch im Goldschmiedewerk des Giselakreuzes von 1006 (Münchener Residenzschatzkammer) herrscht der zarte breite Flächenschmuck; für das, was die beiden Kruzifixe in seiner Mitte heraushebt und personal steigert, hat Byzanz das Vorbild gegeben. – Der Deckel vom Uota-Codex mit Christus in Treibarbeit geht mit dem Stil der *Steinplastik* zusammen, die aus dem elften Jahrhundert in keiner Stadt sonst so vielfältig erhalten ist. Was in dem später gefundenen Samson-Relief[31] weiche Fülle ist, erscheint gestrafft in den aus ihren Rahmen weit und frei in den Raum vorgewölbten Figuren Christi und der hll. Emmeram und Dionysius am Nischenportal von St. Emmeram, um 1052. Die Vergegenwärtigung des Heiligen, als Sinn mittelalterlicher Plastik, machen gerade solche Frühwerke anschaulich. Härter in der Fügung der Flächen ist der Torso einer Figur der Kaiserin Agnes, um 1060; vom Grunde abgelöst, präzise umrissen, erscheint der Kniende vom sog. Astrolabium Wilhelms von Hirsau (wohl vor 1069).[32] So zeigt sich hier ein früher Abschnitt in der Geschichte mittelalterlicher Stein- und Bauplastik in vier wesentlichen Stufen.

Im *übrigen Bayern* entstand *Buchmalerei* an mehreren Zentren. Das Sakramentar Abrahams von Freising (957–94, Clm 6421) gehört zu den bedeutenden Frühwerken ottonischer Kunst; seine nervös erregte Formensprache (wohl vom Bayerisch-karolingischen herkommend, s. o. 647) ist zugleich hieratisch feierlich. Im Kloster Seeon

[28] BISCHOFF, Emmeram 105–106.

[29] Vgl. die Abbildungen bei Y. DESLANDRES, Les manuscrits décorés au XIe siècle à Saint-Germain-des Près par Ingelard (Scriptorium 9) 1955, 3–16.

[30] Zu Inhalt und Regensburger Lokalisierung von 1 und 3: W. MESSERER, Der Bamberger Domschatz, 1952, 57–61, 67–70; zu 2: E. KOVACS, Casula Sancti Stephani (Acta Historiae Artium 5) 1958, 181–221, s. aber zur Lokalisierung L. v. WILCKENS (Zschr. f. Kunstgesch. 24) 1961, 267–268; Th. v. BOGYAY in H. SCHNELL, Bayer. Frömmigkeit, 1965, 35.

[31] K. A. WIRTH, Ein neugefundenes otton. Steinbildwerk in Regensb. (Kunstchronik 12) 1959, 33–40; R. WESENBERG, Das Regensburger Samson-Relief u. d. süddeutsche Skulptur d. 11. Jhs. (Mitt. d. Oberhess. Gesch.ver., NF 114) 1960, 20–23; K. OETTINGER (Jb. d. Berliner Museen 2) 1960, 52–54. Eine von WIRTH vorgeschlagene frühe Datierung, vor 1030, scheint die wahrscheinlichste.

[32] STROBEL (s. o. 648) 48.

sind im Auftrag Heinrichs II. Bilder gemalt worden, deren stilistische und qualitative Unterschiede das Nebeneinander der Kräfte in einem neugegründeten Scriptorium spiegeln.[33] Hauptwerke aus Salzburg sind aus dem frühen elften Jahrhundert das Evangeliar von St. Peter (Morgan-Library) mit hellen Farben und starken Gebärden, gegen die Jahrhundertmitte das Münchener Perikopenbuch (Clm 15713), das in den byzantinisierenden Teilen Regensburger Tradition aufnimmt; es weist mit ihnen schon auf die Salzburger Kunstblüte im späten elften und im zwölften Jahrhundert voraus. Im Zentrum der sog. Bayerischen Klosterschulen steht das Evangeliar des Tegernseer Abtes Ellinger (Clm 18005) aus dem zweiten Viertel des elften Jahrhunderts; in dem bei aller Feinheit Bunten, ja «Lustigen», mag man volkstümlich Bayerisches in einer frühen Äußerung erkennen. Ähnliches gilt noch für die Bischofsporträts des Gundekarianum in Eichstätt von 1071/72. Drastik, neben einfacher Festigkeit und Klarheit, zeichnet auch andere Werke der Schule aus, an der u. a. Freising und Niederalteich beteiligt sind.[34]

c) *Romanische Baukunst (außer Salzburg und Umkreis)*

E. KLUCKHOHN, Die Bedeutung Italiens für d. roman. Baukunst u. Bauornamentik in Deutschland (Marburger Jb. f. Kunstwiss. 16) 1955, 1–85 (Nachwort W. PAATZ 85–120); R. PÜHRINGER, Denkmäler d. früh- u. hochroman. Baukunst in Österreich (AW Wien, Phil.-hist. Kl., Denkschriften 70) Wien u. Leipzig 1931.

K. BUSCH, Regensburger Kirchenbaukunst 1160–1280, 1932; BAHMANN (s. o. 648); STROBEL (s. o. 648).

Die im engeren Sinne romanische Baukunst, vom Ende des elften Jahrhunderts bis um die Mitte, ja in die zweite Hälfte des dreizehnten, läßt sich in viel größerer Breite ihres Schaffens im ganzen Lande überblicken als die früherer Zeiten. An vielen Orten erstehen, wie im übrigen Deutschland, *kleine Kirchen* mit halbrunder Apsis oder rechteckigem Altarraum, der nicht selten den Turm trägt. Ihr Material ist in den Waldgegenden oft Holz, wie selbst noch bei der großen Klosterkirche von Rinchnach im dreizehnten Jahrhundert, sonst Stein der Gegend, auf der steinarmen Ebene seit den Großbauten von Freising (ab 1159) und Thierhaupten (um 1170) immer mehr der Ziegel. Sonderformen sind die öfters runden Karner, Totenkapellen, und die Kapellen mit profanem Obergeschoß zu Herbergs- oder Verteidigungszwecken, die besonders bei Herrschaftssitzen vorkommen. Die *Burgkapellen,* häufig mit Kreuzgewölben und manchmal mit Westemporen, gipfeln in der auf der Nürnberger Kaiserpfalz, die Werkleute der Regensburger Schottenkirche gegen 1183 errichtet haben,[35] der ihr ähnlichen, aber im einzelnen weitergebildeten der Kaiserburg zu Eger,[36] und der der

[33] R. BAUERREISS, Seeon in Oberbayern, eine bayer. Malschule d. beginnenden XI. Jhs. (StMBO 50) 1932, 529–555.

[34] Ergänzend Ders., Bayer. Hss. d. Jahrtausendwende (StMBO 70) 1957, 182–188; Ders., Zwei Hss. des Abtes Ellinger v. Tegernsee in Italien (ebd. 78) 1967, 303–307.

[35] E. BACHMANN, Kaiserburg Nürnberg (Amtl. Führer) 1961.

[36] O. SCHÜRER (Marburger Jb. f. Kunstwiss. 5) 1929: Vollendung 20er Jahre d. 13. Jhs.

Landshuter Trausnitz, um 1210/20, mit Ost- und Westempore. Jene ist mit zwei Geschossen – jedes, gleich der Andreaskapelle der Bamberger Pfalz im elften Jahrhundert, hallenartig um die Mittelöffnung herum gebaut – und dazu noch einer Westempore ein komplexes Spätwerk vor allem aus bayerischen romanischen Traditionen der Großbauten. Zu diesen rücken immer mehr auch die *Pfarrkirchen der Städte* wie St. Peter zu Straubing und Altenstadt-Schongau auf; doch bleiben die Klosterkirchen und Dome in der Baukunst der Zeit führend.[37]

Landschaftliche Eigenart bildet sich jetzt deutlicher und konstanter aus; in Bayern hatte sie damals einen stellenweise originellen, doch im ganzen einen etwas provinziellen Zug. Der verbreitetste Grundgedanke, der auch andere Typen modifiziert, ist der des sog. *Altbayerischen Schemas,*[38] das mit St. Jakob zu Regensburg (1. Bauabschnitt, ab 1090), Eisenhofen (Weihe 1001), Fischbachau (Weihe 1110), Zell am See II vorherrschend wird[39] und das, verhältnismäßig rein, die Großbauten von Indersdorf, Reichenbach, Thierhaupten, Steingaden, im Salzburgischen Michaelbeuern, noch östlicher Seitenstetten, besonders der Dom zu Freising und, diesem folgend, das Münster zu Moosburg vertreten: dreischiffige flachgedeckte Pfeilerbasilika ohne Querschiff, mit drei in gleicher Flucht ansetzenden Ostapsiden, meist mit Westtürmen.[40] Mit oberitalienischen Bauten besteht ein allgemeiner Zusammenhang. In der Ausführung wirkt dieser Typ oft breit und massig. Manche Züge, die romanische oder auch bayerische Kunst überhaupt charakterisieren, stellen sich in ihm in einfacher Weise dar. Romanisch ist das Selbständige und gleichartig Typisierte der Teile, doch hier ohne starke Kompartimentbildung, in der Addition der Schiffe, Apsiden und Arkaden, ebenso das besonders Geschlossene und Homogene der Wand durch die Pfeiler als Stützenform. Der Sinn für die zusammenhängende flächige Raumhülle bleibt bis in den Barock und darüber hinaus bayerische Eigenart, wie auch die Einheitlichkeit der Gesamtform. Bayerisch daran ist damals unter anderem ein konservativer Zug, doch bestimmt er, auch nicht im zwölften Jahrhundert, allein das künstlerische Leben: «geistige Ruhe» erfüllt diese Bauten.[41]

In *Klosterneuburg* dagegen errichten die Babenberger 1114–33 mit der steil proportionierten, in den Ostteilen gewölbten Basilika mit ausladendem Querschiff, die in Einzelheiten auf Modena in Oberitalien, im ganzen wohl mehr auf rheinische Bauten zurückgeht, einen Bau in künstlerischem Neuland, ohne Bindung an eine Lokaltradi-

[37] Zentralbauten besonderer Art sind die Nachbildung des Hl. Grabes in der Kapuzinerkirche zu Eichstätt und die Johanneskapelle vor der Basilika in Steingaden, beide aus der 2. H. d. 12. Jhs.

[38] Sedlmayr, Salzburg (s. o. 645 Anm. 6).

[39] Die Pfeiler und das Fehlen des Ostquerschiffs sind seit der Karolingerzeit bayerisch. Parallelapsiden an den Karolingerbau von St. Emmeram in Regensburg bleiben fraglich; sie werden für das 11. Jh. in mehreren Fällen angenommen (Pühringer s. o. 652 u. a.); die sicher erschließbaren führenden ottonischen Bauten Bayerns zeigen sie nicht.

[40] W. Haas, Der roman. Bau d. Domes in Freising (Jb. d. Bayer. Denkmalpflege 29) 1975, 18–34. Im Salzburgischen Michaelbeuern (eine Weihe 1072) vertreten die Nebenapsiden die ausgehöhlten Untergeschosse der Türme.

[41] Sedlmayr, Salzburg (s. o. 645 Anm. 6) 151 f.

tion.[42] Unica in Bayern sind auch der fünfschiffige, tonnengewölbte *Hallenchor* der mit Stützenwechsel versehenen Klosterkirche von *Kastl* (1103–29)[43] und zu *Frauenchiemsee* der älteste Chorumgang Süddeutschlands, der in seiner Rechtecksform nichts mit Frankreich, doch wohl über Oberitalien mit byzantinischen Bautypen zu tun hat.[44]

Eine bayerische Sonderform ist die von Regensburg ausgehende und wohl vor allem aus dortigen Voraussetzungen entstandene Gruppe von gewölbten *Hallenkirchen:*[45] von Karthaus Prüll (Weihe 1119) mit den einfachen schlanken Rechteckspfeilern und Kreuzgratgewölben über die Säulenbauten St. Leonhard Regensburg und Venedig bei Nabburg und die ehemalige zweischiffige Pfarrkirche St. Nikolaus vor St. Jakob zu Regensburg bis zum Großbau von Bergen im späten zwölften, der zweischiffigen Regensburger Synagoge im dreizehnten Jahrhundert und, als bedeutendstem Bau, der in der Pfeilerform und mit den Bandrippen bereicherten und körperhafter durchgliederten Zisterzienserkirche von Walderbach am Regen um 1180. Der Typus hat sich nach Augsburg und bis Böhmen ausgebreitet.[46] Die Vorliebe für ein einfaches Nebeneinander gleicher Raumteile und für die Einheitlichkeit des Ganzen prägt auch diese Gruppe, bei oft großer Sicherheit und Feinheit in der Durchführung. Ein zweischiffiger Hallenbau anderer Art ist die Euchariuskapelle bei St. Ägidien in Nürnberg, die erst um 1220 ihre kräftigen Rundstützen und Gewölbe mit frühen, wulstigen Rippen erhielt. Vorbild ist der Bamberger Dom,[47] von da an ist Nürnbergs Kunst fränkisch.

Was daneben in Bayern Tradition begründet, muß sich mit der schon bodenständig gewordenen auseinandersetzen. Wie für den Stützenwechsel im Salzburger Kunstbereich (s. u. 656) gilt das für *Bauten mit Rundstützen:* sie kommen im bayerischen Basilika- wie Hallentypus vor. Die wichtigsten hängen untereinander und mit Niederzell-Reichenau auch durch die Kapitellformen zusammen und dürften also der

[42] R. Wagner-Rieger, Zur Baugeschichte d. Stiftskirche v. Klosterneuburg (Jb. d. Stiftes Klosterneuburg NF 3) 1963, 137–179. Kunst aus weit entlegener Quelle findet sich gerade auch in der Ausstattung von Klosterneuburg: der siebenarmige Leuchter, aus der Werkstatt von S. Zeno in Verona aus dem Anfang des 12. Jhs. (P. Bloch, Jb. des Stiftes Kl., NF 2, 1962, 163–173), und die Kanzel, späterer Altar des Nikolaus von Verdun um 1180.

[43] Zum lombardischen Charakter: Kluckhohn (s. o. 652) 67 und H. Thümmler (Kunstchronik 15) 1962, 291.

[44] Voraussetzungen in der älteren Baugeschichte von Frauenchiemsee werden z. Z. untersucht (s. Milojčić o. 644 Anm. 3). Die erhaltene Lösung hat eine allgemeine Parallele in dem im späten 11. Jh. errichteten byzantinisierenden Heiligtum SS. Vittoria e Corona bei Feltre; s. zu diesem S. Bettini, Amuletti paleocristiani? (Jb. d. Österr. byzantin. Gesellsch. 2) 1952, 73–81 (Hinweis W. Timofiewitsch). Die Pfeiler gleichen oberitalienischen der zweiten Hälfte des 11. Jahrhunderts s. F. Oswald, Beziehungen d. Klosterkirche Frauenchiemsee z. Baukunst Oberitaliens im 11. Jh. (Zschr. f. Kunstgesch. 29) 1966, 311–314.

[45] L. Stoltze, Die roman. Hallenkirchen in Altbayern, 1929; H. Thümmler, Die vorgotischen Hallenkirchen im Regensb. Raum (Kunstchronik 15) 1962, 290–292.

[46] E. Schleich, Die St. Peterskirche in München (OA 83) 1958, nimmt auch für deren Erweiterung in der 1. H. des 13. Jhs. Hallenform an.

[47] W. Fries, Die St. Sebalduskirche zu Nürnberg, 1928, 5, und Bahmann (s. o. 648) 48.

gleichen Werkstatt-Tradition zu verdanken[48] sein. Diese gipfelt in dem steilen gespannten Raum von St. Jakob in Regensburg, wo die lokalen Eigenheiten von Grundriß, Proportion, Westquerschiff und -empore mit normannischen Einzelformen und Steinmetzausführung lombardischer Schulung ein charaktervolles Ganzes bilden.

Oberitalienische Bauleute sind für 1146 in Stadtamhof bezeugt; wie skulpturale Einzelheiten, so haben sie sicher auch öfters im zwölften Jahrhundert das Aussehen von Bauten wesentlich geprägt.[49] Freilich bleibt, anders als in späteren Zeiten mit der bestimmenden Rolle des Architekten, das offene Spannungsverhältnis von Bauherrn und Werkleuten zu bedenken, was wohl in manchen Fällen das Verständnis erleichtern kann.[50] Der kristallartige Außenbau der Allerheiligenkapelle im Domkreuzgang zu Regensburg (1155–64) gleicht in der Durchdringung von Würfel und Achteck etwa dem Baptisterium von Mariano bei Como, und doch ist ihr Inneres mit den Regensburgischen Fresken zusammen wie aus einem Guß. Die Erschließung von Wieselburg (s. o. 649) läßt den Bautyp und diese Einheit stärker aus älterer Regensburger Tradition verstehen. Aus *Italien* kommt der Baugedanke einiger alleinstehender *Türme*. Der starke Wechsel im Bodenniveau beim Freisinger Dom geht auf Verona zurück, er kontrastiert großartig mit der gleichmäßigen Abfolge der Arkaden. Die Basilika von Altenstadt (Schongau) zeigt zum altbayerischen Grundriß eine vollständige Durchwölbung italienischer Art, Pfeiler von kleeblattförmigem Querschnitt und lombardische Zierformen, alles durch ein einfach festes Proportionsgefüge gebunden.

Auch die *Baugedanken der Reformorden* werden vom Einheimischen, das sie befruchten, modifiziert. Die Zisterzienser führen in Österreich rasch Neues, vor allem die Bandrippen ein (Heiligenkreuz 1136–60, gleichzeitig, urtümlicher, Klein-Mariazell, Zwettl, als Beginn einer reichen Tradition und der Zeit des selbständigen Herzogtums); im Kerngebiet des Stammes gleichen sie sich mehr der bodenständigen Kunst an.[51] Früher und mehr in die Breite wirken die Hirsauer.[52] In Fischbachau haben sie ganz im Typ der Landschaft gebaut, aber in Prüfening, der Gründung Ottos von Bamberg (1109, eine Weihe 1119), dann in Biburg und Windberg verbinden sie ausladendes Querschiff, Vorchor, Nebenchöre und steilen Aufriß mit den einheimischen Pfeilerarkaden. Bauten wie St. Zeno zu Reichenhall[53], die Pfarrkirche St. Peter

[48] Vgl. STROBEL (s. o. 648) 91–93 zum Zusammenhang Kastl, St. Leonhard-Regensburg, Seeon, St. Jakob-Regensburg.

[49] Für Regensburg s. STROBEL (s. o. 648) 93–100.

[50] PÜHRINGER (s. o. 652) 4, scheidet «die tektonischen Vorlagen des Architekten» und «die Handschrift der Steinmetzen». Die Trennung als solche ist wichtig, doch scheint sie mehrmals, etwa bei den oben genannten Rundstützenbauten, mehr zwischen der vom Bauherrn bzw. der bodenständigen Tradition bedingten «Grundform» und der auch Tektonisches umfassenden «Durchführung» anzusetzen.

[51] Erkennbar bei Raitenhaslach, Walderbach (s. o. 654), noch, bei frühgotischen Einzelformen, Gotteszell (1285–), unklar bei Aldersbach und Seligenthal.

[52] Die früheren Vorstellungen von «Schule» oder breitem Einfluß der Hirsauer sind stark eingeschränkt, zugleich bes. f. Bayern auch präzisiert worden: W. B. HOFFMANN, Hirsau u. die «Hirsauer Bauschule», 1950.

[53] HAAS–STROBEL (s. u. 657 Anm. 57).

zu Straubing oder im Süden des Salzburger Ausstrahlungsbereichs der Dom zu Gurk in Kärnten (ca. 1140–1200, mit reicher Krypta vor 1174) nehmen das Querschiff in die Flucht der Außenmauern herein; auf verschiedene Weise wird von der Mitte des zwölften Jahrhunderts an innerhalb der bayerisch geschlossenen Gesamtform ein stärker durchgliederter Ostbau herausgehoben (Aiterhofen und Münster in der Nachfolge von Straubing; Steingaden, Weihe 1176; ehedem St. Jakob und Frauenkirche zu München in der ersten Hälfte des dreizehnten Jahrhunderts). – Einflüsse der französischen Gotik werden noch im romanischen Sinne verstanden im Nordflügel des Kreuzgangs von St. Emmeram und in dem halbzentralen Emporenbau St. Ulrich zu Regensburg (1. bzw. 2. Viertel des dreizehnten Jahrhunderts).

All dem gegenüber bleibt geringer, was an *Profanbauten* erhalten ist. Die Burganlagen von Nürnberg, Landshut, Salzburg und Hohenwerfen sind in spätere Zusammenhänge eingegangen, die zahlreichen der Oberpfalz meist Ruinen. Eine Besonderheit sind dort das Nebeneinander von rundem und quadratischem Bergfried in der gleichen Burg. Neuartige Wehrtechnik bringen im dreizehnten Jahrhundert die Toranlagen von Donaustauf und der Trausnitz. Städtisch und zugleich Burgen sind die Türme der Regensburger Geschlechter.[54] Zu der Zeit, als Österreich, nun Nachbarland, eine Blüte spätromanischer Baukunst erlebt, erstehen im dreizehnten Jahrhundert aus neuer rationaler Gesinnung die geplanten *Städte* wittelsbachischer und Salzburger Gründung;[55] einheitlich und großzügig, bestimmen ihre Anlagen mit den großen Straßenmärkten bis heute das Gesicht der bayerischen Stadt.

d) *Die Salzburger Kunst und ihr Wirkungsbereich*

PÜHRINGER (s. o. 652); KARLINGER (s. o. 648); SWARZENSKI, Salzb. Malerei (s. o. 648); J. GARBER, Die roman. Wandgemälde Tirols, Wien 1928; W. FRODL, Die roman. Wandmalereien in Kärnten, Klagenfurt 1942.

Salzburg, das als Kunstzentrum in ottonischer Zeit wohl hinter Regensburg zurückstand, gewinnt in der romanischen überragende Bedeutung und europäischen Rang. Der große Bauherr Erzbischof Konrad I. von Abensberg[56] soll nach seiner Vita fast jede Kirche der Diözese erneuert oder verbessert haben. Aus Niedersachsen, wo er Domherr und dann als Emigrant war, kommt der Stützenwechsel, der seine Stiftungen auszeichnet. Doch ist dieser weiträumiger als in Sachsen mit der Quadrateinteilung des Grundrisses verbunden. In St. Peter zu Salzburg und Seckau ist er, als Rhythmus von je zwei Säulen und einem Pfeiler, noch zu sehen, für Admont und den ursprünglich machtvollen Raum von St. Zeno zu Reichenhall zu erschließen. Hier

[54] K. Th. POHLIG, Die Patrizierburgen d. MA in Regensburg (VHOR 67) 1917, 1–84; R. STROBEL, Forschungsprobleme d. mittelalterl. Wohnbaus in Regensb., (ebd. 103) 1963, 351–374; Ders., Wehrturm, Wohnturm, Patrizierturm in Regensburg (Festschr. K. Oettinger) 1967, 93–116.

[55] H. KELLER, Oberbayer. Stadtbaukunst d. 13. Jhs. (Lebenskräfte in d. abendländ. Geistesgesch., Festschr. W. Goetz) 1948, 49–124.

[56] J. MÜHLMANN, Der Dom zu Salzburg, Wien 1925; PÜHRINGER (s. o. 652).

konnte zudem, noch für die Wende vom 12. zum 13. Jahrhundert, ein reicher östlicher Zellenquerbau mit zweigeschossigen Seitenteilen und Krypta rekonstruiert werden.[57] Beim Hirsauerbau Rott am Inn ist ein Stützenwechsel wohl aus Salzburg abzuleiten.[58] Konrad I. fügte dem Salzburger Dom zwei Westtürme an; 1181 begann Konrad III. von Wittelsbach den Neubau des Salzburger Doms; Grabungen seit 1956 lassen die Bedeutung dieser Kirche, einer der größten romanischer Zeit in Deutschland erkennen.[59] Sie war offenbar fünfschiffig angelegt,[60] mit einfachem Stützenwechsel, sicher gewölbt, wohl mit Emporen, mit Krypta und dreikonchenartiger, mächtiger Ostpartie, dreiteiliger östlicher Turmgruppe gegenüber dem alten Westbau. So verband der Dom rheinische und vielleicht oberitalienische Baugedanken mit dem Anspruch römischer Basiliken; die eigene Leistung des Architekten ist die Verschmelzung all dieser Motive zu einem einheitlichen, mehrfach in Aus- und Einbuchtung wie plastisch modellierten Gebilde. Von seinem Aufriß gibt wohl, vereinfacht, die im gleichen Jahr begonnene, noch bestehende Pfarrkirche St. Nikolaus zu Reichenhall eine Vorstellung, wie auch die dortige Stiftskirche St. Zeno frei mit seinen Baugedanken schaltet (s. o.); weitergebildet erscheinen sie in der 1223 geweihten Pfarr- (jetzt Franziskaner-) Kirche zu Salzburg.[61] Von deren Stilstufe aus verbreitet sich der Gebrauch der Rippe bis Ebersberg (ca. 1220), das Aufrißsystem, vereinfacht, bis zur ersten Münchener Frauenkirche[62] um die Mitte des dreizehnten Jahrhunderts.

In dem Kontrastreichen und plastisch Durchgearbeiteten paßt diese Salzburger Baukunst zur darstellenden Kunst aus dem gleichen Zentrum, in welcher nach Zahl und Bedeutung des Erhaltenen die *Malerei* voransteht. Im späten elften Jahrhundert hatte diese energisch die Wende zur neuen romanischen Festigkeit vollzogen; sie zeigt sich in der Buchmalerei (Handschrift des Kustos Bertold in der Morgan-Library) und in dem seit 1956 in größerem Umfang aufgedeckten vielbildrigen Freskenzyklus von Lambach, dessen Leitidee die Theophanie Christi ist.[63] Das byzantinische Vorbild begleitet die ganze Salzburger Malerei auch im zwölften Jahrhundert.[64] Nach einer vielleicht durch den Investiturstreit bedingten Lücke beginnen in der Buchmalerei die Hauptwerke mit der Michaelbeurer Bibel (ca. 1130), ihren noch weich voluminösen Figuren in frei erzählenden Bildern; es folgen die Admonter Bibel (Wien, ser. nov. 2701) und das Perikopenbuch von St. Erentrud (München, Clm 15903) mit ihrer

[57] Haas-Strobel, St. Zeno in Reichenhall (Architectura 6, 1) 1976, 1–28.

[58] Für Scheyern bleibt seine Herleitung offen.

[59] Lit. s. o. 645 Anm. 6.

[60] Ob das vom Grundriß her äußere südliche Seitenschiff von Anfang an ein Kreuzgangsflügel war, konnte noch nicht entschieden werden. Mehrere Gründe dafür s. Pagitz, Quellenkundliches (s. o. 645 Anm. 6).

[61] F. Fuhrmann, Die Franziskanerkirche in Salzb. (Christl. Kunststätten Österreichs 135) Salzb. 1962.

[62] A. Horn, Die Ausgrabungen in d. Frauenkirche zu München (Deutsche Kunst u. Denkmalpflege) 1962, 1–20.

[63] N. Wibiral, Die Wandmalereien d. 11. Jhs. im ehem. Westchor d. Klosterkirche v. Lambach (Oberösterreich 17) 1967; K. Mindera, Aufdeckung v. Fresken aus d. 11. Jh. im oberösterr. Benediktinerstift Lambach (StMBO 78) 1967; K. M. Swoboda, Der roman. Epiphaniezyklus in Lambach u. das lat. Magierspiel (Kunst u. Gesch.) 1969.

[64] O. Demus, Salzburg, Venedig u. Aquileja (Festschr. f. K. M. Swoboda) Wien u. Wiesbaden 1959, 75–82.

gespannteren Formensprache und stärkeren kompositionellen Zusammenfassung; über den «zeichnerischen Formalismus» der Jahrhundertmitte führt der Weg zu den kompakten Figuren und festen Kompositionen im Antiphonar von St. Peter (Wien, ser. nov. 2700) und der neuen Bewegtheit und körperlichen Fülle des Orationale von St. Erentrud (München Clm 15902) im letzten Jahrhundertviertel.[65] – Die Wandmalerei gipfelt in der ersten Jahrhunderthälfte mit den seit 1961 neu aufgedeckten Fresken der Hochschiffwand von Frauenchiemsee[66] – Bruchstücken von höchster Freiheit, Lebendigkeit und Hoheit der Formensprache – und, gegen die Jahrhundertmitte, mit den in Nischen gemalten, streng erhabenen Halbfiguren vom Nonnberg bei Salzburg.[67] Weitere Salzburger Fresken sind erhalten zu Friesach in Kärnten um 1130 und, aus der zweiten Jahrhunderthälfte, zu St. Peter in Salzburg, zu Frauenchiemsee (Arkadenlaibungen)[68] und Passau (Niedernburg).[69] Zu Ottenstein im niederösterreichischen Waldviertel wurde in neuerer Zeit die Ausmalung der Burgkapelle aufgedeckt; Salzburgisch in Anordnung und Duktus mit der Maiestas in der Apsis und kraftvoll verschränkter allegorischer Gewölbekomposition.[70] In den gerahmten Deckfarbenbildern der Handschriften und in diesen Wandbildern erscheint alles gewichtig, dicht und kraftvoll. Die durchgeformten Charaktertypen byzantinischer Herkunft werden durch den gespannten, kontrastreichen Duktus der Pinselschrift dynamisiert. Von tiefem Ernst und zugleich feuriger, doch gebändigter Kraft, gehören solche Gestalten zu den erhabensten romanischen Menschenbildern. Szenische Darstellungen sind oft zugleich von repräsentativer Würde und dramatischer Spannung.

Die Salzburger Malerei hat in die gesamte Erzdiözese ausgestrahlt. Von Salzburger Kunst bestimmt sind die Millstätter Genesis,[71] deren Stil in den Gurker Fresken des dreizehnten Jahrhunderts weiterwirkt, und die Wandmalereien der Frauenkirche in Brixen nach 1200.[72] Einer Admonter Zweigschule von Salzburg gehört die fast vollständige Ausmalung der Johanneskirche in Pürgg[73] (nördl. Steiermark) an, (deren

[65] Wir folgen in den Datierungen im wesentlichen SWARZENSKI u. BOECKLER (s. o. 648, 643): etwas anders K. M. SWOBODA, Die Bilder d. Admonter Bibel d. 12. Jhs. (Neue Aufgaben d. Kunstgesch.) Brünn 1935.

[66] MILOJČIČ etc. (s. o. 644 Anm. 3). Die überzeugende Datierung SEDLMAYRS (jetzt ebd. 253–274) vor den Nonnberger Fresken versucht SCHINDLER (s. o. 644) 141–143, auf 1100–20 zu präzisieren; offen bleibt aber dann das Verhältnis zur Michaelbeurer Bibel. Bei SEDLMAYRS Datierung der Frauenchiemseer Fresken um 1130 (oder bei einer in die vierziger Jahre) wäre es als das Nebeneinander einer traditionellen Richtung und einer, die schon von neu hinzugekommenen Meistern beeinflußt ist, zu erklären.

[67] S. auch W. FRODL (Österr. Zschr. f. Kunst u. Denkmalpfl. 10) 1956, 90–101.

[68] A. Frh. v. REITZENSTEIN, Roman. Wandmalereien in Frauenchiemsee (Münchner Jb. d. bild. Kunst NF 9) 1932, 211–252.

[69] S. TUCZEK, Roman. Wandgemälde im Kl. Niedernburg in Passau (ebd. 3. F. 7) 1956, 32–49.

[70] E. LANE, Romanische Wandmalereien in d. Burgkapelle Ottenstein, Wien 1976.

[71] H. VOSS, Studien z. illustrierten Millstätter Genesis (Münchner Texte u. Unters. z. deutschen Lit. d. MA 4) 1962 (mit Lit.). Davon u. von der Ansicht d. Verf. abweichend, Bespr. V. Voss durch H. MENHARD in Anzeiger f. dt. Altertum u. dte. Lit. 74, 1963, 14–22.

[72] Entgegen GARBER (s. o. 656) 98, sehen wir deren Stil nicht im Umkreis der Regensburger, sondern der Salzburger Kunst.

[73] E. WEISS, Der Freskenzyklus d. Johanneskapelle in Pürgg (Wiener Jb. f. KG 22) 1969.

Programm Menschwerdung und Eucharistie verbindet) die den Betrachter in ihre bedeutungsvolle dichte Fülle ganz hereinnimmt. Am Rande des damaligen bayerischen Bereichs sind Tiroler Fresken, in Hocheppan, Nauders, Lana, Grissian, Taufers, Tramin entstanden, besonders Marienberg. Sie nehmen verschiedene Einflüsse auf; Matrei im 13. Jh., mit Darstellung der durch die Himmelsleiter verbundenen beiden Paradiese übereinander, besonders stark byzantinische.[74] Wie die Scheibe mit Maria Magdalena aus Weitersfeld im Gurktal (jetzt Klagenfurt) vom späten 12. Jh. ausweist, wird in Salzburg auch Glasmalerei hergestellt worden sein. In Österreich entstand eine vielfältige Buchmalerei.[75]

In Handschriften aus Passau und Weihenstephan wird die in Salzburg verhaltene Dramatik zu barocker Bewegung entbunden.[76] Am fruchtbarsten wirkt sich die Umwandlung Salzburger Vorbilder in Regensburg aus.

Hauptwerk Salzburger Goldschmiedekunst, und zugleich in der Kraft der Plastizität eines der romanischen Kunst überhaupt, ist der Kelch mit Patene von St. Peter in Wien aus dem späteren 12. Jh. Steinplastik von Rang, von oberitalienischer, aber auch heimischer Tradition bestimmt, reicht mit den großen Portalgewänden von St. Peter, an der Südseite der Franziskanerkirche, und in St. Zeno zu Reichenhall sowie Einzelstücken in Berchtesgaden und Reichenhall ins 13. Jahrhundert hinein, doch können die Tympana (auch am Nonnberg und im Salzburger Museum C. A.), mit ihrer Spannweite vom Lieblichen zum erhaben Gespannten, Löwenfiguren und z. T. die Kreuzgangsplastik von Berchtesgaden noch ins 12. Jahrhundert, fast gleichzeitig mit der Hochblüte der Malerei, datiert werden.[77]

e) *Romanische darstellende Kunst im übrigen Bayern*

J. A. Endres, Beitrr. z. Kunst- u. Kulturgesch. d. mittelalterl. Regensburgs, 1936; H. Karlinger, Die hochroman. Wandmalerei in Regensb., 1920; A. Boeckler, Die Regensburg-Prüfeninger Buchmalerei d. 12. u. 13. Jhs., 1924; Bange (s. o. 648); Karlinger (s. o. 648).

Figuren der von Bischof Ellenhard von Freising vor 1078 gestifteten Münchener Handschriften (Clm 6831 f.) zeigen die neue Konsistenz und innere Verklammerung romanischer Figuren innerhalb der deutschen Buchmalerei besonders früh. Die freilich stark übermalten Fresken vom Petersberg bei Eisenhofen (1104–20) vertreten den zart beweglichen Stil des Jahrhundertanfangs. Während die spätere «Bayerische Klosterschule» meist ältere Bildvorstellungen ausschreibt,[78] ersteht in Regensburg ein

[74] Vgl. auch O. Demus, Zu den Freskenfunden d. letzten Jahrzehnts (Österr. Zschr. f. Kunst u. Denkmalpflege 23) 1969.

[75] E. Winkler, Die Buchmalerei in Niederösterr. v. 1150–1250, Wien 1923.

[76] Vgl. 647, 651, 660.

[77] Karlinger (s. o. 648); F. Fuhrmann, Das roman. Marientympanon im Salzburger Museum (Carolino Augusteum, Jahresschr. des Museum 1959) Salzburg 1960, 49–103 (dort Lit.); zur hier vertretenen These: W. Messerer, Romanische Portale in Salzburg u. Reichenhall (Mitt. d. Ges. f. Salzb. Landesk. 117) 1977, 107–142 (bisher 1. Teil); Ders., Zur Ikonographie roman. Plastik im Salzburger Kunstkreis (abw.) 143–157.

[78] S. auch A. Boeckler, Zur Freisinger Buchmalerei d. 12. Jhs. (Zschr. d. Deutschen Ver. f. Kunstwiss. 8) 1941, 1–16.

neuer Stil. Die Ausmalung der Ostteile der Kirche von Prüfening[79] zeigt in den schweren breiten Figuren dessen wesentliches Element, den Salzburger Einfluß. Im Gewölbe des Vorchors thront die Ecclesia-Maria inmitten gemalter Architektur; zusammen mit den Chören der Seligen an den Wänden interpretiert sie, ähnlich anderen Programmen der romanischen Wandmalerei, die gebaute als die geistige Kirche. Um die Jahrhundertmitte[80] wird die Regensburger *Malerei* ganz eigenständig; sie schafft geschmeidige, leichte, differenzierte und flüssig bewegte Figuren, für die sich die von den Prüfening-Regensburger Buchkünstlern bevorzugte Technik der Federzeichnung gut eignet. Sie gehen leicht in das, oft durch Spruchbänder oder durch geschmeidigen Gruppenbau zusammengehaltene Bildganze ein, das nicht selten ein theologisches oder enzyklopädisches Begriffsgebäude darstellt. Manche Züge der Regensburger ottonischen Kunst kehren damit wieder.

In der vollständigen Ausmalung der (1955 rückrestaurierten) Allerheiligenkapelle im Domkreuzgang zu Regensburg (1155–64)[81] sind die Hauptthemen die Behütung der Auserwählten nach der Apokalypse und Christi Heilswelt, im Sinne der Grabkapelle und des Patroziniums. Die Malerei fügt sich, mit schlanken Figuren, der stark in Abschnitte unterteilten Architektur ein, baut aber zugleich aus den diese überkreuzenden Spruchbändern und den Rahmen sich ein eigenes Gerüst auf. Man kann von einem kontrapunktischen Verhältnis zur Architektur sprechen. Auf dem Weg des Jahrhunderts zu kompakterer, schließlich wieder bewegterer Bildung der Figur liegen die Malereien an den Vierungsbögen in Prüfening, die im Karner zu Perschen, mit dem machtvollen thronenden Christus zwischen zwei Reihen von Figuren unter Arkaden, und die Verkündigung in Karthaus Prüll; ebenso die Haupthandschriften der Schule, wie die Bilder zum Salomonsglossar von 1165 (München Clm 13002) und zum Lob des Kreuzes (Clm 14159). In ihren weiteren Umkreis gehört die Erlanger Gumbertusbibel mit ihrem umfangreichen und zugleich prunkvollen Bilderzyklus. Eine neue Spannung zwischen Repräsentation und Mitteilungsfreude gehört zur deutschen Buchmalerei der romanischen Periode überhaupt; aus dieser erklärt sich gerade in Regensburg die Vorliebe für die Illustration des Bibliotheksbuchs, an Stelle der liturgischen Handschrift, und noch nach 1200 die Darstellung deutscher epischer Dichtung in der Berliner Eneit-Handschrift.[82] – Ein Stil rauschender Bewegtheit im frühen dreizehnten Jahrhundert, in dem man bayerische Eigenart sehen mag, zeigt sich außerhalb Regensburg, mit verschiedenen Akzenten: von kaum gebändigter Wildheit in Aldersbach (Clm 2599), von neuer Plastik und Größe des Figuralen im Matutinalbuch aus Scheyern (Clm 17401),[83] wo die Nachbarschaft zur großen Skulp-

[79] Ihren Stil zeigt noch die unter Beteiligung eines Prüfeningers in Biburg entstandene Bibel der UB München 2° cod. ms. 28 von 1147.

[80] Etwa markiert durch die mit dem Pinsel auf die Wand gezeichneten Bischofsfiguren der Burgkapelle Donaustauf.

[81] O. DEMUS, Regensburg, Sizilien u. Venedig (Jb. der Österr. Byzantin. Ges. 2) 1952, 95–104.

[82] A. BOECKLER, Heinrich v. Veldeke Eneide. Die Bilder d. Berliner Handschrift, 1939.

[83] Ders., Zur Conrad v. Scheyern-Frage (Jb. f. Kunstwiss.) 1923, 83–102.

[84] DEMUS (s. o. 643) 205 f.

tur deutlich wird. Die Arkadenfiguren der Wandmalerei im damals Freising verbundenen Maria Wörth zu Kärnten gehören wohl dazu.[84]

Was an steinerner Groß*plastik* aus dem zwölften Jahrhundert stammt, steht den Malereien der gleichen Zeit und z. T. des gleichen Orts fern. Auf die Kapitelle und den einen südfranzösischen Typus provinziell, doch lebendig variierenden Bestienpfeiler der Freisinger Domkrypta[85] folgt gegen 1180 als Hauptwerk das Regensburger Schottentor, die größte romanische Portalanlage in Deutschland. Trotz vieler Deutungsversuche ist ihr Inhalt noch immer nicht völlig sicher geklärt;[86] die Gegenüberstellung der Heilswelt und des Bösen wird deutlich. In der architektonisch gefaßten Bilderwand um das Portal, den zentralen kubischen Einzelfiguren in jeder seiner Hälften und den Tierfriesen ist oberitalische Tradition[87] wirksam; mit der differenzierten Malkunst der Stadt gibt es kaum Verbindung. Das läßt auf eine, dem elften Jahrhundert noch unbekannte Trennung der Kunst der Klöster und der Bautrupps schließen. Diese steht in der «comaskischen Strömung», welche moderne bauplastische Ideen auf mehr handwerklicher Ebene über weite Teile von Europa verbreitet hat; auch die in vielem reizvollen Portale von Gögging, St. Peter Straubing, Windberg, Biburg, Münchsmünster (Landshut Friedhof), Freising, Moosburg, Altenstadt leiten sich mehr oder weniger von ihr her.

Anders, was aus dem dreizehnten Jahrhundert an Steinfiguren erhalten ist. Der thronende Christus aus Reichenbach in München, um 1230, ist bei aller altertümlichen Blockhaftigkeit von neuer innerer Spannung; die Figurenreihen aus Wessobrunn (München) und von der Trausnitzkapelle gewinnen um die Jahrhundertmitte Anschluß an die von Frankreich ausgehende Kunst mit ihrer Verklärung organischer Leiblichkeit.

Von romanischen *Holzskulpturen* hat Bayern viele von manchmal hohem Rang aufzuweisen. Die früheste (3. V. 11. Jh.) ist wohl die bemalte Kreuzigungsgruppe aus Ried (Linz Mus.), die nahe bei Kremsmünster gefunden wurde. Erwähnt seien die Kruzifixe[88] aus Antdorf (11. Jh.), in St. Jakob Regensburg, der riesige von Altenstadt, und, in seiner alten Fassung, der Kruzifixus von Forstenried bei München. Vergeistigt in der Konfiguration elementarer Formen, und dabei genau, greifbar, völlig gegenwärtig, kann dieses Bild des Gottmenschen etwas vom Sinn romanischer Kunst überhaupt mitteilen.

Anders als in der Literatur steht Bayern in der bildenden Kunst in vorromanischer

[85] Mit neuen Thesen: F. DIETHEUER, Die «Bestiensäule» in der Freisinger Domkrypta (OA 101) 1976, 339–380 (m. Lit.).

[86] Zuletzt H. SCHADE, Dämonen u. Monstren, 1962, 37, 148, mit vorsichtigen und treffenden Bemerkungen, und mit einem umfassenden neuen Deutungsversuch R. STROBEL, Das Nordportal der Schottenkirche St. Jakob in Regensburg (Zschr. des Dt. Vereins f. Kunstwiss.) 1964, 1–24 (dort Lit.).

[87] Bes. zum Vergleich mit S. Michele in Pavia: J. WIEGAND-UHL, Figurale u. ornamentale Bauskulptur d. Romanik in Bayern u. d. Lombardei, 1975 (m. Lit.). Einige motivische Gemeinsamkeiten mit irischer Kunst, die hier gezeigt werden, ließen sich vielleicht aus dem Vorbild irischer Metallarbeiten im Besitz der Schottenmönche erklären.

[88] E. SYNDICUS, Roman. Kruzifixe in Süddeutschland, Diss. Masch. München 1954; Ders. u. E. PATTIS, Christus Dominator, 1964.

und romanischer Zeit gegenüber dem Rheinland, Sachsen, Südwestdeutschland aufs Ganze gesehen etwas zurück. Das Fehlen zahlreicher großer Städte mit ihrem gewerblichen Umtrieb, eine weitgehend agrarische Gesellschaft, der auch der Adel zugehört, die zwar vielen, aber nur in wenigen Fällen auch wirtschaftlich überragenden Klöster haben das bedingt. Doch gelten solche Einschränkungen nicht für die großen Zentren Salzburg und Regensburg. Die Kunst Salzburgs gewinnt im späten achten Jahrhundert und vor allem in der großartigen Malerei des zwölften Jahrhunderts, die Regensburgs im elften, mit seiner Einheit aller Künste, und wieder im zwölften Jahrhundert europäische Bedeutung.

Wie anderswo steht die Kunst in Bayern in vielfältigen künstlerischen Zusammenhängen der Tradition und der Einflüsse; in manchen Fällen sind die mit Italien sogar dichter als die mit dem übrigen Deutschland. Besonders aufgeschlossen zeigten sich gerade Regensburg und Salzburg gegenüber byzantinischer Kunst. Konservativismus kennzeichnet die bayerische Eigenart im vorherrschenden romanischen Kirchentypus oder der «altbayerischen Klosterschule». Doch zeigt sie schon in so früher Zeit auch mehrfach originelle Sonderleistungen, die in die Zukunft weisen können. Das sind etwa die agilolfingisch-Salzburger Kunst, die der frühkarolingischen parallel geht, oder die zugleich symbolisch-gedanklichen und schmuckhaften Kompositionen aus dem ottonischen Regensburg und die Regensburger romanischen Hallenkirchen.

Zum Charakter dieser Kunst gehören, in den niedrigeren Rangstufen, der Sinn für additive Reihung und für solide Festigkeit; wo sie sich freier ausspricht, zeigt sie sich mehrfach, wie auch später so oft, dramatisch bewegt und von urtümlicher Kraft. Die Wildheit mancher provinzieller Werke erscheint zu intensiver, geistiger Spannung gebändigt in den hohen Werken der Salzburger Kunst. Darüber darf das Kultivierte, Feinsinnige, Bewegliche nicht vergessen werden, wie es die Regensburger Schöpfungen im elften und zwölften Jahrhundert auszeichnet. So bezeichnen etwa die sublime Verschränkung von Gedanke und Form im Uotacodex oder dem Kunigundenmantel aus dem Regensburg der ottonischen Zeit, und andererseits das starke erhabene Menschenbild der Fresken von Frauenchiemsee und dem Nonnberg, aus dem romanischen Salzburg, polare Höhepunkte der Kunst im bayerischen Stammesherzogtum.

§ 42. MUSIK

Die Musik in Geschichte und Gegenwart. Allgem. Enzyklopädie der Musik. Unter Mitarbeit zahlreicher Musikforscher des In- und Auslandes hg. v. Friedr. BLUME, 14 Bde. 1949–68 u. 2 Bde. Supplement 1973/79; O. URSPRUNG, Freisings mittelalterl. Musikgesch. (Wissenschaftl. Festgabe z. 1200jähr. Jubiläum d. Hl. Korbinian, hg. v. Jos. Schlecht) 1924, 245–278; K. G. FELLERER, Beiträge zur Musikgeschichte Freisings von den ältesten christlichen Zeiten bis z. Auflösung d. Hofes 1803, 1926; O. URSPRUNG, Münchens musikalische Vergangenheit (Kultur u. Gesch., Freie Schriftenfolge des Stadtarch. München, hg. v. Pius Dirr, II) 1927; Dominik. METTENLEITER, Musikgesch. d. Stadt Regensburg, 1866; RIEMANN, Musik Lexikon. 12., völlig neu bearb. Aufl., 5 Bde., 1959/61/67/72/75; M. PFAFF, Der Gregorianische Gesang; Ders., Das geistl. Spiel d. MA (Musik in Bayern I) 1972; H. SCHMID, Bayer. Musikhandschriften d. MA (ebd. II) 1972.

Da Aufzeichnungen von Musik erst seit der Jahrtausendwende in größerem Umfang vorliegen und diese fast bis ans Ende des Mittelalters ausschließlich an (zumeist liturgischen) Text gebundene Stücke überliefern, sind wir über die Musikkultur dieser Zeit nur einseitig und lückenhaft unterrichtet. Immerhin sind in Bayern schon recht früh Anzeichen einer im kirchlichen Bereich regen und erfolgreichen Musikpflege nachweisbar. So erbittet im neunten Jahrhundert Papst Johannes VIII. vom Bischof von Freising eine Orgel und einen Mann, der diese spielen und außerdem Musikunterricht erteilen kann.[1] Aus Regensburg stammt die überhaupt älteste heute noch erhaltene und nachweisbar nicht erst später dem Text hinzugefügte Musikaufzeichnung in der dann jahrhundertelang üblichen Neumenschrift (geschrieben zwischen 817 und 848),[2] aus Freising stammt das älteste Kirchenlied in deutscher Sprache, das ebenfalls neumierte Petruslied (10. Jh.).[3] Daß man auch außerhalb der Liturgie die Musik bei feierlichen Anlässen verwendete, zeigt ein in Freising zum Empfang Kaiser Heinrichs IV. entstandenes Gedicht, das vollständig neumiert, also zum musikalischen Vortrag bestimmt war (s. o. 599). Eine wichtige Rolle spielte die Musik in den offensichtlich recht beliebten dramatischen Darstellungen – man vergleiche nur einige der Anweisungen zum Tegernseer Spiel vom Antichrist (s. o. 606) –, auch nachdem diese über die selbstverständlich gesungenen rein liturgischen Texte der ältesten Weihnachts- und Osterspiele hinausgewachsen waren (s. o. 604 f.). Ferner war ein Großteil der lateinischen und der volkssprachlichen Dichtung stets mit Musik verbunden, insbesondere, wenn lied- und tanzartige Formen oder schon vorhandene Weisen zugrunde lagen. Doch versagen hier bereits die Quellen: Selbst in einer Sammlung wie den Carmina Burana (s. o. 606 f.) ist die (außerdem höchst selten mit einigermaßen befriedigender Sicherheit übertragbare) Neumierung nur unvollständig.[4] Für vielerlei Formen des Musizierens aber fehlen unmittelbare Belege überhaupt, und lediglich beiläufige Erwähnungen in literarischen Quellen, so. z. B. in den in Bayern entstandenen epischen Dichtungen[5] zeigen, daß die Musik auch in allen Bereichen des weltlichen Lebens ihren festen Platz hatte, vor allem als Lied und Tanz, aus- und angeführt vom sehr oft schon berufsmäßigen Spielmann.

Das eindrucksvollste Zeugnis der Musikkultur dieser Zeit aber sind heute noch die überaus zahlreichen musiktheoretischen Schriften, die sich vor allem in Codices der Zeit vom Ende des zehnten bis zur Mitte des zwölften Jahrhunderts erhalten haben.

[1] Vgl. Fellerer (s. o. 662) 17.

[2] Clm 9543. In der Sequenz «Psalle Modulamina» ist das Wort «Domino» nicht durch die übliche Kürzung wiedergegeben, sondern voll ausgeschrieben. Dies ist nur dadurch zu erklären, daß man die einzelnen Silben unmißverständlich den entsprechenden Neumen zuordnen wollte. Vgl. Bischoff 204 u. Taf. VI d.

[3] O. Ursprung, Das Freisinger Petruslied (Die Musikforschung, hg. v. der Gesellsch. f. Musikforschg. 5) 1952, 17–21; s. o. 619.

[4] Vgl. Carmina Burana. Faksimile-Ausgabe der Handschrift, hg. v. B. Bischoff, 1967. Melodien zum Repertoire der Carmina Burana sind für einzelne Stükke aus anderen Quellen (mit Notenschrift) nachgewiesen worden (W. Lipphardt in MGG 2, 1952, 853 ff., Arch. f. Musikwiss. 12, 1955, 122 ff. u. Festschr. H. Besseler 1961, 101 ff.).

[5] Vgl. Ruodlieb, Fragm. V 87–98 u. XI (IX) 25–57; s. o. 596.

Die wichtigsten der seit der Spätantike entstandenen Lehrschriften waren, teilweise sogar mehrfach, in allen größeren Klöstern vorhanden,[6] an den Brennpunkten klösterlicher Kultur (Regensburg, Freising, Tegernsee) auch die die damals neuartige Mehrstimmigkeit (sog. Organum) behandelnde «Musica Enchiriadis».[7] Dazu kamen je nach Interesse seltenere Schriften, Excerpte und Musikabhandlungen eigener Konventualen, so die Aribos von Freising[8] und Wilhelms von St. Emmeram (später Abt zu Hirsau). Besonders verbreitet waren Tonhöhenberechnungen, sog. Mensuren,[9] und zwar nicht nur für das dem Unterricht als Demonstrationsmittel dienende Monochord, sondern insbesondere für Glocken und Orgelpfeifen, was wohl darauf schließen läßt, daß auch der Instrumentenbau allseits zu den in den Klöstern gepflegten Kunsthandwerken gehörte.

Trotz der anfangs erwähnten einseitigen Quellenlage zeichnen sich für diese Zeit somit die Umrisse einer Musikpflege ab, die durchaus der anderer Länder entspricht, in manchem – man denke nur an die frühe Nachricht über Orgelbau und an die besonders reiche Überlieferung dramatischer Darstellungen und musiktheoretischer Schriften – sogar auf eine das übliche Maß übersteigende Beschäftigung mit gewissen Teilgebieten schließen läßt. Daß die Liturgie der Kirche von Anfang an mit Musik verbunden war,[10] machte ganz von selbst diejenigen Stellen, denen die sorgfältige Pflege dieser Liturgie besondere Verpflichtung war, also die Klöster, zu Zentren der Musikkultur: hier wurde diese heute zusammenfassend als Gregorianischer Choral bezeichnete Musik nicht nur praktisch gelehrt, sondern auch theoretisch durchdacht[11]

[6] Besonders verbreitet waren die Werke des Boethius (de institutione musica libri V), Isidor von Sevilla (etymologiarum lib. III, cap. XV–XXIII), Berno von Reichenau (tonarius et prologus in tonarium) und Guido von Arezzo (Micrologus, Versregeln, Brief an den Mönch Michael). Boethius wurde veröffentlicht von G. Friedlein, 1864, die übrigen Werke von Mart. Gerbert in: Scriptores ecclesiastici de Musica etc., 3 vol., 1784 (Neuausgaben teils vorhanden, teils vorbereitet).

[7] Gerbert, Scriptores I 152–212. Abschriften dieses Werkes sind erhalten aus Freising, Tegernsee und Regensburg St. Emmeram (3!); s. o. 599.

[8] Der Herausgeber der Neuausgabe (Aribonis De Musica, ed. J. Smits van Waesberghe, Corpus Scriptorum de Musica 2, 1951) vermutet hinter Aribo einen Kleriker zu Lüttich. Doch verweisen die Widmung an den Freisinger Bischof, die fast persönlich erscheinende Bekanntschaft mit Wilhelm von St. Emmeram und nicht zuletzt auch der Name Aribo so deutlich auf Bayern, daß wohl an die Herkunft des Lütticher Klerikers aus der Diözese Freising gedacht werden muß (enge Beziehungen zwischen Freising u. Lüttich zeigen sich auch in der Überlieferung der Musica Euchiriadis bei clm. 6409, 14392 u. 18914 einerseits und der aus Lüttich stammenden Brüsseler Hs. 10114–16). Außerdem paßt der Traktat sehr wohl in die damals im bayerischen Gebiet (mit nördlichstem Punkt in Bamberg) auffallend reiche musiktheoretische Tätigkeit. Zum ganzen Abschnitt vgl. auch 599.

[9] Zu einem Teil veröffentlicht von Gerbert, Scriptores I u. II. Vgl. auch Smits van Waesberghe, Cymbala (Musicol. Stud. and Docum. I), 1951, Ders., De musico paedagogico et theoretico Guidone Aretino etc., 1953 u. K.-J. Sachs, Mensura Fistularum (Schriftenreihe d. Walcker-Stiftung f. orgelwissensch. Forsch. 1) 1970.

[10] Auch die typischen Neuschöpfungen des Mittelalters, die Tropen und Sequenzen, waren stets zum musikalischen Vortrag bestimmt.

[11] Diese musikalische Spekulation wirkt über die bereits genannten theoretischen Schriften hinaus auch in Bereiche anderer Künste (vgl. die Buchmalereien des Regensburger Uta-Evangelistars). S. o. 650.

und in mit späterer Zeit immer stärker zunehmendem Maße schriftlich fixiert.[12] Blüte und Verfall des klösterlichen Lebens finden daher in der Musik ihren Widerschein, desgleichen zuletzt auch das Zurücktreten der alten Orden gegenüber neuen Gemeinschaften, für die kunstvolle Pflege des liturgischen Gesangs nicht mehr von gleich zentraler Bedeutung war. Da sich neben den Klöstern andere Stätten dauernder geregelter Musikpflege in Bayern nicht gebildet hatten, sind etwa von der Mitte des 12. Jahrhunderts an nun für längere Zeit keine besonderen musikgeschichtlichen Ereignisse mehr zu berichten.

[12] Etwa von der Jahrtausendwende ab sind die zu singenden Texte in den zahlreich erhaltenen liturgischen Büchern fast stets mit (linienlosen) Neumen – üblich war hierzulande der sog. St. Galler Typ – versehen; die in der 1. H. des Jhs. von Guido von Arezzo erfundene Notation auf Linien setzte sich im Gegensatz zu seinen sehr schnell verbreiteten theoretischen Schriften nur langsam durch. Überall vorhanden waren auch nach Tonarten geordnete Verzeichnisse der liturgischen Gesänge, sog. Tonare (vgl. dazu M. Huglo, Les tonaires, Paris 1971).

STAMMTAFELN

Grundlage für die Stammtafeln ist Isenburg, Tafel 8 (ältere Luitpoldinger), Tafel 3 (Luidolfinger, Tafel 11 (Welfen), Tafel 5 (Staufer) und Tafel 15 (Babenberger). Zu vergleichen ist ferner das Biographische Wörterbuch zur deutschen Geschichte, bearb. v. K. Bosl, G. Franz, H. H. Hofmann, II, 1974^2, 1676 (Luitpoldinger), 1671 (Luidolfinger); III, 1975^2, 3067f. (Welfen), 2737f. (Staufer); I, 1973^2, 177f. (Babenberger). Für die Genealogie der Staufer ist außerdem heranzuziehen H. Decker-Hauff, Das Staufische Haus (Die Zeit der Staufer III) 1977, 339–374; für die Genealogie der Babenberger K. Lechner, Die Babenberger. Markgrafen und Herzöge von Österreich 976–1246 (Veröffentlichungen des Instituts für österreichische Geschichtsforschung 23) 1976, 479f.; 1000 Jahre Babenberger in Österreich (Ausstellung Stift Lilienfeld) 1976, 24f.

DIE BEIDEN LETZTEN AGILOLFINGER

?–748	Odilo
748–788	Tassilo III.

DIE KAROLINGISCHEN PRÄFEKTEN

788–799	Gerold I.
799–818	Audulf
?–861	Ernst I.
?–895	Engildeo II.

LUITPOLDINGER
(siehe Tafel I)

HERZÖGE AUS VERSCHIEDENEN HÄUSERN

995–1004	Heinrich IV. (= Ks. Heinrich II. der Heilige)
1004–1009	Heinrich V. von Lützelburg
1009–1018	Heinrich IV.
1018–1026	Heinrich V. von Lützelburg
1026–1027	Konrad (= Kg. Konrad II.)
1027–1042	Heinrich VI. (= Ks. Heinrich III.)
1042–1047	Heinrich VII. von Lützelburg
1047–1049	Heinrich VI.
1049–1053	Konrad I. von Zütphen
1053–1054	Heinrich VIII. (= Ks. Heinrich IV.)
1054–1055	Konrad II.
1055–1061	Agnes, Gem. Ks. Heinrichs III.
1061–1070	Otto von Nordheim

WELFEN, STAUFER, BABENBERGER
(siehe Tafel II)

ABKÜRZUNGEN IN DEN STAMMTAFELN

Eb. = Erzbischof; B. = Bischof; Ks. = Kaiser; Kg. = König; Hg. = Herzog; Gf. = Graf; Mgf. = Markgraf; Pfgf. = Pfalzgraf; Bgf. = Burggraf; T. = Tochter; Schw. = Schwester; ∞ = vermählt mit
Kreis mit Ziffer = Herrschaftsfolge

TAFEL I: LUITPOLDINGER

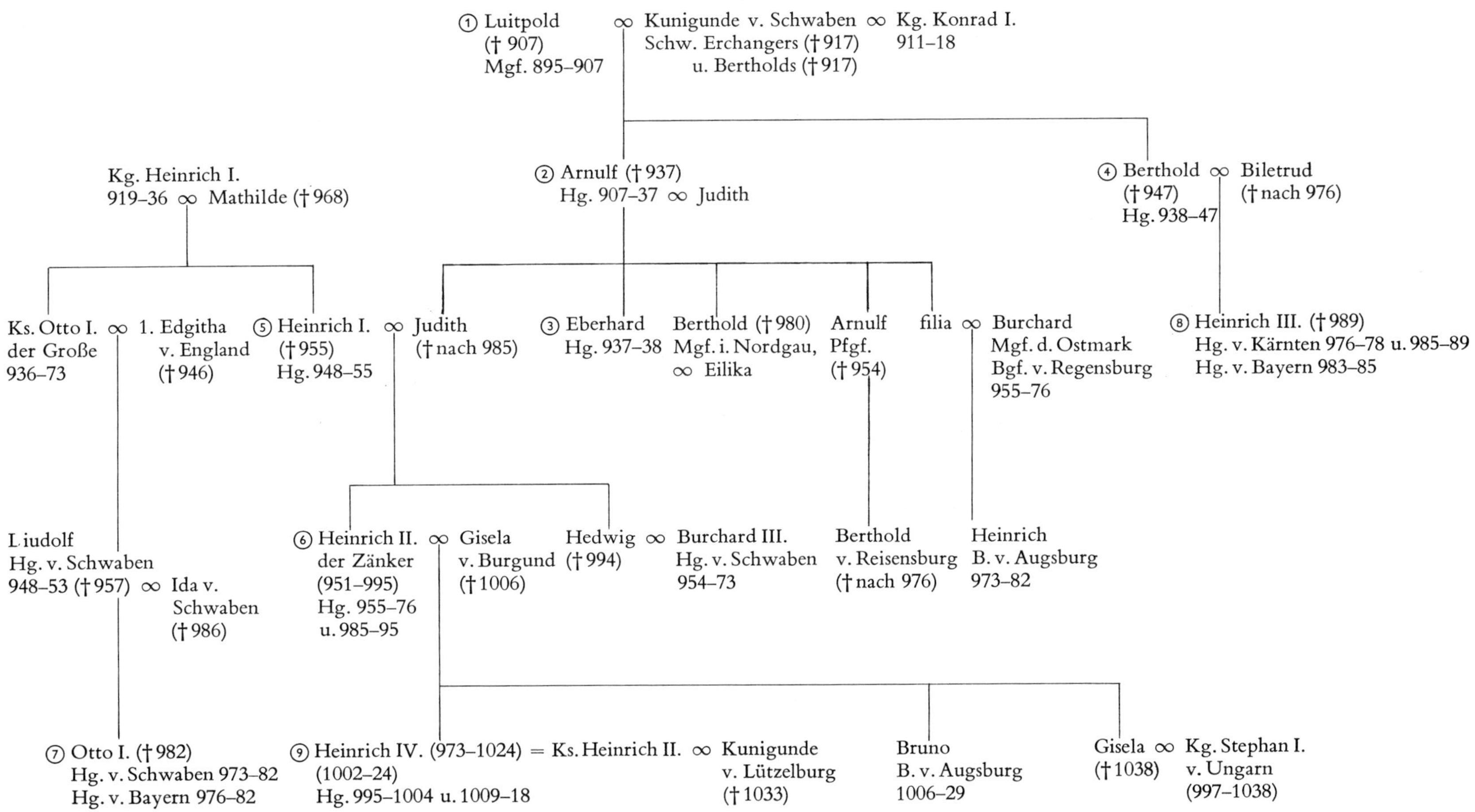

TAFEL II: WELFEN, STAUFER, BABENBERGER

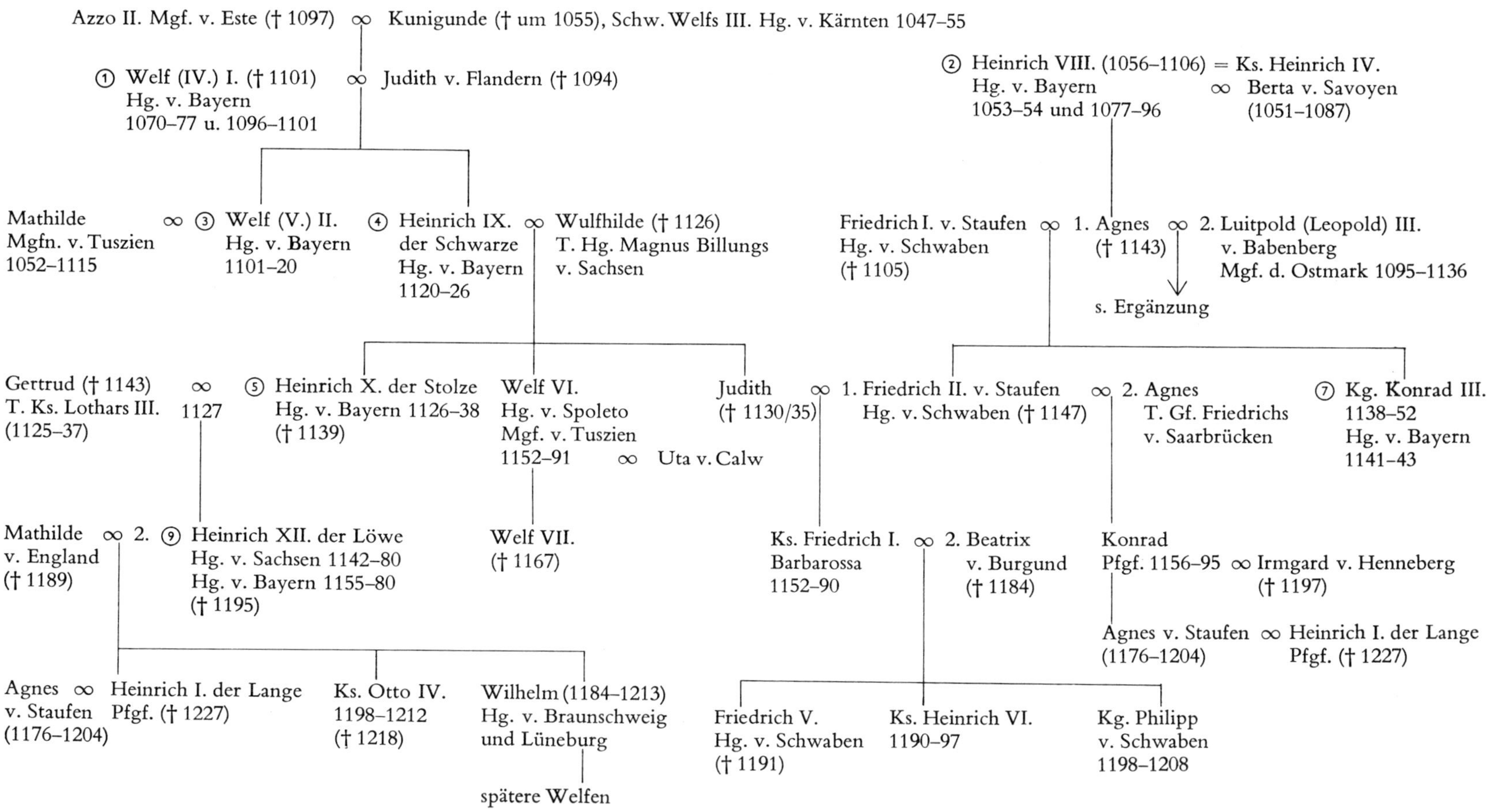

ERGÄNZUNG ZU TAFEL II:

Agnes, T. Ks. Heinrichs IV. ∞ 2. Luitpold (Leopold) III. v. Babenberg

Gertrud, Witwe Hg. Heinrichs X. des Stolzen († 1143)	∞ 1. ⑧	Heinrich XI (II.) Jasomirgott Pfgf. 1140 Mgf. d. Ostmark 1141–56 Hg. v. Bayern 1143–56 Hg. v. Österreich 1156–77	∞ 2. Theodora Komnena († 1184)	⑥ Luitpold (Leopold) IV. Mgf. d. Ostmark 1136–41 Hg. v. Bayern 1139–41 ∞ Maria v. Böhmen	Otto I. B. v. Freising 1138–58	Konrad B. v. Passau 1148–64 Eb. v. Salzburg 1164–68	Gertrud ∞ Wladislav II. († 1151) Hg. und Kg. v. Böhmen 1140–75

Adalbert
Eb. v. Salzburg
1168–77 u.
1183–1200

HILFSMITTEL, QUELLEN, DARSTELLUNGEN

Die folgende Bibliographie gibt Auskunft über die wichtigsten Arbeitsgrundlagen zur bayerischen Geschichte. Die Angaben über das einschlägige *allgemeine* Schrifttum sind, auch mit Rücksicht auf die im Erscheinen begriffene zehnte Auflage des «Dahlmann-Waitz» (DW[10], s. u. A I 1), in engen Grenzen gehalten. Sie stehen jeweils *vor* dem bayerischen Schrifttum, ohne nähere Bezeichnung, da sie an sich kenntlich sind.

Für Bayern im Spätmittelalter und in der frühen Neuzeit siehe auch die bibliographischen Hinweise in Band II des Handbuchs, für die Pfalz und Oberpfalz, für Franken und Schwaben siehe Band III, für Bayern im 19. und 20. Jahrhundert siehe Band IV.

Die bibliographische Bestandsaufnahme wurde im wesentlichen 1979 abgeschlossen.

A. HILFSMITTEL

I. *Bibliographien*

1. Abgeschlossene Bibliographien

Dahlmann-Waitz [DW[9]], Quellenkunde d. deutschen Gesch., hg. v. H. Haering, mit Reg.Bd., 1931/32[9]. Neubearbeitung: Dahlmann-Waitz [DW[10]], Quellenkunde d. deutschen Gesch. Bibliographie d. Quellen u. d. Literatur z. deutschen Gesch. 10. Aufl. unter Mitwirkung zahlreicher Gelehrter hg. im Max-Planck-Institut f. Geschichte v. H. Heimpel u. H. Geuss, Bd. I 1965/69 (Liefgn. 1–11); Bd. II 1969/71 (Liefgn. 12–20); Bd. V 1975/80 (Liefgn. 25–34/35); ferner Liefgn. 21–24, 1972–1974, 36–37, 1980; W. Holtzmann u. G. Ritter, Die deutsche Geschichtswissenschaft im zweiten Weltkrieg. Bibliographie d. hist. Schrifttums deutscher Autoren 1939–1945, 1951; G. Franz, Bücherkunde z. deutschen Gesch., 1951; H. Planitz u. Th. Buyken, Bibliographie zur deutschen Rechtsgeschichte, 1952. – Bibliographien z. österr. Gesch. s. AV: Uhlirz, Zöllner 575–630; Alpenländer mit Südtirol bei Huter, s. u. A II 3. Schottenloher s. Bd. II, AV.

Alter Realkatalog d. Bayer. Staatsbibliothek München, Abt. Bayern. Begründet in d. 60er Jahren d. vergangenen Jahrhunderts, zu einem brauchbaren Arbeitsinstrument von S. Riezler [Oberhofbibliothekar von 1883 bis 1898] entwickelt, ab 1916 durch Verzettelung d. Veröffentlichungen aller bayer. Geschichtsvereine u. auf Bayern bezüglichen Aufsätze aus wichtigen Zeitschriften zu einem «umfassenden Dokumentationswerk» [Striedl] über Bayern ausgebaut. Wird weitergeführt bis 1952 einschließlich. Ungedruckt; Catalogus codicum manu scriptorum Bibliothecae Regiae Monacensis, Bd. III 1–4 u. Bd. IV 1–4: Codices latini, 1868/74, Bd. III 1 in 2. Aufl., 1892, Bde. V u. VI: Codices germanici, 1866, Bd. V 1, 1920 [hierzu P. Ruf, Codices bavarici, Handschriften z. Gesch. Bayerns in d. Bayer. Staatsbibliothek, ZBLG 18, 1955, 1–39 u. Ders., Säkularisation u. Bayer. Staatsbibliothek, I: Die Bibliotheken d. Mendikanten u. Theatiner 1799–1802, 1962]; K. Dachs, Die schriftl. Nachlässe d. Bayer. Staatsbibliothek, I, 1970.

Beiträge z. Landeskunde Bayerns, zusammengestellt von d. Subkommission f. wissenschaftl. Landeskunde Bayerns d. Geograph. Ges. in München, 1884 [Bibliographie z. bayer. Landesk. bis 1884, eingeteilt in Kartographie von A. Waltenberger, sanitäre Verhältnisse d. Bewohner einschl. Balneologie von A. BESNARD, Forstwirtschaft von K. KLAUSENER, Vor- u. Frühgesch. von F. OHLENSCHLAGER (auch als Sonderdruck ersch. unter d. Titel: Schriften über die Urgesch. von Bayern u. d. Zeit d. Römerherrschaft, 1884). Fortsetzung u. Schluß unter d. Titel:] Zweiter Bericht d. Subkommission (Jahresber. d. Geogr. Ges. in München für 1884, 9. Heft) 1885, 1–80 [die Moore Südbayerns von Chr. GRUBER, die Bewohner Bayerns von F. X. PRÖBST]; Zur Landeskunde Bayerns. Gesamtschilderungen u. Reisewerke, zusammengestellt v. H. SIMONSFELD (Jahresber. d. Geogr. Ges. in München) 1892/93, Sonderabdr. 1894; Bibliographie z. bayer. Siedlungsgesch. nach 1945 [bes. ländliche Siedlungsgesch.] in: K. FEHN, Die bayer. Siedlungsgesch. nach 1945 (ZBLG 28) 1965, 651–676; Bibliographie d. bayer. Vor- u. Frühgesch. 1884–1959, bearb. v. F. WAGNER, hg. v. d. Kommission f. bayer. Landesgeschichte b. d. Bayer. Akad. d. Wiss. [KBL] 1964; H. HAUSHOFER – S. RIEDMÜLLER, Bayer. Agrar-Bibliographie. Schriftenkunde d. bayer. Landwirtschaft u. Fischerei, 1954; A. HILSENBECK, Bayerns Handel, Gewerbe u. Industrie. Verzeichnis d. wichtigsten Bücher u. Zeitschriften-Aufsätze seit 1870, 1922; Bibliographie d. Kunst in Bayern. Unter d. Leitung v. H. SEDLMAYR bearb. v. H. WICHMANN, hg. v. KBL [umfassend, auch m. reicher topograph. Literatur!], Bd. I, 1961, Bd. II, 1964, Bd. III, 1967, Bd. IV, 1973, Bd. V, 1971: Sonderbd. Dürer, v. M. MENDE; B. OVERBECK, Bibliographie d. bayer. Münz- u. Geldgeschichte, 1750–1964, 1968; J. GUTENÄCKER, Verzeichnis aller Programme u. Gelegenheitsschriften, welche an den K. Bayer. Lyzeen, Gymnasien u. latein. Schulen, v. Schuljahr 1823/24 bis z. Schlusse d. Schuljahres ... erschienen sind, 7 Abt. [für d. Zeit v. 1823–1908], 1862/1908; H. LEY, Verzeichnis sämtl. Programme, welche an den Kgl. bayer. Real- u. Oberrealschulen [ehem. Landwirtschafts- u. Gewerbeschulen] vom Jahre 1833 bis 1912 inkl. erschienen sind, 1913; Bibliographie in: Heimatgeschichtlicher Ratgeber = Bayer. Heimatforschung 6 (s. u. C V) 1952, 218–226 [Verzeichnet, nach Regierungsbezirken geordnet u. mit Ergänzungen aus früherer Zeit, die laufenden Reihen, Zeitschriften u. geschichtlich gerichtete Zeitungsbeilagen sowie die f. die Gesch. d. einzelnen Bezirke einschlägigen wichtigsten Quellenwerke u. Darstellungen]; M. KNEIDL-H. MAGIN, Verzeichnis d. bayer. heimat- u. volkskundl. Zeitungsbeilagen, 1938, Ortsregister 1938; Verzeichnis der in d. bayer. Staatsarchiven vorhandenen heimatkundl. Zeitungsbeilagen aus d. fränk. Raum (Mitt. f. d. Archivpflege in Bayern 2) 1956, 52–60; dsgl. aus d. altbayer. Raum (ebd. 4) 1958, 29–37; dsgl. aus Bayer.-Schwaben u. angrenzenden Gebieten (ebd. 4) 1958, 66–70; G. BUCHNER, Die ortsnamenkundl. Literatur v. Südbayern. Mit einem Anhang: Ortsnamenkundl. Literatur aus d. übrigen Kreisen (Programm Maximiliangymnasium München) 1919/20, [Forts.:] Schriftenverzeichnis z. ortsnamenkundl. Lit. Bayerns in: Bayer. Hefte f. Volkskunde 9 u. 10, sowie in: Bayer. Heimatschutz bzw. Jahrbuch d. Bayer. Landesvereins f. Heimatschutz, 1936–38 [Das gesamte namenskundl. Schrifttum Bayerns wird erfaßt in einer Kartei beim Verband f. Flurnamenforschung in Bayern (Hauptstaatsarchiv München)]; München im Buch. Auswahl-Katalog d. Stadtbibliothek München, 1958.

2. *Laufende Bibliographien*

Jahresberichte d. deutschen Gesch., 1–7, für 1918–1924, fortgesetzt als: Jahresbericht f. deutsche Gesch., hg. v. A. BRACKMANN u. F. HARTUNG, Jgg. 1–15/16 [Berichtsjahr 1925–1939/40], 1927–1942, NF Jg. 1 [Berichtsjahr 1949] – 28/29 [Berichtsjahr 1976/77], 1952 – 1979 –.

Jahresbibliographie [zur bayerischen Geschichte] 1927–1958, von G. LEIDINGER ins Leben gerufen, erschienen in der Zeitschrift f. bayer. Landesgeschichte (ZBLG) 1–24 in den Jahren 1927–1961, bearb. v. W. KRAG [gest. 1964] unter d. Titeln: Lit. Jahresrundschau

1927–1942, Schrifttum z. bayer. Gesch. 1942–1949, Jahresbibliographie ab 1950. Gegliedert ab 1928 in Anlehnung an die Riezlersche Systematik und in zunehmender Vervollkommnung in: Gesamtbayern, zeitl. Folge, Sachgebiete, Landesteile, Orte, Personen, [Forts.:] Bayer. Bibliographie 1959–1963, im Auftrag der KBL u. d. Generaldirektion d. Bayer. Staatl. Bibliotheken bearb. v. M. Renner (= Beih. 1 d. ZBLG, hg. v. d. KBL in Verb. m. d. Ges. f. Fränk. Geschichte) 1966, Jahrgang 1964 [erste in landeskundl. Richtung erweiterte bayer. Gesamtbibliographie] bearb. v. F. Stadler (= Beih. 2 d. ZBLG) 1967, Jahrgang 1965, bearb. v. F. Stadler (= Beih. 3 d. ZBLG) 1968, Jahrgang 1966, bearb. v. F. Stadler (= Beih. 4 d. ZBLG) 1969, Jahrgang 1967, bearb. v. F. Stadler (= Beih. 5 d. ZBLG) 1971; Jahrgänge 1968–1970, bearb. v. W. Albrecht u. R. Wiese (= Beih. 6 d. ZBLG) 1977; Jahrgänge 1971–1973 [erstmals ganz in der Verantwortung der staatl. Bibliotheksverwaltung] hg. v. d. Generaldirektion d. Bayer. Staatl. Bibliotheken, bearb. v. R. Wiese, 1978; W. Wimmer, Bavarica. Übersicht über Neuerscheinungen auf d. Gebiet d. bayer. Gesch., Landes- u. Volkskunde, Kunst- u. Kulturgesch. (Der Zwiebelturm) 1960–1971 [eingestellt] [Vierteljährl. je 2 Seiten, nützliche u. verlässige Auswahl aus d. einschlägigen Neuanschaffungen d. Bayer. Staatsbibliothek u. aus den bei ihr eingegangenen Pflichtstücken]; Bayerische landesgeschichtl. Zeitschriftenschau Jahrgang 1964, zusammengestellt v. P. Fried (ZBLG 28) 1965, 891–919, Jahrgang 1965 v. F. Stadler (ZBLG 29) 1966, 883–900; laufende Bibliographie in «Schönere Heimat» (s. u. C VI 1). – Die meisten regionalgeschichtlichen bayerischen Zeitschriften unterrichten in Abständen oder periodisch über das neuerschienene einschlägige Schrifttum.

Bibliographie mit Schrifttum über Bayern in d. Berichten z. deutschen Landeskunde [ohne Beschränkung auf das im geograph. Sinn landeskundl. Schrifttum] Bde. 1–50 –, 1941–1977 –; Sammelberichte über Bayern u. Zeitschriftenschau in d. Blättern f. deutsche Landesgesch. (s. u. C I 2) Bde. 88–115 –, 1951–1979 –.

II. Lexika

1. Biographische Lexika

Allgemeine deutsche Biographie [ADB], hg. v. d. Hist. Kommission b. d. Bayer. Akad. d. Wiss., 56 Bde. mit Reg.Bd., 1875–1912 [vor 1900 verstorbene Persönlichkeiten]; Forts.: Biographische Blätter, hg. v. A. Bettelheim, Jgg. 1 u. 2 [für 1895, 1896], 1896/97; Biographisches Jahrb. u. Deutscher Nekrolog, hg. v. A. Bettelheim, Bde. 1–18, 1898–1913; Deutsches Biographisches Jahrb., hg. v. Verband d. deutsch. Akademien, Bd. 1 [für 1914/16] 1925, 2 [für 1917/20] 1928, 3–5 [für 1921/23] 1927/30, 10, 11 [für 1928/29] 1931/32; Neue Deutsche Biographie [NDB], hg. v. d. Hist. Komm. b. d. Bayer. Akad. d. Wiss. Bde. 1–12 –, 1953–1980 (Kle–Kre) –; H. Rössler-G. Franz, Biograph. Wörterbuch z. deutschen Gesch., 1952/53, 2. neubearb. u. erw. Aufl. bearb. v. K. Bosl, G. Franz, H. H. Hofmann, 3 Bde., 1973/75; Ch. G. Jöcher, Allgem. Gelehrten-Lexikon, 4 Teile, fortges. u. ergänzt v. J. Ch. Adelung u. H. Rotermund, 7 Bde., Bd. 7 hg. v. O. Günther, Leipzig 1750/1897; V. Loewe, Deutsche Gesch. (Bibliographien d. Wiss. I) 1931 [Verz. deutscher Historiker seit 1800]; Die deutsche Literatur d. Mittelalters. Verfasserlexikon, hg. v. W. Stammler u. K. Langosch, 4 Bde. u. Nachtrags-Bd., 1933/55, 2. Aufl. hg. v. K. Ruh, Bde. I–II, Liefg. 1/2, 1978 (bis Etzen, Hermann); W. Kosch, Deutsches Literatur-Lexikon. Biograph. u. bibliogr. HB, 4 Bde., Bern 1949/58², I 1968³; Allg. Lex. d. bild. Künstler v. d. Antike bis z. Gegenwart, hg. v. M. Thieme u. F. Becker, 37 Bde., 1907/50, fotomech. Nachdr. 1962/64; H. Vollmer, 6 Erg.Bde. für das 20. Jh., 1953/62, fotomech. Nachdr. 1961/65; Riemann Musik-Lexikon, 12. Aufl., Personenteil hg. v. W. Gurlitt, 2 Bde., 1959/61, 2 Erg.Bde., hg. v. C. Dahlhaus 1973/75,

Sachteil, hg. v. H. Eggebrecht, 1967; J. C. Poggendorf, Biogr.-literar. Handwörterbuch z. Gesch. d. exakten Wissenschaften, enth. Nachweise über Lebensverhältnisse u. Leistungen von Mathematikern, Astronomen, Physikern, Chemikern, Mineralogen, Geologen usw. aller Völker u. Zeiten, 5 Bde., 1863/1926; C. Eubel [von Bd. III ab G. Gulik u. a.], Hierarchia catholica medii aevi. S. E. R. Cardinalium, ecclesiarum antistitum series, Bde. I u. II [1198–1503] 1913/14², Bd. III [1503–1600] 1923, 1960², Bd. IV [1592–1667] 1935, 1960², Bd. V [1667–1730] 1952, Bd. VI [1730–1799] 1958, Bd. VII [1800–1846] 1968; P. B. Gams, Series episcoporum ecclesiae catholicae, 1873/86, unveränd. Abdr. 1957; Series episcoporum ecclesiae catholicae occidentalis, hg. v. O. Engels-St. Weinfurter-R. Kaiser-G. Melville-T. Nyberg, Bd. I: Germania [in Vorbereitung]; J. François, Bibliothèque générale des écrivains de l'ordre de saint Bênoit, 4 Bde., 1777/78, Nachdr. 1861; Dictionnaire des auteurs Cisterciens, hg. v. E. Brouette, Liefg. 1–5–, 1975 – 1978 – (bis Quiros); Th. Kaeppeli, Scriptores Ordinis Praedicatorum Medii Aevi, Bde. 1–2–, 1970 – 1975 – (bis Johannes de Sancto Petro)

Zahlreiche Artikel über bayerische Persönlichkeiten in der NDB, besonders in der ADB. Altbayer. Lebensläufe im Sinne der in Franken, Schwaben und anderwärts bestehenden Sammlungen fehlen, obwohl seit Gründung der KBL (1927) geplant.

P. Stumpf, Denkwürdige Bayern. Kurze Lebensbeschreibung verstorb. verdienter Männer, die in dem Ländergebiet d. jetzigen Königreiches Bayern geboren oder durch längeren Aufenthalt ihm zugehörig waren, 1865; Geistiges u. künstler. München in Selbstbiographien, hg. v. W. Zils, 1913; M. Fürst, Biograph. Lexikon für d. Gebiet zw. Inn u. Salzach, 1901; K. Schottenloher, Die Bayern in der Fremde (Schriftenreihe 44) 1950; W. Wühr, Die Emigranten d. franz. Revolution im bayer. u. fränk. Kreis (Schriftenreihe 27) 1938; W. Schärl, Die Zusammensetzung d. bayer. Beamtenschaft von 1806 bis 1918 (MHStud. 1) 1955. – A. M. Kobolt, Baier. Gelehrten Lexikon vom Anfang d. Bair. Staates bis 1724 ... in Rücksicht sowohl gedruckter als ungedr. Schriften ... nach Alph. Ordnung d. Auctoren, 2 Bde., Landshut 1795 u. 1824 [Bd. II: Erg. u. Berichtigungen nebst Nachträgen v. M. Gandershofer, 1824]; C. A. Baader, Das gelehrte Baiern, oder Lexikon aller Schriftsteller, die Baiern im 18. Jh. erzeugte oder ernährte, 1804; Ders., Lexikon verstorbener Baier. Schriftsteller d. 18. u. 19. Jhs., 2 Bde., 1824/25. – A. v. Meiller, Namensverzeichnis von Äbten u. Äbtissinnen bayer. u. österr. Klöster als Hilfsmittel bei d. Bearbeitung u. Benutzung v. Necrologen, 1833; A. [Pirmin] Lindner, Die Schriftsteller u. die um Wissenschaft u. Kunst verdienten Mitglieder d. Benediktinerordens im heutigen Königreich Bayern vom Jahre 1750 bis z. Gegenwart, 3 Bde., 1880/84 [Bd. III: Nachträge zu I u. II]; Ders., Monasticon metropolis Salzburgensis antiquae. Verzeichnis aller Aebte u. Pröpste d. alten Kirchenprovinz Salzburg, 1907/08, Suppl. 1913; vgl. Germania Sacra C III 7a u. b.

2. *Sachlexika*

Sachwörterbuch z. deutschen Gesch. von H. Rössler u. G. Franz, 1958; E. Haberkern u. J. F. Wallach, Hilfswörterbuch f. Historiker, 1935, 1972³; dtv-Wörterbuch z. Gesch., hg. v. K. Fuchs u. H. Raab, 2 Bde., 1972; E. Bayer, Wörterbuch z. Gesch., Begriffe u. Fachausdrücke, 1974³; Handbuch d. Geschichtsdidaktik, hg. v. K. Bergmann, A. Kuhn, J. Rüsen, G. Schneider, 2 Bde., 1979. – Reallexikon d. Vorgesch., hg. v. M. Ebert, 14 Bde. u. 1 Reg.Bd., 1924/32; Reallexikon für Antike u. Christentum, Sachwörterbuch z. Auseinandersetzung d. Christentums m. d. antiken Welt, hg. v. Th. Klauser, Bde. 1–11, Liefgn. 81–84 –, 1950–1978 –; Realenzyklopädie d. klassischen Altertumswissenschaft, hg. v. A. Pauly u. G. Wissowa u. a., neu bearb. v. K. Ziegler, 1. Reihe [A–Qu] Bde. 1–24–. [47 Halbbde.] 1894–1963–, 2. Reihe [R–Z] Bde. 1–10 [19 Halbbde.]

1914–1972 –, Supplementbde. 1–10, 1903–1965; Reallexikon d. german. Altertumskunde, hg. v. J. HOOPS, 4 Bde., 1911/19, 2. völlig neu bearb. u. stark erw. Aufl. hg. v. H. BECK, H. JANKUHN, K. RANKE, Bde. I–IV, 1973–1978 –; Lexikon d. Mittelalters (Artemis), Liefg. 1–10 –, 1977 –; Staatslexikon, Recht, Wirtschaft, Gesellschaft, hg. im Auftrag d. Görres-Gesellschaft, 8 Bde., 1957/63[6] u. 3 Erg.-Bde. 1969/70; Deutsches Rechtswörterbuch, Wörterbuch d. älteren deutschen Rechtssprache, hg. v. d. Preuß. Akad. d. Wiss. zu Berlin, ab Bd. 4 von d. Deutschen Akad. d. Wiss. zu Berlin, ab Bd. 5 in Verbindung mit d. Deutschen Akad. d. Wiss. zu Berlin hg. v. d. Heidelberger Akad. d. Wiss., Bde. 1–8, 1961–1975 –; Handwörterbuch z. deutschen Rechtsgesch., hg. v. A. ERLER u. E. KAUFMANN, Bd. I 1971, Bd. II 1978, Bd. III, 17. Liefg. 1978 –; Wörterbuch d. Politik, 5 Bde. [Gesellschaft, Staat, Soziale Fragen, Wirtschaft], hg. v. V. v. NELL-BREUNING u. H. SAKKER, 1952; Hist. Lexikon z. polit.-sozialen Sprache in Deutschland, hg. v. O. BRUNNER-W. CONZE-R. KOSELLECK, 5 Bde., I–II –, 1972–1975 –; Handwörterbuch d. Sozialwissenschaften, hg. v. E. v. BECKERATH, 12 Bde., 1956/65, Reg.-Bd. 1968, zugleich Neuaufl. d. «Handwörterbuchs d. Staatswissenschaften»; Handwörterbuch d. Wirtschaftswissenschaften, hg. v. E. v. BECKERATH, 12 Bde., 1956/65, Reg.-Bd. 1968, zugleich Neuaufl. d. Sozialgesch., hg. v. H. AUBIN u. W. ZORN, 2 Bde., 1974/75; Die Religion in Gesch. u. Gegenwart. Handwörterbuch f. Theologie u. Religionswissenschaft, hg. v. H. GUNKEL u. L. ZSCHARNACK, 5 Bde. u. 1 Reg.Bd., 1927/32[2], 3. Aufl. hg. v. K. GALLING, 6 Bde., 1957/65; Lexikon f. Theologie u. Kirche, hg. v. M. BUCHBERGER, 2. Aufl. hg. v. J. HÖFER u. K. RAHNER, 11 Bde., 1957/65, Reg.-Bd. 1967; Lexikon d. christl. Ikonographie, hg. v. E. KIRSCHBAUM, 8 Bde., 1968/76; Hist. Wörterbuch d. Philosophie. Unter Mitwirkung v. mehr als 700 Fachgelehrten hg. v. J. RITTER. Völlig neubearb. Ausg. d. Wörterbuchs d. philos. Begriffe v. R. EISLER (1927/30[4]), I–V (L–Mn) –, 1971–1980 –; Reallexikon d. deutschen Literaturgesch., hg. v. P. MERKER u. W. STAMMLER, 4 Bde., 1925/31, 2. Aufl. hg. v. W. KOHLSCHMIDT u. W. MOHR, Bde. I u. II, 1958, 1965, Bd. III 1977; Reallexikon z. deutschen Kunstgesch., begonnen v. O. SCHMITT, ab Bd. 3 hg. v. E. GALL u. L. H. HEYDENREICH, Bde. I–VI, 1937–1973, Bd. VII Liefgn. 73–81, 1974 –; Die Musik in Gesch. u. Gegenwart. Allgem. Encyklopädie d. Musik, hg. v. F. BLUME, 14 Bde., 1949/51–1968, 2 Suppl.-Bde. (bis Rangel) 1973 –; Handwörterbuch d. deutschen Volkskunde. T. 1 Aberglaube, hg. v. E. HOFFMANN-KRAYER u. A. BÄCHTOLD-STÄUBLI, 10 Bde., 1927/42, T. 2 Märchen, hg. v. L. MACKENSEN, Bd. 1, 1933, Bd. 2, 1934/40 [bis Gyges]; Wörterbuch d. deutschen Volkskunde, begr. v. O. A. ERICH u. R. BEITL, 3. Aufl. neu bearb. v. R. BEITL unter Mitwirkung v. K. BEITL (Kröners Taschenausgabe 127) 1974; WESTERMANNS Lexikon d. Geographie, hg. v. W. TIETZE, 4 Bde. u. 1 Reg.-Bd., 1968/72; McGRAW-HILL, Encyclopedia of science and technology, 15 Bde. (m. Reg.Bd.) New York 1966; Brockhaus d. Naturwissenschaften u. d. Technik, 1964[6]; Lexikon d. Technik, hg. v. A. EHRHARDT u. H. FRANKEN, 17 Bde., 1960/72[4]; Meyers Lexikon d. Technik u. d. exakten Naturwissenschaften, hg. v. d. Fachakad. d. Bibliograph. Instituts, Red. Leitung J. KUNSEMÜLLER, I (A–E) 1969, II (F–N) 1970, III (O–Z) 1970; Germania Judaica I 1934, Neudruck 1963. S. u. Darstellungen C III.

3. Historisch-topographische Nachschlagewerke

J. G. Th. GRAESSE, Orbis latinus. Verzeichnis d. wichtigsten lat. Orts- u. Ländernamen, 2. Aufl. hg. v. F. Benedict, 1909[2], 1922[3]; GRAESSE-BENEDICT-PLECHL, Orbis latinus. Lexikon lat. geogr. Namen d. Mittelalters u. d. Neuzeit, Großausgabe, 3 Bde., 1972; H. OESTERLEY, Hist.-geograph. Wörterbuch d. deutschen Mittelalters, Gotha 1883, Nachdr. Aalen 1962; Deutsches Städtebuch, Handbuch städt. Gesch., hg. v. E. KEYSER, mit Teilbänden 9 Bde., Bd. 1: Nordostdeutschland, 1939, Bd. 2: Mitteldeutschland, 1941, Bd. 3, 1: Niedersächsisches Städtebuch, 1952, Bd. 3, 2: Westfäl. Städteb., 1954, Bd. 3, 3: Rheinisches Städteb., 1956, Bd. 4, 1: Hessisches Städteb., 1957, Bd. 4, 2a: Badisches Städteb., 1959, Bd. 4, 2b: Württembergisches Städteb., 1962, Bd. 4, 3: Rheinland-Pfalz u. Saarland, 1964, Bd. 5: Bayern, hg. v. E. KEYSER u. H. STOOB, T. 1: Franken, 1971, T. 2: Ober-, Niederbayern, Oberpfalz, Schwaben, 1974; Handbuch d. hist. Stätten Deutschlands (Kröners Taschenausgabe) 1–11 –, 1958–1975 –, Bd. 1: Schleswig-Holstein/Hamburg, hg. v. O. KLOSE, 1964², Bd. 2: Niedersachsen/Bremen, hg. v. K. BRÜNING, 1969³, Bd. 3: Nordrhein-Westfalen, Nordrhein hg. v. W. ZIMMERMANN u. H. BORGER, 2. Aufl. v. F. PETRI u. G. DROEGE, Westfalen hg. v. F. v. KLOCKE u. J. BAUERMANN, 1963, 1970², Bd. 4: Hessen, hg. v. G. W. SANTE, 1967², Bd. 5: Rheinland-Pfalz/Saar, hg. v. L. PETRY, 1965², Bd. 6: Baden-Württemberg, hg. v. M. MILLER, 1965, Bd. 7: Bayern, hg. v. K. BOSL, 1961, 1965², Bd. 8: Sachsen, hg. v. W. SCHLESINGER, 1965, Bd. 9: Thüringen, hg. v. H. PATZE, 1968, Bd. 9a: Ost- u. Westpreußen, hg. v. E. WEISE, 1966, Bd. 10: Berlin u. Brandenburg, hg. v. G. HEINRICH, 1973, Bd. 11: Sachsen-Anhalt, Provinz, hg. v. B. SCHWINEKÖPER, 1975 [mit Spezialliteratur f. d. einzelnen Stätten u. grundlegender Literatur f. d. einzelnen Länder, in unterschiedlicher Ausführlichkeit]; Handbuch d. hist. Stätten Österreichs (ebd.), Bd. 1: Donauländer u. Burgenland, hg. v. K. LECHNER, 1970, Bd. 2: Alpenländer m. Südtirol, hg. v. F. HUTER, 1966; G. DEHIO, Handbuch d. deutschen Kunstdenkmäler, 1905ff., Neubearb. v. E. GALL, 1935ff., NF 1964ff.; C. TILLMANN, Lexikon d. deutschen Burgen u. Schlösser, 3 Textbde. u. Atlasbd., 1958/61; F. MÜLLLER, Großes deutsches Ortsbuch, bearb. v. J. Müller, 1974¹⁸.

S. u. C II 2. – W. VOLKERT, Topograph. Nachschlagewerke f. Bayern (Mitt. f. d. Archivpflege, Sonderh. 7) 1971; L. BUZÁS-F. JUNGINGER, Bavaria Latina. Lexikon d. lat. geogr. Namen in Bayern, 1971; J. SCHNETZ, Flurnamenkunde (Bayer. Heimatforsch. 5) 1952; W. A. Frhr. v. REITZENSTEIN, Ortsnamenforschung in Bayern, ein Literaturbericht (Beitrr. z. Volkstumsforsch.) 1968; Handbuch d. hist. Stätten Deutschlands (s. o.); G. DEHIO, Handbuch d. deutschen Kunstdenkmäler, Bd. III: Süddeutschland, 1908, 1937⁷; Ders., Handbuch d. deutschen Kunstdenkmäler, neu bearb. v. E. GALL, 5: Oberbayern, 1952, 1964⁴; A. Frhr. v. REITZENSTEIN u. H. BRUNNER, Bayern (Reclams Kunstführer) 1970⁷; Die Kunst- u. Kulturdenkmäler in d. Region München, hg. v. M. MEIER, Bd. I: West, 1977. S. u. C II 2b.

4. *Mundartwörterbücher und mundartkundliche Arbeiten*

Pfälz. Wörterbuch, begr. v. E. CHRISTMANN, bearb. v. J. KRÄMER, I (A–B/P) 1965/68, II (D/T–F/V) 1969/75, III (Liefgn. 18–24); Schwäbisches Wörterbuch, bearb. v. H. FISCHER, Bde. I–V, VI 1, 2, ab VI 1 fortgeführt von W. PFLEIDERER, 1904/36; Schweizerisches Idiotikon. Wörterbuch d. schweizerdeutschen Sprache. Begonnen v. F. STAUB u. L. TOBLER, fortges. unter Leitung v. A. BACHMANN, Bde. 1–13, 1881–1973, Bd. 14 (Liefg. 174–178 –) 1974–1978 –.

J. A. SCHMELLER, Bayer. Wörterbuch, 4 Theile, Stuttgart u. Tübingen, Cotta 1827/37. 2. mit des Verfassers Nachträgen vermehrte Ausgabe, bearb. v. G. K. Frommann, 2 Bde., München, Oldenbourg 1872/77 [mit alphabetischem Register]. [Unveränderter] Neudruck d. 2. Ausgabe mit einem Vorwort u. einer Einleitung [mit Bibliographie 22–58] v. O. MAUSSER, 2 Bde., Leipzig 1939. [Unveränderter] Neudruck d. 2. Ausgabe v. G. K. FROMMANN mit Vorwort v. O. Basler, 2 Bde., Aalen 1961, 1966²; Bayer.-österr. Wörterbuch, I: Österreich. Wörterbuch d. Bair. Mundarten in Österreich, hg. im Auftrag d. Österr. Akad. d. Wiss. ... bearb. v. V. DOLLMAYR u. E. KRANZMAYER, Liefgn. 1–14, Wien 1963–1976 (= Bde. 1–2, 1963/76), Liefg. 1 –, 1977 – (= Bd. 3 –), Beih. 1: Erläuterungen z. Wörterbuch, 1971; E. KRANZMAYER, Hist. Lautgeographie d. gesamtbair. Dialektraumes. Mit 27 Laut- u. 4 Hilfskarten hg. v. d. Österr. Akad. d. Wiss. 1956; Ders., Die Bair. Kennwörter u. ihre Gesch., 1960. – J. A. SCHMELLER, Die Mundarten Bayerns grammatisch dargestellt, 1821. Neudr. mit einem Reg.Bd. hg. v. O. Maußer, 2 Bde., 1929/30; K. WEINHOLD, Bair. Grammatik, 1867; J. N. SCHWÄBL, Die altbayer. Mundart. Grammatik u. Sprachproben, 1903; J. SCHATZ, Altbair. Grammatik, Laut- u. Flexionslehre, 1907; O. BASLER, Das Bayer. Wörterbuch (ZBLG 15) 1949; I. REIFFENSTEIN, Mundart, Umgangssprache u. Hochsprache in Bayern (Schönere Heimat 51) 1962, 543–549; G. RONDE, Das Bayer. Wörterbuch (Dialektlexikographie. Festgabe f. L. Berthold z. 85. Geb., hg. v. H. Friebertshäuser) 1976; Dies., Mundartforschung (H. Roth-H. Schlaich, Bayer. Heimatkunde) 1974.

III. Hilfswissenschaften

DW[10], Liefg. 6, Abschn. 12ff.; A. v. BRANDT, Werkzeug d. Historikers. Eine Einführung in d. hist. Hilfswissenschaften, 1975[8]; L'Histoire et ses Méthodes (Encyclopédie de la Pléiade 11) publié sous la direction de Charles SAMARAN, Paris 1961.

A. CAPPELLI, Lexicon abbreviaturarum, Milano 1899, 2. verb. Aufl. 1928; B. BISCHOFF, Paläographie (Sonderdr. aus: Deutsche Philologie im Aufriß 1) 1952, 1957[2], erg. fotomech. Nachdr. d. 2. Aufl. 1970; H. FOERSTER, Abriß d. lat. Paläographie, Bern 1949, 1963[2]. – F. PANZER, Inschriftenkunde (Deutsche Philologie im Aufriß 1) 1957[2]; F. GELDNER, Einführung in d. Inkunabelkunde, 1977. – K. KÜNSTLE, Ikonographie d. christl. Kunst, Bd. I: Prinzipienlehre, Hilfsmotive, Offenbarungstatsachen, 1928, Bd. II: Ikonogr. d. Heiligen, 1926; Jos. BRAUN, Die Tracht u. Attribute d. Heiligen in d. deutschen Kunst, 1941/43; L. RÉAU, Iconographie de l'art chrétien, 3 Bde., 1955/59. – E. FÖRSTEMANN, Altdeutsches Namenbuch, Bd. I: Personennamen, 1900[2], Bd. II: Ortsnamen, 2 Tle., 1913/16[3], repr. Nachdr. 1966; E. SCHWARZ, Deutsche Namenforschung, 2 Bde., 1949/50; A. BACH, Deutsche Namenkunde, 2 Bde. u. Reg.Bd., Bd. I 1943, I/1 1952[2], I/2 1953[2], II/1 u. 2 1954, Reg.Bd. 1956. – O. LORENZ, Lehrbuch d. gesamten wissenschaftl. Genealogie, 1898; O. FORST DE BATTAGLIA, Wissenschaftl. Genealogie. Eine Einführung in ihre wichtigsten Grundprobleme, Bern 1948; E. WEISSENBORN, Quellen u. Hilfsmittel d. Familiengesch., 1912, neu bearb. v. R. v. Kutzschenbach 1930[3]; Taschenbuch f. Familiengeschichtsforschung, begr. 1919 v. F. WECKEN, 8. völlig neubearb. Auflage v. E. HENNING-W. RIBBE, 1974; Dies., Handbuch d. Genealogie, 1972. – G. TELLENBACH, Zur Bedeutung d. Personenforschung f. die Erkenntnis d. früheren MA (Freiburger Universitätsreden NF 25) 1957. – H. BRESSLAU, Handbuch d. Urkundenlehre f. Deutschland u. Italien, 2 Bde., 1889, 1912/31[2], Neudr. 1958, Reg.Bd. 1960; H. STEINACKER, Die Lehre v. d. nichtkönigl. (Privat-)Urkunden (Meisters Grundriß) 1906; H. O. MEISNER, Aktenkunde, 1935; Ders., Urkunden- u. Aktenlehre d. Neuzeit, 1950, 1952[2]; A. BRENNEKE-W. LEESCH, Archivkunde, 1953, fotomech. Nachdr. 1970; E. G. FRANZ, Einführung in d. Archivkunde, 1974; E. PITZ, Schrift- u. Aktenwesen d. städt. Verwaltung im Spätmittelalter (Mitt. aus d. Stadtarch. Köln 45) 1959. – SIEBMACHERS großes u. allgemeines Wappenbuch, neu hg. v. O. T. v. HEFNER u. a., Bde. 1–96 –, 1854–1949 –, General-Index zu den Siebmacherschen Wappenbüchern, bearb. v. H. JÄGER-SUSTENAU, 1964, Reprogr. Nachdr., Bde. A, C–G, 1970/76, Bde. 3–14, 19, 21, 22, 24, 1971/76; J. SIEBMACHERS Wappenbuch v. 1701/05, Faks. Ausg., Battenberg, Schweiz 1975; F. GALL, Österr. Wappenkunde, Wien – Köln 1977; D. L. GALBREATH, Handbüchlein d. Heraldik, 1948[2]. – K. v. AMIRA-C. Frhr. v. SCHWERIN, Einführung in d. Rechtsarchäologie, 1943. – W. EWALD, Siegelkunde (Below-Meinecke) 1914, 1972[2]. – A. LUSCHIN v. EBENGREUTH, Allgem. Münzkunde u. Geldgesch. d. MA u. d. neueren Zeit (ebd.) 1974[3]; H. GEBHART, Die deutschen Münzen d. MA u. d. Neuzeit, 1930; A. SUHLE, Deutsche Münz- u. Geldgesch. v. d. Anfängen bis z.

15. Jh., 1955, 1975[8]; R. KLIMPERT, Lexikon d. Münzen, Maße u. Gewichte, Zählarten u. Zeitgrößen aller Länder d. Erde, Berlin 1896, Nachdr. Graz 1972; H.-J. ALBERTI, Maß u. Gewicht, 1957. – H. GROTEFEND, Zeitrechnung d. deutschen MA u. d. Neuzeit, 2 Bde., 1891/98; Ders., Taschenbuch d. Zeitrechnung d. deutschen MA u. d. Neuzeit, 1898, 1971[11] (verb. Aufl., hg. v. Th. Ulrich); H. LIETZMANN, Zeitrechnung d. röm. Kaiserzeit, des MA u. d. Neuzeit für die Jahre 1–2000 n. Chr. (Sammlung Göschen 1085) 1934, 1956[3].

Handbuch d. bayer. Bibliotheken. Im Auftr. d. Generaldirektion d. Bayer. Staatl. Bibliotheken hg. v. K. DAHME, 1966; Die wissenschaftl. Bibliotheken Münchens. Bestände u. Benützung. Im Auftr. d. Bayer. Staatsbibliothek zusammengest. v. M. PAUER, 1958; Irmg. BEZZEL, Bayer. Staatsbibl. München. Bibliotheksführer. 1. Gesch. u. Bestände, 1967. – F. ZIMMERMANN, Die strukturellen Grundlagen d. bayer. Zentralarchive bis z. Ausgang d. 18. Jhs. (AZ 58) 1962, 44–94, mit Lit., weitere Literatur s. bei R. FITZ (MfA 12) 1966, 1–10. – Wegweiser z. Heimatpflege [J. M. RITZ, Die Heimat u. ihre Pflege, Chr. WALLENREITER, Die öffentl. Ordnung d. Heimatpflege] 1951[2]; Heimatgeschichtl. Ratgeber = Bayer. Heimatforschung 6 (s. u. C V) 1952 [Einführung in die Hilfswissenschaften mit bayerischer Spezialliteratur u. Regionalbibliographie. Neuauflage erwünscht]. – W. HUNDT, Bayerisch Stammenbuch, 3 Bde., I/II 1585/86, III hg. v. M. v. Freyberg (Sammlung Hist. Schriften III) 1830 [Alphabetisches Register zu HUNDT im Jb. d. Herald.-genealogischen Vereins «Adler» 10. Jg., 31–36]; M. GRITZNER, Bayer. Adelsrepertorium d. letzten 3 Jahrhunderte, 1880; Der Adel d. Königreichs Bayern (Siebmacher-v. Hefner II 1) 1856; Abgestorbene bayer. Adelsgeschlechter, 3 Teile (Siebmacher-v. Hefner VI 1) 1884/1911; Genealogisches Handbuch d. in Bayern immatrikulierten Adels, hg. v. F.-J. Fürst zu HOHENLOHE-SCHILLINGSFÜRST u. G. NEBINGER, Bde. 1–11 –, 1950–1975 –. – F. SOLLEDER, Familienkunde u. Familienforschung (Bayer. Heimatforsch. 6) 1952, 189–202; K. FINSTERWALDER, Die Familiennamen in Tirol u. Nachbargebieten u. die Entwicklung d. Personennamens im MA (Schlernschriften 81) Innsbruck 1951. – J. A. TYROFF, Wappenbuch d. gesammten Adels d. Königreichs Baiern, 27 Bde., 1818/72; Orden, Ehren- u. Verdienst-Zeichen, Denk- u. Dienstalters-Zeichen in Bayern. Nach urkundl. Quellen bearb. v. G. KNUSSERT, o. J. [ca. 1880]; G. SCHREIBER, Die bayer. Orden u. Ehrenzeichen, hg. u. eingeleitet v. A. Frhr. v. Reitzenstein (Publikationen d. Bayer. Armeemuseums 1) 1964; O. HUPP, Die Wappen u. Siegel d. deutschen Städte, Flecken u. Dörfer, Bd. II: Königreich Bayern, H. 6: Ober- u. Niederbayern, 1912, H. 7: Bayern, Kreis Rheinpfalz, 1928; E. ZIMMERMANN, Bayer. Klosterheraldik. Die Wappen d. Äbte u. Pröbste der bis z. allgem. Säkularisation ... bestandenen Herrenklöster, 1930; vgl. Bibliographie der Kunst in Bayern (s. o. A I 1) Bd. I, C II: Heraldik und Sphragistik. Zu den bayer. Herrscherwappen u. dem heutigen bayer. Staatswappen s. ebd. nrr. 8637, 8641–43, 8665, ferner K. STADLER, Deutsche Wappen, Bd. IV, 1965: Bayern, bes. 7 ff. [mit Lit.]; Ders., Wappen in Bayern (Ausstellungskat. d. Staatl. Archive Bayerns 8) 1974. – H. GEBHART, Numismatik u. Geldgesch. (Bayer. Heimatforsch. 6) 1952, 139–143 [Auszug aus dem o. genannten gleichbetitelten Studienführer v. GEBHART mit Angabe d. Hilfsmittel z. Bestimmung d. im bayer. Raum vornehmlich begegnenden Münzen].

IV. Geschichtswissenschaft und Geschichtsschreibung

DW[10], Liefg. 4 u. 5, Abschn. 1–7; F. WAGNER, Geschichtswissenschaft (Orbis Academicus, Problemgeschichten d. Wissenschaft in Dokumenten u. Darstellungen, hg. v. F. Wagner u. R. Brodführer I 1) 1951, Nachdr. 1966 [mit reichhaltiger, thematisch durchgegliederter Bibliographie z. Systematik u. Gesch. d. Geschichtswissenschaft, 391–439, abgeschlossen Ende 1949]; Ders., Entstehen d. Gesch. als Wissenschaft (Berichte z. Wissenschaftsgesch. 1) 1978; Geschichtsdenken u. Geschichtsbild im MA. Ausgew. Aufsätze u. Arbeiten aus d. Jahren 1933–1959, hg. v. W. LAMMERS (Wege d. Forschung 21) 1961 [Lit.]; Th. SCHIEDER, Geschichte als Wissenschaft. Eine Einführung, München-Wien 1965, im Anhang zwei Aufsätze abgedruckt: Strukturen u. Persönlichkeiten in d. Gesch. (HZ 200, 149–186), Möglichkeiten u. Grenzen vergleichender Methoden in d. Geschichtswissenschaft (HZ 195, 187–211); R. WITTRAM, Das Interesse an d. Geschichte. Zwölf Vorlesungen über Fragen d. zeitgenössischen Geschichtsverständnisses, 1958; Geschichtswissenschaft in Deutschland. Trad. Positionen u. gegenwärtige Aufgaben. 11 Beiträge, hg. v. B. FAULENBACH, 1974; K.-G. FABER, Theorie d. Geschichtswissenschaft, 1974^3; H. ANGERMEIER, Geschichte oder Gegenwart. Reflexionen über d. Verhältnis v. Zeit u. Geist, 1974; K. BRANDI, Gesch. d. Geschichtswissenschaft, 1947, 2. Aufl. bearb. v. W. Graf, 1952. – M. JANSEN u. L. SCHMITZ-KALLENBERG, Historiographie u. Quellen d. deutschen Gesch. bis 1500 (Meisters Grundriß) 1914^2; H. GRUNDMANN, Geschichtsschreibung im MA (Deutsche Philologie im Aufriß, hg. v. W. Stammler 3) 1962^2, 2221–2286 (= Sonderausgabe mit d. Titel: Geschichtsschreibung im MA, Gattungen – Epochen – Eigenart, 1965, Lit.); W. KAEGI, Chronica mundi. Grundformen d. Geschichtsschreibung seit dem MA, 1954; E. FUETER, Gesch. d. neueren Historiographie (Below-Meinecke) 1911, 3. Aufl. hg. v. D. Gerhard u. P. Sattler, 1936; H. GOLLWITZER, Neuere deutsche Geschichtsschreibung (Deutsche Philologie im Aufriß, hg. v. W. Stammler 3) 1962^2, 2287–2356; H. Ritter v. SRBIK, Geist u. Gesch. vom deutschen Humanismus bis z. Gegenwart, 2 Bde., 1950/51; A. KRAUS, Vernunft u. Geschichte. Die Bedeutung d. deutschen Akademien f. d. Entwicklung d. Geschichtswissenschaft im späten 18. Jh., 1963; Lit. zum «Historismusproblem» s. WAGNER (s. o.) nrr. 137–147, zum Historismus als Wissenschaftsprinzip ebd. nrr. 1296–1329, WITTRAM (s. o.) 58–69, DW^{10}, Liefg. 4, Abschn. 1, nrr. 106–129; Hundert Jahre Hist. Zeitschrift 1859–1959. Beiträge z. Gesch. d. Historiographie in d. deutschsprachigen Ländern, hg. v. Th. SCHIEDER (HZ 189) 1959; Die Historische Kommission bei d. Bayer. Akad. d. Wiss. 1858–1958 [mit Verzeichnis d. Veröffentlichungen], 1958.

J. Ch. Frhr. v. ARETIN, Ideen über Historiographie bes. in Beziehung auf Bayern (Literärisches Handbuch f. die baier. Gesch. u. alle ihre Zweige, Lit. d. Staatsgesch. I. Teil) 1810, 29–64; Th. G. RUDHART, Über die Behandlungsweise bayerischer Geschichte, Hamburg 1835; Ch. GRUBER, Die landeskundl. Erforschung Altbayerns s. u. C II 2a; F. ROTH, Die Hauptwerke über bayer. Landesgesch. vom Zeitalter d. Humanismus u. d. Reformation bis z. Gegenwart (7 Kapitel in: Bayer. Zschr. f. Realschulwesen NF 6, 7, 8 = Blätter f. d. bayer. Realschulw. 19, 20, 21) 1898/1900; W. GOETZ, Die bayr. Geschichtsforschung im 19. Jh. (HZ 138) 1928, 255–314, [auch in:] Historiker in meiner Zeit (Goetz, Ges. Aufsätze) 1957, 112–174, hierzu A. KRAUS (StMBO 66/67) 1956, 70 und H. RALL (ZBLG 22) 1959, 145–153; A. KRAUS, Bayer. Geschichtswissenschaft in drei Jahrhunderten, 1979; K. A. v. MÜLLER, Zwölf Historikerprofile [darunter W. H. Riehl, Heigel, Riezler, Grauert, Fastlinger, Karl Mayr, Adalb. v. Raumer] 1935. Einen Überblick über d. Stand d. landesgeschichtl. Forschung in Bayern u. die Lage d. bayer. Kulturinstitute nach 1945 bietet Bd. 15 d. ZBLG, Heft 2, 1–277, 1949; W. G. ZIMMERMANN, Zum Stand d. bayer. Landesgeschichtsforschung (Schweizer Beitrr. z. allgem. Gesch. 11) 1953, 214–244; K. BOSL, Das Problem einer gesamtbayer. Geschichtsbetrachtung (Mitt. aus d. Bayer. Schulbuchverlag 5) 1957, 15–20; M. SPINDLER, Der Ruf d. barocken Bayern (HJb. 74 = Festschr. Franz Schnabel) 1955, 319–341, Johann Georg v. Lori u. die Gründung d. Bayer. Akademie d. Wissenschaften (Spindler, Primordia) 1959, S. X–XXI, Von d. bayer. Geschichte, ihrer Erforschung, Darstellung u. Pflege seit d. Anfang d. 19. Jhs. (Unser Geschichtsbild, hg. v. K. Rüdinger) 1955, 81–98, Der Lehrstuhl für bayer. Landesgesch. an d. Univ. München (Südd. Zeitg., 16./18. April 1960), alle Aufsätze neugedruckt in SPINDLER, Aufsätze; A. KRAUS, Die hist. Forschung an d. Churbayer. Akademie d. Wissenschaften 1759–1806, 1959; F. SEIBT, Die bayer. «Reichshistoriographie» u. die Ideologie d. deutschen Nationalstaats 1806–1918 (ZBLG 28) 1965, 521–554; M. SPINDLER, Die Kommission f. bayer. Landesgesch., Gründungsgesch. u. Anfänge (Spindler, Aufsätze) 1966, 127–167; K. BOSL, Zum 50. Geburtstag d. Kommission f. bayer. Landesgeschichte (ZBLG 40) 1977, 999–1016 [auch als Sonderdruck].

V. Zeittafeln, Stammtafeln, Atlanten

1. Zeittafeln

K. PLOETZ, Auszug aus d. Gesch., 1980^{29} (aktualisierte Aufl.), Schul- u. Volksausg. 1979^{3}; Ders., Hauptdaten d. Weltgesch. [Der kleine Ploetz] neubearb. u. fortgef. v. E. RUTTE u. a., 1972^{31}; B. SPULER, Regenten u. Regierungen d. Welt [Minister-Ploetz] II (1492–1953) 1953, III (1492–1918) 1962^{2}, IV (1917–1965) 1966, V (1965–1970) 1972; Konferenzen u. Verträge [Vertrags-Pl.], hg. v. H. RÖNNEFARTH, 1958^{2}; Geschichte d. deutschen Länder [Territorien-Ploetz], hg. v. G. W. SANTE, 2 Bde., 1964/71, Sonderausgabe I–V –, 1972–1975 –, Bd. IV: Geschichte Bayerns, hg. v. E. DEUERLEIN u. a., 1975; Ploetz, Weltgeschehnisse d. Nachkriegszeit, 1945–1957, ab IV: Weltgeschehen unserer Zeit, bearb. v. W. HUBATSCH u. J. SCHOMERUS, 4 Bde., 1957/73 [Nachkriegsploetz]; Weltgesch. d. Gegenwart. Ereignisse u. Entwicklungen seit 1945, 1975 [Gegenwarts-Ploetz]; H. RALL, Zeittafeln zur Gesch. Bayerns u. der mit Bayern verknüpften oder darin aufgegangenen Territorien (mit 2 Übersichtskarten sowie Regenten- u. Stammtafeln), 1974; ADALBERT PRINZ V. BAYERN, Die Wittelsbacher. Geschichte unserer Familie, 1979.

2. Stammtafeln

O. LORENZ, Genealog. Handbuch d. europ. Staatengesch., 1891, 1908^{3} bearb. v. E. Devrient; W. K. Prinz v. ISENBURG, Stammtafeln z. Gesch. d. europ. Staaten, 2 Bde. 1936/37, 1953^{2}, Neudr. 1960, 2 Erg.-Bde. bearb. v. F. Baron FREYTAG V. LORINGHOVEN 1954/57; Karten u. Stammtafeln z. dt. Gesch., hg. v. W. HUBATSCH , 1972; Genealogisches Handbuch d. Adels, bearb. v. H. F. v. EHRENKROOK u. a., Bde. 1–74 –, 1951–1980 –; Deutsches Geschlechterbuch, [Titel vor Bd. 19:] Genealogisches Handbuch bürgerl. Familien, hg. v. B. KOERNER, Bde. 1–183 –, 1889–1980 –.

Genealogie d. erlauchten Stammhauses Wittelsbach, bearb. v. Ch. HAEUTLE, 1870 [veraltet, doch nicht entbehrlich]; Genealog. Handbuch z. Schweizer Gesch., hg. v. d. Schweizer. Herald. Gesellsch., 3 Bde., 1900/16; Genealog. Handbuch z. bair.-österr. Gesch., hg. v. O. DUNGERN, 1931, 1. Liefg. [K. v. TROTTER: Andechs, Scheyern-Wittelsbach, Lambach-Formbach, Auersperg; Hans PIRCHEGGER: Vohburg; Franz THALLER: Plain-Hardeck; Weyarn-Falkenstein], hierzu Besprechung von J. STURM (ZBLG 5) 1932, 468–472; Genealogie d. altbayer. Adels im Hochmittelalter mit 51 genealog. Tafeln, m. Quellennachweisen u. 1 Karte, bearb. v. F. TYROLLER (Genealog. Tafeln z. mitteleurop. Gesch., hg. v. W. Wegener, Liefg. 4) 1957/69 [Text S. 45–488]; hierzu Besprechung v. W. STÖRMER (ZBLG 29) 1966, 786–789; J. P. J. GEWIN, Blüte u. Niedergang hochadeliger Geschlechter im MA, 1955; Ders., Herkunft u. Gesch. führender bayer.-österr. Geschlechter im Hochmittelalter, 1957 [beide Werke materialreich, wegen des Mangels an laufenden Belegen Nachprüfungen erschwert]; Genealogia Boica. Schriftenreihe z. Genealogie Bayerns, hg. v. N. Frhr. v. SCHRENCK-NOTZING, 1–2, 3/1, 4–5 –, 1972–1978 –; Genealog. Handbuch des in Bayern immatr. Adels s. A III.

3. Historische Atlanten und Karten

FRANZ (s. u. C I 2f.) nrr. 167ff.; G. DROYSEN, Allgem. Hist. Handatlas in 96 Karten mit erläuterndem Text, 1886; Großer hist. Weltatlas, hg. vom Bayer. Schulbuchverlag, Teil 1: Vorgesch. u. Altertum, 1963^4, Teil 2: Mittelalter, 1970, Teil 3: Neuzeit, 1967^3; WESTERMANNS Atlas z. Weltgeschichte, Vorzeit, Altertum, Mittelalter, Neuzeit, hg. v. W. TRILLMICH, G. CZYBULKA u. a., 1953/56, 1963^2; F. W. PUTZGER, Hist. Weltatlas, 1877, 1972^{93} (Jubiläumsausgabe) [Nebst:] Karten z. bayer. Geschichte. – Landesgeschichtl. Handatlanten: West- u. ostpreußische Landesgesch., hg. v. E. KEYSER, 1937; Niedersachsen, hg. v. J. SCHNATH, 1939; Heimatatlas d. Steiermark, 1946/49; Länder am Rhein, Mittel- u. Niederrhein, hg. v. J. NIESSEN, 1950; Sudetendeutscher Atlas, hg. v. E. MEYNEN, 1955^2; Salzburg-Atlas, hg. v. E. LENDL, 1955; Hessen, hg. v. d. Arbeitsgem. d. Hist. Komm. in Hessen, Liefg. 1 –, 1961 –; Land an d. Saar, hg. v. H. AMMANN-E. MEYNEN, Liefg. 1 –, 1965 –. – Deutscher Kulturatlas, hg. v. G. LÜDTKE u. L. MACKENSEN, 5 Bde., 1928/38; Atlas z. deutschen Agrarlandschaft, hg. v. E. OTREMBA, 1963 ff.

S. u. C II 2c. – Bayer. Geschichtsatlas, hg. v. M. SPINDLER, Redaktion G. DIEPOLDER, 1969; Pfälzischer Geschichtsatlas, hg. v. W. WINKLER, 1935; Hist. Atlas v. Bayerisch-Schwaben, hg. v. W. ZORN (Veröff. d. Schwäb. Forschungsgemeinsch. bei d. KBL) 1955, 74 Karten, 56 S. Text; Atlas d. spätkeltischen Viereckschanzen Bayerns, bearb. v. K. SCHWARZ, hg. v. d. KBL in Verbindung mit d. Bayer. Landesamt f. Denkmalpflege, 1959, Kartenbd. mit 151 Plänen; Luftbildatlas Bayern, hg. v. H. FEHN, 1973.

Verwaltungskarten: C. MANNERT, Die Baier. Monarchie, 1808, 1813, 1817; A. v. COULON, Karte von Baiern 1:1720000, 1812; Ders., Militairkarte v. Süddeutschland in 20 Sectionen. Auf Befehl seiner K. Hoh. Ludw. August Kronprinz von Baiern herausgeg. 1818; Übersichtskarte d. neuesten Eintheilung d. Königreichs Bayern. Nach der allerhöchsten Verordnung v. 29. Nov. 1837, 1845; Amtsgerichtsübersichtskarte von Bayern [vorher: Landgerichtsübersichtskarte 1:100000], bearb. v. kgl. bayr. Kataster-Bureau, 142 Bll., 1:100000, 1879ff., [Forts.:] Amtsbezirksübersichtskarte von Bayern 1:100000, hg. v. Bayer. Landesvermessungsamt, 38 Bll., 1951/57; Topograph. Karte 1:100000 [von Bayern], Ausgabe mit Verwaltungsgrenzen, hg. v. Bayer. Landesvermessungsamt, 1973; die den Heften d. Hist. Atlas von Bayern (s. u. D 5) 1950ff. beigegebenen Karten.

Topographischer Atlas vom Königreich Bayern, hg. vom k. Generalquartiermeisterstabe 1:50000, 1812–1867, 112 Blätter, mit Repertorium zu jedem Blatt; Topograph. Atlas Bayern, hg. vom Bayer. Landesvermessungsamt, Kartenwahl u. Interpretationen von H. FEHN u. Mitarbeitern, 1970^2.

Bayerisches Landesvermessungsamt, Hist. Karten u. Ansichten [Neudrucke von Kupferplatten]: WEINER, Karte von Ober- u. Niederbayern, 1579, 22 Blätter u. 1 Übersichtskarte; FINCKH, Karte von Bayern, 1655/84, 28 Blätter u. zwei Übersichtskarten; WENING, Ansichten aus den 4 Rentämtern Burghausen, Landshut, München u. Straubing, 1701–1726, 751 Blätter bzw. Teilblätter; AVENTIN, Karte von Ober- u. Niederbayern, 1528.

B. QUELLEN

1. Quellenkunde

R. C. v. CAENEGEM, Kurze Quellenkunde d. Westeurop. MA. Eine typolog., hist., bibliogr. Einführung, unter Mitarbeit v. F. L. Ganshof, übersetzt aus d. Niederländischen v. M. Gysseling, 1964; Typologie des sources du moyen âge occidental, hg. v. L. GENICOT, fasc. 1–30 –, 1972–1978 –. – Gesamtverzeichnis d. historiographischen Quellen des MA: A. POTTHAST, Wegweiser durch die Geschichtswerke d. europ. MA bis 1500, 2 Bde., 1896² [neubearb. m. d. Titel:] Repertorium fontium historiae medii aevi, 1–4 –, Romae 1962–1976 – (bis Gezerot Bloyish); U. CHEVALIER, Répertoire des sources historiques du moyen-âge, 1. Bio-Bibliographie, 2 Bde., 1905/07², 2. Topo-Bibliographie, 2 Bde., 1894/1903, Neudr. 1959/60; K. JACOB, Quellenkunde d. deutsch. Gesch. im MA, Bde. I–III (Samml. Göschen 279, 280, 284), Bd. I: Die Zeit d. Karolinger, bearb. v. H. HOHENLEUTNER, 1959⁶, Bd. II: Die Kaiserzeit 911–1250, neubearb. v. H. HOHENLEUTNER, 1961⁵, Bd. III: Das Spätmittelalter, bearb. v. F. WEDEN, 1952; W. WATTENBACH, Deutschlands Geschichtsquellen im MA bis z. Mitte d. 13. Jhs., Bd. I 1904⁷, Bd. II 1894⁶, Neubearbeitungen: Vorzeit u. Karolinger, bearb. v. W. LEVISON u. H. LÖWE, 4 Hefte, 1952/63 (Beiheft: Die Rechtsquellen v. R. BUCHNER, 1953), Deutsche Kaiserzeit, hg. v. R. u. W. HOLTZMANN, 4 Hefte, 1938/43, Neudr. 1967, Neuausgabe: Die Zeit d. Sachsen u. Salier, hg. v. F.-J. SCHMALE, 3 Teile, 1967/71, Vom Tode Kaiser Heinrichs V. bis zum Ende d. Interregnums, hg. v. F.-J. SCHMALE, I –, 1976 –; O. LORENZ, Deutschlands Geschichtsquellen im MA seit d. Mitte d. 13. Jhs., 2 Bde., 1886/87³; H. VILDHAUT, Handbuch d. Quellenkunde z. deutschen Gesch., Bd. I: Bis zum Ausgang d. Staufer, 1906², Bd. II: Vom Fall d. Staufer bis z. Auftreten d. Humanismus, 1909²; F. SCHNABEL, Deutschlands geschichtl. Quellen u. Darstellungen in d. Neuzeit, Bd. I: Das Zeitalter d. Reformation 1500–1550, 1931 [mehr nicht erschienen]; LHOTSKY, Quellenkunde s. Abkürzungen.

2. *Allgemeine Sammlungen*

Monumenta Germaniae Historica [MGH], 1826 ff., seit 1946 hg. vom Deutschen Institut f. Erforschung d. Mittelalters in München, bis jetzt ca. 280 Bände, Verzeichnis im Repertorium fontium historiae medii aevi «(Neuer Potthast», s. o. B 1) I 1962, 166–179, dazu Erg.-Bd. I 1977, 87–91. Hauptabteilungen s. GG I XIX. – Übersetzungen: Geschichtsschreiber der deutschen Vorzeit (GdV), 2. Gesamtausgabe 1884/1914, 98 Bde., Namen- u. Sachverzeichnis zu 1–90, 1911. Weitere Erg.-Bde. u. Neubearbeitungen 1924 ff.; Ausgewählte Quellen z. deutschen Gesch. des MA (Frhr. vom Stein-Gedächtnisausgabe), hg. v. R. BUCHNER, 1956 ff., samt den deutschen Texten.

Regestensammlungen: H. OESTERLEY, Wegweiser durch die Literatur d. Urkundensammlungen, 2 Bde., 1885/86. – *Reichsregesten:* J. F. BÖHMER, Regesta Imperii (RI) 1831 ff., in Neubearbeitungen: Bd. I: Karolinger, v. MÜHLBACHER-LECHNER, 1899/1908; Bd. II: Sächsisches Haus, 1. Abt. Heinrich I. u. Otto I., v. E. v. OTTENTHAL, 1893, 2. Abt. Otto II., v. H. L. MIKOLETZKY, 1950; 3. Abt. Otto III., v. M. UHLIRZ, 1956/57, 5. Abt. Papstregesten 911–1024, v. H. ZIMMERMANN, 1969; Bd. III, 1. Abt.: Konrad II., v. H. APPELT, 1951; Bd. IV: Ältere Staufer, 3. Abt. Heinrich VI., v. G. BAAKEN, 1972; Bd. V: 1198–1272, v. FICKER-WINKELMANN, 4 Bde., 1881/1901; Bd. VI, 1. Abt. Rudolf I., v. O. REDLICH, 1898, 2. Abt. Adolf von Nassau, v. Vikt. SAMANEK, 1933/48; J. F. BÖHMER, Die Urkunden Kaiser Ludwigs d. B., König Friedr. d. Schönen u. König Johanns v. Böhmen (mit 3 Erg.Heften) 1839–1865; Bd. VIII: Karl IV., v. A. HUBER, 1877, Addit. 1889; Bd. XI: Sigmund, v. W. ALTMANN, 2 Bde., 1896/1900; Bd. XII: Albrecht II., v. G. HÖDL, 1975; Graf L. v. OBERNDORF-M. KREBS, Regesten König Ruprechts (Regesten d. Pfalzgr. am Rhein 2) 1939; H. KOLLER, Das Reichsregister König Albrechts II. (Mitt. d. österr. Staatsarchive, Erg.Bd. 5) 1955; J. CHMEL, Regesta chronologico-diplomatica Friderici IV. (1440–1493), 2 Bde., 1838/40. Für das 12. Jh.: K. STUMPF, Die Reichskanzler, Bd. II, 1879. *Papstregesten:* Ph. JAFFÉ, Regesta pontificum Romanorum ab condita ecclesia ad annum 1198, hg. v. L. LÖWENFELD, 2 Bde., 1885/88² [in chronologischer Folge]; P. F. KEHR,

Regesta pontificum Romanorum bis 1198 [nach Diözesen u. Orten]: Italia Pontificia, Bde. I–VIII, hg. v. P. F. KEHR, 1906/25, Bd. IX, hg. v. W. HOLTZMANN, 1962, Ders., Nachträge zu den Papsturkunden Italiens, 1962, Bd. X, hg. v. D. GIRGENSOHN, 1975. Germania Pontificia, hg. v. A. BRACKMANN [GP], Bd. I: Kirchenprovinz Salzburg, 1911, Bd. II in drei Teilen: Kirchenprovinz Mainz, 1923/35; A. POTTHAST, Regesta pontificum Romanorum 1198–1304, 2 Bde., 1874/75 (RPR).

Germanenrechte. Texte u. Übersetzungen, hg. v. K. A. ECKHARDT, Bde. 1–12, 1935–1939. Neue Folge 16 Bde., 1940/1960 [ab 17:] Bibliotheca rerum historicarum. Corpus iuris europensis, 17, 1/2 –, 1974 –; Weistümer, gesammelt v. J. GRIMM, 7 Bde., 1840/78; J. GRIMM, Deutsche Rechtsaltertümer, 1828, 1899^4.

Die deutschen Inschriften, hg. v. d. Akademien d. Wiss. in Berlin, Göttingen, Heidelberg, Leipzig, München u. d. Österr. Akad. d. Wiss., 1–17 –, 1942–1979 –.

Die von der Hist. Kommission bei der Bayer. Akad. d. Wiss. herausgegebenen Quellensammlungen zur Gesch. des Spätmittelalters u. der frühen Neuzeit [Reichstagsakten, Städtechroniken, Briefe u. Akten z. Gesch. des 30jährigen Kriegs, Handelsakten des Mittelalters u. der Neuzeit] s. Bd. II des Handbuchs bei den einschlägigen Abschnitten, ebenda s. die päpstlichen Register des 13. u. 14. Jhs. und die Nuntiaturberichte des 16. u. 17. Jhs.

Monumenta Boica [MB], hg. seit 1763 von der Bayer. Akad. d. Wiss., seit 1927 von der in diesem Jahr bei der Bayer. Akad. ins Leben gerufenen KBL, mit Teilbänden 65 Bde., 1763–1956 –, «die früheste deutsche, aus Staatsmitteln in Angriff genommene Edition von Landesurkunden» [RIEZLER], enthaltend Traditionsbücher, Urkunden, Urbare u. Nekrologien, nach dem Provenienzprinzip veröffentlicht.

Die *alte Reihe* (Bde. 1–27, davon Bde. 14, 19, 27 in je 2 Teilbänden, 1763–1829) enthält *Klosterurkunden*. Von den Zeitgenossen gerühmt, wurde sie später wegen vorhandener, zum Teil zeitbedingter Mängel, trotz laufender u. erfolgreicher Benützung, namentlich in Bayern unterbewertet u. gescholten. Über ihre älteste Geschichte s. L. HAMMERMAYER, Sammlung, Edition u. Kritik der MB 1765–1768 (OA) 1955, 1–44; eine Revision des Urteils bietet A. KRAUS, Die hist. Forschung an d. Churbayer. Akad. d. Wiss. 1759–1806 (Schriftenreihe 59) 1959, 173ff., Ders., Vernunft u. Gesch. (s. A IV) 223f. Die Klöster liegen alle im alten Kurbayern [einschl. Oberpfalz u. Pfalz-Neuburg] mit Ausnahme von Augsburg St. Ulrich, das erst 1806 an das neue Bayern kam; oberösterreichisch sind seit 1779 Mattighofen, Ranshofen, Reichersberg, Suben a. Inn. Pfarreiurkunden bieten München St. Peter u. U. L. Frau. Die alte Reihe enthält Urkunden von folgenden Klöstern [unter Beifügung d. Regierungsbezirks u. d. Bandnummer]: Aldersbach NB 5; Altenhohenau OB 17; Altomünster OB 10; Andechs OB 8; Attel OB 1; Asbach NB 5; Au a. Inn OB 1; Augsburg, St. Ulrich u. Afra Schw. 22, 23; Baumburg OB 2, 3; Benediktbeuern OB 7; Bernried OB 8; Beuerberg OB 6; Beyharting OB 5; Diessen OB 8; Donauwörth, Hl. Kreuz Schw. 16; Elisabethszell NB 12; Ensdorf OPf. 24; Ettal OB 7; Frauenchiemsee OB 2; Fürstenfeld OB 9; Fürstenzell NB 5; Gars OB 1; Geisenfeld OB 14; Gnadenberg OPf. 25; Herrnchiemsee OB 2; Hohenwart OB 17; Indersdorf OB 10, 14; Karthaus Prüll OPf. 15; Kastl OPf. 24; Kühbach OB 11; Landshut, Seligenthal NB 15; Mallersdorf NB 15; Mattighofen Oberösterr. 5; Metten NB 11; Michelfeld OPf. 25; München OB, Augustiner 19,1, 19,2, St. Klara 18, 21, St. Peter (Pfarrei) 19,1, 19,2, 21, Pütrichkloster 19,1, 19,2, Ridlerkloster 19,1, 19,2, Chorstift ULF 19,1, 19,2, 20, 21; Neustift OB 9; Niederalteich NB 11, 15; Niederschönenfeld Schw. 16; Oberalteich NB 12, 15; Osterhofen NB 12; Polling OB 10; Prüfening OPf. 13; Prüll s. Karthaus; Raitenhaslach OB 3, 6; Ranshofen Oberösterr. 3; Reichenbach OPf. 14, 27; Reichersberg Oberösterr. 3, 4; Rohr NB 16; Rott a. Inn OB 1, 2; Rottenbuch OB 8, St. Nikola NB 4; St. Veit NB 5, St. Zeno OB 3; Schäftlarn OB 8; Schamhaupten OPf. 17; Scheyern OB 10; Schlehdorf OB 9; Schönthal OPf. 26; Seeon OB 2; Steingaden OB 6; Straubing NB, Karmeliter 14; Suben a. Inn

Oberösterr. 4; Tegernsee OB 6; Thierhaupten Schw. 15; Vornbach NB 4; Weihenstephan OB 9; Weltenburg NB 13; Wessobrunn OB 7; Weyarn OB 7; Windberg NB 14, 15. In jedem Band Einzelregister, Sammelregister zu 1–14 in 14,1, Sammelregister zu 15–27 in 27,2. – Die *Nova Collectio,* 28–46 [davon 28–36 in je 2 Teilbänden], 1829–1905 und die Neue Folge, 47–50, 53, 54, 60, 1902–1956, enthalten 1. *Kaiserurkunden,* 28,1, 29,1, 30,1, 31,1 u. 32,1 [Sammelregister], 2. *Fürstliche Urbare:* Herzogtum Bayern 36,1, 36,2 [je mit Einzelregister], Burggrafentum Nürnberg 47 u. 48 [je mit Einzelregister], 3. *Stadturkunden:* München 35,2 [mit Register]; Regensburg 53, 54 [mit Register: 54 s. u. D], 4. *Hochstiftsurkunden:* Augsburg 33,1, 33,2, 34,1, 34,2, 35,1 [Sammelregister: 35,1]; Eichstätt 49, 50 [je mit Einzelregister]; Passau 28,2, 29,2, 30,2, 31,2 [Sammelregister: 32,2]; Würzburg 37–46 [Sammelregister: 60]. – Neuausgaben d. Klosterurkunden in beschränkter Zahl sind geplant u. zum Teil (s. u. QE NF) bereits durchgeführt (s. u. D 2b). Über die bayerischen Traditionsbücher s. O. Redlich (MIÖG 5) 1884, 1–82; J. Widemann (ZBLG 1) 1928, 225–243.

Quellen u. Erörterungen [QE] z. bayer. u. deutschen Gesch., hg. auf Befehl u. Kosten Seiner Majestät des Königs Maximilian II. von d. Commission z. Herausgabe bayer. u. deutscher Quellen-Schriften 1856ff., Bd. 1, 1856: Schenkungsbuch d. Klosters St. Emmeramm zu Regensburg, hg. v. F. M. Wittmann; Schenkungsbuch d. Stiftes Obermünster zu Regensburg, hg. v. F. M. Wittmann; Schenkungsbuch d. ehem. gefürsteten Probstei Berchtesgaden, hg. v. K. A. Muffat; Annales Schefftlarienses: A. 1092–1247, B. 814 und 1215–1272, hg. v. G. Th. Rudhart. Anhang: Kirchengebet für das Wohl d. Kaisers u. d. Reiches. Aus d. Anfange d. IX. Jhs. (F. M. Wittmann); Acten des erfurter u. des dingolfinger Concils v. J. 932 (Ders.); Pfründe-Ordnung d. vormaligen Klosters Geisenfeld. Aus dem XIII. Jahrhundert (Ders.); Hist. Notizen aus einem Rechnungsbuche d. Kl. Aldersbach v. 1291–1362 (K. A. Muffat). – Bd. 2, 1862: Quellen z. Gesch. Friedrich's des Siegreichen. Erster Band. Matthias von Kemnat u. Eikhart Artzt, hg. v. C. Hofmann, Regesten v. K. Menzel. – Bd. 3, 1863: Quellen z. Gesch. Friedr. d. Siegreichen. Zweiter Band. Michel Beheim u. Eikhart Artzt, hg. v. C. Hofmann. – Bd. 4, 1857: Correspondenzen u. Aktenstücke z. Gesch. d. polit. Verhältnisse d. Herzoge Wilhelm u. Ludwig von Bayern zu König Johann von Ungarn, hg. v. K. A. Muffat. – Bd. 5, 1857: Monumenta Wittelsbacensia [MW]. Urkundenbuch z. Gesch. d. Hauses Wittelsbach, hg. v. F. M. Wittmann [gest. 1857, vollendet v. K. A. Muffat]. Erste Abteilung von 1204–1292. – Bd. 6, 1861: Monumenta Wittelsbacensia [MW]. Zweite Abteilung von 1293–1397 (Herausgabe wie Bd. 5). – Bd. 7, 1858: Drei karolingische Formelsammlungen aus Münchner Handschriften, mitgeteilt v. L. Rockinger; Quellenbeiträge z. Verfahren bei Gottesurteilen, gesammelt v. L. Rockinger; König Eduard III. v. England u. Kaiser Ludwig IV. 1338–1339; Auszüge aus einer Freisinger Pergamenthandschrift vom Ende d. 10. Jhs., hg. v. G. Th. Rudhart. – Bd. 8, 1860: Erhard Schürstab's Beschreibung d. Ersten Markgräflichen Krieges gegen Nürnberg. Mit 17 Beilagen u. Regesten, hg. v. J. Bader; Tagebuch Kaiser Karls VII. aus d. Jahre 1744, hg. v. L. Häusser; Tagebuch d. Pfalzgrafen Johann Casimir, hg. v. L. Häusser. – Bd. 9, 1. Abt. 1863, 2. Abt. 1864: Briefsteller u. formelbücher eilften bis vierzehnten jahrhunderts. [Sämtliche 17 Texte sind nichtbayer. Herkunft, Neudruck angekündigt.] – Die Bearbeiter mehrerer Bände waren von der 1858 gegründeten Hist. Kommission gestellt worden, die die herausgebende Commission ablöste u. deren Ziele 1899 auf die Anträge Riezlers u. Heigels hin unter Beschränkung auf bayer. Quellen wieder aufnahm. – *Neue Folge,* hg. auf Veranlassung u. mit Unterstützung S. M. des Königs von Bayern durch die Hist. Kommission bei d. Kgl. Akad. d. Wiss. Bd. 1, 1903: Andreas von Regensburg, sämtl. Werke, hg. v. G. Leidinger. – Bd. 2,1, 1905: Des Ritters Hans Ebran von Wildenberg Chronik von d. Fürsten aus Bayern, hg. v. F. Roth. – Bd. 2,2, 1909: Ulrich Füetrer, Bayer. Chronik, hg. v. R. Spiller. – Bd. 3, 1915: Veit Arnpeck, sämtl. Chroniken, hg. v. G. Leidinger. – Bd. 4, 1905: Die Traditionen d. Hochstifts Freising, I. Band 744–926, hg. v. Th. Bitterauf. – Bd. 5,

1909: Die Traditionen d. Hochstifts Freising, II. Band 926–1283, hg. v. Th. BITTERAUF. – Fortsetzung der Reihe ab 1930 durch die KBL, s. u. D 2b.

Fontes rerum Austriacarum [FRA], Österreichische Geschichtsquellen, hg. v. d. Hist. Kommission d. Österr. Akad. d. Wiss., I. Abt. Scriptores, Bde. 1–11, 1855ff., II. Abt. Diplomataria et acta, Bde. 1–82, 1849ff., III. Abt. Fontes iuris, Bde. 1–4, 1953ff. – H. PEZ, Scriptores rerum Austriacarum, 3 Bde., 1721/45; B. PEZ, Thesaurus anecdotorum novissimus, 6 Bde., 1721/29; A. F. OEFELE, Rerum Boicarum Scriptores, 2 Bde., 1763.

H. ZEISS, Quellensammlung f. d. Gesch. d. bair. Stammesherzogtums bis 750 (BVfr. 7 u. 8) 1927/29 [Mit Übersetzung, auch als Sonderdruck erschienen]; E. HERRMANN, Slawisch-german. Beziehungen im südostdeutschen Raum v. d. Spätantike bis z. Ungarnsturm. Ein Quellenbuch mit Erläuterungen (Veröffentl. d. Collegium Carolinum 17) 1965; K. REINDEL, Die bayer. Luitpoldinger 893–989. Sammlung u. Erläuterung d. Quellen (QE NF 11) 1953. – Grundlegend für die handschriftl. Überlieferung des ausgehenden 8. u. 9. Jhs. in Bayern: B. BISCHOFF, Die südostdeutschen Schreibschulen u. Bibliotheken d. Karolingerzeit, Teil I: Die bayer. Diözesen, 1940, 1974[3] [umfaßt die Kirchenprovinz Salzburg mit Freising, Regensburg, Passau u. Säben-Brixen]; Mittelalterliche Bibliothekskataloge Deutschlands u. d. Schweiz, im Auftr. d. Bayer. Akad. d. Wiss. hg. v. B. BISCHOFF, Bd. IV 1: Bistümer Passau u. Regensburg, bearb. v. Chr. E. INEICHEN-EDER, 1977, Bd. IV 2: Bistum Freising, bearb. v. G. GLAUCHE. – M. Frhr. v. FREYBERG, Sammlung hist. Schriften u. Urkunden, geschöpft aus Handschriften des k. Reichsarchivs, 5 Bde., 1827–1836 [vornehmlich 14.–16. Jh.]; Bayerns Kirche im MA. Handschriften u. Urkunden aus Bayer. Staatsbesitz, 1960 [Kat. zur gleichnamigen Ausstellung]; Quellensammlungen z. fränk. u. schwäb. Gesch. s. Bd. III des Handbuchs, vgl. bes. die Sammlungen d. Gesellschaft f. fränk. Geschichte u. d. Schwäb. Forschungsgemeinschaft.

3. Erzählende Quellen

Zahlreiche bayerische Annalen, Chroniken, Viten, Necrologien sind in den Abteilungen Scriptores, Epistolae, Antiquitates der Monumenta Germaniae historica [MGH] ediert, im einzelnen vgl. Abkürzungsverzeichnis unter: Ann., Chron., Vita, Necr. bzw. unter den Verfassernamen, außerdem die Angaben vor den einschlägigen Abschnitten u. Kapiteln dieses Bandes. Die wichtigsten bayer. spätmittelalterlichen Chroniken s. o. B 2, QE NF Bde. 1; 2,1; 2,2; 3.

4. Urkunden, Regesten, Urbare

Dynastische Sammlungen: Die Urkunden Heinrichs d. Löwen, Herzogs v. Sachsen u. Bayern, bearb. v. K. JORDAN, 1. Teil: Texte, 1941, 2. Teil: Einleitung, Nachträge, Register, 1949, Neudr. v. beiden Teilen 1960; J. F. BÖHMER, Wittelsbachische Regesten (1180–1340), 1854 [BWR]; Monumenta Wittelsbacensia [MW] s. o. B 2, QE Bd. 5 u. 6; Regesten d. bair. Herzöge u. Bischöfe, bearb. v. J. WIDEMANN [WR], ca. 1900–1939, handschriftl., s. Bd. II des Handbuchs, Quellen, Hilfsm.; Herzogsurbare s. ebd.; Regesten d. Grafen v. Andechs bei E. v. OEFELE, Gesch. d. Grafen v. Andechs, 1877; Regesten u. Urkunden z. Gesch. d. Dipoldinger Markgrafen von M. DOEBERL (Progr. d. Ludw. Gymnasiums München) 1893; Codex Falkensteinensis, hg. v. H. PETZ (Petz-Grauert-Mayerhofer, Drei bayer. Traditionsbücher) 1880, Neuausg. in QE (s. u. D 2b); Urkundenbuch z. Gesch. d. Babenberger in Österreich, Bde. I u. II: Die Siegelurkunden, vorbereitet v. O. MITIS, bearb. v. H. FICHTENAU u. E. ZÖLLNER, Wien 1950, 1955, Bd. III: Die Siegel, bearb. v. O. MITIS u. F. GALL, Wien 1954; Die Regesten d. Grafen v. Görz u.

Tirol, Pfalzgrafen v. Kärnten, bearb. v. H. WIESFLECKER, I (957–1271), 1949; II 1 (1271–1295), 1952; Regesten d. frühen Pappenheimer Marschälle vom 12.–16. Jh., hg. v. H. Graf zu PAPPENHEIM, 1927; Urbar d. Reichsmarschälle v. Pappenheim s. Bd. II des Handbuchs.

Hochstifts- und Klostersammlungen: s. auch A. BRACKMANN, Germania Pontificia, s. o. B 2; ebenso s. u. C III 7b. – W. HUNDT, Metropolis Salisburgensis ..., Regensburg 1582, auf 3 Bde. erweitert durch Ch. GEWOLD, 1620, 1719[3]; W. HAUTHALER-F. MARTIN, Salzburger Urkundenbuch, 4 Bde., Salzburg 1910/1933; A. v. MEILLER, Regesten d. Salzburger Erzbischöfe 1106–1246, Wien 1866; F. MARTIN, Die Regesten d. Erzbischöfe u. d. Domkapitels v. Salzburg 1247–1343, 3 Bde., Salzburg 1928/34. – Th. RIED, Codex chronologico-diplomaticus episcopatus Ratisbonensis, 2 Bde., 1816; WIDEMANN s. u. D 2b. – Freising, Hochstiftsurkunden, hg. v. A. WEISSTHANNER [in Vorbereitung], Traditionen, QE NF Bd. 4 u. 5, s. o. B 2; s. auch MEICHELBECK u. C III 7b. – Passau, Hochstiftsurkunden, MB, s. o. B 2, Traditionen, QE NF Bd. 6, s. u. D 2b; J. HEIDER, Regesten d. Passauer Abteilandes (Veröffentl. d. Instituts z. Erforsch. d. dt. Volkstums im Süden u. Südosten in München u. des Inst. f. ostbair. Heimatforschung in Passau) 1934; A. MAIDHOF, Die Passauer Urbare, Bd. I: Die Urbare d. Hochstifts im 13. u. 14. Jh., 1933, Bd. II: Die Urbare d. Passauer Domkapitels vom 12.–16. Jh., 1939. – Die Traditionsbücher d. Hochstifts Brixen v. 10. bis in d. 14. Jh., hg. v. O. REDLICH, 1886 (= Acta Tirolensia I); Die Urkunden d. Brixener Hochstiftsarchive, hg. v. L. SANTIFALLER, I (845–1295) (Schlernschriften 15) 1929, II (1295–1336) hg. v. L. SANTIFALLER u. H. APPELT, 1. Teil: Die Urkunden, 1941 (= Brixener Urkunden, hg. v. L. Santifaller II/1). – Augsburg, Bamberg, Eichstätt s. HB III.

Einzelne *Klöster* außerhalb der o. genannten Reihen: P. DAHLHAMMER, Canonia Rohrensis, Regensburg 1784 [Urk.]; I. B. KRAUS, Liber probationum sive Bullae Summorum Pontificum, Diplomata Imperatorum ... quae ad historiam Monasterii ... S. Emmerami ... spectant, 1752; C. LEUTNER, Historia Monasterii Wessofontani, Augsburg 1753 [Urk.]; C. MEICHELBECK, Chronicon Benedictoburanum, 2 Bde., München 1751/53 [Urk.]; J. Kl. STADLER, Urkundenregesten des Archivs der Kapellenstiftungsadministration zu Altötting (OA 75/76) 1949/50; Niederösterr. Urkundenbuch Teil 1 = Stift St. Pölten, hg. v. I. LAMPEL, 2 Bde. (–1400), 1891–1901.

Territoriale Sammlungen: Regesta sive rerum Boicarum autographa ad annum usque 1300 [RB], bearb. v. K. H. Ritter v. LANG, M. Frhr. v. FREYBERG u. Th. RUDHART, 13 Bde., 1822/54, Register bearb. v. J. WIDEMANN, 1927. – Österreichische Weistümer, hg. v. d. Österr. Akad. d. Wiss., 1870 ff.; Österreichische Urbare, hg. v. d. Österr. Akad. d. Wiss., 1904 ff.; Regesten v. Vorarlberg u. Liechtenstein bis z. Jahre 1260, bearb. v. A. HELBOK, Innsbruck 1920/25; Tiroler Urkundenbuch, I. Abt.: Südtirol, bearb. v. F. HUTER, 3 Bde., Innsbruck 1937/57; Acta Tirolensia, 4 Bde., Innsbruck 1886/1951; Urkundenbuch d. Landes ob der Enns [UBLE], 11 Bde., Wien, Linz 1852/1956; Monumenta Historica Ducatus Carinthiae, 8 Bde., 1 Erg.-Heft, Klagenfurt 1896/1963; Urkundenbuch d. Herzogtums Steiermark, hg. v. J. v. ZAHN bzw. H. APPELT (G. Pferschy), Bde. I–IV 2, Graz-Wien 1875/1964, Erg.-Heft zu Bd. I–III bearb. v. H. PIRCHEGGER u. O. DUNGERN, Graz 1949; Urkunden- u. Regestenbuch d. Herzogtums Krain, hg. v. F. SCHUMI, 2 Bde. [–1269], 1882/83; Urkundenbuch d. Burgenlandes u. d. angrenzenden Gebiete d. Komitate Wieselburg, Ödenburg u. Eisenburg, 2 Bde. Unter Benützung d. Vorarbeiten v. W. GOLDINGER, E. ZÖLLNER u. R. NECK bearb. v. H. WAGNER bzw. v. I. LINDECK-POZZA, Graz-Köln 1955, 1965.

Stadturkunden: Regensburg, MB, s. o. B 2; München, MB, s. o. B 2 und u. D 2c; Urkundenbuch d. Stadt Straubing, bearb. v. F. SOLLEDER, Bd. I (1271–1751), 1911/18 [Bd. II u. Register nicht erschienen]; Landshuter Urkundenbuch, bearb. v. Th. HERZOG, 1963 [reicht vom Ende des 12. Jhs. bis 1398]. Weitere Quellen z. Stadtgeschichte s. Bd. II des Handbuchs. Inschriften s. ebd.

5. Rechtsquellen

MG: Capitularia, Constitutiones, Diplomata; MB s. o. B 2; Lex Baiuwariorum, ed. J. MERKEL (MG, Leges in Folio 3) 1863; Lex Baiuwariorum, ed. E. v. SCHWIND (MG, Leges in Quart A 5, 2) 1926 [maßgebend]; Lex Baiuwariorum, Lichtdruckwiedergabe d. Ingolst. Handschr. z. Münch. Univers.-Jubiläum 1926 m. Übersetzung, hg. v. K. BEYERLE, 1926; Ausgabe v. K. A. ECKHARDT in: Germanenrechte II 2, 1934; Veröffentlichungen der KBL, Rechtsdenkmäler s. u. D 2c. Rechtsquellen zur Geschichte der Neuzeit s. Bd. II des Handbuchs. S. DW[10] Bd. II, Abschn. 39 nrr. 874 ff.

6. Quellen zur Geschichte der Kunst

Die Kunstdenkmale, [später:] Kunstdenkmäler d. Königreichs Bayern, [später:] von Bayern vom 11. bis z. Ende d. 18. Jhs. Beschrieben u. aufgenommen im Auftr. des Kgl. Staatsministeriums des Innern f. Kirchen- u. Schulangelegenheiten, 1895 ff. I. Regierungsbezirk Oberbayern, 3 Teile, 26 Bde., 1895–1905, IV. Reg. Bez. Niederbayern 1–25, 1922–1936, Franken, Oberpfalz u. Schwaben s. HB III; Bayer. Kunstdenkmale, Kurzinventare, hg. v. Bayer. Landesamt f. Denkmalpflege, 1–35 –, 1958–1976 –.

7. Auswahlsammlungen für Studien- oder Lehrzwecke

W. ALTMANN-E. BERNHEIM s. DW[9] nr. 2277; K. ZEUMER s. ebd. nr. 2280.

L. VOIT, Raetia Latina. Quellenbuch z. Gesch. d. röm. Donauprovinzen. Text u. Kommentar, 1959; E. v. SCHWIND u. A. DOPSCH, Ausgew. Urkunden z. Verfassungsgesch. d. Deutsch-österr. Erblande im MA, 1895; O. FRASS, Quellenbuch z. österr. Gesch., 3 Bde., 1956/62 [zum Teil in Übersetzung]. – Bayer. Quellen z. deutschen Gesch., Teil I [Aus der Zeit der Römer, des Herzogtums u. des Kurfürstentums, 15 v.–1799 n. Chr.], Teil II [Vom Königreich zum Freistaat, 1800–1958], hg. v. R. MEIER u. A. WEBER (Geschichtl. Quellenhefte, Diesterweg nrr. 7357, 7358) 1959 [lat. Texte in Übersetzung, für die Oberstufe]; Quellen z. bayer. Gesch., ausgew. u. zusammengestellt v. H. CHRISTMANN u. F. DOBMANN (Quellensammlung f. d. Geschichtsunterricht, Dümmlerbuch 3260) 1965 [für Volks-, Mittelschulen u. d. Unterklassen d. höheren Schulen].

W. VOLKERT, Bayerische Quellenveröffentlichungen seit 1945 (ZBLG 30) 1967, m. Bibl.

C. DARSTELLUNGEN

I. Deutsche Geschichte, Landesgeschichte und geschichtliche Landeskunde

1. Handbücher, Jahrbücher

B. GEBHARDT, Handbuch d. deutschen Gesch., 2 Bde., 1891/92, 9. neu bearb. Aufl. hg. v. H. GRUNDMANN, 4 Bde., 1970/76; Handbuch d. deutschen Gesch., begr. v. O. BRANDT, fortgef. v. A. O. MEYER, neu hg. v. L. JUST, 5 Bde., 1952/73; P. RASSOW, Deutsche Gesch. im Überblick, 1953, 1973[3]; Handbuch d. Kulturgesch., hg. v. H. KINDERMANN, 1. Abt.: Gesch. d. deutschen Lebens, 8 Bde., 1934/1937, 2. Abt.: Gesch. d. Völkerlebens [ab Bd. VII: Kulturen d. Völker] 7 Bde., 1934/1939, neu hg. v. E. THURNHER 1960ff. – Zur österreichischen Geschichte: K. u. M. UHLIRZ, Handbuch d. Gesch. Österreichs u. seiner Nachbarländer Böhmen u. Ungarn, 3 Bde., 1927/44, Bd. I [bis 1526] 1963² bearb. v. M. UHLIRZ; E. ZÖLLNER, Gesch. Österreichs v. d. Anfängen bis z. Gegenwart, 1974⁵; Handbuch d. Geschichte d. böhmischen Länder, hg. im A. d. Coll. Carolinum v. K. BOSL, 4 Bde., 1967/70. – Handbuch d. Schweizer Gesch., Bd. I 1972, Bd. II 1977. Jahrbücher d. deutschen Gesch., hg. v. d. Hist. Kommission bei d. Bayer. Akad. d. Wiss., 1862ff., bis jetzt 37 Bde. [nach Jahren u. Regierungszeiten d. Herrscher fortschreitende, alle Quellen u. Einzelheiten erfassende Darstellungen von d. Anfängen d. karolingischen Hauses bis 1158, von 1190–1233, von 1298–1308; grundlegend, z. Teil veraltet]; Jahrbuch d. hist. Forschung in d. Bundesrepublik Deutschland, hg. v. d. Arbeitsgemeinschaft außeruniv. Forschungseinrichtungen in d. BR Deutschland, Bd. 1974 (ersch. 1974), Bd. 1975 (ersch. 1976), Bd. 1976/77 (ersch. 1978).

2. *Landesgeschichte und geschichtliche Landeskunde*

Berichte z. deutschen Landeskunde, hg. v. Institut f. Landeskunde, Zentralarchiv f. Landeskunde v. Deutschland, Bad Godesberg, 1–47 –, 1941–1973 –; Blätter f. deutsche Landesgesch., Neue Folge d. Korrespondenzblattes, im Auftr. d. Gesamtvereins d. deutschen Geschichts- u. Altertumsvereine, 88–115 –, 1951–1979 –.

a) *Zur Forschungs- und Problemgeschichte seit dem ersten Weltkrieg:* P. FRIED (Hg.), Probleme u. Methoden d. Landesgeschichte (Wege d. Forschung 492) 1978 [Sammlung der wichtigsten einschlägigen Aufsätze s. ebd. 437–442); H. PATZE, Probleme d. Landesgesch. in Vergangenheit, Gegenwart u. Zukunft (Augsburger Beitrr. z. Landesgesch. bayer. Schwabens, hg. v. P. Fried, I) 1979 (Reihe 7 d. schwäb. Forschungsgemeinschaft bei der KBLG); K. BOSL, Der Mensch in seinem Lande. Stand, Aufgaben u. Probleme der südostdeutschen Landesgesch. (Rhein. Vjbll. 34) 1970, 111–120; Ders., Der deutsche, europäische u. globale Sinn einer modernen Regionalgesch. (ZWLG 36) 1977.

b) *Kommissionen und Vereine:* F. STEINBACH, Die Aufgaben der landschaftl. Gesch. Vereine, Festvortrag 1951 (Schriftenreihe d. Rhein. Heimatbundes 1) 1951, 1–15; M. BRAUBACH, Landesgesch. Bestrebungen u. hist. Vereine im Rheinland (Veröff. d. Hist. Ver. f. d. Niederrhein 8) 1954, 1–108; H. HEIMPEL, Über Organisationsformen hist. Forschung in Deutschland (HZ 189) 1959, 139–222; M. MILLER, Siebzig Jahre landesgeschichtl. Forschungsarbeit. Bericht v. d. Tätigkeit d. Württemberg. Komm. f. Landesgesch. 1891–1954 u. d. Komm. f. gesch. Landeskunde in Baden-Württemberg 1954–1961 (ZWLG 21) 1962, 1–235; M. SPINDLER, Die Kommission f. bayer. Landesgesch. (Spindler, Aufsätze) 1966, 127–167.

c) *Landesgeschichten:* F. UHLHORN–W. SCHLESINGER, Die deutschen Territorien (GG II) 437–467 mit Lit. bis 1955; Gesch. d. deutschen Länder [Territorien-Ploetz, ohne Literatur] s. o. A V 1; Ch. F. STÄLIN, Wirtembergische Gesch. [bis 1593], 4 Bde., 1841/73; K. WELLER, Gesch. d. schwäb. Stammes bis z. Untergang d. Staufer, 1944; Ders., Württembergische Gesch., 4. bis z. Gegenwart erw. u. neu bearb. Aufl. hg. v. A. Weller, 1957; E. MARQUARDT, Gesch. Württembergs, 1961; L. HÄUSSER, Gesch. d. rhein. Pfalz, 2 Bde., 1845 u. ö.; O. v. HEINEMANN, Gesch. v. Braunschweig u. Hannover, 3 Bde., 1884/92; F. v. WEECH, Badische Gesch., 1890; B. SÜTTERLIN, Gesch. Badens, I –, 1968² [Frühzeit u. Mittelalter] –; H. WITTE, Mecklenburgische Gesch., 2 Bde., 1909/13, auf d. Grundlage v. H. Witte neu bearb. v. M. HAMANN (Mitteldt. Forsch. 51) 1968; G. RÜTHNING, Oldenburgische Gesch., 2 Bde., 1911; H. LÜBBING, Oldenburgische Landesgesch., 1953; R. WAKKERNAGEL, Gesch. d. Elsaß, 1919, 1940²; H. BÜTTNER, Gesch. d. Elsaß, I, 1939; R. KÖTZSCHKE-H. KRETZSCHMAR, Sächsische Gesch. Werden u. Wandlungen eines deutschen Stammes u. seiner Heimat im Rahmen d. deutschen Gesch., 2 Bde., 1935, Neudr.

1965; B. SCHUMACHER, Gesch. Ost- u. Westpreußens, 1937, 1957²; H. ROTHERT, Westfälische Gesch., 3 Bde., 1949/51, Umdruck 1961; K. S. BADER, Der deutsche Südwesten in seiner territorial-staatl. Entwicklung, 1950; O. BRANDT, Gesch. Schleswig-Holsteins. Ein Grundriß, neu bearb. u. bis z. Gegenwart fortgeführt von W. Klüver. Mit Beiträgen von H. Jankuhn, 1957⁵; Gesch. Schleswig-Holsteins, begr. v. V. PAULS, hg. v. O. KLOSE, Bde. 1–8a –, 1955–1969 –; H. STOOB, Gesch. Dithmarschens im Regentenzeitalter, 1959; K. E. DEMANDT, Gesch. d. Landes Hessen, 1959, 1972²; J. SCHULTZE, Die Mark Brandenburg, 5 Bde., 1961/69; Gesch. Thüringens, hg. v. H. PATZE u. W. SCHLESINGER, 5 Bde., 1967ff. [bis jetzt 4. Bd.]; Gesch. Niedersachsens, hg. v. H. PATZE, I: Grundlagen u. frühes Mittelalter, 1977.

d) *Landeskundliche und kulturräumliche Werke:* Beschreibung d. Königreichs Württemberg nach Oberämtern, hg. v. Statistischen Landesamt, 64 Bde., 1824/86, 2. Aufl. [unvollständig] 11 Bde., 1883/1930. [Forts. unter dem Titel:] Die Stadt- u. Landkreise in Baden-Württemberg, 1953ff., hg. ab 1964 von der staatl. Archivverwaltung; H. AUBIN-Th. FRINGS-J. MÜLLER, Kulturströmungen u. Kulturprovinzen in d. Rheinlanden, 1926 [programmatisch]; R. GRADMANN, Süddeutschland, 2 Bde., 1931 [«Die erste ausführliche Bearbeitung Süddeutschlands nach den Grundsätzen wissenschaftlicher Landeskunde. Kritische u. streng quellenmäßige Darstellung» (Gradmann 15)], unvollständige Neudrucke 1956, 1961; Der Raum Westfalen, im Auftrag d. Provinz Westfalen hg. v. H. AUBIN, O. BÜHLER u.a. 1931/1934, im Auftrag d. Landschaftsverbandes Westfalen-Lippe fortgef. v. H. AUBIN, F. PETRI u.a. I, II, III, IV 1–4, V 1 – 1955–1970 –; Vorderösterreich. Eine geschichtl. Landeskunde, hg. vom Alemannischen Institut unter Leitung v. F. METZ, 2 Bde., 1958; Gesch. Schlesiens, hg. v. d. Hist. Kommission f. Schlesien unter d. Leitung v. H. AUBIN, L. PETRY u. H. SCHLENGER. Bd. I: Von d. Urzeit bis z. Jahre 1526, 1961³, Bd. II: Die Habsburgerzeit 1526–1740, 1973.

e) *Atlaswerke:* Hist. Atlaswerke: Rheinprovinz, 1894ff., 1901; Österr. Alpenländer, 1906ff.; Niedersachsen [Städteatlas], 1922ff.; Brandenburg, 1929ff., 1962ff.; Schlesien, 1933ff.; Pommern, 1935ff.; Provinz Sachsen, 1935/43; Schweiz, 1951, 1958²; Niederösterreich 1951/58; Niederrhein [Städteatlas], 1952ff.; Saale u. mittleres Elbegebiet, 1959/1961; Oberösterreich, 1958ff.; Mecklenburg, 1960ff.; Hessen, 1960ff.; Brandenburg. u. Berlin 1963ff. – S. o. A V 3.

f) *Historische Geographie, Kartographie:* H. HASSINGER, Geograph. Grundlagen d. Gesch., 1931, 1953²; G. FRANZ, Historische Kartographie. Forschung u. Bibliographie (Veröff. d. Akad. f. Raumforschung u. Landesplanung 29) 1955, 1962² [Bibl.].

II. Bayerische Geschichte und geschichtliche Landeskunde (zugleich Entwicklungsüberblick)

1. Darstellungen der bayerischen Geschichte

Zur bayerischen Geschichtsschreibung s. o. A I 1 u. 2.

Die spätmittelalterlichen Chroniken von Andreas v. Regensburg, Veit Arnpeck, Ebran v. Wildenberg, Ulrich Fuetrer s. o. B 2; Johannes Turmair's genannt AVENTINUS sämtliche Werke auf Veranlassung Sr. Maj. des Königs von Bayern hg. v. d. K. Akad. d. Wiss., 6 Bde., 1881–1908: I (1881 mit Biographie) Kleinere hist. u. philol. Schriften, hg. v. HALM, II (1882) u. III (1884, Nachwort, Reg.) Annales ducum Boiariae (in zwei Bänden), hg. v. S. RIEZLER, IV 1 (1882), 2 (1883) u. V (1886) Bayer. Chronik, hg. v. Matthias LEXER, mit Glossar u. Register v. H. STÜMPER, VI (1908) Kleinere Schriften, Nachträge (m. Reg. zu I u. VI) hg. v. G. LEIDINGER; J. AVENTINUS, Baier. Chronik, im Auszug bearb. u. mit Einleitung v. LEIDINGER, 1926, Nachdr. 1975; [Marx WELSER] Marci Velseri Rerum boicarum libri quinque, Augsburg 1602 [bis 788 reichend, ein 6. Buch bis 843 wurde in der Ausgabe von 1777 mitgedruckt]; Ders., Bayer. Geschichte, zu fünff Bücher getheilt ... in Latein beschrieben, vnd mit seinem gutheissen verdeutscht [von seinem Bruder Paul], Augsburg 1605; A. BRUNNER S.J., Annales virtutis et fortunae Boiorum, 3 Teile, München 1625–1637 [reicht bis Kaiser Ludwig d. Bayern]; Ders., Excubiae Tutelares Serenissimi principis Ferdinandi Mariae, München 1637 [bayer. Fürstenbiographien, reicht bis z. Erscheinungszeit]. Neue Ausgabe unter d. Titel: Theatrum virtutis et gloriae Boicae, 1680; [J. VERVAUX S.J.], Annales boicae gentis, 3 Bde., München 1662/63 [unter d. Namen d. Kanzlers Johann ADLZREITER veröffentlicht, reicht bis z. Tod d. Kurfürsten Maximilian. «Eine für ihre Zeit hervorragende Leistung» (Riezler)]. Neue Ausgabe Frankfurt/M., 1710, zusammen mit den Annalen von BRUNNER mit einem Vorwort von G. W. LEIBNIZ; Th. BLANC, Histoire de Bavière, 4 Bde., Paris 1680 [gekürzte Fassung des Werkes von Vervaux]; A. DESING, Historica Auxilia, 3 Teile, Sulzbach, Regensburg 1733/36, 1741², 1747³.

Die bayerische Geschichte als ein Teil der deutschen Staatengeschichte von Autoren außerhalb Bayerns [vgl. hierzu ROTH (s. o. A IV) VII 17ff. u. R. STAUDIGL, Die Beurteilung Bayerns in d. Werken nichtbayer. Historiker d. 17. u. 18. Jhs., Zulassungsarbeit zur Lehramtsprüfung 1955, Masch., Institut f. bayer. Gesch. München]: H. CONRING, De Bavaria (Hermanni Conringii opera, hg. v. I. W. Goebel, Braunschweig 1730, Bd. IV, 302–309) Vorlesungsms. von ca. 1660; [J. P. v. LUDEWIG] Lud. Petri Giovanni Germania Princeps. Volumen Sacri Rom. Imperii Electores complexum, Halle 1702, Buch III 1–84: De Boioariae Electoratu; N. H. GUNDLING, Ausführlicher Discours über d. vormaligen u. itzigen Zustand d. Teutschen Churfürsten-Staaten ..., Frankfurt u. Leipzig 1748, Bd. III: Chur-Bayern, 117–624; D. H. von FINSTERWALD [Pseudon. für Christian Friedr. Hempel], Ludovici Petri Giovanni oder ... Johann Peters von Ludewigs ... Erläuterte Germania Princeps ... Das Buch vom gantzen Bayerischen Hause, 4 Abt., Frankfurt u. Leipzig 1747/49, ca. 3000 S. [zahlreiche Quellen in vollem Wortlaut]; J. St. PÜTTER, Hist.-Polit. Handbuch von d. besonderen Teutschen Staaten. Erster Theil: Oesterreich, Bayern u. Pfalz, Göttingen 1758 [Bayern: 237–336]; J. H. v. FALCKENSTEIN, Vollständige Geschichten d. alten, mittleren u. neueren Zeiten d. großen Herzogthums u. ehem. Kgr. Bayern, 3 Teile, München, Ingolstadt u. Augsburg 1763, hg. nach dem Tode des Autors [1760] von ICKSTATT mit einer Vorrede.

Mit der Gründung der Bayerischen Akademie der Wissenschaften 1759 beginnt ein neuer Abschnitt in der Entwicklung der Geschichtswissenschaft und Geschichtsschreibung in Bayern, s. Abhandlungen C IV 1. – J. A. v. AETTENKHOVER, Kurzgefaßte Gesch. d. Herzoge v. Bayern, Regensburg 1767; J. M. EINZINGER von EINZING, Abriß d. heutigen Churfürstentums v. Bayern, München 1767; J. N. MEDERER, Beyträge z. Gesch. v. Baiern, 5 Teile, Regensburg 1777/93; J. G. v. LORI, Chronolog. Auszug d. Gesch. v. Baiern, München 1782 [reicht bis 1179], 2. Theil v. K. H. v. LANG [auch m. d. Titel:] Bair. Jahrbücher von 1179–1294, Ansbach 1816; [Lorenz WESTENRIEDER], Gesch. v. Baiern f. d. Jugend u. d. Volk auf höchsten Befehl seiner kurfürstl. Durchlaucht verfaßt, hg. v. der baier. Akad. d. Wiss., 6 Abt. [bis 1777] in 2 Bdn., München 1785 [die 1831/38 bei Kösel, Kempten, erschienene Gesamtausgabe der Werke Westenrieders – 32 Bde., 16°, hg. 1–10 v. Ernst Grosse, 11–32 von einigen Freunden der vaterländischen Literatur – ist nicht vollständig. Moderne wissenschaftliche Biographie Westenrieders fehlt]; F. J. LIPOWSKY, Gesch. d. Baiern im Verbande mit ihrem Staatsrecht, München 1799; J. G. FESSMAIER, Gesch. v. Baiern, 1804; J. Ch. Frhr. v. ARETIN, Literärisches Handbuch f. d. bayer. Gesch. u. alle ihre Zweige, 1. T., 1810; K. Th. GEMEINER, Gesch. d. altbayer. Länder, ihrer Regenten u. Landeseinwohner, 1810; H. ZSCHOKKE, Bayer. Geschichten, 4 Bde., Aarau 1813/18; A. BUCHNER, Gesch. v. Bayern, aus den Quellen bearbeitet, 10 Bde., 1820–1855, 1869², mit 2 Bdn. Dokumente: I 1832, II 1834; K. MANNERT, Die Gesch. Bayerns aus d. Quellen bearbeitet, 2 Bde., 1826; J. H. WOLF, Bayer. Gesch. für alle Stände d. Vaterlandes ohne Unterschied v. d. frühesten Zeiten bis z. Jahre 1832. 4 Bde., 1832; Th. G. RUDHART, Älteste Gesch. Bayerns u. der in neuester Zeit zum Königreich Bayern gehörigen Provinzen Schwaben, Rheinland u. Franken. Ein Beitr. z. Sozialgesch. Süd- u. Mitteldeutschlands, Hamburg 1841 [reicht bis 752]; M. Th. CONTZEN, Gesch. Bayerns zum Gebrauche bei akadem. Vorlesungen ..., Münster 1853; W. SCHREIBER, Gesch. Bayerns in Verbindung mit d. deutschen Gesch., 2 Bde., 1889/91; M. SCHWANN, Illustrierte Gesch. v. Baiern, 3 Bde., 1889/94; S. RIEZLER, Geschichte Baierns, 8 Bde., 1878/1914 (= Allgemeine Staatengeschichte, hg. von H. Oncken, 1. Abt.: Geschichte der europäischen Staaten, hg. von Heeren u. a., zwanzigstes Werk), I 1 [bis 995] u. 2 [bis 1180] wesentlich umgearbeitete 2. Aufl. [hg. nach Riezlers Tod (28. Jan. 1927) von H. Oncken] 1927, II [bis 1347] 1880, III [bis 1508] 1889, IV [bis 1597] 1899, V [bis 1651] 1903, VI [Verfassung u. Kultur von 1508–1651] 1903, VII [bis 1704] 1913, VIII [bis 1726] 1914; M. DOEBERL, Entwicklungsgesch. Bayerns, 3 Bde., 1906–1931: I [bis 1648] 1916[3], II [bis 1825] 1928[3], III [bis 1886 mit Ausblick auf die innere Entwicklung unter dem Prinzregenten Luitpold], hg. [nach Doeberls Tod am 24. März 1928] v. M. Spindler 1931; A. v. HOFMANN, Das bayer. Land u. seine Gesch., 1936 [anregend, doch im Ansatz verfehlt]; B. HUBENSTEINER, Bayer. Geschichte. Staat u. Volk, Kunst u. Kultur, 1950, 1977[6] (bis 1949 reichend, beste populäre Darstellung, auf wissenschaftlicher Grundlage]; K. BOSL, Bayer. Gesch. 1971, 1974[2]; H. RALL, Das Haus Wittelsbach. Eine europäische Dynastie, 1979; Wittelsbach u. Bayern, Beitr. z. bayer. Gesch. u. Kunst, Bde. I/1–III/1 u. Kataloge, Bde. I/2–III/2, hg. v. H. GLASER, 1980 [wertvolle Beiträge zu Einzelthemen]. J. PFENNIGMANN, 1500 Jahre bayer. Landkarte. Die Gesch. Bayerns (in der Reihe Bayern. Land u. Volk s. u. C V), I 1954: Frühzeit u. Mittelalter, II 1957: Die Neuzeit.

Überblicke: K. A. v. MÜLLER, Das bayer. Problem in d. deutschen Gesch., 1931; Ders., Die Bedeutung Bayerns für d. geistige Kultur Deutschlands (Volk u. Reich d. Deutschen, hg. v. B. Harms I) 1929, 363–388; Ders., Bayer. Geschichte (Dem Bayer. Volke, hg. v. G. J. Wolf) 1930, 14–40; M. SPINDLER, Die Grundlagen d. Kulturentwicklung in Bayern. Ein Vortrag, 1949 (abgedr. in Spindler, Aufsätze); K. BOSL, Die hist. Staatlichkeit d. bayer. Lande (ZBLG 25) 1962, 5–19; Ders., HB der hist. Stätten Deutschlands, Bayern, Einl., s. o. A II 3.

Lehrbücker und Abrisse (in Auswahl): D. STADLER, Bayer. Geschichte, zu bequemen Gebrauch verfaßt u. an das Liecht gestellt, München 1762; L. WESTENRIEDER, Abriß d. baier. Gesch., München 1798; J. MILBILLER, Kurzgefaßte Gesch. d. Königreichs Baiern zum Gebrauche beim Unterricht, 1806, 1841[7], hierzu ROTH (s. o. A IV) VII 97; L. WESTENRIEDER, Handbuch d. baier. Gesch., 1820; S. MUTZL–K. KUGLER, Gesch. Bayerns v. d. frühesten bis auf unsere Zeit f. Schule u. Haus, 1857; G. W. HOPF, Bayer. Gesch. in Zeittafeln, 1865 [einschl. Franken, Schwaben, Pfalz]; W. PREGER, Lehrbuch d. bayer. Gesch., 1864 [mit d. Ziel d. Nebeneinanderstellung d. Gesch. d. verschiedenen Landesteile, Forts. unter d. Titel:] W. Pregers [später Preger-Kronseder] Lehrb. d. bayer. Gesch., verfaßt v. Otto KRONSEDER 1914[19, 20], 1927[22] [bis zum Erscheinungsjahr fortgeführt]; M. V. SATTLER, Lehrbuch d. bayer. Gesch. f. Gymnasien u. z. Selbstunterrichte, München 1868, 1889[2]; H. OCKEL, Bayer. Geschichte (Sammlung Göschen 160) 1902; W. PREGER-H. OCKEL, Abriß d. bayer. Gesch. (ebd.) 1933[14]; Gesch. Bayerns [Lehrbuch, unter Einbeziehung d. älteren Gesch. Frankens u. Schwabens] 2 Bde., I 1952, 1972[3]: Vorzeit u. Mittelalter, v. K. BOSL, II 1955: Die Neuzeit, v. K. BOSL u. H. SCHREIBMÜLLER.

O. DENK u. J. WEISS, Unser Bayerland. Vaterländ. Gesch., volkstümlich dargestellt, 1906; Lesebuch z. Gesch. Bayerns, bearb. v. O. KRONSEDER, 1906; Bilder aus d. bayer. Geschichte, i. A. d. Bayer. Rundfunks hg. v. A. FINK, 1953; Unbekanntes Bayern, gestaltet nach einer Sendereihe d. Bayer. Rundfunks, hg. v. A. FINK, 10 Bde., 1955/65.

2. Bayerische geschichtliche Landeskunde. Karten

Bibliographie bis 1884 in: Beiträge z. Landeskunde, s. o. AI 1.

a) *Zur Geschichte der Forschung:* J. Ch. Frhr. v. ARETIN, Verzeichnis d. baier. Landkarten (Literärisches Handbuch f. die baier. Gesch. u. alle ihre Zweige, Lit. d. Geographie u. Statistik I. Theil) 1810; Ch. GRUBER, Die landeskundl. Erforschung Altbayerns im 16., 17. u. 18. Jh. (Forsch. z. deutschen Landes- u. Volkskunde 8) 1894, 283–359; E. OBERHUMMER, Über d. Entwicklung u. d. Aufgaben d. bayer. Landeskunde (Altbayer. Monatsschr. 1) 1899, 1–22; H. FEHN, Zur Landeskunde Bayerns (ZBLG 15) 1949, 7–25 [Überblick über d. Forschungsstand nach d. Krieg]; Ders., Landeskunde (Bayer. Heimatforsch. 6) 1952, 56–65; Ders., Geograph. Forschung in Südbayern u. im Bayerischen Wald 1930–1953 (Bericht z. deutschen Landeskunde 14) 1955, 65–100 [Bibl.]; J. HEIDER, Das bayer. Kataster (Bayer. Heimatforsch. 8) 1954; Vermessung u. Karten in Bayern. 150 Jahrfeier d. bayer. Vermessungswesens, hg. vom Bayer. Landesvermessungsamt 1951; Die bayer. topographischen Kartenwerke (Das bayerische Landesvermessungswerk, H. 9) 1964[2] [Überblick über d. gesch. Entwicklung u. d. Stand d. amtl. topographischen Kartographie Bayerns].

b) *Darstellungen:* AVENTINS Karte von 1523, hg. v. J. HARTMANN, mit Vorwort v. E. OBERHUMMER 1899, s. auch Ders., SB München Hist. Kl. 1899, II, 435f.; Declaratio tabulae sive descriptionis Bavariae a Phil. APIANO confectae et editae [von Apian abgefaßt im Anschluß an seine 1563 vollendete, 1568 von P. WEINER nachgestochene, im Original verlorengegangene große Karte (tabula) und an seine 1568 veröffentlichten 24 «Bairischen Landtafeln» (1967 Faksimile-Druck)] hg. vom Hist. Ver. v. Oberbayern z. 700jährigen Wittelsbacher-Jubiläum 1880 als Bd. 39 d. Oberbayer. Archivs unter d. Titel: Philipp Apians Topographie v. Bayern u. bayer. Wappensammlung [die Topographie bearb. von E. Frhr. v. OEFELE, die Wappensammlung bearb. v. K. PRIMBS]; M. MERIAN, Topographia Bavariae, das ist Beschreibung vnd Aigentliche Abbildung der Vornembsten Stätt vnd Orth in Ober vnd Nieder Beyern, Der Obern Pfaltz vnd andern zum Hochlöblichen Bayrischen Craiße gehörigen Landschafften, Frankfurt 1644, Anhang 1656, Neudr. 1927 u. 1960; G. Ph. FINCK, Circuli et electoratus Bavariae geographica descriptio. Bairen mit angrenzenden Landen in 24 aufeinander zutreffenden Tabellen vorgestellt. Samt einem Vorbericht, Augsburg 1684, 4° mit Atlas; Chur-Bayerischer Atlas, beschrieben und verfasset ... von A. G. ERTL, 2 Oktavbände mit 304 u. 324 S., 1687, 1705[4] [mit vielen Kupfern]; Historico-Topographica Descriptio. Das ist Beschreibung des Churfürsten- vnd Herzogthums Ober- vnd Nidern Bayrn ... von Michael WENING ..., 4 Foliobände, 1701/1726 [ohne die Oberpfalz]. Neuausgabe von G. STETTER, Michael Wening, Leben u. Werk d. bayer. Kupferstechers u. Topographen, 1964; Descriptio succincta circuli Bavarici, Nürnberg 1703; [J. W.] WIDMER, Repertorium Bavariae oder kurtze geographische Beschreib- u. Eintheilung d. Bayer. Crayses, Augsburg 1752, hierzu GRUBER (s. o. C II 2a) 345; J. N. A. v. REISACH, Hist. Topogr. Beschreibung d. Herzogtums Bayern, Regensburg 1780; Jahrbuch d. Menschengeschichte in Bayern von Professor WESTENRIEDER I 1 (1782), 2 (1783); L. WESTENRIEDER, Beschreibung d. Haupts- u. Residenzstadt München im gegenwärtigen Zustande, 1783 [«Westenrieders umfassendste u. gewichtigste Arbeit zur Landeskunde Altbayerns» (GRUBER)]; F. S. MEIDINGER, Hist. Beschreibung d. churfürstl. Haupt- u. Residenzstädte in Niederbayern: Landshut u. Straubing, 1787; Ders., Hist. Beschreibung verschiedener Städte u. Märkte d. kurf. pfalzbayer. Rentämter München, Burghausen, Landshut u. Straubing, Landshut 1790; L. HÜBNER, Beschreibung d. hochfürstlich-erzbischöfl. Haupt- u. Residenzstadt Salzburg u. ihrer Gegend, verbunden mit ihrer ältesten Gesch., 2 Bde., 1792/93; A. Ch. KAYSER, Versuch einer kurzen Beschreibung d. kaiserlich freyen Reichsstadt Regensburg, 1795; [J. W. MELCHINGER], Geograph. Statist.-Topographisches Lexikon v. Baiern ..., 3 Bde., nebst Zusätzen von J. D. A. HÖCK, Ulm 1796/1802; A. v. RIEDEL, Reise-Atlas v. Baiern oder geogr.-geometr. Darstellung aller bajrischen Haupt- u. Landstrassen mit den daranliegenden Ortschaften u. Gegenden ..., T. 1–5 in 2 Bdn., München 1796 (Forts. 1822) 4°; J. HAZZI, Statist. Aufschlüsse über d. Herzogtum Bayern, 4 Bde., 1801/08; J. G. PRAENDEL, Erdbeschreibung d. gesammt. pfalzbair. Besitzungen mit steter Hinsicht auf Topographie, Gesch., physische Beschaffenheit, Land- u. Staatswirtschaft, 2 Abt., 1805/06; A. v. RIEDL, Strom-Atlas v. Baiern, deutsch u. französisch, mit Kartenband, 1806; M. J. RÖMER, Geographie u. Statistik d. Baierlandes, 2 Bde., 1825; I. RUDHART, Über den Zustand d. Königreichs Baiern nach amtl. Quellen, 3 Bde., 1825/1827; K. Fr. HOHN, Atlas v. Bayern. Geograph.-statist.-hist. Handbuch z. Kenntniß d. Zustands v. Bayern in seiner gegenwärtigen Beschaffenheit für alle Stände, 2 Bde., 1836, 1840²; J. A. EISENMANN, Topo-geograph.-statist. Lexikon vom Königreiche Bayern, 1840; Bayern. Ein geograph.-statist.-hist. Handbuch d. Königreichs, bearb. v. P. STUMPF, 2 Teile, 1852/53.

Bavaria. Landes- u. Volkskunde d. Königreichs Bayern, bearb. v. einem Kreise bayer. Gelehrter, hg. auf Veranlassung u. mit Unterstützung Sr. Maj. d. Königs von Bayern Maximilian II., 4 Bde. in je 2 Abt., 1860–1867 mit Karte des Königreichs Bayern diesseits des Rheins in 15 Bll. 1:25000, 1860, dazu ein Blatt bayer. Pfalz [Redaktionelle Leitung W. H. RIEHL unter Mithilfe von F. DAHN, über 40 Autoren: M. Carrière, Dahn, Fentsch, Heigel, Lentner, Gümbel, K. Maurer, Muffat, M. Meyr, O. Sendtner u. a., Gliederung, in elastischer Handhabung, räumlich nach den 8 bayer. Regierungsbezirken, stofflich nach Naturkunde (Geognosie, Klimatologie, Vegetationsverhältnisse, Tierwelt), Volkskunde (Geschichts- u. Kunstdenkmale, Haus u. Wohnung, Volkssagen, Mundart, Volkssitte, Volkstracht, Volkskrankheiten u. Volksmedizin), Betriebsamkeit (Landwirtschaft, Bergwesen, Gewerbe, Handel u. Industrie), Volksbildung u. Unterricht sowie Geschichte (Abrisse d. Ortsgeschichten, gegliedert nach Landgerichten u. unmittelbaren Städten, mit vorausgeschickten knappen Darstellungen d. mittelalterl. Gaue u. Grafschaften nach dem wiss. Stand d. Zeit). Das als 5. Bd. der Bavaria gezählte «Topographisch-statistische Handbuch d. Königreichs Bayern nebst alphabetischem Ortslexikon. Nach amtlichen Quellen bearbeitet v. J. HEYBERGER, Ch. SCHMITT und v. WACHTER, München 1867/68» ist ein selbständiges Unternehmen (s. Bavaria IV 2, XII) «eine Art statistisches Supplement, das erste umfassende Handbuch einer topographisch geordneten Statistik Bayerns» (W. H. RIEHL)].

A. ERHARD, Gesch. d. Stadt Passau, 2 Bde., 1862/64; F. ZILLNER, Gesch. d. Stadt Salzburg, 3 Bde., 1885/90; H. DOPSCH (Hg.), Gesch. Salzburgs. Stadt u. Land I [voraussichtl. 1979]; W. GÖTZ, Geograph.-Hist. Handbuch v. Bayern, 2 Bde., 1895/98, 1903²; J. REINDL, Bayer. Landeskunde (Samml. Göschen 176) 1920.

Die Landkreise Bayerns, hg. v. H. FEHN u. E. OTREMBA (Die deutschen Landkreise, Handbuch f. Verwaltung, Wirtschaft u. Kultur, begr. v. K. Brüning u. E. Meynen), Bd. I: Der Landkreis Scheinfeld, bearb. v. E. OTREMBA, 1950, Bd. II: Der Landkreis Starnberg, bearb. v. Ch. BORCHERDT, 1955 [Nichts weiter erschienen]; H. FEHN, Die altbayer. Teile im Handbuch d. naturräumlichen Gliederung Deutschlands, hg. v. E. Meynen u. J. Schmithüsen, 1953/62; Die kreisfreien Städte u. Landkreise Bayerns in d. amtlichen Statistik (Beilage zu: Bayern in Zahlen = Monatsh. d. Bayer. Statist. Landesamtes) 1–77 –, 1961–1968 – [Kurzbeschreibungen]; Oberbayern, Land u. Leute, hg. v. L. RÜKKERT (Deutsche Landschaft 9) 1960; Bayerischer u. Oberpfälzer Wald, hg. v. G. PRIEHÄUSSER (ebd. 14) 1965; H. FEHN, Die Artikel über Bayern [Landschaften, Städte u. Märkte, Gewässer, mit Lit.] in Westermanns Lexikon d. Geographie, hg. v. Wolf Tietze, 1967/68; Helmut HOFFMANN, Bayern. Handbuch z. staatspolit. Landeskunde d. Gegenwart, 1966, 1972² (völlig überarb. Aufl.).

Siehe auch: die historischen Einleitungen der Kunstdenkmälerbände (s. o. B 6); Historischer Atlas von Bayern [HAB] (s. u. D. 5); Historisches Ortsnamenbuch von Bayern (HONB) (s. u. D 7); Statistisches Jahrbuch für Bayern, 32. Jahrg., hg. v. Bayer. Stat. Landesamt, 1978; Bayer. Jahrbuch. Ein Hand- u. Nachschlagebuch f. Staat, Verwaltung,

Kirche, Wirtschaft, bearb. v. L. RAAB, 64. Jg. 1969/70; Bayern 73. Zahlen z. Information, hg. v. Bayer. Stat. Landesamt, 1973; F. BÖHM, Amtl. Ortsverzeichnis f. Bayern (Beitrr. z. Statistik Bayerns 335) 1973.

c) *Atlanten und Karten:* S. o. A V 3. – Bayern, hg. von d. Arbeitsgemeinschaft f. Raumforschung München in Verbindung mit d. Akad. f. Raumforschung u. Landesplanung Hannover u. d. Bayer. Staatsministerium f. Wirtschaft u. Verkehr München (Deutscher Planungsatlas 5) 1960, 73 Bll., 2°; Topographischer Atlas von Bayern, hg. vom Bayerischen Landesvermessungsamt. Gesamtredaktion H. FEHN, 150, Kartenausschnitte m. gegenüberstehenden Interpretationen u. Skizzen v. H. VEIT, 1968.

Vom Bayerischen Landesvermessungsamt herausgegeben: Topographische Übersichtskarte von Bayern 1:200000 [bayerischer Anteil abgeschlossen 1967]; Topographische Karte von Bayern 1:50000 [abgeschl. 1964]; Topographische Karte von Bayern 1:25000 [abgeschl. 1960]; Bodengütekarte von Bayern 1:100000 [abgeschl. 1963, 38 Bll.]; Topographische Karte von Bayern 1:25000, 1970; Topographische Karte 1:50000 (bayer. Anteil), 1971; Topographische Karte von Bayern 1:100000, 1971; Übersichtskarte von Bayern 1:500000. Ausg. mit Verwaltungsgrenzen. Letzte Nachträge 1976; über die bayerischen topographischen Kartenwerke s. o. C II 2a.

Vom Bayer. Geologischen Landesamt herausgegeben: Geologische Karte von Bayern 1:500000, 1954, 1964², mit Erläuterungen; Bodenkundl. Übersichtskarte v. Bayern, bearb. v. F. VOGEL unter Mitarbeit v. K. BRUNNACKER, 1:500000, Bayer. Geolog. Landesamt, 1955, Erläuterungen 1961; Bodenkarte von Bayern 1:25000, Stand Jan. 1967, 7 Bll.; Geologische Karte von Bayern 1:25000, Stand Jan. 1967, 71 Bll.

III. Sondergebiete

S. u. die für jedes Sondergebiet einschlägige Abschnitts- oder Kapitelliteratur dieses Bandes; s. o. unter Lexika A II u. unter Reihen u. C V.

1. Vorgeschichte und Siedlungsgeschichte

Eine bayerische Gesamtdarstellung steht noch aus. Wichtige deutsche Gesamtdarstellungen für Nachbargebiete verzeichnet Klaus FEHN (s. u.) 652.

E. WALLNER, Altbair. Siedelungsgesch. in d. Ortsnamen d. Ämter Bruck, Dachau, Freising, Friedberg, Landsberg, Moosburg u. Pfaffenhofen, 1924; B. EBERL, Die bayer. Ortsnamen als Grundlage d. Siedelungsgesch., 2 Teile (Bayer. Heimatbücher 2) 1925/26; E. KLEBEL, Siedlungsgesch. d. deutschen Südostens, 1940; K. PUCHNER, Namenforschung u. Siedlungsgesch. (Bayer. Heimatforschung 6) 1952, 66–72; K. FEHN, Die bayer. Siedlungsgesch. nach 1945, s. o. A I 1; Gesamtbibliographie zum Komplex «Siedlung» s. DW¹⁰ Abschn. 26 Land u. Siedlung; für Flurnamenkunde vorbildlich: Th. STEINER, Die Flurnamen d. Gemeinde Oberstdorf im Allgäu, 2 Bde. (Die Flurnamen Bayerns 6, s. u. C V, Reihen).

2. Rechts- und Verfassungsgeschichte

H. BRUNNER, Deutsche Rechtsgesch., Bd. I, 1887, 1906², Bd. II neu hg. v. C. Frhr. v. SCHWERIN, 1928², Nachdruck 1958 [Germanische u. fränkische Zeit]; H. CONRAD, Deutsche Rechtsgesch., Bd. I: Frühzeit u. MA, 1954, 1963², Bd. II: Neuzeit bis 1806, 1966; R. SCHRÖDER, Lehrbuch d. deutschen Rechtsgesch., 1912/13, 7. Aufl. hg. v. E. Frhr. v. KÜNSSBERG, 1932; H. FEHR, Deutsche Rechtsgesch., 1962⁶; H. MITTEIS, Deutsche

Rechtsgesch. Ein Studienbuch, 1949, neu bearb. v. H. LIEBERICH, 1978[15] (erg. Aufl.); H. PLANITZ, Deutsche Rechtsgesch., 1950, 1961[2] bearb. v. K. A. ECKHARDT, 1971[3] (erg. Aufl.); C. COING, Epochen d. Rechtsgesch. in Deutschland, 1967, 1971[2]. – G. WAITZ, Deutsche Verfassungsgesch., 8 Bde., 1844/1878 [Aufl. s. DW[9] nr. 2385]; O. HINTZE, Gesammelte Schriften, hg. v. G. Oestreich. Bd. I: Staat u. Verfassung, Ges. Abh. z. allgem. Verfassungsgesch., hg. v. Gerh. Oestreich. Mit einer Einleitung v. F. Hartung, 1962[2]; F. HARTUNG, Deutsche Verfassungsgesch. v. 15. Jh. bis z. Gegenwart, 1959[7]; E. R. HUBER, Deutsche Verfassungsgesch. seit 1789, Bd. I 1957, 1967[2], rev. Nachdr. 1975, Bd. II 1960, 1968[2], rev. Nachdr. 1975, Bd. III 1963, 1970[2], Bd. IV 1969, Bd. V 1978, Bd. VI (ca. 1980); E. FORSTHOFF, Deutsche Verfassungsgesch. d. Neuzeit, 1940, 1972[4]. – S. o. A II 2: Staatslexikon, Deutsches Rechtswörterbuch, Handwörterbuch zur deutschen Rechtsgeschichte; s. o. A III: v. AMIRA-v. SCHWERIN, A I 1: PLANITZ-BUYKEN.

J. G. FESSMAIER, Grundriß d. bayer. Staatsrechts, 1801; M. SEYDEL, Bayer. Staatsrecht, 7 Bde., 3., 5. u. 6. Bd. in zwei Teilen, 1884/94, 1. [umfangreichste u. historisch ergiebigste] Aufl.; Staats- u. Verwaltungsrecht in Bayern, hg. v. J. MANG u. a., 5. neubearb. Aufl. 1975; H. G. GENGLER, Beiträge z. Rechtsgesch. Bayerns, 4 Bde., 1889/94; E. ROSENTHAL, Gesch. d. Gerichtswesens u. d. Verwaltungsorganisation Baierns, 2 Bde., 1889/1906 [Unentbehrlich, wenn auch zum Teil veraltet]; H. LIEBERICH, Rechtsgesch. Baierns u. d. bayer. Schwaben (Bayer. Heimatforsch. 6) 1952, 80–110 [mit reichhaltiger Literatur]; Ders., Mitteilungen f. die Archivpflege in Oberbayern s. u. C V; Ders., Landherren u. Landleute (Schriftenreihe 63) 1964; KLEBEL, Probleme s. u. C IV; Literatur z. Gesch. d. Landstände u. d. Landgemeinde s. Bd. II des Handbuchs.

3. Kriegs- und Heeresgeschichte

O. HINTZE, Staatsverfassung u. Heeresverfassung (Staat u. Verfassung, Ges. Abh. Bd. I, hg. v. G. Oestreich) 1962[2]; H. DELBRÜCK, Gesch. d. Kriegskunst im Rahmen d. polit. Gesch. Bde. II u. III, 1909/23[2]; W. ERBEN, Kriegsgesch. d. Mittelalters, 1929; H. CONRAD, Gesch. d. deutschen Wehrverfassung, [2 Bde.], Bd. I: Von der german. Zeit bis z. Ausgang d. MA, 1939; K. H. HERMANN, Deutsche Militärgeschichte. Eine Einführung, hg. i. A. d. Arbeitskreises f. Wehrforschung, 1966; Handbuch z. deutschen Militärgesch. 1648–1939, hg. v. H. MEIER-WELCKER, 1964 –, 7 Lieferungen.

Kriegsgeschichte von Bayern, Franken, Pfalz u. Schwaben. Von d. ältesten Zeit bis 1273, bearb. v. A. ERHARD, Bd. I [bis 921], 1870. Von 1347 bis 1506, bearb. v. J. WÜRDINGER, 2 Bde., 1868. Von 1506–1651, bearb. v. J. HEILMANN, 3 Bde., 1868 [veraltet]; Gesch. d. bayer. Heeres 1651–1914, bearb. v. STAUDINGER u. a. s. Bd. II des Handbuchs; E. FRAUENHOLZ s. ebd.; Darstellungen aus d. Bayer. Kriegs- u. Heeresgesch., Publikationen des Bayer. Armeemuseums s. u. C V.

4. Politische Wissenschaft

C. J. FRIEDRICH, Die polit. Wissenschaft (Orbis academicus I 8) 1961; O. H. v. d. GABLENTZ, Einführung in d. polit. Wissenschaft (Die Wissenschaft von der Politik 13) 1965; Staat u. Politik (Das Fischerlexikon 2), hg. v. E. FRAENKEL u. K. D. BRACHER, 1966 (Bibl.); s. o. A II 2: Staatslexikon; Wörterbuch der Politik.

5. Sozial- und Wirtschaftsgeschichte

H. BECHTEL, Wirtschaftsgesch. Deutschlands, 3 Bde., 1951/56, Bd. I [bis zum Ende d. MA] 1951. Bd. II [bis zum Ende d. 18. Jhs.] 1952, Bd. III [19./20. Jh.] 1956; F. LÜTGE, Deutsche Sozial- u. Wirtschaftsgesch., 1952, 1975^{4}; Ders., Beiträge z. Sozial- u. Wirtschaftsgesch. Ges. Abh. Aus d. Nachlaß hg. v. E. Schremmer (Forsch. z. Sozial- u. Wirtschaftsgesch. 14) 1970; H. MOTTEK-W. BECKER-A. SCHRÖTER, Wirtschaftsgesch. Deutschlands. Ein Grundriß, 3 Bde.; O. BRUNNER, Neue Wege d. Sozialgesch. Vorträge u. Aufsätze, 1956; K. BOSL, Frühformen d. Gesellschaft im mittelalterl. Europa, Ausgewählte Beitr. zu einer Strukturanalyse der mittelalterl. Welt, 1964; W. ZORN, Einführung in d. Wirtschafts- u. Sozialgesch. d. Mittelalters u. d. Neuzeit, 1972, 1974^{2}; s. o. A II 2: Handbuch d. deutschen Wirtschafts- u. Sozialgesch.; Handwörterbuch d. Sozialwissenschaften.

Ph. DOLLINGER, L'évolution des classes rurales en Bavière depuis la fin de l'époque Carolingienne jusque'au milieu du XIIIe siècle, Paris 1949; vgl. die Hefte des HAB (s. u. D 5); E. SCHREMMER, Die Wirtschaft Bayerns. Vom hohen Mittelalter bis zum Beginn der Industrialisierung. Bergbau, Gewerbe, Handel, 1970.

6. Soziologie

H. SCHOECK, Die Soziologie u. d. Gesellschaften (Orbis academicus I 3) 1964^{2}; Soziologie. Ein Lehr- u. Handbuch z. modernen Gesellschaftskunde, hg. v. A. GEHLEN u. H. SCHELSKY, 1955; E. K. FRANCIS, Wissenschaftl. Grundlagen soziol. Denkens, 1957, 1965^{2}; H. FREYER, Soziologie als Wirklichkeitswissenschaft. Logische Grundlegung d. Systems d. Soziologie, 1964^{2}; K. BOSL, Die Grundlagen d. modernen Gesellschaft im Mittelalter. Eine deutsche Gesellschaftsgesch. d. Mittelalters, 2 Bde., 1972; O. HINTZE, Ges. Schriften, hg. v. G. Oestreich. Bd. II: Soziologie u. Gesch., Ges. Abh. z. Soziologie, Politik u. Theorie d. Gesch., 1964, 2. erw. Aufl. m. einer Einleitg. v. G. Oestreich; s. o. A II 2: Wörterbuch der Soziologie.

7. Kirchengeschichte

a) *Allgemein:* EUBEL-GULIK, Hierarchia catholica s. o. A II 1; GAMS, Series episcoporum s. ebd.; ENGELS-WEINFURTER s. ebd.; Germania sacra. Hist. statist. Darstellung der deutschen Bistümer ..., 1929 ff.; NF 1962 ff.; J. LORTZ, Gesch. d. Kirche in ideengeschichtl. Betrachtung, 2 Bde., I 1962^{21}, II 1964; Handbuch d. Kirchengesch., hg. v. H. JEDIN, 1962 ff., Bde. I 1962, 1973^{3}, II/1 1974, III/1 1966, 1973^{2}, III/2 1973^{2}, IV 1967, V 1970, VI/1 1971, VI/2 1973, VI/3 1975; Atlas z. Kirchengeschichte. Die christl. Kirchen in Gesch. u. Gegenwart, hg. v. H. JEDIN-K. S. LATOURETTE-J. MARTIN, 1970. Die Werke von BIHLMEYER-TÜCHLE, CASPAR, HAUCK, PASTOR, SEPPELT-SCHWAIGER s. AV. – A. WERMINGHOFF, Verfassungsgesch. d. deutschen Kirche im MA, 1913^{2}; G. SCHNÜRER, Kirche u. Kultur im MA, 3 Bde., I 1936^{3}, II 1929^{2}, III 1929; s. o. A II 2: KLAUSER; LThK; RGG.

b) *Bayern:* aa) *Allgemein:* M. RADER, Bavaria Sancta (et pia), 4 Bde., 1615/28 [Altbayern], Neudr. 1704, deutsche Ausgabe 1714 v. M. Raßler; Bavaria Sancta. Leben d. Heiligen u. Seligen d. Bayerlandes z. Belehrung u. Erbauung für d. christl. Volk, bearb. v. M. JOCHAM, 2 Bde., 1861/62 [einschließlich Franken, Schwaben u. die Pfalz]; G. SCHWAIGER (Hg.), Bavaria Sancta. Zeugen christl. Glaubens in Bayern, 3 Bde., 1970/73; J. SCHLECHT, Bayerns Kirchenprovinzen. Ein Überblick über Gesch. u. gegenwärt. Bestand d. kath. Kirche im Kgr. Bayern, 1902; Eineinhalb Jahrtausend kirchl. Kulturarbeit in Bayern, hg. v. M. BUCHBERGER, 1920, 1950²; A. BIGELMAIR, Artikel «Bavière» (Dictionnaire d'histoire et de géographie ecclésiastiques Bd. VI) Paris 1932, 1525–1626; L. STAMER, Kirchengesch. d. Pfalz, 2 Teile, 1936/49; Kirchenhist. Atlas v. Österreich, hg. v. E. BERNLEITHNER (Veröffentl. d. kirchenhist. Instituts Wien, Sonderband) 1966; R. BAUERREISS, Kirchengesch. Bayerns, 7 Bde. 1949/70, Bd. I 1958²; M. SIMON, Evang. Kirchengesch. Bayerns, 2 Bde., 1942 [mit Lit.], 1952² [in einem Band]; Ders., in HAB s.u. D 5. S. o. A II 1: LINDNER, v. GUTTENBERG, WENDEHORST. S.u. C IV 2.

bb) *Bistümer:* Quellen s. o. B 2, B 4, s.u. D 2b; M. HANSIZ, Germania Sacra II. Archiepiscopatus Salisburgensis chronologice propositus, Wien 1729; Das Erzbistum Salzburg I (Germania sacra NF XI) 1977; H. WIDMANN, Geschichte Salzburgs, 3 Bde. 1907–1914. – F. MARTIN, Berchtesgaden. Die Fürstpropstei d. regulierten Chorherren, 1923. – A. SPARBER, Das Bistum Sabiona in seiner geschichtl. Entwicklung, 1942. – C. MEICHELBECK, Historia Frisingensis, 2 Bde., Augsb. 1724/29; A. MAYER u. G. WESTERMAYER, Statist. Beschreibung d. Erzbistums München-Freising, 3 Bde., 1874/1884; M. HEIMBUCHER, Kurze Gesch. Freisings u. seiner Bischöfe, 1885, 1887². – M. HANSIZ, Germania Sacra III. De Episcopatu Ratisbonensi. Tomus Prodromus, Wien 1755; J. N. v. GEBRATH, Gesch. d. Fürstbischöfe v. Regensburg, o. O. 1795; J. LIPF, Gesch. d. Bischöfe v. Regensburg, 1852; F. JANNER, Gesch. d. Bischöfe v. Regensburg, 3 Bde., 1883/86; J. STABER, Kirchengesch. d. Bistums Regensburg, 1966. – M. HANSIZ, Germania Sacra I: Metropolis Laureacensis cum Episcopatu Passaviensi chronologice proposita, Augsburg 1727; J. N. BUCHINGER, Gesch. d. Fürstentums Passau, 2 Bde., 1816/24; J. ROTTMAYR, Statist. Beschreibung d. Bisthums Paßau, 1864; C. SCHROEDL, Passavia Sacra. Gesch. d. Bisthums Passau bis z. Säkularisation d. Fürstenthums Passau, 1876; A. ERHARD, Gesch. u. Topographie d. Umgebung v. Passau bezw. d. ehem. Fürstenthumes Passau u. d. Landes d. Abtei m. Ausschluß d. Stadt Passau u. der weiter unten in Österreich gelegenen fürstbischöfl. Besitzungen, 2 Teile (VHN 35–41) 1899/1905; M. HEUWIESER, Gesch. d. Bistums Passau I: Die Frühgeschichte. Von d. Gründung bis z. Ende d. Karolingerzeit (Veröffentl. d. Instituts f. ostbair. Heimatforschung in Passau 20) 1939 [Nicht mehr erschienen]; Das Handbuch d. Bistums Passau, Stand vom 1. Jan. 1958, [ca. 1958], mit Lit. 755–762. – A. v. STEICHELE, Das Bisthum Augsburg. Historisch u. statistisch beschrieben. Ab Bd. V bis Bd. VIII: fortges. v. A. SCHRÖDER, 1861/1932, ab Bd. IX v. F. ZOEPFL, 1934/1939, Bd. X 1. u. 2. Liefg. 1940 [Nicht mehr erschienen]; F. ZOEPFL, Das Bistum Ausgburg u. seine Bischöfe im MA, 1955. – Das Bistum Bamberg (Germania sacra II 1) 1. Tl. 1937, 2. Tl. 1966. – J. SAX, Die Bischöfe u. Reichsfürsten v. Eichstätt 745–1806, 2 Bde., 1884; F. X. BUCHNER, Das Bistum Eichstätt. Hist.-statist. Beschreibung, 2 Bde., 1937/38. – Das Bistum Würzburg (Germania sacra NF I) 1. Tl. 1962, 2. Tl. 1969. – S. auch Festschriften zu kirchlichen Jubiläen u. C IV 3.

cc) *Orden:* Quellen s. o. B 2, s. u. D 2b; M. HARTIG, Die oberbayer. Stifte, 2 Bde., 1935; Ders., Die niederbayer. Stifte, 1939; N. BACKMUND OPraem., Die kleineren Orden in Bayern u. ihre Klöster bis z. Säkularisation, 1974. – J. HEMMERLE, Die Augustiner-Eremiten in Bayern (Augustiniana 6) 1956, 385–490; Ders., Die Klöster d. Augustiner-Eremiten in Bayern (Bayer. Heimatforsch. 12) 1958. – W. FINK OSB, Beitr. z. Gesch. d. bayer. Benediktinerkongregation. Jubiläumsschr. 1684–1934 (StMBO Erg.-H. 9) 1934; J. HEMMERLE, Die Benediktinerklöster in Bayern (Bayer. Heimatforsch. 4) 1951; Ders., Die Benediktinerklöster in Bayern (Germania Benedictina II) 1970. – N. BACKMUND OPraem., Die Chorherrenorden u. ihre Stifte in Bayern. Augustinerchorherren, Prämonstratenser, Chorherren vom Hl. Geist, Antoniter, 1966. – P. MINGES, Gesch. d. Franziskaner in Bayern, 1896; Die bayer. Franziskanerprovinz. Ihr Werden, Wirken u. ihre Klöster, 1925; Bavaria Franciscana Antiqua (Ehemalige Franziskanerklöster im heutigen Bayern). Kurze hist. Beschreibungen mit Bildern, hg. v. d. bayer. Franziskanerprovinz als Sonderdruck zu Verba Vitae et Salutis, 1–5, [1954]–1961. – Maria a. S. Angelis CLEMENS, Abriß einer

Gesch. d. Karmeliterordens u. d. Klöster d. bayer. Ordensprovinz, 1901. – N. BACKMUND OPraem., Die Kollegiat- u. Kanonissenstifte in Bayern, 1973. – E. KRAUSEN, Die Klöster d. Zisterzienser in Bayern (Bayer. Heimatforsch. 7) 1953.

Die Orden seit dem 16. Jh. s. Bd. II des Handbuchs; LINDNER s. o. A II 1. S. auch C IV 3, V, VI 3.

8. *Bildungs- und Erziehungsgeschichte*

H. NOHL-L. PALLAT, Handbuch d. Pädagogik, 5 Bde., 1928/33; K. A. SCHMID, Gesch. d. Erziehung v. d. Anfängen bis auf unsere Zeit, fortgef. v. G. SCHMID, 10 Bde., 1884/1902; J. von den DRIESCH–J. ESTERHUS, Gesch. d. Erziehung u. Bildung, 2 Bde., 1960[5,6]; A. B. COBBAN, The medieval universities: the development and organisation, 1975; H.-W. PRAHL, Sozialgesch. d. Hochschulwesens, 1978; F. PAULSEN, Gesch. d. gelehrten Unterrichts auf d. deutschen Schulen u. Universitäten v. Ausgang des MA bis z. Gegenwart, hg. u. fortges. v. R. Lehmann, 2 Bde., 1919/21[3]; Ders., Das deutsche Bildungswesen in seiner geschichtl. Entwicklung, hg. v. W. Flitner, 1928[6]; G. KAUFMANN, Gesch. d. deutschen Universitäten, 2 Bde., 1888/96, Neudruck 1958; H. GRUNDMANN, Vom Ursprung d. Universität im MA, 1957, 1960[2] [mit Nachtrag], Nachdruck 1964.

C. PRANTL, Gesch. d. Ludwig-Maximilians-Universität in Ingolstadt, Landshut, München, 2 Bde., 1872; L. BUZÁS, Bibliographie z. Gesch. d. Universität Ingolstadt-Landshut-München, Masch. München 1978 [Druck in Vorbereitung]; Ludovico Maximilianea. Universität Ingolstadt-Landshut-München, hg. v. J. SPÖRL-L. BOEHM, Forschungen Bde. 1–10–, 1971–1978–, Quellen 1–2–, 1973–1975–; Die Ludwig-Maximilians-Universität in ihren Fakultäten, hg. v. L. BOEHM-J. SPÖRL, Bd. 1–, 1972–; Ludwig-Maximilians-Universität. Ingolstadt. Landshut. München. 1472–1972 (Bildband), hg. v. L. BOEHM-J. SPÖRL, 1972; L. BUZÁS, Gesch. d. Universitätsbibliothek München, 1972; G. LURZ, Mittelschulgeschichtl. Dokumente Altbayerns einschließlich Regensburgs (Mon. Germ. Paed. 41, 42) 1907/08 [Einleitung]; H. HELD, Altbayer. Volkserziehung u. Volksschule. Geschichtl. Darbietung u. Regesten aus d. Erziehungswesen im Bereich d. Erzdiözese München u. Freising, 3 Bde., 1926/28; F. X. BUCHNER, Schulgesch. d. Bistums Eichstätt vom MA bis 1803, 1956; F. SCHMIDT, Gesch. d. Erziehung d. bayer. Wittelsbacher von d. frühesten Zeiten bis 1750 (Mon. Germ. Paed. 14) 1892.

9. *Literaturgeschichte* s. 607f. u. 623f.; s. o. A II 1: STAMMLER-LANGOSCH; KOSCH; A II 2: KOHLSCHMIDT–MOHR.

10. *Kunstgeschichte*

R. HAMANN, Gesch. d. Kunst von d. altchristl. Zeit bis z. Gegenwart, 1958; G. DEHIO, Gesch. d. deutschen Kunst. Text Bde. I–III 1930/31[4], Abb. Bde. I–III 1930–31[4]. Text Bd. IV 1934, Abb. Bd. IV 1934 [19. Jh.] v. G. Pauli; W. PINDER, Vom Wesen u. Werden deutscher Formen, Geschichtl. Betrachtungen, Bd. I: Die Kunst d. deutschen Kaiserzeit bis z. Ende d. staufischen Klassik, Text 1952[5], Bilder 1952[2], Bd. II: Die Kunst d. ersten Bürgerzeit bis z. Mitte d. 15. Jhs., Text 1953[3], Bd. III: Die deutsche Kunst d. Dürerzeit, 1940, Bd. IV: H. Holbein d. J. u. d. Ende d. altdeutschen Kunst, hg. v. F. v. Stumm u. W. Gross, 1951; G. DEHIO, Handbuch d. deutschen Kunstdenkmäler s. o. A II 3; A II 1: THIEME-BECKER; A II 2: AURENHAMMER; SCHMITT-GALL-HEYDENREICH; A III: KÜNSTLE; BRAUN; RÉAU.

S. o. A I 1: Bibliographie d. Kunst in Bayern; s. o. B 6: Die Kunstdenkmäler Bayerns; J. SIGHART, Gesch. d. bildenden Künste im Königreich Bayern v. d. Anfängen bis z. Gegenwart, 2 Bde., 1862/63 [von König Max II. veranlaßter erster Versuch einer Gesamterfassung]; Alte Kunst in Bayern s. u. C V; Bayer. Kunstgeschichte. Bd. I: H. KARLINGER, Altbayern u. Bayerisch-Schwaben, hg. v. H. Thoma 1961. Bd. II: Franken s. HB III 1; H. SCHINDLER, Große bayer. Kunstgesch., 2 Bde., 1963; Bayer. Frömmigkeit – Kult u. Kunst in 14 Jahrhunderten, 1965 [Kat. z. gleichnamigen Ausstellung anläßlich d. Euchar. Weltkongresses 1960, wertvoller Bildband]; Die Kunst- u. Kulturdenkmäler in d. Region München, hg. v. M. MEIER, I: Der westliche Umkreis, 1977. DEHIO, Süddeutschland, DEHIO-GALL, Oberbayern u. REITZENSTEIN-BRUNNER, Bayern s. o. A II 3; Ars Bavarica s. u. C V; Wittelsbach u. Bayern s. o. 693.

11. *Musikgeschichte*

H. J. MOSER, Gesch. d. deutschen Musik, I 1930[5], II 1930[5], III 1928; Artikel «Bayern» in: Musik in Gesch. u. Gegenwart (s. o. A II 2) Bd. I Sp. 1431–1453; s. o. A II 1: RIEMANN; Musik in Bayern, I: Bayer. Musikgesch., hg. v. R. MÜNSTER-H. SCHMID, II: Ausstellungskat. Augsburg, hg. v. F. GÖTHEL, beide Bde. 1977.

12. *Naturwissenschaft und Technik*

L. DARMSTÄDTER, Handbuch z. Gesch. d. Naturwissenschaften u. d. Technik, 1908[2]; F. SCHNABEL, Deutsche Gesch. im 19. Jh., Bd. III: Erfahrungswissenschaften u. Technik, 1954[3]; Ders., Der Aufstieg d. modernen Technik aus d. Geiste d. abendländ. Menschheit (Festvortrag auf d. Gedenktagung «75 Jahre Otto-Motor», Köln 19. Okt. 1951); F. KLEMM, Kurze Gesch. d. Technik, 1961; Histoire générale des sciences, publ. sous la direction de René TATON, Bde. I, II, III 1, 2, Paris 1957/1964; s. o. A II 1 u. 2: POGGENDORF; MCGRAW-HILL; EHRHARDT-FRANKEN.
A. KRAUS, Die Naturwissenschaften an der Bayer. Akad. d. Wissenschaften, 1978.

13. *Stammes- und Volkskunde*

F. STEINBACH, Studien z. westd. Stammes- u. Volksgesch., 1926, Neudr. 1962; R. WENSKUS, Stammesbildung u. Verfassung. Das Werden d. frühmittelalterl. gentes, 1961. – W. H. RIEHL, Naturgesch. d. Volkes als Grundlage einer deutschen Social-Politik, 3 Bde., 1851/1855; Ders., Die Pfälzer, 1857; Ders., Deutsche Arbeit, 1861. [Zahlr. Auflagen, bes. des I. Bandes d. Social-Politik: Land u. Leute, 1854]; W. PESSLER, Handbuch d. Deutschen Volkskunde, 3 Bde., o. J. [ca. 1932]; A. SPAMER, Die Deutsche Volkskunde, 2 Bde., 1935[2]; A. BACH, Deutsche Volkskunde. Wege u. Organisation, Probleme, System, Methoden, Ergebnisse u. Aufgaben, Schrifttum, 1960[3]; J. WEBER-KELLERMANN, Deutsche Volkskunde zw. Germanistik u. Sozialwissenschaften, 1969; H. BAUSINGER, Volkskultur in d. techn. Welt, 1965; Ders., Volkskunde, 1971; G. WIEGELMANN-M. ZENDER-G. HEILFURTH, Volkskunde. Eine Einführung, 1977. S. o. A II 2.

Siehe Bavaria o. C II 2 b; Bayer. Jahrbuch f. Volkskunde s. u. D 9; Beiträge z. Volkstumsforschung s. ebd.; H. MOSER, Volkskunde (Bayer. Heimatforsch. 6) 1952, 172–182 [Mit Lit. zur Volkskunde Bayerns]; Ders., Wege z. Volkskunde als Wissenschaft. Zur 200-Jahrfeier d. Bay. Akad. d. Wiss. (Bayer. Jb. f. Volkskunde) 1959, 124–158; Ders., Bayer. Volkskunde um die Jahrhundertwende (ebd.) 1962, 25–49. – A. MAYER, Probleme u. Ziele

d. bayer. Sagenforschung (ZBLG 15) 1949, 180–188; Bayer. Stammeskunde, gesammelt u. hg. v. F. LUERS, 1933 [Sagensammlung; Bespr. hierzu O. MAUSSER, ZBLG 8, 1935, 136–139]; G. KAPFHAMMER (Hg.), Bayer. Sagen. Sagen aus Altbayern, Schwaben u. Franken, 1971; Ders. (Hg.), Brauchtum in d. Alpenländern. Ein lexikalischer Führer durch den Jahreslauf, 1977; H. MOSER, Das altbayer. Volksschauspiel d. 17. u. 18. Jhs. (Bayer. Heimatschutz 24) 1928, 72–89; Volkslied u. Volkstanz. Aufsätze z. Volksliedkunde im bajuwar. Raum, hg. v. C. HUBER-O. H. v. MÜLLER, 1959; G. RITZ, Volkskultur (Bayern-Kunst u. Kultur, Ausstellung) München 1972, 226–234; Deutsche Volkskunst, Bd. IV: H. KARLINGER, Bayern, 1942²; Ders., Die bair. Bauerntrachten. Beiträge zu ihrer Geschichte (Bayer. Hefte f. Volkskunde 5) 1918, 1–144; T. GEBHARD, Wegweiser z. Bauernhausforschung in Bayern (Bayer. Heimatforschung 11) 1957; Ders., Der Bauernhof in Bayern, 1975; R. KRISS, Die Volkskunde d. altbayer. Gnadenstätten, 3 Bde., 1953/56; Bayer. Frömmigkeit. 1400 Jahre christl. Bayern, hg. v. H. SCHNELL (Kat. Ausstellung) München 1960; L. KRISS-RETTENBECK, Bilder u. Zeichen religiösen Volksglaubens, 1963, 1971²; J. SCHLICHT, Bayerisch Land u. Bayerisch Volk, 1875 [klassische Schilderung des niederbayer. Bauerntums], unveränd. Abdruck 1927 mit Biographie u. Anmerkungen hg. v. S. HÖPFEL; F. J. BRONNER, Bayerisch Land u. Volk in Wort u. Bild, 1898, 1922/1925⁴ hg. v. G. BRONNER in 3 Teilen; N. GOCKERELL, Das Bayernbild in d. literar. u. wissenschaftl. Wertung durch fünf Jahrhunderte, Diss. München 1974 (= Miscellanea Bavarica Monacensia 51); E. WOLF-BAUER-HUBER, Persönlichkeiten u. Gestalten bayer. Gesch. im Spiegel d. Volkslieds u. d. Sage, Diss. Masch. München 1964. – F. PANZER, Bayer. Sagen u. Bräuche. Beitr. z. deutschen Mythologie, 2 Bde., 1848/55, neu hg. u. eingeleitet v. W. Peukert, 2 Bde., 1954/56 [«wichtigstes u. schönstes bayerisches Sagenwerk» (Peukert)]; A. SCHÖPPNER, Sagenbuch d. Bayer. Lande, 1852/66, neue Volksausgabe in 3 Bdn., 1874; F. X. v. SCHÖNWERTH, Aus d. Oberpfalz. Sitten u. Sagen in 3 Theilen, 1857/59, Volksausg. in 3 Bdn. 1869; Volksschauspiele. In Bayern u. Österr.-Ungarn gesammelt v. A. HARTMANN, 1880.

IV. Aufsatzsammlungen, Fest- und Gedächtnisschriften

1. Aufsatzsammlungen

Historische Abhandlungen d. Churfürstlich-baierischen Akademie d. Wissenschaften [Behandlung ausschließlich bayer. geschichtl. Stoffe u. Probleme, Fortführung der durch bayer. gelehrte Benediktiner seit ihrer Verbindung mit den Maurinern (Anf. 18. Jh.) eingeleiteten wissenschaftl. Grundlegung d. bayer. Geschichte u. planmäßig zentrale Lenkung ihrer Erforschung durch Sammlung d. Quellen (MB, s. o. B 2) u. durch Untersuchungen]: 6 Bde. 1763–1776, 5 Bde. 1779–1798, 2 Bde. 1804. Über die Akad. o. C II 1, s. o. KRAUS A IV; P. P. FINAUER, Bibliothek z. Gebrauch d. baier. Staats-, Kirchen- u. Gelehrtengesch., 3 Teile, Frankfurt u. Leipzig 1772/75; Ders., Magazin f. die neueste Litteratur, Kenntniß baier. Schriftsteller ... 1 Bd. (= 4. Bd. d. Bibliothek); Ders., Historisch-Literarisches Magazin f. Pfalz-Baiern u. angränzende Gegenden, 1782; Beyträge z. vaterländischen Historie, Geographie, Statistik u. Landwirtschaft, samt einer Übersicht d. schönen Literatur, hg. v. L. v. WESTENRIEDER, 10 Bde., München 1788/1817. Beiträge z. vaterländ. Gesch., Geographie u. Statistik. Eine Forts. d. Westenrieder'schen Beitr. über dieselben Gegenstände in Verbindung m. mehreren Gelehrten hg. v. A. BUCHNER u. L. ZIERL I 1–6, Augsb. 1832; J. Chr. v. ARETIN, Beyträge z. Gesch. u. Litteratur vorzüglich aus den Schätzen d. pfalz-baier. Centralbibliothek in München, 9 Bde., 1803/1807 [einzelne bayer. Stoffe]; L. v. WESTENRIEDER, Hist. Schriften, 1824.

A. KLUCKHOHN, Vorträge u. Aufsätze, hg. v. K. Th. v. Heigel u. A. Wrede, 1894 [einschlägig die Aufsätze über das Unterrichtswesen in Bayern im 18. Jh.]; K. Th. v. HEIGEL, Hist. Vorträge u. Studien. Erste Folge: Aus drei Jahrhunderten. Vorträge aus d. neueren deutschen Gesch., 1881, Zweite Folge: Neue hist. Vorträge u. Aufsätze, 1883, Dritte Folge 1887; Quellen u. Abhandlungen z. neueren Gesch. Bayerns, 2 Teile, 1884/1890, Essays aus neuerer Gesch., 1892, Geschichtl. Bilder u. Skizzen, 1897, Neue geschichtl. Essays, 1902, Biograph. u. kulturgeschichtl. Essays, 1906, Deutsche Reden. Mit einem Anhang v. Aufsätzen u. Reden über d. Krieg u. einem Nachruf von Ivo Striedinger, 1916, hg. v. Marie v. Heigel [zahlreiche bayer. Themen]; G. RATZINGER, Forschungen z. bayer. Gesch., 1898; K. A. v. MÜLLER, Unterm weißblauen Himmel, 1952; E. KLEBEL, Probleme d. bayer. Verfassungsgesch. (Schriftenreihe 57) 1957; H. SCHREIBMÜLLER, Von Gesch. u. Volkstum d. Pfalz. Ausgewählte Aufsätze, hg. v. K. Baumann, 1959; K. HUBER, Volkslied u. Volkstanz, Aufsätze z. Volksliedkunde im bajuwarischen Raum, hg. v. C. Huber u. O. A. v. Müller, 1959; P. REINECKE, Kleine Schriften z. vor- u. frühgeschichtl. Topographie Bayerns, 1962; BOSL, Frühformen; Zur Geschichte d. Bayern (Wege d. Forschung 60) hg. v. K. BOSL, 1965; M. SPINDLER, Erbe u. Verpflichtung. Aufsätze u. Vorträge z. bayer. Gesch., hg. v. A. Kraus, 1966; B. HUBENSTEINER, Land vor den Bergen, Essays, 1970; Ders., Lectio bavarica, 1976.

2. *Fest- und Gedächtnisschriften*

Bayer. Geschichte als Tradition u. Modell. Festschr. f. Karl BOSL z. 65. Geb., hg. v. F. Prinz, F.-J. Schmale, F. Seibt (ZBLG 36, 2) 1973; Familienkunde, Volkskunde, Heimatgeschichte. Festgabe f. Joseph DEMLEITNER zum 70. Geburtstag am 22. März 1947, im Auftr. des Bayer. Landesver. für Familienkunde hg. v. A. Roth, 1953/56; Beiträge z. Landeskunde Bayerns u. d. Alpenländer. Hans FEHN z. 65. Geburtstag, hg. v. H.-G. Zimpel unter Mitwirkung v. K. Fehn (Landeskundl. Forschungen 43) 1968; Heimatarbeit u. Heimatforschung. Festgabe f. Christian FRANK z. 60. Geburtstag hg. v. K. v. Manz, A. Mitterwieser, H. Zeiß, 1927; F. GELDNER z. 75. Geb. (Bibliotheksforum Bayern 4, 3) 1976; Festgabe d. Bayer. Staatsbibliothek. Emil GRATZL z. 75. Geburtstag, 1953; Festgabe Karl Theodor v. HEIGEL zur Vollendung seines 60. Lebensjahres, gewidmet von seinen Schülern, 1903; Buch u. Welt. Festschr. f. Gustav HOFMANN z. 65. Geburtstag dargebracht, 1965; Festschr. f. Heinz LIEBERICH z. 65. Geb. (ZBLG 33, 1) 1970; Staat u. Volkstum. Neue Studien z. baier. u. deutschen Gesch. u. Volkskunde. Festgabe f. K. A. v. MÜLLER z. 20. 12. 1932 m. einem Geleitwort v. E. Marcks dargebr. v. W. Andreas, F. Bastian u. a., 1933; Stufen u. Wandlungen d. deutschen Einheit, hg. v. K. v. Raumer u. Th. Schieder. K. A. v. MÜLLER gewidmet von Freunden u. Schülern, 20. Dez. 1942, 1943; Land u. Volk, Herrschaft u. Staat in d. Gesch. u. Geschichtsforschung Bayerns. Karl A. v. MÜLLER z. 80. Geb. (ZBLG 27) 1964; Beiträge z. bayer. Geschichte. Sigm. RIEZLER z. 2. Mai 1913, hg. v. K. A. v. Müller, 1913; Festgabe gewidmet Sigmund v. RIEZLER zu seinem 70. Geburtstag, 1. Mai 1913 (= HZ 111, Heft 1, 1913); Festschrift f. Jos. M. RITZ, hg. v. T. Gebhard u. H. Moser, 1951 (= Bayer. Jb. f. Volkskunde 1951); Bayer. Kulturpflege. Beitrr. z. Gesch. d. Schönen Künste in Bayern (Sr. Kgl. Hoh. KRONPRINZ RUPPRECHT VON BAYERN zum 80. Geburtstag gewidmet) hg. durch das Bayer. Staatsministerium f. Unterricht u. Kultus, 1949; Festgabe für S. Kgl. Hoh. KRONPRINZ RUPPRECHT VON BAYERN zum 80. Geburtstag 1949, hg. v. W. Goetz, 1953; Festgabe der Bayer. Staatsbibliothek z. 85. Geburtstag S. Kgl. Hoh. KRONPRINZ RUPPRECHT VON BAYERN, 1954; Karl SCHORNBAUM. Festgabe aus Anlaß seines 75. Geburtstages, hg. v. H. Gürsching, 1950; H. SCHREIBMÜLLER, Franken in Geschichte u. Namenwelt. Ausgew. Aufsätze z. 80. Geburtstag des Verf., hg. v. G. Schuhmann, 1954; Festgabe Matthias SIMON. Dargebracht am 10. Juni 1963 (= ZBKG 32) 1963; Archive u. Geschichtsforschung. Studien z. fränk. u. bayer. Gesch., Fridolin SOLLEDER z. 80. Geburtstag dargebracht v. H. Liermann u. a., hg. v. H. Heldmann, 1966; Festgabe für Max SPINDLER z. 60. Geburtstag, 1955, hg. v. P. Ruf (= ZBLG 18) 1955; Festgabe für Max SPINDLER z. 70. Geburtstag, 1965, hg. v. K. Bosl (= ZBLG 28 H. 1 u. 2) 1965; Festschrift f. Max SPINDLER z. 75. Geburtstag, hg. v. D. Albrecht, A. Kraus, K. Reindel, 1969; Aus Bayerns Frühzeit. Friedr. WAGNER z. 75. Geburtstag (Schriftenreihe 62) 1962; Studien z. frühmittelalterl. Archäologie. Festschrift f. Joachim WERNER z. 65. Geb., hg. v. G. Kossack u. G. Uhlert (Veröffentl. d. Komm. z. archäolog. Erforsch. d. spätröm. Rätien, Erg.-Bd.) 1974; Bayern, Staat u. Kirche, Land u. Reich. Forschungen z. bayer. Gesch., vornehmlich im 19. Jh. Wilh. WINKLER z. Gedächtnis, hg. v. den staatl. Archiven Bayerns, 1961; Bavaria Christiana, Festschrift A. W. ZIEGLER, 1973.

3. Jubiläumsschriften

Der heilige Wolfgang, Bischof v. Regensburg. Hist. Festschr. z. neunhundertjähr. Gedächtnisse seines Todes, hg. v. J. B. MEHLER, 1894; Wissenschaftl. Festgabe z. 1200jähr. Jubiläum d. hl. Korbinian, hg. v. J. SCHLECHT, 1924; Zwölfhundert Jahre Bistum Regensburg. Festschr. z. 1200 Jahrfeier, hg. v. M. BUCHBERGER, 1939; Augusta 955–1955. Forschungen u. Studien z. Kultur- u. Wirtschaftsgesch. Augsburgs, hg. v. H. RINN, 1955; Otto Frisingensis – Otto von Freising. Gedenkgabe zu seinem 800. Todesjahr. Im Auftrag d. Hist. Ver. Freising hg. v. J. A. FISCHER (23. Sammelblatt des Hist. Ver. Freising) 1958; Monachium. Beiträge z. Kirchen- u. Kulturgesch. Münchens u. Südbayerns anläßlich d. 800-Jahrfeier d. Stadt München 1958, hg. v. A. W. ZIEGLER, 1958; Der Mönch im Wappen. Aus Gesch. u. Gegenwart d. kath. München. Anläßlich d. Eucharist. Weltkongresses München 1960 (o. J. u. o. Hg. [1960]); Der heilige Altmann, Bischof von Passau. Sein Leben u. sein Werk. Festschr. z. 900-Jahrfeier 1965 hg. v. der Abtei Göttweig, 1965; Der Freisinger Dom. Beiträge zu seiner Gesch. Festschr. zum 1200jährigen Jubiläum d. Translation d. hl. Korbinian. Im Auftrag des Hist. Ver. hg. v. J. A. FISCHER, 1967 (26. Sammelbl. des Hist. Ver. Freising); Jubiläumsschrift des Bayer. Landesvermessungsamtes s. o. C II 2 a; 125 Jahre geolog. Landesaufnahme in Bayern. Arbeiten aus d. Bayer. Geolog. Landesamt (Geologica Bavarica 74) 1975; Aventin u. d. Geschichte. Zum 500. Geburtstag d. großen bayer. Geschichtsschreibers Johann Thurmair, gen. Aventin aus Abensberg u. zum 50jährigen Bestehen d. Kommission f. bayer. Landesgesch. bei d. Bayer. Akad. d. Wiss. (ZBLG 40, H. 2/3) 1977.

V. Reihen

Die Reihen der Kommission f. bay. Landesgeschichte s. u. D; Veröffentlichungen d. Ges. f. bayer. Landeskunde, hg. v. J. REINDL u. M. SCHUSTER, 1–19/22; –, 1921–1966 –; Bayer. Bibliothek, begr. u. hg. v. K. v. REINHARDSTOETTNER u. K. TRAUTMANN, 8°, 30 Bde., 1890–92; Bibliotheksforum Bayern, hg. v. d. Generaldirektion d. Bayer. Staatl. Bibliotheken, 1–5 –, 1973–1977 – [u. a. Aufsätze z. Gesch. oder Gliederung v. Bibliotheken; Bibliotheksbestände, Sammlungen]; Altbayer. Forschungen, hg. v. Hist. Ver. v. Oberbayern, 3 Hefte, 1899–1904; Pfarrbücherverzeichnisse für d. rechtsrhein. Bayern, hg. v. d. Bayer. Archivverwaltung, 1–8, 1937–51, [ab 1949 Forts. unter d. Titel:] Bayer. Pfarrbücherverzeichnisse [Sie umfassen die 7 bayer. Diözesen u. d. Evang. Landeskirche in Bayern]; Bayer. Archivinventare, hg. i. Auftr. d. Generaldirektors d. Staatl. Archive Bayerns, 1–40 –, 1952–1977 – [Bestandsübersichten über staatliche, kommunale u. private Archive]; Inventare nichtstaatl. Archive Bayerns. I. Regierungsbezirk Oberbayern. Im Auftr. d. Generaldirektors d. Staatl. Archive Bayerns hg. v. Bayer. Hauptstaatsarchiv, Abt. Kreisarchiv München, 1–2, 1949–1950; Archiv u. Wissenschaft. Schriftenreihe d. Archival. Zeitschrift, hg. im Auftr. d. Bayer. Hauptstaatsarchivs v. O. SCHOTTENLOHER, 1–3 –, 1957–1961 –; Neue Schriftenreihe d. Stadtarchivs München, 1–102 –, 1942–1979 –; Miscellanea Bavarica Monacensia. Dissertationen z. Bayer. Landes- u. Münchner Stadtgesch., hg. v. K. BOSL u. M. SCHATTENHOFER, 1–91 –, 1967– 1979 – (Neue Schriftenreihe d. Stadtarchivs München); Bayer. Heimatforschung, hg. im Auftr. d. Generaldirektors d. Staatl. Archive Bayerns v. K. PUCHNER (Heft 6 in Verbindung mit L. F. BARTHEL), 1–14 –, 1950–1962 – [zusammenfassende Darstellungen einschlägiger Sachgebiete als Grundlage f. d. Heimatforschung]; Münchener Hist. Studien, Abt. Bayer. Gesch., hg. v. M. SPINDLER, 1–9 –, 1955–1968 –; Münchener Universitätsschriften, Philos. Fakultät. Münchener Hist. Studien, Abt. Bayer. Geschichte, hg. v. K. BOSL, 1 u. 2–, 1965 –; Münchener Hist. Studien, Abt. geschichtl. Hilfswissenschaften, [ab 3:] Münchener Universitätsschriften, Philos. Fakultät, hg. v. P. ACHT, 1–16–, 1961–1978 –; Mitteilungen f. Archivpflege in Oberbayern, hg. v. H. LIEBERICH, 1–38, 1940–1950 [betrifft bayerische Rechts-, Verfassungs- u. Sozialgeschichte 13.–19. Jh., im einzelnen s. Bd. II des Handbuchs]; Das Bildungsgut d. höheren Schule, hg. v. K. RÜDINGER, Geschichtliche Reihe, [ab 5:] Dialog. Schule u. Wissenschaft, Geschichte u. Politik, 1–5 –, 1954–1971 – [Vorträge, gehalten auf den vom Bayer. Staatsministerium f. Unterricht u. Kultus in Hohenschwangau veranstalteten Fortbildungstagungen f. Geschichtslehrer, einzelne Themen aus der bayer. Gesch.]; Veröffentlichungen d. Instituts f. Ostbair. Heimatforschung, 1927–1940 [unnumeriert], [Forts.:] Neue Veröffentlichungen d. Instituts f. Ostbair. Heimatforschung, hg. v. J. OSWALD, 1–38 –, 1951–1978 –; Thurn u. Taxis-Studien, hg. v. Fürstl. Thurn u. Taxisschen Zentralarchiv u. d. Fürstl. Thurn u. Taxisschen Hofbibliothek, 1–10 –, 1961–1978 –; Regensburger hist. Forschungen, hg. v. D. ALBRECHT-H. ANGERMEIER-A. KRAUS-A. LIPPOLD, 1–7–, 1971–1977–; Beiträge z. Heimatkunde v. Niederbayern, 1–3 –, 1967–1976 –; Münchner Beiträge z. Vor- u. Frühgeschichte, hg. v. J. WERNER, 1–30 –, 1950–1978 – [ab 7: gleichzeitig Veröffentlichungen d. Kommission z. archäolog. Erforschung d. spätröm. Rätien b. d. Bayer. Akad. d. Wissensch.]; Materialhefte z. bayer. Vorgeschichte, hg. v. Bayer. Landesamt f. Denkmalpflege, Abt. Vor- u. Frühgesch., 1–34 –, 1952–1978 – [ab 30, 1976 Reihe A: Fundinventare u. Ausgrabungsbefunde, ab 3, 1975 Reihe B: Inventare d. Geländedenkmäler]; Kataloge d. Prähist. Staatssammlungen, hg. v. H.-J. KELLNER, 1–8 –, 1957–1964 –; Aus der archäologischen Denkmalpflege in Bayern, hg. v. Bayer. Landesamt f. Denkmalpflege, 1973 – [Ausgrabungsnotizen aus Bayern]; Darstellungen aus d. Bayer. Kriegs- u. Heeresgesch., hg. v. Kgl. Bayer. Kriegsarchiv, 26 Hefte, 1892–1932 [1926–1931 nicht erschienen]; Publikationen d. Bayer. Armeemuseums, [ab 2:] Veröffentlichung des Bayer. Armeemuseums, Bd. 1–2 –, 1964–1976 –; Beiträge z. Gesch., Topographie u. Statistik d. Erzbistums München-Freising, hg. v. M. v. DEUTINGER, 1850 –, [ab 1929 unter d. Titel:] Beiträge z. altbayer. Kirchengeschichte, insges. 31 Bde. bis 1977; Studien z. altbayer. Kirchengeschichte, Bde. 1–5 –, 1969–1978 –; Quellen u. Forschungen z. bayer. Kirchengesch., 7 Bde., 1917/22, [Forts.:] Einzelarbeiten aus d. Kirchengesch. Bayerns, hg. v. H. CLAUSS u. K. SCHORNBAUM, ab 1962 v. M. SIMON, ab 1966 v. G. KUHR, 1–54 –, 1925–1977 –, Fotodruckreihe 1–5 –, 1971–1974 –; Beiträge z. Gesch. d. Bistums Regensburg, 1–13 –, 1967–1979 –; Veröffentlichungen d. Bayer. Benediktiner-Akademie [Neue Folge d. Abhandlungen d. Bayer. Benediktinerakad. 7 u. 8] 1–2 –, 1961–1963 –; Germania Benedictina, hg. v. d. Academia Benedictina in Verbindung mit d. Abt-Herwegen-Inst., II 1970, V 1975; Die Kunstdenkmale s. o. B 6; Alte Kunst in Bayern, hg. v. Landesamt f. Denkmalpfl., 16 Bde., 1924–1929 [Ziel, «die bayer. Kunst weitesten Kreisen im Bild zugänglich zu machen»]; Ars Bavarica. Archival. Jahrbuch f. Bauforschung u. Kunstgesch. in Bayern, hg. v. V. LIEDKE, 1–, 1973 –; Denkmäler d. Tonkunst in Bayern, hg. v. A. SANDBERGER, 36 Bde., 1900/31 (= Denkmäler deutscher Tonkunst 2. Folge). Neue Folge 1 –, 1966 –; Sonderbde. 1–2 –, 1967–1972 –; Drucke z. Münchner Musikgesch. 1–4 –, 1960–1969 –; Veröffentlichungen d. Gesellschaft f. bayer.

Musikgesch., 1 –, 1963 –; Bayer. Münzkataloge, hg. v. H. GEIGER, 1–4 –, 1957–1966 –; Beiträge z. Volkstumsforschung, hg. v. Institut f. Volkskunde [seit 1962 bei der KBL, früher Bayer. Landesstelle f. Volkskunde] 1–21 –, 1938–1973 –; s. D 9; Trachtenkunde d. bayer. Gaue, hg. v. d. Landesst. f. Volkskunde, 1–4 –, 1940–1971 –; Die Flurnamen Bayerns, begr. v. J. SCHNETZ, ab Bd. 5 hg. v. K. PUCHNER, 1–6 –, 1938–1973 –; Heimatpfleger v. Oberbayern. Wissenschaftl. Veröffentlichungen. Reihe A: Beiträge z. Kunstgesch. Oberbayerns, 1–18 –, 1954–1959 –, Reihe B: Beiträge z. Volkskunde Oberbayerns, 1 –, 1963 –; Quellen u. Darstellungen z. Gesch. d. Stadt u. d. Landkreises Rosenheim, hg. v. A. ASCHL, 1–8 –, 1954–1974 –. Für breites Leserpublikum: Bayern. Land u. Volk in Wort u. Bild (1952–1957) o. Bandziffern, 18 Bde.; Unbekanntes Bayern, gestaltet nach einer Sendereihe d. Bayer. Rundfunks u. hg. v. A. FINK, 1–10, 1955/65 [abgeschlossen]. – Die seit d. Mitte d. 19. Jhs. einsetzenden Reihen d. Bayer. Statist. Landesamts s. Bd. IV des Handbuchs; die Reihen von heute s. ZBLG 29, 1966, 901–919.

VI. Zeitschriften

1. Gesamtbayerische Zeitschriften

Zeitschrift f. bayer. Landesgeschichte s. u. D 8; Der Bayer. Vorgeschichtsfreund, [Forts.:] Bayer. Vorgeschichtsblätter s. ebd.; Jahrbuch f. Fränkische Landesforschung, hg. v. Institut f. Fränk. Landesforschung an d. Universität Erlangen [ab 1962 Erlangen-Nürnberg], 1–38 –, 1935–1978 –.

Parnassus Boicus oder Neueröffneter Musenberg etc., 6 Bändchen, 1722–1740; L. WESTENRIEDER, Jahrbuch d. Menschengesch. in Bayern, 1782; Ders., Die bayer. Beiträge z. schönen u. nützlichen Literatur, Monatsschrift 1779; Taschenbuch f. d. vaterländische Gesch., hg. v. J. v. HORMAYR, fortges. v. G. Th. RUDHART, 1–10, 1820–1829, NF 1–24, 1830–1856/57; Kalender f. kath. Christen, Sulzbacher Kalender, 1–74, 1841–1915; Blätter f. d. bayer. Gymnasialschulwesen, 1–71, 1865–1935; Blätter f. d. Bayer. Realschulwesen, 1–13, 1881–1892, [ab Bd. 14 als] NF Bd. 1–28, 1893–1920. [Forts. m. d. Tit.:] Bayer. Zeitschrift f. d. Realschulwesen, 29–32, 1921–1924. [Forts. m. d. Tit.:] Wissenschaftl. Beilage z. Zeitschrift d. Verbandes Bayer. Philologen «Neues Land», 33–42, 1925–1935; Beiträge z. Anthropologie u. Urgesch. Bayerns. Organ d. Münchener Ges. f. Anthropologie, Ethnologie u. Urgesch., Bde. 1–19, 1877–1915; Das Bayerland. Illustrierte Wochenschrift [später Monats- u. Halbmonatsschrift] f. bayer. Gesch. u. Landeskunde, Jgg. 1–81 –, 1889–1979 –; Deutsche Gaue. Zeitschr. f. Heimatforschg. u. Heimatkunde, 1–59/60 –, 1899–1978 –; Bayer. Hefte f. Volkskunde, hg. v. Bayer. Ver. f. Volkskunst u. Volkskunde. Schriftl. F. v. d. LEYEN u. A. SPAMER, Jgg. 1–10, 1914–1923/24, Jgg. 11–12, 1938–1939 als Beil. zu: Schönere Heimat. [Forts. m. d. Tit.:] Bayer.-Südostdeutsche Hefte f. Volkskunde. Mitt. d. Bayer. Landesstelle f. Volkskunde, Schriftl. H. MOSER u. W. SCHÖNBERGER, Jgg. 13–16, 1940–1943 [nach 1943 vereinigt mit: Bayer. Heimatschutz]; Schriften d. Bayer. Landesvereins f. Familienkunde, 18 Hefte, 1925/42; Blätter d. Bayer. Landesvereins f. Familienkunde, 1–19, 1923–1941, 21–41 –, 1958–1978 –; Der Familienforscher in Bayern, Franken u. Schwaben. Blätter d. Bayer. Landesver. f. Familienkunde, hg. v. A. ROTH, Bd. 1, 1950/54, Bd. 2, 1955/57; Archiv f. Postgesch. in Bayern, hg. v. d. Ges. z. Erforschung d. Postgesch. in Bayern in Verbindung m. d. Deutschen Bundespost München, 1925–1978 –; Bericht d. bayer. Landesamtes f. Denkmalpflege München, 1–26 –, 1929–1967 (ersch. 1968) [1929/30–1935/36 eingebunden in Bayer. Heimatschutz, 1936/37–1937/38 eingebunden in Jb. d. Bayer. Landesver. f. Heimatschutz. Ab 1938 selbständig] [Forts. m. d. Tit.:] Jahrbuch d. bayer. Denkmalspflege 27–30 –, 1968/

69–1975/76 (ersch. 1978) –; Schönere Heimat. Erbe u. Gegenwart, hg. v. Bayer. Landesver. f. Heimatpflege e. V. München, 33–67 –, 1937–1978 –, [vorher:] Volkskunst u. Volkskunde, Monatsschr. d. Ver. f. Volkskunst u. Volkskunde in Münch., 1–9, 1903–1911, [Forts.:] Bayer. Heimatschutz, 10–32, 1912–1936; Der Zwiebelturm. Monatsschr. f. d. bayer. Volk u. seine Freunde, 1–26, 1946–1971 (eingestellt); Jahrbuch f. Numismatik u. Geldgesch., hg. v. d. Bayer. Numismat. Ges., Bde. 1–27 –, 1949–1977 –, [vorher:] Mitt. d. Bayer. Numismat. Ges., Bde. 1–55, 1882–1937, [Forts.:] Deutsches Jb. f. Numismatik, Bde. 1–4, 1938–1941; Mitteilungen f. d. Archivpflege in Bayern, hg. v. d. Generaldirektion d. staatl. Archive Bayerns, München, Bde. 1–23 –, 1955–1977 –; Blätter f. oberdeutsche Namenforschung, für d. Verband für Flurnamenforschung in Bayern hg. v. K. Puchner, 1–15 –, 1958–1978 –; Jahresbericht d. bayer. Bodendenkmalpflege, hg. v. Bayer. Landesamt f. Denkmalpflege, Abt. f. Vor- u. Frühgesch., H. 1–15/16 –, 1960–1974/75 (ersch. 1977) –; Bayer. Jahrbuch f. Volkskunde, 1950–1978 –, ab 1962 s. u. D 9 [ältere Folgen ab 1937:] Jahrb. d. bayer. Landesver. f. Heimatschutz, [auch m. d. Tit.:] Jahrb. d. bayer. Heimatbundes, Landesstelle f. Volkskunde; Bayer. landesgeschichtl. Zeitschriftenschau s. o. A I 2; Mitteilungen d. Verbandes Bayer. Geschichts- u. Urgeschichtsvereine (Sonderdrucke der ZBLG) 1–2 –, 1966–67 –; Die Zeitschriften d. Bayer. Statist. Landesamtes s. Bd. IV des Handbuchs.

2. *Einzelne Regierungsbezirke*

a) *Oberbayern:* Jahresbericht d. Hist. Vereins v. Oberbayern, Jgg. 1–59, 1838–1896 [Inhaltsverzeichnis zu 1841–1900, 60 Jgg., 1901]; Oberbayerisches Archiv (f. vaterländ. Gesch.), hg. v. Hist. Ver. v. Oberbayern, 1–103 –, 1839–1978 –; Forschungen [Studien 1892] zur Kultur- u. Litteraturgeschichte Altbayerns, hg. v. K. v. Reinhardstöttner, Bde. 1–5, 1893–1897, [Forts.:] Forschungen z. Gesch. Bayerns, Bde. 6–16, 1898–1908 [ab 1909 vereinigt m. Oberbayer. Archiv f. vaterländ. Gesch.]; Sammelblatt d. Hist. Ver. Ingolstadt, 1–87 –, 1876–1978 –; Jahrbuch f. Münch. Geschichte, begr. u. hg. v. K. v. Reinhardstöttner u. K. Trautmann, Jgg. 1–5, 1887/1894; Jahresbericht d. hist. Vereins f. d. Chiemgau zu Traunstein, Jgg. 1–6, 1889/90–1893/94; Altbayer. Monatsschrift, hg. v. Hist. Verein v. Oberbayern, Jgg. 1–15, 1899–1926; [vorher:] Monatsschrift d. Hist. Ver. v. Oberbayern, Jgg. 1–7, 1892–1898; Sammelblatt d. Hist. Ver. Freising, 1–28 –, 1894–1976 –; Das bayer. Inn-Oberland [vorher: Das bayer. Oberland am Inn]. Organ d. Hist. Ver. Rosenheim u. Umgebung, Bde, 1–41 –, 1901–1977 –; Mitteilungen f. Heimatpflege in Oberbayern, hg. v. S. Hofmann, Heimatpfleger v. Oberbayern, 1–25 –, 1955–1963 –; Ammersee-Heimatblätter, 1–3, 1924–1927. [Forts. m. d. Tit.:] Lech-Isarland 1927–1978 –.

b) *Niederbayern:* Verhandlungen d. Hist. Ver. f. Niederbayern [vorher: ... in dem Unterdonaukreis, 1845] Bde. 1–103 –, 1846–1977 – [Gesamtverzeichnis in Bd. 60, 1927]; Jahresbericht d. Hist. Ver. f. Straubing u. Umgebung, 1–79 –, 1898–1976 –; Die ostbair. Grenzmarken, Jgg. 13–19, 1924–1930, [vorher:] Niederbayer. Monatsschrift. Zeitschrift f. Kultur- u. Kunstgesch., Landes- u. Volkskunde Niederbayerns u. angrenzender Gebiete m. Berücksichtigung v. wirtschaftl. u. Verkehrsfragen, Jgg. 1–2, 1910–1923; Ostbair. Grenzmarken. Passauer Jahrbuch d. Gesch., Kunst u. Volkskunde, 1–20 –, 1957–1978 –.

c) *Oberpfalz:* Verhandlungen d. Hist. Ver. v. [ab 93/1952: für] Oberpfalz u. Regensburg [anfangs: ... d. Hist. Ver. im Regenkreis, Bde. 1–4] Bde. 1–117 –, 1832–1977 –; Jahresbericht d. Hist. Ver. f. Neumarkt/Opf. u. Umgebung, Jgg. 1–71 –, 1904–1975 –; Die Oberpfalz. Monatsschrift f. Gesch., Volks- u. Heimatkunde [später:] Eine Heimatzeitschrift f. d. ehem. Bayer. Nordgau, begr. v. J. B. Lassleben, seit 1928 hg. v. M. Lassleben, seit 1973 v. E. Lassleben, Jgg. 1–67 –, 1907–1979 –; Oberpfälzer Heimat, hg. v. heimatkundl. Arbeitskreis im Oberpfälzer-Wald-Verein, 1–22 –, 1956–1978 –, [vorher:] Heimatbll. f. d. oberen Naabgau, 1–17, 1923–1939; Beiträge z. Oberpfalzforschung, hg. v. H. K. RADEMACHER, Bd. 1–3 – 1965–1969 –.

Verzeichnis weiterer in den Regierungsbezirken erscheinender Zeitschriften (z. T. auch Zeitungsbeilagen) s. in d. Bibliographie d. Heimatgeschichtl. Ratgebers (s. o. A I 1) 222ff. u. in d. Bibliographie d. Kunst in Bayern I (s. o. A I 1) XXVI–LII und D I, II 1 a b c, 3.

Die Zeitschriften d. Pfalz, Frankens u. Schwabens folgen in Bd. III des Handbuchs.

3. Kirchengeschichtliche Zeitschriften

Studien u. Mitteilungen z. Gesch. d. Benediktinerordens u. seiner Zweige, hg. v. d. Bayer. Benediktinerakademie München, 32–88 –, 1911–1977 –, [vorher:] Wissenschaftl. Studien u. Mitt. aus d. Benedictiner-Orden m. bes. Berücksichtigung d. Ordensgesch. u. Statistik, [ab Jg. 4 m. d. Tit.:] Stud. u. Mitt. aus d. Benedictiner- u. Cistercienserorden, 1–31, 1880–1910; Blätter f. bayer. Kirchengesch., Jgg. 1–3, 1887–1890; Klerusblatt, 6–59 –, 1925–1979 –, [vorher:] Blätter f. d. kath. Klerus. Organ d. Diözesan-Priesterver. Bayerns, 1–5, 1920–1924; Jahresbericht d. Vereins z. Erforschung d. Regensburger Diözesangesch., 1–16, 1926–1957; Zeitschrift f. bayer. Kirchengesch., hg. im Auftr. d. Ver. f. bayer. Kirchengesch. v. M. SIMON, seit 1966 v. G. KUHR, 1–46 –, 1926–1977 –, [vorher:] Beiträge z. bayer. Kirchengesch., hg. v. Th. KOLDE, 1–32, 1895–1925; Blätter f. pfälz. Kirchengesch. u. religiöse Volkskunde [vorher: Blätter f. pfälz. Kirchengesch.] 1–45 –, 1925–1978 –; Beiträge z. altbayer. Kirchengesch., begr. v. M. v. DEUTINGER, fortges. v. Ver. f. Diözesangesch. v. München u. Freising, s. o. C V; Jahrbuch f. d. evang.-luth. Landeskirche Bayerns, hg. v. S. KADNER, 1–21, 1901–1927.

4. Zur Geschichte der bayerischen Historischen Vereine

G. STETTER, Die Entwicklung d. Hist. Vereine in Bayern im 19. Jh., Diss. Masch. München 1963; M. SPINDLER, Zur Lage d. bayer. Geschichtsvereine (ZBLG 15) 1949, 262–268; K. BOSL, Die Leistung d. Hist. Vereine u. ihre Bedeutung f. d. landesgeschichtl. Forschung (ZBLG 29) 1966, 938–951. Erstdruck: Jb. d. Hist. Ver. Dillingen a. d. D., 66. Jg. 1964. – Allgemein über die Hist. Vereine s. o. HEIMPEL, C I 2b; DW[10], Abschn. 8 nr. 70.

D. DIE VERÖFFENTLICHUNGEN DER KOMMISSION FÜR BAYERISCHE LANDESGESCHICHTE

1. Bibliographien: zur Kunst in Bayern, zur bayer. Vor- u. Frühgeschichte u. zur bayer. Münz- u. Geldgesch. s. o. A I 1.

2. Quellen

a) *Monumenta Boica* Bd. 54 = Regensburger Urkundenbuch, Bd. II: Urkunden d. Stadt 1351–1378, bearb. v. F. BASTIAN u. J. WIDEMANN, 1956. Die ganze Reihe s. o. B 2.

b) *Quellen u. Erörterungen,* Ältere Reihe s. o. B 2. [Fortsetzung seit 1930 durch die Kommission]: Bd. 6, 1930: Die Traditionen d. Hochstifts Passau, hg. v. M. HEUWIESER; Bd. 7, 1938: Die Traditionsnotizen d. Klosters Raitenhaslach, hg. v. K. DUMRATH; Bd. 8,

1943: Die Traditionen d. Hochstifts Regensburg u. d. Klosters St. Emmeram, hg. v. J. WIDEMANN; Bd. 9,1, 1952: Die Traditionen d. Klosters Tegernsee, bearb. v. P. ACHT; Bd. 10,1, 1953: Die Traditionen d. Klosters Schäftlarn, bearb. v. A. WEISSTHANNER; Bd. 10,2, 1957: Die Urkunden u. Urbare d. Klosters Schäftlarn, bearb. v. A. WEISSTHANNER; Bd. 11, 1953: Die bayer. Luitpoldinger von 893– 989, Sammlung u. Erläuterung d. Quellen, v. K. REINDEL; Bd. 12, 1956: Das deutsch-englische Bündnis von 1335–1342. I. Quellen, bearb. v. F. BOCK; Bd. 13 [in Vorbereitung]: Das deutsch-engl. Bündnis v. 1335–1342. II. Forschungen, bearb. v. F. BOCK; Bd. 14, 1958: Traditionen, Urkunden u. Urbare d. Klosters Weltenburg, bearb. v. M. THIEL; Bd. 15, 1960: Die Urkunden d. Klosters St. Veit an d. Rott, bearb. v. H. HÖR u. L. MORENZ; Bd. 16, 1, 1960: Die Urkunden d. Heiliggeistspitals in München, bearb. v. H. VOGEL; Bd. 16, 2, 1966: Das Salbuch d. Heiliggeistspitals in München u. Register, bearb. v. H. VOGEL; Bd. 17,1, 1959: Die Urkunden d. Klosters Raitenhaslach, bearb. v. E. KRAUSEN; Bd. 17, 2, 1960: Die Urkunden d. Klosters Raitenhaslach: Registerband, bearb. v. E. KRAUSEN; Bd. 18, 1960: Urkunden u. Aktenstücke z. Gesch. d. Juden in Regensburg 1453–1738, bearb. v. R. STRAUS; Bd. 19, 1961: Die Traditionen, Urkunden u. Urbare d. Klosters Neustift bei Freising, bearb. v. H.-J. BUSLEY; Bd. 20, 1961: Die Traditionen, Urkunden u. Urbare d. Klosters Münchsmünster, bearb. v. O. ENGELS u. M. THIEL; Bd. 21, 1966: Die Traditionen, die Urkunden u. das älteste Urbarfragment d. Stiftes Rohr 1133–1332, bearb. v. H.-P. MAI; Bd. 22,1, 1967: Die Trad. u. Urk. des Stiftes Diessen 1114–1362, bearb. v. W. SCHLÖGL; Bd. 22,2, 1970: Die älteste Besitzliste u. d. Urbar d. Stiftes Diessen v. 1362–1363 u. die Register zu Traditionen, Urkunden u. Urbar, bearb. v. W. SCHLÖGL; Bd. 23, 1969: Die Traditionen, Urkunden u. Urbare d. Klosters Asbach, bearb. v. J. GEIER; Bd. 24,1, 1971: Die Register d. Kanzlei Ludwigs des Bayern, bearb. v. H. BANSA; Bd. 25, 1972: Das Handbuch d. Kanzlei d. Bischofs Nikolaus v. Regensburg (1313–1340), bearb. v. Marianne POPP; Bd. 26, 1 u. 2, 1972/74: Dokumente u. Untersuchungen z. inneren Gesch. d. drei Birgittenklöster Bayerns (1420-1570), bearb. v. T. NYBERG; Bd. 27,1, 1972: Die Traditionen d. Klosters Weihenstephan, bearb. v. B. UHL; Bd. 28,1, 1975: Die Urkunden d. Kollegiatstifts St. Johann in Regensburg bis zum Jahre 1400, bearb. v. M. THIEL; Bd. 29, 1978: Codex Falkensteinensis. Die Rechtsaufzeichnungen d. Grafen v. Falkenstein, bearb. v. Elisabeth NOICHL; Bd. 30, 1979: Die Traditionen d. Klosters Oberalteich, bearb. v. Cornelia Mohr.

c) *Dokumente zur Geschichte von Staat und Gesellschaft in Bayern,* Abt. I: Altbayern vom Frühmittelalter bis 1800. Bd. 1, 1974: Altbayern bis 1180, bearb. v. K.-L. AY; Bd. 2, 1977: Altbayern von 1180 bis 1550, bearb. v. K.-L. AY; Bd. 3 [in Vorbereitung]: Altbayern von 1550–1800, bearb. v. K.-L. AY; Bd. 4 [in Vorbereitung]: Rechtskodifikationen des 17. u. 18. Jhs., bearb. v. R. van DÜLMEN. – Abt. II: Franken u. Schwaben vom Frühmittelalter bis 1800 s. HB III. – Abt. III: Bayern im 19. u. 20. Jh. s. HB IV.

d) *Bayer. Rechtsquellen,* Bd. 1: Denkmäler d. Münchner Stadtrechts 1158–1403, bearb. u. eingeleitet v. P. DIRR 1934, Register u. Erläuterungen 1936. Textband: Grundlagen d. Münchner Stadtgesch., 1937; Bd. 2: Nördlinger Stadtrecht, hg. v. K. O. MÜLLER.

3. *Schriftenreihe zur bayer. Landesgesch.,* Bde. 1–70 [68 fehlt] –, 1928–1980 – [Themen aus allen Abschnitten d. bayer. Gesch. seit d. späten Mittelalter, besonders 19. Jh.]. Außerhalb der Reihe: Ignaz v. Döllinger – Lord Acton, Briefwechsel 1850–1890, bearbeitet von V. CONZEMIUS, 3 Bde., 1963/71.

4. *Atlas d. spätkeltischen Viereckschanzen Bayerns* s. o. A V 3.

5. Hist. Atlas von Bayern

E. RIEDENAUER, Die Methode des Hist. Atlaswerkes v. Bayern (Blätter f. deutsche Landesgesch. 113) 1977, 1–18.

a) *Teil Altbayern:* Einführung: Die bayer. Gerichts- u. Verwaltungsorganisation v. 13. bis z. 19. Jh., v. S. HIERETH, 1950; H. 1: Das Landgericht Moosburg, bearb. v. S. HIERETH, 1950; H. 2: Das Landgericht Aichach, bearb. v. G. DIEPOLDER, 1950; H. 3: Das Landgericht Starnberg, bearb. v. D. ALBRECHT, m. einem Beitrag z. Gesch. d. Gerichts v. E. KLEBEL, 1951; H. 4: Das Landgericht Weilheim, bearb. v. D. ALBRECHT, 1952; H. 5: Das Landgericht Kötzting, bearb. v. M. PIENDL, 1953; H. 6: Die Klostergerichte Benediktbeuern u. Ettal, bearb. v. D. ALBRECHT, 1953; H. 7: Fürstpropstei Berchtesgaden, bearb. v. D. ALBRECHT, 1954; H. 8: Das Landgericht Cham, bearb. v. M. PIENDL, 1955; H. 9: Grafschaft Werdenfels [Hochstift Freising], bearb. v. D. ALBRECHT, 1955; H. 10: Herzogtum Sulzbach, Landrichteramt Sulzbach, bearb. v. M. PIENDL, 1957; He. 11/12: Die Landgerichte Dachau u. Kranzberg, bearb. v. P. FRIED, 1958; H. 13: Das Landgericht Wolfratshausen, bearb. v. A. u. G. SANDBERGER [erscheint demnächst]; H. 14: Das Landgericht Pfaffenhofen u. d. Pfleggericht Wolnzach, bearb. v. V. v. VOLCKAMER, 1963; H. 15: Die Landgerichte Wasserburg u. Kling, bearb. v. T. BURKARD, 1965; H. 16: Neumarkt/Opf., bearb. v. B. HEINLOTH, 1967; H. 17: Landgericht Aibling u. Reichsgrafschaft Hohenwaldeck, bearb. v. F. ANDRELANG, 1969; H. 18: Das Landgericht Viechtach u. Pflegegericht Linden, bearb. v. R. PENZKOFER, 1968; H. 19: Das Landgericht Griesbach, bearb. v. R. BLICKLE, 1970; H. 20: Die Grafschaft Neuburg am Inn, bearb. v. J. HOFBAUER, 1969; H. 21: Tirschenreuth, bearb. v. H. STURM, 1970; H. 22/23: Landgericht Landsberg u. Pfleggericht Rauhenlechsberg, bearb. v. P. FRIED-S. HIERETH, Landgericht, Hochgericht u. Landkreis Schongau, bearb. v. P. FRIED, 1971; H. 24: Amberg I: Landrichteramt Amberg, bearb. v. G. LEINGÄRTNER, 1971; H. 25: Amberg II [in Vorbereitung]; H. 26: Traunstein, bearb. v. R. van DÜLMEN, 1970; H. 27: Deggendorf, bearb. v. K. ROSE, 1971; H. 28: Das Landgericht Eggenfelden, bearb. v. Rita LUBOS, m. Anh.: Der Markt Arnstorf, v. G. MAYR, 1971; H. 29: Landkreis Vilshofen: Der hist. Raum d. Landgerichte Vilshofen u. Osterhofen, bearb. v. Franziska JUNGMANN-STADLER, 1972; H. 30: Das Landgericht Landau an der Isar, bearb. v. O. HELWIG, 1972; H. 31: Pfarrkirchen: Die Pfleggerichte Reichenberg u. Julbach u. die Herrschaft Ering-Frauenstein, bearb. v. Ilse LOUIS, 1973; H. 32: Straubing: Landgericht, Rentkastenamt u. Stadt, bearb. v. W. FREUNDORFER, 1974; H. 33: Hochstift Freising: Freising, Grafschaft Ismaning, Herrschaft Burgrain, bearb. v. H. STAHLEDER-H. STEIGELMANN, 1974; H. 34: Regen: Landgerichte Zwiesel u. Regen, Pfleggericht Weißenstein, bearb. v. M. BURKHART, 1975; H. 35: Passau I, bearb. v. L. VEIT, 1978; H. 36: Mühldorf am Inn: Die Landgerichte Neumarkt, Kraiburg u. Mörmossen u. d. Stadt Mühldorf, bearb. v. H. STAHLEDER, 1976; H. 37; Vilsbiburg: Die Entstehung u. Entwicklung d. Herrschaftsformen im niederbayer. Raum zw. Isar u. Rott, bearb. v. G. SCHWARZ, 1976; H. 38: Rosenheim: Das Landgericht Rosenheim, die Herrschaften Hohenaschen u. Wiedenwart, das Landgericht Auerburg, bearb. v. R. van DÜLMEN-A. SANDBERGER-G. DIEPOLDER, 1978; H. 39: Vohenstrauß: Pflegamt Tännesberg, Amt Vohenstrauß, Pflegamt Pleystein, Landgrafschaft Leuchtenberg, Herrschaft Waldthurn, bearb. v. D. BERND, 1977; H. 40: Kemnath: Landrichteramt Waldeck-Kemnath m. Unteramt Pressath, bearb. v. H. STURM, 1975; H. 41: Regensburg I: Das Landgericht Stadtamhof, die Reichsherrschaften Donaustauf u. Wörth, bearb. v. D. SCHMID, 1976; H. 42: Schrobenhausen, bearb. v. Stefanie HAMANN, 1977; H. 43: Landshut, bearb. v. H.-D. BECHER, 1979; H. 44: Roding, bearb. v. Ingrid SCHMITZ-PESCH [in Vorbereitung]; H. 45: Passau II, bearb. v. Franziska JUNGMANN-STADLER/L. VEIT [in Vorbereitung]; H. 46: Ingolstadt u. d. Gerichte Gerolfing, Kösching, Stammham-Etting, Vohburg, Mainburg u. Neustadt a. d. Donau, bearb. v. H. FREILINGER, 1977; H. 47: Neustadt/Waldnaab-Weiden, bearb. v. H. STURM, 1978; H. 48: Ebersberg, bearb. v. G. MAYR [in Vorbereitung]; H. 49: Burglengenfeld, bearb. v. H. SCHNEIDER-Evi PEYKE [in Vorbereitung]; H. 50: Stadt u. Pflegamt Nabburg, bearb. v. Elisabeth MÜLLER-LUCKNER [im Satz]; H. 51: Parsberg, bearb. v. M. JEHLE [im Satz]; H. 52: Waldmünchen, bearb. v. H. WEICHS-Gabriele GLEISSNER [in Vorbereitung]; H. 53: Mallersdorf: Das Landgericht Kirchberg, die Pfleggerichte Eggmühl u. Abbach, bearb. v. G. PÖLSTERL, 1979.

b) *Teil Schwaben:* 1–10 –, 1952–1977 –. S. HB III 2.

c) Teil Franken: Reihe I 1–25 –, 1952–1979 –. Reihe II: 3 Hefte, 1954/56. S. HB III 1.

d) *Kirchliche Organisation:* 1. Teil: Die evang. Kirche, v. M. SIMON, mit einem Kartenband, 1960.

Zum HA s.: S. HIERETH (ZBLG 15) 1949, 46–52; M. SPINDLER (Berichte z. deutschen Landeskunde 11) 1952, 433–441; P. FRIED (Schönere Heimat 54) 1965, 379–382; K. BOSL, Die Bedeutung d. hist. Atlaswerkes v. Bayern der KBLG (Jb. d. hist. Forsch.) 1974, 50–56.

6. *Studien zur bayer. Verfassungs- u. Sozialgeschichte.* Arbeiten aus der histor. Atlasforschung in Bayern, 1–9 –, 1962–1978 –: Bd. 1: P. FRIED, Herrschaftsgesch. d. altbayer. Landgerichte Dachau und Kranzberg im Hoch- u. Spätmittelalter sowie in d. frühen Neuzeit, 1962; Bd. 2: H. H. HOFMANN, Adelige Herrschaft u. souveräner Staat, 1962; Bd. 3: Ders., Der Staat d. Deutschmeisters, 1964; Bd. 4: W. STÖRMER, Adelsgruppen im früh- u. hochmittelalterl. Bayern, 1972; Bd. 5: G. MAYR, Studien z. frühmittelalterl. Bayern, 1974; Bd. 6: F. EIGLER, Die Entwicklung von Plansiedlungen auf d. südl. Frankenalb, 1975; Bd. 7: H. RANKL, Staatshaushalt, Stände u. «Gemeiner Nutzen» in Bayern, 1500–1516, 1976; Bd. 8: P. C. HARTMANN, Geld als Instrument europ. Machtpolitik im Zeitalter d. Merkantilismus. Studien zu den finanziellen u. polit. Beziehungen d. Wittelsbacher Territorien Kurbayern, Kurpfalz u. Kurköln mit Frankreich u. dem Kaiser v. 1715 bis 1740, 1977; Bd. 9: F. SIMHART, Bürgerl. Gesellschaft u. Revolution, 1978.

7. *Hist. Ortsnamenbuch von Bayern,* Regierungsbezirk Oberbayern: Bd. I: Landkreis Ebersberg, v. K. PUCHNER, 1951; Bd. II: Stadtkreis u. Landkreis München, v. L. GROHSMANN [in Vorbereitung]; Bd. III: Lkr. Erding, v. H. DACHS-K. PUCHNER [in Vorbereitung]; Regierungsbezirk Oberpfalz: Bd. I: Stadt u. Lkr. Amberg, v. J. FRANK, 1975. Regierungsbezirke Schwaben, Mittel-, Unter- u. Oberfranken s. Bd. III des Handbuchs.

8. *Zeitschrift für bayer. Landesgeschichte,* hg. v. d. KBL in Verbindung mit der Ges. f. fränk. Geschichte, Bde. 1–43 –, 1928–1980 –; Beihefte z. Zeitschrift f. bayer. Landesgeschichte, Reihe A: 1–6, 1966–1977 = Bayer. Bibliographie 1959–1970, s. o. A I 2; Reihe B: 1–14, 1972–1980.

9. *Bayer. Vorgeschichtsblätter,* Schriftleitung seit 1961 H.-J. KELLNER, Jgg. 10–45 –, 1931–1980 – [vorher:] Der Bayer. Vorgeschichtsfreund, Bll. z. Förderung d. Vor- u. Frühgeschichtsforschung, begr. v. J. KANDLER, Jgg. 1–9, 1921–1930.

10. *Veröffentlichungen d. Instituts für Volkskunde,* seit 1962 der KBL angegliedert: Bayer. Jahrbuch f. Volkskunde 1962–1979 –; Beiträge z. Volkstumsforschung, 14–21 –, 1964–1973 –; Sonderreihe: Trachtenkunde d. bayer. Gaue, Bd. 4: G. M. RITZ, Die Tracht d. Oberpfalz [im Druck].

11. *Veröffentlichungen d. Schwäbischen Forschungsgemeinschaft, 1949* von der KBL ins Leben gerufen und ihr angegliedert s. Bd. III des Handbuchs.

Zur Geschichte der KBL s. M. SPINDLER, Die Kommission f. bayer. Landesgeschichte, Gründungsgesch. u. Anfänge (Spindler, Aufsätze) 1966, 127–167.

REGISTER

B. = Bischof; Eb. = Erzbischof; Gem. = Gemahlin; Gf. = Graf; Hg. = Herzog; K. = Kaiser; Kg. = König; Kl. = Kloster; Mgf. = Markgraf; Pfgf. = Pfalzgraf

Bei den bayerischen Landkreisangaben bedeutet die erste Nennung den alten Landkreis, die Nennung nach dem Schrägstrich den neuen. War der Ort früher Kreisstadt und hat er durch die Gebietsreform diesen Status verloren, dann wurde so verfahren: Riedenburg (Lkr. –/ Kelheim)